汉译世界学术名著丛书

金 枝
——巫术与宗教之研究

上 册

〔英〕J.G.弗雷泽 著

汪培基 徐育新 张泽石 译

汪培基 校

James G. Frazer
THE GOLDEN BOUGH
A Study in Magic and Religion
Chinese(Simplified Characters)Trade paperback copyright © 2012 by The Commercial Press.
All Rights Reserved
本书根据 The Macmillan Company 1925 年英文版译出

汉译世界学术名著丛书
出版说明

我馆历来重视移译世界各国学术名著。从20世纪50年代起,更致力于翻译出版马克思主义诞生以前的古典学术著作,同时适当介绍当代具有定评的各派代表作品。我们确信只有用人类创造的全部知识财富来丰富自己的头脑,才能够建成现代化的社会主义社会。这些书籍所蕴藏的思想财富和学术价值,为学人所熟知,毋需赘述。这些译本过去以单行本印行,难见系统,汇编为丛书,才能相得益彰,蔚为大观,既便于研读查考,又利于文化积累。为此,我们从1981年着手分辑刊行,至2012年年初已先后分十三辑印行名著550种。现继续编印第十四辑。到2012年年底出版至600种。今后在积累单本著作的基础上仍将陆续以名著版印行。希望海内外读书界、著译界给我们批评、建议,帮助我们把这套丛书出得更好。

商务印书馆编辑部
2012年10月

中译本前言

詹姆斯·乔治·弗雷泽(1854－1941)，是著名英国人类学家、民俗学家和古典学者。1907－1908年任利物浦大学社会人类学教授，1908年起终身在剑桥大学任教，1914年受封为爵士。他师承英国人类学派创始人爱德华·泰勒(1832－1917)的比较研究方法，以五十余年的时间和精力从事社会人类学的研究，著述甚多，主要有：《金枝》、《图腾崇拜和族外婚》(1910)、《永生信念和死人崇拜》(1913－1924)、《旧约中的民间故事》(1918)、《自然崇拜》(1926)、《火的起源神话》(1930)、《原始起源论的创立和演化》(1935)、《原始宗教对死亡的恐惧》(1933－1936)。使弗氏在人类学这门学科中享有崇高声誉的要算他的巨著《金枝》。他一生中大部分精力用于《金枝》一书资料的搜集和撰写工作。1890年首次出版了二卷集的《金枝》，嗣后仍孜孜不倦继续搜寻资料，继续深入研究，经十余载辛勤耕耘，写成增补扩大版《金枝》十二卷(1907－1915)。继又应广大读者要求，写了节本《金枝》一卷，于1922年问世。

《金枝》着重研究原始人的宗教、巫术、仪式、心理等等，以及它们的起源，它们在人类思想方式发展进程中的重要作用。弗氏在这部著作中阐述的基本论点是："人类较高级的思想运动……

大体上是由巫术发展到宗教,更进而到科学的这几个阶段。"他指出,在人类思想方式发展过程中,宗教思想逐步取代了巫术思想,而作为解释自然现象的宗教,又逐渐被科学取代。"科学与巫术的共同之处,只在于两者都相信一切事物都有其内在规律。……巫术所认为的规律纯粹是事物呈现于人的头脑,经过不正确的类比、延伸而得出的;科学所提出的规律乃是对自然界现象本身耐心准确观察后得出来的。""人类未来进步——精神、才智与物质的进步——的希望,与科学的盛衰密切相关。"弗雷泽又强调指出:"说到底,巫术、宗教和科学都不过是思想的论说。科学取代了在它之前的巫术与宗教,今后它本身也可能被更加圆满的假说所更替……"他把迄今为止人类思想的发展形象地比喻为三种不同的纺线:黑线(巫术);红线(宗教);白线(科学)——交织起来的网。网上首先是黑白交织的格子花似的图案,是正确与错误观念的拼缀品,间或点缀着一些宗教红线,从它织物的中心渐渐呈现出赫然一片殷红色素,即宗教的进入,接着便是科学的白线一步一步地增多,织物的画面颜色逐渐地变化着,它标志着现代思想多种不同旨趣和相互矛盾趋向的状态。多少世纪以来一直在缓慢地改变着思想颜色的伟大运动仍在继续发展,这块织物将织出何等颜色?……"一片淡淡的微光已经照亮这思想织物的背景,它的另一端则还深锁在浓浓密雾之中。"

弗雷泽在《金枝》中以十分丰富的资料,关于古代习俗和信仰的集录,用历史的比较的方法论证他本人的观点和思想体系,得到了英国和其他许多国家学术界的普遍赞赏和称誉。随着时代的前进,科学的进步,弗雷泽的许多观点和结论,现在已经陈旧了。他在《金枝》中着重于阐述原始人思想运动的纯理性活动，忽略了原始人的社会实践活动，对原始人的精神文化、物质文化、原始社会的经济关系等等，几乎没有论述。由于时代的局限，弗雷泽当时不能够亲自到世界各地原始民族中进行实地考察，其研究完全依靠有关的书面材料，其中许多是教士或旅行家的笔记或报告之类。同时又由于文化背景的不同，弗氏本书中引用的资料和论述，间亦有（写有关中国民俗方面）主观臆测牵强失实之处。尽管如此，正如他自己说的："我的书，作为一部古代习俗和信仰的集录，会依然保留其效益。"《金枝》这部社会人类学巨著，今天仍有它一定的学术和参考价值。《金枝》节本自问世以来曾先后在世界许多国家用好几种文字翻译出版。

早在本世纪二三十年代，《金枝》就已被介绍到我国，受到学术界的重视，对人类学这门学科的研究和探索有着一定的影响，至少专家学者在著述中引用过《金枝》。可是，由于种种原因，这部人类学经典名著，在近半个世纪中一直没有完整地用中文翻译出来。到80年代，学术界许多有心之士鉴于此书的学术价值和学术研究需要，多次提议翻译出版此书。经了解中国社会科学院文学研究所的徐育新曾于60年代中着手从事《金枝》节本的翻译，初稿甫竣，未及加工整理出版，徐即因病谢世，其遗稿搁置多年，已散失过半。友人刘魁立，多年从事人类学的研究，卓有成果，于此书之翻译出版，尤为热心。经他联系，邀请张泽石和我利用业余时间补译徐稿遗失和漏译部分，年余完成，第一章至第六章为张泽石翻译；前言、第七章至第二十二章、第二十九章、第四十三章、第六十章至第六十九章系培基翻译；其余多章为徐育新旧译，其中遗漏部分共约五万字，由培基补齐。最后由培基对全书译稿统一审校润饰并加注释。索引部分也由培基根据英文版索引译出。

由于全书篇幅较长，三人分别翻译，译文的文体风格多不相同，虽由培基对全书译文统一审校统一润饰，也只能力求译文忠实于原文，意思表达清楚，仍保留多个译者自己的文风，不强求统一，不作过多修饰，原书资料丰富，旁征博引，涉及范围极广，文笔也古朴优美。译者限于水平，兼之参考书籍不足，疏漏舛误，在所不免，均应由培基负责，敬希方家指正。友人刘魁立对本书的组稿、翻译和校对始终热诚关怀，提出过不少有益的建议，并此致谢。

汪培基

1989年2月

目　　录

（上册）

前言 ……………………………………………………	1
第一章　林中之王 ……………………………………	5
第一节　狄安娜和维尔比厄斯	5
第二节　阿尔忒弥斯和希波吕托斯 ………………	16
第三节　小结 ………………………………………	19
第二章　祭司兼国王 …………………………………	22
第三章　交感巫术 ……………………………………	26
第一节　巫术的原理 ………………………………	26
第二节　顺势或模拟巫术 …………………………	28
第三节　接触巫术 …………………………………	68
第四节　巫师的发展 ………………………………	81
第四章　巫术与宗教 …………………………………	88
第五章　巫术控制天气 ………………………………	107
第一节　为公众服务的巫师 ………………………	107
第二节　巫术控制雨水 ……………………………	110
第三节　巫术控制太阳 ……………………………	135
第四节　巫术控制刮风 ……………………………	140
第六章　巫师与国王 …………………………………	146

第七章　化身为人的神	159
第八章　局部自然之王	183
第九章　树神崇拜	188
第一节　树神	188
第二节　树神具有造福于人的能力	201
第十章　现代欧洲树神崇拜的遗迹	206
第十一章　两性关系对于植物的影响	232
第十二章　神的婚姻	239
第一节　狄安娜是繁育增产的女神	239
第二节　诸神的婚姻	242
第十三章　罗马之王和阿尔巴之王	250
第一节　纽玛与伊吉利娅	250
第二节　国王是朱庇特的化身	252
第十四章　古代拉丁姆王位的嬗替	259
第十五章　橡树崇拜	270
第十六章　狄安纳斯和狄安娜	275
第十七章　王位的重负	285
第一节　国王与祭司的禁忌	285
第二节　神权与世俗政权的分离	296
第十八章　灵魂的危险	301
第一节　灵魂是人和动物体内的小我	301
第二节　灵魂离体与招魂	304
第三节　灵魂是人的影子和映像	320
第十九章　禁忌的行为	328

第一节　禁忌与陌生人交往 …………………… 328
　　第二节　饮食的禁忌 ……………………………… 334
　　第三节　禁忌露出面孔 …………………………… 336
　　第四节　禁忌离开王宫 …………………………… 336
　　第五节　吃剩食物的禁忌 ………………………… 338
第二十章　禁忌的人 ……………………………………… 341
　　第一节　酋长和国王的禁忌 ……………………… 341
　　第二节　悼亡人的禁忌 …………………………… 345
　　第三节　妇女月经和分娩期间的禁忌 …………… 348
　　第四节　战士的禁忌 ……………………………… 352
　　第五节　杀人者的禁忌 …………………………… 355
　　第六节　猎人和渔夫的禁忌 ……………………… 361
第二十一章　禁忌的物 …………………………………… 371
　　第一节　禁忌的含义 ……………………………… 371
　　第二节　铁器的禁忌 ……………………………… 372
　　第三节　锋利兵器的禁忌 ………………………… 376
　　第四节　血的禁忌 ………………………………… 377
　　第五节　头部的禁忌 ……………………………… 381
　　第六节　头发的禁忌 ……………………………… 384
　　第七节　理发的仪式 ……………………………… 386
　　第八节　对剪下的头发和指甲的处理 …………… 386
　　第九节　唾沫的禁忌 ……………………………… 392
　　第十节　食物的禁忌 ……………………………… 393
　　第十一节　结和环的禁忌 ………………………… 394

第二十二章	禁忌的词汇	404
第一节	人名的禁忌	404
第二节	亲戚名字的禁忌	411
第三节	死者名字的禁忌	415
第四节	国王及神圣人物名字的禁忌	423
第五节	神名的禁忌	428
第二十三章	原始人类的遗泽	432
第二十四章	杀死神王	436
第一节	神也死亡	436
第二节	国王体衰被处死	437
第三节	国王在任期届满时被处死	450
第二十五章	临时国王	463
第二十六章	以王子献祭	471
第二十七章	神灵转世	477
第二十八章	处死树神	481
第一节	降灵节的化装游乐者	481
第二节	埋葬狂欢节	489
第三节	送死神	497
第四节	迎夏	503
第五节	夏冬之战	511
第六节	春神的死亡与复苏	513
第七节	植物的死亡与复活	515
第八节	印度的类似习俗	516
第九节	用巫术招引春天	518

第二十九章	阿多尼斯的神话	523
第三十章	阿多尼斯在叙利亚	529
第三十一章	阿多尼斯在塞浦路斯	532
第三十二章	阿多尼斯的祭祀仪式	541
第三十三章	阿多尼斯园圃	550
第三十四章	阿蒂斯的神话和祭祀仪式	559
第三十五章	阿蒂斯也是植物神	567
第三十六章	阿蒂斯的人身显现	569
第三十七章	西方的东方宗教	573
第三十八章	奥锡利斯的神话	582
第三十九章	奥锡利斯的祭祀仪式	591
第一节	民间流行的祭祀仪式	591
第二节	官方的祭祀仪式	597
第四十章	奥锡利斯的属性	604
第一节	奥锡利斯是谷神	604
第二节	奥锡利斯是树神	608
第三节	奥锡利斯是生育繁殖之神	609
第四节	奥锡利斯是死者之神	610
第四十一章	伊希斯	612
第四十二章	奥锡利斯和太阳	615
第四十三章	狄俄尼索斯	618

前　　言

本书的主要目的在于阐释有关继承阿里奇亚①狄安娜②祭司职位的奇特规定。30多年前，我刚开始研究这个问题时，原以为可以简要地予以解释，但不久我就感到，有必要研讨一些更为一般且其中有些是迄今未曾提出的问题，这样才能把这个问题解释得比较合情合理，易于了解。本书的前此各版，对于这个问题以及与此有关的一些问题，增写的篇幅越来越多，涉及的范围越来越广，最后全书由原来的两卷增加到十二卷。这期间，许多读者表示希望本书同时另出节本。现在这部节本就是为了满足这种希望，以飨更广大的读者。著者在压缩原著篇幅时，尽量保留了书中重要原理和足以说明每一问题的充分例证。尽管做了节缩，但绝大部分文字仍依旧著，未加改动。为多保留原文起见，书中注释及所依据的准确引证材料，只好全部割爱。读者如欲查明某

---

① 意大利最古老的城镇之一，位于罗马东南16英里阿尔巴诺群山中，盛产酒和蔬菜。其附近丛林幽美，以崇奉女神狄安娜驰名遐迩。[本书注释星号均为原注，圈码均为译注。]

② 狄安娜（Diana），罗马神话中的女神，相当于希腊神话中月亮和狩猎女神阿尔忒弥斯（Artermis），又是繁殖女神。她是拉丁人的女神，古罗马时期在罗马城内七丘之一的阿兰丁山上就建有她的神殿，受庶民和奴隶们崇奉，特别受妇女崇奉。最初原是森林与自然之神，以"林中的狄安娜"（Diana Nemorensis）著称。

一论述的依据,请参考本书十二卷版,那里附录了有关的详细文献和详尽的参考书目。

这部节缩本,既未增写新问题,也未改变原书十二卷所阐述的观点。在原书出版之后我所得的新的资料,大体上都印证了我以前所作的结论,或作为过去所提原理的新例证。譬如,在有关为王者到一定时期、或到其精力开始衰退之时必须被处死这个极其重要问题上,凡能说明这一习俗确实广泛流行的证据,这部节本都大量采用。俄罗斯南部喀萨尔人①在中世纪建立的强大王国,就是这类有限君主制政体的突出例证。在喀萨尔人的王国里,国王在任期届满时,或遇旱潦饥馑、战争失败等标志其精力已经衰退之情况时,都得被处死。古代阿拉伯人游记里记载过喀萨尔国王们被有组织有步骤地处死的情况,这些证据我都汇集在一起,另编成文。* 此外,非洲也新发现了好些与此相类似的弑君习俗的事例。其中最值得注意的要算布尼奥罗②地方曾经遵行的习俗:每年从部落中选出一人假扮为王,把他当作已故国王的化身,让他与已故国王的遗孀在其陵庙中同居,为王七日,然后绞杀。** 这习俗同古代巴比伦人的撒卡亚节习俗非常近似。古巴比伦人

---

① 或译可萨。我国《经行记》中称为可萨突厥,《新唐书》中称为突厥可萨,系鞑靼人的一支。

* 见弗雷泽(J. G. Frazer):《可萨人弑君记》(The Killing of the Khasar Kings),载《民俗》(Folk-lore) xxviii(1917),第382－407页。

② 在今乌干达境内。

** 见罗斯科(Rev. J. Roscoe):《中非的灵魂》(The soul of central Africa),伦敦,1922,第200页,比较弗雷泽(J. G. Frazer):《麦基中非民族学考察》(The Mackie Ethnological Expedition to Central Africa),载《人》(Man), xx(1920),第181页。

在撒卡亚节期间有一位假扮为王的人,身穿王袍,享受真王的姬妾,五日后即被剥去衣衫,鞭笞至死。最近发现亚述人的一些碑铭*提供了有关上述节日的新线索,进一步证实了我以前的阐述,即:撒卡亚节乃是庆祝新年的节日,犹太人的普利姆节**即渊源于此。最近还发现有和阿里奇亚祭司之王相似的习俗,如非洲的祭司或国王常在7年或2年任期届满时被处死,并且在任职期间也可能被强有力的对手刺杀身亡,而由刺杀者继任其祭司职位或王位。***

上述有关这种习俗的事例及其他事例,都表明我们不能再把阿里奇亚狄安娜祭司职位的继承问题看作一种奇特的规定,它其实只是这种普遍存在的习俗的一个很好例证。而到目前为止,发现此类习俗最多的地方则是非洲。这些事实是否可说明古代非洲对意大利甚有影响,甚至说明南欧非洲人口之存在的影响,对此,我不拟在这里妄加臆测。历史记载以前的欧非两大洲的相互关系,迄今仍不太清楚,尚待调查研究。

我对这种习俗所作的阐述是否正确,只有留待未来裁定。如有更好的解释,我准备随时放弃现在这些看法。在将这部节本奉

---

* 季默恩(H. Zimmern):《巴比伦人的新年节目》(*Zunbabylonischen Neujahrsfest*)(莱比锡,1918)。比较萨伊恩发表在《皇家亚洲学会学报》(*Journal of the Royal Asiatic Society*)的文章(1921年7月,第440-442页)。

** 见《金枝》(*The Golden Bough*),第六部分,"替罪羊"(The sapegoat),第354页以下及412页以下各页。

*** 见阿毛利·塔尔博特(P. Amaury Talbot)文章,载《非洲社会杂志》(*Journal of the African Society*),1916年7月号,第309页以下;《民间文学》(*Folk-lore*),xxvi,(1916),第79页以下;帕麦尔(H. R. Palmer)文章,载《非洲社会杂志》(*Journal of the African Society*),1912年7月号,第404页,第407页以下。

献于读者鉴定指正之际,我希望借此机会指明一个早就想要指明,且至今似乎仍然相当普遍的误会,以免它继续蔓延,这就是:假如我在这部节本中以较多篇幅谈到树木崇拜问题,这并非是我有意夸大它在宗教史上的重要性,更不是我想要从它演绎出一套完整的神话体系来,只是因为在试图解释拥有"林中之王"称号的祭司(他又必须在摘下圣林中一棵树上的一枝——金枝——之后才能接任)的意义时,对此现象不容忽视而已。其实,我也只是把树木崇拜这一现象作为宗教发展过程中极其重要的现象之一来看待,认为它应该完全从属于其他因素,特别是害怕死者这一因素。我以为,总体来说,后者可能是形成原始宗教的最有力的因素。我希望通过这样的说明,今后不再受到非难,说我想建立某种神话体系云云。其实,我不仅认为那种神话体系是虚假的,而且还认为那是愚蠢、荒谬的。我深知,误解有如九头之蛇[①],难望一次说明便能彻底消除,或不再产生。我只能信赖读者的公正和才智,他们会通过我本人所作的声明,加以参照比较,以纠正对我的观点的严重误解。

詹姆斯·乔治·弗雷泽

1922年6月,伦敦

---

① 希腊神话:九头蛇,名叫海德拉(Hydra),它的头砍掉一个,又会长出一个。

第一章　林中之王

第一节　狄安娜和维尔比厄斯①

谁不知道特纳②的那幅题为"金枝"的画呢？画面上闪耀着画家丰富想象力的金色光辉，其中浸透了特纳的非凡心灵，连那最美妙的自然景色也为之神化了！画中内米③林中小湖那梦幻似的奇景，那个小湖古代人曾称之为"狄安娜的明镜"。那片被包围在阿尔巴诺群山中的一块绿色洼地里的静静的湖水，任何人只要看见过它就绝不会再忘记。尽管有那两座沉睡在湖边的具有意大利特色的村庄和宫殿（它那陡峭的阶梯式花园一直延伸到湖边），整个画面依然寂静，甚至有些荒凉。啊！狄安娜大概仍徘徊在那幽静的岸边，经常出没在那片荒凉的林中吧！

在古代，这片风景秀丽的林区却是一个反复重演过奇特悲剧的场所。在湖北岸那个险峻的峭壁（现代的内米村就坐落在此山上）的正下方，曾是一片圣林和狄安娜·纳莫仁西斯（即林神狄安

---

① 罗马神话：森林之神，相传为女神狄安娜的情人。
② 特纳（Joseph Mallord William Turner, 1775-1851），英国著名画家。
③ 内米湖位于罗马东南 16 英里阿尔巴群山中的山谷内，周围是阿里奇亚丛林。原是一个火山湖，长约 1.6 公里，湖的东北岸，古时是狄安娜的圣所，这里风景幽美，尤以古代崇奉狄安娜及阿里奇亚圣林闻名于世。

娜)的圣殿。这个湖和树林有时也叫作阿里奇亚湖和阿里奇亚丛林。阿里奇亚镇(即现在的拉·里奇亚)距这里大约三英里,在阿尔巴诺山脚下,一片陡峭的山坡将它和这个躺在山边的小火山口似的洼地里的小湖分隔开来。内米的圣林中有一棵大树,无论白天黑夜,每时每刻,都可看到一个令人毛骨悚然的人影,在它周围独自徘徊。他是个祭司也是个谋杀者。他手持一柄出鞘的宝剑,不停地巡视着四周,像是时刻提防着敌人的袭击,而他要搜寻的那个人最后将要杀死他并取代他的祭司职位。这就是这儿圣殿的规定:一个祭司职位的候补者只有杀死祭司以后才能接替祭司的职位,直到他自己又被另一个更强或更狡诈的人杀死为止。

这个极其不稳定的祭司职位却有着王的称号。然而他比任何王者都更为坐立不安,终日被噩梦所缠扰。年复一年,无论盛夏严冬,无论天晴天阴,他总得不停地独自巡视,而当他忧心忡忡地稍憩片刻之时,便有丧生的危险,他若稍微松懈一点警惕,体力或防身技巧稍微减弱一些,都会陷入危难之中。出其不意的挑战可能就意味着在他的死刑判决书上盖印呢!而对那些到圣殿来朝拜的温文尔雅且虔诚的香客来说,他那苍老严峻的形象,使这明媚的风光黯然失色,犹如一片乌云突然遮住了晴天的太阳。如果没有他那种不祥的形象,那么,意大利的明媚蓝天,蓊郁的夏日林荫,阳光下的粼粼碧波,该是多么和谐幽美!相反,我们可以想象这样一幅图画,一位迷途的游客,在一个凄凉的秋夜里,落叶纷纷,西风正为那将逝的残年吟唱着挽歌,这时他所可能目睹的情景会是怎样的呢?这是一幅阴晦的画面,充满了忧伤情调——在

第一章　林中之王

树林的背景上,显现出黑色的锯齿形轮廓,衬托着阴霾、酝酿着暴风雨的天空,风在树枝间哀鸣,落叶在脚上沙沙作响,冰冷的湖水拍打着湖岸;画面的前景是:苍白的月亮掠过浮云,穿过交错的树枝向下窥视,一个幽灵似的黑影,随着他肩上那铁器的闪光,忽明忽暗地在树下踯躅。

这种奇怪的祭司职位承袭制度,在古希腊罗马时代并无俦匹,因此不能从那里得到解释。要找到答案,我们就得另辟新径。没人会否认:像这种带有野蛮时期特质,且一直残存到罗马帝国时代的习俗,与当今文明的意大利社会格格不入的习俗,就像一堵远古石崖袒露在修剪平坦的草坪上那样引人注目。正是这种习俗的粗暴和野蛮,使人们产生想要解释它的期望。新近对于人类早期历史的研究,已经探明古今人类思想基本相似。近年来对早期人类历史的研究,即显示出人类最初朴质的人生哲学,基本上是相似的(虽然表面有不少差异)。因此,如果我们能够指出像内米承袭祭司职位那样野蛮的习俗在别处也曾存在;如果我们能够发现导致这种习俗的动机;如果我们能够证实这些动机在人类社会中已经广泛地甚至普遍地起作用,且在各种不同环境中形成了种种大致上相同但在细节上却有所差异的习俗;最后,如果我们还能够说明这些动机连同它们所派生的习俗在古希腊罗马时代确实还活动着;那么,我们就完全可以断定在更远古时代,正是这些同样的动机诞生了内米的祭司职位承袭的习俗。或许由于缺少直接说明怎样产生祭司职位的材料,因而我们的推断可能永远也得不到彻底证实,但随着我所指出的这些材料的完整程度以及它们所达成的条件,这一个论断也许将或多或少成为可信的。本书的目的就在于,通过满足这些条件,从而提供一个对内米祭司职位承袭制度的大致可信的解释。

首先,我将陈述一些事实和一些流传下来的有关这一主题的传说。有一个传说:内米那地方对狄安娜的崇拜是由俄瑞斯忒斯①创始的。他杀死托里克半岛(克里米亚)的国王托亚斯之后和他姐姐一起逃到了意大利,并把托里克的狄安娜神像②藏在一捆柴中随身带着。他死之后,他的尸骨从阿里奇亚运往罗马,葬在卡彼托③山坡上康科德④庙旁的萨图恩⑤庙前。至于传说里所描绘的托里克的狄安娜的血腥祭祀仪式已是古典文学读者们所熟悉的。据说每一个登岸的外乡人都被宰杀在她的祭坛之上来献祭,但是这个仪式传到意大利后则采取了一种较为温和的形式。在内米的圣殿附近有一棵特殊的树,它的树枝是不许砍折的。只有逃亡的奴隶才被允许折断它的树枝,如果他真能做到的话,就获得与祭司单独决斗的资格,若能杀死祭司,则可接替祭司的职位并获得"林中之王"(*Rex Nemorensis*)的称号。根据古代公众

---

① 希腊神话:俄瑞斯忒斯(Orestes)是迈锡尼王阿伽门农的儿子。阿伽门农被其妻及妻之奸夫杀害,俄瑞斯忒斯由姐姐厄勒克特拉送到父亲好友收养,长大后与姐姐一起杀死母亲为父报仇。为此受到复仇女神的追究,后来女神雅典娜解救了他,宣告他无罪,回国后继承了王位。

② 建于托里克的是供奉阿尔忒弥斯的希腊神庙,但罗马人常把希腊的阿尔忒弥斯同罗马女神狄安娜混同为一。这种不严格区分的表述方式也多见于迄今为止的欧洲人的著作中。本书作者在一系列神名上也常混用。

③ 罗马的卡彼托山(Capitoline),为罗马著名的七丘之一。

④ 康科德(Concord),罗马神话中的协和女神。

⑤ 萨图恩(Saturn),古罗马农神,传说为古罗马最初的国王,教民农业生产。

第一章　林中之王

的意见,这决定命运的树枝就是"金枝",埃涅阿斯①在西碧尔的指引下,曾在他出发去探索通往阴间的险恶征途之前折过它。据传说,逃亡的奴隶象征着逃亡的俄瑞斯忒斯,他与祭司的决斗乃是关于人们曾经向托里克的狄安娜奉献活人祭品这段往事的回忆。这种以格杀来继承王位的规则一直遵行到帝国时代;卡里古拉②有种种怪诞行为:其中之一是认为内米的祭司任职太久,便雇了一个更强壮的恶棍去杀死他;一个在安东尼③时代访问过意大利的希腊旅行者,曾观察直到他那个时代,祭司职位仍然是作为奖品授予决斗中胜利者的。

内米的狄安娜崇拜,至今还可以看到一些重要的遗迹。从遗址上发现的那些谢恩奉献品来看,她曾被想象成一个女猎手,甚至被当成能够赐福、使男女信徒多子多孙、使孕妇们顺利分娩的神灵。再者,在她的祭典仪式中,点燃火炬似乎是最首要的部分。因为每逢8月13日,在这个每年最热的日子,为她举行一年一度的祭典时,她的圣林总是被极为众多的火炬所照亮,湖水反映着火炬的耀眼的红色光芒。而这一天在整个意大利国土上的每一个家庭,都要在炉边举行神圣的礼拜。从她的圣殿院内所找到的

---

① 埃涅阿斯(Aeneas),罗马传说中的特洛伊的王子,其父为安基塞斯。在特洛伊战争中,城池被希腊人攻陷。埃涅阿斯背着父亲安基塞斯从大火中逃出。父亲死后,他漂流到非洲海岸,辗转来到意大利。罗马诗人维吉尔(Virgil,前70-前19)在十二卷长诗《埃涅阿斯记》(Aeneis)中,根据传说描写埃涅阿斯在太阳神阿波罗的女祭司西碧尔指点下,到阴间去寻访他父亲安基塞斯的阴魂,埃涅阿斯后来成了古罗马帝国创建者的英雄的祖先。

② 卡里古拉(Caligula,原名 Gaius Caesar,12-41),罗马帝国的一位著名暴君(37-41)。

③ 安东尼(Antoninus Pius,86-161),罗马皇帝(138-161)。

一些青铜小像上，还可以看到在女神高高举起的右手中也擎着一支火炬。那些自信自己的祈祷已被她听到的妇女，头戴花冠、手执燃着的火炬，来到圣殿还愿。不知是谁还在内米的一个神龛里为克劳狄皇帝①及其家庭的平安奉献了一盏长明灯？在林中所发现的陶瓦灯则可能是由某些地位卑下的人为了他们家庭的平安而奉献给神的。果真如此，则罗马天主教在教堂中奉献圣烛的传统，与上述习俗之相类似就很明显了。内米的狄安娜还兼有维斯塔②的称号，在她的圣殿里总是保持着长明的圣火清楚地表明了这一点。在庙的东北角上还有一个不小的环状地基在三级台阶上建起，地面上还可见镶铺过的痕迹，上面可能就是狄安娜的圣殿，那是以她维斯塔神的身份建筑起来的，就像古罗马城大广场上圆形的女灶神庙宇一样。在这里，圣火是由守护女神的贞女们来照料的，因为在地基上还发现了一个侍女陶像的头部。而对圣女们细心照看的长明灯的崇拜，自远古以来迄至近代在拉丁姆地区一直普遍存在。此外，在一年一度祭祀女神的节日里，人们把花环戴在猎犬的头上，停止了狩猎活动，年轻人举行洁身仪式向她表示敬意。盛大的节日宴会上有新酿出的美酒，主菜是一整只小羊羔，滚烫的饼摆在叶片上，苹果则连枝成串地摆在宴席上。

但狄安娜并不是独自管辖着她的内米小树林，还有两位较小

---

① 克劳狄一世（Claudius Ⅰ，前 10 - 后 54），罗马皇帝（41 - 54）。
② 维斯塔（Vesta），罗马神话中的灶神或家神，相当于希腊神话中的赫斯提（Hestia）。每年 6 月 8 日是灶神节。

的神祇共占着她的林中圣殿。一个名叫伊吉利娅①,她是清泉女神,那泉水从玄武岩石中涌出,形成优美的小瀑布落入勒·莫尔的湖中。勒·莫尔这地方由现代内米村建立的水磨坊而得名。奥维德②曾叙述过那溪水流过鹅卵石的潺潺声。他还告诉我们他经常喝那溪水,孕妇们常去向伊吉利娅上供,因为她也和狄安娜一样被奉为能赐福给妇女并使之顺利分娩的女神。传说这位仙女曾经是贤明的国王纽玛③的妻子或情妇,他与她在圣林的深处幽会。正是透过这种神交获得了女神特殊的灵感,使他得以为古罗马人写出那部罗马法典。普鲁塔克④将这个传说同其他关于女神们与世间凡人发生爱情的故事加以比较,例如库柏勒⑤和月亮女神对英俊青年阿蒂斯⑥和恩底弥翁⑦的爱情。根据其他材料看,情人们约会的地点并不是在内米的树林中,而是在罗马卡底纳城

---

① 伊吉利娅(Egeria),罗马神话中的清泉女神和生育女神。
② 奥维德(Publius Ovidius Naso,前43-后17),罗马诗人,罗马帝国时期的第一个重要作家,以丰富多彩的古代神话为主题的诗作最为后世称道,代表作《变形记》(*Metamorphoses*)叙述希腊罗马神话内容,对欧洲许多文艺作品都有影响。
③ 纽玛(Numa Pompilius,前8-7世纪),传说中古罗马的第二个皇帝,约前715-前673年。
④ 普鲁塔克(Plutarch,约46-120),古希腊传记作家、历史学家、柏拉图派哲学家。
⑤ 库柏勒(Cybele),原为亚洲人的女神,相当于希腊神话中的瑞亚(Rhea),为众神之母。约公元前430年传入雅典,约公元前204年传入罗马。
⑥ 阿蒂斯(Attis),希腊神话中众神之母柏勒钟爱的青年人。
⑦ 恩底弥翁(Endymion),希腊神话中俊美的青年牧羊人,在卡里亚的拉特茅斯山上牧羊。月神塞勒涅(Selene)爱上了他,求宙斯许诺使他永远长眠,青春常在,她每天夜间驾着云彩来到山头拥抱他。

门①外的树林里,在那儿另一个伊吉利娅圣泉从一个黑洞中涌出。每天古罗马女灶神的侍女们头顶陶质水壶从这个泉眼中汲水去清洗女灶神的庙宇。在朱文纳尔②的时代,泉眼的天然石头是镶在大理石中的,而那个圣地曾被一群贫穷的犹太人亵渎,他们因而像吉卜赛人一样被惩罚跪伏在林中。我们可以假定流入内米湖中的泉水是真正原先的伊吉利娅圣泉,当第一批定居者从阿尔巴诺山迁来台伯河③西岸时,他们随之带来了清泉女神,并在城外的小林中给她找了个新居。在圣殿院内所发现残余的浴室以及许多陶瓦制的人身模型的各部分碎片,都表明伊吉利娅圣水曾被用于治病。求医者可能是用向女神奉献病人的替身塑像的方式,以表示求愿或还愿。正如至今在欧洲许多地方仍可观察到的这种习俗一样。直到今天,泉水似乎仍然保持着医疗效力。

在内米的另一位次要的神是维尔比厄斯。据传说他就是纯洁而正直的年轻希腊英雄希波吕托斯,他从半人半马怪物喀戎那里学会了狩猎之后,就与狩猎女神阿尔忒弥斯④做伴,终日在密林中追逐野兽。他很自豪能与女神交往,从而拒绝了其他女人的爱情,因此种下了他的祸根。由于阿弗洛狄忒被他的嘲笑所刺伤,

---

① 卡底纳(Porta Capena),罗马东南塞尔维城墙的城门。古罗马皇帝阿庇安修建的军用大道"阿庇安大道"的起点就在这里。

② 朱文纳尔(Decimus Junius Juvenalis,约60-140),古罗马著名讽刺诗人。

③ 台伯河在意大利中部,从亚平宁山脉以南,经罗马流入蒂勒尼安海。古罗马城即建于台伯河畔。

④ 阿尔忒弥斯(Artemis),相当于罗马神话中的狄安娜女神。

于是就唆使他的继母菲德拉①去爱他。而当他鄙视和拒绝了她那不正当的要求之后,她就向她的丈夫——希波吕托斯的父亲——忒修斯诬告。忒修斯竟然听信了谗言,就祈求其父波塞冬替他报复那其实是捏造出来的仇敌。因之,当希波吕托斯赶着马车经过萨罗尼克海湾时,海神从波浪中放出一头凶猛的公牛。被吓坏了的马惊跳起来把希波吕托斯从车上摔下,并在地上将他拖死。但狄安娜出于钟爱,背负着希波吕托斯,说服了药神阿斯科拉庇厄斯用草药将美貌的青年猎手救活过来。朱庇特②忿然于一个必死的凡人竟逃出了死门,便将这位多事的药神推下冥府。幸而狄安娜③将其心爱者藏在一团厚厚的云雾中躲开了愤怒的天神,并以增添他年岁的办法改变了他的容貌,然后背着他远远地来到内米的小丛林里,把他托付给清泉仙女伊吉利娅,将他更名为维尔比厄斯,让他隐居在那个意大利的树林深处,无人知晓。他在那里执政为王,并将这片丛林作为贡献给狄安娜的圣地。他后来有了一个英俊的儿子小维尔比厄斯,这孩子不畏其父亲所遭到的厄运,赶着几匹暴烈的马,追随拉丁人参加对埃涅阿斯和特洛伊人④的战争。维尔比厄斯不仅在内米,在别处也被尊崇为神,因为我

---

① 菲德拉(Phaedra),一译淮德拉,希腊神话中克里特的国王弥诺斯(Minos)的女儿,忒修斯(Theseus)的妻子。
② 朱庇特(Jupiter),罗马神话中的天神,战争中的保护神,和平时的道德、正义、信誓之神。为众神中的主神。
③ 本书作者又将希腊神名和罗马神名不加区分,互相替用;这里狄安娜应作阿尔忒弥斯;朱庇特应作宙斯。
④ 指传说中的特洛伊战争。

们听说在坎帕尼亚①也有专门侍奉他的祭司。马被驱赶出阿里奇亚的丛林和神殿,因为马曾经杀死过希波吕托斯。触摸他的形象是违法行为。有人认为他就是太阳神。但据塞尔维厄斯说:"事实上他是一个和狄安娜为伴的神,关系密切,正如阿蒂斯之与众神之母,厄里克托尼俄斯之与密涅瓦②、阿多尼斯之与维纳斯③相互为伴一样。"那种关系究竟是什么性质?我们就要加以探索。在这里值得注意的是这个神话人物在他冗长而饱经沧桑的生活中,显示了一种非同寻常的顽强的生命。在古罗马的年历活动中也有一位名叫希波吕托斯的圣徒,他恰好是死在8月13日即狄安娜自己的祭日,也恰好是被马拖死的,这就使我们不能不相信:他不是别人,而正是与之同名的希腊英雄,这位英雄以一个异教徒的身份,经过了两次死亡,但是却幸运地作为一个基督圣徒而复活过来。

并不需要详细论证就可使我们相信,那些说明狄安娜在内米受崇奉的故事并非历史真实。很明显,它们是属于一大类被用来解释某种崇拜仪式起源的神话。这种解释所采用的方法不外是找出这些崇拜仪式和某些国外的仪式之间确实相类似或想象的相类似之处。由于对仪式不同特点的不同解释,对狄安娜的崇奉在这里被说成是由俄瑞斯忒斯所创始,而在那里又被说成是由希

---

① 意大利南部地区。
② 罗马神话:密涅瓦(Minerva)是智慧女神,相当于希腊神话中的雅典娜。她爱上了雅典英雄厄里克托尼俄斯(Erichthonius),即后来雅典的国王。
③ 维纳斯(Venus),罗马神话中爱和美的女神,相当于希腊神话中的阿弗洛狄忒,她爱上了美少年阿多尼斯。莎士比亚的著名诗篇《维纳斯和阿多尼斯》就是根据这个传说故事编写的。

第一章 林中之王

波吕托斯所创始。这些内米神话的不一致是显而易见的。这些故事的真正价值在于它们提供了一个可以比较的标准,以便说明这类崇拜的性质;此外,由于它们显示出崇拜的真正起源已经迷失在远古的朦胧之中,从而间接地证明了这种崇拜的年代之久远。在后者,那些内米的民间传说还可能比下述的正式历史传说更可信一些。老加图[①]曾断言那个圣林是由一个名叫伊吉利埃斯·贝比埃斯或伊吉利埃斯·莱维埃斯的古罗马塔斯库兰地方的执政官,代表塔斯库兰、阿里奇亚、拉努维阿姆·劳伦图姆、科拉、蒂布尔、波米蒂亚和阿迪亚等地区的人民奉献给狄安娜的。这个传说确实说出了圣殿的古老年龄,因为它似乎注明了故事发生的时间大约是在公元前495年,即波米蒂亚被古罗马人所劫掠并从历史上消失的那一年。但我们不能设想,像阿里奇亚的祭司职位承袭制度那样野蛮的规定竟会是由已经相当文明的社会,如古罗马各城市联合起来有意设立的。这种制度一定是史前时期留传下来的,那时的意大利还处于比我们所知的任何历史时期更为野蛮的状态。还有一个故事把圣殿的建立归于一个名叫曼尼埃斯·伊吉利埃斯的人。这与其说是增强了还不如说是动摇了上述传说的可信性。关于曼尼埃斯曾经有过一个谚语:"在阿里奇亚有许多曼尼埃斯",由此便引出了关于曼尼埃斯建立圣殿的说法。有人用曼尼埃斯·伊吉利埃斯曾是一个有悠久历史的著名大家族祖先的论断来解释这个说法,而另一些人则认为这个说

---

① 老加图(Cato the Elder,全名 Marcus Porcius Cato,前234-前149),古罗马的政治家和作家。

法意味着在阿里奇亚曾有过很多丑陋畸形的人,他们说,曼尼埃斯一词是由 mania 一词演变而来的。mania 是一个用来吓唬孩子的妖怪或魔鬼。还有一个古罗马的讽刺诗人曾把那些躺在阿里奇亚山坡上等待香客的乞丐称为曼尼埃斯。这些说法的纷纭不一以及阿里奇亚的曼尼埃斯·伊吉利埃斯与塔斯库兰的伊吉利埃斯·莱维埃斯之间的分歧,加上这两个名字都与神话中的伊吉利娅名字相似,引起了我们的猜测。加图所记载的传说似乎非常详细,而其撰写人又太有名望,不容我们把它当成一个无根据的虚构而加以放弃;相反,我们可以设想,这个传说谈到的是,古代确实曾由城邦联盟对那个圣殿进行过修缮或重建。总之,它证实了一点,即从历史早期起,那个树林曾经是一个受到——即使不是拉丁全联邦也是这个国家的许多最古老城市——共同崇拜的圣地。

第二节 阿尔忒弥斯和希波吕托斯

我曾说过尽管阿里奇亚的关于俄瑞斯忒斯和希波吕托斯的传说,作为历史毫无价值,但是它能帮助我们透过比较其他圣地的仪式与神话以了解内米的崇拜情况,所以还是有价值的。现在,我们必须提出一个问题:这些传说的作者为什么恰好选择了俄瑞斯忒斯和希波吕托斯来解释维尔比厄斯和森林之王呢?关于俄瑞斯忒斯,回答是明确的。他和那个只有人血才能使之满足的托里克的狄安娜的偶像,可以勉强使人理解阿里奇亚那残忍的祭司承袭制度的由来。至于希波吕托斯的情况就不那么明显了。虽然他的死亡方式很容易地提供了一个理由来说明,为什么所有的马必须被赶出圣树林,但整个制度本身却很难因此得到阐明。我们必须对希波吕托斯崇拜的情况以及传说或神话加以考察,并作进一步的探索。

在特罗曾①地方,有一块著名献给他的圣地,位于几乎被陆地包围的美丽的海湾旁。如今,橘子树和柠檬树以及许多高耸在赫斯珀里得斯花园上空的黑色塔尖似的高大丝柏树,已覆盖了那一长条躺卧在嵯峨群山脚下的肥沃海岸。跨过那隐蔽在开阔的大海边上的沉静海湾里的碧水,屹立着波塞冬的圣岛,岛上圣庙的屋顶被笼罩在松树绿荫之下。就在这优美的海岸边,希波吕托斯受到崇拜。在他的圣地中矗立着一座塑有其古老神像的庙宇,由一位终身任职的祭司在那里侍奉。每年举行一次向他表示敬意的祭祀,而对他的死于非命则年年由未婚的姑娘们以悲哀的赞歌和哭泣来进行哀悼,青年男女也在结婚之前到他的庙里向他敬献华发一束。他的坟墓就在特罗曾,虽然那里的人们不告诉外人它的所在,有人曾非常有道理地设想过:漂亮的希波吕托斯为阿尔忒弥斯所钟爱,夭折于青春年华,于是少女们年年哀悼。在他身上我们看到了他是古代宗教里经常出现的一位女神所钟爱的许多尘世情人之一,而阿多尼斯则是该女神这些情人中最为人熟知的典型人物。据说阿尔忒弥斯和菲德拉对希波吕托斯的爱情的竞争,后来在不同的姓名下又出现了阿弗洛狄忒与普洛塞耳皮娜②对阿多尼斯爱情的争夺,而菲德拉仅只是阿弗洛狄忒的替身

---

① 希腊阿戈利斯湾东北端的一块平原。相信希波吕托斯即死于此地。
② 普洛塞耳皮娜(Proserpina),罗马神话中的冥后,相当于希腊神话中的珀耳塞福涅(Persephone)。

罢了!这种说法无论对希波吕托斯或对阿尔忒弥斯可能都没有什么不公正的地方。因为阿尔忒弥斯原本是一个伟大的丰收女神,根据早期宗教的原则,她既能使大地丰收,她本身亦应是多产的,因之她一定要有一个男性配偶。根据这种观点,希波吕托斯正是阿尔忒弥斯在特罗曾的配偶,而特罗曾的青年男女在婚前向希波吕托斯献发则是用来加深他与女神的结合,从而促进人、畜和土地的丰产。在希波吕托斯的特罗曾圣地中,还供奉着两位名叫达米娅和奥克赛西娅的女性神祇,她们毫无疑问是和土地丰收有密切关系的。这种情况多多少少是对上述观点的证实。当埃皮扎夫罗斯①发生饥馑之时,人们遵从神的启示,用作为圣物的橄榄树木来雕刻她们的塑像,而一旦他们将塑像刻好供奉起来,土地马上就结出了果实。此外,在特罗曾本土,显然是在希波吕托斯的圣地境内,有一种奇特的用扔石头的方式向这些女神(人们称她们为姑娘)表示敬意的典礼。不难指出,为了确保收成好的目的,其他许多地方也有类似的风俗。至于说到年轻的希波吕托斯惨死的故事,我们可以看出它与别的类似故事的雷同之处:在这些故事里,英俊的血肉之躯的青年们,为了和永生的女神们有短暂的爱情欢乐总要付出自己的生命。这类倒霉的情人不能看作仅是神话的题材,有些传说认为,紫罗兰的紫红色、秋牡丹的鲜红颜色,或是玫瑰的艳红光泽,都是由于死去情人溅出的血而染成的。这些故事绝不可看作是无谓的诗的象征,仅仅把青春和美比作转瞬即逝的美丽花朵。这类故事包含着一个更深的哲理——即是关于人的生

---

① 古希腊萨罗尼克海附近地区。

命与大自然生命之间的关系。这个可悲的哲理导致了悲剧性的行为。我们将在本书后面知道这种哲理和这种行为究竟是什么。

第三节 小结

现在我们也许能够理解为什么古人把阿尔忒弥斯的配偶希波吕托斯和维尔比厄斯看成是同一人了。根据塞尔维厄斯的意见,维尔比厄斯同狄安娜的关系跟阿多尼斯同维纳斯或阿蒂斯同众神之母的关系相同。由于狄安娜,正如阿尔忒弥斯那样,也是一位一般主管收获,特别主管生育的女神,因之,也和她的那位希腊对应者一样需要一位男性伴侣。如果塞尔维厄斯是正确的话,那么这位伴侣就是维尔比厄斯了。维尔比厄斯作为圣林的建立者和第一任内米之王,显然就是祭司们的神话中的祖先或原型,那些祭司一代一代地以林中之王的头衔服侍狄安娜,并都像维尔比厄斯一样一个接一个地走向可怕的归宿。这样,自然会使人们推想他们与林中女神的关系也和维尔比厄斯与女神的关系一样。简言之,尘世凡人的林中之王都以林中的狄安娜为自己的王后。试想如果他所拼死捍卫的那棵圣树就是狄安娜的特殊化身(有可能是这样),那么她的祭司可能不只是把它当作女神来尊崇,还把它当作妻子来拥抱。这个设想并无什么荒诞之处,因为甚至到了普林尼[①]时代,一

---

① 普林尼(Pliny,拉丁全名 Gaius Plinius Secundes,23-39),罗马博物学家、作家,人称"大普林尼",出身骑士家庭,历任骑兵指挥、海军司令等职,著作很多,今仅存《自然史》37卷,为研究古罗马科学史的重要文献。其养子小普林尼(约61-约113)也是古罗马著名作家,曾任罗马执政官和俾提尼亚总督,其作品现在仅存《书信集》10卷,颇有史料价值。

位高贵的罗马人还经常这样对待一棵美丽的山毛榉树。该树生长在阿尔巴诺群山里的另一个狄安娜圣林中。他拥抱它,亲吻它,躺在它的树荫下,还把酒泼洒在它的树干上,显然他把那棵树视为女神了。在印度和东方其他地区至今仍然流行着男人或女人跟树木结婚的习俗,为什么在古代罗马就不能有类似的事呢?

把上述情况作为一个整体来回顾,我们可以总结如下:对内米圣林中狄安娜的崇拜,起源于极久远的古代,并且具有极大的重要性,人们尊崇她为主管森林、野兽以至家畜和大地丰产的女神。信仰她能保佑人们多子多孙和帮助母亲们顺利分娩,她的圣火即一个圆形庙宇中的长明灯,由贞女们侍奉。与她在一起的还有一位清泉女神伊吉利娅,她解救妇女们的分娩之痛,以此来分担本属于狄安娜的圣职。人们还认为,她曾与一位古老的罗马国王在圣林中结合,另外,"林中的狄安娜"自己也有一位名为维尔比厄斯的男性伴侣,他俩之间的关系正如阿多尼斯之于维纳斯或阿蒂斯之于库柏勒一样,这位神话中的维尔比厄斯在有史时期则以一代代的祭司的面貌出现,他们被称为林中之王,他们照规矩总是死在他们的继承者的宝剑之下,而他们的生命又与林中的一株神圣的树息息相关,只有那棵树未受损伤,他们才能不遭攻击,平安无恙。

很明显,这些结论本身并不能圆满地解释这种祭司承袭制度的特殊性。但假如从一个更广阔的领域进行观察就可能引导我们这样认为,即:它们已包含着这个问题的答案的胚芽。我们现在就要着手进行这种广泛的考察。它将是长期而艰辛的,但在探索的航程中却有令人着迷和发生兴趣的东西。我们将造访许多有着奇异风土人情的异国。现在风已吹来,让我们扬起白帆开始航行,暂时告别意大利海岸吧!

第二章 祭司兼国王[①]

我们提出来要自己回答的问题主要是两个：第一，为什么内米的狄安娜的祭司，即林中之王，必须杀死他的前任祭司？第二，为什么这样做之前他又必须去折下长在某棵树上的、被古代人公认为就是"维吉尔的金枝"的树枝？

我们首先注意的是那位祭司的称号。为什么他被称为林中之王呢？为什么他的职位被说成是王位呢？

把王位称号和祭司职务结合在一起，这在古意大利和古希腊是相当普遍的。在罗马和古罗马其他城市都有一个祭司被称为"祭祀王"或"主持祀仪的王"，而他的妻子则拥有"主持祀仪的王后"的称号。在共和政体的雅典，第二位（就其重要性而言）地方长官（一年一选）也被称为王，他的妻子也叫王后，两人的职务其实都是宗教方面的。其他许多希腊民主城邦都有名义上的王，据已知情况看，他们的职责似乎都是主持祭祀而且以城邦的祭火为核心。一些希腊城邦甚至有好几个这样名义上的王同时任职。根据传说，罗马是在废除君主政权之后，指定了一个"祭祀王"，由他来主持过去由国王们负责的祭祀典仪。同样的关于祭祀王由

---

① 泛指早期社会的一切行政首领，这里姑且译为"国王"。

第二章 祭司兼国王

来的传说,似乎也流传在希腊。这种情况有斯巴达的实例为证,它在当时几乎是唯一保留了君主政体的希腊城邦。在斯巴达,全国性的牺牲祭品皆由作为神的后裔的君王们奉献。斯巴达的两个国王,一个主持对拉瑟第蒙①的宙斯的祭祀,另一个主持对上天的宙斯的祭祀。

人们都熟悉这种神职与王权的结合。例如,在一些伟大宗教发源地的小亚细亚,聚居着千千万万受大祭司统治的神奴,这些大祭司就如中世纪的罗马教皇一样,同时掌握着世俗之权与神权。像这样的"祭司统治"的城市有泽拉和佩西纳斯;又如条顿民族的国王们在古老的异教信仰时代,其所处地位与所执掌的权力都犹如祭司长;而中国的皇帝们也都主持公共祭典,其礼仪细节则是由经书《礼记》加以规定的,马达加斯加的国王就是王国的祭司长。在新年佳节,当一头阉牛幸运地被王国用来祭祀时,国王就站在一旁监督,并祈祷谢恩。在那些仍然保持着独立的东非盖拉人的君权国家里,国王在山顶上举行祭典,主管对那些人牺的杀祭;我们还可以从一个令人神往的中美洲国家的某些古代传统习俗的朦胧启示中看到类似的把世俗权力与神权、王位与祭司职位集中于国王身上的情况。该地区的古老首府早已埋葬在繁茂的热带森林之下,仅可在帕伦克②庄严而神秘的废墟上见其痕迹。

当我们指出古代国王通常也是祭司的时候,并未详尽阐明其官职的宗教方面的内容。在那些年代里,笼罩在国王身上的神性

---

① 拉瑟第蒙,是斯巴达的别称。
② 今墨西哥奇亚帕斯省内北部的一个村庄,古玛雅人文化的废墟所在。

绝非是空洞的言辞,而是一种发自坚定的信仰的表达。在很多情况下,国王不只是被当成祭司,即作为人与神之间的联系人而受到尊崇,而是被当作神灵。他能降福给他的臣民和崇拜者,这种赐福通常被认为是凡人力所不及的,只有向超人或神灵祈求并供献祭品才能获得。因而国王们又经常被期望着能赐予国家风调雨顺、五谷丰登等等。这种期望,必然使现代人感到奇怪,但对早期人类来说,这是一种十分自然的思想方式。尽管对较开化的人来说,这种自然与超自然之间的区别是明显的,但对野蛮人来说,他想象不出这两者间有什么区别。在他看来,世界在很大程度上是受超自然力支配的,也就是说,这种超自然力来自具有人性的神灵们,他们如他自己一样,凭一时冲动和个人意愿而行动,又像他自己一样极易因人们的怜悯、希望与恐惧而感动。在一个被如此想象的世界里,开化的人认为自己影响自然过程以谋自身利益的这种力量是无限的。他以为通过祈求、许诺或威胁,就可以从神灵那里获得好的气候与丰盛的谷物。而如果有哪个野蛮人竟然相信自己是某个神的化身,那他就不必再诉诸更高的神灵了。他,一个野蛮人,自身就拥有为促进自己及同伴们的幸福所必需的全部力量。

这是导致出现"人神"概念的一种途径。此外,还有另一种途径。除了认为世界是充满了神力的观念之外,未开化的人们还具有一种不同的,也许是更为古老的观念。在这种观念里我们可以发现关于自然法则的现代观念的胚芽,或者说把自然看作是不受人的干扰,按不变的秩序出现的一系列事态的这种现代观念的胚芽。我们说的这种胚芽包含在我们所谓的"交感巫术"里。那种

第二章　祭司兼国王

巫术曾盛行在大多数迷信体系中。在早期社会,国王通常既是祭司又是巫师。确实,他经常被人们想象为精通某种法术,并以此获得权力。因此为了理解王权及其神性的进化——在未开化的人们看来,是因为国王具有这种神性才授予他这种职位的——就必须对巫术原理有所了解,同时对于在各个时代和所有国家里深深扎根于人们心中的古代迷信也应有一些概念。为此,我们打算详细地讨论一下这个题目。

第三章 交感巫术

第一节 巫术的原理

如果我们分析巫术赖以建立的思想原则,便会发现它们可以归结为两个方面:第一是"同类相生"或果必同因;第二是"物体一经互相接触,在中断实体接触后还会继续远距离地互相作用"。前者可称之为"相似律",后者可称作"接触律"或"触染律"。巫术根据第一个原则即"相似律"引申出,他能够仅仅通过模仿就实现任何他想做的事;从第二个原则出发,他断定,他能通过一个物体来对一个人施加影响,只要该物体曾被那个人接触过,不论该物体是否为该人身体之一部分。基于相似律的法术叫作"顺势巫术"或"模拟巫术"。基于接触律或触染律的法术叫作"接触巫术"。用"顺势"这样的字眼来表示两类巫术中的第一类可能更好一些,因为,如果采用"模仿"或"模拟"这种术语,即使不是暗示也会使人想到有一个自觉的行为者在进行模仿,那就把巫术的范围限制得太狭窄了。巫师盲目地相信他施法时所应用的那些原则也同样可以用来支配无生命的自然界的运转。换句话说,他心中断定,这种"相似"和"接触"的规律不局限于人类的活动,而是可以普遍应用的。总之,巫术是一种被歪曲了的自然规律的体系,也是一套谬误的指导行动的准则;它是一种科学,也是一种没有

第三章 交感巫术

成效的技艺。巫术,作为一种自然法则体系,即关于决定世上各种事件发生顺序规律的一种陈述,可称之为"理论巫术";而巫术作为人们为达到其目的所必须遵守的戒律,则可称之为"应用巫术"。同时,应当看到:最初的巫师们是仅仅从巫术应用的角度来看待巫术的,他从不分析他的巫术所依据的心理过程,也从不思考他的活动所包含的抽象原理,他也和其他绝大多数人一样,根本不大理会逻辑推理。他进行推理却并不了解其智力活动过程,就像他消化食物却对其生理过程完全无知一样,而这两个过程对这两种活动都是最必要的。简言之,对他来说巫术始终是一种技艺,而从不是一种科学。在他那尚未开化的头脑里还谈不上有任何关于科学的概念。哲学研究者应该探索构成巫师活动的思想状况,从一团乱麻中抽出几条线索来,从具体应用中分析出抽象原理来。总之,要从这种假技艺后面辨别出它的伪科学的性质来。

如果我对巫师逻辑的分析是正确的话,那么它的两大"原理"便纯粹是"联想"的两种不同的错误应用而已。"顺势巫术"是根据对"相似"的联想而建立的;而"接触巫术"则是根据"接触"的联想而建立的。"顺势巫术"所犯的错误是把彼此相似的东西看成同一个东西;"接触巫术"所犯的错误是把互相接触过的东西看成总是保持接触。但在实践中,这两种巫术经常是合在一起进行。或者,更确切地说,顺势或模拟巫术可以自己独立进行下去,而接触巫术,我们常发现它需要同时运用顺势或模拟原则才能进行。通过这种一般陈述,对这两种巫术可能还有些难以理解,但若用具体的实例加以说明,它们便容易理解了。两者的思路其实都是极为简单和基本的。情况就是这样,尽管在理论上它们不仅不为智力浅薄的野蛮人,而且也不为世界各地无知的、智力迟钝的人们所熟悉,但是这两种人在具体实践上对它们还是熟悉的。把"顺势"和"接触"这两类巫术都归于"交感巫术"这个总的名称之下可能更便于理解,因为两者都认为物体通过某种神秘的交感可以远距离地相互作用,通过一种我们看不见的"以太"把一物体的推动力传输给另一物体。这与现代科学为了与此完全相同的目的,即为了说明物体怎样通过似乎是空无一物的空间而发生物理作用,便假定有这样一种"以太",并没有多大的区别。

为便于表达,根据这类巫术所由产生的思想原则,特将巫术分类列表如下:

现在我用事例来解释交感巫术这两大分支,先来说说顺势巫术吧!

第二节 顺势或模拟巫术

在各种不同的时代,许多人都曾企图通过破坏或毁掉敌人的偶像来伤害或消灭他的敌人。他们相信,敌人将在其偶像受创伤的同时,本人也受到伤害,在偶像被毁掉的同时,本人也会死去。这可能是"同类相生"这个原则最常见的应用了。只要从大量事

第三章 交感巫术

实中列举少数例证,即可说明这种习俗在全世界流传之广和持续年代之久。数千年前的古代印度、巴比伦、埃及以及希腊、罗马的巫师们都深知这一习俗,今天澳大利亚、非洲和苏格兰的狡诈的、心怀歹意的人仍然采用这种做法。我们还听说过北美印第安人也有一种类似的做法:他们把某个人的像画在沙子上、灰烬上、泥土上,或任何其他被认为可以代替其真身的东西上,然后用尖棍刺它或给予其他形式的损伤。他们相信,这样一来,画像所代表的那个人就会受到相应的伤害。例如:当一位奥吉布瓦印第安人企图加害于某人时,他就按照那仇人的模样制作一个小木偶,然后将一根针刺入其头部或心部,或把箭头射进去。他相信就在他刺入或射穿偶像的同时,仇人身体上相应部位也立即感到剧痛。如他想马上杀死这个人,便一面念咒语,一面将这个木偶焚烧或埋葬。秘鲁的印第安人用脂肪和谷粉捏制出他所讨厌或惧怕的人的塑像,并在那位受害者将要经过的路上把它烧毁,他们称此为"烧掉那人的灵魂"。

马来人有类似的法术:你如果想使某人死掉,首先你就得收集他身上每个部分的代表物,如指甲屑、头发、眉毛、唾液等等。然后,从蜜蜂的空巢中取来蜂蜡,将它们粘在一起做成此人的蜡像,连续七个晚上将此蜡像放在灯焰上慢慢烤化。烤时还要反复说:"我烧的不是蜡啊。烧的是某某人的脾脏、心、肝!"在第七个晚上烧完蜡像之后,你要谋害的人就将死去。这种法术显然结合了"顺势巫术"和"接触巫术"的原则,因为所做偶像是模仿了一个敌人,偶像身上的指甲、头发、唾液等等又是曾经接触过他本人身体上的东西。马来法术的另一种形式则更接近于奥吉布瓦印第安人的巫术,即:用空蜂巢中的蜡做一个大约一个脚印那么长的尸体模型,若刺偶像眼睛,敌人的眼睛就瞎了;若刺它肚子,他就胃疼;若刺它脑袋,他就头疼;刺它胸膛,他就胸口疼。如果你干脆要杀死他,就从头顶往下将这偶像戳穿。用寿衣将它包裹起来,就像你包裹真的尸体一样,向它祈祷,就如同向真的死者祈祷一样,然后就把它埋在你的仇敌肯定会踩得着的那条路中间。为了他的血不至于溅到你的头上,你还必须说:"不是我在埋他,是加百列[①]在埋他。"

这样一来,谋杀罪就会落在大天使加百列的肩上,让他来承担罪名,这当然比你自己承担要强得太多了。

"顺势"或"模拟"巫术通常是利用偶像为达到将可憎的人赶出世界这一充满仇恨的目的而施行的,但是,它也曾被用于善良的愿望,帮助另外一些人来到这个世界,尽管这种情况比较少见。换言之,它也曾被用以催生或使不孕妇女怀胎生子。在苏门答腊岛上的巴塔克人,一个不孕妇女为了想当妈妈,就制作一个木偶婴儿抱在膝上,相信这会使她的愿望得到实现;在巴巴尔群岛,如果一个女人想要生孩子,她就请来一个有众多孩子的父亲为她向太阳神尤珀勒罗祈祷。他先用红棉布做一个娃娃,让这女人紧紧抱在怀里,就像正在喂奶似的。然后,他拿来一只鸡,抓着鸡腿举在女人的头上说道:"啊,尤珀勒罗,请享用这只鸡吧!请赐给,请降生一个孩子吧!我恳求您,我哀求您,让一个孩子降生在我手

---

① 加百列(Gabriel),基督教《圣经》中说的七位天使之一,向世人传播"上帝福音"。加百列大天使的事迹见《旧约·但以理书》第8章第15－27节;《新约·路加福音》第1章第8－20节。

第三章 交感巫术

中,坐在我膝上吧!"然后他问这个女人:"孩子来了吗?"而她回答:"是的,它已经在吸奶了。"在这以后,这个男人把鸡举在她丈夫的头上,口中念念有词进行祈祷。最后,把鸡杀死并将它和一些槟榔叶一起摆在家庭祭坛上。做完这个仪式,就给村里传出话,说这女人已在床上分娩了,她的女友们就来向她贺喜。在这里,这种假装生下了一个孩子的仪式是一种真正的巫术礼仪,用模拟或仿效的办法以图真能生下一个孩子。但为了增加这种巫术的效力,又加上了祈祷和供献祭品。换言之,就是将宗教掺入巫术,从而加强了巫术。

在婆罗洲的达雅克人[①],当一个妇女难产时,就叫来一个男巫,以合理巧妙的手法操弄产妇的身体来进行助产;而同时另一个男巫在门外,却用我们认为完全是非理性的方式以期达到同样目的。实际上,他是在假装那个孕妇,把一块大石头放在他的肚子上,并用布连身子一起裹起来以表示婴儿正在子宫中,然后,照着在真正助产地点的那个男巫对他高声喊出的指示来行动,他移动他身上的假婴儿,模拟着母腹内真婴儿的躁动,直到孩子生出来。

这种假装的扮演活动是孩子们最喜欢的游戏,却成为未开化民族的巫术。有些民族在收养子女时,或者当某人被误以为死亡时,所举行的仪式就是假装扮演"模拟诞生"。如果你扮演一次假装生产的活动,使一个孩子甚至使一个大胡子男人降生人世,那

---

① 达雅克人(Dayak,或 Dyak),婆罗洲(现加里曼丹)的土著非穆斯林民族,其重要的大群体有婆罗洲中部和东部的巴豪诸部落(包括卡扬人和克尼亚人),婆罗洲南部的恩加朱诸部落;婆罗洲西南部的陆地达雅克人,沙捞越的伊旺人或伊班族人。

么,即使他的血管中没有你的一滴血,从原始的法律和哲理看来,他实际上就真的是你的儿子了。狄奥多罗斯①告诉我们,当宙斯说服了他那好嫉妒的妻子赫拉(一译希拉)收养赫拉克勒斯②时,女神便躺在床上,把这位魁伟的英雄抱在怀里,并推着他透过她的衣裙掉下地来模拟一次真的降生。而这位哲学家还补充说:到了他的时代,在野蛮人中仍然用这方式来收养孩子。据说直到目前在保加利亚和波斯尼亚③的土耳其人还保留着这种做法:一个女人把她要收养的孩子放在她的衣服里,又推又拉地从衣服里钻出来,从此以后,这孩子就被认定是她的真正儿子,并可继承养父母的全部财产。在沙捞越④的比拉万人中,当一个妇女要收养一个成年男人或女人时,就举行一次人数众多的宴会。养母当众坐在用布盖着的高椅子上,让被收养人由椅子后面从她两腿之间爬出来。他一露出头来,立即就有一阵槟榔子香花向他撒来,并将他与养母绑在一起,这一对被捆绑的养母子(女)摇摇摆摆地共同走到屋子的尽头,再走回到所有在场人面前。这种将两人捆在一起,真实模拟孩子诞生而产生的相互连结,须严格遵守。收养的孩子受到保护,虐待他们要比虐待亲生子女更遭人憎恨。在古希

---

① 狄奥多罗斯(Diodorus Siculus,约前90 - 前21),古希腊历史学家,著有希腊文《世界史》40卷,今仅存1-5、11-20卷及一些残篇,为后世保留了不少已佚的古代作家的作品。

② 希腊神话中最著名的英雄,相当于罗马神话中的赫丘利(Hercles),以健壮有力、勇敢、耐心、善良、富于同情心而受到人们称赞。

③ 在南斯拉夫中部,古时为一独立小国。14世纪后与黑塞哥维那合并,今为波斯尼亚和黑塞哥维那共和国。

④ 婆罗洲的北部、中部和西北部,现为马来西亚的一个州。

第三章 交感巫术

腊,任何男人如果被误认为已经死亡而且在形式上已为他举行过葬礼,那么除非让他经过如下所述的重新诞生仪式,不然,他就仍将被社会当成已故的人对待。该仪式的过程是:他得从一个女人的衣裙下钻过,然后洗净全身,包裹在褟褓之中送给奶妈。在这些仪式没有认真履行之前,他不得混在活人中间自由活动。古代印度也有相似的情况,被误认为已经死去的人回来之后,第一个晚上必须整夜坐在一个盛满油水混合液的木桶中,两手握拳,一言不发,就像婴儿在子宫中一样。与此同时还给他举行那些通常要对一个孕妇举行的全部圣礼。第二天早上,他从木桶中出来之后,还必须举行那些在他长大成人过程中所经过的所有仪式,特别是结婚典礼,娶一个妻子,或与他原来的妻子庄严地再举行一次婚礼。

顺势巫术的另一个良善的用途是防治病痛。古代印度人为了治愈黄疸病,根据顺势巫术原则举行一次精心安排的仪式,其要旨是想要把黄颜色从病人身上转移给通常是带黄色的牲畜或别的东西(如太阳光),并且把健康的红颜色从一个活跃的、生命力旺盛的红色公牛身上转移给病人。为了这个目的,一个巫师朗诵咒语如下:"到太阳那里去吧!你的心痛病,你的黄疸病!我们将用红色公牛的颜色来包藏你!我们将你包藏在红色之中,使你长寿。让这个人从黄色之中解脱出来免于伤痛吧!母牛之神是罗希尼(rohinih),她们本身更红——我们定将你包容在她们的全部神体和神力之中。定将你的黄疸病转给鹦鹉,转给画眉甚至转给那黄色的鹳鸰!"当这位巫师念着这些咒语时,为了给这个肤色灰黄的病人注入健康的玫瑰色,还取来混有红色公牛毛的水,让病人慢慢喝下去。巫师先把水泼洒在那头畜牲的背脊上,让病人吸吮，再叫病人坐在一块红色公牛皮上，还把一小块牛皮绑在他身上。然后，为了进一步改善他的肤色以彻底根除黄斑，他继续施行"治疗"：先用姜黄（一种黄色植物）制成的黄色粥汤，用它把病人从头到脚遍体涂抹，然后把他放在床上，床脚还套上一根黄绳，绳上拴有三只鸟：鹦鹉、画眉、黄色鹡鸰，接着向病人身上泼水，以洗去黄色粥汤，从而那黄疸病也就随之从他身上转到鸟身上去了。在此之后，为给病人肤色以最后的红润，巫师拿来一些红色公牛毛，用金色的树叶包起来，并粘在病人的皮肤上。古代人还相信如果一个黄疸病人锐利地注视着一只石鸰，而那鸟也死死地盯着他，那他的病就会痊愈。正如普鲁塔克所说："这种鸟具有这样的本性或气质：即能透过目光，使病人身上之疾病若溪水般流出并注入它的身体。"由于鸟贩子了解了石鸰的这种宝贵价值，所以当他们有这种鸟要出售时，就仔细地把鸟笼遮起来，否则黄疸病人可以随意看到它因而病愈，却不花半毛钱。这种鸟的功效不在于它的颜色，而在于它那双金色大眼可以本能地驱赶黄疸病。普林尼述说过另一种鸟，也许就是这种鸟的故事，古希腊人把这种鸟叫作黄疸病鸟，因为一旦一个黄疸病人见了它，这种病就会离开他而杀死那只鸟。他还提到过一种石头可以治病，因为这种石头的颜色很像黄疸病患者的皮肤颜色。

顺势巫术的一个很大的优点在于，治病过程中可以在医生身上而不必在病人身上进行和完成：只要患者看到他的医生在他面前装作极度痛苦的样子在地上打滚，于是他就解除了所有的病痛和麻烦。例如：法国佩尔什的农民以为病人之所以发生持续性呕吐痉挛，是胃在肚内"脱了钩"掉下来所致。因此，便请来医生把

第三章 交感巫术

这个器官恢复原位。医师在看到病人有呕吐征兆时,自己立即做出一些最可怕的扭曲动作,以便使自己的胃也"脱钩",这种努力成功后,他再做出另外一些为了把胃重新"挂好钩"的扭曲和愁眉苦脸的动作。在这同时,病人也就相应地体验到一种病痛的解除,并为此付出五法郎的酬金。与此相类似,当一个达雅克医师被请来治病时,他先躺下来装死。于是他被当成一具尸体用席子裹起来抬到屋外放在地上。大约一个钟头后另一个医师解开席子,把这个装死的人救活过来,而在他复生的同时病人也似乎得到了康复。一种基于顺势巫术原则的肿瘤治疗法,曾由狄奥多西一世①的宫廷医师,出生于法国波尔多的马塞勒斯在其奇怪的医疗活动中施行过。他的做法如下:取一支马鞭根草,从中间剖开,一半绕在病人颈上,另一半以烟火熏烤,当马鞭草被烤干时,肿瘤也就会干缩消失,如日后发现病人对这位好医师忘恩负义,后者对前者很容易进行报复,他只要将这支马鞭草根扔进水中,当草根重新吸收水分膨胀起来,肿瘤也将复原。这位知识丰富的人还向你推荐:若你为粉刺所扰,就盯着天上的流星,当看到流星在天空飞落时,就立即用布或用顺手能拿得到的任何东西擦拭你的粉刺,正如流星从天上落下一样,你的粉刺也就从你身上掉下来了。不过千万注意别直接用手去擦,否则那些疙瘩就会转移到手上去。

此外,在古代希腊人和渔夫为求得丰富的食物而采取的各种措施中,顺势巫术和整个交感巫术起了重要的作用。根据"相似

---

① 狄奥多西一世(Theodoius Ⅰ,347-395)曾为罗马将军,后为古罗马皇帝(371-395),经过罗多战争使罗马帝国重获统一。临死前把罗马帝国东部分给长子,西部分给次子,罗马帝国遂正式分裂为东、西罗马帝国。

的东西产生相似的东西"的原则,他们要做许多事情来精细地模拟他们所要寻求的结果,而另一方面有许多事情他们又要小心地加以避免,因为这些事情或多或少被想象为与那些可能真正招致灾害的事相似。

没有任何地方比澳大利亚中部的荒瘠地区更加系统地实地运用了交感巫术的原理,以争取丰足的食物。在这里,各部落划分为许多图腾氏族,为了本氏族的共同幸福,每个氏族都有责任利用巫术仪式来增殖它的图腾生物。绝大多数的图腾都是可食用的动物或植物,因而这些仪式通常都是为保证这个氏族的食物或其他生活必需品的供应而举行的。这些仪式一般都含有人们所要产生的效果的模拟。换言之,采用的巫术是顺势的或模拟的。在瓦拉蒙加部落里,白鹦鹉图腾的头人手执这种鸟的模拟像,模仿它求偶的刺耳的鸣叫,用这种方式来求得白鹦鹉的繁殖;在阿伦塔部落里,白蛴螬图腾的男人们举行仪式来增殖蛴螬,因为这种昆虫在这个部落的成员中是作为食物享用的,其中一种仪式是用一场哑剧来描述这种已经发育完全的昆虫从它的蛹里蜕变出来的动作。人们架起一个树枝做的狭长蛹道,以象征蛴螬的蛹虫。在这个建筑物里,坐着一些来自以蛴螬作为图腾的部落男人,他们用歌唱表示这个生物的各个发育阶段,然后以一种下蹲的姿势慢吞吞地走出来,他们一边做脱出蛹茧的动作,一边唱着歌,歌唱这种昆虫正从它的蛹里蜕变出来。他们认为这样的仪式会使蛴螬增多。还有,为了增殖鸸鹋这种重要的食用鸟,鸸鹋图腾的男人们在地上描绘出他们图腾的神圣图样,特别是他是最爱吃鸸鹋的脂肪和蛋的图样。他们围坐在图画的四周唱歌。然后表演者们戴上头饰以装扮鸸鹋那长长的脖子和小小的脑袋,并模仿这种鸟呆立和无目的地环顾的样子。

英属哥伦比亚印第安人的生活,大多依赖他们河里与海里丰富的渔产资源。如果鱼群在应来的季节里不来,他们就得挨饿。于是他们就请一位努特卡里男巫做成一个游鱼的模型,放在鱼群通常会来的水域中。在举行这种仪式时还要念诵祈求鱼群游来的祷告,这样,鱼群就会立即游来。托雷斯海峡的岛民用儒艮①和海龟的模型迷惑儒艮和海龟前来上钩。中西里伯斯群岛上的托拉查人相信,同种类的东西通过它们内在的同属于一种强而有力的以太所散发出来的灵气互相吸引,于是他们就把鹿和野猪的颚骨悬挂在家里,以便赋予这些骨头以生命的灵气,而驱使它的同类来到猎人经过的道上。在尼亚斯岛上,当一只野猪落入陷阱以后,就把它抓上来并用九片树叶擦其背脊。这是由于当地人相信,正如九片叶子从树上掉下来一样,也会有九头野猪掉入陷阱。在东印度群岛的萨帕罗伊、哈鲁库和诺伊萨劳特岛上,当一个渔民要出海捕鱼时,他找出一株其果实被鸟啄得很厉害的树,砍其一段粗大的树枝,并将它做成他渔船上的主桅杆。他相信正如这株树能用其果实来吸引鸟类一样,它的树枝也将在捕鱼期间吸引许多鱼前来。

在英属新几内亚的西部部落中,施行这样一种巫术去帮助猎人刺杀儒艮或海龟:人们把一种经常在可可树上爬行的小甲虫放入矛柄顶端的空心里,然后插上矛头。这样,就像那种小甲虫在

---

① 一种水栖草食的哺乳动物。

叮人时能很快刺入人的皮肤一样,矛头也被认为将能很快刺进儒艮或野猪的身体。当一个柬埔寨猎人已经下了网而毫无所获时,他就脱光衣服走一段距离,然后蹓跶到网前,假装没有看见它而让自己被网住,并大声喊:"哎呀,这是怎么回事?""我大概是被捉住了!"在那以后,这副网就被认定可以捕获猎物了。在我们苏格兰高地,一种类似的哑剧至今还保留在人们的记忆中。现今尚在凯思内斯的雷伊地方任职的詹姆斯·麦克唐纳牧师告诉我们:他在童年时代曾和同伴们到洛克·阿林一带去钓鱼,如果好长时间没有鱼上钩,他们就常常从船上把一个同伴扔到水里,然后再将他拽出水面,好像他就是一条鱼,这样一来,鳟鱼或"煤鱼"就会咬饵了。究竟是哪种鱼来咬饵,要看当时船是在淡水还是咸水中行驶。卡利尔印第安人在外出用陷阱捕杀貂鼠之前,他用一根小棍压在自己脖子上,并睡在火旁大约十个晚上,他认为这就会自然地导致陷阱里的"套棍"会落在貂鼠的脖子上。新几内亚西面有一个大岛,叫哈尔马赫拉岛,在它的北部地区居住着加勒拉里人。他们有一种规矩:当持枪出外打猎时,子弹上膛前必须把子弹含在嘴里。这样一来等于你在吃那颗子弹所击中的猎物,因此你将弹无虚发。马来人在用诱饵设好套,等候捕捉鳄鱼的结果时,必须十分细心地吃咖喱饭食,一般是在开始用餐时连续吞下三个米饭团。他们认为这样可以帮助诱饵顺利通过鳄鱼的咽喉。他们还同样细心地防止吐出咖喱饭中的骨头,因为,如果他这么做了,那就等于说,那根串着诱饵的尖棍会被摆脱掉,这样鳄鱼也就捉不住了。因而在这种情况下,猎人在开饭之前是很谨慎的,他要先请别人替他把饭中的骨头挑出去,否则他就可能或者吞下骨头

第三章 交感巫术

或者失去鳄鱼,二者必居其一。

一个猎人根据"同类相生"的原则,如果不想失掉好机会,就必须避免做一些事情,上面所列举的最后一条规则就是这方面的实例。由此,我们观察到"交感巫术"的体系不仅包含了积极的规则,也包括了大量消极的规则,即禁忌。它告诉你的不只是应该做什么,也还有不能做什么。积极性规则是法术,而消极性规则是禁忌。事实上全部或绝大部分禁忌的原则似乎仅只是"交感巫术"的相似律与接触律这两大原则的特殊应用,尽管这些规则肯定并未用文字规定下来,甚至也没有被野蛮人抽象成条理,但他仍然暗中相信他能相当自由地根据人类的意志使用它们,以左右自然的进程。他以为:如果他按照一定方式行动,那么,根据那些规则之一将必然得到一定的结果。而如果某种特定行为的后果对他将是不愉快的和危险的,他就自然要很小心地不要那样行动,以免承受这种后果。换言之,他不去做那类根据他对因果关系的错误理解而错误地相信会带来灾害的事情。简言之,他使自己服从于禁忌。这样,禁忌就成了应用巫术中的消极应用。积极的巫术或法术说:"这样做就会发生什么什么事";而消极的巫术或禁忌则说:"别这样做,以免发生什么什么事。"积极的巫术或法术的目的在于获得一个希望得到的结果,而消极的巫术或禁忌的目的则在于要避免不希望得到的结果。但无论是所希望的或所不希望的结果似乎都是与相似律和接触律相关联的。正如希望得到的结果并不真正是由于遵守了巫术仪式而取得的一样,可怕的结果也并非真由于触犯了禁忌才出现。如果那个设想的不幸必然要跟随犯忌而到来,那么禁忌也就不成其为禁忌,而是一种劝人行善的箴言或一种普通的常识了。"不要把手放在火中",这句话并不是禁忌,而只是一种常识性的道理。因为这种行为如不禁止,必然要造成实在的后果,而不是一种想象的不幸。简言之,我们称之为禁忌的那些消极性箴言,跟我们称之为巫术的积极性箴言一样,都是虚幻无用的。这两者纯为一体之两面:两者同样犯了惨重的谬误,或联想的错误观念,只是两者表现在两个相反的方面,或互相对立的方向而已。法术是这种谬误的正极,而禁忌则是其负极。如果我们以"巫术"作为这个包括理论与实践两方面的整个错误体系的总名称,那么禁忌则可定义为应用巫术的消极作用,现将其相互关系列表如下:

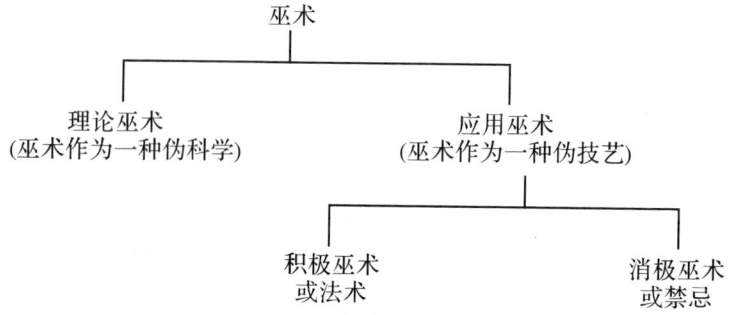

上面是我对禁忌及其与巫术的关系的看法。我还将提出一些猎手、渔夫和别的人们恪守禁忌的例子,并进一步说明禁忌之所以被归类于交感巫术,是因为它们只不过是它的一般理论的特殊应用而已。例如,爱斯基摩人的孩子被禁止玩"翻花篮"①的游

---

① 一种儿童游戏,一个孩子把绳套绕在手指上,构成一种花样,另一个孩子从他手上翻接过来,构成另一种花样,如"手绢儿"、"面条"等等,各地区、各民族的叫法不一。

第三章 交感巫术

戏,因为如果这么做了,在他们今后生活中可能发生手指被鱼叉绳缠住的事故。这种禁忌显然是作为顺势巫术基础的相似律的应用。孩子在玩翻绳套时手指若被绳子缠住了,孩子长大后捕鲸时,他的手指也将被系鱼叉的绳子缠住;又如在喀尔巴阡山区的胡祖尔人那里,当猎人吃饭时,他的妻子是不可以纺纱的,否则猎物也将会如纺锤一样转来转去,以致猎人难以击中它。在这里再次清楚地表明,禁忌是来源于相似律的。与此类似,在古代意大利的多数地方,法律禁止妇女在行走时纺纱,甚至不许在公路上公开带纺锤,因为任何这样的行为都被认为将损害庄稼收成。那时的想法很可能是这样:纺锤的旋转将使农作物茎秆也扭曲不能竖直成长。与此类似,还有库页岛的阿伊努人,孕妇在产前两个月内不能纺纱或搓绳子,因为他们认为如果她这么做了,孩子的内脏也将像纱线一样缠绞起来。由于同样的原因,在比拉斯普尔(印度的一个行政区),当村长召集会议时,任何出席者不得转动纺锤,他们认为如果发生这种事,则他们的讨论将如纺锤一样转圈,永远得不到结果;在东印度群岛,任何人来到猎人的屋子时,都必须一直进入而不得在门外徘徊,否则猎物将学他的样子在陷阱前面停下来并转而走开,不致被捕,由于类似原因,在中西里伯斯岛上的托拉查人那里,任何人不得在住有孕妇的房前阶梯上站立或停留,因为这样的停留将迟延孩子的诞生;在苏门答腊各地,在这种情况下的妇女本人也不得站在门口或房前的台阶上,否则她将由于轻率地忽视如此基本的注意事项而遭受难产之苦;马来人在他要去搜寻樟脑时便干咽食物,且小心地不将盐块捣得太碎。其道理在于樟脑是以颗粒形式藏在樟脑树干的裂缝中,这使马来人认为如果在寻找樟脑时吃了碎盐粒,他找到的樟脑也会是碎粒,只有吃大颗粒粗盐才可保证找到大颗粒的樟脑;婆罗洲的樟脑搜寻者采用棕榈树叶柄的坚韧外皮当作食盘。在其整个远征过程中都不洗刷它,害怕会因此使樟脑也从树缝中溶解和消失。显然,他们以为,洗刷食盘就意味着将樟脑晶体从它嵌入其树缝中的树上冲洗掉;虫胶是老挝(暹罗的一个地区)一些地方的主要产品。这是由一种红色小虫在嫩枝上所吐出的含树脂胶体。而这种小虫必须用人手将其放在嫩树枝上。所有从事收集虫胶的人严禁洗身,特别是严禁洗头,以防由于洗掉了头发上的寄生虫就会使胶虫也从树枝上掉下;还有,当一个布莱克福特[①]印第安人捕猎老鹰又正好发现一只鹰时,无论如何也不能吃玫瑰花蕾。他解释说:如果他吃了,而一只鹰又已落在网套附近,那么他肚子里的玫瑰花蕾将使那只鹰发痒,这样它就不去吃饵食而只愿坐在那里搔痒。根据同样的思路,猎鹰者也禁止在看守他设的罗网时使用锥子,因为如果他用一支锥子来搔痒,那只鹰就会去抓他。如果他正外出跟踪鹰,而家中的妻子、孩子们使用锥子,同样不幸的后果也将随之到来。因而当他不在家时,他们是不许动用这类工具的,以免使他置身在危险之中。

在野蛮人所恪守的禁忌中,大概没有比禁止吃某些食物更常见或更主要的了,而这些禁忌中许多都可以得到证明是来源于相似律的,从而也是消极巫术的例证。例如野蛮人常常为了获得某些他所希望的素质,而去吃那些他相信具有这些素质的动物或植

---

① 北美阿尔公金族印第安人的一支,主要聚居在美国蒙大拿州。

物,他也要避免吃那些他相信会染有他不想要的素质的动植物。前者,他采用了积极巫术,而后者则采用了消极巫术。这种积极巫术的许多例证我们将在后面遇到。在这里我将举出少量的有关这类消极巫术或禁忌的例子:例如,马达加斯加的士兵们被禁止吃一系列的食物。根据顺势巫术的原则,这样做就可以防止他们被那些特殊的食物所固有的危险和不合需要的素质所感染。于是,他们不得品尝刺猬肉,"因为担心这样动物一遇惊吓就缩成一团的特性,将给予吃了刺猬肉的人以一种胆小畏缩的性格";还有,任何士兵不得吃公牛膝,免得他像公牛一样膝盖变软而不能行军;再者,这些战士也要小心地避免吃死于争斗的公鸡或任何其他被刺死的东西,而在他外出作战之时,在他家里绝不允许杀死任何雄性动物。这些显然不难理解:如果他吃了一只争斗而死的公鸡,他自己就有可能死在战场上;若他吃了一个被刺死的动物的肉,他就可能自己也被刺死;如果雄性动物当他不在家时被杀死,他可能自己死于相似状态甚至相同时刻。更有甚者,马达加斯加的士兵必须避免吃肾。因为在马达加斯加语中,"肾"和"射死"是同一个字,他要是吃了一个"肾",那他就肯定会被"射死"。

　　读者可能已经发现在上述的一些关于禁忌的例子中,巫术的影响被认为可以在相当距离之内起作用。比如,在布莱克福特的印第安人那里,一位猎鹰者外出时,他的妻儿不得使用锥子,以免鹰爪会伤害她们在远方的丈夫或父亲。在一个上前线作战的马达加斯加士兵家里也不能杀死任何雄性动物,以免这个动物之死带来这个男人之死。这种关于人或物之间存在着超距离的交感作用的信念就是巫术的本质。巫术丝毫没有如科学所可能持有的对这种超距离能力的任何怀疑。巫术的首要原则之一，就是相信心灵感应。关于心灵之间具有超距离感应的现代说法不难得到野蛮人的相信。野蛮人在很久很久以前就对此深信不疑了，而且当他按照其信念行动时还具有某种逻辑的一贯性。就我所知，他的现代文明兄弟在其行动中对于这种信念还没有那么虔诚的表现。野蛮人深信巫术不仅施行法术的仪式对远方的人或物有作用，即使日常生活中那些最简单的行动也同样会有作用。因之，每逢重要时刻，远在外地的朋友们或亲人们的行为，便常常被一种或多或少详细的惯例或规则所限制。据认为如有一方忽视它，那就将给外出的另一方招来灾难甚至死亡。特别是当一群男人外出打猎或作战时，他们在家的亲属便经常被要求去做一定的事或不许做另一些事，以确保这些远方猎手们或战士们的成功与安全。下面我将提供一些这种巫术的心灵感应的实例，既有积极的也有消极的。

在老挝，当一个猎象者出发去追寻大象时，他警告妻子在他不在家时不得剪头发或在身上擦油。因为她若剪发，大象就会挣破网套，她若擦油，大象就会从网套滑落；在一个达雅克人村落里，从人们出发到密林去打野猪直到人们返回村子，留在家中的人都不许用手接触油和水，如若这样做了，则猎人们的手臂都将变得拿不住东西，猎获物因而将从他们手中溜走。

东非的猎象者们相信：若他们的妻子当他们不在家时行为不端，就将导致捕象者的力量弱于大象，而被大象杀死或弄成重伤。因此，如果一个猎人听到他妻子有过失，就放弃追捕而回家。如果一位瓦戈戈①的猎人没有成绩或受到了狮子攻击,他就归罪于他妻子在家有越轨行为,而回家大发雷霆。在他出去打猎期间,他的妻子坐着时,不能让任何人从她后面经过或在她前面站立,她躺在床上,必须脸朝下。玻利维亚的莫克索斯印第安人认为,如果一个猎人的妻子在他外出时,不忠于他,他就会被蟒蛇或美洲虎咬着。因之,若真发生这样的意外,就会给这个女人以惩罚,甚至常常弄死她,而不管她是无辜还是有罪的,阿留申群岛的海獭猎手也认为,在他离家期间,他的妻子不忠或他的妹妹不贞,会使他连一个海獭也杀不死。

　　墨西哥的珲科尔印第安人把一种吃了后会使人陷于恍惚的仙人掌当成神物。这种植物不长在他们的国家里,必须每年由男人们走四十三天的路程去采集回来。当男人们在途中行走时,在家的妻子们就不能快步走路,更不用说跑了,以此来为她们外出的丈夫们的安全做出贡献。她们也尽力去保护那个神圣使团将带回来的、为大家所盼望的各种好处,这些好处将以下雨、丰收等等方式表现出来。为了这个愿望,她们使自己服从那些同时也加在她们丈夫身上的各种限制,直到举行那种仙人掌庆典为止。在外出采集的整个时间内,必须坚持服从那些限制,除特殊原因外,不可洗浴,即使洗浴也只许使用从生长那种神圣植物的远方国度所取来的水。他们还进行许多斋戒,不吃盐和实行严格的禁欲。任何人如破坏了这个规矩,就会受到疾病的惩罚,甚至会危及那所有人都正在奋力争取的成果。健康、幸福和生命都有赖于采集

---

① 东非一个土著部落,聚居在坦干尼喀湖以东,属班图族的里夫特支系。

到这些仙人掌,这些火神之瓜。但是由于纯火并不能赐福给不净的人,男人们和女人们不仅要在整个采集期间保持贞洁,还得洗净其以往的罪过。因而在男人们出发四天之后,女人们聚在一起向"火神爷"[①]坦白她们从童年到现在都爱过哪些人,一个也不得漏掉,否则外出的男人们将连一个仙人掌也找不到。为了帮助回想,她们每人都准备了一根绳子,她爱过多少人就在上面打多少个结。她带着这根绳子到庙里去,站在火前面,把绳结所代表的男人们的名字一个接一个地大声说出来。忏悔完毕后她就把绳子扔进火里。当火神把绳子烧化之后,她的罪过也就得到了宽恕,于是她们就安心平静地离去。从此这些女人变得甚至讨厌男人靠近她们。那些去寻找仙人掌的男人,也要通过类似的方式来消除他们所有的过失,以获得心灵的净化。他们在绳上为每一个罪过打上一个结,而在公之于众之后,他们把系有罪过之结的绳子交给领头人,由他置于火中烧掉。

在沙捞越的许多土著部落中,人们坚信,如果妻子们当其丈夫在丛林中搜寻樟脑时与人通奸,则男人们所搜集到的樟脑将蒸发消失,丈夫们根据树上一定形状的结节也可以发现其妻子的不忠实。据说是在以往的日子里,许多女人就在没有比这种结节更为可靠的证据面前,被她们嫉妒的丈夫杀掉。此外,在丈夫外出搜集樟脑时,妻子甚至不敢动梳子,因为如果这样做了,那些本来填满了这种贵重晶体的细树枝的缝隙,就会像梳齿间的缝隙一样空空如也。在新几内亚西南的凯伊群岛上,一旦一艘要驶向远方

---

① 印第安人崇拜的一种神。

第三章 交感巫术

港口的帆船下水了,就必须尽可能迅速地用棕榈枝将它曾停留的那片海滩掩盖起来,并将该处视为圣地。此后,在这艘船归来之前,任何人不得从这里走过,否则就将使这艘帆船沉没。此外,在整个航行期间,还特别挑选三四个年轻姑娘来恪尽职守:让她们和船员们保持所谓心灵上的联系,用她们的行动来为航行的安全和成功做贡献。除非特别必须,一律不许她们离开给她们指定的屋子。更有甚者,只要那艘船被认为还在海上,她们就必须绝对保持静止的姿态,两手夹在膝间,蜷曲地躺在席子上。她们不得向左或向右摆头,或做其他诸如此类的动作。如若她们做了,就会使船颠簸摇晃,她们也不得吃带黏性的东西,比如可可奶粥,因为食物的黏性将堵塞船在水上的航道。只有当水手们被认为已抵达目的地以后,这种严格的规定才可以多少放松一点。但在航行结束之前,这些姑娘都被禁止吃带刺或尖骨头的鱼类,比如刺鳐,否则她们在海上的朋友就将因而陷于尖锐险峻的困难境地。

关于远方朋友之间具有感应联系的这类信仰中,战争无疑最具严峻性却也最易于挑起人类情感中最深邃也最易触痛之处。在战争时,会促使留在后方的忧虑关切的亲友渴望最大限度地发挥这种交感关系的作用,以保护远方的、随时可能遇到战斗而死亡的亲人。因此,为达到这种自然的并且值得称赞的目的,朋友们在家中总是倾向于采用种种使我们觉得可怜而又荒唐的做法,他们的目的值得尊敬,为达此目的而采取的手段却令人可笑。在婆罗洲的一些地区,当一位沿海达雅克人外出作战时,他的妻子(如果他还未结婚的话,或妹妹),必须日夜佩带宝剑,这样就会使他也能总是想着自己的武器。她还不得在白天或在早上两点钟以前睡觉,以免她的丈夫或兄长在熟睡时受到敌人的突然袭击。在沙捞越班丁的"沿海达雅克人"中,男人们外出作战时,女人们严格地遵守一系列精心拟定的规则或惯例。有些惯例是积极的,而有些则是消极的,但同样都是基于顺势的或心灵感应的巫术原则。其中的一些规则是:女人们必须很早就起床,天一亮就立即打开窗户,否则她们在远方的丈夫将睡过了头;女人们不得油头发,否则男人们将滑倒;女人们不得在白天睡觉或打盹,否则男人们将在行军之前发困;女人们必须每天早上在走廊上炒玉米花并分给大家,这样,男人们的行动才会敏捷;房子必须收拾得非常整齐,所有箱子都要放在墙边。因为如果有人被它们绊倒,那么离家在外的丈夫们也将摔倒并被敌人抓住;每餐都应有一些米饭留在盘子里和放在近旁,这样就会使在远方的男人们总是有吃的而不致挨饿;女人们绝不可久坐织布以致脚抽筋,否则她们的丈夫们将同样关节僵直,而不能很快起立或从敌人跟前跑开。并且为了使她们的丈夫们保持关节柔软,她们把坐着织布的工作方式改变为在走廊上来回走动;此外,她们不得盖住自己的脸,否则男人们将无法找到他们通过草丛或密林的道路;再者,她们还不得使用针来缝纫,否则男人们将踩上敌人在通道上埋设的尖桩;一旦一个女人被证实在其丈夫远出时不忠实,她的丈夫就将丧生于敌人的国土之上。一些年前,班丁的女人们,在丈夫为反抗英军镇压起义而战斗时,曾遵守了所有上述的规定甚至更多一些。但是,可悲的是,这些脆弱的预防办法用处很少。尽管许许多多忠实的妻子在家中一直关注着、保护着她们的丈夫,很多男人还是在沙场上丧生了。

第三章 交感巫术

在帝汶岛上,当战争进行时,大祭司绝不能离开神庙。他的饮食由外面送给他或在庙内烹制。他必须保持炉火日夜不灭,如果他让火熄灭了,那么灾难就将降在士兵们身上直到炉火重新生起为止。还有,他在军队出征的全部时间里只能饮用热水,因为每一滴冷水都会减弱人们的勇气,致使他们不能征服敌人;在凯伊岛上,当战士们出发后,女人们回到屋里取出装满水果和石头的专用篮子。她们把这些水果和石头放在一块木板上并将它们涂上油,在这同时她们还喃喃地说:"啊,太阳神、月亮神,就像雨点从这些涂了油的东西上弹跳开一样,让子弹也从我们的丈夫、兄弟、未婚夫和其他亲属身上弹跳开吧!"而当听到第一声枪响,女人们马上放开篮子,抓起扇子冲出房屋,然后朝着敌人的方向使劲摇动,她们穿过村子一面跑一面唱道:"啊!金色的扇子,让我们的子弹击中目标吧!让敌人的子弹打不中吧!"在这种习俗中,给石头涂油的仪式,是为了使子弹能从人身上弹滑开,犹如雨水落在石头上一样。这纯粹是一种顺势或模拟巫术。但向太阳神祈祷,求他使这种法术见效的做法,或许是后来才加上的一种宗教仪式。扇子的搧动看来是一种巫术,它指挥子弹射中或不要射中目标,依照子弹是从朋友还是从敌人的枪膛射出而定。

马达加斯加的一位年迈的历史学家告诉我们:"从男人们奔赴战场到他们归来为止,妇女和姑娘们都要日夜不停地跳舞,既不躺下也不在自己屋里进食,而且即使她们有了情欲,只要她们的丈夫还在战场上,世间的任何事物都不能诱使她们去与其他男人通奸。她们坚信如果发生了这种事,她们的丈夫将非死即伤。她们也相信自己可以用跳舞来给予她们的丈夫以力量、勇敢和好运气。因此,在此期间她们绝不让自己休息。她们是非常虔诚地遵守这种习俗的。"

在黄金海岸说契维语的民族中,男人们随军出征后,他们的妻子便把自己皮肤涂成白色,在身上饰以串珠和咒符。在她们预期的战斗打响的那天,她们背着真枪或木制假枪跑来跑去,并拿出绿色的泡泡果(一种有点像甜瓜的水果),就像砍敌人的脑袋一样用刀乱砍它们。这幕哑剧无疑地完全是一种模拟巫术,用以促使男人们能像这些女人砍泡泡果那样去砍杀敌人;很多年前,当阿散蒂战争还正在进行期间,菲茨杰拉德·马里奥特先生在西非的弗拉明城看见过许多妇女跳着一种舞蹈。这些妇女的丈夫都到前线当搬运夫去了。她们把全身涂成白色,除一条短裙外什么也不穿。领头的是一位穿着极短白裙的、干瘦如柴的老女巫。她的黑发卷成一个高高的尖角形,而在她黑色的脸、胸、手臂和腿上密密麻麻地装饰着圆形和新月形的饰物。每个人都拿着水牛尾或马尾制的白拂尘。她们一面跳舞一面唱着:"我们的丈夫已经到阿散蒂领地去了,让他们把敌人从地面上扫光吧!"

英属哥伦比亚的汤普森印第安人,每当男人们上了战场,女人们就频繁地跳舞,她们相信这些舞蹈可以确保远征军的胜利。跳舞者挥舞着手中的大刀,向前扔出长矛,或将一端带有钩子的棍子反复地向前刺去和向后拉回。向前刺象征着刺杀或抵挡敌人,向后拽则象征着把自己人从危险中拉回来。那棍子头上的钩子是特别适于救生用的装置。女人们经常把武器朝着敌国方向指。她们把脸涂成红色,舞时伴以歌唱,并祈求武器保佑她们的丈夫、帮助他们去杀死更多敌人。有些矛尖上还粘有鹰的羽毛。

第三章 交感巫术

舞蹈结束后,她们就把这些武器藏起来。一个女人要是她丈夫正在前方作战,她就相信:当她再取出这武器时,如果看到上面有头发或一小块头皮,那就是她丈夫已杀死一个敌人;如果看到的是血迹,那就是她丈夫受了伤或已死去了。在加利福尼亚的尤基部落里,当男人们出外作战时,在家里的女人们就不睡觉,而是围成圆圈连续跳舞,唱颂歌和摇动长满树叶的枝条。她们说,如果她们能不断地跳舞,她们的丈夫也就不会感到疲惫。在美洲夏洛特皇后群岛的海达印第安人,男人们前去参战,家中的女人们必须很早就起床,并假装打一仗,把孩子们摔倒在地,把他们想象成抓来的奴隶。似乎这样做就能帮助她们丈夫完成同样的任务。当丈夫正在战场时,如果他的太太不忠于他,那他就可能被杀死。所有的女人要整整十个晚上躺在家里,把头朝着罗盘上所指的丈夫们的独木战舟航行的方向。然后,她们又掉转来躺着,这意味着男人们正在越海返航。在马塞特①,海达妇女们在其丈夫在外作战时,也要不断地跳舞和唱战歌,而且,一切与其丈夫们有关的物件必须按照一定秩序放置保存。人们认为一个妻子不遵守这些规矩就会置丈夫于死地;当一队奥里诺科②的加勒比印第安人已上战场,他们留在村子里的朋友们经常要尽量准确地计算出勇士们前往攻击敌人的时刻。然后找来两个小伙子,将他们按倒在一条长凳上,狠狠鞭挞他们的脊梁。这两位小伙子毫无怨言地忍受这残酷的刑罚,他们怀有这样一种坚定的信念,即:他们所表现

---

① 夏洛特皇后群岛的一个岛屿。
② 委内瑞拉境内的奥里诺科河流域。该河经巴西边境流入大西洋。

的坚韧和刚毅会增加他们在战场上的同伴们的勇气与成功的希望,而这种信念是从童年时代就培养起来的。

有时人们以错误的机智,应用顺势或模拟巫术的原则,来争取果树和庄稼的适时丰收。在图林根地区①种亚麻的人用一个从肩到膝的长袋子运送种子,并且跨大步走路,使得袋子在他背上来回摇摆。据说这样一来,长出的亚麻就会在风中摇摆。在苏门答腊内地,稻子是由女人播种的,为了使稻子长得又高又密,她们播种时,故意把长发松散下来搭在背上;与此类似,在古代墨西哥,有一种庆典是专为祭祀玉蜀黍女神而举行的,当地人们称她为"长发妈妈"。庆典在这样的时刻开始进行:"当这种庄稼已长大,花须从绿色的穗尖露出来,向人们表明籽粒已经饱满。在这个节日里,女人们放开了长发,让它在舞蹈中摇曳飘荡。这是庆典最突出的形象,好使来年玉蜀黍的穗子也能长得同样丰盛茂密,从而玉米也相应地长得硕大饱满,使大家都能获得丰收。"在欧洲的许多地方,跳舞和向空中纵跳都被证明为一种"顺势"模式,以使庄稼长得更高些,例如,在弗朗什孔泰②,人们说:"你必须在狂欢节尽情地跳舞,大麻才能长高。"

关于人可以用他的行动或状况来顺势地影响植物的这种概念,一位马来妇女的行为予以清楚的证明:在问到她为什么光着上身去割稻子时,她解释说这样做是为了使稻壳变得薄些,她很厌倦捣碎那很厚的稻壳。显然,她想的是穿的衣服愈少,稻壳也

---

① 德国的一个地区。
② 法国东部一地区。

会变得愈薄。巴伐利亚和奥地利的农民都熟知那种用孕妇传递生殖力的巫术效应。他们以为:如果把一棵果树的第一个果实给怀孕的女人吃了,到来年这棵树必将果实累累。另一方面,巴干达①人相信一个不孕的妻子会由于她自己缺少生殖力而影响丈夫果园中的果树结果,因此,一个不生孩子的女人通常会被丈夫遗弃;希腊和罗马人甚至把孕妇作为牺牲奉献给谷物女神和土地女神,其目的无疑是为了使土地丰产和谷穗饱满。奥里诺科的印第安人让他们的女人怀抱婴儿,顶着烈日在地里播种,当天主教神父对此提出指责时,男人们回答说:"神父,您不懂这些事,所以您才生气,您知道女人们是惯于生孩子的,我们男人却不行。要是女人们去播种,玉蜀黍的秆上将结出两三个穗,丝兰花的根将有两个篮子的产量,所有东西都会成倍增产,为什么呢? 因为女人们既然知道如何生孩子,当然也会知道如何使她们播下的种子结出果实。让她们播种吧! 我们男人对这些事是不如她们懂得那么多的!"

因此,根据"顺势巫术"的理论:人能够影响植物生长,并根据他的行为或状态的好坏来决定其影响的好坏。例如,多生育的妇女能使植物多产,而不孕的女人则会使植物结不出果实。人的某些品质和行为可以致害和产生感染,这种信念引出了许多禁忌:人们被禁止做某种事情以防他们自己的讨厌的状态或处境会顺势地影响土地的收成。所有这类限制或禁律都是消极巫术或禁忌的实例。例如,由于认为人的行为或状态具有那种可称之为

---

① 东非乌干达境内布干达地区的居民;班图族的乌干达支系。

"传感"的性质,加勒拉人①说:"你千万不要在果树下射箭,否则这棵树也将如射箭一般向地下脱落它的果实;还有,在你吃西瓜时,不应把从嘴里吐出的瓜籽和你放在一旁打算留种的瓜籽混在一起,否则,尽管你吐出来的瓜籽也能长大、开花,但那些花会像你吐瓜籽一样掉落地上结不了果子。"与此完全相同的思路引导巴伐利亚农夫相信:如果他不小心让一根嫁接果树的枝条掉在地上,那么,当这根枝条长成果树时,它会让自己的果子不待成熟就掉下来;交趾支那的占族人播种旱稻时,最怕下阵雨,因此他们就干咽米饭来防止雨水损坏庄稼。

在上述事例中,一个人被认为可以顺势地影响植物的生长。他以自己好的或坏的品质和行为来引导和影响植物得到类似的结果。但是根据"顺势巫术"的原则,这种影响是相互的:某一植物能影响某个人,正如某人也能在同样程度上传感某植物。在巫术里,正如我们所相信的物理学的定律一样:作用和反作用是大小相等而方向相反的。切罗基②印第安人是应用植物顺势法的老手。他们有一种野甜豌豆,它的根茎是如此坚韧,几乎可以在犁沟中阻止犁头前进。于是,切罗基女人们就用这种植物根的煎汁来洗头以使其头发坚韧;切罗基的球员们也用它来洗浴,以增强其肌肉。加勒拉人相信:如果你吃一个掉在地上的果子,你自己就会受到感染而易于绊倒在地;而如果你因遗忘而引起了事故(如把红薯忘在锅里烧煳了,或把一根香蕉放在火里烧焦了),你

---

① 印尼哈尔马赫拉岛上的土著居民。
② 北美易洛魁印第安人的一个部落。

第三章 交感巫术

就将变得健忘;加勒拉人还持有这样的见解:一个女人如果吃了长在一束香蕉上的两根香蕉,她就将生下一对双胞胎;南美洲的瓜拉尼印第安人以为:如果一个女人吃了长在一起的双颗谷子,就将成为双胞胎孩子的妈妈;在吠陀时代有一种关于这种原则的奇怪应用,它提供了一种法术可以使一个被放逐的君主恢复其王位:他必须食用由被砍倒的树根上所重新生长出来的树枝烹制的食物。这棵树所显示的恢复力将顺序通过火与食物而传给那位君主;苏丹人还认为,如果一幢房屋是用多刺的木头修筑的,住在这种房子里的人们,其一生都将相应地像走在荆棘丛生的道路上那样充满困难。

有一种顺势巫术是以死人为手段的,这类例子相当多。正由于死人既不能看,又不能听,也不能说话,你就可以通过顺势原则,用死人的骨头或其他任何感染了死亡的东西来使别人变瞎、变聋或变哑。而加勒拉人,当一位年轻人要在晚上去求爱时,他就从坟里取来一小块泥土扔向他情人的屋顶,要恰好扔在她父母睡床的正上方。他认为,这样一来就可以防止她的父母在他与她幽会时醒来,因为那块坟土将使他们酣睡如死。在各个年代里和在许多地方,窃贼都曾用这种巫术作为自己的守护神,这在他们进行盗窃时实在太有用了。斯拉沃尼亚①南部的一个橇门贼有时是这样开始其行动的:向房上扔一根死人骨头,同时以辛辣的讽刺口吻说:"房子里的人可以在这根骨头苏醒之时醒来。"在这之后,房里的任何人,无论男的或女的,就不再可能睁开眼睛了。与

---

① 今乌克兰西部地区,旧为捷克斯洛伐克所辖地区。

此相似,爪哇的盗贼在他想要偷盗的房子周围撒上坟土,以便将屋内之人驱入酣睡;怀着同样的企图,印度教徒在门口扔火葬后的柴火灰;秘鲁的印第安人撒死人的骨灰;而罗塞尼亚①的盗贼则从一根死人的胫骨里移走骨髓,把油倒入,再把油点燃,并举着这支"蜡烛"绕房三周,它将使屋里的居住者陷入死一般的沉睡;或者,这个罗塞尼亚人拿一根死人的腿骨来做成一只横笛,所有听到他的笛声的人也都将被瞌睡所征服;墨西哥的印第安人为了这种邪恶的企图而使用一个死于头胎难产的女人的左前臂,必须偷来才可使用。在他要进行抢劫之前,先在屋外用它来敲击地面。这样就能使屋里的人都像死人一样丧失说话和行动能力,尽管他们明白一切动静却丝毫动弹不得。当然屋里也有些人真正睡着了甚至打起鼾来。在欧洲,有一种"神奇之手"也被描述为具有同样魔力。那是一只风干了且用盐腌过的被绞死者的手。如果把另一个被绞死者身上的脂肪制成蜡,再将这蜡烛放在作为烛台的"神奇之手"中点燃,那就使所有在场的人失去知觉,他们将像死人一样连一根指头也动弹不得。有时,这只死人的手本身就是一支蜡烛,甚或是一束蜡烛,它的所有干缩了的手指都被点燃起来。假如屋内某一成员仍保持清醒,那么其中一个指头就会点不着。这种邪恶的灯火只能用牛奶来熄灭。通常规定,窃贼的蜡烛最好用新生婴儿、最好是死胎婴儿的手指制成。窃贼有时会想到,应当为房子里每一个人准备一支这样的魔烛,因为如果他的魔烛少了一支,屋里就可能有人醒过来而将他抓住。这种细小魔烛一旦

---

① 今克罗地亚共和国境内一地区。

第三章 交感巫术

点着了,除了用牛奶就别无他法可以熄灭。在十七世纪时,强盗们经常为了从子宫中偷取胎儿指头做魔烛而谋杀孕妇;古希腊的一个强盗窃贼认为:若随身带上一根从火葬的柴火堆里抽出来的燃木,他就可以使最凶猛的看家狗叫不出声并把它赶走;还有,在塞尔维亚和保加利亚,那些因在家庭生活中受到管束而发怒的女人,常取下盖在尸体眼睛上的铜币,用酒或水泡它们,然后让她丈夫喝下这种液体,这位丈夫在吞下它之后就如同那个眼睛上盖了铜币的死人一样,再也看不见他妻子的过失了。

另外,动物也经常被相信会具有某些对人有用的特性,因而顺势或模拟巫术就通过不同方式把这些特性传授给人类。有些贝专纳人身穿白鼬皮,因为通过它那顽强的生命力,将使得他们难以被杀死。另一些人为了同一目的,随身带着一只残而不死的昆虫;还有一些贝专纳人的士兵在他们自己的头发里戴上无角公牛的头毛,在斗篷里缝上一块青蛙皮,由于青蛙很滑腻而无角公牛又很难抓住,这位施行过这种法术的人便相信:他将如青蛙和无角公牛一样不易被敌人抓住。再者,一位南非战士在他自己的黑色卷发里缠上一束老鼠毛,使他能像老鼠敏捷地躲过投向它的东西一样,躲过敌人的长矛。这种做法似乎很普遍,以致在这些地区当战争预期将至时,就需要大量的鼠毛。印度的一本古书中规定:当为祈求胜利而奉献牺牲品时,那块用以修建祭坛的土地必须选用野猪打过滚的地方,因为野猪已将其力量注入那块地里。当你弹独弦琴感到手指僵硬时,最好的办法是捉来一只长腿的蜘蛛,烧死它,然后用它的灰来擦你的手指,这将使你的手指能像蜘蛛腿一样柔软和敏捷,至少加勒拉人是这么想的。当一个阿拉伯人想要抓回一个逃亡的奴隶时,就在地面上画一个魔圈,在圈中心钉一根钉子,然后用一根绳子把一只甲虫拴在钉子上,而这只甲虫的性别应和逃亡奴隶的性别一致。在甲虫一圈一圈地爬动时,就把绳子绕在钉子上从而缩短了系绳。它每绕一圈都把自己拉向圆心一些,因而靠顺势巫术的法力,逃亡奴隶将终于被抓回来归还其主。

在英属新几内亚西部的部落里,当一个男人前往森林时,为了在以后一些日子不被蛇咬,先捕捉一条蛇,将其烧化并把骨灰涂在腿上。如果一位斯拉沃尼亚人打算到市场上去扒窃,他不需做任何其他的事,只要烧化一只瞎猫,并在他和商人讨价还价时,把一撮骨灰撒在那人身上他就可以随心所欲地从货棚里拿走东西,而卖主将一点也看不见,因为他已变得和那只死猫一样瞎了。这位小偷甚至敢大胆地问:"我付过钱了吧?"而那位被迷惑的唯利是图的商人便会回答:"当然,付过啦!"在澳大利亚中部的土著居民那里,如果有人要蓄胡须,便采用一种同样简单而有效的办法。他们用一根尖骨把下颌整个刺遍,然后用一根魔棍或一块磨石小心地摩擦它。由于这魔棍或魔石代表了一种长有长须的老鼠,那些胡须的效应就自然地传感给代表它的棍子或石头,然后又很容易地传给下颌,其结果是此人下颌便长出浓密的胡须;古希腊人认为吃一只不眠的夜鹰可防止一个人贪睡,把鹰的胆汁抹在一个视力不佳的人的眼里,可使他得到鹰眼的视力;而一个乌鸦蛋可以使白发恢复到和乌鸦羽毛一样的漆黑。但是,施行这种巫术来掩饰自己年岁的人在使用乌鸦蛋来整治其尊颜的全过程中必须满嘴含油,否则他的牙齿也将如他的头发一样被染成乌黑色,而且无论怎样擦洗也无法再变白了。这种"头发复色剂"实在太厉害了,使用它会使你得到超乎意料的结果。

珲科尔印第安人喜爱蛇背上的美丽花纹,因而当一位珲科尔妇女要进行编织或刺绣时,她的丈夫就捉来一条蛇,并用一根一头裂开的棍子将它夹持住,让这位女人用一只手从头到尾地去抚摸这条爬虫的背脊,然后用同一只手抚摸自己的额头和眼睛,于是她就能够在她的织物上绣出和这条蛇背花纹同样美丽的花样来。

依照顺势巫术的原则,无生物也和植物、动物一样可以向其四周散播幸福或灾害。根据它固有的性质和巫师的技巧,按照具体情况引来或堵塞可能是祸也可能是福的后果。在撒马尔罕①,女人们给孩子糖果吃,并把胶涂在他手心里,以使这孩子长大之后能说出甜言蜜语,而贵重的东西也能像被胶着一样掌牢在他手中。希腊人认为:如果用一只被狼咬死的绵羊的毛来做衣服,穿它的人将受到伤害,他的皮肤将刺痒或发生过敏反应。他们还有一种看法:如果一块被狗咬过的石头掉进了酒里,这块石头就可以使所有喝这种酒的人互相争吵起来;在莫亚布②的阿拉伯人那里,一个尚无孩子的妇女经常借用一位多子女母亲的罩袍来穿,希望能获得与这件罩袍的主人一样的生育能力。在东非洲苏法拉地方的卡福人③最害怕被诸如芦苇稻草之类空心的东西打到身上,所以宁可受粗木棍或铁棍的痛击,哪怕伤得很厉害也愿意。

---

① 今乌兹别克东部一城市。
② 死海东南的一个古国。
③ 说班图语的一个民族。

因为他们认为如果一个人被空心的东西打过,他的内脏就会萎缩下去直到死亡;东海上有一种大贝壳,西里伯斯岛上的布津人称之为"老寿星"(kadjâwo)。每个星期五他们把这些"老寿星"翻过来放在他们房屋的门槛上。他们相信在这之后凡跨过这门槛的人都将长寿。在婆罗门教的入教仪式上,让入教的男孩用右脚踩着一块石头并反复地念着:"踩上这块石头,跟石头一样坚定。"婆罗门的姑娘结婚时,新娘也要履行与此相同的仪式,说同样的话语。在马达加斯加有一种抵制命运荡不安的办法,就是把一块石头埋在沉重的房基下面。这种习以为常的向石头发誓的做法,多半是基于这样一种信念:石头能将其坚固和力量赋予誓言。正如古丹麦历史学家萨克索·格兰玛蒂喀斯告诉我们:"古代人,当他们要选择一个国王时,他们通常是站在一头深埋于地下的大石头上宣布他们的选举意见。这是因为用石头的坚定不移来预示选举结果将经久不变。"

如果说一般的石头因其具有重量和坚硬等共性被认为具有一般的巫术效力,那么特殊的石头则以其具有特殊的形状或颜色等特性而被认为具有特殊的巫术效力。例如秘鲁的印第安人为了增产玉蜀黍使用某种石头,为了增产马铃薯而使用另一种石头,又为了增产家畜而使用另一种石头。使玉蜀黍丰产的石头应制成玉蜀黍穗的形状,而促进增殖家畜的石头则应像一头绵羊。

在美拉尼西亚①的一些地方流行着一种类似的信仰:认为某些神奇的石头由于它所具有的特殊形状而被赋予跟它相应的不

---

① 西南太平洋的岛屿。

可思议的魔力。比如在海边一些被水侵蚀了的珊瑚常常长得与面包果惊人地相似。于是在班克斯岛上,要是有人找到这样一种珊瑚便将它埋在他家的一棵面包果树的根旁,以期望它促使这棵树丰产。若结果真是如愿以偿,为了做出合适的酬谢,他从别人那里取来那些形状与面包果不太相似的珊瑚放在他的这棵珊瑚旁,以便将其内在的魔力传送给它们。与此相似,一种带有小圆平面的石头被认为有利于挣钱;如果有人发现了一块下面带有若干小石子的大石头,其形象恰似一头母猪和它的一群小猪仔一样,那他就确信:要是出钱买下来,它将会给他带来一群猪仔。在上述的以及类似的情况下,美拉尼西亚人并不将这种奇异的魔力归之于石头本身,而是归之于其内在的灵气(spirit),正如我们曾经看到过的那样,竟有人为了能受惠于这种灵气而竭力向石头供奉祭品。但是,关于灵气必须靠祈求得来的概念,已不属于巫术的范围,而应归之于宗教了。像这种与纯巫术的理论和实践有关的概念,一般说来,可以假定为后来产生宗教概念的先导。我们有充分的理由认为,在思想演变发展过程中,巫术先于宗教产生。关于这一点,我们下面将继续考察。

古人赋予宝石以种种不可思议的特性。我们确实有许多理由可以认为这类石头在人们作为装饰物佩戴之前很久很久是被作为护身符使用的。希腊人曾把一种具有树状特征的石头取名为"苔纹玛瑙"。他们设想若把两只这样的宝石在耕地时绑在公牛的角上或颈上,肯定会带来好收成。还有,他们认为,只要妇女们把一种叫作"乳石"的石头溶解在蜜酒里喝下去,她们就可以产生丰富的乳汁。直到现在,在克里特和米洛斯的希腊妇女,为了这个目的仍继续使用乳石。在阿尔巴尼亚，喂奶的母亲们佩戴这种石头以求乳水充足。此外，希腊人相信有一种石头可以医治蛇咬伤，因而称之为"蛇石"，若想试验其效力只需将它研成粉末撒在伤口上即可。深红色的水晶得到一个意为"不醉"的名称，因为它被认为可使佩戴它的人喝酒时保持清醒。由于磁石可以互相吸引，所以当两兄弟打算一起过日子时，便被劝告要随身带着它们，以使他们不闹纠纷。

在印度教的古书里记载着一条规则：在新婚之夜，新郎必须和他的新娘安静地坐在一起，从太阳落山直到天空星光闪烁。当北极星出现，他必须指给她看，并对这颗星说："您是坚定不移的，我看见您了！您这永恒的星。求您坚定地和我同在吧，啊，您这旺盛的星！"然后他转向他的妻子，他必须说："祭主仙人①已经将你赐给我了，为我，你的丈夫，生儿育女吧！跟我白头到老吧！"这种仪式很明显是企图用星星的永恒不变的影响力来防止人生的命运多舛、祸福无常。济慈②曾在他最后的一首十四行诗里表达这个愿望：

---

① 祭主仙人(Brihaspati)，印度婆罗门教崇拜的一个抽象神。《梨俱吠陀》说它是仙人的儿子，赞颂他是百战百胜的神。在后来的印度教中，他又是木星之神，乘坐八匹骏马拉着的金车。他成了印度教中祭坛的神格化，祭祀都必须有他。

② 约翰·济慈(John Keats, 1795－1821)，英国最有才气的浪漫主义诗人之一。这里引的诗句是济慈1819年间写的，诗的题目是《灿烂的星》(Bright Star)。济慈遵医嘱于1820年9月间去意大利休养，终因病不起，于1821年2月23日与世长辞。由于有人以为《灿烂的星》是济慈在去意大利的途中写的，后即病逝，故称《灿烂的星》为济慈的最后一首十四行诗。后来人们发现了他1819年写的这首诗的手稿，才确定了《灿烂的星》这首十四行诗的真正写作日期。

第三章 交感巫术

明亮的星星啊,愿我像您一样坚定不移——请不要独自闪耀您的光华在夜空里!

海上的居民们,对大海上的潮汐不可能视而不见,他们更易于依照那些使我们注意"交感"和"相似"的原始哲理,去探索潮汐和人及动植物之间的某种微妙关系、某种神秘的协调。涨潮时,他们看见的不只是一种征兆,而且是导致生活与财富兴旺的原因。而在退潮时,他们便会发现一种真正的动因,这也是令人伤感的失败、衰弱和死亡等的标志。布列塔尼①的农夫想象:要是在来潮时播种三叶草,它就会生长茂盛,但若在潮水低落或已退走时播种,那就永远不能成熟,而且吃了这种草的母牛也会胀破肚皮;他的妻子则相信:最好的奶油应当在潮水回转刚要上涨时去制作,这样在搅乳器中泛着泡沫的牛奶将一直翻到潮水涨过之后;如果在潮水正涨之时从井里汲水或给母牛挤奶,这种水和奶就会在锅里沸腾而溢出锅外,流入炉火中。按照一些古代人的说法,海豹皮甚至在剥离下来之后,仍保留着与大海的一种神秘感应,每当海水退潮时,它的皮就会起皱。另一些古代人根据古希腊哲学家亚里士多德的观点相信任何生物只有在退潮之时才会死。如果我们可以相信普林尼所说的话,那么,法国海边的居民从经验出发,曾坚信人类也只会死在退潮之时。非洛斯特拉特斯②确切地

---

① 布列塔尼(Brittiny)即布列塔尼半岛,位于英吉利海峡与比斯开湾之间,为法国属地,其居民布列塔尼人(Breton),原为古罗马人入侵时期聚居在不列颠南部的凯尔特人的一支,因逃避盎格鲁-撒克逊人入侵来此定居,遂有布列塔尼之名。

② 菲洛斯特拉特斯(Philostratus,2-3 世纪),古希腊博物学家。

告诉我们,在加的斯①地方,临终之人绝不会在潮水高涨之时死去。类似的想法至今还遗留在欧洲的某些地区。在坎塔布连②海岸,人们认为那些死于慢性病或急性病的人总是在退潮开始时咽最后一口气。在葡萄牙以及整个威尔士沿海和布列塔尼部分沿海地区据说仍流传着一种信念:人们生于潮来时,而死于潮退时,狄更斯③证实了在英国也存在着这种迷信。佩戈蒂④先生说过:"沿海地方的人们,除非潮水即将退去绝不会死;除非潮水即将到来也绝不会生——直到潮水上涨之前不会正常地生下来。"

据说从诺森伯兰到肯特的英格兰东部沿海地区,人们相信绝大多数居民的死都发生在退潮之时。莎士比亚一定很熟悉这种观念,因为他使他的主人公福斯塔夫⑤"恰好死于十二点和一点之间,即恰好在海水回退之时"。我们在北美洲太平洋沿岸的海达人那里再次遇到这种信仰。每当一个善良的海达人将死之时,他会看到由他的已故友人驾驶着独木小舟,跟随潮水前来欢迎他去冥府。他们对他说:"现在就来跟我们在一起吧!海水即将退潮,我们必须离去了。"在新南威尔士的斯蒂芬斯湾,人们总是在涨潮而不是在退潮时埋葬他们死去的亲属,以防退去的海水将死者的灵魂带往远方的国度。

---

① 西班牙西南部海港,濒临大西洋。
② 位于西班牙北部。
③ 狄更斯(Charles Dickens,1812－1870),英国作家,英国批判现实主义文学的重要代表。
④ 佩戈蒂(Pegothy)是狄更斯的小说《大卫·科波菲尔》(*Daivd Copperfield*)中的人物。这一段话出自该书第 30 章。
⑤ 莎士比亚剧本《亨利五世》(*Henry V*)中的人物。

第三章　交感巫术

在中国,为了确保长寿曾求助于某些复杂的符咒。基于顺势原则,这些符咒本身凝聚着从人和物、从时日和季节所散发出来的神奇精髓。传送这种赐福感应力的凭藉物中没有比寿衣①更合适的例子了。许多中国人在活着的时候就准备好了寿衣,而绝大多数人的寿衣是由未婚姑娘或很年轻的妇女来剪裁和缝制的。人们很聪明地考虑到她们年少方艾,在缝制寿衣时,她们那旺盛的生命力将肯定有一部分传给这些寿衣,从而将使它们延缓许多年才会真正被用上。另外,这样的寿衣都是选择有闰月的年份来制作的。因为在中国人的心目中,有闰月的年份既然不寻常地长,那么也就更具有延长生命的能力,在这样的年份里制作寿衣显然更好些。这类衣服中,有一种长袍制作得最精致,目的在于赋予它以最珍贵的品质。它是一件深蓝色的长丝袍,从上到下用金丝绣了许多"寿"字。中国人认为,送给年老的父母这样一件奢华的礼服是儿女对父母孝行和细心关注的表现。老人经常穿着这件使他延年益寿的衣服,特别是在喜庆的场合穿它就更能使这件闪耀着许多金色寿字的衣服充分发挥其效果。尤其是在他生日的那天,他不会忘记穿它,因为在中国,一般都祝福一个人在他生日的那天贮存大量的精力,并在那一年以后的日子里转化为他的健康与活力。在祝寿的庆典上,他穿上这华丽服装,用每个毛孔吸取着它感染的福气,洋洋得意地接受亲友们的祝福。而他们则热情地表示对这件华服和对他的子孙们的孝心的羡慕。正是这种孝道促使后辈们向他们的家长赠送了如此漂亮

---

① 按中国旧有习俗,为活着的老人准备死后装殓穿的衣服称为寿衣。

和实用的礼品。

中国人还有一种信仰,我们从中可以看到"同类相生"原理的应用。中国人相信一个城市的命运深受该城郭形状的影响,并且,与该城市形状非常类似的东西,由于其特殊的性质赋予该城市相应的特殊命运,各城市之命运因而不尽相同。比如,据说在很久以前,泉州府的城郭形状很像条鲤鱼,而与之相邻的永春县城的城郭形状则像一张渔网。因而泉州府就经常成为永春县城掠夺的牺牲品,直到泉州府的居民想出了一个办法:在城市的中心建立起两座宝塔,才结束了这种厄运。这是因为这两座宝塔高耸在城市之上,阻止了想象中的渔网降下来网住想象中的鲤鱼,从而对这个城市的命运起到了最美好的影响。

约四十多年前,上海的一些聪明人曾为了要发现一起地方叛乱的真正缘由而绞尽脑汁。后来经过周密调查,才知道引起这个乱子的原因是由于一所新建庙宇的形状竟十分不幸地像一只乌龟,而乌龟是一种秉性极为恶劣的动物。但如果推倒重修,就会亵渎神明招致灾祸,若让它仍然保留龟形则将招来类似的甚至更可怕的灾难。困难严重,危险逼人。然而在此紧要关头,该地的风水先生们灵机一动,成功地找到了好办法,避免了一场灾难。他们把代表乌龟眼睛的两口井填死,这个臭名远扬的动物便立即成为瞎子,从而不可能再兴风作浪。

有时顺势或模拟巫术还以模拟方式被用来冲掉某种灾难的预兆。其办法用假灾祸代替真灾祸以绕过厄运。在马达加斯加,这种欺骗命运的做法已成为惯常的习俗。在这里每个人的命运都决定于他的生辰时刻,如果他生在一个凶日,那他的厄运就被

第三章 交感巫术

注定了,除非如箴言教导的那样,用代替的办法来排除灾难,而代替的办法是各种各样的。例如,如果一个人降生在二月初一,在他长大后,他的房子将毁于火灾。为了抓住时机避免这场灾祸,这个幼儿的亲友们就在野地里或牛栏里搭起一间小棚子并把它烧掉。为了使仪式确有灵验,还必须将这个孩子及其母亲放在棚子里,在不太晚的时候把她们从燃烧着的茅屋里拖出来,犹如拖出柴火一样。同样,多雨的十一月份是眼泪之月,凡是出生在这个月份的人将生活在悲愁之中。为了驱散那因此而罩在命运之上的愁云,他唯一需要做的就是从沸水锅上取下盖子来,左右摇晃它。被抖落的水滴将履行它的使命以防止将来眼泪真从他眼中不停地流下;再者,如果命中注定了一个未婚姑娘将看见她未来的孩子们先她而逝,她可以用下面的办法来避免不幸:杀死一只蚱蜢,将它裹在一块当作殓衣的破布中,伏在它上面痛哭就像拉结①哭她的孩子一样,她还拒绝旁人安慰。甚至,她可捉来一打或更多的蚱蜢,把它们多余的腿和翅膀去掉,将它们放在那只裹在殓衣中死了的伙伴旁边。这些被肢解的昆虫的嗡嗡声和残肢的颤抖动作,代表了守丧者们在丧礼上的尖锐叫声和抽泣。在她安葬了那只死蚱蜢后,还将其余的留下直到死亡将它们从痛苦中解脱出来。然后,束好她的乱发,以一个沉浸在悲哀中的人的步伐和姿态从"墓地"回去。这样一来她就会高兴地看到她的孩子们将后她而逝,因为她不可能再次去埋葬她的孩子,再次为之哭泣;还有这样一种巫术。如果一个人命运不济,在他出生之时就

---

① 拉结(Rachel, Rahel)的故事,见《圣经·创世记》第29章。

已打上了贫穷的烙印,他可以很容易地抹掉这个烙印。办法是去买一对价值一个半便士的廉价珍珠,并把它们埋掉。因为在这个世界上除了富翁之外还有谁肯如此轻掷珠宝呢?

第三节 接触巫术

到此为止,我们主要考虑的一直只是交感巫术的一个分支,它称为顺势巫术或模拟巫术。它的主要原则,如我们已经看到的那样,是"同类相生"或"果必同因"。交感巫术的另一大分支,我曾称之为接触巫术。它是在这样的概念上建立的:事物一旦互相接触过,它们之间将一直保留着某种联系,即使他们已相互远离。在这样一种交感关系中,无论针对其中一方做什么事,都必然会对另一方产生同样的后果。因而,就像顺势巫术一样,接触巫术的逻辑基础仍然是一种错误的联想;它的物质基础,如果我们可以这样称呼这种东西的话,也和顺势巫术一样是某种类似现代物理学里的"以太"那样的中介物,以它来联系远距离的两个物体,并将一方的影响传送给另一方。接触巫术最为大家熟悉的例证,莫如那种被认为存在于人和他的身体某一部分(如头发或指甲)之间的感应魔力。比如,任何人只要据有别人的头发或指甲,无论相距多远都可以通过它们对其所属的人身达到自己的愿望。这样的迷信遍及全球。有关这类涉及头发和指甲的实例,在本书的以后章节里还要谈到。

在澳大利亚部落中,举行成年仪式时,把一个男孩的门牙敲掉一个或更多几个乃是常有的事。这种仪式是每个男性成员在其享有一个成年人待遇和特权之前都必须接受的。为什么要这样做,理由还不大清楚,在这里与我们有关的只有这样一个观念:在这个少年和他那被敲掉的牙齿之间还存在着一种交感关系;在新南威尔士的达林河畔的部落里,这种被敲掉的牙要放在树皮下面,而那棵树又必须是长在河边或水塘边的。如果树皮长起来盖着了这颗牙或这颗牙掉到水里去了,那就预示着一切平安无事;倘若那颗牙暴露出来且有蚂蚁爬过它,当地土著人就相信那位男孩必将害口腔病而受苦;在新南威尔士的默林部落或其他部落里,这颗被敲掉的牙首先由一位长者加以保护,然后传到一个又一个头人那里,直到传遍整个公社,才回到这位少年的父亲那里,最后又回到他本人手中。然而,尽管它被众多的手传递着,却无论如何不可放进一个已装有某种含魔力东西的袋子中去,他们相信如果这样做了,这颗牙齿的所有者将陷于巨大危难之中。已故的霍威特博士曾有一次当过这种牙齿的保管人,这些牙齿是在一次成年礼仪式上从那些参加仪式的刚成年的孩子嘴里敲下来的。老人们恳求他别把它们装在袋子里带走,因为他们知道他的那只袋子里已装有石英晶体了。他们说要是他那么做了,这些晶体的魔力将输入到牙齿里去,从而伤到他们的孩子。在霍威特博士从那次仪式归来大约一年之后,来自默林部落的一位头人前来拜访,他从家乡走了大约二百五十英里路程只是为了取回那些牙齿。这位头人说,他是专门被派来取这些牙齿的,因为这些男孩之一变得体弱多病,大家相信这是由于他的那颗牙齿受到了损害从而传感到他的身体。博士向这位头人担保:这些牙齿一直被单独保存在一个匣子里,远离任何像石英晶体之类可能影响它们的物体。但是头人还是把这些牙齿小心翼翼地包好藏在身上带回家去。

巴苏陀①人总是很仔细地藏好他们被拔掉的牙齿,以防落入那些常去坟地的神秘人物之手,从而防止那些人有可能对他们的牙齿施加魔法来伤害他们。在萨塞克斯,大约五十年前,有一位女仆对于把幼儿们脱落的乳牙扔掉一事表示强烈抗议。她断言如果它们被一些动物找到并咬噬,那么那个孩子长出的新牙无论如何都会像那只动物的牙一样。她还举出了西蒙斯老爷的例子作为证明。西蒙斯老爷经常抱怨的一个生理缺陷是在他的上颚长了一颗很大的猪牙。而这应归罪于他的母亲,因为她不留神把他掉下的乳牙扔进猪槽里。一种类似的信念曾引导人们有意识地运用顺势巫术原则来换牙,使旧牙换上更好的新牙。在世界许多地方都有这样的习俗:把掉下来的牙故意掉到老鼠易于发现它的地方。掉牙的人希望通过继续存在于他和那颗扔掉的牙之间的交感关系,使他其余的牙也能如同这些啮齿类动物的牙那样坚固、好用。例如在德意志,据说几乎所有人都知道这样一条箴言:你要是掉了牙就把它塞进老鼠洞里去。如果对幼儿掉下的乳牙也这样处理,还可以使孩子免除牙疼。或者你也可走到火炉后面去,把你的牙齿从你的头顶上朝后扔出去,并且说:"耗子,把你的铁牙给我吧,我将把我的骨牙给你。"在那之后你的其余的牙齿将保持完好;在远离欧洲位于太平洋上的拉拉通加岛上,一个幼儿的牙齿被拔掉后,通常背诵的是如下的祷文:

---

① 非洲莱索托地区说班图语的黑人部族。

大耗子！大耗子！
这是我的旧牙齿，
求你给我一颗新牙齿。

然后这颗牙就被扔到孩子家的草屋顶上，这是因为在那衰朽的草屋顶上肯定有老鼠窝。之所以要在这种情况下向老鼠祈福，是因为当地的人们都知道老鼠牙齿是最强有力的。

除了头发、牙齿之外，脐带和胞衣（包括胎盘在内）也普遍被认为在割断与人身的联系后，仍保留了它与人身之间的交感联系。人们确信这种交感联系是非常密切的，以致这个人一生的祸福安危都和他的脐带或胞衣有关；如果他的脐带或胞衣保存得好、处理得当，那他就将一生幸运，反之，如它们被丢失或损坏，他的一生将因之而多灾多难。在澳大利亚西部地区的某些部落里，人们相信一个人游泳技巧的优劣，决定于他出生时他的脐带是否被他母亲扔进了水里。在昆士兰州①彭尼法瑟河上的土著居民中，人们相信一个孩子的一部分灵魂（当地土语为 cho-i）是住在他的胞衣之中。因之，他的祖母把胞衣拿走埋在沙里。而为了给它留下标志，她用一些嫩树枝插在埋胞衣的地点四周，围成一个圆圈，并将它们的顶端束在一起，使这个结构像一个圆锥体。要是安吉来到这儿并看见了这种标志，这位专管给女人往子宫里塞泥娃娃以促使她们怀孕的鬼神，就把胞衣中的灵魂取走，带往

---

① 澳大利亚东北部的一个州。

他常去的那些地方,如一棵树,一个石洞或一个水塘,在那里这个灵魂可长年保存。但他说不定什么时候也会把这个灵魂再送入另一个婴儿的躯壳,这样它就再一次降生人世。在加罗林群岛的波纳佩岛①上,脐带是被放在贝壳中,并按照这个孩子未来的职业作出最适当的安排。这个职业是他的父母为他选择的。例如,假若他们打算让他成为一个爬树能手,他们就把装有脐带的贝壳吊在树上。凯岛上的居民根据这个孩子的性别把孩子的脐带看成是他(她)的兄弟或姐妹。他们把脐带跟灰烬一起装入一个罐中放在一棵树的枝丛里,让它关注着这孩子的命运。苏门答腊的巴塔克人,也和东印度群岛人一样,把胎盘看成是孩子的弟弟或妹妹,其性别视孩子的性别而定,并把它埋在房子下面。据巴塔克人的想法,它和这孩子的幸福有密切关系,而且似乎真就是这个孩子可转移的灵魂的住所。关于可转移的灵魂,我们以后还将谈到。卡罗巴塔克人甚至坚信一个男人有两个灵魂,而其中的真灵魂就和埋在房子下面的胎盘住在一起。他们说,那才是能传宗接代的真灵魂。

巴干达人相信每个人出生时都伴随一个替身,而这替身就是他的胞衣,他们将它当成第二个孩子。孩子的母亲把这个胞衣埋在一株香蕉树下,这棵树从此成为圣物直到它结出果实为止。到那时,果实被摘下来供家庭备制一顿圣餐。而切罗基人为了使生下的小女孩长大后能成为一个制作玉米面包的好手,特地将她的脐带埋在一个玉米白底下,为了使一个男孩长大后当个好猎手,

---

① 波纳佩岛是西太平洋岛群加罗林群岛的重要岛屿之一。现为美国托管地。

便将他的脐带吊在森林中的一棵树上。秘鲁的印加人特别小心地保存脐带,每当孩子生了病就让他吸他的脐带。而古代墨西哥人,经常把一个男孩的脐带交给一个士兵,让他把它埋在战场上,以使这个男孩能因此获得战斗的激情。但女孩的脐带却必须埋在炉灶旁边,据说这样一来就可激励她热爱家庭和善于烹调的本性。

甚至到了今天,欧洲许多人仍然相信一个人的命运或多或少跟他的脐带或胞衣的命运有着密切关系。在莱茵河流域的巴伐利亚,人们把孩子的脐带用一块旧亚麻布包起来保留一段时间,然后,根据这个孩子是男孩还是女孩,把脐带切碎或剁碎,以促使他或她长大后能成为一个手艺高明的工人或裁缝。在柏林,当接生婆把揩干了的脐带交给孩子的父亲时,通常都要严厉地要求他保藏好脐带。因为只要它还保存着,这个孩子就能茁壮成长并免于疾病之苦。在博斯①和佩尔什,人们特别注意不要把脐带扔到水里或火中。他们相信如果这么做了,这孩子就会被溺死或被烧死。

在全世界许多地方我们都可以看到,脐带,尤其是胞衣被当成一个活物,当成是这个婴儿的兄弟或姐妹,或被当成一个留守处,在那里住着这个孩子的守护神或他灵魂的一部分。此外还普遍地认为,采用什么方式来处理孩子的脐带或胞衣,也将影响他或她未来的身份或事业。不同的处理方式将产生不同的后果,比如,要是个男孩,可能促使他成长为一个敏捷的爬树者、一个强壮

---

① 法国的西北部地区。

的游泳者、一个精明的猎手,或一个勇敢的士兵;要是个女孩则可能促使她成长为一个巧裁缝,或一个好面包师等等。这些广泛流传的习俗清楚地表明,在人和他的胞衣或脐带之间是被认定存在着某种交感联系的。于是我们看到,关于胞衣或胎盘以及在较小程度上关于脐带的观念和处理方法,同那种认为存在着可转移的灵魂或体外灵魂的信念以及在此基础上形成的习俗,二者间有着惊人的相似之处。由此,我们可以推论:这种相似并非偶然,而是有着以胞衣和胎盘为物质基础(不一定是唯一的)的体外灵魂假说的理论和实践。我们这样说绝不是轻率,关于这个问题,我们且留在本书后面再进一步探讨。

交感巫术原理的一种奇怪的应用是对受伤者施行法术。人们曾普遍相信:在受伤者和致伤物之间存在着某种联系,因而在事件发生后,无论对该致伤物做出什么或用该致伤物做什么事情,都会相应地导致受伤者或好或坏的结果。普林尼告诉我们:如果你打伤了一个人并为此感到歉疚时,你只要向自己那只打人的手上吐口唾沫,受伤者的痛苦将立即得到缓解。在美拉尼西亚,一个人被射伤后,如果他的朋友得到了那支射伤他的箭并将其保存在一个潮湿的地方或凉爽的树叶中,那伤口的炎症将会减轻并且会迅速痊愈。这时,那用箭伤人的敌人也在尽其所能采取各种办法再来加剧这个箭伤。为此,他和他的朋友们喝滚烫的汤,咀嚼辛辣的树叶,认为这就会明显地刺激那人的伤口,并使之发炎。此外,他们还把弓保存在火旁以使伤口和它一样灼热。为了同一原因,如果箭头还在自己手里,就把它置于火中。甚至,他们还小心地将弓弦绷紧,并不时地拨弹它,因为这将使受伤者神

第三章 交感巫术

经紧张并且肌肉痉挛;培根①也说过:"有人曾相信并断言只要给致伤的武器涂上油膏,伤口就会自愈。在这种由一些有声望的人所叙述的试验中(虽然我自己至今并不完全相信它),你可注意到如下几点:首先,完成这种奇迹的油膏是用不同的东西制成的,而其中最特别和最难弄到的成分是长在未埋葬的尸体头盖骨旁的青苔,以及在产子时被杀死的熊和野猪的脂肪。"这位哲学家还解释说,这种由这些东西以及其他成分所合成的珍贵油膏,并不是用来涂在伤口上而是涂在武器上,甚至尽管这位受伤者是远在千里之外且对此毫无所知。他还告诉我们:曾经实验过,在不让受伤者知道的情况下把油膏从武器上擦掉,其结果是立即给他带来了剧烈的痛苦,直到重新把油膏涂抹在武器上痛苦才止息。更有意思的是:"人们断言假如你得不到那个武器,也可把一只铁的或木制的相似器械刺入那流血的伤口中,再把油膏涂在器械上,也可收到同样效果。"培根曾十分关注的这种治疗方法至今还在英国东部各郡流行。在萨福克郡,如果一个人用钩镰或大镰刀伤了自己,他便仔细地保持这个刀不使它生锈并涂上油以防伤口溃烂;如果他手上扎了刺,或如他所说"一根木刺戳进手里了",他便将这根已拔出的刺涂上油或脂肪。一个男人由于在修篱笆时不慎手上扎了刺且伤口化了脓。在他找到医生说明情况后,还特别声明如下:"我已经在拔出的刺上涂上脂肪了,本来是不应该化脓的。"如果一匹马因踩了一颗钉子而伤了脚,那位萨福克的马夫将长久保存那颗钉子,擦亮它,并且每天给它涂油,以防止马脚化

---

① 弗兰西斯·培根(Francis Bacon,1561-1626),英国哲学家、作家、政治家。

脓。与此类似,剑桥郡的劳动者也认为,如果一匹马被一颗钉子扎伤了脚,就必须将那颗钉子涂上油,放到一个较安全的地方,否则这匹马的伤就难以康复。几年前,一位外科兽医曾被请去诊治一匹马,它的肋部被农场的大门柱上的铰链撕裂开,当他到达这个农场时,发现人们并未对这匹伤马采取任何措施,只有一个男人忙着设法把那个铰链从大门柱上卸下来,好能给它涂上油脂并拿走,因为根据剑桥郡那些自作聪明的人的意见,只有这样做才能使这匹马痊愈。同样,埃塞克斯的乡下人持有这样的看法:如果一个人被刀刺伤,最基本的康复办法是将那把刀涂上脂肪,然后横放在伤者的床上。在巴伐利亚,人们也这样指导你把一块亚麻布条涂上脂肪,然后拴在那把砍伤你的斧子刃上,并小心地把斧刃朝上放置,当脂肪变干之时你的伤口也就痊愈了。同样在哈尔茨山区,①人们说如果你自己伤了自己,你应当把伤你的刀子或剪刀涂上脂肪,并以圣父、圣子和圣灵的名义把它置于一个干燥地方,当刀子干燥时,你的伤口就好了。但在德国,另一些人却说你必须把刀子插进一块潮湿的地里,你的伤口将在刀生锈时康复;也有一些巴伐利亚人劝告你把斧子或其他任何工具抹上血,然后将其放在屋檐下。

这种流传在英国和德国的乡下人中、同时又普遍盛行在美拉尼西亚和美洲的野蛮人中的观念,被澳大利亚中部的土人进一步发展了。他们相信在一定条件下,受伤者的近亲们为了确保他的伤口痊愈,应当把自身涂上油脂,限制自己的饮食,调整

---

① 在今德国境内。

第三章 交感巫术

自己的其他方面的行为。在一个少年割了包皮而伤口尚未长好之时,他的母亲就不得吃袋鼠肉、某种蜥、蝎或懒蛇肉或任何脂肪,否则她将使这男孩的伤口迟迟不能痊愈。每天她还要给她的一些掘地的棍子涂油,并且不让这些棍子离开她的视线,晚上睡觉时还把它们放在头边,不许任何人接触,她还每天给自己全身涂油,这就如上述其他方式一样,被认定有助于她孩子的康复。由于德国农民的机智,上述治伤办法得到另外一种改进:据说莱茵河流域的巴伐利亚农民或黑森林的农民,如果他的猪或绵羊摔断了腿,他就用绷带和细木条把一条椅子腿包扎起来,就像包扎伤腿一样。然后在若干天内,任何人不得坐在这只椅子上,也不得搬动它或敲打它。否则将会使那只受伤的猪或羊感到疼痛,妨碍其伤口复原。很清楚,上述最后事例已完全超出了接触巫术的范围,而进入了顺势或模拟巫术的范围,那只被当作牲口腿治疗的椅子腿,对那只受伤的家畜毫无意义,显然,包扎椅子腿的做法仅只是本应加于真正受伤者的合理外科手术的一种模拟而已。

关于在受伤者与致伤武器之间存在交感联系的认识可能是基于这样一种观念:留在武器上的血仍然和他身体里的血保持有共同感觉。根据同样原因,在位于新几内亚附近的一个名叫图利欧的海岛上,巴布亚人总是小心地把包扎过他伤口的带血绷带扔进大海里,因为他们怕这些破布一旦落入他们的某个敌人之手,就可能被利用来施行巫术以伤害他们。有一次,当一个男人因嘴里的伤口总是流血而去求治于传教士时,他的忠实的妻子便竭尽全力去收集他所吐出的血并将其倒入海中。这种想法在我们看来是很牵强和不自然的,但可能比下面的信念还要好一些,即认为在人和他所穿的衣服之间保持着交感联系,以致无论对衣服做了什么动作,衣服的主人都会有所感知,尽管他当时可能已远离在外。在维多利亚的瓦特约巴勒克部落里,一个男巫可能有时抓住一个男人的袋鼠毯放在火旁,慢慢烧烤,在他这样做的时候,这毯子的所有者就会生病。若这位男巫答应解除这个法术,他就把这毯子交还给病人的朋友,嘱咐他们把它泡入水中,"这就会把火洗掉"。这样做的时候,那位遭受病痛之苦的人就会有一种复生的清凉感,并可能就此康复。在新赫布里底群岛①的塔纳岛上,一个人想将他的仇人置于死地,便设法搞到一件浸有他仇人汗水的衣服。如果他成功了,便用某种树的细枝和树叶仔细地把那件衣服整个擦一遍,然后把衣服、树枝、树叶裹在一起卷成香肠状放在火里慢慢烧掉。当它被烧着时,那位被害者就陷入病痛之中,而当衣服化为灰烬之时,他的生命也就结束了。看来,在最后的这种法术中,存在于人和衣服之间的巫术感应,可能还不如存在于人和他身上的汗水之间的更多些。然而在这同类巫术的另外一些情形中,这些衣服本身就已足够让那个男巫用来惩治他所要加害的人了。忒奥克里图斯②诗中的那个妖妇为了软化那不忠实的情人对她的铁石心肠,于是熔化一个蜡制偶像或蜡人,这时她记得要将他掉在她房里的外衣的一块碎片投入火中。在普鲁士,人们说如果你没有抓住盗贼,下一步应该做到的最好的事情,就是抓住一件他在逃跑中可能扔掉

---

① 苏格兰西海岸附近的岛屿。
② 忒奥克里图斯(Theocritus,约前310—约前250),古希腊诗人,牧歌的创始者,作品多以农民、渔夫和牧童的生活为题材。

第三章 交感巫术

的衣服,因为当你使劲敲打这件衣服时,那盗贼就会病倒。这样的信念在一般人的心目中根深蒂固。大约八九十年前,在伯伦德附近,有一个男人打算偷蜂蜜而被人发觉,在逃走时丢下了他的外衣。他听说那蜂蜜的主人正在愤怒地狠打他丢掉的衣服,吓得很厉害,竟然躺在床上死去了。

再者,对人发挥巫术交感作用,不仅可以通过他的衣服或从其身上掉下的某些东西来实现,也可通过他的身体在沙子上或地上留下的印迹来实现。你可以用伤害一个人的脚印来伤害其本人的脚。这种巫术尤其广为流传,几乎已成为一种全球性的迷信。比如,住在澳大利亚东南地区的土人认为,他们只要把石英石、玻璃、骨头或木炭等的锋利碎片,放入一个人的脚印中,就可以使他跛足。他们也经常把自己的风湿病痛归因于有人对自己施行了这种巫术。当霍威特博士询问一位跛得很厉害的塔通戈朗人,到底他发生了什么不幸时,他回答说:"有人把(酒)瓶放到我脚印里去了。"他实际上是患了风湿症,但他却相信有一个敌人发现了他的脚印,并在下面埋进了一块酒瓶的碎片,于是灾难进入了他的脚中。

类似的做法流行在欧洲各地,比如在梅克伦堡①,据认为如果你将一根钉子插入一个人的脚印里,此人便将变成跛子,有时还要求那根钉子必须取自棺材。在法国的一些地方也凭借这类手段伤害敌人。据说有一位经常去萨福克郡斯托地方的老妪,她是一个巫婆,如果在她走路时有人走在她后面,把一根钉子或一

---

① 德国北部地区,临近波罗的海。

把小刀插入印有她的脚印的尘埃中,这位老妇人将一步也不能再往前挪动,直到取去它为止。在南斯拉夫人那里,一个女孩把印有他恋人脚印的土掘出来放在一个花盆中,然后在花盆中种上金盏花(这是一种被人认为永不凋谢的花),由于它的金色蓓蕾生长开花,并且永不凋谢,她的情人对她的爱情也将与日俱增,永远永远不会衰退。显然这种爱的符咒是通过这个男人踩过的泥土而作用于他的。丹麦有一种缔结盟约的古老仪式,也是基于这种在人与其脚印之间具有交感联系的概念:缔约双方要将自己的鲜血洒在对方的脚印上,以作为忠于盟约的保证。在古希腊,同类的迷信似乎也很盛行,因为那时人们曾认为,如果一匹马踩上了狼的足迹,骑马者将变得麻木迟钝。还有一条据说是毕达哥拉斯提示的箴言:禁止人们用钉子或小刀刺入一个人的脚印。

同样的迷信在世界许多地方被猎人们用来捕获猎物。比如,一个德国猎手会把一根取自棺材的钉子插入猎物的新鲜的足迹以防止它逃跑。维多利亚的土著居民将尚有余热的灰烬放在他所要追捕的动物的足印上。霍屯督①的猎手们抓一把取自猎物足迹的土扔向空中,相信这样就会抓到它。而汤普森印第安人则经常对已受伤的鹿的足迹施加法术,此后,便认为当天再不需要到更远的地方去追踪这只动物了,因为在施加法术之后它已不可能走远并将很快死去。与此类似,奥吉布瓦印第安人把"药物"放在他们首先遇到鹿或熊的足迹上,认为这样一来将使这头

---

① 西南非洲的一个游牧民族。

野兽很快来到眼前,哪怕它是在两三天之前从这里经过的。因为这种符咒具有将几天的行程缩短到几小时的魔力。西非埃维地方的猎人们,为了使猎物成为残废以便追上它而用一根尖棍刺入猎物的足迹中。

但是,尽管脚印是人体所能造成的最显著的痕迹,却不是唯一可以用来对一个人施加法术的痕迹。澳大利亚东南部地区的土人相信,一个人可以被伤害,如果在他躺卧过的地方埋进一些诸如石英、玻璃等锋利碎片的话,这种锋利物体所具有的魔力将进入他的身体使他剧痛,而那些外行的欧洲人竟将这种痛苦归之于风湿病。我们现在可以明白为什么毕达哥拉斯教①的信徒们信奉这样的箴言:当你起床之后一定要抹掉床单上你睡过的痕迹。这仅只是古代人认为是由毕达哥拉斯创立、从而恪守的那一整套预防巫术的迷信箴言之中的一条规则而已。毫无疑问,这些箴言早在毕达哥拉斯时代之前就已经为古希腊的外邦先祖们所熟悉了。

第四节 巫师的发展

现在我们已经结束了关于交感巫术的一般原则的考察。我

---

① 古希腊数学家、哲学家毕达哥拉斯(Pythagras,约前580-约前500)创立了毕达哥拉斯学派,把数的观念神秘化了,认为数是构成一切事物的原型,也构成宇宙的"秩序"。宣扬神秘宗教和唯心主义,迷信灵魂转世,提出"肉体是灵魂的坟墓",并订出一套戒律,劝人遵守,以"净化"灵魂。其目的在使个人约束自己,尊重权威,服从奴隶主贵族的统治,在宗教史上称之为毕达哥拉斯教,为古希腊秘密宗教之一。

所解释过的那些例子主要是取自于可称之为"个体巫术"的范围,即一些为了个人的利害而施行的巫术仪式或法术。但在野蛮社会中,还有另一类常见的可称之为"公众巫术"的事例,即一些为了整个部落里的共同利益而施行的巫术。不论在什么地方,只要见到这类为了共同利益而举行的仪式,即可明显地看出巫师已不再是一个个体巫术的执行者,而在某种程度上成了一个公众巫术的执行者。这种官吏阶层的形成在人类社会政治与宗教发展史上具有重大意义。当部落的福利被认为是有赖于这些巫术仪式的履行时,巫师就上升到一种更有影响和声望的地位,而且可能很容易地取得一个首领或国王的身份和权势。因而这种专业就会使部落里一些最能干、最有野心的人进入显贵地位。因为这种职业可提供他们以获得尊荣、财富和权力的可能性,而这是任何其他职业所难以提供的。那些比较精明的人发现:想要欺骗不如他们聪明的兄弟并利用他们的迷信来谋求自己的利益是多么容易。也并非每个男巫都认为自己是一个恶棍或骗子,他们有些真诚地确信自己真正拥有同伴们出于轻信所归于他的奇妙的能力,但他愈是精明就愈可能真切地看穿一个真相:一般人所轻信的其实不过是无稽的虚妄,而他们竟愚昧地信以为真。于是,这种职业中的最能干的人必然趋向于或多或少有意识地进行欺诈。而又正是这些具有优越能力的人通常登上巅峰的地位,并为自己赢得最高的威严和最大的指挥权力。在职业巫师的前进道路上有许多陷阱,照例只有头脑最冷静和智力最锐敏的人才有可能平安地绕过它们。我们必须记住:巫师所提出的每一个简单的宣告和主

第三章 交感巫术

张只要是虚妄的,就必须进行有意无意的欺骗才可能维持。因而,那些过于自负的巫师比盘算周到的骗子更易遇到危险和更可能断送前程。一个诚实的巫师总是希望他的法术和咒语能产生他所预期的效果,而当它们无效时(它们不仅常常是无效而且有时明显地带来灾难),他便大吃一惊。他不会像他的那些无赖的同行一样,事先准备好一套为失败辩解的花言巧语,他可能在还未找到这种花言巧语之前就被他的那些失望而愤怒的雇主敲脑袋了。

一般的结果是:在社会进化的这个阶段,最高权力往往趋向于落入那些具有最敏捷的智力和最无耻的心地的人手中。如果比较一下他们的诈骗行为所造成的损害,和他们的聪敏所带来的好处,我们会发现,好处大大超过危害。那些居于高位的愚蠢好人给世界带来的损害,大概比聪明的无赖带来的损害要大得多。一旦那位机灵的恶棍的野心达到极点,不再有任何进一步的自私的企求之时,他就可能、并且常常真的这样做:把他的才干、经验、财富转向为公众服务。对许多人来说,他们愈少处心积虑地牟取权力,他们就愈能善用其权力做出有益于公众的事情,无论他们所追求与赢得的是财富或政治权柄或其他。在政治领域里,那些足智多谋的权术家,残酷无情的胜利者,可能最终成为一个贤明而豁达的统治者。他们生前受到赞扬、死后受到怀念,名垂青史!对这种人可举两个最突出的例子:儒略·恺撒[①]和奥

[①] 儒略·恺撒(Gaius Julius Caesar,约前 100-前 44),古罗马统帅、政治家,建立独裁统治,集执政官、保卫官、独裁等大权于一身。

古斯都。① 然而,蠢人总是那么愚蠢,他手中的权力愈大,他使用这个权力所带来的灾难就愈大。如果乔治三世(1760-1820)不是一个诚实的笨蛋的话,那就可能永远不会发生与美国绝交的那种英国历史上最沉重的灾祸。

因此,就巫术成为公共职业而影响了原始社会的素质而言,它趋向于将管理权集中在最能干的人手中。它将权力从多数人手中转到一个人手中;它将民主制度更替为君权制度,或者说更替为元老寡头统治。因为一般来说在原始公社中实行统治的并不是所有的成年男性,而是一个长老议会。这种改变,无论是由何种原因产生的,也无论早期统治者的性格如何,从整体上讲都是十分有益的。看来,君主制的出现乃是一个使人类从野蛮状态脱离出来的基本条件。人类再没有比民主的原始人受到旧传统和习俗的束缚更严重的了。任何社会再也没有比那种状态下前进得更加艰难和缓慢的了。旧的观念以为原始人是人类最自由的人,这恰恰同事实相反。那时,他确实是一个奴隶,虽然并不属于某一个看得见的奴隶主,但却隶属于他的过去,隶属于他已经死去的祖先们的阴魂。这些阴魂缠着他整个一生,并用一根铁鞭统治着他。对他来说他们所做过的都是正确的榜样,都是他必须毫不怀疑地盲目服从的不成文法律。在这种情况下,极少有可能让有卓越才能的人去改进旧有的习俗。最能干的人被最无能、最

---

① 恺撒之甥孙和养子,古罗马帝国皇帝(前27-后14),原名盖约·屋大维(Gaius Octavius),公元前44年恺撒死后,称盖约·儒略·恺撒·屋大维安努(Gaius Juius Caesar Octavianus)。公元前27年元老院奉以奥古斯都(Augustus,前63-后14)称号(拉丁文意为"神圣的"、"至尊的"),后世沿称之。

愚笨的人拉了下来。这类人必然要树立一个准则,因为他虽然无法晋升,却不致跌下,而前者虽然有晋升却也有跌下的几率。由于这样的社会可能人为地抹煞实际存在于人们之间的天生能力和气质上的巨大差异以及各种天然的不平等,使之成为虚假的、表面上的平等,这种社会的外表也就必然呈现出一种始终不变的单调。尽管后来曾有一些蛊惑家、梦想家将其夸赞为人类的理想国度和黄金时代等等,然而它实际上是低级呆滞的社会。在这种情况下,任何事情只要它能够开发才干,并根据人们的天生能力而调配权力等级,从而有助于社会进步,那就应受到一切关心人类真正利益的人的欢迎。那种不可能被永远遏制的促进社会进步的影响一旦开始发生作用,社会文明就相对地加速其进展。一个人所获得的极权地位,使他有可能在自己这一代完成那些在过去许多代都实现不了的变革。而正像经常发生的那样,如果他是一个比一般人都聪明和能干的人,他就会欣然地利用这种机会,甚至仅凭一个君王的一时兴致和反复无常就有可能打破那沉重地束缚着野蛮人的桎梏。一个部落只要不再被胆小的、意见不一的长老议会所左右,而是服从于一个单一、坚强、果断的人的引导,它就变得比邻近部落强大,并进入一个扩张时期。这在人类历史的早期阶段,就十分有利于社会生产和智力的进步。由于其权势的扩展(一部分是依靠武力,一部分是由于较弱小部落的自愿投降),这个氏族社会便很快获得了财富和奴隶。这两者将一些阶级从赤贫如洗的无望的挣扎中解救出来,给他们一个机会无私地追求知识。而知识正是改善人的命运的最卓越、最有力的工具。

在艺术与科学的成长中和在更加开明的思想的传播中显示了人们的智力进步,这种进步又和产业的或经济的进展密切相关,因而反过来又使得这种进步从统治和征服中获得莫大的推动力。下列事实的出现绝不是偶然的:人类思想活动总是紧跟战争的胜利而最为活跃;世界上许多伟大的征服者种族通常是极大地推进和传播了文明,从而在和平中疗愈了他们在战争中所造成的创伤。巴比伦人、希腊人、罗马人以及阿拉伯人都是这种历史的见证人。而我们还可能活着看到在日本出现这种类似的情况。当我们对历史的长河追根溯源时,便会感到下述情况绝不是一种偶然现象,即:人类走向文明的第一大步总是发生在神权政治的专横统治之下,诸如埃及、巴比伦和秘鲁这类政权,它们的最高统治者都曾要求,并且接受他的臣民们把他既当成国王又当成天神来加以服从和尊崇。在人类早期社会,专制政权竟是人类的最好朋友,甚至听起来似乎背离事实,即它也是自由的最好朋友。我们这样说并不过分。因为在极端的绝对的暴虐统治下,比起野蛮时期的表面有自由、实际上每个人从出生到死亡一生命运早就被世代承袭的习俗的铁框框所注定了的情况,毕竟还有较多一些的自由(在其最佳意义上说是自由),自由地想自己之所想,自由地形成自己的命运。

因此,就公共职业的巫术曾是最能干的人们走向最高权力的道路之一来说,为把人类从传统的束缚下解放出来,并使人类具有较为开阔的世界观,从而进入较为广阔自由的生活,巫术确实作出了贡献。对于人类的裨益绝非微不足道。当我们更进一步想到巫术还曾为科学的发展铺平道路时,我们就不得不承认:如果说巫术曾经做过许多坏事,那么,它也曾经是许多好事的根源;如果说它是谬误之子,那么它也是自由与真理之母。

第四章　巫术与宗教

　　上一章所搜集的事例,可能足以阐释交感巫术两个分支的一般原则。那两个分支我们曾分别命名为"顺势巫术"和"接触巫术"。我们看到,在前面所列举的某些事例中,首先确认有神灵存在,并且还以祈祷和奉献供品来赢得神灵的庇护。但总体来说,这类事例尚属少数,它们只表明,巫术已染上并且掺和了某些宗教的色彩和成分而已。无论在任何地方,只要交感巫术是以地道的、纯粹的形式出现,它就认定:在自然界,一个事件总是必然地和不可避免地接着另一事件发生,并不需要任何神灵或人的干预。这样一来,它的基本概念就与现代科学的基本概念相一致了。交感巫术整个体系的基础是一种隐含的、但却真实而坚定的信仰,它确信自然现象严整有序和前后一致。巫师从不怀疑同样的起因总会导致同样的结果,也不怀疑在完成正常的巫术仪式并伴之以适当的法术之后必将获得预想的效果,除非他的法术确实被另一位巫师的更强而有力的法术所阻扰或打破。他既不祈求更高的权力,也不祈求任何三心二意或恣意妄为之人的赞许,也不在可敬畏的神灵面前妄自菲薄,尽管他相信自己神通广大,但绝不蛮横而没有节制。他只有严格遵从巫术的规则或他所相信的那些"自然规律",才得以显示其神通。哪怕是极小的疏忽或违

第四章 巫术与宗教

反了这些规则或规律,都将招致失败,甚至可能将他这笨拙的法师本人也置于最大的危险之中。如果他声称有某种驾驭自然的权力,那也只是严格地限制在一定范围之内,完全符合古代习惯的基本威力。因而,巫术与科学在认识世界的概念上,两者是相近的。二者都认定事件的演替是完全有规律的和肯定的。并且由于这些演变是由不变的规律所决定的,所以它们是可以准确地预见到和推算出来。一切不定的、偶然的和意外的因素均被排除在自然进程之外。对那些深知事物的起因并能接触到这部庞大复杂的宇宙自然机器运转奥秘发条的人来说,巫术与科学这二者似乎都为他开辟了具有无限可能性的前景。于是,巫术同科学一样在人们的头脑中产生了强烈的吸引力,强有力地刺激着对于知识的追求。它们以对未来无限美好的憧憬,引诱那疲倦的探索者、困乏的追求者,让他穿越对当今现实感到失望的荒野。巫术与科学将他带到极高的山巅,在那里,越过他脚下的滚滚浓雾和层层乌云,可以看到天国之都的美景,它虽然遥远,但却沐浴在理想的光辉之中,放射着超凡灿烂的光华!

巫术的严重缺点,不在于它对某种由客观规律决定的事件程序的一般假定,而在于它对控制这种程序的特殊规律的性质完全错误的认识。如果分析一下前面考察过的交感巫术的各种情形(它们是作为恰当的实例而经过选择的),我们就会发现,正如我曾指出过的那样,它们都是对思维两大基本规律中的这一或那一规律的错误运用。思维的这两种基本规律就是空间或时间中的"相似联想"和"接触联想"。错误的"相似联想"产生了"顺势巫术"或"模拟巫术",错误的"接触联想"产生的则是"接触巫术"。

这种联想的原则,本身是优越的,而且它在人类的思维活动中也确实是极为基本的。运用合理便可结出科学之果,运用不合理,则只能产生科学的假姐妹——巫术。因此,说什么"一切巫术必然是荒谬的和无益的",这完全是多余的老调。因为,如果巫术能变为真实并卓有成效,那它就不再是巫术而是科学了。早在历史初期,人们就从事探索那些能扭转自然事件进程为自己利益服务的普遍规律。在长期的探索中他们一点一点地积累了大量的这类准则,其中有些是珍贵的,而有些则只是废物。那些属于真理的或珍贵的规则成了我们称之为技术的应用科学的主体,而那些谬误的规则就是巫术。

巫术就这样成为了科学的近亲。但我们仍须追问,它与宗教又有着什么关系呢?我们脑海里早已形成的关于宗教本质的概念,将必然影响我们对这两者关系的认识。因此,每一个作者在着手调查宗教与巫术的关系之前,总是先提出他自己关于宗教的概念。世界上大概没有比关于宗教性质这一课题的意见更纷纭的了,要为它拟出一个人人都满意的定义显然是不可能。一个作者能做的仅仅是:首先讲清楚自己所说的宗教指的是什么,然后在整个作品中前后一致地使用这同一含义的词。我说的宗教指的是:相信自然与人类生命的过程乃为一超人的力量所指导与控制的,并且这种超人的力量是可被邀宠或抚慰的。这样说来,宗教包含理论和实践两大部分,就是:对超人力量的信仰,以及讨其欢心、使其息怒的种种企图。这两者中,显然信仰在先,因为必须相信神的存在才会想要取悦于神。但这种信仰如不导致相应的

第四章 巫术与宗教

行动,那它仍然不是宗教而只是神学。用圣雅各①的话说:"信心若没有行为就是死的。"②换句话说,如果某人的立身处世不是出于对神某种程度的敬畏或爱戴,那他就不是一个宗教信徒。另一方面,若只有行动却排除了一切宗教信仰,那也不是宗教。两个人的行为可能完全一致,然而可能一个是宗教信徒,而另一个却不是;如果其中一人的行为是出于对神的爱或怕,他就是一个教徒;如果另一个人的行为是出于对人的爱或怕,那他就是一个品行端正或不端正的人,这需根据其行为与公众利益相一致或相抵触而定。因而信仰和实践,或者用神学的语言说即道和行,同样都是宗教的基础,二者缺一不可。但宗教实践并不总是非要举行仪式不可,也就是说它并不一定要供献祭物、背诵祷词及采取其他外表形式。这些形式的目的仅仅是为了取悦于神。如果这位神喜欢仁爱、慈悲和贞洁更甚于带血的祭品、赞歌和香火,那么他的信徒们使他高兴的最好的做法,就不是拜倒在他脚下,吟诵对他的赞词,或用贵重礼物摆满他的庙宇,而是以廉洁、宽厚、仁慈去对待芸芸众生。因为这样做人们就会尽人类的柔弱心灵之可能去模仿神性的完美无缺。希伯来的先知们出于对上帝的美好与神圣的崇高信念而孜孜不倦地教诲人们,正是宗教的这一伦理学方面。正如弥迦③所说:"世人哪!耶和华已指示你何为善。他向你所要的是什么呢?只要你行公义,好怜悯,存谦卑的心,与

---

① 圣雅各(St. James, a form of Jacob),耶稣的十二大门徒之一。
② 见《新约全书·雅各书》,第 2 章第 17 节。
③ 弥迦(Micah),纪元前 8 世纪希伯来的先知之一。

你的神同行。"①而在以后的一个时期里,基督教用以征服世界的力量,在很大程度上来源于这种对上帝的道德性质的崇高信念和人们使自己遵奉上帝的责任感。圣雅各说:"在神——我们的父面前,那清洁没有玷污的虔诚,就是看顾患难中的孤儿寡妇,并且保守自己不沾染世俗。"②

但是,如果宗教所包含的首先是对统治世界的神灵的信仰,其次是要取悦于它们的企图,那么这种宗教显然是认定自然进程在某种程度上是可塑的或可变的,可以说服或诱使这些控制自然进程的强有力的神灵,按照我们的利益改变事物发展的趋向。现在,这种关于自然具有可塑性或可变性的暗示,恰恰同巫术以及科学的原则相对立。它们二者都认定自然的运转过程是固定不变的,既不可能用说服和哀求,也不可能用威胁和恐吓来稍加改变。这两种互相矛盾的宇宙观之差异,取决于它们对这样一个关键性问题的回答:统治世界的力量,究竟是有意识的和具有人格的,还是无意识的、不具人格的?宗教,作为一种对超人力量的邀宠,所认定的是两个答案中的前者。因为所有的邀宠做法都暗示着那位被讨好者是一个具有意识或人格的行为者,他的行为在某种程度上是不定的,可以被劝说来按照人们所希望的方向改变,只要这种劝说审慎地投合他的兴趣、口味和感情。人们绝不能讨好那些被看成是无生命的东西,也不会讨好那些在特殊情况下已知其行为确实被绝对限定的人。总之,宗教认定世界是由那些其

---

① 见《旧约全书·弥迦书》第 6 章第 8 节。
② 见《新约全书·雅各书》第 1 章第 27 节。

第四章 巫术与宗教

意志可以被说服的、有意识的行为者加以引导的,就这一点来说,它在基本上是同巫术以及科学相对立的。巫术或科学都理所当然地认为,自然的进程不取决于个别人物的激情或任性,而取决于机械进行的不变的法则。不同的是,这种认识在巫术是暗含的,而在科学却毫不隐晦。尽管巫术也确实经常和神灵打交道,它们正是宗教上所假定具有人格的神灵。但只要它们按其正常的形式进行,它对待神灵的方式实际上和它对待无生物完全一样,也就是说,是强迫或压制这些神灵,而不是像宗教那样去取悦或讨好它们。因此,巫术断定:一切具有人格的对象,无论是人或神,最终总是从属于那些控制着一切的非人力量。任何人只要懂得用适当的仪式和咒语巧妙地操纵这种力量,他就能够继续利用它,例如在古埃及,巫师们宣称他们有能力迫使甚至最高的天神去服从他们,并且确曾对天神发出如抗拒即予毁灭的威胁。有时巫师虽然尚未达到那种地步却也宣称过类似的恐吓:如果奥锡利斯①不服从他的命令,他将到处乱扔他的骨头或揭露关于他的传说;同样,今天在印度还有类似的情况:伟大印度教的三相神婆罗贺摩、毗湿奴、湿婆②也受男巫师们支配。他们用其符咒指挥这些至高无上的神灵:无论在地下或在天上,神祇们必须恭顺地执行巫师们的任何要求。在印度到处流传着这样的话:"整个宇宙听

---

① 奥锡利斯(Osiris),埃及神话中古埃及的一个国王,后为其弟塞特(Set)所杀,尸体被剁成碎块散布数地,他的妹妹和妻子伊希思(Isis)收集并埋葬了他的尸体。他从此成了最受埃及人崇拜的死神,他能使人死,还能使人复生。

② 古代印度婆罗门教信奉多神,其主神有三:婆罗贺摩(Brahma,梵天,即创造之神)、毗湿奴(Vishnu,遍入天,即保护之神)和湿婆(Siva,大自在天,即毁灭之神),并认为三者代表宇宙的"创造"、"保全"和"毁灭"三个方面。

从天神的支配，天神们听从符咒（曼哈斯）的支配，符咒听从婆罗门支配，因此，婆罗门是我们的天神。"

巫术与宗教之间在原则上的根本抵触，足以说明在历史上为何存在祭司经常追击巫师的这种毫不放松的敌意。巫师的骄傲自满和对更高权力的妄自尊大的态度，以及满不在乎地宣称他拥有和神灵同样权力的做法，都不能不引起祭司的厌恶。从祭司对神权的敬畏和在神面前那种卑躬屈膝的表现来说，这样的声称和态度必然被看成是在篡夺仅属于上帝的特权，而这是极邪恶而不恭的。我们还可以想到，巫师们的动机有时比较卑劣，这会更加激起祭司的敌意。祭司既然自称是上帝和人之间的正当媒介、真正中间人的角色，无疑他的利益以及他的感情，常被对手巫师所伤害。这个竞争对手劝导人们走一条更为可靠和平坦的通往幸福的途径，以代替为获得神的恩惠所要走的崎岖不平、不可靠的道路。

然而，我们已如此熟悉的这种对立，似乎只是在宗教历史的较晚时期才清楚地表现出来。在较早阶段，祭司和巫师的职能经常是结合在一起的，或更确切地说，他们各自尚未分化出来。为了实现其愿望，人们一方面用祈祷和奉献祭品来求得神灵们的赐福，而同时又求助于仪式和一定形式的话语，希望这些仪式和言辞本身也许能带来所盼望的结果，而不必求助于鬼神。简言之，他同时进行着宗教和巫术的仪式，也几乎是同时喃喃地念着祷词又念着咒语，并不注意他的行为和理论之间的矛盾，只要能设法获得其所需就好。我们已在美拉尼西亚人及其他民族中见到过这种把宗教和巫术融合或混淆在一起的事例了。

宗教和巫术的这种混淆还一直残留在那些文化程度较高的民族中,既曾经流传在古印度和古埃及,也没有从现代欧洲农民中消失。关于古印度的情况,一位名声显赫的梵文学者告诉我们说:"据我们掌握的详细资料,早期历史上的献祭仪式普遍带有原始的巫术精神。"谈到东方的巫术特别是在埃及的重要性时,马伯乐教授①强调说:"我们不应当对巫术这个字眼抱有那种在现代人心目中几乎不可避免地引起的鄙夷的看法。古代巫术正是宗教的基础。虔诚的、要想获得神的恩惠的人,除非双手抓住神,否则就没有成功的机会。而这只有通过一定数量的典仪、祭品、祷词和赞歌等等才能得到。神自己也启示过,只有这样对待他,才能使他去做那些要求他做的事。"

在现代欧洲愚昧的阶层中,这种类似观念上的混淆,这种把宗教和巫术混在一起的情况,常以不同的方式出现。我们曾听说,在法兰西,"大多数农民仍然相信祭司拥有一种神秘的、不可抗拒的、驾驭自然的力量。一旦遇到燃眉之急,透过背诵那些只有他才知道和有权说出的祷词,他便能够在一段时间内阻止或颠倒物质世界的永恒运转规律,尽管为了这种祷告,他必须紧跟着就请求神的赦免。风、雹、雷、雨都听从他的指挥,服从他的意志,连火也听他调遣,只要他一句话就可扑灭一场火灾的烈焰"。例如,法国的农民也许至今仍在相信祭司们能够以一种特定的仪式来做"圣灵弥撒"。这种弥撒具有如此神奇的功效,它从未遇到过任何神灵的反对。上帝也不得不在这种情况下同意他所提出的

---

① 马伯乐(Gaston-Camille-Charles Maspero,1846-1916),法国学者,埃及学家。

任何要求,不管这种要求是多么轻率和纠缠不休。在那些生活极为穷困的人心里,由于企望以这种简单的手段占领天国,所以对这样的仪式绝无任何不虔诚或不恭敬的想法。世俗祭司通常拒绝这种圣灵弥撒,但僧侣们,特别是圣方济各教派的僧侣们,却负有盛名,愿意满足急切而痛苦的恳求。天主教国家的乡下人认为,神父具有敦促神做这做那的本领,这同古埃及人认为他们的巫师所具有的那种特殊本领极为相似。

再举一例:在普罗旺斯①的许多乡村里,人们仍然相信神父具有消除暴风雨的本事。当然并不是每一个神父都享有这种声誉。在有的村子里,每当调换教堂神父时,教区中的居民们就急于了解新任神父是否具有这种他们所谓的"道行"。当一次大风暴的第一个征兆出现之时,他们就邀请他来驱赶可怕的乌云,以此对他进行考验。如果正好如愿以偿,这位新来的神父就赢得了他的教徒们的信赖和尊敬。在有些教区里,教区神父在这方面的威望比他的教区长更高一些,因而他们之间的关系变得如此紧张,以致主教不得不将教区长调任别的圣职。还有,加斯科涅②的农民相信这样的事:坏人有时会诱劝牧师念一种叫作"圣色伽利"的经文,用以报复他的仇人。只有很少的神父知道这种经文,而他们当中的四分之三的人又不愿为人情或金钱念这种经文。除了那些不道德的神父,没有人敢举行这种肯定在最后的审判日将会为之付出沉重代价的可怕仪式。任何教区神父、主教甚至奥什的大

---

① 法国东南部一个地区,濒临地中海。
② 法国西南部一个地区。

第四章 巫术与宗教

主教都不能赦免他们,只有罗马教皇本人才具有这种赦免权力。这种"圣色伽利"弥撒只能在一座荒废的或已毁坏的教堂里举行。在那里,猫头鹰愁闷地叫着,蝙蝠在黑暗中乱飞,流浪者夜宿于其中,而癞蛤蟆匍匐在被亵渎的圣坛之下。那位邪恶的神父带着他的轻佻的情妇在夜里来到这里。当十一点的钟声敲响第一声时,他就开始咕哝着倒背经文,而恰好在钟声发出午夜的哀鸣时终止。他的情妇充当着他的执事,他那祝福用的圣饼是黑色且带有三个尖角,他不供酒但却喝一种井水,在那井里曾扔进过未受洗礼的婴儿。他也画十字,但却是用他的左脚在地上画的。他还做其他的许多事情,任何一个虔诚的基督徒看到这一切都会被吓得终身说不出话来。而他用经文诅咒的那个人也将慢慢地衰弱,任何人都说不出他究竟害了什么病,甚至连医生也束手无策,他们并不知道此人是由于"圣色伽利"经文的诅咒而慢慢死掉的。

虽然在许多世纪里和许多国土上,巫术与宗教相融合、相混淆,但是我们仍然有理由认为这种融合并非自始即有,曾有一个时期人们为满足他们超越一般动物需求的愿望而只相信巫术。首先,考虑到巫术与宗教的基本见解,我们就倾向于作出这样的判断:在人类历史上巫术的出现要早于宗教。我们已经看到:一方面巫术仅只是错误地应用了人类最简单、最基本的思维过程,即:类似联想或接触联想;另一方面,宗教却假定在大自然的可见的屏幕后面有一种超人的、有意识的、具有人格的神存在。很明显,具有人格的神的概念比那种关于类似或接触概念的简单认识要复杂得多,认定自然进程是决定于有意识的力量,这种理论比起那种认为事物的相继发生只是简单地由于它们互相接触或彼此相似的观点要深奥得多,理解它必须有一种更高的智力和思考。甚至野兽也会把那些彼此相似的东西或在它们经验中被一起发现过的东西联系起来,如果它们不这样做就连一天也难以生存下去。但有谁会认为野兽也具有信仰,即它们也相信大千世界是由在其背后的一群看不见的野兽或一个极为巨大神奇的野兽所操纵的呢?如果我们把发明这样一种理论的荣誉留给人类的理性,对于无理性的野兽来说,大概没有什么不公正的吧!假如巫术是直接从推理的基本程序中演绎出来的,而且实际上人的思想几乎也毫无自省地陷在误信之中,那么,宗教则是以非愚昧的心智所能企及的一些概念为基础的。所以,很可能是:在人类发展进步过程中巫术的出现早于宗教的产生;人在努力通过祈祷、献祭等温和谄媚手段以求哄诱安抚顽固暴躁、变幻莫测的神灵之前,曾试图凭借符咒魔法的力量来使自然界符合人的愿望。

这种从巫术与宗教的基本概念推演出来的结论,已为我们对澳大利亚土著民族的观察结果所证实:在那些我们已掌握准确资料的最原始的野蛮人中间,巫术是普遍流行的;而被视为对更高权威的一种调解或抚慰的宗教则几乎不为人所知。可以粗略地说,在澳大利亚,所有人都是巫师却没有一个人是神父;每一个人都自以为能够用"交感巫术"来影响他的同伴或自然的进程,却没有一个人梦想用祈祷和祭品来讨好神灵。

既然在目前已知的人类社会的最落后状态里,我们发现巫术是如此明显地存在而宗教却显然不存在,那么,我们是否可以据此推测世界上的文明民族在他们历史的某个阶段也经历过类似的智力状态,即在他们想用献祭和祷词来讨好自然伟力之前也曾

第四章 巫术与宗教

企图强迫它服从于自己的意愿呢？简言之，是否如人类文明在物质方面到处都有石器时代一样，在智力方面各地也都有巫术时代呢？我们有理由对这个问题给予肯定的回答。当我们从格陵兰到火地岛，从苏格兰到新加坡综观人类现存的各个种族之时，我们观察到它们都各具不同且种类繁多的宗教。我们还观察到这种宗教种类之繁杂不单是跟那些种族一样地众多，而且还深入到各个国家和联邦，渗透到各个城市、村庄甚至家庭之内，以致在宗教纷争具有的分裂特点的影响下，整个人类社会的外观是破碎的、龟裂的，受到削弱和破坏，因而呈现出许多裂隙和分歧。但是，宗教体系的矛盾分歧主要是影响着这些社会中善于思考的知识阶层，一旦走出这矛盾分歧的范围，我们就会发现，愚昧的、软弱的、无知和迷信的人们在信仰问题上是完全和谐一致的，不幸的是，正是这些人占了人类的大多数。19世纪的一项重大成就乃是把研究深入到世界许多地方智力底下的阶层，从而弄清了各地在实质上都是一样。这个智力底下阶层就在我们脚下，就在今天的欧洲，并且也在澳大利亚荒无人烟的中心地带和已有教育文明但尚未使它完全绝迹的一切地区。对于巫术功效的信仰是一种真正全民的、全世界性的信仰。

当宗教体系不仅在不同国家而且在同一国家的不同时代都有所不同之时，交感巫术体系的原则和实践在任何时候、任何地方都保持了实质上的相似。现代欧洲的无知和迷信阶层中的情况跟几千年前在埃及和印度的情况十分相似，也跟目前还生存于世界最偏僻角落的最原始野蛮部落中的情况十分相似。如果可以按举手或人头计算办法来测定真理的话，那么巫术体系就比天主教会更有理由引用这一豪言,作为自己绝对正确的凭证:"无时不在、无处不在、人所共知"。

我们并不打算在此考虑这样的问题:在社会的表层下,如此牢固且不受宗教和文化表面变化影响的愚昧阶层之长期存在,对于人类的未来有何影响?任何不持偏见的观察者,只要他的研究工作使他探测到这个问题的深度,就很难不将其视为对文明的一种长期的威胁!我们好像是行走在一个薄壳之上,随时都可能被隐藏在下面正在打盹的力量所破碎。偶尔从地底下发出的一声空响,或突然迸发到空中的一点火焰都会告诉我们,脚底下正进行着什么。这个文明世界不时被报上发表的这样的消息所震惊:在苏格兰,怎样发现了一个偶像被扎满了针以达到杀死一位可憎的地主或大臣的目的;在爱尔兰,一个女人怎样被当成一个女妖而被慢慢地烤死;或者在俄罗斯,一个姑娘怎样被暗杀和剁碎,以便窃贼们制作那种他们所希望的在夜间既能用其光源又可保证其行窃勾当不被人看见的人脂蜡烛!

但究竟是为推动进步而出现的势力,还是对已获得的成就具破坏危险的势力终将获胜呢?究竟是少数人的冲击能量还是人类大多数极为沉重的分量,是能使我们上升到更高水平或沉落到底层的力量呢?这些问题与其说应由过去和现在的卑微学者解答,不如说应由圣人、道德家和以其锐敏的目光审视着未来的政治家来解答。我们在这里要研究的是另外一个问题:同宗教信仰的无穷多样性、多变性相比,巫术信仰呈现了单一性、普遍性和永恒性。那么我们如何据此而引出这样的假说,即:巫术体现了人类更早历史时期的、更为原始的思想状态,全人类各种族也都曾

第四章 巫术与宗教

经经历了或正在经历着这一状态而走向宗教与科学?

如果正如我所冒昧臆测的那样:在所有地方都是宗教时代跟着巫术时代之后到来,我们自然要问:是什么原因使得人类,更确切地说是人类的一部分,放弃了作为一种信仰和实践根源的巫术而投身于宗教呢? 当我们仔细想想需要解释的事实的庞大数量及其多样性与复杂性,以及有关它们的调查尚不很充分之时,我们将随时承认这一点:对于这样深奥的问题很难指望得到一个充分和满意的答案。而就我们目前所具有的知识状况,我们最多只能大胆地提出一种或多或少近似合理的假说。我怀着应该有的审慎精神,准备提出这样一个假说:日久天长,对于巫术所固有的谬误和无效的认识,促使人类之中更富于思想的人们去寻求一种关于自然的、更为真切的理论,和一种更为有效地利用其资源的方法。较为精明的人们到一定时候就觉察出了:巫术的仪式和咒语并不能真正获得如他们所希望产生的结果,而头脑比较简单的大多数人仍然相信。这种对于巫术无效的重大发现,必然会在那些精明的发现者的思想上引起一种可能是缓慢的但却是带根本性质的革命。这个发现的意义是:人们第一次认识到他们是无力随意左右某些自然力的。但迄今为止他们却相信,这些自然力完全处在他们的控制之中,这是一种对人类的无知和无力的反思。人们看到了他原来以为是动因的东西实际却不是动因,而他凭借这些动力所做的一切努力都是徒然,他的痛苦的辛劳已被虚耗,他惊人的巧智也已被无目的地浪费,他曾经使劲地提拉过没有系住任何东西的绳索,他曾以为他正向着自己的目标前进,而实际上只是在一个狭小的圆圈里打转转。并非他努力制造的效果不再继续显现出来,它们仍被制造出来,不过那并不是他制造出来的:雨仍然落在干渴的土地上;太阳仍然继续着它的日出日落,而月亮继续着它横贯天空的夜游;四季的更替也继续在大地上无声地进行着;在光亮和阴影之中、在乌云和阳光之下,人们仍然降生在这个世界上,辛勤劳作,经受痛苦,仍然在世上短暂寄居之后又聚集到父辈居住的坟墓里。尽管一切都确实在照旧进行,然而由于过去的障眼阴翳已经剥落,因此一切在他看来却不同了。他已不再可能沉湎于他的愉快的幻想中:正是他引导着大地和上天的运行,而且一旦他把自己孱弱的手撤离大自然的车轮时,那它们就会停止那伟大的运转。现在,他在他的敌人和朋友们的死亡过程中,再也见不到自己或自己仇敌的法术具有什么不可抗拒的力量。他现在知道了无论是朋友还是敌人都得屈从于一种力量,这个力量比任何他所能支配的都更为强大,因而大家都得服从于一种他无力控制的命运。

就这样,我们的原始哲学家,当他的思维之船从其古老的停泊处被砍断系绳,而颠簸在怀疑和不确定的艰难的海上时,在他原来的那种对自身以及对他的权力的愉快信心被粗暴地动摇之后,他必曾为此悲哀、困惑和激动不已,直到他那思维之船,如同在充满风暴的航行之后进入一个安静的避风港一样,进入一种新的信仰和实践的体系之中为止。这种体系似乎解答了那些使他陷入烦恼的怀疑,并且替换了他原本不愿放弃的统治自然之权力,尽管这种替换是危险的。他还认为如果这个伟大的世界竟然可以不用他和他的同伴们的帮助而照常运行下去,那就必然另有别的像他一样的人物,不为人们所见,却远为强大有力,指挥着世界的运行并引出所有变化万千的事件来。而这些事件迄今为止他都以为是凭借他自己的巫术才实现的！他现在相信了：正是他们而不是他自己，使暴风呼啸，使闪电辉耀，使惊雷轰鸣；正是他们为坚固的大地奠定了基础，给不可逾越的汹涌的大海以限制，使天上那无数光辉的星辰发亮，给天空中的飞禽以食物，给沙漠中的猛兽以被捕食的动物；是他们令沃土产生硕果，让高山覆盖着森林，叫涓涓的泉水从山谷的石头下面喷涌而出，使绿色的牧草长满宁静的水边；正是他们向人的鼻孔里吹气使人获得生命，或用饥荒、瘟疫和战争促其灭亡。对于这些强有力的人物，他已在大自然的一切辉煌壮观的万千景象中看到了他们的行为的后果。人现在谦卑地承认自己要依赖于他们那看不见的权力，恳求他们的怜悯，恳求他们赐予他一切美好的东西，保护他免遭从各个方面威胁着他有限生命的危险与灾难，最后，在痛苦和悲哀到来之前，将他的灵魂从躯体的重负下解脱出来，带到一个更为欢乐的世界去，在那里他可以和一切好人的灵魂永远同在，享受安宁与幸福。

可以想象：具有比较深刻思想的人们正是在这样的或类似这样的思想下做出了从巫术到宗教的伟大转变。但即使在这些智者中间，这种转变也难以突然产生。这个过程可能是十分缓慢的，它的最终完成需要漫长的世纪。因为要广泛地树立关于"人无力去影响自然进程"的认识，只能是渐进的过程。不可能在一击之下就剥夺掉他幻想的所有统治权。一定是一步一步地把他从骄傲的地位上击退，使他一寸一寸地叹息着放弃他曾一度认为属于自己的地盘。他承认自己不能随心所欲地支配的事物，一开始可能是风，后来可能是雨、是阳光、是雷电；而当他一点点地失去对大自然的控制，直到最后好像从一个王国即将缩小成为一个监狱之时，人必然会愈来愈深刻地感觉到自己的无能为力和那些虽看不见却存在着的巨大威力，并相信自己是被它们包围着。因此，宗教从一开始仅是对超人力量的少许、部分的承认，随着知识的增长而加深为承认人完全地、绝对地依赖于神灵。他旧有的自由自在的风度变为一种对那看不见的，不可思议的神的极其卑下的臣服态度，而他的最高道德准则就是对神灵意志的屈从。"我们的平安都在它们的意志之中"，但是，这种更深的宗教观念，这种凡事以神的意志是从的皈依，只能对那些有较高知识的人起作用，他们具有足以理解宇宙之浩瀚和人之渺小的宽广视野。渺小的心灵不可能掌握伟大的思想，以他们那种狭隘的理解力和近视的眼光看来，除了他们自己之外似乎没有任何东西是真正重要的和伟大的了。具有这样思想的人完全不能上升到接受宗教的高度。实在说他们只是在其宗教长辈的教诲下表面上遵从教义，口头上承认教条，但在内心却仍然固守他们那古老的巫术迷信。这种迷信可能表面上不被赞许乃至被禁止，却并不能被宗教所根除。因为它的根子已经深深扎在人类绝大多数的心中了。

　　读者可能要提出如下问题：为什么有智慧的人们竟没能更早地识破巫术的谬误呢？他们怎么会继续对那些根本无望之事怀抱希望呢？他们出于什么心理要坚持表演那些毫无效果的古老的滑稽动作和叨念那些不起任何作用的庄严的胡言乱语呢？他们为什么对那些跟自己的经验有着如此明显矛盾的信念恋恋不舍呢？怎么会如此地勇于重蹈覆辙呢？这些问题的答案似乎应

第四章 巫术与宗教

当是这样的:巫术的谬误并不容易识破,它的失败也不明显。这是因为在许多情况下甚至是在大多数情况下,随着某种巫术仪式的完成,它想要产生的结果多半会在隔了一段或长或短的时间之后真的产生出来。要想在这种情况下仍能察觉到这些结果之产生并非由于巫术,这需要比一般人具有更为敏锐的头脑才行。在举行一次或为呼风唤雨或欲置敌人于死地的巫术仪式之后,或迟或早,经常会随之出现它所希望产生的结果。这就可以理解原始人为什么将这些事变视为仪式的直接后果和对它的效力的最好证明。与此类似,那些在早上呼唤日出和在春天唤醒冬眠大地的仪式,将肯定获得成功,至少在温带地区是如此。因为在这些地区,太阳总是每天早晨在东方点燃它的金色的明灯,春天的大地总是年复一年地在春回大地之时将她自己重新用绿色的罩衫打扮起来。因此讲求实际的野蛮人,出于他保守的天性,就绝不会去理睬理论上的怀疑者和过激的哲学家的"诡辩"了。后者竟然敢于暗示日出和春归并不是每日每年准时举行的巫术的直接的结果,敢于暗示即使这种仪式偶然中断或是完全停止举行,太阳也仍可能继续上升,树木也仍可能继续开花结果。这些怀疑论者的疑惑将很自然地被听者怀着义愤和谴责加以拒绝,因为这些怀疑以虚妄的幻想破坏了他的信仰,并明显地和他的经验相冲突。他可能说:"我在地上点着了那值两个便士的蜡烛,然后太阳就会在天上点亮他那伟大的火光。还有比这更明白的事么?我倒想知道:在我春天穿上绿袍的时候而树木却能不这样做!这些是每个人都明白无误的事实,我的立场正是建立在这些事实之上。我是一个直率的讲求实际的人,而不是像你们这样的理论家、吹毛求疵的人和诡辩家。理论和思考以及所有这类的事,就其本身而论也许并不坏。对于你们这样耽迷于其中,我也没有丝毫的反对,倘若你们并不将其见诸行动的话。你们不要干扰我,让我忠于事实,迟早我能弄清楚事情的真相。"这种论调的错误对于我们来说是很明显的,因为他所讨论的事实的荒谬性在我们说来早已是毫无疑义的了。但假如类似这样的辩词涉及正处于讨论阶段的问题,那就可以问一问,英国的听众能不认为这是凿凿有理的辩词而为它鼓掌吗?能不认为这位辩论家是个精明细心的人吗?他虽不是才华横溢、追求炫人的效果,但却绝对地通情达理和讲求实际。如果上述那些论点在当今社会尚且可以认为是合于情理,那又何须为原始人长期不能察觉这种错误而感到惊奇呢?

第五章　巫术控制天气

第一节　为公众服务的巫师

读者可能还记得,我们曾因考察两种不同类型的"人神",被引入了巫术的迷宫。又正是这条思路引导我们误入歧途的脚步通过了迷宫,终于到达一个更高的境地。在这里,让我们在路旁稍事休息,以便我们能回顾一下已经跋涉过的道路,并继续向着更远更崎岖的征途前进。

作为前面讨论的结果,可以将这两类"人神"适当地区分为宗教化的和巫术化的"人神"。在前一类中,一位不同于人而又超于人的神被认为是在或长或短的时间里化身进入一个人体中,并通过他屈尊暂寄的血肉之躯作出的奇迹和预言来显示他超人的威力和智慧。它也可合适地称为通神意的或人形化的"人神"。它的肉身仅只是一个脆弱的、尘世的、寄居着不死神灵的躯壳。另一方面,巫术类的"人神"只不过是一个凡人,但他拥有不同一般的权力,而他的大多数伙伴也在一个较小范围内冒称自己也有这种权力,因为在原始社会里几乎无人不涉及巫术。这样看来,前一类通神意的人神其神性来自于一位神祇,而这位神祇曾屈尊地把他那上天的光辉隐藏在一个凡身的阴暗的面罩后面;后一类"人神"则从自然的某种实质感应中获取他非凡的能力。他不仅是一个神灵的托身之所,他的整个存在,肉体和灵魂,都是如此微妙地与整个世界和谐一致,以致他一抬手一转头都可能给宇宙的整个结构带来一阵剧烈的颤动。反过来,其神性的机体对平常人感觉不到的周围世界的各种细微变化也十分敏感。但尽管我们可以在理论上准确地画出这两类"人神"之间的分界线来,却很难在实践中加以精确地划分。因而在下面的叙述中,我将不坚持这种区别。

我们已经看到,实际上巫术既可用来为个人也可为全社会服务,根据这两个不同的服务目标,可分别称之为个体巫术和公众巫术。而且,我还指出过,公众巫师占据着一个具有很大影响的位置,如果他是个慎重能干的人,就可以一步步爬上酋长或国王的宝座。在未开化的野蛮社会中,许多酋长和国王所拥有的权威,在很大程度上应归之于他们兼任巫师所获得的声誉,所以考察一下公众巫术会有助于我们理解早期的君权。

在巫术可能谋取到的各种公众利益项目中,最根本的是提供大量的食物,本书前些章节所征引的事例证明了:食物提供者——猎人、渔夫、农民——在追求各自愿望时都求助于实施巫术,但他们这样做仅是个人为他本人及其家庭谋利,而不是作为公务人员为全体人民的利益去行动。它在举行仪式之时就不同了:不是猎人、渔夫、农民自己,而是由专职巫师来代表他们履行仪式。在原始社会中公有制是原则,将社会财富分配给各劳动者阶层的方式尚未真正开始,每个人都或多或少是他自己的巫师,他为自己谋求好处和损害敌人而施法术、念咒语。但当巫师们形成一个特殊阶层,换句话说,当为了让一部分人用他们的特技去替整个社会谋利益的明确目的将他们分离出来时,不论他们的特技是用来治病、预告未来、调整气候,还是为了任何其他一般的利益,社会便前进了一大步。尽管大多数从事这一行业的人,为达其目的所采取的手段往往是无力的,却不因此使我们无视这个制度本身的巨大重要性。在这里,至少是在原始社会中较高级阶段,有一部分人从艰辛无比的谋生劳动中解脱出来了,并且不但是被允许,而且是被期待、被鼓励去从事对大自然奥秘的探索。他们马上担负责任并且要关注的事就是:他们应该知道得比他的同伴更多些;他们应该通晓一切有助于人与自然艰苦奋斗所需的知识,以及一切可以减轻人们的痛苦并延长其生命的知识、药物及矿物的特性:雨、旱、雷、电的成因,季节的更替,月亮的盈亏,太阳每日每年的运行,星辰的移动,生死之秘密等等,所有这一切一定都引起过这些早期哲学家的好奇,并激励他们寻找这些问题的答案。受到他们保护的人们无疑会经常以极为实际的形式一再提出这些问题,从而刺激他们的注意力。被他们保护的人们期待着他们为了人的利益不仅要了解而且要控制自然界的伟大进程。他们的第一次射击离开目标甚远,这是很难避免的。他们那缓慢但不断地接近真理的探索在于不断地形成和检验各种设想,接受那些在当时似乎是符合实际的假设而摒弃其他。那个被野蛮的巫师抱住不放的关于自然因果关系的观点,在我们看来无疑是明显的虚妄和荒唐,然而在他们那个时代却是合情合理的设想,尽管他们尚未受到实证的检验。应当受到嘲笑和责备的不是那些设想出浅薄理论的人,而是那些在更好的理论提出之后仍固守那些浅薄理论的人。肯定没有人比野蛮人的巫师们具有更热烈的追求真理的动机,哪怕是仅保持一个有知识的外表也是绝对必要的。如果有一个错误被发现,就可能要付出他们的生命为代价。这无疑会导致他们为了隐藏自己的无知而实行欺诈。然而这些也向他们提供了最为强大的动力,推动他们去用真才实学来代替骗人的把戏。因为如果你想要表现自己知道些什么,最好的办法就是真的知道它们。因而,我们尽管可以正当地不接受巫师的过分自负,并谴责他们对人类的欺骗,但作为总体来看,当初出现由这类人组成的阶层,确曾对人类产生过不可估量的好处。他们不仅是内外科医生的直接前辈,也是自然科学各个分支的科学家和发明家的直接前辈。正是他们开始了那在以后时代由其后继者们创造出如此辉煌而有益的成果的工作。如果说这个工作的开端是可怜的和软弱的,那么这一点应归咎于那通往知识之路的无可避免的艰难,而不应归咎于自然力或人们有意的自我欺骗。

第二节 巫术控制雨水

在公众巫师为部落利益所做的各种事情中,最首要的是控制气候,特别是保证有适当的降雨量。水是生命之源,而在许多国家,水是靠下雨提供的。没有雨蔬菜会干枯,人畜会焦渴而亡。因而在原始人社会中,祈雨师是位极其重要的人物,而且为了调节"天水"的供应,经常存在一个特殊的巫师阶层。他们为完成其职责而采用的方法,虽然并不总是,但通常是基于顺势的或模拟的巫术原则。如果他们想要降雨,就用洒水或用蒸气造点假云来模仿;如果他们的目的是要使雨停下来,或使天气干燥,他们便避

第五章 巫术控制天气

开水,而依赖温热或火,以去掉过多的水汽。这种做法并不像文明世界的读者们所想象的那样,仅存在于如中澳大利亚或东南非洲某些酷热地区的赤身裸体的居民之中(在那些地区,常常连着好几个月,天空一无云彩的遮拦,炎酷的太阳直晒得地面焦裂)。即使在温暖潮湿的欧洲,在那些外表上已开化的居民中,这类做法也曾经是或仍然是很普遍的。现在我将举实例来描述这类巫术,其中既有为公众的也有为个人的。

例如在俄罗斯德尔普特①附近一个村子里,当人们渴望雨水时,三个男人便爬到古圣墓地里的一棵枞树上。一个拿着榔头敲打水桶或水壶以模仿雷鸣,另一个撞击两个燃着的火把使火星飞迸以模拟闪电。而被称作祈雨师的第三人则手执一束细树枝从一个容器中沾出水来撒向四面八方。在普罗斯卡村,为了结束干旱促使甘霖降临,妇人和少女们在夜里光着身子来到村子边界把水泼在地上。在新几内亚西边一个名叫哈尔马赫拉或基罗罗的大岛上,男巫求雨的方法是把一根特殊的树枝浸在水中,然后挥动滴着水的树枝把地面润湿。在新不列颠,祈雨法师把红的绿的爬藤缠绕在香蕉叶上,用水将它浇湿再埋入土中,然后他嘴里发出模仿下雨的哗哗声。北美的奥马哈印第安人,在谷物因缺雨而干枯时,"神牛社"的成员们便将一只大桶盛满水,围着它跳四次舞,其中一人从桶里啜水并将其喷向空中,使之四处弥漫好像细雾或蒙蒙细雨。然后他举起水桶把水倒在地上,于是跳舞的人都趴下来喝地上的水,弄得满脸是泥,最后他们把水喷向空中造成

---

① 即今塔尔图。

雾气腾腾。他们就这样来挽救干枯的庄稼。北美纳奇兹印第安人在春季经常聚在一起,为了他们的庄稼而向男巫师们"购买"好天气;如果需要雨,男巫师们便实行斋戒,然后跳舞。他们嘴里含满水,咬着一根管子,管子头上像喷壶嘴一样钻有小孔,祈雨师们便通过这些小孔把水喷向密布着乌云的那部分天空;如果需要阳光普照,那他就爬到茅屋顶上,拼命挥动双臂以指挥乌云飞往别处。在中安哥尼兰①,当雨水没有适时降临时,人们便去修缮那座"雨神庙",清除那里的荒草,首领一面把麦酒倒进一个埋在地里的罐子中,一面说道:"乔塔大师,您对我们心肠太硬了!您让我们怎么办呢?我们确实要完蛋了!给您的孩子雨水吧!这是我们献给您的麦酒。"然后他们分喝剩下的酒,即便是小孩也得喝上一口。接着他们就手持树枝载歌载舞。当他们返回村子时,就会发现由一个老太婆放在路边的一桶水,于是他们就把树枝浸入水中,并高高地挥动它们以便把水珠撒向空中。在这之后就等着雨水从赶来的乌云中降落下来。在上述的行为中我们看到了巫术与宗教的结合:用树枝洒水是纯粹的巫术仪式,而祈祷雨水和奉献麦酒则完全是宗教仪式。在北澳大利亚的马拉部落里,祈雨师来到水池边唱巫歌,然后他用手捧上一些水,吸入口中再喷向四方,接着又把水遍洒全身,再抖落到周围,然后安静地回到帐篷里。人们认为这样一来雨水就会降临。阿拉伯历史学家马克里兹描述了一种阻止下雨的做法,据说哈德拉茅②的阿尔卡马尔游

---

① 非洲莫桑比克一地区名。
② 在今也门境内。

牧部落就曾使用过这种方法:他们从某种长在沙漠里的树上砍下一根枝条,把它放在火上,然后向燃烧着的树枝浇水。以此象征暴雨减弱了,宛如那洒在燃烧着的树枝上的水被烧干一样;据说为了相反的目的,曼尼普尔①的一些东安加米人,举行一种类似的仪式,以"产生雨水"。村子里的首领把一根燃烧着的树枝放在一个被烧死者的坟墓上,然后用水浇灭,同时祈祷雨水降临。灭火之水所象征的降雨将在死者的影响下加剧,因为死者既然是被烧死的,则必然渴求降雨来冷却他那烧焦了的躯体,以减轻痛苦。

除了阿拉伯人以外,其他人也常使用火作为止雨的手段,比如新不列颠的苏尔卡人把石头先在火中烧红,再放入雨水中,或把热灰扔向空中。他们认为由于雨水不愿被炽热的石头或灰烧掉,便将很快停下来。泰卢固②人则把一个裸体小女孩送进雨中,手持一根正在燃烧着的木柴,这是她必须拿着给雨水看的,据认为,这样一来就可止住倾盆的大雨。在新南威尔士的斯蒂汶斯港,巫医驱除雨水的做法经常是将燃着的柴棍抛到空中,同时大声地喊叫和喷气。在澳大利亚北方的阿努拉部落中,任何人都可用法术止住雨水。方法很简单,只需把一根绿树枝放在火中烤烫,然后再迎风挥击就可以了。

澳大利亚中部的迪埃里人,在严重干旱时节,常为他们国度的贫困和自身的半饥饿状况高声哭泣,祈求那些他们称之为"穆拉穆拉"的远祖赐给他们力量来促成一场大雨。他们相信通过

---

① 印度东北部一邦名。
② 印度一族。

"穆拉穆拉"的影响,由于他们或他们邻近部落举行巫术仪式,天上的云层可以降下雨水来。他们从云彩里引出雨来的方法是这样的:挖一个长约12呎,宽为8至10呎的坑,在坑上用木头和树枝搭好一个圆锥形的小屋。两位据认为从"穆拉穆拉"那儿获得神性的男巫让一位德高望重的老人用燧石把他们胳臂肘下皮肤划破,并把血滴在挤坐在小屋中的其他男人身上。与此同时这两位流血的人撒出满把羽毛,一些羽毛就粘在他们那些满是血迹的同胞身上,而另一些羽毛还飘浮在空中。血被认为可代表雨,而羽毛则代表云。在仪式进行过程中两块大石头被搬来放在小屋中间,它们立在那里是为了收集云和兆示雨。然后那两位被放了血的男巫把这两块石头带往大约10或15哩外的远处,并将它们尽可能地放在一棵最高的树上。在此同时,其他的男人就拿来石膏,把它们敲得粉碎,然后撒到水坑中去。"穆拉穆拉"看见这一切之后,就会立即让乌云出现在天空。最后,年轻和年老的男人们就弯腰俯首地像一群公羊一样用头牴撞那座小屋。这样撞进小屋再从小屋的另一端牴撞出来,如此反复直到屋子被撞倒为止。在这样做的时候是不允许用手或胳臂的,只有当屋子只剩下沉重的木柱时,才允许用手把木头从坑里拉出来。用头去戳破房子象征着穿透乌云,而房子倒塌则象征着雨水降下。同样明显的是:把代表着云彩的两块石头高高地放在树上的行动,是一种促使真正的乌云升上天空的方法。迪埃里人还认为,青年举行割礼时割下的包皮具有很大的降雨魔力,因此部落的"最高议会"总是保存着一小袋包皮备用。它们被精心珍藏,涂以野狗油和毡蛇油并用羽毛包裹好。当打开这包裹时,在任何情况下任何女人都不

第五章 巫术控制天气

得看见。仪式完成后,其价值已被耗尽,包皮便被埋在地下。当雨真的降临之后,部落中的一些人总要做一次外科手术:用一块尖燧石将手臂和胸划破,并用一块扁平木片轻轻敲打伤口以便流出更多的血,然后把红色的赭土揉进伤口中去,就这样形成一个凸起的伤疤。土著居民们宣称:这样做的理由是,他们因为降了雨而十分高兴,并且雨水和伤疤之间又有着某种联系。显然这种手术并不十分痛苦,因为在手术进行时他们还相互取乐打诨。我们确实看到孩子们拥挤在做手术者的周围,耐心地等着轮到自己,而在做完手术后便跑开,挺着他们的小胸脯,为雨点打在它上面而高兴得唱起来。当然到第二天他们感到伤口发硬并痛得钻心时,便不那么兴高采烈了。在爪哇,有时为盼望雨水来临便叫两个男人用柔软的鞭子互相鞭打对方的脊梁,直到鲜血流淌。血即代表了雨水,而流血无疑将促使雨从天而降。在阿比西尼亚的爱格霍地区,人们为了求得雨水,习惯于在每年一月发动一场为期一周的村落与村落之间的血腥械斗。曼涅力克皇帝在一些年前曾废除了这个习俗,然而当次年雨水不足而大众呼声又如此之高时,皇帝便不得不让步,允许恢复那种残杀搏斗,但每年只许有两天。描述这种习俗的那位作者认为:在这种场合所流的血是作为一种牺牲奉献给管雨的神灵。但也可能如同澳大利亚人、大爪哇人所行的仪式那样,流血是模拟下雨。贝尔①的先知们为了求雨而用刀子刺伤自己的身体直到鲜血流淌的做法,可能也是基于同样的巫术原则。

---

① 贝尔(Baal),古代闪族人的繁殖之神,后为主神。

人们广泛相信孪生的孩子对自然,特别是对雨水和天气具有奇异的魔力。这种古怪的迷信在英属哥伦比亚的一些印第安部落中相当流行,并使他们常常加给双生子的父母以某些奇怪的限制或禁忌,尽管那些限制的确切意义常是含糊不清的。比如英属哥伦比亚的齐姆西印第安人相信孪生子控制着气候,因而他们对着风雨祈祷说:"你们这些孪生子的气息,请安静下来吧!"再者,他们还相信孪生子的愿望总是能实现的,因而人们害怕孪生子,以为他们可以随意伤害他们仇恨的人。他们还被认为可以招来鲑鱼、"奥拉琴鱼"(或叫"烛鱼"),因而他们被人们称以意为"致富"的美名。根据英属哥伦比亚的夸扣特尔印第安人的观点,孪生子是由鲑鱼变来的,因而孪生子是不能走近水边的,否则他们将重新变成鱼类。他们在孩童时代,可以用手随意招来风,可以使天气变好或变坏,还可摇晃一个嘎嘎作响的木器来祛除疾病。英属哥伦比亚的努特卡印第安人也相信孪生子和鲑鱼有着某种关系,因此在他们那里孪生子不得捕捉鲑鱼,不能吃它,甚至不许用手拿新鲜鲑鱼。孪生子们能使得天气变好或变坏,也能够促使雨水降临。办法是先涂黑他们的脸,再用水洗净,这可能表示雨水从黑云中滴落下来。舒什瓦普印第安人和汤普森印第安人一样,都把孪生子和灰熊联想在一起,都称孪生子为"年轻的灰熊"。据他们看,孪生子终身赋有超自然的力量,他们特别具有控制天气好坏的本领:他们从桶里把水泼向天空可促成降雨;摇动一小块被绳子拴在棍子上的扁平木片可促成晴天;将羽绒撒在云杉的树枝尖上可掀起风暴。

认为孪生子具有这种影响天气能力的还有巴龙加人。他们是居住在东南非洲迪拉果阿湾的班图黑人部落之一。他们赠予生下孪生子的女人以"泰洛"(即苍天)的名称,而称孪生子为"苍天之子"。例如,当地本应在九、十月份来临的暴风雨竟没有来,而一场干旱以其饥荒的前景威胁着人们,太阳在无云的天空上整整半年照射着大地,整个自然界因此而枯萎烧灼。大家都渴望南非春天那仁慈的雨水,这时,妇女们便通过举行各种仪式,给予焦枯的大地以久盼的甘露。她们脱光身上所有的衣服,只穿紧身衣裤,戴着草做的头饰或一种特殊的蔓草叶编成的短裙。打扮好之后,便怪声呼叫,唱着猥亵的歌,从一口"井"走到另一口"井",将堆积在其中的泥土和污垢清理干净。那些被称为井的仅仅是沙地上的一个洞,其中有那么点混浊腐败的死水而已。妇女们还得去修缮一位生过孪生子的女友的房子,而且必须带着一小瓶水,用水把她全身浇湿。然后她们便高唱着猥亵的歌,跳着放荡的舞扬长而去。任何男人都不得观看这些只用树叶遮身、四处巡回的女人。如果她们正好碰到一个男人,她们便抓伤他并将他猛推到一边去。在她们清理完水井之后,还必须到圣林里的祖先们的墓地,把水浇到坟上。她们也经常根据男巫的吩咐给孪生子的坟上浇水。她们认为孪生子的坟墓应当经常保持潮湿,也由于这个缘故,孪生子通常被埋在湖水附近。如果所有一切求雨的努力都终归无效时,她们会记起某孪生子乃是埋在山边的旱地上的。在这种情况下男巫就会说:"怪不得天空如火在燃烧,把他的尸体取出来,在湖岸边为他另掘个坟墓吧!"他的命令立即被执行,大家认为这是唯一可以求得雨水的办法了。

以上这些事实有力地证实了奥尔登伯格教授曾经做出的一

个解释。他所阐述的婆罗门教徒在学习古印度的《娑摩吠陀》①赞歌集中一首特别赞歌时所必须遵守的规则。这首名为"萨克瓦里"的赞歌据信体现了因陀罗②的武器——雷电的威力。由于这种威力的可怕与危险,对它是这样来进行管制的:意欲掌握雷雨之神的勇敢精神的学生,必须远离他的同伴,从村庄隐退到森林中,在那里住上一段时间,时间的长短是可变的,从一年到十二年,这要根据不同的权威大师的指示而定。在这期间他还必须遵守某些生活规则。比如:必须一天三次去接触水,必须穿黑色外衣和吃黑色的食物;下雨时他不得找地方躲雨,而必须坐在雨中,并且说:"水就是萨克瓦里之歌",而闪电时,他得说:"那正像萨克瓦里之歌",如果雷鸣时他应说:"伟大的主发出了巨响";凡遇溪水或小河,他必须涉水过去,除非他的生命垂危绝不许可坐船。即使在船上也必须保证他能接触到水,因为常言说道:"水里有着萨克瓦里之歌所赞颂的神力";当最后他获准去学习这首歌时,他必须把双手浸入盛在桶里的水中,在那水里放有各种植物。如果一个人能够按照这些箴言行事,据说雨神帕尔詹亚就会根据他的意愿及时送去雨水。显然,正如奥尔登伯格教授精辟地指出的:所有这些规则都是为了促使这位印度教徒和水联系在一起,使他成为水神的伙伴并保护它不受其害。黑色的外衣和黑色的食物

---

① 《娑摩吠陀》(Samaveda)是古印度亚尔耶民族的赞歌四吠陀之一。吠陀是印度婆罗门教印度教最古的经典,主要是对神的赞歌,祭词、咒词等。最古的四部吠陀本集为:《梨俱吠陀》、《夜柔吠陀》、《娑摩吠陀》和《阿闼吠陀》。

② 因陀罗(Iadra),一译帝释天或释提桓因,本为雷雨之神。佛教当时之最高神,与梵天并称。又为护法之神。

第五章 巫术控制天气

也具有同样的象征意义：任何人想起那用奉献黑色的牺牲去求雨的情景时，都相信它们是象征着雨云。"它是黑色的，因为那正是雨的本质"。另外一种求雨的咒文说得更加明白："他穿上一件镶黑边的黑外套，因为黑色就是雨的本质。"所以我们可以设想：在这里，在吠陀学派的思想和习惯范围内，曾经保留了最远古的巫术仪式。那是为了替他们自己培养降雨师，并要他为此而献身。

有趣的是，凡是不希望有太多雨水的地方，原始巫术的推理总是要求气象巫师举行与求雨的仪式正恰相反的法术仪式。在爪哇这个位于赤道的岛上，丰富的蔬菜表明那里雨水充足。祈雨是很少见的，但防雨的仪式却并不稀罕。某个人如要在雨季设盛宴招待很多客人，他就去求气象巫师"顶住那可能下降的雨云"。如巫师同意行使他的专门权力，在其主顾离去之后，就立即根据防雨措施施行其法术。他必须斋戒，既不得饮水也不得沐浴，他所要吃的少量食物必须干嚼，无论如何他也不能接触水。而在主顾那一方，他自己和他的仆人们，不管男性或女性，直到宴会结束既不得洗衣服也不得洗澡，而且在此期间都必须严格节欲。在宴席快要开始之前，气象师让自己坐在他寝室里的一张新席子上，面对一盏小油灯，念诵下列祷词或咒语："祖父或祖母斯洛科尔（这个名字似乎是随意取的，有时也用其他的名字），回到你的故乡去吧！阿克马特就是你的故乡。放下你的水桶，紧紧地盖好它，别掉出一滴水。"当他念诵这些祷词时，他的脸朝天上望着，同时还点起香火。同样，在印尼托拉查人那里，司雨巫师的专门职业就是赶走雨水，因而不论在履行职务之前之后或在履行职务当时，他都要小心翼翼地躲开水。他不能沐浴，拿食物吃的手不能洗,除了棕榈酒外不喝任何别的饮料。而如果要过河,他必须小心不踩到水中。在为执行任务做好准备之后,便在村外一块稻田里给自己建造一间小屋,在那儿他燃起一小堆火,而这堆火是绝不能让它熄灭的。他在火中燃烧各种据认为具有驱雨特性的树木,并向着雨云迫近的方向吹气。此时他手中还拿着一袋树叶或树皮,据认为它们也具有某种驱散乌云的效能。其所以有这种效能,不是由于其化学成分,而是由于它们的名称里有一些干燥性或挥发性的含义。如果在他施行巫术之时,天空竟出现乌云,他就把石灰放在掌心里向着乌云吹去。石灰,由于它是如此干燥,很明显适于用来驱散含有水气的乌云。若以后又需雨水,他只要把水浇在他那堆火上,立即就会大雨滂沱。

读者可以看到爪哇人和托拉查人所采用的防雨仪式与印度人的求雨仪式正恰相反,印度的哲人被命令每天必须三次接触水,任何特殊情况也不例外;而爪哇人和托拉查人的男巫却绝对不能碰水;印度的哲人必须外出住在森林中,甚至下雨时也不得躲避,而爪哇和托拉查的男巫则应坐在一间小屋或茅屋中;一个是用其身体来接受雨水,极为谦恭地提及水,以表示其对水的感情,而另一个则点一盏灯或燃一堆火以表示尽其可能来赶走雨水。然而上述三种行为的原则却完全相同。他们各自都是以一种幼稚的假想去使自己所做的事和所希望产生的现象一致起来。仍是那种古老的谬误,即果必同因:如果你想使天气有雨,你自己就必须浇湿;如果你想使天气无雨,你自己必须保持干燥。

目前,在东南欧还可看到的为求雨施行的仪式,不仅在其一般的思路上与过去的相同,甚至其细节上也与迪拉果阿湾巴龙加人求雨的做法相似,在塞萨利和马其顿的希腊人那里,当干旱延续了很久之后,他们通常送一队小孩周游附近所有的水井和水泉。在队前走着一位戴花的小女孩,她的同伴们每一次停在水边时都要把她浇透,同时唱着一首祷歌,它的一部分歌词如下:

> 准备好所有的甘露,来滋润一切生灵。
> 绿了森林和大路,全靠上苍的恩助。
> 啊,我的上帝!愿我们平原上,
> 有霏霏细雨降临,让葡萄鲜花怒放,
> 让田野果实盈盈,使谷粒硕大饱满,
> 家家都富裕殷实。

在干旱之时,塞尔维亚人将一个少女的衣服脱光,将她从头到脚用野草、香草和鲜花穿戴起来,甚至在她的脸上也罩着一个用新鲜的绿色植物编成的面罩。这样化妆之后,就称她为杜多娜,让她在一队女孩的伴随下走过村庄。她们在每所房子前面都停下来。女孩们在杜多娜四周围成一个圆圈并唱着一支名叫杜多娜的歌曲,杜多娜自己则不断地旋转跳舞,这时那家的主妇便将一桶水泼往她全身。在那些歌曲之中有一首是这样唱的:

> 我们走过这座村庄,云彩在天上飘荡。
> 我们快快走呀!云彩却更快飞扬。
> 它们已追过我们了,淋湿了葡萄和谷秧!

在印度的浦那需要求雨时,男孩们便把他们的一个伙伴的衣服脱光,用树叶把他穿戴起来并给予他"雨皇"的称号。然后他们绕着村子里的每座房子走。每一家的主人或主妇就给"雨皇"浇水,并给这个队伍以不同的食物。在这样访问了所有各家之后,便剥去"雨皇"的树叶和袍子,用他们所收集到的食物举行一次盛宴。

在俄罗斯西部和南部的一些地方,沐浴被作为一种求雨巫术来施行。有时,在教堂做完礼拜之后,穿着长袍的牧师会被他的教民们摔倒在地上,人们用水把他全身浸透;有时是成群的女人在"施洗礼约翰"日穿着衣服集体沐浴,同时她们还将草木做的人像(据说是代表这位圣徒的模型)浸入水中。在库尔斯克(南俄罗斯的一个州),当十分需要雨水时,女人们就抓住一个过路的陌生人,并将他扔到河中或者从头到脚将他浇湿。后面我们还将看到类似的情况:一个陌生的过路人经常被当作一个精灵或某些自然权威的化身来对待。在一份官方报告中记载着:1790年的一次旱灾期间,斯克洛兹和韦堡兹的农民们集中了所有的女人,并强迫她们去沐浴以求苍天降下雨水;亚美尼亚有一种求雨巫术,是将一位牧师的妻子扔进水中,把她浸透。北非的阿拉伯人把一位献身于神的人,不管他愿意与否,投入河中作为清除旱灾的一种补救方法;在明纳哈萨(印尼北西里伯斯岛的一个省),祭司进行沐浴作为一种求雨巫术。在中西里伯斯岛,当长时间不下雨,稻茎开始枯萎的时候,许多村民、特别是小伙子,跑到一条邻近的溪水中去互相泼水,高声喧嚷,或用竹管互相喷水。有时还用手拍打水面,或把一个翻转过来的葫芦放在水面上,用手指敲击出声来以模拟一场大雨倾泻而下的音响。

有时还认为妇女们拉犁或假装拉犁可以使天下雨。高加索的普沙夫人和切夫苏尔人,当出现旱灾时就举行一种叫作"耕雨"的仪式。仪式是这样的:姑娘们亲自拉着犁,将它拉到一条河里,在齐腰深的水中奋力前进。在相似情况下,亚美尼亚的姑娘和妇女们也这样做:最年老的妇女或祭司的妻子穿着祭司的衣服,其他女人也打扮得像男人一样,然后她们在水中拉着犁逆流而上。在格鲁吉亚的高加索地区,如果一场干旱已延续了很久,待嫁的姑娘们就成队地肩套牛轭,由一个祭司手持缰绳驾御着。她们就这样拉着套,同时祷告、高声尖叫着、哭着、笑着,涉过河流、泥塘和沼泽地。在特兰西瓦尼亚①的一个地区,当田地已干旱得龟裂时,姑娘们把衣服脱得精光,由一个也是裸体的年长妇女领着,偷出一个整地的木耙,并带着它越过田野来到一条溪流旁,在那里她们把耙放到水里漂浮着。接着又坐上耙并在它的每个角上点起一个小火堆,持续燃烧一个钟头,然后把木耙留在水里,她们自己走回家去。在印度的一些地方也有类似的求雨巫术:裸体的妇女们在夜里拉着犁越过一块田地,这时男人们小心地避开这条道路,因为他们的出现将破坏这个法术。

有时,求雨巫术是用死尸来进行的。比如,在新喀里多尼亚,求雨者把自己全身涂黑,挖出一具尸体,把它的骨头带到一个洞穴里,再按人体形状连接起来,然后把骨架悬挂在一些芋叶上,用

---

① 罗马尼亚中部高原地区。

水浇洒骨架,让水流到叶子上。他们相信死者的灵魂将把这些水取走并转化为雨水再次淋湿它。如果一般的报道可以相信的话,那么在俄罗斯不久以前还有这类巫术:有些地区的农民一旦陷入旱灾的痛苦之中,便常挖出喝酒醉死的人的尸体,把它沉入最近的沼泽或湖水之中,他们相信这将保证甘雨降临。1868年,因长期干旱,出现了歉收预兆,塔拉申斯克乡的一个村子的居民挖出一具尸体,那是死于头年十二月份的一个"拉斯科尔尼克"①或分裂派的教徒。人群中一些人一面鞭打那具尸体或尸体残剩部分,一面在它的头部附近高喊:"给我们雨水",而其他的人就将水通过筛子洒在它上面。这里,把水通过筛子洒下来显然是模拟一场大雨的降落,这使我们联想起阿里斯托芬②喜剧中的人物斯特雷普塞兹,他曾想象雨是由宙斯所造的。有时,为了催雨,托拉查人也祈求死人的慈悲:在加林古亚的村子里,有一座著名族长的坟墓,他是现任统治者的祖父。当土地反常地干旱时,人们就来到这座坟前,把水洒在坟上,并说:"啊,祖父,可怜我们吧!如果您希望我们今年有吃的,请下雨吧!"然后在坟上挂一个装满水的竹筒,那筒底有一个小孔,水就从孔中不断滴下。这竹筒总是被注满水直到下雨淋湿了大地为止。在这里,如同在新喀里多尼亚一样,我们发现了宗教与巫术的混合:纯粹是宗教性质的向死去的族长的祈祷,被补充以巫术性质的模拟:向他坟上滴水。我们已

---

① 拉斯科尔尼克(Raskolnik),指17世纪俄罗斯正教会内部因礼拜仪式改革问题而分裂出来的教徒,也称旧礼仪派教徒。
② 阿里斯托芬(Aristophanes,约前446-约前385),古希腊喜剧家。其所著喜剧《云》中的人物斯特雷普塞兹认为,雨是宙斯用筛子洒下来滋润土地的。

第五章 巫术控制天气

经看到迪拉果阿湾的巴龙加人将他们祖先的特别是其中的孪生子的坟墓浇湿,作为一种求雨的巫术;在奥里诺科流域的一些印第安人部落中,死者的亲属经常在一年之后把他的骨头挖出来烧化,并把骨灰撒向空中。因为他们相信死者将把他们的骨灰化为雨水作为他对葬礼的回报。中国人相信,当人们的尸体没有下葬时,他们的灵魂会感受到淋雨的不适,正如同那些活着的人没有栖身之所,就像在露天之下不蔽风雨所感受到的一样。因此,这些可怜的灵魂就尽其所能来防止下雨,并且常常是努力过火而发生了旱灾。这在中国是一切灾祸之中最可怕的,因为歉收和饥饿致使死亡随之而来。因而当旱灾来临时,中国当权者的经常做法,是把那些未掩埋的、被风吹干了的尸骨加以埋葬,以终止这场旱灾,祈天降雨。

再者,在这类求雨巫术中,动物也常扮演重要角色。澳洲北方的阿努拉部落把"转舌金丝雀"和雨联系起来,称它为"雨鸟"。一个以此鸟为其图腾的人可以在指定的水塘边施行求雨术。他捉来一条蛇,将它活着放进水中,让它在水里待一会儿之后再拿出来杀掉,并将死蛇放在这个水塘旁,然后他做一只弓形的草束以象征彩虹罩在死蛇的上面。做完这一切,他就朝着这条蛇和它上面的模拟彩虹唱歌,这样迟早就会降下雨来。他们解释这套程序说:很久以前,这种鸟曾在这个池塘边跟一条蛇结为伙伴,居住在这水塘里的那条蛇经常不断地向天空喷水,直到天空出现彩虹和雨云以及雨水降落。在爪哇的许多地方,一个常用的求雨办法是给一只或两只猫(一公一母)洗澡,有时还带着这些动物在音乐声中排队行进;在巴塔维亚①,你甚至能经常看见孩子们为了求雨带着一只猫到处走,直到他们把这只猫放在一个水塘里浸过之后才放它跑掉。

在东非洲的万布圭人当中,当男巫求雨时,他在明亮的太阳下捉来一只黑绵羊和一头小黑牛,将它们放在一间人们共同居住的小屋的房顶上,然后他剖开这些动物的肚子并将它们的内脏扔向四面八方。在这之后,他把水和药倒入一个桶内。如果这个法术是成功的,水就会沸腾起来,而雨就会跟着降临。相反,如果这位男巫要想阻止下雨,他就撤回到屋里并烤热一个放在葫芦里的水晶石。瓦戈戈人为了求得雨水,将黑鸡、黑绵羊、黑牛作为祭品奉献在已故祖先的坟前,并让求雨者在雨季里一直穿着黑衣服。在马塔贝尔人②中,男巫师的求雨巫术是用一只黑公牛的血和胆汁来完成的;在苏门答腊的一个地区,为了求雨,村里所有的女人几乎不穿什么衣服来到河边,跳进水中,互相泼水。一只黑猫被扔进水里并让它游一会儿之后才允许它逃到岸上,女人们则追着向它泼水。阿萨姆③的加罗人在干旱之时,将一只黑山羊供奉在高山顶上。在所有这些情况下,动物的颜色也是求雨巫术的一部分,采用黑色将使天空也因充满雨云而变黑。所以贝专纳人在黄昏时烧一只公牛的胃,因为据他们说:"这种黑色的烟将集中乌云,使雨下降。"蒂汶岛上的人则向土地女神奉献一只黑猪以求

---

① 雅加达的旧名。
② 马塔贝尔人(Matabele),南非班图族系统的恩德贝尔族支系。
③ 即印度东北部阿萨姆邦,与喜马拉雅山毗邻。

雨，而向太阳奉献一只白色的或红色的猪便是求阳光。安戈尼人[①]奉献一只黑公羊求雨，而用一只白色的来祈求好天气。在日本的一个高山地区，如果那里长期没有下雨，一部分村民就由一名祭司领着列队前往一条山溪的河床旁。他同时还带着一条黑狗。他们在一个选定的地方把狗拴在一块石头上当作他们的子弹和箭头的靶子。当它的鲜血溅在石头上时，村民们就扔下武器高声向溪里的龙神祈求降雨，以冲刷血迹，洗净这个地方。习惯规定在这种场合，牺牲的颜色必须是黑色的，以作为要祈求的雨云的象征。但若要求好天气，那个牺牲就必须是纯白色的，一个斑点也不许有。

青蛙和蟾蜍跟水的密切联系使它们获得了雨水保管者的声誉，并经常在求雨的巫术中扮演部分角色。一些奥里诺科印第安人把蟾蜍奉为水之神或水之主人，从而惧怕杀死这种生物。还曾听说当旱灾来临时，他们就把一些青蛙放在一口锅下面，而且还要鞭打它们。据说艾马拉印第安人[②]常制作青蛙或其他水栖动物的小塑像，并将它们放在山顶上作为一种求雨的法术。英属哥伦比亚的汤普森印第安人和一些欧洲人则认为，杀死一只青蛙可以导致下雨，为了求雨，印度中部一些地区的低种姓的人将一只青蛙绑在一根棍子上并盖上"尼姆树"（nim tree, *Azadirachta lndica*）的绿色枝叶，然后带着它走家串户，同时唱道：

---

① 安戈尼人（Angoni）聚居在非洲马拉维西南的高原地区，属班图系部族。
② 艾马拉印第安人（Aymara Indians），即玻利维亚、秘鲁和智利的印第安人。在印加人建立印加帝国前即有较高的文化，制陶、石雕、纺织、民间文学等已有发展，现仍保持若干原有的特点。

啊，青蛙，快送来珍珠般的雨水，
让田里的小麦和玉蜀黍成熟吧！

卡普人和雷迪人是马德拉斯的种植者和地主中的大姓，当缺雨时，这两个族姓的妇女们便捉来一只青蛙，将其活生生地绑在一个用竹子编的新簸箕上，撒上些树叶拿着它挨门挨户地去唱歌："青蛙夫人要想洗澡。啊，雨神！哪怕给她一点点水也好！"在这些卡普妇女唱歌时，屋里的女人便把水洒在青蛙身上并给一些施舍，相信这样一来将很快带来倾盆大雨。

有时，当一次干旱延续过久，人们就放弃所有模拟巫术的常用戏法，极其愤怒地不再白费力气去祈求祷告，而改为用恫吓、咒骂甚至干脆用体罚的方式去向苍天强要雨水，向那个如他们所说的曾在"总水管"上切断了水源的超自然神物去强索。在日本一个村庄里，当那位守护神已经长久地对农民们的求雨祷告充耳不闻时，人们便推倒它的偶像，一面高声咒骂，一面将它头朝下地扔进一块发臭的稻田里。他们说："你自己也在这儿待上一阵子吧！炽热阳光已经烧焦了我们干裂了的田里的庄稼。我们倒要看看烤你几天以后你有什么感觉！"在类似情况下，塞内冈比亚的菲洛普人的做法是推倒他们的崇拜物，并拖着它在田地周围一边走一边咒骂直到下雨为止。

中国人擅长影响天界的法术。当需要下雨时，他们用纸或木头制作一条巨龙来象征雨神，并列队带它到处转悠。但如果没有雨水降落，这条假龙就被诅咒和被撕碎。在另外的场合，他们恫吓和鞭打这位雨神，如果他还不降下雨来，他们有时就公开废黜

第五章　巫术控制天气

它的神位。另一方面，如果所求的雨水降临，则发出诏令将它晋升到更高的地位。1888年4月，广东的清朝官吏们祈求龙王爷停止没完没了的大雨，当它竟然对他们的祷告充耳不闻时，他们便将它的塑像锁押起来整整五天。这取得了有益的效果：雨停了。于是龙王爷也恢复了自由。前一些年，旱灾降临，这位龙王爷又被套上锁链牵到它的神庙的院子当中曝晒了好些天，为的是让它自己也去感受一下缺少雨水的苦楚。同样，当暹罗人需要雨水时，他们把神像放到骄阳下面，但如果需要晴天，就将庙顶掀开让雨水来浇淋这些神像。他们想：让这些神祇也尝到淫雨和干旱的苦处，它们就会满足其信士弟子们的祈求愿望了。

读者可能对远东的这种气象学感到可笑，但在我们自己生活的时代，在基督教的欧洲，至今仍然用与这相类似的方式来求雨。1893年4月末，在西西里岛上发生了缺水的严重灾害，干旱持续了六个月。每天太阳在无云的蓝色天空中升起又降落，以幽美的花草林木围绕着巴勒莫①的那座康卡杜罗花园枯萎了。粮食变得十分稀有，人民处于极度恐慌之中。所有最好的求雨的办法都被试过而毫无成效。于是人们列队走过街道和田野，男人、女人和孩子们数着念珠祈祷着，整夜躺在圣像前，献神用的蜡烛在教堂里日夜点燃着。在棕枝主日②那天做祝福用的棕榄枝挂在树上。

---

①　西西里岛北部海岸著名港口，为西西里岛首府。
②　棕枝主日(Palm Sunday)，也叫"圣枝主日"，"主进圣城节"，为基督教的节日，即复活节前的星期日，纪念耶稣钉死在十字架前不久进入耶路撒冷城。据《新约》中说，当时，人群在耶稣所经的道路上撒了许多棕枝欢迎他，后来教会规定这个圣枝主日以纪念这一事件。

在索拉帕鲁塔①,根据一个十分古老的风俗,在棕枝主日从教堂里扫出来的尘土要撒到田里去。在正常年景,这些神圣的垃圾能保持收成。但在那一年,如果你相信我的话,它们却什么效果都没有。在尼科西亚②,居民们光着头,赤着脚,抬着耶稣受难像走遍城市各区,并且用铁鞭彼此鞭打。但所有这些都无济于事,甚至保罗的圣方济各,尽管它曾一年一度地完成降雨的奇迹,并在每个春天被抬着通过市场花园,也仍然未能、也不愿做出什么帮助。弥撒、晚祷、音乐合奏、灯光照明、烟火都未能感动它。最后农民们开始失去耐心了。大多数圣徒被赶走了。在巴勒莫,他们把圣约瑟的圣像扔在一个花园里,让它自己去看那干旱景况,他们发誓要让它在太阳底下待到下雨为止。其他的圣徒有的被转过背去,像顽皮孩子罚站一样面对着墙。有的被剥去他们美丽的长袍。有的从他们的教区被流放到远处,遭到粗鲁的侮辱,被头朝下扔进饮马池里去。在卡尔塔尼塞塔③,人们撕下天使长圣米迦勒肩上的金色翅膀,代之以纸板做的翅膀。他的深紫色斗篷被取走,然后以破布缠身。在利卡塔④,守护神圣安吉洛的遭遇甚至更坏。他身上没有留下任何衣服,人们咒骂他,给他铐上脚镣手铐,以淹死或吊死恫吓他。"给雨水,还是要绳子!"愤怒的人群一面打他的耳光,一面对他咆哮着。

有时人们也诉诸神的慈悲,当他们的谷物被太阳烤焦时,祖

---

① 在西西里岛上。
② 塞浦路斯首都。
③ 在西西里岛中部。
④ 在西西里岛南部。

第五章 巫术控制天气

鲁人①就寻找一只"天鸟"将其杀死,扔进一个池塘里,以为上天将因怜悯这只鸟而发善心:"它会为哀悼亡鸟而痛哭,其泪水将化为倾盆大雨";在祖鲁兰②,有时妇女们把她们的孩子埋在坑里只留下脑袋在外,然后退到一定距离长时间地号啕大哭,她们认为苍天将不忍目睹此景。然后她们把孩子挖出来,心想雨就会来到。她们说她们这是呼唤"上苍"求它送雨。如果雨降下来,她们就高声欢呼:"尤松多下雨了!"。当旱灾来临,特纳里夫③的广奇人把他们的绵羊带到圣地,在那里他们把小羊羔和它们的母羊分开,让它们那悲戚的"咩咩"叫声去打动天神的心。在库茂恩,一种停止下雨的办法是把热油倒进狗的左耳朵里去。这个畜牲痛得大声嚎叫,它的嚎叫将被因陀罗听到,而这位雨神将出于对这个动物的怜悯将雨停止;有时,托拉查人求雨的做法是:把某种植物的茎放到水里说:"去求雨吧!要是没有雨水降落,我将不再种植你,那样你就得死去。"他们也用绳把一些淡水蜗牛拴起来吊在一棵树上,并对这些蜗牛说:"去求雨吧,要不下雨,我就不把你放回水里去。"于是蜗牛一边转动一边流泪,而雨神就会发慈悲送来雨水。显然上面这些做法由于包含了诉诸更高权力的怜悯,与其说是巫术仪式,还不如说是宗教仪式。

石头常常被认为具有一种带来雨水的性质,倘若将它们浸入

---

① 南非、莱索托等地的居民,班图族人的支系,现在人口中少部分信基督教,大多还保留"万物有灵"的信仰。住在莱索托的祖鲁人于1966年摆脱殖民统治,建立了独立国家。

② 南非纳塔尔东北地区,濒临印度洋。

③ 特纳里夫岛,属西班牙,北大西洋加那利群岛中最大的一个岛屿。

水中或洒上点水,或做其他适当方式的处理就可带来雨水。在萨摩亚人①的一个村子里,有一种石头被当成雨神的代表珍藏着,一旦旱灾出现,祭司们就带着这块石头列队来到一条小河边,将它浸在水中。在新南威尔士的塔塔蒂部落,求雨者将一块石英晶体打碎并喷向天空,而把剩下的晶体用鸸鹋的羽毛包起来一起用水浸湿,然后将它们珍藏起来。在新南威尔士的克拉明部落,求雨巫师悄悄地来到小溪的河床上,把水滴在一块扁平的圆石头上,然后将它盖好隐藏起来。在澳大利亚西北部的一些部落中,求雨者来到一块专为求雨而划出的地方,在那里他砌起一堆石头或沙土,在其顶部放上他的魔石。然后围着这个石堆或土堆转圈和跳舞,一个钟头一个钟头地念叨他的咒语,直到全身筋疲力竭不得不停下来为止。这时,他的助手就代替他念咒语,往这块魔石上浇水,然后燃起一堆大火,巫术仪式正进行时,任何俗人不得接近这块圣地。新不列颠的苏尔卡人想求雨时,他们把石头用某种果子的灰烬涂黑,拿出去和其他某些植物与树芽一起放在太阳底下。然后将一小把细枝浸入水中压上石头,同时念一段咒语。在此之后,雨就将降临。在曼尼普尔②东面一座巍峨的高山上,有一块石头在人们的想象中很像一把伞,当急需下雨时,酋长就从下面的小溪里取水洒到这块石头上。在日本的相模湾地区有一块神石,每当往神石上泼水时,就会把雨水招来;当瓦孔德代表(中非洲的一个部落)的居民需要雨水时,就送礼物到瓦旺巴人那里,

---

① 南太平洋萨摩亚群岛的土人。
② 在印度东北部,现为一个邦。

他们住在有雪覆盖的山脚下，据说他们幸运地保存了一块"雨石"。作为对这些礼物的适当报答，瓦旺巴人洗净这块珍贵的石头，擦上油并将它放在一个盛满水的罐子里，在这之后雨就不会不降落了。在新墨西哥和亚利桑那①的干旱地区，阿帕奇人为了求雨，常从某一条小溪里取水，洒到一块大石头顶上的一个特定的地点。他们认为，这样做以后，乌云将迅速聚集起来，雨水即将来临。

但是，这类风俗并不限于非洲和亚洲未开化的地方以及澳洲与新大陆的酷热沙漠地带，它也存在于气候凉爽和天空灰暗的欧洲。在"布罗塞林德的原始森林"中有一口传奇的喷泉叫巴伦潭，如果传说可信，一位叫默林的巫师至今仍应在那山楂树荫下酣睡于魔法中。在远处的布列塔尼，农民们每当需要雨水时便来到这里。他们求雨的方法是用大杯子舀出泉水，泼到泉水边的一块石板上。在斯诺登②，有一个孤寂的山中小湖名叫杜灵（或黑湖）。它"在一个被险峻山岩所包围的阴沉的幽谷中"，一排石阶一直伸向小湖。如果有谁踩在石阶上并能用水泼湿那块最远的名叫"红坛的石头"，"那就是一个好兆头，即使在大热天，不等到夜晚，就一定下雨的"。在萨摩亚③也是如此，石头似乎被看成或多或少具有神性的东西，这一点在旧时流传的把十字架沉入巴伦潭喷泉中求雨的风俗中也看得很清楚，因为这显然是用基督教的做法来代替那个古老的向石头上泼水的异教徒的做法。法兰西有些地方，

---

① 即美国亚利桑那州，在美国西南部。
② 英国威尔士西北部的山区，其最高峰海拔 3560 英呎。
③ 南太平洋的一群岛屿，位于汤加群岛以北。

过去(直到现在还仍然)习惯把圣像浸入水中求雨。比如在康玛格尼的古老的修道院旁有一个圣热尔韦泉水。居民们根据庄稼的需要,不时列队来到这里求雨或求晴天。在大旱之年,他们从泉水流过的石岩壁龛里取出这位古老圣徒的古老石像,将它扔进泉底。在科洛布雷斯和卡彭特拉斯,圣庞斯和圣詹斯的神像也分别被用于类似的活动中。在勒瓦里的某些村寨里,总是向圣彼得祈祷求雨。为了加强祈求的力量,居民们带着这位圣徒的神像列队来到河边,在那里他们三次敦请他反复考虑他的决定,并且答应他们的祈求。如果他仍顽固不化,他们就无视牧师们的规劝,把圣像浸入水里,尽管这些牧师以十分真诚和虔敬之情争辩说:"向圣徒提出简单的警告和规谏也可取得同样的好效果。在此之后二十四小时内雨就一定降临。"并不是只有一些天主教国家才有这种把圣像塞进水里求雨的做法,在明格列利亚①,当庄稼因缺雨而受灾时,他们拿来一个特殊的圣像,天天将它浸入水中直到大雨降临;在远东,掸族人②在稻子被干旱烤焦时就把佛像浸入水中。在所有这些情况中,做法可能仍都属于一种交感巫术,尽管在表面上像是一种惩罚或恫吓。

希腊和罗马人当祈祷和游行都无助于事时,也像其他民族一样用巫术求雨。例如在阿卡迪亚③,当庄稼和树木都因干旱而枯萎时,宙斯的祭司便将一根橡树枝浸入莱西埃斯山上的一条特定

---

① 在今格鲁吉亚共和国境内。
② 掸族人居住在东南亚一带,现是缅甸东部掸雄的基本居民,还有部分掸人住在克钦邦等地河谷。
③ 在希腊伯罗奔尼撒半岛中部,古为游牧地区。

的泉水里,只要一搅动,泉水就上升为雾濛濛的云块,从那儿雨水很快就降落大地;正如我们曾经在靠近新几内亚的哈马赫拉岛上看到的那样,这种类似的求雨方式仍然被使用着。塞萨利的克兰隆人在庙中保存了一辆青铜马车,当他们需要大雨时,他们就摇动马车,这样大雨就降临。可能马车的隆隆作响是模拟雷鸣。我们已经在俄罗斯和日本的一些求雨巫术中见过这类假的雷鸣与闪电。传说中的伊利斯国王萨尔蒙努斯将一个青铜大桶拖在他的马车后面,或用驾车驶过青铜桥面的办法制造雷鸣,同时用投掷火炬来模拟闪电。这是出于他的邪恶愿望:他想模仿宙斯的那辆驶过天穹、发出雷鸣声的马车。确实他曾宣称他就是宙斯,并以此获得献给宙斯的祭品。在罗马城外,马尔斯[①]神殿附近保存着一块特别的石头,人们称之为拉庇斯曼纳利斯。干旱时这块石头就被拉进罗马城内,人们认为这样一来雨水将会立刻降临。

第三节 巫术控制太阳

正如巫师认为他能唤来雨水一样,他也幻想能让太阳发光,而且能够加速或停止它的运行。在发生日蚀的时候,奥吉布瓦人常常想象那是由于太阳的火焰被扑灭了。于是,他们把带火的箭头射入天空,希望这样能重新点燃它已熄灭的火焰。秘鲁的森西人也在日蚀之时把燃烧着的箭射向太阳,但他们这样做,显然并不是要点燃太阳的灯,而是为了赶走那只他们想象中的与太阳搏

---

① 罗马神话中的战神和农业之神。

斗的野兽。相反,当发生月蚀时,奥里诺科的一些部落经常做的是将空地上燃烧着的木柴埋掉。他们说:因为如果月亮被扑灭了,地面上的一切火光除了藏在她视线以外的都应和她一起熄灭;在发生日蚀时,堪察加人习惯从屋里把火带到屋外,并祈祷这伟大发光的天体再像以前一样发光。但这种向太阳祷告的做法毋宁说更具宗教性质。另一方面,在类似的情况下,奇尔科廷①的印第安人则采用纯粹巫术性质的仪式。男人和妇女们像正在旅行时那样撩起长袍,也像他们正背着重物一样挂着棍子,不停地绕着圆圈走,直到日蚀结束。显然,他们想这样以支持太阳疲倦地环绕着天空移动时那无力的脚步。与此相似,在古埃及作为太阳的代表的国王肃穆地绕着一个庙宇的围墙转圈,为的是保证太阳也将完成它每天的行程,不至于因日蚀或其他意外而停顿。在秋分之后,古埃及人举行一个名叫"给予太阳拐杖"的节日,因为,当夜幕降临,这颗星的光亮和热度减退时,它就被认为需要一根拐杖拄着行进。在新喀里多尼亚,当一个男巫想要唤来阳光时,他拿一些植物和珊瑚来到坟地,将它们捆成一束,再加上两绺从他家一个孩子头上剪下的头发,还有取自他祖先的两颗牙齿或整个颚骨,做成"魔棍",然后爬上一座在山顶能捕捉到第一线晨光的高山。在那里,他在一块平坦的石头上放三种植物,把一只干珊瑚置于其旁,再把他的"魔棍"悬在石头上。翌晨,他再回到这个地点,在太阳从海中升起的时刻点燃他的"魔棍"。当火烟袅袅上升时,他就用干珊瑚去擦那块石头,向他的祖先祈祷,并说:"太

---

① 英属哥伦比亚境内奇尔科延河流域的阿塔帕斯坎人的一支。

阳啊！我这么做是为了你能燃烧得更炽热，吞掉天上所有的云彩。"在太阳落山时他再重复一遍同样的仪式。新喀里多尼亚人也用一块带孔的石璧来制造"旱情"：在太阳升起的时刻，男巫师在手里拿着这块石璧，并把一块燃着的木片反复穿过孔洞，同时说："我点燃太阳，为了他能吞掉乌云，烤干我们的土地，使它不产出任何东西。"班克斯列岛上的居民们用一个仿制的太阳来求得阳光。他们拿来一个很圆的名叫"瓦特·洛阿"或"太阳石"的石头，缠上红色穗带，再粘上猫头鹰的羽毛以代表光线，低声唱着适当的祷词，然后，将它高悬在一块圣地中诸如一棵榕树或一棵木麻黄①的树顶上。

据认为，印度的婆罗门在清晨奉献供品是为了给太阳催生，人们告诉我们说："如果不这样奉献，它肯定不会升起的！"古代墨西哥人相信太阳乃是一切活力的源泉，于是把它称为"伊帕尔尼莫华尼"，即"人们赖它生存"的意思。但如果它赋予世界以生命，那它也需要从世界获得生命。而由于心脏是生命的基础和象征，于是人和动物的血淋淋的心脏便奉献给太阳以保持其活力，使它得以维持横越天空的行进。这样看来，这些墨西哥人向太阳奉献的祭品既然主要是为了从体力上去复苏它的精力、热量、光明和运动，而不是为了取悦和宽慰它，因此这种仪式的性质含更多的巫术而不是宗教了。这种把人当作祭品去增益太阳火焰的做法经常需要活人，为满足这种需要，每年与相邻部落作战，带回来的大量俘虏便用来献祭。墨西哥人同相邻部落之间无休止的战争

---

① 大洋洲、西印度产的一种无叶树。

和他们那把人作祭品的残酷制度，在很大程度上来源于对太阳性能的错误认识。再也找不到比这更怵目惊心的例证，来说明一种纯理论上的错误有可能在实践中引起多么可怕的后果。古希腊人相信太阳是驾着一驾马车横越天空的，以太阳为其主神的罗得岛①人一年一度献给太阳一辆车和四匹马，并将这些车马投进海里以便太阳使用。无疑，他们认为在经过一年的工作之后，太阳的车和马都破损衰弱了。可能出于相似的动机，犹大国的盲目崇拜的国王们也献给太阳以车和马。而斯巴达人、波斯人和马萨格泰人则仅奉献马匹给它。斯巴达人在泰格塔斯山顶举行祭献仪式，因为他们看见那伟大的火球每晚都降到它那美丽的山脊后面。正如罗得岛的居民们以为太阳是在黄昏时沉入海中而把车和马扔进海里那样，斯巴达山谷的居民们这样做也是很自然的。因而，无论是在山上或是海里，在太阳一天旅行的终点，这些为这位疲惫不堪的天神准备优秀的、生气蓬勃的马匹必然会受到他最大的欢迎。

正如有些人想象他们能够点燃太阳或加速太阳运行一样，另一些人幻想他们能使太阳停止或倒退。秘鲁安第斯山脉有一处关隘，两旁是两座相对峙的山头，上面各矗立着一座已塌毁的塔，有铁钩嵌在它们的墙上，以便在两座塔之间拉起一张大网来抓住太阳。关于人曾经用绳套捉住太阳的故事广为流传。当太阳在秋天向南移去并在北极的天空愈来愈往下沉之时，伊格卢利克的

---

① 罗得岛是爱琴海上希腊多得卡尼斯群岛中最大的一个岛。

爱斯基摩人就玩那种"翻花篮"①的游戏,以便用绳子做成陷阱将太阳捉住,防止它消失。与此相反,当太阳在春天向北移动时,他们玩那种"木棒接球"游戏②以加快他的运转;当一位行路的澳大利亚的土人想要在到家之前停住太阳,不让它落下去,便对着太阳将一块草皮放在树杈上。相反,为了使它更快地落下去,这些澳大利亚土人就把沙子扔向天空并用嘴对着太阳吹沙子。他们相信这样做就能吹送这个徘徊不前的天体快向西去,并能把它埋进沙里,因为它每晚都是沉没在沙中的。

正如有些人想象他们能加速太阳运行一样,另外一些人想象自己能够推动行动迟缓的月亮。新几内亚的土著居民是根据月亮来计算月份的,人们知道,他们当中有些人向月亮扔石头或长矛,以加速它的运行,从而使得他们那些远离家乡在烟草种植场劳动了十二个月的朋友能够早点回来。马来人认为晚霞能够使体弱的人发烧,因而他们企图用向它喷水和扔灰烬的办法扑灭它。舒斯瓦普印第安人相信他们能够用燃烧一棵曾被雷电击中过的树的办法引来寒冷。这种信念可能基于这样一种观察,即在他们国家,寒冷是随着雷雨而来的。因而在春天,当这些印第安人行走在盖满冰雪的高原的时候,他们就点燃这种树木的碎片,以使冰雪的硬壳不过早地融化。

---

① 一种双人玩的儿童游戏。
② 用绳将球系在木棒上,玩时将球抛起,然后用棒的顶端将球接住。

第四节 巫术控制刮风

原始人一再认为他能使风刮起来或停下来。当一位雅库特人①在暑天进行长途旅行时,他取一块他偶然从野兽或鱼的内脏里发现的石子,用一根马尾将其缠绕几圈,并将它拴在一根手杖上。然后口念咒语,摇晃魔杖,一阵凉风很快就会刮起来。为了在九天之内都有凉风吹送,这块石子必须先在一只鸟或牲畜的血中浸泡,然后献给太阳。同时,这位巫师还要逆着这个巨大火球运行的方向转三圈。如果一位霍屯督人想要让风停下来,他就拿一块最厚的兽皮,挂在一根柱子的顶端,他相信一旦风把这块兽皮吹下来,风就会失去它自己的全部力量而不得不停下来。火地人②的男巫师顶着风扔贝壳以制止刮风。距离新几内亚不远的贝比利岛上的土人,以能用嘴吹来大风而著称。在暴风天气里,博格得津人就说:"那些贝比利人又在这样刮风了!"在新几内亚实行的另一种呼风的方法是用一根棍子轻轻敲打一块"风石"。要是用劲敲它,就将带来一场风暴。同样在苏格兰,女巫们经常用下面的办法来呼风:她们把一块破布浸在水里,并在一块石头上将它敲打三次,同时说道:

---

① 俄国民族之一,现为俄罗斯联邦雅库特自治共和国的基本居民。部分散居在克拉斯诺亚尔斯克和伯力(哈巴罗夫斯克)边区。

② 南美洲南端火地岛的印第安人。16世纪起被欧洲殖民者从南美大陆驱逐到苦寒的火地岛,经济文化发展受到阻碍,以数十人组成的亲属集团为单位,过着不定居的渔猎生活。使用弓箭和刀枪,信萨满教。19世纪初尚约有1万人,现已寥寥无几。

我在这块石头上敲打这片破布,
我以迪维利斯的名义扬起风,
它将不停地吹,直到我高兴为止。

在格陵兰,一个女人在分娩时和在产后的一段时间里,被认为拥有平息暴风的力量。她只需走出门外,在嘴里吸满空气再回到屋内把它吹出即可。在古代,科林斯①有一个家庭享有能够停止狂风的声誉。但我们尚不知它的成员们是采用什么方式来发挥这种有效的作用,从而使他们不仅是徒有虚名,而且还能从以航海为生的人们那里得到很多实际的报酬。甚至在基督教时代,在君士坦丁的政权下,仍然确确实实有一位名叫索佩特尔的人被指控曾使用巫法锁住了风。当时,埃及和叙利亚的运粮船正因无风或逆风而滞留在海上,从而造成粮荒,那些饥饿的拜占庭暴民在失望和骚乱之下,便杀死他。芬兰的男巫们常把风出售给那些盼望风暴到来,使船不能出海从而能够在家乡多逗留几日的水手。售出的风是封闭在三个绳结之中的。若解开第一个结就会有温和的风放出来,解开第二个结将有半个狂风,而解开第三个结就会刮起一场飓风。那些与芬兰仅一衣带水、隔海相望的爱沙尼亚人,确实至今依然相信他们北方邻居的这种巫术法力。春天从北方和东北刮来可怕的风暴和随之而来的疟疾、风湿关节炎等疾病。头脑简单的爱沙尼亚农民都将此归咎于芬兰的男女巫师

---

① 希腊的城市和港口,在伯罗奔尼撒半岛东北部科林斯湾东南岸,是古希腊的政治文化中心之一。古为希腊的奴隶制城邦。

们的阴谋作祟。特别是春季里那非常令人恐怖的三天,他们称之为"苦难日"。其中一天正好在升天节①前夕。在这几天里,费林②附近的人们是不敢出门的,唯恐从拉普兰③刮来的飓风将把他们置于死地。有一首流行的爱沙尼亚歌曲这样唱道:

> 灾难的风啊! 疾劲而有力,
> 它沉重的翅膀扫过大地!
> 这不幸与悲哀的飓风呼啸,
> 原来是芬兰男巫在作法吹气!

还听说过这样的传说:当水手们在芬兰湾里破浪航行时,有时会看见一艘奇怪的帆船在风浪里尾随在后面,平稳迅速地行驶。帆船上挂着众多的风帆——所有的翼帆也都打开着——正好处在逆风之中。它徐徐通过泡沫翻滚的巨浪,切开的水头把浪花猛击成碎片,每一张帆都鼓得快要破裂似的,每一根缆绳都拉得紧紧的。于是,水手们就知道这帆船是来自芬兰的。

那种能把风封闭在三个绳结中、多解开一个结、风就更大一些的巫术,据说曾流传在拉普兰的男巫中,还流传在设得兰④、刘易斯⑤以及马恩岛⑥上的女巫中。设得兰岛上的海员至今仍然向

---

① 基督教的节日,在复活节后的第四十天。
② 今在波罗的海海湾,与芬兰隔海相对。
③ 北欧地区名,包括今挪威、瑞典、芬兰等国的北部和俄罗斯的最西北边境。
④ 苏格兰东北部地区,包括位于大西洋的设得兰群岛。
⑤ 苏格兰最北端岛屿。
⑥ 位于北爱尔兰和英格兰之间,在爱尔兰海西北岸附近。

那些声称可以统治风暴的老妪买风,其实买卖的是一种像打了结的手绢或绳子样的东西。据说在勒威克①现在还有年迈的老太婆们以卖风为生;正如尤利西斯②曾从"风王"埃俄罗斯那里得到装在一个皮口袋中的风一样。新几内亚的莫图莫图人认为风暴是由俄伊阿布的一个巫师送来的,他有一只竹筒,只要高兴打开它就会刮起一场暴风。在西非多哥的阿古山顶上住着一位名叫巴格巴的物神(fetish)。他被认为是控制风和雨的神,据说他的祭司是把风封存在一些大桶里。

暴风经常被看成是一个可以被恐吓、赶走或杀死的罪恶的东西。在中爱斯基摩,当风暴和恶劣天气持续太久、食物匮乏时,人们就用海藻做一根长长的鞭子,手持这个武器来到海边,朝着风的方向一面抽打一面喊叫:"塔巴!"(够了!)以此向大风暴施行巫术。每当西北风使海岸长期冰冻而食物开始缺少时,爱斯基摩人就举行一次使风停止的仪式:在岸边燃起一堆火,男人们围着它念咒语。然后一位老者走近火堆,用一种哄劝的口吻邀请这位风暴魔鬼到火下边来暖和暖和身体。当他被认为已到达时,每位到场者把自己所献上的一桶水递给一位老者浇向火堆,而众多的箭矢立即飞速地射向那个火堆。他们以为这位风暴魔鬼定然不愿留在他曾被如此虐待过的地方。为达到这一效果,枪声从各个方向响起。有一艘欧洲航船的船长也曾被邀请向风开炮。1883年

---

① 英格兰北部岛屿。
② 尤利西斯(Ulysses),罗马神话中的英雄,即希腊神话中的奥德修斯(Odysseus),荷马史诗《奥德赛》(*Odyssey*,亦译《奥德修纪》)中的主人翁。他参与远征特洛伊胜利后,在返回故国途中由于求知欲望的推动,坚持航海探险,备历艰辛,终于成功。

2月21日，阿拉斯加巴罗角的爱斯基摩人为了杀死风暴精灵曾举行了类似的仪式：女人们用刀和棍棒象征地排列成空中通道，以便能从她们的家中赶出风魔，而男人们集合在一个火堆周围，当一桶水泼向火焰，一团蒸气像一个魔鬼似的从冒烟的火炭上升起时，周围的人就立刻向火堆开枪并用一块很重的石头把它压住。

格兰查科①的伦瓜印第安人把旋风说成是妖精路过，他们向它投掷棍棒，好把它吓跑。南美洲的帕亚瓜人在风吹倒他们的茅屋时，总是抓起燃烧的柴棍迎风迅跑，用火来对风进行威胁，同时其他人对着空气击拳去吓唬这个风暴，当圭库鲁②人受到严重风暴的威胁时，男人们带着武器外出，而妇女和孩子们则拼命地叫喊，以恐吓这个魔鬼；在一次飓风到来时，有人看见苏门答腊的巴塔克村民带着刀枪从他们家中冲出来，酋长冲在最前面，他们一面狂呼怒吼，一面对着这位看不见的敌人乱砍乱劈，还看见一位老妇人特别卖命地保卫她的房子，她拿着一把长马刀向着空气左右砍杀。还有人见过，在大雷暴中，当一声轰雷在附近响起时，婆罗洲的卡扬人示威地把剑的一半拔出剑鞘，好像要把风暴魔鬼吓跑。在澳大利亚，土著们看见那些旋风卷着巨大红色沙柱迅速地移动着横越广阔的沙漠，便想象是妖精们从此经过。有一次，一位强壮的年轻黑人带着飞镖去追杀这些移动着的沙柱，他追出去有两三个小时，回来时已精疲力竭。他说：他已杀死了"库奇"（魔鬼），而这个"库奇"曾对他咆哮，他大约活不成了。关于东非的贝

---

① 地处南美中部冲积平原，地跨巴拉圭、玻利维亚、阿根廷三国各一部分。
② 聚居在巴西的马托格罗索州南部的印第安人。

都因人有这样的记载:"每当旋风夺路而过时,都有一群野蛮人带着短剑追赶。他们把剑刺进那个充满尘土的圆柱体中心,以便把魔鬼赶跑。他们相信正是它驾御着这股旋风。"

和这些事例相类似,希罗多德①曾讲过一个完全可信的故事,尽管现代评论家们只把它当成一个传说而已。他并不担保确实发生过这样的事:有一次在普西利,即现在的的黎波里,从撒哈拉吹来的风吹干了所有的水堰,于是人们召集会议,集体进军去向南风开战。当他们进入沙漠之后,阿拉伯地方的干热风横扫而来,将他们全部埋进了沙中。这个故事很可能是由一个目睹者讲出来的,他曾看到他们是怎样排成阵列,击鼓鸣锣地走进那旋转着的沙尘红云之中,从此便失踪了。

---

① 希罗多德(Herodotus,公元前485-前425?),希腊历史学家,人称"历史之父"。

第六章　巫师与国王

以上例证足以使我们看出,在很多地区和民族中,巫术都曾声称它具有能为人们的利益控制大自然的伟力。假如确曾如此,巫术施行者之夸口自负将取得该社会的信赖,从而成为影响该社会的举足轻重的人物。他们当中的某些人,靠着他们所享有的声望和人们对他们的畏惧,攫取到最高权力,从而高踞于那些易于轻信的同胞之上,这是不足为怪的。事实上,巫师们似乎常常发展为酋长或国王。

首先观察一下处于发展的最低级阶段的种族澳大利亚土著,我们对他们的情况拥有较为详尽确切的资料。统管这些野蛮人的既不是酋长也不是国王。如果说这些部落也有其政治机构的话,那么它就是一个民主组织,甚至更确切地说是一个由有威信的长老们共同执政的组织。他们举行会议并作出一切重要的决策,青年人实际上都被排斥在外。他们的审议会相当于后来的元老院。如果一定要对这样的长老统治定出新名称的话,我们可称之为 *gerontocracy*①[老人政治]。澳大利亚老年土著以这种会议

---

① 这是两个希腊词(geron—老人;kratos—力量、权力)组成用以说明这一组织的新词。

形式指导其部落的事务。现在的澳大利亚中部,其荒芜的自然条件和几乎与外界完全隔离的状况遏止了进化,并使这些土著部落全部保持在最原始状态。各个图腾部族的头人们都承担着施行繁殖图腾的巫术仪式的重任。由于绝大多数图腾都是可食的动植物,所以很自然地,大家都期待着这些人借助于巫术为大家提供食物。还有些人要为人们求得雨水或其他福利。简言之,澳大利亚中部部落的头人们都是公众巫师。再者,他们最重要的职责是主管"圣库"。这种"圣库"通常是一个石岩裂缝或一个地洞,里面存放着"圣石"或"圣棒"(所谓"丘林加")。所有人,不论生者或死者,其灵魂显然被认为多少和这些圣物有联系,所以头人们虽然也履行我们应称之为民事的职责,如处罚那些违反部落风俗者,但其基本的职责还是神性的或巫术性的。

我们经澳大利亚来到新几内亚就会发现,尽管这里土著的文化水平要比澳大利亚土著高得多,但他们的社会结构基本上仍然是民主制或者说是少数老人统治。酋长制还处于萌芽中。威廉·麦格雷戈爵士这样告诉我们,在英属新几内亚还没有任何人具有足够的智慧、足够的勇敢和足够的体力,能成为哪怕只是一个地区的专制君主。"与此相距甚远的是,他们之中有的人至多能成为一个著名的巫师,但他也仅止于能征集到一定数量的、经由勒索得来的财物。"

据一个土著解释说,美拉尼西亚的酋长们享有权力,完全是来自于人们相信他们和魔鬼有来往,并能够凭着魔鬼产生的影响以支配超自然的力量。如果一位酋长要征收罚款,人们会乖乖地付给他,因为人们普遍惧怕他的魔力和笃信他将对那些反抗他的人降灾致病。一旦有相当数量的人开始怀疑他对魔鬼的影响力时，他收敛罚款的权威就被动摇了。乔治·布朗博士还告诉我们：在新不列颠，"人们总认为一个占统治地位的酋长有着如同祭司的作用。他宣称自己和'特巴伦斯'（即神灵）保持着永恒的联系，通过神的作用他可以带来雨水或阳光、好风或恶风、疾病或健康、战争的胜利或灾难，通常都可实现人们的祈求或诅咒，为此求他的人乐于付给他充分的报酬。"

我们来到文化程度正在不断提高的非洲。那儿的酋长制和君主制都得到充分发展，在那里，从巫师特别是祈雨巫师进化为酋长的证据是比较多的。比如，在东非班图种族里的万布圭人那里，其原始的国家形态是家庭共和制，但世袭巫师的巨大权力使他们很快上升到小领主或酋长的行列中。1894年当地三个酋长之中有两个是为人所敬畏的巫师，他们拥有大量的牛，这几乎全是由于他们的巫术服务而获得的馈赠。他们主要的巫术本领是求雨。东非的另一民族瓦塔图鲁人的酋长们，据说除了当巫师之外并无其他直接的政治影响。此外，我们还听说东非的瓦戈戈人其酋长的主要权力是靠他的求雨的巫术本事而衍生来的。如果一位酋长不能亲自求雨，他必须从一位会求雨的人那里求得雨来。

再者，在尼罗河上游的部落中，巫医一般都是酋长。他们的权力大小首先是依据他们被想象的求雨能力的大小而定，这是由于"雨在这个地区与人们的生活息息相关，如果不适时下雨，对部落来说就意味着难以言状的艰难困苦。难怪那些比其他同伴更狡诈的人会将求雨的能力归属于他们的专权，或者是在得到这个

第六章 巫师与国王

声誉之后会利用头脑简单的同胞们之轻信来获得财富"。因此，"这些部落的大部分酋长都是祈雨师，他们以自己所具有的为人们适时求雨的能力的大小而赢得不同程度的威望。掌管祈雨的酋长们总是将他们的村庄建在一个相当高的山坡上，因为他们无疑都知道，山丘是吸引云雾的。因此在预报天气上他们总能稳操胜算。"每个祈雨师都有一定数量的"求雨石"，比如水晶石、砂金石和紫晶石等等，都被保存在罐子里。当他们想祈雨时，便把"求雨石"浸入水中，手里拿着一根脱皮的藤或竹鞭，鞭的上端已被劈裂，他一面口中念念有词，一面用这根鞭子去招乌云或把云赶到该去的地方；或者把水和绵羊或山羊的内脏一起倒入一个石洞中，再把那些水洒向空中。尽管酋长靠施行其假想的法力而获得了财富，但他也经常甚至总是死于暴力，这是因为在干旱季节，愤怒的人们深信正是他促成了天旱不雨，因而聚集起来把他杀掉。一般说来巫师职务是世袭的，由父亲传给儿子。坚持这种信念并保持这种风俗的部落有拉图卡、巴里、拉卢巴、洛科亚等。

在中非，住在艾伯特湖西面的伦杜族人也笃信有人拥有唤雨的法力。他们的祈雨师要么已是酋长，要么终将成为酋长。巴尼奥罗[①]人对雨的施与者也极为尊敬，献给他大量的礼物。对雨水有着绝对的、无限的权力的伟大施与者乃是国王。但他可以把这种权力委托给其他什么人，所以祈雨的收益可以分散，而"天赐之水"也就可以降落在王国各地。

在西非，也和在东非与中非一样，可以见到类似酋长和巫师

---

① 巴尼奥罗人（Banyoro），聚居东非湖间地区，属班图族系统的乌干达支系。

职务的结合,比如在范部族人那里,酋长和巫医间的严格区别是不存在的。酋长既是巫师也是做马掌的铁匠,因为范部族人认为铁匠的技艺是神圣的,只有酋长才可以从事这行业。

关于南非的酋长与祈雨师之间的职务关系,一位了解情况的作者这样记叙过:"在古代,酋长曾是部落中最大的祈雨师,有些这样的酋长不许别人跟他竞争,唯恐一个成功的祈雨师也会被选为酋长。当然还有另外一个理由:如果一位祈雨师赢得了很大的名声,那他肯定会成为一位富人,很明显,一个首领是不会允许其他人太富有的。祈雨师极力控制人民,这对于把这种职务同王位联系起来是至关重要的。传说总是把求雨法力作为古代酋长和英雄的基本荣誉。这可能就是酋长制的起源:祈雨者自然而然会成为酋长。与此类似,查卡(著名的祖鲁暴君)常常宣称他是全国唯一占卜者,因为如果他允许对手跟他竞争,那么他的命也就难保了。"莫法特博士曾告诉我们关于南非部族中类似的一般传说:"求雨师在人们心目中绝不是卑贱人物,他在人们心目中的地位甚至超过国王,国王同样也得要服从这位最高长官的旨意。"

上述事例都提示了这样一种可能性:在非洲,国王常常是由公众巫师特别是祈雨师发展而来的。巫师所造成的对他的无比畏惧以及他通过施行巫术所累积的财富大概都有助于他的晋升。但如果说一位巫师,特别是祈雨师,可由于其成功地施行巫术而发迹,那么一位不走运的或不熟练的巫师,也会掉进密布在其职业生涯中的陷阱。处于公众巫师的地位确实是很危险的,因为人们既笃信巫师拥有使甘露降临、阳光普照、万物生长的力量,因而也就很自然地会把干旱和死亡归咎于他罪恶的怠忽职守和存心固执己见,并相应地给他以惩罚。因此,在非洲,国王如果求雨失败便常被流放或被杀死。在西非一些地区,当祭物和供品献给国王之后,仍不能获得雨水,他的臣民便把他捆绑起来,以暴力将他带到他的祖坟前,在那里,他可能从其祖先之灵求得所需的雨水。在西非的班查尔人中,大家把取得雨水或好天气的权力归之于国王,只要风调雨顺,人们就给他大量的粮食和牛。但是如果过久的干旱或雨水变成了危害庄稼的威胁,他们就辱打他,直到天气变好为止。当收成不好或海边风浪太大难以捕鱼时,卢安戈人①就咒骂国王是"坏心肠",并将他废黜;在谷物海岸②,大祭司或被当作物神崇拜的国王,他们享有"波迪奥"的头衔,负责保持全国人民的健康、土地肥沃、河海多鱼。如果国家在这些方面遭灾的话,"波迪奥"便被免职。在乌苏库马,那是位于维多利亚尼安萨湖③南岸的一个大区,雨和蝗虫是这个苏丹政权的主要问题。他也必须懂得如何求雨和驱赶蝗虫。假如他和他的巫医都未能完成这个任务,当灾难来临之时,他的整个生存都处于危险之中。当望眼欲穿的雨水迟迟不来时,这位苏丹便立即被赶走。事实上,人们认为统治者必须对大自然及其现象拥有控制力。我们还常听说,尼安萨地区的土著认定只有施行巫术才会下雨,而这个求雨的重任就落到了部落酋长的肩上。如果雨水未能适时而降,大家都抱怨不止。已经不止一个无能的国王由于干旱而被流放。在尼罗河上游的拉图卡人,每逢庄稼干枯而酋长的一切求雨努力

---

① 聚居于中非洲刚果河下游。
② 西非利比亚、几内亚海岸的一段,在历史上以谷物贸易而得名。
③ 在东南非马拉维与莫桑比克之间。

都已被证明无效时,人们便在夜里对他群起而攻之,抢走他的所有财产,把他赶走,还常常杀死他。

世界其他很多地区,国王们曾被期待着要为他们人民的利益而控制自然过程,并在他们未实现人们的期望时受到惩罚。西徐亚人①就是这样:一旦食物缺少时便将他们的国王监禁起来。在古埃及,不但神圣的国王由于作物歉收要受到谴责,连那些圣兽也得对这种自然灾难负责。当长期干旱、瘟疫和其他灾害降临时,祭司就在深夜恐吓圣兽。但如果灾难仍不休止,他们就杀死它们。在南太平洋的纽埃岛或"野人岛"等珊瑚岛上,从前曾由一系列国王统治过。但由于国王也是大祭司,并被人们认定可以使五谷丰收,因而在缺粮时,人们便愤怒地杀死了他们。就这样国王们一个接一个地被杀掉,直到最后再也没有人当国王了,其君主政治也随之告终。古代的中国作家告诉我们:朝鲜在雨水太多或太少致使作物歉收时,国王就要受到责怪。有人主张必须废黜他,另一些人则认为必须杀死他。

美洲印第安人距离文明社会最近的时代是在墨西哥和秘鲁处于君主政体或神权政体之下的时代。但我们对这些国家的早期历史知之甚少,很难断定其被奉为神的国王的祖先是否也曾是巫医。通过墨西哥国王在登上其宝座时所发表的誓词,我们也许能发现这种继承的踪迹。他们曾发誓说:要让阳光普照、让祥云降雨、让河水畅流、让大地长满果实。可以肯定,那些被神秘的光

---

① 西徐亚人(Scythians),又称斯基斯泰人(Skythai),属伊朗语族。约公元前7世纪由东方迁至黑海北岸一带,从事畜牧和农业,公元前4世纪建立了统一的奴隶制王国,史称西徐亚王国,一译斯基泰王国,约公元3世纪时经哥特人攻击,灭亡。

第六章 巫师与国王

环和令人畏惧的气氛所围绕的原始美洲的巫医或术士是具有很大的影响力和重要性的。他们在很多部落里是足以上升为酋长或国王的,尽管这种发展似乎还缺少确证。卡特林曾告诉我们:"在北美,部落里的巫医是被人们尊崇为权贵的。整个部落对他们极为崇敬,不仅因为他们有物质的医药技术,而且更特别是由于他们在施展神秘巫术时所表现的机智。他们都相当广泛地从事这种巫术活动。……在所有的部落中,医生都是能够呼唤灵魂的人,都是巫师,都是占卜者,而由于他们负责监管和指导所有的宗教仪式,我乐于称他们为'大祭司'。他们被全体人民视为国家的圣人。在所有决定战争与和平的会议上,他们总是和酋长们坐在一起,在采取任何公开步骤之前都要和他们正式进行商讨,而他们的意见总是得到最大的尊重和顺从。"与此相似,在加利福尼亚,萨满教巫师可能过去是、现在仍然是迈杜人中最重要的成员。在任何确定的政府体制尚未建立之时,一个萨满(巫师)所讲出的话是很有分量的。作为一个阶层,人们十分敬畏他们;作为一种惯例,人们对他们比对酋长更加顺从。

在南美,巫师或巫医似乎也走在荣升酋长或国王的康庄大道上。巴西海岸的最早移民之一,法国人塞维特在报告中说,印第安人"以如此的虔诚和敬意崇拜巫医,他们对之毕恭毕敬,甚至把他们当偶像崇拜。你可以看到,普通人去谒见他们时会匍匐在地,向他们祈求说:'请恩赐给我和我的孩子们以健康长寿吧!'或提出一些类似的请求。而他就回答说:'你将不死、不病',等等。但有时如果巫医没说出真情,而事情的发展与其预言相悖,人们便认为他们不配享有巫师的称号与尊严,并会毫无顾忌地杀掉他们"。在格兰查科的伦瓜印第安人中,每个氏族都有"卡西克"或酋长,但他并没有什么权威。由于他的职务关系,他得馈赠给别人很多礼品,因之很难富裕起来,在穿着上比他的任何臣民都更为寒酸。"实际上,巫师是手中握有最多权力的人物,他惯于接受别人的馈赠而不是送礼给别人。"巫师的责任是降给自己部落的敌人以灾害和瘟疫,并且保护自己人免受敌方巫术之害。为此他得到很好的酬谢,并为此获得一个具有很大权势的地位。

整个马来亚地区的酋长或国王通常被认为是超自然力的拥有者而备受尊敬。这就使我们有理由认为,他们显然也和非洲的酋长们一样,发迹于一个小小的巫师。直到今天,马来人仍笃信国王对大自然的活动拥有影响力,例如使五谷丰登、果实累累。据认为他的代理人,甚至那些有缘掌管这些地区的欧洲人也同样具有这种丰产能力,尽管其本事要小一些。比如在雪兰莪(马来半岛上的土著国之一),作物的丰产或歉收常归因于其地方官的变更。南西里伯岛的图拉特亚人坚持认为,谷物收成依赖于他们的国王们的行为。不好的政府会招致粮食减产,而所谓不好就是指不遵守古代习俗。

沙捞越的达雅克人相信他们那位著名的英国统治者,布鲁克王有着某种天赋的巫术才能,如果他运用适当,可使五谷丰登。因此当他走访一个部落时,人们常常把来年要播种的种子带到他面前,他便把一条事先在某种液体中浸泡过的妇女项链放在种子上面摇晃以促使其丰产。另外,当他进入一个村子后,女人们就会先用水,再用椰子汁,最后又用水来冲洗他的脚。所有跟他身体接触过的水都保存起来,用以洒到她们的地里去。她们深信这

第六章　巫师与国王

样做便会带来一次大丰收,那些离他太远以致他无法走访的部落往往给他送去一块白布或一小块金银,当这些东西感受了他的能促进丰收的神力之后,他们就将之埋在自己的田地里,满怀信心地期待着谷物丰收;有一次,当一位欧洲人指出桑班部落稻子收成不佳时,部落酋长马上说:只能如此,因为布鲁克王从未访问过这里。他接着就恳求替他劝请布鲁克先生来访问他的部落,以解除土地的贫瘠。

关于国王具有巫术或超自然的法力,能使土地肥沃并赐给他的臣民以其他利益的这种信仰,看来很可能是从印度到爱尔兰所有亚利安人的祖先们所共有的,而且至今还在我们自己的国家中清楚地留下了它的遗迹。比如在古印度的《摩奴法典》中关于贤明国王的德政是这样描述的:"在国王对重大罪犯都不没收其财产的国度里,人们都适时而生,并且健康长寿。农夫们播下的一粒种子都会有收成。孩子们都不会夭折,也绝无畸形儿诞生。"荷马时代的希腊国王和酋长们,无论他们说的话、住的房子、坐的马车都是神圣的。人们还认为,贤王的统治定会使得大麦、小麦长满沃野,水果硕大压弯枝条,六畜兴旺,鱼满海洋。在中世纪,当丹麦国王沃尔德马一世在德国旅行时,母亲们带着婴儿、农夫们带着种子来到他跟前,求他用手抚摸一下。人们相信经过他的圣手的接触,孩子们就会长得更加壮实,农夫们还为了相似的愿望请他替他们播撒种子。古爱尔兰人还深信,如果国王们遵从祖先的旧规,就会风调雨顺、五谷丰登、牛羊满圈、鱼满河塘,而水果树枝都由于果实丰产、负荷太重不得不加上支撑。在一本据说是出自圣帕特里克①的圣典里列举了一位正义国王在统治时会做出的种种赐福,其中有:"美好的天气、平静的海面、丰产的谷物和累累果实。"而另一方面,如果人无食、牛无奶、树无果、谷物稀少,则被看成是那位当政国王太坏的确证。

对于我们英国国王们的经久不衰的迷信之最后的遗迹,可能就是认为他们的接触可以治疗腺病,故而这种疾病又被称为"国王的病魔"(即瘰疬)。伊丽莎白女王常常进行这种治疗作为对人们的馈赠。1633年的施洗约翰节②那天,查理一世在荷利路德的皇家小教堂里一举就治疗了一百名患者。然而,只是在他的儿子查理二世时代,这种做法才似乎极为盛行。据说,查理一世在位期间,他触摸了近十万名腺病患者。想要接近他的人群有时可怕地拥挤,有一次,六七个来求医的患者被活活踩死了。头脑冷静的威廉三世轻蔑地拒绝了让自己去行骗。每逢他的王宫被无聊的人群包围时,他便分发一份救济金令其离去。只有一次,当他被再三请求把手放在病人身上时,他对患者说:"愿上帝赐你以健康和更多的智慧。"但是正如可以预料的那样,这种做法被糊涂而盲信的詹姆士二世和他愚蠢的女儿安妮女王延续了下去。

法国国王也宣称他拥有用触摸方式为人治病的"天赋才能"。这种本领据他们说是从克洛维③或圣路易斯那里继承来的,正如

---

① 圣帕特里克(St. Patrick,约385-约461),英国传教士,爱尔兰的守护圣徒。
② 每年6月24日,也是英国四结账日之一。
③ 克洛维(Clovis),法兰克王国墨洛温王朝国王(481-511)。

第六章 巫师与国王

我们英国国王的法力是继承自忏悔者爱德华[①]那样。与此相似，通加的未开化的酋长被人相信可以用触摸他们的脚来治疗腺病或肝硬化。这种治疗方法是一种严格的顺势巫术，因为无论是得病还是治病都被认为是由于接触了王室成员或属于他的任何东西。

总体来说，我们似乎有理由推演出这样的看法：在世界上很多地区，国王是古代巫师或巫医一脉相承的继承人。一旦一个特殊的巫师阶层已经从社会中被分离出来并被委以安邦治国的重任，这些人便获得日益增多的财富和权势，直到他们的领袖们脱颖而出成为神圣的国王。但是，伟大的、以民主开始而以专制告终的社会革命，是由一次产生王权概念、促进王权作用的知识革命相伴随的。随着时间的流逝，巫术的谬误愈来愈清楚地被头脑精明的人们所认识，巫术也就逐渐被宗教所取代。换言之，巫师让位给了祭司，祭司则放弃了那种直接控制自然进程去为人们谋利的企图，而寻找一种达到同样目的的间接途径，这就是诉诸神的权威为他完成那些他已不再幻想可以由自己来完成的事情。于是，国王们也就从当巫师开始而逐渐趋向于把执行巫术换为祈祷和奉献牺牲的祭司之职能。而且当人与神之间的区别仍然模糊不清的时候，人们便常常想象他们自己可以不仅在去世以后，而且在其有生之年获得神性，办法是通过暂时的或永恒的由一个伟大而有权力的神灵来附身。没有哪个社会阶层能像国王们那

[①] 忏悔者爱德华（Edward the Confessor，约 1002 – 1066），英国盎格鲁—撒克逊世系的末代国王（当政时期为 1042 – 1066 年），因笃信宗教，得"忏悔者"称号。

样,从神可以化身为人的这种信念中获得如此巨大的利益。关于神灵化身为人的学说以及与之相联系的在严格意义上讲的国王之神性的理论,将是本书下一章要研究的主题。

第七章　化身为人的神

前几章里列举的世界各地未开化民族的信仰和一些事例,足以证明未开化民族认识不到自己驾驭自然的能力的局限,而这种局限我们看来似乎是十分明显的。当每个人都认为自己或多或少地具有我们应称之为超自然力量,在这样的社会里,神与人之间的区别显然相当模糊,或者毋宁说几乎没有什么区别。作为超人的、具有世人无可比拟能力的神这一概念,在历史进程中已慢慢逐步形成。在原始人看来,超自然的力量,如果确实超越于人的力量的话,也超越得不多,因为人可以恐吓和迫使超自然力量按人的意志行事。在人类思想发展的这一阶段,世界被视为一个伟大的平等的社会,所有的人,无论自然的或超自然的,都被认为处于相当平等的地位。可是,随着人类知识的增长,人们清楚地认识到自然的广袤无垠和自己在自然面前的渺小与软弱。然而这样的认识并不导致相应的信念:认为自己想象的那些存在于宇宙内的超自然的神也是软弱无能的;相反,却加强了认为神具有能力的信念。这是因为那时的人对宇宙是按照固定不变规律活动的自然力量体系的这种思想,还没有充分认识,或者还蒙昧无知。但这种思想的萌芽,原始人当然也还是有的,而且还按照它来行动——不仅在巫术方面,而且在日常生活的许多方面都是如此。然而这种思想一直停滞没有发展,人们在解释自己所生存的世界的时候,总是将它描绘为有知觉的意志和个人力量的表现形式。因此,如果他觉得自己如此渺小脆弱,那么他就一定会认为控制自然这部庞大机器的神,该是多么巨大而有力量!随着与神平等的旧意识逐渐消失,他同时也放弃了凭藉自己的力量与智慧,或者更精确些说,凭藉巫术,来指导自然进程的信心,并且越来越多地把自己曾经声称与之共有超自然力量的神视为那些超自然力量的唯一所有者。所以,随着知识的进步,祈祷与祭祀便在宗教中占据了首要地位。曾经一度享有与它们合法的同等地位的巫术逐渐退居到后面,沦为妖术。这并不被认为是对神领域的一种侵犯、无益和亵渎,但是却遭到祭司们的坚决反对。因为祭司的声誉、权势的兴衰都随着神的声誉及权势的兴衰而定。因此,当后来宗教与迷信的区别出现以后,我们就发现,祭祀与祈祷乃是社会中代表宗教热忱与文明启迪的来源。巫术则是迷信和无知者的慰藉。到了更晚近时期,把自然力看作个人力量的这种概念,已被人们对自然规律的认识所取代,完全建立在必然不变、不受人们意志左右的因果关系的思想基础上的巫术,又从其陷入的卑微屈辱之中浮现出来,通过调查研究自然界的因果关系直接为科学铺设了道路。炼丹术是化学的先导,就是一例。

　　人—神的观念,或者说赋有神性或超自然力量的人这种观念,基本上属于早期宗教史上的事。在后来的思想看来,那时候,即在神和人尚未被发现在他们之间存在不可逾越的鸿沟之前,神与人还仍然被看作差不多是同等地位的。对于我们似乎是奇怪的那种化身为人形的神的观念,对原始人来说,却没有什么值得

第七章 化身为人的神

惊讶的。那时人们心目中,人—神,或神—人,只不过是较高程度的同一超自然力量而已。他们完全相信自己也具有这样的力量。他们对于神和有力量的巫师,也没有明确的区别。他们的神常常不过是隐形的巫师,在自然的帷幕后面做着同可以见到的巫师在自己伙伴中做的同一类施符念咒的事。由于神被普遍认作是以人的形象向其礼拜者显现,巫师因人们假想他具有神奇权力就很容易取得神的化身的声誉。这样,从略高于微不足道的念咒人的地位开始,巫医或巫师就能逐步发展到既是神又是王,集二者于一身的地位。不过在把他说成神的时候,我们必须注意不要把我们对神这个既抽象而又复杂的概念注入原始人对神的概念中。我们关于这个深奥命题的概念,是智力与道德观念长期演变进化的结果,但迄今不为未开化的人们接受,即使向他们解释,也不能被理解。有关原始种族宗教问题流行的许多争议都来自彼此的误解,未开化的人不理解文明人的思想,文明人也很少理解未开化人的思想。当未开化的人使用神这个词的时候,他心目中有着某种形象,而文明人使用神这个词的时候,他心目中有着非常不同的另一种形象,如果像通常情况那样,这两个人同样都不能使对方理解自己的观点,那么他们谈论的结果,只能是混乱和误解。如果我们文明人坚持将上帝这个名字限定在我们自己既定的对神性质的特殊观念之内,那么我们就得承认原始人根本就没有神。但是我们必须更加忠实于历史事实。如果我们承认多数较进步的未开化人至少具有初步的某种超自然的人的观念,那么,这超自然的人便可以恰当地称之为神,尽管它还不是我们关于这个词的全部含义。那一初步观念,很可能就是文明人关于神的高级概念逐渐演进出来的萌芽。假如我们能够追溯宗教发展的全部过程的话,我们就可能发现,把我们对神的概念同原始人对神的概念连接起来的只有一根链条,而且是不曾中断过的一根链条。

提出上述解释和注意事项之后,下面我就要举出一些神的例子来作证明。这些神的礼拜者都认为它们是活着的男人或女人的化身。大凡被认为是神的化身的人并非总是国王或国王的后裔;甚至最微贱阶层出身的人也可能被信为是神的化身。例如,在印度,有一个人神(即由神转化的人)便是以一个漂布人的身份出现在世人面前,另一位人神则是木匠的儿子。因此,我列举的事例便不限于只是王室显贵。这样做的目的在于说明活人神化(换言之,即神以人的形象化身)这一普遍的原理。这样化身的神在原始社会里是很普通的事。这种化身可以是暂时的,也可以是永恒的。在前一种情况下,神化为人(通常叫作神灵感召或神灵附体)是以超自然的知识、而不是以超自然的神力显示。换句话说,这种神化一般表现为先知和预言,而不是奇迹。另一方面,在这种神化不只是暂时的,而是神灵永恒常驻于人肉身的情况下,这位神—人就得要作出奇迹以证明其为神。不过我们应该记住,在人类思想发展的这一阶段里,人们并不以为这样是违背自然法则的。原始人还没有认识到自然法则的存在,从而也认识不到对自然法则的违背。对原始人来说,一件奇迹只不过是一种普通能力的不寻常的惊人表现而已。

神灵暂时附体或神灵感召这种信念遍及世界。人们相信某些人常常有神灵附体,当神灵附体的时候,此人便茫然无知,抽搐颤抖,全身摇动,作出种种狂态和表情,这一切他本人并不知道,而是神灵附在他身上做出的,在这种异常状态下,他口中说出的一切,都被看作是神附在他身上透过他的口说出来的。例如,在桑威奇群岛①,岛上的王藏在柳木制的神龛里,扮作神念出神谕谶词。而在南太平洋的一些小岛上,神"经常降附在术士身上,于是那位术士便好像因神灵在身而骄气十足起来,停止了由自己意志支配的言行,完全在神力影响下行动和说话。在这方面波利尼西亚人原始的神灵显异与古希腊著名民族的神灵显异极其相似。一旦人们认为神降在哪位术士身上,这位术士的身体便立即剧烈地颤抖起来,几至欲狂程度。他四肢抽搐,身躯胀大,口歪鼻斜,面容狰狞,两眼大睁,茫然失神。在这种状态下,他往往满地乱滚,口吐白沫,好像是神附在他身上使他这样。他这时以尖锐粗粝含糊不清的声音,喊出了神的谕旨。一旁侍候的其他术士精晓这种仪式的奥秘,立即接受并向信徒弟子们转告刚才神的旨意。那位术士讲完神谕谶词之后,便逐渐安静下来,恢复沉静状态。然而神发布完了谕旨之后,却不一定马上就离开那位'道拉'(即术士),往往还继续附留两三天之久。这时,此人便在臂上缠一块特殊的土布作为有神灵附身的标志。这期间他的一言一行都被当作是神的言行,因此人们极其注意他的表情和他的整个神态。……在神灵附身的情况下,这术士总被当作同神一样的神圣,并且被称为'阿图'(神),平时则叫他'道拉',或'术士'"。

这种神灵暂时附体的事例非常普遍,世界各地都有,人们通

---

① 即夏威夷群岛。

过有关民族学的书籍已经相当熟悉,不需赘述。不过这里不妨再向读者介绍两个神灵短暂附体时的特殊方式(因为这两种方式有些人可能还不大知道),本书后面还要提到它们。一种方式是藉着吮吸祭祀牲畜的鲜血以取得神灵附体。阿哥斯①的阿波罗·狄拉迪奥蒂斯神殿里,每月要在夜晚献祭一头羔羊,一位恪守贞操礼法的妇女吮尝牺羊的血,于是便得到神灵感召而代神讲出神谕或预言。阿卡伊亚②的爱吉拉地方,穴居女巫喝过牺牛的鲜血之后才进入洞穴代神发布谕言。同样,库鲁维卡兰③人相信女神迦梨降附术士身上,术士喝了牺牛颈腔中涌出的鲜血,便向祭祀礼拜者说出神的答谕。在北西里伯斯岛米纳哈萨的阿尔福尔人的节日里,术士猛冲到刚刚宰杀的牺猪旁边,把头埋进猪身喝那鲜血,然后被人用力拖离死猪,让他坐在一张椅子上,他就开始预言那年的庄稼年景将会如何,说后他又跑到那死猪旁边喝那猪血,又被拉回坐在椅子上继续预言。当地土人认为,有预告吉凶能力的神灵降附在他身上。

还有一种神灵临时感召的表现方式是神树或神苗的应用。在兴都库什④,人们把圣香柏树枝堆在一起,点燃起来,丹亚尔(即女巫)头上蒙着一块布,深深地吸进那熏人的浓烟,直至浑身痉挛,倒地不省人事。过一会儿,爬起身来,尖声高唱,在旁的观众也跟着高声重复她的唱词。阿波罗的女先知代神发言之前,先吃

---

① 希腊东南的一座古城。
② 希腊南部一个古国。
③ 印度南部的乞丐和捕鸟者这一阶层的人。
④ 阿富汗的东北部及印度的西北部。

第七章 化身为人的神

月桂树叶并用月桂树叶烧烟熏身。酒神巴克斯①的女祭司们嚼食常春藤,有些人认为她们受神灵感召后的猛烈情态是由于这种植物的兴奋醉人特性所致。在乌干达,术士为了得到神的感召,用烟斗猛烈抽吸烟草,直至如醉如狂程度,这时他的高昂激动的言谈,被人们相信是神通过他说出来的谕言。印尼爪哇东北方的马都拉岛上,每一种神灵都有它自己专职的降神者,而且常常是女巫。准备接受神灵附体之前,女巫坐在香炉前面,把头伸向炉里的焚香,吸进烟气,渐渐陷入昏迷状态,面容歪扭,猛烈痉挛,尖声叫喊。据说这时神灵已降附在她身上,等她稍为安静一点的时候,说出来的话语便被当作神的谕言,是神灵附在她身上说的话,而她自己的灵魂则暂时离开了她的身躯。

这种暂时受神灵感召的人被认为不仅具有神的知识,并且有时候还具有神的权能。在柬埔寨,一旦瘟疫发生,好几个村庄的居民便联合起来,由一支乐队作前导,一同去寻找被公认是当地神灵作临时化身的人。找到之后,便将此人接到神的祭坛,在那里求神显灵。这人便成了周围人们敬奉的偶像,求他保佑这些村庄免受瘟疫。马格尼西亚②附近的海力地方有一个神怪的洞穴,其中有一座阿波罗的神像,据信它能够赋予凡人以超人的力量,受他感召的人可以跳下悬崖而不受伤,可以连根拔起大树扛在背上走过极狭窄的峡道。这些受神感召的苦修僧人表演的奇迹都是同一类的。

---

① 巴克斯(Bacchus,一译巴克斯科斯,Bakchos),罗马神话中的酒神,即希腊神话中的狄俄尼索斯(Dionysus)。
② 在土耳其西部,今名马尼萨。

到现在为止我们已经了解到原始人不能辨明自己在控制自然能力方面的局限,认为他们自己和其他人具有某些我们现在该称之为超自然的能力。我们还了解到,在这种普遍的超自然力之外,某些人在某一短时期内受到某种神灵的感召,暂时地具有寄居在他身上的神祇的知识和能力。从这样的信念出发,很容易趋向另一信念,认为神永恒地降附在某些人身上或以其他不为人知的方式赋予某些人高度的神力,以致这些人可以列入神的地位,享受祈祷与祭祀等敬奉。有时候这些化身为人的神祇具有纯粹超自然的或神灵的职能。有时候他们还具有最高政治权力。在后一种情况下,他们既是神又是王,其政府则是实行神权政治的政府。例如,在马贵斯(或名华盛顿群岛)①有一类终身被祀奉为神的人,当地土人相信他们具有驾驭自然力量的超自然威力:他们可以使五谷丰收或者使土地荒芜;他们可以散布疫病致人死亡。因此需要用活人向他们献祭,以免他们愤怒。这些人为数甚少,每个岛上最多不过一两个。他们住在神秘隐僻的地方。他们的权力有时是世袭的,不过并非永远世袭。一位基督教传教士曾经观察描述过一位化作人身的神。那神是一位很老的老年人,住在一座深院大屋里,屋内有一座神坛,屋梁上和屋周围树上都挂着头朝下的人体骨骼。从来无人进入那座大院,除了一些供神役使的人之外,只有在以活人作祭品(译按:以下简译为"人牺"。)送至神前祭祀的时候,凡俗之人能窥视那座寺院。这位化形为人的神受到的祭祀多于其他诸神。他常常坐在屋前台阶上,一次召唤

---

① 在南太平洋。

两三个人牺供他享用。由于他造成的极端恐怖,所有人牺都要被缚送前去。全岛居民都向他敬献祭品,祈求赐福。此外,在南海群岛差不多每个岛上都有一个代表神或者是神化身的人。人们都称他为神。这些人同神在实质上已混淆不分了。这些人神,有时就是国王本人,更经常的则是祭司或其下吏。

古代埃及人膜拜的对象远不只猫狗以至很小的小鹿,他们还大量地扩展到膜拜人。有这样一位人神,住在安那庇斯村,人们把烤好了的祭品送到祭坛上奉献给他,(据波斐利所说)他就坐下来享用,跟普通的凡人一样。在古希腊罗马时代,西西里岛的哲学家恩培多克勒①自称不仅是男巫,而且是神。他在致本市公民的诗篇中写道:

啊,朋友
在这蜿蜒于阿格利亘屯堡黄色山坡上的伟大城市里
阿格利亘屯的良好工事成了你发挥才能的胜地,
它提供陌生人幽静处所聊以栖憩。
人们都向它欢呼致意!
我漫步在你们这些高贵的朋友中间,带着高傲神气。
你们用花环——盛开着鲜花的花环加冕于我高贵的发际。
我已经不再是血肉之躯,而成了不死的神祇。

---

① 恩培多克勒(Empedocles,约前490—前430),希腊哲学家、诗人、政治家、宗教教师和生理学家。

>我无论走到哪里,周围的人们都向我顶礼。
>千万人群追随着我,寻求更美好的人生真谛。
>有人渴望预示前景,有人忍受痛苦悲戚,
>他们都极愿听到安慰的话语,不要再受苦难侵袭!

他宣称可以教导他的门徒呼风唤雨,令阳光普照,死者复生,祛病延年。公元307年,德米特利厄斯·波里奥塞忒斯恢复了雅典的民主,雅典人民感激他和他的父亲安第哥纳斯,尊称他俩为救世尊神。那时他和他的父亲都还活着,人们却筑起了神坛,指派了祭司专管对他的礼拜。人们手持花环香烛祭酒,载歌载舞,迎接自己的救主。他们排列在街头,赞颂他是唯一的真神,因为其他诸神有的睡着了,有的住在遥远的地方,有的并不是真神。当代一位诗人写过这样的诗句,被人们公开颂唱或私下里讴歌:

>众神之中最伟大最亲爱的神,
>就要来到这座城市。
>时间给我们送来了得墨忒耳和德米特利厄斯。
>他将主持少女庄严的礼拜,
>而他是那么公正、欢快、笑逐颜开。
>恰如神应有的身份举止。
>朋友们像一群明星环绕在他周围,
>他在他们中间犹如璀璨朝阳,一派光辉。
>他是伟大的波塞冬的骄子,
>他是阿弗洛狄忒的宠儿。

> 我们向他欢呼礼拜!
> 众神或者居住在遥远的地方,
> 或者充耳不闻,
> 或者并非真神,或者不我理睬。
> 唯有您,非木非石,是独一真神,
> 我们躬身朝觐,顶礼膜拜!

古代日耳曼人相信妇女身上有某些神圣的东西,于是便把她们当作祭司咨询请教。据说那些妇女观察河水涨落,聆听流水汩汩或咆哮,就能预言未来发生的事。但敬奉她们的常常是男人,他们把妇女当作真神和活的女神礼拜。例如,韦帕芗统治时期,布鲁克特利部落一位名叫维尔达的妇人曾被公认为神,并且因此统治着她的人民,远近臣服。她就住在莱茵河支流利普河岸边的一座古堡里,科隆人派遣使者去跟她缔结条约,她不予接见,只指定一位大臣进行谈判。那位大臣作为她的代言人,转述她的神谕。这个事例表明,神权和王权这两种思想在我们未开化的祖先中是多么容易地融合在一起的。据说直到公历纪元初期基提人①还有一位神的化身之人,人们称之为神,此人住在一座圣山里,充当国王顾问。

据早期葡萄牙历史学家多斯·桑托斯说,东南非的津巴人或莫津巴人并不崇拜偶像,也不承认有任何神,但是却尊崇他们的国王,把国王当作神一样,认为是世上最伟大最好的人。而这位

---

① 古代居住在相当于现在保加利亚东部一带地方的人。

国王也自称只有他才是世上的神,如果老天爷不按他的意思下雨,或天气闷热,他便以箭射天,惩治老天爷违反了他的意志。南非的马绍纳人①告诉他们那里的基督教主教说,他们曾经有一位神,不过被马塔贝列人②赶跑了。"这里说的是当地某些村子里供养一位他们称之为神的人的奇怪风俗,各村人都向他咨询求教,赠送礼物给他。往昔,属于麦刚迪酋长的一个村庄里就有一位这样的人。那里的人要求我们不要在村庄附近开枪,以免把那位被称为神的人吓跑了。"这位马绍纳人的神过去每年必须向马塔贝列人的国王奉献四头黑色公牛和一场舞蹈。一位基督教传教士曾经见过并描述了这位神在国王的小屋前履行这一职责的情景。整整连续三个钟头不间断地踏着手鼓和响板的节拍,在单调沉闷的歌声中,这位皮肤黝黑的神疯狂地舞蹈着,撅着屁股像裁缝,满身流汗像猪仔,敏捷地跳跃着,表明他的两条神脚多么有力而富有弹性。

中非巴干达人相信一位尼昂萨湖神,这位湖神常常附在一位男子或妇女身上。所有的人,包括国王和酋长们在内,都害怕这位化身的神。当神降附人身这一神奇出现的时候,那人,或者说是神,便走到距湖滨一英里半以外的地方,在那里等待新月出现,然后开始从事他的神职。从一弯新月淡淡地在天边出现的时候起,国王和他的全体臣民都置身于这位神人或者人们称之为卢拜(神)的支配之下。神不仅在宗教信仰和仪式等问题上,而且在战

---

① 南非赞比西亚河以南、东罗德西亚班图人的一部分。
② 南非祖鲁族人。

争和国家政策等大事上都有最高的统治权。他被当作神来请教，他所说的话能够使人得病，也能治愈疾病，能够使天下雨，也能够制造饥荒。他的话灵验以后，人们便送给他大量财物。乌鲁阿（坦噶尼喀湖西边的广大地区）的酋长"自负具有神的尊荣和权力，并且假装可以多日不进饮食也不感饥饿。他声称作为神来说完全不需饮食，他之所以吃、喝、抽烟，都是出于享受人们对他的供奉"。在盖拉人①中间，当哪位妇女倦于操劳家务的时候，她就开始语无伦次地说话，作出异乎寻常的种种举动，这便是凯罗的神灵要降附到她身上的征兆，立刻，她的丈夫就匍匐在她脚下，膜拜她。她不再接受妻子的名义而被称呼为"主"，不再操持任何家务，她的意志就是神的戒律。

卢安戈王国的国王被他的人民"像神一样地"尊崇，称他为"桑比和潘哥"，意思是神。他们相信只要他愿意，就能给他们降雨，每年一度，在十二月间需要雨水的时候，人们都去向他求雨。这时，国王便站在他的宝座上对天空射出一箭，据信这样就会降下雨水。关于蒙巴萨②的国王也差不多有与此同样的说法。直到前几年，贝宁③的国王，当他在地上的精神统治被英国海军舰队与水兵们的世俗武器予以结束之前，仍是他自己王土内人民所崇拜的主要对象。他在这块土地享有的地位高于教皇在天主教欧洲所占的地位，因为他不仅是神在地上的代理人，而且他自己也是一位神，虽然我相信他的臣民对他的服从和尊崇，并非出自爱而

---

① 今埃塞俄比亚等国的人。
② 今肯尼亚东南海岸的一个港口。
③ 西非土人王国。

是出自畏惧。依大①国王对英国尼日尔探险队的官员们说过："上帝按他自己的形象造了我，我也完全像上帝一样，是他指定我为王。"

一位嗜杀成性的缅甸国王，名叫巴敦萨钦，他的面容即反映了他禀性凶残，在他的统治下死于刽子手刀下的无辜者多于被共同敌人杀害者。就是这样一位国王竟认为自己超出凡人，他的崇高爵位是上天对他无数德政嘉行的酬赏，从而他丢弃了国王的称号，力图使自己成神。根据这一思想，他仿效佛陀在晋升到神的地位前舍弃皇宫后院、遁世隐居的做法，也从自己的王宫退居到他经营多年的缅甸最大的浮屠，同最有学识的僧俗议论，宣扬五千年来僧徒恪守的佛陀戒律已成往事，他受命在此时期应运而生，废除旧戒，另立新规。令他受辱的是，许多僧徒表示了异议，国王深感失望，再加上权力之欲未泯，修行生活清苦，便很快扭转了他企图成神的想法，驱使他重登王位，又入王宫。暹罗国王受到与神同样的尊崇，他的臣民不得正视他的面容，当他走过的时候，臣民全都匍匐于地，被召见时，也都双膝跪下，两肘伏地。对于他神圣的人身和品性，有专门的尊称，凡对他说话或提到他的时候必须沿用，即使暹罗本土人士也难掌握这些特殊词汇。这位国王的头发、脚掌、呼吸，以至身体内外的每一细目都有专门名词。举凡他的饮食起居，都有特殊字眼表明是国王所为，这些字眼则绝不能用以指任何别人的言行。暹罗语中不能有比用于国王更高的词语来描述任何高官显贵，外国传教士也不得不使用暹

---

① 即现代的尼日尔。

罗语里专指国王的那个词来表示上帝。

在印度,人神为数之多,恐怕要算世界第一。没有哪个国家像印度那样,从国王到庶民百姓全国上下都感激赞颂神的慈悲。在印度南部雷尔格赫利山区的牧民托达人中间,牛奶场就是圣地,照料奶场的挤奶人被说成是神。当问到托达人是否礼拜太阳时,一位神圣的挤奶人回答说:"那些可怜的人是这样,不过我,"他拍拍胸脯,"作为一个神,为什么要礼拜太阳呢?"每一个人,即使他生身的父亲,都匍匐在他的脚下,没有人敢不听从他的任何旨意。除了其他挤奶人之外,任何人都不能触摸他,他对所有向他求卜请教的人发布神谕,以神的口气讲话。

此外,在印度,"每位国王都被看作简直就是眼前的神"。印度《摩奴法典》中还进一步说到即使对孩提时期的国王也不能看作血肉凡胎,因为他是以人身出现的一位尊神。传说若干年前奥里萨①地方有一个教派在已故维多利亚女王在世之日便尊奉她为首要之神。直到今天,印度所有活着的、以英勇有力著称或被认为具有神奇能力的人,都有被崇敬为神的可能。旁遮普邦有一个教派崇敬一位他们称之为尼科尔森的人为神。这位尼科尔森不是别人,正是令人敬畏的尼科尔森将军。无论他采取什么办法也不能劝止崇拜者对他的虔敬热情。他愈是惩治他们,那些人对他宗教性的敬畏之心就愈甚。多年前,在贝拿勒斯城②,有一位著名的神化身为一位印度士绅,他的姓名叫起来非常悦耳——斯瓦

---

① 印度东部的奥里萨邦。
② 在印度东北部。

米·布哈斯卡兰达吉·沙拉斯瓦蒂，看起来特别像已故红衣主教曼宁，只是更为诚朴。他的眼里闪烁着对人类慈祥的光辉，接受着信奉者对他的神圣尊崇。

在西印度浦那城十英里以外的平钦小镇上，有一户人家，据大部分马拉达斯人相信，每一代人中总有一位是神甘菩提（一位象头人身的神）的化身。这位著名的神大约是在西元1640左右才第一次以浦那地区一位名叫莫拉巴·高世音的婆罗门为化身而出现的。这位婆罗门想要通过戒酒禁欲和祈祷来获得其自我拯救。他的虔诚得到了报偿。一天夜间神亲身向他显圣，许诺要将神——即甘菩提的神灵——的一部分降到他的身上，并且继续附在他的子孙身上，七世而不衰。神的许诺应验了。七次连续不断的神的化身，父传子，子传孙，一代传一代，甘菩提的神光照耀着黑暗的世界。这最后一代甘菩提神的化身长相粗陋，视力不佳，于1810年死去。这一化身因缘的神圣，以及这一教派财产价值之巨大，使得婆罗门人士不能不冷静地考虑那些还不知道甘菩提神的人蒙受的无法形容的损失。于是他们就寻找并终于发现了一位载有圣洁气质的躯体，在他身上大师的神灵又再次显示。从那时到现在，这神灵连续不断地、愉快地、在一个又一个有圣洁气质的躯体上传流下来。但是该宗教组织系统里却有这样的一条神秘的法则（虽然我们不能改变它在宗教史上的实行，却不免对它感到痛惜），规定在神道衰微的日子里不得将当世人神显示的奇迹同他的先辈们往昔所作的奇迹对比。甚至传说当世人神对这一代奸佞之徒显示的唯一奇迹就是一年一度在平钦款待众人饮宴而已。

第七章 化身为人的神

还有一个教派,在孟买和印度中部有许多代表人物,他们认为它的宗教领袖们,或他们所谓的马哈拉佳①,就是克利希那②在人间的代表甚至实际的化身。由于克利希那在天上极其眷顾人世,赞助其继承人与僧侣的欲望,于是创立了一种自我奉献的特殊仪式,那些忠诚信徒把自己的身体、灵魂,以至也许更为重要的尘世资财都奉献给所崇拜的神之化身。还教导妇女相信,接受与神灵共一身躯同具人欲的神之化身的拥抱,对妇女本人及其家庭都是最大的福佑。

基督教本身也始终不能够避免染上这些令人痛恶的欺惑行径。其实它已经被那些冒称为神,假装其神性等同甚至超越伟大创始者的过分渲染所玷污。公元2世纪,弗里吉亚③人蒙泰勒斯声称是三位一体的化身,圣父圣子圣灵三者结合一起化身在他一人身上。这并非孤例,或一个神智不正常的人的荒唐自负之言。从远古到今天,许多教派曾经相信基督,并且相信上帝本人化身在每一个正式基督徒身上。这一信念发展的逻辑结论就是基督徒之间彼此相互礼拜。据德尔图良④的记录,这是2世纪时迦太基的基督徒同道们做出来的。圣哥伦巴的门徒们崇拜他是基督的化身。8世纪,托莱多人⑤以利班德说到基督时,把基督说成"众神之神",意思是说所有信徒和基督一样都是神。阿尔

---

① 马哈拉佳(Maharajas),印度的土邦主或大君。
② 克利希那(Krishnd),译讫里什那,印度教三大神之一护持神毗湿奴的第八化身。
③ 小亚细亚中部古国名。
④ 德尔图良(Tertullian,约160-约230),拉丁教会神父、作家,出生于迦太基。
⑤ 西班牙中部的一个城市。

比教派①的教徒们互相礼拜是惯常习见的事。早在 14 世纪初,对图卢兹②进行的调查记录,不下千百次地提到这一事实。

一个叫自由圣灵兄弟姐妹会的教派在 13 世纪崛兴。这一教派认为任何人都可以通过长期冥思达到同神不可言喻的联系,并且与万物父母本源成为一体,像这样升登上帝之侧,融化于上帝极乐本质之中,实际上成为神的一部分,便与基督本身一样成了上帝的儿子,从而光荣地免除了一切人和神的法则约束。尽管外表上表现为极其愚蠢和迷惑的丑恶神态,他们心里却对这种信仰欣喜至极。这一教派的成员到处漫游,穿着奇装异服,大嚷大闹地向人乞食,把一切诚实辛勤劳动都怒斥为敬神冥思、灵魂升到圣父身边的障碍。在他们全部漫游过程中,都有妇女追随,跟他们极其亲密地生活在一起。其中有人以为他们对于更高级的超越世俗的灵性生活极为精谙,在共同聚会的时候,完全脱去衣裳,把庄重礼貌看作灵性腐朽的标志,是灵魂仍然匍匐于血肉之躯、尚未升入其中心本源、没有和圣灵交流的表现。有时,由于宗教法庭的干预反而促进了他们的神秘团聚。他们不止平静地,而且以胜利的喜悦的感情在烈火中熄灭了。

大约 1830 年间,美国联邦中与肯塔基州毗连的一个州内出现了一个冒名顶替的骗子,此人宣称是上帝的儿子,人类的救主,重新来到世上召唤不虔诚、不信奉的教徒和罪人回头做一个好基督徒。他断言,如果那些人在一定时期内不改邪归正,他就要发

---

① 阿尔比教派(Albigenses),公元 1020 - 1250 年间法国南部一个新兴的教派,后被视为异端受到镇压。
② 法国南部的一个城市。

出信号,顷刻之间把世界毁为废墟。这些矫饰夸张的假话甚至受到有钱有社会地位的人士的嘉许。最后,有一个德国人用德语谦卑地请求这位新救世主以此可怖的灾难来惩罚他的德国同胞,因为那些德国人不会英文,就凭这一点他们也该受惩罚。那位自封的救世主竟厚颜回答说他不懂德文。这位德国人反驳说:"什么!你这位上帝的儿子,竟不会说世上的各种语言,甚至连德语也不会?得了,得了,你是个骗子、伪君子、疯子。该把你送进疯人院去。"在场旁观者哄然大笑,纷纷散去,为自己轻信受骗而羞愧。

有时候,神附身的人死去了,神灵就附到另一个人身上。鞑靼①人中的佛教徒相信有许多活佛。这些活佛以大喇嘛的身份主持最重要的寺庙。当一位大喇嘛圆寂的时候,他的弟子并不悲哀,因为他们知道他不久又将以婴儿的形式诞生,再入尘世。他们最关切的是要找到他的转世诞生之地。如果这时候他们看到一条彩虹,他们就会认为这是逝去的喇嘛引导他们寻找出生之地的标志。有时这位神婴自己显圣说话:"我是大喇嘛,"他说,"是某某寺庙的活佛,送我到我原来的庙里去,我是那里永生的首领。"无论用什么方式,由活佛自己宣称,或藉天空的征兆,活佛诞生的地点总是显示出来了,于是搭起了帐篷,欢乐的朝觐者经常由国王或王室最显要的成员率领,出发去朝拜这位转世的婴儿,迎回原庙。一般说来,他总是降生在西藏这块圣地,朝觐的队伍必须走过最可怕的荒漠才能抵达活佛所在的地方。当他们最终

---

① 鞑靼(Tartars)一词在中世纪的广泛涵义是泛指中亚和东欧的游牧民族。这里指的是蒙古族和藏族。

找到了这个小孩,便向他跪拜顶礼。可是小孩必须满足朝觐者的验证,才被确认是他们寻找的大喇嘛。他得说出他自称为一寺之首领的寺庙名称,路程多远,庙中有多少喇嘛。他还得说出这位大喇嘛生前的习惯和圆寂时的情况。然后还须指出在他面前陈设的祈祷书、茶壶、杯子等物品中哪些是他前生使用的东西!如果他丝毫无误地做到了一切,他的转世身份才能得到承认,在一片欢声中被迎回原庙。所有这些喇嘛中的最高首领是西藏首府拉萨的达赖喇嘛。他被人们认作活佛,死后神灵又诞生为婴儿。据记载,发现达赖喇嘛的方式同上述发现一般大喇嘛的方式类似。还有记载说是用金瓶掣签选出达赖喇嘛的。在他诞生的地方,树木长出绿叶,在他命令下,鲜花怒放,泉水喷流,他所到之处,福泽绵绵。

但是,他绝不是这些地区唯一自命为神的人。在中华帝国境内所有化身为人的神都录名注册藏在北京的理藩院。正式取得神的资格的共160名,其中西藏有幸占30名,北部蒙古占19名,南部蒙古得天独厚地占57名。不过,除了那些公开的或经过特许的神以外,还有许许多多民间的小神,或者叫作未经特许的神道,它们在山洞里或偏僻地方作出奇迹,福佑人民。清政府对于西藏以外地区重生的这些微不足道的小小神祇,故作不知,未加取缔。然而,一旦他们出生,便予注意,同时也留心察看经常从事神道活动的人们,如有不轨行为,便立即禁止,将那人—神贬送偏远寺庙,永远不能再转生为人身。

据我们对原始社会国王在宗教中地位的研究,我们可以推想,古代大帝国如埃及、墨西哥,秘鲁等国的君主都声称自己具有神或超自然的权力,这一事实并非简单地虚荣或卑躬谀谄的结果,而纯粹是上古原始人神化其帝王那种做法的遗痕和延续。例如,作为太阳的儿女的印加帝国①,国王或贵族成员都被其臣民尊敬如神,他们不得做任何不义之事,也无人梦想触犯这些君主或皇族任何人的人身、尊荣或各种权利。印加皇族也像大多数人民一样,不把疾病看作坏事。他们认为生病是他们父亲太阳派来的信使召唤他们回到天上与太阳一起安憩。所以,印加族人在说到自己快要死的时候,通常总是说:"我父亲召唤我回去随他安憩了。"他们不祭祀祈求康复,从而违反他们父亲的意愿,而是公开声称他召唤他们去安息。西班牙征服者从酷热的山谷来到哥伦比亚安第斯山区的高原,惊讶地发现那些留在山底闷热丛林中的民族,非但不是野蛮的游牧部落,相反,却是具有相当高度文明的在自己政府领导下从事农业耕作的民族。洪堡②曾将他们的政府比拟为相当于西藏和日本的神权政治。这些民族是奇布查人和穆伊斯卡人或莫兹卡人,他们分为两个王国,国都分别为波哥大和通哈,但是却明显地在忠诚于索加摩萨或伊拉卡的大祭司的基础上联合起来了。通过长期的苦行修炼,他们的神灵君王被认为具有呼风唤雨、叱咤阴晴的法力。据我们了解,墨西哥历代国王登基时都要宣誓保证让阳光照耀,天降甘霖,河水长流,五谷丰登。听说墨西哥的末代国王门特珠玛被他的人民当作神灵而礼拜。

---

① 今南美、秘鲁等地,古代印加族人自称是太阳的儿女。
② 洪堡(Alexander von Humbolt,1769 - 1859),德国自然科学家、探险家和作家。

古代巴比伦王国的国王,从萨尔贡一世时期直到乌尔第四王朝或更后些时候,在世之日都自称是神,尤其乌尔第四王朝的君主们都为自己立庙,在各寺院为自己塑像,令人民礼拜,特定每年八月为向王礼拜月,每月朔望都要向王祭祀。同样,安息王朝帕提亚人①的君主们自称是太阳和月亮的兄弟,被礼拜为神。如果在吵架时即使打了安息家族的一个非官职人员,也被认为是渎圣罪行。

埃及历代国王,在世之日即被崇敬为神,敬献祀品,并有专职祭司在供奉国王神位的寺庙里专司祭祀礼拜。对国王礼拜的隆重使得对神的礼拜有时相形见绌,黯然失色。在迈瑞拉国王统治时期,一位高级官员声称他修建了许多圣地,意在使国王——永生的迈瑞拉——的圣灵受到"比一切神祇更多"的祈祷礼拜。"人们绝对相信国王真实的神性,他是'伟大的神','光辉的荷鲁斯②',是太阳神的儿子。他不仅有权统治埃及,而且有权统治'一切国家和民族','整个世界,从天南到地北,从极东到极西','在太阳环行一周所经过的整个范围之内','天空与天空中的一切,大地和地上的一切,一切两条腿或四条腿行走的动物,一切飞禽或昆虫,整个世界把她的一切一切都奉献给他'。无论向太阳之神作出什么样的赞美,都可照样搬来算作埃及国王的神德。他的各种称号都直接渊源于太阳神的称号。"我们还听说,"埃及的每一位国王一生之中尽享埃及人民对他们所能想到的一切有关神

---

① 即安息人,公元前249-247年建国,为西亚大国,国势强盛时与罗马帝国抗衡。我国汉朝班超遣甘英使罗马,曾抵安息国西境。安息曾是罗马帝国与中国贸易、交通("丝绸之路")必经之地。

② 光辉的荷鲁斯(golden Horus),埃及神话中的太阳神。

第七章 化身为人的神

性的赞美。他生来就是超人之神,根据他的王位,他也是超人之神,他死后也被祀为神——神化了的人。大凡人们所知有关神性的一切都集中于他一人身上而备受赞美。"

现在我们就要结束这一番概述了,因为这只不过是对于神圣王权演变情况的概述。这种神圣的王权在秘鲁和埃及的君主统治时期达到最高最完美的表现形式。从历史的角度看,这种神圣职务的授命似乎起源于为公众服务的巫师或巫医的职务;从逻辑的角度看,它是根据概念联想的错误推论得来的。人们把自己思想的程序错误地当作自然的程序,因而想象他们既然能够控制自己的思想,或者似乎能控制自己的思想,那么,他们也能够相应地控制其他事物。有些人,由于这种或那种原因,由于天赋才能的高低,被人们认为具有极大的超自然力量,从而逐渐从一般常人中区分出来成了另一阶级,并且注定对人类政治、宗教、文化才智的演进产生最深远的影响。我们知道,社会的进步主要包括人们社会职能的不断分化,或者用更简单的话说,就是分工。在原始社会,所有工作都是由人们共同担任,并且都是同样做得不好或几乎如此。后来逐渐分由不同阶级的人去做,并且做得越来越臻于完善。只要这种专门劳动的物质与非物质的成果为全体人民所共有,这种不断增多的专门化便会使整个社会受益。现在看来,巫师或巫医似乎是社会演进过程中最古老的、人为的,或有专门职业的阶级。例如就我们所知,每一野蛮部落中都有男巫,在最低级的野蛮人中,如澳大利亚的原始居民,男巫是唯一专业化的阶级。随着时间的推移,这种分化也继续进行,巫医本身又分为医疗疾病、为民求雨等等类别,当其中最强有力者赢得了首领地位并逐步发展成为神圣之王的时候,原来作为巫师的职能就越来越退为历史背景,而依巫术渐渐为宗教罢黜的程度相应地被祭师或神的职务所替代。更往后些时候,王权的民事和宗教两方面的职权开始分开,有关世俗的权力归于一人,有关神权的职能归于另一人。与此同时,宗教的优势只能抑制,却不能根除。那些巫师仍然沉溺于古老玄秘的巫术,优于新近的祭祀祈祷礼仪。但他们中间的明智者终于觉察到巫术的荒谬并且找到了利用自然力为人谋福利的更有效的方式。换言之,他们放弃了巫术,转向科学。我并不是说这一整个过程处处都严格地循此路线发展。在不同社会里无疑是有很大的差异。我仅仅是想最概要地指出我所理解的它的总趋向而已。从生产的观点来看,这种进化是从单一的职能发展成为多样的职能;从政治的观点来看,它是从民主发展成为专制。至于君主政体后来的历史发展,尤其是专制政体的衰败以及它为更适合于人类更高需要的政府形式所替代的历史情况,则非本书所要探讨的课题。我们研讨的中心乃是一个伟大的并且在其存在时期是有益的制度之成长而非衰亡的过程。

第八章 局部自然之王

本书前几章的探讨证明了这一事实,即:我们看到的那种神职与君王称号相结合的现象,如内米的林中之王、罗马的祭司兼君王以及雅典称之为王的最高行政长官,在古希腊罗马之外也经常出现,而且是从野蛮社会到文明社会各历史阶段的共同特征。高贵的祭司常常不仅名义上而且实际上都是国王,既掌握君权,又掌握神权。这一切都证实了关于古希腊和意大利等共和国专职国王和祭司性国王的起源的传统看法。至少,通过说明世界上许多地方确实存在过神权与政权合一这一事实(古希腊罗马的古老传说保留了这种史实),我们就排除了那种以为这种传统不可能的怀疑。

因此,我们现在可以公平地问一句:林中之王是否也可能如传说告诉我们的那样,有像罗马的祭祀之王和雅典的名义之王同样的渊源呢?换句话说,他的前任诸王是否可能是君王一脉,而那些国王在共和国的革命中被剥夺了政治权力,只剩下宗教方面的职能和虚设的王冠呢?至少有两点理由可以对此问题作出否定的回答:一是从内米祭司的住处来加以推论,另一是从他的称号——林中之王——来推论。如果他前任诸王只是通常意义上说的国王,那么,他肯定是被发现居住在城市之中的王,像罗马和雅典被推翻了的国王那样,该城市的王权便是从他那里传下来的。这座城市一定是阿里奇亚,因为那附近再没别的城市。但是阿里奇亚距离他的湖边林中圣地还有三英里之遥。假如他曾经君临这一带地方,那么,便不是在城里,而是在这片绿林之中。再说他的称号,林中之王,也很难让我们想象他曾经是一位普通词义所指的国王。他很可能是自然之王,并且是某一特殊方面的自然,即他的称号所指的那片树林之王。如果我们能够举出例证,即举出我们可以称之为局部的自然之王,也就是被认为统治大自然的某些特殊力量或特殊方面的王,那么他们就比我们前此考虑的神性的王(一般地而不是特殊地驾驭自然)更为接近林中之王这一类的王了。这样的局部自然之王是不乏其例的。

非洲刚果河口附近的保玛山上住着一位专司风雨之职的王,名叫南乌鲁·乌莫。听说尼罗河上游某些部落中没有一般人们意识中所指的王,他们承认为王的那些人仅仅是马他·考都,即雨王,因为此人能在需要的时候,即雨季,普降甘霖。每年三月底雨水降落之前,这个国度简直是赤地千里的荒漠,人民主要的财富——牛羊,都因缺乏饲草而死亡。所以,每当快到三月底的时候,家家户户都把他当作雨王,奉祀牲牛,祈求他给这枯焦的牧区赐下甘霖。如果天不下雨,人们就聚集起来祈求雨王降雨;如果仍然晴天无云,人们就撕开他的肚皮,因为据说风雨都是装在他的肚子里。还听说巴厘部落中有一位雨王使用一只手摇铃向地面洒下雨水。

阿比西尼亚边界的部族中也有类似的执事人物。一位观察家曾做过这样的记叙:"巴利亚人和库纳玛人称他为阿尔发祭司,

第八章 局部自然之王

他是很不平常的人物,人们相信他能呼风唤雨。过去阿尔吉兹人中有过这样的执事人物,现在在鲁巴的黑人中似乎仍然很普遍。巴利亚人的阿尔发,也受北部库纳玛人的信奉,他同他一家人都孤独地住在汤巴第尔附近的一座山上。人们向他奉献衣服水果,为他耕种大片土地。他是王中之王,他的职位由他的侄儿和外甥世袭。人们认为他能用法术降雨并驱除蝗虫。如果他使人民失望,土地大旱,这位阿尔发就会被人们用石块砸死,而他的最近亲属必须首先用石块砸他。当我们经过这个国度的时候,那阿尔发的职位仍然由一位老人主持,不过听说降雨这件事对他的危险太大了,他已放弃了这个职位。"

柬埔寨的偏僻深林中住着两位神秘的君王,一位叫作火王,另一位叫作水王,在中南半岛①南部遐迩知名,但有关他们的传闻却鲜少传到西方。据悉,直到前几年,还没有一个欧洲人看见过这水、火二王。事实上柬埔寨国王同他们年年互赠礼品,如果不是迄至最近他们还同柬埔寨国王保持联系交往的话,他们的存在就会被人们视为传说的神话了。他们的职责纯粹是神灵的或宗教方面的,他们没有政治权力,只是纯朴的农民,靠自己的辛勤劳动和信徒们的奉献过活。有一篇报道说他们离世独居,互不相见,也从来不见世人。他们曾先后栖居在七个山峰之上的七座高塔之内,一年换一座塔。人们悄悄地来到他们住处不远的地方,放下他们生活需用的物品。王位任期七年。他们必须在这七座高塔之内连续住满任期。很多人不到七年期满就死去了。

---

① 即印度支那半岛。

水、火二王的职位据说是在一家或(根据其他的说法)两家皇族内世代相传的。这两家皇族享有很高的尊崇和俸禄,并且拥有豁免耕种劳役的权利。但是,很自然地,这种尊崇并非人人都羡慕和追求的。当某一王位出缺待补时,凡合格的候补人(必须身体健壮又有子女)都逃避躲藏起来。另一篇报道中承认世袭候补人不大愿意继承王位,但不同意有关他们在七塔中孤寂隐居的说法。这后一篇报道描述说,当这两位神秘的王出现在公众中时,人们都匍匐在他们面前,并且以为如果不行此崇敬大礼,全国立即就会遭到暴风雨袭击。像我们后面还要谈到的其他许多神王一样,这水火二王都不得寿终正寝,因为那样将降低他们的声誉。如果二王中有哪位卧病不起,长老们便聚集商议,倘若认为他的病不能康复,便用刀把他刺死,将遗体火化,虔诚地收起骨灰,供公众悼念致敬五年。另外,还将他的部分骨灰交其遗孀仔细地收藏在骨灰盒里,每当她去丈夫坟头祭奠时,必须背带此王的骨灰盒前去。

我们还听说这水、火二王中以火王更有权威。对于火王的神通,从来无人怀疑。火王主持人们的婚礼、节庆和祭祀神灵(当地人把这种神灵叫作魔神)。每逢这些场合,都给他安设专座。凡他经过之处,一路上都铺设白布。对于火王的家族也都同样优礼敬重。理由是火王全家的成员都拥有灵验的符箓,它们如果传出这个家族,便会消失或无效。这些符箓分为三种:蔓草果实类——名叫"魁",是许多世代以前,在诺亚时代最后一次洪水之后获得的,至今仍青翠鲜绿;藤条类——也是极古之物,至今开花不谢;剑类——剑身有魔或神灵守护,多显神奇,据说它原来是一个奴隶的灵魂,当初铸造此剑时他误将自己的血沾到剑锋上,便自杀以赎其无心的过失。水神用前两种符箓可以招来洪水淹没整个大地。火神只要把那剑身抽出剑鞘数寸,太阳便要躲藏起来,人、兽都将沉睡不醒,如果他将宝剑大部分抽出剑鞘,则世界就将面临末日的厄运。这把宝剑用布帛严密地包裹着,人们虔诚地向这神奇的宝物奉献水牛、猪仔、家禽等祭品,祈求降雨。柬埔寨国王每年馈赠的礼物中包括许多美好的布帛织品,专供包裹符箓神剑之用。

同这个国家人们埋葬死者的习俗相反,这两位神秘之王的遗体都是火化的,他们的指甲、牙齿和一些骨块则被当作神的护符珍藏起来。当他的遗体在柴堆上火化的时候,他的亲属都逃往密林中躲藏起来,害怕被抬举到刚刚空缺出来的惹人厌恶的尊严王位上去。人们到处搜寻他们,将首先找到的死王亲属推举为水王或火王。

以上就是我称之为局部自然之王的例子。不过来自柬埔寨森林和尼罗河畔的事例,对意大利来说,恐怕未免隔得太远。虽然已经发现了雨王、水王、火王这类的王,我们仍得找到一位林中之王来匹配拥有这个称号的阿里奇亚祭司,这样的王也许更可于欧洲发现。

第九章　树神崇拜

第一节　树神

在欧洲雅利安人的宗教史上,对树神的崇拜占有重要位置。这是非常自然的。因为在历史的最初时期,欧洲大陆上仍然覆盖着无垠的原始森林,林中分散的小块空旷地方一定像绿色海洋中的点点小岛。直到我们这个时代开始前的一个世纪,海西森从莱茵河畔往东一直伸向辽阔的人迹不到的远方。恺撒审问过的日耳曼人曾经花了两个月时间在这森林中旅行,也没能走到尽头。四个世纪之后,朱利安皇帝来到这里视察,森林的荒僻、幽暗和寂静似乎给他善感的气质留下了深刻印象。他声称在罗马帝国境内从来没有见过这样的森林。在我们自己的国土上,肯特、萨里和苏塞克斯等地区的森林地带都是安德利达大森林的遗迹。安德利达森林古时曾经遍布本岛东南半壁。它一直往西延伸与另一从汉普郡延向德文的森林相连。亨利二世统治时期,伦敦公民依然在汉普斯特德森林里猎捕野牛和野猪。甚至在后来金雀花王朝统治下,皇家的森林还有68处之多。据说在阿登①林地,直到现代,松鼠还可以在茂密的森林里从一棵树跳到另一棵树,一

---

① 在英格兰中部瓦立克郡境内。

第九章 树神崇拜

直跳过几乎瓦立克郡全境。在意大利波河流域发掘的古代湖滨椿屋村庄表明,远在古罗马帝国兴起,也许刚刚奠基之前,意大利北部遍布浓密的榆树、栗树,特别是橡树树林。考古学为历史事实所证实。精通古代典籍的作家们在著述中提到现在已经不复存在的意大利森林。近至公元第四世纪,罗马帝国仍被那可怖的西米尼森林从中伊特鲁利亚分为两半。李维①将它比拟为德意志的森林。如果我们可以相信这位意大利历史学家的话,没有任何商人曾经走过那绝无人径、与世隔绝的幽邃森林。有一位罗马将军曾在派出两名斥候前去侦察复杂地形之后,便率领部队进入森林,直达森林茂密的山岭,俯瞰山下广袤富饶的伊特鲁利亚原野。这一举动被人们誉为英雄伟绩。在希腊,美丽的松树、橡树和其他树林,连绵不断遍布在高高的阿卡迪亚山脉的山坡上,郁郁葱葱地装饰着那雷登河与神圣的阿尔菲厄斯河②相连处的深峭峡谷。那浓绿的倒影迄至几年以前还掩映在寂静的妃纳斯湖碧蓝如镜的湖水中。不过它们已经只不过是古代覆盖着广阔土地,甚至在更远古时代横跨海洋连绵不断地覆盖着希腊半岛的无边森林的一些片段而已。

雅各布·格林③对日耳曼语"神殿"一词的考察,表明日耳曼

---

① 李维(Titus Livius,前59-后17),意大利史学家、文学家,著有《罗马史》(*The Annals of the Roman, People*),共142卷,为罗马重要古史文献与古代文学名著。

② 希腊神话:女河神阿尔菲厄斯追求河神阿瑞苏莎,被月之女神阿尔忒弥斯将她变成海底之泉,即阿尔菲厄斯河,其源在阿卡迪亚山脉中部,为希腊伯罗奔尼撒地区最长的河流,其主要支流雷登河与奥林匹亚河汇合后经伊利斯流入爱奥尼亚海。

③ 雅各布·格林(Jacob Grimm,1785-1863),德国语言学家和神话故事搜集家、研究家。

人最古老的圣所可能都是自然的森林。无论当初情况是否确实如此,所有欧洲雅利安人的各氏族都崇拜树神,这一点则是已经很好地得到证实了。凯尔特人①的德鲁伊祭司礼拜橡树之神,是人们很熟悉的史实。他们所用的古语"圣所"一词,同拉丁语 *nemus* 一词的语源与词义都似乎是一致的。*nemus* 的词义是小树林,或森林中的一小块空地,至今仍以 *Nemi*[内米]这个词的形式保留下来。在古代日耳曼人中间,神圣的小树林是很常见的。直到今天,崇拜树神这一现象在日耳曼人后裔中几乎还没有绝迹。从古老的日耳曼法律严厉惩处剥去活树树皮之行为,可以使我们了解到古代日耳曼人崇拜树神的严肃认真。那法律规定将犯人的肚脐挖出来钉在树上他剥去树皮的地方,然后赶他围着树身转圈,直到他的肚肠完全绕在树干上为止。这样惩罚的意图显然是要从犯人身上取下活的皮肉来补偿剥去的树皮、也就是一命偿一命,以人命来抵偿树命。瑞典古老的宗教首府乌普萨拉有一座神圣树林,那里的每一株树都被看作是神灵。异教的斯拉夫人崇奉树神或树林之神。立陶宛人直到 14 世纪末才皈依基督教,在那以前崇奉树神是很突出的。他们有人尊崇特异的橡树和其他浓荫覆被的老树,向它们祈求神谕。还有人在自己村庄或房舍前后保留着神树丛,哪怕是折断一根树枝也看作是罪孽。他们认为,如果有人在这神树上砍了一根树枝,就将或猝然死去或一手一足变成残废。古希腊和意大利崇拜树神的现象也很普遍,这方面的

---

① 公元前 1000 年左右居住在中欧和西欧的部落集团,其后裔今散布在爱尔兰、苏格兰等地。

证据极多。例如,在科斯岛上,药神阿斯科拉庇厄斯①的圣地严禁砍伐柏树,违者罚一千德拉克玛②。但是这一古老的宗教形式,也许在古代世界没有任何地方比得上这座伟大城市的中心保存得完好。古罗马生活繁忙的中心,市场与公众集会的场所,直到罗马帝国时期,那罗慕路斯③的神圣无花果树还一直为人们所崇拜,连它的枝干的凋枯也足以震惊全城。另外,在帕拉丁山④上有一株山茱萸树,也被认为是罗马最神圣的崇拜对象,无论何时,任何行人经过树旁看到此树似乎要枯萎的样子,便立即高声叫嚷,街上人们闻声呼应,很快就见一大群人拎着水桶从四面八方仓皇赶来,好像(用普鲁塔克的话来说)赶来救火似的。

欧洲芬兰—乌戈尔族人的部落中异教徒的礼拜绝大部分是在神圣的树丛中进行的。这种地方四周总是围着篱笆。每一处神树林里通常只是一小块空旷隙地,稀疏的几株树木,往日就在它们上面悬挂祭祀牺畜的皮。树林的中心是神树(至少在伏尔加河流域的各氏族中是这样),其他一切则都无关紧要。礼拜的人们都在神树前聚集,由祭司祝词,祭司献祭的牺牲就放在树根旁

---

① 阿斯科拉庇厄斯(Aeseulapius),罗马神话中的药神,即希腊神话中的阿斯克利庇厄斯(Asclepius),阿波罗的儿子。

② 古希腊硬币名。

③ 罗慕路斯(Romulus,一译罗慕洛),罗马传说中的守护神,古罗马城的创建者,古罗马的建国人。"王政时代"第一代国王。据传说:战神马尔斯和他的情人瑞亚·西尔维亚生了一对孪生子,即罗慕路斯和勒莫斯。孩子生下后即放在篮子里扔在台伯河中,篮子飘流到一个沙滩上,孩子受一母狼哺乳,后被一牧人抚养,长大后两人在台伯河畔建立一座城池。建成后,兄弟争吵,罗慕路斯竟杀了勒莫斯,他给新城命名为罗马,由他统治,开始了罗马的"王政时代"。

④ 帕拉丁山(Palatine Hill),古罗马的七丘之一,罗马城就建立在它的上面。

边,神树的粗大树枝有时就当作布道的神坛。不许在林中锯断树木或砍折树枝,妇女一般都禁止入内。

这里有必要稍为详细地考察一下崇拜树木花草的概念。在原始人看来,整个世界都是有生命的,花草树木也不例外。它们跟人一样都有灵魂,从而也要像对人一样地对待它们。古代素食主义者波斐利写道:"人们说原始人过着不愉快的生活,因为他们的迷信不仅限于动物而且还扩及植物。在原始人看来,既然树木也有灵魂,那么,为什么屠宰牛羊就比砍伐无花果树或橡树的过错更大些呢?"同样,北美的海达泽印第安人相信每一自然物体都有自己的精灵,或者更恰当些说,都有自己的灵魂。对于这些灵魂,都应给予适当的尊重和崇敬,但程度上并不完全一样。例如,在上密苏里河流域,白杨是当地最大的树木,人们认为白杨具有一种智慧的神灵,如果求之得当,可以帮助印第安人的事业。但是一般灌木与禾本植物的幽灵则微不足道。春季洪水泛滥的时候,密苏里河的河水溃决了河堤,冲走了一些大树。据说树灵哭泣,树根仍紧抱着土地,直至树身呼然一声倒入激流。从前印第安人认为砍伐这些大树是错误的,当需用高大木材时,他们就捡用那些自己倒下的大树。最近仍有一些易受哄骗的老年人说,他们那一带人遭受的许多灾祸都是由于现在人们不敬白杨树造成的。易洛魁族的印第安人相信,每一种树、灌木、树苗和香草都有自己的精灵,他们的习俗是要向这些精灵答谢。东非的万尼卡人以为每一株树,特别是椰子树,都有自己的精灵,"每毁坏一株椰子树,就等于杀害了自己的母亲,因为椰子树给予了他们生命和营养,正如母亲对孩子一样"。暹罗僧人相信到处都有灵魂,无论

第九章 树神崇拜

毁坏了什么东西,都是强行夺去了一个生命,因此,连一根树枝也不肯折断,就像不肯折断一个无辜者的胳膊一样。自然,这些僧人都是佛教徒。佛教徒的万物有灵论并非一种哲学理论,而纯粹是将原始人的普通信条吸收到历史宗教的体系中而已。如果同意宾菲①及其他人的看法,假定亚洲未开化民族中盛行的泛灵论和轮回说都起源于佛教,那就颠倒了事实。

有时候,只是某些特殊种类的树,才被认为附有神灵。在达尔马提亚②的格瑞巴吉地方,据说有些山毛榉树、橡树及其他大树确有神灵寄居其中,如果有人砍伐了它,就会当场丧命,或者终身病弱。樵夫如怕错砍了有神的树,必须带一只活母鸡来到树前用斧在树桩上砍下鸡头,然后再用这同一把斧子砍伐这棵树,这样就可使他免于一切灾难,哪怕他砍倒的真是有神灵寄居的树。整个西非,从塞内加尔到尼日尔,都崇拜那又高又大超出群树的木棉,人们相信它是神或精灵的住所。斯莱夫海岸③说克瓦语的民族④把住在林中大树上的神叫作韩丁。神不肯随便寄居在一般的树上,凡神选定为栖身之处的大树,四周都围上一圈棕榈树叶,人们献祭家禽(有时还以人为牺),就绑在树干上或放在树根旁。凡有棕榈树叶围绕树身以为标志的树,便不能砍伐或以任何形式损伤之。即使是无神寄居的木棉树也不得随意砍伐,如

---

① 特奥多尔·宾菲(Theodor Benfey,1809-1881),德国语言学家、东方学家。
② 克罗地亚一个地区。
③ 斯莱夫海岸(Slave Coast)亦译奴隶海岸,系西非伏尔他河与尼日尔河之间的一段海岸,其沿岸港口,历史上曾是贩卖黑人奴隶的中心。
④ 多哥人和部分加纳人、达荷美人。

要砍伐,必须先以家禽和棕榈油献祭以自赎。如不献祭就砍伐,必遭惩罚致死。在旁遮普①的康格拉山区,每年都要用一个童女向一株老雪松树献祭,村里人家年年挨户轮流奉献。直到前几年这棵树才被砍掉了。

如果树有生命,它们就一定有感觉,于是要砍倒它们就成了一种精妙的外科手术,必须尽量轻柔,以安抚受难者的情绪,否则他就会震怒并惩罚这漫不经心、笨手笨脚的操作者。一次人们在砍倒一株橡树的时候,"那树发出一阵阵尖叫或呻吟声,好像是树的精灵在哀号,远在一英里之外都可听见。埃·威尔德先生曾经几次听到过这种声音"。奥吉布瓦人②"极少砍伐青绿的或活着的树木,这是因为不愿给那些树木造成痛苦的缘故。有些巫医声称听到过树木在斧斤下哀号"。中国书籍甚至正史中有许多关于树木受斧劈或火烧时流血、痛哭或怒号的记载。奥地利有些地方的老农仍然相信森林中的树木是有生命,所以从来不许人无故在树上用刀割。他们的祖辈相传树木同受伤的人一样,感到刀割的痛苦。当砍伐树木的时候,先向树木祈求宽恕。在上普法尔茨③,老年樵夫在砍伐葱郁挺秀的树木时,仍然悄悄地祈求树灵宽恕。同样,在伽基诺地方,伐木人恳求他所伐的树木饶恕他。吕宋④的伊罗卡诺人在原始森林或高山上砍伐树木时,首先念诵祝祷之词,大意说:"我们奉命前来采伐,请勿惊扰不安!"他们这样做是为了

---

① 印度西北,巴基斯坦东北地区,今印度旁遮普邦。
② 北美印第安人的一大氏族。
③ 德国莱茵河西岸地区。
④ 菲律宾群岛中的主要岛屿。

乞求栖身树林的神灵不要迁怒于他们,因为这些树木神灵能够散布疫病,残虐为害,惩罚犯者。中非的巴索格人以为砍倒某株树木之后,栖身树中的神灵就会发怒将采伐人的头领及其家属处死。为防止这一灾难,他们在采伐之前便去乞求巫医。如得巫医应允,采伐人就先向树神献祭一只家禽和一只山羊,然后向树身砍下第一斧,接着就用嘴在砍过的地方吮吸树汁。这样,他就和树结成了兄弟关系,就像两个人喝了彼此的血而结成盟兄弟一样。这以后他就可以砍伐他的树兄而不受惩罚了。

但是,人们对于草木之神并非总是恭敬尊重。如果祭祀祈祷都不能感动它们,人们有时就诉诸更有力的措施。东印度生长的榴梿果树,树干光滑,高插入云,八九十尺以下不长枝叶,结出的果实味道极美却又极其恶臭。马来人因其果实美好而种植它,并以采取特别仪式促进丰产而闻名。在雪兰莪①的朱格拉附近有一座不大的榴梿树丛,村民在特定的日子里惯常去那里聚会。一位当地男巫拿起一把手斧向果实结得最少的树上使劲砍上几斧,口中说道:"你还结不结果实了?若再不结,我就把你砍倒。"另一位爬到旁边山竹果树上(那榴梿树是无法爬上去的)的人代表被砍的那树答道:"是,我一定结果,求你不要砍倒我了!"在日本也是这样。为了促使果木树结果,两个人走进果园,一个爬到树上,另一个手里拿着斧子站在树下。手执利斧的人质问那树来年是否多结果实,假如不这样,就把它砍倒。藏在树枝上的那人代表树神回答说,一定结出丰硕的果实来。尽管在我们看来这种园艺的

---

① 马来西亚的一个州。

方式非常古怪,它在欧洲却是无独有偶。圣诞节前夕,许多斯拉沃尼亚南部和保加利亚的农民,手里摇晃着斧子,威胁着要砍那不长果实的果树,另外一个人站在旁边代为求情说:"别砍,别砍,它就要结果实的。"农民一连三次作出要砍的架势,一连三次被求情的人拦住了斧子。来年,那棵被威吓的树一定会结出果实。

把树木花草当作有生命的人一样,这种观念自然地就会把它们分为男性和女性来对待,它们就会在真实的意义上,而不是比喻式地或诗意地实行婚嫁了。这种观念并非纯粹幻想。因为植物也像动物一样有自己的两性,透过雄性雌性的结合,就可生育繁殖。不过在一切较高级的动物中,两性的生殖器官经常分别在各个个体身上,而在绝大多数植物身上,两性生殖器官共同存在于同一种类的同一个身体上。然而这也并非绝对如此。有许多种类的植物,其雄性就显然不同于雌性。这一区别似乎一些原始人也已经观察到了,因为我们听说毛利人[①]"熟悉树的性别等等,对于某些雄性、雌性的树有着分明不同的名字"。古时人知道雌雄枣椰树之间的区别,他们摇动雄树使其花粉落到雌树的花蕊上,这样进行人工授粉。授粉期在春天。哈兰的异教徒把枣椰树受精的月份叫作枣月,在这期间他们庆祝一切男神和女神的婚礼。枣椰树的这种真正的有成果的婚嫁跟印度教教徒迷信活动中虚假的没有成果的树木婚嫁不同。例如,一个印度教教徒种植一片芒果树树林,必须先把一株芒果树作为新郎和另一株别的树结婚(通常是芒果树丛附近的罗望子树);否则,他和他的妻子就

---

① 新西兰的波利尼西亚人。

第九章 树神崇拜

都不能品尝结出的芒果。如果附近没有罗望子树可做新娘,茉莉花树也可替代。这种婚礼的费用往往是很可观的。因为主人宴请的婆罗门越多,就越光荣。有这样一户人家,为一株芒果树跟另一株茉莉花树结婚举行隆重婚礼,除卖去了所有金银饰物之外,还尽量借贷了能够借到的钱。德国的农民习惯在圣诞节前夕用草绳把花果树扎在一起,让它们结出果实。他们说这样做就使那些果树结婚了。

在摩鹿加群岛①,当丁香树开花的时候,人们像对待孕妇一样对待它们,不许在它们附近吵嚷,夜晚经过时不许携带火光,任何人不许戴着帽子走近它们,在丁香树前必须脱帽致敬。这一切必须遵守,否则丁香树就会受惊,不结果实,或果实过早掉落,好像妇女怀孕期间受惊早产一样。同样,在东方,对待生长中的稻秧,也像对待生孩子的妇女一样精心照顾。在安汶岛②,当稻秧开花的时候,人们说稻秧怀孕了,不许在附近放枪或作出其他闹声,恐怕稻秧受了惊扰,就要小产,只剩下草而不长谷粒。

有时人们相信死人的鬼魂依附在树身上。澳大利亚中部的狄埃里部落把某些树看得非常神圣,认为是他们的祖辈化生的,因此谈到这些树的时候,非常尊敬,并且注意不许砍伐或焚烧它们。如果外来移民要求他们砍去这些树木,他们就认真地反对,声言如果他们这样做,必将倒霉,并可能因未能保护祖先而受惩罚。菲律宾群岛上的土人相信他们祖先的鬼魂就住在某些树里,

---

① 印尼东北部岛群,由哈马黑拉、斯兰和布鲁等岛组成。
② 在印尼东部,摩鹿加群岛的一个岛屿,在塞兰岛的西南,属印尼领土。

因此不加采伐。万一他们不得不砍伐某一棵树时,他们就祈求该树宽恕,说是祭司要他们砍的。一般神灵喜欢栖身在高大挺拔、枝叶繁茂的树上。风吹树叶飒飒作响,土人以为是神灵在说话,每当经过树旁,必恭敬行礼,请求原谅打扰了它的安宁。伊格诺罗特人的每个村庄都有自己的神树,据说村人祖先的灵魂都住在那里,所以都向树献祭,如果对树作出任何伤害,全村必将遭遇不幸。如果树被砍倒,村庄和全体村人就无可幸免地要遭毁灭。

在朝鲜,因瘟疫致死或死于道途的人,以及因难产而死的妇女,他们的灵魂都一律寄身树中。人们在这些树下垒起石头,拿出糕饼、酒肴,祭奠这些亡灵。中国自上古以来便流传一种习俗,在坟地植树以安死者的魂魄,免其遗体腐烂,因松柏四季常青,千年不朽,所以坟地四周多种松柏。坟地树木的荣枯,反映着死者魂魄的安否。中国西南苗族人聚居地区每个村庄村口都有一棵神树,村里居民相信他们最早祖先的灵魂就住在其中并且左右着他们的命运。有时村庄附近有一片神树林,林中树木枯死朽烂,枝干纵横遍地,也无人敢于挪动,必须向树祭奠请求允许然后才可。南非的马拉维人把墓地看作圣地,不许在那里采伐树木或猎杀野兽,他们认为墓地的一切都是死者灵魂的附托之所。

在大多数情况下(如果还不是在一切情况下),都认为死者的灵魂依附在树上,使树有了生命,从而也必将随树而死亡。但是根据另一种(或者可能是后来的)看法,树并非神灵本身,只不过是神灵托身之处,是可以随意去留的。东印度群岛中锡奥岛上的土人相信一种林中精灵，即住在森林之中或幽僻处大树内的精灵。这种精灵头颅特大，四肢特长，身躯笨重，每逢月圆之夜，就从潜藏的地方出来漫游。人们常以粮食、家禽、山羊等送到精灵出没之处献祭，以博得精灵的好感。尼艾斯人认为树死之后，树的精灵便变成恶鬼，它如憩在椰子树枝上，那株椰树便要死去，它如憩在哪家房屋的柱子上，那家的儿童就都要死亡。他们还相信某些树总是有飘游的恶鬼常住，如果伤了那些树，则那些恶鬼便会跑出来作祟害人。因此，人们敬畏这些树，不敢去采伐。

砍伐精灵出没之树以前要举行祭奠，这种仪式很多都是出于相信精灵掌握了这些树木，随意来往，或在需要时附留。帛琉群岛①上的土人在伐树之前，祈求树灵迁往别的树上去住。斯莱夫海岸狡黠的黑人想要砍伐一株阿绍林树时，知道树灵如不离开，他是不能动手的，于是就在地上放一点棕榈油作为钓饵，诱引树灵离开所居之树前去享用那可口的祭品，这时便赶快去砍倒它的住所。西里伯斯岛上的陶布恩库人在清整一块林中土地栽种稻秧之前，先在林中搭起一座小屋，并在里面摆设着衣服、食物和金银，邀请林中所有精灵，向它们献上这一切，恳求它们离开当地，然后才能平安地砍伐树木，不用耽心因此而受伤害。西里伯斯岛上的另一部落托毛利人在砍伐一株树的时候，总是先在树根前放一堆槟榔子，邀请住在这株树上的精灵乔迁他处，他们甚至还在树干上靠上一张梯子，让精灵安全舒适地从树上下来。苏门答腊的曼德林人竭力把所有这类的过失归咎于荷兰当局，如果有人要

---

① 西太平洋加罗林群岛的一部分。

穿过树林开辟一条道路，需得砍掉途中的一棵参天高树时，他就对树诉说："住在树上的神，请您不要因我拆毁您的住处而生气，这根本不是我的意思，而是统治者命令我干的！"说完之后，他才挥动斧头开始砍树。如果他想在林中开垦一片地方进行耕作的话，他必须首先取得林中精灵的谅解才能伐倒它们枝叶繁茂的住所。为此，他走进这块地方的中央，弯下身躯，假装在地上捡起一封信函，手里拿着一张纸，略微展开，作为假想的荷兰政府公文，高声朗诵，说他奉命立即清整这块土地，不得延误。念完信后，又说："树神明鉴，我只好马上开始清整，不然就要被处死了！"

甚至某些已被砍倒、锯成几段、用来盖了房子的树，森林精灵可能还附居其上。所以有人在住进新房前后还要祈求精灵宽恕毋罪。西里伯斯的陶拉吉斯人在新居建成之后杀猪宰羊，甚至宰牛，以血涂遍所有木器。如果新盖的是罗波（或树神）的神舍，便要在屋脊上杀一只鸡或狗，让鸡犬的血从屋脊两侧流下。对于这种新建的神舍，较野蛮的陶拿波人则是以活人为牺在屋脊祭祀。在罗波或树神的庙宇屋脊上祭祀，跟在普通住宅内以牲血遍涂木器的目的一样，就是想讨树神的恩宠和宽恕，对于住进新屋的人不降任何灾难。由于类似原因，西里伯斯人和摩鹿加人都非常害怕盖房子时把柱子的上下头放置颠倒了，以致惹怒那可能还附在木柱里面的树神而降灾闹病。婆罗洲卡扬人的看法是树神的地位最为尊崇，假如对它有任何损伤，树神就会不快而来扰人。因此，每盖新房之后，由于采伐了许多树木，在一年以内守斋持戒一段时期，不猎杀熊、虎、猫和蟒蛇等动物，以表示忏悔。

第二节 树神具有造福于人的能力

在宗教思想上,人们对树木的看法由最初认为是树神的身体,到认为不过是树神可以随意来往居住的处所,这本身是一重大进步,即:由泛神论进到多神论。换言之,过去人们把每株树看作活的有意识的生命,现在则看作仅仅是无生命无行动能力的物体,是一种可以在树木中自由来去、具有占有或支配树木权力的超自然的生命在一定时间内的寄居处所。这种超自然的生命已不再是树神,而成了森林之神。一旦树神在一定程度上脱离了每株具体的树木,于是,按照人类早期思想给一切抽象的神都披上具体人形的总倾向,它就立即改换了形态而披上了人形。所以在古典艺术中,树神总是按人的形态来描绘的,它们的森林特性则以树枝或某种同等明显的标志来表明。不过这种形体的改变并不会影响树神的基本特性。作为树的精灵所能运用的能力都在树身上体现出来,它具有树神的能力。下面我就要详细论证这一点:首先,我要说明树木是被看作有生命的精灵,它能够行云降雨,能使阳光普照,六畜兴旺,妇女多子;其次,我要说明被看作与人同形或者实际上被看作化为人身的树神,同样具有上述能力。

第一,相信树或树的精灵能行云降雨,能使阳光普照。布拉格的基督教传教士哲罗姆①一次劝说立陶宛的异教徒砍掉他们的

---

① 布拉格的哲罗姆(Jerome of Prague,约 1365—1416),捷克宗教改革家,出生于布拉格。因参加胡斯领导的宗教改革运动和在东欧各地宣传改革而被火刑处死。

神圣树丛,一大群妇女都请求立陶宛君主制止他的言论。他们声言,他要摧毁的是她们赖以获得阳光雨露的神的住宅。阿萨姆邦的曼德里人以为如果采伐了圣林中的一棵树,惹得林中之神生气了,就不降雨。上缅甸的沙盖茵地区有一个名叫蒙尼莪的村庄,村民们选定村庄附近一株最大的罗望子树,说它是管制雨水的精灵常来居住的处所。他们奉献面食、椰子、芭蕉和家畜,祭祀一村的保卫之神与司雨之神,祈求赐给雨水。他们祝告说:"求求神爷,可怜可怜我们这些穷苦的凡人,不要再不降雨了。收下我们孝敬的一点祭品,施大恩白昼黑夜连着下场大雨吧!"祷告以后,把祭品撒在树前,接着,由三位年长的妇女,穿着新衣,戴着项链耳环,围在树前唱求雨之歌。

第二,树神能保佑庄稼丰收。蒙达里人的每个村庄都有自己的圣林,树林之神专司庄稼,"每逢农业节庆,特受尊荣"。黄金海岸的黑人习惯在某些大树脚下致祭。他们以为只要砍伐了一株这样的树,大地上一切果实都将毁尽。盖拉族人①男女成双成对地握着同一根木棒的两端,臂弯里侧夹着青绿的玉蜀黍或青草,围绕神树跳舞,祈求丰收。瑞典农民在小麦地里的每条犁沟中都插一根带绿叶的树枝,认为这样可以确保丰产。德国和法国农民五月收获节的习俗也反映了与此相同的思想。他们收割好玉蜀黍,从地里运回家去,在运最后一趟时,用玉蜀黍的穗子装点在树枝上,把那树枝甚至整个一棵树运到家里,系在房子或谷仓的梁

---

① 埃塞俄比亚南部和邻境索马里的农业与游牧民族。

顶上,存放到第二年收割时。曼哈德先生[1]已经证实:那些农民以为这种树枝或树(即他们所谓的"五朔树"或"五月收获节")象征着主管草木繁茂的草木之神,请回家来,可保佑玉蜀黍丰收。施瓦本[2]的农民在五朔节[3]期间在地里剩下的最后一株玉蜀黍穗上系上一些带叶树枝。其他一些地方的农民则把这种神树种在玉蜀黍地里,每年收割时把最后一束玉蜀黍绑在树干上。

第三,树神能保佑六畜兴旺,妇人多子。印度北方把余甘子树[4]看作一种神树。每年法尔根月(即二月)11日都要向神树祭祀,把酒或油洒在树下,将一根红色或黄色的细绳拴在树干上,祈求树神赐福保佑,人畜两旺,五谷丰登。印度北部还把椰子看作一种最神圣的果实,称之为斯里法拉,或斯里,即繁育女神之果。它是丰产的象征,整个上印度地区都把它供在神龛里,每逢妇女前来求子,祭司就赠予这种神果。在老卡拉巴[5]附近一个名叫魁的小镇上,很久以来有一棵棕榈树,凡不生育的妇女,吃了树上结的果就能够受孕。在欧洲,五朔树或五朔节花柱显然都被认为同样能使妇女和牲畜繁殖。德国有些地区农民于5月1日那天在牛栏马厩的门上插着五朔树或树枝(有几头牲口,就插几枝),据

---

[1] 曼哈德(Wilhelm Mannhardt,1831-1880),德国学者,民族学、民俗学理论家。
[2] 古代德国的一个小公国,即现在巴伐利亚的一个地区。
[3] 欧美民间风俗,5月1日为五朔节,最早可能起源于古印度和埃及。罗马从4月28日至5月3日庆贺五朔节,谓之庆贺"春之女神——佛罗娜"。中世纪时英国人民就庆祝五朔节,用香花彩旗装饰花柱,围绕花柱载歌载舞。这种舞蹈至今在美英等国依然流行。
[4] 余甘子,属大戟科,果可生食或渍制,药用,根叶入药。
[5] 非洲南尼日利亚的一个地区。

说这样可以使母牛增加奶汁。我们知道爱尔兰人在五朔节那天"将青翠的树枝插在屋上,认为那样到了夏天就会生产大量丰富的牛奶"。

汶德人①每年7月2日总要在村子的中心地方栽上一株橡树,树顶上绑着一只铁公鸡,围在橡树四周跳舞,并且赶着牲口也绕村转圈。据说这样可以使牲口健壮。切尔克斯人②把梨树看作牲口的保护者。他们常常从树林里砍伐梨树,削去树枝,运回家中当神供奉。几乎每户人家都供奉着这样一棵梨树。秋天收割节日里,人们用隆重的仪式或在音乐和庆祝幸运降临的欢呼声中把梨树迎进屋里。树上插遍了蜡烛,树顶上放着一块奶酪。他们围树设宴吃喝、歌唱,然后向树告别,仍把它送回院中墙边放着,也没有特别表示敬重的标示,只是放着待到明年今日再来迎请。

毛利人的图霍部族说:"树木有能力使妇女多生子女。这些树木与某些神话中祖先的脐带有关,因为所有婴儿的脐带挂在树上的习俗直到近代仍然实行着。不孕的妇女只要双臂拥抱这神树,就会怀孕,怀的是男婴或女婴,则取决于她拥抱的是树身的东侧或西侧。"欧洲有一种常见的风俗,就是在五朔节那天在自己心爱的姑娘的屋前或屋上放一根青翠树枝,这做法很可能起源于相信树木精灵有使人富有生育繁殖的能力。巴伐利亚有些地方则把这类树木放在新婚夫妇的屋旁。如果女的临近分娩,这种仪式可以免去,因为他们认为在这种情况下,做丈夫的"本人已经种下

---

① 德国古斯拉夫人。西斯拉夫的一支,亦称索布人,今德国的少数民族。
② 高加索西北部塞加西亚地区的一个部族。

五朔树了"。斯拉沃尼亚南部的人的不孕妇女如想怀孩子,就在圣乔治日①前夕把一件新内衣放到果实累累的树上,第二天早上日出以前,去验看这内衣,如果发现有某种生物在上面爬过,她们怀子愿望就可能在年内实现。她便穿上这件新衣,满心相信她也会像那棵树一样子息繁衍。卡拉吉尔斯人不孕妇女竟在幽独的苹果树下打滚,为了求得子嗣。在瑞典和非洲,人们认为树木能福佑妇女分娩时平安生产。过去,瑞典每个农场附近都有一棵"巴特拉德"(如宜母子树、榆树),即守护神树。任何人都不能在这棵树上摘一片树叶。对神树的任何损伤都将受厄运或疾病的惩罚,孕妇习惯地常去搂抱神树,以求保佑临盆易产。刚果地区某些黑人部落的孕妇用神树皮做成衣服穿在身上,她们相信神树能保佑她们分娩时免于危难。希腊神话传说讲到,勒托在临产孪生子女阿波罗和阿尔忒弥斯②之前拥抱过棕榈树、橄榄树和月桂树。这就表明古希腊人同样相信某些树有帮助妇女顺利分娩的功能。

---

① 每年4月23日为农牧业守护神圣乔治日,又名守护神日。
② 希腊神话:阿波罗(Apollo)和阿尔忒弥斯(Artemis)是孪生兄妹,他们的父母是主神宙斯(Zeus)和希腊女神勒托(Leto)。阿波罗是主管光明、青春、医药、畜牧、音乐和诗歌等等的神,并代表主神宙斯宣诏谕旨。他被认为是太阳之神,阿尔忒弥斯是月亮和狩猎女神,即罗马神话中的狄安娜(Diana),主管狩猎、妇女生育、保护少年男女等,以贞洁著称,身边常有一群仙女侍奉。

第十章　现代欧洲树神崇拜的遗迹

从前章关于原始人相信树神能福佑人的概述中,我们不难理解为什么像五朔节或五朔节花柱这类的习俗,在欧洲农民传统的节日里如此广泛流行并且占如此重要地位。今天欧洲许多地方,每到春天或初夏甚至仲夏,按民间风俗仍然要到森林中去野游,在那里砍一棵树,带回村中,在一片欢呼声里栽种起来,或者在树林中砍些树枝,回来插在家家户户的房上。这种风俗的意图是要把树神的赐福带回村里送给每户人家。许多地方五朔节时家家门前都要栽一棵山楂树,或者从树林中带回一棵山楂树,在村中沿户迎走,这种做法就是要每户人家都分享这份赐福。关于这个问题,有大量充分的例证。下面仅举几例。

亨利·皮尔斯爵士1682年在他的《威斯特米斯①游记》中写道:"五朔节前夕,每家门前都插上一根青青的树枝,枝上缀着草地上到处盛开的黄花。在盛产木材的林乡,每家门口都有一株细高的树,长年挺立着,不知其处习俗的外乡人会以为那是酒家的招牌,所有这些房子都是卖酒的店家。"在北安普顿郡②,五朔节那

---

① 爱尔兰伦斯特省的一个郡。
② 英国中南部的一个郡。

第十章　现代欧洲树神崇拜的遗迹

天每家门前都要栽上一棵 10 或 12 英尺高的幼树,看来还正往上长,树上撒满了鲜花,散落在门前。"康沃尔郡①人们至今依然保留的古代习俗就包括在五朔节那天用大枫树和山楂树的青枝装饰门户走廊,并在屋前植树。"过去英国北部习俗,年轻人在 5 月 1 日那天,凌晨就起身,奏着音乐,吹着喇叭到树林中去砍折树枝,并用花束花冠装饰起来,等太阳出山时回到家中,把它们插在门窗上面。从前在伯克郡②的阿宾顿地方,每逢 5 月 1 日年轻人都一早起来,成群结队地齐声歌唱赞美诗歌。下面是其中的两段歌词:

> 我们彻夜漫游,歌舞迎来白昼。
> 兴高采烈的归来,满握香花为寿。
> 谨以香花奉赠,我们伫立君门。
> 鲜艳蓓蕾初绽,我主妙手天成。

埃塞克斯郡③的赛芙蓉·瓦尔登和德布顿两个小镇上,5 月 1 日那天小女孩们三五成群,各人手持花环,每个花环中央放着一个穿白衣裳的洋娃娃,挨着一家家门口唱着近似上面引的两段歌。英国其他许多地方,过去乃至今天都还流传着同样的风俗。所用花环,一般都是用戒指形的小圆花环相互成直角地交叉编织而成。爱尔兰一些地方,农村居民似乎至今还在 5 月 1 日那天,

---

① 在英国中南部。
② 英国中南部的一个郡。
③ 英国东南部的一个郡。

头上戴着用花楸花和立金花编织的花环,花环两边吊着两只小球,有时还用金色和银色的纸把球包裹起来,据说那原是代表太阳和月亮的。

孚日山区①的一些村子里,年轻姑娘们成群结队地挨家唱着赞美5月的歌,歌词大意说道:"5月给人们带来了面包粮食。"如果给她们钱,她们就在门上插一根青翠的树枝;如不给钱,她们就说愿这家多生子女没有饭吃。法国马耶纳省,5月1日这天,凡名叫梅洛汀的男孩子都要走到各个农庄去唱颂歌。人们送钱给他们或请他们喝上一杯。他们还种一棵树或插一根树枝。阿尔萨斯②的沙维恩附近,人们结队抬着五朔树沿途巡游。大的五朔树是由其中一位身穿白衬衣、脸上抹黑的人抬着,其他人员每人手上捧着小五朔树。另有一人手提大篮,沿途收下馈赠的鸡蛋、熏肉等等。

降灵节③前的星期四那天,俄罗斯农民都要到树林中去,在那里唱诗,舞动花环,还砍倒一株小白桦树,给它穿上女人服装,扎着各色彩带,然后举行宴会。宴会结束时,大家抬着那棵盛装打扮的桦树,载歌载舞回到村里,把树安放在一家屋前当作全村尊贵的客人接待,从这天起直到降灵节,人们每天都来这家看望贵客。到了降灵节那天,就把它抬到小河边,扔到水里,随着也把所有的花环都扔下去。俄罗斯农民的这个风俗——给桦树穿上女装——十分鲜明地表明把树人格化了,

---

① 在法国东北部。
② 前法国东北部的一个省。
③ 基督教复活节后第50天,也即第七个星期日。

第十章 现代欧洲树神崇拜的遗迹

而把她投入水中这一举动,很可能就是古老传说中所说树神有降雨魔力的象征。

瑞典有些地方,孩子们在五朔节前夕,每人手里拿着一束新鲜带叶的桦树细枝,跟在村里小提琴手后面走遍家家户户,演唱五朔节赞歌。歌中结尾的迭唱是祈求风调雨顺,五谷丰登,人人多福的词句。专门有人提着篮子收集馈赠的礼物,如鸡蛋之类。如果对他们接待得好,他们就在这家茅舍的门顶插上一根带叶的嫩枝。不过,瑞典主要是在仲夏季节才庆祝这样的节日。圣约翰节(6月23日)前夕,家家都彻底清洁大扫除,用绿叶树枝和香花把家里装饰得焕然一新。家门口和住宅周围都栽着无花果的幼苗,花园里更经常种植茂盛的小乔木。在斯德哥尔摩,这一天还有一种特别的花市,供应千千万万株五朔节花柱,由人们参观选购。这种花柱小至六英寸,大至十二英尺不等,饰以绿叶鲜花、彩色纸条,以及扎在芦苇秆上成串的金色蛋壳等等。小山坡上燃起了篝火,人们围着篝火舞蹈,不时地从上面跳过来跳过去。这一天活动的主要内容则是竖立五朔节花柱。花柱用一株又高又直削去树枝的云杉做成,"有时在树干上每隔一段地方交叉着系上圆环、木片或者木弓,据说这木弓表示像一个人双手叉腰立在那里。从柱顶到柱脚以及所有的环圈、木弓等等,都用树叶、鲜花、彩色布条、金色蛋壳等装饰着,柱顶还安放着像风向标似的一个大叶片,或也可叫旗帜"。装饰花柱的工作都由村里未婚的姑娘来做。竖立花柱确是一项盛典。人们从四面八方来到这里聚集,围成一个大圈,尽情歌舞。像这类仲夏季节的习俗,德国一些地方历来也很流行。在上哈尔茨山区①的一些小镇上,人们将一株高大的无花果树剥去树干下面部分的树皮,在树上装点着鲜花和染成红色与黄色的鸡蛋,竖立在空旷的场地上。白天,年轻的人们围绕着这些树舞蹈,夜晚,又换由老年人来跳舞。波希米亚②的一些地方在圣约翰节前夕也流行竖立五朔节或仲夏节花柱,年轻小伙子们从树林里搬回一株高大的无花果树或杉树,竖立在高处,姑娘们用花束、花环和彩带把它装潢起来。过节后则把它烧掉。

五朔节那天在村中竖立五朔树或五朔柱,这种风俗至今在欧洲若干地区如英国、法国、德国的农村中依旧流行。这里只需略举数例,便足以说明,毋需赘述。清教徒作家菲利普·斯塔布斯在他的《陋俗剖析》(1583年伦敦出版)一书中以明显的厌恶口气描述了伯斯女王③陛下统治时期人们惯于引进五朔柱这一风俗的情况。他的记叙给我们提供了往昔欢乐的英格兰的一幅生动画面。"到了5月,在降灵节或其他日子,所有年轻小伙子、姑娘们、老人和妇女都到山上林间彻夜嬉娱游乐,直到第二天早晨,带着许多桦树条或其他树枝回到家中,用它们装饰节日聚会的场所。他们这样做是不足为怪的,因为伟大的主宰、阴间之王撒旦就在他们中间作他们的监护人,主宰着他们的娱乐游戏。他们带回的最宝贵的东西要算那根他们以最虔敬的礼仪从林中运回的花柱了。他们在花柱上扎满了花草,有时还在柱上涂着各种彩色,用

---

① 在德国中部。
② 古代中欧的一个国家,现是捷克共和国的一个地区。
③ 伯斯女王(Queen Bess),即伊丽莎白一世(1533-1603)。

20或40对角上挂着芳香花束的牛拉着,由二三百名男女老幼前呼后拥、恭恭敬敬地运回村中竖立起来,在柱顶上挂着许多手帕和小旗,迎风飘拂。接着又在花柱周围铺上稻草,并用青翠的树枝绑在柱上,在花柱附近搭起可供休憩的凉亭、凉棚和小舍。一切停当之后,便围着花柱开始跳起舞来,就像异教的人们向偶像祭祀舞蹈一样。他们所跳的舞,正是完整的祭祀舞蹈或同类型的舞蹈。我曾经听到好些很有声望的人谈论这种风俗,他们提到在40、60甚至100位参加树林彻夜玩乐的姑娘当中,能够保持清白回来的不到三分之一。"

在施瓦本,农民们习惯于5月1日那天把一株高大的无花果树运回村里竖立起来,用彩带加以装饰,然后奏起音乐,围树跳舞欢乐。那棵树就常年立在村里草坪上,待到来年今日再运一株新树来时才予撤换。在萨克森①,人们"不满足于只把象征性的丰收季节之王或王后迎回村里,而是从树林采回翠枝绿叶供在家中。这便是13世纪以来文献上所记的五朔节或降灵节树。采回这种树,本身就是一项重大节日活动。人们到树林里去寻找可作为这种用途的树,特别选采无花果树和桦树幼苗带回村里栽在人家或牛棚马厩的门口或插在室内。年轻的小伙子,如上述,则把这样的树放在他们心爱姑娘的闺房前面。除了这些放在人家里的五朔树以外,还有一棵大五朔节树或花柱也是以隆重的仪式迎回来,竖在村庄中间或小镇的市集上。这是由整个社区共同挑选的,

---

① 德国南部地区。在历史上曾是德国有权选举神圣罗马帝国皇帝的诸侯之领地。

全社区的人都特别珍惜爱护它。通常把它的枝叶全部削去,只留树顶上的不动,树身全用各种彩色缎带和布条装饰起来,另外还挂上许多香肠、糕饼、鸡蛋等食品。青年们都努力争取获得这些奖品。今天我们在一些集市上还可见到沾有油腻的柱子,其中就有当年五朔节花柱的古俗遗迹。那时降灵节的娱乐节目中还有一种很不平常的竞技,就是,人们以五朔柱为终点举行赛跑或赛马。随着岁月的推移,这种竞技的原来目的已经消失,却成了著名的传统习俗至今在德国许多地方流传着"。在波尔多①,每年5月1日每条街上的男孩子们都要在街上竖立五朔节花柱,花柱上装饰着许多花束和一个大花冠。整个5月每天晚间男女青年都聚集在花柱周围尽情歌舞。直至今天,每逢五月节,欢乐的普罗旺斯②里的每个村庄每户人家都竖起用鲜花和彩带装饰起来的五朔节树,年轻的人们在树下寻欢作乐,老年人则在树下休憩。

上述事例表明,这种习俗是每年引进一棵新的五朔节树。不过,在英国农村,这种五朔节花柱一般总是,至少在后来是,比较长久地竖立着,而不是每年更换新的。上巴伐利亚的农村里则是每隔三年、四年或五年更新一次。一般都是采用从森林里运回来的无花果树,树上装饰着花环、旗帜、献辞之外,最重要的是树顶上的那束深绿色的树叶,它"标志着人们从绿色森林中迁回的是活树,而不是死的花柱"。最初各地的做法都是年年竖立新的五朔节树,这一点几乎是毋庸置疑的了。因为这种习俗的目的是请

---

① 法国西南部的海港,今为法国吉伦特(一译纪龙德)省省会。
② 法国东南部的一个地区。

第十章 现代欧洲树神崇拜的遗迹

回刚在春天醒来的能保佑丰产的植物之神,所以,如果让已经枯死的老树年复一年地甚至永久地竖立在那里,便失去了这种习俗的目的和意义。可是,当这种习俗的意义已被人们遗忘,五朔节树只被当作节日欢娱作乐的中心时,人们就觉得没有必要每年换一棵新树,而宁愿长期使用固定的一棵,每逢五朔节日用鲜花装饰一番就行了。然而,即使五朔节花柱已经固定不换,人们还是常常觉得应该让它看来像是一棵青翠的活树而不是一根死的花柱。柴郡①的威弗哈姆,在"五朔节这天竖立两棵花柱,按照古时的隆重礼仪把它装饰起来,四周挂着花束,柱顶是带叶的桦树或其他细高的树顶,将树皮剥去,将树干和花柱交接在一起,从高处看下来,好像就是一棵树似的"。这样,五朔节树年年换新,五月收获节年年更替,每次谨慎恭敬地供奉一年,每次都是期望多得一份植物新生的繁殖力,庶几年年五谷丰登。五朔节的含义在促进五谷生长,五朔树或枝的含义也相应地延扩为祈求保佑妇女多子,牲畜兴旺。最后还有一点值得注意的是,有人到年终时竟把那些老五朔树烧掉了。如布拉格地区,年轻人把公共五朔树劈成木片,藏在自己房内圣像后面,到第二年5月1日拿出来在炉里烧掉。在符腾堡②,人们有时保存棕枝主日那天插在屋上的小灌木,一年后烧掉。

关于神灵降树身或树身原来就固有神灵这种观念,本章就说这些。下面还须说明另一观念,即认为树神不是树本身,而是具

---

① 英格兰西部的一个郡。
② 过去德国西南部的一个州。

有人形的甚至化身为活着的男人和女人的神灵的观念。这种树神拟人化的事例在欧洲农民流行的习俗中经常可见。

还有一类颇有启发性的事例,就是把树神看作既具树形也具人形,两者并存不悖,而且相互阐明。赋有人形的树精,有时是玩偶和木偶,有时是活人,无论是木偶或活人,都是置身于树旁或树枝上,形成双重标志,互为诠释的。因此,树的神灵实际就是以人形出现的,这一点是没有怀疑的余地了。在波希米亚,四旬斋①的第四个星期日那天,年轻人把一个象征"死神"的木偶扔到水里,姑娘们则到树林里砍倒一棵小树,在树身钉上一个穿着白衣像是女人的木偶,跟小伙子们一起抬着树与木偶挨家挨户唱歌领赏。他们唱的歌词选句是:

我们已把死神赶出村外,
迎回了夏季丰收之神。

下面我们就会看到,这里说的"夏季丰收之神",就是指在春天返回或复苏的树神,英国有些地方儿童拿着模拟的小五朔节花柱和穿着漂亮衣裳的玩偶(叫五朔神姑)到处向人乞讨小费。那树和木偶显然是作为相对等的东西即树神看待的。

阿尔萨斯的撒恩地方,常常有一个小女孩,大家叫她五月小玫瑰,全身穿白,手捧一棵小五朔树,树上扎着彩带和花束。她在

---

① 基督教徒于复活节前40天开始举行的大斋节期。斋戒是为了纪念耶稣在传教前在荒野禁食。

第十章 现代欧洲树神崇拜的遗迹

小伙伴的陪同下,挨家挨户地唱歌,人家便送给她礼物,歌词大意是:

> 小小的五月玫瑰,请你转三圈,
> 让我们看着你飞旋、飞旋,
> 五月的玫瑰到远处的森林去吧!
> 我们一起快乐欢欣,
> 我们也离开这五朔节树,
> 去把可爱的玫瑰找寻。

凡不馈赠礼物的人家,就"祝祷"他们饲养的家禽被貂鼠吃掉,或他们种的葡萄不会成串地长出果实,他们种的果树不结果,种的庄稼不长谷。据说每年的收成都取决于馈赠这些五朔节歌手礼品的多少。这个例子同前述五朔节那天儿童手拿着青枝或花束到处唱歌收钱的习俗一样,意思是他们给迎来了树神,保佑人家丰收多福,因此期望对他们的服务给予报酬。在俄国的立陶宛,5月1日那天农民都要在村前栽一棵绿树,质朴的农村青年选出村里最漂亮的姑娘,把她装扮冠戴起来,扶她坐在五朔节树的旁边,在她全身洒满桦木枝叶,围着她舞蹈、歌唱,喊着:"啊,五朔!啊,五朔!"在法国的布利岛①上,人们把五朔节树种在村子的中心,用鲜花覆盖着树顶,用树叶和细枝缠绕树干,底部围以粗大带叶的树枝。姑娘们围着树跳舞,一个年轻的小伙子浑身裹着树

---

① 法国的一个地区,位于巴黎东边。

叶,扮作五朔之父,被领到现场绕场巡游。在北巴伐利亚佛兰肯·沃尔德山区的小镇上,5月2日那天人们在一家酒店门前栽种一株华柏树,有一个从头到脚裹着稻草的人围着树跳舞,他头顶上的稻穗交织在一起像是一顶王冠。人们都叫他为华柏,簇拥着他在铺满桦树嫩枝的街上游行。

在卡林西亚①的斯拉夫人中,圣乔治日(4月23日)那天,年轻的人们把节日前夕砍伐来的树用鲜花和花束装饰起来,在音乐和欢乐声中抬着它列队游行。游行队伍的中心是绿衣乔治,由一位年轻的小伙子扮演,小伙子从头到脚披覆着桦树的青翠树枝。到庆祝仪式结束时,人们便把这绿衣乔治(其实是他的替身)扔到水里去。这时,扮演乔治的这位小伙子必须非常灵巧地脱去满身披挂的树叶,换上一个假的替身,而不为人发觉。不过,在很多地方,却是真的把扮演绿衣乔治的小伙子扔进水中,这样做的明显目的就是为了确保雨水充足,夏季田地和草场谷秀草长。还有些地方则是给耕畜披戴鲜花,将它们从厩棚里直赶到水里,一边赶,一边唱道:

> 我们迎来绿衣乔治,
> 我们伴随绿衣乔治,
> 愿它保佑六畜兴旺,
> 否则,便把它扔进水里。

---

① 奥地利南部的一个省。

第十章 现代欧洲树神崇拜的遗迹

这里我们可以看出,原来认为附身树木的树神所具有的降甘霖旺六畜的能力,在以活人形象出现的树神身上也同样具有。

对于特兰西瓦尼亚和罗马尼亚的吉卜赛人,绿衣乔治节是春季的主要节日。有人把它定在复活节①的星期一那天,也有人把它定在圣乔治日(4月23日)那天。节日的前夕,他们砍倒一株小柳树,把花环和绿叶挂在树干上,竖立于当地。孕妇将自己穿的一件内衣放在树下边过夜,第二天早上,如果衣服上有一片这棵树上落下的树叶,就意味着将来胎儿容易分娩。病人或老年人则在夜晚来到树前,对树吐三口唾沫,口中念道:"你快要死了,让我们活着吧!"第二天早晨,全体吉卜赛人都集合在这株柳树周围。节日的主角是绿衣乔治,由一个小伙子装扮。他全身披满了鲜花和绿叶,随手把小撮青草递给牲口吃,使它们全年都不缺草料。然后又拿起在水中浸了三天三夜的铁钉,钉入柳树,再把钉子取出投入流水中,向水神祈福。最后人们还把假装的绿衣乔治也扔到水里去,不过实际上只是把一个用树枝树叶做的木偶扔进溪水罢了!这种习俗的独特方式显然是认为柳树有保佑妇女易产和老病人之康复的威力。绿衣乔治就是树神的化身,能赐予牲畜饲料,通过树神的间接联系进一步肯定了水神对人的恩惠。

类似的事例毋需再多引述。我们现在可以用曼哈德的话来总结前面几页的内容:"以上引述的风俗足以作出肯定的结论,就是在这些夏季庆祝仪式中,植物的精灵常常用五朔节树来表示,

---

① 基督教的耶稣复活节,每年春分月圆之后第一个星期日(通常在8月21日至4月25日之间)。

或者由一位年轻小伙子（或姑娘）满身披挂着青翠的树叶和鲜花来扮作这些树神。那些赋予树木以生命、在一般花草中更为活跃的以及我们在五朔节树和五朔收获节中看到的神灵，都是同一个神灵。而且这种神灵还相当一贯地在春天最早的花儿上表现出来，或者由一个女孩代表五月玫瑰或作为丰收的神灵以华柏这个人的形象表现出来。人们认为这样表现神灵的列队游行之仪式具有跟神亲身显现同样的效果，能使家禽、果树和庄稼滋生繁茂。换句话说，那些假扮的神灵不仅被当作一种形象，而且当作植物神灵的真实代表，因此，假扮五朔节玫瑰和五朔节树的人对于不馈赠鸡蛋、咸肉等礼品的人家有权不使享受相同的福佑。我们可以说，那种带着五朔节树或五朔节树枝挨户乞讨的形式（"迎来五朔或夏收"）原来到处都有严肃的或者可以说具有宗教圣礼的涵义。人们真是相信丰收之神就在树枝之上，不过看不见罢了。通过挨户乞讨这种仪式便是把神迎送到每户人家降福。经常用来表示植物神灵具有人的特性的名称如五朔、五朔节之父、五朔节夫人、五朔节皇后等，都表明关于植物神灵的概念同季节拟人化的概念已经融为一体了，那种季节之神的力量极突出地表现了出来。"

如上所述，我们看到树神或草木神灵一般或者以草木的形态表现，如树、树枝或花，或者以草木和人的形态同时表现，如一棵树、树枝或花和木偶或活人结合在一起，有时干脆完全不用树、树枝或花而只用活人来表现。在后一情况下，用人来表现神的通常做法是让他或她披树叶或鲜花，有时只通过他或她的名字来体现。

第十章 现代欧洲树神崇拜的遗迹

俄国有些地区在圣乔治日(4月23日)那天,有一个年轻人用树枝和鲜花化装起来,像我们的绿衣杰克(花屋中人),斯洛文尼亚人称之为绿衣乔治。他一手拿着火炬,一手拿着馅饼,往玉米地里走去,后面跟着一群姑娘,一面走一面唱着节日的歌曲。玉米地里放着一圈木柴,绿衣乔治把手里的馅饼放在木柴中间,点着了柴火,大家围坐在火旁,分吃这馅饼。这个披叶戴花的绿衣乔治跟卡林西亚人、特兰西瓦尼亚人以及罗马尼亚人风俗中树神的绿衣乔治显然都是一致的。另外,在俄罗斯,降灵节后的一周里,人们把一棵桦树用妇女衣装装点起来,竖立在屋内。与此风俗明显相等的是,平斯克州①的姑娘们在降灵节那天选出她们中间最漂亮的一位,将她全身披盖着桦树和槭树树叶,簇拥着她走遍全村。

在鲁拉,当春天树木刚刚透青的时候,孩子们就在星期日聚集到树林里去玩。他们在伙伴们中选出一个人来当"小树叶人",折下树枝把他浑身上下都遮盖起来,只露出两只脚走路。头面部分则把树叶扒两个小洞以便看见东西。另有两个孩子牵着他,免得趔趄或跌倒。他们带着他挨家挨户地唱歌跳舞,索取馈赠如鸡蛋、奶油、腊肠、馅饼等。最后,他们在"树叶人"身上洒水,一起聚餐分享得来的礼物。瑞士的弗利克忒尔地方,每年降灵节那一周里,小男孩们都要到一个树林里去,并且用带叶的树枝把一个伙伴披盖起来,叫作降灵节土佬,让他手里拿一根树枝当马鞭骑在马背上,把他簇拥回村。走到村边井旁便停下来,让土佬下马,把

---

① 位于白俄罗斯西部。

他浸到水槽里。于是他就有权在每个人身上洒水,特别向女孩子和街头淘气的小孩身上洒水。小淘气们排着队在他面前走过去,求他淋洒节日甘露。

在英国,这类披裹树叶化装游乐的风俗中最著名的是"绿衣杰克(花屋中人)"。一个扫烟囱的人在5月1日那天扮作杰克,被放进一个金字塔形的木框之内,框的四周覆盖着冬青和常春藤,顶上盖着彩缎花冠。一群扫烟囱的人簇拥着他,他跳着舞走在队伍的前头,跟在他后面的人向人们乞讨零钱。在弗利克忒尔有一种类似的用柳条编的框架,叫作降灵节框,每到春天树木开始发芽的时候,村里的年轻人便到树林里选好地方,悄悄地编织这种降灵节框(因为如果不秘密进行的话,就会有别人抢先做好,或阻挠自己的编制)。到了降灵节那天,他们把用带叶柳枝编好的两个环圈,套在扮"绿衣杰克"的人的肩上和腿上,全身都被树枝和绿叶遮盖起来,只留下眼睛和嘴巴露在外面,然后在头上戴一顶大花冠。待到黄昏晚祷时刻,有三个小孩吹着柳木制的号角把他领到村里,在人前突然出现。那些簇拥杰克的年轻人的最大目的就是把降灵节框放在村子里的小井旁边,让杰克和降灵节框一直留在那儿,莫被邻村的年轻人偷走放到他们村的井边去了。

以上一些例子,那全身披盖着树叶被领着到处走动的人,和孩子们领着挨家挨户乞取馈赠的五朔树、五朔枝、五朔木偶等显然都是一回事,即:都是代表能够福佑于人的草木之神,他们所到之处都得到金钱、食物等馈赠以为酬报。

那些全身披戴树叶、代表草木之神的人,通常被称为王或王后,如五朔节王、降灵节王、五朔节王后等等。正如曼哈德说的:

第十章 现代欧洲树神崇拜的遗迹

这些称号意味着,那草木之神是一位统治者,他的创造力遍及遐迩。

沙尔兹维德附近的一个村庄,每到降灵节那一周内,村里都要竖起五朔节树,孩子们举行竞赛,谁最先跑到五朔节树跟前,谁就为王,孩子们给他脖子上挂上花环,让他手拿五朔树枝,大家列队游行。他走在队前,一面走一面用树枝拂去沿途花草上的露珠。每到一家门口,就合唱一首歌,祝福幸运。歌中唱道:"祝福你家:鸡窝里的母鸡多下蛋,牛棚里的奶牛多产奶。"唱罢,就要人家馈赠给礼物和鸡蛋、咸肉等。西里西亚①一个名叫厄尔高斯的村子,至今在降灵节那一周内仍遵旧俗举行"夺王赛"。比赛办法是在一大片草地的中心竖立一根木杆,杆顶系着一块布,青年们策马飞奔经过木杆,谁能在马背上顺手扯下这块布跑到奥德河边把布浸入河水之中,谁就夺得了这次竞赛的王号。在这个风俗里,那木杆显然就是五朔节树的替代。在布伦瑞克②的一些村庄里,降灵节期间总是用五朔节树的树枝把五朔节王完全披盖起来。图林根③的一些地方在降灵节期间也流行五朔节王习俗,但是王的打扮却不相同。那是用一个人站在木制的框架里,架上盖满了桦树枝,还加上一项用桦树枝和鲜花编的王冠,冠上系着一只小铃铛。人们事先把木架放在树林里,扮五朔王的人自己去到树林藏入木架内,村里的人去树林里寻找他,找到之后,连人同木架一起抬回村里见村长、牧师或其他执事的人,让他们猜那青枝

---

① 今波兰西南部一个地区。
② 古代德国中部的一个省。
③ 以前德国西南部的地区。

翠叶覆盖的木架中藏着的五朔王是谁扮的。如果猜得不对,架中的五朔王便摇头,头上的铃铛响了,猜的人就得受罚,付出如啤酒之类的东西。在华尔斯特德地方,每到降灵节期间,男孩子们便聚集在一起,用拈阄的办法选出一位王和王的近侍。后者完全藏在五朔节树树叶之中,头戴木冠,上覆鲜花,手持木剑。王则仅在帽子上插一束香花,手里拿一根系着红色缎带的芦苇秆。他们挨家挨户地讨取鸡蛋,并且威吓说:"谁家要是不给,谁家的母鸡就一年也不下一个蛋!"在这个风俗里,近侍由于某些原因似乎被允许僭用王徽。在希尔德斯海姆,五六个小伙子在降灵节第二天下午到处走动,有节拍地甩着响鞭,向人家索取鸡蛋。这一伙人中为首的就是绿叶王,他全身披挂着桦树细枝,除双脚以外,任何部分都看不到。在那树叶披覆略可看出身形的头上部还戴着一顶桦树枝编的大帽子。他手里还拿着一根长钩,用来捉拿离群孤单的狗和失散的小孩。波希米亚有些地方的年轻人在降灵节的第二天头上都戴着桦树皮编的高帽子,上面还插着鲜花。有一个人装扮为王,坐着木橇被拉到村内草坪上。途中遇池塘,木橇总要跌翻到池塘里去。拉到草坪之后,青年们便都聚集在王的周围,有一个扮作王的传令官的小伙子跳到一块大石上,或爬到大树上,高声说一串挖苦各户人家的话。接着就都脱下身上披的树叶,穿着节日盛装,抬着五朔节树走遍全村,向人家索取馈赠。他们得到的礼物大都是蛋糕、鸡蛋、谷物等。兰根沙萨附近的格芳斯伐古拉,18世纪时每年降灵节期间,年轻人总要列队引导一位"草王"游行。"草王"骑在马背上,连人带马都罩在一个金字塔形的大木龛里,木龛是白杨木做的,直罩到地面,龛顶上放着一顶树枝和鲜花编织的王冠,整个木龛都用青枝翠叶覆盖起来,只留一个小洞口露出"草王"的面孔。"草王"被簇拥着游行到市政厅、牧师住宅等地方,所到之处都受到啤酒款待。最后,他们来到毗邻桑姆尔伯格的七株枞树荫下,去掉罩在草王身上的木龛,把龛顶上的花冠献给市长,把龛上覆盖的树枝都插在亚麻地里以求亚麻长高。这最后一点清楚地表明树木之神具有保佑庄稼丰收的特性。皮尔生(波希米亚)附近的村庄在降灵节期间总要用青翠树枝搭一座没有门的圆锥形小屋。年轻人骑着马跟随一位假扮的王来到屋前。这个王头戴圆锥形帽子,身佩宝剑。他的一行人中有法官、传令官和一个剥蛙人或"刽子手"。刽子手是穿得破破烂烂的小丑一类的人,也佩着一柄生了锈的旧剑,横跨在一匹驽驴的老马上。到了小屋附近,传令官跳下马来绕小屋兜上一圈,寻找屋门。没有找到门,便说:"啊呀,这大概是一座施过魔法的堡垒吧!巫婆们可以穿过树叶钻进去,所以不用门的。"最后,他拔出宝剑,劈开一条路闯进屋内,里面有一张椅子。他就坐在椅子上面,开始唱出挑剔邻近姑娘、农民和农场雇工们的话来。唱完以后,剥蛙人走前一步,把装有青蛙的笼子晃了晃,放下一个绞刑架,把青蛙排成一串地绞死在架上。在普拉斯附近地区也有这种仪式,但是略有不同。那假扮的王和士兵完全用树皮裹着身子,并用鲜花彩带装饰起来,佩着刀剑,骑着马,在绿叶鲜花中显得活泼欢乐。当村中老妇和少女在树前聆听斥责的时候,传令官却悄悄地夹出一只青蛙,用力一捏,青蛙发出了叫声。王就下令将青蛙处死刑,刽子手立即执行,斩下青蛙的首级,将血淋淋的尸体向在场的人示众。最后,王被从小屋中赶了出来,士兵们跟在后面追赶。这里,夹捏青蛙并砍下青蛙头部的做法,正如曼哈德指出的,无疑是求雨的巫术。我们已经知道奥利诺科①的印第安人敲打青蛙,其明显的目的是为了求雨。而杀死青蛙则是欧洲人的求雨巫术。

春季草木的精灵经常用王后的形式而不用王来表示。在李布乔威克(波希米亚)地区附近,四旬斋第四个星期日那天,姑娘们都身着白衣,发际插着春天第一批开放的鲜花如紫罗兰和雏菊,排成列队引导一位头戴花冠叫作王后的女郎在全村到处走动。这种仪式非常隆重,在行进过程中,姑娘们人人都要不停地旋转舞蹈唱歌。每到一户人家,王后就宣称春已降临,祝福全家幸运多福,每一个人也向她馈赠礼物。在德属匈牙利,姑娘们选出最漂亮的一位姑娘做降灵节期间的王后,在她额角戴上硕大的花冠,领着她沿街歌唱。他们在每一家的门口停下,歌唱古老的歌谣,并接收赠礼。在爱尔兰东南部地区,5月1日那天,最漂亮的姑娘总是被选为本地区十二个月内的王后。人们用野花编成花冠给她戴上,接着就举行节日盛宴,跳舞,并做各种农村游戏,到晚上以盛大的游行结束这一天的庆祝活动。她任王后期间,当地年轻人的一切聚会如跳舞、游艺等活动,都由她主持。如果她在来年的5月1日之前结了婚,她的王后职权便告结束,但是她的继任者必须等到下届选举日才能选出。五朔王后这种习俗在法国非常普遍,英国也是如此。

草木精灵有时也有以王和王后、老爷和贵夫人或新郎和新娘

---

① 委内瑞拉境内的奥里诺科河流域。

第十章　现代欧洲树神崇拜的遗迹

来表现的。在这里,具有人形的精灵同依附草木出现的树灵,这两者之间又是相对应、相类似的,因为我们在前面已经发现树木有时也互相嫁娶。南沃里克郡①的哈福德地方,五朔节那天,孩子们列着队两人一排,由王和王后走在队前,挨家挨户地拜访。有两个孩子抬着一根六七英尺高的五朔节花柱,柱上饰着鲜花和翠叶,近花柱顶端钉着那根十字交叉的木棒,也用鲜花装饰着,木棒两端吊着用鲜花绕起来的两个环圈。孩子们每到一家,就高唱五朔节歌曲,人家都赠给他们一些零钱,用来在下午到学校唱歌时购置茶点招待。高尼格拉茨②附近的一个波希米亚的村子,每到降灵节第二天,孩子们就做假王的游戏,一个孩子扮王,一个孩子扮王后,王后佩戴花束,最小的女孩捧着一个篮子,篮内盛着那个花环,跟在王与王后后面。王与王后头上张着伞盖,一行人列队到处游行。王与王后还有男女孩子侍候,叫作男傧相与女傧相。他们一家一家地走访,接受馈赠。西里西亚庆祝降灵节活动中的一个经常的特征,就是竞争王位。过去是这样,至今在一定程度上还是这样。这种比赛有好几种形式,但是它们的标志或目标一般都是五朔节树或五朔节花柱。有时,能爬到光滑的花柱顶上取下奖品的年轻人,便被宣称为降灵节之王,他心爱的女友被称为降灵节新娘。然后,国王和他的情人在大伙陪同下到一家酒馆,以跳舞和宴会来结束节日的游乐。通常,青年农民和雇工骑马竞赛,向着用鲜花彩带和王冠装饰起来的五朔节柱跑去,第一个跑

---

① 英国的一个郡。
② 波希米亚城市,位于捷克西北。

到的就是降灵节之王,在这一天内,所有的人都得听从他的命令。最差的骑手则当小丑。全体参加比赛的人都在花柱前下马,把王举到肩上,王敏捷地攀上柱顶取下系在顶上的五朔节树枝和王冠。这时候,小丑赶忙跑到酒馆去,用最快的速度吃下三十个小面包,痛饮四瓶白兰地。紧接着,王手捧五朔节树枝,头戴王冠,领着那一班人也随后赶来酒馆。如果在王到达之前,小丑已吃下这些小面包并喝干四瓶白兰地酒,而且向王致辞欢迎,敬上一杯啤酒,那么,这些酒食费用就全由王来付款,否则,小丑就得自己破费。当教堂的礼拜散了以后,这庄严的一行开始迂回曲折地走遍全村。在行列最前面的是王,他身上披着鲜花,手里拿着五朔节树枝,骑在马上。小丑紧跟在王后面,反穿着衣服,领下挂着亚麻做的黄须,头上戴着降灵节王冠。两名骑手假装侍卫跟随着。他们在每户农家庭院前都停下来,两位卫兵离鞍下马,把小丑关进屋内,要求这家主妇捐赠钱币给小丑买肥皂洗胡须。按照习俗,他们可以带走任何没有加锁的食物。最后,游行队伍来到王心爱的姑娘家里,大家向她行王后的敬礼,赠送礼物,如彩色的腰带、布料和围裙。王也得到奖品:一件背心,一条领巾等等,并且有权把五朔节树或降灵节树竖立在他的主人的院子里作为光荣的纪念,一直保留到明年此日。最后,这一行人来到一家小酒馆,由王和王后宣布舞会开始。降灵节的王和王后还可以其他方式继续连任。还有一种习俗,人们扎一个稻草人,和真人一般大小,戴着红色王冠,由两名假装的武装卫兵用大车护送到一个地方,在那里设立一个模拟法庭,对它进行审判。一大群人跟在车后。经过正式审判,判处稻草人死刑,把它钉在刑场的木桩上。年轻

第十章 现代欧洲树神崇拜的遗迹

人用绷带蒙上眼睛,手持矛枪去刺杀草人。谁刺到了,谁就为王,他心爱的姑娘就是王后。大家称这个稻草人为歌利亚。①

丹麦有一个教区,那里的风俗在降灵节期间把一个小女孩扮作降灵节新娘,一个小男孩扮作新郎。小女孩完全像一个成年的新娘一样用最好的服装首饰打扮起来,头上戴着用春天最鲜艳的花朵编织的花冠。她的新郎也同样用鲜花、彩带、蝴蝶结打扮得十分活泼可爱。其他孩子也都用金莲花之类的黄花尽量打扮得漂漂亮亮的。然后他们就隆重地挨家访问,两个小女孩走在队伍的前面作为女傧相,有六至八位侍从骑着柳条编的假马在前飞驶,报道这一行人的到来。他们收到了许多馈赠的鸡蛋、黄油、面包、奶油、咖啡、糖和蜡烛,用好几只篮子装着带走。他们走遍了各农场以后,有些农妇便帮她们准备婚礼宴席,孩子们欢乐地在三合土的地上跳着木鞋舞直到第二天早上太阳升起,小鸟开始歌唱的时候。所有这一切现在已成往事了,只有老年人还仍然记得当年降灵节的小姑娘和那模拟婚礼的盛况。

在瑞典,类似五朔节或降灵节期间的庆祝活动一般都在仲夏举行。我们发现,在瑞典布勒金奇省的一些地方至今仍选出仲夏节新娘,有时教堂的冠冕也借给她使用。新娘自己挑选新郎,大伙为新郎新娘筹集捐款,在整个节期就把这两人当作夫妻一样对待。其他青年也都各自挑选自己的新娘。今天在挪威似乎还保持着这同样的习俗。

---

① 歌利亚(Goliath)是《圣经》故事中非利士的勇士,比喻为巨人。这里的稻草人也叫歌利亚,说明该圣经故事在古时异教徒当中早就有了。

布利昂松①(道菲纳)附近地区在5月1日这天,年轻人把失去情人、或情人嫁给了别人的小伙子用绿叶包了起来,让他躺在地上假装睡熟了。然后,一位喜欢他并且愿意跟他结婚的姑娘走到他身旁,把他摇醒,拉起他来,把自己的胳臂连同一面小旗伸过去给他。于是他俩就一起走进酒店,在那里领先跳起舞来。不过他俩必须在一年之内正式结婚,否则就会被当作老光棍和老处女,年轻的伙伴们不与为伍。人们称这位年轻小伙子为五朔节新郎,他在酒店里脱下树叶衣装,他的女伴在跳舞时就用它和鲜花扎成一束花球,第二天还将它佩戴在胸前,跟他一起再到这酒店来。尼瑞契塔地区的俄罗斯人在降灵节前的星期四那天的传统风俗也和这相似。这一天姑娘们都来到桦树林里,找一棵高大挺秀的桦树,用带子或腰带把它缠住,攀折树干底下部分的枝条编成圆圈,然后一对一对地通过圆圈互相接吻。这样一对通过花圈接吻的姑娘彼此互称干姊妹。然后一位姑娘走出来装作醉汉,倒在草地上打滚,伪为睡熟。另外一位姑娘摇醒这位装睡的姑娘,吻她,所有姑娘便轻盈地跳着唱着,跑遍树林,编织花环,然后又把它们扔到水中,从水面漂浮的花环的情况,看到各人自己的未来命运。在这个习俗中假装睡觉的青年人可能曾经是由男青年扮的。法国和俄罗斯的这些风俗里有一位被遗弃的新郎。下面说的风俗里则有一位被遗弃的新娘。奥伯尔克瑞恩②的斯洛文尼

---

① 法国东南部一地区,与意大利边境毗邻。
② 今属斯洛文尼亚。

第十章　现代欧洲树神崇拜的遗迹

亚人在忏悔节①那天拖着一个稻草人欢呼着跑遍村前村后各个地方,然后把草人扔到水里或者烧掉,根据烧时火苗的高低,判断这年收成的丰歉。另外有一个化了妆、戴着女人面具的人用绳子拉着一块大木板,跟在这喧闹的一伙人后面跑,并且自称是被遗弃的新娘。

根据前面所说的情况来看,在那些庆祝活动中被遗弃了的沉睡者醒来,可能是表示春天草木的复苏。但是却不易确定它们相应地代表的是谁:是被遗弃的新郎呢,还是将他从沉睡中唤醒的姑娘呢? 那沉睡的人是代表那春天光秃秃的树林呢,还是代表那荒凉的大地呢? 唤醒他的姑娘是代表新鲜旺盛的精力呢,还是代表春天温暖的阳光? 就我们眼前所有的证据来看,还很难回答这些问题。

在苏格兰高地,春天草木复苏的形象总是在圣布利德节(2月1日)那天鲜明地表现出来。在赫布里底群岛,这一天"每家的主妇和仆人都要拣一束燕麦,用妇女的服装把它打扮起来,放在一只大篮子里,并在旁边放上一根木棍,他们把这叫作布利德的床铺。然后在夜间就寝之前,主妇和仆人大喊三声说:'布利德来了。欢迎你,布利德。'第二天早上起身后,他们就检视地上的痕迹,看看布利德的木棍上有什么迹象。如果有所发现的话,便认为是五谷丰登、繁荣兴旺年景的真正预兆,反之,则认为是不祥之

---

① 忏悔节(Shrove Tuesday),在基督教徒四旬斋开始的前一天,为基督徒准备进入四旬斋的日子。

兆。"另一位目击者对此风俗也做了如下描述:"圣烛节①前夜通常都用谷物和干草在屋内近门处铺一张床,床上铺着床单,一切齐备之后,一个人走到门外,接连三次对空说道:'布利吉特,布利吉特,请您进来。您的床铺已经安排好了。'床边放着一支或几支蜡烛一直燃到天明。"同样,在马恩岛②,过去每到2月1日前夕有这样的习俗,按马恩岛人的语言③叫作拉尔布利舍(Laa'l Breeshey),纪念到马恩岛来接受圣毛贺德(St. Maughold)赐予面纱的爱尔兰淑女。这种风俗的做法是采集一把灯芯草,拿在手里站在门口,邀请圣布利吉特进屋同他们一起过夜。马恩岛人的话是这么说的:"Brede, Brede, tar gys my thie tar dyn thie ayms noght Foshil jee yn dorrys da Brede, as lhig da Brede e heet staigh."大意是:"布利吉特,布利吉特,请进我的屋里来,今晚就在我们家里过夜。快给布利吉特开门,让布利吉特进屋来。"重复说了这段话之后,便把灯芯草铺在地板上当作圣布利吉特的毛毯或床。古代马恩王国的外岛上有些地方也有与这相似的风俗。在马恩岛人和高地人的这些习俗中,很显然,圣布利德,或圣布利吉特,就是古代异教徒的生育繁殖女神,不过披上了陈旧的基督教外衣罢了! 也许她就是凯尔特人的火和五谷之女神布利吉特。

关于草木精灵春季结婚这一点虽然常常不是直接表示出来,却也用相应的人的形象予以暗示,例如用"新娘"这种人物形象并

---

① 圣烛节(Candleman),在每年2月2日,系天主教纪念圣玛利亚的圣洁之节日。
② 英国岛屿,在爱尔兰海西北海岸附近。
③ 属爱尔兰方言,现已完全被英语淘汰。

且还穿上结婚礼服。在阿尔特马克的一些村庄里,降灵节期间,男孩子们抬着一棵五朔节树或领着一个满身披着树叶和鲜花的男孩到处走动,姑娘们则领着一位五朔节新娘(打扮得同真的新娘一样,头上插着大束鲜花)到处串门。他们挨家挨户地拜访,五朔节新娘唱着歌,向人家索取礼物,并且对每户人家说:如果能给她一点东西,那么,他们全年就会收获一些东西;如什么也不给,那他们就什么也收不到。威斯特伐利亚①有些地方在降灵节期间有两个小女孩引着一个头戴花冠的姑娘(叫作降灵节新娘)挨家唱歌,唱后索取鸡蛋。

① 位于德国西部地区。

第十一章　两性关系对于植物的影响

从前章对于欧洲春夏节日习俗的考察，我们可以作出推论，即我们未开化的祖先把植物的能力拟人化为男性、女性，并且按照顺势的或模拟的巫术原则，企图通过以五朔节之王和王后以及降灵新娘、新郎等等人身表现的树木精灵的婚嫁来促使树木花草的生长。因此，这样的表现就不仅是象征性的或比喻性的戏剧或用以娱乐和教育乡村观众的农村的游戏。它们都是魔法，旨在使树木葱郁，青草发芽，谷苗茁壮，鲜花盛开。我们会很自然地认为，用树叶或鲜花打扮起来模拟树木精灵的婚嫁愈是逼真，则这种魔力的效果就愈大。相应地，我们还很可以假定那些习俗的放荡表现并不是偶然的过分行为，而是那种仪式的基本组成部分，根据奉行这种仪式的人的意见，如果没有人的两性的真正结合，树木花草的婚姻是不可能生长繁殖的。今天如果要在文明的欧洲寻找为了促进植物生长还流行的那一类习俗的现象，多半是找不到了。但是，世界其他地区还有未开化的种族仍然有意识地采用两性交媾的手段来确保大地丰产。有些仪式至今或直到不久以前还在欧洲保留，这些现象可以合理地解释为古代类似做法没有得到发展的遗迹。以下事实可以证明这一点。

中美洲的帕帕尔人在向地里播下种子的前四天，丈夫一律同

第十一章 两性关系对于植物的影响

妻子分居,"目的是要保证在播种的前夜,他们能够充分地纵情恣欲。甚至有人被指定在第一批种子下土的时刻同时进行性行为"。祭司责令人们在这种时刻同他们的妻子行房事,实际是作为宗教义务来完成的。如果没有做到,播种即为非法。这种风俗的唯一可能解释似乎是印第安人把人类繁衍生育的过程同植物也要进行同样的职能弄混淆了,因而他们以为求助于前者,同时也就会促进后者。爪哇一些地方,在稻秧孕穗开花结实的季节,农民总要带着自己的妻子到田间去看望,并且就在田里进行性交。这样做的目的是为了促进作物成长。在新几内亚西端和澳大利亚北部之间的洛蒂、萨马他以及其他群岛,异教徒们把太阳看作男性的本源,地球作为女性的本源,由于有了男性的太阳,所以女性的地球才能生育繁殖。他们称太阳为乌普—列拉,或太阳先生,并以椰子树叶做的灯这种形式来表示太阳。在他们家里或在神圣的无花果树上到处都可以看见挂着这种灯。无花果树下有一块平坦的大石头,当作祭桌。在这些岛上,过去和现在仍有人把敌人的脑袋放在这石头上。每年一次,在雨季开始的时候,太阳先生便降临在这棵神圣的无花果树上给大地授精。为了太阳下来方便,还特地为它放了一架梯子,梯上有七根横档,供他使用。梯子靠在树下,梯子上雕刻了群鸟欢呼太阳从东方出来了的图画。这时候人们大量屠宰猪狗来祭奠。男男女女都一齐纵情狂欢,太阳和大地的神秘交合就这样公开地在歌舞声中、在男男女女于树下真正进行的性交活动中戏剧性地体现出来。听说这种节庆活动的目的是为了向太阳祖宗求得雨水,求得丰富的饮料和食品,子孙兴旺,生育繁殖,多财多福。他们祈祷每头母羊可以产两三头羔羊,人丁成倍增多,活猪代替死猪,米仓常满等等。为了求得太阳准其所请,就献上猪肉、稻米、酒肴,请它马上开始享用。在巴巴尔①群岛,每逢这个节日还特地悬挂一种旗帜作为太阳创造性能力的标志。旗帜用白棉布做成,约九英尺高,旗上有一个和真人大小差不多的人像。如果把这些狂欢节日活动看作纯粹是纵情寻欢作乐,那是不公平的。他们确实认真、庄严地组织这些活动,认为是大地富饶和人类福利所必需的。

用来刺激作物生长的手段,很自然地同样也用来保证树木结出果实。恩波依纳②有些地方当丁香树园的收成情况有可能不好的时候,男人们便在夜里光着身子去到园里给那些树授精,跟他们要使女人怀孕的做法完全一样。他们一面这么做着,一面嘴里还说着:"多长些丁香!"他们想象这样就能使这些树丰产。

中非的巴干达人非常强烈地相信两性交媾与大地丰产之间有着密切关系,如果他们的妻子不能怀孕的话,他们一般都是把她休了,认为她妨碍了丈夫园中果树的丰产。相反,如果有一对夫妻生了双胞儿女,这就表明他们的生殖力超乎寻常,巴干达人便相信这两口子也有使植物园的果树丰产的相应能力,于是就供给他日常的主要食粮。在孪生婴儿出生后不久,就举行一次仪式,让妈妈在房子附近的茂密的草地上仰面躺着,采下园内一朵大芭蕉花放在她的两腿之间。然后请她丈夫过来用他的生殖器把花挑将出去。这种仪式的目的很清楚,就是想把这一对夫妇的

---

① 在帝汶岛以东,属印尼领土。
② 即印尼的安汶。

第十一章 两性关系对于植物的影响

生育能力传给那园内的果树。此外,这一对父母还走遍本地各处,在所有要好的朋友的植物园里跳舞,其目的显然也是为了使果树结更多果实。

欧洲有些地方春夏季节都有这样的风俗,其原意显然也是出于这同样的原始观念,即认为人类彼此之间的性关系同样可以用来加速植物的生长。例如在乌克兰,圣乔治节(4月23日)那天,乡村牧师穿着法衣,在随从的陪伴下来到村边的地里,对着刚刚出土的庄稼嫩芽进行祝福。然后年轻的夫妇们成对地走到新近播过种子的地里,在上面翻滚几次,认为这样可以加速作物生长。俄罗斯有些地方,妇女推搡着牧师在刚发芽的作物上翻滚,即使滚到烂泥或洞穴里,都不能避让。如果这位牧师不肯这样,或劝说不要这样的话,那么,他的教徒们就要埋怨说:"小神父,你并不真心希望我们好,尽管你想靠我们的谷子过活,你却不愿叫我们多收谷子。"德国有些地方谷物收割完毕之后,男男女女都在地里打滚。这大概又是一种更古老、更野蛮的风俗的演变,其用意也是想赋予土地以旺盛的生产力,其方式也同很久以前中美洲帕帕尔人以及现在爪哇种稻农民所采用的方法一样。

对于有心探索人类在寻求真理过程中思想认识所经历的曲折道路的学者们,还有一个也很有趣的风俗值得考察。前面说过,原始人认为两性关系对于植物具有感应影响,从而有些人把性行为作为促使土地丰产的手段。根据这同一理论和信念,另外一些人却采取完全相反的手段来达到同样的增产目的。例如,尼加拉瓜的印第安人从玉米播种时起到收割时止这一段时间,实行夫妻分居,严格斋戒,不吃盐,不喝可可,不喝"契卡"(一种玉米酿的酒)。正如西班牙一位历史学家指出的,对于那些印第安人来说,那个季节是禁欲(abstinence)的季节。直至今天,中美洲一些印第安人的部落为了促进农作物生长,还实行节欲。我们听说凯克奇印第安人在播种玉米之前五天内不吃肉,不和妻子同房。而兰魁尼罗人和卡加波罗人在此期间禁欲的时间则长达十三天。特兰西瓦亚的一些日耳曼人规定在整个播种时期任何人不得与妻子同房。匈牙利的卡洛塔斯泽格地方也实行这同样的规定。那里的人们以为,如果不奉行这一习俗,庄稼就要霉烂。同样,中澳大利亚凯蒂希部落的一位酋长,在履行巫术仪式促使禾类作物生长的整个时期严格不与妻子过夫妻生活,他认为,如果违犯这一条就会妨碍作物种子很好地发芽。美拉尼西亚群岛①的一些岛上,在藤蔓山药整枝时期,男人都睡在园地附近,绝不接近妻子,如果他们犯了禁欲的规定之后又进入园地,那么,全园的果实就都毁了。

如果我们要问为什么类似的信念竟在不同民族之间从逻辑上导致这样截然相反的行为方式:一种是严格节欲,另一种却是或多或少的公开纵欲,按原始人的思想考虑,其理由是不难找到的。如果说在某种程度上原始人同自然是一致的,他们又不能区别自己的情欲、生殖,跟自然繁育动植物的方法两者之间的不同,于是他们就会得出这样的结论:通过放纵自己的情欲,有助于动植物的繁殖;或者不育后嗣,积蓄精力,这样也有助于其他生物——无论动物或植物——繁殖种类。就是这样,从相同的原始

---

① 位于西南太平洋。

第十一章 两性关系对于植物的影响

哲学和相同的对于自然与生命的原始观念出发，原始人经过不同的渠道得出一条原则：放纵情欲，或实行禁欲。

在受过东方禁欲虔修的宗教熏陶的读者看来，我对于原始或野蛮民族在一定环境下遵行的节欲准则的解释似乎是牵强的，不可相信的。这些读者可能认为以道德的纯洁来加以解释就足够了。在他们思想上，道德的完美与禁欲准则是密切攸关的。他们可能赞同弥尔顿的观点：禁欲本身就是一种崇高的品德，那些对于自身强烈的情欲冲动能够有所克制的人，标志着这些人的品质高于一般大众，值得给予圣洁的封号。无论他们这种思想方式在我们看来是多么自然，但对于未开化的人们来说却完全陌生，而且实在不可理解。如果他们有时克制了本能的性欲冲动，那并不是出于什么崇高的理想和对完美道德的微妙的希求，而是为了达到某种隐秘的但完全明确而具体的目的才肯牺牲暂时的肉欲的满足。究竟是否如此，我在上面提出的事例已经足可证明。那些事例说明，当自卫的本能（主要表现在寻找食物方面）同导致种属繁衍的性欲本能发生冲突或可能发生冲突的时候，前一种本能，作为基本的更重要的本能就能够克服后一种本能。总而言之，为了获得粮食，原始人愿意克制自己的情欲。他们愿意克制情欲的另一目的就是为了战争胜利。不仅身在战场的战士，而且他们在家乡的朋友都常常抑制自己的性欲要求，因为他们相信这样能更容易击败敌人。在我们看来，认为播种者的贞操能够引导种子生长，这种信念之荒谬是非常清楚的。然而，诸如此类虚妄无益的信念，导致人类进行自我克制，这种做法本身对于振奋和加强人类的教养并不是没有益处的。因为一个种族正如一个人，其品质的优劣主要在于能否为了未来而牺牲目前,为了长远的永恒的幸福而抵制眼前短暂的欢娱引诱。这种能力表现得越突出,其品质就越高尚,以致最后达到英雄主义的高度,为了维护或赢得人类未来的自由、真理和幸福,能够放弃个人的物质享乐甚至自己的生命。

第十二章 神的婚姻

第一节 狄安娜是繁育增产的女神

我们已经了解了那种广泛流传的信念（事实上，这种信念并不是毫无根据的），即：植物通过雄雌两性的性结合来繁殖，根据顺势或模拟巫术的原则，这种繁殖是由植物精灵雄雌两性（或由男人女人扮演）婚嫁交配刺激的结果。这种巫术性的戏剧在欧洲民间节日中占有重要地位。由于它们根据的是非常原始的对自然法则的概念，所以它们一定是从远古时代就流传下来的。我们假定这种欧洲民间风俗早在欧洲各文明民族的祖先还是野蛮人的时期就已开始是不会有误的。那时那些祖先还在放牧牛羊，开垦森林中的小块隙地，而当时的原始森林则密密地覆盖着欧洲大陆从地中海到北冰洋的大部分土地。但是，如果古代为促使花草树木发芽苗长开花结果的符咒法术竟能以农村戏曲和大众娱乐的形式延续存在到今天我们的时代，难道我们就没有理由假定，在大约二千年以前的古代文明民族中它们曾以较丰富的原形存在过吗？或者，换句话说，我们能否在古代的某些节日庆祝活动中找到与我们今天的五朔节、降灵节、仲夏节等相等的东西呢？——所不同的仅在于古时那些仪式还没有演变为单纯的戏剧表演和盛装游行，而仍旧保持着宗教的或巫术的礼仪，那些演员都自觉地扮演着神和女神的崇高角色。我们在本书第一章中进行过探讨，有理由相信，享有内米森林之王称号的祭司有林中女神狄安娜做他的伴侣。他俩作为林中之王和王后，难道不可能就是今天欧洲那些盛装游行的人所扮演的五朔节之王和王后，以及降灵节的新娘和新郎的重要标示吗？他俩的结合不是也可能作为"茜奥格媚"(theogamy)，即神婚，而每年庆祝一番么？神与女神的婚配在古代世界许多地方是作为庄严的宗教礼仪来进行的。这一点我们下面就要谈到。因此，如果假定内米圣林可能曾经是这类一年一度的仪式举行的地方，实际上并非不可能。虽然还没有直接的证据证明就是如此，可是用类推的方法来看这种观点却是可以成立的。下面我就试着加以说明。

狄安娜基本上是一位森林女神，正如色列斯①是谷物女神，巴克斯是酒神一样。她的圣所一般都在小树林中，实际上，每座树林都奉献给她了。而人们在祭祀奉献时又常常把她同森林之神西尔维纳斯联系在一起。但是，无论她的出身渊源如何，狄安娜并不仅仅是一位森林女神。跟她的希腊姐妹阿尔忒弥斯一样，她似乎已经发展成为自然界繁殖生命（动物和植物）的化身。作为茂密森林的女主人，人们很自然地认为她拥有漫游其中、潜伏捕食、啃啮牧草、咀嚼嫩芽鲜叶的野兽和驯服的动物。于是，她既是猎人的也是牧人的守护女神，正如西尔维纳斯不仅是树林之神，而且是畜牧之神一样。同样，在芬兰，森林中的一切野兽都被看

---

① 色列斯(Ceres)，罗马神话中的谷物女神和大地女神，相当于希腊神话中的大地女神、谷物女神得墨忒耳(Demeter)。

第十二章 神的婚姻

作是属于森林之神泰庇欧和他端庄美丽的妻子的兽群。不经这两位的恩允,任何人不得猎杀其中任何一头野兽。因此,猎人如要打猎,都得向森林的神祇祷告许愿,奉献丰厚的牺牲。牛羊牲畜,无论关在圈内或栖憩林中,也都受到森林之神的保护。苏门答腊的芥莪人认为,带着猎狗进入山林狩猎麋鹿、山羊、野猪之前,必须求得冥冥之中的森林之神允许。其做法是,熟悉林中狩猎情况的人在一根以特殊刻法来代表山林神祇的木桩前面放上一堆槟椰子,祈求神灵显示允许与否。阿里安①在论狩猎的论文中告诉我们:凯尔特人在阿尔忒弥斯生日那天总要奉献祭品,并且是用他们一年中猎杀狐狸、野兔、小鹿所付的罚金来购买这些献祭的牺牲。很清楚,这种习俗暗示着那些野兽都属于这位女神,猎杀了野兽,必须报偿。

但是狄安娜不只是野兽的女守护神和山林、沼泽河流的女主人,而且还被想象为月亮,特别是她就像金黄色的秋月,她还能使农家优良果实丰产,并且听取产妇阵痛中的祈祷。她在内米的圣林中,如我们了解到的那样,是特别被作为育儿和赐予后嗣的女神来祀奉的。她经常被比作希腊的阿尔忒弥斯,总管自然的女神,特别是生育繁殖女神。所以,我们毋需觉得奇怪,在她阿凡廷②的圣殿里,她被描绘成以弗所③的阿尔忒弥斯那样多乳房的偶像,具有非凡生育力的各种特征。因此我们也能理解为什么古罗马国王屠勒斯·霍斯提利厄斯制定的罗马法律规定,凡犯乱伦罪

---

① 弗洛维·阿里安(Flavius Arrianus,约95—约175),古希腊历史学家、作家。
② 阿凡廷(Aventine),古罗马的七丘之一,罗马城即建立在七丘之上及其周围。
③ 小亚细亚西部,古希腊的一个城市。

者,大祭司们应向狄安娜的圣林献祭赎罪的牺牲。因为我们知道,人们认为犯乱伦罪通常会造成饥馑,所以应该向繁育女神赎罪。

既然原则上繁育女神自己必须是能繁育的,所以狄安娜应该有一个男性伴侣。如果塞维厄斯①的证明可信的话,她的伴侣就是维尔比厄斯,内米森林之王就是他的代表或者不如说就是他的化身。他们结合的目的大概就是为了促进大地、动物以及人类的繁殖。因此,人们会很自然地想到,如果每年举行一次这样神圣的婚礼,用神的塑像或由人来扮演婚礼中的新娘和新郎,那么这一目的就会更有把握达到。没有任何古代作家提到在内米的圣林中进行过这样的庆祝。我们不熟悉阿里奇亚人的宗教仪式,因此这方面的资料不足,不能作为理论上反对的主要依据。在缺乏直接证据的情况下,那一理论必须根据其他地区流行的类似风俗加以类推。有些类似的现代风俗,在形式上跟内米圣林中的那种宗教仪式多少有些变易,这一点在前一章里虽然已经作过介绍,下面我们还要研究一下同它们相应的古代习俗。

第二节 诸神的婚姻

在巴比伦,天地之神贝勒的庄严圣殿像金字塔似地矗立市内。它共有八层楼阁,层层叠叠,高耸入云。最高一层围绕其他

---

① 塞维厄斯(Marius Servius Honoratus,4世纪),古罗马语法学家、学者,以评论维吉尔(Virgil)著称于世。

七层攀缘而上,是一座宽敞的大殿,殿内陈设大床一张,帐幔被褥,十分壮丽,床边置金桌一张。整个大殿别无其他塑像,只有一位女人住在那里,此外没有任何人在里面过夜。据迦勒底人的祭司说,那女人是神在巴比伦妇女中挑选的唯一女人,神每晚到来且睡在那床上,那位女人作为神的配偶,便不能同任何凡人发生性关系。

埃及的底比斯①古城,太阳神阿蒙的神殿里总有一位妇女作为神的配偶在那里睡觉过夜,并且也跟巴比伦的贝勒妻子一样,这位妇女据说也不能和其他男人交往。在古埃及人的经文里,她经常被作为"神的配偶"提及,而且绝不亚于埃及王后的地位。因为据埃及人说,他们的帝王实际上都是太阳神阿蒙所生,暂时以统治者国王的形象出现,同时在这种形象下与王后发生性交。神的生育子女情况,在埃及最古老的神殿两侧墙壁上都有详细的雕刻绘画,如德尔·巴哈利的神殿和卢克索的神殿,画上的题词无疑是阐释画面的含义的。

在雅典,酒神狄俄尼索斯②每年都与王后结婚,这种神圣的美满婚姻与婚礼仪式,也在纪念活动中扮演出来,不过那神究竟是由人来扮演或者以神的塑像来充当,我们还不知道。我们从亚里士多德的著作中得知这种仪式在古老的王宫里举行。王宫坐落在雅典卫城东北坡上的市政厅附近,以"牛宫"之名著称。这种婚

---

① 底比斯(Thebes),有两处,这里指的是尼罗河畔及南部的古城。另一处在希腊中东部,古代希腊维奥蒂亚地区的主要城市。本书第四十三章和其他地方还将提到。

② 狄俄尼索斯(Dionysus),希腊神话中的酒神,即罗马神话中的酒神巴克斯(Bacchus)。他是宙斯和塞墨勒的儿子。原来是色雷斯地方的一位神,后来变成了植物神、酒神。相传他首创用葡萄酿酒,并将种植葡萄、收集蜂蜜的方法传播各地。

姻的目的不是别的,只是为了确保狄俄尼索斯作为酒神所管辖的葡萄及其他果树丰产。所以,它在形式和意义上都同五朔节的王与王后的婚礼相吻合。

在厄琉西斯①每年9月举行的盛大神秘礼仪中,天神宙斯和五谷女神得墨忒耳的结合似乎是由司神秘仪式的祭司和得墨忒耳的女祭司两人的结合来表示:一个代表宙斯,一个代表女神。不过他们的交媾仅仅是戏剧性的或象征性的,因为神秘仪式的祭司服用了一种用毒芹提炼的毒药而暂时失去了性行为的能力。神秘仪式开始后,所有火炬熄灭,这一对夫妻降临在一幽暗处所,膜拜的人群在周围焦切地等待着神人会合的结果,他们相信自己能否得救都取决于此。过了数刻,祭司再次出现,在一片光明中静静地显示出一支收割后的谷穗,即二神婚后的果实。祭司这时大声宣称:"王后布莉姆诞生了神婴布里姆斯",这话的意思是"至高无上的女神生育了至高无上的神"。谷物的母亲事实上生育了她的孩子谷物,神剧中则表演了母亲分娩时阵痛的情景。剧中显示收割后的谷穗看来是全剧光辉的最高潮。透过后代诗歌和哲学中对这些宗教仪礼令人心醉的描绘,那种单纯质朴的节日庆祝礼仪,好像透过太阳射穿的云雾遥望远处风景一样,隐约可见。这种习俗至今仍盛行于辽阔的厄琉西斯平原②:谷物女神嫁给天神,天神便将富有生命力的阳光、雨露赐予荒芜的大地,使得五谷丰

---

① 古希腊的城市,位于雅典西北。
② 雅典西北的平原。

收。维奥蒂亚地区的普勒替厄①市镇上的人民每隔几年就举行一次叫作"小狄德勒"的纪念活动。他们在古老的橡树林中砍倒一棵橡树,用它雕塑一尊神像,穿上新娘服装,放在一辆牛拉的大车里,旁边还有一位女傧相陪伴。人们吹着笛子载歌载舞簇拥着神像来到亚索波斯河岸边,然后又回到镇里。维奥蒂亚的全体人民每隔六十年举行一次"大狄德勒"纪念活动。六十年来历次小型纪念活动用过的神像累积共达十四尊之多,都载在马车上列队拉到亚索波斯河岸边,然后拉到西泰隆山顶上,堆在巨大的柴堆上全部烧掉。这些节日活动的故事告诉了我们:古人是用穿着新娘服饰的橡树神像为代表,以庆祝宙斯和赫拉②的婚礼。在瑞典,每年都要把动植物繁育之神——福瑞的塑像(与人身大小尺寸相等)用车子载着走遍各地,一位漂亮的姑娘奉着神像,人们称她为神的妻子。这位姑娘也充当神在乌普萨拉的神殿里的女祭司。载着神像和神的妙龄新娘的车子所到之处,人们成群结队地夹道欢迎,奉献祭品,祈求年年丰收。

由此可见,神和雕像结婚或和真人结婚,这一风俗在古代许多民族中都是很盛行的。这种风俗的思想基础过于野蛮,使我们不能怀疑它是文明的巴比伦人、埃及人以及希腊人从他们野蛮的或尚未开化的祖先那里继承来的。我们发现在现代发展较低的民族中也流行类似的礼仪,这就使上述推断更加有力。譬如,我

---

① 古希腊城市之一。公元前479年希腊人曾在这里摆下战场,击败了入侵的波斯人。

② 希腊神话中主神宙斯(Zeus)和他的第七位妻子赫拉(Hera)。宙斯立赫拉为天后。

们听说俄罗斯马尔梅日地区的沃加克人从前曾因连年荒歉深为苦恼,不知道如何是好。最后他们想到那位强有力但又易于为害的神克利梅特一定是因尚未婚配而发怒。于是几个老年代表前往库拉拜访那儿的沃加克人,就此问题和他们取得协议。他们回去以后,准备了大量白兰地酒,一辆马拉彩车,一行人赶着,铃声叮当,热热闹闹地,就像迎娶新娘一样来到库拉。他们在那里又吃又喝欢乐了一夜,第二天早上在树林里铲了一块四四方方的草皮带回本地。从那以后,马尔梅日人的生活过得好起来了,库拉人的日子过得却不好了。在马尔梅日人那里粮食长得好,而在库拉人那里,粮食长得不好。因此那些同意这门亲事的库拉人都受到同村居民的责骂和粗暴对待。一位作家在报道中说:"他们采用这种婚姻仪式是什么意思呢?很难想象。也许像别赫切廖夫所推测的那样,他们让克利梅特跟仁慈的、多产的大地妻子穆奇尔兴结婚,以便使她影响他为大伙做些好事。"在孟加拉,每当掘井的时候,人们总要雕刻一个木像并将他入赘给水之女神。

往往指定给神为妻的并非木石或一片云霞,而是真正有血有肉的女人。秘鲁有一个村庄,那里的印第安人将年仅十四岁左右的漂亮姑娘嫁给他们奉之为神(华卡)的略似人形的石头,全村居民都参加那历时三天十分隆重的婚礼。此后,那个女孩便一辈子不能嫁人,她为全村百姓做了偶像的妻子,牺牲了自己。村里的人对她极其尊敬,奉若神明。阿尔衮琴[①]印第安人和休伦[②]人每年

---

① 阿尔衮琴人是印第安人中最大的氏族。主要居住在今加拿大渥太华河流域。
② 印第安人氏族联盟的成员,聚居于美国的俄克拉荷马与加拿大的魁北克。

第十二章 神的婚姻

三月中旬开始用拖网捕鱼的季节总要让他们的渔网和两个年纪只有六七岁的小女孩结婚。在婚礼宴会上,人们把渔网放在这两个姑娘的中间,祝告渔网施展勇力多捕鱼类。为什么挑选这么小的姑娘来做新娘呢?理由是确保新娘都是处女。这种风俗的起源据说是这样:有一年,当捕鱼季节来临时,阿尔衮琴人跟往常一样撒网捕鱼,竟一无所获。他们非常惊讶,不知所措。后来渔网的精灵以身材魁梧的人形向他们显灵,非常愤怒地对他们说:我失去了妻子,至今还没找到一个从未接触过男人的女子为妻。你们一向捕不到鱼,就是因此之故。你们若不使我求偶的愿望得到满足,就永远捕不到鱼。于是,阿尔衮琴人聚在一起商量,决定求渔网精灵息怒,献两个非常非常年轻的姑娘给他为妻,使他今后再没有为此抱怨的余地。他们这样做了,果然捕得极多的鱼。这事马上就传到他们附近的休伦人中间去了,他们也采取了这个习俗。凡捕到的鱼都要送一份给当年给渔网精灵做新娘的两个小姑娘的家里。

孟加拉的奥昂①人崇奉大地为女神,每年娑罗桑树开花的季节都要庆祝她同太阳神达梅的结婚。其礼仪如下:人人都沐浴,浴后男的都到神林中去,女的则聚集在本村祭司家里,男人们在树林里向太阳神和林中守护神献过家禽等祭品以后,便开始吃喝。"然后,由一位强壮的男人把祭司背在背上走回村里。女人们在村口迎接,洗他们的脚。全体敲鼓,唱歌、舞蹈、跳跃,来到祭司家里。祭司家里用树叶和鲜花装饰一番,祭司同他妻子像正常人结婚那样举行婚

---

① 奥昂人原是印度中部的一个原始民族,亦名库勒族,早于达罗毗荼人。

礼,这样来象征太阳和大地的结合。仪式完毕,全体吃喝玩乐,跳着舞,唱着猥亵的歌曲,最后便进行最荒唐的纵情淫欲。这样做的目的是要感动大地母亲富饶丰产"。这种由祭司与祭司妻子扮演太阳与大地之神的婚媾,是作为确保大地丰收的法术来庆祝的,并且,由于同样目的,根据模拟巫术原则,人们才恣情纵欲。

值得注意的是妇人嫁给的神常常是水神或水中精灵。巴干达人每逢远航总要向维多利亚尼昂萨湖神莫卡萨祈求,同时为他献出两位少女做他妻子。像维斯忒弥人一样,这两位少女也实行斋戒节欲,不过常常并不彻底。这种风俗直到姆万加人信奉基督教以后才没有了。英属东非的阿基库尤人崇奉河中水蛇,每隔几年便将一些妇人,尤其是年轻姑娘嫁与为妻。为此,巫师还命令盖起专用的小屋,由他代神和这种轻信的女性献身者完婚。如果没有足够的姑娘自愿前往小屋,便强把一些姑娘捉去送入神的怀抱。这些神秘联姻的后嗣,都是神(纳盖)的儿女,自然,阿基库尤人中有不少人是神的儿女。据说东印度布鲁岛上居民曾经受到大群鳄鱼的毁灭的威胁,他们以为这一不幸来自鳄鱼王子的愤怒,因为他看上了某个姑娘。于是,他们就强迫这位少女的父亲给她穿上新娘的服装,送入鳄鱼情人的魔爪。

据报道,马尔代夫群岛居民在信奉伊斯兰教之前也流行同样的习俗。著名的阿拉伯旅行家伊本·白图泰[①]曾经记述过这一风俗及其不再流行的始末。他引述了好几位可靠的土人(都有姓名)对他说过的情况,当岛上居民还崇拜偶像的时候,他们那里每

---

① 伊本·白图泰(Ibn Batutah,1304—1377),阿拉伯旅行家。

第十二章 神的婚姻

月都有一个邪恶精灵出现。精灵是从海上过来的，远远看去，像一艘灯火通明的船。岛上居民看见它来了，便立即将一位年轻的处女穿戴打扮起来领到岸边教徒的殿堂里去。那殿堂有一个窗子朝向大海。居民们把少女独自留在殿里过夜，第二天早晨去看时，那少女已经失去童贞死在殿内。大家每月拈阄，拈到的人必须把自己的闺女送给海上精灵。最后一位被奉献的姑娘，由一个虔诚的伊斯兰教土人念诵可兰经把妖精赶回大海而获救了。

伊本·白图泰关于恶魔娶妻的叙述，和大家熟知的类似民间故事很像。从东方的日本和安南①，到西方的塞内冈比亚②、斯堪的纳维亚和苏格兰都发现过这类民间故事的文字记载。故事的详细情节，不同民族的传说各有不同，但一般说起来都是这样：某地常有多头蛇、龙或其他怪物骚扰，如果不定期以活人特别是年轻处女献祭，就要毁灭全体居民。于是，人们献祭了许多姑娘。最后轮到国王的女儿了。公主被献给了怪物，这时，故事的主角，一般都是出身卑微的青年，出来代替公主，杀了怪物，得到公主为妻，作为对他的酬报。这些故事中的怪物有时是住在海里、湖中，或山上的蟒蛇。有些故事则把它写成占据泉水的蛇或龙，必须以活人向他祭祀，才让人饮用泉水。

如果认为所有这些故事都是说故事的人捏造出来的，那是不对的。我们可以认定，这些故事反映了一个真实的风俗，就是，把姑娘或妇女献给常常被人们想象为蛇或龙的水中精灵为妻。

---

① 安南（Annam），历史上为唐安南都护府地。五代晋时独立，建国号为瞿越、大越等。南宋后称为安南。1802年（清嘉庆七年）改国号为越南。即今之越南。
② 西非塞内加尔和冈比亚河附近地区。

第十三章 罗马之王和阿尔巴之王

第一节 纽玛与伊吉利娅

从以上对于风俗和民间传说的考察,我们可以推断:为了动物和人的最基本需要,促进大地富饶丰产,许多民族一直年年庆祝草木和水精灵的神圣婚嫁。在庆祝仪礼中,神的新娘新郎角色经常都是由男人和妇女来充当。因此,我们可以进一步推断:在内米圣林中,草木与水的精灵以碧荫林木、飞瀑流泉、如镜平湖等幽美的丰姿表现着自己。古代的人们每年都要在这里庆祝血肉身躯的林中之王和林中之后女神狄安娜的婚配,正如我们今天流行的五朔节王与王后的婚配风俗一样。在这方面,一位重要人物就是圣林中的女水神伊吉利娅。怀孕妇女都向她礼拜,因为她同狄安娜一样,能够保佑孕妇顺利生产。由此可以得出相当可靠的结论说,像许多别的泉水一样,伊吉利娅的神水据信可以使妇女怀孕并且顺利分娩。在现场发现的还愿献祭的物品显然为的是生男育女。这些祭祀更可能是献给伊吉利娅而不是献给狄安娜的,或者我们不如说泉水神伊吉利姬是伟大的自然女神狄安娜的另一形象。狄安娜又是潺潺河流与郁郁森林的女主人,她的家就在湖畔,宁静的湖水就是她的明镜。和她相当的希腊女神阿尔忒弥斯也是喜欢经常出没于这些沼泽溪泉胜地的。关于伊吉利娅

第十三章 罗马之王和阿尔巴之王

就是狄安娜这一点,普鲁塔克有过一段陈述已经予以证实。他说,伊吉利娅是一位橡树女神,罗马人相信她主管一切橡树丛林,因为狄安娜是一般林中女神,伊吉利娅则特别为人所熟知地与橡树联系在一起,尤其在她的内米圣林里。而之所以享有这份尊崇,也许是因为伊吉利娅是一株神圣橡树根下流出的清泉的仙子,这股清泉据说是从多多纳那里的一棵大橡树底下流出来的,女祭司们就是从它的汩汩水流声中得到神谕的。希腊人认为喝了一口神泉或神井的水,就获得了预言的神力。由这一点就可以说明,根据传统,伊吉利娅给予她国王丈夫或爱人纽玛的,要远远超过一般人的智慧和力量。如果我们还记得,在古代社会里,国王总是负有使天降雨水、大地丰产的职责,那么,我们说,传说中的纽玛与伊吉利娅的婚姻,是对古代罗马国王经常和草木女神及水中女神婚配以尽其神职或巫师职能的事迹的追忆。这样推断该不为轻率吧!在那神婚的礼仪中女神的角色可能由雕像或妇女充当。若是后者,很可能是由王后来充当。如果这样推测确有一定的真实性的话,那就是由罗马的国王和王后来充当联姻的神和女神,正像埃及的国王和王后似乎曾经做过的那样。纽玛与伊吉利娅的传说故事指出,这场婚礼举办的地点在一处圣林中,而不在某一王宫或居室。这种神婚,就像五朔节的王与王后,或酒神与雅典王后的婚姻,都是作为保证五谷丰登、人畜兴旺的巫法而每年一度地进行庆祝的。根据一些记载,这种婚礼举行的地方,不是别处,正是内米的圣林。基于相当可靠的理由,我们也能假定,林中之王和狄安娜也是在那片林内结婚的。两条不同的探寻线索最后相交于一点,表明传说中的罗马国王同伊吉利娅的婚姻,可能就是林中之王同伊吉利娅或同伊吉利娅相等的狄安娜的婚姻的反映或翻版。但是这并不意味罗马的国王们曾经就是阿里奇亚丛林的林中之王,只是他们可能一直被赋予与此同一类型的神的品性并且担任过与此名义相同的职务而已。更明确些说,他们很可能由于是神的代表或化身,而不是由于出身的权利,曾经当过国王并以此身份同女神结过婚,而且还常常经历剧烈的体力斗争来证明自己适合于履行神的职能。后者对于他们往往是致命的,甚至因之把自己的王冠让给了胜过自己的对手。我们对于罗马国王王位继承问题的知识还很不够,没有把握肯定任何这类的假设。但是,至少在所有这些方面,总有一些零散的暗示或迹象,表明在内米的祭司和罗马国王之间,或者毋宁说在传说故事开始以前的蒙昧时代,他们的远祖之间确有相似之处。

第二节　国王是朱庇特的化身

首先,似乎国王扮演的就是朱庇特本人。直到罗马帝国时代,庆祝胜利的将军们和在罗马竞技场内主持竞赛的行政长官们,都穿着朱庇特的服装(临时从朱庇特神殿借来的)。古今学者都认为,他们这样做很大程度上可能是模仿古代传统的服装和罗马国王的标帜。他们乘坐由四匹戴着桂冠的马拉的战车穿过全城,其他人都跟在车后步行。他们头戴桂冠,面涂朱砂,身穿镶着金边的紫袍,右手拿着桂枝,左手拿着象牙宝杖,杖头刻着雄鹰。一个奴隶高举着一顶橡树叶形状的金制王冠盖过头上。这些服饰,那鹰头宝杖、橡叶王冠和朱红面容,在在都证明这样穿着的人

第十三章 罗马之王和阿尔巴之王

就是神朱庇特。因为鹰是朱庇特的神鸟,橡树是他的神树,他在神殿前战车上立着的塑像的面容,都是这样涂成朱红的。每逢节日,检查官员首先就是检查朱庇特的神像是否很好地涂成了朱红色。由于胜利游行的行列总是走到卡庇托山上的朱庇特神殿前结束,因而给为首的胜利者戴上橡叶王冠是非常适当的。这是因为不仅每棵橡树都是奉献给朱庇特的,而且据说罗慕路斯在一棵橡树旁建立了朱庇特的神殿,深为牧人们崇敬,国王在战役中赢得敌军的战利品也都存放在这里。人们明确地告诉我们橡叶王冠是奉献给古罗马城卡庇托山上朱庇特神殿内的朱庇特神像的。奥维德的一段诗句证实了它被看作朱庇特神的象征。

根据一种我们没有理由予以否定的传统说法,罗马城是从阿尔巴隆加①迁来定居的人修建的,城坐落在阿尔巴群山的山坡上,俯瞰坎帕格纳②平原和湖泊。因此,如果罗马国王们声称他们是天神、雷神和橡树之神朱庇特的代表或化身,那么,很自然的我们也可以假定说阿尔巴的国王们、罗马创建者的祖先,也是这样说他们自己的。阿尔巴王朝统治者们自称"西尔维"或树林中的人。在古罗马文物研究者和诗人维吉尔的笔下,当埃涅阿斯③在阴间看到罗马古代光辉景象时,所有"西尔维"支系的人都戴着橡树王冠,这种写法并不是毫无意义的。头上戴着一顶橡树叶编织的花

---

① 古代意大利半岛中部拉齐奥(一译拉丁姆)地区的一个城市,在现代的罗马附近,罗马传说认为此地是罗慕路斯及其孪生兄弟莫勒斯的诞生地。
② 罗马周围的平原地带。
③ 埃涅阿斯(Aeneas)希腊传说中的英雄人物,曾为特洛伊而战。一说,他在特洛伊失陷后,背着父亲,手携幼子出走,相传,他和他的子孙建立了罗马城。

冠，似乎是阿尔巴隆加古代国王们及其后继罗马国王徽帜的一部分。这两种情况都表明国王是橡树神的代表。据罗马史书记载，阿尔巴诺的一位国王（名叫罗慕路斯，勒慕路斯或阿慕利厄斯·西尔维厄斯）自称是相等于或高于朱庇特的神。为了证实这一点，并且慑服其臣民，他制造了一种机械，模拟雷电发出轰隆声和闪光。狄奥多罗斯写道："在收割季节，经常雷声震耳，国王命令士兵拔出刀剑敲击盾牌来压倒天庭怒吼的雷声。于是他受到了不敬天神的惩罚，在可怕的雷雨中连人带屋都被雷击毁了。阿尔巴诺湖水暴涨，淹没了他的宫殿。"据一位古代历史学家说，今天当湖水低落、水波不兴的时候，人们还依稀可见那沉在清澈水底的王宫废墟。这一传说和伊利斯国王萨尔蒙努斯的故事一样，都说明了希腊和意大利古代国王遵行的真实风俗，他们像现代非洲的国王们一样，可能也曾经被人们期望能够为农作物增产而普施雷雨。祭司之王纽玛族被认为是用法术从天上取来闪电的能手。现代仍有许多民族仿造雷电作为求雨的魔法。那么，为什么古代的国王们就不可能早就这样做了呢？

假如阿尔巴诺和罗马的国王模仿头戴橡树叶王冠的橡树之神朱庇特的话，他们便也可能仿效雷雨之神的特性，假装可以轰雷闪电。假如他们真的这样做过的话，那么就很可能像天神朱庇特和地上许多国王那样，他们也当过公众的行雨者，当大地干枯亟需甘霖的时候，运用法术在满天乌云中降下雷阵雨来。在罗马，天上水闸是用一块神砖打开的。这种开放天上水闸的仪式已形成为朱庇特·伊里西厄斯仪礼的组成部分。伊里西厄斯是在云端施放闪电洒下雨水之神。难道还有谁能比天神的活代

第十三章 罗马之王和阿尔巴之王

表——国王——更适于履行这种仪式吗?

如果罗马国王们模仿主神朱庇特,那么他们的前辈阿尔巴的国王们便可能是模仿伟大的拉第安·朱庇特,他的神位就在该城的上空——阿尔巴诺山的山顶上。拉丁努斯是传说中拉第安王朝的祖先。据说他在古代拉丁国王特具的神秘方式中离开人世,后转为拉第安·朱庇特。阿尔巴诺山顶上的拉第安·朱庇特圣所是拉丁同盟①的宗教中心,正像阿尔巴诺是它的政治首府(直至罗马夺去其最高权位时)一样。很明显,在他的这座圣山上,从来没有建过我们所说的那种朱庇特神殿。作为天神和雷神,他在露天中接受人们对他的崇敬礼拜是很恰当的。那巨大围墙的残垣至今还围着天主教受难会修道院的古老苑址,看来是罗马最末一位国王,威严的塔尔昆,选作拉丁同盟每年隆重集会的圣地的一部分。神在山巅高处的最古老圣所,是一片丛林。如果我们不仅记得橡树是专门奉献给朱庇特的,而且还记得阿尔巴诺国王传统的橡树叶王冠和与之相似的罗马之神朱庇特,我们就可以想象那丛林里的树大概就是橡树。我们知道,在古代,阿尔基德斯山是阿尔巴诺山脉外延的一组群山,山上覆盖着浓密的橡树林。最初属于拉丁同盟、有权分享在阿尔巴诺山上献祭的白毛公牛血肉的氏族,其中一个氏族的成员自称他们是橡树之人,这无疑是由于他们曾经住在橡树林里的缘故。

---

① 古意大利半岛拉丁姆地区约三十个小城结成的同盟。据说该同盟始于公元前7世纪,旨在保护同盟者的利益并与邻近部落作战。公元前6至前5世纪,其中的罗马逐渐得势。公元前340-前338年其他同盟者联合反对罗马,进行了"拉丁同盟战争",前者败,降附罗马,拉丁同盟遂解散。

但是如果我们为自己绘出一幅图画,以为这个地区在古代尽是连绵不断的橡树森林,我们就错了!泰奥弗拉斯忒斯①曾给我们留下的有关纪元前4世纪拉丁姆地区的丛林的描述。他写道:"古罗马的人的土地都是潮湿的。其平原出产月桂、桃金娘和山毛榉。其地采伐的大树,每株树干足够装一条第勒尼安海上船只的龙骨。山区多松树和枞树。被称作'喀耳刻②的故土'的地方是一片陡峭的高岬,长着浓密的橡树、桃金娘树和月桂树。当地土人说喀耳刻就住在那里,并能指出厄尔庇诺③的墓地。只有这里长的桃金娘树才能做花冠,其他地方长的则太高。"由此看来。罗马古代阿尔巴山顶上的景象在某些方面和今天的景象一定很不相同。一方面紫色的亚平宁山脉④是那么永恒地巍峨宁静,另一方面,闪闪发光的地中海又总是那么波涛汹涌、奔腾不息,它们无论沐浴在阳光之中还是在浮云的阴影下变化多端,无论在往古还是在今天,看起来都差不多一样。但是,极目看去,收入眼底的一定不是今天那闷热而又荒无人烟的广袤平原和纵横交错地布满着长长的好像米尔兹桥拱似的高渠的残迹,而是向四面八方绵延不断的森林地带,其翠绿、猩红、金黄诸般色调同远处无边的青山

---

① 泰奥弗拉斯忒斯(Theophrastus,约前327-前287),古希腊哲学家亚里士多德的信徒和继承人,成为亚里士多德学派(亦称逍遥派)的首领。
② 喀耳刻(Circe)是荷马史诗《奥德赛》(*Odyssey*)中的女魔,她曾经拘禁了奥德修斯及其一行,一年后才予释放。
③ 希腊神话:厄尔庇诺(Elpenor)是奥德修斯(Odysseus),一译俄底修斯,罗马神话称之为尤利西斯(Ulysses)的伙伴,在被女魔喀耳刻拘禁的时期内于喀耳刻所住的喀耳刻宫的屋顶平台上摔下身死,葬于其处。
④ 在意大利中部,阿尔卑斯山脉主干南伸部分,长约1300多公里,宽30-150公里,海拔约1200米。

第十三章 罗马之王和阿尔巴之王

碧海绝妙地交融在一起。

但是朱庇特并不是一个人孤独地长住在他的神山顶峰的。他还带着他的配偶——女神朱诺。朱诺在这里也像在罗马朱庇特神殿里一样受人们崇奉,她的称号是蒙妮塔。在朱庇特神殿里,橡树叶王冠是专门奉献给朱庇特和朱诺的。由此,我们可以想象那是从阿尔巴山的祭祀中学来的,所以在神圣的橡树林中,橡树之神也必有他的橡树女神。因此,在多多纳,橡树神宙斯是和狄娥娜为配偶的。狄娥娜这个名字不过是朱诺这个名字在方言上的变形而已。正如我们了解到的,在西泰隆山顶上,他似乎是定期地和赫拉的橡树雕像结婚。很可能,虽然还不能肯定地证实,所有拉丁血统的民族每年仲夏六月都要庆祝朱庇特和朱诺两神的婚配。6月(英文 June)这个词就是从朱诺(英文 Juno)这个名字的音形得来的。

如果罗马人每年定期庆祝朱庇特和朱诺的神圣婚姻,就像希腊人普遍地庆祝宙斯和赫拉的婚姻一样,那我们也可以推断,在这个共和国内,这种庆祝仪式或者是由这一对神的塑像来履行,或者由祭司狄阿力斯和他的妻子弗莱明妮卡来扮演。因为狄阿力斯祭司是专司祭祀朱庇特的祭司,古今作家都认为他很可能就是朱庇特的活人形象,是这位天神的化身。在那更早以前,罗马国王,作为朱庇特的代表,会很自然地扮演神婚中的男神新郎,他的王后扮演女神新娘,正像埃及的国王与王后化装为神的角色,雅典的王后每年要和酒神狄俄尼索斯结婚一样。看来罗马国王与王后应该扮演朱庇特和朱诺的角色似乎更为自然,因为这些神本身都有王和王后的称号。

不管情况是否如此，纽玛和伊吉利娅的传说故事都确乎是体现了古时祭司兼君王本人扮演男神新郎的往事。由于我们有理由推定罗马国王扮作橡树之神，伊吉利娅被确切地说成是橡树女神，因此，从他俩在圣林里结婚这个故事就可得出又一种推断，即：在罗马王政时期定期举行的纪念仪式跟直到亚里士多德时期雅典还每年庆祝的仪式完全相似。罗马国王同橡树女神结婚，就像雅典的王后和酒神婚配一样，目的都是要通过模拟巫术来促进植物的生长。关于这一仪礼的两种形式，罗马的仪式无可置疑地是更早的一种，在北方入侵者接触到地中海岸的葡萄之前很久很久，他们的祖先就已经将中欧北欧广袤橡树林中的男橡树神同女橡树神进行婚配了。在我们今天的英格兰，森林虽然已经大部分消失，然而在许多村庄的草地和乡间小道上，每逢五朔，在一派节日的盛观中，仍可依稀看到这种神的婚配的景况。

第十四章　古代拉丁姆王位的嬗替

前章关于罗马国王（其祭司职务由其继承人典祀之王继承）的讨论,导致我们作出以下结论:国王代表并实际扮演伟大的天神、雷神、橡树之神朱庇特,同时,像世界各地许多专司气象之王一样,也为自己臣民的福利行云降雨,轰雷掣电。他戴着橡叶编制的花环和标志神性的徽帜扮作橡树之神,而且还跟橡树女神伊吉利娅结婚。伊吉利娅看来只是以当地形式出现的狄安娜,具有林神、水神和生育女神等特性。所有这些推断主要是考察罗马的史实证据得出的。它们极可能也适用于其他拉丁社区。那些地区在古代也可能有神或祭司的王。王在宗教方面（并非政权）的职责都移交给其继承人典祀之王了。

但是我们还需要弄清楚下面这个问题:在古代拉丁氏族中王权继承的规定是什么呢？据古老传说,罗马总共只有八个国王,我们似乎不可能怀疑他们是实际尊居王位的,也不可能怀疑传说中有关他们统治的史实是正确的（就其主要方面而言）。很值得注意的是,虽然罗马第一位国王罗慕路斯据说是阿尔巴王室的后裔,阿尔巴王位都是由父系方面的后裔继承的,而罗马的王位却没有一个是直接由其儿子继承,尽管好些罗马国王身后都是有子有孙的。另一方面,那些子孙中则有人通过他母亲继承了前王的王位,却不是从他自己的父亲那里继承王位。有三位国王,即塔蒂乌斯、老塔尔昆和塞尔维埃斯·图里乌斯都是由自己的女婿继承了王位,而他们的女婿或者都是外国人,或者是外国人的后嗣。这就令人想到王位的继承权是在母系方面,并且实际上是由跟王室公主结婚的外国人来履行的。用专门的术语来说,罗马王位的继承——也许全部拉丁姆王位的继承——似乎都是由规范世界各地古代社会的某些规定来决定的,就是族外婚、嫔纳婚(beena)①;世系按母系计算。族外婚规定男方必须同本氏族之外的女性结婚;嫔纳婚规定男方必须离开自己出生的家庭,和女方的家人生活在一起;世系按母系计算则是通过母系而非父系追溯血统关系并延续家族姓氏。假如古代拉丁民族中有根据这些原则来规定王位后嗣的,那么其情况大致会这样:每一社区的政治和宗教中心应是王室家族圣火贞女照管的国王神灶上的永恒之火。国王应是另一氏族的男子,也许是另一市镇甚至另一部族的男子,和国王的女儿结婚从而和她一起继承王位。他们生的孩子必须继承母亲的姓氏而不是父亲的姓氏,他们的女儿必须留在家里,儿子长大以后则须远游世界各地,在外国结婚并在妻子所在的国家定居,无论是做国王或当普通平民。至于留在家里的女儿们,她们之中有的人,或者全部,长期地或短时地献身充当圣火贞女,看管国王神灶之火,其中一人到时候将成为她父亲继承者的配偶。

上述假说的优点是以简朴而自然的方式阐明了传统的历史

---

① 这是一个旧的术语,现已废置不用,是指丈夫居住妻方的婚姻制度。

第十四章 古代拉丁姆王位的嬗替

中有关拉丁民族王位继承问题的一些不很明确的地方。这样,关于拉丁的国王是处女母亲和神的父亲所生育的这类传说至少变得更加容易理解了。因为这类传说故事,除了其中难以置信的成分以外,都是指一个女人跟陌生的男人生了孩子,这种不明父亲是谁的现象,与该王位继承制度之不重视父系继承是更加容易和谐一致的(反之,若该王位继承是以父系承传为原则,则这种不明父亲是谁的现象则与王位继承的原则相抵触)。这种王位更重视的是有一位能使之更具威望的父亲。如果拉丁的国王们生身父亲确实不明,这一事实表明,或者是王家生活的放荡,或者是在某些情况下道德准则特别松弛,男女在某一短时间内恢复了往昔时代的放纵生活。在社会进化的某些阶段,这样的纵情狂欢时节并不罕见。在我们自己的国家里,这种痕迹,虽然不是在圣诞节,但是在五朔节和降灵节的习俗中,都是长期存在的。这类节日,多多少少总有些男女杂交的特色,这样生出来的孩子很自然地会把他们的父亲归之于这个节庆所献祝的神。

从这一点看罗马平民和奴隶每逢仲夏节①狂欢酣醉,纪念幸运女神福琼娜(她爱慕在火中诞生的塞尔维厄斯·图里乌斯国王,正像伊吉利娅之爱纽玛国王一样)自有其中深义。这个季节里最流行的庆祝活动有竞走和赛船。台伯河上,插满鲜花的彩船来回游弋,年轻人在船上纵情痛饮,一片节日欢腾景象。这个节日似乎是仲夏祭祀农神一类的节日,和真正的仲冬祭农神②节日

---

① 此处原文是"Midsummer Day",即施洗约翰节,为每年的6月24日。
② 古代罗马纪念农神萨图恩的节日,时间在12月17日左右。

相似。下面我们还将看到在现代欧洲,仲夏节这个盛大节日更是情侣与火的节日,主要特点之一是一对对情侣携手跳过篝火,或隔着篝火互相投掷鲜花。许多关于爱情与婚姻的吉兆都来自此神秘季节绽开的鲜花。这正是玫瑰与爱情的佳期。然而现代这些节日的天真与善美不应使我们看不到这样一种可能,即:在古代,这些节日都具有比较粗野的特征,而这些粗野的特征也许正是那些宗教仪礼的本质。在粗俗的爱沙尼亚农民中间,这些节日似乎一直延续到这一代,如果不说是直到今天的话。罗马人庆祝仲夏节的另一特点值得特别注意。他们的习俗是在这一天用鲜花装饰船只在河上游弋,这说明在某种程度上这是一种水上节日。直到现代,在仲夏节的仪礼里,水总占有显著地位。这也说明为什么基督教会在给这一古老的异教徒节日披上基督教外衣时选定这一天奉献给施洗者圣约翰。①

虽然传说古代牧人们也像情侣们在仲夏节跳过篝火那样,在帕里利亚节时跳过春天里的篝火,从而又传说国王纽玛就是在这种节日里怀孕诞生的,这些说法也并不是没有一点可能性。但是,要说拉丁的国王都是在每年一度的爱情节日里受孕而生的,这种假设必然仅仅是猜测而已。不过,不能确定他们的父亲是谁的问题,很可能都是在国王们死后很久才会出现,而这时他们的形象已经融汇在神话的仙境里,具有了从地上升进天堂的奇特形态和华丽色彩。在国王们统治过的国度里,国王是外来的移民以

---

① 仲夏节一般在每年6月21日左右,基督教的施洗约翰节也在每年6月24日,即作者所说的给仲夏节披上了基督的外衣,变成了基督教的洗礼节。

第十四章 古代拉丁姆王位的嬗替

及陌生人或旅游者，他的臣民自然不会记得国王的祖先家世，而补足这个空白的方式就是，向他提供另一套富有光辉却缺乏真实的王室家谱。如果国王们在世之日已经实际上表明自己具有神性，那么，不仅把国王描写为神的后裔，甚至说成为神的化身，最后把国王尊崇为神，也都很容易做到了。

拉丁人的王室妇女总是留在家里并且接受外族（更经常是外国）男人作为配偶，这位男的以跟本国公主婚配的名义成了国王，君临该国，从这里我们不难理解为什么外国人在罗马戴上了王冠，而且也能理解为什么阿尔巴国王的名单上竟出现了外国人的名字。在一个只有藉由妇女才能厕身贵族的社会里，换句话说，在凡母系后裔就一切都好，父系后裔就什么也不是的社会里，让出身卑微的男人甚至外国人或奴隶，和最高地位的姑娘结婚（只要那男人看来是合适的配偶），总不会遭到反对。真正关系重大的是王家血统，不仅国家的盛衰繁荣，甚至人民的生存，据说都依赖于此，王家血统因此应该以有力有效的形式使之绵延。为此目的，王室妇女必须按照古代社会的标准同体格与智力都合适的男子结婚，完成生育子女的重要责任。因此在社会进化的这一阶段，国王的品质和家世极关重要。如果他们同他们的妻子一样都是王室和神的后裔则更好，不过也不一定必须如此。

同在罗马一样，我们在雅典也发现由于同王室公主结婚而登上王位的踪迹。据说，雅典两位最古的国王，刻克洛普斯和安菲克提翁，就是同他们前任国王的女儿结婚的。这个传统在一定程度上得到了证实，表明雅典在实行世系按父系计算之前曾是按母系计算的。

此外，如果说古代拉丁姆王族实行将女儿留在家中并将儿子送往国外同别国公主结婚，君临妻方人民这一假定是正确的话，那么，可以推断，这些男性后裔就会在不同的国家里连续几代进行统治。这在古代的希腊和瑞典好像都出现过。由此，我们可以合理地推断这是欧洲不止一个旁支的雅利安人实行的习俗。许多希腊的传说叙述一位王子怎样离开自己的国土去到遥远的国家，同那里国王的女儿结了婚，继承了王位。古希腊作家对王子们的外徙提出了各种理由，其中一个共同的理由是王子因杀人而被逐。这就很好地解释了为什么王子要逃出自己的故国，但是却不能说明他如何当上了别国的国王。我们可以怀疑这些理由是作者后来假托的。这些作者习惯于儿子应当继承父亲的财产和王位的惯例，很难说明国王的儿子远离故土到异国当了国王的许许多多的传说。在斯堪的那维亚的传说故事中，我们遇到过类似的习俗的迹象，我们读到这样的故事，大意是女儿的丈夫得到国王岳父封赐的王国，虽然岳父有自己的儿子。据《挪威国王世系》记载，在美发哈罗德国王之前五代国王在位期间，瑞典英格林加家族的男性成员由于同挪威国王女儿结婚，至少得到了挪威的六个省作为封地。

这样看来，似乎某些雅利安民族，在他们社会演进的一定阶段中曾经习惯地认为妇女（而非男子）是王室血统流传的渠道，从而连续几代把王位授予另一家族，而且常常是其他国家家族中和其公主结婚的男子，让他统治本国人民。与此相同类型的民间故事叙述一个冒险家怎样来到异国，赢得了国王女儿的爱情，同她

第十四章 古代拉丁姆王位的嬗替

结了婚,得到了整个王国或王国的一半。这些故事应是古代真实习俗的很好的记录。

在这类习惯和概念流行的地方,王位显然只是同王室血统的妇女结婚后的封赐。古代丹麦历史学家萨克索·格兰玛蒂喀斯引用传说中苏格兰王后赫尔嫫特鲁德的话,把这种王位的观点说得非常清楚。赫尔嫫特鲁德说:"她真的是一位王后,要不是她的性别不许可的话,她还可以当国王咧!不仅如此(然而这是更确实的),无论是谁,只要她认为值得做她的丈夫,马上就可成为国王,她将她的王位和她自己都交给了他。她的王位同她的人身是连在一起的。"这个叙述特别有意义,因为它反映了皮克特人①在王位继承问题上的实际做法。我们从比德②的见证中获悉,一旦王位继承问题出现,皮克特人总是从母系亲属而非父系亲属中选定继承人。

作为与王室联姻并继承王位的人选,对其家世和品质的要求自然会依当时普遍流行的思想观念,以及国王及其代理人的品德个性而有所变易。不过在古代社会里,对于体格健美的要求占有重要的地位。我们这样设想也是合理的。

与公主联姻并继承王位的权利有时明显地取决于某种竞赛。阿莱特尼的利比亚人③将王位授予跑得最快的人。古代普鲁士的贵族候选人骑马赛跑,最先跑到国王面前的人便封为贵族。据古

---
① 古代不列颠的一个民族,后来被不列颠人和罗马人赶到苏格兰境内。
② 比德(Venerable Bede, 673 - 735),英国学者、历史学家和神学家。
③ 古代埃及以西、北非一带地区的人。

老传说,最初奥林匹亚①的竞技系由恩底弥翁主持,他让他的儿子们参加赛跑,优胜者继承王位,据说他的坟墓就位于那跑道的起点。有名的珮洛普斯②和希波达弥亚的故事也许纯粹是传说中为获得王位而举行的最初的那些奥林匹克赛跑的另一种说法。

这些传说很能反映出通过竞赛赢得新娘的真实风俗。因为这种风俗似乎一直在许多民族中间流行,尽管在实际做法上这种竞赛已流于形式或姿态。例如,吉尔吉斯人流行一种叫作"爱的追逐"的竞赛,③就可看作是缔结婚姻的一种形式。竞赛时,新娘佩带强韧长鞭,跨上骏马,在前飞驰,所有求婚的青年都骑马追逐于后,最先追上她的人就可赢得她为妻子。她除了策马飞奔之外,还有权利用长鞭驱赶她所不喜欢的追求者使之不得接近她(一般并不使用卑劣暴力),她也可以眷顾她早已心许的人。东北亚的科里亚克人④也有这种追求新娘的竞赛。竞赛场地设在一个大帐篷内,周围环绕着许多叫作"波洛格"的各个小间,排成相连不断的圆圈。竞赛开始时,由新娘第一个领先起跑,如果新娘跑过了所有这些小间而新郎还没赶上,就可以解除这个婚姻。营帐里的妇女们在新郎经过的路上设置种种障碍,把他绊倒,用软鞭

---

① 奥林匹亚,在希腊中部,古代希腊每隔四年在这里举行一次奥林匹克竞技比赛,最初由国王恩底弥翁亲自主持。
② 珮洛普斯(Pelops),希腊神话中坦塔罗斯(宙斯的儿子)的儿子,一次在战车比赛中赢了厄利斯王俄诺玛尼斯,从而娶了王的女儿希波达弥亚为妻并继承了王位。
③ 在本文作者弗雷泽的时代,通常把哈萨克民族错误地称为吉尔吉斯。"爱的追逐"这一习俗在我国哈萨克族和柯尔克孜族也有流传,我国哈萨克族、柯尔克孜族称这一习俗活动为"追姑娘",现在这一习俗已有某些改变。
④ 聚居在西伯利亚东北部。

第十四章 古代拉丁姆王位的嬗替

子抽打他等等,使他赶不上新娘。只有姑娘愿意等待他赶上来,他才能成功。条顿民族各族人民中都有这种风俗。日耳曼人、盎格鲁—撒克逊人和挪威人的语言中都有一个表示婚姻的词语,意思就是竞求新娘。直到现代,这种风俗的遗迹依然存在。

看来,跟一个姑娘,特别是跟一位公主结婚,常常是体育竞赛优胜的奖励。因此,如果罗马国王竟然采用古代竞赛方式来考验其未来女婿与王位继承人的为人品质,就不足为奇了。假如我的理论正确的话,罗马国王和王后扮作朱庇特和其配偶并以这种身份参与每年庆祝神婚的仪式,目的就是为了促进五谷丰登,人畜两旺,他们在北方更多的地区做着我们认为古时五朔节王与王后所做的那些事情。现在我们又看到扮作五朔节王并与五朔节王后结婚的权利有时需要通过体育比赛,特别是竞赛来获得。这也许就是我们已经考察过的那种古老婚姻习俗的遗风。那种婚姻习俗旨在考验所选对象是否合适。而这考验更可以合理地并且特别严格地运用于国王候选人的身上,目的是要了解他确实没有任何缺陷,能够完成他将要履行的神圣典礼与仪式的职责。这一点比执行国王的行政与军事职责更为重要。据信整个国家的安全与繁荣都决定于前者。因此,很自然地就会要求他能经常接受这种考验并公开表现出自己仍能很好地完成所担负的神圣职责。直到罗马帝国时期还每年遵行的有名的"国王奔逃"仪式,也许正是那种考验的遗风。那习俗是每年 2 月 24 日在罗马国民议会厅里举行祭祀,祭祀之后,主持典祀之王便跑出会场。我们可以猜想"国王奔逃"原来是一年一度的继承王位的赛跑,跑得最快的人获奖,赢得王位。到年终时国王还要再次参加赛跑,竞选连任下一届国王。这样年年不断地进行下去,直到他被别人胜过,或废黜或刺杀。于是原来的竞赛就逐渐带上逃跑与追逐的性质。国王领先在前奔跑,竞争者在后追赶,如果国王被赶上,就得献出王位甚至自己的生命给优胜者。有时性格坚毅的国王采取措施使每次竞赛或逃奔成为徒有形式,虚应故事,从而永远居于王位。这种仪式有时又被解释为对罗马国王被放逐的纪念。不过这看来纯粹是为了解释已经失传的古时原意而设想的罢了!其实这种仪式倒更像是司典祀之王为了保持古代的习俗,即王政时期历代国王每年例行的仪礼,而这样做的。这种仪礼原来的意图究竟是什么至今还在猜测中。我们这里所作的解释,充分意识到这个课题内容的晦涩和难以说明。

因此,如果我的想法正确,则罗马国王每年一度的奔逃乃是古时的一种遗风,那时候王位是随着将公主嫁给胜利的运动员或格斗者而一起奖与的,这样的王与王后后来又被当作神和女神举行婚礼,按照模拟巫术原理,以确保大地丰产。假定说远古的拉丁国王们扮作神祇并经常以此被处死这件事属实的话,我们就能清楚地理解许多国王神秘的、不得善终的遭遇。我们已经知道,根据古代传说,阿尔巴诺的一位国王因为扮演雷神朱庇特不够虔诚而遭雷击,罗慕路斯像埃涅阿斯一样神秘地失踪了,也许是被怀恨于他的贵族们碎尸几段了。每年7月7日纪念他的忌辰已成为有点类似祭祀农神的节日了。这一天所有的女奴隶都可以有相当的自由,她们像平民妇女那样打扮起来,穿着太太和姑娘的服装,走出城外,跟沿途遇到的人嘲弄笑谑,互相打闹玩笑,甚至互掷石块为戏。另一位横死的罗马国王是塔蒂乌斯,他是萨宾

第十四章 古代拉丁姆王位的嬗替

人,罗慕路斯的同事。据说他是在拉维尼姆主持公祭古代神祇时被他平时触怒过的几个人用祭坛上的屠刀和炙叉处死的。这样死的方式和场合令人想到那可能不是谋杀,而是作为祭祀的牺牲被杀的。据说纽玛的继承人屠勒斯·霍斯提利厄斯也是被雷击身亡的,但是也许有许多人认为是被安库斯·马西乌斯教唆谋杀的,他死后马西乌斯就继之为王。普鲁塔克在谈到多少带有神话性的属于祭司兼君王类型的纽玛时说:他的声誉是由后来国王们的命运而提高的。继他之后的五位国王,最后一位被废黜,死于流放之中,其他四位中有三人被刺杀,屠勒斯·霍斯提利厄斯被雷霆击毙,没有一个寿终正寝的。

关于罗马国王不得善终的传说故事使人想到他们通过竞赛获得王位的做法可能是一场殊死的决斗,而不是什么竞赛。如果是这样的话,那么,我们发现的罗马与内米之间的相似之点就更加接近了。这两个地方的神圣之王、神的代表,很容易被废黜或死于任何能以铁臂利剑证明自己有神圣权利居此王位的勇敢者的手下。因此,如果古代拉丁关于王位的权利经常是由一对一的决斗来决定的话,也就不足为奇了。因为直到有历史记载的时期,安布利亚①人仍习惯于通过决斗的方式来裁判个人之间的争执。在决斗中,争执双方谁要是杀死了对方就被认为他在这场争执中无可挑剔地是正义的。

---

① 安布利亚是古代意大利中部的一个地区。

第十五章　橡树崇拜

　　崇拜橡树或橡树之神似乎是欧洲所有雅利安族人的习俗。希腊人和意大利人都把橡树同他们最高的神宙斯或朱庇特（天神、雨神和雷神）联系在一起。也许希腊最有名最古老的圣地之一就是多多纳。人们崇敬宙斯，认为他就住在那玄妙深邃的橡树林中。据说在多多纳，雷雨比欧洲其他任何地方都要多，这就表明这块地方最适宜作为宙斯的家园，橡树叶的飒飒作响和雷电的隆隆轰鸣，听来同样都是神的声音。圣地周围在风中不断鸣吟的铜铃声，仿佛是那群山环抱幽邃深谷之中滚滚轰响的雷鸣。正像我们已经了解到的，在彼奥蒂亚①，橡树之神宙斯和橡树女神赫拉的神圣婚姻受到几个邦的联合盛大庆祝。在阿卡迪亚的莱西埃斯山，作为橡树之神和雨神宙斯的特性，在他的祭司施行求雨巫术时（祭司手持橡树枝在圣泉中沾水），清楚地表现出来。由于宙斯具有降雨的能力，所以希腊人经常向他求雨，这是再自然不过的了。他的圣所虽然并不总是却也常常是在高山深处、云气迷漫、橡树生长的地方。雅典卫城上塑有宙斯的形象供人们向他求雨，每逢干旱，雅典人祈祷说："降雨吧！降雨吧！亲爱的宙斯，给

---

① 又名维奥蒂亚，古希腊的一个地区。

我们的麦地里和平原上普降甘霖吧!"

宙斯除司雨之外,还专掌雷电。在奥林匹亚和其他地方,他受人崇拜,被称为雷公。雅典的城墙上还有一座祭祀闪电之神宙斯的土祠,一年之中有几个特定日子专司祭祀的官员守在这里观察帕纳斯上空的电闪。另外,希腊人习惯地总是把雷电轰击过的地方用篱藩围将起来,并把这块地方奉献给"天降的宙斯",意思是趁着闪电自天而降的神。据碑铭记载,雅典有过好几处这样的地方。

因此,对于古代希腊一些自称为宙斯后裔,甚至也自名宙斯的国王,我们可以合理地认为他们还曾企图运用自己的神圣职能来司雷行雨,以造福自己的人民,并藉以恫吓和骚乱敌人。在这方面,萨尔蒙努斯的传说故事反映了古代希腊遍布橡树的山区州郡小君侯们的虚伪矫饰言行。像他们的亲属爱尔兰的国王一样,人们也期望他们能使土地肥沃,牲畜繁殖。他们除了扮作自己的亲属、伟大的既是橡树之神又是雷电之神的宙斯之外,还能做些什么来实现人们对他们的期望呢?他们自称是宙斯的化身,这同意大利的国王们自诩为朱庇特的化身用意是一样的。

古代的意大利,每棵橡树都是奉献给朱庇特(意大利的宙斯)的。在罗马的朱庇特神殿里,朱庇特不仅作为橡树之神,而且也作为雷雨之神受崇奉。一位罗马作家曾经对往昔人们对神的虔诚和今天这个时代对神的怀疑做了比较,即:不信天堂之说,对朱庇特不屑一顾。作家写道:往昔,贵族太太们经常跣足散发、满怀诚敬地爬上卡庇托山的长坡,祈求朱庇特赐降甘霖。果然,顷刻之间就大雨滂沱,人人都淋得像落汤鸡似的回到家里。可是,他接着写道:"今天我们不再虔敬天神了,大地也就躺在那里如炙如灼。"

从南欧到中欧,在聚居于广袤无垠的原始森林里的野蛮的雅利安人中间,仍可遇到那伟大的橡树之神与雷神。高卢①的凯尔特族巫师们认为,最神圣的东西莫过于槲寄生②和它所寄生的橡树,他们选择橡树林作为神圣礼拜的场所,每次举行仪式时都必须用橡树枝叶。一位希腊作家说:"凯尔特人崇奉宙斯,他们心目中的宙斯的形象就是一棵大橡树。"公元前3世纪在亚洲定居的凯尔特人征服者似乎把敬奉橡树这一习俗也带到他们新住地来了。在小亚细亚中部,加拉太③人元老院聚会议事的地方有一个纯凯尔特语的名字,叫作德莱米顿,意思就是"神圣的橡树林"或"橡树神殿"。权威人士也认为那些巫师的名字的意思大都是"橡树人"。

古代日耳曼人的宗教,对于神圣树林的崇敬似乎一直占首要地位。根据格林的论述,他们主要的神树就是橡树。橡树好像是专门奉献给雷神道纳尔或瑟纳尔的,它相当于斯堪的纳维亚人的雷神托尔。公元8世纪间鲍尼菲斯④在赫斯⑤的盖斯玛附近砍倒的那棵神圣橡树,异教徒都把它叫作朱庇特的橡树(robur Jovis),按古日耳曼语便是 Donares eih,即"道纳尔的橡树"。日耳

---

① 欧洲西部一古国,包括今天意大利北部地区、法国、比利时、荷兰、德国、瑞士。
② 一种植物。西方风俗,用槲寄生的小枝作基督教圣诞节的装饰物。
③ 小亚细亚中部的一个古国。
④ 鲍尼菲斯(Boniface,约675-754),又译卜尼法斯,为中世纪前期基督教德意志总主教,积极在德意志地区推行基督教教义,向有"日耳曼使徒"之称。
⑤ 西德的一个州,又名黑森。

曼人的雷神道纳尔、瑟纳尔、托尔，就是意大利人的雷神朱庇特。今天我们"星期四"（Thursday）这个词就是由雷神的日子一词（Thunar's Day）转来的，完全是拉丁语 *dies Jovis* 一词的翻译。古代条顿人跟希腊罗马人一样，也把橡树之神当作雷神，而且还认为它有强大的生育繁殖能力，可以降雨并使大地丰产。不来梅的亚当（Adam of Bremen）①告诉我们说："雷神托尔统辖天空，职司雷电风雨和五谷生长。"因此，在这方面，日耳曼人的雷神又同南方的宙斯和朱庇特相似。

斯拉夫人也把橡树看成是雷神彼隆②的圣树，他正相当于宙斯和朱庇特。据说在诺夫哥罗德城有一座手持雷石的彼隆塑像，像前昼夜焚燃橡木，作为对彼隆的敬奉。一旦香火熄灭，专管香火的侍者就将为其疏忽失职而付出生命。跟宙斯和朱庇特一样，彼隆也是他的人民信奉的主神。普罗科庇厄斯③告诉我们，斯拉夫人"相信只有一个神，即雷电之神，才是万物之主，并向他献祭牺牛和各种牺牲"。

立陶宛人的主要神祇是雷电之神泊库纳斯或泊昆斯。他跟宙斯和朱庇特很相像，这一点已经时常为人提及。在立陶宛，橡树也是专门奉献给泊库纳斯的，如果基督教的传教士砍伐了橡树，当地人民便要大声疾呼说他（她）们的山林之神被摧毁了。为了奉祀泊库纳斯，当地人们永远燃着用橡树枝点起的火堆，如果火堆熄了，便用这种神树木材摩擦生火将火堆再点燃起来。男

---

① 不来梅的亚当（Adam of Bremem，生年不详，约卒于1081年），德国编年史家。
② 斯拉夫民族神话中的雷电之神。
③ 普罗科庇厄斯（Procopius，500？－565？），拜占庭的历史学家。

人们向橡树祭祀求庄稼秀实,妇女则向菩提树祈年。由此,我们可以推定,他们是把橡树看作雄性,把菩提树看作雌性的。每逢干旱求雨,他们总是到树林深处向雷神献祭牺牲,如:未生过牛犊的黑小母牛一头、黑公山羊一头和黑公鸡一只。附近乡间的人群都聚集在这里,又吃又喝,其中有人捧酒一碗绕火堆三匝,将酒洒在火上,同时人们祈求神泊库纳斯赐降甘霖。从这些情况看来,立陶宛人的主神极似宙斯和朱庇特,既是橡树之神,也是雷神和雨神。

从以上所说,可见古代欧洲雅利安人的主要支系都崇奉一位橡树与雷、雨之神,这神就是他们所信奉的众神中的主神。

第十六章 狄安纳斯和狄安娜

这一章里我想简要地谈谈我们前面研讨所得的结论,将一些分散的线索归纳起来,进而探讨内米祭司这个难以理解的人物。

我们已经发现,在社会发展的早期阶段,人们不了解那难懂的自然进程,不了解人类控制和驾驭自然的极端局限性,曾经普遍地自以为具有按现代知识水平来看应视为超自然的或神的能力,从而产生并保持了一种错觉,认为自然本身的奇妙秩序以及和谐一致,像一部庞大的机器平稳精确地运转着,使得耐心的观察者能够根据它的运转情况预卜未来的动向,虽不能做到绝对准确,也能相当可靠。自然界大循环中有规律地重复出现的事态,或者说自然的一系列大循环,很快就铭刻在原始人的迟钝的头脑里了。他们预见那些循环事态的重现,并且误以为那些令人满意的重现现象意味着对自己的愿望有利,而那些可怕的重现现象则是敌人意愿的表现。发动这部庞大机器运转的弹簧隐藏在神秘莫测之中,远非人们的知识所能窥见,而对于无知的人来说,它又似乎在他的聪明才智可以达到的范围以内:他想象自己可以控制它们,凭藉巫术作出各种造福于自己或致祸于敌人的事来。这种想法的荒谬,有时对他自己也是显而易见的。他发现有好多事情他自己并不能做到:他无法获得欢乐,即使最有法力的巫师也无法免除苦痛。于是，无法招来的吉和无可避免的凶，便被他解释为神灵之所为，神灵恩宠，便有生命和欢乐，神灵发怒，则有死亡和苦难。由此，巫师趋向于被宗教所代替，巫术为祭司所代替，在人类思想发展的这一阶段，人们认为事物的终极原因在于那些理性的自我意识的神，这些神为数众多，性格也往往不一，虽然它们的能力比一般人强，它们的寿命远远超过一般人的短暂寿命，但是它们也具有跟一般人同样的本性，甚至也有一般人的本性软弱的一面。它们明确界定的个性特点和清晰的外形，还没有经过哲学的强有力作用分解融化成为那缤纷现象的独一玄妙的总体，并且按照人的想象力所赋予它的各种特质，取出这样那样的响亮名字（这些名字都不过是人的智慧发明出来用以掩饰自己的无知而已）。因此，只要人把神看作是同自己近似的存在物，而不把神抬到自己之上高不可及的地位，人就相信他们中间有人死后甚至活着的时候便可能超越凡人，跻于神的行列。像这后一类化为人身的神，可以说是中途停留在巫术时代与宗教时代之间。如果他们有着神的名义并且展示了神的煊赫，那么他们被认为具有的能力，通常也就是他们的前辈巫师们的那点能力。跟巫师一样，人们指望他们保护不受恶毒巫术的害，治愈他们的疾病，保佑他们子孙兴旺，风调雨顺，粮食满仓，并且主持其他礼仪，确保土地丰产，牲畜繁衍更多。那些据信具有如此崇高的远及方外的能力的人，自然在这块土地上居于最高地位。在神灵与世俗之间的分野还不是太大的时候，他们对于尘俗事务与宗教事务同样都具有无上权力：一句话，他们既是国王，又是神。这种现象在人类历史上有着深远的根源。在人类对于自然和人具有更深刻的认识从而

第十六章 狄安纳斯和狄安娜

逐步把它清除以前,这种现象延续了很长很长的世代。

在古代的希腊和拉丁,国王的统治绝大部分已经是远古的往事。然而他们的世系、称号和权利要求,都足以证明他们当时也都是要求以神权来进行统治,并且实际上也行使了超人的权力。因此,我们可以假定(这并不轻率),内米的林中之王虽然在后世被剥夺了荣誉并在倒霉的年月里衰亡了,却曾经代表了一个很长的神圣国王的世系,那些国王不仅受子民的臣服,而且被认为能福佑全民而备受崇敬。有关阿里奇亚丛林中狄安娜的职能我们所知也是非常有限,只知道它被人们认为是丰产的女神,特别是保佑生男育女的神灵。因此,可以合理地假定,在履行这些重要任务时,它有自己的祭司帮助它,就是在神的婚配中扮作林中之王与王后的那两位。这种婚配的意图在于使大地春天百花盛开,秋季果实累累,男男女女子孙满堂,安康欢乐。

如果说内米的祭师不仅自命为王,而且担任林中之神的角色,我们就要问:他代表的是哪位神祇?古时的回答是,他代表维尔比厄斯,狄安娜的配偶或爱人。不过,这对我们没多大帮助,因为于维尔比厄斯,我们只知道它的名字,其他一无所知。也许那林中燃烧的维斯塔圣火可以提供一点有关这一神秘的线索。欧洲雅利安人的永恒圣火似乎一直是普遍地用橡树来点燃和添补的。在古罗马城(距内米没有多少英里路),维斯塔圣火都是烧的橡树枝或橡树干柴。这是19世纪末康门兑特尔·博尼[①]指挥挖掘古罗马城公众议事广场时,发现这种圣火的木炭余烬,经过显

---

① 康门兑特尔·博尼(Commendatore G. Boni,1859-1925),意大利考古学家。

微镜得到证实。但是各拉丁城镇的宗教典礼都具有非常一致的特点,因此可以合理地推论:在拉丁姆任何地方保留的维斯塔圣火,像罗马圣火一样,都是烧的神圣橡树的木柴。如果在内米也是这样,很可能这座被奉为神圣的树林原来就是一座天然的橡树林,因此林中之王在丧生时刻仍极力捍卫的也正是一株特殊的橡树。据维吉尔的长诗,埃涅阿斯①正是从那四季常青的橡树上摘下那根金枝的。既然橡树是拉丁人民最高之神朱庇特的神树,因此,可以肯定,其生命在一定程度上和橡树紧密联系在一起的林中之王,代表的一定不是别的什么神,而正是朱庇特。尽管这种证据还无足轻重,它至少是能说明这一结论的。森林中的阿尔巴王朝和它的橡树叶王冠,显然是模仿住在阿尔巴山上的拉第安·朱庇特的称号,并具有与朱庇特相等或更多的权力。假定说那位保卫山峰下神圣橡树的林中之王就是那片林地历代世系的合法继承人和代表,也并不是不可能的。不管怎样,假如我所作的推断是正确的话(就是说它被认作是以人形出现的神朱庇特),那么,传说中所讲的同它相似的维尔比厄斯便正是当地形式下的朱庇特(作为林中之王这一点来说)。

无论如何,林中之王后来担当了橡树神朱庇特这个角色。对于它的神圣伴侣狄安娜的考证已经证实了这一假设。因为论辩的两条不同线索集中表明,如果狄安娜是一般林中王后的话,那

---

① 这里指的是古罗马诗人维吉尔(公元前70-公元前19),在其著名的十二卷史诗《埃涅阿斯纪》卷六中途叙述主人公埃涅阿斯(特洛伊的英雄)在太阳神阿波罗的女祭司西碧尔的指引下,在神林中折下一根"金枝",带着它追入冥间寻找他父亲的魂灵的故事。

第十六章 狄安纳斯和狄安娜

么它便特别是内米的橡树女神。首先,它具有维斯塔的称号并且以此身份掌管了永恒的圣火。我们还发现有理由相信这种圣火是以橡树为木柴燃烧的。但是火之女神与火中燃烧的柴火女神相去并不很远,原始人的思想中对于火焰和燃烧出火焰的木柴并没有明显的区别。其次,内米的清泉女神伊吉利娅看来一直不过是狄安娜的一个形象,而伊吉利娅又被肯定地说成是德利亚德——橡树女神。在意大利的其他地区,这位女神的家园又总是在遍布橡树的山区。阿尔巴山脉的支脉阿尔基德斯山亘古时期就覆盖着浓郁的橡树森林,既有常青的橡树,也有落叶的橡树。冬季,冷冷的群山尽是皑皑白雪。那葱郁的橡树林,据说是狄安娜经常往来之地,正如现代盗贼经常在那里出没一样。蒂法塔山,亚平宁山脉的陡峭山脊俯瞰着展布在卡普亚①城背后的坎帕尼亚平原。古代山上长满了常青的橡树,其间就有一座狄安娜神殿。苏拉②就是在这座神殿里酬谢女神帮助他战胜了山下平原上的马略③的追随者,殿内立的碑铭后世犹可见到。总体而言,我们的结论是,内米的林中之王就是橡树神朱庇特的代表,是橡树女神狄安娜的配偶。林中之王与女神的神秘婚配反映在纽玛和伊吉利娅的爱情故事里(据一些人考证,他俩幽会的地点就是这座圣林),流传至今。

---

① 古代意大利南部的一个城市。
② 苏拉(Lucius Cornelius Sulla,前138—前78),古罗马统帅、独裁者,贵族出身,权贵派的代表。早年为罗马统帅马略的部将,后与马略争权。公元前88年当选执政官,曾率兵与本都(pontus)国王作战,后任终身独裁官,公元前79年自动退隐。
③ 马略(Gaius Marius,前157—前86),罗马政治家、统帅。

对于这种理论,自然会有人反对,认为朱庇特的配偶并非狄安娜,而是朱诺。并且如果说狄安娜真是有过配偶的话,那么,这位配偶的名字不应该是朱庇特,而应该是狄安纳斯或简纳斯,后一名字只是前者的讹误。即使这些都真实不错的话,对于这种异议也可予以驳倒,即:这两对神,一方面是朱庇特和朱诺,另一面是狄安纳斯和狄安娜或简纳斯和简娜,实际上只是一对配偶、两种不同称呼而已,他们的名字和职责的渊源和实质都是一样的。关于他们的名字,四种叫法都来自同一雅利安语①的词根 DI,意思是"光明"。相应的希腊神宙斯和他的神后狄娥娜的名字也是这个意思。关于它们的职责,朱诺和狄安娜都是生殖和繁育的女神,都或先或后地被说成月亮女神。至于简纳斯的真实本质和职责,古人自己也很迷惑,他们犹豫莫解的地方,我们就不应强为定论。不过瓦罗②认为,简纳斯就是天神这一看法,不仅由于两者名字的语源相同,而且也由于他一直忠诚于朱庇特的两位伴侣——朱诺与朱特娜——而得到证实。由简纳斯的名字前面加上朱诺妮安的称呼,就表明了这两位神的婚姻关系。有一种记载说简纳斯是水仙朱特娜的丈夫。另一种记载说朱庇特爱朱特娜。此外,像朱庇特一样,人们在祈祷和谈话中都称简纳斯为"父"。不仅博学的圣奥古斯丁③在逻辑上证实了简纳斯和朱庇特就是一个神,

---

① 即古印欧语。
② 马尔库斯・泰伦修斯・瓦罗(Marcus Terentius Varro,前116-前27),罗马学者和作家。
③ 奥古斯丁(St. Augustine,354-430),古代基督教最伟大的思想家、神学家、哲学家、教会活动家、拉丁教父的主要代表。

第十六章 狄安纳斯和狄安娜

而且异教徒向朱庇特·狄安纳斯奉献祭品所表现的虔敬也证实了这点。他和橡树的关系,还可在台伯河右岸的贾尼科洛山的橡树林里找到遗迹。据说意大利历史最远古的时代里,简纳斯曾经作为国王统治着此地。

所以,如果我没有错的话,这同一对古代神祇,在希腊和意大利人中间分别有着不同的名称,如宙斯和狄娥娜,朱庇特和朱诺,或狄安纳斯(简纳斯)和狄安娜(简娜),所有这些神的名字,实质上都是一致的,不过他们拼写的形式在崇拜它们的各个不同部落人的方言中有所不同罢了!最初,那些民族住处相距不远,对于那些神的名字基本上没有什么差异,如果有什么不同的话,也不过纯粹是带有方言的特征而已。随着各部落聚居地区的逐渐分散,彼此隔离,他们从各自家乡带出来的原来崇拜的神祇,便容易在形式上和信仰上都产生差异。因此后来神话和宗教礼仪之间便产生了区别,从而把神祇之间的名义上的差别变成了真实的差别。相应地,随着文化的慢慢进步,当长期的野蛮与互相隔绝的状态逐渐消失、单一的强大社会的新兴政治力量开始将其软弱的邻族吸引或强行融为一个民族的时候,那些融汇在一起的各族人民便得把自己的神祇,跟自己的方言一样,都融于一堂,于是就可能出现这样的情况:他们祖先聚居一起时共同崇奉的那些神祇到目前已被方言与宗教的歧异积累起来的影响所掩蔽而难以辨识本来面目,只好作为各不相同的神并列在全民族的众神殿里。

这些互相重复的神是许多亲缘部落经过长期分居又复融合以后的产物,是罗马宗教中出现简纳斯与朱庇特并列,朱诺与狄安娜或简纳并列的缘故。这比近代一些学者赞同的那种认为简纳斯原来不过是门神的意见要更为可信。像简纳斯那样被罗马人民尊为众神之神、人民之父具有如此尊严和重要地位的神,竟然出身于卑微的门神,尽管也受尊敬,毕竟很不足信,因为那崇高地位和低下出身很不相称。更可能是"门"(janua 简努亚)这个词是从简纳斯(Janus)的名字转来的,而不是简纳斯的名字来自"门"这个词。研究一下"门"这个词,可以更加强这一点。从印度到爱尔兰,所有印欧系的语言中,"门"这个常用词都是一样的:梵文为 dur,希腊文为 Thura,德文为 tur,英文为 door,古爱尔兰文为 dorus,拉丁文为 foris。然而在表示"门"这个普通名之外,拉丁民族还有这样一个名称:简努亚(Janua)。前者拉丁文民族跟他们所有的雅利安族兄弟一样都用这个词,而后者在任何印欧语系的语言里都没有相应的词。这个词还有一个从名词简纳斯(Janus)转来的形容词形式。我猜想可能一直有这样一种风俗习惯:人家住宅的主要门户上都张贴简纳斯的肖像或标志,意在使本宅入口处置于这位伟大神祇的保护之下。这样予以保卫的门户可能叫 janua foris,即"简努亚门",后来可能又简称简努亚,名词门字没有表示出来,但可以理解。从这一点到后来用 janua[简努亚]这个词来表示一般门(无论是否有简纳斯的肖像作为保护),这种转变会是很容易而且很自然的。

  假如这种揣测有一点道理的话,就可以很简单地阐明神话学家们长期思考的简纳斯之所以有两个头的来历。当人们已经习惯于使用简纳斯的肖像守卫住宅和城镇的入口处时,可能会认为有必要让这位守卫神同时看到前面也看到后面,任何东西也逃不脱它警惕而又敏锐的眼光。如果守卫神总是面朝一个方向,那

第十六章 狄安纳斯和狄安娜

么,他背后出现什么灾害就看不到了。这样的解释,可以从南美苏里南内地布希黑人经常在村庄入口处树立守护神双首偶像这一事实得到证明。这种偶像是木头做的,两面粗糙地雕刻了人的面型,放在带有门闩和两扇门板的大门口,旁边放着一块白布,有时还放着木棒,象征一种武器,用以驱除邪恶。另外,门闩上还挂着一根小木棍,象征用它来狙击妄图穿过门口的任何邪恶。很清楚,苏里南黑人村庄路口的双首偶像很类似简纳斯的双首肖像:一手握着木杖,一手拿着钥匙,守卫在罗马人家的门口和通道上。我们可以相信,在这两种情况下,面朝两个方向的双首同样可以解释为守卫之神机警守卫的表现,它的眼睛盯着身前背后可能袭来的恶鬼精灵,准备随时予以迎头痛击。假如我们信赖奥维德的话,他说那都是狡诈的简纳斯,是他作弄了热心的、坚韧不拔的探索者,我们就无须多作冗长而又不能令人满意的解释了。

运用这些结论来考察内米的祭司,我们可以假定,作为狄安娜的配偶,他原来代表的是狄安纳斯或简纳斯,而不是朱庇特,不过这些神祇之间的差别,在古时只不过是表面的名义上的,它们作为同一天神、雷神和橡树之神的基本职能实际上完全未变。因此,作为它在内米的人身代表住在橡树林里(我们有理由确信如此)是合适的。他的森林之王的称号清楚地指出,他供奉的那位神所具有的特性与树林有关。既然只有摘下该树林中某棵树上的树枝的人才能打倒他,那么,可以说他的生命是和那棵神树紧密联系在一起的。这样,他就不仅侍奉神,而且体现了这位伟大的雅利安人的橡树之神。同时,作为橡树之神,他自然是橡树女神的配偶,不管她的名字叫伊吉利娅还是狄安娜。他们的联姻,无论怎样进行性的行为,都被认为是大地丰产、人畜繁殖的必要。此外,由于橡树神同时也是天神、雷神、雨神,所以他的人身代表,跟许多其他具有神性的国王一样,就得在适当的时刻行云、司雷、降雨,使庄稼丰收,果实累累,牧草茂盛。这样名望极高具有神力的人一定是非常重要的人物,在圣所发现的建筑物和祭品的遗迹,加以古典作家的叙述,表明在稍后一些时代里这儿是意大利最大最著名的圣地之一。即使在古代,当组成拉丁同盟的各小部落仍旧分片地据有周围平原地区时,这座神树林就一直是他们共同崇敬和关注的对象。正如柬埔寨国王惯常给热带森林深处神秘的火王、水王送去献礼那样,我们很可以相信:从广阔的雅利安平原各处来的意大利朝圣者,都把眼光和脚步转向神秘的内米祭司即林中之王的圣所。虽然伟大的政治、文化革命早已将拉丁的宗教首府从森林迁入城市,从内米迁入罗马,而这里,那崛起的阿尔巴山、面对亚平宁山脉的浅淡线条,衬着远处碧海蓝天、浓绿森林、座座山丘、宁静湖滨,梦境般幽美的圣所,直到近代依然以它早期的德鲁伊教的形式,延续着古代雅利安人对于橡树和雷雨之神的崇敬。

第十七章 王位的重负

第一节 国王与祭司的禁忌

在早期社会的一定阶段,人们以为国王或祭司有天赋的超自然力量,或是神的化身。与这种信念相一致,他们还认为自然的过程也或多或少在他的控制之下,如果气候不好,庄稼歉收,还有其他类似的灾难,他都要负责。在某种程度上,似乎认定国王对于自然的权力,也像对于臣民和奴隶一样,是通过他的意志的作用来行使的。因此,如果旱灾、饥饿、疫病和风暴发生,人民便归咎于国王的失职或罪愆,从而相应地鞭笞、桎梏以惩治之,如果他执拗不悔,便废除他的王位,甚至处死他。有时自然进程一方面被认为听命于国王,同时也被认为部分地不受国王意志的支配。如果我们可以这样来说的话,他的人身被看作是宇宙动力的中心,各条力线都是由此辐射到天界的各个角落去的。因此,他的任何举动,一仰头、一举手,都立即影响并可能严重扰乱自然的某一部分。他是世界平衡的支点,他身上任何极微小的不合常规的地方,都会打破这种微妙的平衡。所以,他必须小心,我们对他也要爱护,他的整个生命,哪怕极小的细节,都必须很好地安排,以免他的任何行动自觉或不自觉地扰乱或破坏了自然的既定秩序。日本的神圣的皇帝——天皇或内裏,或者说一贯是这一类君王的典型,他是统治包括神和人在内的宇宙的神祇——即太阳神的化身。所有神祇一年之中总有一个月时间在他身边侍奉。在那一个月内(这个月名叫"无神月"),没有人到任何寺庙去朝拜,因为人们认为庙里的神都走空了。天皇从他的臣民得到并且也自封为"显灵或化身之神"的称号,并且自称有权统率全日本的神祇。例如天皇于公元 646 年①颁布的一项赦令中就署名"统治宇宙化身为人的神"。

大约二百年前有一段关于天皇生活方式的记载如下:"即使到今天,这个家族的后代亲王们,特别是身居帝位的皇帝,都被认为是最神圣的人,并且是天生的教皇。为了在臣民心目中保持这种有利的观念,他们对自己神圣的人身不得不特别注意。而他们在这方面的所作所为,从其他民族的风俗习惯来考察,使人觉得鲁莽荒谬可笑。这里不妨略举几例:他以为他的脚如果触及地面,就是对他的尊严和神圣大为不敬,因此,无论去什么地方,都必须骑在别人肩上前往。他的圣体更不能显露于光天化日之下。他身上一切都是如此神圣,甚至指甲都不能轻易剪去。然而,为了使他不过于肮脏,人们可以在他夜间睡觉时替他洗擦,因为他们认为这时候从他身上拿去的东西是偷窃的,不伤害他的神圣和尊严。古时候,他每天早晨必须在王座上坐几个钟头,头戴王冠,像一尊塑像那样,手、足、头、眼、全身任何部位都一动也不动,认为这样就可以保持他的帝国和平稳定,万一不幸他的身躯向一侧

---

① 公元 646 年相当于我国唐太宗贞观二十年,日本历史上是大化二年,当时日本天皇的称号是"孝德天皇"。

第十七章 王位的重负

移动,或目光向他的领土任何地区注视一会儿的话,就被理解为战争、饥馑、火灾或其他重大灾难即将降临全国。不过后来人们发现,王冠才是和平与安全的保障,只要使它保持不动,就能保障帝国的和平,从而认为让天皇本人解除这些负担,悠闲逸乐,享受尊荣是有益的,于是就改为每天早晨把王冠在天皇宝座上放几小时。他的食物每次必须装在新的器皿里,用餐时放在新盘子里送到桌上。虽然都是普通陶器,却都必须洁净。由于价格便宜,用过一次以后就可弃置一边,或将它摔碎。一般总是把它们砸碎,以免落入凡人手中。人们相信如果凡人竟敢用这些神盘盛吃的东西,吃后嘴巴和咽喉就要发炎肿胀。他的神服也会给人造成可怕后果。人们相信,如果一个凡人未得天皇命令或应允,擅自穿了神服,周身就要肿胀疼痛。"关于天皇还有更早的记述,大意与此相似。"他的脚触及地面,也被认为是有失体统。甚至日月之光也不允许照射到他头上。他身上任何多余的东西也不许去掉:不剃须发,不剪指甲。凡是他吃的东西,都要盛在新的器皿里。"

在非洲西海岸处于发展低级阶段的野蛮民族中,也发现有与此类似的祭司性的或神职的王。下几内亚帕德隆角附近沙克岬地方,有一位名叫库克禄的祭司之王孤独地住在树林之中。他不得碰一下妇女的身体,不得离开自己的住宅甚至坐椅。他必须坐在椅子上睡觉,如果躺下,就不会起风,航运就得停止。他管辖风暴、维持宁静的、有益于健康的气候。多哥的阿古山上住着一位物神或精灵,叫作巴格巴。他对于周围整个地区具有极大的重要性。人们说他能司雨,又是风师,主管从内地吹来的尘沙和干燥热风。他的祭司住在山最高峰上一所屋子里,用一只大坛子把风装在里面。人们向他求雨,并乞求护身符箓(用斑豹的爪牙做成的)。虽然他的权力很大,是这块土地上的真正首领,但是,偶像的戒律却禁止他离开那座大山,他的一生必须全在山峰上度过。他只能一年一次下山到市场上购买生活用品。即使这时他也不能进入任何凡人的家门,而必须当天返回自己的住处。各村庄的行政事务都由他指派的下级首领处理。西非刚果王国有一位大祭司名叫奇托姆或奇托姆伯,黑人把他当作地上的神,天上的最高权力者。每年新谷登场,首先要向他奉献,然后才敢食用,否则违反规律,就有灾难降身。在他离开住处出外巡视期间,全体已婚男女必须严格节欲,如有任何不洁,便将给他招来不幸。如果因年老或疾病而死,人们就以为世界将要毁灭,凭他的权能与才智独立支持的大地必将被摧毁。在新大陆半野蛮民族中,我们发现西班牙征服者统治时期就有像日本那样的教阶组织或神权政治的国家,尤其扎波特克族[①]的教主很近似日本的天皇。作为国王强有力的对手,这位宗教的君王以绝对的权威统治着这个王国的主要城市之一的姚帕。据说他所受到的尊崇无论怎样评价也不会过高。他被人们看作大地不配负荷、太阳不配照耀的神人。甚至他的脚踏到地上也会玷污了他的神圣。替他抬轿的官员都是门第最高的子弟。他对周围任何事物从来不屑一顾,凡遇见他的人都匍匐在地,不敢仰视,甚至如见到他的身影,也怕会被死亡夺去生命。扎波特克的祭司,特别是教主必须严守戒律,切忌淫

---

① 美洲印第安人的一大部落,聚居在墨西哥的瓦哈卡州。

欲。但"一年之中有那么几天,举行宴会舞蹈来神祭,惯例教主可以尽醉方休,这时他属于天人之间,人们在奉献为神服役的妙龄少女中挑选最艳丽的一位送去给他御用"。如果生育了男孩,便被作为王子抚养长大,最长的儿子继承他父亲的教主之位。这位教主的超自然法力并无特殊记载,大概类似日本天皇和奇托姆那样。

在日本、西非和其他地方,都认为自然的秩序,甚至世界的存在,都同这位王或祭司的生命紧密相连。很清楚,他的臣民必须把他看作福与祸的本源。一方面,人民要感谢他赐予阳光雨露,使大地滋生五谷,果实丰登,感谢他赐予惠风将船舶送到他们的海岸,感谢他赐予坚实的土地,使他们得以生息其上。但是他所赐予的他也可以不再赐予。自然紧密依赖于他的人身,他是平衡的力的体系的中心,他身上的任何最微小的不平衡都会导致整个大地震撼。假如说这位神王无意中一个极轻微的动作就能使自然扰动,那么,不难理解,他的死亡将会引起什么样的强烈震撼。正如我们了解到的那样,奇托姆寿终正寝,也被认为引起万物毁灭。因此,很明显,人民出于对自己安全的考虑(因为王或祭司的任何不经心的行动,尤其他的死亡,都会危及他们的安全),他们便要求他们的王或祭司严格遵守那些戒律。这对于保全神王自己以及臣民和世界都是必要的。那种认为古代国王都是专制统治,人民只是听命于君主的看法,对于我们这里考察的君主国家是完全不适用的。相反,这些君主都必须听命于自己的臣民,只有在他履行自己的职责、指挥自然过程、为臣民谋福利的情况下,他的生命才是有价值的。一旦他不能忠于职守,人们一向对他的关切、崇敬、臣服便立即停止,并且转为仇恨和蔑视。他可耻地被罢黜了,而且为幸免一死而庆幸。今天还被当作神一样崇拜,明天便被作为罪犯而处死。在人民方面,这样两种截然不同的态度的转变并非反复无常或前后矛盾,相反,他们的行为恰恰是完整一体的。如果他们的王是他们的神,他也是或也应该是他们的保护者;如果他不保护他们,他就必须让位给肯保护他们的人。只要他能满足人们的期望,人们对他的关注是无穷的,并且也迫使他这样保重自己。这样的国王生活在礼仪的包围之中。整套的禁忌戒律,意图并不在于增添国王的尊严,更非加多其享乐,而是约束其行为,不让他扰乱自然的和谐而使他本人以及他的臣民和整个宇内都遭受共同的灾难。那一切戒律远不是增加其享乐,而是约束他的每一行动,毁了他的自由,常常把生命(他们的目的是要保存)当成一种重负和哀愁。

据说天赋异禀的卢安戈①的国王,其能力越大,需要遵守的禁忌就越多。他的一切行动,行住坐卧、饮食起居,都有一套规定。其继承人从幼儿时起就必须遵守,随着年龄的增长,其礼仪和禁忌也增多,"待他登上王位之时,也即陷入礼仪与禁忌的汪洋大海之中"。在费尔南多波②岛上,本岛之王的首府里亚巴就在一座死火山的火山口,星散地分布着茅舍和甘薯地,四周则是长满绿草的山坡。这位神秘的人物就住在火山口的最低处,全身据说是用银币遮盖着,还有四十位女眷在他身旁做伴。虽然他是赤裸着身

---

① 在今刚果境内。
② 几内亚湾内的一个岛,离喀麦隆海岸不远。

体的野蛮人,但是他在本岛拥有的势力比西班牙驻圣伊萨贝尔①的总督势力还要大。在他身上体现了布华斯人或岛上原始土人的保守精神。他从来没有见过一个白人,而且根据所有布华斯人的坚定信念,哪怕是见到一张苍白的面孔也会造成他的立即死亡。他不能看见大海,据说他从来没有见过大海,哪怕从远处望见一下也不曾有过。他一生都是戴着脚镣在他那简陋昏暗的小屋中消磨的,他肯定从来不曾涉足海滩。除了毛瑟枪和小刀之外,他不能使用任何来自白人的东西,从来不接触欧洲来的布匹。他排斥烟酒,甚至连盐也不用。

斯莱夫海岸说克瓦语的民族中,"国王同时也是最高祭司。在这样的身份下,他使自己的臣民无法接近他,在古代尤其如此。他只有在夜晚才走出住处洗澡或做其他活动。除了他的代表——所谓'可见之王'——和三位选出的年长者可以和他谈话以外,任何人不得同他对话。就是这三个人也只能坐在一张牛皮上背对着他讲话。他不能见到任何欧洲人和马匹,也不能看见大海,为此缘故,他片刻也不离开他的王府。到了近代,对这些戒律已经不再重视了"。达荷美的国王本人也得遵守不看大海的禁律,卢安戈和几内亚境内大阿德拉的国王们也是这样。大海是达荷美西北埃俄人崇拜的神物。祭司威胁他们和他们的国王说,如果谁胆敢看大海,就会死亡。据信塞内加尔的卡约国王如果渡过江河或海湾,一年之内必将死亡。在马绍纳兰②,直到近代,酋长

---

① 赤道几内亚的首府,今名马拉博。
② 南罗德西亚东北部的一个地区,本地居民是班图族人。

们不敢渡过某些河流,特别是努里克威河与尼亚迪里河。近些年来至少还有一位酋长仍旧严守这一习俗。"这位酋长无论如何也不肯渡河,如果他绝对必须的话,也蒙上眼睛在呼声中和歌声中被抬过河去。如果他涉水过河,必将瞎眼或死亡,并且肯定要失去酋长的职位。"所以马达加斯加南部的马哈德里人与萨卡拉瓦人,禁止国王在海上航行或渡过某些河流。萨卡拉瓦人把他们的酋长看作神人,但是"却用许多禁忌控制着他,规定他的行为,就像中国的皇帝那样。凡未经巫师宣称为吉利可行之前,他不得从事任何事情,不能吃熟热食物,在特定的日子里不得离开他的小屋等等"。阿萨姆的一些山区部落里,酋长和其妻子在饮食方面必须遵守许多禁忌,不吃水牛肉、猪肉、狗肉和家禽,也不吸烟。酋长必须有节操,只有一个妻子,在一般或公共斋戒日前夕,必须同妻子分居。在一群部落中,酋长不得在外村就食,无论怎样愤怒,也不得说一个肮脏的字眼。人们认为他们的酋长如果违反了这些禁忌中的任何一条,就会给本村带来不幸。

古代爱尔兰,以及伦斯特①、蒙斯特②、康诺特③、沙尔斯特④等四个地区的国王,都受一些离奇有趣的禁忌的约束,人们认为本国人民和国王本人的兴衰都取决于国王是否恪守各项禁忌。例如,早上出山的太阳不能照在爱尔兰国王的塔拉⑤王宫,星期三那

---

① 爱尔兰东南部的一个省。
② 爱尔兰南部一个省。
③ 爱尔兰西北部一个省。
④ 北爱尔兰一个地区。
⑤ 古代(直到6世纪)爱尔兰的首都。

第十七章 王位的重负

天国王不得在梅格—布利下马,日落以后不得走过麦格奎林,不得在范春迈地方策马而行,五朔节后的那个星期一不得登上水面的船只,万圣节①后的星期二不得离开驻在阿斯迈格纳的部队。伦斯特的国王在星期三不得顺左手方向在图亚斯·莱格安绕行,也不得在多德尔和杜德布林之间把头倾向一侧睡觉,不得在库阿兰平原露营九天,不得于星期一在杜德布林的路上走过,还不得骑着肮脏且有黑后蹄的马走过马格麦斯第安。蒙斯特的国王被禁止接连从这星期一到下星期一享用莱恩湖大餐,在莱特瑞卡,从冬季前收获期之初的夜宴开始,不得在西佑尔露营九天,也不得在加布兰举行边境会晤。康诺特的国王不得在万圣节议和之后签订有关克鲁亚昌古代宫殿的条约,不得穿带斑点的长袍,骑有灰色斑点的骏马前往达尔查斯的石南丛生的荒地,不得到西格海斯妇女聚会的地方去,不得于秋季坐在梅茵妻子的阴森的古冢上,不得跟骑独眼灰马的人在阿斯高尔塔的两个峭壁之间赛跑。阿尔斯特的国王被禁止参加达尔阿瑞合的年轻人在拉斯莱恩举行的马匹交易会,不得在日落之后聆听林塞尔利奇的鸟群鼓翼飞鸣,不得参加在代尔—米克—代尔的公牛节活动,不得在三月间走进马格考布哈,不得在白天饮用波内姆希德的水。据信如果爱尔兰的国王严格遵守这些禁忌和远古以来习俗就已禁止的事项,他们就永远不会遇到不幸或灾祸,可以活到九十多岁而不显衰老,他们在位期间也不会流行时疫或大规模死亡,并且风调雨顺,

---

① 基督教节日之一,于 11 月 1 日举行,纪念殉道圣人和所有得救的"圣徒"(指升"天堂"的所有信徒)。

五谷丰收。相反,如果国王们不遵行古代禁忌习俗,那么,全国就将有瘟疫、饥馑、水潦干旱等等。

埃及的国王被作为神一样崇拜,他们日常生活的每一细节都有精确不变的规定。狄奥多拉斯说:"埃及国王的生活跟那些不负责任为所欲为的君主不同,他们的每一言行都有法律规定,不仅有关国王的职务,甚至连国王日常生活的细节都有规定。无论白昼黑夜,凡国王应做的事情都有安排,不是他乐意做的事,而是规定他应做的事情……不仅在指定时间内他应该履行他的公务或判处案件,而且他走路、洗澡和妻子睡觉等等,凡生活中的每一行动都有明确规定。惯例给他规定了简单的食谱,他可以食用的唯一肉类就是小牛犊肉和鹅肉,只能喝一种特制的酒。"我们有理由认为,古代法老们并不遵守这些规矩,第二十王朝末期统治底比斯和埃塞俄比亚的掌祭司职务的国王们则遵守。

对祭司们规定的禁忌,我们从罗马祭司狄阿力斯[①](Flamen Dialis)生活上所受的限制,可以看到明显的实例。人们把狄阿力斯说成是朱庇特的活形象,或是这位天神的化身。对他所作的规定如下:不得骑马,甚至不得接触马匹;不得看见武装的部队;不得戴无缺缝的戒指;衣服上的任何部分不得有扣结;不得从他的住宅取出任何凡火(神圣炉火除外);他不得触及黄色的面粉或发

---

① 古罗马祭司,原称"Flamens",意思是"吹圣火的人"或"烧祭品的人",是古代罗马分别专管祭祀各神的祭司,共十五人,其中最著名的祭司是朱庇特的祭司(称为Flamen Dialis,即狄阿力斯祭司),和玛斯的祭司,季里努斯的祭司。这三个祭司在古罗马时都是贵族,都有他们特殊的服饰和徽帜。这里描写的禁忌和徽帜是专门对狄阿力斯的。

第十七章 王位的重负

酵的面包；不得接触山羊；不得说出山羊、狗、生肉、蚕豆、常春藤这些名词；不得在葡萄树下走过；他的床铺、床腿必须用泥涂抹；他的头发必须由一位自由民用铜制的剃刀来修剪，剪下的头发和指甲必须埋在幸福树下；他不得接触死尸；不得进入焚尸场所；不得在神圣日子里见到尚未竣工的工程；不得在露天里脱帽；不得把捆绑的人带进他的住宅，必须将这人松绑，将捆绑用的绳子从屋顶一个小洞里拿出去让它掉在街上。他的妻子，弗莱明妮卡（意思是祭司之妻），也必须遵守几乎全部这些戒律，此外还有她自己必守的规矩。她不得在希腊式台阶上连登三级以上，不得在某一节日梳拢头发，她穿的鞋子不得用自然老死的兽皮，只能用被屠宰的或献祭的牲口的皮革，如果她听到雷声，她就触及了禁忌，直到她献出自赎的祭品为止。

塞拉利昂的格雷博部落有一位大祭司，称号为波狄亚，在一定程度上被比作犹太人的大祭司，这是神谕规定的。在隆重的就职典礼上，他全身膏沐，脚踝上戴着一只环作为神职的标志。他的住宅门柱上都喷有牺羊的鲜血。他主管公共护符和偶像，每逢新月，以米与油祭祀。还代表全市镇的人向死者鬼魂和精灵奠祭。名义上他的权力很大，实际上很有限，因为他不敢违抗公众舆论。对于全国一切灾难，他都要负责，甚至要付出自己的生命。人们期望他使大地丰产，人民健安，永无战乱之灾，巫术也不致为害。他的一生就这样被局限于恪守种种规定或禁忌之中。譬如，他只能在自己宫邸（根据他在就职典礼上受膏沐而称之为"神膏邸舍"）安寝，不得在大路上喝水，市镇上有死人未葬时不得饮食，不得为死者哀悼。如果他在任职期间死去，必须在深夜埋葬，只许少数人知道他的葬事。等他的死亡消息公布后,任何人不得为他表示哀悼。如果他接受毒物考验,喝了云实树①煎的水而不幸死亡,他的尸体必须埋在溪流底下。

印度南部的托达人中,神圣奶场的僧侣——神圣挤奶人,在其任职期间(可长达许多年)必须遵从各种令人厌烦的累赘的规约,譬如,他必须住在神圣奶场,不得回家,不得访问任何凡人的村庄,必须独身,如已结婚,则必须与妻子分离,任何凡人不得接触这位神圣的挤奶人和奶场,一旦接触,便亵渎了他的神圣,他就不得再任神职。一般俗人只有在星期一、星期四两天可以接近他,其他日子,如有事找他,必须站在远处(有人说要站在四分之一英里以外)向他大声喊出要说的话。此外,这位神圣挤奶人在任职期间不得理发或修剪指甲,不得从桥上过河,只能从某处浅滩涉水过去,如果他的部落中有人死亡,他不得参加任何葬礼,除非他先辞去挤奶人的神职降为一般凡人。在古代,每当他的部落中任何成员离开人世,他实际上都得辞去所任神职。不过,上述繁重禁制只是针对最高级的神圣挤奶人而已。

第二节 神权与世俗政权的分离

附加于王位或祭司职务的令人厌烦的规章自然要产生影响,或者人们不肯就任这种职务,使王位或祭司之位无人继任,或者虽然有人继任,却被压在这些规章禁忌的重负之下而沦为萎靡不

---

① 西非产的一种有毒的树。

第十七章 王位的重负

振的傀儡或遁世的隐士,以致政府的统治权从他那软弱无力的手中滑入那些惯于不见其名而实际支配着君权的人的坚强掌握之中。有些国家,最高权力中出现的这种裂隙逐步加深,终于导致了神权与世俗政权彻底的永恒的分离:古老的王室保留着他们纯宗教的职权,政权则转入更年轻有力的家族手中。

举例说吧!本书前面曾经说道:在柬埔寨,常常需要把水火之王的王位强加给不愿就任的后继人。在野人岛①,那种君主制实际上已经终结,因为无法劝诱任何人去接受这个危险的荣誉。西非有些地区,国王死后,王室总要开一个秘密会议决定王位继承人,选中了谁,就突然把谁抓了起来,捆绑着送入神屋内监禁起来,直到他同意接任王位才放出来。有时,王位继承人也找到逃避这种强加于他的荣誉的方法。有一位凶猛的酋长以处处武装戒备著称,他坚决以武力抵制任何要立他为王的企图。塞拉利昂的未开化民族蒂姆人选举自己的国王并保留在加冕前夕鞭挞国王的权利,他们热衷于利用这一宪法赋予的权利,以致有时候不幸的君主等不到登上王位宝座便呜呼哀哉了,因此,如果有权势的酋长们怀恨某人,想把他剪除,便选举他为王。从前,当宣布某人为国王之前,按习惯先将他戴上镣铐,痛加鞭笞,然后砸开镣铐,把王袍加在他身上并且授予他象征王位尊严的徽帜——一把行刑者的大斧。所以当我们读到这样的报道,说在上述风俗盛行的塞拉利昂,"除曼丁果和苏泽之外,很少有几位国王是本国人",就不会感到惊讶了。"那里人的观点跟我们的观点完全不同,他

---

① 位于太平洋中南部,汤加群岛东面。

们很少有人希求这种荣誉,更极少听说争夺和谋求这种荣誉"。

日本天皇似乎都早早采取权宜之计,将最高权力的荣誉和负担禅让给幼年儿子。大君①兴起,在长期内成了日本的临时统治者,其渊源可追溯到古时某代天皇禅位给其三岁的儿子,君权被从幼小的王子手中篡夺,源赖朝维护了天皇的事业,这位勇敢练达的将军推翻了篡位者,匡复了衰微的天皇。天皇表面上虚有皇权,他本人则掌握了实际权力,赢得的爵位儿孙后代世袭,成为将军世系的始祖。直到16世纪后半叶,日本的大君还是极有力的统治者。然而与天皇同样的命运也落到了他们头上。他们陷入同样不可解脱的习惯与法律的绳网之中,逐步沦为纯粹的傀儡,在他们的府邸里根本无所作为,徒有空洞的繁文缛节,而政府的实际事务全由太政官来掌握了。东京②的君主政体也经历了同样的过程。东京的国王像其前辈们那样悠闲怠惰地生活着,被一个名叫莫的野心勃勃的冒险家赶下了王位。莫由一个渔民一跃而成了国君。国王的兄弟黎打倒了这个僭位者,扶立旧王,并为自己及儿孙后代保留了统帅全国军队的将军爵位。从那以后,历代国王虽然拥有国王的称号和虚荣,却不再真正统治国家。他们蛰居深宫,一切真实的政治权力都由世袭的将军们支配。

在波利尼西亚群岛的曼盖亚岛上,宗教与行政的职权分别掌握在不同人的手中:宗教方面的职权由世袭的王储执行,世俗政府事务则不时委托战争中赢得胜利的酋长处理,其职权必须由国

---

① 大君一词,是外国人对日本幕府时代(1192—1867)的将军之称呼,他们建立幕府,掌握全国大权,左右天皇,使其虚有其名。
② 越南历史上的后黎朝定都东京,即今河内一带。

王授予。同样，在通加①，掌握行政职权的国王，一部分是世袭的，一部分是拥有战士人数众多，以尚武著称的酋长。此外，还有一位更大的神职的酋长，其地位高于国王及其他酋长，因为人们认为他是一位主要神祇的后裔。每年新谷登场都要举行隆重仪式向他奉献，据信，如果不这样的话，神就要向人们示敬惩戒。人们说到他的时候，都用特定的言辞，这些词绝不用于其他任何人。凡是他偶尔接触到的事物，都成为神圣，成为禁忌，普通人都不得接近。当他和国王相遇时，国王必须坐在地上待他走过才能起身，以表示对他尊敬。虽然他由于出身神圣而享受最高尊崇，他这样神圣人物却并不掌握任何政权，如果他胆敢参与国家事务，就会遭到国王的峻拒。因为国王实际上掌握着真正的权力，并最终成功地除去了那个掌握神权的对手。

西非一些地区，执掌神权和执掌政权的两个国王共治，而掌神权之王实际上是至高的，他掌管着天气等等，并有权制止一切活动。例如，他如把自己的红节杖放在地上，任何人便不得越过。这种宗教的和世俗行政的统治者之间的权力分工，在真正的黑人文化不受干预的地方，就必然出现。但是在黑人的社会形态受到干扰的地方，如达荷美与阿散蒂，便有集两种权力于一位国王之身的倾向。

在东印度岛屿、帝汶岛的某些地方，也有类似西非的掌握行政权的国王与掌握宗教事务的国王那样权力分开的情况。帝汶岛上一些部落承认两位土王：普通的或行政的土王，专管民事；当

---

① 南太平洋的一个群岛，位于斐济群岛东面。

作神灵崇拜的或禁忌的土王,主管有关大地及其产品之事。后者有权宣布任何事物为禁忌,开垦新地必须事先得到他的允许,竣工之前必须由他主持一定的仪式。如果干旱病害威胁庄稼收成,人们就求他福佑。虽然他的爵位低于行政的土王,他在事件过程中却有着极其巨大的作用,那位主管世俗事务的国王在一切重大问题上都得咨询他的意见。周围其他一些岛屿,如罗蒂、东佛罗尔,与此同类的宗教方面的统治者,都有好几个土名,意思都是"这块土地上的主管"。同样,在英属新几内亚的墨科地区实行双酋长制。当地土人按照家族系统的情况分为两类,各有自己的酋长:一位是作战的酋长,一位是执行神职的酋长。后者的职位是世袭的,其任务是给任何作物(如椰子、槟榔)规定禁忌,他什么时候想着要禁止使用它们,就作出禁用规定。他的这种职务,使我们看到祭司王朝的滥觞,不过其职务似乎更多地是巫术性的,而不是宗教性的,是有关对庄稼收获的控制,而不是追求超自然力量的恩赐。

第十八章 灵魂的危险

第一节 灵魂是人和动物体内的小我

前述事例告诉了我们:神圣之王或祭司的职位往往被一系列令人厌恶的限制或禁忌所束缚,其主要目的似乎是为了保护这位神人的生命,使之为人民谋福利。但是,如果这些禁忌的目的是为了保全他的生命的话,那么就要问:他们遵守这些禁忌对达此目的有什么作用呢?要了解这一点,我们必须知道威胁这位国王生命的危险的实质,那些奇怪的限制正是要保护国王免遭这些危险。因此,我们一定要问:古代人对于死亡的理解是什么?认为死亡的原因是什么?怎样才能防止死亡?

正如未开化的人在解释无生命的自然过程时以为是活人在自然现象之中或背后操作一样,他们也这样理解生命现象本身。在他看来,一个动物活着并且行动,只是因为他(它)身体里面有一个小动物在使他(它)行动,如果人活着并且行动,也是因为人体里面有一个小人或小动物使得他行动。这个动物体内的小动物,人体内的小人,就是灵魂。正如动物或人的活动被解释为灵魂存在于体内一样,睡眠和死亡则被解释为灵魂离开了身体。睡眠或睡眠状态是灵魂暂时的离体,死亡则是永恒的离体。如果死亡是灵魂永恒的离体,那么预防死亡的办法就是不让灵魂离体,如果离开了,就要想法保证让它回来。未开化的人们为达到这种目的而采取的预防措施就是某些形式的禁忌规诫,其目的不是别的,只是为了确保灵魂继续留在体内或者离去后还再回来。总之,它们是生命的保护者或保卫者。下面我们将用实例来说明。

一位欧洲传教士对一些澳大利亚的黑人说:"我不是像你们想象的那样只是一个人,而是两个人。"那几位黑人听后大笑了。这传教士继续说道:你们爱怎么笑就怎么笑,不过我告诉你们:"我是两个人合成为一个人的;你们看到我的这个身躯是一个我,在这个身体里面还有一个小我,那是看不见的。这个大的身躯死亡了,埋葬了,在大的身躯死亡时,小的身体就飞走了。"对于这一点,一些黑人回答说:"是的,是的,我们也都是两个,我们胸中也有一个小我。"在问到人死后这个小我到哪里去了的时候,有人说它到树丛后面去了,也有人说它到海里去了。还有些人说不知道。休伦人以为灵魂有头、有身躯和四肢,总之,是人本身一个完全的小自我。爱斯基摩人相信:"灵魂跟所附属的身体具有同样的形态,不过是具有更灵敏更微妙的性质罢了!"按照卢特卡①人的看法,灵魂的形体是一个很小的小人,住在人的头部正中。只要它直立在那里,他的主人就神采奕奕,身体健壮。如果由于任何原因使他不能保持直立,他的主人就失去知觉。下弗雷泽河②的印第安人部落认为人有四个灵魂,其中最主要的一个灵魂赋有

---

① 印第安人的一个部落。
② 在加拿大西部。

第十八章　灵魂的危险

小人的身体,其余三个则是他的影子。马来人把灵魂想象为很小的小人,差不多只有一个大拇指那么大小,大多是人眼看不见的,跟他所居住的人体的形状、大小比例甚至肤色都是相一致的,虽然并非不可捉摸,却是轻盈缥缈,如进入某一物体,便可取而代之,他能够迅速地到处来去,在人睡熟、昏迷或疾病时,就暂时离去,人死后,便永远离开。

这个小人同它所附的人身,换言之,灵魂和躯体,是完全相似的。犹如人体有胖有瘦,有重有轻,有高有矮,灵魂也有胖有瘦,有重有轻,有高有矮。尼亚斯岛①上的土人认为,人在出生之前就被问到他希望要一个多高多重的灵魂,然后按照他的愿望给他。给予人的最重的灵魂达到十克左右。人的寿命同人的灵魂的长短成比例。孩子们夭亡,因为他们的灵魂短小。斐济人②以为灵魂是很小的小人,这种观念在纳克罗部落对于其酋长死后所遵行的风俗中体现得非常明显。其风俗是:酋长死后,他的继承人把他的尸体安放在精致的褥垫上面,为他膏沐,祝告说:"酋长大人,请起来,我们一同动身吧!这一天已经来到本岛了。"然后引导酋长的遗体来到河边,那里有专门为鬼魂摆渡的人把纳克罗人的鬼魂渡过河去。当他们这样护送酋长走最后一程的时候,他们手中都拿着一把大扇子贴地遮着他,因为"他的灵魂只是一个小孩"(他们中有人向一位传教士这样解释)。旁遮普人习惯在自己身上刺出花纹,他们相信:人临死时,人的灵魂,即那躯壳内的小男

---

① 位于印度洋,苏门答腊西边。
② 太平洋西南部,新西兰北面的斐济群岛上的居民。

人或小妇女,也带着生前装饰身躯的那些刺花炫耀地升入天堂。不过,有时人的灵魂并不被认为具有人的形态,而是动物的形态。

第二节 灵魂离体与招魂

一般都认为灵魂是由躯体的天然孔窍,特别是由口腔和鼻腔出入。所以,西里伯斯岛上的居民有时用钓鱼钩缚住病人的鼻子、肚脐和双足,这样一来,如果病人的灵魂想要逃走,就会被鱼钩钓住而逃脱不了。婆罗洲巴兰河上的杜利克人随身佩戴钩状宝石不肯摘去,就是因为他认为钩子能把他的灵魂在他身上钩住,这样可以使他的精神部分不致离开肉体部分。当沿海达雅克人的巫师或巫医开始行业的时候,都要在手指上戴着鱼钩,以便抓住要逃的灵魂送回病人体内。但是,很显然,钩子可以抓住朋友的灵魂,也可抓住敌人的灵魂。按照这一原则,婆罗洲猎取人头的野蛮人总是把木钩子挂在割下的敌人的头颅旁边,以为这样有助于他们猎取更多的人头。海达①巫医所用工具之一是一块中空的骨头,里面装着脱离人体的灵魂,随后把它们送归原来本体。印度教教徒们见到有人在他们面前打呵欠,总是用中指和拇指打出响声来,认为这样可以阻止灵魂从张开的口腔中逸出。马克萨斯群岛②的居民总是捂着快要咽气的人的嘴巴和鼻子,为了不让他的灵魂离去而导致他的死亡。据报道,新喀里多尼亚岛③上土

---

① 聚居英属哥伦比亚阿拉斯加的印第安人部落。
② 在大洋洲。
③ 西南太平洋上澳大利亚西面法属岛屿。

人也有同样的习俗。菲律宾群岛的巴哥波人给病人的手腕或脚踝戴上钢丝套环,也是为了同样的目的。另一方面,南美的伊多拉玛人蒙住临死的人的眼睛、鼻子和嘴巴,以防其灵魂离开身体并把别的灵魂也带走了。出于同样的理由,尼亚斯人害怕新亡人的灵魂,他们检查呼吸,验证死亡,堵塞死者的鼻孔,绑住死者的上下颚,想法使其飘游的灵魂仍旧寄居于尘世的躯壳之内。澳大利亚的瓦克尔布拉人在离开死人尸体时总要在他耳边放上一些燃烧着的煤块,目的是使死者灵魂留在体内不得马上出来,等到他们走远了再出来也追不上他们了。在南西里伯斯①,护士总是用带子把临产的妇女身躯紧紧缠住,以防产妇的灵魂离开。苏门答腊的米南卡布尔人也有类似的习俗,他们有时用线绳系住产妇的手腕或腰部,这样,在她阵痛时灵魂如要离去,身上的出口都已堵住。为了防止新生婴儿的灵魂离失,西里伯斯的阿尔福尔人在婴儿快要诞生之前,便小心地关好室内所有门窗甚至门上的钥孔,堵塞墙上任何隙缝,同时还把家中屋内外所有动物的嘴都绑扎起来,恐怕它们会吞下婴儿的灵魂。为了同样的理由,所有在屋内的人,即使是母亲自己,在分娩的全过程中都得紧闭着嘴唇。当问到他们为什么不把鼻孔也捂住,以防婴儿的灵魂通过鼻腔进入他们的休内时,回答是气息通过鼻腔吸入呼出,灵魂如果进入鼻腔,没等它安定下来,就会被呼了出去。在文明人常用的语言中,如说"to have one's heart in one's mouth","the soul on the lips or in the nose"[直译成中文是:"一个人的心在他的嘴里",

---

① 印尼的岛屿,在婆罗洲之东。

"灵魂在嘴唇上或在鼻子里",意思是"非常吃惊"]很自然地反映了这种思想:生命或灵魂可以从口或鼻腔逃逸。

人们通常把灵魂看作随时可以飞去的小鸟。这种概念几乎在大多数语言里都留有痕迹,并且作为一种隐喻还存在于诗歌之中。马来人对于这种"鸟似的灵魂"的概念有好多奇特的表现方式。如果这个灵魂是飞行中的鸟,那么,它可能被稻谷所吸引,从而既不飞往远处,也不放弃其危险的旅程而飞返自己原来的躯体。爪哇人的小孩第一次放到地上的时候(未开化的人认为这是特别危险的时刻),总是把小孩放在鸡棚里,妈妈做出咯咯的声音,好像老母鸡招呼小鸡那样。婆罗洲一个名叫新当的地区,如果有人(无论男、女或小孩)从屋上或树上摔下,被抬回家中,其妻子或其他女性亲属便尽快到出事地点去,一面撒下金黄色的稻谷,一面口中念念有词:"咯!咯!咯!魂呀!某某人已经回到家里了。咯!咯!咯!魂呀!"接着把撒出的稻子收回篮子里,带到患者面前,把稻谷撒在他头上,重复原来说的那些话:"咯!咯!咯!魂呀!……"这样做的目的很清楚,就是要诱回在外面徘徊游荡的灵魂重返本人体内(头部)。

人们以为,人睡着了,灵魂离开身体在外飘游,访问什么地方,去见什么人,做他梦想要做的事。例如,一位巴西或圭亚那的印第安人从酣睡中醒来后,坚信他的灵魂确实出去打过猎,钓过鱼,砍过树,或做过他梦中所做的一切事情,而他的身体却始终一动未动地躺在他的吊床上。一次,一个博罗罗人①的村庄里,所有

---

① 分布在巴西巴托格罗索州巴拉圭河上游及其支流的南美印第安人。

第十八章　灵魂的危险

居民全都陷入极度惊恐之中并且几乎逃避一空,仅仅因为有人梦见有敌人悄悄向他们村庄进袭来了。一个马库西印第安人,身体不好,梦见他的雇主要他将一只独木舟拉过一连好几处洪水激流,第二天早上醒来痛骂他的主人不体恤他,要他这么可怜病弱的人深夜外出干那么艰难的苦活。格兰查科①的印第安人常常谈到他们看见和听到的令人难以置信的故事,因此不了解他们的陌生人会以为他们是撒谎。事实上,这些印第安人坚信他们所说的实有其事,因为他们不能区别梦中所见的种种奇事和清醒状态下的现实。

人在睡眠时,灵魂离开身体,有其危险性。因为万一灵魂被阻,长久不得返回体内,则此人必将因失去灵魂而死亡。日耳曼人相信人睡熟后,灵魂以白老鼠或小鸟的形态离开了,如果不让它再回此人体内,此人便有送命的危险。在特兰西瓦尼亚,人们说小孩子睡觉时不能嘴巴张开着,否则孩子的灵魂就会以耗子的形状溜出来,孩子就永远不会再醒了。人睡着了,灵魂被羁不得回来,其原因很多。例如,这人的灵魂可能遇到另一睡眠中人的灵魂,这两个灵魂可能会打起来。有一个几内亚黑人早上醒来筋骨酸痛,便以为是夜里睡梦中被别人的灵魂打了。也可能是遇见一个新死者的灵魂,被它强行带走。在阿鲁群岛②上,凡有死人的屋里,当天夜晚别人都不敢在那儿睡觉,因为人们认为死去的灵魂还留在屋内,害怕睡梦中会与他相遇。人睡着了,灵魂在外可

---

① 巴拉圭、阿根廷、玻利维亚之间的广袤低地。
② 在新几内亚西南阿拉富拉海上。

能受意外灾祸或物质力量的阻拦而不得回入体内。一个达雅克人如果梦见自己落水的话,便以为是他的灵魂真的掉入水中,于是请来术士,在盛水的面盆里用网捞取他的灵魂,直到捞着后送回他的体内。桑塔尔①人中传说这样一个故事:一个人睡熟了,觉得很渴,他的灵魂离开了他的身体,以蜥蜴的形态进入一个小罐里喝水。这时候,恰巧水罐的主人把水罐盖上了盖子,于是灵魂便不得回到体内,这人也就死了。当他的朋友们正准备火化他的身体时,偶尔揭开那水罐的盖子取水,蜥蜴便逃了出来,回到体内,那人马上又活过来了,他坐起身来,问他的朋友们为什么哭泣,他们告诉他,他已经死了过去,正要焚化他的身体。他说他刚才进入一口井里去喝水,发现很难出来,所以到现在才回来。于是大家才明白了是怎么回事。

原始民族中惯例不许叫醒熟睡的人,因为他的灵魂出去了,还没有来得及回来,因此,如果把他叫醒,他就要生病。假如实在必须把他叫醒,必须慢慢地叫醒他,好让他的灵魂有时间赶回来。马图库岛②上的一个斐济人,在打盹的时候,被人踩了脚突然惊醒过来,灵魂未及返体,后来就大声呼喊,召唤他的灵魂。他当时正做梦到通加远游,突然惊醒后发现自己身在马图库,使他非常恐慌。如果他的灵魂不能马上渡海归来,重返庐舍,死亡便迫在眉睫。要不是附近一位传教士消除了他的恐慌,这个人大概要被吓死的。

---

① 印度南部科拉尔地方的土人。
② 在大洋洲,斐济群岛中的一个岛屿。

第十八章　灵魂的危险

在原始未开化的人看来，把熟睡的人挪换地方或改变面容是更加危险的，因为这样做后，灵魂回来将找不到或认不出原来的躯体，那么，这人便会死亡。米兰卡布尔人认为涂黑或弄脏熟睡者的面孔，是很不合适的，恐怕那离体后的灵魂回来时看到这变异了的形象会退缩不敢进入体内。帕塔尼马来人想象，一个人熟睡时如果把脸涂上了颜色，他的灵魂梦中离去后回来时会认不出他来，他就得一直沉睡不醒，直到他的脸被洗干净以后。在孟买，人们认为改变熟睡者的容貌，如面上涂上彩色或给妇女画上胡须，等于谋杀。因为其人灵魂归来时认不得自己的身躯，就要死亡。

不过万一一个人的灵魂要离开其身体，并不一定必须在熟睡时，醒时也可离去，于是他就会害病，精神恍惚，或死亡。澳大利亚伍龙杰里部族中有一个人躺在床上奄奄一息，因为他的灵魂离开了他的身体。一位男巫到处追索这个离魂，在它正要进入夕阳霞晖中去的时候，恰好把它拦腰捉住，那种霞晖实际是死者灵魂出入阴间时（正是太阳下山去休息的地方）放出来的。这位医生捉住了那个离魂以后，便放在鼬毛毯下带回家来，亲自躺到这位快要死的人的身下，把灵魂送进他体内，不一会儿，那人就活过来了。缅甸的卡仁人[①]总是关心他们的灵魂，恐怕因灵魂离体而死亡。如果有人恐怕自己的灵魂要走上这一步的话，就举行一定的仪式来留住或召回灵魂。举行仪式时全家人都必须参加。还得准备一顿饭食，内容包括公鸡、母鸡、米饭和香蕉。家长拿着盛饭

---

① 缅甸南部和西南部的土人。

的饭碗在家常用的梯子顶端敲三下;说道:"卜—尔—罗(prrr-roo)!回来吧,灵魂,不要滞留在外面了。天如下雨,会把你淋湿,太阳出来,你会受热,蚊蚋要叮你,水蛭要咬你,老虎要吃你,雷电要轰你。卜—尔—罗!回来吧,灵魂!你看家里多么安适呀,你会什么也不缺的。回来吧,坐在屋子里,不怕风吹浪打,安安逸逸地吃饭吧!"说完以后,全家人一起吃饭,饭后每人右腕系上一根经术士念过咒的细绳,仪式就算结束。同样,中国西南的伊伊①相信灵魂要离开有慢性病病人的身体。遇到这种情况,他们就念一种精心准备好的祷文,呼唤灵魂的名字,要它从迷途的地方——山谷、水流、树林、田野——回来。与此同时,还在门口放着杯碗,内盛水、酒、米饭,供远道跋涉归来倦累的灵魂食用。仪式之后,在病人臂上系一根红带子握住其灵魂,直到日久天长这根带子自己朽坏掉落为止。

刚果有些部落认为,一个人生病的时候,他的灵魂便离开了躯体随便到处漫游。于是便请术士帮助找回游魂,复归病人体内。一般情况下,术士总是说已经成功地追到了病人的灵魂,现躲入某棵树的树枝之内,全镇的人便都跟随这位术士来到树前,由一位身体最健壮的人劈断那灵魂所藏的树枝,大家抬着它带回镇上,作出好像很重抬不动的样子。等树枝抬进病人屋内以后,和病人并排放在一起,术士便对着它念起咒语,这样一来,灵魂就会返回到它本主体内去了。

苏门答腊的巴塔克人认为,人之所以形容憔悴、患病、惊恐和

---

① 指我国彝族。

第十八章 灵魂的危险

死亡,都是由于灵魂离体的缘故。开始,他们像引诱小鸡似地在道路上撒下许多米粒,试图招回在外飘荡的游魂,接着就反复念诵下面的话(通常是这么说的):"回来吧,魂啊!无论你淹留在树林、山间或幽谷。瞧,我手拿铜鼓、禽蛋和十一片能治百病的树叶,在向你呼唤。莫要羁留了,赶快回来吧!莫要羁留了,莫要羁留在林间、山上或谷中。切莫那样!啊,魂呀,赶快回来吧!"卡扬人每逢旅行者离开村庄时,母亲们害怕自己孩子的灵魂跟随那旅行人一起去远游,便把孩子睡觉的床板搬到旅行人面前,求他祝福让孩子的灵魂留在这些熟悉的床上安睡,不要随他到遥远的异乡去漫游。每张床板都用线绳绑了起来,并且把婴儿柔嫩的手指也用线绳拴着,目的是拴住孩子们的灵魂,不使外出游荡。

印度人中有这样一个传说故事:有一位国王,灵魂误入一个婆罗门死者的身躯,国王的身躯则被一个驼背人的灵魂占据了。于是这个驼背人成了国王,国王则成了那个婆罗门。后来有人引诱这个驼背人显示本领,把他灵魂进入了一个死了的鹦鹉体内,这时,那国王的灵魂便乘机重新返回了自己的体内。马来人中也有类似的故事,不过具体情节略有不同而已。有位国王的灵魂不慎误入一个猴子体内,一位大臣机智地把自己的灵魂占进国王的体内,从而占有了王后和王位,那真正的国王却在猴子的外形下在宫廷里受折磨。有一天,那假国王观看公羊牴角并且还下了很大赌注,不料他下赌金的那头羊斗败身亡了,用尽了各种办法都不能使羊复生,假国王出于运动员竞赛中特具的本能,把自己的灵魂进入了死羊体内,那羊终于复活了。那真国王的灵魂在猴子体内发现了自己的时机到来,急中生智,立即跳进自己的体内,重新占有了自己的身体,那个篡位者的灵魂在公羊体内受到了应得的被屠宰的下场。同样,希腊人也有这样的故事,说:克莱佐孟纳地方有个名叫赫尔墨提姆斯的人的灵魂经常离开自己的躯体到处漫游,醒来后还将看到的事情告诉自己的朋友。有一天在他灵魂出壳的时候,他的仇人竟把他的躯体投入火中焚化了。

灵魂离体,有时候并非自愿,而是受鬼魂、恶魔或巫术逼迫的。因此,如有出殡者经过人家门口时,卡兰人①总是用一种特制的绳子把他们的孩子拴在家中某个特殊的地方,直到出殡者走到远处看不见为止,以防孩子的灵魂离开自己身躯而误入过路的死尸中去。而出殡者到了坟地,将死者尸体安放在墓穴,未曾填土之前,家属和亲友们环立墓穴四周,各持一根竹棍和拐杖,将竹棍放入墓穴,拖着拐杖离开,意思是向自己的灵魂指明这样就可以爬出墓穴。向墓穴填土时,便将竹棍挪到别处,以免自己的灵魂因附在竹棍上也被埋葬了。送殡者离开坟地时,都带着竹棍,祈求各人自己的灵魂随他们一同回去。回去的路上,每人带三根用树枝做成的钩子,一路走着,不时地喊着让自己的灵魂跟随身后,回到家时,手拿钩子作出钩住灵魂的动作,然后把钩子插入地上。所有这些做法都是为了防止自己的灵魂不要同亡人的灵魂羁留在一起。卡罗—巴塔克人埋葬死者向墓穴填土时,请一位女巫在墓穴周围跑来跑去,用棍子敲击空中,用意是赶走在场生人的灵魂,因为万一哪位在场者的灵魂不慎进入墓内被土埋了,这位生人便将死亡。

---

① 缅甸南部和东南部的土人。

第十八章 灵魂的危险

在洛亚尔提群岛①的韦亚岛上,人们相信死人的灵魂能够偷走活人的灵魂。有人生病时,"灵魂医生"便带着一群男男女女来到坟地,男人们吹奏笛子,妇女们轻轻吹着口哨,引诱病人的灵魂回家。这样进行一会儿之后,他们便排成行列往回家的路上走,一路上不断吹着笛子和口哨,领着飘游的灵魂,并且用棕榈树叶轻柔地赶着往回走。到了病人住处,便大声叫病人的灵魂进入体内。

人的灵魂被诱劫,常常归因于魔鬼。中国人一般把人的昏厥和痉挛说成为喜爱捉活人灵魂的某些恶鬼之所为。在厦门,那些捉弄婴儿和儿童的精灵都享有响亮的称号:"跨坐骏马飞驶的天神","住在半空的文曲星"。当一个婴儿抽搐打滚时,惊慌失措的母亲便赶紧跑到屋顶上用一根竹竿,把孩子的衣服绑在竹竿的一端,拿着它在屋顶上挥动,不断地喊着:"×××我的孩子,回来吧,快回家来!"与此同时,家里另一个人在屋里敲着锣,希望引起在外面迷路漂泊的魂魄注意,认出它熟悉的衣服而回到体内。然后把衣服拿到孩子身边或放在孩子身上,认为孩子的魂魄已经附在衣上,如果孩子不死,肯定迟早会痊愈。同样,一些印度人捉住人失去的魂魄放在靴子里,病人穿上这靴子,魂魄便复回体内。

在摩鹿加,如果有人身体不舒适了,便以为是魔鬼捉住了他的灵魂带到(魔鬼居住的)山里或是树林里去了。巫师指出了魔鬼的所在地,病人的亲友便携带米饭、水果、鱼、生鸡蛋、一只母鸡、一只小鸡、一件丝袍和金钏等东西前往恶魔住处,献上这些礼

---

① 在西南太平洋。

物,祷告说:"鬼神呀,我们特来献上这些薄礼,请你收下,放回病人的灵魂,放它回到体内,让他活命吧。"然后众人就稍微吃点东西,放开母鸡作为对病人灵魂的抵赎,还留下了那些生鸡蛋,但是却带回那件丝袍和金钏等物,一回到家便把这些东西放在一个盘子里搁在病人头边,对他说:"现在你的灵魂已释放回来了,从此以后你的身体就会好起来,长命百岁。"

刚搬进新房子的人特别怕鬼。西里伯斯岛上米纳哈萨地方的阿尔福尔人在"暖宅"(即移入新居时举行庆祝宴会)时都要请祭司来举行一种仪式,期望使住入新宅的人灵魂安居体内,不因移入新居而游离在外。祭司在献祭的地方悬挂一个袋子,然后查阅所有神祇的名单。神名极多,他得费一整夜的工夫不停地查阅,到第二天早上向这些神祇献祭一只鸡蛋和些许米饭表示感谢。据信这时候所有住入这所新宅的人的灵魂都已被召集在那悬挂的袋子里,祭司拿着那袋子,举在这家家长的头上,说道:"收回你的灵魂吧!"然后对灵魂说:"且待到明天再离去。"接着向这家主妇和其他成员逐个重复再说一遍。阿尔福尔人还有一种使病人灵魂复回体内的办法,就是用带子兜着一个碗从窗口向窗外放下,像钓鱼似地钓取病人失去的灵魂,直到钓着之后才提上来。另外,当祭司捉到病人失去的灵魂,用布包着送回家中的时候,常常由一个女孩在前引路。她手里举着一片大棕榈树叶遮着他和病人的灵魂,像打伞似的,以防万一下雨,淋湿了他们,同时祭司身后还跟着一个男人手持钢刀不停地挥动,防止其他灵魂出于任何动机抢去这个被捉回来的灵魂。

第十八章 灵魂的危险

有时失去的灵魂也以可见的形体被送回来。俄勒冈[①]的萨利什或叫弗拉萨德印第安人,相信人的灵魂可以在一段时间内离开人体而不成造其他人死亡,也不为其本人所察觉。不过,必须尽快找回亡失的灵魂复返本体,否则其人早晚必将死亡。巫师梦中可以获知失魂者的姓名,便连忙通知失魂者。通常总是有好些人同时遇到这种情况,于是他们的名字都在巫师梦中显现,大家都来请这位术士帮助招魂。这些失魂丧魄的人在村里挨门逐户地走来走去,又歌又舞,彻夜不眠。第二天拂晓,走进一家孤独的门窗紧闭的小屋,屋内漆黑不见五指。然后在屋顶捅开一个小小窟窿,术士手拿一根羽毛掸帚,从小洞往屋内扫进许多小块的碎骨之类的东西,屋内有一张席子接着,那些散失的灵魂就附在这些碎骨之类的东西上面一起被扫了进来。这时屋内点起了灯火,巫师便开始在火光下分别拣出扫进来的那些魂魄。他首先拣出死人的鬼魂放在一边(每次总有几个这样的死人鬼魂,如果巫师把死人的鬼魂放进了活人体内,这个活人就会马上死亡)。然后把在场所有人的魂魄一一拣了起来,让所有人都坐在他面前,他拿起每个人的魂,一小块骨头或一片木块,或一个介壳,放在本人头顶,嘴里念念有词,身体作出种种扭曲姿态,把魂魄往本人体内拍去,直到魂魄进入体内,复归原位。

不仅妖魔鬼魅能够摄去并拘留人的魂魄,人(特别是巫师)也可以如此。在斐济,若有罪犯不肯供认罪行,酋长就叫人取来一块头巾,用它把这个歹徒的魂捉走。犯人一见这种头巾,甚至一

[①] 美国的俄勒冈州。

听说它,一般就立即坦白供认。因为,如果他不供认,那头巾就将在他头上挥动,把他的魂摄去,然后折叠起来,钉在酋长的小独木船船尾上,他便将因失魂而憔悴丧生。危岛①上的巫师惯常撒下罗网捕捉人的灵魂。这种网是用结实的细绳编成的,约15-30英尺长,两面都有大小不同的网眼,以适于网住不同大小的魂:肥胖的魂有大网眼可以套住,瘦小的魂则有小网眼可以套住。如果同巫师有怨恨的人病了,巫师便在此人住宅附近布设罗网,侦伺他的灵魂逃走。假如它是以飞鸟或飞虫形态飞走,便会被罗网捉住,此人便绝无可免地要死亡。西非有些地方,巫师们不断设置圈套捕捉人们梦中出游的魂魄,每捉住一个,就捆绑起来吊在火上烤炙,那魂在火中萎缩,其身体就病倒了。巫师们这么做,倒不是出于对受害人的仇恨,而是为了借此赚钱。他们不管捉到的是谁的魂魄,只要给他们钱,马上就还归本主。有些巫师长期开办灵魂庇护所,收留迷失的灵魂,任何人丢了灵魂或灵魂误留在什么地方,只需向巫师付出一定报酬便可以从庇护所里得到另一个灵魂。社会上对开办私人灵魂庇护所或设圈套捕捉灵魂的人并无任何责难,因为那是一些人的职业,在他们执行这种职业时并没有什么残酷、不近人情的情绪。但是也有一些坏人,完全出于恶意或者利欲熏心,置阱设饵,蓄谋捉住某人的灵魂,往往在藏饵的罐子底部放着锋利的刀钩以绞杀撕裂那可怜的灵魂,其做法要么是立即将灵魂杀掉,要么加以伤害,这样即使灵魂侥幸逃脱返

---

① 又名南子岛,俗称奈罗下峙,或称南子礁、永兴南岛,即今日通称的我国南沙群岛。

第十八章　灵魂的危险

回本身，其人的健康也要受到损害。金斯蕾小姐认识一位克鲁族人[1]，此人一连有几个夜晚在睡梦中嗅到红辣椒调味的熏龙虾香味，使他为自己的灵魂非常焦虑，因为显然有不怀好意的人在设置圈套用美味食品为饵引诱他梦游的魂魄，伤害他的身体和精神。于是在那以后几天晚上他忍受了很大痛苦设法不让自己的灵魂在睡梦中到外面漫游。在那闷热的热带夜晚，他裹着毛毯，用手帕捂住鼻子嘴巴，躺在床上，浑身流汗，喷鼻呼气，以防宝贵的灵魂出了窍。在夏威夷，巫师们捉了活人的灵魂，装进葫芦里给人们吃。他们抓住灵魂，在手心里用力一捏，便能发现其人秘密埋葬的地方。

也许世界上没有任何地方能够比得上马来半岛巫师诱捉人们灵魂的高度完美的艺术。他们采用的方法多种多样，动机也是多种多样，有时企图毁灭一个敌人，有时想赢得一位娇羞冷美人的爱情。这里举一个有关后者的事例。巫师想要叫哪位女郎发狂，摄住她的灵魂，他的做法如下：月亮刚刚从东方地平线上升起，看上去像一团红球似的，这时候走到屋外，站在月亮下，右脚大趾放在左脚大趾上，右手握作话筒形放在嘴边，朗朗念诵下面这些话：

　　唵嚤！我张弓射箭。
　　一箭射出，月色昏黄；
　　二箭射出，太阳无光；

---

[1] 西非利比亚黑人。

> 三箭射出,星星躲藏。
> 但我并非要射太阳、星星和月亮。
> 我只射众人中那漂亮可爱的姑娘的心房!
> 咯,咯,咯! ×××的灵魂啊,
> 来,跟我一起走吧!
> 来,跟我坐在一起吧!
> 来,跟我共枕同眠吧!
> 咯,咯,咯! 魂呀魂!

这样重复三遍,每念一遍,就微握右掌当作话筒吹气一遍。这样就可把那人的灵魂捉到包头的头巾里来。另外还可以这样做,在月圆之夜和月圆后的两天夜里,每晚走到外面,坐在蚁丘之上,面向明月,焚香礼拜,口念咒文:

> 我给你带来槟榔汁,
> 啊,凶猛的王子!
> 把那柠檬果放在叶上,
> 让她——娱乐王子的女儿——尝尝。
> 在朝阳升起和夕阳西下的时候,
> 愿你爱我爱得发狂。
> 愿你像思念双亲一样,思念我
> 愿你像想念家中的住宅和阶梯一样,想念我
> 雷声隆隆时,想着我
> 疾风呼啸时,想着我

第十八章 灵魂的危险

> 天雨时,想着我
>
> 鸡鸣时,想着我
>
> 能说话的鸟儿述说故事时,想着我
>
> 你抬头看望太阳时,想着我
>
> 你举头看望明月时,想着我
>
> 因为我就在那月亮里。
>
> 咯,咯!×××的灵魂呀,
>
> 到我身边来吧!
>
> 我不想把我的灵魂交给你,
>
> 而是要你的灵魂和我的灵魂在一起。

每晚念完咒文,就向月亮挥动头巾,一连七次。然后回到屋里,把头巾压在枕下。如果白天想要戴它,便焚香祝告:"我戴着的不是头巾,而是某人的灵魂。"

不列颠哥伦比亚的纳斯河两岸印第安人铭记着一种信念,以为医生可能误把病人的灵魂吞进腹中。如果哪位医生这样做了,别的医生就让他守在病人身旁,其中一人用手指探进他的咽喉,另一人用指关节按摩他的肚子,还有一人用手掌在他背上敲击。如果病人灵魂并不在它腹内,便对所有医生都这样做一遍,假如还没找到病人的灵魂的话,那么,就一定藏到为首的医生的药箱里了。于是这群医生便一同到为首的医生家里去拜见,请他拿出药箱来。他按众医生要求拿出药箱,取出里面所有的东西放在一张新垫子上,大家就举起这位药神的高徒,抓住脚跟,把他的头放在地上的一个洞内,用水洗他的头,然后把剩下的洗头水全都倒在病人头上。无疑,病人丢失的灵魂就在那水里了。

第三节　灵魂是人的影子和映像

上面我列举的那些精神上的危险,并不是使未开化人们唯一感到困惑的东西。未开化的人们常常把自己的影子或映像当作自己的灵魂,或者不管怎样也是自己生命的重要部分,因而它也必然是对自己产生危险的一个根源,就会像真的发生在他身上一样使他感到受了伤害,如果踩着了它、打着了它,或刺伤了它,如果它完全脱离了他的身体(他相信这是可能的),他的生命就得死亡。韦塔岛①上有许多巫师能够用矛刺伤或者用剑砍伤人影而使人致病。据说,商羯罗②在灭除了印度的佛教徒以后,漫游来到尼泊尔,同那里的大喇嘛意见分歧。为了证实自己具有超自然的法力,他纵身飞向太空。当他继续向上飞升的时候,大喇嘛看见了他的身影在地面上摇摆晃动,便抽出刀来砍中他的身影,商羯罗立即从空中跌落地上,摔断了头颈。班克斯列岛③上有好些形体特长的石头,土人取名叫作"吃魂石"。据说有一种强大凶险的鬼魅住在这些大石头里面,如果人的影子落在一块这样的长石上,石里的鬼魅便抓住此人的灵魂,使他丧命。因此土人便把这些石

---

① 印度尼西亚东南部岛屿。
② 商羯罗(Samkara,约788—820),印度吠檀多派哲学家,婆罗门教改革家,曾经遍游印度各地,进行传教活动。所著梵文著作三百余种,主要著作有《梵经注》等,由他创立的不二施吠檀多派对现代印度思潮影响很大。
③ 加拿大北极诸岛西边的一群岛屿。

第十八章 灵魂的危险

头放在屋里作为护卫,如果房主人出门在外派人回家来办事,这个人进屋时必先喊出派他来的那位主人的名字,否则石头里的鬼魅会以为来人意图不良而予以伤害。在中国,当收殓死者要盖棺的时候,除死者最近的亲属外,其他人都退后几步甚至退入别的房间,因为如果人的影子被关进棺材,此人的健康便将受到危害。当要将棺材放进墓穴的时候,在旁的人大都后退一定距离,以免自己的身影落进墓穴而伤害了身体。风水先生和助手则站在影子落不进墓穴的一边,掘墓穴的和抬棺的人都用布条紧紧缠住手腕使自己的影子巩固地附在自己身上。不仅人是这样容易因身影受伤而损害身体,牲畜在一定程度上也是如此。霹雳①地方有一种小蛇经常出没于附近的石灰石山上,据说它们通过咬牲口的影子来吮吸牲口身上的血,于是牲口就因失血而羸瘦,有时甚至死亡。古人以为,在阿拉伯,假如一条猎狗踩上一个人的影子,此人便不能说话也不能动弹。如果一条狗站在屋顶上,月光把它的身影投在地面,每一条狗踏到影子上,屋上的狗便立刻摔了下来,好像被用绳子拖下来似的。从上述这些例子可以明显地看出,身影对于未开化的民族来说,如果不是灵魂的话,至少也被当作人和动物身体的有机部分,所以对人和动物的影子的伤害,其感觉就如同对他(它)身上加害一样。

反过来说,如果人或动物的影子是他(它)的生命组成部分,那么,在一定情况下,如被别人或动物的影子触及,也会跟被别人或动物触及自己的身体一样造成危害。因此,未开化的人有一条

---

① 马来西亚的一个州。

规律,就是避开由各种原因使他认为危险的某些人的影子。一般说来,他们认为危险的人物是送葬者,通常是妇女,特别是那些做丈母娘的女人。舒什瓦普①印第安人以为送葬人的影子如果落在某人身上,此人便要生病。维多利亚的库尔奈人②提醒刚刚经过成年礼的青年警惕不要让妇女的影子从自己身上掠过,因为那将使他变得消瘦、懒惰和愚蠢。据说一位澳大利亚土人有一次几乎吓死过去,因为当他在树荫下睡觉时,他岳母的影子落在他的腿上了。无知的未开化人怀着敬畏的心情看待自己的岳母,这种情况在人类学上是最常见的。新南威尔士③的尤茵族人有一条严格的戒律,禁止男人同他的岳母交往。他不得用眼看她,甚至不得朝她所在的方向看望。如果他的影子碰巧落在他岳母身上,这就构成离婚的理由;他必须离开妻子,妻子得回到她父母身边去。新不列颠④的土人,无法想象男人偶尔同自己岳母讲话将出现那么不幸的后果。这种讲话事件发生后,双方唯一可能的出路就是一方或双方自杀。新不列颠土人最庄严的誓言是:"如果我说的不是真话,叫我去跟我岳母握手吧!"

许多地方未开化的人认为人的影子和人的生命紧密相关,如果失去影子,就要导致人体虚弱或死亡。对于持这样观念的人们来说,他们很自然地认为,人影的缩小是人的生命力减小的预兆,从而焦虑不安,忧心忡忡。

---

① 住在美国西北,加拿大西南,讲沙立希语的印第安人的氏族。
② 澳大利亚东南沿海农村的居民。
③ 澳大利亚西南濒临太平洋的一个州。
④ 几内亚东面,大西洋上俾斯麦群岛中最大的岛屿。

第十八章 灵魂的危险

安汶①和乌里亚斯②是赤道附近的两个岛屿,那里每天中午太阳必然很少或根本照不出人影。当地居民订出一条规律,在日中时不要走出屋外,因为他们以为谁要是这样做了,就会失去他的灵魂的影子。芒艾亚岛③的土人中流传着一个非凡勇士图凯达瓦的故事。据说他身上的力气随其影子的短长而消长:每天早上,当他的身影最长时,他身上的力气也最大;当太阳近午,他的身影缩短时,他身上的力气也开始减退;正午时,他身上的力气减到最低限度;到了下午他的影子又逐渐拉长,他身上的力量也随之恢复。有一位英雄发现了这一秘密,便在中午时把他杀了。马来半岛的贝锡西斯土人不敢在中午时候埋葬死人,因为恐怕那时他们的影子最短,将产生交感作用,从而缩短他们的寿命。

直到今天还在东南欧流行的一些风俗比其他任何地方都更清楚地反映了原始人认为影子相等于生命或灵魂这样一种观念。在现代希腊,每盖新房奠基时,其习俗总是杀一只公鸡、一头公羊或是羔羊,把血洒在奠基石上,然后把这些鸡羊埋在基石下面。这样祭奠的目的是要使这座新房建筑得稳固。有时候,盖房人并不杀鸡宰羊,而是引诱行人来到基石附近,偷偷度量他的身材或身体的一部分或其身影,然后把那度量用的工具埋在基石底下,或者把基石压在此人的影子上面。据信这样一来,这个人将在一年之内死去。特兰西瓦尼亚的罗马尼亚人相信,凡是灵魂这样被囚禁的人将在四十天之内死亡。所以当人们走过正在施工的建

---

① 摩鹿群岛的小岛。
② 东印度岛屿。
③ 南太平洋库克群岛的一个岛屿。

筑物时，总会听到有人大声警告说："当心，你的影子别给压住了！"不久以前，那里还有专门贩卖人影子的人，他们向建筑者出售确保其建筑物墙壁坚固所必需的人影。在这种情况下，对人影的度量被视为同影子一样，埋下这种量具，等于埋下其人本身或灵魂，这样的人就一定要死亡。这样一来，这种风俗就替代了古时那种做法，即把活人囚禁在墙壁里面，或压在新建筑物的基石下面。其目的是要使新建筑物能够坚固耐久，或者更确切些说是为了要让死者愤怒的幽灵巡游于此，以达到防止敌人侵入这座新建筑物的目的。

有人相信人的灵魂在自己的影子里，也有人相信人的灵魂在水中倒影或镜中的映影里面。"安得曼岛[①]上的居民认为镜中的映像才是自己的灵魂。自己的影子并不是灵魂。"新几内亚的莫图莫图人第一次在镜子中看见自己的影像时，以为那就是自己的灵魂。在新喀里多尼亚，老人们都认为人在水面或镜子中的影像就是本人的灵魂。年轻人受过天主教神甫教导，则认为那只是影像，同棕榈树在水面的倒影一样，不是什么灵魂。映像—灵魂是在人体之外的，其面临的危险同影子—灵魂一样。祖鲁人不向幽暗的水潭瞧望，他们以为其中藏有野兽，会抢走他们的映像而使他们死亡。巴苏陀人说鳄鱼能够把人在水面的影像拖下水底，这样来把人吃掉，假如某人原因不明的突然死亡，他的亲属便认为一定是他经过水边时被鳄鱼抓去了他的影子。在美拉尼西亚的沙达尔岛上，有一个渊潭，"谁要是向它底下张望，谁就会死亡。

[①] 安得曼群岛，在缅甸西南孟加拉湾。

因为其中有凶恶的鬼灵攫取人的倒影而吞噬其人的生命"。

现在我们就能理解为什么古印度和古希腊人都告诫人们不要看水中自己的倒影,为什么希腊人认为如果谁梦见自己在水中的倒影就是死亡的恶兆。他们恐怕水中的精灵会把人的影像,或灵魂,拖下水底,使人失去灵魂而丧生。也许这就是关于美少年纳喀索斯①的优美传说的来源(纳喀索斯看见水中自己的影子,随后就日渐羸弱而死去)。

我们还可以解释下面这种广泛流行的风俗:凡家中死了人的人家,全家所有的镜子都要蒙盖起来,或者把镜面转向墙壁。这是由于害怕人的灵魂被照出躯壳映在镜中,而被死者的魂魄带走,因为人刚死后,其魂魄还要在家中一直留连到殡葬之后。这跟阿鲁人②的风俗完全相同。阿鲁人的风俗,不在刚死了人的屋里睡觉,害怕梦中灵魂出体,遇到死者的鬼魂而被带走。为什么病人不照镜子,为什么病人住的房里,镜子全都被蒙盖起来,其原因也就都很清楚了。人在病中,灵魂极易出窍漫游,被镜子照出身影,更容易使灵魂离体,那是很危险的。这条规定跟有些人不让病人睡觉的规定完全相像。因为梦中灵魂总要离开身躯的,所以总有回不来的危险。

对于影子和映像的想法做法如此,对于人的肖像也是这样:

---

① 希腊神话(河神)瑟非塞斯(Cephison)的儿子纳喀索斯(Narcissus),是位英俊青年,在泉水中看见自己的映影以为是水中的女神,想与她接近,跳进泉水而死。泉水女神们托起了他的尸体,想为他送葬,发现他却变成了一朵美丽的鲜花,她们便称这花为纳喀索斯(narcissus),即水仙花。

② 阿鲁人是新几内亚西南阿鲁群岛上的土人。

认为其中包含了本人的灵魂。具有这样信念的人当然不愿意让人家给自己画像，因为如果肖像就是本人的灵魂或者至少是本人生命的重要部分，那么，无论谁持有这帧画像就能够对肖像的本人作出致命的影响。白令海峡的爱斯基摩人相信从事巫术的人有窃盗人的身影的本领，人若失去自己的身影，便要憔悴身亡。一次在育空河①下游的一个村庄里，一位探险家架好了照相机，想要拍摄村中居民在自己屋前屋后活动的情景。当他正在调节焦距的时候，该村村长走上前来一定要在相机的遮布里看看拍摄的镜头。他盯着毛玻璃上走动的人影凝视了好一会儿工夫，突然把脑袋缩了回来，向他村里的人直着嗓子大喊道："他把你们所有人的影子都装进这盒子里来了。"人群中立即引起一片惊恐，慌忙散开躲进屋里去了。墨西哥的台佩璜人站在照相机前恐怖万分，要让他们同意照一张相，至少要花好几天的工夫劝说。最后他们虽然同意了，他们的表情简直像就要被枪决的罪犯一样。他们以为摄影师给人照相，会带走人的灵魂，回去慢慢吞食。还说等相片到达他的国家时，他们就得死亡或者有其他凶事落在他们身上。卡塔特博士和他的同伴们在马达加斯加西海岸的巴拉地区考察时，当地人对他们的态度突然变得敌对起来，其原因是他们在头一天（不无困难地）拍摄了皇室一家人的照片，于是第二天就受指责，说他们摄走了本地土人的灵魂要带回法国出售。要否认是办不到的。按照当地的习惯来看，他们肯定是摄取了土人的灵魂放进一个匣子里了。卡塔特博士只好下令把所有摄取的灵魂全都

---

① 在加拿大西南部，经阿拉斯加流入白令海。

第十八章 灵魂的危险

放归原主。

锡金农村的一些村民在照相机的镜头对着他们要照相的时候,表现出极大的惊恐,纷纷躲开。他们把照相机的镜头叫作"那匣子的凶恶眼睛",认为它照相时连他们的灵魂都摄走了,相片所有者控制着这些灵魂,对他们施加魔咒。他们还断言拍摄的风景照片毁坏了山水风光。在已故的暹罗国王统治之前,暹罗所有的钱币上都没有国王的肖像,这是"因为那时候有一种强烈的偏见反对在任何钱币上刻铸国王的形象。直到今天,凡旅行进入这一丛林地带的欧洲人,只要把摄影机对准当地人群,人群便立刻纷纷逃散。如果给某人的面容画一帧肖像并且携走的话,此人生命的一部分也即随此肖像而去。国王除非像玛土撒拉①那样享千年高寿,绝不会轻易让自己的生命化成碎片而以本国的钱币来发行"。

上述这一类的信念在欧洲许多地区仍然残留。不多年以前,希腊的卡尔佩沙斯岛上有些老年妇人对给她们画像还是非常生气,以为画像的后果会使她们消瘦死亡。苏格兰西部地区至今还有人拒绝照相,以免招来不幸,并且举出自己一些朋友的事例说那些人被照过相之后,便没有一天安康过。

---

① 据《圣经·创世记》第 5 章第 27 节载,据传玛土撒拉(Methusalah)享龄 969 岁,是一位年高德劭的老者。

第十九章 禁忌的行为

第一节 禁忌与陌生人交往

前面说的是灵魂以及灵魂容易遭受危害的原始观念,这种观念并不限于某一民族或国家,它带有种种不同的具体情节散布在世界各地,而且,正如我们看到的那样,至今还残存于现代的欧洲。如此根深蒂固、广泛流传的信念,对于古代帝王制度的形成必然会有影响。因为,假如人人都煞费苦心,企图拯救自己受到多方面毁灭性威胁的灵魂的话,那么,对于国王又该要多么小心翼翼地加以防卫呢?这是因为国王的生命关乎全体人民的幸福和生存,保护国王的生命乃是全民的共同利益。所以我们可以期待一定会发现保卫国王生命的防卫制度要比原始社会中一般人为自己灵魂安全而采取的防卫措施更加复杂周密。事实上我们已经看到,并且还将更充分地看到古代早期国王的生活都有严格详细的规章约束着。我们能否这样认定:那些规章实际上就是我们料想的专为保卫国王生命而采取的措施呢?只要考察一下这些规章,就能证实这种推断。从这些规章里可以看出,国王所遵行的同一般人为自己灵魂安全而遵行的是一致的,甚至那些看来对于国王是相当古怪不合适的规章,也大都(如果不是全部的话)是为了保护国王的安全或生命。下面我将列举一些这样的王家

第十九章 禁忌的行为

规章或禁忌,逐一加以评议和解释,这样,才能使这些规章的最初意图恢复其本来面目。

对国王提出禁忌的目的是为了使国王脱离一切危险的来源。一般的做法是迫使他或多或少地或完全地离群独居。但这得看他遵守的规章有多少以及严格程度如何。最可怕的危险根源要算巫术魔法,它比野蛮人更为可怕。国王怀疑一切行此妖术的都是陌生人。因此,预防那些陌生人有意无意进行的致命性危害,成了原始人戒慎的基本原则。所以在允许陌生的外地人进入本地区之前,或至少在允许他们和当地居民自由交往之前,当地人总得先举行一定的仪式来解除他们的魔术法力,抵制他们散布的致命性危害,或净化(譬如这么说吧!)被他们污染的空气。所以,当东罗马帝国皇帝查士丁尼二世派往土耳其缔结和约的使者到达时,首先受其巫术接待,履行净化礼仪,意在祓除一切有害影响。来使所带一切物品都堆置在屋外空旷地方,巫师们鸣钟击鼓,手持点着的供神香烛围绕那些物品走来走去,喷气作声,口中喃喃,如醉如狂地努力驱除邪恶。然后又领着使者们从燃烧着的神香烟火中穿过以洁净使者的身躯。在南太平洋上的纳努米亚岛上,凡外来船舶登岸或外岛来的生人,每人(或推出代表)都必须先朝拜岛上的四座神庙,祷告神祇驱除他们可能带来的疾病和邪恶,然后才能和本地人交往。朝庙时要献上猪牛羊肉,伴以歌舞,表示敬神。行礼之时,除祭司及其助手外,其他人一律回避。婆罗洲的奥特·丹劳姆人有这样一种风俗,凡入境的外地人必须交付一定数额的现款,作为向本地水陆神祇献祭猪牛的费用,求神鉴宥他们入境,使他们与本地居民友好相处,保佑庄稼丰收等等。婆罗洲有一个地区男人们不敢看欧洲来的游客,恐怕因此而得病。他们还告诫自己的妻子儿女不要接近欧洲人。那些不能控制自己的好奇心而想看看欧洲游客的人,杀鸡宰鹅祭祀外来者带来的邪恶鬼灵,并把鸡鹅的血涂在自己身上,用来讨好邪鬼。一位在中婆罗洲旅游的人说:"当地人怕邻境的邪恶鬼灵,更害怕随旅游者从他乡异国来的鬼灵。1879年,一群从马哈康河中游来的旅游者到布鲁乌·卡扬人这里访问我。当时,凡从家里走出来的妇女,人人都手持一束点燃的药用的树皮,以其刺鼻的浓烟来驱除邪恶。"

克利沃斯在南美旅行时,曾经到过一个阿帕莱印第安人的村庄。他到达该村之后不一会儿,村里有几个人捉了许多大黑蚁放在棕榈树叶上送到他面前。这种大黑蚁咬人是很疼的。全村男女老少都围聚在他身旁,要用这些大黑蚁螫他们的面部、腿和身上各处。他有时手轻了些,那些人便喊道:"再螫螫,再螫螫!"直到身上皮肤都一小块一小块地肿了起来,好像被用荨麻鞭打过的那样,才表示满意。这样做的目的从安波依那和乌里亚斯等地流传下来的风俗中可以看出。其俗是用刺激性的调料如姜和丁香,细细捣碎,撒在病人身上,借那刺激性的感觉驱除缠在人身上的病魔。在爪哇,群众中流行的治疗痛风和风湿病的方法是用胡椒擦病人的手指甲和脚指甲,据信痛风或风湿病都怕胡椒的辣味,一遇上胡椒便仓皇逃跑了。同样,在斯莱夫海岸,幼儿的妈妈常常相信邪恶的病魔侵占在孩子身上,于是就在幼小的病人身上割破一个口子,将青辣椒或其他调味品涂在破口处,以为这种辣味可以赶跑那病鬼。可怜的孩子自然疼得大哭,妈妈却狠着心肠

第十九章 禁忌的行为

让孩子哭,因为她相信那病魔也正同样受疼,从而离开病人,孩子的病就好了。

所以,很可能那些接待外来陌生人的礼仪的动机,并不在于要表明对来客的尊崇,而是由于对他们的害怕,不过没直接说明罢了!

在翁东爪哇群岛居住的波利尼西亚人,当地的祭司或巫师似乎拥有很大势力,他们主要的业务就是被除鬼灵、医治疾病、呼风唤雨、保佑渔猎等等。凡外地陌生人踏上这些岛屿,必先通过岛上巫师在他们身上洒水、涂膏,并系上干枯的露兜树叶。巫师们还在四周泼水撒沙,用新鲜树叶擦拭访客和他们的船只。然后才领这些外来人去见岛上的头人。在阿富汗和波斯的某些地方,凡旅客进入任何村庄之前,村人必先举行祭祀(燃火焚香、祭以牺禽的生血或熟肉)。阿富汗边境使团经过阿富汗的村庄时,常常受到焚香迎接,有时村人还将一盘余烬撒在过客座骑的蹄下,同时祝告说:"欢迎,欢迎!"厄明·帕莎在中非旅行时走进一座村庄,村人宰了两只山羊,把羊血洒在进村的道路上,村长踏着羊血出村迎接厄明。当地居民非常害怕陌生的旅客和他们的魔法,因此常常无论怎样也不肯接待陌生的访客。斯佩克旅游经过一处村庄时,村里人关门闭户,不肯让他进屋。"因为他们从来没见过白人和白人携带的那些锡盒子。他们说:'谁知道那些盒子不正是杀人强盗瓦屠塔变的,是来杀害我们的呢?我们不能接待你。'无论怎么解释也说不服那些村人,斯佩克一行只得离开往前面的村庄走去。"

这种对于外来客人所怀的恐惧,常常在主客之间相互存在。

原始未开化人踏上陌生国土时,感到自己正走进魔地,采取步骤防卫来往魔鬼及当地居民施行魔术的侵害。例如毛利人在出发往他乡之前,总要先进行一定的仪式使其旅行成为"一般"的旅行,否则就有可能变成受禁忌所限制的"神圣"的旅行。米克卢霍·马克莱男爵在新几内亚麦克雷海岸旅行,一次走近一处村庄时,伴随他同行的土人中有一个人从树上折下一根树枝,走在路旁,对着树枝轻轻说了一会儿,然后走回来在这些土人每人背上轻轻拍上一些什么东西,又用树枝敲打几下,最后走进树林深处将这根树枝埋在干枯的树叶下面。据说这样可以保护这一行人经过这座村庄时免遭奸诈和危险。那意思大概是已将潜进一行人身上的邪恶赶入树枝埋在树林深处了。在澳大利亚,当某一外来氏族被邀到某地区定居、进入住地时:"他们人人手里拿着点燃的树皮或树枝,据说是为了洁净空气。"托拉佳人①在进行猎取人头的远征中,进入敌人境内未曾作出任何敌对行动如焚烧房屋或杀人之前,不得采食敌人种的任何水果,也不得食用敌人饲养的任何牲禽。他们认为如果违反这条规定,便会被敌人的灵魂或这一类性质的某些东西进入自己体内,那样就会毁坏身上所佩戴护符的灵性。

另外,人们还相信:一个人在外乡旅行归来,可能从所遇见的陌生人那里沾染上某些邪魔。因此回到故乡,与亲友重聚之前,需要履行一定的祓禳仪式。贝专纳土人"从异乡旅游回来总要理发沐浴洁净一番,恐怕从外乡人那里染来巫术邪恶"。西非一些

---

① 印尼领土中西里伯斯的土人。

第十九章　禁忌的行为

地区，男人久别家园，回来后和妻子会面之前，必先用特定的水沐浴并经巫师在前额做一记号，借以消除外乡女人在他身上施行的符咒，这种符咒如不消除其魔法，还可能通过他传染给本村其他妇女。两位印度大使受本地亲王派遣出使英国，回来后被认为受外国人污染太深，只有再次重生才能恢复纯洁无邪。"为达到再生的目的，指令用纯金铸一自然女性——或女人或母牛——的形象，依次将需要重生的人放在里面，让他通过一个象征胎儿出生的正常渠道生育出来。由于纯金的、与实物大小相等的铸像造价过于昂贵，于是改铸一座神圣的约尼像①让那要再生的人从它里面出来。"这种金像是亲王下令铸造的，他的两位使者便这样从中而出，获得重生。

既然为了人民尚且采取上述预防措施，免受他乡异国之人的危害，那么，为保护国王免受类似的危害而采取某些特殊措施，就不足为奇了。中世纪时，凡朝见鞑靼可汗的外国使节，必先从两堆火间走过，所带礼物，也要如此。规定这种仪礼的理由是火能炼除外来人可能谋害可汗的任何魔法。刚果河流域巴什兰格最强大的酋长卡兰巴，在第一次接见属下的酋长及其随行人员，或叛变之后再来臣服的人时，规定这些人，男女一起，都得连续两天在两条溪中洗浴，并在市场露宿两夜。在第二次洗浴之后，全都裸体进入卡兰巴的宫中，由他在每人胸部和前额作一长长的白色印记。然后回到市场，穿上服装，再接受下一道痛苦考验。办法是在每人两眼里撒下胡椒末，其人疼痛难熬，就得交代自己的一

---

① 印度教中女性生殖器官的神圣象征。

切罪过,回答询问的一切问题,并且立誓以示忠诚。做完这一切之后,这些人才得在城里居住,愿住多久,都可随意。

第二节 饮食的禁忌

在未开化的原始人看来,一饮一食都带有特别的危险,因为饮食之际灵魂可能从口中逃逸,或者被在场的敌人以巫术摄走。在斯莱夫海岸讲克瓦语的非洲土人中,"似乎普遍认为住在体内的灵魂通过口腔出入身体,因此,当灵魂离开身体之后,人就得小心不要随便张口,以免没有卢舍的游魂乘机占进,这在吃饭时最为可能"。因此就采取了种种防止这种危险的措施。据说巴塔克人认为,"既然灵魂可以离开人体,就得处处小心别让它在人最需要它的时候还迷途不返。但是防止灵魂在外漂泊不归的唯一可能只有人留在家中不要外出。所以,每当人家宴会的时候,总是门户全部紧闭,好让灵魂留在屋内。享受眼前的美食"。马达加斯加的扎菲曼尼罗人吃饭时总是闩上屋门,几乎没有人看见过他们吃东西。瓦鲁亚人[①]也不让任何人看见他们吃喝,更特别的是,不让异性看见他们吃喝。"我可以给钱让一个男人允许我看见他喝水,可是我没法使一个男人让另一个女人看他喝水。"当人们请他们喝杯水时,他们总要求用一块布遮住,不让人看见他们在喝水。

如果这些只是普通人的防护措施,那么,国王们的防卫自当

---

① 刚果河流域东南部扎伊尔地区之民族,语言属班图语系。

更为特殊了。卢安戈的国王进饮食时不能让即将被处死的人或动物看见。国王正在用膳时,他所喜爱的狗闯了进去,国王便下令立即就地把它处死。一次,国王自己的儿子,一个才十二岁的孩子,无意中瞧见了国王饮酒。国王马上下令让他穿上好服装,吃上一顿酒食,然后将他砍为几段,在全城各处示众,宣布他看了国王饮酒。"国王想要饮酒时,侍者送上酒来,放到国王面前,便转身背向国王,手里摇着铃铛,所有在场的人全都匍匐在地,不得仰视,直到国王饮毕。国王用饭时也是这样。还专门有一座屋子供他进膳之用,他的食物全部在饭桌上摆好,他走进屋来,关上屋门就餐。食毕,他敲门走出。这样从来没有人见过国王饮酒用膳。他们相信如果有人见到,国王就会立即死亡。"国王吃过的残羹剩饭都要掩埋,这无疑是为了防止落入巫师手里,以免他们借此对国王施加算命的符咒魔法。因此,毗邻的卡刚果国王也遵行同类的规矩,人们也都相信,如果臣民看到国王饮酒,国王就将死亡。看到达荷美国王用膳的人,都是死罪。当他在特殊场合下公开饮酒的时候,便藏在布幕后面,或者用手帕遮住头部,所有在场的人都俯身在地,面部朝下,不得仰视。中非布尼奥罗①的国王到牛奶场去喝牛奶时,每个男人都得离开王驾所在的场地,全体妇女都得遮住头部,直到国王离去。任何人不得见国王喝奶。一位妇人陪同国王走进奶场,递上奶罐便转过脸去,等候国王喝完牛奶。

---

① 即今之乌干达。

第三节　禁忌露出面孔

前面所说事例,饮食之时绝对不让人看见的目的也许更多的是为了防止邪恶进入体内,而不只在于防止本人的灵魂逃离体外。刚果地区土人恪守这些饮食习惯的动机肯定正是为此。我们听说:"这些土人在饮酒之前没有不先驱赶鬼灵的。有人在饮酒时一直摇着铃铛;有人则蹲在地上左手按地;也有人用面纱盖在头上;还有人在头发上插一根草或一片树叶,或用泥土在前额画一条线作记号。这种盲目迷信的风俗,表现形式各种各样。其解释的理由是黑人认为这是驱灵的有力方式,并且为此感到满意。"酋长每喝一口酒,总要摇一回铃,与此同时,站在他面前的一位少年就挥动枪矛"阻止在旁觊觎的鬼灵不得趁机随着酒钻进老酋长的腹内"。一些非洲的苏丹习惯用面纱遮脸,大概也是出于阻挡邪恶鬼灵的目的。达尔富尔的苏丹用一块白布来回包缠面孔,先是包住嘴、鼻,再是额头,最后只剩下一双眼睛可看东西。在中非其他地区,据说国王也都遵此风俗,用纱布遮面,以为最高统治者的标志。瓦代的苏丹总是在布幕后面说话,除了少数亲信以外,任何人不得看见国王脸容。

第四节　禁忌离开王宫

我们再把上述禁忌的范围略微扩大,国王有时也会被禁足,例如不得离开王宫,若离开王宫,则其臣民都不得在宫外见到他。

第十九章 禁忌的行为

贝宁的国王被自己的臣民奉为神明,不得离开王宫。卢安戈的国王一经加冕之后,必须幽居王宫之内,不得离开。奥尼沙①的国王,"除非以人为牺牲向神祭祀求得神的宠眷,绝不肯走出王宫到市区里去,为此,他从来不走出自己住宅区的范围"。我们真的听说过这样的情况:国王不得擅自离开王宫,违者即予处死或将他的一个乃至几个奴隶处死以代之。由于国家的财富系按拥有奴隶人数的多寡来定,所以国王就必须特别注意不能犯这一法规。可是每逢欢庆一年一度的芋头节时,国王是可以允许出来的,而且按照惯例,国王必须出来,在王宫高大土墙的外面,当着众臣民的面舞蹈。舞蹈时他还必须身背重负,一般都是背上一袋沙土,借以证明他仍然有能力肩负国事重任。假如他不能胜任,就立即被废黜,甚至被投石击毙。埃塞俄比亚的国王被自己的臣民当作神一样崇奉,大多数都是被关在王宫之内不得外出。蓬特斯②的多山的海岸上,曾经有野蛮好战的莫锡尼(或叫莫锡诺西)民族在那里住过。那著名的从亚洲到欧洲的万人撤迁便是经过这个崎岖的地区。那些野蛮人把他们的国王禁闭在一座高楼之上,从他当选国王住进之后,便永远不许走下楼来。他住在这里为人民伸张正义,但是,假如他触怒了人民,人民便整天不送饭给他吃,甚至把他饿死。阿拉伯古香料之国沙巴或示巴③的国王,都被禁止走出王宫,如果走出,聚集的民众便投石把他们砸死。但是在王

---

① 今属尼日尔。
② 小亚细亚东北古代一个王国,公元前4世纪至公元后66年为罗马帝国的一个省。
③ 古国名,在阿拉伯南部,即今也门地方,以做香料、宝石生意出名。

宫顶上有一扇窗户，上面系着一条链子拖在外面地上，任何人如果觉得有什么委屈，可以拉此链子，国王便召他入内觐见，予以审处。

第五节　吃剩食物的禁忌

通过人吃过的剩饭剩菜或碗盘里的残羹剩饭，巫术也能加害于人。根据巫术的交感原理，一个人吃进腹内的食物和他剩下没有吃过的食物之间确实继续存在一种关系，因此，只要伤害某人吃剩的食物，就会同时伤害某人。南澳大利亚的纳林叶利人，凡成年的都经常注意查看别人吃过扔弃的兽骨、鸟骨、鱼骨等，想要从中构成置人于死命的符咒。因此人人都注意烧掉吃过的动物的骨头，以免陷入巫师的魔手。可是巫师往往总能够得到这样一块骨头，一旦得到，便自信掌握了吃过这块骨头上的肉的男、女或儿童的生死命运。他施行魔法，用鱼油加赭土和成泥浆，把一条鳕鱼的眼睛和一具尸体上的一小块肉塞进泥浆，揉搓成球，贴到这块骨头上端。然后再将这块贴着泥球的骨头，置于死尸胸口若干时候，目的在于借助接触腐朽而获得致人死命的功效。巫师将此法宝放在靠近火旁的地上，随着这个泥团的融化，被施行魔法的那个人就要生病，消瘦羸弱，如果泥团很快融化了，那人就会丧生。假如那人知道这魔法是对他施行的，就想方设法从巫师那里买回这块骨头，到手后立即抛入河里或湖中，于是就破除了那个魔法。在新赫布里底群岛的塔纳岛上，人们都把吃剩的食物埋掉或扔到海里，以免落入专搞巫蛊者流的手中。如果他们发现吃剩

第十九章 禁忌的行为

下的东西,譬如香蕉皮,便将其捡起来放在火上慢慢地烧炙。这样,吃了那香蕉的人便生起病来,于是就向这位巫师馈送礼物,求他不要烧那香蕉皮了。在新几内亚,土人极其注意烧掉或藏起他们食物的外壳或其他剩余部分,以防被敌人发现用来伤害或摧毁吃过这些食物的人。因此,他们烧去一切残余食物,或扔到海里,或者放到不招危险的地方。

出于对巫师的恐惧,卢安戈国王剩在盘子里的食物,任何人都不得碰它一下,而是把它们埋在地下一个洞窟里。此外,任何人不得喝国王酒壶里的酒。古代罗马人吃了蛋类和蜗牛以后,总是马上把壳摔碎,以防止敌人运用巫术进行谋害。今天我们还仍然遵行这种习惯做法,吃完鸡蛋以后立即把蛋壳打碎,很可能就是渊源于同一迷信。

认为巫术可以通过人吃剩的食物加害于人的这种迷信恐惧,引导着许多未开化的原始氏族人民销毁吃剩的食物,从而取得了有益的效果。如果不销毁吃剩的食物,而听其腐烂,则真的可能成为不仅是想象的、而且是实在的疫病和死亡的根源。这种迷信不仅使原始氏族在卫生条件方面获益,而且,令人奇怪的是,这种毫无根据的恐惧和同样的因果关系的错误观念,却间接地加强了遵奉这些观念的人们之间的好客、荣誉、信用等道义上的纽带。很显然,想要通过吃剩食物施行巫术、损害别人的人,自己绝不会也吃那食物,因为根据巫术的交感原理,他如果吃了那些东西的话,也跟他的仇敌一样遭受所施巫术的损害。原始社会人们的这种观念增进了人们必须一起同进饮食的神圣义务,在同进饮食之时,两人互为双方良好行为充作人质,保证彼此绝不谋害对方,因为既然彼此腹内都吃了同样的饮食,在身体上便联成一体,如果一方谋害对方,则对方所受的害也同样会落在害人者自己身上。然而,按严格的逻辑来讲,这种交感作用只存在于所吃的食物在彼此腹内的短时间内。因此,这种共进饮食的盟约就不及歃血为盟更为神圣和持久。因为盟约双方互将本人血液输入对方血管,双方性命便终身联结在一起了。

第二十章 禁忌的人

第一节 酋长和国王的禁忌

我们发现日本天皇的饮食每天都换用新的器皿烹饪,用新的盘碟进餐。这些盘碟器皿都是普通的陶土制品,为的是只用一次就把它们摔碎或弃置不再用了,而通常总是把它们摔碎。因为据信除天皇本人外,任何人如使用这些神圣餐具进食,其咽喉和嘴巴就一定会发炎肿大。凡未经天皇允许而私自穿了天皇穿过的衣服的人,也必将遭受遍身肿胀疼痛的恶果。在斐济,有一个专门名词叫作卡纳·拉玛(kana lama),指的是吃了酋长盘碟的饭菜、穿了酋长衣服而得的病。"那不虔敬的人咽喉和全身隆肿,最终死亡。有一个人给了我一条精致的垫席,据说瑟康波①的长子曾经在上面坐过,所以他不敢使用。但是普通人民中总有一户人家或某个家族可以免遭这种危险。一次我同瑟康波本人谈起此事。'哦,是的!'他说:'米,某某!来给我背上搔搔痒!'那人遵命地搔了痒,那是获得赦免可以接触禁忌的少数人中的一个。"获得这样特权的人们有一个尊称叫作楠都卡尼(na nduka ni),意思是

---

① 斐济群岛一个最强大部落的酋长,1805年前后曾统辖全境大部地区,1874年在殖民者压力下将斐济岛交英国统治。

酋长的污垢。

从上述设想出的穿着或使用日本天皇及斐济酋长器皿、服装带来的恶果,我们可以看到这种"人—神"特质的另一方面。对此我们已经提请过读者加以注意了。这种人神既是造福也是降祸的根源。对他不仅要加以保护,同时也要予以防卫。他的神圣肌体如此纤巧,稍一触及,便致混乱,好像充电似的具有强大的巫术的或神性的力量,凡与之接触,便会放射出来,造成严重后果。相应地,如将这样的人神隔离起来,对于别人和对他本人的安全都是相当必要的。他的巫术性的特质,就极严格的意义来说,是触染。他的神性是火,在恰当的控制下可以造福无穷,如果掉以轻心,不加限制,便将烧毁与之相遇的一切。因此,对其禁忌稍有违犯便会造成灾难性后果。凡违反者,如同把自己的手插入圣火之中一样,当即枯萎毁灭。

再例如,住在东非努巴的浓密丛林和肥沃山区的努巴人,相信他们如进入祭司王的住宅便会死亡,但是只要袒露左肩,求王将手按于其上,便可免受罚。假如有人坐在祭司王选定的为他自己使用的石头上,此人在一年以内就要死亡。安哥拉的卡赞布人把他们的国王看得那么神圣,谁要是碰了他一下,就要被他那充满周身的法力处死。可是有时又不可避免地要同他接触,于是他们想出了使触犯者免于死亡的办法。犯者跪在国王面前,用自己的手背触摸国王手背,然后用牙咬自己的手指,接着再把自己的手掌放在国王的手掌心上,然后再用牙咬自己的手指。这样重复四至五次,就可避免面临的死亡危险。在通加,人们相信任何人接触过高级酋长神圣人身或属于他的任何东西之后,如果用自己

第二十章 禁忌的人

的手进食,便会肿胀致死。酋长的神圣,犹如恶性毒药,传染给其下属,并通过这些人传染给食物,从而使吃了这种食物的人致死。平民如染上这种危险,履行一种仪式便可解除。其法是用两手的手掌、手背触摸酋长的脚掌,然后在水中冲洗双手。如果附近没有水,也可用车前草带汁的茎或香蕉擦拭两手。这样做过之后,就可以随意用自己的手吃东西而免于因吃了经禁忌的或圣洁的手拿过的食物而招致不治之症。但是在这之前,如果想吃东西,就得请别人喂食或者跪着像牲口一样用嘴把东西从地上叼起来吃。他本人甚至连牙签也不得使用,只能让别人帮忙用手拿着。通加人多患肝硬化和各种瘰疬,对此,他们认为是无意中触及了那位酋长或其身边日用物品之后没有作必要的赎罪所致。因此他们常常进行赎罪仪式,以资预防,而不管是否真的触犯了禁忌。通加国王不得拒绝出席这种仪式,并须在仪式上将自己的脚伸出让人们触摸以为解脱,哪怕在不方便的时候,也得如此。身躯肥胖笨重的国王偶尔在宫外散步,遇见其臣民向他拥来要求进行这种仪式,便急忙蹒跚地走开,躲避那些纠缠不休而又并不完全真诚的敬意。如果谁自以为无意中用禁忌的手吃过东西,便到国王面前坐下,抱住国王的双脚放在自己的肚子上,认为这样腹内食物就不至于对他有什么伤害,他就可以免于肿胀身亡。鉴于通加人认为瘰疬是由用禁忌的手吃东西造成的,可以想象,他们患这种病的人常常依靠触摸和搂抱国王的脚来进行治疗。与此相类似的英国古老旧俗是将瘰疬病患者带到国王面前请予抚摸治疗。这就明显地提示我们,如我在前面已说过的,我们自己远古的祖先也像通加人那样,认为瘰疬的起因是接触了神圣的国王陛下,并且也靠这种接触的方式来治愈。瘰疬病又名"国王的恶魔",便由此得来。

新西兰的土人对于酋长神性的敬畏,至少同通加人一样。酋长具有鬼神的能力,是从其祖先继承来的,凡他所触及的一切东西都可沾染,人若漫不经心地无意中触动了它,便会突然死亡。例如,有一次一位具有广大神性的高级酋长吃剩下的食物留在路旁,一个健壮的奴隶路过那里,肚子饿了,不问缘由拿了就吃。他正在吃着,旁边一个人见了吓呆了,连忙告诉他说那是酋长吃剩的饭食。"我熟识这个不幸犯了错误的人。他是出名勇敢的人,在本族历次战斗中表现非常突出",可是"一听到这个不幸的消息,马上就感到腹内绞腹刮肚似地剧疼不已,到当天太阳快下山的时候便死了。他是个结实的人,年轻力壮,假如哪个欧洲自由思想者说此人不是死于酋长的'大普'(神力),人们就会认为这是无知,连这样明白的直接的证据也不能理解"。这并不是唯一的例子。新西兰的毛利土人中有一个妇女也同样吃了酋长吃剩下的水果,后来别人告诉她那是从禁忌的地方拿来的,她便惊呼起来,说那受亵渎的酋长的神性一定要置她于死地。事情原来发生在下午,到了第二天中午,这个女人果真死了。毛利酋长的火绒匣曾经成为杀死几个人的工具,因为他丢失了那匣子,有几个人见到了它并用它点着烟斗抽烟,后来听说那是酋长的火绒匣子,就一个个都吓死了。同样,新西兰高级酋长的衣服,如果有人穿了,也会丧命。一位外国传教士曾经见到一个新西兰酋长把一条觉得太重不便携带的毛毯扔到悬崖下去了,便问他为什么不将毛毯挂在树上留给后来的过路人使用。那酋长回答说:"正是因为害怕别人会拿它使用，所以才把它扔了，因为谁要是用了那毛毯，他的'大普'（即他的神性的力量）便通过毛毯触染到用它的人身上，而使其人死亡。"由于同样的理由，毛利人的酋长不用嘴吹火，因为他的神气会将神性传到火上，由火上传到做饭的罐子，罐子又传到里面煮的肉上，又会传给吃那肉的人，那人由于这些媒介传染就肯定要丧命。

在毛利人所属的波利尼西亚种族中，迷信的观念和做法围绕那些神圣的酋长建立了一座真正的、虽然同时又纯粹是想象的障碍，如果谁逾越了它，一旦被觉察之后，就会真正招致死亡。这种出于迷信恐惧而造成的想象的、确能致人死命的力量绝不只局限于某一种族，而是未开化的野蛮民族中的普遍现象。例如，澳大利亚的原始居民中，一个人即使表皮受到一点轻伤，只要他认为造成他受伤的武器已经受到诅咒获得巫术效力，便一定要死。他就干脆躺着，不进饮食，直到憔悴消瘦而亡。同样，巴西某些印第安部落中，如果巫医预言某个得罪了他的人要死，这个可怜的家伙便立即卧病在床，既不吃，也不喝，静静地等待死亡。那种预言成了死刑宣判，忠诚的信仰则有效地执行了它。

第二节　悼亡人的禁忌

未开化的原始人认为自己的酋长和国王具有一种神秘的精神力量，一触即发，因此很自然地把他们列入社会的危险阶级，从而把对于杀人者、行经的妇女以及自己畏惧害怕的人同样的限制也加于酋长和国王的身上。例如，波利尼西亚的神圣国王和祭师就不许用自己的手触摸食物,因此必须由别人侍奉,而且,像我们刚才了解到的那样,他们用过的器皿、穿过的服装以及其他用品别人都不得使用,否则必将遭受疾病或死亡的惩罚。如今有些未开化的原始人对于月经初潮的女孩、产后的妇女、杀人者、悼亡者以及所有接触过死人的人,都遵守与这些完全相同的禁忌。例如,从后一类人说起吧,毛利人中任何处理过尸体并帮助送至墓地,或摸过死人骨头的人,几乎要和所有人断绝一切交往联系。他不得进入任何人家、不得接触任何人或任何东西,否则他所接触的人或物都将受阴魂困扰,甚至不能用手接触食物,食物只要被他的手碰着就立即成为不洁,别人不得再去碰它。给他吃的食物必须放在地上,他坐着或跪着,两手小心翼翼地背在身后,尽量匍匐地上用嘴啃那食物。有时候也由别人喂他。喂他的人也要小心翼翼地伸出手臂,注意不碰到他这个不可接近的人身上,并且也要受到许多禁忌,几乎不亚于他本人。每个人口稠密的村子里几乎都有一个低贱的人,卑贱者中的最卑贱者,专门靠侍候这样的禁忌者给一点少得可怜的钱过活。这往往总是孤独、缄默、形容枯槁、干瘪的老人,他遍身褴褛,从头到脚都沾满了赭土和腥臭的鲨鱼油,像是半疯了似的,整天坐在离村庄通道很远的僻静地方,一动也不动,那呆滞的目光注视着他永远不能参与的纷繁的事务。每天两次靠人们布施一点食物扔在他面前的地上,不用手只用嘴啃嚼。夜间,他收起身边破破烂烂的东西,爬进落满枯叶的垃圾堆里,又脏又冷又饿,在断续的鬼魅萦绕的梦寐中度过凄凉的长夜,然后又开始另一个苦恼的白天。这就是那个被认为适合做向死者表示友好和致敬的人的最后的近侍。当悼亡人独

第二十章 禁忌的人

居守丧的期间将满，快要回到亲友中去时，所有他在独居时期用过的碗碟都要细心地予以捣碎，穿过的服装都要慎重地扔掉，以免它们所沾的不洁在人群中传播。这些做法正如神圣国王和酋长用过的衣服器皿，由于同一原因，必须毁弃一样。原始人或野蛮民族在这些方面对于神和鬼所具的神灵力量以及神圣的和腐朽的气味之间的类比是非常周密的。

凡接触过死人的人不得用手接触食物，这一点在波利尼西亚是普遍的。在萨摩亚群岛，"凡处理过死者的人必须特别注意不得拿食物，他们就像是无助的婴儿一样，得由别人喂食很长一段日子。如有违反，必受家神惩罚，变成秃顶或牙齿尽落"。在通加，"任何接触已死酋长的人，都得守禁忌十个月，而酋长们也须分别守禁忌三个月、四个月或五个月不等，视刚逝去的酋长的地位高低而定。如果逝者是最高的神职酋长，那么最高的行政酋长也得守禁忌十个月。……任何人在守禁忌期间，都不得自己用手取食，必须由别人喂食，他自己甚至连牙签也不得使用，必须别人帮他拿着。假如他饿了，而身边无人帮忙，他必须双膝跪下，两手着地，用嘴叼起食物来吃。如果违反了这些规矩，必将身躯肿胀而死。"

不列颠哥伦比亚的舒什瓦普人中，新死了丈夫或妻子的寡妇鳏夫必须离人独居，不得用手触及自己的身首，所用杯盏和烹饪器皿别人都不得使用。他们必须在溪流附近搭起一座汗浴小室，整夜躺在那里出汗，经常洗浴，浴后必须用云杉树枝擦拭身体。这些树枝只能使用一次，用后便插在小屋四周的地上。任何猎人不得走近这些悼亡人，如果不这样，便会带来不幸。如果这些悼亡人影子落在谁的身上,谁便要立刻得病。他们用带刺的灌木作床和枕头,为的是使死者的鬼魂不得接近。同时他们还把卧铺四周也都放了带刺灌木。这种防患做法,表明使得这些悼亡人与一般人隔绝的究竟是什么样的鬼魂的危险了,其实这些只不过是害怕那依恋他们不肯离去的死者鬼魂而已。在英属新几内亚的墨克奥地区,死了妻子的男人丧失了一切公民权利,成了被社会遗弃的人,是人们害怕、恐惧的对象,人人都回避他、不敢接近他。他不得栽种花草,不得在公众场所露面,不得在村里走动,也不得在大路或小道上行走,而必须像一头野兽那样潜行于草莽灌木丛中,如果看见或听到有人(特别是妇女)走近,就得躲到树后或潜伏在深草中。他如想钓鱼或打猎,必须独自在夜间进行。如果想找任何人商量什么事,甚至找传教士,也必须夜间偷偷地前去拜访,他好像嗓门嘶哑,只能低声悄语。他如果加入渔人或猎人一起渔猎,必将给那些人带来危害,因为他亡妻的鬼魂会吓走那些被渔猎的鱼群和野兽。他到处闲逛,总是随身带着一把战斧作为防身武器:不仅防范丛林中的野熊,而且防范他亡妻可怕的鬼魂可能加害于他,因为所有死者的鬼魂都很邪恶,而且专以加害生人为乐。

第三节 妇女月经和分娩期间的禁忌

一般来说,我们可以说禁止使用某些人(无论其人是神圣的,还是所谓污秽不洁的)用过的器皿和服装等物,以及违反这一禁忌的严重后果,都完全一样。就像有神性的酋长接触过的服装会

第二十章 禁忌的人

使后来拿它的人死去一样,那些被月经期中妇女触摸过的东西也会致人死亡。一个澳大利亚的黑人发现他妻子月经期间躺在他的毯子上,便杀了他的妻子,他自己在半个月内也因害怕而死了。因此,澳大利亚的妇女在月经期间不许接触男人用的东西,甚至不得走在男人经常走过的道路上,否则就要死亡。在分娩期间,也得隔离,期满以后,所用器皿,全部毁掉。在乌干达,妇女分娩或月经期间接触过的壶盆等物都得毁掉。枪盾等物被亵渎的,虽不毁掉,也需加以洗涤净化。"在德内和大多数其他美洲氏族部落中,几乎没有任何人像月经期间的妇女那样为人们所畏惧。一个少女只要一有出现这种情况的征兆,就立刻被谨慎地同所有女伴隔开,独自住在本村男人或来往行人中的男子看不见的偏僻小屋里。在这样糟糕的境况下,她甚至还不得触及任何属于男子用过的东西或任何猎获的鸟兽与其他动物的皮肉,以免因此玷污了这些东西,使猎人们下次打猎时,无所猎获(因为这样被轻蔑的鸟兽非常愤怒)。她的唯一食物只能是干鱼,唯一的饮料是通过饮水管吸吮的凉水。此外,她的出现对人们也是一种危险。因此,即使月经过后恢复了正常状态,她仍戴着一种镶有边饰的薄皮软帽,从头上一直蒙到胸口,不让人们看见她的面孔。"在哥斯达黎加的布赖布赖印第安人中,把月经期间的妇女都看作是不洁净的。这期间,她只能用芭蕉叶代替盘碟吃饭,用过以后就扔到偏僻的地方。否则如果被牛发现并吃了它们,那牛就要羸弱而亡。由于同样的理由,她只能用专用的器皿喝水,如果有人用她使过的杯子喝水,此人就肯定要死亡。

在许多民族中间,对于分娩后的妇女都有与上述相似的限制，其理由显然也是一样的。妇女在此期间都被认为是处于危险的境况之中，她们可能污染她们接触的任何人和任何东西。因此她们被隔绝起来，直到健康和体力恢复，想象的危险期度过为止。例如，在塔希提岛①上，妇女分娩以后要住在圣洁地方的临时小屋里隔离半个月或三个星期，在此期间，她们不得自己进用饮食，必须由别人喂食。另外，这期间如果任何人接触了婴儿，也必须像母亲一样遵守那些限制，直到母亲举行"满月"仪式之后。同样，在阿拉斯加附近的卡迪亚克岛上，临产的妇女无论什么季节，都得住进用芦苇搭起的简陋茅舍，在那里养下孩子住满二十天。在此期间，她被认为是最不洁净的，谁也不接近她，她吃的食物都是用棍子挑着送给她的。布赖布赖印第安人认为妇女分娩的污染亵渎比月经来潮更为严重。妇女感觉快要临盆时，便告诉自己的丈夫，丈夫赶忙在偏僻无人的地方为她搭起一所小屋，让她一人独自居住，除了她母亲和另外一位妇人外，不得同任何人说话。待她分娩以后，由巫医为她禳除不洁，在她身上吹气，还放上随便一个什么小动物。即使这样做了，也只是将她的不洁程度减低到相当于月经来潮时那样，而在阴历整整一个月内她必须跟原来同屋的人分居，在饮食方面也必须遵守经期的那些规矩。假如她流产了或产下的是个死胎，那么她的情况就更糟，她的污秽不洁就更加严重了。在这样情况下，她更不得接近任何人，凡她用过的东西，别人稍一触及都格外危险，她吃的饮食都挂在长棍的一端递给她。这样须持续三个星期，然后才得回家，再按一般分娩后

---

① 南太平洋社会群岛的一个岛，位于大洋洲。

第二十章　禁忌的人

的禁忌行事就行了。

有些班图氏族对于妇女流产并加以隐瞒这种情况所扩散的污染,怀有更为夸张的看法。一位有经验的观察家谈到这些民族时说:"在南非人眼里,产育婴儿所流的血比月事来潮的污秽更为危险,妇女产褥期间丈夫必须隔离八天,不得在家居住,主要是恐怕受污染。婴儿出生后的前三个月内,他都不敢把婴儿抱在怀里。妇女小产、尤其是私自流产,所造成的污染就更为可怕了。如遇这种情况,不仅男的受到威胁或致死亡,而是全国,整个天空,都受污亵。由于思想观念上的奇怪联想,致使生理上的现象引起宇宙的纷扰!"下面引述巴佩迪氏族的一位巫医和造雨者关于妇女流产可能给全国带来的灾难性后果的言论:"如果哪位妇女流产,让污血横流,又将流产儿隐藏,这些行为便足以引起炽热的熏风,烤得全国赤地千里。由于社会秩序紊乱,天也不再降雨。当雨水快要接近血水流过的地方时,便不敢向前,因为它害怕受沾染,所以要保持一段距离。那位妇女犯了严重过失,败坏了酋长的国家,隐藏了尚未很好地凝长成人的精血,那种精血是受禁忌的,绝不能滴在路上!酋长要把所有男人召集起来,询问他们:'你们村里秩序正常吗?'有人回答说:'某某女人怀了孕,我们都还没见到她生下的孩子。'于是他们就去抓住这位妇女说:'你把他藏在哪里了?快说出来。'他们拿着家伙去到现场,把事先准备好的用两种树根煎熬的药水浇在坟穴里,从中掏出一小捧墓土扔进河里,装些河水回来洒在她流过血的地方。她本人则每天都要用这种药水洗涤。这样以后,这个地区才能再有雨水滋润。此外,我们(巫医)还召集所有妇女,教她们每人准备一团沾有血迹的泥土在某天早上带来交给我们。如果我们想用它制出药水在全乡喷洒,就把这些泥土碾成粉末,放进牛角,到第五天末了,派出童男和童女(尚不懂人事,没和男人发生过关系的女孩),叫他们到各处浅滩和各入境路口,由一个小女孩用鹤嘴锄翻开泥土,别的孩子用树枝插进牛角将里面带血的土粉末洒进刚掘的洞内,一面说道:'下雨!下雨!'这样我们就移去了妇女们在路上留下的祸害,天就会下雨,全境都净化了。"

第四节 战士的禁忌

在未开化民族中,战士们被认为总是活动在鬼神的危险气氛中,因而规定他们必须遵守一系列的迷信陈规,其性质当然也就很不同于对其血肉之躯的敌人的防卫措施。一般的做法是在战斗胜利前后把战士们安置在人神和其他危险人物所在的同样隔绝状态中。例如,毛利人出征时都是处于最高度的神圣、不可亵渎的或禁忌的状态,他们和家乡的朋友都必须严格遵守许多比平常无数的禁忌更为古怪的规矩。在欧洲人有关他们古代战争情况的不恭的文字记载里,他们变得"十分神圣不可接近",至于他们的领导人,则更是不能接近。同样,以色列人出发征战时也都受一定洁净身心的礼仪规矩的约束,同毛利人、澳大利亚土人征战时遵守的规则是一致的。他们使用的器皿是神圣的,他们必须实行节欲和身心洁净的习惯做法,这种习惯做法的最初动机,就原始人公开承认这同一习惯做法的动机来看,是防止敌人得到他们个人的废弃物品,从而施行巫术加害他们。北美一些印第安人

第二十章 禁忌的人

部落中,第一次参加战斗的年轻战士必须遵行一定的惯例,其中有两条跟首次月经来潮的女孩必须遵守的规矩一致:他们饮食用的器皿别人不得使用,他们不得用手指搔头皮及身上其他部分,如果他忍不住要搔痒,则必须用一根小棍代替手指。这后一条规定,跟身在禁忌之中的人不得自己用手吃饭的规定一样,似乎只是依据把手想象为圣洁或污秽的(随便用哪个词)而定的。此外,这些印第安部落的男人出征时夜间睡觉总是脸朝着故乡的方向,无论那姿势多么不舒服,也不得改换。他们得先垫东西才能在地上就坐,不得把脚弄湿了,只要能够避免,就不在惯常走过的道路上行走,如果别无办法必须走这条道,他们也找出抵消其恶果的办法,就是用随身所带的药物或符咒来治疗他们的双腿。这些人中如果有谁偶尔坐在地上或躺在地上,任何人都不得从他的腿上、手上和身上迈过,同样,也不得迈过这人所用的毯子、枪支、战斧及其他任何属于他的东西。如果有人不小心违背了这个规矩,那被迈过手腿身躯的人就有义务把那迈腿的人打翻在地,而那迈腿的人也有义务安静地、不作任何抵抗地被打翻在地。战士们吃饭的小碗,一般都是木制的或桦树皮做的,碗的两边都做了记号:出征前用碗的这一边喝水,出征回来时则用碗的另一边喝水。在离家只有一天的路程时,便把所有的碗都挂在树上或者都扔在大草原上,这样做的目的显然是为了预防他们的亲友沾染他们从战场带回的不洁或亵渎,正如我们前面说到的日本天皇、月经期间的妇女、产妇以及接触过死人的人,所有这些人用过的器皿和穿过的服装,都统统销毁或弃置的道理一样。北美阿帕奇印第安人战士出征,在最初四次里都不得用手指在头上搔痒,嘴唇不得沾水,必须用小棍搔头,用芦苇或竹节喝水。每个战士腰间都用皮带拴着小棍和芦秆。北美印第安人的奥吉布瓦族战士在征战中也都实行这一规定,即不许用手指搔头皮,而代之以小棍。

至于在克里克印第安人和其亲属部落间,据闻他们的战士"在征战期间不与女人同居,特别在出发征战前以及回来后三天三夜,都要禁欲不与妇女同居,甚至同自己的妻子也不接近。这是由于宗教的虔诚和约束,需要使本人圣洁"。南非的巴佩迪人和巴聪加人,不仅其战士不得接近妇女,留居村里的人也都得节欲。他们认为,如果他们不实行节欲,则他们的战士所经之地就将荆棘丛生,就不能赢得胜利。

我们很难断定为什么未开化民族都规定战士在战时不得接近女人。然而,我们可以推测他们的动机是迷信,恐怕按巫术交感原则与妇女亲近将染上女性的软弱和怯懦。同样,有些未开化民族想象战士如果同产褥中的妇女发生性关系则身体虚羸、武器无力。中婆罗洲的卡扬人甚至认为,男人如果碰了一下织布的机子或妇女的衣服都会在渔猎和战争中失利。因此,未开化民族的战士们不仅有时候要禁绝与妇女发生性关系,而且要彻底同异性隔绝。印度东北部阿萨姆邦山区的一些部落,在对外进行袭击时或袭击之后,不仅不许战士同自己的妻子同居,而且连妇女烧煮的饭食也不能吃,甚至对自己的妻子也一句话都不能说。一次有一个女人无意中对处在战争戒忌中的丈夫说了句话,事后知道了她犯的可怕罪过,吓得病死了。

第五节　杀人者的禁忌

如果读者仍然怀疑我们前面所谈的行为规则究竟是由于迷信的恐惧还是出于理智的考虑，那么，你们一旦了解到这同类的规则在那些已经赢得胜利、不再害怕活着的敌人的情况下，战士们还必须更严格遵行，那些怀疑也就一定消失了。在这样的情况下，胜利者在胜利的时刻还要加以很不方便的限制，其动机之一大概是害怕被杀者的愤怒鬼魂。而这种对于要复仇的鬼魂的害怕，确实影响着杀人者的行为，这一点已经多次得到明显的证实。对于神圣的酋长、悼亡者、产妇、出征中的男子等等所实行的禁忌，一般都是使受禁忌者与普通社会人士隔绝，采取各种措施使这些受禁忌的男女分别住在单独的小屋或露天里，禁止性交，避免使用别人的器皿等等。对于胜利了的战士们，尤其由于他们已经实际杀死了敌人，更须采取同样的措施以达禁忌的目的。在帝汶岛，每次军事远征、斩获敌人首级、胜利归来，按照宗教和习惯，其统帅不得先回家，而是必须立即到特别为他准备的房子去，在那里住满两个月，净洁身心。在此期间，他不得与妻子同居，也不得自己进食，必须由别人喂他。遵守这些规矩，是由于害怕被杀者的鬼魂。这一点似乎可以肯定了。另一有关记载也说明了这一点，而在这同一岛上，每次出征猎取人头，凯旋后都要祭奠那些人头，以慰他们的鬼魂。如果不这样祭奠，必有灾祸。这种仪式包括一组音乐舞蹈，哀悼死者，祈求鬼魂原宥。悼辞说："请不要为你们的首级挂在我们这里而愤怒。我们如非侥幸，此刻首级也已暴置在你们村里了。我们谨向你们祭奠,愿你们灵魂安息,不要骚扰。何必跟我们为敌呢?友好相处不是更好吗?过去如果彼此友好,你们就不致流血,也不致被斩首了!"中西里伯斯的帕罗人在战争中斩获敌人首级,战后则在庙堂里祭奠死者,祈求宽宥。

新几内亚瓦尼吉拉河河口的部落中,"凡杀了人的人都被认为不洁,必须尽快履行一定的仪式以净洁身体和所用武器,然后回到自己村里,坐在祭坛的木头上。这时没有任何人理睬他或走近他。但给他准备了单住的房子,由两三个小孩供役。只给他吃烤香蕉,并且只许吃中间的一段,两头都得扔掉。到第三天,他的亲友为他举行一次小小的宴会,为他制备了一些新护身带,名叫埃维·波罗(ivi poro)。第四天,此人戴上最好的饰物,佩戴着因杀人而得的绫带,全部武装起来,从屋内突然冲出,走遍全村。第五天,村里组织起一次狩猎,并从猎获物中选出一只袋鼠,将它的肚腹剖开,取出肝脾,在此人背上擦拭。然后让他庄严地走到最近处的水里,叉开双腿站着洗浴。所有尚未正式参加过战斗的青年战士都在水中从他的双腿中间游过,据说这样可以从他身上获得勇气和力量。次日黎明,他全副武装起来,冲出屋外,高声喊叫被他杀死者的名字。到他认为已经彻底吓跑了死者的鬼魂时,才回屋内。此外,还用敲打木板,点燃火把等吓唬鬼魂。这样又过一天,净洁已毕,他才能回到自己妻子的住宅"。

在荷属新几内亚的温德西地方,每逢一伙猎取人头者成功归来,快近家园时,便吹起海螺宣告他们胜利归来。他们的小舟用树枝装饰起来,斩获人头者脸上都用木炭涂黑。如果几个人共同斩获一个首级,这个首级便由这几个人平分。他们一路上计算里程,安排在清晨抵达家园。他们划着小船喧嚷着回到村边,妇女们早就站在屋前走廊上跳着舞迎接他们。小舟从年轻人住的房子附近划过,斩获首级的人便将一端削尖的木棍或竹棍掷向墙上或屋顶,斩获多少首级就掷多少根。这一天很平静地度过,只是不时地打几下鼓或吹几声海螺,有时敲打墙壁,大声呼喊,驱赶被杀者的鬼魂。新几内亚的雅宾人相信被杀者的鬼魂追逐杀害自己的人以求报复,因此他们击鼓呼噪来驱赶那些鬼魂。斐济人经常把人活埋,埋人以后,便在夜间击鼓吹螺极力喧噪,目的就是要吓跑鬼魂,恐怕它还要返回自己的故居。为了使鬼魂不恋旧家,他们拆除屋内各种家具陈设,盖上种种他们认为令人厌恶的东西。美洲印第安人用酷刑折磨死囚犯以后,总是在当天晚上沿村怪声喊叫,用棍子敲打家具、墙壁、屋顶,防止遭难者的鬼魂待在那里,报复所受的痛楚。有一位旅行者说道:"一次,我们夜间走过奥塔瓦人的一座村落,发现村里居民全部纷纷极力大声呼叫,刺耳难听,乱成一团。经过询问,原来奥塔瓦人新近和基卡坡人进行过一次战斗,现在这样呼噪是为了驱逐死亡战士的鬼魂不让它们进入村内。"

巴苏陀人,凡战役之后都要特别斋戒沐浴,战士们必须尽快洗净身上所染的血迹,否则那些战场上的亡魂就要不断地追逐他们,惊扰他们的睡眠。他们全部武装列队来到附近的溪流旁边,有时还有一位占卜者,站在高处向水中投进一些洁净剂,战士们便相继下水洗浴,连梭枪和战斧也都加以洗涤。东非的巴格舒人,凡杀人者当天晚上一律不得回自己家中过夜,只能在村里朋友家借宿。第二天，宰羊一头，取出羊的内脏涂抹胸口、右臂和头部，同时还把自己的孩子也叫来同样涂抹一遍，然后又用这些内脏涂抹门户两边，最后把剩下的内脏全部扔到屋顶上去。那一整天他都不能用手接触食物，必须用两根筷子夹着送进嘴里。他的妻子可以不受这些限制，甚至只要她愿意的话，还可以去向她丈夫所杀的人哀悼一番。赞比西河以北的安戈尼人，其战士在征战中杀死过敌人者，回来后都用灰涂抹身躯和脸部，把被杀死者的衣服披在自己身上，用树皮编的绳子套着自己的脖子，尾端拖在肩上或胸前，这样穿着三天，第四天拂晓起来跑遍全村，怪声呼叫，驱赶战场上被杀者的鬼魂。他们认为，如不这样把鬼赶走，就会给家里人带来疾病和灾祸。

上面一些记述都没有说到任何加强隔离、至少在经过一定的洁净仪式之后加强隔离的事例。南非有些部落，在战争中杀死过特别英勇的敌人的战士。战胜归来在流水中洗净身体之后仍须和自己的妻子家人隔离十天，其部落中的巫医还给他一种药物加在饭食里吃下。东非的南迪人，如果杀死另一部落中人，便将自己的身体、矛枪和刀剑，半边涂红，半边涂白。在杀人以后的四天内，身子不洁，不得回家，必须在河边搭一小棚暂住，不得同妻子或心上人聚会，除牛羊肉与稀粥以外，不得吃其他东西。到第四天的末尾，服用一种叫"瑟格特"(*segetet*)的树皮煎的泻剂和以血混合的羊奶来洗净自身。卡维兰多人①的班图部落中，如果谁在战争中杀死一个敌人，回家后便剃光头发，他的朋友用羊粪等物

---

① 聚居东非湖区地区，属班图族系统的东尼安萨支系。

第二十章 禁忌的人

制成的药剂抹擦他的身体以防止被杀者的鬼魂困扰他。东非的魏该亚人也有与此完全相同的风俗。卡维兰多的贾—卢奥人，习俗与此略有不同，战士们作战回来后第三天剃头，进村前必须在自己脖子上挂一只活的家禽，禽头向上，然后斩断禽首让它继续挂在战士的脖子上。回到家里，马上给被杀者摆上祭宴，奠祭死者鬼魂，求它不要苦苦相扰。在帛琉群岛①，男人们征战归来，凡杀死过敌人的、第一次出征的年轻战士，以及参与过杀人的，都要闭居在同一议会场所，成为禁忌不可接近的人，不得离开这所大屋，不得沐浴，不得接触女人，不得食鱼，只能吃椰子和糖浆。他们用施过符咒的树叶擦拭身体，咀嚼祝咒过的蒟酱叶。三天以后一起前往最接近杀人现场的地方沐浴。

北美纳齐兹印第安人中的年轻勇士们第一次杀人揭取其头皮归来后，必须遵守规戒禁欲半年，不得与妻子同眠、不得吃肉，在这期间唯一的食物就是鱼和粗糙的腊肠。他们认为，如果违背这些规诫，被杀者的鬼魂就会借机置他们于死地，使他们所得的胜利付诸东流，死者鬼魂做出哪怕是最轻微的伤害，也将是致命的。乔克图人②杀死一个敌人，取下其头皮之后，便守哀一月，在此期间，不梳头发，如头皮发痒，便用腕上佩戴的小木栉搔搔。像这样为自己所杀的人哀悼的做法，在北美印第安人中是屡见不鲜的。

我们已经了解了在战斗中杀死敌人的战士们都要暂时和自

---

① 大洋洲加罗林群岛中的一部分。
② 非美印第安人的一个部落。

己的亲友，特别是自己的妻子隔离，并且要经过一定的净洁仪礼，才能重新进入社会。假如我们可以相信这种隔离和必须履行的赎罪仪礼，只是为了甩脱、吓走或慰藉被杀者的愤怒鬼魂的话，那么，我们可以有把握地推测：双手沾满同族亲人鲜血的杀人者和谋害者必须经过上述相同的净洁仪式，其用意最初也是一样。那种认为透过洗礼、斋戒等等方式可以获得重生的信念，不过是后来人们的思想发展高于产生这种习俗的原始思想方式而对这种习俗赋予的新解罢了！这一推测可以从下述事实得到证实。未开化的原始人对于本氏族成员的杀人者都要切实加以禁制的原因是害怕被杀者的鬼魂要来不断侵扰。北美的奥马哈人便是如此。在那里，被害者的亲人有权处死杀人者，不过有时也放弃行使这一权利，因为他们接受了他很厚的赠礼。杀人者虽然免于一死，却必须在一定时期内（2至4年不等）恪守严格的戒律，如：必须赤脚走路，不得吃热熟的食物，不得高声说话，不得向身前身后四周环视，必须穿着长袍并且不得撩起衣襟，虽在盛夏也得把领口扣好，既不得松敞，也不许迎风吹拂，两手必须紧贴身体，不得随意动作，头发不得梳拢，也不得在风中吹拂。当本氏族的人们出外狩猎时，他必须把自己的帐篷搭在距离族人四分之一英里左右的地方，"否则被他杀死的那人的鬼魂，就会刮起大风造成危害。"他只能有一个亲人和他一起住在他的帐篷里。没有人愿意和他一起吃饭，据说，"他是瓦甘达大神（Wakanda）所恨的人，我们要是和他一起吃饭，那大神也要怀恨我们了。"他有时夜间独自在外漫行，哀悼痛悔自己的错误行为。经过这样长期的孤独隔离，被害者的亲人听见了他的哀悼，对他说道："够了，去吧，回到人群中去吧。穿上一件好袍子,着上鹿皮鞋吧!"从这些传说中所说的不许杀人者接近猎人的理由,可以看出对于凶手还有其他限制,其端由也在于:他是被受害者鬼魂追逐的人,因而也是危险的人。古代希腊人相信,刚被杀死者的鬼魂对于杀他的人非常忿恨,总是侵袭报复。因此,即使无意中误杀人者也需要远避他乡一年左右,待死者鬼魂忿恨渐平以后方可回来,并且还要向被杀者献上祭奠,本身经过斋戒或净洁等仪礼。如被杀者是他乡异国人氏,则杀人者也得避开死者的故乡,和躲离自己的故乡一样。有一则传说,说一个名叫俄瑞斯忒斯①的人杀死了自己的母亲,被母亲的激怒的鬼魂追逐,到处流浪,在他的罪过涤除以前,没有人同他坐在一起吃饭,没有人家肯接纳他。这种传说确实反映了古希腊人害怕愤怒的鬼魂追逐侵扰的情况。

第六节 猎人和渔夫的禁忌

在原始民族的社会里,猎人和渔夫经常都要遵行节欲的戒规,履行与战士与杀人者同样的斋戒洁净仪式,虽然我们还未能找到这一切事例的确切目的是什么,我们仍可以假定,正像想要杀人或已经杀了人的战士进行隔离和涤净的目的一样,猎人和渔夫遵守同样的戒规,主要也是由于害怕他杀死的或将要杀死的鸟兽鱼虾的灵魂。因为原始人普遍认为,动物和人一样也具有灵魂

---

① 希腊传说中的英雄。瑞士学者巴霍芬对此传说有新的解释,恩格斯又发展了他的见解,认为俄瑞斯忒斯受复仇女神追逐并非由于他杀了母亲,而是由于这些女神所维护的是母权制,这一传说正形象地表现了父权制代替母权制的激烈过程。

和才智,所以对动物自然也同样尊重。正如慰藉被他杀死的人的鬼魂一样,他也试图安抚被他所杀的动物之魂灵。我们在后面还要谈到这些仪式。这里且谈一谈在渔猎之前和渔猎期间猎人和渔夫遵守的禁忌以及他们满载猎获物归来时遵行的净洁仪式。

原始人不同程度地尊重一切动物的灵魂,对于他们有用的,或其形体、力量和凶猛程度非常可怕的动物之灵魂,则格外敬重。因而,猎杀这些珍贵或危险的鸟兽时,比猎杀用处较不大和不重要的动物,要遵守更多的戒规,履行更多的仪礼。例如,诺特卡桑德岛[①]上的印第安人在出海捕鲸鱼之前必先斋戒一周,在此周内少吃饮食,每日沐浴数次,唱歌,并用灌木、贝壳等遍擦脸面、四肢和全身,好像被荆棘严重刺伤一样,同时戒绝同妇女交往,认为这是捕鲸能否成功的关键。有位头人未能捕住一条大鲸,据说其咎在于他手下人违反了这条戒约。这种准备出海捕鲸前进行斋戒的情况和他们出征前要求战士遵守的戒约完全一样。马尔加什[②]的捕鲸者过去和现在也仍遵行类似的戒规。出海前八天他们就开始斋戒,禁绝女色,不饮酒,互相交代人所不知的过失,如有人犯罪深重,便不得参加这次出海。如马布亚格岛,人们出发猎取儒艮之前,以及海龟交配期间,都要节制性欲。海龟交配期在10至11月间。在此期间,如果未婚男女性交后出海,小船遇到浮在水面的海龟时,雌雄海龟便会分散,并且朝不同的方向潜入海底。在新几内亚的英瓦特地方,在海龟交配时期,男人都不和女人同

---

① 加拿大西南海岸不列颠哥伦比亚的温哥华岛。

② 即非洲的马达加斯加。

宿,尽管在其他日子里男女之间的交往是相当放纵的。加罗林群岛中有个叫作乌阿普的小岛,岛上渔民在打鱼期间(一般约为六至八个星期)严格遵守戒律,出海前后必须住在男人会所,不许以任何借口回到自己家里,甚至不得看一看自己妻子或任何女人的面孔。如果偷瞧一眼的话,那海里飞鱼必定要在夜间钻瞎他的眼睛。如果他的妻子、母亲或女儿要送点什么东西给他,或者想跟他说几句话,必须背对着男人会所,面向海岸在下首站着,然后渔人才可走出来同她说话,要是接受她带来的东西,必须背对着她,接过东西以后,就立即回到男人会所里去。晚上,这些渔人甚至也不得同会所里的其他男人一起唱歌跳舞,必须各自安安静静地待着。在米尔扎普尔①,科尔人(或布雅人)把蚕种请回家中,小心地供养在神牛粪上,以求多福。家长从这一天起必须避免任何亵渎不洁的言行,不和妻子同房,不得睡在床上,不得理发修面或剪指甲,不得用脂膏擦脸,不得吃奶油制的食物,不得说谎,不得做任何他认为不对的事情。他向辛加玛蒂(*singarmati*)女神许愿祈求保佑幼蚕如期顺利孵出,定将重重献祭酬谢。当蚕种孵化成幼蚕出现时,他召齐全家妇女,合唱婴儿诞生歌曲,并在所有邻居已婚妇女头发分际的地方画上红铅。蚕蛾交配期间,全家像举行婚礼一样地欢庆。可见人们把蚕几乎完全当人一样看待。因此,蚕孵卵期间养蚕人避绝性生活,可能是好多民族中流行的一种风俗习惯,是当妻子怀孕与授乳期间丈夫不得和她同寝这一习俗的类比和推广。

---

① 印度北部。

尼亚斯岛①上的猎人有时挖地掘坑,在坑上浅浅地覆上树皮、树叶和杂草,然后追猎野兽,把野兽赶进陷阱捉住。在掘坑时猎人须遵守一系列的禁忌,如:不许吐痰,否则野兽会厌恶陷阱肮脏而掉头走开,不走进陷阱中,不许大笑,否则陷阱四周会坍落;不得食盐,不得打猪饲料,而且在坑里不许自己搔痒,否则坑土就会松动塌下;掘坑的当天晚上,不得和女人发生关系,否则,一切劳苦都将白费。

所有野蛮民族渔猎时都严守贞操,并以此作为成败的关键。这方面的许多事例表明这种习俗总是来源于迷信,并非考虑如不严格节制性欲会造成渔猎者身体的暂时软弱。一般说来,大都并不是考虑后者,而是出于这样那样的想法,认为如不贞节会触怒野兽,不为猎获。不列颠哥伦比亚的卡利尔印第安人在布置陷阱猎熊之前一个月就和妻子分居,不用妻子用过的器皿,只用桦树皮特制的杯子喝水。如果忽视,没有做到这几点,那么,即使熊落入陷阱也会逃脱而捕捉不到。如要陷捕貂鼠,则这种戒欲时间可减为十天。

考察原始人由于迷信动机而约束自己的感情、保持贞节等许多事例,是很有教益的。这里暂且不谈这个问题。仅再说几个各色各样的例子,接着讨论猎人和渔夫在渔猎以后遵行的斋戒洁身仪礼。老挝锡丰附近盐场工人在工作地点必须绝对禁止两性关系,不许蒙头或打伞遮蔽炎炎烈日。缅甸的克钦人,凡酿制啤酒的工作都用拈阄的办法选出两名妇女担任,酿酒过程共三天,这

---

① 属印尼,在苏门答腊之西。

期间不得吃酸味的东西,不得同丈夫发生性关系,否则,据说酿出的酒便是酸味的。马赛人①酿蜜酒,让一男一女同住一屋共同酿制,严禁两人之间发生性关系,规定在开始酿造前两天到酒酿成时为止的一周内,这两人必须绝对贞洁。马赛人认为如果这两人在此期间稍有一点不洁,不仅酿成的酒不能喝,而且连酿蜜的那些蜜蜂也都要飞走。对于制毒的人,他们也规定必须独居,遵守其他许多禁忌,使他几乎成了被放逐的人。与马赛人聚居同一地区的万多罗波部落认为男人在酿制毒物时,如有邻居妇女照面,也会使酿制中的毒物失去毒性,如果此人妻子在此期间与他人同宿,也会立即发生上述酿蜜酒者的那些情况。对后面这种情况,显然不可能作出合理的解释。制毒物者的妻子如果有失德性,怎么就会影响到毒物也失去毒性呢?显然,这乃是巫术交感原理的一种推论:她的行为失检,感应于她的丈夫,从而反映于他的工作。因此,我们可以较有把握地推断:要求制造毒物者本人遵守的节欲规诫,也是巫术交感原则的一例,而不像现代文明的读者可能猜想的那样,是为了防止他因不小心而意外毒死其妻。

在南非的巴佩迪和巴聪加部落中,建立新村的地址一经选定,在建筑房屋期间,所有已婚男女都禁止一切性行为。如果发现任何人违反这一规定,建房施工就得立即停止。他们认为任何一点不洁行为都将损害正在建筑中的新村,村长就会身体羸弱甚至死亡,而这位犯罪的妇女也将永世不能再生孩子。交趾支那的占人为水利灌溉修建河坝时,其酋长须遵古例祭奠工地神祇,祈

---

① 非洲肯尼亚与坦噶尼喀的游牧民族。

求保佑。在整个工程进行期间,他都得独居在一所破陋的茅屋内,严格禁绝情欲,也不参加劳动。人们认为酋长在工程进行期间如有一丝不洁行为,便会使大坝产生裂隙。这里很明白,没有任何要维护酋长身体健壮以保证大坝工程完成的意图(对于大坝工程,他连举手之劳也不曾做过)。

如果猎人和渔夫在渔猎之前或渔猎过程中遵守禁忌或节欲,按我们所见,可以相信是出于迷信动机,主要是害怕触怒或惊吓了想要猎杀的鱼兽之鬼魂,那么,我们也可以认为在渔猎之后所采取的禁闭约束措施,至少可以令人信服的是由于渔猎者和他们的亲友这时更害怕眼前被害者的愤怒鬼魂。如果假定上述那种节欲,包括饮食、睡眠等等,都只不过是有益的预防措施,以保证人们的健康和从事工作的精力,那么很显然,事毕之后,即渔猎之后,还要遵守的那些节欲禁忌,就都是没有必要、荒谬而不可理解的了。但是,这些禁忌在那些动物被捕杀之后,换句话说,即在猎人和渔夫达到目的满载而归之后,还时常继续严格遵守那些禁忌,甚至有增无已。这样一来,关于这种习俗的合理性的论点便完全不能成立,而认为它们都是迷信这一假定就更为清楚可信了。

白令海峡的因纽特人或爱斯基摩人"非常小心地处理自己捕获的动物的尸体,恐怕触怒了它们的鬼魂而招致不幸或死亡"。乌纳立特的猎人,如果参与捕杀鲸鱼,甚至帮助从渔网上卸下过一条,在随后的四天内都不得做任何工作,因为据信那几天内鲸鱼的鬼魂还一直依附在他身上。在此期间,村里任何人都不得使用锋利的或尖刃的工具,恐怕误伤了鲸鱼的魂魄。他们认为鲸鱼

第二十章　禁忌的人

的魂魄还在村里到处漂泊。他们甚至不敢大声说话做事，恐怕惊骇或触犯鲸鱼的魂魄。谁如果用铁斧砍了鲸鱼的身躯，就一定要死的。村里人在这四天之内绝对不能使用任何铁器。

这些爱斯基摩人每年十二月间在本村会议厅举行一年一度的盛大庆祝活动，一连几天展出一年中猎获的海豹、海象和白熊的膀胱。在此期间，猎人一律不得和女性发生任何关系，如果做不到的话，那些已死的鬼魂便会生气。同样，在阿拉斯加的阿留申人那里，猎人如果使用施过符咒的鱼叉刺杀了鲸鱼，便不再投刺，立即回家，独自在一所专门的小屋内住宿三天，不吃不喝，不接近妇女，有时还模仿受伤正要死去的鲸鱼的喷气声，此乃为了防止鲸鱼游离海岸。等到第四天，他才从藏身处走出，到海水里洗浴，双手击水，用嘶哑的嗓子尖声怪叫。然后，带着一位同伴前去探看那因受伤而困在海岸边的鲸鱼。如果鲸鱼已死，便立即挖出鲸鱼身上被他重伤致命的部分。如果鲸鱼未死，他就立即回家，继续洗浴直到那条鲸鱼死亡。这个例子所说猎人模仿鲸鱼喷气等情况，其意图大概是通过巫术的交感法促使鲸鱼快些死亡。对于北极熊，他们更须注意遵守有关的禁忌，否则，触怒了那厉害的北极熊的鬼魂，后果就更严重了。那熊死后，鬼魂要在附近滞留三天，爱斯基摩人在这几天内特别注意严格遵守禁忌规诫，他们认为北极熊的鬼魂惩罚触怒它的人比其他海兽要来得更快、更厉害。

卡扬人每射杀一只凶猛的婆罗洲豹，总非常耽心自己灵魂的安全，因为他们认为豹的灵魂比他们的灵魂要强大得多。他们总要在死豹的尸体上踩上八次，口里念道："豹子，你的灵魂被踩在我的灵魂下面了。"回到家里,就用家禽的血涂在自己身上,并且还涂在所用武器和猎狗身上,以镇静自己的灵魂不要逃离。由于他们爱吃家禽,因而认为自己的灵魂也爱吃。在那之后一连八天,白天夜间都要沐浴才得再次出去打猎。在霍屯督人中间,谁要是杀死一只狮子、豹子、大象,或犀牛,就被看作是一位伟大的英雄,但是他事后必须在家里休息三天,不做任何事,他的妻子不得接近他,而且也要限制只吃少许简单的饮食。同样,拉普人认为能够猎杀一只熊是最高的光荣,他们把熊看作兽中之王,所有参加猎杀熊的人都被认为不洁,必须隔离,在专门为他们准备的小屋或帐篷里住满三天,在那里切割煮食那熊的尸体。那用驯鹿拖回的载死熊的雪橇,一年内不得让妇女驾驭。还有记载说,一年内任何人都不得使用那雪橇。男人们进入帐篷隔离之前,都得脱去猎熊时穿的衣裳,由他们的妻子把树皮的红汁啐在他们的脸上。他们不从正常的门口进入帐篷,而是由篷后的一个开口处进入。熊肉煮好后,两个男人用手捧起一部分熊肉送给女人,女人在煮肉时不得走近那帐篷。捧肉给女人的那两个男人假装是外乡来客赠送从外乡带来的礼物。女的也佯为不知,接受了礼物,并应允在来客的腿上系上红绳。熊肉不得从妇女住的帐篷正门递给,只能从篷顶特开的缝口扔进去。三天隔离期满,男人们才可以自由回到自己的妻子那里去。在这之前,每人手拿火上吊水壶的链子一个跟着一个围绕着火堆转圈跑步,这就是洁净身子的仪式。经过这种仪式之后,就可以从正门离开帐篷,和妇女会合。不过这群人的头头还须再多隔离两天才能与妻子同居。

据说卡菲尔人非常害怕巨蟒,或像蟒一样的大蛇。"由于迷信观念,他们都不敢杀死蟒蛇。如果有人偶然弄死了一头大蟒,无论是出于自卫还是其他原因,都得认真地一连几个星期在白天躺在溪水中清洗,在完成这种清洗仪式期间,他所在的村庄不得屠宰任何兽类。仪式期满后,将蟒的尸体小心地埋在牲口棚圈附近特挖的坑内,从那以后,就像是一位酋长的遗体一样,永远完好地埋葬着。这种忏悔赎过的日程,如同哀悼亡人一样,现在已幸运地减少为只有几天了。"在马德拉斯①,人们认为杀死眼镜蛇是犯了大罪。如果杀死了一条眼镜蛇,人们一般总是把它的尸体焚化,跟火化人的遗体一样。杀死眼镜蛇的人自以为玷污不洁,自动守禁忌三天。到第二天时在眼镜蛇的尸体上浇以牛奶,到第三天后这个自觉有罪的可怜人就算洗净了玷污,可以免守禁忌了。

上述最后几例,人们猎杀那种动物要向它赎罪,是因为人们有迷信观念,以为它们是神圣的,不得宰杀。屠杀神物者的待遇似乎跟一般猎杀鱼类和动物供人食用的渔夫猎户很相像。可以认定这两种风俗的思想基础实质上是一样的。如果我的推断正确的话,那么,那些思想乃是出于原始人对野兽,尤其是对珍禽异兽的灵魂的尊重,以及害怕它们的鬼魂要进行报复。这种看法可从下述事例获得一定的证实。安南的渔民每见一条鲸鱼的尸体被海浪冲上岸边,都要履行一定的仪式。这些渔民礼拜鲸鱼,因为他们靠它获利。几乎所有海岸渔村都为鲸鱼立了小塔,塔内藏有鲸鱼的骨骸(这多少是可以相信的)。如有鲸鱼尸体飘来岸边,村民们就隆重地把它埋葬。首先发现的人便充当主要悼亡者,举

---

① 印度泰米尔纳德邦的首府。

行如同对死去亲人一样的悼念仪式。他身穿重孝,头戴草帽,反穿长袖白袍等孝服,作为死者最亲的亲属和后嗣,主持葬礼,烧香,焚化金锭银锭,燃放鞭炮。等把鲸鱼身上的肉全部割下,炼油以后,剩下的尸骸便埋葬在沙里,然后搭起一座小棚,在棚内献上奠祭物品。葬礼之后不久,鲸鱼的鬼魂就附在村里某人身上,透过此人的口说出自己是雄鲸或是雌鲸。

第二十一章 禁忌的物

第一节 禁忌的含义

原始社会具有神性的国王、酋长和祭司等应遵守的圣洁仪式规定，在许多方面和杀人者、悼亡者、分娩的妇女、月经初潮的女孩以及猎人、渔夫等等所应遵守的规定常常是一致的。在我们看来，这些不同阶级的人在性格和情况方面都迥然不同，对于他们中的某些人我们应称之为神圣的，其他有些人我们则可称之为不洁或被玷污。可是原始人对那些人并未作出这样的区分，在他的脑子里，对圣洁和玷污等概念还不能区分得很清楚。对他们来说，所有这些人的共同特点就是：他们都是危险的而且正处在危险中，而他们所处的危险和影响于别人的危险，则是我们所应该叫作精神的或灵魂的、因此也就是想象的危险。但是这种危险倒并不因为它是想象的就不真实了，那种想象在人们身上所起的作用，跟地心吸力对人所起的作用一样，它能够像一剂氢氰酸一样也致人于死命。因此，把这些人同其他人隔离开来，使那可怕的鬼魂的危险既不能接近他，也不能从他们身上向四周扩散，就是他们必须遵守禁忌的目的。那些禁忌行为就好比电绝缘体，保藏这些人身上所充满的灵性的力量，不使与外界接触而遭受痛苦或贻害于人。

为了说明这些一般的原则,下面我还将从禁忌物和禁忌语两方面列举一些事例来加以阐述。在野蛮人或未开化民族看来,事物和语言同人一样,都可以暂时地或永久地赋予禁忌以神秘性,因此就可以要求在或短或长时期内从日常生活习惯中予以摒弃。我将特别从那些具有神性的酋长、国王和祭司方面举例,因为这些人比之普通人更受到各种禁忌的屏护,犹如用墙壁隔离保护起来。本章先谈谈禁忌物,下一章再谈禁忌语。

第二节 铁器的禁忌

首先,我们可以看出,国王的尊严神圣,自然会导向禁止触碰他那神圣的人身。所以,如有人把手放在斯巴达国王的身上,便为非法。塔希堤岛上国王和王后的身体,任何人都不得抚摸,暹罗国王的人身,如果谁胆敢抚摸一下,便是死罪。如果没有国王明令许可,任何人无论出于什么动机,都不得抚摸柬埔寨国王的身体。1874年7月间柬埔寨国王从所乘的御用马车上摔了下来,躺在地上昏了过去,所有随从人员都不敢碰他的身体,结果是一个过路的欧洲人把他扶了起来送进王宫。过去,在高丽,任何人都不得触摸国王的身体,如果国王赏赐恩荣,抚摸了某个臣民,此人身上被抚摸之处便成神圣,特在上面系红绸一条以为标志,终生佩戴。尤其铁器更不得触碰国王身体。1800年李朝国王正宗大王(Tieng-tsong-tai-oang)背部患脓疮而死,当时没有一个人敢于想到如用外科医生的手术刀割去脓疮,也许可以救国王一命。据说一位国王嘴唇上长了脓疮,痛苦万分,后来他的御医把一个

第二十一章 禁忌的物

说笑话的人召进宫来给国王讲笑话,引得国王放声大笑,绽开了脓疮,才得痊愈。罗马和萨宾人的祭司不得使用铁制的剃刀而只能用铜制的刮胡刀或剪子修面,如果携带铁制雕刻工具进入罗马城郊阿尔沃兄弟[①]圣林并在石上镌刻碑铭,必须以羔羊、猪仔各一头献祭。事毕离开时还须再献祭一次。一般规矩,铁器是不准带进希腊人的圣所的。在克里特[②],给美涅德谟献祭时不得使用铁器,因为据传说美涅德谟是在特洛伊战争中被铁制兵器杀死的。普拉蒂亚[③]的执政官只有在一年一度纪念普拉蒂亚战役中牺牲者的仪式上可以佩戴刀剑,以宰杀牺牛。其他时间一概不得触摸铁器。直到今天,霍屯督人的祭司仍然一律不用铁制的刀子,总是使一块锋利的石英石薄片宰杀作祭品的牲畜,或为小男孩行割礼。西南非的奥万博人按习俗用锋利的石英片割去男孩生殖器的包皮,如果没有石英片,才可使用铁制小刀,并且事后要把那刀埋掉。亚利桑那的莫基[④]人一般已不使用石刀、石片等物,但在宗教仪式中还保留了它们。波尼[⑤]人在一般情况下已不再使用石制的箭头,但是在宰杀祭祀的牺牲——无论是俘获的人或水牛和鹿时,还仍旧使用。犹太人在耶路撒冷建造殿堂或祭坛时都不使用铁制工具。罗马古代的木桥(*Pons Sublicius*)建筑时根本

---

① 古代罗马农神祭师组织。相传阿尔沃(Arval)弟兄两人为户神之母阿卡·拉伦缇雅女神的儿子,上古罗马农神萨图恩祭师的始祖。该组织成员共12位祭师(包括国王),负责主持每年5月在罗马城外五哩的圣林中祭奠祈求丰收的仪式。
② 希腊的岛屿,位于东地中海。
③ 古希腊维奥蒂亚地区的一个城市。
④ 美国亚利桑那州东北的普韦布洛印第安人。
⑤ 北美印第安人的一个部族。

未用铁器或铜器,木桥曾经长期保持完好。法律还明文规定弗尔夫的朱庇特莱伯尔神殿可用铁制工具进行修缮。西齐库斯[①]市议会厅的建筑没用过一个铁钉,全部用木材建成,其桁梁都是活动的,可以抽下另换新桁。

也许早在铁器还是新奇之物的上古社会就已经因迷信而不肯使用它了。那时候很多人对铁器抱有怀疑,不喜欢它。因为凡是新鲜事物,都会引起原始未开化的人们的敬畏。一位开拓婆罗洲的探险家说:"杜松人[②]把周围发生的任何事情——无论好的坏的,幸运的或不幸运的,都归因于进入本国的新奇事物,真是奇怪的迷信。例如我曾经住在金兰,就被说成是造成最近罕见奇热天气的原因。"1886年至1887年冬天,英国人在尼科巴群岛[③]进行了测量,后来那里下了异乎寻常的大雨,当地土人非常惊慌,认为那是神灵对英国人在他们喜欢常走的地方架设经纬仪、粗矮的水平仪和其他古怪的测量仪器等所表示的愤怒。有人建议宰猪献祭神灵,祈求宽宥。17世纪中期,由于连年收成不好,激起了爱沙尼亚农民的骚乱,他们追查原因,认为是一所磨坊建在河流上游阻挡了水流而造成的。波兰历史上第一次引进铁制犁头以后,连年歉收,农民归咎于铁犁,于是纷纷弃置不用,仍用旧的木犁。直到今天,爪哇的巴兑人(主要以耕种为主)仍不肯使用铁制农具耕种土地。

在宗教范围内总能强烈地感受到普遍不欢迎革新,这一事实

---

① 古希腊城市,在小亚细亚西北,马尔马拉海的南岸。
② 北婆罗洲的达雅克人。
③ 位于孟加拉湾,安达曼群岛之南。

第二十一章 禁忌的物

本身就足以说明国王与祭司对于铁器为什么那么迷信地厌恶,并且说这是神的厌恶。这种厌恶在某些地方由于偶然原因而更加强烈了,如波兰连年灾荒引起对铁犁的怀疑就是一例。然而,神及其执事者憎恶铁器反而产生了另一方面的结果,就是:这种厌恶为人们提供武器,在适当时机用来反对神灵。由于人们看到神灵憎恶铁器,不肯接近有铁器保护的人和物,于是人们就想到铁器显然可以用来禁制鬼怪和其他危险精灵,他们也确实经常如此使用。在苏格兰高地,铁器是防范小精灵的有力武器,钢制武器则更好。任何形式的铁器,刀、剑、小刀、枪管等等,用来防范精灵,都是强有力的武器。当你进入仙灵的洞窟时,记着一定要在门上插一钢铁器械如小刀、针或鱼钩,这样可使小精灵在你出来之前关不上洞门。同样,如果你射倒一只鹿并在晚间把它扛回家去,一定要在鹿身上插一把小刀,可免精灵附在鹿身上而压得你抬不动。你在衣服口袋里放一把小刀或一根铁钉,就可以防止精灵在夜间把你拱抬起来。床前放些铁钉,就可赶走精灵,不得侵扰产妇和新生婴儿,最好是把铁熨斗放在床下,镰刀放在窗上。如果一条牡牛掉到悬崖下摔死,在它身上钉进一根铁钉就能保牛肉不被精灵取走。犹太人的竖琴奏出的乐声可以使女精灵远离打猎的人,因为竖琴的震颤舌簧是钢制的。在摩洛哥,铁被认为是防御妖魔最有力的东西,所以病人枕下通常总是放一把小刀或匕首以为护卫。僧伽罗人以为,他们周围总有邪恶精灵在伺机侵害,农民如携带好吃的食品像饼子或烤肉之类从甲地往乙地,必须在食物上面放一根铁钉,以防妖魔攫取,使吃了这些食物的人生病。病人无论男女,手中如不执一串钥匙或一把小刀,便不敢出门,因为如不带此护身之物,恶鬼就会乘其身体虚弱钻入体内。如果某人身上有较大的创伤,便在伤口戴一小块铁片防止恶鬼入侵。在斯莱夫海岸,母亲如见自己孩子逐渐消瘦,便以为是恶鬼进入了孩子体内,就采取相应的措施。为了诱引恶鬼从孩子体内出来,她向恶鬼献祭食物,等恶鬼出来吃食的时候,便在孩子的脚踝上系环和小铃,并在脖子上挂上铁链。铁环的叮铃声和铜铃的珰琅声,可以阻止进餐后的恶鬼重新进入这位幼小受害者的体内。所以在非洲这一地区可以看到许多儿童身上挂满了铁器饰品。

第三节 锋利兵器的禁忌

缅甸曾威北部的祭司被莎迪人①尊为宗教和世俗的权威,任何兵器或切割用具都不得带进他的屋内。这一规定可以从不同民族对于死人所奉行的风俗中得到解释。人们认为死者的灵魂还没有离去的时候,就不可使用锋利的器械,以免伤了死者的魂魄。白令海峡爱斯基摩人的"村子里如果死了人,那一天全村的人都不许工作,而死者的亲属三天内都不许工作。在此期间特别不许使用任何带刃的器具,如小刀、斧头。任何带尖的器具如针和束髻针,也在禁用之列。其所以这样,据说是为了避免伤害这期间随时可能出现的鬼魂。如果上述器械不巧伤了鬼魂,它便会勃然大怒,给生者带来疾病或死亡。死者亲属这期间也须小心,

---

① 缅甸曾威以北地区的土人。

不要造成任何响声或刺耳尖音以免惊吓或触怒了鬼魂。"我们还看到爱斯基摩人在捕杀一条鲸鱼之后四天以内也同样不用切割和带尖的器具，以免无意中砍伤或刺伤了鲸鱼的鬼魂。有时村里有了病人，他们也遵守这种禁忌。这大概是恐怕伤了病人飘荡在外的游魂。特兰西瓦尼亚的罗马尼亚人在死人遗体还停在屋里的时候总是注意不把所用刀具的刀刃向上放着，"否则死者灵魂就得被迫坐在刀刃上"。中国人在人死后尸体还停在屋里的七天内，禁用刀、针，甚至筷子也不用，吃饭时就用手抓着吃。普鲁士人和立陶宛人在死者出殡后的第三、六、九、四十天，总是准备好饭食，站在门口招请逝者亡魂回来享用。大家围着餐桌坐下，沉默进餐，不用刀具，准备饮食的妇女也不用刀。如果从餐桌上掉下一点食物，就让它去，供没有亲友祭奠的孤魂享用。饭毕，祭司拿起扫帚把亡魂扫出屋去，口中念道："亲爱的亡魂，您已经酒足饭饱了，快些去吧！快些去吧！"现在我们就可以理解为什么缅甸大和尚的屋内不许带进切割刀具了。跟许多祭司王一样，他可能也被人们奉为神圣，他的神灵常常离开躯体在空中回翔或远适外乡巡游，因此应当注意防护，不使它有受伤害的危险。

第四节 血的禁忌

我们已经了解到古罗马的祭司狄亚力斯不许接触甚至不能说出"生肉"这个词。婆罗门教规定其传道师不得目视生肉、鲜血以及被砍去双手的人。在乌干达，一对双胞胎婴儿出生以后，做父亲的要在一定时期内恪守禁忌，包括不得杀生，不得看见鲜血等等。在帛硫群岛，如果某个村庄受到袭击，有人被砍掉脑袋，则死者亲属必须遵守禁忌，以免死者鬼魂愤怒。他们一般关在家里，足不出户，不接触生肉，咀嚼槟榔（通常由驱魔巫师施过符咒的）。这样，死者的鬼魂就离开本村远去敌国追寻杀他的仇人。这种禁忌可能来源于认为动物的鬼魂或精灵存在于血肉之中的普遍信念。一个人如受禁忌，就被认为是处在危险的境况（例如，死者亲属就可能受其愤怒鬼魂的袭击），特别需要跟鬼魂隔绝，所以就要禁绝接触生肉。不过，跟通常一样，这种禁忌只是一般禁忌的强化措施罢了！换句话说，这种禁忌是在必须遵行的紧急情况下才强制执行的。在一般情况下，作为生活中的一般戒律，也还是要遵守的，只是不那么严苛就是了。有些爱沙尼亚人不尝鲜血，就是因为他们相信血中含有动物的灵魂，人如饮血，那灵魂就会趁机钻入人体。北美有些印第安人部落，"由于宗教的严格戒条，绝对禁止吃喝任何动物的血，因为其中含有该动物生命和灵魂"。犹太的猎人把他们猎杀得来动物的血完全倾倒出来并用尘土盖上，他们对这些血连尝也不尝一下，他们相信这个动物的灵魂或生命就在那血泊里，或者实际上那血泊就是它的灵魂或生命。

皇族人士的血不能洒在地上，这已经是普遍的原则。因此，如有国王或其家族中人应被处死时，便采用一种特制的行刑方法，不使其血流到地上。大约1688年间，暹罗军队的大元帅叛变国王，"按照皇族罪犯的处死方式，或者说，按照处死犯了严重罪行而有皇族血统的王子的方式处死了暹罗国王，其办法是把国王放进一口大铁锅里，用木杵把他捣成碎片。这是因为根据他们的

第二十一章 禁忌的物

宗教,认为如把神圣的血和土混在一起而污染了,便是最大的不敬"。当忽必烈击败并抓住了叛变他的叔叔之后,下令处死,所用的办法是用毯子把他包裹起来,反复摔掷致死,"因为他不愿让皇室宗亲的血洒在地上,暴露在苍天和阳光之下"。"弗里尔·李柯德(Friar Ricold)提到鞑靼人的箴言说,'一位可汗要杀死另一可汗以夺取其王位,非常小心地不让其鲜血洒出来,因为他们说如让大可汗的血洒在地上是极不恭的,所以就采取窒息致死或其他类似方法'。缅甸的宫廷里也有与此相似的想法,他们有一种处死皇族血统王子而不流血的特殊行刑方法"。

不愿让皇室血统的人流血,似乎是一般的不愿流血或至少不愿让血流到地上的一种特例。马可·波罗告诉我们,他那时候在汗八里(即北京)大街上抓住在宵禁时间活动的人便逮捕起来,如发现他们有不端行为,便以木棍杖击,"这种刑罚有时也会把人打死。他们之所以采取这样的刑罚就是为了避免杀戮,因为他们的巴克西(Bacsis)①说杀人流血是恶事"。在西苏塞克斯②,人们相信人血所洒之地是受诅咒的,将永为荒芜不毛之地。在某些原始民族中间,某一部落的成员要流出鲜血时,他的血不得流到地上,而须由他同族人用身体来承接。澳大利亚某些部落中,少年们割除包皮时都躺在由本族男人身体铺成的平台上;割礼开始时首先敲掉一位少年的门牙,这个少年坐在一个男子的肩上,口中流出的血都淌在这个男子的胸口,并且不得擦去。高卢人也经常喝他

---

① 此处照英文音译。或为蒙语,意为巫师。
② 英格兰东南部的一个郡。

们敌人的血并用它涂抹身上。他们还记载说古爱尔兰人也惯常这样。我也看到过一些爱尔兰人这样做,不过不是喝仇人的血而是自己朋友的血。例如在利默里克①,处死著名的奸逆默罗·奥布赖恩时,我看见一位老妇人(他的养母),在他一被肢解时就立即捧着他的头吮吸了全部涌出的鲜血,她的脸上和胸口全被血浸湿了,她撕扯着自己的头发,凄厉的号哭。她说大地不配喝他的血。中非的洛图科人凡遇产妇分娩如有一滴血落到地上也要小心翼翼地用铁锹把它除尽,和洗擦产妇的水一起放在一个桶里,深埋入屋外左手边地下。在西非,如果谁身上一滴血滴在地上,就得小心地把它掩盖起来,极力擦净,踩进土里去。如果血滴在小木船或树旁,则必须砍掉血迹并将砍下的木屑毁掉。这些非洲人习俗的动机之一可能是为了不让所流的血落到巫师手中,以防他们借以加害于人。西非人总是把他们滴落地上或任何木头上的血迹擦净削尽。同样出于对巫师们的恐惧,新几内亚土人总是很注意地烧掉沾有自己血迹的任何木棍、树叶和枝干,凡滴有血迹的地面,都把地皮翻过来,埋掉血迹,有可能时还就地烧起一堆火,以彻底清除血迹。马达加斯加的伯特锡里奥人中有一部分叫"拉曼加"或"贵族"的人,专门做这样奇特的事情,他们吃下贵人们剪下的指甲、舔尽贵人们身上流出的血。凡贵人们剪下的指甲,都集拢起来,由拉曼加吞食,如果剪下的指甲太大,便再绞碎,然后吞食。如果那位贵人自己剪指甲或碰到什么东西上伤了手脚流出血来,便叫拉曼加尽快舔尽。身居高位的贵人无论到什么

---

① 爱尔兰西南部的一个郡,在芒斯特省内。

地方总有这些卑贱的"拉曼加"随从侍候。万一拉曼加不在身边，则剪下的指甲和流出的血都小心地收集在一起，事后由拉曼加吞食。任何高傲的贵人都得严格遵守这一习俗，其意图大概就是防止他们的身体发肤落到巫师们手里，被他们利用巫术交感原理来加害于他们。正是由于这种恐惧心理，所以才特地雇用拉曼加专门吃掉或舔尽他们剪下的指甲及身上流出的血液。

这种不愿让血滴到地上的心理状态，可以从下述信念找到一般的解释。人们认为灵魂在血液之中，因此，血液如滴在地面，这块地面就必然成为禁忌或神圣之地，所以一般就不愿让血滴落地面并遗留在那里。在新西兰，最高首领身上任何东西，甚至一滴血偶然滴落下来，便立即成为禁忌或归属于他的神圣之物。例如，一群土人来到一条漂亮崭新的小木船内拜见酋长，酋长登上木舟，偶然被木刺刺了脚，血流出来滴到船上，船主立即跳下船来，把船拉到酋长住宅对面岸边，留在那里，从此那艘崭新的独木舟便成了酋长的神圣之物。还有一次，一位酋长来到一位传教士家里，无意中头碰到横梁，出了血。土人们便说，如在过去那座房子便应该归酋长所有了。正如一般禁忌经常出现的情况一样，禁止氏族成员的血流到地上这一条，对于酋长和国王也更为严格。这一条在一般成员身上早已不再禁忌了，而对酋长和国王身上流出的血至今仍旧严为禁忌。

第五节　头部的禁忌

许多民族都把头部看得特别神圣。其所以这样是因为认为它有神灵,明察冒犯不敬的言行。优若巴人①坚信每个人都有三个灵魂,第一个灵魂叫奥罗里(Olori),在头部,是人的主宰、监护者和引导者。凡祭奠都是奉献给这位灵魂的,主要祭品是家禽并且用棕榈油混合的家禽鲜血涂在人的前额。卡兰人②以为有一种叫卓(tso)的神魂在人的头脑上部,只要卓守其位,那七种克拉(kelahs),即七情,便不能为害于人,"一旦卓不在职守或者虚弱,其人便将有灾祸。故对于头部特别注意尊重保护,极力予以装饰,以博得卓的欢喜。"暹罗人的看法是人的头部有一位叫"旷"或"冠"的灵魂,它是人头的守护魂,必须小心保护不使受任何损伤,凡理发修面都须遵行许多礼仪。"冠"对荣誉非常敏感,如果陌生人的手触摸了冠所在的头部便觉得是对冠的极大亵渎。柬埔寨人认为手摸他人头部是严重冒犯,如果有任何东西高挂在他所经过地方的上空,他便不从那底下走过,或不走近那个地方。最卑微的柬埔寨人也不答应居住在某人的房间下面,所以房子都是一层的平房。即使政府也尊重这种成见,从来不在任何房子底下对犯人施加械具,尽管那些房子都高高建筑在地面之上。马来人也有这样的迷信。一位很早以前的旅客报道说:"爪哇人头上不戴任何东西,他们说头上必须没有任何东西……任何人如将手放在他们头上,他们就会杀死他。他们不盖楼房,为的是彼此不在他人头上走动。"整个波利尼西亚群岛到处都有这种对于头部的浓厚的迷信思想习惯。据说,"如果有人用手摸了盖廷尼瓦③的马克

---

① 达荷美与下尼日尔之间东几内亚海岸的黑人民族,其共同语言为克瓦语。
② 缅甸东部和南部的民族。
③ 东南太平洋上马贵斯群岛的一个岛屿。

第二十一章 禁忌的物

萨斯人的酋长的头部或他头上曾经戴过的任何东西,都是渎圣之罪。如果从他头上走过,更是永远难忘的侮辱"。一位马克萨斯最高祭司的儿子躺在地上哭着、闹着、愤怒、绝望、苦恼、寻死觅活,因为有人在他头发上洒了几滴水,亵渎了他的头部,侮辱了他的神性。不仅马克萨斯人的酋长头部是神圣的,每个马克萨斯人的头部都属于禁忌之列,任何人不得抚摸或在他头上越过。即使爸爸也不得在熟睡中的孩子头上跨过。妇女绝对不能用手拿或触摸自己丈夫或父亲头上戴过或仅仅在头顶上悬挂过的任何东西。在通加,任何人都不许从国王头顶上越过。在塔希提岛上,任何人如站在国王或王后头顶上或把手从他们头顶上越过,都要被处死。塔希提人的婴儿出生后未经一定仪式之前,总是特别禁忌的对象。在此情况下,凡接触过婴儿头部的东西都成了神圣不可近的东西,放在家里用栏杆围起来的神龛内供存着。如果有哪棵树的树枝碰着了婴儿头部,便把那棵树砍倒。如果在放倒此树时碰伤或划破了另一棵的树皮,就认为这棵树也是不洁的,没有用了,便也砍掉。这些禁忌,一旦举行过仪式之后,便都消除。但是塔希提人的头部总是神圣的,他们从来不用头顶顶着任何东西。如用手摸别人的头,就是无礼冒犯。毛利人酋长的头部尤为神圣,"如果他用手抚摸了一下头部,就必须立刻把手指放在鼻上用力吸进刚从头上沾染的神性,以便让那神性复回原处"。鉴于他的头部的神圣,毛利酋长"不得用嘴吹火,因为他的呼气也是神圣的,会把神性传到火上,而他的奴隶或外族人又有可能取走一根正在火里燃烧的木柴,或者用此火做别的用处如煮饭烧菜等,从而会造成此人死亡"。

第六节　头发的禁忌

既然头部被看得如此神圣,碰它一下也是严重的冒犯,那么,很显然,修剪头发也就成了很细致、很不简单的操作了。在原始人的眼光看来,这种操作的困难和危险有两类。首先,理发时有可能干扰头部神灵,损伤了它,有受到愤怒惩罚的危险。其次,是难以处理剪下来的头发。因为原始人相信自己身体各个部分和自己有着触染关系,即使那个部分已从身上脱离出来,这种触染关系仍然存在,因此,这些部分,如剪下的头发和指甲,倘受损害,也会损害自己,所以,很注意不让它们丢在容易受损害的地方或落到坏人手中被施加巫术以为害于己。这些危险对所有人都一样,不过神圣的人们更加害怕,从而采取预防的措施也相应地更加严格。最简单的办法就是根本不理发,而这正是在认为危险最大的地方采取的权宜之计。法兰克人①的国王从来不让剪短他的头发,从出生到长大总是蓄着头发,如果剪去他们披肩的长发,就等于否认他们的王权。国王克劳多弥尔死后,他的两个邪恶兄弟克劳泰尔和基尔德伯特垂涎他的王国,把他的两个儿子诱骗到他们掌握之中,然后派人带着一把剪刀和一支没上鞘的剑到巴黎去见皇太后克洛蒂尔德,让王太后看了剪刀和剑,要她选择是叫两个孙子被剪去头发而活着还是留着头发而死去。高傲的太后回答说,如果她的两个孙儿不能登上王位,她宁可看着他们被杀害,

---

① 属日耳曼民族。

也不愿让他们被剪去头发而偷生。于是那两个孩子就被他们残忍的叔父亲手杀死了。加罗林群岛的波纳佩岛国王必须蓄着长发,他底下的显贵们也都得如此。西非的一个黑人氏族——霍人,"他们的祭司一辈子也不让剃刀上头。有神祇附身的人也不得剪去头发,否则必被处死。如果某人的头发实在太长,本身必须向神祷告,祈求允许将发梢部分剪去。事实上头发被看作个人的神祇居住之处,如果剪去头发,则这位祭司身上的神祇便失去了居处。"据说马赛人有降雨的法力,他们不能拔胡须,因为拔掉胡须会使他们丧失降雨的法力。马赛人的酋长和巫师们都以同样原因遵守这同一戒律:如果拔掉了胡须,他们的超自然能力就要丧失。

另外,发誓要复仇的人们有时也蓄着头发,直到誓言实现之后才剪发。听说"马克萨斯人偶尔也把头发剃光,只留头顶上一小撮披拂着或扎成一绺。但只是在他们庄严发誓譬如要为某个亲人之死报仇时,才留后一种发式,并且不到其誓言实现,那一绺头发便不剃去"。古代日耳曼人有时也有与此相似的习俗。查蒂人[①]的年轻武士们在未曾杀死过一个敌人之前绝不理发修面。托拉加人剪去小孩的头发以免生长虱子,可是总要在头顶上留一绺头发作为小孩魂魄隐蔽之所,否则,魂魄无处可依,孩子便要生病。卡罗·巴塔克人非常害怕把孩子的魂魄吓跑了,因此孩子理发时总在头上留下一小块地方的头发不给剪掉,以便孩子的魂魄有退避之处。通常这绺头发终身留在头上,至少留到成年时。

---

① 印尼中南部西里伯斯的土人。

第七节 理发的仪式

当需要剪短头发时,便采取一定的措施来减少剪发可能造成的危险。斐济群岛拉摩西人酋长每次理发之后总要吃一个人以为防范。"有一个氏族专门提供这样的人牺,他们总是庄严地聚集在一起选出一个人来,因为那是为酋长驱恶避邪而设的祭宴"。毛利人理发时总是要念许多咒语,譬如其中之一就是念剃刀咒,对那用来理发的黑曜岩制的剃刀持诵一番。还有一种咒语是念来回避雷电的,因为他们相信理发会招来雷电。"凡刚刚理过发的人都在鬼神阿图亚的直接控制之下,同他的家庭宗族隔绝,自己不得用手取食物,必须由别人将食物喂到口里,并且几天之内也不能从事一向所做的行业或和自己的伙计合作"。从事理发的人也要禁忌起来,他的手接触过神圣的脑袋,不得再用它们去接触食物或从事其他行业,他的饮食需由别人在神火上煮好喂给他吃。头一天给人理过发,必须等到第二天用神火上煮过的红薯或羊齿植物的根擦手并将它们送给家里女性家长吃过以后,才得解除禁忌。新西兰有些地方一年中最神圣的日子便是指定的理发日。这一天大批人群从附近地区聚集到一处来一起理发。

第八节 对剪下的头发和指甲的处理

即使头发和指甲安全地修剪了,剪下的头发和指甲怎样处理也有困难,因为它们可能遭到损害也会使本人遭受损害。几乎世

第二十一章　禁忌的物

界各地都有这样的观念，认为人可能因自身剪下的头发、指甲或其他任何东西而受到巫术法力的影响，并且有很多人所熟悉、千篇一律的事例，这里很难一一详细论述。这种迷信思想在于它认定人和曾经长在他身上或与他有过任何密切关系的东西具有交感关系。这里略举几例就可说明。这种关系属于交感巫术的一个旁支，可以称之为接触巫术。据说往昔马克萨斯岛上居民最显著的特点就是惧怕巫术。巫师想要加害某人，便捡此人剪下的头发、吐沫或身上排除的任何东西，用一张树叶包着放进线织袋或布袋里，巧妙地结扎起来，施行一定的魔术后埋藏地下，于是此人在二十天内就要憔悴病弱死亡。如能及时发现并掘出那些埋藏的头发等东西，那巫法便失去效力，此人的生命就会得救。毛利人的巫师企图谋害某人时，总是想法弄到某人的一些头发、指甲、吐沫，或衣服上扯下的布条，一旦得到这些东西中的任何一样，就拿捏着假嗓子对它高声念诵咒语，然后埋进地下。随着这些东西的朽烂，某人的生命也就耗尽而亡。澳洲土人想要抛弃自己的妻子时，便趁她熟睡时剪下她的一绺头发，系在自己常用的矛枪上，交给另一氏族的朋友每天夜间把它插在篝火旁边，一旦头发从枪头掉落下来，便表示他的妻子就要死亡。维拉朱里人向霍威特博士解释这种巫术作用说："本地巫医拿到属于某人身上的任何东西放在火上烘烤，口中诅咒，那火就攫取了某人身上的气味，这个可怜的家伙就报销了。"

喀尔巴阡山区的胡祖尔人以为，如果老鼠把人剪下来的头发衔去做了老鼠巢，那么这人就要头疼，甚至变成白痴。同样，在德国有一种普遍的观念，认为如果飞鸟找到了人剪下的头发并用来做巢,那人就要头疼,有时甚至认为会使头上出疹子。英国的西苏塞克斯也流行或曾经流行这种迷信。

另外,人们还相信剪下或梳下头发还会扰乱天气,招致下雨、降雹、轰雷闪电。在新西兰,人们剪头发时要念一种防止雷电的咒语。在蒂罗尔①,人们以为巫婆利用剪下来或梳下来的头发制造冰雹和雷雨。大家都知道特林基特印第安人把暴风雨的天气说成是姑娘在屋外梳理头发这一轻率举动引起的。罗马人似乎也抱有与此相似的看法,他们有一句箴言说,船上的人只有暴风雨来临时才能理发剪指甲,因为灾祸已经发生了。其他时间谁也不得理发或剪指甲。在苏格兰高地,据说凡有兄弟在海上的女子不能在夜间梳头发。西非的奇多姆人或琼巴人的摩尼(Mani)死后,人们总是成群地跑到他的尸体旁边去拔他的头发、牙齿和指甲,留作求雨的符咒。他们以为如不这样,天就不会下雨。安济柯斯的马科科人曾请求基督教的传教士们将他们的一半胡须送给他作降雨的符咒。

如果剪下的头发和指甲与本人身体还有交感关系,那么,很显然这些东西可以被任何偶然占有它们的人作为索取报酬的抵押品。根据接触巫术的原则,他只要伤害这些头发和指甲,就可以同时伤害这些头发和指甲的原主人。所以南迪人抓住俘虏时总是剃去其头发收存起来,以保证他们不敢企图逃跑。当俘虏付给赎金获得释放时便把所剪的头发交还本人。

为了保存剪下的头发和指甲不受损伤同时也不被巫师得去

---

① 奥地利西部和意大利北部之间的一个地区,在阿尔卑斯山东部。

第二十一章 禁忌的物

用来加害于自己，就有必要将它们存放在安全地方。毛利人酋长剪下的头发非常小心地收集起来，存放在邻近的墓地里。塔希提人把剪下的头发埋在寺院里。在苏库①的街上，一位现代旅游者看到靠墙边垒着圆锥形的石堆，石头缝隙里塞着一束束人的头发。他询问这是什么意思，土人告诉他说当地人把剪下的自己的头发小心地收集起来放在一个石缝里，成为神圣不可侵犯的神物。后来他又听说，这些神圣的石隙头发只是为了防止巫术，如果一个人不注意放好自己的头发，一部分剪下的头发就可能落到敌人手中，被施符咒加害于他。暹罗人剃去幼儿顶上一绺头发时，总要举行盛大的仪式，并将剪下的头发装进芭蕉叶编的容器放到附近的江河溪流里随水漂去，他们相信这样一来，一切可能损害孩子的因素都随波而去了。那些长发则保存起来，等孩子长大时到普拉巴特的圣山朝拜佛的脚印，把头发献给那里的和尚制作拂尘。每年这样送去的头发多不胜用，朝圣的香客一转身离去，和尚就悄悄地把那些多余的头发烧掉。古罗马祭司狄阿力斯剪下的头发和指甲都埋在幸福树下。守护灶神的维斯塔贞女剪下的卷发则悬挂在古老的恩爱树上。

有时候人们把剪下的头发和指甲隐藏在秘密的地方，倒不一定像上面说的那样必须藏在寺院、墓地或树下。在施瓦本，人们会劝告你把剪下的头发藏在太阳与月亮照射不到的地方，例如埋在土地或石头底下。在但泽②，人们把剪下的头发放在袋子里埋

---

① 东非坦噶尼喀的一个大社区。
② 即格但斯克，波兰北部波罗的海的海港。

在门槛底下。在乌基(所罗门群岛的岛屿之一),男人们都埋藏自己的头发,以防落到仇人手中施行巫术伤害自己。在美拉尼西亚,也普遍有这种恐惧,人们总是藏起剪下的头发和指甲。南非许多氏族也流行这些做法,其原因也是害怕巫师们得到这些东西为害于他们。卡菲尔人的恐惧更加扩大到身上任何东西都不能落入仇人手中,他们不仅把剪下的头发和指甲埋藏于秘密地方,而且当某人替另一人梳洗头发捉到蚤子时,也都好好保存交还其人。根据他们的理论,这些蚤子吃了那人身上的血,如果被别人弄死,则那人身上的血便落入这弄死蚤子之人的手中而使之获得了某种超人的能力。

有时候保存身上剪下的头发、指甲等物并不是为了防止它们落到巫师手中,而是为了本人将来死后复活。有些种族就是这样期望的。例如秘鲁的印加人,"特别注意保存剪下的指甲和头发,甚至梳子梳下的头发,也都放在墙洞或壁龛里。如果它们掉了出来,任何其他印第安人看见时,便拾起来放回原处。我经常在不同的场合询问过不同的印第安人为什么要这样做,想听听他们怎么解说,得到的答复总是一样:'凡出生人世的人,都还要回到原来的地方去(他们没有表达复活这个意思的词),人的灵魂总要带着一切属于他们身上的东西从坟墓里起来。因此,为了到时候不致太慌乱,我们就把我们平时剪下来的这些东西集中放在一起,可以比较方便地一下子携走。如果可能的话,我们也注意把嘴里吐出的东西都唾在一个地方。'"同样,突厥人从来不扔掉他们剪下的指甲,而是小心地收藏在墙壁的裂缝或木板缝里,认为将来复活时需要它们。亚美尼亚人也不扔弃他们剪下的头发、指甲和

第二十一章 禁忌的物

拔下的牙齿,而是藏在他们认为神圣的地方,如教堂的墙壁缝里,家中屋柱或中空的树身里面。他们觉得将来复活时需要它们。谁要是现在不收藏好这些东西,当那伟大的复活时刻来到时就要到处去找它们。爱尔兰的德拉蒙康拉斯村过去总有一些老妇从圣经里查到她们的头发共有多少根,全能的上帝全都记了数的,到了审判日那天要加以审核。为此,她们把掉落的头发都收起来,藏在村里人家屋顶下面。

也还有把掉落的头发烧掉以防落入巫师手中的。巴塔哥尼亚①和维多利亚的一些民族便是这样。在上孚日山区②,人们说绝不能让剪下的头发和指甲随便扔在地上,而应该烧掉以免巫师用来为害于你。出于同样的理由,意大利妇女总是把自己落下的头发烧掉或者藏在人们不易发觉的地方。普遍的对于巫术的害怕,使得西非黑人、南非马科洛洛人以及塔希提人都把剪下的头发烧掉或埋藏起来。在蒂罗尔,许多人把剪下的头发烧了,恐怕女巫会用它们招来暴雷疾雨。也有人焚烧或埋藏剪下的头发,为了防止鸟雀把它们衔去做巢而造成头发的原主头疼脑热。

这种销毁头发和指甲的方式包含着思想意识上的矛盾。他们公开宣称销毁的目的是为防止自身的肤发指甲不被巫师所利用。但是能否被利用取决于它们和本身之间的交感关系,如果这种交感关系依然存在,那么,很显然,在原主销毁这些剪下的头发和指甲的时候就不可避免地要伤及原主本身。

---

① 安第斯山东部包括阿根廷和智利南部地区的居民。
② 法国东北山区,在莱茵河以西。

第九节 唾沫的禁忌

上述对巫术的恐惧心理还导致人们以处理头发指甲的同样方式来处理自己的唾沫。因为根据交感巫术的原理,唾沫也是人身上的一部分,如何处理它们,对于本人身体也有相应的作用。奇洛特印第安人常常把敌人的唾沫收集起来,放在马铃薯里,念上几句咒语,挂在烟上熏烤。他们认为等这马铃薯被烟熏干之后,敌人也就消瘦而亡。他们还把敌人的唾沫放进青蛙肚里扔进不能通航、人难接近的河流,这样会使敌人身患疟疾,寒颤难受。新西兰乌瑞维拉地区的土人以擅长巫术著称。据说他们利用人的唾沫对人施行巫术。所以来往游客注意不吐唾沫,以防给那些巫师提供为害自己的可乘之机。同样,在南非一些部落中,当敌人接近时谁也不吐痰,以防敌人发现,将唾沫带回去交给巫师施行巫法来伤害自己。由于这同样的原因,甚至在自己家里,也要把吐出的唾沫小心扫尽,加以销毁。

如果一般老百姓就这样小心,那么,国王和酋长更得加倍小心,就是很自然的了。在桑威奇群岛,酋长们总有亲信的仆人带着手提的痰盂跟随侍候,每天早起总是小心地把盂内唾的痰埋掉,使巫师们无法得到。在斯莱夫海岸,由于同样的原因,国王或酋长吐痰时,总是把吐出的痰慎重地收集起来,藏在一边或埋到地下。在南尼日利亚的塔巴里地方,对于酋长所吐的唾液也因同样的原因而采取同样的措施。

巫术也可以施于唾沫,这一点表明,唾沫也和血液和剪下的指甲一样,可以作为一项盟约的合适的物质基础,即透过交换唾沫,盟约双方互相向对方提供了信守誓约的保证。如果将来一方背弃誓约,另一方可以对其所留唾沫施行巫法而予以惩罚。例如,东非的瓦贾加人在订立盟约时,常常是盟约双方坐在一起,各自面前放一碗牛奶或啤酒,对奶、酒祝咒一番,双方各饮一口,吐进对方口中。如遇紧急情况,来不及举行这种仪式,便各向对方口中吐一口唾沫,也同样保证盟约的履行。

238

第十节 食物的禁忌

诚如所料,未开化民族围绕着食物方面也有许多迷信。有许多动植物,对于他们来说本来是很安全有益的,他们却全都不吃。他们以为,由于这样或那样的理由吃了那些东西对自己是危险的或是致命的。像这样禁食的东西,人所熟知,不胜枚举。不过,假如普通人尚且如此迷信禁食好多种食物,那么国王和祭司那样神圣不可亵渎的人物,他们在食物方面的禁忌就更多更严了。我们知道古罗马祭司狄阿力斯不得食用好些动植物,甚至那些动植物的名字提也不能提。埃及国王们可吃的肉类限定为小牛肉和鹅肉两种。远古时期各原始民族的许多祭司和国王都不得食肉。卢安戈海岸的"甘格司"(即物神的祭司)不得食用甚至也不得看见各色各样的动物和鱼类,所以他们的肉类菜谱就极其有限了。尽管他们被允许可以喝一些鲜血,然而他们经常赖以维持生命的食物只是些野菜和植物根须。卢安戈的王储从幼儿时期就禁食猪肉,在儿童时期则不得与人一起食用可乐①树子,到了发育时期,祭司便告诉他不要吃任何家禽的肉(除非是自己宰杀烹饪的)。随着年岁的增长,那些禁忌的名目也越来越多。在费尔南多波岛②上,国王登基以后便不得吃椰子、鹿肉和豪猪等人们日常食品。马赛人的酋长首领除了牛奶、蜂蜜和烤羊肝之外不得吃任何别的东西,如果吃了任何其他食物,便要失去预言和施行符咒的能力。

第十一节 结和环的禁忌

我们已经看到,古罗马狄阿力斯祭司必须遵守的许多禁忌中,有一种是:他的衣服上的任何地方都不得有任何扣结。另一种是:他不得戴任何指环,除非是有断缝的指环。同样,到麦加朝圣的回教香客总是处在一种神圣不可侵犯或禁忌的状态中,他们身上也不得有任何扣结或指环。这些戒律大概都有相类似的含义。因此,为方便起见,也可以合在一起来研究。先说扣结,世界各地许多民族强烈反对在危险时刻,特别在分娩、结婚和死亡的时刻,身上带有任何扣结。在特兰西瓦尼亚的撒克逊人中,妇女在分娩阵痛发作时总要把所有衣服上的扣子都解开,据信这样可以使产妇易产,而且为了这个目的,屋里所有的锁,无论是门上的或是箱上的,也全都开开。拉普人认为临蓐的产妇身上穿的衣服

---

① 非洲产的一种可乐树,它的籽或果实含有咖啡因。
② 非洲几内亚海湾内一岛屿,属赤道几内亚。

第二十一章 禁忌的物

都不应该有纽扣,因为如有一个纽扣也会使分娩时困难痛苦。在东印度群岛,这一迷信做法扩大到妇女整个怀孕期间,那里的人们以为,孕妇如果打结、编辫子或把任何东西结紧,那么到了临盆的时候就会"勒紧"腹中婴儿或者将"捆住"产妇自己。有些人甚至要丈夫和孕妇都遵守这些禁忌。沿海达雅克人在妻子怀孕期间,丈夫和妻子都不得用绳子绑扎任何东西,也不得把任何东西系牢。在北西里伯斯的汤布洛部落里,妇女怀孕第四或第五个月时要举行一次仪式,从那以后,她的丈夫要遵守一系列的禁忌,其中包括不得打任何紧扣的结,不得两腿交叉地坐着。

上述事例的中心意思似乎是像东印度群岛的土人说的那样,打一个结扣就会捆住一个妇女,换句话说,就会妨碍并且使她不得分娩,或者使她产后身体复原很慢。按照顺势巫术或模拟巫术原则,在一根绳子上打结所造成的困难阻碍,也会在妇人身上造成相应的困难阻碍。这就是这些规诫的真正的解释。西非霍人对产妇难产的习俗做法也说明了这一点。他们请来巫师帮助难产的产妇,巫师看看产妇,说:"婴儿被绑在子宫里,所以生不出来。"在产妇女眷恳求下,巫师才答应帮忙松开绑缚让婴儿出生。为此,他命令这家人从树林里取来坚韧的蔓草,从产妇背上捆绑起来。他手持利刃,嘴里喊着产妇的名字,等产妇应声,就用刀割断她背上的蔓草,对她说:"我已割断你和你孩子身上的绑索了。"接着便把蔓草切成碎段,放进一桶水里,然后用这水替产妇洗澡。这个例子里所说的切断捆绑产妇手脚的蔓草只是简单的顺势巫术或模拟巫术的应用,巫师以为这样松开了产妇的四肢,也就同时松开了被束缚在子宫里不能诞生的胎儿。有些人家当产妇临盆时把所有的门锁、箱子锁等全都打开,这种做法的思想基础与前述相同。我们还了解到:在这样的时刻,特兰西瓦尼亚的日耳曼人也是这样打开家中一切的锁。在沃依格兰和麦克伦堡①也有这种做法。在阿盖尔郡②西北部,迷信的人们在家中产妇临盆时也总是把屋内一切锁、闩全都打开。孟买附近的萨尔塞特岛上,当某家妇女临盆难产时,全家门室抽屉的锁都用钥匙开开以帮助加速分娩。苏门答腊的曼德林人在妇女临盆时把家中所有箱子、盒子、盘子等等有盖的东西全都揭开,如果这样还没有达到预期的效果,焦急不安的丈夫就得砸掉家中房屋桁梁伸出的一头,使之松散开来。他们认为"必须把一切东西全都松散开来,以利婴儿诞生"。在吉达港③,产妇临盆胎儿不得出生时,接生婆便吩咐把家中所有门帘、瓶盖、桶塞全都敞开,把牛、马、羊、鸡、鹅、鸭等牲畜家禽全都放出来。照当地人的说法,这样松绑任何有生命的与无生命的东西是使产妇易产、让胎儿诞生的最可靠办法。在萨哈林岛④上,妇女分娩时,她的丈夫将屋内屋外及身上凡能解开的东西全都解开,连头上发辫、脚上的鞋带也都松开,他还取出夹在院子里木柴墩上的斧子,解开系着小船的缆绳,退出枪膛中的火药,放下弓弦上的箭矢。

此外,我们还看到汤布洛人在妻子怀孕期间不仅不打扣结,而且也不交叉双腿坐着。这两种做法的思路都是一样的。无论

---

① 两地皆在德国北部地区。
② 在苏格兰西部,现属斯特拉斯克莱德地区。
③ 位于孟加拉湾。
④ 即今库页岛。

第二十一章 禁忌的物

你在打结的时候把绳子交叉在一起,或者交叉着大腿安逸地坐着,按照顺势巫术的原理,你都同样切断或阻挠了事物的自由进程,因此你的行动就一定要阻碍你的邻人正在进行的任何活动。罗马人对于这一重要事实是充分了解的。严谨的普林尼说道:"紧握着双手坐在孕妇或正在医疗中的病人身旁,等于向孕妇或病人施加恶毒的符咒,如果紧握着手,抱着腿或双腿,或者把一条腿放在另一条腿上,那就更糟了。"古罗马人把这种姿势看作是对各类事物的阻挠和障碍,在军事会议、法官会议、祈祷、祭祀等场合,任何人都不得交叉两腿或双手,若行其一,后果是非常严重的。阿尔克米娜①的事例是人所熟知的。她经受了七天七夜分娩的痛苦,因为女神鲁茜娜交叉着双手和两腿坐在门前,以致婴儿在母腹中不得诞生,直到后来女神被用计诱骗改变了姿势,阿尔克米娜才生下了赫拉克勒斯。保加利亚人的迷信,认为孕妇如果习惯于两腿交叉坐着,将来分娩时必定难产。巴伐利亚有些地方,人们在交谈过程中如果忽然停顿缄默下来,就认为"一定有人把两腿交叉在一起了"。

扣结的巫术作用对人类活动的束缚和妨碍,在结婚和妇女分娩方面都是一样的。从中世纪到 18 世纪,欧洲人似乎普遍认为任何人都可以阻碍新婚夫妇的性行为。其方法是在婚礼进行时将一把锁锁上或在一根绳子上打个结,然后把那锁和绳结扔到水中。如果不把它找到,打开或解开,这一对夫妇就不可能有真正

---

① 阿尔克米娜(Alcmena),希腊神话中迈锡尼国王厄勒克特律翁(Electryon)的女儿,底比斯国王安菲特律翁(Amphitryon)的妻子,赫拉克勒斯(Heracles)的母亲。

性的结合。因此,不仅施行符咒,而且偷窃它的物质工具(无论是锁还是打了结的绳子),都是严重的侵犯。1718年,波尔多①的高等法院对一名用绳索打结的方法毁坏了一个家庭的犯人判处死刑,把他活活烧死。1705年,苏格兰有两个人因偷了一个妇女施过巫术的符咒的绳结、破坏阿欣提里的斯波尔汀的婚姻幸福而被判死刑。在珀特郡高地②,直到18世纪末这种迷信还依旧残存。譬如,在美丽的洛格瑞特教区(位于塔默尔河与太河之间),那时候每逢一对青年举行婚礼之前,总是仔细地把新娘新郎身上衣服每个纽扣都松解开来。今天,在叙利亚还能遇到与此相同的迷信和相同的习俗。凡帮助叙利亚新郎穿结婚礼服的人都注意不能在衣上打结,一个纽扣也不能扣上,否则就会给予敌人可乘之机,用巫术来剥夺新郎新婚燕尔的幸福。目前在整个非洲北部都害怕这种巫术符咒。为使新郎不能行房,施行巫术的人只需在手帕上打一个结,在新郎跨马出发迎亲之前悄悄放到新郎身上任何部分。这样,只要手帕上的扣结不解开,新郎就不能进行房事。

　　扣结的伤害还表现在疾病、委顿及各种不幸和苦痛方面。譬如,西非霍人中的巫师有时诅咒自己的敌人,在草秸上结一个扣,口中念道:"我把某某拴在这个扣结里,愿灾祸降在他身上。他到地里,蛇就咬他;他去狩猎,猛兽伤他;他踏进河里,河水将他冲走;如遇下雨,就天雷轰他。愿一切灾难不祥都属于他!"人们相

---

① 法国西南部的海港,今为法国吉伦特(一译纪龙德)省省会。
② 苏格兰北部山区。

第二十一章 禁忌的物

信巫师能把人的性命捆绑在扣结里。《古兰经》①里提到"那些对扣结吹气的人"。一位阿拉伯注释者解释说,这句经文指的是以绳打结、在结上吐痰吹气、施行巫术的女人。他继续谈到古时一个邪恶的犹太人怎样施行巫术,在一根绳上打了九个结藏入井内,伤害先知穆罕默德,于是先知就病倒了,任何人都不知道这个秘密,幸亏天使长及时向这位圣人显示了绳结隐藏的地点,忠诚可靠的阿里②马上从井底捞出了那个害物,先知按天使长所特授的咒语对害物念诵,每念一遍,绳上就自动松开一个结,这样先知的生命才得到解救。

假定说扣结可以杀人,那么扣结也可以救人。后者是从这样的观念推导得来的,即解开那些使人生病的扣结便可使人病愈。但是除了这些邪恶扣结的消极性能以外,有些好的扣结也具有治病救人的积极性能。普林尼告诉我们,有人在布上抽下一根纱线并在线上打了七到九个结系到腹股沟有病的人,就能把病治好。但是要使打结有很好疗效,必须每打一个扣结,就得念一个寡妇的名字。奥多诺万描写过土库曼人③医治发烧的办法。巫师用一些骆驼毛编成一条结实的毛线,一边编一边口里喃喃地念咒,接着在这条线上打七个结扣,每个结上都吹口气,然后把结拉紧。病人把这打结扣的线像手镯一样戴在腕上,一天解一个结,把结吹开,解开第七

---

① 《古兰经》(Koran),一译《可兰经》,伊斯兰教经典。系穆罕默德全部传教过程中作为唯一真神阿拉的启示而陆续颁布的经文,为伊斯兰教的最高经典和最根本的立法依据。
② 阿里(Ali ibn Abi,Talib,约600-661),伊斯兰教的第四任教主,在位期间为656-661年。
③ 土库曼斯坦的主体民族。

个结时，便把那线揉成一团扔进河里，这样身上的烧热便随水漂去了。

另外，女巫还可用扣结来赢得爱人，使男方紧紧依附于她。例如，维尔吉尔①害相思病的姑娘想用符咒把她在城里的情人拉回到自己身边，就在三条不同颜色的绳子上各结三个扣结。有一位阿拉伯少女一心爱上了一个男的，想要获得他的爱情，把他拴在自己的身上，于是就在他的马鞭上打几个扣结，可是她的情敌嫉妒她，把那些扣结都解开了。根据同一巫术原理，扣结还可以阻止逃跑。在斯威士兰②，你经常会看见路边小草上打了好些扣结。这些小小的扣结每一个都包含着一个家庭悲剧。譬如，妻子离开丈夫出走了，丈夫同朋友们协力去追回她，在草地上打了许多结扣（他们称之为"封锁道路"），使逃亡者无法循着原路跑回来。在俄罗斯，人们总认为一张满布扣结的网是对抗巫师的最有效武器，因此俄罗斯一些地方在新娘穿戴新婚礼服时，总是用一张渔网张挂在她头上以防邪恶侵害。为这同一目的，新郎和傧相也总是腰间围着一些网结，或者紧系腰带，以便使巫师在伤害他之前，必须费力解开网上所有的扣结或腰带。不过俄罗斯人的护身符常常只不过是一根打了结的绳子。将一束红毛线系在臂上或腿上，就认为可以抵挡疟疾和发高烧，幼儿脖子上系一根九股毛线编成的绳子就可以不得猩红热。在特维尔，人们将一只特制样式的袋子挂在领头的母牛的脖子上，目的是使狼群不敢接近。袋子的作用是封住那些贪婪野兽的喉头不得噬食。照此原则，当

---

① 美国堪萨斯州东部的一个城镇。
② 位于东南非洲，现是斯威士兰王国。

春天到来,把马群放到田野去时,牧马人手持挂锁绕马群三遍,一边走一边开锁、关锁,同时嘴里念道:"我用钢锁锁住灰狼的嘴,叫它们不得咬我的马群。"

扣结和锁不仅可以防御巫术和豺狼,而且也可防止死亡。1572年在圣安德鲁斯,当一个女巫被送到火刑柱上去活活烧死的时候,人们发现她身上带着一块像项饰似的布,布上有许多线串,上面打了许多结扣,人们把布拿走了,这使她非常伤心,因为她认为只要那块布不离身,她就不会在火中烧死。布被拿走后,她就认为"现在我是毫无希望了"。英国许多地方也认为只要家中锁是锁着的、门是闩着的,人就不会死去。因此,当病人生命垂危,无法挽救时,为减少死者不必要的延长痛苦,通常做法就是把家中所有的锁和门窗都打开。例如,1863年在汤顿①,一个小孩患猩红热,死亡似乎已无法避免,这时,请来了一些老太太们,好像是组成一个陪审团似的,进行看视并对病情作出判断,为了不使孩子"死得太痛苦",决定把家中门室、抽屉、箱子、柜子等全都敞开,钥匙都取出来,把小孩子放在一根桁梁下面,从而保证有确实可靠的平坦通道走向永生极乐世界。说来也怪,这孩子却拒绝利用这些老太太的明智经验和如此恺切地提供给他安详死去的条件,宁肯活下去而不马上就向魔鬼投降。

大凡巫术与宗教仪式都规定主持人必须跣足散发,其原因大概是恐怕他的头上或脚下有任何扣结或紧缩不畅,从而妨害和阻碍了这种仪式。还有人认为指环对于灵魂和肉体也有同样的束

---

① 英国西南部萨默尔塞特郡的县治。

缚和阻碍作用。在卡帕瑟斯岛①上，人们给死人穿衣从来不扣纽扣，并且注意把死者身上戴的耳环、指环等物全都脱下，"因为据说死者灵魂可能被拘留在小指头上，不得安息"。在这里，很显然，即使人们并不认为人临死时灵魂一定就是从手指尖脱离身体的，但是人们仍然相信指环具有一定的约束力，可以拘禁那要脱离肉体的灵魂。总之，指环像扣结一样，具有束缚灵魂的作用。古希腊有句格言（据说是毕达哥拉斯说的）告诫人们不要戴指环，可能也是这个原因。任何男女都不许戴着戒指进入莱科索拉古阿卡迪亚人②的女神庙内。凡向冯纳斯③求卜者也都必须斋戒，不得食肉，不得戴指环。

另一方面，采用阻止灵魂离开躯体的办法，也可防止邪恶精灵潜入人身。譬如，我们发现指环还被用作抵御恶魔、巫师和精灵的护身符。在蒂罗尔，据说妇女分娩时一定要戴着结婚戒指，否则，精灵和巫术就会侵犯她。拉普人中流行这样一种习俗，即当某人帮助将死人尸体入殓时，死者家属——丈夫、妻子，或子女要给他一只铜镯紧紧戴在右臂上，直到收殓完毕，棺材安放在墓穴以后才得脱下。据信那镯子起着护身符的作用，保护此人不受鬼魂的侵害。镯环等物能够作为护身符使灵魂守窍、魔鬼不侵，这种信念对于人们戴戒指的习惯究竟有多大影响或者甚至就是

---

① 希腊一个岛屿，在罗得岛与克里特岛之间。
② 古希腊一山区，以其居民生活淳朴宁静著称。
③ 冯纳斯（Faunus），罗马神话中的自然神，农业和动物的守护神，相当于希腊神话中的潘神，守护田野、森林、野兽、家畜、羊群以及牧羊人，它具有人身、羊腿（有时有羊角和耳朵）。

这种习惯的起源,这个问题是值得考虑的。不过,我们所关心的仅在于它似乎说明了为什么古罗马祭司狄阿力斯不得戴戒指(除非是有裂缝的)那一规定。这和不许他的衣服上有任何扣结的另一规定联系起来,就可看出其所以要这样,只是由于害怕寄居在他身上的神灵出入躯体时受指环扣结等物的制约和阻碍。

第二十二章 禁忌的词汇

第一节 人名的禁忌

未开化的民族对于语言和事物不能明确区分，常以为名字和它们所代表的人或物之间不仅是主观的思想观念上的联系，而且是实在的物质的联系，从而巫术容易通过名字，犹如透过头发、指甲及人身其他任何部分来为害于人。事实上，原始人把自己的名字看作是自身极重要的部分，因而非常注意保护它。譬如，北美印第安人"把自己的名字看作不仅是一种标记，而且是自己的一部分，正如自己的眼睛和牙齿一样，并且相信对自己名字的恶意对待就会像损害自己身体一样，会造成同样的损害。从大西洋到太平洋的许多部落中都有这种信念，由此还产生了许多隐匿和更改名字的奇怪规定"。有些爱斯基摩人年老时又取了新的名字，希望获得新的生命。西里伯斯的托兰波人相信只要你写下一个人的名字，你就可以连他的灵魂和名字一起带走。今天仍有许多未开化的民族把自己的名字看作自身生命的重要部分，从而极力隐讳自己的真名，恐怕给不怀好意的人知道后用来伤害自己。

从那些社会最低阶层的未开化人说起吧！我们听说，澳大利亚土著一般都不让大家知道自己的名字。其所以要如此保密，多

第二十二章　禁忌的词汇

半是"出于这一信念,即认为如果敌人知道了自己名字就会运用巫术加害于自己"。另一位作家写道:"有一位澳大利亚黑人总是非常不愿说出自己的真名,无疑这是由于害怕因为名字而受到巫师的伤害。"在中澳大利亚的一些部落中,男女老幼除了公开用的名字以外,每人都有一个秘密的或神圣的名字,是出生后不久由自己的老人给取的,只有特别亲近的人才知道。这个秘密名字只在极庄严的时刻才会派上用场,平时绝口不提。如果说出这个名字,被妇女或外人听到,就是严重地违反了本族族规,如同我们中间有人犯了渎圣罪一样严重。假如必须要说这名字,那也得极其小心地防范着,特别悄声地说出来,只能让自己人听见。"当地土人认为,陌生人如知道了自己的秘密名字,就更能运用巫术使自己受害。"

古代埃及人具有相当高的文明,却奇怪地受到最低级的原始文化遗迹冲击并与之交错地结合起来。他们也有这种恐惧思想,从而产生了一种风俗:每一个埃及人都有两个名字,一为真名,一为好名,或一为大名,一为小名;好名或小名是为大家知道的,真名或大名则小心隐瞒不让别人知道。婆罗门的小孩每人都有两个名字,一个是公开的,另一个是秘密的,后者除他父母之外,谁也不知道。那秘密名字只是在结婚仪式上才使用。这种习俗意在防范巫术的侵害,因为巫术只有在和真名联系上了的时候才能发生效应。同样,尼亚斯岛上的土人相信,恶魔如听到人的名字,就为害于这人。婴儿最易受邪恶侵害,所以人们从来不叫婴儿的名字。常常在鬼魂逗留之处,如树林幽深处、河岸边、泉水旁,人们相诫彼此不要互喊名字,以免被恶魔听到为害。

奇洛埃①的印第安人对于自己的名字保守秘密，不愿大声说出来，他们说自己本土和邻近岛屿上有小仙子或小鬼，它们要是知道了人们的名字，就会对人为害。只要不知道人们的名字，那些作恶的小妖精就无能为力了。阿劳坎人②不肯把自己的名字告诉陌生人，恐怕招来自然的力量害了自己。如果一个陌生人不知道这种迷信，问阿劳坎人的名字，他们的回答是："我没有名字。"如果有人问奥吉布瓦人③叫什么名字，他会看看旁边的人请他回答："其所以这样，是因为他们从小就接受了这种思想，认为自己如果说了自己的名字，就不能长大，身材就总是那么矮小了。由于不愿说出自己的名字，使得许多陌生人以为他们或者是真的没有名字，或者是忘了自己的名字。"

上述最后一个事例，由别人把自己的名字告诉陌生人，则似乎无所顾忌，并不害怕泄露名字造成恶劣后果，因为只有本人说出自己的名字才会招致伤害。这是为什么呢？为什么他们会特别以为一个人如果说出自己的名字就会妨碍本人的发育成长呢？我们可以猜测，在这些未开化民族的人看来，自己的名字由自己说出来，就是自己身上的一部分。如果由别人说出，便同自己没有血肉相关的联系，不会因此带来什么危害。因此，原始人的哲学家可能会这样论述：一个人从自己嘴里说出自己的名字，就是从自己身上吐出了一部分自我，如果不加注意，随便这样说下去，必将吐尽了自己的精力，毁了自身的健康。那些质朴的道德家会

---

① 在智利境内。
② 智利和阿根廷平原上的印第安人阿劳坎部族。
③ 北美印第安人的一个氏族。

把体质衰弱、疾病缠身等许多现象作为可怕的例证来告诫自己虔敬的门徒:如果养成说出自己名字的习惯而不知节制,迟早总要落到这种地步。

我们可以这样解释,许多未开化民族的人非常不愿说出自己的名字,同时却又不反对甚至还请别人说出自己的名字以满足陌生人的好奇心,这些都是事实。例如,马达加斯加有些地方人们忌讳自己说出自己的名字,而是由自己的奴仆或侍从代说。美洲印第安人有些部落也有与此相同的、在我们看来是奇怪的、自相矛盾的习俗。据说"美洲印第安人的名字是神圣的东西,本人不能不加小心地随便说出来。你可以请任何部落的武士说出他的名字,然而得到的回答要么是直率的拒绝,要么是委婉的回避,说他不懂你问的是什么。当时如果有一个熟识的朋友来了,这个武士就会向来的朋友耳语说明情况,这位朋友就代他说出他的名字,武士则向这位朋友深表感谢"。这样的情况在不列颠哥伦比亚印第安人部落中也有,例如,据说"他们最奇特的偏见之一就是普遍都不愿把自己的名字告诉别人,因此,你绝不会从任何人本人那里得知他的真实名字,不过他们却毫不犹豫地互相说出对方的名字"。在整个东印度群岛,其传统习俗也是这样,一般说来,没有人肯讲出自己的名字。在土人交往中,如问人"你叫什么名字?",那是很不恰当的。在行政或法庭事务中,如向土人询问姓名,被问的人只是看看他的同伴表示由他的同伴代为回答,或者直接说:"问他吧!"这种迷信至今仍无例外地在东印度群岛各地流行着,而且在莫图和莫图莫图各氏族①、北新几内亚芬奇黑汶的巴布亚人、荷属新几内亚的努福尔人以及俾斯麦群岛②的美拉尼西亚人中也流行。在南非许多氏族中,只要能找到别人代劳的话,很多人就绝不肯自己说出自己的名字,但是如果实在无法避免,他们也不会绝对拒绝不说。

有时候这种对于个人名字方面的限制也不是永恒不变的,要看环境而定,环境变了,这种限制也就不存在了。南迪人③外出袭击时,家乡任何人都不能提到出征战士的名字,而必须用飞鸟的名字来称呼他们。假如一个孩子忘记了这一点而说出正在远方的某个战士的名字,妈妈便斥责说:"不要说那些天上的飞鸟。"上刚果的班加拉人如果正在打鱼,或者在打鱼以后带着捕获物回来,他的名字便暂时不用,任何人也不得提起。无论这位打鱼人的真名叫什么,人们都不加区别地称之为"姆威尔"。其理由是河里尽是精灵,它们如果听到渔人的真名,便要捉弄渔人使之一无所获或所获极少。即使他捕得了鱼带上岸来,出卖时,买主也不能叫他的真名,只能叫他"姆威尔"。因为即使在这时,如果精灵们听到渔人的真名,它们也会记在心里下次再惩罚他,或者损坏他所捕的鱼使他卖不到好价钱。因此,渔人可能受到任何叫他名字的人的严重危害,他可以要求那位无意中喊出他名字的人以较

---

① 大洋洲巴布亚的土人。
② 西南太平洋新几内亚东北的群岛,大洋洲巴布亚新几内亚的一部分,包括新爱尔兰岛、新不列颠岛、阿德米勒尔提群岛等约200个大小岛屿。
③ 乌干达—肯尼亚边境的游牧民族。

第二十二章 禁忌的词汇

好的价格买下他的鱼作为补偿。新不列颠①的苏尔卡人在走近他们的仇敌加克泰人的边境时，总注意到不叫出自己人的真名，认为如果叫了真名，他们的敌人就会袭击并杀死他们。所以，在这种情况下，说到加克泰人时，便说成："O lapsiek"，即"腐朽的树干"的意思，他们想象用这种字眼称呼敌人，那些可怕的敌人便将四肢笨拙沉重得像木头一样。这个例子表明未开化民族对于词语性质所抱的极端拜物的观点，他们以为只要说出一个表示臃肿笨拙的词来便会使远处敌人的四肢也相应地产生臃肿笨拙的效果。这样奇怪的错误观念，卡菲尔人的迷信可为例证。他们认为可以改变年轻窃贼的性格，采取的办法是对准煮着沸腾药水的壶大声喊他的名字，然后把壶盖盖上，让年轻窃贼名字在壶水中浸泡几天就好了。这样做完全不需让他本人知道就能取得改造他的品行的效果。

当人们认为有必要隐瞒某人的真名时，习惯的做法只叫他的姓或绰号。因为人的第二名字与他真名或第一个名字不同，不属于他身上的一个组成部分，所以可以随便被人使用或告诉大家，不会因此而影响本人的安全。有时为了避免使用自己的名字，有的人就以自己孩子的名字来称呼自己。例如，我们听说"吉普斯兰②"的黑人强烈反对本族以外的人知道自己名字，以防他们的敌人知道后将以自己的名字作为对自己施行巫术的手段，使自己丧命。儿童被公认为没有敌人，所以他们说到某人时总是说出

---

① 俾斯麦群岛中最大的岛屿。
② 在澳大利亚。

他孩子的名字来称呼某人,例如'某某的爸爸、叔叔、表兄'之类,在任何情况下都不说出成年人的名字"。西里伯斯岛上波索地方的阿尔福尔人不讲自己的名字。因此在他们中间如果想知道某人的名字,切不要问他本人,只可向别人询问。假如无人可问,而附近又没有别人,这时你可以问他的孩子叫什么名字,就称他为"某某的爸"。这些阿尔福尔人甚至连他们孩子的名字也不肯轻易讲出,所以他们如有侄儿侄女,就称男的为"某某的伯伯(或叔叔、舅舅、姑父、姨父)",或"某某的伯母(或婶婶、姨母、姑母、舅母)"。马来亚本地人,从来没有人问别人的名字,用孩子们的名字来称呼其父母这种习俗只是为了避免用他本人的名字而已。介绍这一风俗的作者还补充说,对于无子女的人则用他们弟弟的名字来称呼他们本人。陆地达雅克人①的孩子长大后按照他们的性别称呼他们为父母的兄弟姐妹的孩子——也就是我们说的嫡堂(表)兄弟姐妹的——的父母。卡菲尔人总认为叫新娘的名字不大礼貌,所以就叫新娘为"某某的妈妈",即使她还仅仅是未婚妻,还不是妻子和母亲。阿萨姆②的库基人、泽米人或卡查那加人在自己的孩子出生之后便不再用自己的名字,而改称为"某某的爸爸或妈妈"。无子女的夫妇则被人称呼为"无子女的爸爸"、"无子女的妈妈"。按孩子的名字称呼当爸爸的人,这种广泛习俗有时被认为是出于做父亲的人想要维护父亲的权利,因为过去在母系制度下,对于儿女的一切权利都为母亲所有。但是这种解释不

---

① 婆罗洲西南部的土人。
② 印度东北的阿萨姆邦。

能说明与此并行且同时又普遍存在的按孩子的名字称呼做妈妈的人的习俗，更不能适用于称呼无子女的夫妇的习俗，以及按人们的兄弟的名字、某某某的叔叔或姨，或孩子堂（表）兄弟姐妹的爸妈来称呼人的习俗。如果我们假定这一切习俗都是起源于人们不愿说出真名的话，那么，上述各种习俗就能够简单而又自然地得到说明了。不愿说出真名的原因可能有一部分是害怕引起邪恶鬼灵的注意，也有一部分是害怕被巫师们知道了将借以加害于那个名字的本人。

第二节 亲戚名字的禁忌

我们很自然地会想到这种禁忌指名道姓的现象在亲友之间可能不存在或至少也要少得多。然而事实却往往不是这样。那些最亲近的人、那些有血统关系，特别是有姻亲关系的人之间，这种禁忌倒更严了。这些人一般不得讲出彼此的名字，甚至连跟其名字相似或者一个相同音节的词也不得说出来。这在男的同他岳父母以及女的和她公公之间尤其如此。例如，卡菲尔人的妇女不得公开讲她丈夫或丈夫兄弟中任何一个人的乳名，也不得使用只表示一般含义的这些禁忌词。假如她丈夫名叫乌姆帕卡（uMpaka），此字系英帕卡（*impaka*）转来（意为小猫似的动物），她便不说"英帕卡"这个字，而只能说别的字来代替。即使在心里她也不得默念她公公的以及她丈夫这方的一切男性长辈的名字，如果使用的词汇中有同那些人的名字重读音节相同，则必须另换一个字或至少换一个音节才能说出来。这种习惯产生了妇女的特殊词汇即卡菲尔人所谓的"女人的语言"。这种"女人的语言"自然是很难掌握的,"因为没有任何明确的规则能够说明那些替换词的形成,而且那些词又特别多,妇女人数又多,甚至同一氏族的女人都不得使用别人用过的替换词,必须另找新词,因而如想给这样'女人的语言'编纂一部字典也不可能"。对于卡菲尔人的男人来说,则不能提他岳母的名字,他岳母也不能说他的名字,不过他还可以说那些带有他岳母名字重读音节的词。吉尔吉斯人的妇女不敢说她夫家中长辈的名字,甚至类似那些字音的词也不可用,例如,如果那些长辈中有名叫"牧羊人"的,她就不能说"羊"这个词,而叫"那哀鸣的东西";如果丈夫名叫小羊,她就把真的羔羊叫作"那哀鸣的小东西"。印度南方,做妻子的认为如果把自己丈夫的名字告诉了别人或者即使梦中说出了丈夫的名字也会使他早逝。沿海达雅克人男的不得说岳父母的名字,否则就会引起神灵震怒。他不仅把自己妻子的父母称为岳父岳母,而且把兄弟妻子的父母、姐妹丈夫的父母,以及堂表兄弟姐妹的岳父母和翁姑都称为岳父母和翁姑。这样,需要避讳的名字就很多,犯忌的机会也相应地更多了。更糟的是,人们常常以普通事物的名字命名,如叫月亮、桥、大麦、眼镜蛇、豹等等,因此,某人的许多岳父母中有叫这样名字的,他就不得说出这些普通的字眼。这种风俗在西里伯斯岛明纳哈萨的阿尔福尔人中更进一步发展到连和个人名字发音相似的词也禁止使用,对岳父的名字更是如此。例如,岳父的名字要是叫"卡拉拉"的话,他的女婿就不得用马的通用名字"卡瓦罗"来说马,而必须说"乘骑"(*sasakajan*)。布鲁岛上的阿尔福尔人忌讳说自己的父母和岳父母的名字,甚至与这些名字发音相似的普通事物的名称用词也不说。譬如,岳母名叫达蓼(Dalu)(意思是"槟榔",betel),女婿说槟榔时就不能用"槟榔"这两个字,而必须改为"红嘴",如果说槟榔叶,就不能说槟榔叶(dalu'mun,达蓼·蔓)这几个字,而必须说"卡兰·芬那"(karon fenna)。岛上土人在兄长面前也不得说他的名字,如果违反这些禁忌就要罚款。在巽他群岛[①],谁要是说了自己父母的名字,某种庄稼便要歉收。

荷属新几内亚的努福尔人在姻亲之间禁忌称呼彼此的名字,这主要是妻子、岳父、岳母、妻子的伯叔父母、姑父母、妻子的从祖父母以及妻子与丈夫全家和自己一辈的人。不过男的可以称呼自己姐夫、妹夫和内兄、内弟的名字,女的则不能称呼丈夫兄弟和自己姐夫、妹夫的名字。男女双方一经订婚,虽尚未举行婚礼,这一忌讳也即开始。订了婚约以后的两家人不仅不能互说彼此的名字,甚至彼此不得相视,这种禁忌往往造成彼此不期相遇时的可笑情景。不单是他们的名字,而且和他们名字同音的词也都小心翼翼地加以避讳而代之以其他的词。如果谁无意中说了一个应该避讳的名字,就得立即趴在地上说:"我刚才说错了名字,现在把它从地缝里扔掉,但求让我还能好好吃饭。"

托里斯[②]海峡两边的岛屿上,男人从来不说自己岳父母、妻子的兄弟姐妹的丈夫、兄弟的妻子和妻子的姐妹等的名字,女人也遵守同样的避讳。男子对妻子的兄弟和姐妹的丈夫可称为某人

---

① 属印尼。
② 在大洋洲澳大利亚东北和新几内亚之间。

(能够不忌讳称名的人)的丈夫或兄弟;同样,对兄弟的妻子和妻子的姐妹也可叫某某的妻子。如果谁偶尔不小心讲了妻子的兄弟或姐妹的丈夫的名字,就会惭愧地低下头来,并且要向被说到名字的本人送礼、道歉,以赎愧疚。错说了岳父岳母、兄弟的妻子及妻子的姐妹等的名字时,同样也要送礼、道歉。在新不列颠的加泽尔半岛的海岸上,当地土人中如有人提到妻子兄弟姐妹和姐妹丈夫的名字,就是对这位兄弟的最大的侮辱,是可以判处死刑的罪恶。在美拉尼西亚的班克斯列岛,对于有姻亲关系的人的名字禁忌是非常严格的。男的不说自己岳父的名字,更不说岳母的名字,也不能说妻子的兄弟们的名字,不过可以说妻子姐妹的名字(因为对他不算什么);女的不能说自己公公的名字,也绝不能说女婿的名字。两家儿女结姻亲后彼此也不能互说对方的名字。不仅这些人不得说彼此的名字,甚至跟这些人的名字谐音或任何相同音节的词也不能讲。我们听说这些岛上有一个土人不能表示"猪"和"死"的字眼,因为他女婿的多音节名字里会有这两个字音。听说还有一个倒霉的人因为他妻子的兄弟名字的关系,连日常用语中的"手"字、"热"字都不能说,甚至数目"一"字也不能说,因为他妻子的堂表兄弟中有人的名字含有"一"字。

上述各种现象,同许多民族中不肯说自己名字、不肯说死者或酋长和国王名字的习俗是分不开的。如果后者主要出于迷信,那么,我们可以推断,前者的那种缄口不说,是没有什么更好的根据的。关于未开化民族不愿说自己名字的现象,是出于或至少部分地出于迷信,害怕与己为敌的恶人、恶鬼加害于自己。这一点前面已经说清了。至于不说死者名字和皇室人名的类似习俗,还需加以考察。

第三节　死者名字的禁忌

古代高加索地区的阿尔巴尼亚人[①]严格奉行不说死者名字的习俗。今天许多未开化的民族仍盛行这种习俗。据说澳大利亚土人中最严格遵行的习俗之一就是绝不许提起死者（无论是男、是女）的名字，如果大声说到某一业已离开人世的名字，就是对他们最神圣观念的极端冒犯，所以人们总是谨慎地不敢触犯。这一习俗的主要动机似乎是害怕触怒鬼魂。当然，不愿重新引起过去那些哀伤的心理，无疑也是要使已逝去的名字蒙上淡忘的薄纱的原因之一。有一次，奥尔菲尔德先生曾经大声说出一位死者的名字，吓得一个当地土人慌忙逃走，好几天都不敢露面。后来再遇见时，那位土人狠狠地埋怨他的莽撞。奥尔菲尔德先生补充说："我也无法诱使他说出任何一个逝者的名字，因为他如说了就会把自己置于邪神恶鬼的魔力之下。"维多利亚土人极少谈起死人，更从来不提死人的名字。当提到死者时总是用压抑的嗓音说："逝去的人"或"那不再在人世的可怜人"。他们以为，如果谈起死者时说出他的名字来就会激起"考依特—古尔"（Couit-gil，死者鬼魂）的愤恨。死者的鬼魂总是在地球上徘徊流连很长时间，然后才永远离开，走向西下的夕阳里去。我们还听说在默累河[②]下游

[①] 外高加索东部（今阿塞拜疆），古称阿尔巴尼亚。
[②] 位于澳大利亚东南部，从澳大利亚阿尔卑斯山流入印度洋，全长1596英里。

的一些部落中,如果有人死亡了,人们总是"小心避讳不说死者名字。万一不得不说时,也必须轻声细语,轻微到他们认为鬼魂听不到他们的声音的程度"。在澳大利亚中部的一些部落中,在死者刚刚逝去、亲友哀悼期间,任何人不得说出死者的名字,如果一定不得不说时,也只能轻声细语,生怕惊扰了死者在附近徘徊的幽灵而苦恼不安。假如幽灵听见有人说他的名字,便会认为亲人们对他的哀悼不够尽心,因为若真心悼念的话,就不会忍心随便提到他的名字了。这样的无情冷漠使逝去的鬼魂非常愤慨,于是就将在梦寐中困扰他们。

从赫德森湾区①到巴塔戈尼亚②,所有美洲印第安人的部落里都流行这种不肯提死者名字的习俗。在哥伦比亚瓜希罗人中间,对着死者亲人提死者的名字是极大的不敬,经常判以死罪。如果在死者的家中,在死者的叔伯子侄面前发生这样的事情,他们只要能办得到的话,当场就会把冒犯者处死。如果冒犯者想要免于一死,就得付出重重的罚金——通常是献出两头或更多的牛。

上述风俗在许多相隔遥远的民族中间也同样非常流行。譬如,西伯利亚的萨摩雅德人,印度南部的托达人,鞑靼地区的蒙古人,撒哈拉的图阿雷格人③,日本的阿伊努人,东非的阿康巴人和南迪人,菲律宾的廷奎恩人,以及尼科巴群岛④、婆罗洲、马达加斯

---

① 加拿大东北的内陆海湾。
② 南美洲的干燥草原地区,包括智利和阿根廷南部。
③ 图阿雷格人聚居在北非撒哈拉沙漠中南山区,属柏柏族系统。
④ 在孟加拉湾东南部。

加、塔斯马尼亚①等地的居民中都流行这种习俗。所有这些地方的习俗以及并未公开这么说出来的习俗做法,其根本的原因大概就是害怕鬼魂。我们得到的确实资料,说明图阿雷格人不说死者的名字的原因的确就是如此。他们害怕死者的鬼魂回来,因此采取种种方法尽可能地避免它,如一有人死就立刻撤换原有的营帐,永远不提死者的名字,避免任何可能引起或召唤这魂归来的举动。像阿拉伯人一样,他们不以父亲的名字给孩子命名,从来不说某某某,也不说某某某的儿子,他们取名只限于本人在世之日所用。澳大利亚的维多利亚部落中很少有个人名字永恒用下去,当地土人认为,谁要是采用了死者用过的名字便要短命,因为与他同名的死鬼可能来把他带到阴间去。

由于害怕死人鬼魂,使得人们不再使用旧的名字,这样就很自然地导致所有同名字的人彼此交换新的、不同的名字,以免一说起名字来就引起死去鬼魂的注意,而对这些死鬼,人们又很难指望它们能够区别相同的名字实际上是指涉不同的人。据说南澳大利亚阿德莱德与恩康特湾的各部落中,关于不愿提到新近逝世者的名字这种做法竟发展到凡与死者同名的都取消了自己这个名字,另换新名,或者改用别的原为大家熟知的名字。昆士兰的一些部落中也流行这种风俗,不过对于死者名字则并不是永远禁用(虽然有时也禁用好多年)。澳大利亚的有些部落也改名字,改名者把旧名永远废去,终身使用新名,至少也要用到将来由于同样的原因不得不改名的时候。北美印第安人,无论男女,凡与

---

① 在澳大利亚维多利亚之南。

新亡人同名的一律要放弃旧名,另换新名,并在首次为死者进行追悼时更改。洛矶山脉①以东的一些部落只是在悼念新亡人期间暂时易名,北美太平洋沿岸其他部落中这种易名则是永久性的。

有时这种推理又延伸到死者所有近亲,不管叫什么名字都得更改名字。其所以要这样做,无疑是由于害怕这些熟悉的名字的声音会把漂泊的游魂引来。维多利亚的许多部落在悼念死者期间,所有近亲的普通名字停止不用,根据习惯做法改用一般的词暂时代替。直呼悼亡人的名字被认为是对亡人的侮辱,因而常常导致流血械斗。西北美洲的印第安人部落中,死者近亲通常更改名字,"认为死者在天之灵若听到这些熟悉的名字,会怀念亲人,重返人间"。基奥瓦的印第安人②在死者亲属面前从来不提死者的名字,谁家死了人,全家人都另取名字。三百年前罗阿诺克岛③上罗利的殖民者就记录了这种风俗。伦瓜印第安人不仅从来不提死者的名字,而且所有未亡的亲属都改换名字。他们说,死神就在他们中间并且已将活着的人们的名单带走了,一定还要再来带走更多人的生命,为了不使死神的目的得逞,他们改易名字,认为尽管死神获得了他们的名单,但他们已换了名字,死神就认不出他们而到别处去搜寻了。尼科巴人凡送葬者都要另取新名以避免死者鬼魂的注意。为了同样的目的,他们还剃光头发,改变相貌,那样鬼魂就认不出他们来了。

此外,如果死者的名字也是某些东西的名字,如动物、植物的

---

① 位于北美西部,从北墨西哥中部至北阿拉斯加,绵延3000多英里。
② 美国西北蒙大拿州和西部其他各州的平原印第安人。
③ 北卡罗来纳州东北海岸附近的一个岛屿。罗利即该州首府。

名字以及水火之类，人们认为在日常话语中也应该避而不用，另换他词。很明显，这一类风俗很容易成为语言变迁的有力动因，因为这种风俗影响所致，许多旧词不断被淘汰，许多新词相继出现。观察家们记录了澳洲、美洲和其他地区流行的这种风俗，指出了这一趋向。例如，观察家们关于澳大利亚土人风俗的记录中写道："几乎每一部落的方言都不相同，有些部落以自然界的事物为孩子命名，一旦此人死亡，则此人名字所用的字就永远不再用了，于是就选出另一个字来代替，表示原来那个事物。"作者举例说，一个名叫"卡拉"（火的意思）的人死后，卡拉这个词就不能再用，而必须另外选一个词表示"火"这个意思。这位作者补充说，"因此，他们的语言总是在变化着"。在澳大利亚南部恩康特湾的部落里，如果一个名叫恩克（水的意思）的人去世了，这个部落里所有的人在相当长的一个时期里都必须用另外一个名字来表示水。记述这一习俗的作者推断说，这个习俗可以证明该部落语言中出现许多同义词的原因。我们知道维多利亚部落的语言含有一系列的同义词用来表示一些通常使用的语词，每当悼念某位死者的时候，全族的人都这样使用。这个例子正是证明上述作者的推断。譬如，某人名叫瓦阿（"乌鸦"），逝世以后，悼念他期间，任何人不得叫乌鸦为"瓦阿"，而是叫作"拿拉帕特"。如果一位名叫威尔恩（卷尾鼰）的人走完了人生道路逝世之后，他的悲痛的亲属和整个部落的人在一段时间内就得用发音更为响亮的名字"曼努安库尔特"来称呼卷尾鼰。如果整个部落为失去一位令人尊敬的妇人（她的尊贵的名字是巴利姆·巴利姆——土耳其鸨鸟）而陷入哀痛之中，则巴利姆·巴利姆这个词便淘汰不用而引进新词

"梯力特希·梯力特希"。同样,摩塔梯斯·摩荡迪斯这个名字就引出了黑色大鹦鹉、灰鸭、巨鹤、袋鼠、鹰、野犬等等的名字。

巴拉圭的阿比波尼人(Abipones of Pangaguay),由于有上述相似的习俗而不断更新他们的语言,一旦某个字废弃不用,就永远再也不用了。传教士道布利若弗尔记述说,全年出现的新词好像雨后春笋一般,因为所有近似死者名字的词全都被宣告废弃而代之以新造的词。这些新造的词全出于该部落的年老妇人,凡她们同意并实地使用的新词,本部落的人无论贵贱都毫无异议地迅即采用,像野火似的很快传遍本部落的家家户户。整个氏族如此温驯地接受那老妇人的抉择,立即停止使用人们熟悉的用词,并且无论由于习惯或者遗忘,从此永不再用。下面这一点会使你大为吃惊:道布利若弗尔在印第安人部落中待了七年,当地土语"虎"这个词就变了三次。像鳄鱼、荆棘、屠宰牲口这些词也经历了同样的、虽然还不算太大的变化。由于这种习俗的影响,传教士们的词汇表中出现了大量的涂改,把过时的旧词划去,把替代的新词添加进来。不列颠新几内亚许多部落里,人名也即普通事物的名字,他们相信,如果说出死者的名字,死者的鬼魂就会回来,他们并不希望这样,因此就忌讳再提死者名字,如果那名字是一般常用的词,就另创新词代之。结果,许多词永远失去了原义而消失,或者另赋新义而复存。在尼科巴群岛,与此同样的习俗也同样影响着当地土人的语言。罗普斯托夫先生指出:"当地土人中流行一种极其特别的风俗,这种风俗竟成了'创造历史'的最大阻力,或者无论如何也是记叙历史进程的最大障碍。根据该岛流行迷信的严格规定,凡人死后不得再提他的名字!这种做法后来发展到经常某人以鸡、鸭、帽、火、路等尼科巴语命名时,便注意将来要避讳的问题,不仅考虑到死者个人的称呼,甚至还考虑到它们所表示的普通东西的名称,等到那些词在本族语言中废止的时候,便另造新词,或从其他尼科巴方言或外国语言中寻找替换之词。这种特别的习俗不仅给他们的语言增加了不稳定因素,同时也破坏了他们政治生活的连续性,使过去历史事件的记载含糊不清或不太可靠(如果不是不可能记载的话)。"

其他民俗学工作者也曾指出,这种隐匿死者名字的迷信做法肯定切断了历史传说的最初根源。盖希特先生评述说:"克拉马特人①保存的历史传说没有超过一百年的。原因很简单,就是他们有一条严格的规定,禁止在谈到死者本人及其行为时直呼其名。加利福尼亚②人和俄勒冈③人都严格遵守这种规定,违犯者甚至要被处死,这就足以隐匿一个民族内部的一切历史知识。因为不让写出人名,怎么能写出历史!?"

然而,在许多部落中这种历史记忆的迷信力量,由于人类大脑的自然进化倾向而在一定程度上受到削弱和抵制。时间能够消尽人们头脑中最深刻的印象,它必将冲淡(如果不能彻底消除的话)死亡在那些原始未开化人头脑中留下的恐惧和神秘感。随着对自己亲人的记忆逐渐消退,他们或迟或早会愿意谈起那些亲人,于是那些粗野的名字,在还没有像秋天的树叶和冬天的霜雪一样消失在广漠无边、不可辨知的历史的过去之前,有时也幸而

---

① 北美印第安人的一个部落,聚居美国俄勒冈州南部一带。
② 美国的一个州。
③ 同上。

被探寻者发掘挽救。在维多利亚的一些部落里，仅在吊唁死者期间禁止说出死者名字。在林肯港，南澳大利亚的部落中这个风俗延续了很多年。北美的奇努克印第安人"习惯不提死者的名字，至少在死者离去若干年内是如此"。普亚勒普印第安人对于这种禁忌已放宽到死者逝世数年以后，待亲属的哀思稍减之时。如果死者是著名的战士，则其后代，譬如死者的曾孙，还可以袭用他的名字。这个部落的人们对于这种禁忌一般并不那么认真遵守，只是限于死者的亲属而已。耶稣会的传教士拉菲托告诉我们类似的情况：死者的名字同生者的相同名字都和死者遗体一起埋葬，直到对逝者的哀痛渐减，亲属愿意"解除这些禁忌，并望死者复生的时候"。所谓死者复生，意思是将死者的名字赠予某一在世的人，全心全意地以为此人便是那位逝者的转世化身。因为根据原始人的哲学原理，一个人的名字，即使不等于人的灵魂，也是人的生命的一部分。

　　拉普人的习俗，妇女怀孕临近产期时，往往有祖先给她托梦，告诉她哪位死者将托生为她的孩子，出生后的婴儿就以那位死者的名字为名。如果孕妇无梦，就得由做父亲的或其他亲友求神问卜来给出生的婴儿命名。孔德人①生下婴儿的第七天要举行庆祝宴会招待僧侣和全村的人士。在筵席上，僧人将一些稻谷放进一杯水中，每放一粒谷子就说一个已死祖辈的名字，看着谷粒在水中的运动和婴儿对那谷粒的注视，僧人就宣称是哪一个祖先在他身上再生，这个婴儿从此便以这个祖先的名字为名。这种命名方

---

① 印度奥里萨地方德拉维德少数民族之一。

式至少在北方的部落中是这样的。约鲁巴①人的婴儿出生之后，就有一位伊法地方的祭司作为占卜之神前来判明是哪位祖先重生。一经明确之后，就告诉孩子父母这孩子一生的吉凶祸福都跟哪位祖先的一生经历相同，若这一对父母不知祖先的事迹，祭司便给一一介绍。婴儿也就以那位再世祖先的名字为名。

第四节 国王及神圣人物名字的禁忌

我们看到在原始社会里对于普通人（不论在世的或已经去世的）的名字尚且是如此关切，那么，对于神圣的国王和祭司的名字更加注意保护不使受到损害，便毋须惊异了。譬如，达荷美国王的名字总是保密，以防被不怀善意的人知道后为害于他。欧洲人听到的达荷美历代国王的名字都不是他们的真名，那只不过是他们的称号，或者是本国人所谓的"强名字"。当地土人似乎以为这些称号说出去没什么危害，因为它们不像乳名，跟所表示的本人并无生命的关联。在杰尔拉②的加勒王国，臣民不得冒死说国王的乳名，凡与国王名字同音的词都得另换新词。中非巴希玛人的国王逝世后，他的名字便从本族语言中废弃不再使用，如果他的名字是其他动物的名字，则立即给那动物另找一个新的词。譬如，国王的名字常常取做"狮子"，因此，国王一死，就得给狮子另外定一个新的名字。在暹罗，通常很难探知国王的真实名字，因

---

① 尼日尔西南、贝宁东南的一个部落。
② 今罗马尼亚地方。

为害怕巫术，国王名字特别保密。任何人说了国王的真名，就立即被送进监狱。说到国王，只能用一些响亮的头衔、称号如"威严的"、"完美无缺的"、"至高无上的"、"大帝"、"天子"等等。在缅甸，直呼当今皇上的名字是大逆不道的罪行，即使远在国外的缅甸臣民，也不得如此。国王即位以后只能以王号称呼。

祖鲁族人从不说自己酋长或自己所记得的酋长祖辈的名字，也不说与那忌讳名字相同或谐音的字。杜望德威部落有一位酋长名叫兰伽（Langa，意思是太阳），因此人们就把太阳兰伽改名为伽那（gala），虽然国王兰伽死了已经一百多年，人们仍叫太阳伽那。在斯努玛约人部落里，"阿侣沙"（alusa）或"阿玉沙"（cayusa，表示"牧牛"的意思）改成了"卡几沙"（kagesa），因为他们酋长的名字是"于—马玉莎"（u-Mayusi）。除了各部落分别避讳自己酋长的名字之外，祖鲁族所有部落都一致避讳全祖鲁族国王的名字。祖鲁兰的国王名叫潘达（Panda），后来祖鲁语里的树根（im-pando）就改成了恩克萨波（nxabo）。祖鲁语的"撒谎"或"造谣"（amacebo：阿玛锡波），改成了 amakwata（阿玛克瓦塔），因为"阿玛锡波"这个字里含有著名的国王"锡契维约"（Cetchwayo）这个名字中的一个音节。在这方面，妇女比男人做得更为严格细致，即使跟那些要避讳的名字字音略微近似的字也都避而不用。在国王的小皇宫里，皇家妇女的语言有时候实在难懂，因为她们不仅这样处理国王和国王祖辈的名字，甚至国王兄弟以及国王祖辈好几代的兄弟的名字也都如此避讳。我们把氏族、民族以及家庭姻戚关系的名字的忌讳（已如前述）合起来考察就很容易理解，祖

第二十二章　禁忌的词汇

鲁兰各部落为什么会出现自己的特殊的词汇,而各部落的妇女又有她们自己相当多的词汇。一个家庭成员也可能被禁止使用另一家庭成员所使用的词。例如,一个村庄的妇女可以直呼鬣狗为鬣狗,另一村庄的妇女则用另一词来代表鬣狗,而在又一个村庄,这种代词仍不可用而必须创造另一新词。所以今天的祖鲁族语几乎是一种双重的语言,表示许多事物的词,每个词都有三或四个同义词,随着各部落的相互混合,整个祖鲁兰地方都知道这些词。

马达加斯加各地也流行这种风俗,其结果也同祖鲁人一样,产生了各部落的不同的方言。马达加斯加人没有姓,他们的名字几乎都是从表示一般事物、行为或素质的日常生活语言词汇中选取的,诸如鸟、兽、树木、花草、颜色等等。一旦这些词中哪一个词被取作本部落酋长的名字,这个词就成了神圣的词,而不能再用来表示一般意义上的树、虫之类的名词了。所以就得给这些东西另起新词以代替被废弃不用的词。因此不难理解,由于避讳,那些地方许许多多小部落的众多酋长的神圣名字,给他的语言带来了多么大的混乱和不稳定。然而这些部落的人民今天仍然谨遵这种对语言方面的专制,一如他们的祖先在远古时代那样。这种习俗造成的不方便后果,在该岛西海岸尤为显著。在那些地区,由于有许多独立的小酋长,许多事物、地方和河流的名称,都经历了无数的变易,因而经常引起混乱,其原因是一旦某些常用的词因其酋长名字的缘故而废弃不用之后,当地土人便不再承认它们原来的含义。

在马达加斯加,不仅活着的而且已死的国王和酋长的名字,都需要避讳,至少在该岛某些地区是这样。萨卡拉瓦①人的国王死后,贵族和臣民聚集在国王遗体周围庄严地共同商议给国王确定谥号,然后国王生前所用的名字便成神圣,任何人不得冒死说出那名字,日常语言里与避讳名字相像的词也都成了神圣的词,必须以其他词代替使用。凡说出禁忌之词的人,不仅被认为粗暴不恭,甚至被认为是犯罪。不过,这些词汇的更易只限于已逝国王统治的地区,而邻近地区对这些词的旧义则仍继续沿用。

波利尼西亚酋长本身所受的神圣尊崇,很自然地要扩大到对他们名字的尊崇,因为按原始人的观点,那些名字和它所代表的本人是分不开的。所以,我们发现波利尼西亚有关酋长名字及相似词汇的习俗也有着和祖鲁兰和马达加斯加两地相同的避讳。在新西兰,酋长的名字被看得非常神圣,如果那名字采用的是常用词汇,那么,人们在日常语言中就不再使用这个词而另找别的词来代替。例如,东角②南部一位酋长名叫马利庇(Maripi,意思是"小刀"),因此就另外找了一个新词"勒克拉"(nekra)来表示小刀,而原来表示小刀的那个词"马利庇"就废弃不再使用了。其他地方,把水叫作"外"(wai),碰巧后来酋长的名字也叫"外",因此必须改用其他词来表示水,如果同时用作酋长神圣名字的词又表示粗俗的流水,那就亵渎不恭。所以这种避讳很自然地就在毛利人的语言中产生了大量的同义词,新到该地的旅游者有时会发现,同样的事物在邻近的部落里会有许多不同的名称,为此而感

---

① 马达加斯加西部。
② 俄罗斯的亚洲部分的东北,楚克奇半岛的东端,伸入白令海峡。

到困惑不解。在塔希提,国王登位后,凡与他的名字谐音的词都得改换。往昔,谁如果漫不经心违反了这种习俗而误用禁忌之词,不仅他本人,连他的亲属都要被立即处死。不过这种改易他词的做法只是暂时的,国王一死,这些词就无用了,原来的词也就恢复了。

古代希腊,祭司和其他执行厄琉西斯秘仪①的高级官员的名字,当他们在世之日都不得称呼,如果称呼便是犯法。卢西安的一位学者叙述他曾经遇见那些高贵人物把一个胆敢直呼他们名字的家伙送进违警法庭的情景。那个人明明知道直呼那些神圣名字是非法行为,对那些贵人只能以他们的神圣尊号相称,而不能再用原名称呼。从厄琉西斯城发现的两块碑铭中可以看出,那里祭司的名字都扔进海底。也许是把名字刻在铜牌上或铅牌上然后扔进萨拉米斯湾的深水里。这样做的意图无疑要将名字深深地藏起来。还有什么比沉入海底更为可靠呢?什么样的人类眼光可以侦察出在碧海深处闪闪发光的它们呢?比起文明希腊的这种做法,人们很难更清楚地说明有形与无形、名称与其具体体现之间的混淆。

---

① 即古代希腊厄琉西斯城纪念得墨忒耳和珀耳塞福涅的秘密宗教仪式。得墨忒耳是希腊宗教的农业女神,又是健康女神、繁育女神和婚姻女神。珀耳塞福涅是希腊宗教中主神宙斯和农业女神得墨忒耳的女儿,冥王哈得斯的妻子。

第五节 神名的禁忌

原始人按照自己的形象创造了自己的神。色诺芬尼①很早以前就已指出:黑人的神的肤色都是黑的,鼻子也是扁平的,而色雷斯人②的神都是蓝色眼珠,肤色红润。假如马、牛、狮子也相信有神,而且也能够绘画的话,那么毫无疑问,他们也一定以马、牛、狮的形象来画出它们的神像。原始人悄悄地隐藏起自己的真名,是害怕巫术以它来为害于人,他们认为,他们的神名也必须保守秘密,如被其他神祇甚至凡人知道了就要以符水禁咒来驱遣它们。这种保守秘密的原始观念与神圣名称的不可思议性质,要以古代埃及人最为牢固、发展最为充分的了。远古时代的迷信思想活动,深深铭刻在古埃及人民的心中,犹如他们深藏在岩洞墓中的猫、鳄鱼和其他各种神圣动物的遗体一样。有个故事可以说明上述那种概念:狡黠的伊希斯③巧妙地窃知了拉(Ra)④的秘密名字。伊希斯是个能说会道的妇女,她厌倦了男人的世界,渴望神的世界。她心里默想着:"难道我不能凭借拉的大名而成为一位女神,也像他一样统治天地吗?"太阳神拉有许多名字,但是那个给予他

---

① 色诺芬尼(Xenophanes,约前560-约前478),古希腊诗人,哲学家、埃利亚哲学学派的先驱者,认为一切事物都出自水和土,强调统一而不注重差别,把具体事物的个别存在看成是表面的而不是实在的。
② 古代东巴尔干半岛地区的居民。
③ 伊希斯(Isis),古代埃及人最爱戴的女神,奥锡利斯(Osiris)的妹妹和妻子,是温情之妻的象征。
④ 埃及神话中的太阳神。

第二十二章 禁忌的词汇

统治诸神和人的力量的伟大名字则无人知道。神到这时候已经老了,口里流涎一直滴到地上。伊希斯把他的口涎连地上的土一起收集起来,捏成一条蛇放在太阳神每天通往他双重统治的国度的路上。一天,太阳神照平常习惯在诸神簇拥下路过此处,那带有神性的蛇上来咬了他一口,太阳神张口哎哟了一声,这一声便飞上了天,陪伴的诸神在旁边赶忙问道:"您怎么啦?"又喊:"您看,我们都在您身边!"但是太阳神已经不能说话了,他的牙齿上下磕碰着咯咯作响,四肢颤抖,蛇咬后的毒性很快传遍神的全身,就像尼罗河流遍埃及的大地。当他的心平定下来时,就对他的随从诸神说道:"孩子们,我的骨肉后裔们,到我身边来吧!我是王子,是一个国王的儿子,神的后裔。我父亲给我取的名字,我父母共同为我命名,从我诞生以后,那名字就藏在我体内,任何巫术也不能在我身上发生作用。我出外巡察我所做的一切,来往于我的两个领地之间,现在,居然被什么东西刺伤了我。那是什么东西,是火?或是水?我不知道。我的心如受火煎,我的血肉在颤动,我全身四肢在发抖。把诸神中有晓事的唇舌、善于良言治病、能够力达天庭的子女带到我面前来吧!"诸神儿女遵命来到太阳神面前,大家都很哀伤。伊希斯怀着她的诡计也来了,她口中充满了生命的气息,念出的咒语立即驱除了太阳神的苦痛,说出的话语能够起死回生。她说道:"神圣的父啊,是怎么回事?"这位神圣的父开口说道:"我按照自己的心愿在我的两处领地内巡视我所创造的一切,走在中途,没有注意,被一条蛇咬了。那是火?还是水?弄得我现在觉得比水还要凉,比火还要热,我浑身汗湿、发抖,眼光不能视物,也看不见天空,汗流满面像夏天一样。"伊希斯说道:"请告诉我您叫什么名字,神圣的父!因为只有被称呼的人才能活着。"拉回答说:"我创造了天地和海洋,伸展了天地之间的水平线犹如拉开帷幕一般。我就是那位睁开眼睛天地就有光明、闭上眼睛世上就黑暗的人。在我的命令下,尼罗河水起落涨跌。诸神都不知我的大名。我的名字早晨叫克赫普拉,中午叫拉,晚上叫吞姆。"但是那毒性并未从他身上移走,反而愈加深入,这位伟大的神终于不再能走动了。伊希斯对他说:"您告诉我的并不是您的真名。告诉我吧!只要说出了您的名字,那毒性就能离开您的身体,因为要活着的人,他的名字就得被别人称呼。"这时那毒性在太阳神体内像火一般燃烧着,比火焰还要炽热。太阳神说:"我同意伊希斯在我体内搜索,让我的名字从我胸中传到她的胸中。"接着他就藏到诸神之中,于是他在永恒之舟的位置便空出来了。这位伟大的神的名字被从他体内取了出来。然后巫女伊希斯说道:"毒性,离开拉吧!快快走开。是我,正是我,克服了毒性,掷到地上。这位伟大的神的名字已经从他身上取了出来。让拉活着吧!叫毒性死亡。"伟大的伊希斯知道了拉和拉的真名,成了诸神的皇后。

从这个传说可以看出,神的真名同他的神力不可分割地联系在一起,并且差不多是深藏在他的肉体的胸腔之内的。伊希斯用一种外科手术的办法摘取了神的名字,以超自然的力量使之传到自己体内。在埃及,像伊希斯那样通过占有高级神祇的名字获得其神力的做法不只是远古神话传说,每个埃及巫师都渴望以同样手段获得同样权力。据信谁只要占有了真名,谁就能占有神或人的真正实体,并且能迫使他服从自己就像奴隶服从主子一样。所

第二十二章 禁忌的词汇

以巫师的巫术包括从诸神那里获得神名的启示。巫师为达到此目的,费尽心机不遗余力。一旦某神由于一时软弱或疏忽把自己的真名告诉了巫师,他就没有任何其他选择而只好谦卑地屈服于巫师,或接受因抗命而得的惩罚。

罗马人也相信巫术对于神的名字的作用。他们围攻某座城市时,祭司们总要按照一定的祷告和咒文向护城的神祇致词,祈请这些神祇放弃被围困的城市归附罗马人,罗马人将像它们的故主一样或更好地敬奉它们。罗马护城神祇的名字都严格保密,讳莫如深,以防共和国的敌人把它们引诱过去。甚至如同罗马人自己做的那样引诱了许多神祇像老鼠似地背离往昔欢乐时日供奉过自己的城池。不仅护城神祇的真名,而且城池本身的名字都包藏在神秘之中,即使在神圣的礼仪之时也绝不能说出来。有一位名叫瓦勒利厄斯·索拉纳斯的人竟因斗胆泄露了这一无价之宝的秘密而遭处死或未得善终。古代亚述人似乎也同样禁止说出他们城市的名字。直到现代,高加索的切列米斯人对他们社区村庄的名字仍然保密,其动机也是由于迷信。

假如读者耐心看完了有关人民的迷信思想习俗的考察,你们可能会同意这种看法:国王的名字经常如此保密,并不是孤立的现象,也不是宫廷里卑躬屈膝和阿谀逢迎,纯粹是原始人思想的一般原则的特殊应用,这种应用的范围包括平民和神、国王和祭司。

第二十三章 原始人类的遗泽

关于皇帝和祭司的禁忌事项还可以列举很多，但前面收集的例子作为示范已经足够了。要结束我们讨论的这一部分问题，只须概括地说明一下我们已经探讨得出的一般结论就行了。我们已经谈到过在原始人或野蛮人的社会里，常常发现有一些被他们的同伴按迷信想法说成具有控制自然一般进程的力量，因而每当作神受人信奉。这些人身的神祇是否对他们信奉者的生命和财富也有现世的支配权力，或者说，他们的作用是否是纯精神的或超自然的？换句话说，他们既是国王又是神，或只是后者？这个区别与我们这里谈的几乎没有关系，他们具有所谓的神性，才是我们要研究的主要课题。由于他们有这种神性，对其崇拜者来说就成了人类赖以生存的自然现象之有条不紊地延续更替的象征和保证。所以这样一位神人的生命和健康，对于那些福利甚至生命都系之于他的人自然是一件迫切关心的事。他们自然要强使他遵守早期人类的智慧制定的一些条规以求避免肉身的一切灾难，包括最后的灾难——死亡。只要检查一下就可以看出这些条规不过是一些行为准则，按原始人的看法，对这些准则每个一般谨慎的人如果想要在该地长期生活下去都必须遵照执行。但是就一般人来说，是否遵行，由他个人选择，对神人来说就要用剥

第二十三章 原始人类的遗泽

夺他的高位甚至处死的刑罚相威胁,来强制执行。因为他对他的崇拜者利害关系至为密切,不容他有任何疏忽。所以,这一些古怪的迷信办法、古老世界的行为准则、值得敬重的格言、原始人的哲学家们的才智,老早就对它们下过一番工夫,冬天晚上坐在炉火旁边的老妇人还把它们当作贵重的珍宝传给团聚在茅屋火堆周围的后代子孙——这一切古老的幻想,脑子里产生的这一切,像蜘蛛网似的在老国王——人神的道路上交织起来,老国王则像陷入蜘蛛网里的苍蝇一样,被这些"轻如空气、强如铁链"的习俗的细丝捆住手脚,无法动弹。这些细丝重叠交织,形成一座无边无际的迷宫,把他紧紧捆在必须遵守的清规戒律之中,只有死亡或去位才能解脱。

所以,对于研究古代历史的学者来说,古代国王和祭司的生平充满了教导。里面总结了幼年世界中一切被公认的智慧。那是一个完美的型式,每个人都争取按照这个型式形成自己的生活,又是一个无疵的典范,是按照远古原始人的哲学规定的方式严格准确地建立起来的。这种哲学在我们看来似乎是粗糙的、错误的,但是它并无逻辑上的矛盾。如果否认这一优点,是不公正的。它是从这样一个重要的原则观念出发的:有一个小的存在物或灵魂存在于活着的生命体内,但又与之有显著的区别,并且还可分离出来,由此就推演出一套指导实际生活的规则,一般说来能够相互协调,形成一个相当完整和谐的整体。这套体系的错误——一个致命的错误——倒不在于它的推理,而在于它的前提,在于它对生命的实质的观念,而不在于它从这个观念推出的结论有什么不能自圆其说的地方。但是,我们如果因为容易看出前提的毛病，就说它是可笑的，那是不恰当的，也不是哲学的态度。我们是站在前人建立的基础之上，我们只是模糊地认识到人类付出长期的、艰苦的努力才达到我们现在所具有的水平。何况也不是多么值得赞颂的水平。我们要感谢那些无名的、被遗忘的劳动者，主要是他们耐心的思考、积极的努力，使我们成为我们今天的样子。一个时代对于新知识积累的总和所贡献的数量是很小的，更不用说一个人所能增添的数量了。忽视那些大量积累起来的知识，吹嘘我们自己可能增加上去的点滴知识，这种做法除了不知感恩之外，还暴露出愚蠢或不诚实。关于现代乃至古希腊罗马时代对人类总的进展所作的贡献，若采取低姿势的评价，在现阶段看来是不会有危险的。但是若超过了这些范畴，意即赋予西欧文明较高的评价，则情况就不一样了。蔑视和嘲笑或者憎恶和污蔑是给予野蛮人及其方式的唯一的承认，这是十分常见的。然而我们应该感谢纪念的恩人，许多都是野蛮人，也许大部分都是野蛮人。因为说来说去，我们和野蛮人相似的地方比我们和他们不同的地方要多得多：我们和他们共有的东西，我们认为真实有用故意保存的东西，都应归之于我们野蛮的祖先，他们从经验里逐渐获得那些看来是基本的观念，并把这些观念传给我们，我们倒容易把它们看成是新创的和本能的。我们像是一笔财产的继承人，这笔财产已经传了许多世代，对那些积累这笔财产的人我们连记都记不得了。这笔财产的所有者现在似乎认为，这笔财产自开天辟地以来就是他们种族的原本的不可变易的占有物。但是回忆和探索会使我们信服，原来我们以为是我们自己的东西，有许多都应该归之于我们的祖先，他们的错误并不是有意的夸张或疯狂的呓语，而是一些假说，在提出它们的时候确实是假说，只是后来更充足的经验证明那些不足以构成假说罢了！只有不断地检验假说，剔除错误，真理才最后明白了，归根究底，我们叫作真理的也不过是最有成效的假说而已。所以，检查远古时代人类的观念和做法时，我们最好是宽容一些，把他们的错误看成寻求真理过程中不可避免的失误，把将来某一天我们自己也需要的那种宽容给予他们。古人的话必须倾听。

第二十四章 杀死神王

第一节 神也死亡

人按照自己的形象创造了神,人是要死的,他自然认为他的创造物也处于同样可悲的境地。所以,格陵兰人相信风能杀死他们最有力量的神,神要是摸到狗也一定会死。他们听人说到基督教的上帝的时候,他们老是问他是否能永远不死?听说上帝不死,他们很吃惊,并且说他必定是一个非常伟大的神。一位北美的印第安人回答道奇上校的询问时说道:世界是大神创造的。问他指的是哪个大神,是善的还是恶的?"哦,都不是。"他回答道,"创造世界的大神早已死了。他不可能活这么久。"菲律宾群岛上有一个部落的人对西班牙的征服者说创世主的坟墓就在卡布尼安山顶上。霍屯督人有一尊神或有神性的英雄,叫赫兹—厄比,他死过好几次,又活了过来。山间的狭路上通常都能碰到他的那些坟墓。当霍屯督人走过他的坟墓时,都要朝坟上扔一块石头,祈求好运,有时还低低说一句:"给我们大量的牲口吧!"希腊大神宙斯的坟墓一直到本世纪初还能给来到克里特的游人凭吊。狄俄尼索斯的躯体葬在德尔斐,在阿波罗金像的旁边,他的墓碑还有墓志铭:"此处是死去的狄俄尼索斯,塞墨勒的儿子。"根据一种说法,阿波罗本身葬在德尔斐,因为,据说毕达哥拉斯给他的坟上刻了铭文,记叙这个神怎样被怪蛇杀死,葬在青铜祭坛下面。

埃及的那些人神自己也不能逃脱这一共同的命运。他们也要衰老死亡。后来发明了涂油防腐的技艺,可以防止死者尸体腐烂,给了死者魂魄以新的生命机会,神也分享了这一发明的好处,有了可以永生的合理希望。于是各地区都有了自己亡神的坟墓和木乃伊。奥锡利斯的木乃伊后来在门德斯见到;蒂尼斯以有安豪里的木乃伊而自豪;赫利奥波里斯以具有陶穆的木乃伊而感到高兴。巴比伦的那些大神,虽然只在他们崇拜者的梦中或幻影中出现,也都被认为具有人的体形、人的感情以及和人一样的命运,因为他们和人一样也是出生到这世上来,和人一样恋爱、战斗和死亡。

第二节　国王体衰被处死

如果高级的神住在远离尘世生活的烦扰和吵闹之外,人们还相信它们免不了一死,那就不能指望一个住在脆弱的肉身躯壳里的神会逃脱同样的命运,虽然我们听说非洲有一些国王以为身怀巫术可以长生不死。我们已经谈到过,原始民族有时相信他们的安全甚至世界的安全是与这些神人或化为人身的神的生命联系在一起的。所以,很自然,出于对他们自己生命的关心,他们特别关心他的生命。但是不管有多少关心和提防,总不能防止人神变老、衰弱并最后死去。他的崇拜者不得不预见到这个悲惨的不可避免的事,并尽可能地应付得好一些。这是非常可怕的危险,因为自然的进程如果有赖于人神的生命,则人神能力的逐渐衰退最后消灭于死亡,该会带来怎样的灾祸呢?防止危险的办法只有一个。人神的能力一曝衰退的迹象,就必须马上将他杀死,必须在将要来的衰退产生严重损害之前,把它的灵魂传给一个精力充沛的继承者。将人神致死,而不让他死于老病,这样做的优点对原始人来说是相当明显的。如果人神像我们所说的自然死去,照原始人看来,要么是他的灵魂自动离开他的躯体,拒绝回返,要么是按更常见的说法,他的灵魂被魔鬼或巫师摄走,或是魔鬼或巫师阻碍了游魂返体。不管是哪一种情况,人神的崇拜者都失去了人神的灵魂,他们也随之兴盛不起来了,甚至他们的生存都受到威胁。即使他们能在将死的神的魂魄离开他嘴唇或他鼻孔时设法将他抓住,并将它转给继承者,那也不能达到他们的目的,因为,既然死于疾病,他的灵魂必然是在衰弱枯竭的最后阶段离开他身体的,既然这么衰弱,转到任何人的身体里,它都仍然是疲疲沓沓、不死不活的。而将他杀掉,他的崇拜者就能:第一,在他的灵魂逃走时抓到它并将它转给适当的继承者;第二,在他自然精力衰减之前将他处死,他们就能保证世界不会因人神的衰退而衰退。所以,杀掉人神并在其灵魂的壮年期将它转交给一个精力充沛的继承者,这样做,每个目的都达到了,一切灾难都消除了。

柬埔寨神秘的火王和水王是不许自然死去的。因而他们二者中谁要是得了重病,长老们认为他不能康复,就将他刺死。我们已经谈到过,刚果人认为如果他们的大祭司奇托姆自然死去,世界就要毁灭,大地只是依靠他能力和特长才得以维持下去,遇此情况也会立即化为乌有。因此,在他生病可能要死的时候,原定继承他职位的那个人就带一根绳子或一根棒子到他屋里去,将

第二十四章 杀死神王

他勒死,或将他打死。美罗伊的埃塞俄比亚人的国王都被尊为神。但是,只要祭司们高兴,他们就差人到国王那里,命令他死去,并说这是神的旨谕,以作为他们发布命令的依据。这种命令在厄伽曼斯统治之前诸王都是服从的,厄伽曼斯是及国王托勒密二世同时的人。厄伽曼斯受过希腊教育,使他从他本国人的迷信中解放出来,他敢于不顾祭司的命令,带了一队士兵走进黄金神殿,把祭司们都杀了。

这类风俗在非洲这一带似乎一直流行到现代,在法佐尔的某些部落里,国王每天要到一棵特定的树下审理事务。如果因为害病或任何其他原因一连三整天不能履行这项职务,他就被用绳圈吊在这棵树上,圈里按了两把小刀,国王身体的重量拉紧绳圈时,两把刀就割断他的喉咙。

神王初露体力衰弱或年老的迹象就被处死,这个风俗直到晚近还在白尼罗河的希卢克族中流行,只是到现在才真正消灭无存了。对此,近年来塞利格曼博士进行过细心考察。希卢克人尊敬他们的王看来主要是出于这样一种信念:王是尼阿康神灵的再世肉身,尼阿康是一个半人半神的英雄,他建立了这个王朝。使这个部落定居在他们现在住的土地上,神灵或半神灵的尼阿康的灵魂要附在现在的国王身上,这是希卢克人信条里基本的一条,因而现任国王本身在某种程度上赋有了神的性质。但是,希卢克人对他们的国王虽然的确怀着高度的宗教敬意,处处小心,以防他们意外地死去,然而他们持有这样的信念:"一定不能让国王病了或老了,恐怕随着他精力的减退,牲口会害病,不能增殖,庄稼会在地里烂掉,人们受疾病的折磨,会死得越来越多。"为了防止这些灾难，希卢克人过去有个惯例，国王一旦表现健康不好或精力衰减，就把他处死。衰老的重要征兆之一就是他不能满足他妻子们的性欲。他的妻子非常多，分住在法绍达许多房屋里。当这种衰弱的征兆表现出来的时候，妻子就向酋长报告，据人们说酋长必须将此噩耗通知国王，做法是当国王在闷热下午沉睡的时候，在他脸上和膝盖上蒙一块白布，紧跟着就执行这一处死判决。为此，专建一座小屋，国王被引进小屋里，躺下来，把头枕在一个成年姑娘的腿上，然后把小屋的门堵死。两人被留在里面，没有食物、没有水和火，活活饿死闷死。这是老规矩，但在距今大约五代以前这个老规矩已经取消了，因为有一个王这样死去时表现的痛苦太大。据说在酋长向国王宣布他的命运之后，他就在为此特建的小屋里吊死了。

据塞利格曼博士的考察，希卢克王似乎不仅刚露衰老征兆时就被按一定的仪式杀掉，甚至在他还身强力壮的时候，也可能随时受到敌手的攻击，为了保住自己的王冠他不得不格斗到死。根据希卢克部落的传统，现任国王的任何一个儿子都有权这样和国王格斗，如能杀了国王，就代替他统治。因为一个王都有很多妻妾，很多儿子，所以有资格候补王位的人任何时候都不会很少，现任国王的性命必然是随时都有不测之虞的。但是袭击他只能在晚上才有成功的希望，因为白天国王周围总有他的朋友和警卫，觊觎王位的人很难有望逼近他，而一举成功。晚上就不同了，这时卫士散了，国王单独在宫院里和他心爱的妻子们在一起，附近只有几个牧人，没有人保护他，而牧人的小屋距他住处还有一段距离，所以，漆黑的夜晚是国王易遭危险的时刻。据说他常常持

第二十四章 杀死神王

续警戒地度过这种时刻,全身武装,在住宅周围巡回,注视最黑暗的阴影,或者像哨兵站岗一样,沉静机警地立在某个黑暗角落里。当敌手来到的时候,战斗则悄无声息地进行,只有矛和盾的撞击之声,国王并不唤牧人帮助他,因为这是荣誉攸关的事。

像他们的创业人尼阿康本人一样,每个希卢克王死后都建有神祠,接受礼拜,神祠设在他的坟墓上,国王的坟墓总是在他出生的村子里。国王的墓地神祠与尼阿康的相似,由几个小屋围上篱笆组成,有一个屋是建国王墓上,其余的由看守者居住。尼阿康的神祠与国王神祠的确没有什么不同,在所有神祠里举行的宗教仪式形式都一样,只在细节上略有差异,其不同点显然是给予尼阿康神祠的尊严要大得多。国王的墓地神祠由一些老年的男人或妇女看管,数量与那些尼阿康神祠的保卫者相同。这些人通常是已故国王的寡妻或年老的男仆,他们死后就由他们的子孙接替职位,还有,国王坟地神祠里要用牲口上供,跟尼阿康神祠的祭祀一样。

一般说来,希卢克人的宗教主要似乎就是对他们的圣王或神王的礼拜,不管是已死的还是活着的。他们认为这些王的肉体是由一个神灵赋予生命的,神灵将生命赋予该王朝半神话的(也许实质是历史传说的)建立者,逐代遗传,直到今天。希卢克既然把他们的君王看成神灵的化身,人、畜、庄稼的兴旺都暗暗依赖他们,自然对他们表示最大的尊敬,对他们爱护得无微不至。所以神王的健康欠佳或体力稍现衰弱,也就被处死。希卢克人的这种风俗不管在我们看来多么奇怪,都是直接由于他们对神王的深厚敬意,由于他们急于要保存他最有效率的状态,或者说得更准确一点,是急于要保存自己赖以生存的神灵,不仅如此,我们还可以更进一步地说,他们杀死国王的做法正是他们崇敬自己国王的最好证明。原因是我们已经谈到的,他们相信王的生命或精神是与整个国家的兴旺相一致的,王如果病了或老了,牲口就要生病,停止繁殖,庄稼会在田里烂掉,人会死于病的大流行。所以,在他们看来,消灾的唯一办法是在王还健壮的时候就将他杀死,使他从先辈继承的、尚精力充沛还未受老病影响的神灵再由他传给他的继承者。在这方面,一般所说的决定王必须死亡的那个征兆就具有很大的意义。当他不再能满足他的许多妻子的性欲时,换句话说,当他部分或完全地不能传宗接代时,那就是他死亡的时刻,是他让位给更有精力的继承者的时刻。与其他王的理由放在一起看,这一点就表示了人、畜、庄稼的繁盛是相应地依赖于王的生殖力,以致王身上这种力量的消失,就会引起人、畜、植物的相应消失,因此,不要多久,就会引起全部生命、人、动物、植物的生命完全消失。毫不奇怪,希卢克人眼前既有这样的灾难,他们一定是非常小心,不让他们的王因年老害病死去,就是我们所谓的自然地死去。他们对王死亡的态度有一个特点,他们不说那是死亡,他们不说某王死了,只说他"离去了",像他的神灵祖先,该王朝的头两个君主尼阿康和达格一样,据说他们两个都不是死了,而是失踪了。别的地方如罗马和乌干达,早期的国王也神秘地消失了,这些类似的传说却表明一个类似的风俗:杀死王,目的是保存其生命。

总体看来,希卢克人有关神王的理论和实践与内米的祭司——林中之王的理论和实践非常近似,假如我对后者的看法正

第二十四章 杀死神王

确的话。在这两者中我们都见到这一情况,即:人、畜以及植物的繁盛据信都依赖于神王的生命,并且神王都死于非命,不论是单独械斗还是其他办法,为的是要使他的神性传给精力充沛的、未受老病衰颓影响的继承者,因为在神王的崇拜者来看,他如有任何这类的衰退,就会引起人、畜和庄稼相应地衰退。杀死神王的风俗,特别是将神王的神性转给继承者的方法,本书后面还要更充分地谈到。下面且举例谈谈这种风俗的一般做法。

丁卡人是白尼罗河流域一些独立部落的总称。他们基本上是游牧民族,热情地看护他们大量的牛群,也养一些绵羊、山羊,妇女还种少量的玉蜀黍和芝麻。为了他们的庄稼,尤其为了他们的草地,他们依靠经常的雨水。据说在干旱过久的时候,他们的生活就会变得很困难。所以,雨师至今仍是他们之中非常重要的人物。掌权的人们,旅客称之为酋长或谢克,实际上是该部落或该社区真正有力量的雨师。人们相信每个酋长都由一个伟大雨神赋予生命,由前后相继的雨师们传下来给他的,由于这种神性的力量,一个成功的雨师享有很大的权力,一切重要的事都要和他商量。但是,不管雨师享有崇高荣誉,或说得更确些,正由于他享有崇高荣誉,丁卡的雨师们一个都不许自然地老病死去。丁卡人相信如果出了这种不幸的事,这个部落就会遭受疾病和饥荒之苦,牲畜也不会增殖。所以,一个雨师感到老了,体力不济了,就告诉他的孩子们说他想要死了。在阿加的丁卡人中,做法是挖一个大墓穴,雨师躺在里面,他的朋友和亲戚围在穴边。他断断续续地向人们说话,回忆本部落过去的历史,提醒他们他过去是如何统治、如何教导他们的,并告诉他们将来如何行动。教诲完毕之后,他就吩咐他们把他盖起来。他躺在墓穴里,土就抛到他身上,他立即就闷死了。看来这就是所有丁卡部落雨师光荣一生的正常结局(各部落间稍有不同)。霍—阿达·丁卡人告诉塞利格曼博士,他们给雨师挖好了墓穴,就在他家中将他勒死。提供塞利格曼博士材料的人中,有一个人的父亲和叔父都做过雨师,都是用最正常最正统的方式被杀死。即令某雨师很年轻,如果他看来可能病死,也会被处死。此外,还采取各种防范措施不让雨师因意外事故死亡,因为这样的结局虽然不像病老而死那么严重,也会在部落中引起疾病。人们认为雨师被杀后,他可贵的神灵就立即传给了适当的继承者——他的儿子,或其他近亲。

在非洲中部的布尼奥罗王国,直到近年还有一个风俗,国王患了重病或开始老弱的时候他必须立即自杀。因为根据一个古老的预言,如果国王自然死去,王朝的王位就会失去。他是饮一杯毒物自杀的。如果他迟疑或者病太重不知道要毒物杯子,交付毒物就成了他妻子的责任。上刚果基班加地方的王快要死的时候,巫师们就将绳子套在他脖子上,逐渐拉紧,直到他死去。金吉罗王如在战争中受伤,他的伙伴就将他处死,如果他们没能处死他,就由亲属来做,不管他喊饶命喊得多么厉害。他们说他们要这样做,不使他死于敌人之手。朱库人是尼日尔河大支流贝努埃河上的一个未开化的部落。在他们国家里,"盖特里城是由一个王统治的,他是由该城的头人们用以下方式选出来的。当头人们认为,国王统治得够久了,他们就传出话来说:'国王病了'——这是个套话,大家都懂得,意思是他们要杀他了,不过这个意图从来没有更明白地说出来。然后他们决定谁当下一个君王。他统治

第二十四章 杀死神王

多久须由要人们聚会决定,这个问题的提出和回答是由每人往地上投小木棍来表示,他认为新王该统治多少年,他就投多少根小木棍。然后将此事告知原来的王,同时准备一个大的宴会,在宴会上,让君王喝玉米酒,等他醉后,用矛把他刺死,由新选好的人来当君王。这样,每个朱库部落的王都知道自己不能活得太久,同时对自己前任者的命运也是很清楚的。不过这倒没有吓倒候补的人。杀死国王的风俗在卡特里有,在匡德、乌卡里据说也流行同样的风俗。"在尼日利亚北部的三个豪撒王国①戈伯、卡森纳和道拉,国王一露衰弱的迹象,就有一个号称"杀象者"的官员来扼住他的喉咙,把他掐死。

马蒂安孚是安哥拉内地的一个强大的国王或皇帝。这个国家的较弱小的诸王之一——卡拉向葡萄牙探险队讲述了马蒂安孚死的情况。他说:"照惯例,我们的马蒂安孚要么是死于战争,要么是死于非命,现在这位马蒂安孚,由于他的苛捐杂税,活得够久了,一定逃不了这最后的命运。当我们了解到这一点,并决定应该把他杀死时,我们就请他与我们的敌人作战,这时我们都随着他和他的家属一起去打仗,我们牺牲了一些人。如果他还活着没有受伤,我们就回去再战。打个三四天,于是我们就突然离开他和他的家属,把他留在敌人手里,让命运去摆布。他见到自己被抛弃了,就设法摆起御座,坐下后,把他的家属叫到他周围来。然后命令他母亲走上前去,跪在他脚边。他先是砍掉她的头,接着杀掉他的儿子、妻妾和亲属,最后杀掉他最心爱的妻子安娜库

---

① 信奉伊斯兰教的当地土人的王国。

罗。接着,马蒂安孚就穿戴起豪华的衣服,等待他自己的死亡。他的死亡接着就来了,那是由一位军官来办的,他的附近强大的酋长卡尼钦哈和卡尼卡派遣来的。这个军官首先自关节处砍下他的腿和胳臂,最后砍掉他的头。这之后,军官也被斩首。所有的头目都从营帐退出,避免看见他被杀死。我的职责是留下来看着他被杀死,并标明两位大酋长——马蒂安孚的敌人——置放他的头和胳臂的地方。他们还拿走了已故君主和他家属的全部财产,将它送到他们自己住的地方去。然后我就安排已故的马蒂安孚残体的葬仪,完事之后我回到他的首府,宣布新政府成立。然后我回到放置他的头、腿和胳膊的地方,用四十个奴隶赎回它们,以及死者的财物和其他财产。我把它们交给已经宣布继位的新马蒂安孚。这是许多马蒂安孚的遭遇,也是现任者将面临的遭遇。"

祖鲁人似乎也有这么一个风俗:国王有了皱纹或灰发就被处死。有一个人在19世纪早期在臭名远扬的祖鲁暴君卡喀的朝廷里住过一些时候,他写的下面这一段文字中透露了这个讯息:"国王对我生气时的那股特别的凶劲主要是由于荒谬的擦头发药引起的,法威尔先生给他一个印象,是这种发油是消除一切老年标记的特效药。他一听说有这样的药,马上表示非常想得到它,每遇机会都不忘提醒我们他对这药的关切。尤其是在我们因为教务要离开的时候,他特别关照的也是要得到这个东西。我们后来才知道,祖鲁人的一些野蛮风俗中,有一个这样的风俗:他们选择或选举他们国王的时候,被选人绝不能有皱纹或灰发,因为两者都是不够做一个战斗民族的国王的明显标志。同样不可少的是,

第二十四章 杀死神王

他们的国王不可露出那些证明他不适合或无能统治的证据。所以,极重要的是,他们应该尽可能地藏起这些标志。卡喀非常害怕出现灰发,这是他要立即退出这个尘世的信号。只要信号一出现,国王的死亡就随之而来。"这位作者所提供的这篇关于发油的故事颇有助于我们来了解这个习俗。不过他没有写明灰发和有皱纹的祖鲁酋长"退出这个尘世"的方式。但是透过类比,我们可以推断他是被杀的。

国王一出现任何体魄上的缺点就被杀的风俗,两个世纪以前在苏法拉的卡福王国也曾流行。我们已经谈到过,苏法拉这些国王被他们的人民视为神,要雨要晴都求他。不过,我们从一位葡萄牙的老历史家下面这段话里知道,一个身体上的小缺点,像掉了一颗牙齿这样的事,都足以构成杀掉一个神人的原因:"国王遇到任何灾害,或自然的生理缺陷,诸如不能生育、得了传染病、掉了门牙、体形变了样,或任何其他缺陷或不幸,照当地从前的风俗,国王就得服毒自杀。他们自杀是为了消除这种缺点,因为国王应该没有任何缺点,如果不是这样,为了他荣誉他也最好死去,以便另外托生,求得完好的身躯,一切美满。不过,我在那地方的时候,那在位的奎帝夫(国王)却不愿在这方面效法他的先辈。他这人又谨慎又可怕,他的一颗门牙掉了,便向全国宣布了这件事,让大家都知道他掉了一颗牙,见到他缺了门牙的时候也要承认他。他的前辈们为这种事自杀,是很愚蠢的,他可不愿这么做,相反,到了他享尽天年而死的时候,他还会很感遗憾,因为他的生命对保存王国,为王国抵御敌人,是非常必要的,他还向继承者推荐,让他们效法他的榜样。"

这位掉了门牙还敢于继续活下去的苏法拉王,像埃塞俄比亚王厄伽曼斯一样,是一个勇敢的革新者。我们可以推定埃塞俄比亚的国王们被处死的原因跟祖鲁和苏法拉的国王们一样,都是由于出现了身体上的缺陷或衰弱的迹象。还可以推定:祭司们恃以杀死国王的权威神谕,就是所谓身体有缺陷的国王统治国家会引起重大灾难,正如神谕警告斯巴达人的,不要"跛脚的统治",也就是说,不要跛脚的国王统治。这种处死国王的习俗虽然很久以前就废除了,但在当时埃塞俄比亚人挑选国王须注重他们的身材、体力和相貌。这就为我们上述推断做了一点证实。直到今天,瓦代的苏丹还是不能有明显的身体缺陷,安哥伊王身上有一点缺陷,诸如掉了一颗或半颗牙齿或者有个老伤疤,他就戴不成王冠。根据阿凯尔的书以及许多其他权威资料,没有一个身体有缺陷的国王能在塔拉①统治爱尔兰。所以当伟大的国王柯默克·麦克·阿特由于偶然事故瞎了一只眼睛,就立即引退了。

距离达荷美旧都阿波美东北若干天旅程的地方是埃俄王国。"埃俄人由国王统治,其专横不下于达荷美国王,但受一条国法约制,这条国法既是羞辱性的,又非常奇特。人民对他的坏统治有意见(这有时是不满的大臣们用手法恶意灌输给他们的)时,他们派一个代表团到他那里,带一些鹦鹉蛋做礼物,作为真正的标记,表示他肩负执政的重担一定很疲乏了,这正是他摆脱忧烦、允许自己睡一会儿的时候了。他谢谢他的臣民为他的安适着想,退回自己的屋里,好像是去睡觉,在屋里他指示他的女人们将他自己

---

① 古代爱尔兰的首府。

第二十四章 杀死神王

勒死。这立即就执行了,他的儿子安安静静地走上王位,遵照通常的条件,在人民满意他的时候执政。"1774年左右,有一个埃俄国王,他的大臣们想用习惯的方式除掉他,他硬是不接受他们手里送来的鹦鹉蛋,告诉他们说他不想打瞌睡,而且相反,他决心看顾他的臣民的利益。大臣们又吃惊,又憎恨他顽固,于是举行叛乱,但失败了,杀伤很大,这样一来,国王的勇敢行动使自己解脱了大臣的压制,并开创了一个新的先例,为他的继承者效法。不过,这个老风俗似乎曾经恢复并持续到19世纪末。一个天主教传教士1884年写到这个做法,好像它还在流行。另外一个传教士在1881年写到西非洲埃格巴人和约鲁巴人的习惯做法,他这样描写:"该国最奇怪的风俗之一无疑是审判和处罚国王的风俗。国王要是超越了他的权利,引起人民的憎恨,他的一位大臣就有一个重大的职责,要求他去'睡一会儿',意思是'服毒而死'。如果他在这决定性时刻失去了勇气,一个朋友就会最后帮他服毒,大臣们静悄悄地将发生的一切秘而不宣,慢慢地使人民对国王的逝世有心理准备。在约鲁巴这事办得略有不同。国王奥约生了一个儿子的时候,他们就用泥做一个婴儿右脚的模型,存放在长老(欧格波尼)的屋里。如果国王不遵守国家的风俗,一个使者就拿着这脚的模型一言不发地送给他看。国王知道这是什么意思,就服毒睡觉了。"古代普鲁士人承认一个以神的名义统治他们,通称"神嘴"的统治者为最高的君主。当他感到衰弱的时候,如果他想身后留个好名声,他就用带刺的灌木树条和谷草堆一个大堆,他走到堆上,向人民发表长篇说教,鼓励他们服侍诸神,并答应到神那里去替人民说好话。然后,他从神圣橡树前的长明火中取些火种把柴草堆点燃起来,将自己烧死。

第三节 国王在任期届满时被处死

在前面描述的例子中,人民允许神王或祭司掌权,直到他出现身体外形的缺陷、健康衰退,或出现某种可见的老年迹象,从而提醒人们他已经不能再继续履行神职的时候。这类迹象出现以前,是不会将他处死的。不过有些民族似乎认为连等到最小的衰弱迹象出现都不保险,宁可在国王还是年轻力壮的时候就把他杀掉。因此,他们订一个期限,超过期限他就不能统治,期限终结时,他必须死去,期限订得很短,可保在此期限内他不可能身体衰老。在印度南部有些地方,期限订的是十二年。据一个古代旅行家说,在基拉卡尔邦,"有一个异教徒的祈祷殿,里面有一尊他们很尊重的偶像,每十二年为他举行一次大会,异教徒都到那里去,像参加欢乐的节庆一样。这个庙有不少土地,很多收入:大会是一件很大的事。这个邦有一个君王,他的统治只限于十二年,从上一次节日到下次节日。他的生活方式是这样的,也就是说,十二年一满,无数的人在这个节日聚在一起,花许多钱给婆罗门供饭。国王做一个木架,上面铺挂丝织品,到这一天,在盛大的仪式和乐声中,他走到一个大桶里沐浴,然后到偶像前祈祷,再登上木架,当着所有人的面,拿几把非常快的刀,开始割掉自己的鼻子、耳朵、嘴唇和四肢,尽可能从他身上多割些肉下来。并很快地扔开,直到他流血过多,开始昏迷,于是他就自己割断喉咙。他就是这样祭祀偶像的。任何人想在下一次的十二年里为王,并保证愿作这样的牺牲以示对此偶像的敬爱,就要在架上看着。人们就在那个地方立他为王。"

马拉巴尔海岸①的卡利卡特的国王称为萨莫林或萨莫里。他"假充比婆罗门还高一级,只比看不见的神稍低一点,他的臣民承认他的冒充,婆罗门却认为是荒谬可恶的,他们只把他当作一个首陀罗②"。以前,每十二年任期结束的时候,萨莫林必须当众割断自己的喉咙。但是在17世纪将近结束的时候,这条规矩更改如下:"在从前,这个国家要遵循很多奇怪风俗,有一些非常古怪的风俗还继续流行。萨莫林只统治十二年,不能多于十二年,这是个古老的风俗。如果期满前他就死了,他倒省去了一个麻烦的仪式:在专门搭起来的架子上当众割断自己的喉咙。他先宴请他所有的贵族,人数非常之多。宴会后,他辞别他的客人,走上架子,在众目睽睽之下,从容地割断自己的喉咙,过了一会儿,他的躯体就在极隆重的仪式中烧掉,贵族们再选一位新的萨莫林。这个风俗属于宗教礼仪还是民间礼仪我不知道,不过现在是不时兴了。现代的萨莫林遵从一个新的风俗:十二年终结时,在整个领土上宣布举行盛大集会,在一广阔的平地上给他搭起一个帐篷,摆设宴会连续庆祝十天或十二天,又是欢乐又是笑闹,日夜放枪,到了宴会终结的时候,客人中有心舍命取得王冠的四个人,就从国王的3万到4万个卫士中杀出一条路来,直到帐篷里将萨莫林杀掉,谁杀了他,谁就在他的王国里继承他的王位。公元1695

---

① 属印度,位于印度半岛的西部海岸,北起潘吉姆港,南至科摩林角。
② 婆罗门教把人分为四等种姓:婆罗门(祭司)、刹帝利(武士)、吠舍(农民和工商业者)、首陀罗(无技术的劳动者)。

年,又遇上一次这样的大会,帐篷搭在国王的一个海港蓬纳尼附近,在卡利卡特以南45英里。只有三个人愿意试一试那个亡命的行动,他们持着剑和盾闯入警卫中,他们杀伤许多人之后,自己也被杀了。亡命之徒中,有一个人带了十五六岁的侄儿。这孩子紧紧跟着叔父,当他看见叔父攻击卫士倒下时,便穿过卫士进入帐篷,对准国王陛下的头猛然一击,要不是国王头上点的一个大铜灯挡住了,这一下一定把他打发了。但是,孩子来不及再来一下就被卫士杀掉。我相信,那个萨莫林至今还统治着。当时我恰巧从海边经过,一连两夜或三夜都听见枪声。"

我是引用一个英国旅行者的叙述,他本人并没有亲眼看见他所描写的大会,虽然他从远处听见了枪声。幸好这些盛会和会上死亡人数的精确记录都保存在卡利卡特的王室档案中。19世纪后半叶,洛根先生查阅了这些档案,还得到在任国王的亲自帮助。从他的著作中可以得到那种悲剧和场景的准确概念,直到1743年,那种悲剧和场景还依然延续,定期举行。

卡利卡特国王将他的王冠和生命押在战斗结局上的那个节日称为"大祭礼"。每十二年一次,这时木星在巨蟹宫中运行,历时28日,至马卡兰月第八天结束。由于节日取决于木星在天空的位置,两节之间的时间是十二年,大致是木星环绕太阳的周期,我们可以确定这颗辉煌的行星大概(在特定意义上)是国王的命星,主管他的命运,它在天上绕行的周期正合国王在世上统治的周期。不管它究竟如何,节日仪式总是十分豪华地在蓬纳尼河北岸的提鲁纳法伊庙里照例举行的。该地离现在的铁路线很近。火车驰过时,你正好可以瞥见那座庙宇,它几乎全隐蔽在河岸上

第二十四章 杀死神王

的树丛后面。从庙的西门伸出一条笔直的路,路面和周围的稻田几乎差不多高,漂亮的林荫覆盖着,伸出半英里之后就到了一个急坡的高脊上,坡上至今还看得出有三四级平台轮廓的痕迹。节日那天国王就待在平台最高处。从这里眺望,景致很美。一片平坦的稻田,宽阔平静的河水从田中蜿蜒而过,一眼望去,西及高高的台地,其低矮的斜坡上林木环绕,更远处则是隆起的高茨山西部的山脉,在最远的地方是尼尔杰里斯或兰山山脉,隐隐约约地显现在蓝天白云之中。

在决定命运的时刻,国王的眼睛自然不去看远方的景色。他的注意力集中在离身边更近的景物上。因为整个平原上满是热热闹闹的军队,他们的旗帜在阳光中轻快地飘动着,他们许多白色的宿营帐篷,衬着稻田的碧绿金黄,鲜明而突出。四方战士,或者还不止四方,结集在那里保护国王。平原上虽然满是士兵,但从庙里直到国王住处的路上却空无一人。路的两边有栅栏隔着,由强壮的手臂握着长矛的卫士自两边栅栏后面伸到空路上,矛尖交叉在路中间,形成一道闪亮的钢铁穹拱。此时,一切都准备好了。国王挥动宝剑。同时,有人把一根刻有浮雕的金制长链条放在他身边的大象背上。这是信号。半英里外的庙门处立即出现了骚动,几个佩剑的武士,身上缀着花,涂上灰,从人群里走了出来。他们刚吃过他们在世上的最后一顿饭,现在正接受朋友们最后的祝福和道别。又过一会儿,他们来到长矛架起的巷道里,忽左忽右地对着持矛人砍刺,在矛刃中回旋、转动、扭曲,好像他们身上没有骨头。那都是徒劳,他们一个接一个地倒了下去,有的离国王近一些,有的远一些,都满意地死去,倒不是为了一项空虚的王冠,只不过是要向世人显示他们大无畏的精神和剑术。每逢假日的最后几天,同样辉煌的勇敢表演,同样无谓的生命牺牲,一次又一次地重复着。不过,也许只要证明有些人是重荣誉胜于生命的,那么,任何牺牲都不是完全无谓的了。

一位年老的印度历史家说:"在孟加拉有一个特殊的习俗,王位很少有后代接连继承的……无论谁杀死国王,坐上那个御座,就立即得到承认。所有的王公、贵族、士兵、农民立即服从于他,听命于他,也像他们对待他们前任的君主一样,认为他也一样是他们的君主,无条件地服从他的命令。孟加拉人说:'我们是忠于国王的,无论谁坐上了王位,我们都真心服从他。'"同类的习俗从前也在苏门答腊北岸的帕西尔小王国里流行。这是葡萄牙古代历史学家德·巴罗斯告诉我们的,他惊奇地说道,没有一个聪明人愿做帕西尔国王,因为他的臣民不许国王活久了。人民时时大怒起来,他们在城市的街道游行,高唱着这样致命的话:"国王该死!"国王听到这首死歌,知道他寿终的时辰到了,而给他致命一击的是王室血统的人。干完这一血腥事件之后,他马上坐上御座,只要他能平安地把他的座位保持一天,大家就认为他是合法的国王。不过,杀王的人并不都能做到这一点。当费尔南·佩雷斯·安德雷德在去中国的航路上为了装一船香料在帕西尔暂时停泊的时候,那里就有两个国王被杀了,方式极和平,极有秩序,城里毫无骚动暴乱的迹象,一切照常进行,好像一个国王被谋杀或处死是每日常见的事一样。有一回,一天之内三个人接连升到这个危险的国王宝座,又接连着一个跟一个地走上了死亡的可悲道路。人们认为这个风俗非常可喜,甚至是神圣的。他们为它辩

第二十四章 杀死神王

论,说道,国王是这么高高在上,这么有权有势,他是以上帝代理人的身份在尘世进行统治的,上帝绝不会让这样一个人凶死暴卒,除非他完全是罪有应得。离苏门答腊这个热带岛屿很远的地方,在古代斯拉夫人当中似乎也有同样的规矩。冈恩和贾莫里克这两个被俘的人设计杀了斯拉夫人的国王和皇后,然后逃走,他们被那些野蛮人追赶,野蛮人在他们后面喊话说,只要他们肯回来,他们就可代替被谋杀的君王,进行统治,因为根据古人的一条公法,王位应由国王的谋杀者继承。但是正在逃跑的杀王者根本不听这些诺言,他们认为这些诺言不过是引诱他们回去送死的诱饵。他们还是继续逃跑,野蛮人的叫喊声逐渐在他们身后消逝。

当年限已到,国王不管是自己动手也罢,假手他人也罢,终将赴死的时候,他们自然愿意将这个痛苦的职责和统治的某些特权一起送给一个愿意代他受罪的替身。这种权宜的办法是马拉巴尔的某些君主所常用的。当地的一个权威作者告诉我们:"在某些地方,所有的权力,包括行政和司法两方面,都在一定时期内由国王交给当地人代理。这一习惯做法叫作'撒拉维提巴罗西阿姆',意即因受斩首而换得的权力。……这是一项为期五年的职务,在这段时期内,任职者在他管辖中具有最高的独裁权力。五年期满就把他的头砍下来,在大群村民的聚会中抛向空中,当头落下时,人人争着接住他。谁接住了,谁就受命任职,又是一个五年。"

那些在任期届满必须横死的国王,一旦有了可请别人代死的巧妙想法,很自然,他们必须付诸实施。因此,我们发现,这种权宜的办法或这种办法的痕迹在许多地方都很流行,就不足为怪了。斯堪的纳维亚的传统有一些线索表明,古代的瑞典国王只有为期九年的统治,然后他们或者被杀或者请人替死。据说瑞典国王奥恩或昂恩,一连几天祭奠奥丁,后来神回答说,只要他每隔九年拿自己的一个儿子献祭一回,他就可以活着。他照神的说法献祭了九个孩子,要不是瑞典人不允许他这么做,他还会献祭第十个,也就是最后一个孩子。于是他就死了,葬在乌普萨拉的一个小山上。关于奥丁被篡位或放逐的奇怪传说显示了类似保持王位条件的另一迹象。在传说里,奥丁的错误行动激怒了另外的一些神,于是他们剥夺了他的职权,将他放逐,但在他的位置上立了一个替身,名叫奥勒尔,是一个狡猾的巫师,他们把王权和神权的标志都交给了他。代理人以奥丁的名义统治了将近十年,这时原来的奥丁又回来了,将他从皇座上赶走。这个替身因此退居瑞典,后来在一次图谋复得王位的行动中终于被杀。由于神常常不过是在传统迷雾中放大了的人,所以我们可以推定这个北欧神话保存了紊乱的历史片段:古代瑞典国王每任九年或十年,然后让位,让别人代他为国家而死。在乌普萨拉每九年举行一次的节日盛会也许就是国王或其代理人被处死的时刻。我们知道以活人为祭品是这个仪式的一部分。

据我们掌握的材料可以确定,许多古代希腊国王在位的年限只有八年,至少每当八年之期终结时,要重新举行就任圣职的仪式,重新接受神所恩赐的新活力。这样可使国王能履行他的行政和宗教的职务。所以,斯巴达宪法里有一条规定,五位民选行政长官必须选一个晴朗无月的晚上,坐下来静察天空,每八年一次。如果见到火球或流星,他们就推定国王对神犯了罪,于是暂停他的职权，等待德尔斐或奥林匹克的神谕再让他复位。这个习俗具有所有的远古风味，甚至在斯巴达王权的最后时期也还不是一项死的条文，因为到了公元前3世纪，有一个国王受到改革党派的憎恶，被用各种捏造的罪名篡夺了他的王位，其中在天空中见到恶兆这一条有着非常重要的地位。

如果从前斯巴达人把国王任期限定为八年，我们自然会问，为什么恰好定那么一个时期为国王统治的期限呢？其理由也许可以在决定古希腊日历的那些天文观念中找到。太阴历算时间总难和太阳历算时间相协调，这是一个长期的难题，使刚脱离野蛮状态的人们为之绞尽了脑汁。八年的循环是一个最短的时期，在整整八年之内，按太阳和月亮计时，总是部分地一致，只有到了八年周期的末尾，太阳历法和太阴历法在计时上才真正一致，例如，满月正好是最长或最短的一天，这只有八年一次。这种遇合靠简单的日晷就能够观测到，对于一种要把太阴历和太阳历（虽然不能精确地）协调的日历来说，这种观测自然首先提供了基础，但是在古代，恰当地调整日历是一件宗教方面的事，因为要知道求神的正当节令就得依靠它，神的恩惠是社会福利所不可缺少的。所以，毫不奇怪，国王是国家的大祭司，或者就是一尊神，他当然多半是在一个天文周期的末尾下台或死去。日月星辰高高地在它们的轨道上运行，当它们要重新来一次在天上的竞走时，人们自然会想到国王也应该更新他们神性的权能，或者证明它们并未衰退，其做法就是让位给更有精力的继承者。我们谈到过，在印度南方，国王的统治和生命随着木星绕太阳一周而终结。另一方面，在希腊，国王的命运也是悬在八年终结时的天平的一端，只要对面的秤盘上放一颗流星,它马上就抬了起来,不足以与之抗衡。

不管八年周期的起源是什么,除斯巴达之外,在其他希腊地区,国王统治的正常时间也有同样以八年为期的。如克里特岛上克诺索斯国王弥诺斯,他的巨大宫殿近年才被发掘出来,据说他的任职是八年一期,每期结束时,他退到伊达山上的神洞里去住上一个季度,在那里与他的神父宙斯交谈,对他叙述他过去几年执掌王政的情况,并从他那里接受教诲,作为今后执政的指导。这个传说清楚地表明每当八年之末,国王的神力需要用与神灵交谈来更新,如果没有这种更新,他就会丧失为王的权利。

我们可以毫不鲁莽地推测,雅典人之所以必须每八年给弥诺斯送一次七个童男童女,是与另一八年周期中更新国王精力有一定的联系。关于那些童男童女到达克里特后的命运,一些传说众说纷纭,但通常的说法似乎是认为他们被关在迷宫里,在那里让人身牛头的怪物弥诺陶洛斯吃掉,或至少是终身囚禁。他们也许是在青铜制的牛像中或牛头人的铜像中被活活烤死献祭,以便更新国王和太阳的精力,国王就是太阳的化身。无论如何,有个泰洛斯的传说提示了一点,那是就泰洛斯是一个铜人,他把人抱在怀里跳进火中,把他们活活烤死。据说宙斯把他送给了欧罗巴①,或赫淮斯托斯②把他送给弥诺斯,以保卫克里特岛,他每天巡视克里特岛三周。据一种说法,他是一条公牛,也有另一种说法,他是太阳。他也许就是人身牛头的怪物,剥去他神话的面貌,他不过

---

① 希腊神话:欧罗巴(Europa)是腓尼基王阿革诺耳的女儿,为宙斯所钟爱,化作白牛将她劫到克里特岛,后来生下弥诺斯和拉达曼堤斯。弥诺斯后来成为克里特王。

② 希腊神话:赫淮斯托斯(Hephaestus)是宙斯和赫拉的儿子,火与锻冶之神。

是一个太阳的铜像,由牛头人来代表。为了更新太阳的火,也许要给这个偶像奉献活人作为祭品,在其空洞的躯体内烤死,或放在他斜垂的手上滚进火坑里。迦太基人奉献牺牲给莫洛克是用后一种方式。把孩子们放在一个牛头人身的铜像的手上,使他们从铜像手上滑进火炉里,这时人们按着笛子和手鼓的音乐跳舞,把烧着的牺牲者的尖叫声压下去。克里特的传统跟迦太基人的做法相似,表明闪米特人对日神的崇拜对于弥诺斯和牛头人身怪物的崇拜有强大的影响。在阿格里真托的暴君法拉里斯和他的铜牛的传说中,我们可以见到同样仪式在西西里的再现,在这里迦太基人的影响很深。

在拉各斯省,约鲁巴人的艾杰布部落分为两支,通称艾杰布·欧德和艾杰布·里蒙。欧德这一支由一位酋长统治,称号阿伍杰尔,围绕他的是大量的神秘气氛。直到近代,他自己的臣民都不能看见他的脸,如果环境使他不得和他们交谈,他就隔着一层幕布来谈,幕布挡住他不让人看见。艾杰布部族的另一支即里蒙那一支,也由一个酋长统治,但位在阿伍杰尔之下。约翰·帕金森先生听说以前这位下属酋长常是在三年统治之后,在仪式中被杀。由于这个国家现在受英国的保护,这一习俗已经废除,帕金森先生对此习俗提不出任何具体事例。

在巴比伦,在有历史记载时期国王任期实际是终身的,不过在理论上似乎只是一年,因为在每年的扎格穆克节上,国王要更新他的力量,要在巴比伦的埃萨吉尔神庙里握一下马尔达克神像的双手。甚至在巴比伦归亚述管辖之后,该国国王也在每年一度使他们的王权合法化,即在新年节日期间到巴比伦去履行这一古代仪式。有些国王觉得这件事太麻烦,他们不去履行它,根本放弃国王的头衔,做一个卑微一些的执政官也就满意了。但是,看来在远古时期,在有史记载之前,巴比伦国王或他们野蛮的祖先在一年任期之末,不仅失去他们的王冠,甚至连他们的生命也被收拾了。至少下面的证据可以说明这种结论。历史学家贝罗瑟斯曾任巴比伦祭司,他非常了解这种情况,据他说,巴比伦逐年庆贺一个叫撒卡亚的节日。节日从劳斯月(month Lous)的第十六天开始,为期五天,五天中主仆易位,仆人下令,主人服从他们。一个判了死刑的罪犯穿起皇袍,坐上王位,可以发布任何他喜欢发布的命令,吃、喝、玩、乐,甚至与王妃同居。但五天一满就剥去他的皇袍,挨鞭子,被吊死或刺死。在他短短的任职中,他的称号是佐格尼斯(Zoganes)。也许这个风俗不过是过节的人们在欢乐的节日里拿不幸的犯人开开心。不过假王可以享有王妃这一点肯定是不适用于这种解释的。东方独裁者的后宫是禁地,由此我们完全可以肯定,除非有极重大的原因,独裁者绝不会让人侵占后宫,更不用说让一个死囚了。其原因恐怕是以死囚替国王而死,为了完全代替,他需要在短暂的统治中享有充分的王权。这没有什么可以奇怪的。在身体衰弱的任何迹象出现时,或在期限终结时,国王必须受死,这条规定国王迟早是要设法取消或修改的。我们谈到过,在埃塞俄比亚、苏德拉和埃俄,有见识的君主都大胆地撇开这条规矩。我们还谈到在卡利卡特,每十二年末杀死国王的老规矩,改为在十二年末允许任何人袭击国王,如果杀掉国王,就可取而代之,不过,国王在这时注意让卫士环立四周,这种许诺不过是徒具形式而已。另外一个修改严峻旧法的方式则

第二十四章　杀死神王

见于方才描写的巴比伦习俗中。处死国王的时候到了(在巴比伦约是一年统治之末),他就离职数日,这期间由临时国王统治,并替他受罪。起初,临时国王可能是一个无罪的人,可能是国王自己家族中的一员;但随着文明的进展,一个无辜的人作牺牲总是违反公众情绪的,因此就把短期的最后导致死亡的统治活动交给了死囚。往后我们还会见到死囚代替将死之神的其他例证。我们绝不要忘记,正如西努克国王的情况所表明的,国王是以一位尊神或半神的身份被杀的,他的死亡和复活是使神灵生命永垂不朽的唯一办法,人们认为这是拯救人民、拯救世界所必需的。

一年统治期满时杀掉国王的做法,在叫作马卡希提的节日里还保存着遗迹。在一年的最后一个月里,夏威夷岛上总要庆祝这个节日。大约一百年以前,一位俄罗斯航海家①描述这个风俗如下:"土人的马卡希提节和我们的圣诞节倒不无相近的地方。它持续整整一个月之久,这期间,人们寻欢作乐,跳舞、演戏、各种假斗等。国王不管在哪里都必须为这个节日揭幕。这时,国王陛下穿戴着最漂亮的袍子和头盔,在小船里沿岸划行,有时后面跟着许多臣民。他很早登舟,必须在日出前巡游完毕。最强壮、最精悍的战士在他登陆时接待他。这位战士沿岸看视着小木船。国王一上岸脱下袍子,他就把他的矛向国王投去,相距大约三十步,国王必须用手接住矛,否则就被矛刺伤:这可不是开玩笑的。他接住矛后,尖端朝下用胳臂夹着带到庙(土名'希佛')里去。他一进庙,集合好的人群就开始假斗,一时挥矛如云,连人都看不清

---

① 指1815-1818年进行环球航行的俄国水兵奥·叶·科采布。

了,这些矛头都是特制的钝矛头。人们常劝告哈马米亚(国王)废除这种可笑的仪式,因为在每年的仪式中他的生命都有危险。但是国王对这些建议并不采纳。他总是回答说,岛上任何人投给他的矛他都能接住。在马卡希提节中,全国所有的处分都废止。凡在该地开始过节的人一个都不许离去,不管有多么重要的事。"

通常一年统治的定期满了就得处死国王,这并不是不可能的,甚至据我们所知道还有更为奇特的一个王国,在这个王国里,国王的统治和生命限定只有一天。在古刚果王国的恩戈约地区,照规定戴上王冠的酋长总是在戴上王冠后的当晚被杀。继承权属于姆苏朗哥的酋长,但他并不行使这个权力,王位也是空的。对此,我们毋须奇怪,因为"谁也不愿为了在恩哥约王位上享受几个小时的荣华而丢掉生命"。

第二十五章 临时国王

有些地方把巴比伦流行过的改良式之杀王风俗进一步改得更温和了。国王还是每年暂时离职,他的地位由或多或少名义上的国王替代。后者在短期统治结束时不再被杀了,不过有时候还保存着假拟处死的做法,以作为对往昔真正处死国王那种做法的纪念。举例来说吧,每年米阿克月(阳历二月)柬埔寨国王都要离职三天,这期间他不行使职权,不动玉玺,连到期的税收也不收取。有一临时的国王代他执政,叫作斯达克·米阿克,意即二月之王。临时国王的职位由国王的一个远亲世袭,儿子继承父亲,弟弟继承哥哥,跟真正王朝的继承一样。由星相家择一个吉日,临时国王由官员们排成豪华的队伍领着,他骑在一只御象上面,坐着皇家的轿子,由士兵护送,士兵穿着各色服装代表邻近的暹罗、安南、老挝等等民族。他不戴黄金的王冠,戴的是尖顶白帽子。他佩戴的不是镶了宝石的金质皇家徽章,而是一个木质徽章。他朝拜真正的国王,从他那里接受三天的王权,以及三天内的一切收入(不过,这最后一条惯例有时已经不执行了),然后,在皇宫周围和首都街道上游行。到了第三天,游行之后临时国王命令让大象踏"米山",这"米山"是用竹子架起来的,四周堆着一捆捆的稻子,人们把大象踏下的稻穗捡起来,随身带一点回家,象征可以得到丰收。也送给国王一些稻穗，国王命人把它煮了送给和尚们。

在暹罗，阴历第六个月的第六天（四月末）指定一个临时国王，他在三天之内操有王室大权，真正的国王则关在自己的宫殿里。这个临时国王派出许许多多的仆从，到各处市场和开张营业的店铺里，见什么抢什么，甚至这三天入港的轮船帆船，也都被他抢走，必须出钱赎回。他来到城市中心的一片场地，随身带着一张镀金的犁，由打扮得很鲜艳的牛拉着。将犁涂油、牛涂香之后，假王就用这部犁犁出九垅地来，由后面跟着的一些老年宫女，撒下当季的第一批种子。九垅地一犁完，周围观众就冲上来寻找刚播下的种子，认为把这些种子和自家的种子混在一起就能保证丰收。人们卸下牛轭，把大米、玉米、芝麻、谷米、香蕉、甘蔗、西瓜等等都摆在牛面前，看牛最先吃什么，来年什么东西价格就贵，不过也有人把这个兆头作相反的解释。这时临时国王倚着一棵树立着，右脚放在左腿膝盖上。由于他这样一只脚立着，民间称他为"跳脚王"。但他的官衔则是"法耶·福拉锡卜"，即"天军之主"，他是农业大臣一类的官。关于田地谷米等等的所有争执都由他处理。另外还有一个由他充当国王的仪式。那是在每年的第二月（正是寒冷的季节），为时三日。游行队伍把他领到婆罗门庙对面的一片空地上，上面有一些木桩，装饰得跟五朔节花柱一样。婆罗门在木桩搭起的秋千上摇荡着。当他们荡秋千、跳舞的时候，"天军之主"都得在一个位子上用一只脚站着。这个位子是用砖泥砌成的，上面盖着一块白布，挂着帏帘。他靠在一个饰金的华盖上，两个婆罗门在他两旁立着。跳舞的婆罗门携带牛角，他

第二十五章 临时国王

们用牛角从大铜锅里取水洒在观众身上,认为这会带来好运气,让人们生活和平、安静、健康、兴旺。天军之主独脚站立的时间大约三小时。认为这是"证明德伐塔斯和神灵的意向"。如果他脚落地了,"国王就可能没收他的财产,奴役他的家属,因为脚落地被认为是坏兆头,预示国家毁灭,王位不稳;他要是站得稳,那就认为他是战胜了妖邪,他还有权(至少在表面上)夺得三天中任何进港的船只,取走船里装的东西,还可以走进城里任何开着的店铺,爱拿走什么就拿走什么。"

直到19世纪中叶或更晚的时候,暹罗人跳脚之王的职务和权利都是这样的。在较晚的开明君主统治下,这个古怪角色在某种程度上已减削了它的光辉,并减轻了他的职务重担。他还和过去一样,观看婆罗门在空中摇荡,秋千悬在约九十英尺高的两根高柱之间,不过他不是站着,已被允许坐下来,虽然公众意见仍然希望他在整个仪式中把右脚放在左腿膝盖上,他要是令人失望地把发酸的腿放到地上了,他也不会引起法律处分。另外一些迹象则说明西方观念和文明之侵入东方。通向表演场地的大路为车辆所堵塞,灯柱子、电线杆高高矗立在稠密的人群之中,热烈的观众像猴子一样抱在杆柱上面。一支穿着朱红和黄色服装的旧式乐队,用古老的鼓和喇叭吹打不停,穿着漂亮服装的赤脚士兵的队伍踏着一支现代军乐队奏的"行军穿过乔治亚"的活泼乐曲轻快地走过。

第六个月的头一天被认为是一年的开端,在这天,撒马尔罕[①]

[①] 今乌兹别克斯坦东部地区。

的王和人民常穿上新衣裳,剃了头发和胡须。然后来到首府附近的一个树林中,他们在那里骑马射箭,一连七天。在最后一天,标的是一枚金钱,射中者有权当一天王。在上埃及,按科普特人算法的阳历年的头一天,也就是9月10日,这时尼罗河通常是涨水最大的时候,政府的日常行政工作暂停三日,各城自选自己的统治者。这位临时君主戴一种高高的傻瓜帽,佩上长长的黄麻胡须,裹一身奇怪袍子。他手执任职官仗,一群人装扮为书记、刽子手等扈从,于是他到地方长官的屋里去。长官听任自己被人革职,假王登上御座之后,开庭审理,连长官和他的官员都必须服从审理的决定。三天之后,假王被判处死刑,包装起来投入火堆。火烧毁了包装,这个埃及农民从火堆里爬了出来。这个习俗也许表明过去真的有烧死国王的做法。在乌干达,国王的兄弟们常是被焚化的,因为皇族的血洒出来是不合法的。

在摩洛哥北部菲兹城里,伊斯兰教的学生可以给自己指定一个苏丹,他的任期有几个星期,被称为苏丹·特塔尔巴——"学士苏丹"。这个短期的权柄可以拍卖,标售给出价最高的人。这项权柄也附有某些实利,执权者从此免缴赋税,他有权向真正的苏丹要求一次特惠照顾。这种要求很少遭到拒绝。一般就是要求释放一个囚犯。而且学士苏丹的代理人还向店家和房主征款,给这些人捏造各种好笑的指控。这位临时苏丹享受着真正宫廷的豪华,他还庄严地上街游行,有人为他撑着华盖,又是音乐,又是欢呼,学生们得到了罚金和人们自愿的捐献,再加上真正苏丹的慷慨供应,足以办一次豪华的宴会。他们大家都尽情享受,大搞各种竞技和娱乐。头七天假苏丹住在学校里,然后出城大约一英里，在河岸上宿营，有许多学生和市民扈从。他在城外住到第七天，真苏丹去拜访他，真苏丹答应他的请求，并且多给他七天的任期。所以"学士苏丹"的任期说起来是三星期。最后一周的六天过去之后，假苏丹就在夜间跑回城里。这个临时苏丹的职位总是在春天出任，大约在4月初。它的起源据说是这样的：当穆拉·拉希德二世于1664年或1665年打仗争王位的时候，某一犹太人在塔查僭取王权。但依靠学生们的忠诚，叛乱立即被压下去。学生们为了消除叛乱，想出一条妙计。有四十个学生把自己装在箱子里，作为礼物送给僭位者。夜深人静，当这位未生疑心的犹太人安静地睡在那些包装的箱子旁边的时候，箱盖悄悄地启开了，四十个勇士爬了出来，杀掉了僭位者，以真苏丹的名义占领了城市。真苏丹为了表示感谢给他的及时帮助，授权学生每年选一个自己的苏丹。这段叙述完全像是虚构的，只是用来说明一个古老的习俗，而这个古老习俗的真正意义和起源人们已经忘记了。

每年定一假王统治一天的风俗在康沃尔州的洛斯威西尔直到16世纪都还遵循。在"复活节后的第一个星期天"，城镇和庄园的不动产所有人集合在一起，本人到会或是代表参加。轮到某人，某人就穿上漂亮衣裳，英俊地骑上马，头戴王冠，手持节杖，他前面有人持一把剑，骑过大街到教堂去，其余所有的人骑在马上恭恭敬敬地在后面跟随。牧师穿上最好的法衣，在教堂庭院的栅栏处迎接他，领他去听礼拜布道。离开教堂后，他同样高兴地到准备接待他的屋里去。这里有宴会等着他和他的随从，他坐在桌子的上首，受人跪着侍候，一切礼仪都合乎国王身份，仪式以宴会告终，然后人人才都回到家去。

有时临时国王并不是每年都占有王位,而是每一帝王开始统治时来一次就算了。如苏门答腊的占碑王国,惯例是每一新皇帝开始统治时人民中总有一人占据王位,行使王权一天。有一个传说说明这个习俗的起源:有一次有五个皇家兄弟,四个大的都拒绝王位,理由是各有身体的缺陷,把王位让给他们最小的兄弟。但是最大的一位占有王位一天,同时也为他的后裔在每一皇帝开始统治的时候,保存了同样的权利。所以,临时王职是与皇室沾亲带故的家族世袭的。在比拉斯普尔似乎有一个风俗,每个王公死后,一个婆罗门要从死去王公的手里吃下所捧的米饭,然后坐王位一年。一年期满时接受馈赠放逐国外,而且不许再回来。"其想法似是罗阇的精灵进入吃了他死时手中的克尔(米饭和牛奶)的婆罗门身上,因为在这一整年中,这个婆罗门都受到细心的看守,不许走开。"据说康格拉的山国中也有同样或类似的风俗。放逐代表国王的婆罗门的风俗也许是代替将他处死。卡林西亚王登基的时候,有一个农民(是世袭专门做这事的)走到广阔山谷中四周环有草地的一块云石上,在他右边有一头生子的黑母牛,左边是一匹又瘦又丑的母马。一群农民集合在他周围。然后那个未来的国王,穿得像农民一样,手持牧杖,走了过来,有朝臣和地方官吏随从。农民见他走来,喊道:"那是谁呀?我见他骄傲地走了过来。"人们回答道:"这里的君王。"于是农民被说服把所占的云石座位让给君主,条件是得六十个便士、母奶、母马,并免缴租税。但是让位之前,他先在君王脸上轻轻打一下。

在我们谈另外一部分证据之前,关于这些临时国王,有几点

第二十五章 临时国王

值得特别注意。首先,柬埔寨人和暹罗人的例子清楚地表明,传给国王临时代替人的特别是国王的神性或巫术的功能。这是由于相信暹罗临时国王提起一条腿是战胜魔鬼,而放下腿则危害国家的生存。另外,柬埔寨人踩"米山"的仪式,暹罗人开犁播种的仪式,都是为了丰产而行的巫术,是认为带一些踩过的米和播过的种子回家会得到好收成。还有,暹罗的国王代表是掌犁的,这时人们焦急地望着他,倒不是看他犁的田垄直不直,而是看他丝袍的下摆准确地达到腿上的哪一点,因为下一季度的天气和庄稼状况取决于此。如果天军之主把衣服扯到膝盖以上,天气就多雨,大雨会毁掉庄稼;如果他让衣服垂到脚后跟,就将有一场大旱;但是如果他袍子的下摆正好落在他小腿的中间,那就会是好天气好庄稼。自然的进程,同决定人们祸福的国王代表的细微动作和姿势,竟是这么关系密切!但是这样交给临时国王促使谷物生长的任务,在原始社会是巫术的功能之一,通常认为应由国王履行。假王必须只用一只脚站在稻田中一个架高的位子上,这条规矩原来也是促使庄稼长高的巫法,至少古代普鲁士人遵守的一个类似的仪式,其目的就是这样的。最高的一个女孩,用一只脚站在座位上,膝上放满了饼,右手拿着一杯白兰地,左手拿着一块榆树皮或一块菩堤树皮,向卫兹干索斯神祈祷,希望黄麻能长得像她站得那么高。于是,她喝完一杯之后再斟满一杯,把白兰地倒在地上,算是奉献给卫兹干索斯的,再把饼扔下去,献祭随从的鬼神。如果在整个仪式中,她能够始终一只脚站着,那是亚麻收成好的兆头。如果她放下脚,恐怕收成就靠不住了。从前天军之主必须一条腿立着看婆罗门打秋千,也许有同样的含义。根据巫术的顺势或模拟原则,也许认为僧人的秋千打得愈高,稻米也长得愈高,因为据描写这个仪式是一个收获节,俄罗斯的列特人①打秋千,为的是要影响谷物生长。在春天和初夏,在复活节和圣约翰节之间(夏至),据说每个列特农民都把闲暇时间用来勤奋地打秋千,他荡得愈高,他当季的亚麻就长得愈高。

在前面的例子里,临时国王是根据惯例,每年指定的。但在另外一些例子里,指定只是为了应付紧急情况,例如解救国王实际临头的灾难,把它转给替身,从而让替身暂时代他为王。波斯的历史提供了临时代替国王的事例。如在1591年星象家警告大阿巴斯国王(Abbas The Great,Shah of Persia),说严重的灾难将临到他头上,叫他暂时离位,避避灾难,指定一个不相信这警告的名叫约苏菲的人代替他统治,这人可能是个基督徒。如果我们相信波斯历史家的话,此人戴上王冠,在三天中,不仅享有国王的名分和国家,而且享有国王的权力。临时统治终结时他就被处死。星象所兆示的天意由于有了这样的祭祀就解除了。于是阿巴斯在一个最吉祥的时刻重登王位,星象家预言他能够长期光荣地统治。

---

① 列特人(Letts),即拉脱维亚共和国境内的拉脱维亚人。

第二十六章　以王子献祭

关于前一章中描述的临时国王,有一点要注意,就是,在柬埔寨和占碑这两个地方,他们都来自被认为与皇家有亲戚关系的家族。如果本书关于这些临时国王职位的看法是正确的,我们就很容易了解为什么国王的替身有时须与国王同宗。国王起初得以弄到别人的生命代替他的生命而成为牺牲的时候,他一定要表明别人的死完全和他本人的死能够同样地达到目的。既然国王是作为神或半神而死去,那么,代他而死的替身至少当时要赋有国王的神性。正如我们刚才谈到过的,暹罗和柬埔寨国王确是这种情况。他们天赋有超自然的能力,这在早期阶段的社会里是国王特有的品质。但是没有人能比他儿子更好地代表他的神性了,人们可以认为他也具有国王的神性。所以没有人能像他儿子那么适合于为国王而死,也是为全体人民而死。

我们谈到过,根据传统说法,瑞典国王奥恩或昂恩在乌普萨拉给奥丁献了九个儿子,为的是保自己的命。他献了第二个儿子之后,他从神那里得到回答,只要他每九年给神献一个儿子,他就可以活下去。他献祭第七个儿子的时候,他还活着,只是很衰弱,不能走路,得用椅子抬着。然后他献上第八个儿子,又躺在床上活了九年。这之后他献祭了他的第九个儿子,再活了九年,并这九年只能用牛角喂他吃，像喂一个断奶的孩子一样。他想把他剩下的唯一的第十个儿子也献给奥丁，但是他的臣民们不容许他这样做。于是他就死了，葬于乌普萨拉的一个小山上。

在古代希腊，看来至少有一家很古的王室，其长子总是代替他们的父王作牺牲献祭的。当塞尔克斯领着他强大的军队穿过塞萨利在塞莫皮莱攻打斯巴达人的时候，他来到阿勒斯城。在这里，人们把拉菲斯蒂的宙斯神殿指给他看。关于这个神殿，他的向导给他讲了一个奇怪的故事。大致如下。有一次，该国名叫阿塔玛斯的国王娶了一个妻子纳菲儿，和她生了一个儿子叫弗里克索斯和一个女儿叫赫尔。之后，他娶了第二个妻子叫伊婼，和她生了两个儿子李尔秋斯和墨利色蒂斯。但是他的第二个妻子妒忌前妻的孩子弗里克索斯和赫尔，要谋害他们。为了实现她的邪恶目的，她做得非常狡猾。首先，她说服全国的妇女在谷物种下以前偷偷先行烤过。于是来年不长庄稼，人民饥饿而死。然后国王派遣使者到德尔斐向神询问饥荒的原因。但是坏心肠的后母贿赂使者，把神的回答说成是除非把阿塔玛斯前妻的孩子献祭给宙斯，饥荒绝不会停止。阿塔玛斯听说后，派人去找孩子来，孩子们正跟羊群在一起。但是有一只金色羊毛的公羊张开口，用男人声音说话警告孩子们有危险。他们于是骑上这只羊，和它一起飞过陆地和海洋。当他们飞过海洋的时候，女孩从羊背上滑下，掉进水里淹死。但她的兄弟弗里克索斯则被安全地带到柯尔契斯地方，这里归太阳的儿子统治。弗里克索斯和国王女儿结了婚，她为他生了一个儿子库提索鲁斯。在这里，他把金羊毛的公羊献祭给天神宙斯（但是也有人认为，他把这个动物献给了拉菲斯蒂

第二十六章 以王子献祭

的宙斯)。他把金羊毛送给了他的岳父,他的岳父把羊毛钉在一棵橡树上,让阿瑞斯圣林里一条不眠的龙看守。这时在他家乡有一个神谕,要国王阿塔玛斯本人为全国充作赎罪的牺牲献祭。于是人们用花冠把他装扮成牺牲的样子,领他到祭坛去,在那里他们正要献祭他的时候,他被救了,也许是他的孙子库提索鲁斯救的,后者正在紧要关头从柯尔契斯赶来,也许是赫拉克勒斯救的,他带来国王的儿子弗里克索斯还活着的消息。这样阿塔玛斯得救了,不过他以后发了疯,误把他儿子勒阿尔库斯当成一头野兽,将他射死。后来他又想要他剩下的儿子墨利色蒂斯的命,但是他母亲伊婼救了这孩子,她带着孩子逃走,自己和孩子一起从高崖跳入海中。母亲和儿子都变成了海神,儿子在特内多斯岛上受到特别的崇拜,为他献祭婴儿。这样,不幸的阿塔玛斯失去了妻子和孩子,他离开了他的国家,他问神谕他该住在什么地方,神叫他住在任何野兽招待他的地方。他落入一群吃羊的狼当中,当狼见到他时就都跑开了,留给他一堆它们吃剩的血淋淋的残骨。神谕就这样实现了。因为阿塔玛斯王没有为全国充作赎罪的牺牲献祭,于是神下令道,他家每一代的最长的子嗣只要进入市镇大厅内(阿塔玛斯家总有一人在这里献祭给拉菲斯蒂的宙斯)就一定得把他献祭。向导告诉塞尔克斯,阿塔玛斯这一家有许多人都逃到外国,躲避杀身之祸。其中有些人多年以后又回来,走进市镇大厅时,便被站岗的人抓住,戴上花冠作为祭品,列队牵出祭献。这些事虽不是常常被人提到,看来却是很出名的。因为有一段被认为是柏拉图写的对话谈到了迦太基人杀人祭神的事,在这段话之后,作者补充道,这类做法在希腊人中并不是没有,他还怀着惊恐的心情提到在里卡悠斯山上阿塔玛斯后裔祭神的事。

这个野蛮风俗甚至到较晚的时候大概也绝未废除。普鲁塔克时期奥尔霍梅努斯地方一个人祭的例子加强了这种看法。奥尔霍梅努斯是维奥蒂亚的一座很古的城市,越过平原离这位历史家的出生地只有几英里远。这里住了一个氏族,男的都叫普索罗依斯(Psoloeis),即"黑乎乎的",妇女都叫奥丽姬(Oleae),即"危害的"。每年在阿格利昂的节日时,狄俄尼索斯的祭司持剑追赶这些妇女,他要是赶上一个,他就有权杀死她。在普鲁塔克活着时,这个权柄实际操在一个祭司佐伊勒斯手里。至少每年出一个活人献祭的这一家,是王室后裔,因为他们的家谱上溯到米尼亚斯,是奥尔霍梅努斯著名的老王,一个富得惊人的君主,他那被人称为"堂皇的宝库"的废墟至今犹存,就坐落在绵延的多石的奥尔霍梅努斯山融入柯配大平原的地方。传说,国王的三个女儿早就瞧不起国内其他妇女陷于酒神的狂热,坐在王宫里专心织布,不屑与那些人为伍。其余的妇女则戴着花冠,披散着头发随风飘舞,狂热地在奥尔霍梅努斯附近光秃秃的山上游荡,让寂静的群山震荡着铙钹和手鼓的疯狂音乐。但是,神威终于感染了这三个在寂静闺房里的皇家妇女,她们也强烈渴望参与人欲的活动,于是三人拈阄确定应当由谁交出一个孩子供应吃人宴会。阄儿落到露茜普头上,她交出了她的儿子希巴索斯,三人共同把他的四肢一条一条地撕下来。这三个误入歧途的妇女留下的后裔就是奥丽娅和普索罗依斯。据说那些男子之所以这么称呼是因为他们穿着悲伤颜色的衣服以表示他们的悲悼和忧愁。

奥尔霍梅努斯地方从皇家后裔中选取人员作为献祭的做法,

第二十六章 以王子献祭

由于阿塔玛斯自己甚至在米尼亚斯之前就统治过奥尔霍梅努斯这地方,还因为城对面矗立着拉菲斯蒂厄斯山更加有意义,在那座山上,跟塞萨里的阿鲁斯城一样,有一座拉菲斯蒂的宙斯神殿,传说,阿塔玛斯原想将他的两个孩子弗里克索斯和赫尔送到这里祭神。将有关阿塔玛斯的这些传说与有史时期有关他的子孙的风俗比较一下,我们大致可以推定:在塞萨里,也许还在维奥蒂亚,古代原有一个王朝统治,其国王为了全国的利益常要给叫作拉菲斯蒂的宙斯的神做祭品,但他们设法把这致命的责任推给子孙,通常都是以长子献祭。随着时间的逝去,这个残酷的风俗变得很温和了,可以用一头公羊代替王室子孙来做祭品献给在城镇大厅内的拉菲斯蒂。条件是王子不得进入那个大厅。但是如果他很鲁莽,走进了这个致命的地方,那是他自己愿意送上门的,神本是好意,睁一只眼闭一只眼,让公羊来代替他,到这时,被神发现了,那么,久已不用的古代做法就全部恢复,王子必须一死,别无他法。把国王或王子献祭一事与大饥荒联系起来的传说,显然表明了一种信仰,这种信仰在原始人当中是很普遍的,就是国王要对气候或年成负责,他理所当然地要为风雨失调和庄稼歉收而付出他的生命。总之,阿塔玛斯和他的后裔看来是把神或巫术的职能与国王的职能联系在一起了。据说阿塔玛斯的兄弟萨尔穆努斯都自称具有神的性能,这就为上述看法提供了有力的证据。我们已经讲到过,这个大胆的凡人,自称就是宙斯本身,他用叮当的水壶和闪亮的火炬胡乱地冒充雷电,声称能够指挥雷电。我们如果可以根据类比判断,他的假雷假电并不只是戏剧性的表演做来欺骗或影响观看者。它们是王族巫师施展的巫术,借以产生他们希冀出现的天空自然现象。

亚洲西部的闪米特人，国王在国家危难的时候，有时让自己的儿子为全体人民献祭而死去。贝鲁斯的菲罗在他关于犹太人的著作中说道："有一个古老的习俗，在大难临头时，一座城池或一个国家的统治者得把他心爱的儿子交出来献祭给报仇的魔鬼，为全民赎身。这个献出的孩子在神秘的仪式中被杀死。如克洛努斯（腓尼基人称之为以色列）是腓尼基的国王，只有一个独生儿子叫杰乌德（在腓尼基语言中，杰乌德是独生之意）。在一次战争中，国家受到了敌人极大危害，人们给他穿上王袍，把他献上祭坛。"当国王穆阿布被以色列人包围，攻打紧迫时，他只好献出本应继承王位的长子，把他在城墙上火祭了。

第二十七章　神灵转世

远古时期，野蛮种族中的国王常在短期统治后被处死，这一看法可能遭到反对，认为这个风俗会使皇家绝灭。针对这种反对意见可以答复如下：第一，王职并非经常限于一家，而可以由几家轮流担任；第二，这个职务常常不是世袭的，对任何人家的男子都是开放的，甚至对外国人也如此，只要他满足了要求的条件，如与公主结婚、在战斗中击败国王之类；第三，即使这个风俗会使一个王朝绝灭，在那些和我们比起来较少想到未来、较少注意人的生命的人当中，这种考虑也不会阻止他们遵循这一风俗。有许多种族，和许多个人一样，总沉溺于最后必定毁灭他们的某些做法。波利尼西亚人通常似乎要杀掉他们三分之二的孩子。据说在东非的某些地方，孩子出生时被杀的比例也是一样大。只有经过某些仪式受胎而出生的婴儿才允许活着。据报道，安哥拉一个常打胜仗的部落贾加人，他们毫无例外地杀掉他们所有的婴儿，为的是使妇女们在行军中不受牵挂，他们招募人员的办法是收录十三岁或十四岁的男女孩子，其父母则被他们杀死吃掉。在南美洲的姆巴亚印第安人中，妇女通常杀掉他们所有的孩子，只留最后一个，或者她们认为是最后的一个。如果有人后来又生一个孩子，她就把他杀掉。毫不奇怪，这种做法最后完全毁掉了姆巴亚族的一支,而这支人曾在许多年内都是西班牙人最凶猛的敌人。在格兰查科的伦瓜印第安人中,传教士发现了他们所描写的"一种细心设计的种族自杀制度,做法是流产、杀婴以及其他方法"。野蛮人自杀不只是用杀婴一种方式。乱用神裁法服毒也一样有效。不久前有一支小部落叫作悠威特,从山区下来定居在西非卡拉巴河的左岸。当传教士初次访问这个地方,发现他们人口不少,分住在三个村子里。从那以后,由于不断采取神裁法服毒,几乎使全族人口绝灭。有一次全体居民都服毒,以证明他们无罪,结果有一半人当场死去,我们听说剩下的人还继续他们的迷信做法,必然不久也要灭绝。我们有了这些例子,就可以毫不犹豫地相信,许多部落在遵守一条可能灭绝一个家族的习惯时,他们是不会问心有愧的。以为他们会有这类顾虑,那就犯了一个常见的、不断重复的错误:拿欧洲文明的标准衡量野蛮人。如果我的任何一个读者开头有一个想法,以为人类所有的种族都是跟受过教育的英国人一样地思考和行动,那么,本书收集的迷信想法和风俗的例证足以消除他那么错误的一种先入之见。

这里提出的对杀死神人的风俗的说明包含着——至少是现成地联系着——被杀神灵的灵魂转入他继承者身上的想法。关于这种转入,除了希卢克的情况外,我没有直接证据。在希卢克人中,杀死神王的做法以典型的方式流行着,他们有一条基本信念,即该朝代的神灵创立者的灵魂存在于每一个被杀的继承者身上。不过,如果这是我能举出的有关这种信念的唯一实例,那么,用类推的方法可以假定死神灵魂的类似继承也发生在其他例证中,这是可能的,虽然还没有直接证据。因为,已经证明过,人身

第二十七章 神灵转世

神祇的灵魂常被认为在死时转给了另一个神的肉体化身。如果自然死去会发生这样的事,那么暴死似乎就没有理由不发生这样的事。的确,死人灵魂会转给其继承者的观念,原始民族是完全熟悉的。在尼亚斯,通常是长子继承他父亲的酋长职位。如果由于某种体格或智力的缺陷,长子不是合格的继承者,父亲就在生前决定哪一个儿子继承他的地位。不过,为了建立他的继承权,这个被父亲选中的儿子需要用他的嘴或用一个袋子捉住临死酋长的最后一口气,随着这口气也就捉住了酋长的灵魂。因为任何人只要捉住他最后的一口气都可以和指定的继承人一样当酋长。所以,其他兄弟,有时还有陌生人,都挤在死人周围,在他的灵魂出来时去抓住它。在尼阿斯,房子都建在柱子上,高出地面,如果碰上临死的人是脸朝下趴着,这时候补继承人中有一个就在地上挖一个洞,用竹筒吸取酋长的最后一口气。酋长如果没有儿子,就把他的灵魂用一个袋子捉住,挂在代表死者的肖像上。于是认为灵魂已经进入肖像之内。

有时候,似乎国王与他前辈灵魂之间的精神联系是由占有他人身的某一部分而维系的。在西里伯斯南部,王室的标志常常是已逝罗阇身体的一部分,作为圣物珍藏起来,它授予王者权柄。同样的,在马达加斯加南部的萨卡拉伐人中,死王的一块脊骨、一个指甲和一绺头发放在鳄鱼牙齿里,在一栋专门的房子中和他前辈同样的遗物一起,细心保存起来。占有这些遗物就有权坐王位。一个法定继承人如丧失了它们就失掉了他对人民的一切权力,相反,一个僭位者如占有这些遗物,就毫无争议地被认为是国王。非洲西部的阿贝奥库塔的阿雷克或国王(the Alake or King of Abeokuta)死去的时候,首要的人物就将他尸体斩首,把他的头放在一个大陶制器皿里,把它交给新王,成为新王的神物。他必须敬重它。有时候,显然为了新王能更确定地继承王室的巫术或其他德行,他必须要吃先王的一块肉。如在阿贝奥库塔,不只是给继承者送来死王的头,连舌头也割下来送给他吃。所以,土人在表述"国王统治"这一含义的时候,就说:"他已经吃过国王了。"同类的风俗还在西非拉各斯内地的一个大市镇伊巴丹流行。国王逝世后,他的头被砍下来,送给他的名义宗主"奥约的阿拉芬",约鲁巴约地方的王。但他的心则被他的继承者吃掉。不久以前,伊巴丹新主登位时还举行过这种仪式。

综观上述证据,我们大致可以推断,当神王或祭司被处死以后,他的灵魂被认为是传给了他的继承者。白尼罗河的希卢克人,规定要杀他们的神王,每一个王登基都要举行这种仪式,看来,规定进行这种仪式是为了把神圣的受崇拜的灵魂传给新王,他所有的前辈一个个地都在王位上继承了这同一灵魂。

第二十八章　处死树神

第一节　降灵节的化装游乐者

我们最后还需要弄清楚究竟杀死神王或祭司的习俗对我们所探讨的特定题目有什么启发呢？在本书前面一部分我们谈到有理由假定内米地方的林中之王是被看作树精或植物精灵的化身,在他崇拜者的信念里,作为化身,他就具有使树木结果、庄稼生长等等魔力。所以,他的崇拜者必定非常重视他的生命,也许对于他的生命有一整套详细的预防手段或禁忌,像许多地方一样,人神的生命都有预防手段或禁忌来加以保护,防御魔鬼或巫师的恶意侵害。但是我们已经说到过,附属于人神生命的价值本身就需要他暴死,作为保存生命、避免年老衰弱的唯一手段。同样的推理也适用于林中之王,他也必须被杀死,为的是让附在他身上的神灵可以完整无缺地转入他的继续者身上。他可以为王,直到比他更强壮的人把他杀死。这条规定可以说是既保证他的神性与生命精力充沛,又保证一旦他的精力初见不济时就转给适当的继承者。只要他能用强壮的手保持住他的王位,就可以推定他的自然精力并未减退,而他之败于或死于他人之手就证明他的精力开始衰退,也正是他神灵生命该寄居在一个不那么衰朽的躯壳里的时候。这样来说明林中之王必须被他的继承者杀死的规定，至少能使这条规定完全可以理解。希卢克人的理论和实践有力地证实了这种说明，希卢克人在神王健康衰退初露迹象时即将他处死，唯恐他的衰老会引起庄稼、牲口和人的精力相应衰退。还有，奇托姆的类似情况也能证实这种说明：世界的存在都被认为系于奇托姆的生命，所以，老弱迹象一出现，他的继承者就将他杀死。而且在较晚的时候，卡利卡特国王任职的条件与林中之王任职的条件是一致的，只不过后者在任何时间都可以受到候补人的袭击，而卡利卡特王只可以十二年受一次袭击。而卡利卡特王只要能够对抗一切来人，保住自己，他就被容许继续统治下去，这是为了履行定期杀死他的老规矩所做的缓和手段，所以我们可以推定给林中之王的类似许诺，也是一种为了履行定期终结时将他处死的老规矩所做的缓和手段。在两种情况下，新规矩至少给神人一个活命的机会，照老规矩他是没有这个机会的。也许人民同意这种变更是由于想到只要神人能持剑对付一切攻击、保住自己，那就没有理由害怕他身体出现致命的衰颓现象。

如果能举出证据，证明在北欧有一个定期杀死林中之王的相应人物即化身为树精的风俗，那么从前在定期终结时原要处死林中之王不许他有活命机会这个假设就被证实了。事实上，这种风俗在农民的节日活动中留下了明显的痕迹。

对于上述说法，我们举个例子来说吧！在下巴伐利亚的尼德波林地方，降灵节期间扮作树木精灵的人——人们称他为芬格索——从头到脚都披着树叶和鲜花。他头上戴一顶尖

第二十八章 处死树神

尖的高帽子,帽尖落在他肩上,帽子上只给他眼睛留两个洞,帽上铺满水藻,顶上覆盖着芍药花。他上衣的袖子也是水草做的,他身上其余部分也裹着赤杨叶和榛树叶。他的两边各有一男孩,牵着他的胳臂。这两个男孩还拿着出鞘的宝剑,其他参加游行队列的人也大部分佩带宝剑。在他们希望得到礼物的每一户家门口停下来,人们躲着往披叶子的孩子们身上浇水,他湿透了,大家都高兴,最后他走进水深齐腰的河里,于是有一个男孩站在桥上,假装要砍掉他的脑袋。在施瓦本的瓦姆林根地方,一二十个年轻的小伙子在降灵节的星期一那天穿上白上衣白裤子,腰围红巾,巾上系着宝剑。他们骑马到树林里去,两个吹鼓手吹着喇叭在前带路。在树林里他们砍下叶子多的橡树枝,把他们之中最后一个骑马出村的人从头到脚裹在树枝里。不过,他的两条腿是分开来包的,好让他能够再骑上马背。他们还给他按上一个老长的假脖子,上面装一个假头和一个假脸。然后砍一棵五朔树,通常是十英尺高的白杨树或山毛榉,给五朔树装上花手巾、绸布条之后就交给一个特定的"背五朔树的人"。于是骑马的队伍伴着乐声和歌声回到村里去。行列中出色的人物包括一个黑脸头戴王冠的摩尔王、一个铁胡须博士、一个班长和一个刽子手。他们在村里的绿草地上停下来,每个人物说一通押韵的话。刽子手宣布穿树叶的人已被判死刑,并砍掉他的假头。然后骑马的人们都跑到五朔树那里去,五朔树原已在不远的地方竖立好了,而头一个到达且把树拔起的人就得到树和树上的装饰品。这个仪式每隔两年或三年举行一次。

在萨克森①和图林根②,有一个降灵节的仪式叫作"把野人赶出灌木林"或"把野人抓出树林"。一个小伙子穿着树叶或水草称作"野人"。他躲在树林里,村里其他的男孩出去找他。他们把他找出来,当俘虏牵出树林,用空枪对他开火。他倒在地上像死了一样,但是一个医生打扮的男孩给他放血,他又醒过来。他们见了大喜,把他紧紧地绑在车上,送他进村,他们在村里告诉所有的人他们是怎样抓野人的。每一家都给他们礼物。在埃尔茨吉伯奇③山区,17世纪初期每年忏悔节都有以下的习俗。两个人装扮成野人,一个披着灌木树枝和水草,另一个披着稻草,让人牵在街上走,最后带到市场上去,他们在那里让人追逐、射枪、刺杀。他们倒下之前,摇摇摆摆,做着怪动作,他们从随身带的囊袋里向人们喷血。他们倒下时,猎人把他们放在木板上,带到酒店去,矿工们走在他们旁边,用采矿的工具敲击出阵阵闹声,好像他们抓到一头好猎物。与此相近的忏悔节另一风俗还在波希米亚的施鲁坎诺地方流行。一个人扮成野人,被人赶过几条街,最后来到一条拦着绳子的窄胡同里。他被绳子绊住,倒在地上,让他的追逐者赶上来抓住。刽子手赶上来,用剑刺破装了血的水泡(野人原已把水泡带在身上),于是野人死了,流的血染红了地面。第二天一个样子扎得像野人的草人放在担架上,一大群人跟着,拿到池

---

① 德国的两个地区。
② 同上。
③ 现为捷克与德国边境地区。

第二十八章 处死树神

子旁边,由刽世手扔进池里。这个仪式叫作"埋葬狂欢节"①。

在塞米克(波希米亚),在降灵节的星期一那天流行斩王头的风俗。一群青年人打扮起来,每人都腰缠一根树皮,带一把木剑和柳木做的号角。国王穿一件缀满花朵的树皮袍子,头戴缀了花枝的树皮王冠,脚上缠着羊齿植物,一副假面具掩藏着他的脸,手拿一根山楂树嫩枝作为权杖。一个男孩牵着他脚上拴的一根绳子,穿过村庄,其余的人则在他周围跳舞、吹号、吹口哨。每到一个农家,国王都被赶着绕屋跑,队伍中有一个人用剑击一下国王的树皮袍子,打得它发响,然后讨赏钱。砍头的仪式在这里有些模糊,在波希米亚其他地区则更近于真实。如在柯尼格拉兹地区的某些村庄里,在降灵节的星期一那天,女孩子们聚在一棵菩提树下,男孩子们聚在另一棵菩提树下,都穿上他们最好的衣服,配上绸带。男孩子给王后编一个花冠,女孩子给国王也编一个。他们选出国王和王后之后,排成双行列队到酒店去,司仪从酒店阳台上宣布国王和王后的名字。这时一面奏乐,一面授予两人国王和王后的徽章,戴上花冠。然后有人站在板凳上,指责国王各种违法的事,诸如虐待牲口之类。国王求诸证人,于是开庭审讯,终结时,法官宣判国王"有罪"或"无罪",法官带一根白棍子作为执法的标记。如判为"有罪",法官就折断他的棍子,国王跪在一块白布上,所有的人都脱下帽子,一个士兵拿三顶或四顶帽子,一个叠一个地放在国王陛下的头上。于是法官三次高呼"有罪"二字,

---

① 英文 carnival,按音义合译为"嘉年华会",亦译"狂欢节"或"谢肉节",至今欧洲民间仍盛行。

命司仪将国王斩首。司仪从命,用木剑击落国王的帽子。

不过,对我们的目的来说,这些假行刑中最有意义的也许是下述波希米亚的这样一个例子。在皮尔孙地区(波希米亚)的某些地方,当降灵节的星期一来到,国王穿上树皮,缀上花卉和绸带,戴一顶金纸王冠,骑一匹马,马身上也铺了花。他由一个法官、一个刽子手和其他人物随从,后面跟一队骑马的士兵,骑马到村里的场上去,在那里五朔树下用绿树枝扎了一个小屋或亭子,五朔树是棵杉树,新砍下来的,去掉树皮,缀上花卉和绸带。骑马的队伍在批评村里的妇女和姑娘,并将一只青蛙斩首之后,来到一条又宽又直的街上原先定好的一个地方。在这里他们画出两道线,国王开始逃跑。人们让国王先跑一步,他尽快地骑马跑开,整个队伍都追赶。如果他们没有赶上他,他就再做一年国王,他的伙伴在晚上必须在酒店替他付钱。但如果他们赶上他,将他捉住,就用榛树枝抽他,或用木剑打他,并强迫他下马。然后刽子手就问:"我要将这个国王斩首吗?"回答说:"斩首。"刽子手挥起斧头,并说:"一、二、三,让国王人头落地!"他于是砍掉国王的王冠。在旁观者的高叫声中,国王倒在地下。然后把他放在尸架上,抬到最近的农家去。

我们不可能看不出这些假装杀掉的人物中,大多数是代表树精或植物精灵的,因为人们认为它是在春天出现。扮演者所穿的树皮、树叶、花卉以及他们出现的季节都表明他们与草王、五朔树王、绿衣杰克,以及我们在本书前面已考察过的春天草木精灵的其他代表属于同一类。好像是为了在这一点上取消任何可能的怀疑,我们发现两个例子中被杀的人都直接与五朔树有关,正如五朔王、草王等等是树精化成的人身一样,五朔树是树精的非人的化身。所以,用水泼芬格索以及他走到水齐腰深的河里,无疑都是求雨的巫术,正像我们提过的那些求雨巫术一样。

但是,如果这些人物确是代表春天的草木精灵,那么问题就来了,为什么要杀他们? 在任何时候,特别是在春天最需要草木精灵尽力的时候,却将他杀掉,目的何在呢? 对于这个问题,唯一可能的回答似乎就在已经讲过的有关杀神王或祭司的风俗的解释之中。由于神的生命暂时寄居的脆弱媒介物的软弱性,体现在物体或人体中的神灵生命易于被玷污、被腐化。它必然与体现它的人体的年龄增长一起变得日益衰弱,如果要挽救它,就必须在人体表现出衰退迹象之前离开他,至少也要在衰退迹象表现时立即离开,以便把它转给强壮的继承者。其做法就是杀死神的旧的化身,将神灵从他那里传给一个新的体现者。所以,杀神,也就是说,杀他的人体化身,不过是使他在更好的形体中苏醒或复活的必需步骤。这绝不是神灵的消灭,不过是神灵的更纯洁、更强壮的体现的开端。如果这种解释适合一般杀神王或祭司的风俗,那它就更加明显地适合每年春天杀树精和草木精灵的代表的风俗了。植物的生命在冬天衰竭,原始人自然把它说成是草木精灵的衰颓,他认为草木精灵变老了变弱了,所以必须更新且把它杀掉,并以更年轻新鲜的形式使之复活。因此,春天杀掉草木精灵的代表被认为是提高和加速植物生长的手段。因为杀树精总是或明或暗地与树精在更年轻力壮的形式中苏醒复活联系在一起。所以在萨克森和图林根的风俗中,野人被射杀后,医生又使他复活。在瓦姆林根的仪式中有一个铁胡须博士的人物,他也许曾经扮演同样的角色。在我们下文就要说到的另外一种春天仪式中,这个铁胡须博士的确装作能使死人复生。不过关于神的这种苏醒或复活,我们一会儿还要多谈一些。

这些北欧的人物和我们探讨的题目——森林之王或内米祭司——之间的相似点是相当突出的。我们在北方的这些假扮人物中见到有一些国王,他们的树皮、树叶、衣服以及青枝搭的小屋和他们在杉树下面开庭审判的情形,都千真万确地说明他们跟意大利的类似人物一样,都是一些树林之王。和他一样,他们也会暴卒,但也和他一样,他们也可以凭他们身体的力量和敏捷暂时逃脱死亡:因为在各北方风俗中,国王的奔跑和被追逐是仪式的一个突出部分,至少在一个例子里,国王如能逃脱他的追赶者,他就可再保持一年生命和职位。在这个例子里,事实上国王任职的条件是每年逃命一次,正如在较晚的时候卡利卡特王任职的条件是每十二年有一次对抗一切来犯者,以保护自己的生命,也正如内米祭司的任职条件是任何时候都要对付任何人的攻击以保住自己。在这各个例子中,神人的生命都延长了,条件是他要在战斗或逃跑的一场严重的体力竞争中表明他的体力并未衰退,因而迟早会到来的暴卒也延期了。关于奔跑,值得注意的是,在林中之王的传说和实际中都是很突出的一点。为纪念这一崇拜的传统创始人俄瑞斯忒斯的奔跑,他必须是一个逃走的奴隶,因此这些林中之王都被古代作家描写为"强壮的手,飞快的腿"。如果我们充分地了解阿里奇亚树林的仪式,也许我们可以发现,森林之王像他波希米亚的兄弟一样,是可以有一次逃命的机会的。我已经推测过罗马祭司王(regifugium)每年奔跑最初也是同样的性质。换一句话说,他原本也是神王之一,他要么就凭任期满后被处死,要么就是强壮的手和飞快的腿证明他的神性旺盛无损。在意大利森林之王和他北欧的同类人物之间,还有一个类似点值得注意。在萨克森和图林根代表树精的人被杀后又被医生救活。这正好是传说中肯定的内米首任森林之王希波吕托斯或维尔比厄斯所遇到的,他在被他的马踏死后,又被医生阿斯科拉庇厄斯救活。这样的一个传说同关于杀死森林之王不过是使他在继承者身上苏醒或复活的一个步骤的理论是十分相符的。

第二节 埋葬狂欢节

到此为止,我已经提出了一个解释,借以说明内米祭司需要由他的继承者杀死的规定。只能说这个解释是可能的,我们关于这个风俗及其历史知道得很少,对于这个解释也只能说到这个地步。不过,它表现的动机和思想方式在原始社会的作用能证实到什么程度,它的可能性就增大到什么程度。到此为止,我们关心其死亡和复活的神,主要是树神。如果杀神的习俗以及对他复活的信念开始于——或至少存在于——社会的狩猎和畜牧的阶段,那时被杀的神是一只动物,它要继续到农业阶段,那时被杀的神就会是谷物或代表谷物的人,如果我能证明这些,整个解释的可能性就大大增加了。后面我还要试图证明这一点,在讨论过程中,我希望能够澄清某些模糊的地方,并答复读者可能想到的某些异议。

我们从我们中断的地方开始——前面说到欧洲农民的春季

习俗。除了已经描述的仪式外,还有两类相近的做法,神灵人物或超凡人物的装死在这两类做法中是一个突出的特点:在一类做法中,戏剧性表演的死去人物是狂欢节的一个人身;另一类中则是死神本身。前一仪式自然落在狂欢节结束的时候,或是在这个欢乐季节的最后一天,即圣忏悔节的星期二,或是在四旬斋的头一天,即圣灰星期三①。另一节日——抓出死神或赶走死神,一般是这么称呼的——日子并不是定得这么一致。一般说是在四旬斋的第四个星期日,因为它又有一个名字叫作死者礼拜日。但在某些地方,节日要早一个星期,另一些地方,如在波希米亚的捷克人中则晚一个星期。而在摩拉维亚的某些德国人的村子里,则在复活节后的第一个星期日举行。也许像已经提示过的,日期原来就不一致,要看第一个燕子或其他某些春的信息第一次出现的时日而定。有些作者认为这个节日源出于斯拉夫。格林认为它是古代斯拉夫人的新年节,斯拉夫人一年开头是在3月。我们先举一些狂欢节假死的例子,狂欢节在日历上总在新年之前。

拉丁姆的弗罗西诺内处在罗马和那不勒斯之间大约正中处,这个意大利的外省城市生活之枯燥单调,在狂欢节最后一天被叫作雷迪卡的古老盛会所打破。大约下午四点左右,城市的乐队奏着活泼的调子,后面跟着一大群人,向皮亚察·德尔·普勒比西托进发。本地区行政副长官的住址和其余的政府建筑都在这里。在这里广场的正中心,等待的人群见到一辆大车,缀着各色的彩

---

① 圣灰星期三(Ash Wednesday)一译大斋首日,或圣灰礼日,或灰星期三,在复活节前第十四天,即四旬节的第一个星期三,这一天罗马天主教向忏悔者头上撒灰(棕榈主日使用的棕榈树叶烧成的灰),以示谢罪和忏悔。

第二十八章 处死树神

饰,由四匹马拉着。车上放着一张大椅子,坐在椅上的是狂欢节的庄严人物,一个泥灰做的人,约九英尺高,脸上发红微笑,一双大靴子,一顶意大利水兵士官戴的锡盔,一件饰有奇怪花样的彩色上衣,这些都装点着这位庄严人物的外表。他的左手落在椅背上,右手则文雅地招呼人群,这个谦恭的动作是由一个人用绳子牵动的,他谦虚地躲在欢乐椅底下,不露面。这时人群在椅子周围激动地汹涌着,尽情地发出粗犷的欢呼声,而一群温和单纯的人混杂在一起,热烈地跳着萨尔塔里罗舞(Saltarello)。这个节日的一大特点,就是每人必须手里拿一枝所谓的雷迪卡(radica,根),代表一片大沉香叶子,更准确些说,是一片龙舌兰的叶子。任何人不带这种叶子闯入人群,都会毫不客气地被挤出来,除非他拿一根长竿,长竿尖上挑一棵大洋白菜作为代替物,或用一把编得古里古怪的草代替。人群转了一会儿之后,伴随着慢慢走动的大车来到副长官府的门前停下,大车走过不平的地面,颠簸地进入庭院。这时人群安静下来,他们压低的声音,据听见过的人描述,像波动的海水的低吟。所有的眼睛都焦急地看着大门。指望副长官本人和其他代表庄严法律的人们会从门里出来礼拜当时的英雄。停了片刻之后,一阵雷鸣般的欢呼声和鼓掌声,欢迎政要的出现,他们列队而出,下了楼梯,站到行列中。这时,狂欢节的歌声雷动,然后在震耳欲聋的吼声中,沉香叶子和白菜旋入高空,不偏不倚地落在正义和不正义的人的头上,他们开始自由格斗,使节日添增新的乐趣。当所有参加者满意地结束了这些暖场活动之后,队伍开始游行。由一辆车殿后,载着酒桶和警察,警察愉快地工作着,把酒分给所有要酒的人,这时车后滔滔的人群中凶猛地争夺,杂以大量的喊叫声、拳击声、辱骂声,他们生怕失掉了花公家的钱把自己灌醉的大好机会。最后,队伍壮丽地游过了主要的街道,狂欢节的偶像被拿到一个广场的中央,剥掉他华丽的外装,放在一堆木头上,在人群的叫喊中烧起来,他们又一次雷鸣般地唱着狂欢节的歌,把他们所谓的"根"抛到火堆上,无拘束地尽情欢跳。

在阿布鲁齐(Abruzzi),狂欢节的纸板人像由四个掘墓人抬着,他们嘴上叼着管子,肩带上挂着酒瓶。狂欢节的妻子走在前面,穿着丧服,流着眼泪。① 队伍偶尔停下来,妻子对同情的观众讲话,掘墓人就在酒瓶子上吸一口酒,提提神。在宽阔的广场上,把假尸放在柴木堆上,随着鼓声、妇女的尖叫声以及男子更粗犷的喊声,一把火点着了火堆。一面烧像,一面向人群中抛撒栗子。有时候,狂欢节老人用竿顶上拴的一个稻草来表示,由一队化装游行的人们在下午背着走过城市。黄昏时分,四个化装的人拿着一床被子或被单,各执一角,让狂欢节的像跌落进被子或被单里。然后继续游行,表演着猫哭耗子似地流着泪,用小锅或饭铃来强调他们悲戚的痛苦。还有些时候,在阿布鲁齐,由躺在棺材里的活人表示死去的狂欢节,由另一人伴随,他扮演牧师,从水桶里大量地洒圣水。

在加泰罗尼亚的莱里达②地方,一个英国旅行者在1877年亲眼看见过狂欢节的葬仪。在狂欢节的最后一个星期,大队的步

---

① 在这里"狂欢节"(嘉年华会)被看成是一个男性神灵人物。
② 属西班牙。

第二十八章 处死树神

兵、骑兵、各种戴面具的人,有的骑马,有的乘车,威武地伴送波·皮大人(偶像称为波·皮)穿过大街,一连三天,狂欢如潮,然后在狂欢节最后一天的半夜,同样的游行队伍又穿过街道,不过面目不同,目的不同。辉煌的大车换成了柩车,里面放着波·皮大人的尸体,一队戴假面具的人,他们在第一次游行时扮演蠢学生的角色,大说笑话,现在却穿着牧师和主教的袍子,慢慢走过,手举一支点亮的蜡烛,唱着挽歌。所有的人都披着黑纱,骑马的人都举着点燃的火炬。游行的队列哀愁地走过大街,街两边是高高的、多层的、带有阳台的房子,每一个窗子、每一个阳台、每一个屋顶都挤满了化装穿戴得稀奇古怪的观众。移动的火炬上发出闪烁的光影,映照着整个场景,红色的、蓝色的焰火不时地腾上天空,旋即又熄灭。在马蹄声和游行人群均匀的脚步声中响起了牧师高唱的安魂曲,庄严的隆隆鼓声夹杂着军乐声。队伍在主要的广场上停下来,在死去的波·皮旁边念一遍模拟葬仪的演说,然后灭掉火炬。魔鬼和他的侍从从人群中立即冲出来,抓住尸体转身就跑,全体人群紧紧追赶,喊着,叫着,笑着。魔鬼们自然被赶上,被冲散,从他们手里夺过来的假尸首放入原来预备接纳他的坟墓里。1877年莱里达的狂欢节就这样死去了,被埋葬了。

普罗旺斯地方①在圣灰星期三那天也时兴与此同类的仪式。一个叫作卡拉曼特兰的偶像,打扮得稀奇古怪,用车拉着或担架抬着,由一大群衣着奇特的人陪伴着,他们带着盛满酒的葫芦,把酒喝掉,露出各种真的或假装沉醉的样子。队伍的前面是几个扮

---

① 法国旧时的一个省份。

作法官和律师的人,一个又高又瘦的人物扮作四旬斋,他们后面跟着年轻人,骑在瘦弱可怜的马上,穿着居丧者的衣服,假装悲悼,等待着卡拉曼特兰的命运。在主要的广场上队伍停下来,组成法庭,把卡拉曼特兰放在被告席上。在一场形式上的审判后,于人群的呻吟声中把他处死,为他辩护的律师最后一次拥抱他的被保护人。执行官执行任务,被处死刑者背靠墙坐者,用石头将他砸死。把他破烂的残躯扔到海里或河里。几乎在整个的阿登①地区,从过去一直到现在都有这样的风俗:在圣灰星期三那天烧一具代表狂欢节的偶像,同时围绕着燃烧的偶像唱着有关的歌。常常试图把偶像画成村里最不忠于妻子的丈夫的模样。也许事先就可以看出,在这种难堪的情境下被选来画像的这种特性里有着引起家庭不和的倾向,特别是当这幅画像在它所表现的那个放荡的骗子屋前烧掉,一面有猫叫声、呻吟声以及其他嘹亮的大合唱,公开表明他朋友和他邻居对他的私德所持的看法。在阿登的某些村子里,一个有血有肉的青年人披着干草和稻草,扮演忏悔节的星期二(*Mardi Gras*)。人们事后都称他为狂欢节的偶像。他被带到假法庭上,被判处死后,像一个士兵接受军事判处一样,让他背靠着墙,用空弹筒对他射击。在里涅瓦·布瓦,这些无辜的丑角中有一个叫锡利的,一不小心被放枪队的一支步枪里留的子弹给打死了。当这个可怜的"忏悔节星期二"在开枪后倒下去的时候,掌声又响起且持续,他做得那么自然,但是当他不再起来的时候,他们跑上去发现他已经死了。自此以后在阿登地区再也

---

① 法国的一个省。位于法国东北部,比利时南部和卢森堡之间多森林的高地。

第二十八章 处死树神

没有这种假行刑的事了。

在诺曼底,当圣灰星期三的黄昏有一个习俗,举行所谓忏悔节星期二的葬仪。一个肮脏的偶像,穿得破破烂烂,一顶破旧的帽子盖在它的脏头上,它的大圆肚子里填满稻草,代表一个名声不好且年老放荡的人,在长期放荡之后,现在要为它的罪恶受苦了。一个身强力壮的汉子背着这个民间狂欢节的偶像,还装作在重压下蹒跚的样子,最后一次狼狈地在街上走过。这个人物的前面是鼓手,伴着一群嘲笑着的人群,其中,城里的顽童和所有临时聚合的众人大举出动,这个人物在铲子和钳子、瓶和锅、号角和铁壶,杂以吼声、哼声和嘘声的一片嘈杂声中,随着火炬的闪光被带着各处游行。队伍时时停下来,道德的保护者控诉这个老朽的罪人所做的一切冒失行为,因此它现在要被活活烧死。罪犯没有什么可辩护的,于是它被扔到一堆稻草上,用火把点燃,火焰直冲天际,在周围跳跃的孩子们高兴极了,高唱有关狂欢节死亡的某些古老的民间歌曲。有时候,焚燃之前把偶像从山坡上滚下去。在圣洛地方,忏悔节星期二的破烂偶像后面跟着他的寡妻,是一个高大壮实的粗汉,穿着妇女服装,面蒙黑纱。他用响亮的嗓子发出悲叹哀号的声音。偶像由一群戴面具的人抬在担架上游行之后,就被扔进维尔河里去。奥克塔福·富丽特夫人大约六十年前她幼时曾亲眼看见那最后的一幕,她做了如实的描写:"我父母邀请朋友从让娜·库亚尔塔顶上观看葬仪队伍走过。就在这里,我们喝着柠檬水——因为斋期,这是唯一允许喝的饮料——看到一个场面,我毕生都会保持生动的记忆。我们脚下的维尔河从它的老石桥下流过。在桥的当中,树枝编的担架上放着忏悔节星期二的人像，周围是几十个戴假面具的人，跳着舞，唱着歌，举着火炬。有几个穿着五彩斑斓衣裳的人沿着栏杆跑，好像鬼一样。其他的人玩累了坐在柱子上打瞌睡。不久舞蹈停止了，队伍中有几个人抓起火把，点燃偶像，把它扔进河里，加倍地高叫欢呼。浸了树脂的稻草人继续燃烧着，顺着维尔河的溪水流走，用它的葬火照亮了岸上的树林和古堡的墙垛，路易十一世和弗朗索瓦一世都在这古堡里睡过。当燃烧着的人形最后的火光像流星一样在河谷的尽头熄灭的时候，人群和假面人都退去了，我们才和我们的客人离开城堡。"

在图宾根附近，在忏悔节星期二的时候，做一个草人，叫忏悔节之熊，他穿一条旧裤子，嗓子里塞一个新鲜的黑布丁或两根装满血的喷水器。正式宣判死刑之后，便将他斩首，放在棺材里，于圣灰星期三葬在教堂墓地里。这叫作"埋葬狂欢节"。在特兰西瓦尼亚的撒克逊人中有将"狂欢节"吊死的习俗。如在布拉勒，当圣灰星期三或忏悔节星期二的时候，两匹白马和两匹栗色马拉着一架雪橇，上面放着一个缠白布的稻草人。它旁边有一个车轮，保持不断地转动，两个年轻小伙子装作老人，跟在雪橇后面悲哭。村里其余的小伙子骑上缀以绸带的马，陪着队伍走，队伍前头是两个女孩，戴一顶长青藤花冠，由车或雪橇拉着。在一棵树下举行审判，审判中由扮作士兵的小伙子宣布死刑。两个老人想救出草人，带着逃走，但未成功。两个女孩将草人抢去，交给刽子手，他把它吊在树上。两个老人想爬上树，将它取下来，总不成功，他们老是跌下来，最后他们在绝望中倒在地上，为吊死的人又哭又号。于是一位文官发表一篇演说，他宣布狂欢节已被判处死刑，因为他坑害了他们,使他们鞋跑破了,使他们又累又困。在莱希芮茵,"埋葬狂欢节"时,一个男子扮为妇女,身穿黑衣,由四个人抬在滑竿上或尸架上,有一些穿黑衣的男扮女装的人悲哭他,然后把它扔到村子的粪堆前,淋湿粪堆,把他埋在里面,用稻草盖上。在忏悔节星期二的晚上,爱沙尼亚人做一个草人,叫墨奇克,即"树精"。给它穿男子上衣,戴着礼帽,到来年就给它围头巾,穿女式上衣。这个人物被拴在一根长杆上,在欢呼声中带出村外,绑在树林里一株树顶上。这个仪式被认为是抵御各种不幸的保护手段。

有时候,在这些忏悔节或四旬斋的仪式上还表演假死者的复活。如在施瓦本的某些地方,在忏悔节星期二,铁胡须博士假装给一个病人放血,他因此倒在地上像死了一样,不过医生后来用管子把空气吹到他身上,使他复活过来。在哈尔茨山区,狂欢节过后就把一个人放在和面的木糟里,唱着挽歌抬到墓地,但在坟里不埋人,只埋一瓶白兰地酒。演说之后,人们回到村里草地或聚会的地方,在这里抽着先前葬仪上所分发的泥质长烟斗,到第二年忏悔节星期二的早上把白兰地挖出来,节日开始时,每人尝尝酒,如俗话所说的,酒(精)又复活了。

第三节　送死神

"送死神"的仪式和"埋葬狂欢节"有许多同样的特点,只是送死神一般还要跟着一个带回夏天、春天或生命的仪式。如巴伐利亚的中弗兰肯省在四旬斋的第四个星期天,村里的孩子们常做一个死神的草人,他们带着死神做出隆重壮观的样子游街,然后尽量高声叫喊,在叫喊声中把它烧掉。16世纪的一位作家这样描写弗兰肯的风俗:"四旬斋中期是教堂让我们欢乐的季节,我祖国的年轻人做一个死神的草人,把它捆在一根杆子上,又喊又叫地把它拿到邻村去。有些人客气地接待他们,吃了这个季节通常的食品牛奶、豌豆和干梨之后,又送他们回去。不过,另外一些人对他们一点也不客气,认为他们是不幸的先导,也就是死亡的先导,他们用武器和辱骂把他们从村里赶出去。"在厄兰根附近的村子里,四旬斋的第四个星期天来到的时候,女孩子们都穿上她们最好的衣服,头上戴着花。穿戴好了就到附近的镇上去,带着用树叶装饰的木偶,上面覆盖着一块白布。她们把这些木偶成双地带着挨家走,在他们指望得到东西的人家门口停下来,还唱几行诗,诗里说这是四旬斋的中期,她们要把死亡扔进水里去。他们得了一些微小的赏赐之后,就到雷格尼兹河边去,把代表死亡的木偶扔进河里。这样做为的是保证丰收的年景。此外,大家还认为这一仪式能够防止瘟疫和暴死。在纽伦堡,七岁到十八岁的女孩子抬一个敞开的小棺材在街上走过,棺材里放着一个玩偶,藏在一件尸衣下面。另外一些人在一个打开的盒子里拿一根山毛榉的树枝,枝上拴一个苹果当作头。他们唱道:"这倒不错,我们把死神送进水里。"或是唱:"我们把死神送进水里,送他进去又带他出来。"在巴伐利亚直到1780年,有些地方还相信如果不遵守"送死神"的习俗就会发生致命的瘟疫。

在图林根的某些村子里,在四旬斋的第四个星期天,孩子们常拿一个用桦树枝做的木偶游村,然后把它扔进一个池子里,同

第二十八章 处死树神

时还唱:"我们从牧人的老房子后面送走老死神,我们得到了夏天,克罗顿的力量被摧毁了"。在格拉①附近的德布希维兹或多布希维兹,"赶走死神"的仪式现在或过去每年3月1日举行。年轻人用草一类的东西做一个人像,为它穿上旧衣服(从村里住的人家里讨来的),然后把它拿出去扔到河里。回到村里后,他们把这好消息告诉人们,得到鸭蛋或其他食物作为报酬。现在或是过去都认为这个仪式是为了洁净村子,保证居民不生病不罹患瘟疫。图林根另外有些村子,其居民原来是斯拉夫人,在这些村子里,一面送木偶,一面唱歌,歌词开头是:"现在我们送死神出村,迎接春天进村。"在17世纪末18世纪初的时候,图林根遵循这个风俗如下:男孩子和女孩子用稻草一类的东西做一个偶像,偶像的样子年年不同。头一年是一个老汉,第二年是一个老妇,第三年是一个青年男子,第四年是一个老妇,人像的衣服也随着扮演它的人而不同。在什么地方做偶像,常有尖锐的争论。因为人们认为从屋里带出偶像的那一家当年不会有死人的事。偶像做好以后就拴在一根杆子上,如偶像为一老汉,则由一女孩背着,如为一老妇则由男孩子背着游行街道,青年人手里拿着一根棍子,嘴里唱道:他们正赶走死神! 他们来到水边的时候,就把偶像扔进水里又赶快跑回,恐怕它会跳到他们肩上,拧他们的脖子。他们还留心不要碰着它,深恐它会使他们说不出话来。他们回来后,用他们的棍子鞭打牲口,认为这会使牲畜肥壮或繁殖。然后,他们又去拜访从屋里拿出死神像的那一家或那几家人,在人家里得到施舍的

---

① 现属德国。

半熟的豌豆。在萨克森也流行"送死神"的习俗。在莱普西克,每年四旬斋中期,私生子和妓女都做死神的草人。他们带着它唱歌游行,把它拿给年轻的已婚妇女看,最后他们把它扔进帕思河里,他们声称这个仪式使年轻妻子多产,使城市清洁,当年能保护居民免遭瘟疫或其他灾难。在西里西亚,四旬斋中期也遵循同样的仪式。许多地方,大姑娘让小伙子们帮忙,给一个草人穿上妇女衣裳,在日落的时候带出村去。在村边上,他们剥去草人的衣裳,把它撕碎,把碎块撒在田里。这叫作"埋葬死神"。她们把偶像拿出去的时候,唱道,他们要在一棵橡树下埋葬死神,让它离开人们。有时候歌词说,他们翻山过谷背死神,让它再也不转回。在波兰边境的格罗斯—斯特里兹地方,这种偶像叫作戈伊克。人们把它驮在马背上,扔到最近水里。人们认为这个仪式能保佑他们来年百病息除。在伍洛和古罗地区,死神常被扔到邻村境内。但是邻村的人们也不敢接受这个不吉利的人像,他们警惕地看着不让它被扔来,因此,两边的人常常为此挥动老拳。在上西里西亚的某些波兰地区,偶像是个老妇,叫作马扎娜,死亡女神。它是在最近死过人的屋里做,用杆子抬到村边,扔进池子里或烧掉。在波尔奎兹,"送走死神"的风俗原已消失,但是这个风俗停止后,爆发过一场致命的疾病,引得人们又把它恢复了。

在波希米亚,孩子们把代表死神的草人拿到村头去烧掉,唱道:

> 我们现在把死神送出村庄
> 把新的夏天带进村庄

第二十八章 处死树神

> 欢迎,亲爱的夏天,
> 绿色的小谷粒。

在波希米亚的塔博尔,人们把神像带出城,从高崖扔进水里,他们唱道:

> 死神在水上游,
> 夏天马上要来到,
> 我们为你送走死神,
> 我们带来夏天,
> 哦,神圣的马克塔,
> 让我们的小麦和黑麦
> 有一个好年成。

在波希米亚另外一些地方,他们把死神带到村头,唱道:

> 我们送死神出村,
> 让新年进村,
> 亲爱的春天,我们向你表示欢迎,
> 青青的草,我们向你表示欢迎。

他们在村后架起火葬堆,在堆上烧掉草人,同时辱骂它、嘲笑它。然后他们回去了,唱道:

我们送走了死神，
带回了生命，
他已经在村里住下来，
为此，让我们欢乐地歌唱。

在摩拉维亚的一些村子里，如在杰斯尼茨和塞坦多夫，年轻人在四旬斋的第三个星期天集合起来，做一个草人，戴一顶皮帽，穿一双旧皮袜子，如果能弄到这些东西的话。于是把偶像悬在一根竹竿上，由小孩子们带到开阔的田野上。在路上，他们唱着歌，歌词说："他们正送走死神，把亲爱的夏天带进屋里，和夏天一起带进五月和花卉。"到了预定的地方，他们围着偶像站成一圈跳舞，大叫大喊，然后突然向偶像冲去，用手把它撕碎。最后把碎片堆成一堆，把杆子也折断，全都用火点燃。它一面烧，队伍一面围着它高兴地跳，为春天赢得的胜利而高兴，当火快灭的时候，他们到各家去讨鸭蛋礼物，用以举行宴会，注意把请赏的理由说成是他们把死亡送走了。

前面的例证说明，人们常常害怕死神像，带着憎恨厌恶的心情对待它。如村中居民急于把偶像从自己这里转到邻村去，邻村的人又不愿接待这位不祥的客人，都足以证明它引起的恐惧。还有在卢萨蒂亚和西里西亚，有时是让偶像从人家窗子里伸进去看一眼，认为这家就会有人在一年内死去，除非他付款赎命，并且，扔掉偶像后，有时扛像的人飞跑回家，唯恐死亡会跟着他，如果他们有人在跑时摔倒，那就认为他在一年内会死去。在波希米亚的克鲁迪姆，死神像是用十字架做的，顶上插一个头并戴上面具，身上披一件衬衣。在四旬斋的第五个星期天,男孩子们把这个偶像拿到最近的河边或池边,然后站成一排后将它投入水中。然后都跳进去追赶它,一赶上它就不准再有人下水。未下水或最后下水的男孩子一年内会死去,他还得把那死神偶像拿回村里,然后把它烧掉。另一方面,人们认为带出死神的那一家一年内不会死人,有时认为赶走了死神的村子受到保佑,不得疾病或瘟疫。在奥地利的西里西亚,有些村子在死亡星期日的星期六用旧布、干草、稻草做一个偶像,目的是把死亡赶出村去。在星期天,人们带着棍棒和皮条,在存放偶像的房子前面集合。于是四个男孩在欢呼声中用绳子把偶像从村里拉过,其余的人就用棍棒和皮条抽打它。到了属于邻村的一块地里,他们放下偶像,毒打它一顿,把碎片散在田里。人们认为送走了死神的村子全年平安,没有任何传染病。

第四节　迎夏

在前面那些仪式里,继赶走死神之后,接着迎春天、夏天或生命回来,这仅是暗示,最多也只是宣布一下。在下面的例子里却有明明白白的表演。如在波希米亚的某些地方,死神像在日落时扔到水里淹死;然后女孩子们到树林里去砍下一棵树顶带青的幼树,把一个妇女打扮的偶像挂在上面,再全部用绿色、红色、白色绸带点缀起来,然后拿着这个"列托"(夏天)到村里游行,收集礼物,并且唱道:

死亡在水里游,
春天来拜访我们,
带着红红的鸭蛋,
还有黄黄的烤饼。
我们送死神出村,
我们接夏天进村。

在西里西亚的许多村子里,对死神像恭敬一番之后,剥去它的衣服,骂着把它扔进水里,或在田里把它撕成碎片。然后青年人到树林里去,砍下一棵小杉树,剥去树干的皮,把它装上常青植物、纸做的蔷薇、染色蛋壳、各色碎布等花彩。这棵树装饰完毕,就叫作夏天或五月。男孩带着它挨家挨户走,唱着应景的歌,向人家请赏。他们的歌里有下面这么一段:

我们送走了死神,
我们带回亲爱的夏天——
夏天和五月
所有的花儿鲜艳。

有时候他们还从树林里带回打扮得很漂亮的人像,名叫夏天、五月或新娘,而在波兰地区称作齐万娜,即春天的女神。

在埃森纳赫①,在四旬斋的第四个星期日,青年人常捆一个代

---

① 德国境内。

第二十八章 处死树神

表死亡的草人在车轮上,他们把它滚到小山顶上。然后点燃草人,让它和轮子一起滚下山坡。第二天,他们砍倒一棵高大的杉树,用绸布条装饰起来,立在平地上。然后,人们爬上树去取下绸布条。在上卢萨蒂亚,用稻草和破布做的死神像,戴上新婚新娘供给的面纱,穿上最近死过人的人家供应的上衣。穿戴完毕就把人像拴在长杆的一端,由最高最壮的女孩扛着快走,其余的人用棍子和石头击打偶像。谁要打中了,肯定那一年不会死。这样,死亡被带出村子,扔到水里或扔到邻村界内。在回家的路上,每人折一根青枝,高高兴兴地拿着,等到村边时就将它扔掉。有时候,那邻村的青年人追赶过来,把偶像又扔回来,不愿意让死神留在他们那边。因此两边的人有时还对打起来。

在这些情况里,死神由偶像代表被扔掉,夏天或生命由树枝或树代表,被带回来。但是有时候,人们似乎又赋予死神偶像新的生命力代表,通过某一种复活的形式,它又成了普遍苏醒的工具。如在卢萨蒂亚的某些地方,只有妇女管送死神的事,不容男人插手。她们整天穿着衣服,做一个草人,给它穿上白衬衣,让它一手拿扫帚,一手拿镰刀。她们一面唱着歌,让顽童跟在后面扔石头,一面把偶像带到村边,在那里把它撕碎。然后她们砍下一棵好看的树,把衬衣挂在树上,唱着歌把它带回家来。特兰西瓦尼亚地方有个名叫布拉勒的村庄,离赫尔曼斯塔不远,村里的撒克逊人在升天节的时候,用下面的方式举行"送死神"的仪式:早祷完毕,所有的女学生都到她们一个同学的家里去,在那里为死神装扮。做法是拿一把脱过稻粒的稻草,大致扎成人头人身的样子,两只手是用扫帚柄水平地穿过身子做成的。人像穿着年轻农妇的节日衣服,戴上红头巾、银胸针,手臂和胸上悬挂着大量的绸布条。女孩子们赶忙完成它,因为晚祷的钟马上要响了,死神必须及时做好,摆在打开的窗户上,让所有前往教堂的人在路上能看见。晚祷完毕,长久盼望的时刻来到了,开始第一次带死神游行。这是女学生独有的权利。两个较大的女孩拿着偶像的两臂走在最前面,其余的人排成两行相随。男孩儿们不许参加游行,但他们排在队伍的后面,羡慕地唱着"美丽的死神"。于是队伍走过村里所有的街道,女孩子们唱起一首古老的歌曲,开头是:

> Gott mei Vater, deine Liebe
> Reieht so weit der Himmel ist, ①

调子与这首歌的普通唱法不一样。当游行的队伍穿过了每一条街之后,女孩子们又到另外一个同学家去,她们对着一群焦急多事的男孩子把门关上,立即把死神剥光,把光光的草杆从窗户扔给男孩子们,他们赶忙拿着它,不唱歌,跑出村去,把破烂的偶像扔进附近的河里。完事之后,这场小戏的第二幕就开始了。男孩子把死神送出村的时候,女孩们留在屋里,其中一个现在已穿好偶像穿戴过的所有漂亮服饰。这样穿戴之后,她由队伍领着穿过所有的街道,唱着原先唱的那首歌。游行完毕后,她们都回到扮演主角的女孩家中去。在这里有一场宴会等着她们,男孩子又不得参加。民间相信孩子们可以安全地先吃醋栗和其他水果。这

---

① 德文,大意是:"上帝,我的父亲,你的爱竟像天空一样辽阔。"

第二十八章 处死树神

一天死神已经被送走,因为死神过去专门藏在醋栗里,现在则被消灭了。现在他们还可以大胆地到户外洗澡。直到近年来,摩拉维亚的一些德国人的村子举行的仪式还与这相近。男孩子和女孩子在复活节后第一个星期日的下午聚会,一起做一个草人代表死神。给偶像穿上色彩鲜艳的绸条和衣服,捆在一根长杆的顶上,然后又唱又喊地把偶像背到最近的一块高地上去,在那里剥掉偶像漂亮的衣服,把它扔下坡去,或让它滚下坡去。然后有一个女孩再穿上从死神像身上取下来的漂亮衣服,由她领头,列队走回村庄。有些村子的做法是把偶像埋在全乡声名最坏的地方。有一些村是把它扔进流水里。

在上述卢萨蒂亚的仪式里,毁掉死神像以后带回家的树显然等于以前所说的习俗中在死神被扔掉或毁掉之后作为夏天或生命的代表而带回的那些树或树枝。但是把死神穿的衬衣披到树上,显然是表明树是毁去的偶像在新形式中的一种重生。在特兰西瓦尼亚和摩拉维亚的习俗中也表现了这一点:女孩穿上死神穿过的衣服,被领着游村且唱着送走死神所唱的歌,其用意都在于她是刚被毁去的神灵的复活。所以,这些仪式中虽然都表现了死神的毁灭,但这些例子证明,不能把死神看作如我们理解的死神那样仅只是纯粹破坏的因素。如果带回的树是春天苏醒的草木的标志,却穿上刚被毁掉的死神穿过的衬衣,其目的绝不可能是阻滞或反对植物的苏醒,而只可能是培植它、促进它。所以,刚被毁掉的神灵——所谓死神——一定具有某种苏醒复活、促进生长的影响,它能把这种影响传给植物界,甚至动物界。某些地方遵守一种风俗,拿几块草编的死神像的碎片,把它们放在田里能促使庄稼生长，或放在牲口槽里使牲口繁殖。那么说死神像具有促进生命的力量，是毋庸置疑的。在奥地利的西里西亚有一个村子名叫斯巴琴多夫，人们高唱着歌，把稻草、小树和破布做的死神像带到村外一个开阔的地方，在那里把它烧掉。正烧的时候，大家都争着抢碎片，用空手从火焰里把碎片取出来。每一个得到偶像碎片的人都把它拴在自己园子里最大一棵树的树枝上，或是把它埋在自己的地里，相信这会促使庄稼长得好一些。奥地利西里西亚的特罗波地区，男孩在四旬斋的第四个星期日做一个草人，由女孩子为它穿上妇女的服装，挂上绸条、项链、花环。把它拴在一根长杆上，然后带出村去，后面跟着一队男女青年，又闹、又哭、又唱歌。到达目的地——村外的一块田地——之后，就去掉偶像的衣服和装饰品，然后人们涌向前，把它撕成小块，大家争夺碎片。人人都想得到一把做偶像的草，因为人们相信这样一把草放在牲口槽里可以使牲口繁殖，或者是把草放在鸡窝里，认为这能防止母鸡把蛋带走，并使它们孵更多的蛋。如果背死神像的人扔掉死神后用背死神的棍子打牲口，也能使牲口养肥或多产，这种信念也是认为死神像有增殖的能力。也许棍子原先是打过死神的，因而得到死神所具有的繁殖力。我们还讲到过，在莱普西克，把草编的死神像给年轻的妻子们看，可使她们多生育。

似乎很难把五朔树和毁掉死神后带进村里的树或树枝区分开来，扛它们的人说是带回夏天，所以这些树显然是代表夏天的。在西里西亚，它们通常确是被称为夏天和五月。有时在"夏天"树上系一个娃娃，它不过是再一次代表夏天，正如"五月"有时候同时由一棵五朔树或五朔娘娘来表示。还有，"夏天树"跟"五朔树"

第二十八章 处死树神

一样是用绸条等等装扮的。跟五朔树一样,如果很大,就把它们栽在地上,让人爬上去;如果小,就由男孩女孩拿着挨家走,唱着歌收钱。好像是为了证明两套风俗原是一套似的,背夏天树的人有时宣布他们迎来了夏天和五月。所以,"迎五月"的风俗和"迎夏天"的风俗,基本上是一样的。"夏天树"不过是"五朔树"的另一种形式,唯一的区别(除了名称而外)是它们各自被迎来的时间不同,五朔树通常是5月1日迎进来,夏天树则是在四旬斋的第四个星期日迎回来。所以,五朔树如果是体现树精或草木精的,夏天树也必然是体现树精或草木精的。但是,我们已经谈到过,夏天树在某些例子里是体现死神的复活。那么,在这些例子里,称为死神的偶像也必然体现树精或草木精。这种推论可以得到证实:第一,人们认为死神偶像的碎片对植物和动物的生长都具有使之成活和增殖的影响。我们在本书前面已谈到过,人们认为这种影响是树精特有的属性。第二,死神偶像上有时点缀着树叶,或是用大小树枝、大麻,或脱粒后的稻草扎成的,有时是悬在一棵小树上,由女孩子拿着收钱,正如五朔树或五朔娘娘的做法一样,也正如夏至树和悬在树上的娃娃一样。总之,我们只得认为,至少在某些例子里,驱走死神和迎来夏天不过是死亡和草木精在春天复生的另一形式,我们在野人被杀又复活的扮演中已经见到了。狂欢节的埋葬和复活也许是表达同样想法的另一方式。如果认为狂欢节和死神偶像一样具有促进生命和增殖的影响,把狂欢节的扮演者埋葬在粪堆下面,那是很自然的。的确,爱沙尼亚人在忏悔节星期二那天照一般做法把草人带出村庄,他们不叫它狂欢节,而称它为树精(木奇客),他们把它拴在林中一棵树的树顶上,用以明显表示偶像和树精是同一个,在那里挂上一年,几乎每天都有人向它祈祷和献祭,求它保护牲畜:因为跟真正的树精一样,木奇客是保护牲口的。有时候木奇客是用玉米穗做的。

这样,我们就可以大致推论出,狂欢节、死神和夏天,都是我们探讨的许多风俗中某种神灵人格化较晚近的、不适当的表现形式。这些名字的抽象性本身就说明它们起源于现代。因为像狂欢节和夏天这种时间和季节的拟人化,或像死亡这种抽象观念的拟人化,都不是原始人所具有的。但这些仪式本身都带有远古时期的印记,所以,我们几乎不得不认为它们所体现的那些观念原本是属于更简单更具体的一类。这些仪式中所提到的任何一棵树或者是某种树,甚或某棵个别的树(因为在某些野蛮人的语言中,并没有表示"树"这个总称的字眼)所代表的观念即足以构成一个具体的基础。从这个具体的基础出发,再加上逐渐概括性的、抽象性的类比过程,我们就可以得到一个更广泛的草木精灵的观念。但是关于草木的总概念很容易与草木在各季节中的表现混淆。所以用春天、夏天或五月代替树精或草木精灵就是很容易、很自然的事了。还有,将死亡的树或草木这个具体的概念在类似的概括过程中变成一般死亡的概念,因而在春天送走将死亡或已死草木作为它复活的第一步,这种做法经过一段时间后便发展成从村里或地方上驱除死亡。在这些春天的仪式中,死亡是指冬天将死或已死的草木,这种观点曼哈德予以了大力论证。他以死亡这个应用于成熟的玉蜀黍的精灵的名词,加以类比,从而肯定了这种观点,一般是把成熟的玉蜀黍的精灵看成衰老,不是看成死亡,所以通常称它为老人或老妇。但是在有些地方,一般认为玉蜀黍的精灵住在收割时最后的一把谷穗里,这把谷穗在这些地方称为"死家伙"。人们警告孩子们不要到田里去,因为死亡就住在玉蜀黍里。特兰西瓦尼亚的撒克逊人小孩子在收割玉米的季节玩一种游戏,由一个满身铺着玉米叶的孩子扮作死亡。

第五节　夏冬之战

有时候,农民中流行的风俗把植物在冬季潜伏的力量和在春天苏醒的活力两者间的对比,分别用扮演冬天和夏天的演员之间的戏剧性争斗来表现。如在瑞典的城镇里,每逢五朔节总有两队骑马的年轻人互相对峙,好像要拼个你死我活。两队中,一队由穿皮衣的冬天代表领道,他扔下雪球和冰块,以延长寒冷的天气;另一队由披新鲜树叶和花卉的夏天代表者指挥。在假斗中,夏天队战胜了,于是仪式以宴会结束。又如在莱茵河中部地带,穿长藤的夏天代表和穿谷草或水草的冬天代表战斗,最后战胜了冬天的代表。敌人被摔倒在地上,剥去他的草衣,撕成碎片撒开,同时两位斗士的年轻伙伴们一齐唱着歌,祝贺夏天战胜冬天。然后,他们带着夏天的花环或树枝,挨家收集鸡蛋、咸肉等礼物。有时候,扮演夏天角色的斗士穿着树叶花卉,头上戴着花环。在普法尔茨①,这种模拟的格斗竞赛在四旬斋的第四个星期日举行。在巴伐利亚全境,与此同样的戏也在同一天表演,有些地方一直保持到19世纪中叶或更晚的时候。夏天出来,穿一身绿,点缀着飞

---

① 德国莱茵河西地区,古巴伐利亚的一个地区。

飘的绸带,拿着花枝或小树,上面挂着苹果和梨。冬天则裹在皮帽和皮大衣里,手里拿一把雪铲和连枷。他们各有后卫跟着,穿相应的衣服,他们走遍全村的街道,在各家门口停下来,唱几段古老的歌,因此得到面包、鸡蛋、水果等礼物。最后格斗一阵之后,冬天为夏天所败,被浸到村中的井里,或随着喊声笑声把他从村里赶到树林去。

在下奥地利的戈弗里茨,忏悔节星期二那天有两个扮演夏天和冬天的人挨家挨户地拜访人们,处处都有孩子们高兴地欢迎他们。夏天的代表穿白衣服,拿一把镰刀。他的伙伴扮演冬天,头上戴一顶皮帽,胳臂和腿都包着稻草,手拿一柄连枷。在每家门前,他们轮流唱歌。在不伦瑞克①的德罗姆林,直到现在每年降灵节期间,都有一队男孩和一队女孩扮演夏冬之间的斗争。男孩挨家跑着、叫着、唱歌、摇铃,以赶走冬天。他们后面跟着低声唱歌的女孩子,由一个五月新娘领着,全身穿得漂漂亮亮,佩上花朵和花冠,代表温和的春天降临。从前,冬天这一角色由一个草人来表示,由男孩子们拿着,现在则由一个化装的真人扮演。

在北美中部爱斯基摩人当中,在欧洲已蜕化为单纯戏剧表演的冬夏代表之间的斗争,却仍然是一种巫术形式,众所周知的目的是要影响天气。在秋天,当暴风雪宣告北极阴沉的冬天将要来到的时候,爱斯基摩人分成两组,分别称为松鸡和鸭子,松鸡组包括所有冬天出生的人,鸭子组包括所有夏天出生的人。然后拉开一根长长的海豹编的绳子,两组各执一端,尽力把对方拉到自己

---

① 属德国下萨克森州。

这边来。如果松鸡组失败,夏天组赢得胜利,那么整个冬天都可以指望有好天气。

第六节　春神的死亡与复苏

在俄罗斯,"埋葬狂欢节"和"送死神"之类的葬仪不是用死亡或狂欢节的名目举行的,而是用某些神话人物的名字,如科斯特鲁邦柯、柯斯特罗马、库帕洛、拉达和雅丽洛。这些俄罗斯仪式在春天和仲夏都举行。如"在小俄罗斯①,在复活节期间常有一个风俗纪念春天之神柯斯特鲁邦柯的葬仪。歌手们站一圆圈,围着一个躺在地上像已死去的女孩慢慢走,他们一边走,一边唱:

> 死了,死了,我们的科斯特鲁邦柯!
> 死了,死了,我们的亲爱的!

等到女孩突然跳起来,歌队快乐地喊道:

> 苏醒了,苏醒了,我们的科斯特鲁邦柯!
> 苏醒了,苏醒了,我们的亲爱的!"

在圣约翰节的头一天(仲夏节的头一天),用稻草做一个叫库巴罗(Kupalo)的人物,"穿上妇女服装,戴着项链和花冠。然后砍一棵

---

①　旧称,指乌克兰。

树,缀上绸带后,立在某个预先选好的地方。他们给树取个名字,叫玛莉娜(Marena)(冬天或死亡),草人放在这棵树附近,还放了一张桌子,桌上是酒和食物。然后点一堆火,青年男女成双地围火跳舞,并带着人像。第二天就把树和人像上的装饰品取下来,都扔到河里去"。在 6 月 29 日圣彼得节,或节后的第一个星期日,俄罗斯举行"柯斯特罗马的葬仪"或拉达或雅丽洛的葬仪。在奔萨和辛比尔斯克两个行政管理地区,葬仪的方式如下。在 6 月 28 日点一堆火,第二天少女们选一人扮演柯斯特罗马。她们的同伴满怀敬意地向她行礼,把她放在木板上,抬到河边。在那里,她们让她下水洗澡,最大的一个女孩提一个菩提树皮的篮子,拿它当鼓敲。然后她们回到村里去,开始游行、游戏、跳舞,尽欢一天。在莫罗姆地区,柯斯特罗马由一个草人表示,穿妇女的衣服,戴着花。人们把它放在一个木槽里,唱着歌抬到湖边或河边。这时人群分为两派,一派攻打草人,一派保护草人。最后攻打这派的人得胜,剥去草人的衣服和装饰,把草人撕成碎片,把做草人的草踩在脚底下,然后把它扔到水里。同时,保护草人的人用手捂着脸,假装悲悼柯斯特罗马的死亡。在柯斯特罗马地区,于 6 月 29 日或 30 日举行雅丽洛的葬仪。人们选一个老人,给他一口小棺材,里面放一个普里阿普斯神①的小像代表雅丽洛。他把这口棺材带出镇外,后面跟着妇女唱挽歌,做出表示悲哀失望的姿态。在开阔的田地上挖一个坟,在号哭声里把人形放下去,然后开始游戏

---

① 普里阿普斯(Priapus),希腊罗马神话中阿弗洛狄忒与狄俄尼索斯的儿子,掌管园圃作物与繁殖之神。

跳舞，"使人想起古代异族斯拉沃尼亚人的葬仪游戏"。在小俄罗斯，雅丽洛这个人像被放在棺材里，日落时带着游街，周围是醉酒的妇女，她们不断悲哭道："他死了！他死了！"男人把人像拿出来摇晃，好像他们要把死人唤活。然后他们对妇女说："女人们，别哭。我知道什么比蜜还甜。"但妇女们继续啼哭，像在葬仪上一样。"他到底犯了什么罪啊？他人真好哇。他再也不起来了。我们怎么跟你分得开呵？没有你还有什么日子呵？哪怕是一会儿工夫，你也起来一下呀！他到底是起不来了！他起不来了！"最后人们把雅丽洛葬入坟墓。

第七节　植物的死亡与复活

这些俄国习俗与奥地利和德国的所谓"送死神"习俗属于同样的性质。所以，如果本书对后者所作的说明是对的，那么，俄罗斯的柯斯特鲁邦柯、雅丽洛等等原来也必定是草木精灵的体现，他们的死亡也必定被看作他们复活的必要开端。死亡以后必然复活，这在我们所描写的第一个仪式（柯斯特鲁邦柯的死亡与复活）中表演了出来。这些俄罗斯的仪式中，有一些是在仲夏纪念草木精的死亡，其理由可能是夏天的衰退是从仲夏节开始，这个节日以后，白昼开始缩短，太阳开始了自己不愉快的行程：

> 黑乎乎的凹地里
> 躺着冬天的寒冷。

在一年的这样一个转折点,人们可能认为植物也具有夏天的那种刚刚出现的,虽然还几乎无法察觉出来的衰退,原始人很可能选这样的转折点作为举行巫术仪式的适当时刻,希望用这种仪式阻止植物生命的衰退,至少也要保证植物生命的复活。

但是,植物死亡虽是表现在这些春天和仲夏的仪式中,有一些仪式还表现了它的复活,而某些仪式里的一些特点却很难只用这个假设来说明。这些仪式常常特有的庄严的葬仪、嚎哭和丧服,的确对造福于人的植物精的死亡很适合。但是,送走偶像时常常很高兴,拿棍子和石头攻打它,又对它辱骂、诅咒,这些我们又怎么说明呢?扛偶像的人一扔下它就赶快跑回家,这种匆忙中所表露的对偶像的恐惧,偶像到过的任何人家不久就有人要死去这种信念,我们又怎样说明呢?这种恐惧也许可以用一种信念来解释,认为死去的植物精具有某种传染性,接近它是危险的。不过这种解释有些勉强,此外,也不能说明送走死亡时的笑闹。所以,我们必须承认在这些仪式中有两种彼此不同的、似乎对立的特点:一方面为死亡哀愁,深爱和尊敬死者;另一方面,对死者害怕怀恨,高兴他的死亡。这两种特点中,我已经试着表明过前一个特点如何解释;接下来我则试图答复后者与前者为什么紧密相联的问题。

第八节 印度的类似习俗

在印度卡纳格拉地区,少女在春天遵循一种习俗,与上述欧洲的某些春天习俗极为近似。这种习俗叫作拉里·卡·米拉,即拉里的庙会,拉里是湿婆①或帕婆提②的一个小小的涂色的泥塑偶像。这个习俗在整个卡纳格拉地区都流行,对它的纪念完全限于年轻妇女,时间是"制咀罗月"(3月-4月)的绝大部分直到吠舍佉月(4月)的桑格拉提节。在3月的某个早上,村里所有的少女提着装有达伯草和花的小篮子去到指定的地方,在那里她们把花扔成一堆。她们围着花堆站成一圈,唱着歌。一连十天,每天如此,直到花草堆到相当高的时候。然后,她们在林子里砍两根树枝,每根树枝头上带三个尖,然后把它们尖朝下地放在花堆上,形成两个三脚架或两个锥形物。她们请会做偶像的人做两个泥偶像,放在两根树枝朝上的尖端上,一个代表湿婆,一个代表帕婆提。然后女孩子们分为两起,一起代表湿婆,一起代表帕婆提,按常人为这两个偶像举行婚礼,婚仪做得很周全。结婚后,她们举行宴会,宴会费用是她们请父母捐献的。然后在第二年的桑格拉提节(吠舍佉月),她们都一起到河边去,把两具偶像扔在一深池子里,在那里哭起来,好像她们在举行葬仪。附近的男孩子常常逗她们,游泳追偶像,把它们捞上来,在女孩子哭偶像时,他们摇晃偶像。据说庙会的目的是为了得一个好丈夫。

在这个印度仪式中,湿婆和帕婆提这两尊神被看成草木精似乎由偶像之被放在花草堆的两根树枝上得到证明。在这里,跟欧洲民间习俗中常见的一样,草木神有双重代表,植物和偶像。这两尊神在春天结婚是与欧洲仪式相符的,欧洲春天草木精的结婚

---

① 湿婆(Siva),印度婆罗门教和印度教的主神之一,即毁灭之神,善行之神,舞蹈之神。
② 帕婆提(Parvati),即雪山神女,湿婆的妻子。

是由五朔王和五朔娘娘、五朔新娘、五朔新郎等等表示的。把偶像扔进水里,为它们悲悼,等于欧洲习俗中以死亡、雅丽洛、柯斯特罗马等名义把死去的草木精扔进水中并为之哀悼一样。另外,这种习俗在印度同欧洲常见的习俗一样,都是妇女们做的。人们对这种习俗的观念,即认为能使姑娘找到丈夫的想法,可以从人们相信植物精灵能够促使男人同草木一样加快生育繁殖的观念得到解释。

第九节　用巫术招引春天

关于上述仪式以及其他许多类似的仪式,我们通常的解释是:它们原来都是巫术的仪式,目的是促使自然界在春天复苏。人们以为达到这一目的的办法就是模仿和感应。由于对事物的真正起因没有认识,原始人以为要造出他的生命所依存的伟大自然现象,只有仿造这些现象。他在林间隙地、山岭峡谷、荒漠平原或迎风在海岸演出的短剧,通过秘密的交感或神秘的影响,实力更强的演员会接手并在更大的舞台上再现出来。他想象通过用花草枝叶化装的办法,可以帮助荒芜的大地长出青翠的草木来覆盖自己,通过扮演冬天的死亡和埋葬,可以赶走阴郁的季节,为春天的回来铺平道路。如果我们觉得这一切对于我们是很难想象的,我们自己很难具有这样的精神状态,我们可以比较容易地勾画出原始人的真切心情。当原始人最初开始提高自己的思想,不仅满足于自己肉体上的需要,而且还思考事物的起因的时候,可能已感觉到了我们今天称为自然法则的那种连续的自然变化。

第二十八章 处死树神

我们十分熟悉宇宙现象交相更替的一致性和规律性,不会相信产生这些效果的动因有朝一日会停顿下来,至少在最近的将来不会如此。可是,对于自然稳定性的这种认识,只有通过广泛观察和长期积累经验才能培养出来。原始人由于观察范围狭小和传统短暂,还缺乏那种独自面对自然界不断变化且充满威胁而能让他安心的经验。所以,毫不奇怪,日蚀月蚀会使他惊慌失措。他以为如果不大声喊叫并对空射出他那微不足道的箭矢来保卫日月,那么天上的怪物就一定要吞噬了它们,这两个天体就一定要毁灭。同样,漆黑的夜里忽然一片闪电照亮了大块天空,或者北极朦胧的光亮映照着一片苍穹,都会使他惊恐不已。这也不足为奇。甚至在一定间隔时期反复出现的自然现象,在没有人认识到它们的规律之前,也会对之忧心忡忡。对于自然界这些定期或周期性变化的认识的快慢,大多取决于某一特殊循环周期的长度。例如,昼夜循环的现象,除南北两极地区外,到处都是。昼夜循环为期既短,又极频繁,所以古人很快就不再担心它的反复出现。当然,我们也知道古代埃及人曾经每天施行巫术,使西天一片晚霞中沉没的、火红的天体在早晨回到东方来。可是一年四季节序的循环更替则远非如此。鉴于人生在世,岁月几何,一年光阴在我们是非常宝贵的。但是在原始人看来由于记忆的短暂和计时方法的不足,一年的时间似乎如此漫长,根本认识不到它的周期规律。他怀着永恒的惊异,守望着天地景象变化,随着光热的更易,动植物生命的代谢,或有益于其逸乐,或威胁其安全,因之亦喜亦忧。秋天,刺骨的风卷起寒林中落叶,他看着光秃的树枝,疑虑它们还会再绿吗?随着冬季太阳一天天低下去;他疑惑它是否还能回复原先的天路旅程？甚至下弦的月亮在东方地平线上显得一天比一天缩小的时候，也会在他脑子里引起疑惧：一旦月儿全部消失了，恐怕就不再有明月了！

以上这些以及千千万万其他疑虑麇集在原始人的脑际，搅扰着他的心灵，他第一次开始思考他所生活的世界的神秘，筹划着比明天更远的未来。因此，很自然地带着这些思想和恐惧，他要尽其所能试图使凋谢的繁花再绽枝头，使冬季低下的太阳旋回到夏天天空原来的高度，令下弦的月亮恢复银盘似的满盈。假如我们高兴的话，对于原始人这些徒然的努力可以报之一笑。然而，正是这些长期的努力实验（其中许多注定要失败），原始人才从经验中认识到自己的某些努力无济于事，有些则获得了成果。无论怎样，巫术仪式毕竟只是一些试验，有的失败了，却仍继续在做，那只是因为，如我们已经指出的，那些从事巫术的人还认识不到自己的失败。随着知识的进步，这些仪式或者已完全停止，或者当初兴此仪式的动机目的早已忘记，不过是由于习惯力量尚在延续而已。它们已从原来的高位跌落，不再是某一地区人们福利与生命之所依和必须确切遵行的庄严礼仪。它们逐步降为单纯的壮观表演、化装游乐和消遣，并最终为年老人们完全舍弃。一度曾经是圣哲最严肃的职业，到后来却成了儿童的游戏。我们欧洲祖先的巫术仪式正是古代巫术衰朽没落最后阶段的东西，绝大部分迄今依稀残存，但正在受推动人类向新的未知目标前进的道德的、才智的和社会的各种力量的荡涤。对于那些离奇习俗和别致仪式的消亡，我们可能很自然觉得有些遗憾，因为它们为我们这个似乎平庸沉闷的时代保存了上古时期某些清新、别有风韵的东西，是这个世界的青春的气息。然而想到那些美好的仪式表演、那些现在看来天真无知的娱乐，都有其愚昧迷信的根源；想到假如说它们是人类努力进步的记录，它们也是人类无果的巧智、白费劳力、化为泡影的希望的丰碑；尽管有着鲜艳的服饰、鲜花、彩带和音乐，它们却更多地具有悲剧而不是笑剧的性质，当我们想到这些的时候，我们遗憾的心情就会大大减轻了。

我对这些仪式所有的解释，是紧追曼哈德的后尘的。自本书最初写成以来，一项新的发现有力地证实了我的解释。这项发现是：澳大利亚中部的土人还经常举行巫术仪式，目的在于催醒即将来临的可谓澳大利亚之春的自然界尚处于蛰伏之中的能力。在澳大利亚中部荒芜地区，季节的转换特别突然、特别鲜明！那大片沙石荒野的地方，笼罩着死一般的寂静凄凉。经过长期干旱之后，一连几天倾盆大雨，就一下子变成一片青翠的平原，出现大量的昆虫、蜥蜴、青蛙和鸟类。在这样时刻，大自然面貌的这一奇妙转变，连欧洲的目击者也比之为魔术般的景观，就无怪乎未开化的人们要实际这样看待它了。现在美好季节的到来已经在望，澳大利亚中部土人习惯特别爱在这时期举行巫术仪式，其公开的意图就是要大量繁殖他们的粮食作物和家畜。因此，这些仪式同我们欧洲农民的春天习俗极其相似——不仅时间上相近，目的也相近。因为我们很难相信我们的原始祖先在举行这些旨在促进作物春天复苏的仪式时，只是想闻到早开的紫罗兰的芳香，采撷最早的报春花，或观赏微风中摇曳的水仙，而不是从真正的实际考虑，即从人的生命与植物生命紧紧相连，如果植物生命毁灭，人也不能生存这一实际来考虑的，澳大利亚未开化的土人相信巫术仪式有效。通过观察，每当仪式以后，或迟或早，植物动物都有增产，他们的目的达到了，也证实了巫术仪式的效验。因此，我们可以假定，古代欧洲未开化的人也是这样。看到丛林中的新绿，满布藓苔的河岸上绽开了春天的花朵，燕子从南方飞来了，太阳在天空越爬越高。他们欢迎这许多可见的标志，证明他们的巫术确有成效，鼓舞着他们更具愉悦的信心：他们按照自己愿望塑造的世界，一切都很好。只有秋天里，随着夏天的逐渐消逝，自然界衰败的征兆引起了他们的怀疑和忧虑，冲击着他们的信心：永远不教冬天和死亡来临的一切努力都是徒劳！

第二十九章　阿多尼斯的神话

大地面貌每年经历巨大变化，其壮观景象自古以来在人们的脑子里就留下了深刻印象，引起人们思考：如此巨大奇妙变化的起因，究竟是什么？他们的好奇心并非完全出自超然的立场，即使原始人也不会看到自己的生命与自然的生命多么密切相关，就连冻结了溪水、剥去了大地植物的自然进程，也危及他们的生存。在人类历史发展的一定阶段，人似乎曾经想象防止威胁人类的灾害的手段是掌握在自己手中的，他们可以运用巫术加速或阻拦季节的飞逝。于是他们举行各种仪式，念诵咒语，要老天降雨、太阳放晴、牲畜繁殖、果实成长。经过一定的时间，知识逐渐增长，排除了许许多多一厢情愿的幻想，使得至少是富于思想的一部分人相信：春夏秋冬、节序更替，并非他们巫术仪式的结果，而是由于在自然景象转换的后面有着更深刻的原因、更强大的力量在起作用。他们这时为自己描绘出植物生长和衰朽、生物诞生和死亡的形象，是有神性的东西，是神和女神的力量消长的影响。神和女神也按人类生活的方式生、死、婚嫁、繁育。

这样，关于季节的古老巫术理论就被一种宗教理论所替代或补充。因为虽然人现在把每年的循环变化基本上归诸他们的神祇的相应的变化，他们还是认为通过举行一定的巫术仪式可以帮助生命本原的神反对死亡本原的斗争。他们想象可以补充神衰退的力量,甚至使他死而复生。他们为此目的而举行的仪式,实质上是对他们希望促进的自然进程的戏剧性表现。因为大家熟悉巫术的一条原则就是只要模仿就能产生预期的效果,由于他们现在以神的婚媾、死亡、重生或复活来解释生长与衰朽、繁殖与消灭等现象,因而他们宗教的——或者更确切些说巫术的——戏剧大部分都是在重弹这些主题。他们宣称繁殖之神的婚配,其结果是丰产,神的配偶一方死亡,又欢乐地复活了。这样,宗教的理论同巫术的实践混在一起。这种情况在历史上是常见的。实际上很少有什么宗教能完全摆脱古老巫术的影响。这种在两个截然相反的原则上行动的矛盾,不管多么苦恼哲学家的心灵,普通人却极少为此困惑。他要的是行动,而不是分析行动的动机。假如人类一直符合逻辑、聪明行事的话,历史就不会是愚蠢与罪恶的漫长记录了。

关于季节带来的变化,最令人注目的是温带植物所受的影响。季节对动物的影响虽然也大,却不这么显著。因此在设计驱除严冬召回暖春的巫术戏剧时,很自然地把重点放在植物方面,草木形象比鸟兽更为突出。然而生命的这两方面,植物的方面和动物的方面,在遵行这些仪式的人们的脑子里并非互不相连。他们都相信动物世界和植物世界之间的关系比实际显现的更为密切。所以他们往往将复活植物的戏剧性表演同真正的或戏剧性的两性交配结合在一起进行,用意就在于借助这同一做法同时繁殖果实、牲畜和人。在他们看来,无论动物或植物的生命与繁殖,原理都是一个,并且是不可分开的。要活着并且要使之存活,要

第二十九章 阿多尼斯的神话

吃饭并且要生育繁衍,这些是人类在古代的基本需求,也是将来的(只要世界存在的话)基本需求。其他东西当然也需要,用以丰富和美化人的生活,但是,如果不首先满足这些需求,人类本身就不能生存。因此,食物和子嗣这两样是人通过巫术仪式以调节季节所主要追求的目标。

显然,与东地中海接壤的地区举行这种仪式要算是最广泛、最隆重了。埃及和西非人民以奥锡利斯、塔穆兹、阿多尼斯和阿蒂斯等名字表示生命(尤其是植物生命)每年的衰亡与复苏,把它当作神的化身,每年死去又复生。尽管他们举行仪式的名称和细节各地有所不同,但实质都是一样。这个东方的神祇有许多名字,基本上都是同一性质。下面我们就加以考察,先谈谈塔穆兹或阿多尼斯(Adonis)。

巴比伦和叙利亚的闪米特人崇拜阿多尼斯。早在纪元前7世纪希腊人就把它引进希腊。这位神祇的真名是塔穆兹,阿多尼斯是其崇拜者对他的尊称,原是闪米特语阿多恩(Adon),即"主"或"老爷"的意思。希腊人误解了这个称号,把它变成了塔穆兹的名字。在巴比伦的宗教文献里,塔穆兹是伊什塔尔的年轻的配偶或情人。伊什塔尔是伟大的母亲女神,是自然生殖力的化身。有关他们彼此关系的神话和宗教仪式的资料既零散又模糊,不过我们从中还是知道了一些情况:人们相信塔穆兹每年要逝世一回,从欢乐的世上到阴间,他的女神走遍黄泉,来到尘封门窗的黑牢,到处寻他。当伊什塔尔不在人间的时候,人间的爱情便停息了:人和野兽一样都忘了养育子嗣,一切生命都受到灭绝的威胁。同这位女神密切相关的是动物界的性功能,女神不在,他们就不能进行性行为。于是,大神伊亚就派人去援救这位众生依赖的女神。严厉的阴间王后阿拉图姆或厄里西·基加勒勉强允许用生命之水在伊什塔尔身上喷洒,并让她同情人塔穆兹一起回转阳世。他俩回到阳世之后,自然界中的一切就都复苏了。

古巴比伦人的赞歌中有好几首是悼念塔穆兹的。歌中把他比作容易凋谢的植物。说他是——

> 园中的缺水赤杨,
> 小花从未在枝头绽放;
> 河边不乐的垂柳,
> 深根全被挖走;
> 花圃香草,没有清泉淋浇。

每年仲夏,以他的名字命名的月份——塔穆兹月,当地男男女女都要在激越的笛声中向他致哀。人们用清水洗净这位已故神祇的雕像,涂上香膏,裹以红袍,然后对着雕像诵唱挽歌。像前香烟缭绕,似乎要刺激他的休眠的知觉从死亡的长眠中苏醒过来。从一首题为《笛声悼念塔穆兹》的挽歌里,我们好像还能听见歌手反复咏唱那悲伤的迭句,感觉到隐约的笛声中的呜咽曲调:

> 为他的逝去,她倾诉着哀伤:
> "啊,我的孩子!"
> 为他的逝去,她倾诉着哀伤:
> "我的塔穆兹啊!"

第二十九章 阿多尼斯的神话

为他的逝去,她倾诉着哀伤:
"我的巫师和祭司啊!"
在卓然挺立的雪松树下,
在伊纳神庙各处
——她为他的逝去倾诉着哀伤。
像一幢房屋为它的主人哀伤那样,
她倾诉着哀伤;
像一座城池为它的君主哀伤那样,她倾诉着哀伤。
她为不得在苗圃里生长的香草哀伤,
她为不得在穗里孕育玉米哀伤。
她因自己的寝室未能为身心交瘁的母亲和孱弱幼儿
　　提供寝处安憩而感羞惭!
她为伟大的河流哀伤,那儿没有生长一棵垂杨。
她为田地哀伤,那里玉米、香草均不生长。
她为池塘哀伤,鱼儿一向渺茫。
她为沼泽哀伤,芦苇也不能茁壮。
她为森林旷野哀伤,柽柳不生,翠柏枯黄。
她为幽深的果园哀伤,蜜、酒均无酿。
她为草原哀伤,寸草不存,满目荒凉。
她为宫殿哀伤,物换星移,人寿短暂。

　　巴比伦文献的断简残篇,以及先知以西结在耶路撒冷圣殿北门看到妇女为塔穆兹哀哭情景的简短记载,都不如希腊作家的记叙能使我们更加了解阿多尼斯的悲剧故事和悼念他的感伤仪式。

反映在希腊神话这面镜子里的东方神祇是以阿弗洛狄忒热爱的那位英俊少年来出现的。在他还是婴儿的时候,女神把他藏在盒子里,交托冥后珀耳塞福涅抚养。珀耳塞福涅揭开盒子,看到婴儿如此美貌,便不肯还给她了。后来爱神亲自来到阴间向掌管坟墓的(冥后)赎出她的亲爱的人。爱神和死神之间的争执,最后由宙斯出面调处。他判决阿多尼斯每年的一半时间在阴间跟珀耳塞福涅同住,另一半时间在阳世跟阿弗洛狄忒同住。最后这位美男子在打猎时被野猪咬死,也许是被嫉妒的阿瑞斯杀死。阿瑞斯变作野猪模样伺机杀死了他的情敌。阿弗洛狄忒万分悲痛她所爱的阿多尼斯的死亡。在这一版本的神话中,阿弗洛狄忒和珀耳塞福涅争夺阿多尼斯,清楚地表现了(巴比伦神话中)伊什塔尔和阿拉图姆之间在冥界的争斗。宙斯判决阿多尼斯每年一半时间在阴间,一半时间在阳世,则纯粹是希腊人对于塔穆兹每年失踪又复再现的另一说法。

第三十章　阿多尼斯在叙利亚

阿多尼斯的神话，在西亚两个地区已经地方化了，对他的纪念仪式非常隆重。这两个地区一个是贝鲁斯，在叙利亚海岸；另一个是帕福斯，在塞浦路斯。两地都是供奉阿弗洛狄忒的大地方，更确切些说，是供奉与她对应的闪族的神阿斯塔特。如果我们承认这些传说的话，阿多尼斯的父亲辛尼拉斯是两处的君王。两座城中，贝鲁斯更古老，并自称是腓尼基最古的城市，是大神埃尔在上古时期就建立起来的。希腊和罗马人分别把它称作克洛诺斯和萨图恩。不管怎样，在有史时期，它被尊为圣地，是该国的宗教首都，是腓尼基人的麦加或耶路撒冷。这座城在海边的一块高地上，城里有阿斯塔特的大神殿，在那宽大的庭院中心立着一个高大的锥形物或方尖锥石，这就是女神的神圣雕像，四周有回廊，从下面有梯子上去。纪念阿多尼斯的仪式就在这座神殿里举行。他的确对整个城都是神圣的，易卜拉欣河在贝鲁斯偏南一点的地方入海，它在古代就名叫阿多尼斯。这就是辛尼拉斯王国。从最初到最近，这座城似乎都由国王统治，也许有一个长老会或元老院协助。

贝鲁斯最后的一个国王叫辛尼拉斯这个古名，由于他极端专横,被庞培①斩首。据说,他的传说中的同名者辛尼拉斯建了一座阿弗洛狄忒的神殿,也就是阿斯塔特的神殿,坐落在黎巴嫩山的某个地方,离首都只有一天的路程。这个地方也许是阿法卡,在阿多尼斯河(Adonis)的发源处,在贝鲁斯和巴勒贝克之间。因为在阿法卡有一个著名的林子和阿斯塔特神殿,由于其崇奉的罪恶性被康士坦丁毁掉了。庙址被现代旅行者发现,就在至今仍然称为阿法卡的破烂村庄旁边,在阿多尼斯河的荒芜、浪漫、多林木的河谷的尽头处。村庄在高高的河岸上,四周是浓密的核桃林。这条河在离村不远的地方从矗立的峭壁、巨大半圆形的山脚的石洞中冲出来,经过一连串瀑布后,注入极深的峡谷里。河流愈降到深处,植物长得愈茂盛,它们从岩石的罅隙中渗出来,给下面巨大深谷里澎湃或潺湲的溪流铺上一层绿色的面纱。在潺潺河水的新鲜气味里,在山上空气的香甜纯净里,在草木的碧绿里,有一种细腻的几乎令人陶醉的东西。几大块凿过的黑花岗石,一根漂亮的黑花岗岩柱子还标明着庙宇的所在地,庙宇占据一块高地,面对着河源,一眼望出去,气象宏伟。在瀑布的泡沫和吼声的那一边,你往上看,见到岩洞,往远处看,见到上面高大岩石的峰顶。峭壁真高,在崖石突出的边缘上爬行吃小树的山羊,在好几百英尺下面观看的人看来竟像是一些蚂蚁。往大海那边看,金色的阳光倾泻在幽深的峡谷里,显露出奇形怪状的扶墙和山墙的圆形塔楼,柔和地落在绿意盎然的树上,掩映它的深处,这使人印象特别

---

① 庞培(Pormpey the great),前106 -前48古罗马统帅和政治家,古罗马第一次三头政治的首领之一。

第三十章　阿多尼斯在叙利亚

深刻。据传说,阿多尼斯初次或最后一次遇见阿弗洛狄忒就在这里,他那血肉模糊的尸体也埋葬在这里。很难想象赋予这个爱与死的悲剧故事以更美丽的场景了。这个山谷虽然从过去到现在一定是很幽僻的,但它并不完全荒芜。东一个西一个的修道院或村庄,衬着天堂屹立在悬崖顶上,或是依附在峭立的岩顶上,悬在河水的泡沫和喧嚣之上。黄昏时刻,阳光穿过幽暗,可以看见在几乎人迹罕至的斜坡上有人居住。在古代整个可爱的山谷似乎都是奉献给阿多尼斯的,直到今天还充满着对他的怀念。四面合围的高地的顶上常常有敬奉他的残碑,有些碑矗立在深渊的边缘,望下去可见老鹰在远远的下方绕着它们的窝巢盘旋,真叫人头晕。在吉尼耶至今天还有一个这样的碑。这里有一块大岩石,在草草凿开的壁龛里刻着阿多尼斯和阿弗洛狄忒的像。他的样子是持矛休息,等待一头熊的进攻,她则坐着,显出忧伤的神态。这尊面容忧伤的神像很可能是马克罗比厄斯描写的黎巴嫩的居丧的阿弗洛狄忒,岩石上的壁龛或许就是她爱人的坟墓。供奉他的人相信,每一年阿多尼斯都在这座山中受伤致死,每一年自然本身的面容都让他神圣的血染一次。所以,叙利亚的女孩子们年复一年地悲悼他的厄运。这时属于他的花朵,红色的秋牡丹在黎巴嫩的杉树中开着花,红红的河水流入大海,每当海风拂岸的时候,河水沿着青兰的地中海的曲折海岸像一条蜿蜒的深红绦带。

第三十一章　阿多尼斯在塞浦路斯

塞浦路斯岛距叙利亚海岸只有一天的路程。的确，在晴朗的夏天黄昏可以看到塞浦路斯的山脉，又低又暗，映着落日的红火。岛上有丰富的铜矿、枞树和高大的杉树林，自然吸引着腓尼基这样经商航海的民族。岛上又盛产谷物、酒和油，在腓尼基人眼里拿它与他们自己的山海之间崎岖不平的海岸这荟萃的自然条件相比，它必然是一个天国。因此，他们在很早的时候就定居在塞浦路斯，希腊人在该岛沿岸定居之后很久，他们仍然留在那里，因为我们从铭文和钱币上知道腓尼基王统治基提翁，即希伯来人的奇提姆，一直统治到亚历山大大帝时代。闪族殖民者自然把他们的神也随身从祖国带过去。他们供奉黎巴嫩的巴尔，也许就是阿多尼斯，他们在南部海岸的阿马图斯设立了阿多尼斯和阿弗洛狄忒或阿斯塔特的仪式。在这里跟在比布勒斯一样，这些仪式很像埃及人对奥锡利斯的崇奉，有些人甚至认为阿马修斯的阿多尼斯就是奥锡利斯。

不过，塞浦路斯岛上崇奉阿弗洛狄忒和阿多尼斯的最大场所是该岛西南面的帕福斯。从远古到公元前 4 世纪末，塞浦路斯一直被分成许多小王国，帕福斯想必是其中最好的一个。这里山峦起伏，点缀着田野和葡萄园，河流纵横交错，经过多少世代，河床

第三十一章 阿多尼斯在塞浦路斯

洗得极深,在内陆旅行很困难很麻烦。奥林匹亚山(即现在的特罗多斯山)高高的脊岭,一年中大部分时间都盖着雪,为帕福斯挡住北风和东风,把它和岛上其他地方隔断。塞浦路斯的最后一片松林还残留在山坡上,掩映着亚平宁山脉风景中东一处西一处的修道院。帕福斯的旧城在一个山顶上,距海大约一英里。新城则在距海港约十英里的地方兴起。老帕福斯(现代的库克里亚)阿弗洛狄忒神殿,是古代世界最著名的神殿之一。据希罗多德说,它是从阿什克伦来的腓尼基殖民者建立的。不过在腓尼基人来到之前,该地可能崇奉一个本地的丰产女神,新来的人把她当作自己的巴拉或阿斯塔特,这个丰产女神可能很像巴拉或阿斯塔特。如果这两个神这样结合成一个,我们就可以假定两个神都是那个母性和丰产的伟大女神的变体,从很古的时候起,整个西亚似乎都供奉这尊伟大的女神。她的形象和她的仪式的淫乱性质证实了这种假定。因为那种形象和仪式是她和其他亚洲神祇所共有的。她的形象只是一个圆锥或锥状物。贝鲁斯的阿斯塔特的徽志也是一个圆锥,在潘菲利亚的别加希腊人称为阿耳忒弥斯的本地女神是如此,叙利亚霍姆斯的太阳神埃拉加巴卢斯也是如此。显然供作偶像用的锥形石块在塞浦路斯的戈尔吉和马尔他的腓尼基人庙宇里也有发现。在西奈的荒山悬崖中的"托奎斯女神"的神殿里也发掘出沙石的锥形物。

塞浦路斯古时的习俗,妇女结婚必须在阿弗洛狄忒、阿斯塔特或其他女神的圣殿里失身于外乡人。类似的习俗在西亚许多地方都很流行。无论这种习俗的动机如何,人们显然并不认为这是淫乱放荡行为,而是神圣的宗教义务,是为西亚伟大的地母神服务。这位女神的名字各地不同,其类型则是一致的。例如,巴比伦的每个妇女无论贫富,一生中必须有一次在糜丽塔的圣殿里接受陌生人的拥抱,并将这样神圣的失身所得的钱财奉献给女神。这糜丽塔的圣殿,也就是伊什塔尔或阿斯塔特的圣殿。许多妇女挤在那个神圣的地方等着履行这一习俗规定的义务,有的甚至在那里等待了多年。古代以壮丽神殿著称的叙利亚的赫利奥波利斯或巴勒贝克两个地区,其习俗要求每个少女在阿斯塔特的神殿里失身给一位外乡男人,为了表示对女神的虔诚献身,不论出身之贵贱一样需要这样做。康斯坦丁皇帝废除了这个习俗,毁了这个神殿,并在其处另建了一座教堂。在腓尼基的神殿里,妇女受雇为宗教义务而卖淫,她们相信这样做能得到女神欢心、赐予福佑。阿莫里特人有一习俗,"凡是即将结婚的姑娘,都要在门前与人私通七日"。贝鲁斯每年哀悼阿多尼斯时都剃去头发,凡妇女不愿奉献头发者必须在节间的一天与陌生人行淫,然后将所得钱财献给女神。吕底亚的特拉勒斯地方发现一篇希腊铭刻的文字,证实公元2世纪时宗教性卖淫习俗仍在希腊残存。该文记载一位妇人名叫奥瑞莉娅·艾米丽亚,不仅本人以神妓的身份供神御使,而且她的母亲和其他女性祖辈也都如此供役。这篇铭文刻在大理石的圆柱上(该柱为还愿的供物),说明那时人们对于这样的传统和这样的祖先亲属并不认为是不光彩的。亚美尼亚最尊贵的人家都把女儿送到阿西里森纳的女神安乃绨斯的神殿里为女神服役,这些闺秀就长期在那里充当神妓直到结婚为止。在她们服役期满后,没有人会迟疑不愿娶她们为妻。蓬托斯的科玛纳地方有一位人们称之为玛(Ma)的女神,这尊女神拥有大量神

第三十一章 阿多尼斯在塞浦路斯

妓为她服务,附近城乡男男女女都赶来参加两年一度为神举行的盛会,求神许愿。

如果我们综观这个题目的全部证据(有些证据还有待向读者交代),我们可以作出这样的结论:一切自然生产力的化身,一个伟大的地母神为西亚的许多民族所供奉,名字不同,而神话和仪式的实质则类似,和她结合的有一个爱人,或说得准确一些,有一系列的肉身的神灵爱人,她每年与他们交合,人们认为他们的结合是促进各种动物和植物的繁殖所必需的,还有,按照神话中这一对神灵的结合方式,人们以男女两性真正的、虽是暂时的结合来模仿,扮演的地方就在女神的神殿里,为的是用这种办法保证大地丰产,人畜兴旺。

据说在帕福斯这种宗教卖淫制是由辛尼拉斯王订立的,由他的女儿,阿多尼斯的姊妹付诸实践,原因是她们曾经激怒了阿弗洛狄忒。她们与外乡人行淫,后来死于埃及。在这个传统做法中,阿弗洛狄忒的愤怒也许是后来某权威加上去的,他自己的道德观念为这种行动所震惊。他认为这是女神加给崇拜者的一种处分,而不是她在她所有的敬奉人身上定期享受的一种祭献。无论如何这个故事表明帕福斯的公主们也和出身低微的妇女一样必须遵从这个习俗。

关于帕福斯祭司王的祖先和阿多尼斯的父亲辛尼拉斯的这些故事,其中有一些是值得我们注意的。首先,据说他生他的儿子是在一次五谷女神的节会上与他女儿弥拉乱伦而生的,在这个节会上,妇女身穿白色衣服献祭五谷花环,作为第一批收获物,并严格地斋戒九日。据材料看,许多古代帝王都有和女儿乱伦的类似情况。若说这类材料毫无根据,似乎是不可能的,若说这些情况全是反常淫欲的偶然爆发,似乎也是不可能的。我们可以猜测它们本来就是在某一特定情况下为了一定原因而实际遵守的惯例。有些国家是按母系来推算皇家血统的,结果皇帝掌权只有依靠他与有继承权的公主结婚,公主才是真正的君主,在这些国家里,似乎常常有这样的事,君王与他自己的姊妹皇家公主结婚,以便从她手里得到王冠,否则王冠就落到别人手里,或者落到一个陌生人手里。这种继承的原则是不是也为和女儿乱伦提供了一种动机?因为从这个原则里似乎自然可以得出一种结论,国王在他妻子皇后死时必须退位,原因是他是靠和她结婚才坐上王位的。当这种婚姻关系结束时,他的王权也随之终结,并立即转到他女儿的丈夫手里。所以国王如果希望在他妻子死后继续统治,他可以合法继续统治的唯一办法就是和他女儿结婚,因而通过他的女儿而延续皇帝称号。他原先就是透过她母亲才得到这个称号的。

据说辛尼拉斯十分美貌,阿弗洛狄忒本人也向他求过爱。那么,看起来,正如有些学者已经观察到的,辛尼拉斯在某种意义上与他漂亮的儿子容貌一样,这个容易激动的女神对阿多尼斯也曾倾心过。更进一步,阿弗洛狄忒爱过帕福斯皇家的两个成员的故事很难与皮格马利翁①的相应传说分开,皮格马利翁是塞浦路斯的腓尼基王,据说他爱过阿弗洛狄忒的一尊偶像并将偶像带到床

---

① 皮格马利翁(Pygmalion),希腊传说中的塞浦路斯王,又为雕刻家,他爱上自己所雕的一座象牙雕像(一说即是阿弗洛狄忒像),爱神将之变为活人,配与他为妻。

第三十一章 阿多尼斯在塞浦路斯

上同睡。我们考虑到皮格马利翁是辛尼拉斯的岳父,辛尼拉斯的儿子又是阿多尼斯,他们三个一连几代都传说与阿弗洛狄忒有爱情瓜葛,那么,我们就不难得出这样的结论,即帕福斯的古代腓尼基王,或王的儿子们不仅常常自称是这个女神的祭司,而且是她的爱人,换句话说,在他们的职位上,他们是体现阿多尼斯的。无论如何,据说阿多尼斯曾在塞浦路斯统治过,看来可以肯定,岛上所有腓尼基王的儿子通常都具有阿多尼斯的称号。不错,严格说来,这个称号的意义不过是"主"而已。但是,把这些塞浦路斯的国王与爱神联系起来的传说使他们有可能宣称阿多尼斯具有神的性质,同时也有人的尊严。皮格马利翁的故事表明一种神婚的仪式,国王在这个仪式里与阿弗洛狄忒的偶像结婚,或说得准确一点,与阿斯塔特的偶像结婚。如果是这样,这个故事在某种意义上就不只是对某一个人来说是真实的,而是对整整一串人来说是真实的。如果皮格马利翁是整个闪族诸王的共名,尤其是塞浦路斯诸王的共名,那么说这个故事说的是皮格马利翁就更有可能了。无论如何,大家都知道皮格马利翁是著名的推罗国王的名字,他的姐妹戴多就是离开他而逃走的,在亚历山大大帝①时代统治塞浦路斯的基提翁和伊达里厄姆的一个君主也叫皮格马利翁,或说得准确一点,叫浦米雅索恩,这是个腓尼基的名字,希腊人误译为皮格马利翁。还有,值得注意的是,皮格马利翁和阿斯塔特这两个名字同时出现在一枚刻着迦太基文字的金质大徽章里,徽

---

① 亚历山大大帝(Alexander the Great,前356—前323),菲力普二世(Philip Ⅱ)之子和继承人。

章是在迦太基的一个坟墓里发现的,铭文的字体极为古老。既然说帕福斯的神妓习俗是辛尼拉斯王创始的,他的女儿也都遵照实行,我们就可以这样推测,帕福斯诸王扮演神的新郎角色时,其仪式并不像与偶像结婚那样天真无邪。事实上,在某些节会上,每个君王都必须与庙里的一个或多个神妓婚配,神妓扮演阿斯塔特,他是阿多尼斯。如果是这样的话,则基督教的长老们贬称辛尼拉斯敬拜的阿弗洛狄忒是个普通妓女,就比一般想象的要真实得多了。他们婚配所生的子女,地位是神的儿女,像他们的父母以前的地位一样。帕福斯就这样充满了人神,都是神王的妻妾和庙妓所生的后代,也许这位亚洲女神的所有神殿都是如此。这些人神中也许任何一个都可以继承他父亲的王位,或者每当战争或其他严峻时刻需要(有时真有这种需要)皇家牺牲送死,他就代替他父亲被当作祭品奉献。为了国家的利益,对国王的大量子孙偶尔提出这种要求既不会使神圣家族绝种,也不会使做父亲的伤心,他是把父爱分予众人的。无论如何,如果常常把闪族诸王同时看作神祇的继承者(似乎有理由相信这一点),那就不难了解闪族人的名字常常表明此人是神的儿子或女儿,兄弟或姊妹、父亲或母亲,我们无需采用某些学者所使用的办法来避开这些字的明明白白的意义。埃及有个类似的称呼,也肯定了这种解释。在埃及,国王被尊为神,皇后被称作"神的妻子"或"神的母亲",而"神的父亲"这个称号不仅国王真正的父亲有,连他的岳父也有。同样,在闪族人中,也许任何人只要把女儿送去帝王的后宫,他就可以称自己为"神的父亲"。

如果我们可以根据名字判断,具有辛尼拉斯这个名字的闪族

第三十一章 阿多尼斯在塞浦路斯

国王,像大卫王一样,也是一个竖琴手。因为辛尼拉斯这个名字显然与希腊文的cinyra[竖琴]一字有关,这个字又是从闪语kinnor[竖琴]一字变来的,大卫在扫罗①面前奏的乐器就是用这个字称呼的。我们也许可以大致不差地假定,在帕福斯跟在耶路撒冷一样,奏竖琴或七弦琴并不只是供作休闲的一项娱乐,而是宗教活动的一部分,琴曲的动人也许和酒的作用一样,直接得之于神灵的启发。的确,在耶路撒冷,圣殿的正规祭司是伴随着竖琴、弦琴和铙钹的乐声进行预言的。看来,非正规的祭司(我们可以称之为先知)也依靠某种这类的刺激产生兴奋状态,他们把这种状态看作是与神灵的直接交谈。所以,我们获悉一群先知从邱坛下来,带着一张弦琴、一面手鼓、一根笛子和一把竖琴,他们边走边作预言。又如犹大和以法莲的联军跋涉摩押旷野追赶敌人的时候,他们一连三天找不到水,人和驮重牲口都可能渴死,在这个紧急关头,随军的先知以利沙请来一位乐师命他奏乐,在音乐的影响下,他命令士兵在无水的山谷沙地上挖掘壕沟,行军路线就从这个山谷通过。士兵挖好沟,第二天早上沟里充满了水,水是从两边荒凉陡峻的山陵中渗出来的。先知掘水成功很像现代所谓水脉占卜者的成功,尽管他用的方式不同。他还因此意外地为他的国家办了另外一件事。隐藏着的摩押人从山岩间的洞窟里看见沙漠上热红太阳映照在水里,以为是敌人的血,或说得准确些,是敌人血的一种征兆,他们壮起胆子攻击敌营,结果失败,死伤

---

① 扫罗(Saul)是以色列第一个国王,在同非利士人的争战中非常赏识大卫,大卫容貌俊美,英勇善战,又善弹琴。弹出美妙的乐曲,能给扫罗解闷。大卫后来成了犹太人的王。故事见《圣经·旧约全书·撒母耳记》。

很大。

又如,由于时时有挥之不去的愁云惨雾加重扫罗不快的心情,人们认为这是上帝遣来的恶魔在干扰他。另一方面,竖琴庄严的乐声则平复、镇定他纷乱不安的思路,在忧烦的国王看来,却像是上帝自己的声音或上帝善良天使的声音,在悄悄耳语。甚至在我们今天,有一位伟大的宗教作家,他自己对音乐的诱魔力很敏感,他曾经说过,乐曲有极大力量能使血脉贲张、心灵融化,它们不可能只是空洞的声音而已,绝非如此,它们来自某个更高的天体,是永久和谐感情的洋溢,是天使的声音,是圣人所唱的圣母颂。这样,原始人朴质的想象得到转变,他那无力的幼儿似的声音在纽曼如音乐般的散文里翻腾回旋。音乐对宗教发展的影响倒真是一个课题,值得平心研究一下。因为我们不能怀疑,一切艺术中这个最亲切动人的艺术在表达宗教感情,乃至创造宗教感情上起了不小的作用,所以初期看来它似乎只是为宗教信仰服务,却或多或少地修改了信仰的结构。乐师也和先知、思想家一样,都在宗教的形成中做了自己的一份工作。每一种信仰都有其相应的音乐,信条的差别几乎可以在乐谱里表达出来。例如,西碧尔粗野的狂欢和天主教庄严的仪式之间的差距就可以从铙钹和手鼓的杂乱敲打同帕莱斯特里纳与亨德尔音乐作品的庄重和谐两者的悬殊来衡量。不同的精神表现在不同的音乐之中。

第三十二章 阿多尼斯的祭祀仪式

在西亚和希腊等地每年都举行阿多尼斯的节会。主要由妇女号啕大哭,哀悼这个神的死亡。人们把他的偶像装成尸体模样,像送葬一样抬出去,然后扔在海里或溪流里。有些地方在次日庆祝他的复活。但是在不同的地方,庆祝的方式有些不同,其庆祝的季节显然也不同:在亚历山大城,阿弗洛狄忒和阿多尼斯的像摆在两张长椅上,旁边摆着各种成熟的水果、饼、花盆里长的花草,还有茴香编织的绿荫。头一天庆祝两个爱人的结婚,到第二天,妇女穿起居丧人的衣服,披发袒胸,把死去的阿多尼斯神像抬到海边扔进浪潮里去。不过他们的哀悼并非完全绝望,因为他们唱道死者会再回来。亚历山大城举行这种仪式的日期并无明确的规定。但是从提到成熟的水果这一点来看,有人曾经推测是在夏季结束的时候。在贝鲁斯,腓尼基人的阿斯塔特大神殿里,每年哀悼阿多尼斯的逝世,用笛子奏着凄厉的哀乐,又是哭、又是号、又是捶胸脯。不过第二天,人们相信他又活过来,当着他崇奉者的面升天而去。忧郁的崇信者留在人世,他们像埃及人死了神牛阿庇斯时所做的那样,把头发剃掉,妇女们舍不得牺牲她们漂亮的头发,只好在节日中的某一天接受陌生人的买欢,用自己贞操换来的钱献给阿斯塔特。

腓尼基人的节日像是一个春天的节日,因为它的日期在当时是决定于阿多尼斯河水的变色,而现代的旅行者则观察到河水变色是在春天。在这个季节里,雨水从山上冲下红色的土壤,把河水染成血红的颜色,甚至把一大片海水也染成血红色,人们相信染上的红色是阿多尼斯的血,他在黎巴嫩山上每年被野猪伤害致死。而且,据说深红的秋牡丹是从阿多尼斯的血里长出来的,或是被他的血所点染,叙利亚的秋牡丹是在复活节前后开花,这也可以认为是说明阿多尼斯的节日,或至少是有关他的许多节日中有一个节日是在春天举行的。这个花的名字也许是从"娜曼"(亲爱的)一字转变而来的,人们好像曾经这样称呼阿多尼斯。阿拉伯人一直把秋牡丹叫作"娜曼的伤痕"。据说红玫瑰之所以红也是来自这个悲惨的场合,因为阿弗洛狄忒连忙跪到她受伤的爱人那里去,踩了一丛白玫瑰,残酷的花刺扎伤了她的嫩肉,她神圣的血把白玫瑰染成永久的红色。过分倚重从开花的季节里找出的证据,特别是从玫瑰花开花这个微弱的证据中挤出论点来,也许是没有意义的。这个证据如果还能算数,那么,把大马士革玫瑰与阿多尼斯逝世联系起来的故事便表明纪念他受难是在夏天而不是在春天。在阿提卡,这个节日正好是在盛夏。因为雅典派出舰队攻打锡拉丘兹,结果被击溃,雅典从此一蹶不振。舰队出发是在仲夏,由于不祥的偶合,阿多尼斯的阴郁仪式正是在这个时候举行。队伍离港上船时,他们穿过的街道上,一路摆着棺材和尸体形状的偶像,乱糟糟的妇女们的哭闹声,悲悼阿多尼斯的死亡。这种情况给雅典自出海以来最辉煌的一支舰队的

第三十二章 阿多尼斯的祭祀仪式

航行罩上一层阴影。许多世代以后,当朱利安皇帝①头一进次入安提俄克②的时候,他发现这个东方欢乐富庶的首都也正在假装悲悼阿多尼斯的每年的死亡。如果他有任何灾难临头的预感,传进他耳朵的嚎哭声听起来一定像他的丧钟。

这些仪式与我在别处描写的印度和欧洲的仪式,其类似之处是很明显的。特别是亚历山大举行的仪式,除了举行的日期有些难以肯定之外,几乎和印度的完全一样。两处的仪式中,两个神灵的婚姻与草木的亲密关系似乎已由它们都披戴新鲜植物这一点表明了,神婚都用偶像来扮演,然后哀悼偶像并把它扔进水里。由于这两种习俗彼此类似,并与现代欧洲的春天和仲夏的习俗也相类似,我们自然想到它们都可以作相同的解释。所以如果我对后者所作的解释是正确的,那么阿多尼斯的死亡与复活的仪式也一定是植物生命的衰谢和苏醒的戏剧表演。根据几种风俗的类似而作出的这种推论又为下面阿多尼斯的传说与仪式中的一些特点所肯定。他与草木有密切关系这一点在关于他出生的流行故事里立即表现出来。据说他是从一棵没药树里生出来的,十月怀胎之后,树皮破裂,于是这个可爱的婴儿出世。根据某些故事,是一头野猪用牙啃破树皮,给婴儿开了一条口子。有一个传说则染上了淡淡的理性主义色彩,说他母亲原是一个叫作没药的妇女,她怀了这个孩子之后立即变成了没药树。这个寓言的起源可

---

① 朱利安(Julian the Apostate,332-363),古罗马皇帝,361年即位,贬抑基督教,下令恢复罗马原有宗教,故有"背教者"之称。362年前往叙利亚,与波斯开战,初虽得手,旋即败北,翌年战伤,死于途中。

② 位于土耳其最南部,现名安达刻,古称安提俄克。

能是由于在阿多尼斯的节会上人们用没药烧香。我们说过，巴比伦人举行的相应的仪式上，也是烧香的，正如崇拜偶像的希伯来人纪念天后时烧香一样，这个天后不是别人，就是阿斯塔特。又如，有一个故事说阿多尼斯自己在阴间待半年，或按照另外一些故事的说法，待三分之一年，其余的时间待在人世，如假定他代表植物，特别是代表五谷，这一点可以极简单自然地作出解释，五谷就是半年埋在地下，另半年则长出地面来。的确，在自然界全年的现象中，表达死亡与复活的观念再没有比草木的秋谢春生表达得更明显了。阿多尼斯曾被看作太阳，但是在温带和热带，太阳一年的行程中没有任何迹象表明他在半年或在一年的三分之一时间里死去，另半年或一年的三分之二时间复活的迹象。确实，可以认为他在冬天变弱了，但不能认为他死去了，他每天再现，与这种假设矛盾。在北极圈里，太阳每年在一整段时间中消失，这段时间随着纬度的高低而有不同，从二十四小时到半年之久，他每年死亡和复活必然是一个明显的观念。但是除了不幸的天文学家贝利之外，谁也不能坚持阿多尼斯的崇拜是来自北极地区的。从另一方面来说，植物每年死亡和复活，原是在人类从野蛮到文明的每一阶段中现成地表现出来的观念。

这种不断的衰谢和再生规模巨大，人的生存又紧密地依靠它，两者合起来就使它成了一年中自然界给人印象最深的现象，至少在温带地区如此。毫不奇怪，这么重要、这么惊人、这么广大的一种现象，它必然会用提出类似观念的办法使许多地方产生类似的仪式。所以，阿多尼斯崇拜与自然界的现实那么吻合，与别处的相似仪式的类比那么相近，我们可以把它当作一个可能的解释予以接受。况且古人自己就有一大堆看法,也支持了这种解释,他们一次又一次地把死去而又复活的神说成是收割后又长出新芽的谷物。

塔穆兹和阿多尼斯都具有谷精的特征,这一点在 10 世纪一位阿拉伯作者对节会的描述中说得很明白。在描写哈兰的异教徒叙利亚人在一年不同的季节里所遵循的仪式和奉献的牺牲时,他说:"塔穆兹(7月)。本月月中是厄尔—布嘎特节,也就是哀伤的妇女节日,是塔—乌兹的节日,举行这个节日纪念塔—乌兹神。妇女哭他是因为他主人残酷地杀了他,用磨磨碎他的骨头,然后将骨粉迎风挥洒(在这个节日里),凡磨里磨出的东西,妇女都不吃,她们的食物只是泡过的小麦、甜野豌豆、枣子,以及葡萄干之类。"塔—乌兹就是塔穆兹,在这里他很像彭斯写的约翰·巴利科恩①:

> 他们在灼热的火苗上
> 　　烤干他的骨髓;
> 但待他最坏的是一个碾磨人——
> 　　他把他放在两块石头间碾碎。

把阿多尼斯和谷物联系在一起说明了他的崇拜者在那遥远的历史时期所达到的文化高度。他们早就离弃了猎人、牧人的游牧生活。他们定居在土地上已经好些世代了,主要依靠耕种维持

---

① 原文是 Barleycorn,意为大麦粒。

生活。荒地里的野果野根,草原上的牧草,对他们更加朴质的祖先来说是头等重要的东西,现在对他们却没有什么意义:他们的思想和精力愈来愈多地卷入他们生活的主要原料谷物上面。因此,向一般的丰产神特别是向谷神祈求的倾向愈益成为他们宗教的中心特点。举行仪式时他们给自己立下的目标是完全实际的。促使他们欢呼植物复生、悲悼植物衰谢,绝不是朦胧的诗意。感到饥饿或畏惧饥饿是人们崇奉阿多尼斯的主要源泉。

拉格兰吉神父提到过,悲悼阿多尼斯主要是一种收获仪式,订立这种仪式是要向谷神谋求赎解,这时谷神或是在收获者的镰刀下丧命,或是在打谷场上被牛蹄踩死。男人杀死他的时候,妇女在家里猫哭耗子,想对他的死表示哀恸,缓和他自然要产生的仇恨。这个说法正好与节会的日期吻合,节会是在春天或夏天。因为在崇奉阿多尼斯的地方收获大麦小麦的季节是春天和夏天,而不是秋天。埃及收割庄稼的人的做法证实了这个假说,他们初割谷物时,大声号哭,呼喊伊希斯。许多狩猎部落的类似风俗也肯定了它,他们对他们杀掉吃掉的动物表示崇敬。

这样说来,阿多尼斯的死亡并不是酷夏或严冬时一般植物的自然凋谢,而是指人猛烈毁坏谷物,人把它从田里割下来,在打谷场上把它压碎,在磨里把它碾成粉末。这的确是晚期的阿多尼斯在地中海东部沿岸的一些农业民族中所体现的主要面貌,这一点是可以承认的,但在初期他是否是五谷并仅仅是五谷,却有待商榷。在较早的时期,他在牧人看来可能主要是雨后发芽的嫩草,拿茂盛的草地供给瘦弱饥饿的牲口。在更早的时候,他可以是体现核果和浆果的精灵,秋天的树林拿它们供应给野蛮的猎人和他

第三十二章 阿多尼斯的祭祀仪式

妻子。农夫必须向他食用的谷物的精灵祈求和好,牧人必须讨好牲口嚼食草叶的精灵,猎人必须安慰他挖起的树根的精灵,他从树枝上收集的果实精灵。在所有情况下对受伤害的或愤怒的精灵的安抚,由于可悲的偶然事故也好,由于必不可少的需要也好,只要精灵被谋杀和抢劫,在任何情况下对受伤害的或愤怒的精灵的安抚,自然会包括精心的借口和道歉,并伴以高声的悼亡。只不过我们要记住,那些早期的猎人或牧人也许一般没有得到植物的抽象概念,因此,如果他们觉得还有阿多尼斯存在,他一定是某一个别的树和草的阿多尼斯,而不是整个植物生命的拟人化。所以,有多少树,多少草丛,就有多少阿多尼斯,每一个阿多尼斯对他人身或财产的受害都想得到补偿。年复一年,只要是落叶树,每个阿多尼斯都好像随着秋天的红叶流血致死,又随着春天的嫩绿而生。

我们有理由认为在上古时期,有时由一个活人代表阿多尼斯,他以神的身份暴死。并且有一些证据证明,在地中海东岸的农业民族中,谷神,不管它叫什么名字,一年又一年常常由活人为代表,在收获庄稼的田野里被杀掉。如果真是如此,那么向谷神祈求和解就可能在某种程度上与对死人崇拜混杂起来。因为人们可以认为这些牺牲的精灵会在他们用血液灌肥的谷穗里复活,并在谷物收获时第二次死亡。暴死者的鬼魂脾气很大,只要有机会就会向杀害他们的人报仇。因此,至少在民间的概念里,抚慰被杀的牺牲的灵魂的做法与安慰被杀的谷精的做法自然会混杂起来。死者既然能从发芽的五谷里复活,所以也可以认为他们在春天的花朵中苏醒,被柔和的春风唤醒了他们的长眠。他们原来就是被放在草地里休息的。因此,下面的想法是很自然的,即从

土里长出来的紫罗兰和风信子、玫瑰和秋牡丹是被他们的血染紫或染红的,包含有他们精灵的一定成分:

> 有时候我感到玫瑰花从来没有
> 像某个被葬君主流血处的玫瑰那么红透;
> 　落在她怀里的花团中的每一棵风信子
> 　都曾是某个可爱的头。
> 这棵复活的花草正用它的嫩绿点缀
> 我们倚靠在上面的"河唇"——
> 　呵,贴得轻一些吧!谁知道
> 它从哪个可爱的嘴唇上悄悄地生长出来的?

兰登之战是欧洲17世纪流血最多的一次战役,大地浸着两万名战死者的鲜血,战后的夏天,地上长出数以百万计的罂粟花,走过这一片深红的地毯的旅客很可能感到大地确是把死人又唤回来了。在雅典,对死者最大的纪念会大约是在春天的3月中,这时早开的花都已经开花。人们相信死者这时会从坟墓里爬起来满街行走,尽力想闯进庙里或住宅里。但这是徒劳,所有庙宇、住宅都用绳子、山榄科植物和幕布等围起来,不让这些不安的精灵入内。按照最明显、最自然的解释,这个节日的名字意思就是花节,如果在这个季节可怜的鬼魂的确是被认为随着开放的花朵从小屋里爬出来,这个称呼倒与仪式的内容很适合。所以,勒南①

---

① 勒南(Joseph Ernest Renan,1823-1892),法国哲学家、语言学家、历史学家。

第三十二章 阿多尼斯的祭祀仪式

的理论可能有一定的真实性,他认为对阿多尼斯的崇拜是源于一种朦胧的、希求安逸的心理而产生的对死亡的崇拜,人们并非将他看成恐怖之王,而是把他看作阴险的术士,引诱为他牺牲生命献祭的人们到他那里去,使他们长眠不起。他以为是黎巴嫩自然景色的无限妩媚增添了这么一种肉欲的、虚幻的宗教情操,迷离地飘浮在痛苦与欢乐之间、睡眠与涕泪之间。说叙利亚农民具有崇拜一般的死亡这么一个纯抽象的概念,毫无疑问是一个错误。在他们简单的心灵里,可能是把草木精灵复活的思想与死者鬼魂这一非常具体的观念混在一起了,死者在春天随着早开的花卉、随着谷物的嫩绿、随着树木五色缤纷的花朵又复生。这样,他们对自然的死亡与复活的看法就会带上他们对人的死亡与复活的看法以及他们个人的忧愁、希望与畏惧等色彩。同样,勒南关于阿多尼斯的论述本身就带有动情的回忆:回忆阿多尼斯闭着双眼像酣睡似地长眠在黎巴嫩的山坡上,回忆他的妹妹安眠在阿多尼斯的故乡,再也不能随玫瑰、秋牡丹一起醒来。

第三十三章　阿多尼斯园圃

阿多尼斯是一个植物神，特别是谷神，人们所谓的"阿多尼斯园圃"对这一点提供了——可能是——最好的证据。所谓园圃是指填满土的篮子或花盆，主要或完全由妇女在里面放上小麦、大麦、莴苣、茴香以及各种花卉，并照管八天。植物受了太阳热能的培育生长很快，但它们没有根，也很快地枯萎下去，八天终结时就把植物和一些死去的阿多尼斯的像一起拿出去，把植物和偶像都扔到海里或溪流里。

对这些阿多尼斯园圃最自然的解释是它们代表阿多尼斯或体现阿多尼斯的力量。它们用植物的形式代表他，正与他的本性相符合，和园圃一起拿出去扔进水里的偶像则是按照他后来的人形制造的。如果我的理解是正确的，则所有这些阿多尼斯的仪式原本的意图都是促进植物生长和再生的巫法。人们认为它们能产生这种效果，依据的原则是顺势或模拟巫术。因为无知的人们认为通过模仿他们希望产生的效果，就真能产生这些效果，因而他们用洒水来制造雨、用点火来制造阳光等等。同样，他们模仿庄稼生长是为了保证好收成。他们要求阿多尼斯园圃里小麦大麦迅速生长，意在促使庄稼丰收，把园圃和偶像扔进水里则是为了保证供应适量的雨水以促进庄稼生长的巫法。我觉得，在现代

第三十三章 阿多尼斯园圃

欧洲相应的仪式中,把死亡和狂欢节的偶像扔进水里,也是这个目的。的确,把一个披树叶的人(他无疑是体现植物的)用水浸湿的习俗在欧洲仍旧流行,其明显的目的是制造雨水。同样,把水洒在收获时最后割下的一把谷子上,或洒在将它带回家的那个人身上,这样的习俗在某些地方流行(德国、法国都有这个习俗,英格兰和苏格兰直到晚近都有这个习俗),其公开宣称的意图就是为次年的庄稼造雨。如在瓦拉奇亚和特兰西瓦尼亚的罗马尼亚的人当中,收庄稼时用最后割下的一把谷子编一个环冠,由一个女孩带回家去,这时所有遇见她的人都赶忙向她泼水,两个农庄仆人专为这个目的站在大门口,他们认为如果不这样做,第二年的庄稼就会旱死。在普鲁士,春耕的时候,扶犁和撒种的人黄昏时放下农事从田里回家,农人的妻子和仆人常向他洒水,扶犁撒种的人则进行报复,把他们个个都捉住扔进池子里,在水里泡他们。主人的妻子可以求免,付出罚款或罚物,但其余的人个个都要泡在水里。他们希望实行这个习俗能够保证种子有适量的雨水。

阿多尼斯园圃主要是促进植物生长特别是庄稼生长的巫法,它与我在别处描述的那些现代欧洲春天和仲夏的民间风俗属于同一类型,这样一种见解并不仅仅依靠这个情况本身的可能性作为证据,我们还有幸能够证明:第一,有一个原始民族在播种季节还种植阿多尼斯园圃(如果我们可以把阿多尼斯园圃一词用在一般意义上的话);第二,欧洲农民在仲夏也种植阿多尼斯园圃。在孟加拉的奥朗人和蒙达人中,到了从苗床移种稻秧的时候,一队男女青年到树林里去,砍一棵小因果树或一根因果树枝。他们大张旗鼓地把它背回家,又跳舞、又唱歌、又打鼓,把它种在村里广场中央,并奉献祭品。第二天早上,男女青年手挽着手,围着因果树站成一个大圆圈跳舞,树上装点着一些彩色的布条和谷草编的假手镯假项链。为了准备过这节日,村长的女儿们用独特的方法培育几棵大麦。把种子和上郁金根粉,种在潮湿的沙地上,叶子发芽时露出一种淡黄色或樱草黄。到了节日那天,女孩拔出大麦苗,放在篮子里,带到广场上去,毕恭毕敬地匍匐在地把它放在卡马树面前。最后,拿走卡马树,扔进河里或蓄水池里。她们种几棵大麦,然后把它们献给卡马树,这样做的用意是毫无疑问的。栽树是为了促进庄稼生长,蒙达人认为,"树林之神是对庄稼负责的",所以在移种稻秧的时候蒙达人带回一棵树,对之十分恭敬,他们的目的大概就是借此促进将要移植的稻秧生长,促使大麦赶快生芽,然后献给树。这种习俗做法也是为了同样的目的,也许是要提醒树神对庄稼应负的责任,用这个植物迅速生长的可见的实例促使他行动。将卡马树扔进水里可以说是一种求雨巫法。是否把大麦也扔进水里,并未说明,不过,如果我对这个风俗的解释正确的话,大麦可能是扔进水里去了。孟加拉风俗和希腊阿多尼斯仪式的差别是,前者的做法树神以树木的原形出现,在对阿多尼斯的崇拜中,树神阿多尼斯则以人形出现,表现为一个死人,虽然他的植物的属性是由阿多尼斯园圃来表明的,但那些园圃可以说是他作为树神的能力的次要表现。

印度人也种阿多尼斯园圃,其目的显然是要保证大地和人类生殖兴旺。如在拉杰普塔纳的奥迪普尔地方,有一个节日纪念丰收女神古丽或伊撒妮。这个纪念仪式自太阳进入白羊宫的时候

第三十三章 阿多尼斯园圃

开始,这时正是印度人新年的开始。用泥土做一个古丽女神的塑像,也给她丈夫依斯瓦拉塑一个像,做得小一些,把两个塑像并排摆在一起。然后挖一条小沟,沟里种上大麦,并用人工浇水加温,直到谷粒发芽,这时妇女围着它手牵手地跳舞,祈求古丽降福给她们的丈夫,之后取出幼苗,由妇女分给男人,戴在头巾上。在这些仪式中给男人分配大麦芽,妻子祈神降福给丈夫,显然表示生育子女的欲望是遵行这个习俗的动机。在马德拉斯地区,婆罗门结婚时也用阿多尼斯园圃,可能出于同样的动机。把五种或九种种子混在一起,种在一个土盆里,土盆是为这个目的专制的,里面装着土。新郎和新娘一连四天早晚都给种子浇水,到了第五天,像真正的阿多尼斯园圃一样,幼芽被扔进一个大桶里或河里。

撒丁岛上至今还种植阿多尼斯园圃,这与盛大的仲夏节有着联系。仲夏节也叫圣约翰节。在 3 月末或 4 月初,村里的年轻小伙子各到一个姑娘那里去,求她做他的"柯梅尔"(Comare)(好朋友或情人),自己做她的"对象"(compare)。女孩子家里认为这种邀请是荣誉,很乐于接受。到 5 月末,女孩就用软木树皮做一个花盆,装上土,里面种一把小麦和大麦种子。花盆放在太阳下面,常常浇水,种子发芽很快,到仲夏节的头一天(圣约翰节的前夕,6 月 23 日)已长成很好的一盆。这时这个盆子就称作"厄米"(Erme)或"纳内尼"(Nenneri)。圣约翰节的那天,小伙子和姑娘都穿上他们最好的衣服,后面跟着一群人,前面是蹦跳戏闹的孩子,摆成长队到村外的一所教堂里去。把土盆在教堂的门上砸碎,然后他们在草地上坐成一圈,在笛子奏出的乐声中吃着鸡蛋和野菜。在一只杯子里兑好酒,挨个传下去,传到谁手里,谁就喝酒。然后他们牵着手合唱"圣约翰的情人"(*Compare e comare di San Giovanni*),一遍又一遍地唱,同时吹着笛子。唱累了,他们就站起来,快乐地站成一圈跳舞,直到天黑。这是撒丁岛上的普通习俗。在奥齐耶里,这习俗的做法又别有特点。在5月里用软木树皮做好盆子,种上谷物,这已经描写过了。然后在圣约翰节的头一天,窗台上挂起华丽的布幔,花盆就放在窗台上,盆上面用红蓝绸子和各色绸带装饰着。从前,每一花盆上都放一小像,或一个妇女打扮的布娃娃,或是一个面团捏的生殖神像,但是这一条由于教堂严厉禁止,现已废除。村里的青年人列队到处观看花盆和花盆的装饰,并等待村里的姑娘们。姑娘们都集合在公共广场庆贺节日。广场上烧着一堆营火,他们围着火跳舞作乐。想当"圣约翰的情人"的人做法如下:青年男子站在营火的一边,女孩站在另一边,一根长棍子,两人各执一端,也算是牵上手了,他们把棍子在火上前后移动三次,手也三度随着进入火焰,这就肯定了他们彼此的关系。又跳舞又奏乐直到深夜。这些撒丁的谷物盆与阿多尼斯园圃几乎完全相似,从前盆里放的偶像也与伴随阿多尼斯园圃的阿多尼斯偶像相对应。

　　西西里岛在同一季节也进行类似的习俗。一对对男孩、女孩彼此在对方头上拔下一根头发,对它进行各种仪式,在圣约翰节期间他们就成了圣约翰的密友。于是他们把头发扎在一起抛入空中,或在一块破陶器上交换头发,然后把这块陶器碎成两瓣,各取一块,虔诚地小心地保存着。人们认为用后一种办法形成的结合将终身不变。在西西里有一些地方,圣约翰的朋友们还彼此赠送整盘的发芽的谷种、扁豆、金莲花种。这些都在节前培育了四十天。接受盘子的人拔一棵幼苗,用绸带扎起来,保存在他或她最珍贵的财物中,把盘子还给赠送的人。在卡塔尼亚,朋友们交换盆种的紫苏和大黄瓜:女孩子照管紫苏,紫苏长得愈粗愈受到珍视。

在撒丁岛和西西里岛的这些仲夏节习俗中,很可能像温施(R. Wünsch)先生设想的那样,圣约翰代替了阿多尼斯。我们已经谈到过塔穆兹或阿多尼斯的仪式一般是在仲夏前后举行,据哲罗姆①的推算,他们的节日是在6月。

在西西里,春天和夏天一样都培育阿多尼斯园圃。从这一点我们也许可以推论出西西里和叙利亚一样,在古时有一个死后又复活的神的春天节日,在复活节快要到来的时候,西西里的妇女在盘子里播种小麦、扁豆和金莲花的种子,她们把盘子保存在阴暗的地方,每两天浇一次水。种子很快就发芽,她们把苗长出来的茎用红绸带扎在一起,把盛它们的盘子放在石棺上(石棺和死去的基督的偶像都是在耶稣受难日,在基督教和希腊正教的教堂里做成的),正如阿多尼斯园圃是放在已死的阿多尼斯的坟墓上一样。这种做法不限于只在西西里,卡拉布里亚的科森扎地方也遵守这个习俗,也许还有别的地方。这整个习俗——石棺以及出芽谷物的盘子——可能只是阿多尼斯崇拜的继续,不过换了一个名字而已。

西西里和卡拉布里亚的这些风俗并不是仅有的,或类似阿多

---

① 哲罗姆,即圣哲罗姆(Jerome, Saint, 347-419/420),早期基督教圣经学家,曾将希伯来文《旧约》和希腊文《新约》译成拉丁文,对中世纪初期学术界影响极大。

尼斯仪式的复活节仪式。"在整个的耶稣受难日，死去的基督的蜡像摆在希腊正教教堂的中央，拥挤的人群热烈地吻着它，同时整个教堂震响着忧郁单调的挽歌。黄昏以后，天色大黑了，神甫把蜡像拿到街上放进灵车里，有柠檬、玫瑰、素馨以及其他花卉装点灵车，于是辉煌的游行开始了，人群列队用缓慢庄严的步伐走过全城。每个人都带着自己的小蜡烛，号啕大哭。队伍过处，所有的住宅都有妇女持香而坐，给行进的人群薰香。城里的人就这样把他们的基督庄严地埋葬了，好像他是刚才死的，最后蜡像又放到教堂里，同样悲凉的歌唱又响起。这种哀悼连同严格的斋戒，一直继续到星期六的午夜。钟敲十二点，主教来了，宣布令人高兴的消息：'基督起来了！'于是人群回应说：'他真起来了！'立即全城欢声雷动，人群尖叫、呼喊，不断放大炮火枪以及各种火花。就在这个时刻，人们从斋戒的极端饥饿中进入复活节的羔羊和美酒的享受。"

同样，天主教也惯于在它的信徒面前用可以看见的方式表现救世主的死亡与复活。这类神圣的戏剧适于给南方一个敏感的民族的活泼想象留下深刻印象，鼓舞他们的热情。比起性情略冷淡的条顿民族，这个处于南方的民族，由于其敏感的气质，较合适于表现天主教信条里壮丽豪华的游行。

我们如考虑到教会多么经常地想出巧妙方法将新信念的种子种在异教的老根上，那我们就可以推测复活节纪念基督的死亡与复活是来源于对阿多尼斯死亡与再生的类似纪念，我们已经讲过有理由相信叙利亚对阿多尼斯的纪念也是在这个季节举行。希腊艺术家创造的悲哀的女神怀抱着她将死的爱人这一类型很

第三十三章　阿多尼斯园圃

像——并且可能就是——基督艺术中的"皮埃塔"(Pieta,即圣母玛利亚哀痛地抱着圣子基督尸体的艺术作品)的范本,最著名的"皮埃塔"是米开朗琪罗①在圣彼得大教堂的不朽作品。在这一组高贵的形象中,母亲真切的哀愁那么奇妙地与儿子死亡的痛苦相对照,这是大理石雕刻的杰作之一。古代希腊艺术留给我们的作品之中,像这么美的并不多。这么哀感动人的,更是没有。

说到这里,哲罗姆的一句名言也许不是没有意义的。他告诉我们,照习惯的说法,主耶稣的降生地伯利恒荫盖着叙利亚的更老的主阿多尼斯的圣林,又说在耶稣小时哭过的地方,人们哀悼过维纳斯的爱人。哲罗姆虽然没有明说,但他似乎认为阿多尼斯的圣林是异教徒在基督降生之后种植的,目的是要亵渎圣地。在这一点上他可能是错了!假如阿多尼斯果然像我所阐述的是个谷物神灵,那么,他的住处的名字就没有比伯利恒(面包房)更为适合的了,他很可能早在那位自称"我是生命的面包"的人②出生之前就在那个面包房里受人敬奉了。即使假定在伯利恒,阿多尼斯后于基督而不是先于基督,那么选出他这个可悲的形象来干扰基督教徒对天主的忠诚也只能使我们感到特别适合,我们记得纪念两者的死亡与复活的仪式是很相似的。最早供奉新神的地方之一是安提俄克,我们谈到过安提俄克每天极隆重地纪念旧神的死亡。朱利安在阿多尼斯进入安提俄克时有一个情况,它也许多少能说明纪念的日期。当这个皇帝走近该城时,祈祷的人群把他

---

①　米开朗琪罗(Michelangelo,1475-1564),意大利文艺复兴时期最著名的雕塑家、画家、建筑设计师和诗人。罗马圣彼得大教堂的圆顶也是由他设计的。

②　指耶稣基督。

当作神来欢迎,一大群人同声呼喊救星在东方照临着他们,这使他感到奇怪。毫无疑问,这不过是谄媚的东方人对罗马皇帝的阿谀之词,但也有可能某颗明星的升起常是节日的信号,也有可能正当这位皇帝走到,那颗星也凑巧出现在东方的地平线上。如果出现这种巧合的事,准会引起迷信的情绪激动的人群的想象,他们可能因此把这个伟人当神称呼,天空的征象已宣告他的来临。还可能是皇帝弄错了,把对星辰的呼唤误以为是对他的欢迎。人们把阿多尼斯的爱人阿斯塔特女神当作金星,巴比伦的星象家仔细注视着它从晨星变为昏星是神的种种变化,它出现和消失互相交替,星象家由此见出征兆。因此我们可以揣测,阿多尼斯的节日与金星在早晨出现或黄昏出现的时日相符合。但是安提俄克人在节日礼拜的那颗星是在东方看到的,所以如果它是金星(维纳斯),它只可能在早上出现。在叙利亚的阿法卡有一座著名的阿斯塔特神庙,在这里显然由一道流星的闪光作为举行仪式的信号,这颗流星在某一天像颗星宿一样从黎巴嫩山顶落入阿多尼斯河里。人们认为流星就是阿斯塔特,它从空中飞过,自然被解释成恋爱的女神下降到她爱人的怀抱里。在安提俄克等地方,这颗晨星在节日出现也可能被当作为爱情女神来临而欢呼,她来把她死去的爱人从他的土床上唤醒。如果是这样的话,我们就可以推论说,是这颗晨星把东方智者引导到伯利恒去,用哲罗姆的话来说,那块圣地听到过基督婴儿时的哭声和对阿多尼斯的哀悼。

第三十四章 阿蒂斯的神话和祭祀仪式

许多神的死亡与复活都在西亚的信念和祀奉仪式中植根很深,另一个这样的神就是阿蒂斯。阿蒂斯与其圣地弗里吉亚的关系就如同阿多尼斯与叙利亚的关系一样。看来他也和阿多尼斯一样是一个植物神,每年春天有一个节日哀悼和欢呼他的死亡与复活。两个神的传说和崇奉仪式都很相像,连古人有时也把这个人神当成一个。据说阿蒂斯是一个年轻貌美的牧羊人或牧人,诸神之母、亚洲的丰产大女神库柏勒爱着他,库柏勒的主要的家乡在弗里吉亚。有些人认为阿蒂斯是她的儿子。他的出生和其他许多英雄一样,据说也是一个奇迹。他母亲娜娜是一个童贞女,她怀里放了一个成熟了的杏仁或石榴就怀了孕。的确,在弗里吉亚人的宇宙起源说里,杏树被说成为一切事物的始祖,这也许是因为杏树娇嫩的淡紫色的花朵在未长叶子之前就出现在光秃秃的树枝上,它是春天最早的信使之一。这类童贞母亲的故事是幼稚无知时代的一些遗迹,那时人们还没有认识到性交是生育后代的真正起源。关于阿蒂斯的死亡有两种不同的流行说法:一种说法,他和阿多尼斯一样是被一头野猪杀死的;另一种说法,他是在一棵松树下自行去势,当即流血而死。据说这后一种说法是珀西纳斯人本地传说,珀西纳斯是敬奉库柏勒的一个大地方,这传说是一整套传说中的一部分,整个传说都有一种粗野的特点,强烈表明它是很古老的。两种说法都有习俗可作佐证,或者说得精确些,两种说法都可能是创造出来,以解释信徒所遵从的某些习俗的。阿蒂斯自行阉割的传说明明是要说明他的祭司的自行阉割,祭司在开始服侍女神之前一般都要先阉割。他之死于野猪的传说是要解释他的信徒,特别是珀西纳斯人不吃猪肉的原因。同样,阿多尼斯的信徒也不吃猪肉,因为野猪杀害了他们的神。据说阿蒂斯死后变成一棵松树。

罗马人在与汉尼拔①长期战斗行将结束的时候,于公元前204年采纳了弗里吉亚人对"诸神之母"的敬奉。因为有一个预言凑巧振奋了他们沮丧的心情,人们宣称这个预言得自《西碧尔占语集》②那本随便胡说八道的大杂烩,预言说如果把东西的这位伟大女神带到罗马来,外国的侵略者就会从意大利被赶走。因此罗马人派出使者到女神的圣城——弗里吉亚的珀西纳斯,在那里得到体现这个强大神祇的一小块黑石头,运回罗马,受到极尊敬的接待,珍藏于帕拉丁丘的胜利神殿里,女神到达的时间是四月中,她立即着手工作。因此那年的庄稼收成是多年未见过的好。并且第二年汉尼拔和他久经征战的士卒便上船回非洲去了。当汉尼拔最后看着远远消逝在他身后的意大利海岸时,他不可能预料

---

① 汉尼拔(Hannibal,约前247—约前183),迦太基名将,曾对抗罗马并率军远征进入意大利腹地。
② 《西碧尔占语集》(Sibylline Books),一译《西卜林书》,是罗马神话中太阳神阿罗波的女祭师西碧尔(Sybil)的占卜预言,共九集,其中许多预言记述于希腊的六音步格诗句中而流传下来。

第三十四章 阿蒂斯的神话和祭祀仪式

到击溃他的军队的欧洲竟会皈依东方的神祇。败军的护卫还没来得及撤出意大利的海岸之前,征服者的先锋已经在意大利的心脏安了营了。

我们虽然没有听说过,但我们可以推测出诸神之母随身把对她年轻的爱人或儿子的敬奉也带到她西方的新居来了。罗马在结束共和国之前,一定已熟悉阿蒂斯的净身祭司伽里。看来,这些去势的人,穿着他们东方的服装,胸前挂上小像,是罗马街上常常能见到的,他们列队穿过罗马,随着铙钹和手鼓、笛子和号角的音乐,唱着赞美歌。他们的奇装异服引人注目,人们被他们粗野的歌曲所打动,慷慨施舍,并纷纷向小像和戴像的人投掷玫瑰花。克劳狄皇帝①更进一步把弗里吉亚对圣树的敬奉掺入已经建立起来的罗马宗教,随着圣树的敬奉还可能引进了阿蒂斯的狂欢礼拜仪式。关于库柏勒和阿蒂斯的春日节会我们最熟悉的是罗马举行的方式,不过我们从资料里可以知道,罗马的仪式就是弗里吉亚的仪式。因此我们可以断定,罗马的仪式与亚洲的原来形式如果有所区别的话,那个区别也是微不足道的。节会的程序似乎是下面这样的:

在3月22日到树林里砍一棵松树,拿到库柏勒神殿里去,当一尊大神供起来。运圣树的责任交给一个运树的行会。树干像尸首一样用羊毛绷带缠起来,挂上紫罗兰花环,据说紫罗兰是从阿蒂斯的血液里长出来的,一如玫瑰和秋牡丹之出于阿多尼斯的血液。把一个青年人的偶像(毫无疑问,就是阿蒂斯)绑在树干的

---

① 前10-54,罗马皇帝,公元41年即位。

正当中。节日的第二天,3月23日,主要的仪式似乎是吹喇叭。第三天,3月24日,叫作"血日":大伽拉或祭司长把自己的手臂割出血来,作为祭品上供。奉献鲜血作祭品的还不止他一人。铙钹齐击,鼓声轰鸣,号角呜咽,笛声尖叫,下级僧人受到狂野音乐的刺激,飞旋地跳着舞,摇着头,散着发,等到欢乐进入狂热状态,感觉不出痛苦了,他们用瓷瓦将自己的身体划破,让祭坛和圣树染满他们流下的鲜血。这种可怕的仪式也许是对阿蒂斯悼念的一个组成部分,目的可能是为了增强他的复活力量。澳大利亚土著在他们的朋友的坟墓上也这样割破自己的身体,目的也许是要使他们能够再生。还有,我们虽然没有明确的获悉,但我们可以推断,就是在这个"血日",为了同样的目的,新僧人进行自我阉割。当宗教激情鼓动起来进入高潮时,他们便动手割阉并把自身割下的东西向残忍的女神像上猛砸。然后把割下的生殖器官虔诚地包起来埋于地下或藏于库柏勒的圣室之中,跟人们奉献鲜血一样,这些也被认为有助于阿蒂斯复生并促进大自然普遍复苏。节后在春天和煦的阳光下大地便透出绿叶、绽开鲜花。上面这种猜测可以从未开化的人的另一故事中获得一些佐证:据信阿蒂斯的母亲将一颗石榴放在怀里,后来就生了阿蒂斯,那颗石榴则是从类似阿蒂斯的一种人妖(名叫阿吉斯蒂斯)身上切掉的生殖器中迸出来的。

这样的揣测如果有一点道理的话,我们就可以理解为什么其他亚洲生殖女神也都由阉人来奉侍了。这些女神需要从代表她们的神夫的男性祭司那里获得履行繁殖职能的手段:她们本身需要受精,以得到赋予生命的能力,然后才能将这种能力转输给世

第三十四章 阿蒂斯的神话和祭祀仪式

上万物。女神们从自阉的祭司那里得到这样的供役或帮助,她们是"以弗所的阿尔忒弥斯"和希拉波利斯的"叙利亚的阿斯塔特"。她们的圣所经常有无数的信士弟子前去朝拜,并受亚述王国和巴比伦王国以及阿拉伯和腓尼基等地的奉献而富饶起来,在它们全盛时期,驰名东方。这位叙利亚女神的阉过的祭司跟库柏勒的阉过的祭司非常相似,所以有人就把他们等同起来。这些祭司献身于宗教职司的方式也是相似的。希拉波利斯每年这一盛大节日恰好是新春的开始,人们从叙利亚以及叙利亚邻近地区涌来女神圣所。在笛声高奏、鼓乐喧嚣之中,祭司们自己拔出刀来进行阉割。这种宗教激情像浪潮一样在观众中扩散着,很多人忘了自己是欢度节日前来看热闹的观众,竟情不自禁地效法起来。男人们的脉搏随着音乐跳动,他们的目光被喷出鲜血的景象所眩惑,一个接一个地扔下身上的衣服,大叫着跳向前去,操起场上事先预备好的利刃,就地割下自己的阳物,血淋淋地拿在手中,跑遍全城,最后随意扔进路过的任何人家屋里。于是这户人家受此尊荣,就得向他提供妇女服饰,他便穿戴这些服饰过此一生。激情过去,冷静下来,对于这样无法挽回的献祭,此人将终身为之痛悔长恨。卡图鲁斯①在他的一首著名诗篇里,对蒙昧的人类情绪在迷信的宗教狂热后所引起的剧烈反应,曾经做了有力的描述。

这些叙利亚信徒的类似行为证实了这种看法:对于库柏勒的相似的敬奉中,也在春天女神祭祀仪礼的"血日"进行男性生殖能

---

① 卡图鲁斯(Cattulus,Gaius Valerius,约前87-54),古罗马诗人,罗马文学史上最伟大的抒情诗人之一,为罗马抒情诗人的创作奠定了基础。

力的献祭。这时节紫罗兰花正在松树林中盛开,人们认为这些花正是从她受伤爱人的血滴中绽开出来的。阿蒂斯在松下自阉的传说,显然是人们想象出来用以说明他的祭司们在祭祀他的节日里,在神圣的挂满紫罗兰花环的树下也自我阉割的缘故。不论怎样,我们很难怀疑,人们在"血日"对着阿蒂斯的塑像哀悼阿蒂斯,然后将塑像埋葬。埋在石棺里的塑像也许就是挂在树上的那一个。在整个哀悼期间,信徒不吃面包,名义上是因为库柏勒在悲痛阿蒂斯的死亡时也是这么做的。但实际上也许是与哈兰妇女哭塔穆兹时不吃任何磨出来的东西出于同样的原因。在这样的时候吃面包或面食可能被认为是对受伤破碎的神体的任意亵渎,所以斋戒也可能是为圣餐作准备。

但到了晚上,信徒们就转悲为喜。黑暗中突然一道闪光,坟墓开了:神死而复生,当祭司给悲悼者嘴上涂油的时候,他对着他们的耳朵低声地报道了神已得救的好消息。神的信徒们欢呼神的复活,认为这是一种许诺,他们也可以从坟墓的腐朽中胜利地脱身出来,再度回到人世。第二天,3月25日,这天算是春分,一片狂欢,祝贺神的复活。在罗马(别处也许也一样),庆祝活动采取狂欢的形式。这是欢乐节希拉利亚,一切禁忌都暂时解除,每个人愿意说什么就说什么,愿意做什么就做什么。人们化装在街上到处走。最低下的市民也可以不受责难地摆出再高、再神圣不过的尊严。在康茂德统治的时候,有一群阴谋者想利用假面舞会,穿上禁卫军的服装,混在作乐的人群中,以求走近皇帝,行刺

第三十四章　阿蒂斯的神话和祭祀仪式

他。但是阴谋失败了。甚至严肃的塞维鲁·亚历山大①在这个欢乐的日子里也放松了，让他节俭的餐桌上也摆出一只野鸡。第二天，3月26日，这天休息，在头几天的各种激动人心、使人疲倦的活动之后，的确需要休息，最后，罗马节在3月27日以游行到阿尔莫河边结束。女神的银像用一块高低不平的黑石头做脸，放在一辆牛车上，贵族们光着脚走在前面引道，车辆慢慢移动着，在笛子和鼓手的高亢乐声中走出波塔·卡彭纳城门，来到阿尔莫河畔。这条河就在罗马城墙下注入台伯河。在这里，穿紫袍的最高祭司在河水里洗涤车辆、神的塑像以及其他圣物。洗好后回来时在牛和牛车上撒满春天的鲜花，一切都很欢乐愉快。没有一人想到不久前流过的血，连自阉的祭司也忘记了他们的伤痛。

看来每年春天纪念阿蒂斯死亡与复活的大典就是如此。不过，除了这些公开的仪式之外，对他的崇拜据说还有一些秘密和神秘的仪式，其目的也许是使信徒，特别是新入教的信徒更加接近他们的神。关于这些神秘及其举行日期，可惜我们掌握的材料很少，不过其中好像有一次圣餐和一次血的洗礼。在圣餐上，新入教的人用鼓吃饭，用铙钹喝水，以此参与神秘仪式，这两种乐器在阿蒂斯的激动人心的乐队里都是很突出的。哀悼死神时的绝食也许是要清洗陪餐者的身体，去掉可能通过接触而污染圣物的东西，使他准备好接受祝福的圣礼。在受洗时，信徒头戴金冠，缠上发带，进入一个坑里，坑口用木栏杆盖上。然后把一头披着花冠、额覆金叶的公牛赶到栏杆上来，用祭过的矛将牛杀死。腥腻

---

① 塞维鲁·亚历山大(Severus Alexander, 208-235)，罗马皇帝，222年即位。

的鲜血汩汩地流入缝隙,信徒虔诚热烈地用自己的身体和衣服的各部分接受鲜血,等到他从坑里出来时全都血淋淋的,从头到脚都是鲜红。他受到同伴们的礼拜,不,是接受同伴们的爱慕,他们认为他是再生的,永远不死,公牛的血已把他的罪过洗掉。在此后的一段时间内,虚构的新生状态还继续着,让他喝牛奶,像新生的婴儿一样。信徒的再生与他的神的再生是在同一个时候,也就是在春分的时候。在罗马,新生和牛血洗罪似乎主要是在梵蒂冈山弗里吉亚女神的神殿里举行,就是现在圣彼得大教堂所在的地方,或离这地方不远,因为在1608年或1609年扩建这个大教堂时发现许多记载这个仪式的碑刻。这套野蛮的迷信似乎以梵蒂冈为中心传到罗马帝国的其他地区。在高卢和德国发现的碑刻证明各省的神殿仪式都是仿效梵蒂冈的。从同一材料里,我们还知道公牛的睾丸和血都在仪式中起重要作用。也许人们认为它们是强有力的巫术宝物,能促进繁殖,加速新生。

第三十五章　阿蒂斯也是植物神

阿蒂斯原来的身份是一个树神,在有关他的传说和纪念他的仪式与碑文里,松树所占的地位明显地表明了这一点。关于他变成松树的故事不过是一种使古老信念合理化的显明做法,这是我们在神话中常常遇到的。从树林里带回松树,装点上紫罗兰和羊毛带这种做法正如现代民间风俗中带回五朔树或夏日树一样。附在松树上的偶像不过是重复地表明树精阿蒂斯。偶像扎在树上之后,保存一年,然后烧掉。看来,有时候,对五朔树也是如法炮制。同样,收获时做的谷神偶像也常常保存着,等到来年收获时再以新偶像来代替它。这种风俗原来的意图无疑是要全年保持植物神的生命。弗里吉亚人为什么特别崇拜松树呢?我们只能猜测,也许是这样:在秋天山谷里的林木光彩逐渐褪掉,而上面高山岭上的松树虽然深黯,却保持常绿,在弗里吉亚人看来,这种景象似乎表明松树是一个更神圣的生命的住所,超乎可悲的季节变换之外,像俯视它的苍天一样持久不变。常春藤是阿蒂斯的圣草,可能也是这个原因。无论如何,我们读到材料说,他的阉僧都用常春藤叶子的图形文身。松树有用处,这也许是松树之所以神圣的另一原因。石松的松果里藏有可食的核果状的种子,自古以来供作食用,如罗马较贫穷的阶级至今还吃它。这种种子还可以制酒,这可能部分地说明了库柏勒节日的狂欢性质,古人把这个节日比作酒神节。人们还把松果当作丰产的象征或工具。所以在地母节,人们把松果和猪以及其他丰产媒介或丰产象征物一起扔进得墨忒尔的神圣墓穴里,目的是要加速大地生产,妇女怀孕。

人们显然认为阿蒂斯像一般树神一样,对土地的出产物操有管辖的权力,他甚至就是五谷。人们对他有一个形容词,"非常多产的",人们称他为"割下来的青(或黄)谷穗",阿蒂斯受难、死亡与复活的故事被解释为成熟的谷粒为收获人所伤害,被葬在谷仓里,播在地下时又再重生。他有一尊像在罗马的拉特兰博物馆里,明显表明他与土地出产物的关系,尤其是与五谷的关系。他的像手里拿一把谷穗和果实,头上是松果、石榴和其他果实的环冠,他戴着弗里吉亚帽,顶上正冒出谷穗来。还有一只石罐盛着阿蒂斯的大伽拉即最高祭司的骨灰。在这石罐上也表明了同样的思想,但表现方式略有不同。罐顶刻着谷穗的浮雕,正顶上是一只公鸡,它的尾巴就是谷穗。同样,人们认为库柏勒是一个丰收女神,她能左右大地的果实。因为高卢的奥古斯托登兰地方的人常把她的偶像装在车上到处走,为的是要庄稼和葡萄有好收成。他们还同时在像前跳舞唱歌。我们已经谈到意大利有一次收成特别好,人们认为这是由于伟大神母刚刚到达。在河里洗涤女神的偶像,很可能是一种降雨巫术,用来保证庄稼有足够的雨水。

第三十六章 阿蒂斯的人身显现

从碑铭看来,在珀西纳斯和罗马两地,库柏勒的最高祭司照例都称为阿蒂斯。所以,可以合理地推测:这些祭司在每年的节日里都是扮演传说中与他们同名的阿蒂斯的角色。我们说过,他在"血日"割出手臂上的血,这可能是模仿阿蒂斯在松树下自伤致死。这一点与假设那些仪式中也用偶像代表阿蒂斯,并无矛盾。因为我们能够举出例子来证明:最初是用活人代表神灵,后来改用偶像代表神灵,并且事后把偶像烧掉或用别的方法毁掉。我们也许可以更进一步推定,在弗里吉亚和别的地方一样,祭司的假死和真的放血都是代替用活人做祭品的。在更古的时候这些地方的确是奉献活人做祭品的。

这种代表神灵被处死的古老方式在马耳叙亚斯的著名故事里也许还保存着一些记载。据说他是一个弗里吉亚的森林之神,即西勒诺斯,据另外一些说法,他是一个牧羊人或牧人,他吹得一口好笛子。他是库柏勒的朋友,他陪着郁郁不乐的女神漫游全国,安慰她为阿蒂斯的死亡所怀的哀愁。有一支用笛子奏的曲子《母亲之歌》,是纪念"伟大的母亲女神"的,弗里吉亚的凯莱奈人认为是他作的曲。他为自己的技艺而骄傲,向阿波罗挑战,来一场音乐比赛,他奏笛子,阿波罗弹竖琴。结果马耳叙亚斯输了,被捆在一棵松树上,胜利的阿波罗或西徐亚地方有一个奴隶剥了他的皮或砍断了他的四肢。在有史时期,他的皮还在凯莱奈摆着给人看。它是挂在城堡脚下的一个洞里,马耳叙亚斯河激动的喧闹的波涛从洞里冲出来流入米安德河。阿多尼斯河也从黎巴嫩山破崖而出。伊布里兹的蓝色河水也是从陶鲁斯山的红色岩石里跃出一道银光,一条现在深深在地底流着的河流,过去在黑暗的流程中有一段时候也在柯里西亚的岩洞的阴暗中发出闪亮。所有这些大量的山泉都给人以丰产和生命的愉快希望,在古时候,人们认为这些山泉都是上帝造成的,他们在奔腾的河水旁边敬奉上帝,耳朵里充满潺潺河水的音乐。我们如果觉得传统说法可靠,吊在洞里的笛手马耳叙亚斯就是在死了之后也还有一个向往和声的灵魂,因为,据说死去的森林之神的皮只要听见他故乡的弗里吉亚的曲子常会跳动起来,但如果乐师奏歌赞美阿波罗,他就不听了,一点也不动。

这个弗里吉亚的森林神、牧羊人、牧人,得到库柏勒的友谊,奏着很适合她仪式的音乐,在她的圣树——松树——上暴死了,我们不觉得他很像女神所爱的牧羊人或牧人阿蒂斯吗?人们也说阿蒂斯是一个笛手,说他死于一棵松树下,每年有偶像像马西亚斯一样被吊在松树上代表他。我们可以推测出,古时候,名叫阿蒂斯的祭司,在库柏勒的春天节日里扮演阿蒂斯,照例都是被吊死,或用其他方法在圣树上被杀死。还可以推测出这个野蛮的风俗到后来采取较温和的形式,在较晚的时候,这种形式我们是知道的,这时祭司只需在树下从他身体上抽出血来,并把偶像挂在树干上,而不是把祭司本人吊起来。在乌普萨拉,人和兽类都被

第三十六章 阿蒂斯的人身显现

吊死在圣树上向神献祭。献给奥丁作祭品的活人照例都被吊死，或是吊、杀并用，把人吊在树上或绞架上，然后用矛刺死。所以，奥丁叫作"绞架主"或"吊死鬼的上帝"，人们表现他的时候，总是让他坐在绞刑树下。据说，奥丁确是照通常的办法自我献身了，我们从令人毛骨悚然的《高人的箴言》诗中知道了这一点，奥丁在诗里描写他如何学得了咒文，因而成为神灵：

> 我知道我吊在多风的树上
> 整整九夜，
> 我被矛头刺伤，献给奥丁，
> 把我献给我自己。

在菲律宾群岛的棉兰老岛上，巴哥波人用类似的方法每年以人献祭祈求丰收。12月初，猎户星座在晚上七点出现的时候，人们知道该要清理田地，进行播种，献祭奴隶了。祭品是献给某些威力强大的精灵，作为人们享有好年成的报偿，并求精灵在未来的季节里继续保佑。人们把献祭的人领到树林里的一棵大树下，在那里把他背靠树地捆起来，两只胳膊高高地放在头顶上，就是古代艺术家塑造的马西亚斯吊在丧命的树上的姿势。把他的手臂吊起来的时候，就用矛杀死他，从腋下那么高的地方刺进身体里。然后齐腰砍断他的身体，显然还让上一部分在树上吊一会儿，下半部则带血翻滚在地上。最后两部分都扔进树旁的浅沟里。扔进沟里之前，任何人只要愿意都可以从尸体上割下一块肉或一撮头发，把它送到某个亲属的坟墓上去，吃尸鬼正在那里啃他亲属的尸体。有了新的尸肉，吃尸鬼就丢下那腐朽的老尸体了。现在还活着的人们就曾经献过这种祭品。

希腊的大女神阿尔忒弥斯在阿卡迪山中的康底里亚圣林里就曾经每年被人们把她的偶像吊起过。所以那里的人把她叫作"吊死者"。的确，连她在以弗所最著名的神殿都可以考察出类似仪式的痕迹，有一个传说说某个妇女上吊，富于怜悯心的女神见了，把自己的神衣给她穿上，称她为赫克特。同样，在弗提亚的美莱特，有一个故事说一个名叫阿斯珀丽丝的女孩自己上吊死了，但看起来她好像只是阿尔忒弥斯的一种外形。因为她死了之后，人们找不到她的尸体，发现她的一个形象站在阿尔忒弥斯的塑像旁边。人们给她一个称号，叫赫卡尔吉或"好射手"。这是这个女神常有的称号之一。每年姑娘们都要吊起一头幼羊献祭给阿斯珀丽丝的塑像，因为据说阿斯珀丽丝是自己吊死的。这样献祭可能是代替吊起阿尔忒弥斯的塑像，或她的人身代表。还有，在罗得岛，人们用"树上的海伦"这个称号敬奉美丽的海伦，因为岛上的皇后让她的女仆装作复仇女神用绳子把她吊在树枝上。亚洲的希腊人也这样用牲畜来献祭，伊利安的钱币就是证明，钱币上一头公牛或母牛吊在树上，一个坐在树枝当中或牛背上持刀刺它。在希拉波里斯，献祭的人畜被焚之前也都吊在树上。我们面前既然有这些希腊和斯堪的那维亚半岛的类似的例子，那么，弗里吉亚每年把人神吊在神圣的然而却是致命的树上，就很难说是完全不可能的揣测了。

第三十七章 西方的东方宗教

在罗马帝国,敬奉诸神的伟大母亲和她爱人或儿子是很普遍的。许多碑铭证明这两个神分别地或共同地享受神的荣誉。不仅在意大利或特别在罗马,而且许多地区,尤其在非洲、西班牙、葡萄牙、法国、德国和保加利亚,也都如此。对他们的敬奉一直到君士坦丁确立了基督教为国教以后,西玛库斯记载了为伟大母亲所举行的祭典事件,在奥古斯丁的时候,伟大母亲的女祭司们还在迦太基的街上和广场上游行,涂白的脸,洒满香水的头发,装模作样的步态,同时,她们也像一些中世纪的托钵僧,向过路的人乞求施舍。另一方面,在希腊,纪念亚洲女神和她的伴侣的血淋淋的狂欢节似乎不太受欢迎。这种崇拜的野蛮残酷的特点及其过度的疯狂与希腊人讲求高尚的品味和人道无疑是不相称的,他们似乎更喜欢同类的但比较温和的对阿多尼斯的祭祀仪式。不过,使希腊人惊奇厌恶的那些特点可能正好吸引比较粗朴的西方的罗马人和野蛮人。被人们视为受神灵感动的狂热、凌割身躯、新生的理论,以及用流血来洗罪等等,都起源于原始状态之下,自然地吸引着那些仍保有强烈野性的民族。的确,他们真正的(野蛮的)性质常常隐藏在寓言或哲学性解释的文雅面纱之下,这也许足以欺骗那些着迷的热情信徒,对他们之中比较开化的人来说,这种解释也使他们谅解，否则他们对这些事一定要感到恐惧和厌恶。

伟大母亲的宗教将原始人的粗犷与精神向往很奇怪地结合在一起，其实不过是自然宗教后期流传于罗马帝国的许许多多相似的东方信仰的一种。它将异国人民对于人生的理想渗透于欧洲人民的心中，从而逐渐破坏了古代文明的整个组织结构。希腊和罗马的社会原是在个人服从集体、公民服从国家这种概念之上建立起来的，全体国民的安全高于任何个人的安全，无论今生或来世都是如此，并视此为一切行为的最高目的。全体公民从襁褓之时便受这种无私的理想教育，毕生为公众事业服务，为了人民共同的福利，准备随时献出自己的生命。如果在这种崇高的牺牲面前退缩，便是只顾个人生存不顾国家利益的卑鄙行径。东方各种宗教的传播改变了这一切，它们反复灌输：心灵与真神相通。视灵魂的超度为人生的唯一目的，国家的繁荣与兴亡则不足萦怀。这种自私邪恶的教义必然使其信徒越来越不顾公益，只追求一己的精神情绪，养成蔑视现实生活的心态，认为后者不过是虔修美好永生的凭借而已。芸芸众生把哲人隐士超然尘俗寄情于天国的冥思，看作人类最高理想，取代了古老理想中的无私、忘我、为国家利益而生、为国家利益而死的爱国的英雄传统。在他们看来人世的城市贫乏可鄙，从而只注目于九霄云外的天堂。于是人生的中心从现实转向来生。姑且无论来生可能如何，这种转变使得今生丧失了意义，是很少可疑的。这样，整个国家就濒于整体的瓦解。国家与家庭之间的纽带松散了；社会结构倾向融化于个人单体之中，退回原始野蛮状态。只有全体公民积极合作并

第三十七章 西方的东方宗教

自愿以私人利益服从公共利益,文明才有可能。人们拒绝保卫自己的国家甚至不愿国家继续存在。他们热衷于拯救自己和他人的灵魂,视物质世界为邪恶之源,愿意离开这个尘世并使之消灭。这情况延续了一千多年。直到中世纪罗马法律、亚里士多德哲学以及古代艺术文学等的复兴,才标志着欧洲恢复了自己本土的对人生和行为的理想,恢复了健全的真正人的世界观。文明前进中的长期停滞一去不返了。东方入侵的潮流终于退却,而且还继续在退却。

来源于东方的诸神在古代世界衰落的时候彼此争夺西方对自己的虔信,其中就有古代波斯的神密特拉①。对密特拉的崇拜极为普遍,许多阐述这种崇拜的碑文就是证明。人们发现这种碑碣大量地分散在整个罗马帝国。看来,在信条和仪式方面,对密特拉的崇拜不仅与诸神之母的宗教有许多类似点,与基督教也有许多类似点。这种类似连基督教学者们都感到震惊,他们把这种类似解释为魔鬼捣乱的结果,是魔鬼用错误险恶的模仿,想把人们的灵魂从真正的信仰中骗走。征服墨西哥和秘鲁的西班牙人也是如此,在他们看来,当地的异教仪式中有许多都像是魔鬼仿造的基督教圣礼。现代研究比较宗教的学者有更大的把握来探索人类相似而又独立的心灵活动方式的特征:人类心灵真诚地

---

① 密特拉(Mithras)是上古印度—伊朗的主神,是光明之神,职掌太阳、正义、契约和战争,约始于公元前2000年,公元前67年传入罗马,成为流行于帝国时期的罗马秘密宗教之一,并广泛流传于多瑙河沿岸各国和不列颠一带,称密特拉教。后因基督教成为罗马帝国国教而始衰,其神话、教义、礼仪、制度与基督教极相似,有人推论,该教对早期基督教的形成可能有一定影响。

(虽然是质朴的)努力探测宇宙的秘密,努力调整自己渺小的生命,以适应令人敬畏的宇宙奥秘。不论实际情况如何,无可置疑的是密特拉宗教在当时是基督教的强劲竞争者,它似乎与基督教类似地把庄严的仪式与追求道德上的纯洁、永生的希望结合在一起。的确,这两种宗教之间有着竞争冲突,其剧烈危险的程度亦维持了相当的时日。它们的长期斗争有一个很有教益的遗俗还保存在我们的圣诞节里,这个节日似乎是基督教会直接从同它竞争的异教方面引借来的。在儒略·恺撒订定的儒略历法里,12月25日是冬至,它被认为是太阳的诞辰,因为从那一天起,白昼时间开始变长,太阳的能量在一年中的这个转折点上开始增强。在叙利亚和埃及似乎举行太阳诞生节的仪式,那是很动人的。庆贺者躲在某个内殿里,到了午夜,他们从里面跑出来,高声喊道:"童女分娩了!光亮加强了!"埃及人甚至拿一个婴儿的偶像代表新生下来的太阳,他们在太阳的生日,即冬至的时候,把婴儿偶像拿出来给信徒们看。毫无疑问,在12月25日怀孕生子的这个童女就是闪族称为"天上的童女"或直呼为"天上的女神"的那个东方大女神。在闪族地区,她就是阿斯塔特的另一形式。而密特拉的崇拜者一般把他当作太阳,他们称他是"不可征服的太阳"。因此他的生日也在12月25日。基督教的四福音书里根本没有提到基督的生日,因此早期的基督教会并不纪念基督诞辰。不过,到了后来,埃及的基督教徒把1月6日当作耶稣的生日,在这天纪念救世主的生日的风俗逐渐传开来,到了第4世纪就在东方普遍地固定下来。但是在3世纪末4世纪初的时候,西方教会(过去从来没有承认1月6日是基督诞辰)才把12月25日定为基督诞生

第三十七章 西方的东方宗教

真正的日子。后来这个决定也为东方教会所接受。在安提俄克，直到公元375年前后才接受过来。

基督教会当局订立圣诞节究竟是怎样考虑的呢？有一个叙利亚作者，其本人是基督教徒，十分坦白地说出了创立的动机。他告诉我们："神父之所以把1月6日的纪念改在12月25日，原因是这样的。异教徒有一个风俗，就是在12月25日纪念太阳的诞生，在这天他们点上灯作为节日的标志。基督教徒也参加这些仪式和节日活动。因此，基督教会的学者们见到基督教徒也想过这个节，他们就开一个会，决定真正的基督诞生节应该在这一天举行，而主显节则在1月6日。因此，和这个风俗一起，点火一直点到6号的做法就流行起来。"奥古斯丁如果没有默认，至少也明明白白地暗示了圣诞节起源于异教，他劝诫他的基督教教友，要他们不要像异教徒一样为了太阳而举行这个庄严的节日，而是要为了那个制造太阳的人而举行它。利奥一世也是这样，他谴责这种有害的信念：以为圣诞节是为了所谓新太阳的出生，而不是为了基督的诞生。

所以，看起来，基督教教会选择12月25日来纪念它创始人的生日是为了把异教徒对太阳的钟爱转移到被称为"正义的太阳"的那个人身上。如果确实是这样，有一种推测，从推测本身看并不是不可能的，即基督教会当局可能出于同样的动机，把纪念他们天主的死亡与复活合并于纪念另一亚洲神的死亡与复活的同一时日。在希腊、西西里和南意大利至今还遵循的复活节仪式在某些方面与纪念阿多尼斯的仪式极其类似，我提示过教会可能有意使这个新节日凑合异教的先例，以便为基督争得人心。但这种更改在古代世界中也许是发生在讲希腊语的地区,而不在讲拉丁语的地区。因为希腊人盛行对阿多尼斯的崇拜的时候并没有在罗马和西方留下痕迹。当然,它从来不是罗马官方宗教的一部分。它可能赢得民间爱戴的那些地方已经让类似的但更加野蛮的阿蒂斯和伟大母亲的崇拜占据了。罗马官方纪念阿蒂斯的死亡与复活是在3月24或3月25日。3月25日是春分,所以在整个冬天都僵死或沉睡的草木之神最适于在这一天复活。但是,根据一个古老的和广泛流行的传统说法,基督被处死是在3月25日,因此有些基督教徒惯常在这天纪念耶稣钉死于十字架上,完全不顾月亮的情况如何。这个风俗的确曾经在弗里吉亚、卡帕多西亚和高卢流行,似乎有理由认为,罗马在某个时期也时兴这个风俗。这样说来,把基督的死放在3月25日的传统是很古老的,根深蒂固的。更值得注意的是天文的考察证明它并没有历史基础。那就不可避免地可以引申出:基督受难是被武断地定在这一天的,目的是与一个更古老的春分节相符合。这是博学的基督教历史学家迪歇纳阁下①的看法,他指出,这样说来,救世主的死亡就正好落在那一天,根据广泛的信念,这天正是世界被创造出来的日子。但是,一身而兼有神父、神子身份的阿蒂斯,罗马官方纪念他的复活也是在这一天。当我们想到:4月的圣乔治节是代替古老的异教的帕里利亚节,6月的施洗者约翰节是继承异教的仲夏的水节,8月的圣母升天节替代了狄安娜节,11月的万灵节是

---

① 迪歇纳(Duchesne, Louis-Marie-Olivier, 1843—1922),法国基督教会史学家,巴黎公教学院教授,19世纪和20世纪初天主教学术复兴运动中的主要人物。

第三十七章 西方的东方宗教

继续一个古老的异教的死人节,基督本身的诞生节是定在12月冬至的时候,因为有些人把这天看作太阳的诞生节。想到这些节日我们就很难认为下面的推测是鲁莽的、不合理的:基督教的另一个重大节日——复活节——可能是同样的情况,也出于类似的教诲化育的动机,使它符合春分时弗里吉亚神阿蒂斯的类似纪念日。

基督教的神灵死亡与复活的节日与异教的神灵死亡与复活的节日会在同一个时日同样的一些地方举行,这里面如果没有别的情况,至少也是一个令人吃惊的偶合。因为,春分时纪念基督死亡的地方有弗里吉亚、高卢,表面看来还有罗马。而对阿蒂斯的崇拜,其起源的地方或根源很深的地方,恰好也是这些地方。很难把这种偶合看作纯粹是偶然的。在春分这一天,温带的整个自然面貌表现出新精力的迸发。如果自古以来就把春分这一天看作世界在某种神的复活中逐年更新的时日:那么,把一尊新神的复活放在一年的这个重大时刻,那是再自然不过的了。不过要注意的是,如果基督的死期是在3月25号,根据基督教的传统,他的复活想必是在3月27号,比儒略·恺撒历法所定的春分和阿蒂斯的复活正好晚两天。基督教的其他节日与异教的节日同样相差两天的还有圣乔治节和圣母升天节。不过,基督教还有一个传统(拉克坦修斯[①]遵循这个传统,可能高卢的教会也按这个传统办事),把基督的死期定在3月23日,把他的复活订在3月25

[①] 拉克坦修斯(Lactantius Firmianus,约250—325以后),基督教护教学专家,为拉丁教父中著作流传最广的一位,现存著作主要有《神圣教规》等。以文笔雄辩华美被誉为"基督教的西塞罗"(Christian Cicero)。

日。如果确是这样的话,基督的复活就正好与阿蒂斯的复活一致。

公元4世纪一名未署名的基督教徒写道,基督教徒和异教徒看出各自的神的死亡和复活跟对方的神的死亡和复活竟那么巧合都感到吃惊。他还指出这种巧合后来成了对立的两教信徒之间激烈争论的题目。异教徒争辩说:基督的复活是摹仿阿蒂斯复活的赝品。基督教徒同样热烈地主张阿蒂斯的复活是魔鬼伪造的基督复活。在这些不体面的争吵中,异教徒提出了一个说法(一般肤浅的人会以为那是强而有力的论证),他们说他们的神更老,所以可以推定出是原本的,不是仿造的,因为照常规总是原本先于仿造。这种微弱的论据,基督教徒很容易驳回。他们承认,的确,就时间上说基督是较晚出现的神,但他们转而胜利地指出,就实质存在的意义而言,基督才是真正的长辈,只不过撒旦运用其狡猾的计巧,在这个重要的问题上,竟然逾越其本来的身份,颠倒了自然实质的次序。

整个看来,基督教的节日与异教的节日相吻合,太相近了,为数太多了,不能说是偶然的。这种吻合表明基督教会在胜利的时刻不得不对已被自己战败了但仍是很危险的敌手作出一些妥协。早期传教士的僵硬新教主义及其对异教的猛烈进攻,后来由机灵的传教士们改变为柔和政策,采取了轻易的容忍和广泛的仁慈。他们显然领悟到,基督教如果要征服世界,它只有放松它的创始人所制定的过分僵硬的原则,把通向得救的窄门放宽一点。在这方面,从基督教和佛教的历史可以作出有益的对比。两个制度最初主要都是伦理道德的改良,产生于他们高贵的创始人的广泛热

第三十七章 西方的东方宗教

情、高尚的企望、温和的怜悯心。那些美好的人物千年难遇，他们好像来自另一更美好世界，专为支援和指导我们软弱迷误的心性，这两个宗教的创始人就是那些人物中的两位。两人都宣传美德是完成他们所认为的生命最高目的，即个人灵魂永远得救的手段。不过令人惊异的是：一则在幸福的永恒中求救，一则在毁灭中寻求最后解脱从而得救。不过他们所教导的神圣理想，不仅与人类的脆弱相对立，而且与人类的自然本能也相反，除了少数信徒外，很少有人付诸实践，这些少数信徒不断抛弃家庭和国家的羁绊，为的是在修道院的宁静且离群索居中使他们自己得到拯救。如果这种信念要在名义上为整个民族，甚至为全世界所接受，它们就必须首先修改或转变，在某种程度上与一般人的偏见、激情、迷信相协调。后代的追随者实现了这种适应的过程，他们不像他们的师尊是由那么神灵的物质做成的，因而更适于充当他们师尊与普通人群之间的媒介。于是，随着时间的推移，两教都日益流行，它们流行到什么程度，那些杂质就会混入多少，而原来建教的目的正是要排除这些杂质。这类精神的颓败是不可避免的。世上的人不可能都在伟大人物的水平上生活。不过，如果把佛教与基督教逐渐与它们最初的形式离异，这一点完全归之于我们大多数普遍人的智力和道德的弱点，那是不公平的。因为，我们绝对不要忘记，这两种宗教都鼓吹贫穷与独身，不仅直接打击了文明社会的根源，连人类生存的基础也直接受到打击。因为他们拒绝用种族的必然灭绝来换取他们灵魂得救的机会。

第三十八章　奥锡利斯的神话

在古埃及，每年悲哀和欢乐相交替地纪念其死亡和复活的神的名字是奥锡利斯，他是埃及诸神中最出名的一个神，我们有很好的理由就他的一个方面把他与阿多尼斯和阿蒂斯并列在一起，把他看作每年自然伟大变化的化身，特别是谷物的化身。不过他极负盛名，历经许多世代，他的虔诚的信徒们把许多其他神的特点和威力都堆到他的头上，以致很难把他身上借来的其他神祇的金装剥掉，还其本来面目。

奥锡利斯的故事只有普鲁塔克在谈别的事情时顺便谈到过。现代许多碑碣的证据肯定了他的叙述，并在一定程度上扩大了他的叙述。

奥锡利斯是地神塞伯（有时也音译克伯或葛伯）和上天女神努特的私生子。希腊人把他的父母说成是他们自己的神克洛诺斯和瑞亚。当太阳神拉知道了他的妻子努特对他不忠诚，他就诅咒着宣布她在任何年月都不能生出这个孩子。但是这个女神还有一个情人，名叫托特，即希腊人所称的赫耳墨斯，这个神和月亮下棋，赢得每天的七十二分之一的时间，他用这些时间拼成5个整天，然后把这5天加到埃及年历的360天里面去。这就是5天补足时间的神话的起源，埃及人每年把这5天加在一年的末尾，

第三十八章 奥锡利斯的神话

为的是使太阳的时间和月亮的时间取得一致。这5天算是在一年的12个月之外,因此太阳神的诅咒也就不包括这几天,于是奥锡利斯就在这5天的头一天降生。在他降生的那天,有声音喊道:"万物之主来到世上了!"有些人说某个叫帕米尔斯的人听见有人在底比斯城的庙里嘱咐他放声高喊,宣布伟大的王,福佑世人的奥锡利斯诞生了。但是,奥锡利斯并不是他妈妈的独生子。在补充的五日中,第二天他妈妈又生了荷鲁斯,第三天生了塞特神(希腊人把他叫作泰丰①),第四天生了伊希斯女神,第五天生了奈芙蒂斯女神。后来,塞特和自己的妹妹奈芙蒂斯结了婚,奥锡利斯也和妹妹伊希斯结了婚。

奥锡利斯在世上称王治国时,开化了野蛮状态的埃及人,给他们法律,教他们供奉诸神。在他之前,埃及人都是吃人的野人。奥锡利斯的妹妹和妻子伊希斯发现了野生的大麦小麦,奥锡利斯在自己的人民中介绍耕种这些种子,他们从此放弃了吃人的习惯,和善地安于吃五谷做的饭食。据说,奥锡利斯第一个从树上采集果子,第一个让葡萄顺着杆子生长,第一个压榨葡萄汁。他热切地要把这些有利的发现传给全体人类,他把埃及的全部政事交给他的妻子伊希斯治理,自己周游世界。他走到哪里,就在哪里散布文明和农业的福利事业。有些国家,气候恶劣,土地贫瘠,不能种植葡萄,他教居民不要着急缺酒喝,可以用大麦酿制啤酒。他满载着那些感恩的民族送给他的大量财物回到埃及。由于他给人类带来的福利,人们一致把他当作神来欢呼、崇拜。但是他

---

① 泰丰(Typhon),一译堤丰。

弟弟塞特（希腊人称为泰丰）和另外的七十二个人想要谋杀他。那个坏弟弟泰丰偷偷量出他那好哥哥的身体尺寸，然后做一个同样尺寸的银柜，大加装饰起来。有一回当他们都在饮酒作乐的时候，他拿出银柜来，开玩笑地答应把银柜送给身材与它最适合的人。于是，他们一个一个地都试一试，但他们之中谁也不适合。最后，奥锡利斯走进去躺在里面。这时阴谋者跑来，赶紧在他上面盖上盖子，用钉子钉紧，用熔化的铅把它焊住，并将银柜扔进尼罗河。这事出在阿西尔月的第十七天，这时太阳正在天蝎宫，是奥锡利斯治国或降生的第二十八年。伊希斯听说后，剪掉一绺头发，穿上丧服，忧伤地到处乱跑，寻找他的尸首。

她受到智慧之神的指教，躲进德尔塔三角洲长满纸莎草的沼泽地里。有七个蝎子伴着她一起逃走。一天傍晚，她累了，来到一位妇女的家里，那妇人见到蝎子，大吃一惊，当面把门关上。于是有一个蝎子从门底下爬进屋内，把这个妇女的孩子螫死。但是，伊希斯听到母亲的哀哭，心里很受感动，她把手放在孩子身上，念动有力的咒语，于是毒汁从孩子身上被挤出来，他又活了。后来伊希斯自己在沼泽地里生了一个儿子。她是在她变成鹰，在她死去丈夫的尸体上飞动的时候怀下这个孩子的。这个婴儿就是年轻的荷鲁斯，他小时候叫哈波克雷特斯，意即群山之子。北方女神布托把他隐藏起来，以躲避他那阴险的叔父塞特的愤怒。但她不能使他免除一切灾祸。有一天，伊希斯来到他小儿子躲藏的地方，发现他又僵死在地上，一只蝎子螫了他。于是伊希斯向太阳神拉祈祷求救。太阳神听取了她的祷告，在天上停住不动，并把托特派下来教给她使儿子复活的咒语。她念起有力的字句，

第三十八章　奥锡利斯的神话

毒药立即从贺鲁斯身上流了出来，空气灌进他的身体，他又活了。索斯回到天上，又在太阳舟里就位，那光华的行列又欢乐地前进。

这时，装着奥锡利斯躯体的银柜顺流而下，漂到海上，终于在叙利亚海岸的贝鲁斯漂到岸上来。在这里一棵漂亮的杜鹃花树突然茁壮长大，将银柜包在树干里。这个国家的国王觉得这棵树长得不错，将它砍下来做了他房子的一根梁木。但他不知道盛着死去的奥锡利斯的柜子就在树干里。伊希斯听到这种情况，便赶到贝鲁斯来，化装成贫寒的样子，坐在井旁边，满脸泪痕，不和任何人说话。直到国王的宫女走来，她温和地向她们打招呼，给她们编辫子。从她自己的神身里对她们吹出一股奇香。王后见到她宫女头发的辫子，闻到她们身上散发的香味，便派人把这个陌生妇女接进宫里，让她做孩子们的奶妈。但是伊希思不把奶给孩子吃，让婴儿吃她手指头，到了晚上，她开始把孩子身上一切凡人的东西都烧掉，自己变成一只燕子，绕着盛有她亡兄的那根梁柱飞翔，喃喃地哀鸣。但是王后偷偷看着她干的事，她见到她孩子着了火，大喊起来，因此他不能成为永生不朽。于是女神显露原形，乞讨屋顶的那根梁柱，他们把那根柱子给了她，她剖出银柜，倒在银柜上抱着它，放声大哭，国王最小的一个儿子当场吓死。她把树干用好麻布包扎起来，把油倒在上面，把树干还给了国王和王后。至今这根梁木还立在伊希斯的一座神庙里享受贝鲁斯的人朝拜。伊希斯把银柜装上船，随身带着国王最大的孩子，驾船而去。他们一到海上，她就打开柜子，把她的脸贴在她哥哥脸上，吻着他，流着眼泪。但孩子悄悄从她后面走来，见到她的事，她转头生气地看着他，孩子禁不起她一看，死去了。但有些人说并非如此,孩子是掉进海里淹死的。埃及人宴会时用曼尼罗斯的名字歌唱的就是这孩子。

伊希斯放好了银柜,到布托的城里去看她儿子荷鲁斯。一天晚上,泰丰借着满月的光辉猎杀一头野猪,发现了银柜。他认得里面的尸首,他把尸首剁成十四块,四处散发。伊希斯用纸莎草编成一只小船,坐着船在沼泽地里到处寻找那些尸块。这就是为什么人们坐纸莎草船的时候,鳄鱼不伤害他们,因为鳄鱼害怕或尊敬这位女神。为什么埃及有许多奥锡利斯的坟呢?原因是伊希斯每找到一块尸体就立即把它埋起来。但另外一些人却说她在每个城里埋一个他的偶像,伪称是他的尸体,为的是许多地方都可以供奉奥锡利斯,而且泰丰如要寻找真正的坟墓,也无法找到。不过,奥锡利斯的生殖器却被鱼吃掉了,所以伊希斯按那形象做了一个来代替,埃及人至今在节日时还用它。历史学家西西里的狄奥多罗斯写道:"除了生殖器之外,伊希斯把身体的各部分都找到了。因为她想为她丈夫的坟墓保密,又想让希腊国土上所有的人崇敬他,她采取了以下的办法。她用蜡和香料捏成一个人像,正合奥锡利斯的身材,与他身体的各部分都相合。然后她到各个祭司的家里把祭司找来,让他们宣誓绝不向任何人泄露她要交给他们的秘密。然后她对他们每个人暗地里说,她把埋葬尸体的秘密只告诉了他们,并提醒他们只要照她的话去做就能得到好处,她鼓动他们把尸体埋在自己的土地上,把奥锡利斯当作神来敬奉。她还要求他们献出他们国家的一种野兽,不论哪一种都可以,在野兽活着时就崇敬它,像他们从前崇敬奥锡利斯一样,等野兽死后,就像对奥锡利斯一样把它埋葬。因为她是鼓励祭司为其

第三十八章 奥锡利斯的神话

本身的利益去进行上述的供奉,所以她分出三分之一的土地给他们,用以服侍和供奉诸神。因此,据说祭司们关心奥锡利斯的利益,渴望满足王后的要求,并为他们将要得到的利益所动,他们全部执行了伊希斯的指示。因此,直到今天,每个祭司都认为奥锡利斯是葬在他们的国土上,他们崇敬他们最初献出的野兽,等到野兽死了,祭司就在野兽的葬仪上重新悼念奥锡利斯。在两种神牛,一个叫阿庇斯,一个叫姆涅维斯,也是献给奥锡利斯的。有命令说所有的埃及人都要把两头牛当作神来供奉,因为这种动物在所有其他动物之上,帮助了五谷的发现者播种并取得农业的普遍利益。"

这就是奥锡利斯的神话或传说,是希腊作家所谈到的,是从埃及本地文献中多少有些零碎的记录和提示中演绎出来的。在丹德拉的神庙里有一长篇碑文,文中记载了这个神的坟墓的清单,另外一些文字提到他身体的各部分在各个神殿里被当作圣迹珍藏着。据说,他的心在阿斯里比斯,他的背脊骨在布西里斯,他的脖子在勒托波里斯,他的头在曼菲斯。照此说法,他的神体有部分奇迹般地增多了。例如他的头埋在曼菲斯,在阿比多斯(Abydos)也有,他的腿数量多得惊人,足有好几个普通凡人的腿加起来那么多。不过在这方面,比起圣丹尼斯来,奥锡利斯还算不了什么。据说丹尼斯的头现存的足有七个之多,全都是他的真头。

埃及本地人的叙述补充了普鲁塔克的叙述,根据埃及的叙述,伊希斯找到她丈夫奥锡利斯的尸体时,她和她妹妹奈芙蒂斯坐在尸体旁边,哀哭了一阵,在后世,这场哀哭成了埃及人对死者哭悼词的典型。她们哭道:"回到你家里来吧!回到你家里来吧!啊,神啊,回来吧!回到你家里来吧!你没有仇人啦!啊,漂亮的青年啊,回到你家里来吧,你来看看我吧!我是你的亲妹妹,你爱的人呀!你不能离开我呀!啊,漂亮的人啊,回到你家里来吧!……我看不见你,我的心惦念着你呀,我的眼睛要看你呀!回到爱你的人这里来吧,她爱你呀。安尼福,亲爱的!到你亲妹妹这里来吧,回到你妻子身边来吧!到你妻子身边来吧!你心脏不再跳动的人啊!回到你的主妇这里来吧!我是你的亲妹妹和你是一个妈妈生的,你可别离我远去了哇!神和人都面向着你,都一起哭你……我喊你、哭你,老天都听见我哭,你倒听不见我的声音。不过,我是你亲妹妹,你在世上真爱过她呀,你谁都不爱,就是爱我哟!我的哥哥呀!我的哥哥呀!"这段哀哭漂亮青年不幸夭折的悼词使我们想起对阿多尼斯的悼文。安尼福(即"好人")这个称呼赋给了奥锡利斯,表明传统中普遍认为他为人们造福,它又是他最常见的称号,是他做国王用的名字之一。

两个伤心的姐妹没有白白地哀哭。太阳神见她们哭得伤心,从天上派下豺头神阿努比斯,在伊希斯和奈芙蒂斯,以及托特和荷鲁斯的帮助下把被谋杀的神的破碎身体并拢起来,用麻布袋包好,举行埃及人通常对死人举行的一切其他仪式。然后,伊希斯用自己的翅膀扇着坟墓的冷湿的泥土,奥锡利斯竟复活了,从此就在阴间做死人的国王。他在那里的称号是"下界的神主"、"永恒的神主"、"死人的统治者"。在那里,在"两个真理的大厅上",他主持对死人灵魂的审判,由四十二个助手协助,埃及主要行政区各出一人,死人到他面前庄严地忏悔,死者的心在正义的天秤

第三十八章　奥锡利斯的神话

上量过之后,他们或是得到终身有德、永垂不朽的奖赏,或是按罪受到处分。

埃及人把奥锡利斯的复活看作是他们自己在坟墓以外永生的保证。他们认为,只要死者的朋友对死者的身体做到像诸神对奥锡利斯尸体所做的那些事,那么每个人都会在另一世界永生。因此,埃及人为死人所举行的仪式完全是照抄阿努比斯、贺鲁斯等为死去的神奥锡利斯所举行的那些仪式。"在每个葬仪上都表演昔日为奥锡利斯进行的神的玄秘,那时他的儿子、他的妹妹、他的朋友围在他支离破碎的残体周围,用他们的神文秘术把他的破碎身体变为第一个木乃伊,然后又采用办法使木乃伊复活,一个崭新的个人生命因此在阴间重生了。死者的木乃伊就是奥锡利斯,司职哭丧的妇女是他的两个妹妹伊希斯和纳福茜斯,还有阿努比斯、贺鲁斯和奥锡利斯神话中所有的神都聚集在尸体的周围。"这样,埃及的每个死人都成了奥锡利斯,也都名叫奥锡利斯。自"中朝"①以来,照例都把死者称为"某某奥锡利斯",好像他就是奥锡利斯神本身,还加上固定的形容词"说真话的",因为说真话是奥锡利斯的特点。在尼罗河谷发掘了数以千计的刻有碑文、绘有图画的坟墓,都证明表演复活神迹的戏剧是为了每个死去的埃及人的利益。奥锡利斯死了又复活,所有的人也都希望和他一样,由死亡走向永生。

这样说来,在埃及似乎有一个普遍流行的传统看法,即:奥锡利斯是一个善良的、受人爱戴的埃及国王,他遭暴死,但又死而复

---

① 古代埃及的一个王朝(前2133—前1786)。

生,从此被当作神供奉。雕刻家和画家遵循这个传统,照例都把他的形象表现为死去国王的人形现身,缠着木乃伊的包裹物,但头上戴着王冠,一只没有被缠住的手里拿着权杖。所有城市中,有两个城与他的神话或回忆特别有关:一个是布赛利斯,在下埃及,据说这里保有他的背脊骨;另一个是阿比多斯,在上埃及,据说它光荣地保存了神的头颅。阿比多斯原来是个不出名的地方,在死而复活的神的光轮辉耀下,自那古老王朝告终之后,就成了埃及最神圣的圣地。对埃及人来说,他在阿比多斯的坟墓,犹如耶路撒冷的圣棺教堂之于基督教一样。每个虔诚的人都希望自己死后能安葬在靠近光荣的奥锡利斯坟墓的圣地上。确实很少有人那么富足,能够享有这个极高的权利。且不谈圣城里坟墓的费用,光是从遥远的地方送木乃伊就够困难、够昂贵的了。然而许多人十分热衷于死后能吸收一点圣棺里发散出去的福气,他们让他们活着的朋友把他们的凡身俗骨运到阿比多斯去,在那里稍微停放一个时候,然后由水路运回,葬入他们原已在故乡准备好的坟墓里。另外一些人则在他们死而复活的神的坟墓附近为自己建造衣冠塚,竖立纪念碑,期望能同神共享复活的欢乐幸福。

第三十九章 奥锡利斯的祭祀仪式

第一节 民间流行的祭祀仪式

纪念某个男神节或女神节的季节,常常提供了探求他或她本来性质的有用线索。例如,节日如果是在月初或月望的时候,那就可以大致假定,这时纪念的这个神是月亮,或至少与月亮有密切关系。如果节日是在冬至或夏至举行,我们自然推测到这个神是太阳,至少它与太阳有密切关系。又如,节日如果与播种或收获的时间相吻合,我们就倾向于推断这个神祇是大地或谷物的化身。孤立地看这些假定或推断,绝不能作为定论;但是,如果其他一些迹象凑巧也能肯定这些假定或推断,那就可以把它们看作相当有力量的证据。

不幸得很,在处理埃及诸神的时候,我们泰半不能应用这条线索。其原因并不是各个节的日期全都不知道,而是日期年年不同,经过一段很长时期之后,一年四季它都轮遍了。埃及节日这样周而复始地逐渐推移,起源于他们采用的日历,这个日历与太阳年并不完全吻合,但又不定期地加入闰年闰月予以校正。

既然埃及古代的农民要隔数年的时间才能从官方或祭司的日历中得到一点帮助,因此他们必须自己观察那些为各种农活划定时间的自然界的信号。在我们有史记载的一切世代里,埃及人都是一个农业民族,他们的生存是依靠种植五谷。他们种植的谷类有小麦、大麦,显然还有高粱属的一种植物(按林奈的分类法,属贺卡斯高粱),即现代埃及农民种的"都拉"(doora)。那时也跟现在一样,整个国家,除了地中海沿岸之外,几乎没有雨水,它之所以十分肥沃,全靠尼罗河每年的泛滥,一套周密的堤坝和渠道系统调节着尼罗河水,把它分布到田野里,每年用河水里新存的泥浆把土壤更新一次,这些泥浆都是从阿比西尼亚的大赤道湖、大山上冲洗下来的。所以,居民总是十分焦急地望着河里涨水。因为,河水如果小于或大于一定的高度,结果就躲不掉灾乱饥荒。河水在6月初开始升涨,但要等到7月下半月才涨成大水。到9月底,泛滥达到最高潮。这时整个国家都淹了,样子像一片滔滔的海洋,高地上建筑的城池村镇像海中的岛屿。在一个月左右时间里,大水保持不变,这之后才逐渐地退下去,到12月或1月河水又回到原来的河床里。到夏天要来的时候,水位继续下落。到6月初,尼罗河减低到它平常宽度的一半,这时埃及一连好多天受太阳的炙烤,受撒哈拉沙漠吹来的风的摧残,竟像是沙漠的延续。一层厚厚的灰色尘土窒息着树木。人们艰难地给少有的几片植物浇着水,它们在靠村最近的地方挣扎着活下去。在沟渠旁边,在湿气还没有完全蒸发的凹地,还多少留着一点草地的样子。平原像是在无情的日光下喘息,光秃秃、灰濛濛的,像死灰样的颜色,又是罅隙,又是裂缝,远远望去,这些缝隙竟像蜘蛛网般地密布着。从4月中至6月中,埃及的大地都是半死不活的,等待着新的尼罗河水的到来。

  在数不清的世代里,自然现象的这种循环变化决定着埃及农

第三十九章 奥锡利斯的祭祀仪式

民每年的劳动。农民上一年的头一项工作就是挖开堤坝,它一直阻拦着涨起的河水灌进渠道和田地。挖开河,放进拦蓄的河水,让河水完成造福的任务,这是在8月上半月的工作。到11月,潮水退下去的时候,就种上小麦、大麦、高粱。收获的时间随地区而不同,北方比南方要晚一个月。在上埃及,即埃及南部,大麦在3月初收割,小麦在4月初,高粱要到这个月的月尾。

人们自然会认为埃及农民要纪念农业年的各种事项,举行一些简单的宗教仪式,求诸神保佑他们的劳动成果。他会年复一年地在同一个时日举行这些农村的仪式,而祭司们的隆重节日却随着变动的官方历法不断改变,从夏天,经遇春天,到冬天,又回转来从秋天到夏天。农民的仪式都是固定的,因为农民的仪式依靠对自然的直接观察。祭司的仪式是变动的,因为祭司的仪式是由错误的推算决定的。不过,许多祭司仪式不过是古老的农村节日,在历史过程中,蒙上了祭司的豪华气氛,由于日历的错误,终于从季节自然转换的老根上分割出来。

我们关于埃及民间和官方的宗教的一点知识肯定了这些推断。例如,我们见到材料说埃及人在尼罗河涨水时举行一个伊希斯节。他们相信这个女神在这时哀悼失去的奥锡利斯,她眼睛里落下的泪水增长了尼罗河激荡的浪涛。那么,奥锡利斯如果在某一方面是个谷神,在仲夏悲悼他就是再自然不过的了。因为在这个时候,收获完毕,田野光秃,河水低落,生命像是停滞了,谷神已死去。在这样的时候,那些把一切自然活动看成神灵业迹的人很可能把神圣河流的涨水看作是女神为降福的谷神丈夫的死所流的眼泪。

地上河水上涨的迹象还有一个天上的迹象相伴随。因为在埃及历史的早期，约在公元纪元前三千到四千年，所有恒星中最亮的一颗星，漂亮的天狼星，于夏至时在早晨日出之前出现于东方，正是尼罗河开始升涨的时候。埃及人把这颗星叫作索西斯，并把它看作伊希斯的命星，正如巴比伦人把金星看作阿斯塔特的命星一样。显然，在这两个民族看来，晨空里明亮的星宿好像是生命与爱的女神悲悼她死去的情人或丈夫，想把他从死亡中唤醒。因此，天狼星的升起标志着神圣的埃及年的开端，照例有节日庆祝，这个节日并不随着变动的官方年历而变动。

挖开堤坝，把水引入沟渠和田野，这是埃及农历一年的一件大事。在开罗，这项工作一般是在8月6日到16日之间动手，直到很晚的时候都为之举行值得我们注意的仪式，因为这些仪式可能是从远古传下来的。有一条古老的渠道名叫哈里吉，从前是流经开罗本城的。渠道入口处横着一道土坝，坝底很宽，往上则逐渐窄狭，从前是在尼罗河涨水之前或刚一涨水就筑起这道堤坝。堤的前面，也就是靠河的那一面，立一个削去了尖头的土圆锥，名叫阿鲁西（意即新娘），圆锥顶上，通常种上一点玉米或小米。一般在开坝前一星期或两星期，这位"新娘"就被升起的波涛给冲掉了。传统的看法认为按老规矩是要用华丽的衣裳打扮一个年轻姑娘，把她扔进河里，作为求得一场圆满河水的祭品。不管这是不是实情，这种做法的意图好像是要给河水娶妇，把河水看成一个男性的神灵，让他和田地新娘结婚，田地马上就要被他的河水灌溉的。所以，这个仪式是一个保证庄稼生长的巫术。在现代，在这个场合上常把钱扔进渠道里，平民泗水取钱。这种做法好像

第三十九章 奥锡利斯的祭祀仪式

也是很古老的,因为塞涅卡告诉我们,有一个地方叫作"尼罗河的脉络",离费拉不远,这里的祭司常常把钱和金制祭品在节日时扔进河里,这个节日显然是在水涨的时候举行。

在埃及,农业上一年里的第二件大事是11月里的播种,这时泛滥的河水已从田里退下去了。对埃及人和对古代许多民族一样,种子撒在地上具有一种庄严、悲哀的仪式的性质。在这个问题上,我还是让普鲁塔克自己来发言。他问道:"如果错误地省去既定的仪式,或用荒唐的疑虑混淆或搅乱我们对神的观念,那我们怎样理解这些阴暗、寡欢、悲恸的祭仪呢?希腊人也举行许多类似埃及仪式的仪式,举行的时间也是同样的。如在地母节的时候,雅典的妇女都坐在地上斋戒,维奥蒂亚人也打开'悲哀者'的墓穴。他们把这个节日称作悲哀是因为得墨忒耳为少女降入冥府而悲哀。这一月是播种的月份,是昴星下降的时候。埃及人称它为阿色,雅典人称为庇安纳普辛,维奥蒂亚人称为得墨忒耳月……因为那正是一年中他们看到一些果实从树上消失的时候,果树从树上掉落下来,而他们又艰难困苦地另外播下种子,用手扒土,再次堆聚起来,且不知这样播下的种子有长大成熟的机会没有。因此,他们做起来在许多方面很像那些埋葬和悲悼死者的人一样。"

我们已经谈到,埃及的收获时间不是在秋天,而是在春天,在3月、4月和5月。对农人说,收获的时候,至少年景好时,必然是一个高兴的季节:把谷把子运回家里,自己长期、忧心的劳动得到了报酬。不过,古代埃及农民在收谷入仓的时候只是暗暗地高兴,这是由于他应该用深感悲伤的样子把那种很自然、很高兴的情绪隐藏起来,因为,收割不是正在用镰刀割断谷神的躯体吗?不是正在打谷场上让牲口的蹄踏它吗?我们还听说埃及的收谷人有一个古老的风俗,他们捶打胸口,悲悼第一把割下的谷穗,同时祈求伊希斯保佑。祈祷似乎是采取唱一支悲歌的形式,希腊人把悲歌称为曼尼罗斯。腓尼基和西亚其他地区的收获人也唱类似的悲哀曲调。也许所有这些阴郁的小调都是对在收获人镰下丧命的谷神的悼词。在埃及,被杀的神祇是奥锡利斯,而曼尼罗斯这首挽歌的歌名意为"回到你家里来吧!"这句话在死去神祇的悼词中常常出现。

其他民族也举行与此类似的仪式,也许是为了同样的目的,例如,我们知道,在所有的植物中,谷物(显然是指玉米)在切罗基印第安人的家庭经济和惯常仪式中占着首要地位,他们用"老太婆"这个名字向它祈祷,这个名字来自一则神话,据说玉米是从一个老妇的血里长出来的,她的叛逆的儿子把她杀了。收获完工后,一个祭司和他的助手到田里来,向玉米精唱祈祷歌。后来就听到一阵很响的窸窣声,人们认为这是老太婆把玉米带到田里去。从田里到家里总保持一条干净的小路,"好让玉米待在家里,不会跑到别处去"。"另外还有一个稀奇的仪式,现在几乎已经被人忘记了:头一批玉米收获后举行这种仪式,这时主人或祭司接连站在田的四个角落里,放声大哭。现在连祭司也不能说明为什么这样表演,也许是对塞鲁(玉米老太婆)横死的一种悲悼"。在切罗基人的这种做法中,对"玉米老太婆"的悲悼和祈祷很像古代埃及人悲悼第一批割下的谷物,祈祷伊希斯的风俗,就某一方面看,伊希斯自己就是一个"谷物老妇"。还有,切罗基人预先留一条从田里到家里的干净路很像埃及人之邀请奥锡利斯,"回到你家里来吧!"所以,在东印度,人们至今还举行一些考究的仪式,目的是要把"大米的魂魄"从田里带回谷仓来。非洲的楠迪人在9月举行一种仪式,这时谷物正在成熟。每一个有田地的妇女都和女儿到田里去,用某种树的枝叶烧起一堆火。然后摘一些谷粒,每人在项链里放一粒玉米,嘴里再嚼碎一粒玉米,把嚼碎的玉米抹在额上、喉咙上和胸前。"这时,没有一个妇女露出欢乐的样子,她们悲戚地摘满一篮玉米,拿回家去放在高处晾干"。

谷神在收获时衰老死去的观念明显地体现在摩阿布的阿拉伯人的一种风俗中。当收获者工作接近完毕、田里只剩下一个小角落要收割的时候,主人就拿一把麦子捆成一束。挖一个坟形的坑,两头各立一块石头,正像通常的葬仪一样。然后把麦束放在墓底,族长就宣布这样一句话:"老人死了!"然后向坑里扔土盖上麦束,口中念着祷词:"愿真主把死去的麦子带回给我们。"

第二节 官方的祭祀仪式

上述那些就是古埃及农民日历上的主要事件,他们纪念这些事件的简单宗教仪式就是这样的。不过,我们还要就希腊作家的描写或碑文记录考虑一下官方日历中的奥锡利斯节。在考察这些描写和记录的时候,我们必须记住,由于埃及的旧历年年变动,官方节日的真正日期或天文日期必然逐年不同,至少,到公元前30年采纳固定的亚历山大历以前是如此。很显然从那时起,过节的日期由新历决定,不再在整个太阳年里流转了。无论如何,普鲁塔克于1世纪末前后在著作中暗示过,那时节日已经固定不再移动,因为,他虽然没有提到亚历山大历,但他明明用这个历法定节气的时间。而且,罗马帝国时代的重要文献,埃斯尼(Esne)的节气历,显然是根据固定的亚历山大历推算的。因为它把元旦正好定在8月29日那天,这是亚历山大历一年的第一天,它提到的尼罗河涨水、太阳的位置、农事活动等都与这个假定相符合。所以我们可以相当肯定地说,从公元前30年以后,埃及的节日都是按太阳历推算的。

希罗多德告诉我们,奥锡利斯的坟墓在埃及北部的赛伊斯城,那里有一个湖,这个神的受难故事曾经作为神迹剧夜间在湖上表演过。对神灵受难的这种纪念每年举行一次,人们在纪念时捶胸悲哭,以表明他们对该神死亡的悲伤,用镀金的木头做一个牛的偶像,牛的两角中间有一个金太阳,人们把它从终年置放的屋子里拿出来。毫无疑问,这头母牛代表伊希斯本身,因为母牛是她的神兽,人们照例把她画成头上长牛角的妇女,甚至把她画成牛头女身。取出她的牛形偶像可能是象征女神寻求奥锡利斯的尸体。因为这就是埃及本地对冬至前后普鲁塔克时代举行的一个类似仪式的解释,当时镀金的母牛绕庙游行七周。这个节日的一个最大的特点是夜间举火。人们在他们屋外拴上整排的油灯,油灯通宵不灭。这种习俗不限于赛伊斯一地,整个埃及都遵行它。

在一年的同一个晚上家家都点灯,这表明这个节日可能不只是纪念死去的奥锡利斯,而是纪念全部死者,换句话说,它可能是个万灵夜。因为有一个广泛流行的信念,认为所有死者的灵魂都

第三十九章 奥锡利斯的祭祀仪式

在一年的同一个晚上拜访他们的老家。在这个庄严的时候,人们准备迎接鬼魂,摆出食物给他们吃,点起灯来给他照亮往返坟墓间的黑路。希罗多德略微描述过这个节日,他没有提日期,但我们能够有几分把握地从其他材料断定。普鲁塔克告诉我们奥锡利斯是在阿色月的 17 日被谋杀的,因此埃及从阿色月 17 日举行哀礼四天。在普鲁塔克用的亚历山大历里,这四天正是 11 月的 13、14、15、16,这个日期又与普鲁塔克提出的其他迹象相符合,他说在节日时尼罗河水位下降,北风停息,黑夜渐长,树叶凋落。在这四天里,人们摆出一头蒙着黑布的镀金的牛,算是伊希斯的偶像。毫无疑问,这就是希罗多德描述这个节日时所提到的那个偶像。到了这个月的 19 日,人们到海边去,祭司们抬去一个神龛,里面有一只金盒子。他们把新鲜水倒到金盒子里,这时观众大喊,找到奥锡利斯了。然后他们取一点菜园里的腐殖土,用水浸湿,羼入贵重的香料和炷香,再把这团泥捏成小小的月亮形状,然后给他穿上外衣,装饰起来。照普鲁塔克的描写,仪式的目的似乎是戏剧性地表现,第一,寻找奥锡利斯的尸体;第二,找到时的喜悦,跟着就是死去神祇的复活,他是在菜园的腐殖土和香料中复生的。拉克坦修斯告诉我们,在这种场合,刮光身子的祭司又是捶胸,又是号哭,仿效悲哀的伊希斯寻找她失去的儿子奥锡利斯,然后他们转悲为喜,这时豺头神阿努比斯,或是一个随从代他拿出一个小男孩,表示失去又被找到的神的人身。这样说来,拉克坦修斯是把奥锡利斯看作伊希斯的儿子,而不是看作她的丈夫,他没有提到菜园土的偶像。这个男孩很可能在神迹剧里表演的不是奥锡利斯,而是他的儿子荷鲁斯。但是该神的死亡与复活在埃及既然有许多城市纪念,也很可能在有些地方该神的复活是由活人代表而不是由偶像代表。另外一个基督教作家描写埃及人剃了发,每年悲哭奥锡利斯下葬的偶像,他们捶胸脯,划破肩膀,割开老伤口,哀悼数日之后,他们说已找到了该神的残体,他们为之高兴。仪式的细节尽管可能因地而异,而找到神的尸体,也许还有使之复活,这种表演却是埃及一年节日中的大事。许多古代作家都描写过或提到过迎神的欢呼声。

埃及的16个省里,每逢奥锡利斯的节日都举行他的葬礼。有一篇托勒密王朝①时期的长长的铭文描写了这些葬仪。那篇铭文是刻在该神神庙的墙上的。神庙就在丹达腊(即希腊人的坦提拉)城,位于埃及北部尼罗河西岸,底比斯以北约40英里的地方。不幸得很,这样提出的材料虽然在许多方面十分丰富详细,但铭文的文字组织十分混乱,词语常常模糊不清,很难从中理出整个仪式清晰贯串的叙述。从这个文献里我们还了解到在好几个城市里这个仪式却有所不同,例如,阿比多斯城的仪式与布赛利斯的仪式就不同。这里我不想去探索各地做法的一切特点,只就看来能肯定为节日的主要特点的方面约略地表明一下。

这个仪式前后共18天,从荷阿克月的12日到30日,分三个方面来表现奥锡利斯:死亡、肢解,最后将他四散的肢体合拼起来。在第一个方面称他为琴特—阿曼特(亨提—阿曼提),第二个方面称他为奥锡利斯—塞卜,第三个方面称他为索卡里(西克尔)。用沙或菜园土和谷物做一个神的小像,有时加上香料,把他

---

① 托勒密王朝(Ptolemaic Period),前305年至前30年古埃及王朝。

的脸涂成黄色,颧骨涂成绿色。这些像是在一个纯金的模子里塑出来的,模子的神像是一个木乃伊的形体,头上戴一顶埃及的白色王冠。节日从荷阿克月的第十二天开始,同时举行开犁播种的仪式。犁上驾两头黑牛,犁身是柽柳木做的,犁头是黑铜做的。一个男孩撒种。田的一头种大麦,另一头种小麦,当中种亚麻。操作中,主持仪式的人颂念"种田"的经文。在布锡利斯,人们在荷阿克月的12日那天把沙和大麦放进"园圃"里。这个"园圃"好像一个大花盆。这是在母牛女神山蒂的面前做的,似乎是用一个母牛偶像代表,系用一种金色的埃及榕树做成,牛里面放一个无头的人像。"然后,用金色的花盆把新鲜泛滥的河水倒在女神和'园圃'上,种上大麦,作为该神葬入地下后复活的标号,'因为园圃的生长就是神的生命的生长。'"在荷阿克月22日,八点钟的时候,所有奥锡利斯的神像,在34个神像的簇拥下一起坐上纸莎草扎的34只小船,举行神迹航行,用365盏灯照亮所有这些小船。在荷阿克月24日,日落以后,人们把桑木棺材里的奥锡利斯偶像放进坟墓里,当夜九点,把头年做好存起来的偶像拿出来,放在埃及榕树的树枝上。最后,在荷阿克月30日,他们一起进入圣陵。那是一间地下陵寝,上面好像长着一丛热带树木。他们从西门入灵堂,把装在棺材里的死神偶像恭恭敬敬地放在屋里的一张土台上,让他安息,便从西门退出灵堂。荷阿克月的仪式就此结束。

从丹达腊长篇铭文中摘出的上面这段关于节日的叙述中,奥锡利斯的葬仪十分突出,他的复活则未明说,只是暗示到。不过,一串动人的浮雕大大弥补了文献的这个缺点,这些浮雕配合并阐明了这篇铭文。浮雕用一连串图景表明死去的神是木乃伊,裹着尸布躺在尸架上,然后他逐渐起身,愈来愈高,最后终于完全离开尸架,直立在忠实的伊希斯的保护翅膀之间,伊希斯是站在他后面的,同时有一个男人像在他面前拿着带柄的十字架(埃及人的生命的象征)。神的复活表现得再明显不过了。不过,在费拉城伊希斯的大殿里有一间献给奥锡利斯的屋子,屋内对同样的事件也有表现,却更能启发人。在这里,我们见到奥锡利斯的尸体上长出一兜兜的谷子,同时一个祭司手里拿着水壶,往谷子上浇水。与之相配的铭文说:"这是他的像,他是谁也不能指名道姓的玄秘奥锡利斯,他是从河水的波涛中生长出来的。"总体来看,画和文字都似乎不容怀疑地表明,奥锡利斯是被看作并表现为谷物的化身,河水的泛滥灌溉了田地之后,他就从田里出来。根据铭文来看,这是宗教仪式的核心,是显示给新入教的信徒的最深的秘密。厄琉西斯地方的得墨忒耳仪式里也是给信徒展示一根割下的谷穗,作为他们宗教的中心秘密。我们现在能够完全了解,为什么在荷阿克月播种的重大节日祭司常常要埋葬一个用土和谷做的奥锡利斯的偶像。一年之末或在更短一些的时间里再把这些偶像取出来的时候,奥锡利斯身上一定会发现冒芽的谷物,人们会欢呼这些谷芽是庄稼生长的兆头,或说得准确一点,是庄稼生长的原因。谷神从自己身上产生谷物:他拿自己的身体饲养人民,他死去就是为的他们能够生活。

埃及人从他们伟大的神的死亡与复活里不仅取得他们今生的食物和生计,而且取得超越死亡的永生的希望。在埃及墓地里发掘出来的一些令人注意的偶像最明白地表明了这种希望。如在底比斯的"诸王之谷"里发现了一个王家持扇者的坟墓,他大约

第三十九章 奥锡利斯的祭祀仪式

生活于公元前1500年。墓里内容丰富,其中有一个尸床,床上放有一领苇席,苇席上盖着三层麻布。麻布朝上的一面画着和人身大小相等的奥锡利斯像,神像是不透水的,里面放着一堆菜园土、大麦和一种胶状的液体。大麦已经生芽,有两三英寸长。此外,在西诺波里斯的坟地里,"葬着无数的奥锡利斯像。这些神像都是用布包裹着谷物做成的,形状大体上像奥锡利斯,神像是放在坟墓旁边一个砖砌的凹坑里面,有时是放在一个小磁棺材里,有的是放在一个苍鹰—木乃伊状的木棺材里,有时什么棺材也没有。"这些谷物的偶像包得像个木乃伊,身上零散地有几块镀金,好像是模仿那个金质模型。在播种节上投掷的就是这种镀金的奥锡利斯像。另外,在底比斯的大坟地附近还发现葬有一些奥锡利斯的偶像,绿蜡做脸,肚子里装满谷。最后,厄曼教授告诉我们,在木乃伊的两腿之间"有时放一个黏土做的奥锡利斯像,里面填满谷种,谷种发芽表明神的复活"。我们不能怀疑,播种节间把装满谷物的奥锡利斯像埋在土里是为了加速种子生长,把同样的神像埋在坟里则是要加速死者复苏,换句话说,是要保证他们的精灵不朽。

第四十章 奥锡利斯的属性

第一节 奥锡利斯是谷神

前面对奥锡利斯的神话和仪式的考察已足以证明这个神在某一方面是谷物的化身,可以说他每年死而复生。后来祭司们给他的崇奉加上种种豪华和光彩,透过这些豪华和光彩,他是谷神的观念在他死亡与他复活的节日上还是表现得很明显,这个节日在荷阿克月举行,在较晚的时期里又在阿色月举行。看来,这个节日主要是一个播种节,也许是在农人真正要在地里播种的时候举行。在这个场合举行葬仪把泥土和谷物做的各种偶像埋在地里,以便他在地里死后可以随着新的庄稼再生。事实上,这种仪式是一个巫术,用顺应巫术来保证庄稼生长。我们可以推定,早在祭司们采纳并将它转变为庄严的神庙宗教仪式之前,每一个埃及农民就把它作为巫术用简单的形式在实行了。现代的阿拉伯有(无疑古代的阿拉伯也有)一种在收庄稼的田里埋葬"老头子"(即一束小麦)并祈祷它死而复生的风俗,我们觉得这种风俗是一个幼芽,对谷神奥锡利斯的崇拜可能是从它发展而来的。

奥锡利斯神话的细节与对他的这种解释很相符。据说他是天与地的儿子。谷物从地下长起来,由天上的水灌溉,还能为它想出更恰当的父母吗?不错,埃及土地的肥沃直接得之于尼罗

第四十章 奥锡利斯的属性

河,不是得之于雨水,但是居民必定知道或猜想到这条大河又是降落在深远内陆的雨水才有来源的。还有,奥锡利斯首先教人食用谷物,最自然的就是拿这种神话来说谷神自己。进一步看,他的残躯四散在土地上,埋葬在不同的地方,这个故事可以是表现播种或簸谷的一种神话说法。有一个故事证明簸谷的解释:伊希斯是把奥锡利斯割裂的躯体放在一个筛子上。或者说,这种传说是一种活人祭祖的风俗的回忆,这个供祭祀的人可能代表谷神,被杀后,人们在田里分散他的骨肉或他的骨灰,用以肥田。在现代的欧洲,有时把死亡的偶像撕破,然后把碎片埋在地里,使庄稼长好,世界上有些别的地方对用作献祭的人也如法炮制。至于古代的埃及人,我们有曼涅托①的权威意见,他说古埃及人常常把一些红头发的人烧死,用风车扇播他们的骨灰,而且非常有意思的是,这种野蛮的祭祀是由国王在奥锡利斯的坟前奉献。我们可以推测出这些人牲是代表奥锡利斯本身的,人们每年把他杀掉、肢解、埋葬,让他得以加速地里种子的生长。

在史前时期,很可能是由国王自己扮演神的角色,以神的身份被杀掉肢解。据说,奥锡利斯乃至塞特,都是统治十八天后被撕成几块,人们每年举行十八天节日予以纪念。有一个故事说罗马的第一个国王罗慕路斯被元老砍成几块,他们把他的尸块葬在地上,有某些奇怪的仪式纪念他传统的逝世日,7月7日,这些仪式与对无花果树进行人工施肥有关。还有,希腊有个传说,谈到

---

① 曼涅托(Manetho,一译曼内托),公元前4世纪到公元前3世纪初的古埃及学者、历史学家和祭司,用希腊文著《埃及史》三卷。他关于埃及古史的分期,至今仍为学界采用。

底比斯王彭透斯和色雷斯的埃多尼亚王吕库古斯反对酒神狄俄尼索斯,这两个对神不恭的国王被碎尸几块——一是被酒神的疯狂的信徒们碎裂的,一是被马撕裂的。希腊的这个传统故事很可能是某种风俗被歪曲了的遗迹,这个风俗要求献祭具有狄俄尼索斯身份的人身,特别是神王,狄俄尼索斯这个神在许多方面与奥锡利斯相像,据说他和奥锡利斯一样也是被肢解而死的。有人说过,在希俄斯是肢裂人身给狄俄尼索斯献祭的,他们的死法既然和神一样,那就有理由假定他们是代表那个神的。色雷斯的俄耳甫斯同样被酒神肢解的故事似乎表明他也是以神的身份代神而死的。有意义的是据说埃多尼亚王色雷斯的吕库古斯之被处死是为了使不再生产的土地恢复它的丰饶。

更进一步,我们读到挪威王黑脸哈弗顿的材料,他的身体被割碎,埋在他王国的不同地区,为的是保证土地丰产。据说他在四十岁的时候,由于春天冰块破裂而被淹死。他死后的情况,古斯堪的纳维亚史学家斯诺里·斯特吕松①做过这样的叙述:"他是诸王中最富有的(按字面意思是:最富有福泽的)。人们真是看重他,消息传来,说他已死去,尸体已运到林卡里基,准备在那里安葬,这时,罗马里基、威斯特福德和希斯莫克的首领都来要求把尸体给他们,让他们把他埋在自己的省份里。他们认为谁得到尸体,尸体就会使谁富有。结果大家议定将尸体分成四块。头葬在林卡里基的斯坦地方的坟墓里,其他三个地方也都取走一份尸体

---

① 斯诺里·斯特吕松(Snorri Sturluson,1179-1241),冰岛历史学家、诗人。主要著述有《新埃达》,既是一本诗学手册,同时因记叙古斯堪的纳维亚的神话而为世人广泛重视。

第四十章 奥锡利斯的属性

带回去埋葬。所有这些坟都称为哈弗顿墓。"我们还应该记住,哈弗顿属于英林家族,他们追溯出他们是斯堪的纳维亚半岛丰产繁殖之神福瑞的后裔。

英属新几内亚的弗莱河口外有一个基瓦伊岛,岛上的土著谈到某个名叫西杰拉的术士,他以西谷米为图腾。当西杰拉老弱多病的时候,他对人们说他快要死了,不过,死后也要使他们的园圃兴旺。因此,他指示他们,等他死后他们应该把他剁开,把他的肉拿几块放在他们的园子里,但要把他的头埋在他自己的园子里。据说他活得年岁很大,没有人知道他的父亲是谁,但他使西谷米长得很好,再也没有人挨饿。前不多年还活着的老人认定他们年轻时认得西杰拉,基威人的一般看法似乎西杰拉的死不过是两代(约六十年)以前的事。

总体来看,这些传说表明一个广泛流行的做法,肢解国王或术士的躯体,把碎块埋在国内不同的地方,以保证土壤增产,也许还保证人畜兴旺。

还是回头谈谈人牺吧!埃及人把他们的骨灰用风车扬散,这些不幸者的红色头发也许是有意义的。因为,在埃及,作为牺牲的牛也必须是红色。只要在牲口身上发现一根黑毛或一根白毛,它就不适于做祭品,假如这些以活人为祭品的做法像我们所推测的是为了促进庄稼生产——扬散骨灰似乎证实这种看法——也许选择红发的祭品最适于体现红润谷粒的精灵。用活人代表神的时候,自然依据与原来神灵的近似来挑选人身代表。因此,古代墨西哥人把玉米看作人,一样从播种到收获经历了全部生命过程,玉米刚种时牺牲一个新生的婴儿,玉米发芽时牺牲一个较大的孩子,依此类推,等到玉米完全成熟了,就牺牲一个老人。奥锡利斯有一个名字叫"庄稼"或"收获",古人有时把他解释为谷物的化身。

第二节　奥锡利斯是树神

但是奥锡利斯不只是一个谷神,他还是一个树神,这也许是他最初的身份,因为在宗教史里,树神崇拜自然先于谷神崇拜。奥锡利斯的树神身份非常明显地表现在弗米库斯·马特努斯描写的一个仪式里:砍下一棵松树,将树的中心挖空,用挖出的木料做一个奥锡利斯的像,然后像一具尸首那样把它埋在树洞里。表现树里住人的观念,很难想得出比这里表现得更加明白的了。这里做好的奥锡利斯神像要保存一年,然后烧掉,恰好是人们对挂在松树上的阿蒂斯偶像的做法。弗米卡特·马特纳斯所描写的砍树仪式似乎普鲁塔克也提到过。这也许是用仪式来表现神话所说的发现阿蒂斯的身体被包嵌在一棵杜鹃花树里面,丹达腊的奥锡利斯大殿里,该神的苍鹰—木乃伊状的棺材显然被画成嵌在树里,看来这棵树是一棵钉叶树,棺材的上面和下面都可以看到树干和树枝。这样说来,这幅图景与神话和弗米库斯·马特努斯所描写的仪式都十分符合。

奥锡利斯信徒不得伤害果树,这与奥锡利斯的树神身份相称。他们也不许阻断水源,这与他是一般的植物神的身份相称,水源对炎热的南方的土地灌溉十分重要。按照某个传说,是他教人们使葡萄上架的,教人剪除它多余的枝叶,教人们榨取葡萄汁。

在大约公元前1550年写的奈布塞尼莎草纸文献里面画着奥锡利斯，坐在一个神殿里，从神殿的屋檐上垂着整串的葡萄在皇家书法家奈赫特用莎草纸书写的文献里，我们看见过这尊神坐在一个池子前，池岸上有一棵茂盛的葡萄树，上面挂着好些串葡萄，正朝着坐在那里的神的绿脸上生长。常春藤是他的圣树，之所以称为他的树，是因为它永远是绿色的。

第三节　奥锡利斯是生育繁殖之神

人们自然把身为植物之神的奥锡利斯看成为具有一般生殖力的神祇，因为人在进化的一定阶段还不能区别动物的生殖力与植物的生殖力。所以，对奥锡利斯崇拜的一个突出特点是以一种粗犷而富有表现力的象征，把奥锡利斯这方面的本质呈现于新信徒以及群众的眼前。每逢他的节日，妇女们经常在村内各处走动，手里拿着他的形象，用线牵动做出各种猥亵的动作，一面唱着赞颂他的歌曲。这种习俗可能是为求庄稼成长而进行的一种巫术。据说在神庙里还有一尊和这一样的塑像立在伊希斯的塑像前面。在菲莱城的奥锡利斯的神殿里，这尊已死的神像安放在尸架上，其姿态极其明显地表示神的生殖力依然旺盛，随时可以向世上提供生命和繁殖的源泉。赞颂奥锡利斯的歌里提到了他的这一重要性质。有一首歌说，世界由于他而又光辉地变成绿色。另一首歌宣布说："你是人类的父亲和母亲，他们依靠你的气息生活，他们依靠你躯体的肌肉而生存。"我们可以推断，在为人类父母这一方面，人们认为他像其他生殖神祇一样，能够保佑男人和妇女生育子女,在他的节日里举行游行,为的是促进这个目的的实现,同时也促进地里种子的生长。埃及人采用一些象征和仪式,目的是要使神力这个概念生效。如果我们谴责这些象征和仪式为放荡且猥亵的性质,那是对古代宗教的误解。他们在这些仪式中给自己订下了的目的是自然的、可赞许的。只不过他们为达到目的而采取的方法是错误的。同样的错觉使希腊人在他们的酒神节采取类似的象征手法,这样一来,两种宗教间就产生了表面的、但很惊人的相似,这种相似也许比其他所有东西都更使古今的探索者误入歧途,把两种崇拜混为一谈,这两种崇拜性质上固然确实相近,但起源上彼此完全不同,各自独立。

第四节　奥锡利斯是死者之神

我们已经谈到奥锡利斯一方面是死人的统治者与审判者。对于像埃及这样的民族,不只是相信人死之后还要继续过某种生活,而且真正花费许多时间、劳力和金钱为这种死后的生活作准备。在他们看来,奥锡利斯掌管死者的职能,比起按时促使大地生产果实的职能来几乎是同样重要。我们可以假定在奥锡利斯崇拜者的信念中,神的这两方面的职能是密切结合着的。他们把死者葬入坟墓中,就是把死者交给神看管,他能使死者从泥土中复起,得到永生,正如他能使种子从地下长出来一样。在埃及坟墓里发现许多用谷物做的奥锡利斯的偶像,就是这种信念的坚定、毫不含混的证明。它们既是复活的象征,又是复活的工具。古埃及人就是这样从谷粒的发芽中来占卜人之可否获得永生的。

第四十章 奥锡利斯的属性

他们并不是唯一的、寄如此高渺希望于这样薄弱基础之上的民族。

一个神用自己碎裂的身躯在人们活着时供养他们,又给他们一个希望,死后能在一个更好的世界里幸福永生,这样的神当然会受人们最高的爱戴。所以,我们不必惊奇这一事实,即:在埃及对其他的神的崇拜都比对奥锡利斯的崇拜大为逊色,其他的神各在自己的地区受到敬奉,而奥锡利斯和他的神侣伊希斯则为全埃及人所膜拜。

第四十一章　伊希斯

女神伊希斯的本来属性要比他哥哥和丈夫奥锡利斯的本来属性更难以确定。对他的本质的定语和形容词多极了，在象形文字里，人们称她为"名字很多的"、"名字上千的"，希腊碑刻里则说"名字上万的"。不过，在她复杂的本质中，也许还可能考察出原来的核心，其他成分是在逐渐增加的过程中环绕这个核心而聚集围拢起来。如果她的哥哥和丈夫奥锡利斯有谷神这一方面的性质（我们已经谈到过有理由相信这一点），她必须也是一个谷物女神。这样考虑至少是有几分道理的。西西里的狄奥多罗斯似乎是根据埃及历史学家曼涅托的说法，如果我们相信他，伊希斯就是小麦和大麦的发现者，在她的节日上，游行的队伍拿着两种麦子的麦穗，以纪念她给人们的恩惠。奥古斯丁还补充了一个细节。他说伊希斯是在祭奠她丈夫和她的共同祖先（都是君王）的时候发现大麦的。她曾把新发现的大麦穗给奥锡利斯及其大臣托特看过，托特即罗马作家所称的墨丘利。奥古斯丁还补充说，人们说伊希斯就是西瑞斯其道理就在这里。而且在收获时，埃及的收获者割下第一把谷子，便放下谷子，捶着胸，嚎哭着，呼唤伊希斯的名字。已经解释过，这种风俗是对死于镰下的谷神的悲悼。碑刻对伊希斯各种的形容语言中有这样的称呼："绿色物的

第四十一章 伊希斯

女创造者"、"绿色的女神,她的绿色同大地绿色相像"、"面包娘娘"、"啤酒娘娘"、"富裕娘娘"。按照布鲁奇(Brugsch)的说法,她"不仅是覆盖大地的翠绿植物的创造者,而且实际上就是绿色谷地本身,谷地化身的女神"。这种说法为她的一个称号"索契特"或"索捷特"所肯定,意即"谷地",这个字在科普特语①中至今还保存了这个意义。希腊人把伊希斯看成女谷神,因为他们说她是得墨忒耳。在一首希腊的短诗里,她被描写成"给大地长出果实的人"、"谷穗的母亲",在纪念她的一首赞诗里,她说她自己是"麦田的皇后",并被描写为"关心富产的麦垄小路"。因此,希腊或罗马的艺术家表现的形象时常常让她的头上顶着谷穗或手中拿着谷穗。

我们可以说,这就是古代的伊希斯,一个农村的五谷娘娘,受到埃及农民的原始仪式的崇敬。但在许多世代的宗教演变进程中,她变得清高起来,在她后日的崇拜者面前表现出一副精美、神圣的样子,成了忠实的妻子、温柔的母亲、大自然的降福的皇后,被纯洁道德的光环所围绕,包围在这古老神秘的神圣光圈里,而她原来的农村女神的平凡面貌在这种精美神圣的形式中几乎都认不出来了。经过这样净化变形之后,她赢得了远在她家乡之外许许多多信士的忠心。随着古代国家生活的衰败,宗教也十分混乱,在这种混乱中,对伊希斯的崇拜在罗马和整个帝国中却最为流行。有几个罗马皇帝自己也公开崇拜她。尽管伊希斯宗教和任何其他宗教一样,常常成为放荡男女的外衣,她的宗教仪式整体来说还是显示着一种尊严

---

① 科普特人(Copts)是古埃及人的后裔,他们的语言,即科普特语(Coptic),属亚非语系,现今埃及和埃塞俄比亚的基督教会的宗教仪式中仍用这种语言。

和静穆、庄重和端正的光荣特点，正好适于平复杂乱的思想，松弛沉重的心灵。所以对她的崇敬仪式吸引着心性文雅的人，特别是妇女。对于这些来说，纪念其他东方女神的残忍放荡的仪式只使他们震惊和厌恶。因此，我们不用奇怪，在一个衰落的时期，传统信念发生动摇，许多制度彼此冲突，人的思想震荡不安，帝国本身的结构一度认为是永恒的，也开始露出裂痕和缝隙，在这样的时候，伊希斯静穆的形象、镇定的精神、许诺人们永生不死的慈悲，在许多人看来都像是暴风雨的天空里出现的一颗明星，会在他们心里引起狂热的敬意，像中世纪人们对圣母玛丽亚所怀的敬意那样。的确，她的庄重仪式，和它那去须削发的僧侣、它那早祷和晚祷、它那铮铮的音乐、它那洗礼和酒圣水、它那隆重的游行、它那"神母"的镶着珍珠的偶像，与天主教冠冕堂皇的仪式有许多相似之点。这种相似倒不一定全是偶然的。古代埃及对天主教的华丽象征做法及其缺乏生气的抽象教义，可能作出了一份贡献。的确，在艺术方面，伊希斯给婴儿荷鲁斯喂奶的形象与圣母和圣婴的形象非常相像，某些无知的基督教徒有时也拿它来敬奉。圣母玛利亚获得海星圣母（Stella Maris）这一美丽的称号，并受在暴风雨中颠簸的水手的敬奉，也许就是渊源于晚期具有保护水手的女神身份的伊希斯。海神的属性可能是亚历山大城的希腊航海者赋予伊希斯的。这些属性与她本来的身份和埃及人的习惯都不很合，埃及人是不喜欢海的。伊希斯的辉煌的星——天狼星，在7月的早上从东地中海的平稳如镜的海波里升起来，给水手们送来一个风和日丽的征兆，根据上述假说，天狼星才是真正的海星圣母。

第四十二章 奥锡利斯和太阳

有时人们说奥锡利斯是太阳神,近世许多著名作者都持这种看法,所以值得简略地考察一下。如果我们追问一下,有什么证据把奥锡利斯看作太阳或太阳神呢?分析之后,我们会发现这些证据数量很少并且可疑,不过也不是全无价值。勤勉的贾布隆斯基是现代学者中第一个搜集、考证古典作家论述埃及宗教的人,他说,可以从许多方面表明奥锡利斯就是太阳,又说,他能够提出一大堆证据证明这一点,不过无需这样做,因为没有一个有学识的人会不知道这个事实。他引证的古代作家中,明明白白把奥锡利斯当作太阳的人只有两个,即狄奥多罗斯和马克罗庇厄斯①。但是,很难说他们的证据有什么分量。因为狄奥多罗斯的话又含混又夸张,马克罗庇厄斯是研究太阳神话的先驱之一,他提出两者就是一回事,其理由是非常站不住脚的。

有些现代作者说奥锡利斯是太阳,其主要依据是,奥锡利斯死亡的故事,同自然中任何其他现象相比,更适合太阳的现象。

---

① 马克罗庇厄斯(Macrobius, Ambrosius Theodsius, 4世纪末-5世纪初),拉丁语法家和哲学家。主要著作有《农神节》(*Conviviorum Saturnaliorum libri Septem*)和对西塞罗的《斯齐皮奥之梦》的译注(*Commentarius ex Cicerone in Somnium Scipionis*)。

我们可以马上承认,一天中太阳出现又消失,可以很自然地表现为它死亡又复活的神话,把奥锡利斯看作太阳的作者还细心地指出,他们认为神话是指太阳一天的运行,而不是指太阳一年的运行。例如,里诺夫说奥锡利斯是太阳,但他承认提不出任何理由说埃及的太阳在冬天死去。但是,神话的主题如果是太阳每天的死亡,那么,为什么用周年的仪式纪念它呢?仅仅这一点似乎就使神话描写日出日落的解释难以成立。还有,固然可以说太阳每天死去,说它被撕成碎块又是什么意思呢?

我相信,在我们探讨的过程中,我们已经表明还有一个自然现象也和日出日落一样适合于死亡与复活的观念,事实上,民间习俗就是这样看待它、表现它的。这个自然现象就是植物每年的生长与衰谢。古代的普遍意见(虽然不是全体一致的意见)都以一种有力的理由把奥锡利斯的死亡解释为植物衰谢而不是日落。古人对于奥锡利斯、阿多尼斯、阿蒂斯、狄俄尼索斯和得墨忒耳的崇拜和神话,都可归属为基本上同一类型的不同宗教。古代对这个课题的意见太一致了,不能把它当作纯粹的幻想予以摒弃。奥锡利斯的仪式与贝鲁斯地方的阿多尼斯仪式非常相近:有一些贝鲁斯人自己就坚持认为悲悼的是奥锡利斯的死亡,而不是阿多尼斯的死亡。如果两个神的祭祀仪式不是类似到几乎不可分辨的程度,就一定不会有这种看法。希罗多德发现奥锡利斯的仪式与狄俄尼索斯的仪式那么相似,他觉得后者不可能是独立产生的,他觉得它们一定是希腊人新近从埃及人那里引借过来的,只略微做了一点改变。还有,普鲁塔克是一个眼光非常敏锐的比较宗教学者,他坚持奥锡利斯仪式的细节很像狄俄尼索斯仪式的细节。

第四十二章 奥锡利斯和太阳

这些都是在他们亲眼所见的范围内的事,在这样明摆着的事情上,我们是不能拒绝聪明可靠的目击的证据的。而他们对这两种崇拜的解释倒确是可以摒弃,因为宗教崇拜者的含意常常是大家讨论的问题,而仪式的类似之点都属于观察范围。所以,那些说奥锡利斯是太阳的人,只能要么认为古人对奥锡利斯、阿多尼斯、阿蒂斯、狄俄尼索斯和得墨忒耳等仪式的类似点的证明是错误的,予以抛弃,要么把所有这些仪式都说成是太阳崇拜。没有一个现代学者真正正视过这两者中的任何一种,也没有真正接受过其中的任何一种,如果接受前者,那就是认定我们对这些神的仪式比实行者或至少比目击者还知道得更清楚。如果接受后者,那就等于是对这些神话和仪式的曲解、支离、割裂、歪曲。连马克罗庇厄斯都不敢这样做。从另一方面看,所有这些仪式的实质都要模仿植物的死亡与苏醒,这种观点比较容易而又自然地对这些仪式分别地或综合地进行解释,这同古人提出的证明认为这些仪式实质上类似也是一致的。

第四十三章 狄俄尼索斯

在前面几章里我们看到古代西亚文明国家和埃及都把一年中季节的更替,特别是植物的生长与衰谢,描绘成神的生命中的事件,并且以哀悼与欢庆的戏剧性仪式交替地纪念神的悲痛的死亡和欢乐的复活。如果说这种纪念在形式上是戏剧性的,那么,它们实质上却是巫术性的。也就是说,根据巫术的交感原理,其意图是为了确保植物春天再生、动物繁殖,而这些都受到入冬的威胁。这种思想的认识和仪式,在古代绝不限于巴比伦、叙利亚、弗里吉亚和埃及等东方民族,也绝不只是酷爱梦想的东方宗教的神秘主义的特殊产物,而是为爱琴海沿岸和海上诸岛更富于想象、更具活泼气质的民族所共有。我们以及古代和现代的某些研究者,都没有必要假定这些西方民族从更古老的东方文化引用了神的死亡与复活的概念,同时也引用了其隆重的仪礼,把这一概念戏剧性地呈现在信奉者的面前。更可能是:我们在东西方宗教之间在这方面可以找到的相似的东西只不过是我们在习惯上(虽然并不正确)所谓的偶然的巧合,是相似的原因同样地作用于地区不同、国度不同但结构相似的人类头脑的产物。古希腊人没有必要远涉重洋到东方国家去了解一年四季变迁的情况,观察红玫瑰瞬息即逝的美,金色谷穗的短暂的光辉,紫葡萄的片刻的绚丽。

第四十三章 狄俄尼索斯

他们在自己美丽的国土上年复一年很自然地、满怀遗憾地看着夏天的葱郁繁茂逐渐进入冬令的衰谢凋枯,年复一年很自然地、满怀喜悦地欢呼春季新鲜生命的茁长。他们习惯于将自然力量拟人化,以想象的热烈色彩渲染关于自然的冷漠的抽象,以神秘幻想的绚丽帷布覆盖赤裸裸的现实,他们从一年四季变易的景象中为自己塑造出一系列男女神祇、精灵鬼怪,随着每年祸福的消长相应地欢欣喜悦、沮丧忧愁,并自然地反映于喜庆热闹、悲戚哀悼的各种宗教仪式之中。研究某些死亡后又复活的希腊神祇,会给我们提供一系列与阿多尼斯、阿蒂斯以及奥锡利斯悲伤形象相同的图画。下面且从狄俄尼索斯谈起。

酒神狄俄尼索斯或巴克科斯是我们最熟知的葡萄树以及葡萄酒的人格化。对他的狂热的崇奉,透过纵情的舞蹈、激动的音乐和极度的醉酒而表现出来。这似乎起源于色雷斯的野蛮氏族,因为这些氏族都是以嗜酒著名的。他们的神秘教义和奢靡仪式,对于希腊民族的聪明才智和清醒气质,基本上都是外来的东西。然而这种宗教对于热爱神秘并自然地倾向于复返原始状态的大多数人都很有吸引力,因此它就像野火似地很快传播于整个希腊,成为希腊民族诸神中最知名的神(虽然荷马未曾对他垂青)。有关他的故事和礼仪与奥锡利斯的故事和礼仪很相似。这就导致了古今学者认定狄俄尼索斯是变相的奥锡利斯,是直接从埃及输入希腊的。然而大量的证据都表明他起源于色雷斯。这两种崇奉之相似,可以从两者的思想和习俗的相似得到充分证明。

狄俄尼索斯的最大特征固然表现为葡萄树与繁茂的葡萄藤蔓,他同时也是一般的树木之神。我们听说几乎所有的希腊人都祀奉"树神狄俄尼索斯"。在维奥蒂亚,他的称号之一就是"树中的狄俄尼索斯"。他的形象通常总是一棵直立的木柱,没有手臂,身披外套,有一个满脸胡须的面具表示头部,头上和身上披覆着枝叶,以显示神的本性。花瓶上画着他的肖像,总是长在一株矮树或灌木上面。在米昂德①的麦格尼西亚地方,据说在一棵被风吹的悬铃木上发现过一尊狄俄尼索斯的肖像。他是培植树木的庇护神,人们祈求他保佑树木生长,种植人,主要是果农,特别敬奉他,把他的形象按天然树桩的姿态树立在果树园内。传说各种果树,特别是苹果树和无花果树,都是他发现的,人们常称他为"生长果实的"、"青绿果实的他"、"促使果实生长者"。他的称号之一是"繁衍"或"茁壮"(指树汁或花萼)。在阿提卡和阿哈伊亚的帕特雷,有一个名叫"多花的狄俄尼索斯"。雅典人向他祭祀祈求果实丰产。除葡萄树之外,专门奉献给他的树还有苍松和翠柏。德尔斐神谕叮嘱科林斯②人"当神一样地"敬奉一种松树。所以他们就用这种松树塑出狄俄尼索斯的两种形象,红色的面容和镀金的身躯。他或他的敬奉者手中常常拿着一种工艺精制的手杖,杖的一端是圆锥形的松木。常春藤和无花果树总是特别和他密切关联。在阿查纳的阿蒂克镇上,有一种狄俄尼索斯常春藤。拉色蒂蒙③地方有一种狄俄尼索斯无花果。纳克索斯岛上人们把无花果树叫作美丽奇奥(meilicha)④,那里有一个狄俄尼索斯·美

---

① 小亚细亚西南的一条河流,今名门德列斯,流入爱琴海。
② 科林斯是古希腊著名的奴隶制城邦。
③ 即斯巴达。
④ 古希腊语,意思是温柔的、和蔼可亲的、慈善祥和的。

第四十三章 狄俄尼索斯

丽奇奥,其形象是用无花果树木料雕刻出来的。

另外,还有一些迹象,虽然很少,却颇有意义。它们表现狄俄尼索斯被当作农业或谷物之神,表明狄俄尼索斯从事农耕,是第一个驾牛犁田者,在他之前犁田都是靠人力。有些学者通过这一传说找到了他之所以被敬奉他的人们想象为牛一样身形的原因。根据传说,狄俄尼索斯扶着犁头,撒播种子,减轻了农耕者的劳动。据说在色雷斯的一个氏族,比萨尔提亚人的土地上有一座很大、很壮观的狄俄尼索斯神殿,每逢狄俄尼索斯的节日,夜间,神殿里都会放出明亮的光辉,显示神狄俄尼索斯赐予的丰收。如果那年收成不佳,则那年节日期间夜里就没有这种光辉,神殿上空跟平常一样一片黑暗。狄俄尼索斯的徽志中有一个簸箕,像一只敞开的铲形大篮子,迄至现代农民仍然用它来盛装谷物。这种简单的农具形象地表现了狄俄尼索斯的神秘仪式。据说农家婴儿出世时总把狄俄尼索斯的神像放在簸箕里,好像放在摇篮里似的。他在艺术品上又被表现为睡在摇篮里的婴儿。在这些传说和艺术表现形态中他被称为"利克乃茨"(Liknites),即"簸箕里的他"的意思。

像其他植物神祇一样,狄俄尼索斯据信也横遭暴死,却又复活。有关他受罪、死亡和复活等情景都在祭祀他的神圣仪式中表演出来。诗人依努斯写过他的悲剧故事。宙斯变化为蛇形去看望珀耳塞福涅,后者为他生育了扎格柔斯,也就是狄俄尼索斯,是一个带角的婴儿。刚出生不久,这孩子就爬上他父亲宙斯的宝座,仿效伟神宙斯,用他的小手放出雷电。可是在宝座上时间不久，一次当他照镜子的时候，叛逆的泰坦诸神①手执利刃来谋杀他。那些泰坦神用白粉抹涂了颜面，变化成各种形态以躲避对他的攻击。他变作宙斯，变作克洛诺斯，又变作青年人、狮子、马和蛇。最后变作公牛，终于在攻击他的敌人的刀下被剁成碎块。据弗米库斯·马特努斯记述狄俄尼索斯在克里特岛上的神话，大致这样：传说狄俄尼索斯是克里特岛王朱庇特的私生子，朱庇特远赴海外，将王位和君权都交给了年幼的狄俄尼索斯。岛王知道妻子嫉妒这孩子，便将他托付给心腹卫士加以保护。岛王的妻子朱诺贿赂了卫士，用一种拨浪鼓似的玩具和巧制的镜子逗引这孩子进入预先埋伏的地方，由她的仆从泰坦人将他肢解，切成碎块，用香草煮烂吃掉了。孩子的姐姐密涅瓦参与了这一行动并保留了孩子的心脏，等朱庇特回来后拿给他看并向他陈述了这全部罪行。朱庇特十分愤怒，将泰坦人全部拷打致死，雕塑了孩子的肖像，把孩子的心脏放在偶像内，特为孩子建了一座殿宇留作纪念，借以宽慰丧子之痛。这种传说遵循神话即夸大了的史实的学说，把神话人物朱庇特和朱诺（即宙斯和赫拉）当成了克里特岛的国王和王后。传说里提到的卫士就是神话中的库里特人，他们环绕婴儿狄俄尼索斯跳着战舞，就像传说中讲的他们环绕婴儿宙斯跳着战舞一样。值得注意的是侬努斯和弗米库斯都记载过这种传说故事，都说到狄俄尼索斯在幼年时曾一度继承过他父亲宙斯的

---

① 泰坦诸神（Titans）是希腊神话中天神乌拉诺斯（Uranus）和地神该亚（Ge）的子女，为老一代神祇。他们推翻乌拉诺斯，立克洛诺斯（Cronus）为主。克洛诺斯之子宙斯（Zeus）又推翻克洛诺斯而自立，形成新的统治。提坦诸神群起反抗，终为宙斯所败。

第四十三章 狄俄尼索斯

王位。普罗克勒斯[1]也这样说过："狄俄尼索斯是宙斯指定的众神中最后的一位王。他父亲把他放在王位上，把王权节杖交给他掌握，使他成为众神之王。"这些传说表明了这样的习俗：暂时授予国王之子以王位尊严，以为代替其父王献祭的第一步。人们以为石榴是狄俄尼索斯的血溅出来后变成的，正像银莲花是阿多尼斯的血、紫罗兰是阿蒂斯的血变成的那样。所以妇女们在地母节不吃石榴。据某些人说，狄俄尼索斯被砍断的四肢，是由阿波罗埋葬于帕纳索斯[2]，经宙斯指令又拼复起来。狄俄尼索斯的墓就在德尔斐神殿内，阿波罗的金像旁边。据另一文献记载，狄俄尼索斯的墓在底比斯[3]，其尸体是碎的。但文献并未提到他的复活。可是有关他的神话的其他文字对这一点却有种种说法：有一种说法，把狄俄尼索斯说成为宙斯和得墨忒耳的儿子，是母亲把儿子的一块块碎裂尸体拼凑起来，使他又恢复了年轻的生命。其他各种说法只是简单地提到他被埋葬之后又复活了，进入天堂，也有说他受到致命的创伤躺在地上，是宙斯把他救活的，也有说宙斯吞下了狄俄尼索斯的心，后来又由塞墨勒把他重生出来。在一般的传说中，塞墨勒被说成为狄俄尼索斯的母亲；还有一种说法，说狄俄尼索斯的心被捣碎后放在汤药里给塞墨勒服下，于是怀孕生了他。

上面谈了各种神话传说，下面再谈一些宗教仪式。我们发现

---

[1] 普罗克勒斯（Proclus，约410－485），希腊哲学家，新柏拉图主义者，其观点对后世东西方的基督教神学影响很深。

[2] 帕纳索斯山，在希腊中部，古代是阿波罗与缪斯的圣地。

[3] 古代维奥蒂亚地区的主要城市，在希腊中东部。

克里特人每隔两年举行一次纪念狄俄尼索斯的节日活动,充分表现了对狄俄尼索斯的热情。他在生命垂危时的所作所为和遭受的苦难,都在敬奉他的人群眼前表演出来。敬奉的人群当场用牙撕裂一头活着的公牛,然后在树林中到处乱跑,疯狂地呼叫。有人捧着一个精制的盒子走在人群前面,据说盒子里盛的是狄俄尼索斯的神圣的心脏。人们合着杂乱的笛声与鼓钹声,模拟那曾诱致幼神受害的咔嗒咔嗒的声响,他们神话中所描述的狄俄尼索斯的情景亦被扮演出来,借着仪式定期重复演出,关于复活的普遍论据,或者至少是关于不朽的普遍论据,遂熟悉而深刻地印在信奉者的心灵上。普鲁塔克就是根据有关狄俄尼索斯的神话以及神迹剧中灵魂不灭的思想撰文安慰妻子不必因幼女夭亡而痛苦。另一关于狄俄尼索斯死亡和复活的神话,说他进入阴间救活他母亲塞墨勒。古希腊阿戈斯地方的传说则说他通过阿尔赛尼湖进入阴间。阿基夫①人每年都在该地纪念他从地狱复还人间(即复活),在湖边吹奏铜喇叭,召唤他魂兮归来。同时将一只羔羊投入湖中犒赏看守死者的鬼卒。这个节日是否就是春节,倒不一定。但是吕底亚人②确是每年春天都庆祝狄俄尼索斯的复生,认为神狄俄尼索斯偕同春天一起降临。人们相信植物神祇每年在阴间度过一定时间,所以很自然地认为它们是阴间或死者的神。对于狄俄尼索斯和奥锡利斯也都是这样认为的。

神话中的狄俄尼索斯的特性之一,是他具有动物的形象,尤

---

① 阿基夫人,即古希腊阿戈斯地方的人。
② 吕底亚在古代是小亚细亚的一个奴隶制国家。

第四十三章 狄俄尼索斯

其是公牛的形象,至少头上长着角。乍看之下,这似乎跟他作为植物之神的特性不大协调。譬如,人们说他是"母牛生的",是"公牛",是"像公牛一样的",是"长着公牛脸的",是"公牛眉毛的",是"公牛角的"、"长着牛角的"、"双牛角的"、"有角的"等等。人们相信他至少有时候是以公牛的形象出现的。他的形象常常被塑为公牛或长着公牛角,例如在基齐库斯①便是这样。他的画像也常常画着双角。现在古代文物中也有带角的狄俄尼索斯的形象。有一尊雕塑把他的形象刻画成披着公牛皮的人形,牛头牛角,牛蹄垂在背后。另外,他又被画成一个孩童,额上顶着一串串葡萄,有一只小牛的头,露着牛角,从后脑伸出来。一只花瓶上用红颜色画着他的形象:长着小牛头的孩子,坐在一个女人的膝上。谷奈塔②地方的人冬季举行狄俄尼索斯的节日纪念仪式,男人都以油涂身,从牛群中选出一头公牛牵到神的圣所。他们认为狄俄尼索斯会帮助选出最好的公牛,可能正是代表神本身的牛。因为大家都相信神的节日里神自己将变为公牛在这些场合出现。伊利斯的妇女欢呼他为公牛,祈求他的牛蹄走到她们那里去。她们唱道:"归来吧,狄俄尼索斯,回到您濒海的圣殿来,迈开您的四蹄飞奔吧!偕同三女神返回您的圣殿。啊,好公牛哟,好公牛!"色雷斯人纪念狄俄尼索斯的歌舞总要戴上牛角,模仿神的形象。根据神话,他是在公牛的形象下被泰坦诸神撕裂为碎块的。克里特人扮演狄俄尼索斯遇难死亡时,用牙把一头活公牛撕裂。看来撕裂

---

① 古代小亚细亚西北希腊的城市。
② 位于希腊的伯罗奔尼撒半岛中部阿卡迪亚地区的西北。

并吞食活牛和牛犊,确实是祭祀狄俄尼索斯仪礼中一种经常的做法。人们把狄俄尼索斯这位神画为公牛的形象或带有公牛的特征,并相信他在祭祀他的神圣仪礼上将以公牛的形象出现在敬奉者的眼前,而且传说他是在公牛的形象下被宰为碎块的。根据这些我们就可确信敬奉他的人们在祭祀他的节日里撕裂并吞食活牛,委实是以为在杀死他,吃他的肉,喝他的血。

狄俄尼索斯还化身为山羊。他有一个名字叫"小山羊"。雅典和赫尔米昂地方的人们敬奉他,称他为"披着黑山羊皮的神",有一个传说说他曾经披着黑山羊的皮显形,因而有此称号。在产酒的地区弗里乌斯,每当秋季,平原上仍然覆盖着厚厚的红黄色的葡萄树的枝叶。古时候这里立着一尊山羊的铜像,当地农民总是用金黄色的葡萄树叶把山羊铜像包盖起来,以求保护他们的葡萄不要很快地凋萎。那山羊铜像可能就是葡萄树神。狄俄尼索斯的父亲宙斯把他变成了小山羊,以躲避赫拉的盛怒。后来诸神为躲避泰丰而逃往埃及,就把狄俄尼索斯变为一只大山羊。因此,狄俄尼索斯的敬奉者生裂山羊并生食其肉的做法,一定是以为那就是吃神的肉、喝神的血。近代一些野蛮民族仍有撕裂野兽和活人并生食其肉的习俗,实际也都是一种宗教仪式。所以我们对于古人有关巴克科斯狂热的敬奉者遵行类似仪式的记述,不可当作无稽之谈而摒斥。

我们还将进一步详细谈论宰杀具有动物身形的神的习俗。这种习俗属于最早阶段的人类文化,到晚近时期很容易被误解。后来人类思想进步,倾向于削去古代动物和植物之神所披的动植物外形,只剩下它们被赋予的人的属性(关于动、植物神这一概念

第四十三章 狄俄尼索斯

的核心)作为最后仅有的遗迹。换言之,动植物之神日趋于纯粹的人格化。当他们完全或几乎完全人格化了的时候,他们同自己从中发展出来的那些当初曾是神的动物和植物,仍然保有模糊的和难以理解的关系。这些神和那些动植物之间的关系,其起源已经遗忘,人们虚构了各种传说试图加以说明。这些解释和说明可能都因袭了对于神圣的动物或植物的习惯的或特殊的论述。对于神圣的动物,除极个别情况外,一般都不宰杀。因此,相应地,就编选了神话来加以解释:关于不予宰杀的动物,总说该动物为神服了很多劳役。关于要宰杀的动物,则说该动物伤害了神。关于用山羊献祭狄俄尼索斯的理由,就是后一类神话很好的例子。据说,之所以要用山羊献祭,是因为山羊伤害了葡萄。我们已经知道,山羊本身是神的化身。一旦摒除了他的动物属性而人格化了以后,宰杀山羊祭祀他就不再看作是宰杀神本身,而是向神献祭了。既然需要说明为什么特别用山羊来祭神,就只好假说因为山羊损害了神最关心的葡萄,这是对山羊的一种惩罚。于是我们面前就出现了一种奇特的景象:宰杀一个神用来献祭这个神,因为他是他自己的敌人。由于神享用奉献给他的祭品,因而当祭品是神的旧我时,神享用的就是他自己的血肉。因此,山羊神狄俄尼索斯被说成是喝山羊生血的,而公牛神狄俄尼索斯也被叫作吃公牛的神。依此类推,我们可以猜想:如果那位神被说成是吃某一特殊动物的神,那么,这个动物原来就是这位神本身。下面我们还将看到有些野蛮民族祭祀已死的熊和鲸鱼时,就是用该死熊和鲸鱼身上的肉来做祭品的。

但是,所有这些都未能说明为什么一个植物之神竟以动物的形象出现。这一点且留待我们研究了得墨忒耳的特征和属性之后再来讨论较好。这里还要提一下:有些地方在狄俄尼索斯的祭祀仪式上,祭品不是用动物而是用活生生的人,然后再将这个人裂为碎块。这种做法主要是在希俄斯①和特内多斯②。在维奥蒂亚的波特尼亚地方,传说古时习俗是用一个小孩献祭宰杀山羊的狄俄尼索斯,后来才改用山羊来做祭品。在奥尔霍梅努斯,则是从古代皇族中献出妇女来做祭品。鉴于被宰的公牛或山羊是表示被杀的神,我们可以假定:献祭的祭品也是表示神本身的。

彭修斯和吕库古斯这两位国王之死,有这样的传说:他俩因反对狄俄尼索斯的祭祀仪式,一个被酒神的疯狂的信徒们撕裂成碎块,一个被马裂成碎块。古时习俗,把神圣的国王当作狄俄尼索斯来献祭,把他碎裂的尸体撒在地里肥沃土壤。上述传说像我在前面已经提出的那样,可能是对这种习俗的曲解。据说狄俄尼索斯在底比斯被撕裂为碎块,在这个同样的地方,国王彭透斯在酒神的疯狂信徒们手中也遭到同样的命运,这大概不仅仅是偶然巧合。

以活人献祭的传统有时可能是对把动物当作人来献祭的仪式的误解。例如,在特内多斯,用来向狄俄尼索斯献祭的初生牛犊都要给穿上高统靴,而对待母牛则像服侍产妇一样。在罗马,向维迪奥威斯献祭的母山羊也是当作人牺一样。然而,另一方面同样可能,甚至更加可能的是:这些奇特的祭祀,其本身就是从更

---

① 希腊的岛屿,位于爱琴海上,距土耳其西海岸不远。
② 爱琴海上土耳其的岛屿。

古老、更原始的以活人作祭品的做法演化而来的,而后来把献祭的动物当作活人一样献祭,则纯粹是善意仁慈的弄虚作假——只将不如活人那么宝贵的牺牲用来祀神。许许多多以动物代替活人献祭的真实事例证实了我们这种解释。

汉译世界学术名著丛书

金 枝
——巫术与宗教之研究

下 册

〔英〕J.G.弗雷泽 著

汪培基 徐育新 张泽石 译

汪培基 校

商务印书馆
The Commercial Press

目 录

（下册）

第四十四章	得墨忒耳与珀耳塞福涅	631
第四十五章	北欧的五谷娘娘和五谷闺女	641
第四十六章	许多国家都有五谷娘娘	661
第一节	美洲的五谷娘娘	661
第二节	东印度群岛的稻娘娘	663
第三节	谷精表现为人形	670
第四节	谷物的双重拟人化：是妈妈，又是女儿	672
第四十七章	里提尔西斯	678
第一节	谷物收割者的歌	678
第二节	杀死谷精	680
第三节	以活人祭祀谷物	689
第四节	以活人当谷精处死	698
第四十八章	谷精变化为动物	712
第一节	谷精变化为动物形象	712
第二节	谷精变化为狼或狗	713
第三节	谷精变化为公鸡	717
第四节	谷精变化为野兔	720
第五节	谷精变化为猫	721

第六节　谷精变化为山羊 …………………………… 722
　　第七节　谷精变化为公牛、母牛或阉牛 …………… 727
　　第八节　谷精变化为公马或母马 …………………… 731
　　第九节　谷精变化为公猪或母猪 …………………… 733
　　第十节　简论谷精化为动物形象的概念 …………… 737
第四十九章　古代植物之神的动物形象 ………………… 740
　　第一节　狄俄尼索斯、山羊和公牛 ………………… 740
　　第二节　得墨忒耳、猪和马 ………………………… 746
　　第三节　阿蒂斯、阿多尼斯和猪 …………………… 750
　　第四节　奥锡利斯、猪和公牛 ……………………… 752
　　第五节　维尔比厄斯和马 …………………………… 757
第五十章　神体圣餐 ……………………………………… 762
　　第一节　以新谷作圣餐 ……………………………… 762
　　第二节　阿兹台克人的圣餐习俗 …………………… 773
　　第三节　阿里奇亚的"曼尼" ………………………… 777
第五十一章　吃神肉是一种顺势巫术 …………………… 781
第五十二章　杀死神性动物 ……………………………… 788
　　第一节　杀死神雕 …………………………………… 788
　　第二节　杀死神羊 …………………………………… 790
　　第三节　杀死神蛇 …………………………………… 791
　　第四节　杀死神龟 …………………………………… 792
　　第五节　杀死神熊 …………………………………… 796
第五十三章　猎人抚慰野兽 ……………………………… 814
第五十四章　以动物为圣餐 ……………………………… 834

第一节	埃及人和阿伊努人的圣餐	834
第二节	带着神兽游行	839

第五十五章 转嫁灾祸 …… 844

第一节	将灾祸转嫁给无生命物体	844
第二节	将灾祸转嫁给动物	846
第三节	将灾祸转嫁给人	849
第四节	欧洲转嫁灾祸的习俗	851

第五十六章 公众驱邪 …… 856

第一节	无所不在的邪魔	856
第二节	随时驱邪	857
第三节	定期驱邪	862

第五十七章 公众的替罪者 …… 878

第一节	驱除有形的邪魔	878
第二节	随时以轻舟、人、畜送走邪魔	880
第三节	定期以轻舟、人、畜送走邪魔	884
第四节	替罪总论	895

第五十八章 古罗马、古希腊的替罪人 …… 900

第一节	古罗马的替罪人	900
第二节	古希腊的替罪人	901
第三节	古罗马的农神节	907

第五十九章 墨西哥的杀神风俗 …… 914

第六十章 天地之间 …… 921

第一节	不得触地	921
第二节	不得见到太阳	925

第三节	少女月经初潮时必须隔离	925
第四节	月经初潮必须隔离的理由	936

第六十一章 巴尔德尔的神话 ………………………………… 943

第六十二章 欧洲的篝火节 …………………………………… 946

第一节	一般的篝火节	946
第二节	四旬斋篝火	947
第三节	复活节篝火	953
第四节	贝尔坦篝火	957
第五节	仲夏节篝火	964
第六节	万圣夜篝火	978
第七节	仲冬节篝火	983
第八节	净火	986

第六十三章 篝火节的含义 …………………………………… 991

第一节	篝火节的一般含义	991
第二节	篝火节的含义——太阳说	993
第三节	篝火节的含义——净化说	999

第六十四章 在篝火中焚烧活人 ……………………………… 1004

第一节	在篝火中焚烧偶像	1004
第二节	在篝火中烧死人和动物	1006

第六十五章 巴尔德尔与槲寄生 ……………………………… 1016

第六十六章 民间故事中灵魂寄存于体外的观念 …………… 1029

第六十七章 民间习俗中灵魂寄存于体外的观念 …………… 1048

第一节	灵魂寄附于无生命的物体	1048
第二节	灵魂寄附于草木	1052

第三节　灵魂寄附于动物 …………………………… 1055
　第四节　死亡与复活的礼仪 ………………………… 1068
第六十八章　金枝 …………………………………………… 1082
第六十九章　告别内米 ……………………………………… 1098

索引 …………………………………………………………… 1104

第四十四章　得墨忒耳与珀耳塞福涅

希腊神祇的悲惨故事和祭祀仪式看来是反映植物的衰谢和复苏的。这并不只限于狄俄尼索斯一个神。这个古老的故事用另一种形式和不同的应用又出现在得墨忒耳与珀耳塞福涅的神话中。实质上,他们的神话和叙利亚的阿芙罗狄蒂(阿斯塔特)与阿多尼斯的神话、弗里吉亚的库柏勒和阿蒂斯的神话,以及埃及的伊希思与奥锡利斯的神话都是一样的。在希腊的神话里,跟在亚洲和埃及与它相对应的神话一样,一个女神哀悼她心爱的神的死亡,这个心爱的神是植物的化身,特别是冬死春生的五谷的化身,只不过东方人的想象把这位被爱的和死去的神表现为死去的爱人和死去的丈夫,受他情人或妻子的悲悼,而希腊人的幻想则把同样的观念体现在更温柔更纯洁的形式里,一个死去的女儿受他哀伤的母亲的悲悼。

讲述得墨忒耳与珀耳塞福涅神话的最古文献是美丽的荷马式的《得墨忒耳赞歌》,批评家认定它是公元前7世纪的作品。这首诗的目的是解释厄琉西斯秘仪的起源,诗人对雅典和雅典人一字不提,可是雅典人在其后好些世代里都明显地参加了这个节日。这可能是由于这首赞歌写于远古的时候,那时厄琉西斯还是一个独立的小城邦,它那平坦的田野,仅隔着一些小山群与满布橄榄树的雅典大平原为邻。然而在当时神秘仪式的庄严行列却还没有在晴朗的九月里列队越过这些光秃多石的小山群而踏入雅典的平原。尽管这样,这首赞歌向我们揭示了作者对两个女神的身份和职能所持的观念;她们自然的形态在诗歌意象的薄纱下显得相当突出。故事说,年轻的珀耳塞福涅正在青葱的草地上采集玫瑰花、百合花、番红花、紫罗兰、风信子以及水仙等花时,大地忽然裂开,冥王普路托从裂缝中出来,用金车把她带走,让她在阴暗的下界做他的新娘和皇后。她哀伤的母亲得墨忒耳穿着黑色的丧服,连金黄的头发也遮盖起来,走遍大陆和海洋寻找她的下落。她从太阳神那里知道了她女儿的命运,十分愤怒,离开了众神,来到厄琉西斯住下,忧伤地坐在"少女井"旁的一棵橄榄树的树荫下。当国王的女儿们用铜壶来这里给她们父亲家汲水时,她便在这些少女面前装成老妇的样子。这位女神为失去孩子生气,不许种子萌芽生长,只许藏在地下。她发誓说,除非把她丢失的女儿还给她,否则她再也不上奥林匹斯山,再也不让谷物生长。牛在田里来回地拉犁也是白拉,播种人撒在褐色田地里的种子也是白撒,干枯龟裂的土地上什么也不长,连厄琉西斯附近的拉里亚平原,过去一向翻滚着金黄庄稼的波浪,现在也光秃秃地失去了光泽。要不是宙斯发现了这情况,大惊之下命令普路托吐出他的猎获物,把他的新娘珀耳塞福涅还给她母亲得墨忒耳,人类就会饿死,神也就失去了他们应得的祭品。冷酷的冥王笑着服从了。但在他用金车把他的皇后送还阳间之前,他让她吃了一颗石榴籽,这就保证她还会回到他那里去。但宙斯规定今后珀耳塞福涅每年三分之二的时间和她母亲与众神在阳间度过,每年三分之

第四十四章 得墨忒耳与珀耳塞福涅

一的时间和她丈夫在阴间度过。每年大地春暖花开的时候,她就从阴间回来。于是女儿愉快地到阳光里来,母亲高兴地接待她,搂着她。得墨忒耳找回了失去的女儿,感到很愉快,她使谷物从犁过的土块中长出来,使整个宽广的大地盖满枝叶和花朵。她径直走到厄琉西斯的各个亲王那里,到特里卜托勒姆斯、悠莫卜斯、狄俄克勒斯那里,还到厄琉西斯国王本人那里,把这一片欢乐的景象描绘给他们看,还向他们显露了她的圣礼和神秘的仪式。诗人说,能见到这些事的凡人是有福的,但是,在世时没有参与过这些事的人,死后进了黑暗的坟墓,也不会快乐。后来两位女神来到奥林匹斯山上,幸福地与众神住在一起。诗人在结束赞歌时虔诚地向得墨忒耳和珀耳塞福涅祈祷,求她们报偿他所作的赞歌,赐给他一生的衣食。

大家都承认,实在也很少有人怀疑过,诗人创作这首赞歌时给自己定下的主题是要描写女神得墨忒耳所建立的厄琉西斯神秘仪式(Eleusinian mystery)的传统基础。全诗铺叙逐渐集中到转变了的景象:一片光秃秃的厄琉西斯平原由于女神的意志突然长出一大片茁壮的谷物,降福的女神带领着厄琉西斯的各位亲王,把她所做的成绩指点给他们看,把她的神秘仪式教给他们,然后和她女儿一起升天,再也看不见了。这篇作品以揭示神秘的仪式胜利结束。更仔细地研究一下这首诗,就肯定了这个结论,仔细研究后证明诗人不只是笼统地叙述了神秘仪式的基础,而且用多少有些隐晦的语言对某些特殊的仪式起源做了神话的解释。为此我们有很好的理由相信这些仪式正是构成这个庆典的主要特征。在诗人暗示为具有特殊意义的仪式中,包括了有:等候入教的人初步斋戒、火炬游行、通宵守夜、候补人打坐（蒙着脸，一声不响，坐在铺着羊皮的凳子上）、说粗野的话、开下流玩笑、参加圣餐礼、从圣餐杯里喝一口大麦水、庄严地与神灵相通。

但是，神秘仪式中另外还有一个更深的秘密，这首诗的作者似乎在他的叙述中隐约地揭露出来。他告诉我们，当她把厄琉西斯光秃的褐色大平原变成长着黄金谷粒的原野时，她立即让特里卜托勒姆斯和其他厄琉西斯亲王去看那生长着的或立在田里的谷子，叫他们见了高兴。我们拿这段故事和2世纪时的基督教作家希波里图斯所讲述的比较一下，希波里图斯说神秘仪式的核心正是要把一根割下的谷穗给新入教的人看一看。比较之后，我们就不能怀疑写赞歌的诗人对这个庄严的仪式是很熟悉的，他是有意要解释仪式的起源的，并且完全按照他解释神秘仪式中其他仪式的方法进行的，这就是把得墨忒耳说成树立了亲自举行仪式的榜样。这样，神话和仪式就能彼此说明，相互肯定。纪元前7世纪的诗人把这个神话告诉了我们（他如果泄露仪式，就算是渎犯神灵），基督教的作家则揭示了宗教仪式，他的揭示完全与古老诗人的隐晦暗示相一致。那么，总体说来，我们可以同许多现代学者一起，相信博学的基督教先辈、亚历山大的克莱门特①的话，他说，得墨忒耳和珀耳塞福涅的神话在厄琉西斯秘仪中是作为圣剧演出的。

但是，神话如果是作为古代希腊最有名、最隆重的宗教仪式

---

① 亚历山大的克莱门特（Clement of Alexandria，约150-250），一译亚历山大的克雷芒，人尊为圣徒，2-3世纪间最重要的基督徒教护教士。

第四十四章 得墨忒耳与珀耳塞福涅

的一部分（也许是主要的一部分）而表演出来，那么，我们也还要问一问，剥去后来给神话增添的部分之后，神话原来的核心究竟是什么呢？在后世看来，它被敬畏和神秘的光圈包围着从而美化了它的原形，而希腊文学和艺术的一部分最灿烂的光辉又使得这个神话更加光彩夺目。如果我们遵循这个问题上最古的权威所提出的暗示，也就是遵循荷马式的得墨忒耳赞歌的作者的话，这个谜语就不难解答：两个女神的形象，也许是母亲和女儿的形象，变成了谷物的化身。至少，这一点对女儿珀耳塞福涅来说是相当肯定的。一个女神，她每年有三个月在地下和死者待在一起（据神话的另一说法是半年），其余的时间又在地上和活人待在一起，她不在，大麦种子也藏在地下，田野光秃地空闲着；春天她回到世上来，谷物也从土里发芽，大地又盖满枝叶和花卉——这样一个女神绝不可能是别的，只能是植物的神话表现，特别是谷物的神话表现：五谷每年冬天有几个月埋在地下，每年春天又再复生，像从坟墓里出来一样，长出茎干，展开花叶。对珀耳塞福涅不可能有其他更合理的解释。如果神女是当年幼小谷物的化身，妈妈可不可以是头一年旧谷的化身——旧谷生新谷呢？对得墨忒耳若不采取这种解释，唯一其他的看法只好是认为她是大地的化身，谷物和所有其他植物都是从大地开阔的胸脯上生长出来的，因此把它们看成女儿都是相当恰当的。的确有些古代和现代的作者对得墨忒耳的本来面貌持这种看法，这也是一个可以合理坚持的看法。不过，荷马式的得墨忒耳赞歌的作者似乎拒绝这种看法，因为他不仅将得墨忒耳与拟人化的大地区别开来，而且把两者放在彼此尖锐对立的地位上。他说，是大地遵从宙斯的意图，讨好普路托,使水仙花生长,诱使珀耳塞福涅毁灭,这种花把年轻的女神引诱到青葱草地的深处,连救都无法救。这样说来,赞歌里的得墨忒耳就绝不是大地女神,倒应该把大地女神看作得墨忒耳最凶恶的敌人,因为由于她的奸狡诡计,她才失去她的女儿。但是,赞歌里的得墨忒耳如果不可能是大地的化身,唯一的另一种可能显然便是断定她是谷物的化身。

不少碑铭肯定了这个结论,因为在古代艺术中,得墨忒耳和珀耳塞福涅作为女谷神的特点都同样表现在她们头上戴的谷冠和她们手中拿的谷束上。而且,正是得墨忒耳首先向雅典人显示了谷物的秘密,并透过特里卜托勒姆斯为媒介,把这个有利的发现广为传播,她派遣特里卜托勒姆斯做巡回使者,把这个恩惠向全人类传播。在古代艺术作品中,特别在花瓶上的绘画中,经常表现他以这个身份和得墨忒耳在一起,他手里拿着谷束,坐在他的车上,这个车有时候长有翅膀,有时候由几条龙拉着,据说,他在空中飞驰的时候,就从这个车上向全世界播种。许多希腊城邦为了感谢这个无价的恩惠,长期不断地把他们收获的头批大麦小麦运到厄琉西斯去,作为感恩祭品献给得墨忒耳和珀耳塞福涅这两个女神,厄琉西斯还建有地下粮仓,储存着多得不得了的捐献。忒奥克里图斯①说,在科斯岛②上,在飘着香气的夏季,农民把头批收获送给得墨忒耳,因为是她使他们的谷场上堆满大麦,农村里

---

① 忒奥克里图斯(Theoritus,约前310—前250),一译忒俄克里托斯或狄奥克里塔,古希腊诗人,牧歌的创始人,其诗世称"田园诗",取材于真实生活,最富特色,影响极深远。

② 希腊的一个岛屿。

第四十四章 得墨忒耳与珀耳塞福涅

供奉的塑像手里拿着谷束和罂粟花。古人加给得墨忒耳的许多称号用最清楚的方式表明了她与谷物的密切联系。

对女谷神得墨忒耳的这种信仰,在古希腊人的心目中究竟孕育得多么深厚,可以由一个情况来判断:在古希腊人的基督徒后裔中,这种信仰在厄琉西斯的古老神殿上实实在在地一直保存到19世纪初。因为英国的旅行家多德威尔再次访问厄琉西斯的时候,当地居民曾向他哭诉丢失了一尊得墨忒耳的大塑像,这个塑像在1802年被克拉克拿走,送给了剑桥大学,至今还存在那里。多德威尔说:"我第一次去希腊的时候,这尊保护神正是盛享荣誉的时候,它立在一个打谷场的中央,周围是她神殿的废墟。村民深信他们丰富的收成是她赐福的结果,他们对我肯定地说,自从神像拿走后,再也没有丰收了。"这样说来,我们见到女谷神得墨忒耳在基督纪元的第19世纪,还站在厄琉西斯的打谷场上,向她的信徒布施谷物,正如她的塑像在忒奥克里图斯的时代站着向谷场上的信徒散播谷物一样。厄琉西斯的人们在19世纪把他们收获的减低归因于得墨忒耳塑像的丢失。古代的西西里人是崇拜这两个女谷神的农业民族,他们悲叹许多城镇的庄稼都毁了,是因为罗马统治者维里斯亵渎神灵,把得墨忒耳的塑像从她在亨那的著名神殿里拿走了。直到现在,希腊人还有这样一种信念,以为庄稼是靠得墨忒耳的存在和恩赐,她的塑像被拿走,庄稼就毁了。我们还能找到比这种信念更清楚地证明得墨忒耳确为女谷神的证据吗?

那么,总体来说,如果我们不管理论,只依靠古人自己对厄琉西斯仪式提供的证据,我们也许会同意古代考古学家中最有学识的罗马人瓦罗的见解。奥古斯丁转述他的意见说：他"把整个厄琉西斯秘仪都说成是与发现谷物的色列斯（得墨忒耳）有关，也与普洛塞耳皮那（珀耳塞福涅）有关，普路托把她从得墨忒耳那里带走了。他说，普洛塞耳皮那本身就标志着种子的增殖力，增殖力在某一时期内消失，大地就荒芜了，人们因而产生这样一种看法：因为色列斯的女儿，也就是增殖力本身，受到普路托的侮辱，被拘留在下界。人们公开悲悼过灾荒，当增殖力又一次回来的时候，大家高兴普洛塞耳皮那回来，因而举行庄严的仪式。"奥古斯丁继续转述瓦罗的话说："他说，自此以后，在她的神秘仪式里加了许多东西，都是指谷物的发现。"

至此为止，我大体上假定得墨忒耳和珀耳塞福涅的性质是一样的，神灵母亲和神灵女儿体现谷物的两个方面，即头年的谷种和当年成熟的谷穗，这种母亲和女儿本质一致的观点还为她们在希腊艺术中的肖像得到证明，她们的肖像常常十分相像，很难区分。得墨忒耳与珀耳塞福涅在艺术上的两种类型表现得这么近似，与下面的看法肯定是矛盾的，即认为两个女神在神话里体现两种东西，即大地和大地上生长的植物，它们彼此之间很不相同，极易区别。希腊艺术家如果接受对得墨忒耳和珀耳塞福涅的这种看法，他们一定能给两位女神找出表现她们之间的深刻区别的艺术类型。如果得墨忒耳并不体现大地，那么，她和她女儿一样，就是体现谷物的。难道这还有任何怀疑的理由吗？从荷马以来，人们通常都是用她的名字称呼谷物的。母亲和女儿本质是一致的，不仅她们的艺术类型极其近似提示了这一点，而且官方的称呼"两位女神"也提示了这一点。在厄琉西斯的大神殿里照例都

第四十四章 得墨忒耳与珀耳塞福涅

这样称呼,对她们各自的属性和称号并没有任何特别区分,好像她们各自的本身特点都几乎混合在单一的神灵本质中。

把这一证据作为整体来看,我们大致可以得出这样的结论:在普通希腊人的心里,这两个女神主要是谷物的化身,在这种观念的胚芽里我们无疑可以找到她们宗教的全部含义。但是,坚持这一点并不是否认在宗教发展的漫长过程中,崇高的道德和精神观念从这一原来简单的主干上发育茁长,开出比大麦花、小麦花更美的花朵。尤其重要的是,把种子埋在地下以便长出新的更高的生命,这种思想很容易提出一个和人类命运的对比,加强人们的希望,使人们感到对他来说坟墓是更光明的未知世界里更好更幸福的生活的开端。这种简单自然的思想似乎完全足以说明厄琉西斯的谷物女神与死亡的神秘及对幸福永生所抱希望之间的关系。古人中有一些具有丰富知识的作者偶尔提到信奉者从此便有幸福,这一点似乎证明古人把参加厄琉西斯秘仪看作开启天堂大门的钥匙。毫无疑问,我们很容易看出这种极高的希望赖以建立的逻辑基础是很脆弱的。但是要淹死的人一根草他也要去抓住,我们也就无需乎奇怪希腊人和我们自己一样,他们的前面有死亡,他们的心里有对生命的热爱,他们不会停顿下来,而要用一只精细的手去衡量一下,哪些论点是有助于人生不朽的前景的?哪些论点是有害的?这种对生命不朽的信念曾使圣保罗感到满意。当千万个数不清的基督教徒站在他们所热爱的人临终的床榻旁或挖好的墓穴旁的时候,这个信念也使得他们原本悲哀的心灵得到安慰,它对古代的异教徒同样也很有慰藉。过度的哀伤,愈烧愈弱的生命的烛火和一片不可知的黑暗前景,使异教徒们的头低低垂到了胸前,这时,对生命不朽的信念也给予了他们力量。希腊人特有的阳光和晴朗只在少数几个神话里被死亡的阴影和神秘所掩盖,得墨忒耳与珀耳塞福涅的神话就是这少数中的一个。然而,我们却不能诋毁这个神话,因为它的内涵毋宁是追溯着一些我们最熟悉的,然而却永远使我们感动的自然景象——是秋天的阴郁、晦暗和肃杀,是春天的清新、明媚和翠绿。

第四十五章　北欧的五谷娘娘和五谷闺女

W.曼哈德曾经提出这样一个论点：得墨忒耳这个名字的前一部分来自所谓克里特语 deai[大麦]这个词,因此得墨忒耳的意思恰好是"大麦娘娘"或"五谷娘娘"。这个词的词根在雅利安语系的不同语言中是用来表示不同的谷物。克里特既然是崇奉得墨忒耳的最古的地方之一,她的名字如果真是来源于克里特语,倒不足为奇。不过这个词的来源容易引起很大的异议,所以最妥当的办法是不要强调它。不管这方面的情况如何,我们却另外找到了能证实得墨忒耳是五谷娘娘的论据。希腊宗教中与她有关的谷物有两种,即大麦和小麦,这两种谷物中,大麦也许更有权利作为她最初的本质,因为它不只是荷马时代希腊人的主食,而且我们有理由相信在雅利安人种植的谷物中,大麦如果不是最早的,也是几种最早谷物中的一种。的确,古代印度人也和古希腊人一样,在宗教仪式中采用大麦,这一点提供了有力的根据,大麦种植的确是很古的,我们知道在欧洲石器时代的湖畔居民也种植大麦。

W.曼哈德从现代欧洲的民间风俗中搜集了大量与希腊的五谷娘娘或大麦娘娘相类似的例子,下面这些是一些典型实例。

在德国,谷物的拟人化是很常见的,叫作五谷娘娘。如在春天,谷物在风中飘动,农民说:"瞧,五谷娘娘来了!"或是说:"五谷娘娘在田里跑了!"或是说:"五谷娘娘正穿过谷子哩!"孩子们想到田里去摘矢车菊或罂粟花,人们叫他们不要去,因为五谷娘娘坐在谷子里,会把他们捉住。人们或按不同的庄稼称呼她黑麦娘娘、豌豆娘娘,并且拿黑麦娘娘、豌豆娘娘吓唬孩子,叫他们不要到黑麦、豌豆地里跑。人们还相信五谷娘娘能使庄稼生长。例如,在马格德堡①附近,有时人们说:"今年亚麻会长得不错,见到亚麻娘娘了!"在施蒂里亚②的一个村子里,五谷娘娘是一个女性偶像的形状,用最后一捆谷子做成的,穿白衣裳,据说午夜时在谷田里能见到她,她从谷田里过,使谷田增殖。但是,她如果对某个农民生气了,她就使他所有的谷子都枯萎掉。

五谷娘娘在收获的风俗中还扮演一个重要的角色。人们相信她是待在田里留下的最后一捆谷子里。割下最后一捆谷子时,她要么是给捉住了,要么是给赶跑了,不然就是给杀掉了。如果是第一种情况,人们高高兴兴地把最后一捆谷子带回家里,当作神物供奉。放在谷仓里,打谷时,谷神又再出现。在哈登的汉诺威尔地区,收庄稼的人围着最后一捆谷子站着,用棍子打它,为的是把五谷娘娘从里面赶出去。他们彼此喊道:"她就在那儿啦,快打她!当心,别让她抓着你了!"一直打到谷粒全部脱落,然后人们认为五谷娘娘被赶走了。在丹泽附近,割下最后一把谷子的人

---

① 德国的城市和港口。
② 奥地利东南部的一个省份。

用这把谷子做个小娃娃,这就叫五谷娘娘或老太婆,放在最后一辆车上运回家去。在霍尔斯坦,有些地方给最后一捆谷子穿上妇女的服装,称之为五谷娘娘,用最后一辆车带回家去,然后用水浸透。用水浸湿无疑是求雨的巫法。在施蒂里亚的布拉克地区,最后一捆谷子叫作五谷娘娘,让村里年纪最大的已婚妇女把它扎成一个妇女的样子,这些已婚妇女的年纪约在五十到五十五岁,从中剔出最好的谷穗,做成一个环冠,编上花,让村里最漂亮的姑娘戴在头上,到农民或绅士家里去,而五谷娘娘则被放在谷仓里以驱赶老鼠。在这一地区的另一些村子里,每当收获结束时,由两个男孩把五谷娘娘挑在杆子顶上走在戴谷冠的女孩的后面,一同上绅士家里去。绅士接下谷冠,把它挂在大厅里,把五谷娘娘放在一堆木头上,她成了收获晚餐和舞蹈的中心。然后把她挂在谷仓里,保留到第二年打谷的时候。打谷时打最后一下的人叫作五谷娘娘的儿子,人们把他和五谷娘娘捆在一起,打他,带他到村里游行。到了下一个星期日就把谷冠献给教堂,到了复活节前一天,谷冠上的谷粒由一个七岁的女孩子揉下来,把它撒在新谷当中。到了圣诞节就把谷冠上的谷草放在牲口槽里,使牲口兴旺。在这个例子里,把五谷娘娘身上的种子(谷冠是用五谷娘娘的谷穗做的)撒在新谷里,明显地表明五谷娘娘的增殖力;把谷草放在牲口槽里则表明她对动物生命的影响。在斯拉夫人中,最后一捆谷子也叫黑麦娘娘、小麦娘娘、燕麦娘娘、大麦娘娘等等,是根据庄稼来叫的。在加利西亚的塔诺地区,用最后的谷秆做的谷冠叫作小麦娘娘、黑麦娘娘或豌豆娘娘。把它戴在一个女孩的头上,一直戴到春天,然后将冠上的一些谷粒拌在谷种里。这个例子又表明了五谷娘娘的增殖力。在法国也一样,奥塞尔附近的地方把最后一捆谷子叫作小麦的娘娘、大麦的娘娘、黑麦的娘娘、燕麦的娘娘。这把谷子留在地里,随最后一辆车装回家去。然后,他们用它做一个偶像,穿上农民的衣服,戴一个环冠,围一条蓝色或白色的围巾,还在它胸前插一根树枝。人们称这个偶像为"色列斯"。晚上跳舞的时候,色列斯立在舞场中央,庄稼割得最快的人围着它跳舞,最漂亮的女孩做他的舞伴。跳完舞后堆起一堆柴禾。所有的女孩子都戴上花冠,她们把偶像的服饰脱去,把它撕碎放在柴堆上,把它装饰的花朵也都放上。然后,最先割完庄稼的女孩给柴堆点着了火,大家都求色列斯给一个好年成。这个例子里,正如曼哈德所观察到的,老风俗仍然未变,虽然色列斯这个名字有点村学究的味道。上布列塔尼①的农民总是把最后一捆谷束做成人形,但主人如已结婚,那就做两个,在大的一个里面还放一个小的,这叫作谷束娘娘。把它交给主人的妻子,她把它解开,并赏给酒钱。

有时候,最后一捆谷子不叫五谷娘娘,叫收获娘娘或大娘娘。在汉诺威②的奥斯纳布鲁克城,叫收获娘娘。是做成一个妇女形状,然后收庄稼的人围着跳舞。在威斯特伐利亚③,收黑麦时,最后一束绑上石头,特别重。他们用最后一辆车把它载回家去,称它为大娘娘,不过他们并不把它扎成任何形状。在埃尔富

---

① 在英伦海峡与法国比斯开湾之间的半岛,法国西北部的一个地区。
② 德国的地区。
③ 同上。

特①地区，把一束最沉重的谷子（倒不一定是最后一束）叫作大娘娘，用最后一辆车带回谷仓去，人们在玩笑声中一起把它拿下来。

又有的时候，最后一捆谷子叫作老奶奶，给它戴上花朵、绸带和一条妇女的围裙。在东普鲁士，收割黑麦和小麦的时候，收庄稼的人向捆最后一捆的妇女喊道："你在捆老奶奶哇！"在马格德堡附近，男仆和女仆都争夺叫"奶奶"的最后的谷子。谁争到它，谁就第二年结婚，但他或她的爱人将是年纪大的；如果是一个女孩得到了，她就和一个丧妻的男子结婚；如果是一个男子得到了，他就和一个老太婆结婚。在西里西亚，"老婆婆"——由割最后一捆谷子的人将三四捆扎成一大捆——过去总是大致扎成一个人形。在贝尔法斯特附近，最后一捆谷子有时叫作奶奶。它不是用一般的方法割下来的，所有收庄稼的人都用镰刀去割它，想把它砍下来。人们把它打辫子似地编好，保存到次年秋天。谁要得到它，谁就将在那年内结婚。

最后一捆常称作老太婆和老头子。在德国，它常常是妇女的形状和服饰，割这一捆或扎这一捆的人就算是"弄到老太婆了"。在施瓦本的阿尔蒂斯海姆，农场所有的谷子都已割完只剩一行的时候，所有收庄稼的人都在这一行前面站成一排，人人都赶快割自己的一份，谁割最后一刀，谁就"弄到老太婆了"。在堆谷垛子的时候，大家嘲笑弄到老太婆的人（老太婆是所有谷捆中最大最粗的一捆），他们对他喊道："他弄到老太婆了，一定要保住她。"有

---

① 德国的地区。

时捆最后一捆的妇女也被叫作老太婆，据说她次年就会结婚。在西普鲁士的纽撒斯，最后一捆谷子——穿上衣、戴帽子、扎绸带——和捆这一捆的妇女都称作老太婆。两个一起坐最后一辆车回家，都给淋透水。在德国北部的许多地方，收获时的最后一捆做成人形偶像，称作"老头子"，捆这一捆的妇女算是"弄到老头子了"。

在西普鲁士，在地里耙拢最后的黑麦时，成年妇女和女孩都加紧速度，因为她们谁也不愿做最后一个，弄到"老头子"，即用最后一捆黑麦做的偶像，最后完工的人必须在其他收庄稼者的前面抱着它。在西里西亚，最后一捆称作老太婆或老头子，成了开玩笑的主题。这捆特别大，有时还放块石头加重分量。在温德人中，收小麦时捆最后一捆的男子或妇女算是"弄到老头子了"。用这捆麦秸麦穗做成一个人形偶像，点缀上花朵。捆最后一捆的人必须把老头子背回去，这时，其余的人就开他玩笑，嘲弄他。偶像挂在农场房子里，保存到来年收获时再重新做一个老头子。

正如曼哈德所说的，上述风俗中的某些风俗，那个与最后一捆叫同一个名字，且在最后一辆车上坐在这捆旁边的人显然与这一捆的身份相同，他或她代表在最后一捆里捉住的谷神。换句话说，谷神有双重代表，一个人身代表，一个谷束代表。有一个风俗是把割或捆最后一捆的人卷在这捆里，这个风俗更明显地将人和谷束等同起来。如在西里西亚的赫姆斯道夫，照惯例是把捆最后一捆的妇女绑在这一捆上。在巴伐利亚的魏登，系在最后一捆的是割谷的人，不是捆谷的人。在这里，裹在谷子里的人代表谷神，

第四十五章 北欧的五谷娘娘和五谷闺女

恰好像裹在枝叶里的人代表树精一样。

称作老太婆的最后一捆,常常与其他谷捆的大小分量都不一样。如在西普鲁士的某些村子里,叫作老太婆的那一捆谷子有一般谷捆的两倍长、两倍粗,正当中还绑了一块石头。有时候重得一个人都拿不起。在撒姆兰的阿尔特—皮洛,常常把八九捆绑在一起,做一个老太婆,它的分量使立起他的人直埋怨。在萨克斯—科堡的伊萨格伦德,称作老太婆的最后一捆特别大,这是明明有意这么捆的,希望来年有个好收成。这样说起来,把最后一捆扎得又大又沉的风俗是一种交感巫术的巫法,以保证来年又多又重的收成。

在苏格兰,万圣节后割完最后的谷子,用它做一个女性偶像,有时把它叫作卡琳(carlin)或卡莱茵(carline),意即"老太婆"。但是,如果在万圣节前割下来,那就叫"闺女";如果是太阳落山后割下来的,就叫作"妖婆",是会令人倒霉的。苏格兰高地的人把收庄稼时最后割下的谷子或称作卡利契(Cailleach,即老太婆)或称作闺女。大体说来,前一个名字似乎流行在西部地区,后一名字流行在中部和东部。闺女,我们稍等一会儿再说,这里我们先说老太婆。细心的、掌握不少材料的研究者坎贝尔,他是蒂里的最远岛屿赫布里底岛上的牧师,下面是他对这个风俗的概括叙述:"收获老太婆(Cailleach)——收割时,人们都极力避免割到最后一个。在共耕制还存在的时候,留下最后一行不割的例子是大家都知道的(没有人愿意割它),就因为那是最后剩下的一行。大家是怕得到'农场的饥荒'(Gort a bhaile),其形状是一个想象中的老太婆,要把她喂养到来年收获的时候。大家都怕这个老太婆,结果引起许多竞争和笑话。最先做完的人用几根谷子做一个小娃娃,名叫'老婆子',他把它送给最邻近的人,这人又顺势地、不慌不忙地把它传给另外一个人,传到最后一个人手里,这最后一个人就得在那一年内保存它。"

在艾莱岛①,最后割下的谷子叫作老太婆,等收获期要做的事做完以后,人们就把它挂在墙上,到来年种庄稼开犁耕田之前,一直把它保存在那里。然后,人们把它取下来,在男人们第一天下地耕田的时候,家里的女主人就把它分给他们。他们把它放在口袋里,到了田里就把它给马吃。人们认为这就会保证来年有好收成,老太婆的真正目的就在于此。

据报道,威尔士也有这类做法。如在北彭布罗克郡,最后割的谷子6—12英时长,人们把它编起来,称之为巫婆(wrach)。过去一些古老奇怪的习俗中都常用它,许多现在还活着的人都还记得。收到最后一片稻田的时候,收庄稼的人更加激动。大家轮流向它挥镰刀,谁能把它砍掉,谁就能得到一瓶家酿的啤酒。于是赶紧做一个巫婆,拿到邻近的田庄去,那里收庄稼的人还正忙于收割。这件事情通常由一个农民做,但是他要非常细心,不能让邻人察觉他,因为他们要是看见他来了,对他干的事略有怀疑,他们就立刻把他赶回去。他偷偷地爬到一个篱笆后面,等待邻地收庄稼的领工的人正在他对面,容易够到的时候。这时,他突然把巫婆扔过篱笆,如果可能就扔到领工的人的镰刀上。这之后,他抽腿就跑,能跑多快就跑多快,他要是没有被抓住,没有被生气的

---

① 属英国。

第四十五章　北欧的五谷娘娘和五谷闺女

收获人向他扔来的镰刀砍上,那他就算是个有福气的人。在另外一些例子里,收庄稼的人中有一个人要把巫婆拿回农舍去。他尽可能地把它干着带回家去,不让人看见;如果农舍里的人怀疑他做的事,他们就会整他一顿。有时候,他们把他的衣服几乎扒光,有时候他们故意留心存上几桶几锅水,用这水把他淋湿。不过,如果他能够把干的巫婆拿进人家而没被发觉,农舍的主人就得付给他一点小小的罚款,或者"从墙边酒桶里"给他一罐啤酒。通常都认为这是最好的啤酒,拿巫婆的人也会要求这个啤酒。然后细心地把巫婆挂在大厅或别处的一个钉子上,全年保存在那里。把巫婆带回家挂起来的风俗在北彭布罗克郡的某些农庄里还保存着,不过刚才描写的古代仪式现在已经没有了。

在安特利姆郡,几年以前,在镰刀开始被收割机代替的时代,最后总留几根谷子在田里,把它编在一起,然后收获者蒙上眼睛,向编好的谷子挥镰割去,谁碰巧把它割下来了,谁就把它带回家去,放在门上面,这一把谷子叫作卡里——可能和卡琳是同一个词。

斯拉夫民族也遵行类似的习俗。如在波兰,最后一捆谷子通常称为巴巴(Baba),意即老太婆。据说:"最后一把谷子里坐着巴巴"。这把谷子本身也叫巴巴,有时是将十二小束谷子捆绑在一起做成的。在波希米亚某些地方,最后一捆谷子做成的巴巴形如妇女,戴一顶大草帽。用最后一辆收谷车带回家去,由两个女孩把它的花冠一起交给主人。妇女捆谷的时候生怕是最后一个,因为捆最后一把谷子的人来年会生孩子。有时候,收庄稼的人对捆最后一把谷子的人喊道:"她得到巴巴了!"或者喊道:"她是巴巴!"在克拉科夫地区,当某些人捆最后一把谷子的时候,人们说:"爷爷坐在里面呐!"某妇女捆最后一把谷子的时候,人们说:"巴巴坐在里面呐!"妇女连自己也包在谷捆里,只把头露在外面。这样装在谷捆里以后,人们把她放在最后一辆收获车里带回家去,全家都来把她用水淋湿。等跳完了舞以后才把她从谷捆里放出来。这一年里她都保有巴巴这个名字。

在立陶宛,最后一捆谷子名叫波巴(老太婆),与波兰名字巴巴是一致的。据说波巴是坐在最后留下的一片谷子里。捆最后一捆谷子或挖最后一个马铃薯的人都会被大大地嘲弄一番,得到老黑麦娘娘、老马铃薯娘娘的称号,并长期保持它。最后一把谷子——波巴——做成妇女形状,在最后一辆收谷车上庄严地带回村里,在农民家里浸透水后,人们轮流拿着它跳舞。

在俄罗斯也一样,最后一捆谷子常常做成妇女形状,为它穿上妇女服饰,带着它载歌载舞地回家去。保加利亚用最后一捆谷子做成一个娃娃,他们称之为五谷皇后或五谷娘娘,为它穿上妇女上衣,带着游村,然后扔到河里,以求来年庄稼有充分的雨露。或者是把它烧掉,把灰撒在田里,无疑是为了肥田。用皇后称呼最后一把谷子,在中欧北欧都有类似的情况。如在奥地利萨尔茨堡地区,收获完毕时举行盛大游行,游行中,年轻人用一辆小车拉着一个谷穗皇后(Ahrenkonigin)。收获皇后的风俗似乎在英格兰也曾经是普遍的。弥尔顿一定很熟悉它,因为他在《失乐园》里说:

亚当一直热切地等待着她回来,他选最好的花编成花冠,给她装饰头发和她那农村庄稼人的帽顶,正像收获者对他们的收获皇后一样。

这类习俗有时不在庄稼地里举行,而是在打谷场上举行。谷精在收获人割下成熟的谷粒时,逃走了,离开收割好的谷子,躲进谷仓里去,它躲在最后打的一把谷子里,在这里它要么被桐枷打死,要么逃到邻近农场区没有打的谷子里去。因此最后打的谷子称作五谷娘娘或老太婆。有时候打最后一桠枷的人被叫作老太婆,把他捆在最后一捆谷草里,或是在他背上拴一把谷草。不管是捆在谷草里或是背在背上,人们都把他装上车,在大家的笑闹中走过村子。在巴伐利亚的某些地区,图林根和其他地方,据说,打最后一把谷子的人得到了老太婆或老谷婆;人们把他捆在谷草上,领着他或用车装着他在村里游行,最后在粪堆上停下来,或是到还未打完谷的邻近农民的打谷场上去。在波兰,打谷时打最后一下的人叫作巴巴(老太婆),人们用谷子把他包起来,用车子拉着走过全村。有时候在立陶宛,不打最后一捆谷子,而把它扎成一个妇女的形状,带到没有打完谷的邻人的谷仓去。

在瑞典有些地方,一个陌生的妇女到了打谷场上,人们在她身上放一把桐枷,在她脖子上围一把谷子,在她头上放一顶谷冠,打谷的人喊道:"看这个五谷娘娘呀!"在这个例子里,人们把这个突然出现的妇女当作谷精,她是桐枷从谷秸里赶出来的。在另外一些例子里,主人的妻子代表谷精。如在萨利格尼(旺代)的农庄上,主人的妻子和最后一捆谷子都用一条被单捆起来,放在担架上,抬到打谷机旁,把它推到打谷机下面。然后把妇女抽出来,给谷捆脱粒,但是人们仍把妇女包在被子里抛掷,好像是把她当谷糠来簸。这种明显的用妇女摹仿打谷、簸谷,清楚地表现了妇女和五谷是等同的,不可能比这表现得更清楚了。

在这些习俗中,人们把成熟谷物的谷精看作岁数很大,至少也是成年。所以才有娘娘、奶奶、老太婆等名字。不过在另外一些例子中,人们则认为谷精很年轻。如在沃尔芬比特[①]附近的萨尔顿地方,割了黑麦之后,用一根绳子把三捆黑麦捆在一起,做一个偶像,谷穗当作头。这个偶像叫作闺女或五谷闺女。有时候人们把谷精看作一个孩子,镰刀割下去,把他和他母亲分开了。波兰有个风俗,人们对割下最后一把谷子的人喊道:"你把脐带割断了",这个风俗表明了把谷精当孩子的看法。在西普鲁士的某些地区,用最后一捆谷子做的草人叫作"杂种",人们把一个男孩捆在里面。捆最后一把谷子的妇女,就扮作五谷娘娘。有人对他说,她快要临盆了;她像分娩的妇女一样叫喊着,一个年老的妇女装作祖母模样,给她当接生婆。最后,一声叫喊,孩子生出来了,这时绑在谷捆里的男孩子就学婴儿一样哭泣喊叫。祖母在假婴儿身上围一个麻袋,像是包孩子的布片,人们高高兴兴地把他带到谷仓里去,以免他在露天里伤风。在德国北部另外一个地方,最后一捆谷子或最后一捆谷子做的草人,叫作"小孩"、"收获小孩"等等,他们向捆最后一捆谷子的妇女喊道:"你有了小孩啦!"

在苏格兰某些地方以及英格兰北部,庄稼地里最后割下的一把谷子叫作克恩(*kirn*),背这把谷子的人算是"赢得了克恩"。然

[①] 属德国。

第四十五章 北欧的五谷娘娘和五谷闺女

后,把它打扮成孩子玩的娃娃,名叫奶娃娃克恩、娃娃克恩或闺女。在贝里克郡直到19世纪中叶,收割者还热烈地争着割田里的最后一把谷子。他们在离它不远的地方围成一圈,轮流向谷子扔镰刀,能够砍下来的人就把它送给他心爱的姑娘。她用这把谷子做个克恩娃娃,给它穿上衣服,然后把娃娃拿到农舍去,挂在那里,直到第二年收获时新克恩娃娃代替了它的位置。在贝里克郡的斯波提斯伍德,收庄稼时割最后一捆谷子叫作"割皇后",几乎像"割克恩"一样常见。割的方式不是扔镰刀。一个收割者同意蒙上眼睛,他的同伴给他一把镰刀,让他转两圈或三圈,再叫他去割克恩。他摸着走,拿着镰在空中乱砍,逗得同伙们大笑,他割累了也没有割到,于是觉得没有希望,撒手不干,另外一个人蒙上眼睛,也照这样地做,依次一个一个地来,直到把克恩割下来了。一同割庄稼的伙伴们三次欢呼,把成功的收获者抛起来。在斯波提斯伍德,人们在室内举行克恩宴会,在谷仓举行舞会。专门有两个妇女年年做克恩娃娃或皇后装饰宴会和舞会的地方,这些农村的谷精偶像有许多都挂在一起。

在苏格兰高地的某些地方,在任何一个农场里收割者割下的最后一把谷子都叫作"闺女",盖尔语叫作"梅德丁布茵"(*Maidhdeanbuain*),意思是"收割的收获闺女"。有许多关于赢得闺女的迷信。如果是青年人得到了,他们认为这是个兆头,他或她下次收庄稼之前就会结婚。为了这个原因或其他一些原因,收庄稼的人彼此争夺,看谁得到"闺女",他们想出各种窍门,以求获得它。例如,有人常常留一把庄稼不割,用土盖起来,不让别的收割人看见,等到地里所有其他庄稼收完再说。好几个人玩过这套把戏,那就是谁最冷静，谁坚持得最久，谁就得到大家企望的锦标。闺女割下后，给扎上绸带，打扮成玩偶的样子，挂在农舍的墙上。在苏格兰北部，闺女要细心地保存到圣诞节早上，这时就把它分给牲口吃，"使它们全年都壮实"。在珀思郡的巴尔奎德附近，最后一把谷子由田里最年轻的姑娘割下来，大致做成一个小女娃娃的样子，穿上纸衣服，缀上绸带。女娃娃名叫"闺女"，保存在农舍里，一般是放在烟囱上面，要保存很长一个时候，有时要存到第二年新的闺女来后。本书作者1888年9月在巴尔奎德看到割闺女的仪式。一位女朋友告诉我，她还是年轻姑娘的时候，在珀思附近应收割人的邀请，割过好几次闺女。田里最后的一把庄稼名叫"闺女"，收获者把这把庄稼的上部攒住，让她去割。然后把这一把谷子扎起来，缀上绸带，挂在厨房墙壁上一个显著的地方，直到第二年拿进新闺女的时候。在这一带，把收获时的晚饭也叫"闺女"，吃收谷饭的时候，收庄稼的人都跳舞。

在丹巴登郡的盖尔洛河一带，1830年前后，有一些农场把田里最后的一把谷子叫作"闺女"。分成两份扎起来，然后让一个姑娘用镰去割，人们相信她会走运，不久就结婚。割下后，收庄稼的人在那里集合起来，把他们的镰刀抛向空中。闺女穿衣服，配以绸带，注明日期挂在厨房里靠屋顶的地方，在那里保存几年。有时候可以看见五个或六个闺女同时挂在钩子上。把谷饭称作克恩。在盖尔洛克河附近的另外一些农场上，最后一把谷子叫作闺女头，或直称头，扎得利利落落，有时缀上绸带，在厨房里挂一年后把谷粒喂家禽。

在亚伯丁郡，"收庄稼的人排起欢乐的队伍把最后割下的一把谷子或'闺女'带回家去。然后送给主妇,主妇把它装扮起来,保存到第一个母马生子的时候。这时取下闺女送给母马,作为它的头一次饲料。忽视了这一点就会对小马有不利的影响,对当季的所有农事也有灾难性的后果。"在亚伯丁郡东北部,一般把最后一捆谷子叫作克里阿克(*clyack*)。总是由在场最年轻的、穿着成年妇女服装的姑娘来割它。人们兴高采烈地把它带回家去,保存到圣诞节早上,然后把它给怀小马的母马吃,这是说农场有这样情况的时候,如果没有就给最老的受孕的牛。在别处,这捆谷子分给农场所有的母牛和小牛或全部的马和牛。在法夫郡,最后一把谷子叫作闺女,由一个年轻姑娘割下来,做成一个粗糙的娃娃形状,缀上绸带,用绸带把它挂在农场厨房的墙壁上,直到来年春天。在因弗内斯郡和萨瑟兰郡也都有割闺女的习俗。

把谷精称为新娘、燕麦新娘、小麦新娘,这是给它定了一个更成熟一些,但仍然很年轻的岁数,在德国有时对最后一捆谷子和绑这捆谷子的妇女都这么称呼。在摩拉维亚①的穆格里兹附近,收割小麦时总在田里留下一小块小麦。然后一位头戴穗冠、名叫小麦新娘的年轻姑娘在收获者的欢闹声中割下这剩下的一片。人们认为这一年内她会做新娘。在苏格兰的罗斯林和斯通黑文附近,最后割的一把谷子"叫作'新娘',放在壁炉台上,在数不清的谷穗下面系着一根绸条,腰上也系一根"。

这时候,谷物新娘这个名字的含义能更充分地表现植物,像新郎新娘一样,具有生殖能力。如在沃尔哈兹,燕麦男子和燕麦

---

① 捷克中部的一个地区。

妇女身上裹着麦草在收获宴会上跳舞。在南萨克森,燕麦新郎和燕麦新娘都出现在收获庆祝会上。燕麦新郎是一个完全包在燕麦杆里的男子,燕麦新娘是一个穿着妇女服装的男子,不包麦草。他们坐车到酒店里去,舞会就在那里举行。舞会开始时,跳舞的人轮流在燕麦新郎身上拔一把燕麦,新郎极力保护燕麦,最后他终于被拔尽、光光地站在那里,受到同伴的笑弄。在奥地利的西里西亚,收获完毕时,青年人举行"小麦新娘"的仪式。扎最后一捆小麦的妇女扮演小麦新娘,头上戴着麦穗和花卉编的收获冠。这样装扮好之后上车站在新郎的旁边,还有女傧相陪着,用两头牛拉着他们,完全仿效结婚仪式,拉到旅店里,在那里通宵跳舞。在这个季节稍晚一点的时候,还用同样的农村豪华气派纪念燕麦新娘的婚礼。在西里西亚的尼斯附近,一个燕麦王,一个燕麦后,穿得奇奇怪怪,像一对新婚夫妇,坐在耙上,让牛拉进村里。

在最后的例子里,谷精有两个体现形式,一个男性,一个女性。但是有时候谷精表现为两个女性,一老一少,如果我对得墨忒耳和珀耳塞福涅的解释不错,倒正与这两个神相吻合。我们已经说过,在苏格兰,特别是在讲盖尔语的居民中,最后割下的谷子有时称老太婆,有时称闺女。而苏格兰有些地方,在收获时又割老太婆(Cailleach),又割闺女。关于这个习俗的叙述很不清楚,也很不一致,不过一般的做法似乎是这样的:在收割时用割下的谷子又做闺女又做老太婆的地方,闺女是用田里留下的最后的谷秆做成的,照例由割下谷子的那块地的主人保存,老太婆则是用另外的谷秆做成的,有时是用最早割下的谷秆来做,照例是交给一个迟缓的农民——他在手脚快的邻居收完所有的谷子之后,还

第四十五章 北欧的五谷娘娘和五谷闺女

在收割。这样一来，每个农民保存他自己的闺女，作为年轻多产的谷精的化身，他尽可能快地把老太婆传给一个邻居，这位可敬的老太太在找到安身之地以前可能要走遍整个农庄。她最后定居在哪个农民家里，那个农民当然是那一带最后收完庄稼的人，因此，与众不同地去接待她，确实有些惹人讨厌。人们认为这个农民要走穷运，或者他要尽量在下一季度内"为镇上防荒作准备"。同样，我们还谈过，在彭布罗克郡，最后割下的谷子不叫闺女，而叫巫婆，人们迅速地把它传给一个还在田里干活的邻人，他接待这个不速之客真是高兴不起来。如果老太婆代表头一年的谷精的话，那么凡是它与一个闺女同在一起形成对比的地方，它可能就是代表头年的谷精的，那么它衰老的容貌自然不及它女儿的健美身躯那么诱惑人，到来年秋天时，它女儿也就成了金色谷粒的娘娘了。在打完谷子所遵循的某些风俗里，尤其是在把一个可恶的草人传给还在打谷的邻近农人的做法里，明显地表明同样的愿望：甩掉衰老的五谷娘娘，把它传给别人。

方才描写的这些收获风俗，与我们在前面考察过的春天风俗惊人地类似：(1)在春季风俗里，树精由树和人两者来代表，而在收获风俗里，则由最后一捆谷子代表，又由割它、捆它或给它脱粒的人来代表。人等于最后一捆谷子，这一点表现在：他和最后一捆谷子叫同一个名字，把他或她捆在最后一捆谷里。某些地方的规矩也表明了这一点：最后一捆谷子如果叫作娘娘，就由一个最老的已婚妇女把它扎成人形，如称为闺女，则由一个最年轻的妇女收割。在这些风俗里，谷精的人身代表的年纪与人们假定的谷精的年纪是一致的，正如墨西哥人促进玉米生长时用作祭品的人身,随着玉米的生长期而异。因为墨西哥的风俗也跟欧洲的风俗一样,人只是代表谷精,而不是献给谷精的祭品;(2)人们认为树精对植物、牲畜甚至妇女具有增殖的影响,人们也把这种影响力赋予谷精。例如相信谷精对植物的所谓增殖的影响是表现在这样的做法中:从最后一捆谷子里取出一些谷粒(谷精照例被认为在最后一捆谷子里),把它们撒在春天的新谷中或拌在谷种里。相信谷精对动物的增殖影响是表现在:把最后一捆谷子给怀孕的母马、怀孕的母牛,或给初次下地犁田的马吃。最后,相信谷精对妇女的增殖影响则表现在这样的风俗中:把谷子娘娘捆作孕妇的样子,交给主人的妻子。还表现在这样的信念中:扎最后一捆谷子的妇女次年会生孩子;也许还表现在得到最后一捆的人会立即结婚这样的观念里。

所以,很明显,这些春天风俗和收获风俗都出于同样的古代的思想方式,都是同属于原始异教风俗的组成部分。毫无疑问,我们的祖先在有史以前很久就已遵循这些风俗了。在它们原始仪式的许多特点中,我们应注意以下这些:

一、并没有另外分出一批人专门执行这些仪式,换句话说,没有祭司。如情况需要,任何人都可以举行这些仪式。

二、并没有另外划出一些地方来举行这些仪式,换句话说,没有神殿。如情况需要,任何地方都可以举行这种仪式。

三、人们认的是精灵,不是神:(a)精灵与神不同。它们的活动限于自然的某些部门。它们的名字是大家共有的,不是专门的。它们的属性是普遍的,不是独特的,换句话说,各类精灵没有一定数量,每一类的各个精灵彼此又都很类似,它们都没有明显

第四十五章 北欧的五谷娘娘和五谷闺女

不同的个性。关于它们的起源、生活、事迹和身份并无公认的传说流行；(b)另一方面，神与精灵不同，并不局限于自然的某些固定部门。不错，一般也有一个部门是它们掌管的特定领域；但是，它们并非严格地局限于这个部门之内；它们对自然和生命的许多其他领域也有致福或降灾的能力。而且，它们都有各自的或专门的名字，诸如得墨忒耳、珀耳塞福涅、狄俄尼索斯等等，它们各自的身份和历史都为流行的传说和艺术表现所固定下来。

四、这些仪式是巫术，而不是祈祷。换句话说，人们达到希求的目的，不是依靠牺牲、祈祷和赞美，以求得神灵的恩惠，而是依靠我已经说明过的那些仪式，人们认为通过这些仪式本身与仪式所要产生的效果之间的交感或相似关系就能影响自然进程。

根据这几点来衡量，欧洲农民的春季风俗和收获风俗应该算是原始的。因为没有划出一批专门的人来执行这些仪式，也没有划出专门的地方来举行这些仪式，任何人都可以举行这些仪式，主人或仆人，主妇或侍婢，男孩或女孩。举行仪式的地方也不是庙里，也不是教堂里，是在树林里或草地上，是在溪边，谷仓里，庄稼地里，茅屋里。人们认为仪式里自然是有超凡的东西存在，它们是精灵而不是神：它们的作用限于某些限定的自然部门里，它们的名字都是像大麦娘娘、老太婆、闺女这类一般的名字，而不是得墨忒耳、珀耳塞福涅、狄俄尼索斯这类的专有名称。它们的共同属性是清楚的，但它们个人的身份和历史并不是神话题材。他们作为类而存在，而不是作为个体而存在，每一类中的许多成员都是无法分辨的。例如，每个农场都有它自己的五谷娘娘，自己的"老太婆"或自己的闺女，但是每个五谷娘娘和其他的每个五谷娘娘都很相像,老太婆和闺女也是如此。最后,这些收获风俗同春季风俗一样,仪式都是巫术,不是祈祷。把五谷娘娘扔进河里为庄稼求雨求露,捆一个很重的老太婆,以求来年丰收,或把最后一捆谷子撒在春天的新庄稼里,用最后一捆喂牛,使它们兴旺——所有这些,都是证明。

第四十六章　许多国家都有五谷娘娘

第一节　美洲的五谷娘娘

把五谷看作母亲女神的并不只是古代和现代的欧洲民族。在世界的僻远地区,其他的农业民族也有同样的简单思想,他们也把它应用在大麦小麦之外的其他本地谷物上。欧洲有它的小麦娘娘和大麦娘娘,美洲就有它的玉米娘娘,东印度群岛就有它的大米娘娘。我现在要举例说明的就是这些植物的拟人化,先从美洲玉米的拟人化说起。

我们已经谈到过,在欧洲民族中常见这样一个风俗,把扎好的最后一捆谷秆,或最后一捆谷秆扎成的草人放在农舍里,从这次收获保存到下一次收获。毫无疑问,它的目的,或准确些说,它的根源,是用保存谷精的代表的办法以求全年保持谷精本身的生命和活动,庄稼就可以生长,收成就可以很好。无论怎样,古代秘鲁人所遵循的一种类似的风俗使得对这种风俗做上述解释是很可能的。一位西班牙的老历史家阿科斯塔对秘鲁的风俗这样描述过:"他们从田里取一些长得最好的玉米,放在他们的谷仓里,称之为皮鲁阿(Pirua),并举行某些仪式,一连看守三夜。他们把这些玉米放在他们最漂亮的衣服里,给玉米包好穿戴好之后,就对这个皮鲁阿礼拜,对它尊敬万分,说它是他们继承的玉米娘娘,还说用这种方法,玉米就能增长,就能保存。在这个月里(第六个月,相当于5月)他们举行一种祭礼,巫婆追问这个皮鲁阿,它有没有力量继续到第二年,如果它说没有,他们就把它带到田里烧掉(玉米就是从那里尽每个人的力量带回来的)。然后,他们再做一个皮鲁阿,举行同样的仪式,说他们已更新了它,要求玉米种子不要坏了,如果它说它有足够的力量持续得更久些,他们就把它保留到第二年。这种愚蠢无谓的风俗一直继续到今天。印第安人中做这种皮鲁阿是非常普遍的。"

这样描述这个风俗似乎有错误。也许秘鲁人崇拜的,他们当作玉米娘娘的,并不是谷仓(皮鲁阿),而是打扮好的一束玉米。我们从另外一个材料里了解到的秘鲁这个风俗证实了这一点。我们读到材料说,秘鲁人认为所有有用的植物之所以能够生活都是依靠一个使之生长的神灵。按照植物的不同名称,这些神灵被称为玉米娘娘(Zara-Mama)、昆诺阿藜①娘娘(Qainoa-mama)、古柯娘娘(Coca-mama)、土豆娘娘(axo-mama)。这些神灵娘娘的偶像各用玉米穗、昆诺阿藜和古柯树的叶子做成,它们穿上妇女的服装,受到礼拜。所以,玉米娘娘由玉米茎做成的偶像代表,完全穿上女装,印第安人认为,"作为娘娘,它有生产、繁殖许多玉米的能力"。所以,阿科斯塔可能误解了供给他材料的人,他们描写的娘娘并不是谷仓(皮鲁阿),而是披着华丽衣裳的玉米秆。秘鲁人的玉米娘娘和巴尔奎德的收获闺女一样,保存一年,使玉米能够靠它的力量生长繁殖。但是,怕它的精力不够支持到来年收获

---

① 相当于我国的藜,其子碾碎可食,秘鲁人把它当作谷物的一种。

的时候,所以人们在年内问它的感觉如何,如果它回答它感觉衰弱了,那就把它烧掉,重新做一个玉米娘娘,"为的是玉米不会绝种"。我们可以看到,这个例子有力地证实了我们已谈到的对定期和逢年过节杀主的风俗的解释。照规矩玉米娘娘可以活一年,一年就是人们合理地认为可以坚持不衰的时期,但是它一旦流露任何精力衰退的迹象,它就被处死,一个精力旺盛的新玉米娘娘代替它,以防靠它生存的玉米会枯萎衰谢。

第二节 东印度群岛的稻娘娘

读者如果对欧洲农民在某些时节里践行收获习俗的意义还怀有任何疑问,那么,对照一下东印度群岛的马来人和达雅克人在收获稻谷时所遵循的风俗,或许可以排除这些疑问。因为这两个东方民族并非与欧洲农民一样,他们还没有超出这些风俗起源时所达到的智力阶段,他们的理论和实践还是相结合的,在欧洲这些古怪仪式早已变成陈旧的事物,变成农民的娱乐和学者的哑谜,而对他们来说却还是活生生的现实,他们能够清楚地、如实地讲解它。所以,研究一下他们对大米的信念和做法会在一定程度上说明古代希腊和现代欧洲的谷物仪式的真正意义。

马来人和达雅克人关于稻谷所举行的全部仪式是以一个简单的观念为基础:稻谷是靠一个魂魄而生的,他们认为这个灵魂和人具有灵魂是一样的。他们用以解释稻谷的增殖、生长、衰谢和死亡等现象的原则,也就是他们用以解释人类相应现象的那些原则。他们认为植物纤维和人的身体一样有某种生命素，它对植物是十分独立自主的，它可以有一段时候完全脱离植物，不会有致命的影响，不过，它在外面逗留的时间如果超过某种限度，植物就会枯萎死亡。我们找不到更贴切的字来表示这种可以分离的生命要素，只好姑且称之为植物的魂魄。正如一般人所谓的组成人类魂魄的类似的可以分离的生命要素一样，一整套的谷物崇拜就建筑在这种理论上，或者说建筑在这种植物魂魄的神话上一样——都是在薄弱不稳的基础上矗立着上层建筑。

印度尼西亚人既然相信稻谷是依靠同人类魂魄一样的魂魄而生长，自然会用像对待同伴一样的敬意和关心来对待它。他们对待开花的稻秧像对待孕妇一样，他们在田里不放枪不高声吵闹，唯恐破坏了稻谷的魂魄，以致流产或不长米粒，也由于同样的理由，他们在稻田里从不说死尸和魔鬼。他们还用对孕妇有益的各种食物来喂养开花的稻谷，而谷穗正在形成的时候，就把它们当作婴儿，妇女到田里给它们喂米糊，好像它们是人类的婴儿。把受孕的植物比作受孕的妇女，把幼小的谷物比作幼小的孩子，就在这种自然明显的对比中可以找到希腊人关于五谷娘娘、五谷闺女、得墨忒耳和珀耳塞福涅的类似观念的起源。但是，如果连高声的笑闹都会使大米的怯弱娇嫩的魂魄吓得流产，那样就不难想象在收割时——这时人们不得不用镰刀把稻秆割下来——在这种危急的时候，必须事先想好各种办法，使不可少的外科收获手术尽可能地不那么突出、不那么痛苦。由此，割稻时专用一种特殊形状的刀子，这种刀子的刀刃藏在收获者的手里，不到最后的时刻不去惊动稻谷的魂魄，这时它还没有来得及感觉到痛苦，

第四十六章　许多国家都有五谷娘娘

它的头就被割下来了。收获者出于同样细心的动机在田里干活时采用一种特殊的语言,稻谷精是不会懂得这种语言的,所以它还没有警惕到、了解到出了什么事,稻子的头已经被稳妥地放在篮子里了。

在将稻谷这样人格化的印度尼西亚各民族中,我们可以举出婆罗洲的卡扬人或巴豪人作为典型。为了保留稻谷的易受惊恐的魂魄,卡扬人采取了许多办法。为了这个目的而采用的许多工具中有小梯子、刮铲、篮子,篮里放着钩子、荆棘和绳子。女祭司用刮铲把稻谷魂魄赶下小梯,进入篮子里,篮里的钩子、荆棘和绳子自然把它紧紧抓住,待把魂魄抓住锁起来之后,就送进谷仓里去了。有时候用一个竹制的盒子和网,也是这个用场。为了保证来年的好收成,不仅需要留住安全存在谷仓里的全部谷粒的魂魄,而且要对所有掉在地上被鹿、猿、猪吃掉因而失去魂魄的稻谷进行招魂、复魂。为了这个目的,祭司们发明了各种各样的工具。例如,有一种竹制的器皿,上面装有四个某种果木做的钩子,用这些钩子可以把失去的稻谷魂魄钩回到器皿里来,然后把它挂在屋里。有时候,用某种果树木头雕两只手,用途也是一样。卡扬人的主妇每次从谷仓里取来作为家用的时候,都必须祈求稻谷的魂魄,唯恐他们对夺走他们的生存物生气。

缅甸的克伦人敏锐地感到要使庄稼兴盛同样需要保住稻谷的魂魄。某块稻田长得不好的时候,他们认为稻谷的魂魄(基拉)是因某种原因羁留在稻谷的外面了。如果魂魄召不回来,庄稼就完了!下面这个仪式是用来召唤大米的基拉(魂魄):"回来呀,稻谷基拉,回来呀!回到田里来呀!回到米里来呀!带着雌雄的种子回来呀！从荷河回来呀！从柯河回来呀！从两条河汇合的地方回来呀！从西边回来呀，从东边回来！从鸟的喉咙里回来、从猴子的胃里回来！从大象的嗓子里回来、从河的源泉和河口里回来、从掸人和缅甸人的家乡里回来呀！从辽远的国度里回来、从所有的谷仓里回来、哦，稻谷基拉，回到米里来吧！"

欧洲农民的五谷娘娘与苏门答腊的米南卡保人的稻谷娘娘正好是一对。米南卡保人确认稻谷有一个魂魄，有时主张用通常办法舂米比碾米场碾的大米好吃，因为在碾米场里大米的身躯磨损很大，魂魄都从里面跑了。他们和爪哇人一样，认为大米特别受一个女精灵守护，她叫萨宁·萨里，人们认为她和稻谷这种植物联系得那么密切，所以稻谷常常也叫萨宁·萨里，正如罗马人一样，谷物就叫色列斯。萨宁·萨里特别由某些谷秆或谷粒来代表，名叫因多阿·巴迪（indoea padi），照字面的意义，就是"稻谷娘娘"，守护它的精灵常常也叫这个名字。这个所谓的稻谷娘娘常常是许多仪式的起因，举行仪式的时间是大米种植和收获的时候，还有稻谷存放在谷仓里的时候。稻种撒在秧田里或秧床上，按照水稻培植的方法，让它先长出秧苗，然后移植到田里去。这时选出最好的种子做稻谷娘娘，撒在秧田的正当中，一般的种子撒在它们周围。人们认为大米娘娘的情况对大米的生长具有最大的影响，如果它衰谢凋残了，结果庄稼就很糟糕。在秧田里播种大米娘娘的妇女，披头散发，然后洗澡，算是保证丰收的一种方法。到了从秧田里把稻秧移种到田里的时候，特别把稻谷娘娘安插在一块地方，或插在田的中央，或在田的一角，并且祷告及念咒语如下："萨宁·萨里，但愿每根稻穗上，都长许多稻米，每一棵稻

第四十六章　许多国家都有五谷娘娘

秸上长一篮子稻米；但愿雷电和过客都不会吓住你！太阳使你快乐，暴风雨中你也平安，愿雨水来给你洗脸！"当稻秧生长时，作为稻谷娘娘看待的那些秧就不容易看出来了，但是在收获之前又找到另外一个稻谷娘娘。庄稼成熟待割的时候，由家中年纪最长的妇女或一个巫师出去寻找稻谷娘娘。微风吹过，最先弯下去的那一棵就是稻谷娘娘，人们把它捆起来，但不急于割它，先要把田里的头批收获拿回家来，供给全家和亲友宴会，甚至还包括家里养的牲口，因为萨宁·萨里愿意让牲口也吃一些她的好礼物。宴会时，一些穿得很华丽的人把五谷娘娘取回家里来，他们细心地打着伞，用一个收拾得干干净净的袋子把它装回仓里，放在仓的正中央。人人都认为她照顾仓里的大米，甚至使之增多，这也不是少见的事。

西里伯斯中部的托莫里族要种稻米的时候，他们在田里埋一些蒟酱，献给使稻谷生长的精灵。在这块地方周围种植的稻秧在收获时最后收割。收割开始的时候，把这块地方的稻秆扎成一捆，称之为"稻谷的娘娘"（因诺·巴）并在它们面前摆上大米、家禽的肝、蛋等祭品。田里所有其他的稻谷收完了之后才割下"稻谷娘娘"，举行应有的礼仪，把他带回到米仓去，放在地上，所有其他的谷捆都堆在上面。我们了解到，托莫里人把稻谷娘娘看作献给谷精欧蒙嘎的特殊祭品，欧蒙嘎住在月亮里。如果对这个精灵没有怀着应有的敬意，例如到仓里取米的人穿得不像样子，它就会生气，惩罚胆敢冒犯它的人，吃掉仓里的稻米，数量比人们奉献的数量还多一倍。有些人还听见它咽谷时嘴咬动的声音。另一方面，西里伯斯中部的托拉杰人收获时也遵循稻谷娘娘的风俗，他们认为它是全部收获物的真正的娘娘,所以细心地保存这个风俗,唯恐它走了,谷仓里存的米会化掉和消失。

还有,例如在苏格兰年老的谷精和年轻的谷精分别由一个老太婆(Cailleach)和一个闺女代表,我们发现在马来半岛也是如此,稻谷娘娘和她的孩子由田里不同的谷捆或穗把子代表。斯基特先生于1897年1月28日在雪兰莪的乔多地方亲眼看见收割稻谷魂魄并将它带回家的仪式。充当稻谷魂魄娘娘的那捆(或那把)稻子是事先按稻穗记号形状找好并核实了的,一个年长的女巫郑重其事地从这捆稻子里割下一小把(七根)稻穗,将它们涂上油,用配好色的彩线将它们缠起来,用香烟熏过,包上白布,把它们放在一个小的椭圆形的篮子里。这七根稻穗是幼小的稻米灵魂,小篮子是它的摇篮。另一妇女将它拿回农民家里,打一把伞为娇嫩的婴儿遮住太阳的热光。到家之后,全家的妇女都迎接稻米孩子,把摇篮等物放在一张新的睡席上,头下垫个枕头。这时,农民的妻子要认真遵守三天禁忌,禁忌的规矩与真正生了孩子三天内所履行的禁忌在许多方面是一样的。对新生的稻谷孩子所给予的这种耐心照顾自然多少会延及它的父母,也就是从中抽出这孩子身体的那捆谷子。在稻米魂魄带回家、放在床上之后,这捆稻子还留在田里,当作新生孩子的妈妈看待:把树上的嫩芽捣碎,每晚四处撒开,一连撒三天,三天期满,就把椰子和一种叫作"山羊花"的植物捣成浆,搅拌在一起,和点糖一起吃掉,再把这种混合物吐一些在稻子当中。真正生孩子也是这样,用杰克果、玫瑰苹果和某种香蕉的嫩芽、嫩椰子的稀浆和干鱼、盐、酸、虾酱等美味调在一起,做成一道凉杂拌,给妈妈和孩子连吃三天。最后一捆

第四十六章　许多国家都有五谷娘娘

稻子是由农民的妻子收割的,她把它带回家里,脱粒后和稻谷魂魄混在一起。然后农民拿着稻谷魂魄、篮子和最后一捆的稻谷一起存放在马来人用的又大又圆的米箱里。有一些稻米魂的谷粒和来年要播的种子拌在一起。我们可以看到马来半岛的这些稻谷娘娘和稻谷孩子正与古代希腊的得墨忒耳和珀耳塞福涅相对应,在某种意义上也正是她们的原型。

还有,欧洲用新娘、新郎的重叠形式来代表谷精的风俗与爪哇收割稻子时举行的仪式是相近的。收获者开始收割稻子之前,祭司或巫师选出一些稻穗,捆在一起,涂上油,戴上花。装扮后的稻穗叫作珀迪澎根顿,意即稻谷新娘和稻谷新郎,然后举行婚礼宴会,紧接着就收割稻子。这之后,稻子收进来,仓里拨出一块地方做新房,设置一块新席、一盏灯和各种盥洗用具。代表婚礼客人的稻捆放在稻米新娘和稻米新郎的旁边。把这些都办完之后全部庄稼才入仓。入仓后的头四十天,不许人进仓里去,以防打扰新婚夫妇。

在巴厘和龙目两个岛上,当收割期来的时候,田地的主人亲手收割"主要的稻谷",捆成两捆,每一捆都是一百零八根带叶子的稻穗。一捆代表一个男子,另一捆代表一个妇女,称他们为"夫妻",男谷捆用线缠起来,所有的叶子都不露在外面,女谷捆的叶子则弯过来,捆成一把妇女头发的样子。有时候为了进一步区别,女谷捆身上还围有一根稻草编的项链。从田里把稻谷收回家的时候,代表丈夫和妻子的那两捆由一个妇女顶在头上拿回去,最后入仓。在仓里把它们放在一个小架子上或一张稻秆编的垫子上。我们看到材料说:这整个安排的目的是要使仓里的稻谷增多,所有者就可以得到比他放进去的还多。所以巴厘人把丈夫妻子这两捆稻谷送进仓的时候,他们说:"愿你增长,不断增长。"当仓里的稻谷全部用完,代表丈夫和妻子的两捆留在空仓里,它们终于逐渐消失,或被老鼠吃掉。有时候,饥饿迫使一些人吃掉这两捆稻谷,但是这些可怜家伙为同伴所憎恶,骂他们是猪是狗。谁也不肯把这两捆圣物跟它们的凡俗同类一起卖掉。

用一个男性神灵和一个女性神灵使稻谷增产的观念在上缅甸的系族人中也有表现。当稻谷,亦即带壳的大米,已经干了,堆好要脱粒的时候,全家所有的朋友都请到打谷场上,摆出酒食。谷堆分作两起,一半铺开脱粒,另一半堆放着不动。酒食放在谷堆上,一位长老对"稻米的父亲母亲"祈求来年丰产,求种子能增加许多倍。然后,大家吃喝玩乐。这种打谷场上的仪式是这些人召唤"稻米的父亲母亲"唯一的场合。

第三节　谷精表现为人形

承认欧洲人的五谷娘娘和五谷闺女等习俗是以植物形式表现五谷有生命的精灵,这种理论从世界其他地区民族的例证中也获得充分证实。因为那些地区民族的智力发展落后于欧洲民族,他们还保留了遵行那些庄稼人仪式原来动机的强烈意识,而对于我们,这已经降为毫无意义的残余意识了。读者也许记得,根据曼哈德的理论(我在这里还要阐述他的理论),谷精不仅表现为植物形式,而且表现为人身形式。割最后一捆的人或是脱粒时打最后一下的人,都算是谷精的临时化身,仿佛他本人就是他割的或

第四十六章 许多国家都有五谷娘娘

他打的那一捆谷子一样。而现在从欧洲以外许许多多民族风俗中所引的例子里,谷精只是以植物形式出现。所以还须要证明欧洲农民以外其他种族也认为谷精托身于或表现为活的男人和妇女。我可以提醒读者一下,这种证据与本书主旨有密切关系:以人本身代表植物生命或植物的精灵这样的实例我们找到的愈多,那就愈容易把内米的林中之王归为它们一类。

北美洲的曼丹人和明纳塔里人有一个春天的节日,他们称它为妇女的五谷魔法节。他们认为某一个"永生的老太婆"使谷物生长,并且她是住在南方,每年春天派遣水边的候鸟作为她的表征或代表。每种鸟代表印第安人种植的一种谷物:雁代表玉米,野天鹅代表葫芦,野鸭代表豆子。所以老太婆的报信鸟在春天来到的时候,印第安人就举行妇女谷物魔法节。人们搭起架子来,挂上干肉和其他东西,算是给老太婆的祭品,全族年老妇女充当"永生的老太婆"的代表,于某日集会在架子面前,每人手里拿一根棍子,棍上系一个玉米。她们先把棍子插在地上,然后围着架子跳舞,最后又拿起棍子靠在手背上。同时年老的男人打鼓、摇响铃,作为年老妇女表演的音乐伴奏。接着是年轻妇女出来把干肉放在年老妇女的嘴里,老妇给她们每人一粒神圣的玉米吃,作为回敬。年轻妇女的盘子里还放上三四粒神圣的玉米,以后留心将它们拌在玉米种里,这几粒玉米能使玉米种子增殖。挂在架上的干肉属于年老妇女,因为她们代表"永生的老太婆"。在秋天也有一个类似谷物魔法节,目的是要吸引野牛群,求得肉类供应。这时候,每个妇女手臂上都挽着一根拔起的玉米。他们用"永生的老太婆"这个名字称呼玉米,又称呼他们认为是大地果实的象征的鸟群,在秋天他们向它们祈祷:"妈妈呵,可怜我们吧!不要把冷天这么早就送给我们,恐怕我们没有足够的肉。别让所有的猎物都走了,让我们冬天有点吃的吧!"在秋天候鸟南飞的时候,印第安人认为它们是回家,到老太婆那里去,并把挂在架子上的祭品,特别是干肉带给她,她是吃干肉的。那么,在这个例子里,我们见到人们认为谷精或谷神是一个老太婆,并由年老妇女为人身代表,她们以代表的身份至少得到一些本意要给老太婆的祭品。

印度有些地方,收获女神戈里,既由未婚的姑娘代表,又由一束野水仙花代表,这束花做成妇女的形状,戴着首饰。女神的人身和植物的代表,都受到崇拜,整个仪式的意图似乎是要保证稻谷有好收成。

第四节 谷物的双重拟人化:是妈妈,又是女儿

德国的五谷娘娘、苏格兰的收获闺女、希腊的得墨忒耳和珀耳塞福涅是宗教成长的晚期产物,不过,希腊人是雅利安民族的成员,在某个时期想必也遵行过如同凯尔特人、条顿人和斯拉夫人遵行过的那些收获风俗,而且这些风俗远远超出了雅利安人的世界。秘鲁的印第安人和东印度群岛的许多民族都遵循这些风俗——这就足以证明这些风俗所依据的观念并不限于某一个民族,而是所有未开化的农业民族都自然会产生的。所以,得墨忒耳和珀耳塞福涅这两个希腊神话里庄严美丽的形象,也许就是从

第四十六章　许多国家都有五谷娘娘

现代欧洲农民还流行的那些简单信念和遵循的风俗中衍生出来的,也许早在菲狄亚斯①和普拉克西特利斯②两位大师用青铜和大理石雕刻出她们栩栩如生的形象之前,就在许多庄稼地里用黄谷秆做成粗糙的偶像来表现她们了。这种古时的遗迹——也可以说是一点庄稼地的气息——还最后保存在一般称珀耳塞福涅为闺女柯尔(Kore)这个称号里。所以,如说得墨忒耳的原型是德国的五谷娘娘,珀耳塞福涅的原型就是收获闺女,那么,年年秋天,巴尔奎德山区的地里至今还在用最后一捆谷子做出这种收获闺女。的确,如果我们对古代希腊农民了解得多一些,我们也许还会发现,甚至早在古典时代,希腊农民就已经每年在庄稼地里用成熟的谷物做他们的五谷娘娘(得墨忒耳)和闺女(珀耳塞福涅)了。但是,不幸的是,我们所知道的得墨忒耳和珀耳塞福涅都已在城市中落籍,堂堂皇皇地住在大殿里,古代文人雅士们所着眼的就是这种神,农民在谷堆中所举行的粗鄙仪式他们是不屑一顾的。即使他们注意到了,他们也没有梦想到在那满是阳光、割过庄稼的地里所立起的谷秆偶像与阴凉庙堂里竖立的大理石神像有任何联系。不过,这些生长于城市的有文化的人的著作,还是让我们偶尔瞥见类似德国偏僻农村所展示的最粗糙的得墨忒耳。例如,有一个故事说伊辛和得墨忒耳在犁过三遍的田地里生了一个孩子普鲁图斯("财富"、"丰盛"),这个孩子可以和普鲁士人在

---

① 菲狄亚斯(Phidias,前5世纪),古希腊雕塑家、建筑艺术家,创立了理想主义的古典风格,希人公认为造型艺术的一代宗师。

② 普拉克西特利斯(Praxiteles,一译蒲拉克西蒂利,前4世纪),雅典雕刻家,希腊最有创造性的艺术家之一。

收获地里假装生孩子的风俗相对照。在这个普鲁士风俗里,装扮的妈妈代表五谷娘娘(Zytniamatka),装扮的孩子代表五谷婴儿。全部仪式都是为保证来年的收成的巫术。风俗和神话都表明一个古老的做法:在春天发芽的庄稼中,在秋天割去庄稼的谷根中进行真正或摹拟的生育动作。我们已经说过,原始人常用这种办法企图将自己旺盛的生命力灌输给精疲力竭的大自然。等我们说到农神的另一方面时还将进一步谈谈:在已经迈向文明的得墨忒耳的崇拜里,其实隐藏着原始的、古老的心智。

读者可能已经看出,在现代的民间风俗中,一般都是或者由一个五谷娘娘(老太婆等等)来代表谷精,或者由一个闺女(收获孩子等等)代表谷精,并没有同时由五谷娘娘和闺女来代表谷精的,那么,希腊人为什么用母亲和女儿来代表谷精呢?

在布列塔尼地区①的风俗中,妈妈谷捆——用最后一捆谷子做成的大草人,里面放着一个小谷捆的偶像——显然是表示五谷娘娘和五谷女儿,后者还没有生下来。又如方才提到的普鲁士的风俗,扮演五谷娘娘的妇女表示成熟的谷物,孩子像是表示来年的谷物。很自然,来年的谷物是可以看作本年谷物的孩子的,因为来年的庄稼是从本年收获的种子里长出来的。还有,我们说过,在马来半岛上的马来人中,有时在苏格兰高地的人当中,用双重的女性形象来表示谷精:一老一少,都是用成熟的谷穗做成的。在苏格兰,老谷精叫卡琳(Carine 或 *Cailleach*),小谷精叫闺女;而在马来半岛的人当中,两个谷精间彼此的关系明明是母亲和孩

---

① 属法国。

第四十六章 许多国家都有五谷娘娘

子。依此类推,得墨忒耳就是当年的成熟谷物,珀耳塞福涅就是从当年谷物中取出的谷种,秋天播下去,春天长出来。珀耳塞福涅降入地下世界就是播种的神话表现——她春天再现就是幼谷出芽。在这种情形下,头年的珀耳塞福涅就成了来年的得墨忒耳,神话的原来形式很可能就是这样。但是在宗教的思想演进中,谷物不再用跟人一样的经历出生、生长、繁殖和死亡全部循环过程来表示了,而是由一个不朽的女神来表示,为了实践一致,母亲和女儿两者中必须牺牲一个。不过,谷物又是母亲、又是女儿的双重观念在人们心目中也许太古老,植根太深,不能用逻辑来清除掉,所以,在改进了的神话中要给母亲和女儿都找个安身的地方。办法是让珀耳塞福涅做秋播春生的谷物,把谷物的沉重母亲这么一个多少有些模糊的角色留给得墨忒耳来担任,每年谷物消失于地下,她悲悼,而当春天谷物出生,她又欢乐。这样说来,改进了的神话就不是诸神灵之间的正规的继承,每个神生活一年,然后产生她的继承者,而是表现这样一种观念:两个不朽的神,一个每年消失于地下而又从地下出现,另一个却无事可做,只得在适当的时刻哀哭和欢乐。

希腊神话中谷物双重人格化的这种理论是假定这两种拟人化(得墨忒耳和珀耳塞福涅)都是原来就这样的。但是,我们如果认为希腊神话起初只有一个人格化,第二个人格化是后来才有的,这也许可以做如下的解释。查一查已经考察过的收获风俗,我们可以注意一下,这些风俗包含对谷精的两种不同的观念:有一些风俗认为谷精在谷物之内,另外一些风俗认为它是在谷物之外。例如,有时对某一捆用谷精的名字称呼,为它穿上衣裳,对它恭恭敬敬,很显然,这是认为谷精在谷物之内,但是有时却说谷精从谷物中走过能使谷物生长,谷精怀恨某人就能坏掉他的庄稼,很显然,这是认为它并非就是谷物,只是对谷物有操纵的权力。后一种想法中的谷精,如果还没有变成谷神,那也是很可能变成谷神的。两种观念中,认为谷精在谷物之内的观念无疑是老一些,因为自然生命依靠内在精灵的观点一般先于外在神祇控制自然的观点。说简单一点就是:泛灵论先于自然神论。欧洲农民的收获风俗似乎认为谷精有时在谷物之内,有时又在谷物之外。另一方面,希腊神话把得墨忒耳看成谷神,而不是谷物内在的精灵。导致一种观念形式转变到另一观念形式的思想过程是神、动物,或无生命事物的拟人化,也就是说存在于宇宙万物之内的精灵逐渐具有愈来愈多的人类属性。当人脱离野蛮状态的时候,将神拟人化的倾向愈来愈强。在当初,神祇是自然物体的精气或魂魄,神愈是拟人化,它们与自然物体便愈益分离。但是从野蛮状态向前进展时,同一代的人们前进的步伐不一致,新的、拟人化了的神祇固然可以满足智力更进化的人们的宗教要求,而社会中落后的成员却硬要抓住老的万物皆有灵的观念。任何自然的精灵,比如说谷物的精灵吧,它具有人的素质,脱离物体,变成神而控制物体,物体本身就抽掉了精灵,变成没有生气的东西,也可以说是成了一个精神的空白点。但是一般民间的思想容受不了这种空白点,换一句话说,他们想象不出任何没有生气的东西,他们立即创造一个新的神物来填补这个空白的物体。这样一来,同一种自然物就会在神话中由两种不同的东西代表:首先由老精灵代表,它现在已经脱离物体,升入神的行列;其次由新精灵代表,它是民间的想象新创造出来的，用以填补高升了的老精灵所空出来的位置。遇到这样的情况，神话的问题是：一样东西，出现了两样代表者，这该怎么办呢？两者彼此的关系该怎么办呢？神话系统里怎么给二者找到安身的地方呢？人们认为如是老精灵或新神祇创造或产生该物体，那倒好办。物体既然是老精灵所产生，新精灵给予生气，那么后者作为物体的魂魄必然也是前者所产生的，这样说来，老神灵与新精灵的关系就是生产者与生物的关系，也就是说，在神话中是父母与孩子的关系。如果两个精灵都是女性的，她们的关系就是母亲与女儿的关系。在这种情形下，起初谷物只有一个女性精灵，经过一段时候，神话的幻想就得出两个谷物精灵，一个母亲，一个女儿。如果肯定得墨忒耳和珀耳塞福涅的神话就是这样形成的，那未免太鲁莽了。但是，似乎可以推测出同一神祇的重复增多，像得墨忒耳和珀耳塞福涅所提供的这种例证，有时是可以这样产生的。例如，本书前面谈到的一对一的神灵中，我们已表明有理由认为伊希思和她的伴侣奥锡利斯都是谷物的拟人化。根据方才提供的假说，伊希思就是一个老谷精，奥锡利斯就是一个较新的谷精，他与老谷精的关系则有各种不同的说法，兄弟、丈夫、儿子等等。对两个并存的神灵，神话当然总可以有不止一种说法。不过，千万不要忘记，对于得墨忒耳和珀耳塞福涅或伊希思和奥锡利斯这样成对的神灵所做的这种解释纯然是推测，对于这种解释只能这样如实评价。

第四十七章　里提尔西斯

第一节　谷物收割者的歌

前面已试图说明北欧的五谷娘娘和收获闺女是得墨忒耳和珀耳塞福涅的原型。不过要使这个对比完整却还缺一个主要的特征。这个希腊神话里有一个主要情况，即珀耳塞福涅的死亡与复活。正是这个情况与女神作为植物神的性质使这种神话与阿多尼斯、阿蒂斯、奥锡利斯以及狄俄尼索斯等的崇拜联系起来，正是由于这个情况，这个神话才在我们对死亡之神的讨论中占一席地位。所以我们还需要看一看在希腊和东方所敬拜的重要神祇中占这么突出地位的神祇每年一度死亡又复活的这种信念是否起源于或类似于收谷人和葡萄整枝人在谷堆旁和葡萄园中所举行的农村仪式。

我们已经承认对于古老民间的迷信和风俗我们一般是不了解的。不过，在上述问题上，古代最初宗教上所笼罩的迷雾幸而在一定程度上已经消散了。我们说过，对奥锡利斯、阿多尼斯和阿蒂斯的崇拜在埃及、叙利亚和弗里吉亚有各自的地方，我们知道这些国家又都各遵守某种谷物收获或葡萄收获的风俗，这些风俗彼此间的类似以及它们和国家仪式的类似使古人自己都感到吃惊，拿这些风俗和现代农民或野蛮民族的收获风俗比较一下，

第四十七章 里提尔西斯

似乎能对我们所谈的仪式的起源有所启发。

我们根据狄奥多罗斯的材料,已经提到古埃及的收获人常常悲悼他们割下的第一捆谷子,把为他们发现谷物的伊希斯作为女神召唤。希腊人给埃及收获者的哀歌或哀号取名为曼尼罗斯,还用一个故事解释这个名字。曼尼罗斯是埃及第一个国王的独生子,他发明农业,过早天亡,所以人们悲悼他。不过,曼尼罗斯这个名字似乎是出于对马纳赫拉(maa-ne-hra"回到家里来吧!")这个惯用语的误解。在各种埃及著作中都能找到这个惯用语,例如在《亡灵书》中伊希思的挽歌里就有。因此,我们可以假定"马—纳—赫拉"的号哭是收谷者对割下的谷物唱的,作为悲悼谷精(伊希思或奥锡利斯)的挽歌,并祈求它再回来。既然割头一把谷子时就哀号起来,那么,埃及人一定是认为谷精是在头一把割下的谷子里,并死于镰刀之下。我们谈过马来半岛和爪哇的人认为头一把稻谷是稻米的魂魄或稻米新娘和稻米新郎。俄罗斯有些地方对头一把谷子差不多同其他地方看待最后一把谷子一样。主妇亲自割下这把稻谷,拿回家,放在圣像旁边尊敬的地方,然后单独脱粒,有一些谷粒则拌在来年的谷种里。在亚伯丁郡,通常用最后一把谷子,偶尔也用最先割下的谷子,做一个克里阿克谷捆,打扮为妇女,按着仪式带回家。

在腓尼基和西亚,埃及收割人唱的那种哀歌则是在收采葡萄的时候唱,也许收庄稼时也唱(根据类比来判断)。希腊人把腓尼基人唱的这种歌叫作里纳斯或哀里纳斯,像曼尼罗斯一样,并且解释为悲悼一个叫作里纳斯的青年人的死。有一个故事说,里纳斯是一个牧羊人养大的,但被牧羊人的狗撕成几块。不过,和曼尼罗斯一样,里纳斯或哀里纳斯这个名字也像是起源于文字误解,原来只是喊叫"哀·拉努"两字而已,意即"我们真难过呀!"腓尼基人也许是用这句话悲悼阿多尼斯的,至少萨福[①]似乎认为阿多尼斯和里纳斯是一个意思。

在俾西尼亚[②],有一个类似的悼念曲,叫作《波姆斯》或《波里姆斯》,是马里安迪尼亚的收割人唱的。据说波姆斯是一个漂亮青年,是国王乌皮亚斯的儿子,或是一个富贵人家的儿子。有一个夏天,他看着庄稼人在他田里收谷,他去为他们取些水来喝,从此无踪无影。于是收庄稼的人去找他,唱着哀歌唤他,从那以后,他们每逢收庄稼时就唱哀歌。

第二节　杀死谷精

在弗里吉亚有一个和上述招魂曲类似的歌,收割的人在收谷打谷时都唱,歌名"里提尔西斯"。有一个故事说,里提尔西斯是弗里吉亚王米达斯的私生子,住在西雷纳。他常常收割稻子,饭量很大。要是有一个陌生人偶然走进谷田或是从田旁走过,里提尔西斯就给他吃饱喝足,然后把他引到米安德河旁的谷田里去,强迫他和自己一道收割。末后他总是爱把陌生人包在谷捆里,用镰刀砍掉他的头,把他的身体用谷秆包好带走。但是后来赫拉克勒斯来了,和他一起收割,也照样用镰刀砍掉他的头,把他的身子

[①] 萨福(Sappho),约前7世纪后期至前6世纪,希腊女抒情诗人。文笔优美,古学者将她与荷马等大诗人媲美,柏拉图称她为"第十位缪斯"(tenth Muse)。
[②] 小亚细亚西北部的一个古老王国,即现在的土耳其。

第四十七章　里提尔西斯

扔进河里。既然说赫拉克勒斯用里提尔西斯杀别人一样的办法把他杀掉,我们就可以推断里提尔西斯也常把被他杀害的人的尸体扔进了河里。据另一个故事的说法,里提尔西斯是米达斯的儿子,常爱邀人和他比赛收割,他如果把他们比输了,他就鞭打他们;但有一天他碰到一个更强的收谷人,这个收谷人把他杀了。

我们有一定的理由认为这些里提尔西斯的故事是描写一个弗里吉亚的收获风俗,根据这个风俗,照例是认为某些人,尤其从庄稼田边走过的陌生人是谷精的化身,收谷者把他们当作谷精捉住,包在谷捆里,砍掉头,用谷秆捆住他的身体,然后扔进水里,作为求雨巫法。这样假设的理由是:第一,里提尔西斯的故事与欧洲农民的收获风俗类似;第二,野蛮种族为了促进田地增殖而献活人为祭是常见的事。下面我们就依次考察这两个理由,先从头一个说起。

拿故事和欧洲的收获风俗相比较,有三点值得我们特别注意,即:一、割谷比赛并把人捆在谷捆里;二、杀掉谷精或谷精的代表;三、对拜访谷田的人或过路的陌生人的接待。

关于第一点,我们已经谈到过,在现代欧洲,对最后一捆进行割、捆、打的人常常被他的劳动伙伴虐待。例如,把他捆在最后一捆里,捆好后背走或用车装走,打他,用水泡他,把他扔到粪堆上等等。或者是饶了他,没有这些恶作剧,但至少他是嘲笑的题材,或被认为一年内注定要遭受某种灾害。所以,收割人自然是不愿意在收割时割最后一把,打谷时打最后一下,或捆最后一捆。到了要完工的时候,这种不愿落后的情绪就产生了劳动者之间的竞赛,人人抢着尽快地完成自己的一份工作,为的是避免令人厌恶地落在最后。例如,在普鲁士的米特尔马克地区,收割黑麦要捆最后一捆时,扎的人面对面地站成两行,每个妇女把谷秸和草绳摆在面前。一发信号,她们就立即尽快整好自己面前的谷捆,谁最后捆完就受其余的人嘲笑。不仅如此,还得把她捆的那一捆做成人形,叫老头子,并且把它拿回谷场上去。在谷场上,收谷人围着她和谷捆站成一圈跳舞。然后他们把老头子拿到主人那里交给他,并且说:"我们把'老头子'带给主人。主人可以把它保存起来,等到下次得到一个新老头子。"然后把老头子靠在一棵树上,在那里放很长的一段时间,成为大家的笑料。在巴伐利亚的阿赫巴赫,当收割要完工的时候,收谷人说:"好了,我们要赶走老头子了。"他们人人加劲割一块地内的谷子,能割多快就割多快,谁割最后一把或最后一棵,其他的人就高兴地对他喊道:"你得到老头子了!"有时候收割者的脸上戴一个黑色的假面具,穿上妇女的衣服;如果收割者是妇女,她就穿上大男人的衣服。接着就是跳舞。晚餐时,老头子得到的一份食物比其他人多一倍。打谷时的做法也是类似的。谁打最后一下,就说谁得了老头子了。在请打谷人吃的晚餐上,他必须用奶油勺吃饭,要喝许多酒。而且,人们用各种各样的办法跟他开玩笑、逗弄他,直到他请别人喝了白兰地或啤酒,他才能脱身。

这些例子说明收割人的割、打、捆的比赛,是因为他们不愿意最后一个完工,受到嘲弄。我们要记住:最后割、打、捆的人被认为是谷精的代表,把他或她捆在谷秆里这种做法更充分地说明了这个思想。后一种风俗我们已经证明过了,但还可以补充几个例

第四十七章 里提尔西斯

子。在什切青①附近的克洛克辛村,收割人对捆最后一捆谷秸的妇女喊道:"你得了老头子,该把他保存起来!"直到19世纪上半叶还有一个风俗,把妇女本人捆在豆秸里,在音乐声中把她带回农舍去,在这里收割人和她跳舞,一直跳到豆秸从他身上落尽。在什切青附近的其他村庄里,正装最后一车谷子的时候,妇女们照例要竞赛,谁都不愿落在后面。因为谁在车上放最后一捆,谁就是老头子,全身包上稻秆,还为她身上戴花,头上也戴着花和谷草帽子。在庄严的游行队伍中,她把头上戴的收获冠带给主人,把它举在他头上,并念一串祝愿。接着是跳舞,老头子有权选择他的(准确一点说,应该用她字)舞伴,和老头子跳舞是一件光荣的事。在马格德堡附近的戈墨恩村,割最后一把谷子的收割人常常被整个用谷秆包起来,几乎看不出谷捆里有人没有。包好后,另一个身强力壮的收割者把他背在背上,在收获者的欢呼声中绕田而走。在墨尔斯堡附近的努豪森村,捆最后一捆燕麦的人用麦秸包起来,叫作燕麦人,其他的人围着他跳舞。在法国的布里岛上,用第一捆谷秸把农场主包起来。在埃尔富特②地区的丁格尔斯特德村,直到19世纪上半叶都有用最后一捆谷秸包人的风俗。他名叫老头子,用最后一辆车带回家去,又是欢呼,又是音乐。到了场上,让他沿着谷仓打滚,用水把他淋湿。在巴伐利业的诺林根村,打谷时打最后一下的人被用谷草包起来,让他在谷场上打滚。在巴伐利亚的奥伯尔法兹的某些地方,人们说他是"得到老

---

① 波兰境内奥德河上的一个港口。
② 德国一个城市。

头子了",包上谷草,带到还没有打完谷的一个邻居那里去。在西里西亚,捆最后一捆谷秸的妇女大受嘲弄。推她,放倒在地,用谷草捆起来,称她为谷物玩偶(Kornpopel)。

"所有这些情况里包含的想法是谷精——植物老人——从最后割下的或最后打下的谷子里被赶出来,整个冬天都住在谷仓里。到了播种的时候,他又回到田里去,在发芽的谷物中作为一种活力而继续他的活动。"

第二,在里提尔西斯的故事和欧洲收获风俗之间进行比较,我们应了解,在欧洲收获风俗中是否常常认为谷精在收谷或打谷时被杀掉。在挪威的罗姆斯达尔和其他地区,谷草收割后,人们就说"谷草老人被杀了!"在巴伐利亚的其他地区,人们说打谷时打最后一下的人杀了玉米人、燕麦人、小麦人等等,依庄稼而定。法国洛林地方提洛村里打最后的谷物时,人们随着梿枷的节奏,边打谷边喊道:"我们正在打死老太婆,我们正在打死老太婆!"如果屋里有一个年老的妇女,人们就劝她当心,不然会被打死。在立陶宛的拉格尼特附近,最后一把谷子留在地里不动,人们说:"老太婆(波巴)正坐在那里!"然后,一个年轻的收割者磨快他的镰刀,用力一下把这把谷子割下来。于是人们说:"他把波巴的头砍下来了!"农场主给他一些赏钱,场主的妻子在他头上倒一瓷水。据另一种说法,立陶宛的收割者赶忙割完自己应割的部分,因为黑麦老太婆住在最后一棵里,谁割最后一棵,谁就杀死了黑麦老太婆,就会给自己带来麻烦。在蒂尔西特地区的威基斯堪地方。割最后的谷子的人叫作"杀死黑麦妇女的人"。另外,在立陶宛,人们相信打谷和收谷一样都是杀死谷精。当要打的谷子只剩

第四十七章　里提尔西斯

最后一堆的时候，所有打谷的人都突然退后几步，好像有人向他们发布了命令似的。然后，他们又继续工作，梿枷打得特别快、特别狠，直到只剩最后一捆。于是他们发疯似的拼命干，每根神经都拧紧了，梿枷雨点般地落在谷物上，直到领工高喊"停"为止。停止的命令发出后，最后落梿枷的人立即被其他的人围起来，喊道："他打死了黑麦老太婆。"他必须请他们喝白兰地赎罪，他与割最后的谷子的人一样，叫作"杀黑麦老太婆的人"。在立陶宛，有时用偶像来代表被杀的谷精。一个用谷秆做的穿着妇女衣服的偶像。放在打谷场上最后要打的一堆谷秸下面。打谷时谁打最后一下，谁就"打死了老太婆"。我们已经讲过焚烧代表谷精的偶像的例子。在约克郡的东莱丁，在收获的最后一天有一个叫作"烧巫婆"的风俗。在地里割过的谷子残梗上点火燃烧一小捆谷子，在火上烤熟豌豆吃掉，随意喝着麦酒，男孩女孩围着火闹着玩，在彼此脸上抹黑。有时又用一个男子代表谷精，他躺在最后的谷子的下面，就在他身上打谷，人们说："老头子被打死了！"我们说过场主的妻子和最后一捆谷子被同时塞在打谷机下面，好像要给她脱粒，然后又像簸谷糠似地簸她。在蒂罗尔的沃尔德斯，打谷时，谁打最后一下，就将谷壳塞在谁的后颈窝里，硬在他头上戴一顶谷草帽子。如果他个儿很高，就认为来年庄稼也长得很高。然后把他和一捆谷子捆在一起扔进河水里，在卡伦西亚，打谷时打最后一下的人以及谷场上捆最后一捆的人，手脚都被用草绳捆起来，头上戴上谷草冠。然后把这两人脸对脸地捆起来放在橇上拉过林子，扔进溪流里。把谷精代表扔进河里的风俗和用水淋他的风俗一样，通常是一种求雨巫术。

第三,到此为止,谷精的代表通常是割、捆、打最后谷物的男人或妇女。现在我们来讲讲这种情况:谷精由路过收割谷子的陌生人代表(正如里提尔西斯的故事),或由第一次来到田里访问的人代表。整个德国都有这样的风俗:收割者或打谷者抓住过路的人,用谷草编的绳子捆起来,非付罚金不可。农场主人或他的客人初次下田或到谷场上,也这样对待。有时候只捆他的手臂或脚或脖子,有时把他包在稻秆里。如在挪威的梭洛尔,不管谁进田里去,主人也好,陌生人也好,都用谷秸把他捆起来,要付赎金。在苏斯特附近,场主初次去看拔亚麻的人时,全身都被包上亚麻,妇女也围上过路的人,用亚麻把他捆起来,硬要他请喝白兰地。在诺德林根,用谷草捆住陌生人,把他系在一捆谷子上,非罚款不可。波希米亚西部黑泽尔伯格的德国人中,农场主一拿出最后的谷子,要在打谷场上脱粒的时候,马上就被用这些谷子包起来,必须献出烙饼来赎自己。在法国诺曼底半岛的普坦吉村至今还假装把地主用最后一捆小麦捆起来,至少在二十多年前还是这么做的。这件事完全由妇女来办。她们扑到地主身上,抓住他的胳臂、腿、身子,把他按倒,让他笔直躺在最后一捆谷子上,然后假意把他捆起来,把收获晚餐时要遵守的条件念给他听,他要是接受了这些条件就放他起来。在法国的布里岛上,凡不是本场的人走过田边时,收割的人们就去追赶他。如果把他抓住了,就把他捆在谷把子里,一个个地去咬他的前额,喊道:"你该带着这块地里的钥匙。"别处的收割者则说:"得到了钥匙",是指割、捆或打最后一把谷子。所以和在布里一样,把陌生人捆在谷子里,并对他说:"带上这亩田的钥匙",这就等于说他是老头子,即谷精的体现者。

在摘蛇麻子的时候,如果一个衣冠楚楚的陌生人从蛇麻子地里经过,妇女们就把他捉住,按在装蛇麻子的布袋里,盖上叶子,付了罚款才释放他。

这样说来,现代欧洲的收割者和古代的里提尔西斯一样,爱抓住过路的陌生人,把他绑在谷捆里。他们当然不会像里提尔西斯那样把陌生人的头砍掉,不过,他们虽然没有采取这样强暴的步骤,他们的语言和动作至少也表明了想要这样做的愿望。例如,在梅克伦堡①,在收获的头一天,如果农场主人或主妇或一个陌生人到田里来,或只是从田旁走过,所有割谷的人都面对着他磨镰刀,大家一致用镰刀敲着磨刀石,好像他们要动手割了。然后,带领收割的妇女走到他面前去,在他左臂上拴一根带子。他必须付出罚款作为自己的赎金。在拉兹堡附近,农场主人或其他引人注目的人物下田或走田边经过时,所有收割者都停止工作,全体向他走去,拿镰刀的人走在前面。他们走到他跟前时,男人妇女都排成一行,男人把镰刀头插在地上,像是在磨镰刀一样,然后他们脱下帽子,把帽子挂在镰刀上,领工的人就站在前面发表讲话。讲完后,他们一起有节奏地、响亮地磨着镰刀,然后他们戴上帽子。于是两个捆谷的妇女走出来,其中一人用谷秆或丝带捆住农场主或陌生人(是谁就捆谁),另外一个人念一段押韵的话。下面是收割人在这时所讲的话的例子:在波美拉尼亚②有些地区,每个过路人都不能通过,因为路都被谷草编的绳子拦住了。收割

---

① 德国北部地区。
② 波兰与德国之间的一个地区。

者把他围在中间,一面磨着镰刀,他们的领工就说:

> 人已准备齐全,
> 镰刀弯成一弯,
> 谷子有大有小,
> 绅士必须杀掉。

然后又继续磨镰。在什切青地区的拉明村,收割人围着陌生人站成一圈,对他说道:

> 我们要用这把亮晃晃的刀,
> 砍掉这位绅士的头,
> 我们用刀割草地和谷田,
> 还要用刀割掉世上的王侯。
> 干苦活儿的总有些口渴,
> 绅士要请点啤酒白兰地,
> 这个玩笑马上就不开。
> 要是他不答应这小小要求,
> 我们宝刀可就够他挨!

打谷场上也把陌生人看作谷精的体现者,用对付谷精的办法对待他。在石勒苏益格的威丁哈德村,生人来到打谷场上时,人们就问他:"要我教你跳梿枷舞吗?"如果他说要,他们就把梿枷杆搁在他脖子上,好像他是一捆谷子。把两根杆子夹得紧紧的,几乎把他卡死。在威姆兰（瑞典）的某些教区，生人走进打谷人正在干活的谷场上时，他们就说："我们要教他唱打谷歌！"然后他们把梿枷放在他脖子上，用谷草绳子缠住他的身子。我们说到过，如果是陌生妇女走上打谷场，打谷人就用梿枷围着她的身子，用谷秆编成花环套在她脖子上，并且喊道："瞧这个五谷娘娘！瞧哇！五谷闺女就是这个模样！"

这样说来，在这些现代欧洲的收获风俗中，割、捆、打最后谷子的人算是谷精的体现者，围上谷子，用农具假装杀他，并把他扔到水里去。这些与里提尔西斯的故事相类似的地方似乎证明里提尔西斯的故事确是描写弗里吉亚一个古老的收获风俗。由于近代与此相应的风俗里对杀谷精人身代表一节不得不省略掉，最后也不过是模仿他表演一下，所以需要证明一下在原始社会里，为了促进谷田增产，一般是杀人作为农事仪式的。下面的例子会清楚地表明这一点。

第三节　以活人祭祀谷物

在厄瓜多尔，瓜亚基尔的印第安人播种时常以人血、人心献祭。卡尼亚尔（今厄瓜多尔的昆卡）人过去每年收获时要以一百个儿童献祭。基多诸王、秘鲁的印加人以及在相当长一个时期内西班牙人都未能禁止这种残忍的祭祀仪式。墨西哥在收获节时，把当季的头批收获献给太阳。他们将一个犯人放在两块大石头中间，把大石头上下对好，合上石头就把犯人压碎。埋葬了死者的残躯，接着就举行宴会跳舞。这种祭仪称作"合石祭"。我们讲过,古时墨西哥人在玉米生长的各个阶段都以活人献祭,人牺的年龄与谷物生长的阶段相应,播种时献祭新生的婴儿,谷物发芽时献祭较大的孩子,依此类推,到谷物完全成熟时则献祭老人。毫无疑问,他们认为做人牺者的年龄与谷物生长期吻合会加强祭祖的效果。

波尼印第安人每年春天下地播种时献祭一个活人。他们认为是晨星授命这样做的,或是晨星派遣的使者某种鸟来传达这一指令的。人们把这种鸟制成标本,保存起来,当作魔力强大的神物。他们认为如果有一次不这样献祭,玉米、豆类、南瓜就会全无收获。人牺是一个男性或女性俘虏。给他穿上最华丽、最贵重的衣服,吃最精美的食物,养得胖胖的,小心看守着,他自己全然不知道自己的命运。当他长得够胖的时候,他们当着一大群人面,把他捆在一个十字架上,他们跳着庄严的舞蹈,然后用战斧砍掉他的头,用箭射他。据某商人说,然后女印第安人从牺牲者的尸体上割下一块肉来,用肉涂抹锄头。但是另外一个举行仪式时在场的商人说没有这样的事。祭礼完毕后,人们立即去种地。1837年或1838年4月,波尼人祭献过一个苏族印第安人的女孩。关于这场祭仪,有一篇专门的记载:这个女孩约14或15岁,蓄养了6个月,这段时期待她很好。献礼的前两天,她由全部头领和武士陪伴着,从一个小屋领到另一个小屋。每个屋都给她一小块木柴和一点颜料,她把它们交给她旁边的武士。她就这样到每个小屋去拜访,处处都得到同样的木材和颜料的礼物。到了4月22日那天,人们把她领出去献祭,由武士伴随着,每人拿两块她交给他们的木柴。她的身体涂得一半红、一半黑,把她系在一种绞架样

第四十七章 里提尔西斯

的东西上,用慢火烤她一阵,然后用箭射死她。主祭人再把她的心掏出来吃掉。趁她身上还有些温热的时候,从骨头上一小块一小块地割下她身上的肉,放在一些小篮子里,拿到附近的谷田里去。头领拿出一块肉来,滴一滴血在新种的谷种上。其余的人也照样这么做,终于所有的种子都淋了血,然后再盖上土。根据一种记载,牺牲者的身体被压成浆糊,把它抹在玉米、土豆、豆子和其他种子上使它们增殖。他们希望用这种祭祀获得丰收。

西非洲的一个皇后过去每年3月里献祭一个男子和一个妇女。他们是被用铁铲和锄头杀死的,他们的躯体就埋在刚犁过的田中央。在几内亚的拉各斯,有这样一个风俗,每年春分以后把一个小女孩活活钉死在木桩上,祈求好收成。和她一起献祭的还有绵羊、山羊,以及甘薯、玉米花絮、羊角、香蕉等,分别挂在两边的木桩上。为了献祭,先将人牺放在王宫里将养,拜物教的人把她们的意志练得非常坚强,她们是高高兴兴地送死去的。几内亚的贝宁过去也年年献祭类似的祭品。贝专纳部落的马里莫人为庄稼丰收献活人为祭,选出的牺牲者一般是个矮胖的人,用强力把他抓住或将他灌醉,送到田里去,在小麦中把他杀掉,当作"种子"(他们是这么称呼的)。他的血液在太阳下凝固后,和他的前额骨、前额骨上的肉和脑髓一起烧掉,然后把灰撒在地里,使之肥沃,而身体的其他部分被吃掉。

菲律宾群岛有个棉兰老岛上的巴哥波人在播种稻子前奉献活人为祭。人牺是个奴隶,在树林里将他砍成几块。菲律宾群岛吕宋岛内地邦都的土人都热衷于猎取人头。他们猎取人头的主要季节是栽种和收割稻谷的时候。为了庄稼长得好,每块地至少在移植时猎取一个人头,播种时又猎取一个人头。猎取人头者结伴三三两两地走出去,埋伏等待牺牲者,不管来的是男人还是妇女,便砍下他或她的头、手、脚,赶紧带回村去,大家欢呼迎接他们。首先把人头挂在村前空地的两三棵死树上,四周围着大石头,当作座位。然后人们围着树跳舞、宴会、喝酒兴醉。待人头上的肉烂尽了之后,砍下头的人就把头颅带回家去,作为珍物保存起来,他的伙伴把那些手和脚也同样处理。吕宋内地的另一部落阿波耀人,也遵循类似的风俗。

洛塔·纳加人是许多野蛮部落之一,住在道路崎岖曲折的深谷里,这些山谷从印度布拉马普特拉富饶的河谷蜿蜒地穿入丛山中。洛塔·纳加人过去有一个普遍的风俗,把他们遇见的人砍去头、手和脚,然后把砍下的部分挂在田里,以保证稻谷丰收。他们对他们无情杀害的人并无怨恨。有一次他们把一个男孩活活地剥了皮,砍成小块,把孩子的肉分给所有的村民,村民们把分到的肉放在谷箱里,以避厄运并保证谷物丰收。印度达罗毗荼族的贡德人,绑架婆罗门的男孩子,留作各种祭祀场合的牺牲。播种时和收获时,一番盛大游行之后,就用毒箭射死一个男孩。然后把他的血洒在犁过的田地里或成熟的谷物上,把孩子的肉吃掉。乔塔纳格普尔①的奥拉昂人或乌拉昂人敬奉名叫安娜·夸里的女神。此神能保佑庄稼丰收、人们富裕。若要求得女神福佑,必须用活人为牺牲向她献祭。虽然英国政府禁止这种以活人为牺牲的祭祀,但据说仍违令秘密进行。这些人牺大都是无家可归的流

---

① 即印度焦达讷格布尔高原。

第四十七章 里提尔西斯

浪儿童,他们的失踪很少有人注意。每年四五月份是绑架人牺者活跃的季节。在此期间陌生人不能单独在这一带走动,家长们也不敢让孩子进入树丛或放牧。绑架者看见这类人时便割断其咽喉,截去其无名指的上段和鼻子,拿去祭祀女神,女神就住在献祭者的家里,这户人家的庄稼就增收一倍。女神是以孩子的形象住到献祭者的家中,主人收进未去壳的稻子回家后,请出女神在稻堆上翻滚一遍,这一堆稻子就会增加一倍。滚后女神马上烦躁不宁,这时必须献祭人牺的鲜血,才能使神安静下来。

孟加拉的另一支达罗毗荼族的孔德人(或坎德人)提供了最著名的有固定方式的以人牺祭祀祈求确保丰收的例子。这些材料,我们是从英国军官写的报告中得来的,这些军官在19世纪中叶取缔过这些祭祀。祭品献给大地女神塔丽·澎努或珀拉·澎努,人们认为献祭能确保好收成,能消灾祛病。种植郁金尤其需要以活人献祭,孔德人提出理由说,不流血郁金就不会有深红的颜色。只有买来的人牺(或叫默利亚[Meriah])或天生的人牺女神才接受。天生的人牺是指他父亲曾是人牺或自幼被父亲或保护人当作人牺养大的。孔德人在困难中常常把他们的孩子当人牺卖掉,"认为他们的灵魂会享福,他们的死是为了人类的利益,最光荣不过了!"有人遇见过一个潘努阿族的人大骂一个孔德人,最后还把唾沫吐在他脸上,因为这个孔德人把自己的女儿当人牺卖了,这个潘努阿人原想和她结婚的。有一群孔德人看见了,立即挤上前去安慰卖孩子的人,说道:"你的孩子为全世界的生存而死,大地女神自己会把唾沫从你脸上擦掉。"人牺在献祭前常常好生将养几年,他们既然是圣物,自然受到极端的爱护和崇敬,走到哪里,哪里就欢迎他们。一个默利亚青年,到成年时一般都有妻子,妻子通常也是个默利亚(或人牺),他得到妻子的同时,还得到一份土地和牲畜农具。他们生的孩子长大以后也做人牺。部落、部落的分支或村落都在定期的节日或非常的场合向大地女神献祭人牺。部落和部落的分支定期祭祀,通常要使各家的主人为他们的田地至少每年得到一块肉,一般是在他们的主要庄稼下地的时候。

上述祭祀的做法如下:祭祀前十天或十二天,将人牺一直蓄留的长发剃去。男男女女成群结队都来观看祭祀,因为这种祭祀是为了所有人的。人们接连几天欢宴淫乐。祭祀的头一天将人牺穿上新衣,人们在音乐声中跳着舞,排成庄严隆重的队列,引导人牺来到"默利亚树丛"。这是离村庄不远,未经砍伐过的高大树林。林中竖立着一根柱(有时木柱在两株土名Sankissar的灌木之间)将人牺绑在木柱上,遍身涂抹油膏、酥油和郁金根粉,戴上鲜花。人们全天向人牺致敬,"简直像对神一样膜拜"。一场争夺人牺身上最小一点纪念物的景象立即出现:连他身上涂抹过的点滴郁金粉,或者他的一口唾沫,都被视为贵重之物,妇女们尤其珍视。人群踏着音乐的节拍围绕木柱舞蹈,并向大地祝告说:"神啊,我们向您献上这个人牺,乞求您保佑我们一年四季风调雨顺,人寿年丰。"又向人牺说:"我们付出代价买了你,并没有捕捉你来。现在按习俗把你献祭,请不要怪罪我们。"仪式一直进行着,通宵达旦直到第二天中午,极少间断。仪式一停下来,众人便开始处理人牺:再次给人牺涂油,人人抚摸人牺身上涂油的地方,把油膏涂在自己的头顶上。有些地方还带着人牺列队走遍全村,挨

第四十七章 里提尔西斯

家挨户让人们在他头上拔下头发,有人则要求人牺吐一口唾沫给他们涂抹在头上。由于人牺既不捆绑,也毫不抵抗,所以他的胳臂——需要时连他那腿的骨头都被敲碎——经常先用鸦片把他麻醉,使他失去知觉。最后将他处死的做法各地有所不同。最普遍的做法似乎是勒死或掐死,将一棵大树从离地几尺高的地方劈开,把人牺的脖子(有的地方则是将人牺的胸脯)夹在劈开的裂缝中,由祭司和助手尽力将裂缝挤合起来,用斧稍稍砍伤人牺,人群立即冲上前去,割下人牺身上的肉来,只剩头部和肠子不要。有时则把人牺活活地割成碎块。在秦纳基姆迪①,人群拖着人牺在地里走,边走边用刀割下人牺身上的肉(不要头和肠子),直到他割死。这地区还有一种常见的做法,是把人牺绑在木制的大象的长鼻子上,大象系在一根粗大且能转动的木柱上,人群围着等候还活着的人牺转到自己面前时,用刀割下他身上的肉来。康贝尔少校曾在一些村子里发现这种用来处死人牺的木象竟有十四个之多。有一个地区用火把人牺慢慢烤死,他们搭起一座不高的台,两边斜坡像屋顶似的,把人牺放在台上,捆绑着四肢以免他挣扎。然后点起火来,把烙铁烧红,使人牺在台的两面斜坡上下翻滚。时间越长越好。因为这样人牺流的泪水就越多,雨水就将越充足。到第二天就把人牺的尸体切割成碎片。

从人牺身上割下来的肉立即被各村派来的代表带回去。为了保证尽快送回本村,往往采取驿站式的多人接力传递办法,直送到五六十里之外。各村守在家里的人一直饿着肚子坚持等待

---

① 印度一地区。

人牺的肉到来。送肉的人到来后便把肉放在全村公众集会的地方，由祭司和各家家长前来领肉。祭司把牺肉分成两份，一份奉献大地女神，他背过身，眼不看，把肉放进地上一个洞内埋起来，众人各在上面添一小撮土，祭司用葫芦装一葫芦水浇在上面。然后便按在场人家每户一份将剩下另一份人牺的肉切碎分给各户。各户家长将分得的肉片用树叶包卷起来埋在他最好的田地里，埋时也是转过身躯，眼睛不看。有些地方是各人拿着自己分得的那份肉走到灌溉自己田地的溪流边，把肉挂在棍子上插在溪边，在这以后的三天内人家都不打扫，有的地方则严格保持沉静，不许点火，不许砍伐树木，不接待生人。人牺死后的当天夜晚，其身体的残余部分(即头部、肚肠、骨骼)由一些身强力壮的人看守着，第二早上和一双全羊一起在火葬柴堆上焚化。然后将骨灰撒在地里，并且还把一部分骨灰和成浆子抹在房屋和谷仓上，或者混在新收的谷物里防止生虫。有时也将人牺的头和骨骼埋掉不予焚烧。自禁止以人为祭品以后，有的地方则代之以较低贱一些的牺牲，例如秦纳基姆迪的首府地区便以羊代替人牺，其他地方则以水牛为牺。他们把牛绑在圣林中的木柱上，手持亮晃晃的刀子围着牺纵情舞蹈，然后扑向牺牛，几分钟内就把它割成碎片，彼此争夺着每一小块牛肉。谁抢到一块肉在手，就以最大速度跑到自己的地里埋起来。按照古代习俗，必须在日落之前埋好，有的人路远，所以必须尽快地奔跑。所有妇女向迅速跑走的男人投掷土块，她们有些人掷得很准。刚才还十分喧嚣的圣林很快就寂静下来，只剩下几个人留在那里看守剩下的牛头、牛骨、牛肚，按照仪式在木桩底下烧掉。

第四十七章 里提尔西斯

在孔德人的祭祀中,由权威人士充当默利亚奉献给大地女神。从他们死前死后受到的待遇来看,似乎这个习俗不能解释为仅仅是祈年的祭祀。一部分牺肉当然地奉献给大地女神,另一部分则被各户人家埋在自己的地里,人牺的其他部分烧成灰后撒在地里,另外还和成泥浆抹在谷仓上,或掺和在新谷里。这后一部分的做法意味着默利亚的身体有使谷物生长直接的或固有的力量,完全不同于向神献祭祈求神的福佑那样间接的效果。换句话说,人们相信人牺的血肉和骨灰具有肥沃土壤的神奇的或实质的能力。他们认为默利亚的血和泪也本能地具有这样的力量:他的血能使郁金香花色红艳,他的眼泪能降为甘霖。对于后者几乎无人怀疑,至少最初时无人怀疑,都认为,他的眼泪不只预兆雨水的降临,而是确实召来了甘霖。同样,埋下默利亚的肉,在上面浇水,无疑也是一种求雨的巫法。此外,默利亚具有巫术法力还表现在人们相信他的这些美好特性存在于他全身的各个部分,从头发到唾液都有。这就表明默利亚不只是祈神福佑的人牺。此外,对他的极端尊敬,也表明了这种看法。康贝尔少校形容,默利亚"被当作超凡的人",麦克菲尔逊少校说:"对他所表示的尊敬,简直像对神的膜拜一样。"总之,默利亚似乎是被当作神一样地对待的,最初被看作大地女神,或者植物之神,后来才不把他看作神的化身,而作为奉献给神的人牺。这后一种看法,记述孔德人这种仪式的欧洲作者也许看得有些过分。因为习惯于这后一观点,认为向神献祭就是为了求神恩惠,所以欧洲的观察家们就容易倾向于按照这种意义来解释一切宗教礼仪中屠宰的现象,并且假定哪里有这种现象,哪里就一定有这种神。他们并且认定屠杀人牺者总相信这种残杀献祭是受神欢迎的。因此这种先入之见就不知不觉地流露于作者的笔下,而歪曲了未开化民族的原始宗教仪礼。

像孔德人祭祀中那么非常明显地将神的代表杀掉的迹象在上述其他以人为牺牲的祭祀中也能找出一些来。例如,将被杀的马里莫人的骨灰撒在田里,把婆罗门男孩的血洒在庄稼上和地里;将杀掉的纳加入装在谷箱里;让苏族女孩的血流在种子上。又如说人牺就是谷物,换句话说,也就是认为他是谷的精灵或化身,这一点也从他们感到苦痛这一点上得到证明,人们似乎尽力证实人牺和人牺所体现或代表的自然物之间实质上的一致:如墨西哥人杀幼小的牺牲祭祀幼小的谷物,杀年老的牺牲祭祀成熟的谷物;马里莫人献祭又矮又胖的人作"种子",其身材与年幼植物的高矮相对应,其胖瘦与希望植物能达到的状况相对应;波尼人要把他们的人牺养得胖胖的,也许是抱着同样的看法。又如,非洲人用铲子和锄头杀死人牺的风俗,墨西哥人像压谷子一样,用两块石头碾死人牺的风俗,这些都表示人牺与谷物是等同的。

这些野蛮人的风俗中还有一点值得注意。波尼人的酋长吞食苏族女孩的心,马里莫人和贡德人吃下人牺的肉。假如像我们所想的那样,人牺被视为神灵,那么神灵的敬奉者就会认为吃人牺的肉就是吃神的身躯。

第四节　以活人当谷精处死

方才描述的未开化民族的宗教仪式,提出了与欧洲收获风俗

第四十七章 里提尔西斯

类似的例子。如谷精的增殖性能既表现在原始人用人牺的血和灰搅拌谷种的习俗中，也表现在欧洲农民用最后一捆谷穗上的谷粒掺拌春天新谷的习俗中。又如，认为人即是谷，这个看法也是一样的。未开化民族的风俗选用人牺要其年龄和身材与谷物的年龄和高度（无论是实际的或是希望谷物能达到的）相适应；苏格兰人和施蒂里亚人的规矩，在谷精还是闺女的时候，最后的谷子由年轻的少女来收割，在谷精成了五谷娘娘的时候，就由年老的妇女来收割；在洛林地方，杀老太婆的时候，也就是说打最后的谷子的时候，人们警告年老的妇女要当心；蒂罗尔人希望打谷时打最后一下的人是个高个儿，那样，来年的谷子也会长得很高。再进一步看：在未开化民族风俗中，用锄头或铲子杀谷精的代表，或用两块石头将他碾碎，在欧洲农民风俗中，也有与此相仿的表现，他们的做法是装作用镰刀或樵枷杀死谷精。还有，孔德人把水泼在埋好后的人牺的肉上的风俗，与欧洲农民把水泼在谷精人身代表身上或将他投入溪流的风俗是一致的，孔德人和欧洲农民的风俗都是求雨巫法。

现在回头来谈谈里提尔西斯的故事，事实表明，在野蛮的社会里通常是为了促进庄稼生长而杀死活人。因此，假定在弗里吉亚和欧洲，为了类似的目的也一度杀过人，也不是不可能的事。弗里吉亚的传说故事和欧洲的收获风俗彼此非常相近，都表明这样杀过人的结论，那么，我们就不得不至少暂时接受这个结论。再说，里提尔西斯的故事和欧洲的收获风俗都表明处死的人牺是谷精的代表，这一点正好与某些未开化民族的观点一致，那些未开化的野蛮人似乎认为被杀的人牺能使庄稼兴旺。整体来看，我们大致可以认为，在弗里吉亚和欧洲，每年都在收割的田地里杀死谷精的代表。先前我们也已经表明有理由相信欧洲同样每年杀死树精的代表。关于这两种非常相近的风俗的证据完全是彼此独立的。他们的同时存在似乎提供了对两者都有利的新推断。

怎样选择谷精的代表呢？对这个问题已经提出过一种答案。里提尔西斯的故事和欧洲的民间风俗都表明，过路的陌生人就是从割下或打下的谷子中逃出的谷精，并把他当作谷精捉住杀掉。但是证据提出的并非是唯一的答案。照里提尔西斯的传说来看，里提尔西斯的人牺并不是一个单纯的过路人，他们是在收获竞赛中输了，然后被用谷子包起来斩首的。这一点表明谷精代表的选择可以用收获时竞赛的办法，竞赛中比输了的人不得不接受这个致命的荣誉。欧洲的收获风俗也证实了这种假定。我们谈到过，在欧洲，收割者之间有时竞赛，谁都不愿落在最后面，比输的人，也就是割了最后的谷子的人，常常受到虐待。不错，我们是没有发现假装杀掉他的做法。但另一方面，我们知道，谁在打谷时打最后一下，亦即在打谷比赛中比输了，就假装将谁杀掉。那么，既然打最后一下的人是以谷精代表的身份被假装杀掉的，既然割和捆最后一捆的人也和打最后一捆的人一样具有代表谷精的身份，既然在这几种劳动中收割者事事都怕落后，我们就可以推定：割最后一捆、捆最后一捆也和打最后一捆的人一样，通常是被假装杀掉的，但是在古代则是真正杀死的。这种猜想已经由割最后的谷子的人马上会死去这个流行的迷信证实。有时候，人们认为在田里割最后一捆谷子的人将在来年死去。把割、捆、打最后的谷

第四十七章　里提尔西斯

子的人看作谷精的代表，理由可能是这样：人们认为谷精尽可能地躲在谷子里，在正干着活的割谷、捆谷、打谷的人面前往后退。最后的庄稼割了，最后的一捆捆了，最后的谷子脱粒了，他躲无可躲，不得不在谷秆之外另找托身之地，这之前谷秆就是他的身体或衣服。他（谷精）刚从谷子里被赶出来，离他最近的地方站着一个人，这时，除自然投向此人外，走投无路的谷精还能有其他托身之处吗？而这个人必然是最后割、捆、打谷的人。所以就把他或她捉住当谷精本身对待。

由此看来，在收获地里被当作谷精代表而杀死的人，或者是一个陌生的过路人，或者是最后割、捆、打谷的收割者。但是古代传说和现代民间风俗都表明还有第三种可能。里提尔西斯不只处死陌生人，他自己也被杀了，方式显然和他杀别人一样，即：用谷捆包起来，砍掉头，扔进河里去。故事还表明这事发生在里提尔西斯自己的土地上。同样，在现代的收获风俗中，似乎主人（农场主或乡绅）本人也和陌生人一样常常被假杀。我们还记得，传说里提尔西斯是弗里吉亚一个国王的儿子，还有一种说法，说他自己就是国王。我们把这一点和他明明以谷精代表的身份而被处死的传说联系起来看，我们不得不这样推测，这里又有一个每年杀一个神王或专司祭祀的王的风俗迹象。我们知道，这些神王或专司祭祀的王在西亚许多地区（尤其是在弗里吉亚）进行过阴森的统治。我们谈到过，看来这个风俗在有些地区有了修改，王子可以代父亲而死。里提尔西斯的故事是修改后的风俗的遗迹，至少也是遗迹的一种。

现在，我们来看看弗里吉亚的里提尔西斯和弗里吉亚的阿蒂斯的关系,我们也许还记得在珀西纳斯——专司祭祀之王的所在地——最高祭司似乎每年以植物神阿蒂斯的身份被杀,古代作者也把阿蒂斯描写为"一根割下的谷穗"。这样说来,谷精的体现者阿蒂斯每年由他的代表替死,我们可以认为他最终与里提尔西斯是一回事,里提尔西斯不过是粗犷的原始宗教形式,阿蒂斯则是由此发展而成的正式宗教。实情可能是如此,但从另一方面看,欧洲民间风俗却提醒我们,在同一个民族中,两种不同的植物神可以由他们各自的人身代表,在一年里不同的时候,都以神的身份被杀。我们谈过,在欧洲一般似乎是在春天以树精的身份杀一个,在秋天以谷精的身份再杀一个。里提尔西斯可能也是如此。阿蒂斯主要是树神,他与谷物的联系不过是树精威力的扩大,像5月收获风俗里所表现的那样。而且阿蒂斯的代表似乎在春天被杀;而里提尔西斯的代表则是在夏天或秋天被杀,依弗里吉亚收获的时间而定。大体说来,我们没有正当理由把里提尔西斯看作阿蒂斯的原型,两者可以看作同一宗教观念的平行产物,彼此间的关系就像欧洲的收获老人与春天野人、树叶人等等的关系一样。两者都是植物精或植物神,两者的人身代表都每年被杀掉。但是,对阿蒂斯的崇拜已升到正式宗教的尊严地位,还传播到意大利;而里提尔西斯的仪式好像从来没有超越其本土弗里吉亚的范围以外,永远保持着粗犷仪式的性质,由农民在收割庄稼的地里举行。最多不过像孔德人那样由少数几个村子联合在一起,为他们共同的福祉弄一个人牺(从司祭祀之王或弱小之王的家族中挑出)作为谷精的代表而杀掉,这种人牺可以说明传说中的里提尔西斯是弗里吉亚王子或国王的身份。如果几个村子并未联合起来做,每一个村子或农场也可以自己找出谷神代表来,其做法是抓一个过路人处死,或者将最后割、捆、打的收割者处死。猎取人头作为促进谷物生长的手段,在古代欧洲和西亚的野蛮土著中可能是普通的现象,正像阿萨姆、缅甸、菲律宾群岛和印度群岛原始农业部落中至今或迄至晚近还普遍流行一样。更无须再说弗里吉亚也跟欧洲一样,在庄稼地或打谷场上杀人的古老野蛮的风俗早在公元前5—前4世纪就已经确实改进为假装杀人了,收割人、打谷人自己也许都只把这种做法当作粗鲁的玩笑而已,农家流行的习俗允许他们向过路的生人、同伴,甚至主人自己开这种玩笑。

我花了较多的篇幅说里提尔西斯的歌,因为它与欧洲以及野蛮民族的风俗有许多可能对比的地方。前面已经提请注意西亚和埃及的其他收获歌曲,现在可以简略地带上一笔就够了!比提尼亚的波姆斯和弗里吉亚的里提尔西斯之间的类似点有助于证明刚才提出的对里提尔西斯的解释。收割者每年用挽歌悲哭波姆斯的死亡或失踪,他和里提尔西斯一样,是一个王子,或至少是一个出名的富家的儿子。受他监工的那些收割者是他在自己的土地上干活,他去为他们取水时失踪了。根据一种说法,他是被女仙背走了,毫无疑问,是泉水、池塘或河流的女仙,他是到那里去取水的。照里提尔西斯的故事和欧洲民间风俗的旁证来看,波姆斯的这种失踪可能是用谷子把农场主人捆起来扔进水里的风俗的遗迹。收割者唱的哀伤曲调也许是悲悼谷精死亡的悼歌,谷精或是在割下的谷中被杀,或是在一个人身代表的身上被杀,他们对他发出的呼唤可能是他们求他来年复生的祷词。

腓尼基人的里纳斯歌是在收获葡萄时唱的,我们从荷马的作品里知道,至少在小亚细亚都是如此。这首歌和里提尔西斯的传说都表明,在古代,收葡萄的人和挖葡萄的人对待过往的路人与收割者里提尔西斯对待路人的做法非常相似。有个传说,利迪亚①的西里厄斯强迫过路的人给他挖葡萄园子,最后赫库里斯出现,杀了他,把他的葡萄连根挖起来。传说大体上似乎就是如此,很像里提尔西斯的传说,但是古代作家和现代民间风俗都没有为我们补充传说的详细内容。不过,进一步看,腓尼基收割者大概也唱里纳斯之歌,因为希罗多德曾把这首歌比作曼尼罗斯之歌。我们说过,曼尼罗斯这歌是埃及收割者对割下的谷物唱的悼词。并且,有种看法认为里纳斯即阿多尼斯,而阿多尼斯在某种程度上是专指谷神的。这样说来,收获时唱的里纳斯悼歌可以说就是阿多尼斯的悼歌。两者都是收割者对死去的谷物精灵唱的挽歌。但是阿多尼斯和阿蒂斯一样,已发展成为神话的庄严形象,在华丽的城市里受到供奉和哀悼,远远超出他腓尼基老家的界限,而里纳斯似乎始终不过是一支简单的小调,由收庄稼和收葡萄的人在谷堆旁和葡萄园中歌唱。里提尔西斯和欧洲民间以及野蛮人的风俗相近,表明在腓尼基被杀的谷精(死去的阿多尼斯)以前可能是由人牺代表。这种假说从哈兰的传说故事得到证实。哈兰的故事说:**塔穆兹(阿多尼斯)被他残暴的主人杀了,骨头被碾碎,给风吹散。**我们谈到过,在墨西哥,收获时的人牺是用两块大石压碎。在非洲和印度,人牺的骨灰和尸体的残余部分都撒在田

---

① 小亚细亚西部的一个古代王国。

里。哈兰的传说可能只是关于磨谷和撒种的一种神话表现方式。还有一点似乎也值得提一下:劳斯月的第 16 日是巴比伦人的撒卡亚节,每年这个节日要杀一个假王,这个假王可能是代表塔穆兹的。记载这个节日名称及其日期的历史学家比罗苏斯①采用的可能是马其顿人的历法,因为他把他的历史著作献给安条克一世,在他那时候,马其顿人的劳斯月似乎与巴比伦人的塔穆兹月正相吻合。如果这个推断没错的话,那么,撒卡亚节杀的假王具有神的身份这种看法就可以成立了。

还有大量的证据表明在埃及被杀的谷精——死去的奥锡利斯——是以人牲代表的,收获者在谷田里将他杀掉,唱挽歌悲悼他的逝世,希腊人由于文字上的误解把这首歌叫作曼尼罗斯。关于布锡利斯的传说似乎保存了一点人牲的遗迹,这个传说中提到埃及人在对奥锡利斯的崇拜中曾经以人牲献祭。据说布锡利斯是埃及的一个国王,他把外来陌生人都杀了在宙斯的祭坛前献祭。这个习俗的起源可能推溯到一次在埃及土地上持续九年的灾荒。一个塞浦路斯的占卜者对布锡利斯说,如果每年给宙斯献一个人牲,灾荒就会停止,于是布锡利斯设立了这个祭礼。但是当赫拉克勒斯来到埃及,被人拖到祭坛上献祭的时候,他挣开绳索,把布锡利斯和他的儿了都杀了。这个传说是讲埃及每年要献祭人牲,其目的是防止谷物歉收,这也表明一种信念,如果有一次不献祭就会引起歉收,而祭祀的目的正是为了防止这样而引起的

---

① 比罗苏斯(Berosue,一译贝罗索斯,约活动于前 290 年),曾著述有关于巴比伦的历史和文化的作品。

歉收。所以,像我们谈到的那样,波尼人认为,如果有一次不献祭人牺,庄稼就将歉收。布锡利斯的名字实际上是一个城市名字即:"皮—阿萨",意思是"奥锡利斯的房子",这样称呼的原因,是因为城里有奥锡利斯的坟墓。的确,某些现代高级权威人士认为,布锡利斯是奥锡利斯的老家,对奥锡利斯的崇拜是从这里传到埃及其他地区去的。传说人牺就在他的坟墓上献祭,人牺是长红头发的人,用簸箕将他的骨灰四处散开。有碑铭记载可以佐证这个在奥锡利斯墓上献祭人牺的传说。

上述对埃及有关奥锡利斯传说的讨论,提出了一个前后一致、可信度相当高的说明,每年有一个陌生人在收获时代表谷精奥锡利斯,他的红头发使他适于做成熟的谷物代表。这个人以代表谷精的身份在谷田里被杀,所有的收获者都哀悼他,他们还祈祷谷精来年以新的生命复活和回反(Mââ-ne-rha,曼尼罗斯)。最后,这位人牺的某一部分被烧掉,骨灰用簸箕扬在田里,使土地获得增殖力。在这个例子里,人牺代表谷神,选择人牺的根据是他与谷物的类似,这一点与已经描写过的墨西哥和非洲的风俗是一致的。同样,在墨西哥的仲夏节祭祀中以五谷娘娘的身份而死去的妇女,脸上涂成红色或黄色,以象征谷物的颜色,她戴上一顶硬纸做的法冠,顶上戴着羽毛,这是模仿玉米胡须。另一方面,在白玉米女神的节日里,墨西哥人献祭麻风病人。罗马人在春天献祭红发偶像,用以回避天狼星所谓不利影响,认为献偶像后谷物会长得又红又熟。哈兰的异教徒给太阳、月亮和行星献祭人牺,选人的根据是被选择者具有与他们要祭的那个天体的所谓类似点,例如,穿红袍、抹着血的祭司在一个有红墙、挂红幔的庙里拿一个红头发、红脸颊的人献给"红色的火星玛尔斯"①。这些例子和其他类似的例子都是要使献祭的人牺和他所代表的神或自然现象相像,最终都是根据顺势或模拟巫术的原理,其想法是:若要得到预定的效果,就用一个具有类似特征的牺牲作为工具,既定的目标将会很快达成。

关于奥锡利斯躯体的残块被四处抛散。伊希斯把它们就地埋葬了的故事,很可能就是一种风俗的遗迹,这个风俗就像孔德人的风俗一样,把人牺的躯体分成许多块,埋在田里,其间相距常常有好几英里远。

这样(如果我说得正确的话),埃及收获人的哀哭提供了解奥锡利斯神话的钥匙,直到罗马时代,年年都可以听见这个哭声穿过田畴,宣布谷精(奥锡利斯的粗犷的原始形式)的死亡。我们谈过,在西亚所有的收获地里都可以听见类似的哭号,古人把这种哭号叫作歌。但是根据里纳斯和曼尼罗斯这两个名字的分析来判断,那些歌大半只有几个字,拖着唱歌的调子喊出来,老远处就能听见。许多有力的声音同时响亮地、拖长调子地哭喊着,一定产生惊人的效果,凡是偶尔走过的旅客听到这歌声不可能不予以注意。这种声音一遍又一遍地重复着,也许就是在远处也能相当容易地辨明,不过,在亚洲或者在埃及旅行的希腊人听起来,那些外国字一般都没有意义,他可能很自然地把它们都当作收获人在喊某人的名字了(如:曼尼罗斯、里纳斯、里提尔西斯、波姆斯等

---

① "红色的火星玛尔斯"(red planet Mars),火星(mars)一词与罗马神话中的战神与农业之神玛尔斯(Mars)是同一个词。这里的"红色火星",即红色的玛尔斯、战神与农业之神。

等)。如果他的旅程领着他走过不止一个国家,如俾西尼亚和弗里吉亚,或腓尼基和埃及,而当时又正在收割谷物,他就会有机会把不同民族的各种收获时的喊声比较一下。因此,我们就很能够理解希腊人为什么常常注意到这些收获的喊声并对它们进行比较。如果他们是正式的歌曲,在那么远的地方就不可能听见,也就不可能吸引那么多旅行者注意;而且,即使行人走到能听见的地方,也不可能那么容易地辨出词句来。

直到最近,德文郡①的收割者还唱着这一类的号子,并在田里举行一种仪式,与奥锡利斯仪式所从出的仪式(如果我的推论不错的话)正相类似。一位观察者在19世纪上半叶曾经描写过这些喊声和仪式,他写道:"在德文北部大多数农场里,全部小麦割完后,收获人有一个'哭号子'的风俗,我相信在这一带任何一个大农场里都会有这种做法。做法是这样的:一个老人或某个其他的人,他必须非常熟悉这时(正是劳动者割最后一片小麦地的时候)举行的仪式,他在麦堆和麦捆周围走着,尽可能挑出一小捆最好的麦穗,他把这一捆捆得利利落落,把麦秆编排得很有趣,把这叫作小麦的'脖子'或小麦的耳朵。麦田割完,又一次传壶喝水的时候,拿'脖子'的人站在当中,双手捧着它。他先弯腰,使'脖子'靠近地面,圆圈内所有的男子都脱下帽子,弯下腰,两手垂地捧着帽子。然后他们大家一起用拖得很长、很和谐的声音喊道:'脖子啊!'同时慢慢立直,把手和帽子举到头上,拿'脖子'的人也把它高高举起来。如此一连做三次。然后他们把喊声换为'威·因

---

① 在英格兰西南部。

第四十七章 里提尔西斯

(Wee yen)！'——'韦·因（Way yen）！'——和原来一样，喊声又长又慢，和谐动人。这后来的呼喊也跟喊'脖子'一样，伴以同样的身体和手臂的动作……这么喊了三遍'脖子'、三遍'威·因'或'韦·因'之后，他们都大声欢笑起来，把帽子抛到空中，到处跳跃，也许还亲吻女孩子们。然后，他们中的一个人拿上'脖子'，尽快跑回农场住宅，一个挤奶的姑娘或家里的一个年轻妇女站在农场门口，准备好一桶水在等着。如果拿'脖子'的人能够进入屋内而不被人看见，或公开地不走大门而以别的办法进入屋内（大门口有拿水桶的姑娘站在那里），那么，他就有权吻她；如果他不能成功地进屋，就要挨那桶水浇淋。在一个晴朗的秋天夜晚，从老远听去，'哭脖子'真有一种奇妙的效果，远比土耳其报告晚祷时间的人喊的要好听得多（拜伦勋爵对这种报时的喊声非常赞赏，说它比基督教所有的钟都要好听）。我有一两次听见二十多人一起喊，有时候还有二十多个妇女的声音。大约三年以前，在一些高地上，我们的老乡正在收割，有一个晚上我听见六七次喊'脖子'的声音，虽然我知道有几个喊声是在四英里以外。有时候，在宁静的黄昏，即使相当远的地方，也能听得到。"又如，布雷夫人谈到她在德文郡旅行时，"看见过一批收割者在高地上站成一个圆圈，把镰刀举得高高的。当中有一个人拿了一把和花扎在一起的麦穗，连喊三次（她是这么记录的）：Arnack, arnack, arnack, we haven, we haven。他们回家去，妇女和孩子都跟在一起，拿着花枝，又喊又唱。陪同布雷夫人的男仆人：'那不过是一些人在跟收获精灵闹着玩哩，他们总是这么玩的。'"在这个例子里，正如伯恩小姐所说的，"'arnack, we haven'显然是德文地方的土话，意即

'一个脖子！我们得了一个了！'"〔a neck(or nack)! we have un!〕

关于这个老风俗,1839年还有一个写于特鲁罗的记载,其文如下:"在赫里根,所有的谷物都割了的时候,干农田活的男人和妇女都到屋前来,随身带一小把谷子,是最后割下来的。缀上绸带花卉,有一处捆得相当紧,看上去像个脖子。然后挤奶姑娘把脖子交给带工的人。他拿到手之后高声说三遍:'我得到了他,我得到了他,我得到了他！'另外一个农人喊道:'你得了什么啦？你得了什么啦？你得到了什么啦？'然后头一个人又说:'一个脖子,一个脖子,一个脖子。'他说完之后,所有的人都大叫一声。他们如此做三遍,最后一声大喊之后,就去吃晚饭、跳舞、唱歌。"另一个记载说:"割完最后的谷子,大家都到田野里去,编好'脖子',系上绸带,他们围着跳舞,把'脖子'拿到大厨房里去,在那里马上要开晚饭了。他们说的话同上面记载一样,还加上一句'嗬,嗬,哈,哈,我得了它,我得了它,我得了它'。人们把它挂在厅堂里。"另外一个记载说道,有一个人拿着最后一把谷子从田里逃走,其余的人拿着水追赶他,想在把谷子拿到谷仓之前把水浇上去。

在上述风俗中,人们认为有一把谷穗(一般是田里的最后一把谷物)是谷精的颈,割了这把谷子也就割到了谷精的头。同样,在希罗普郡,所有的谷子割完后,田的正当中留下最后一把谷子,过去一般称之为"脖子"或"公鹅的脖子"。人们把它编在一起,收割者都站在十步、二十步以外,挥镰砍它。谁把它砍下来了,就说谁砍掉了公鹅的脖子。人们把脖子拿到场主的妻子那里去,她就把它保存在自己的家里,以求走好运,一直要保存到第二年收获的时候。在特里尔①附近,收割地里最后一把谷子的人就是"割下了山羊的脖子"。在盖尔湖畔的弗斯兰村(邓巴顿郡),有时把田里的最后一把谷子叫作"头"。在东弗里斯兰②的奥里希村,收割最后一把谷子的人是在"砍掉兔子的尾巴"。法国收割者在收割田里最后一把谷子的时候,有时喊道:"我们抓住猫尾巴了!"在布列斯(勃艮第③)地区,最后一捆谷子代表狐狸。在这捆谷子旁边留一二十根谷穗不割,当作尾巴,每一个收割者后退几步,对准他扔镰刀。谁把它砍断了,谁就是"割断了狐狸尾巴",大家喊:"你高!你高"来庆祝他。这些例证不容我们怀疑德文郡和康沃尔郡的"脖子"一词,其含义是指最后一捆谷子。人们认为谷精具有人类或动物的形体,心里最后的谷子是它身体的一部分——是它的脖子、它的头或它的尾巴。有时,如我们已看到的,最后的谷子被当作是谷精的脐带。最后,德文郡用水淋浇拿回"脖子"的人,这个风俗也是一个求雨巫术,跟我们已经谈到的许多求雨巫术一样。在奥锡利斯的宗教仪式里也有类似的习俗,那就是把水浇在奥锡利斯的塑像上或浇在代表他的人的身上。

---

① 德国西部一城市。
② 荷兰北部一个省。
③ 法国东南部一个地区,古时曾是一个小王国。

第四十八章　谷精变化为动物

第一节　谷精变化为动物形象

前面我举了一些例子说明"脖子"一词的含义是指最后一捆谷子。还有一些例子其中谷精则是以动物形态出现的,如公鹅、山羊、野兔、猫和狐狸。这使我们看到了谷精的一个新的方面。下面我们就将加以考察。通过考察我们不仅可以得到杀神的新例证,而且还有希望澄清有关阿多尼斯、阿蒂斯、奥锡利斯、狄俄尼索斯、得墨忒耳和维尔比厄斯的神话和崇拜中的某些还不很清楚的地方。

人们设想谷精变化成许多动物形象,其中有狼、狗、野兔、狐狸、公鸡、鹅、鹌鹑、猫、山羊、母牛(阉牛、公牛)、猪、马。人们认为谷精是以这些形态中的一种形态藏在谷物里,在最后一捆谷物中被捉住或被杀掉。正在收割谷物的时候,动物在收割者面前逃掉,如有一个收谷人在田里病了,就认为他是不知不觉中被谷精绊住了,是谷精惩罚亵渎不恭的冒犯者。人们说出是"黑麦狼抓住他了","收获山羊牴了他一下"。收割最后的谷子或捆最后一捆的人就叫动物的名字,黑麦狼、黑麦母猪、燕麦山羊等等,有时这个名字要保持一年。这个动物还常常由最后一捆谷或木料、花卉等做成的偶像来代表,用最后一辆车在欢闹声中带回家去。即使不把最后一捆谷物扎成动物的形状,也仍然称它为黑麦狼、野兔、山羊等等。一般说来,每种谷物各自有一种动物名称,在最后一捆谷中被捉住,名叫黑麦狼、大麦狼、燕麦狼、豌豆狼、土豆狼,依不同谷物而定,但动物的形象有时候只是在收割最后的谷物时才制作一次。有时人们认为被大小镰刀的最后一割所杀死。但更通常的办法是:只要还有谷子没有脱粒,动物就还活着,打最后一捆时才被捉住。所以谁用梿枷打最后一下,人们说他捉住了五谷母猪、脱粒狗,等等。打谷完毕时就做一个动物形状的偶像,由打最后一把谷穗的人拿到正在打谷的邻近农场上去。这一点表明有人认为任何地方只要还在脱粒,谷精就会住在那里。有时候打最后一捆谷子的人自己代表动物,邻近农场里还在打谷的人如果抓住了他,就拿他当作他所代表的动物对待,把他关在猪圈里,把他当猪来唤等等。下面举一些实例来说明。

第二节 谷精变化为狼或狗

且从人们想象谷精变化为狼或狗说起。这种观念在法国、德国和斯拉夫民族的国家中都很普遍。例如,风使谷物像浪涛一样地起伏,这时农民常常说"狼在谷上走(或在谷中走)"、"黑麦狼在田里跑"、"狼在谷子里"、"疯狗在谷子里"、"大狗在那儿呐!"孩子想到谷田里去摘谷穗或是采摘蓝色的矢车菊,人们叫他们不要去,因为"大狗坐在谷里"或是说"狼坐在谷里要把你撕成几块","狼要吃你"。叫孩子不要去惹的那只狼并不是一只普通的狼,因为人们常说它是玉米狼、黑麦狼等等,例如,他们说:"小孩,黑麦狼要来把你吃掉","黑麦狼要把你抓走",等等。不过谷精还具有狼的全部外形。在费伦霍夫(东普鲁士)附近,要是有只狼从田里跑过,农民总是注视着,看它的尾巴是竖在空中还是垂向地面。如果它的尾巴是拖在地上,他们就跟在它后面走,谢谢它给他们带来的祝佑,甚至在它面前放一点好吃的东西。但是,如果它的尾巴翘得很高,他们就骂它,要杀死它。在这个例子里,狼就是谷精,它的增殖力在它的尾巴里。

狗和狼在收获风俗中都是谷精的化身。例如,在西里西亚的某些地区,割或捆最后一捆庄稼的人叫小麦狗或豌豆哈巴狗。但是,五谷狗的概念表现得最突出的是法国东北部的收获风俗。例如某个收谷者由于生病、疲倦或懒惰,不可能或不愿意赶上他前面的收割者,他们就说:"白狗打他旁边过了"、"他得了白色母狗了",或者说"白色母狗咬了他了"。在孚日山区,收获五月叫作"收获狗",割最后一把谷草或小麦的人叫作"杀狗"。在汝拉山①区的隆勒索尼埃附近,最后一捆谷叫作母狗。在凡尔登②附近收割将完时通常叫作"他们要杀狗了"。在埃皮纳尔,人们按谷物的种类说,我们要杀小麦狗,或黑麦狗,或土豆。在洛林,说割最后的谷子的人"他在杀收获狗"。在蒂罗尔的达克斯村,说打谷时打最后一下的人是"把狗打倒了"。在施塔德③附近的阿涅伯根村,按不同谷物把他叫作玉米哈巴狗、黑麦哈巴狗、小麦哈巴狗。

狼也是一样。在西里西亚地方,收庄稼的人围着田里最后一

---

① 在法国与瑞士的边界线上,属法国。
② 法国东北部的一个城市。
③ 德国下萨克森州。

第四十八章　谷精变化为动物

块谷子要割的时候,他们就说:"要捉狼了!"梅克伦堡的许多地方特别流行五谷狼的说法,人人都怕割最后一把谷子,因为他们说狼就坐在那里面,所以每个割谷子的人都使出自己的一切力量,怕落在最后面,每个妇女同样怕最后一捆割下的谷子,因为"狼在里面"。所以割谷子的人和捆谷子的人都在比赛,谁都不愿落在最后。整个德国似乎都有一个普遍的说法:"狼坐在最后一捆谷子里。"有些地方人们对割谷的人喊道:"小心狼啊!"或者说"他正在把狼从谷里赶走"。在梅克伦堡,一般把田里最后一把谷子叫作狼,割这把谷子的就是"得了狼",按不同谷物把狼称为黑麦狼、小麦狼、大麦狼等等。如果庄稼是黑麦,收割最后谷子的人就叫狼或黑麦狼。梅克伦堡有许多地方,割最后谷子的人必须伪装咬其他收谷人或者像狼一样嚎叫,以表示他是狼。最后一捆谷子也叫狼,或者叫黑麦狼、燕麦狼,依庄稼而定。人们说到最后一捆谷子的妇女时,都说"狼在咬她"、"她得了狼了"、"她应该把狼取出来"(从谷物中)。也有把她叫狼的,他们对她喊道:"你是狼",她就得整年背上这个名字,有时候也按庄稼把她叫作黑麦狼或马铃薯狼。在吕根岛①,捆最后一捆的妇女不仅名字叫狼,回到家里她还咬屋里的女主人、女管家,因此还得到一大块肉,但是谁也不愿意做狼。一旦妇女可以同时做黑麦狼、小麦狼和燕麦狼,只要黑麦、小麦、燕麦捆最后一捆的都是她。在科隆②地区的布尔村,从前有个风俗,把最后一捆谷子扎成狼形,留在谷仓里,直到所有的

---

① 德国的属地。
② 德国属地。

谷子都打完后把它交给农场主,由农场主在上面洒上酒或白兰地。在梅克伦堡的布伦肖浦屯村,捆最后一捆小麦的青年妇女过去常从这捆中抽出一把麦子,拿它作"小麦狼",这个狼的体形有两英尺长、半英尺高,狼腿是用硬麦秸做成的,尾巴和鬣毛则用小麦穗。她走在收割人的前头把它带回村去,放在农庄大厅内的高处,在那里放很长一个时期。还有许多地方把称作狼的那一捆做成人形,穿上衣裳。这表明把人形谷精和动物形谷精两者的概念混淆了。通常"狼"是在欢呼声中放在最后一辆车上带回家的,因此,那最后的一辆车也叫作狼。

又如,人们认为狼是躲在谷仓中割下的谷子里的,当梿枷打到了最后一捆谷子时,它就被赶了出来。所以在马格德堡附近的万茨勒本,打完谷后,农民列队游行,用链子牵着一个人,浑身包着打过的谷草,称作狼。他代表从打过的谷子里逃出来被逮住的谷精。在特里尔地区,人们认为打谷时打死了五谷狼。人们把最后一捆秸打成碎段。他们认为这么做,躲在最后一捆里的五谷狼准被打死了。

在法国,收获时也有五谷狼的说法。如人们对收割最后谷物的人喊道:"你要抓狼啦!"在尚贝里附近,人们围着田里最后的谷子站成一圈,快割完时,收割的人齐声喊道:"狼就在那儿呐!"在芬尼斯太尔谷要割完时,收割人喊道:"狼就在这儿,我们要逮住它!"每人割一块,谁先割完,谁就喊:"我逮住狼了!"在圭延,最后的谷子割完时,人们牵一头阉羊围着田走,叫作"田里的狼"。羊角上挂着用谷穗和花卉编的花圈,脖子身上也都围上花圈和绸带。全部收割的人跟在后面,边走边唱。然后在田里把它杀掉。

在法国的这个地方,最后一捆叫 coujoulage,这是当地土话,意即一头阉羊。所以,杀阉羊是表示谷精的死亡,认为它是藏在最后一捆中。不过这种做法是把对谷精的两种不同观念——当作狼和当作阉羊——混在一起了。

有时候似乎认为在最后的谷子里逮住的狼,冬天住在农舍里,春天就要作为谷精恢复活动。所以在仲冬,日子一天天长起来,预报春天的来临,狼也出现了。在波兰,一个头顶狼皮的人在圣诞节时让人牵着走;或者是人们抬着狼的标本走,抬的人还向人家讨取赏钱。有些事实表明这么一个老风俗,人们牵着一个浑身包着树叶的人到处走,这人就叫作狼,他们一面走,一面向人家讨取小费。

第三节 谷精变化为公鸡

谷精常被设想的另一形体是公鸡。在奥地利,人人告诫孩子不要在谷地里到处乱走,说五谷公鸡就在地里,要把孩子的眼睛啄掉。在德国北部,人们说"公鸡住在最后一捆谷子里",当割到最后一捆谷子时,割谷人就喊道:"我们现在就要把公鸡赶出来了。"割下最后一捆谷子后就说:"我们捉住公鸡了。"在特兰西瓦尼亚的布拉勒尔地方,当割谷人割到最后一小片谷物时就喊道:"我们就要在这儿捉住公鸡了。"在菲尔斯滕瓦尔德,当要捆最后一捆谷物时,主人从篮子里放出带来的公鸡,让它在地里跑走。在场的捆谷人跟在后面追赶,直到把它捉住。其他地方,割谷人都抢着割地里最后一把谷子,谁抢到了,谁就得学公鸡啼叫,人们就叫他是公鸡。据说文德人的习俗,农场主在地里捆下的最后一捆谷子里藏一只公鸡,最后收集谷捆时,谁碰到了这捆谷子,捉到了这只鸡,这只公鸡就归谁,而当年的庄稼收割也就到此结束,并且取名叫"捉公鸡",主人提出款待收割人的啤酒,叫"公鸡啤酒"。那最后一捆谷子叫"公鸡"、"公鸡捆"、"收获公鸡"、"收获母鸡"、"秋天母鸡",还根据不同的谷物而叫麦公鸡,豆公鸡,等等。在图林根的温成苏尔,地里割过的最后一捆谷子做成公鸡形状,叫作"收获公鸡"。特别在威斯特伐利亚,载运谷捆的车头上还挂着用木头或纸板做的公鸡形象,公鸡嘴里叼着各类农产品,并且装饰着谷穗和鲜花。有时候把这种公鸡形象绑在"五月树"的树顶,用载运谷物的大车拉着。还有的地方将一只活公鸡或人做的公鸡形象系在"收获冠"上用竿子抬着。在加利西亚等地,把活公鸡跟谷穗或鲜花编的花环系在一起,由妇女收割者的领头人顶在头上走在这一行人的前面。在西里西亚,人们把一只活公鸡用盘子托着奉送给主人。人们把收获晚餐叫作"收获公鸡"、"茵子公鸡"等等。晚餐上的一道主菜必须是一只公鸡,至少有些地方是这样做的。如果赶车人把运谷车弄翻了,人们就说他"弄翻了收获公鸡",他便失去了这只公鸡,也就是不能参加吃这顿收获晚餐。载运收割庄稼的大车,要载着收获公鸡绕农场房子走一圈后才能进入谷仓,然后把公鸡钉在门框上面或门框旁侧,或钉在山墙上,一直挂到来年收获时。在东弗里斯兰,打最后一下的打谷人被叫作"咯咯叫的母鸡",人们在他面前撒一些谷粒,把他当作母鸡对待。

此外,谷精还以公鸡的形象被杀掉。在德国部分地区以及匈牙利、波兰和彼卡第①等地,收割谷物的人们将一只活公鸡放在最后要收割的稻子里,在田里追逐它,或者把它齐脖子埋在地里,然后用镰刀或长柄大镰刀把鸡脑袋削掉。在威斯伐利亚的许多地区,当收割者把木制的公鸡送给农场主人的时候,主人就回报一只活公鸡。他们就用鞭或棍子把公鸡打死,或用镰刀砍下鸡脑袋,或者把公鸡扔进谷仓里交给姑娘们或女主人去烹饪。如果"收获公鸡"未被翻倒——就是说,没有一辆运谷子的大车翻车——收割者就有权杀死农场上的活公鸡:用砖头把它砸死,或砍下鸡脑袋。有些地方虽然已不时兴这种习俗了,但到时候农场主的妻子一般还是要给收割谷物的工人做韭菜鸡肉汤吃,并且把做汤的公鸡的头让工人们看。特兰西瓦尼亚的克劳森堡邻近地区,收割谷物得在地里活埋一只公鸡,把头露在外面,由一个青年人用长柄镰刀一挥把鸡头削下来。如果他没能做到这样,那么,在这一年之内人们就都叫他"红公鸡",并且担心来年庄稼长不好。特兰西瓦尼亚的奥多尔黑尤附近,把一只活公鸡绑在地里最后一捆谷子上,然后用烤肉的铁叉把它杀死,剥去皮毛,保存到来年,鸡肉则随即扔掉不要。第二年春天把最后一捆谷子上的谷粒打下来同这公鸡毛和在一起撒在要耕种的地里。这种做法清楚不过地表明了公鸡就是谷精。把公鸡拴在地里最后一捆谷子上杀掉,这种做法里公鸡是表示谷精的,杀死公鸡是表示收割谷物。把公鸡羽毛保存到来年春天同这捆谷子上的谷种掺在一起撒到地里,再次证明公鸡和谷精是一回事。公鸡作为谷精的化身,具

---

① 法国北部地区。

有促使谷物茁壮生长的力量,在这里以最明显的方式表达出来。所以,谷精以公鸡的形象在收获时被杀,到春天又以新的生命再现出来进行活动,把公鸡埋在地下,用镰刀割下脑袋,像割谷穗似的,这种习俗非常清楚地表示了公鸡相当于谷物的概念。

第四节　谷精变化为野兔

人们还普遍把谷精叫作野兔。在盖洛威,收割地里最后一撮谷物时叫作"割野兔"。其做法如下:地里成熟的谷物都割了,只剩一把留作"野兔"。将这一把分作三股,编成辫子,把谷穗打成一个结。割谷人都后退几码,轮流将镰刀向兔子扔去,看谁能把兔子割下,但必须在打的结底下割断谷秸才算。割下来的"兔子"带回家交给厨房里的女仆,挂在厨房门里的上方,往往要挂到来年收谷时。在明尼加夫教区,这种野兔一割下来,未结婚的割谷人都立即迅速往家里跑,第一个跑到的,就预示他将第一个先结婚。在德国,地里最后割下的一捆谷物,名称之一,也是野兔。例如,安哈尔特有些地区,当田里都已收割,只剩几根谷秸立在地头的时候,人们说:"兔子就要来了!"或者割谷人互相喊道,"注意,看兔子怎么跳出来!"东普鲁士的人说,野兔藏在地里最后未割的一片谷子中,最后的割谷人必须把它赶出来。割谷人全都尽快干活,谁都不愿落在最后去"赶野兔",因为谁"赶野兔",谁就是割最后一片谷子的人,是要受大家嘲笑的。在奥里希,割地里最后几根谷子,叫作"割野兔尾巴"。德国、瑞典、荷兰、法国、意大利都把地里割最后一片谷子的人说成"他在宰野兔了"。在挪威,被叫作

"宰野兔"的人必须献出兔子的血来,也就是得请大伙儿喝白兰地。在莱斯博斯①,当割谷人在相邻的两块地里收割时,双方都努力抢先割完,把野兔赶到对方的地里去。据说,先割完者来年收成会更好些。他们将一小捆谷子放在圣像旁边,直放到来年收割时。

第五节 谷精变化为猫

另外,还想象谷精有时变化为猫。在基尔②,人们告诫孩子们不要走到谷物地里去,因为有"猫"藏在那里。在埃森纳赫③的奥伯兰,大人对孩子说:"谷精老猫要来抓你了"、"谷精老猫在谷子里走"。西里西亚有些地方在割地里最后几株谷子时,说道:"捉住老猫了",打谷时,打最后一下的人被称为"老猫"。里昂附近地方把地里割下的最后一捆谷物和收获晚餐都叫作"老猫"。沃苏勒④附近人们收割地里最后的谷物时则说:"我们抓住猫尾巴了。"在多菲内⑤的布里昂松,收割开始的时候把一只猫用彩带、花朵和谷穗装饰起来,叫作"球皮猫"(*le chat de peau de balle*)。如果收割者干活时碰伤了身上什么地方,就让这只猫舔伤口。收割完后,再一次用彩带、花朵、谷穗把那只猫装饰起来,围着它跳舞作

---

① 希腊的一个岛屿,在爱琴海上。
② 德国北部的海港。
③ 德国的一个城市。
④ 法国里昂附近地区。
⑤ 法国东南部一个地区,与意大利边境接壤。

乐。跳舞结束时姑娘们还认真地将猫身上的装饰剥掉。在西里西亚的绿山城①地方，收割地里最后一把谷物的人被叫作"汤姆老猫"。人们用黑麦秸和柳枝把他包了起来，还装上一根长辫子。有时还将另外一个人也同样打扮起来，跟他做伴，叫作母猫。他俩的职责就是见了人就追逐，追上后就用长棍子敲打。在亚眠②附近，收割快要结束时，人们说"他们要杀掉这只猫了"，当地里割下最后一把谷物时，农场上就杀死一只活猫。法国有些地方打谷时把一只猫放在要打的最后一捆谷子底下，用槤枷把它打死，到星期天把它烤熟了作节日佳肴。在孚日山区，收割结束时叫作"捉猫"、"杀狗"，偶尔也叫"捉野兔"。依据庄稼长的好坏，说这种猫、狗或野兔是肥的或瘦的。割最后一把稻穗或麦穗的人被说为"捉猫"、"捉野兔"或"杀狗"。

第六节　谷精变化为山羊

谷精常常以山羊的形象出现。普鲁士有些地方，当风吹谷物低伏时，人们说那是"山羊在互相追逐"、"风赶羊群过谷田"、"山羊在吃谷子"，预期会有好收成。他们还说"燕麦山羊就藏在黑麦地里"、"黑麦山羊就藏在黑麦地里"。孩子们受到告诫不要到谷物地里摘蓝色矢车菊，也不要到豆子地里摘豆荚，因为黑麦山羊、玉米山羊、燕麦山羊或豆山羊正躺在那儿，会把孩子带走或杀死。

---

① 亦译为"格林贝格"。
② 法国北部地区，今法国皮卡第大区，索姆省省会在此。

第四十八章 谷精变化为动物

收割的人干活时如果病了或落在大伙后面,同伴们便喊道:"收获山羊催他了"、"他被玉米山羊催赶了"。在布朗斯堡(东普鲁士)邻近地区,捆燕麦时每个收获人都争先捆完"以免谷物山羊催赶自己"。在挪威的奥伊福顿,每个收割人都有分派给自己收割的一片谷子,收割中如果别人都割完了自己的一片,而某人还未割完,别人就说他"留在孤岛上了"。如果这位落后者是男人,大伙就向他学着公山羊的叫声;如果是女的,大伙就对着她学母山羊叫。在下巴伐利亚的施特劳宾,收割时割最后一把谷物的就说"他得到了玉米山羊"、"小麦山羊"或"燕麦山羊",依割的是什么谷类而定。另外,还在最后一堆谷物上插两只羊角,并把这堆谷物叫作"带角的山羊"。在东普鲁士的克罗伊茨堡,人们向捆最后一捆谷物的妇女喊道:"山羊就藏在你那一捆里啦!"在施瓦本的加布林根,当农场最后一片燕麦地收割的时候,收割人用木头做一个山羊,把燕麦穗塞进木山羊的鼻孔和嘴巴里,用花环把木山羊装饰起来,放在地里,称之为燕麦山羊。快要收割完的时候,所有收割者人人争取提前割完自己的一份,谁要是最后割完,那燕麦山羊就归谁,而且最后一捆燕麦也叫山羊。巴伐利亚的维森特山谷里,把地里绑着的最后一捆谷子也叫山羊,那里人们有句谚语说:"田里一定得有一只山羊。"黑森的斯巴赫布吕肯地方,地里最后割下的一把谷物叫作山羊,割这把谷物的人要受到许多嘲笑。丢伦布希格和巴登的莫斯巴赫,也都把地里最后割的一捆谷物叫作山羊,有时还把这捆谷物做成山羊的形状,并且说:"山羊就在这里面。"割或捆这最后一捆谷物的人叫作山羊。梅克伦堡有些地方人们对捆最后一捆谷子的妇女喊道:"你就是收获山羊。"汉诺威的于尔岑附近地区,以"带来收获山羊"开始收获节的活动:把捆最后一捆谷物的妇女用稻草包起来,头上戴着收获花环,用独轮的小车推着送回村里,人们就在那里围拢跳起环舞。吕讷堡附近,捆最后一捆谷子的妇女也戴着谷穗做的花冠,人们称她为谷山羊。巴登地区的蒙泽斯海姆农村把割最后一撮玉米或燕麦的人叫作玉米山羊或燕麦山羊。在瑞士的圣加仑州,在地里割最后一把谷子的人或赶最后一趟运谷车进谷仓的人都叫作谷物山羊,或燕麦山羊,或干脆就叫山羊。在图尔高州,这样的人被叫作谷物山羊,也像山羊那样在脖子上挂一个铃铛,全身淋透了水,被人们欢乐地带着各处游行。施蒂里亚有些地方也把割最后一把谷子的人叫作谷物山羊、燕麦山羊,或这一类的名字。获得称号的人照例在一年之内,即下一次收割前,不得更改这个称号。

还有一种观念认为,以山羊或其他体态被捉住的谷精都住在农场的房子或谷仓里过冬。因此,每个农场都有自己的谷精化身形态。另一种观念则认为谷精是神仙或神祇,并不是哪一个农场的谷神,而是一切谷物之神。所以,某个农场的谷物割完之后,它就逃到另一个农场的尚未收割的谷物中去。这种看法表现在过去斯凯岛①上人们的收获习俗中。那里的农场主人谁先割了自己地里的庄稼,便派一个男人或妇女送一捆谷子给邻近尚未收割完庄稼的农场主,这个农场主收割完庄稼之后,又把这捆谷子派人送给仍在收割的邻近的农场主,这捆谷子就这样在各农场轮流送

---

① 距苏格兰西部海岸不远的一个岛屿。

第四十八章 谷精变化为动物

了一遍,直到所有农场都收割完毕为止。这捆谷子叫作戈比尔·布哈喀(goabbir bhacagh),即跛足山羊。这个习俗似乎迄今仍未绝迹,不多年以前从凯斯岛上还传出过有关这种习俗的报道。谷精之所以被看作是跛足的,因为在收割谷物时被割伤了。因此,有时往家里背这捆谷子的老妇人也得瘸着一只脚走路,以体现谷精的受伤。

有时人们相信这种具有山羊形体的谷精在收获地里被镰刀或长柄大镰刀砍死了。在摩泽尔河①畔的贝恩卡斯特尔邻近地区,收割人抓阄排定每人收割时所在的位置,前后的伙伴是谁。排在最前面的叫作"领头的收割人",排在最后的叫作"捉尾巴的"。谁如果割得快,赶上并超过他前面的人,就从前面那人身旁越过并留下一片地的谷子给那人去割。留下的这片谷子就叫山羊,"割这块山羊"的人在这天内要受同伙的揶揄嘲笑。当"捉尾巴的"那人割最后的谷穗时,人们就说他是"割断山羊的脖子"。格勒诺布尔邻近地区在收割未完以前,将一只活山羊披着彩带和花朵放进地里随意走动。收割人追赶这只羊,捉到以后,交给农场主的妻子,把它紧紧绑起来,由农场主人砍断羊头,用这羊肉供收获晚餐食用。另外还腌制一块羊肉直到来年收割完杀另一头时。所有收割者都要吃这羊肉。同一天还将羊皮做成外套,农场主在收获期间同伙计们一起干活,逢天阴下雨时,便穿上这羊皮外套。如果哪位收割人背上疼痛,农场主便将这羊皮外套给它穿上。这样做的原因似乎是因为背部疼痛乃谷精造成的,所以羊皮

---

① 位于法国东北部和德国的西部,河水流入莱茵河。

外套就可以治愈它。与此相似,我们已在别处看到收割时受了伤,就让谷精的化身老猫给舔舐伤口。在爱沙尼亚的蒙恩岛上,收割者以为收获时收割第一批谷穗的人将要背疼,这可能是因为他们相信谷精特别愤恨首先创伤他的人。为了避免背部疼痛,特兰西瓦尼亚的撒克逊人收割时用割下的第一把谷穗紧束着自己的腰部。由此可见,谷精又被运用于治疗或防护方面,不过是按原来的植物形态,而不是山羊或猫的形态罢了!

此外,有时候人们还认为谷精化为山羊的形态潜伏在谷仓里已割下的谷穗中,最后被打谷的梿枷赶逐出来。在巴登,最后要打的那捆谷子叫作谷山羊、斯佩耳特小麦山羊,或燕麦山羊等等,依不同类名称而定。在上巴伐利亚的马克特尔附近,地里的谷捆都叫作稻草山羊,或简称山羊。谷草捆成捆以后在空场上堆成老大老高的草垛,男人们面对面地站成两行打谷脱粒。他们一面挥动梿枷打谷,一面唱着歌,歌中说他们在稻草里看见了稻草山羊,最后的山羊,也就是最后的谷捆上,装饰着紫罗兰和其他鲜花编成的花环,以及串在一起的麦饼,放在谷垛的中央。有些打谷人跑上前去撕下它上面最好的花和饼,其他打谷人则挥着梿枷在谷上打成一团,以致有时把人脑袋也打破了。在蒂罗尔的奥伯林塔尔,最后的打谷人叫作山羊。在西波希米亚的哈塞尔堡,燕麦脱粒时打最后一下的人叫作燕麦山羊。符腾堡的特南地方把在最后一捆要脱粒的谷子上打最后一下的人称之为公山羊,说他"已赶走了公山羊!"当这捆谷子打过之后,有人在上面最后打了一下,便叫这人为母山羊。这个习俗隐含着的意思是谷物里有着一对谷精:一雌、一雄。

打谷时捉获的山羊谷精送给尚未打完谷物的邻人。在弗朗什·孔泰①地区，谷物收打完毕时，年轻人马上就扎一个稻草山羊放在打谷的邻近农场上。邻家主人必须赠送酒食或小费以为报酬。符腾堡的埃尔万根地方，人们打谷时用最后一捆谷子扎一只山羊，装两根棍子做羊角，四根棍子做羊腿。用梿枷最后打完谷物的人得把这只草扎的山羊送到还在打谷的邻近农场的谷仓里去，扔在地板上，如当场被人发现，人家就把这山羊拴在他的背上。上巴伐利亚的因德斯道夫地方也有这种习俗：把稻草山羊扔到邻家谷仓里的人模仿山羊咩咩地叫着，倘被人抓住，便在他脸上抹黑，将那稻草山羊绑在他背上。在阿尔萨斯的萨韦尔讷地方，如果某农场的主人家打谷时落后于邻家一个星期或更多些日子，人们便在他家门口放一只由真山羊或真狐狸制成的标本。

有时人们相信这种化身山羊形象的谷精要在打谷时就已被打死了。在上巴伐利亚的特劳恩施泰因地区，人们以为燕麦山羊藏在最后一捆燕麦里。他们把一个旧草耙竖立着，在耙顶上放一个旧壶或罐子作头，用来表示燕麦山羊，叫孩子们把它杀掉。

第七节 谷精变化为公牛、母牛或阉牛

谷精常常还被设想为具有公牛、母牛或阉牛的形象。在西普鲁士的科尼茨地方，当风从谷物间吹过时，人们便说："阉牛在谷物中奔跑了。"田里如果有一片庄稼长得茂密，东普鲁士有些

---

① 法国东部地区。

地方的人们便说："公牛就躺在那里。"在西普鲁士的格劳登兹地区，当收割人过分劳累走路一瘸一拐时，人们说："公牛撞了他了。"洛林的人则说："他得到公牛了。"这两种说法的意思都是指他无意中碰撞了神圣谷精，谷精惩罚他的不敬。尚贝里附近的人们收割时自己用的镰刀划破了自己，说是"受了阉牛的创伤"。本兹劳（西里西亚）地区有时把地里最后一捆谷物扎成带角阉牛的形状，披上谷穗，用绳子牵着，他们称这种形象为老头儿。波希米亚有些地区把最后一捆谷物扎成人形，叫作公水牛。这些例子表明把谷精的人形和谷精的动物形象混在一起了，这种混淆就好比实际上是杀了一只阉羊却称之为杀了一匹狼。施瓦本各地都把地里最后一捆谷物叫作母牛，说割最后一撮谷穗的人"获得母牛了"，并称此人为母牛或大麦母牛或燕麦母牛，视谷物种类而异。吃收获晚餐时，这人得到一束香花和谷穗，并可比别人随意喝更多的酒。人们揶揄他，嘲弄他，所以没有人愿意当这个母牛的角色。这种母牛有时用谷穗和矢车菊做成女人形状，由割最后一撮谷子的男子带回农场里去。孩子们跟在他后面跑，邻人们嘲笑他，直到农场主把这母牛接了过去。在这个例子里，谷精是人形还是动物形态，显然混淆起来了。瑞典有些地方把割最后一撮谷穗的人叫作小麦母牛、玉米母牛、燕麦母牛、玉米阉牛，是大家开玩笑的对象。另外，在上巴伐利亚的罗森海姆地区，当某一农场主比邻居收割晚了时，邻居们就在他的地里竖一头草秸公牛。这种公牛是用稻茬在木架子上做成的，体型巨大，身上披着鲜花和树叶，还挂着一块牌子，上面歪歪斜斜地写着打油诗句嘲笑这块地的主人。

第四十八章 谷精变化为动物

当收割完毕时,就在地里将这种公牛或阉牛形象的谷精"杀掉"。第戎①附近的普伊地方,当快要收割地里最后一部分谷穗的时候,人们牵着一头挂着鲜花、彩带和谷穗的阉牛在地里转圈,全体收割者跟在后面一边走一边舞蹈。有一个扮作恶魔的人出其不意地割下最后一撮谷穗,并且立即宰了这只牛。把一部分牛肉在收获晚餐上做菜吃,其余部分腌制起来留到来年春季播种的第一天吃。在蓬塔穆桑等地,收割的最后一天晚上,用鲜花和谷穗挂在一头牛犊的身上牵着绕农场走三匝(或用食饵引诱,或由男人们以棍驱打着或由农场主的妻子用绳牵着)。这条小牛必须是当年春天这家农场头一个出生的牛犊,方可入选。参加收庄稼的所有人都拿着自己使用的工具跟在牛后面走。然后把牛放开,让它跑走,收割人一起追赶,谁捉住了他,谁就被称为牛犊王。最后,隆重地把小牛宰了。在吕内维尔,宰这小牛的总是村里的犹太商人。

有时谷精藏在谷仓里已割下的谷物中间,等到脱谷时才化作公牛或母牛出现。在图林根的沃林根地方,打谷时打最后一下的人叫作母牛,或者更具体地叫作大麦母牛、燕麦母牛、豌豆母牛之类,视不同作物而定。他全身披谷草,头上插两根棍子表示牛角,由两个孩子用绳子牵着他到井边去喝水。一路上他要学着牛那样地叫着,从那以后好长一段时间里人们都叫他母牛。在施瓦本的奥伯梅德林根地区,当谷子快要打完时,人人都小心地避免不要打最后一下,谁打最后一下,谁就"得了母牛"。这母牛是用草

---

① 法国中东部一个城市。

扎的,穿上破旧的女人衬裙,长统袜子,披着头巾,用草绳绑在那个"得了母牛"的人的背上,还把他脸上抹黑,用草绳绑在独轮车上推着走遍全村。在这里我们又看到在别处习俗中看到的把谷精的人的形象和动物形象混淆起来的现象。在沙夫豪森州①,把打谷时打最后一下的男人叫作母牛。在图尔高州,则叫作谷物公牛。而在苏黎世州,也叫作打谷的母牛。苏黎世地区把"打谷的母牛"用谷草裹着拴在果树园里的树上。匈牙利的阿拉德②地方,打谷时打最后一下的人身上裹着谷草,草上披着带牛角的牛皮。在德累斯顿地区的佩斯尼茨,用梿枷打最一下谷子的人叫作公牛,他得做一个稻草人放在邻人的窗口。显然,跟许多地方的做法一样。这种做法意思也是把谷精转送给尚未打完谷子的邻居。图林根的黑尔布雷希廷根地方把穿着破烂衣服的老妇人的偶像扔进最后打谷的农家谷仓里,扔的人一面扔,一面喊着:"把母牛送给你了!"如果这家的打谷人抓住了他,就把他羁押一夜,不让他回去吃收获晚餐。在这些习俗中,我们又遇见了把谷精的人形与动物形象混淆的现象。

另外,有时候人们还相信变化作公牛形象的谷精在打谷时被打死了。在奥塞尔③地区,打最后一捆谷物时,打谷的人连喊十二遍:"我们打死公牛了!"波尔多④附近,每当收割完毕时,便马上在地里宰一头阉牛,并且把打最后一下的人说成是"他宰杀了这公

---

① 沙夫豪森和图尔高、苏黎世,都是瑞士联邦的行政州。
② 按匈牙利语读音,应读为奥罗德,现在是罗马尼亚西部的一个城市。
③ 奥塞尔(Auxerre),法国荣纳省的省会。
④ 法国纪龙德省的省会。

牛"。尚贝里①地区把地里最后一捆谷物叫作"壮牛的谷捆",所有割谷的人都展开割谷竞赛。他们把割最后一撮谷子称为"宰了牛了",这位割最后一撮谷子的人马上在地里真的宰了一头活牛,晚餐时大家就吃牛肉。

年轻谷精的任务是促使来年谷物生长。人们相信它是谷精的婴儿,在收割的地里诞生的。贝里②地区也有类似的情况,人们相信幼小谷精的小牛形象在地里诞生。捆谷子的人捆到最后绳子不够了,便把剩下的麦穗堆在一边,同时学着母牛哞哞地叫,意思是"谷捆生下小牛犊了"。在多姆山区,③跟在割谷人后面捆谷子的人,如果跟不上了,大家便说"他(或她)在生小牛犊了"。普鲁士有些地区,遇到类似的情况,便向这人喊道:"公牛来了",并且学着公牛的吼声。在这些例子中,人们把那落后的妇女看作谷精母牛或老谷精,而假定的牛犊就是谷精牛犊或小谷精。奥地利一些地方有一种传说,据说春天谷物发芽的时候,在谷里可以见到一头小牛犊——这牛犊是要撞伤小孩的。谷苗在风中波浪似地起伏时,人们说那是小牛在走动。显然,如同曼哈特说的,春天的这小牛犊就是人们相信后来在收割时被杀死的同一动物。

第八节 谷精变化为公马或母马

有时谷精还以公马或母马的形象出现。在卡尔沃和斯图加

---

① 法国萨瓦省的省会。
② 法国中部一个地区,原为一个省份,即今之歇尔。
③ 法国中南部山区,属多姆山省。

特两地区之间,人们把在风中低头的谷穗说成为:"马在那儿跑了。"在巴登的拉多夫泽尔附近的博林根地方把地里最后的一捆燕麦叫作燕麦雄马。哈福德郡每当收割结束时,都有一种"呼唤牝马"的仪式。田里最后一撮谷穗扎在一起,叫作牝马,收割人站在它前面一定距离的地方将镰刀向上掷去,谁这样砍下了它,谁就赢得了奖品、喝彩和欢呼。割掉它的人大声说三遍:"我得到它了,我得到它了,我得到它了!"其他人也大声说三遍:"你得到什么啦?"——"一匹牝马!一匹牝马!一匹牝马!""它是谁的牝马?"(也连问三遍)"张三的"(念出得马人的名字三遍)。"你要把他送给谁呢?""给李四"(尚未割完全部谷物的邻居的名字)。在这种习俗中,具有牝马形象的谷精从已经割完谷子的农场被送到谷子尚在地里挺立未割的农场,人们相信谷精自然要躲到那里面去。在希罗普郡,其习俗也和这相同。最后收割完地里全部谷物,不可能将其牝马再转送给任何人时,便只好"留着牝马过一个冬季"。有时候这种假装把牝马送给落在后面的邻人的做法,也得到邻人的反应,他们也假装愿意接纳该马的帮助。一位老人告诉询问者说:"我们正吃晚饭的时候,来了一个人带着笼头缰绳把它牵走。"有一个地方则惯常送去一匹真的牝马,而骑这匹马去的人到达后总要因这不受欢迎的拜访而遭到粗暴的接待。

在里尔附近地区,至今还明显地保留着认为谷精是马形的概念。收割人干活倦累时,人们就说:"累得像马似的。"地里有一捆割下谷穗叫作"马谷子",并把它放在谷仓里黄杨木制的十字杈上,还要让农场的小马在上面踩过。收割谷子的人们围着这捆谷穗跳舞,喊道:"看这马的遗体。"然后把这捆谷草给这个社区内最年轻的马吃。这个社区内最年轻的马,如曼哈特说的,明显代表来年的谷精,即谷精的小驹,他吃下最后割的谷物,吸收了谷精老马的魂灵,因为老谷精总是像往常那样要躲进最后割的那捆谷子里去。打最后那捆谷子的人叫作"打马的"。

第九节 谷精变化为公猪或母猪

谷精被想象的最后一种动物形象是猪(公猪或母猪)。在图林根,当风吹得谷苗摆动时,人们常说那"公猪在谷苗中跑动了"。厄塞尔①岛上的爱沙尼亚人把地里割过的最后一捆麦穗叫作黑麦公猪,大家向拿到这捆麦穗的人祝贺说:"恭喜你背上黑麦公猪了!"这人便唱起歌来,作为答礼。他在歌中祈求丰收。奥格斯堡②附近的科勒文克尔地方在收割结束时,收割者轮流一根一根地去割地里最后一束谷穗,谁割到最后一根,谁就获得了母猪,被大家嘲笑。其他施瓦本的村庄也说割地里最后一根谷穗的人"得到了母猪"或得到了黑麦母猪。在巴登的拉多夫泽尔附近博林根地方,地里最后一捆麦穗也叫"黑麦母猪"或"小麦母猪"等等,依收割的谷类而定。巴登的罗仁巴赫农村把抱最后一把谷穗的人叫作玉米母猪,或燕麦母猪。施瓦本的弗里丁根,把打最后一把谷穗的人叫作母猪、大麦母猪、玉米母猪等等。翁斯特梅廷根的人们谁打谷时打最后一下,谁就"得了母猪",常常被绑在最后一

---

① 今属爱沙尼亚。
② 德国南部巴伐利亚州的一个城市。

捆谷穗上,用绳子拖着在地里走。施瓦本整个地区一般把打最后一梿枷的脱谷人叫作母猪。如果他能够将系在他身上标志母猪身份的草绳成功地转送给一位邻居,便能免除这个讨厌的称号。他带着草绳走到一家门前,把草绳扔进屋里,喊道:"喂,我把母猪给送来了!"这家人都出来追赶他,如果把他抓住了,就打他,把他放进猪圈里几个钟头,强迫他带走那"母猪"。上巴伐利亚许多地方,打最后一下的打谷人必须"把猪带走",这就是:带着一个稻草扎的猪或一捆草绳,走到尚未打完谷穗的邻家农场,扔进谷仓里去。如被那里的打谷人捉住,就得狠狠地挨一顿揍,把他脸上抹黑,把他扔进猪圈,把母猪绑在他背上等等。如果他是妇女,就把她的头发剪掉。吃收割晚餐的时候,"把猪带走"的那人要吃一个或几个捏成猪形的点心。当侍女送上这道点心时,餐桌上的人都喊道:"Süz,Süz,Süz!"——他们平常唤猪吃食的喊声。有时,晚饭后,大家把这位"带猪"的人脸抹黑,放到一辆车上在村里绕行一圈,大伙跟在车后唤着"Süz,Süz,Süz",好像真的在唤猪似的。这样在村里转了一圈之后,有时还把此人扔到粪堆上。

同收割时一样,谷精在播种季节也有以猪的形象为化身出现的。在库尔兰①的纽奥茨地方,每年一次播种大麦的时候,农场主妇要用猪脊骨和猪尾巴一起烧汤送到田里给播种者吃。播种者吃掉肉和汤,留下猪尾巴插在地里。据说这样可使谷穗长得和猪尾巴一样长。在这个习俗中,猪就是谷精,它的多产的能力据说特别在猪尾巴上面。猪被当作谷精在播种时放进地里,到收获时

---

① 拉脱维亚共和国西部一个地区。

第四十八章 谷精变化为动物

又在成熟的谷物中出现。附近的爱沙尼亚人把最后一捆谷子叫作黑麦公猪。德国也有与此大体类似的习俗,迈宁根附近的萨尔察地区把猪身上的某根骨头叫作"簸箕上的高利贷者"。忏悔节[①]那天把这块骨头煮了,放在灰里,到圣彼得日(2月22日)那天作为礼品和邻居交换,然后掺在谷种里。在迈宁根的赫塞及其他地区,圣灰星期三或圣烛节那天人们就吃风干的猪肋骨,喝豌豆汤,把吃剩的肋骨都收集一起,挂在室内,到来年播种时放到播种过的地里或掺入亚麻的种子里。据说这样可以有效地防治地里的甲虫和蝼蛄,促使亚麻长得又高又好。

认为谷精化身为猪的形象这种观念要算斯堪的纳维亚人的"圣诞节公猪"的习俗表现得最为明显了。瑞典和丹麦圣诞节期间的习俗总是要烤出猪形的面包,叫作"圣诞公猪",并且常常是用打谷时地里最后一捆麦穗做出来的,整个圣诞节期间,都供放在桌上,甚至一直到来年春天播种季节。这时把"圣诞公猪"切碎,一部分混在谷种里,其余部分分给耕田的人、马或牛吃,期望借此可获丰收。在这个习俗里,谷精隐藏在最后一捆谷物里,到仲冬时以最后一捆谷物做成的公猪形象再现出来。它能加快对谷物生长的作用,通过圣诞节公猪同谷种混合,以及耕种的人与牲畜吃下一部分圣诞节公猪等方式表现出来。同样,我们还看到谷狼出现在仲冬或春天将临之际。过去,每逢圣诞节都要以一只真猪献祭,当然,也有用人来代替圣诞公猪的。这一点至少可以从瑞典迄今还流行的圣诞节习俗中推断出来。其做法是一个人

[①] 基督教的节日,在圣灰星期三的前一天。

身披猪皮,口含一小束像猪鬃似的草,一个老妇人,脸上都抹黑了手持屠刀,装作屠宰它以为献祭。

奥塞尔岛上的一些爱沙尼亚人家习惯在圣诞节前夕烤制一个长麦饼,饼的两头翘起来,叫作圣诞公猪,放在桌上一直供到元旦早上,然后切开分给家里所有牲口吃。该岛还有些地方的"圣诞节公猪"并不是做猪形的麦饼来表示,而是用真猪,是每年三月间下的小猪,由家中主妇偷偷地饲养,常常一家人都不知道,到了圣诞节前夕,悄悄地把它宰了,在炉灶上烤熟了,完整地供在桌上,一连放好几天。该岛有些地方,虽然不做猪形的麦饼,也没有这个名字,但是圣诞节的蛋糕也要保留到过新年,把蛋糕的一半分给全家老小和牲口吃,另一半留到春播时,也这样在早上分给人和牲口吃。爱沙尼亚还有些地区用收割时第一批割下的黑麦做圣诞公猪,其形状是圆锥形的,用猪骨头或钥匙在上面印一个十字,或者用扣子或木炭在里面刻一个凹痕,把它供在桌上,旁边点着一盏灯烛,一直放到过完节日之后。元旦和主显节①那两天早上,日出以前,在圆饼上切下一小块来掰碎了喂牲口。其余部分继续保留到春天第一次给牲口放青时,由放牧人放在口袋里带出去,晚间回来分了给牲口吃,以为这样能够保护牲畜免受邪魔侵害。还有些地方在播种大麦时把这种圣诞节猪分给雇工和牲口吃,其目的也是为了获得更好的收成。

---

① 主显节(Epiphany),在每年1月6日,是基督徒纪念耶稣显灵的节日,与圣诞节、复活节同为基督教历史最悠久的三大节日。

第十节 简论谷精化为动物形象的概念

北欧民间风俗想象谷精变化为动物形象,就我们所见到的来谈这些。这些风俗清楚地表明收获晚餐具有圣餐礼的性质。人们认为谷精化身为一种动物,收割者杀掉这种动物,并分享他的血肉,如公鸡、野兔、猫、山羊和牛就是这样被收获者用圣餐形式吃掉的,而猪则是春季犁地人的圣餐食物。而且将面包或汤团做成该神物的形象,代替真正神物的肉而当作圣餐吃掉。如收获者吃掉猪形的汤团,春天犁田人和他的牲口吃公猪形的麦饼(圣诞公猪)。

读者也许已经注意到人类形体的谷精和动物形体的谷精,这两种概念是完全一致的。这里可以再简单谈一下这种一致性。谷物在风中摇摆时,人们或者说五谷娘娘在谷中走过,或者说五谷狼等等在风中走过。孩子们不许到谷田里乱跑,因为五谷娘娘在那儿,或因为五谷狼等等在那儿。在最后割的谷子里,或最后打的谷捆里,不是说有五谷娘娘,就是说有五谷狼等等。最后一捆不是叫五谷娘娘就是叫五谷狼等等,不是做成妇女的形状就是做成狼等等的形状。割、捆、打最后一捆谷的人,不是叫作老太婆,就是叫作狼等等,依最后一捆本身的名字而定。有些地方,拿一捆谷做成人形称为闺女、玉米娘娘等等,从这次收获时保存到来年收获时,以求谷精不断的保佑;而某些地方的收获公鸡和另外一些地方的山羊为同一目的从一次收获期保存到另一收获期。某些地方把在五谷娘娘身上取下来的谷粒拌在明春的谷种里,以求谷物丰产；有些地方则把公鸡毛（在瑞典是把圣诞猪）保存到春天拌在谷种里，也是同样的目的。在圣诞节时拿一部分五谷娘娘或五谷闺女给牛吃，或在开犁耕田时给马吃，有一块圣诞猪的肉则给春天犁田的马或牛吃。最后，谷精的死亡则由真杀或假杀的人身代表或动物代表来表现，崇拜者则以圣餐形式或是吃掉神灵代表的真正血肉，或是吃掉做成他的形状的面包。

人们还想象谷精变化为其他动物形式如狐狸、鹿、獐、绵羊、熊、驴、老鼠、鹌鹑、鹳、天鹅和鸢。如果要问为什么想象谷精变化为动物，而且是那么多不同的动物呢？我们可以回答说：在原始人看来，某种兽或某种鸟在谷物中出现一下也许就足以表示动物与谷物之间的神秘联系。如果我们想起古时候田地还没有围上篱笆，各种动物必然在田里随便跑来跑去，那么，我们就不必奇怪人们甚至会把谷精当作马和牛这样大的动物。现在，除极少的偶然情况而外，不可能见到马和牛跑到英国的庄稼地里去。人们认为谷精幻化的动物藏在田里最后的谷子里，上述解释对这种非常习见的情况特别适合。因为在收庄稼的时候，像兔子和鹧鸪之类的许多野生动物由于收割的进展，一般都被赶到田里最后一块谷物里，当最后一块谷物割下后，它们就逃掉了。这样的事照例要出现：收割的人和其他的人常常围着最后一块谷子，带着棍子或者枪，当动物从避难的最后谷物中冲出去时，他们就用棍子或枪打死它们。在原始人看来，魔术似的变换体形似乎完全是可信的，他们觉得再自然不过的事就是谷物的精灵被人从他成熟谷粒的老家里赶出来，它会变成动物逃走，当最后一块地里的谷物在收割者的镰刀下割倒的时候，人们眼见这个动物从最后一块田地

第四十八章　谷精变化为动物

里窜出去。所以，说谷精是动物与说谷精是过路人二者互相类似。陌生人突然在田地旁边或打谷场旁边出现，在原始人看来，这就可以说他是从割下的或脱粒的谷物中逃走的谷精。同样，一个动物突然从割下的谷物中跑出来，也可以说他是从他被毁的家中逃走的谷精。两种等同的说法彼此很相像，任何解释都很难将二者间的等同关系抹掉。如果有人想另觅其他原则来解释谷精与动物的等同，他必须证明他的理论同时也能解释谷精与陌生人等同的问题。

第四十九章 古代植物之神的动物形象

第一节 狄俄尼索斯、山羊和公牛

不管我们怎样去说明它,事实总还是事实,农民的习俗很普遍地把谷精看成动物并用动物形象表现谷精。可不可以用这个事实说明某些动物与古代的植物神祇,如狄俄尼索斯、得墨忒耳、阿多尼斯、阿蒂斯和奥锡利斯的关系呢?

我们从狄俄尼索斯说起。我们说过,他有时由山羊代表,有时由公羊代表。作为山羊,他很难与许多小神如潘①、萨蒂罗斯②和西勒诺斯③等分开,他们都与他有密切关系,他们或多或少地由羊形代表。例如在雕刻和绘画中,潘照例是羊脸羊腿;萨蒂罗斯总画着两只尖羊耳朵,有时还伸出两只角,带个短尾巴。有时还直说他们是山羊,在戏剧里扮演他们角色的人披着山羊皮。艺

---

① 潘(Pan),希腊神话中山林畜牧之神,人身、羊腿、羊角,保护牧人、猎人和牲畜,爱好音乐,带领山林女神舞蹈游戏。
② 萨蒂罗斯(Satyres),希腊神话中森林之神,是长有公羊的角、腿和尾巴的半人半山羊怪物,好欢娱,耽淫欲。
③ 西勒诺斯(Silenus),希腊神话中众神使者赫尔墨斯或山林畜牧之神潘的儿子,长有一对马耳和尾巴。

第四十九章 古代植物之神的动物形象

里表现的西勒诺斯是披着山羊皮的。而且同希腊的潘和萨蒂罗斯等神相当的意大利的神——孚恩①也总被写成一半是山羊的形象,身上长着山羊腿和山羊角。还有,这些山羊形象的小神灵都多少显出具有树林神祇的身份。如阿卡狄亚人②称潘为树林神主。西勒诺斯和树林仙女为伴。人们明明白白地称孚恩为树林神。这些孚恩之具有树林之神的身份,还由这一事实得到进一步的说明,就是他们跟西勒诺斯们相聚为伍,或者西勒诺斯是一致的,是一回事,而西勒诺斯,正如他们的名字本身所表明的,又都是树木精灵。最后,萨蒂罗斯既然与西勒诺斯、孚恩、西勒诺斯有关,这一点也证明了萨蒂罗斯也是树林之神。在北欧的民间传说的故事中也有与这些羊身树木精灵相当的精灵。如俄罗斯的树精叫作列斯奇(由列斯"树林"一字变来),人们认为他们都是半人半山羊的形象,长了山羊角、山羊耳朵和山羊腿。列斯奇能随心所欲地变换身材的大小:他在树林里行走时,他就有树那么高;他在草地行走时,他就与草一般长。有些列斯奇既是树精,也是谷精:在收获之前,他们和谷秆一般高,但收获之后,他们就减缩到残梗那么高。这一点突出地表明——前面我们已经说过——树精和谷精的密切联系,并表明前者很容易缩小为后者。孚恩也是这样,它虽然是树精,人们却认为它能促进庄稼生长。我们已经说过民间风俗常用山羊代表谷精。那么,总体来说,正如曼哈德论证的,潘、萨蒂罗斯和孚恩大概属于散布很广的羊身树精一类。

---

① 孚恩(Faunus),亦译孚努斯,或法乌努斯,古罗马传说中半人半羊的农牧之神。
② 古希腊阿卡狄亚高原地区的人。

山羊喜欢到树林去啃树皮,它们确是对树木损害最大,这是个明显的理由,或许也是个充分的理由,说明为什么常常认为树精是山羊身子。一个植物神,竟然依靠他们所体现的植物为生,这种矛盾在原始人的心里是感觉不到的。神祇不再存在于植物本身,逐渐成为该植物的所有者或主人,于是就会产生这类矛盾,占有这种植物的观念自然导致享有这种植物的观念。有时候,原来认为生存于谷物本身的谷精,后来都成了谷物的所有者,他以谷物为生,夺去了谷物,就会令它贫乏无依。所以常常说他是"可怜的男人"或"可怜的女人"。有时候,田里的最后一把谷子是留给"可怜的老太婆"或留给"黑麦老太婆"的。

所以,用山羊表示树精是很普遍的,这对原始人的心灵说来也是很自然的。因此,正如前面我们已经见到的,我们发现狄俄尼索斯——树神——有时表现为羊形,这时,我们就很难避免这样的结论:这种表现不过是树神原来身份的一部分,用不着把它解释成两种不同的、彼此独立的崇拜的结合,在一种崇拜中,他原是树神,另一崇拜中则是山羊。

我们已经谈到过,狄俄尼索斯还被表现为公牛的形象。已经谈过这些情况之后,我们自然会认为公牛形象不过是他作为植物神的身份的另一表现,尤其是公牛在北欧常常是谷精的体现,狄俄尼索斯与得墨忒耳、珀尔塞福涅密切相连,更表明了他至少与农业有密切关系。

如果我们能指出在狄俄尼索斯仪式以外的其他仪式中,古人也把牛作为植物精灵的代表杀掉,那么,这种看法的可能性就加大了一些。雅典的所谓"屠牛祭"(Bouphonia)似乎就是这样的。

第四十九章　古代植物之神的动物形象

行祭的时间大约在6月底或7月初,是阿提卡地方的谷子差不多快打完的时候。据传说,这种祭祀是祈求终止该地的旱灾和饥荒。仪式如下:把混有小麦的大麦,或两种麦做的饼子供在卫城里宙斯·波利阿斯①的青铜祭坛上。赶着牛群绕祭坛走,到祭坛上吃了供物的牛就作牺牛。杀牛的斧头和刀先用水浸湿,由所谓"持水人"的女孩带着。这时把武器磨快,交给屠夫,一个屠夫用斧头把牛砍倒,另一屠夫用刀割断它的喉咙。前一屠夫把牛砍倒后,立即扔掉斧头逃走,割断牛喉咙的人显然也照样做。同时剥去牛皮,在场的人都吃牛肉。然后用谷草填满牛皮,把它缝起来,接着把填好的牛立起来,套上犁,好像正在犁田。然后在古老的法庭上开庭审判,由君王(人们是这样称呼的)主持,判决牛是谁谋杀的。带水的女孩子们就控告磨斧头和刀的人,磨斧头和刀的人就责备把工具交给屠夫的人,交工具给屠夫的人就责备屠夫,屠夫就责备斧头和刀,因而确定刀斧有罪,判处死刑,扔进海里。

这个祭礼的名字叫"屠牛祭",凡参与屠牛的人都尽力把责任推在别人身上,再加上对斧或刀或刀斧二者加以正式审讯处决,这些都证明在这里牛不只是献给神的牺牲,它本身就是一个神灵动物,杀了它就是渎神,就是弑神。对此,瓦罗②的话便是证明。他说,从前在阿提卡杀牛是最大的罪行。选择牛来作祭品表明人们把吃谷的牛看作占有自己所有物的谷神。下面的风俗证实这

---

① 波利阿斯(Polieus),雅典娜的别名,意为"护城女神"。
② 瓦罗(Varro,Marcus Terentius,前116–前27),罗马最伟大的学者和作家,共写过74部计600多卷著作,题材广泛,包括法学、天文、地理、教育、文字,以及讽刺作品、诗歌、演说词及信札等。

种解释是正确的。在奥尔良地区的博斯,人们在4月24或25那天做一个草人,叫作"大蒙达"(great mondard)。人们说现在老蒙达已经死了,必须做一个新的。庄严的行列抬着草人在村里来回走动,最后把它挂在一棵最老的苹果树上。一直保存到收苹果的时候,这时人们把它取下来扔进水里,或是把它烧掉,把灰倒进水里。但是从这棵树上摘下第一个苹果的人得沿用"大蒙达"这个名字。在这里,春天放在最老的一棵苹果树上的"大蒙达"草人是代表树木精灵的,它冬天死去,当枝头苹果开花时就又复活。因此,从树上摘下第一个苹果,从而获得"大蒙达"称号的人必然被看成树精的代表。原始民族通常不愿吃任何农作物每年的头批果实,一定先要举行某种仪式再去吃它,这才是安全的、虔诚的。之所以不愿意吃当年头一批果实,似乎是相信它们属于某个神或其中含有某个神。所以,某人或某动物大胆地窃取神圣的头批果实,他或它自然被看成为神的化身来取走神自己的东西。雅典祭祀的时间正是打谷将结束的时候,这表明供在祭坛上的小麦和大麦是收获祭品,随后的宴会则具有圣餐的性质——大家都吃神灵动物的肉——这与现代欧洲的收获晚餐相近。我们已经谈到过,在收获晚餐上,所有的收获者都吃代表谷精的动物的肉。而且照传统说法,祭礼是为了终止旱灾和饥荒,这是合乎收获节的含义的。立起用草填充的牛标本,套在犁上,表示谷精的复活,同以树精的代表"野人"表现树精的复活,两者的意思是一致的。

世界其他地方也有用牛表示谷精的。几内亚的大巴撒姆村,每年要杀两头牛来祈求好收成。要使献祭有效,就必须使牛哭泣。所以,村里所有的妇女都坐在两头牛面前,唱道:"牛要哭了,

第四十九章 古代植物之神的动物形象

没错,它是要哭了!"不时地有个妇女围着牛走,把马尼饭和棕榈酒倒在它们身上,特别是流入它们眼里。当泪水从牛眼里滚落的时候,人们跳起舞来,唱道:"牛哭了!牛哭了!"然后两个男人抓住牛尾巴,一刀割下来。人们认为如果一刀割不下来,这一年会有大灾害。接着把牛杀掉,把肉都给头领们吃。在这里,牛的眼泪跟孔德人和阿兹台克人①的人牺眼泪一样,可能都是求雨巫术。我们已经谈到过,人们有时认为幻化为动物形体的谷精,它的灵性就在尾巴上,有时认为一把谷穗就是谷精的尾巴。这种观念在密特拉②教中的一些雕刻作品中生动地表现出来。这些雕刻刻画密特拉跪在牛背上,将一把刀插进牛的胁腹。有些碑刻上刻的牛尾巴,尖上是三根谷穗,而有一件雕刻画着牛身上刀伤处冒出来的不是血,而是谷穗。以公牛为祭品是密特拉仪式中的一个主要特点,而这些雕刻的确表明人们认为公牛(至少公牛有这样一个方面)是谷精的化身。

中国各省份和地区立春前举行的仪式更清楚地表明牛体现谷精的概念。立春那天,通常是2月3日或4日,也是中国农历新年的开始,地方长官或县令都要列队前往东城门口向人身牛首的神农祭祀。城门外立着公牛、母牛或小牛的硕大肖像,旁边放着农具。肖像是由盲人或坐师指导用各种颜色的花纸糊在一个架子上,纸的颜色预兆新的一年中的基本情况:如红色占多数,则将有火灾;如白色占多数,则将多雨或有洪灾等等。官员们绕牛像

---

① 墨西哥印第安人。
② 波斯神话里的光明与真理之神。

慢慢地走着,每走一步就用手中拿着的涂着各种颜色的鞭子向牛背上鞭打一下。原来牛像内放着五种不同种类的谷子。牛像被鞭子打破后,里面的五谷便泄漏出来,然后把那碎像烧掉。这时,大家都抢那碎像上的纸片,谁能抢到一片,据信那一年就会走好运。接着又宰一头活牛,把牛肉分给全体官员。有一个记载说那牛像是泥塑的,等主官鞭打过后,百姓还要用石头敲砸,一直把塑像砸成碎块,据信"这样可以指望有一个丰年"。这个例子里,用谷物填在肚内的牛像显然表示谷精,因此人们才相信那碎片具有丰产力。

总体来说,我们也许可以得出这样的结论:身为山羊和公牛的狄俄尼索斯主要是一个植物神。我所引证的这些中国与欧洲风俗也许能说明狄俄尼索斯仪式上杀活公牛或活山羊的风俗。像孔德人把牺牲砍成碎块一样,这个动物也被撕成碎块,为的是每人可以吃一块具有产生增殖力的神肉。肉是作为圣餐而生吃的,我们可以推测有些肉是拿回家去埋在田里,或用其他办法处理,为的是使植物神促进生长的能力传给大地的果实。神话中讲到狄俄尼索斯的复活,在他的仪式上可能也表演出来,像雅典的"屠牛祭"(*Bouphonia*)一样的做法,把杀过的牛肚内填上草,再让它站起来。

第二节　得墨忒耳、猪和马

其次,我们要谈谈五谷女神得墨忒耳。我们还记得在欧洲的民间风俗里猪常常是体现谷神的,我们现在可以问一下,猪与得墨忒耳的关系很密切，它会不会原来就是女神本身的动物形态呢？猪是献给她的动物，所以艺术作品中表现的得墨忒耳或是抱着猪，或是有猪伴随着，而在她的神迹仪式上照例要用猪献祭，理由是猪伤害庄稼，所以是女神的敌人。像我们已谈到过的那样，由于把动物看成神，或把神看成动物，于是有时就出现神脱去了动物外形，而完全具有了人形的情况，以及起初动物是以神的身份被杀，后来却把它当作祭品献给神（因为它敌视神）等情况。总之，神成了他自己的敌人，因此杀神以祭神本身。这在狄俄尼索斯是这样，在得墨忒耳也可能是这样。事实上，她的许多节日中有一个地母节，其仪式就证实了猪原来是五谷女神本身的化身，这五谷女神或者是得墨忒耳或者是她那具有双重身份的女儿珀耳塞福涅。阿提卡的地母节是一个秋天的节日，全由妇女在十月间举行，好像是用悲哀的仪式表演珀耳塞福涅（或得墨忒耳）进入下界，并欢乐地表演她死而复活。所以，节日的头一天或称下阴间，或称还阳间，第三天就叫作卡里金尼亚（顺利出生）。在地母节上常常把猪、面饼、松树枝等投入"得墨忒耳和珀耳塞福涅的裂口中"，大概是投入神圣的洞穴里去了。据说，在这些洞穴里有蛇，它们守护着洞穴，扔进去的猪肉、面饼大部分都是它们吃了。然后——显然是在第二年的这个节日——由一些叫"抽取人"的妇女去取出残腐的猪肉、面饼和松枝。这些妇女先守三天清规，然后下洞里去，她们鼓掌把蛇吓走，取出残物，供在祭坛上。据信谁要是弄到一块残肉或残饼，把它和种子一起种在地里，谁一定会丰收。

下面这个传说是解释地母节的粗朴古老的仪式。正当普路托带走珀耳塞福涅的时候,一个叫作欧布路斯的牧猪人凑巧在那里放猪,他的猪群掉进普路托带走珀耳塞福涅的裂口里了。因此,在地母节上,每年都把猪扔进洞穴里,纪念欧布路斯丢失的猪。此后,每逢地母节把猪扔进洞里,就成了表演珀耳塞福涅到下界去的戏剧的一个部分。鉴于珀耳塞福涅的偶像并不往洞里扔,所以,我们就可以推论,猪并不是随她一起掉进洞穴,而是自己掉下去的,换句话说,猪就是珀耳塞福涅。后来,珀耳塞福涅或得墨忒耳(因为二者是相等的)具有了人形,那就得给在她的节日上往洞里扔猪这个习惯找出理由。因此就说,普路托带走珀耳塞福涅的时候,凑巧有猪在附近放牧,猪随她一起陷下去了。这个故事显然是牵强笨拙地想把谷精是猪的老观念与谷精拟人化为女神的新观念之间的鸿沟联结起来。有个传说还保留着老观念的痕迹,当伤心的母亲寻找失踪的珀耳塞福涅的踪迹时,丢失者的脚印被一只猪的脚印掩住了。我们可以推测,当初猪的脚印就是珀耳塞福涅和得墨忒耳自己的脚印。人们感觉到了猪与谷物的密切关系,这一点传说里也暗示到了。牧猪人欧布路斯和特里卜托勒姆斯是兄弟,得墨忒耳首先把谷物的秘密透露给特里卜托勒姆斯。这个故事有一种说法是,欧布鲁斯本人和他兄弟特里卜托勒姆斯从得墨忒耳那里得到谷物的礼物,作为向她透露珀耳塞福涅命运的报酬。值得注意的是,在地母节,妇女好像都要吃猪肉。如果我没弄错,这顿饭就是庄严的圣礼或圣餐,信徒们吃的是神的身体。

这样说起来,地母节与已经描述过的北欧民间风俗是类似的。在地母节——纪念五谷女神的秋天节日——猪的肉一部分吃掉，一部分保存在洞里，等到来年取出来和谷神拌在一起，以求得好收成。格勒诺布尔附近也是一样，在收谷的地里把山羊杀掉，一部分在收获晚餐上吃掉，一部分腌起来，保存到来年收获的时候。普伊也是这样，在收谷的地里把牛杀掉，收割人吃一部分，腌一部分，保存到来春播种的头一天，到那时也许是拌在种子里，也许是由犁田的人吃掉，也许两样同时进行。在奥多尔黑尤也是一样，收获时把捆在最后一捆里的公鸡杀掉，鸡毛保存到来年春天，那时再和种子一起撒在田里。在黑森和迈宁根也是一样，在灰星期三和圣烛节吃的猪肉，骨头保存到播种的时候，放在播种的田里，或是与袋里的种子拌在一起。最后，最后一捆的谷粒也是保存到圣诞节，做成圣诞猪，然后打碎，春播时拌在谷种里。那么，总体说来，就是谷精以动物形式在秋天被杀，它的肉，一部分由信徒当圣餐吃掉，一部分保存到下次播种或收获的时候，作为一种抵押品或保证物，以求谷精精力的持续或更新。

如果喜欢吹毛求疵的人要反对，觉得希腊人从来不会认为得墨忒耳和珀耳塞福涅体现为猪的形状。我们可以回答说，在阿卡迪亚的菲盖里亚洞穴里，黑色的得墨忒耳便画成妇女的身子，长着马头马鬣。就原始风俗来说，把女神画成猪，或把她画成女身马头，这中间并没有什么区别。关于菲盖里亚的得墨忒耳的传说，表明在古代希腊和现代欧洲一样，马是人们假定为谷精所采取的动物形态之一。据说，得墨忒耳寻找她女儿的时候，为了躲闪波塞冬的求爱，将自己变作一匹母马，后来又愤怒于波塞冬一再地穷追不舍而退到一个洞里去，洞位于阿卡迪亚的西部，离菲盖里亚不远。她穿着黑袍子在洞里待了很长时间，大地的果实都毁了，要不是潘请求这位女神，劝她离开洞穴，人类就会死于饥荒。为了纪念这件事，菲盖里亚人在洞里建立一座黑色得墨忒耳的偶像，塑成一个穿长袍的妇女，长着马头马鬣。黑色的得墨忒耳不在人间，大地的果实就毁灭了，这明明是大地脱下绿色夏服、显出光秃的冬天这一自然现象的神话表现。

第三节 阿蒂斯、阿多尼斯和猪

现在来谈谈阿蒂斯和阿多尼斯。有几个事实我们可以注意一下，它们似乎表明，这两个植物神和同一类型的其他许多神一样，也体现为动物。阿蒂斯的信徒不吃猪肉。野猪咬死阿蒂斯的传说也表明这一点。有了山羊狄俄尼索斯和猪得墨忒耳的先例，我们几乎可以作为一条惯例，凡是说某神被某动物所伤害，某动物原先就是神本身。阿蒂斯的信徒喊着："哈伊斯·阿提斯！哈伊斯·阿提斯！"这种喊声也许恰恰正是"猪，阿蒂斯！猪，阿蒂斯"——哈伊斯可能是希腊文 $h\bar{y}s$〔猪〕的弗里吉亚文的拼写法。

至于阿多尼斯，说明他和野猪的关系的，不只是野猪咬死他这么一个故事。另外有个故事说明野猪咬破了婴儿阿多尼斯出生的树的树皮。还有一个故事认为他猎野猪时在黎巴嫩山上死于赫菲斯图斯之手。这几种传说表明，阿多尼斯与猪的关系固然是肯定的，但产生这种关系的原因却不清楚，结果编出几种不同的故事来说明它。叙利亚人的确把猪看作神兽。在幼发拉底河畔的希拉波里斯这个宗教的大都市里，既不用猪献祭，也不吃猪肉，如果有人摸了猪，那一整天他都不干不净，有人说这是因为猪

第四十九章 古代植物之神的动物形象

不干净，另外有人说这是因为猪是神物。这种意见分歧表明那种宗教思想还处于一种朦胧状态，在这种状态里，神圣与不洁这两种观念还没有明确区分开，两者混成一种动摇不定、有待解决的问题，我们名之为禁忌。猪之成为阿多尼斯神的体现者，与这一点是完全吻合的，狄俄尼索斯和得墨忒耳也与这种情形类似。那么，动物敌视神的故事很可能只是后来对神体视为猪的老观念的误解。阿蒂斯的信徒不杀猪献祭，不吃猪肉，阿多尼斯的信徒也可能是如此，这并不排斥在仪式上的隆重场合还可能杀猪，作为神的代表，并被信徒作为圣餐吃掉。的确，以圣餐形式杀动物吃动物正是表示动物是神圣的，表明在一般原则下是不杀的。

犹太人对猪的态度和异教的叙利亚人对猪的态度一样含混不清。希腊人弄不清犹太人是崇拜猪还是厌恶猪。一方面，他们可以不吃猪肉；但另一方面，他们可以不杀它。前一条表明猪不干净，后一条就更明显地说明猪是神圣的。两条规矩都可以用猪是神圣的这种推测来表明，有一条还只能用这种推测说明；但两条规矩都不一定要用猪是不清洁的这种假设来说明；有一条还不能用这种假设来说明。所以，如果我们赞成前一种假设，我们就必须认定：至少在起初的时候，以色列人是尊敬猪，不是厌恶猪。就这点，我们可以举出下面的事实来佐证：直到以赛亚时代，有些犹太人还经常偷偷聚在花园里，吃猪肉和老鼠肉，算是一种宗教仪式。毫无疑问，这是一种非常古老的仪式，那时猪和老鼠都还被尊为神灵，在稀少的庄重场合下，把它们的肉当作神的血肉做圣餐吃。总体看来，我们也许可以这样说，一切所谓不清洁的动物原先都是神圣的，不吃它们的理由就在于它们是神圣的。

第四节 奥锡利斯、猪和公牛

在古代埃及,在有史时期之内,猪的地位和他在叙利亚和巴勒斯坦的地位一样可疑,只不过初看起来,它的不洁比它的神圣更突出一些。希腊作家一般都说埃及人厌恶猪。他们认为猪是又脏、又可恶的动物。一个人只要走过时碰了一下猪,他就一件衣服也不脱地到河里,要洗去污秽。要是喝了猪奶就会得麻风病。牧猪的人哪怕是埃及人也不进任何庙里去,他们是唯一被禁止进庙里去的人。谁也不愿把女儿嫁给猪倌,谁也不和猪倌的女儿结婚。只有猪倌才彼此通婚。不过埃及人每年用猪给月亮和奥锡利斯致祭一次,不仅杀猪而且吃猪肉,这一天他们就烤面饼,以饼代猪。对于这种情况,只好假定猪是神兽,供奉者每年当圣餐吃一次,除此而外,很难做其他的解释了。

认为埃及人把猪当作怪物的观点,有些事实可以证明。在现代人看来,这些事实似乎恰好是反面的证明。例如,我们谈到过,埃及人认为喝猪奶要得麻风病。但是野蛮人对他们视为最神圣的动物植物恰好持类似的观点。如在威塔岛上(在新几内亚和西里伯斯之间),人们认为他们是各种动物的后代:野猪、蛇、鳄鱼、乌龟、狗、鳝鱼。一个人绝不能吃他所从出生的动物,如果他吃了,他就要得麻风病,就要疯狂。在北美洲的奥马哈印第安人中,以鹿为图腾的部族认为他们如果吃了公鹿肉,他们身体各部分都会长脓疮和白斑。同一部落中,以红玉米为图腾的人认为他们如果吃了红玉米,他们的嘴周围就会溃烂。苏里南的布希族黑人也

第四十九章 古代植物之神的动物形象

实行图腾制,他们认为他们如果吃了卡皮亚(一种类似猪的动物),他们就会得麻风病——卡皮亚也许是他们的图腾之一。在古代,叙利亚人尊鱼为神灵,他们认为如果吃了鱼,他们身上就会长水泡,他们的脚和肚子都要发肿。奥里萨的恰沙人认为,如果他们伤害了图腾动物,麻风病就会袭击他们,他们就会断种绝代。这些例子证明人们常常认为吃灵兽会生麻风病或其他的皮肤病——所以这些例子都证实这种看法,即:既然埃及人认为喝了猪奶会得麻风病,那么,猪在埃及一定也曾经是神圣的动物。

一个人碰了一下猪就得洗身子、洗衣服,这种做法也表明了猪是神圣的这一观点。因为有一个流行的信念,一个人在与他的同伴自由交往之前,接触神物所获得的影响必须去掉,或是洗涤,或是用其他办法。所以犹太人读了圣经以后要洗手。大祭司在悔罪献礼完毕从神殿走出来之前总要洗一洗,把他在圣地穿的衣裳存放起来。希腊仪式有一条规矩,献赎罪牺牲时,献牺牲的人不能接触牺牲,献完之后,他必须在河里或泉水里洗身子和衣服,然后他才能进城或回家。波利尼西亚人接触圣物受到神灵感染时(如果可以这么说的话),都急于去掉它。为此举行各种仪式。例如,我们谈到过,在通加,某人偶然接触了一个有神性的酋长或任何属于他个人的东西,这个人用手吃东西之前必须举行某种仪式,否则他就会浑身肿胀而死,至少也会得瘰疬或某种别的病。我们还谈到过,在新西兰接触圣物会有多么致命的影响,而且的确曾发生过。总之,原始人相信任何圣物都是危险的,圣物像传电一样,一旦接触,即使不死,也使人一震。所以野蛮人不愿意接触,甚至不愿意看到他所认为特别神圣的东西。所以,鳄鱼族的贝专纳人认为,遇到或看见鳄鱼都是"可恶的不幸的"事;见了之后会引起眼睛红肿。然而鳄鱼却是他们最神圣的东西,他们把它称作他们的父亲,凭鳄鱼起誓,并在节日时纪念它。山羊是马德纳桑那布须曼人的神圣动物,但是"如果用眼看了他,会使人立即不洁,并且说不出地神魂不宁"。奥马哈印第安人中的麋族认为,哪怕只摸一下公麋,身上都会出水泡,冒白头子。跟他们同一部落的爬虫族人认为,如果某人碰着了或嗅到了蛇,他的头发就要变白。在萨摩亚,人们尊蝴蝶为神,他们认为谁如果捉了一只蝴蝶,蝴蝶就会将他打死。又如,萨摩亚人通常用发红的香蕉叶子做盛食物的盘子,而野鸽族则认为谁要是用香蕉叶子盛食物,就会染上风湿性的红肿,或是全身出水泡。印度中部比尔人的莫里族崇奉孔雀为图腾,奉献谷物给它,但是这一族的人相信,哪怕他们只是踏到孔雀走过的路上,他们也会从此得某种病。一个妇女如果看见了孔雀,她必须用面纱遮住脸往别处看。这样看来,原始人的心理似乎认为神圣是一种危险的病毒,谨慎的人都尽可能地回避它,如果他偶然感染上了,他也会细心地用某种清洗仪式给自己消毒。

根据这些类似的例证,埃及人关于碰触到猪的信念和风俗,也许可以说是由于他们把猪看作极端神圣而引起的,而不是把猪看作极端肮脏。或者说得更准确一些,这些信念和风俗表示他们并不只是把猪看作肮脏可恶的动物而已,而是认为猪是个赋有超凡力量的生物,因而用原始的宗教的敬畏心情对待它,在这种心情里,尊敬之情与厌恶之情几乎兼而有之。古人自己似乎也知道,猪在埃及人身上除了引起厌恶之外还有其他的方面。因为希

第四十九章 古代植物之神的动物形象

腊的天文学家和数学家欧多克索斯在埃及住了十四个月,和僧侣们交谈过,他认为埃及人不杀猪并不是讨厌它,而是认为它有益于农事。据他说,当尼罗河水落的时候,人们把猪群赶到田里去,让他们把种子踩进润湿的泥土中。但是,对一个生物的感情这么复杂,而且包含着矛盾,这个生物可以说是处在一种不稳定的平衡状态。经过一段时候,几种矛盾的感情可能有一种要占上风,依据最后占上风的感情是尊敬之情,还是厌恶之情,作为感情对象的生物也就或升而为神,或降而为魔鬼。大体说来,猪在埃及的命运是后一种。因为在有史时期内,对猪的畏惧和厌恶似乎的确大于一度对它所特有的尊敬崇拜之情,但是,即使当猪处于地位下降的时候,它也并未完全绝迹。人们终于把它看成埃及的魔鬼和奥锡利斯的敌人塞特或泰丰的化身。因为泰丰就是变成一头黑猪,伤了神荷鲁斯的眼睛,荷鲁斯把他烧毁,并规定要用猪献祭,太阳神还宣布了猪是可恶的动物。故事还说泰丰是在打野猪的时候发现并砍碎奥锡利斯的躯体,这就是每年一次杀猪祭祀的原因。这个故事显然是一个古老故事的现代翻版,古老故事原是说奥锡利斯也和阿多尼斯与阿蒂斯一样,是被野猪咬死或咬碎的,或者是由泰丰变成野猪咬死或咬碎的。所以每年用猪祭祀奥锡利斯可以自然地解释为报复,惩罚这个咬死或咬碎神的敌对的动物。但是,第一,某种动物作为庄严的祭品,每年杀一次,而且只杀一次,这通常是意味着(或永远意味着)该动物是神灵,在一年其他时间里不杀它,敬重它,把它当作神,即使是杀的时候,也是以神的身份被杀。第二,阿蒂斯和阿多尼斯固然没有提供先例,但有狄俄尼索斯和得墨忒耳的先例在,他们的例子告诉我们,如果某动物是某神的敌人,因而杀之以祭神,那么这个动物在起初可能曾经是神本身,也可能一直就是神本身。所以,每年杀猪祭祀奥锡利斯,再加上这猪与神为敌的传说,都倾向于表明:第一,在起初,猪是一个神;第二,这个神就是奥锡利斯。到了晚后时期,奥锡利斯人化了,他原来与猪的关系也被人淡忘,而神话家们觉得除了兽是神的敌人以外,再也想不出杀某兽与供某神相联系的理由来,于是他们先把兽与神分开,然后又让兽与神对立,成为仇敌。或是用普鲁塔克的话来说,适用于献祭的是与神敌对的东西,而不是与神亲近的东西。这在较晚的阶段,野猪在谷物地里乱搅一通,提供了把它当作谷精仇敌的正当理由,而在原先(如果我没说错的话),野猪在谷地里乱窜正使得人们把它当作谷精,后来才把它看作与谷精对立,成了谷精的敌人。

杀猪祭奥锡利斯正是在传说中奥锡利斯被杀的那一天,这一点有力地印证了猪即奥锡利斯的看法。这样说来,杀猪就是每年表演杀奥锡利斯,正如在地母节把猪扔进洞里是表演珀耳塞福涅每年到阴间去一样。两种风俗都与欧洲收获时期杀羊、杀鸡等等以代表谷精的做法相类似。

猪原先是奥锡利斯本身,后来才把它当作他的敌人泰丰,这种理论也得到红发人和红牛与泰丰的类似关系的印证。红头发的人被烧,用簸箕扬散他的谷灰,关于这种红发人,我们已经提出足够的理由,可以相信他们与罗马春天杀的红毛狗一样,原来都是谷精本身的代表,亦即奥锡利斯的代表,杀掉他们的目的明明是要使谷物变成红色或金黄色。但是,后来却把这些人解释为奥锡利斯的敌人泰丰的代表,而不是奥锡利斯的代表,而杀掉他们,也被看成是复仇的行为,是惩罚神的敌人。同样,埃及人献红牛也说成是由于他们类似泰丰才献祭的,虽然更可能的情况是,起初,他们被杀是因为他们类似谷精奥锡利斯。我们已经说过,牛常常是谷精的代表,并以代表的身份在庄稼地里被杀。

通常把奥锡利斯说成是孟菲斯的公牛阿庇斯和赫利奥波利斯的公牛穆尼维斯。但是,是不是这两条公牛也和红牛一样是谷精奥锡利斯的化身呢?抑或他们原来是完全独立的神,后来却和奥锡利斯混同起来?这些都很难确定。对这两条公牛的崇拜是很普遍的。但是,不管阿庇斯和奥锡利斯原来的关系如何,在研究杀神风俗的文章里,有一件关于阿庇斯的事实却不容忽视。阿庇斯虽然被尊为神,仪式豪华,敬意深重,但他不许活过一定的期限,这在圣书上是有规定的,期限一到,就把他在圣泉里淹死。据普鲁塔克说,期限是 25 年,但并没有时时坚持执行,因为现代已经发现许多阿庇斯公牛的坟,从墓上的碑刻看来,在第二十二个朝代里有两条神牛活了 26 年以上。

第五节 维尔比厄斯和马

现在我们可以大胆地推测一下关于维尔比厄斯的传说的意义。据传说,维尔比厄斯这个阿里奇亚的森林神王的头一个王,是以希波吕托斯的身份被马杀死的。首先,我们已经发现谷物精灵常常由马的形体代表,其次,我们又发现后来的传说如说到某动物伤害了某神,而某动物起初常常是某神本身。那么,我们就可以这样推测：伤害维尔比厄斯或希波吕托斯的马，实际上就是维尔比厄斯或希波吕托斯作为植物神的体现者。他被马杀死的神话也许是用来说明对他的供奉的某些特点，其中一条就是马不许进入他的圣林。神话是变动的，风俗是持久的。人总是看他前辈在他面前怎么做，他就怎么做，虽说他前辈那么做的原因早就忘记了。在整个宗教史中人们总是不断企图用新理由说明旧风俗，给荒唐的做法寻找健全的理论。在我们讨论的这个事例中，我们可以肯定地说一句，神话比风俗晚出，它绝不是不许马进入圣林的原来的理由。就不许马进入圣林这一点来说，人们得出马不可能是林中之神的神兽或化身的结论。但是，这种推论是很轻率的。山羊曾经是雅典娜的神兽或化身，把女神表现为披山羊皮（aegis）的做法，可以使人得出这样的结论。但是，人们既不按惯例用山羊向她献祭，又不许山羊进入她在雅典娜的阿克罗波利斯神殿。这样做的理由据说是山羊伤害了雅典娜的圣树橄榄树。那么，说到这里，山羊与雅典娜的关系正和马与维尔比厄斯的关系一样，两种动物都不得进入神殿，理由都是它们伤害了神。我们从瓦罗那里知道，不许山羊进阿克罗波利斯这种做法，还有个例外。他说，每年有一次要把山羊赶到阿克罗波利斯去，因为必须用山羊献祭。那么，正像我们前面说过的一样，用某兽每年献祭一次，而且每年只有一次，那就可能不是把他当作献给神的祭品而杀它，而是把它当作神本身的代表。所以，我们可以这样推论，在阿克罗波利斯，如果每年献祭一只山羊，它就是以雅典娜本身的身份献祭的，而且可以这样推测，山羊献祭后，山羊的皮放在

第四十九章 古代植物之神的动物形象

女神的塑像上,作为女神的保护物,①每年换一次。同样,在埃及的底比斯,公羊是神兽,不能杀。但一年中有一天要杀一只公羊,并把羊皮挂在女神的塑像上。我们如果对阿里奇亚圣林了解得更清楚一些,我们就有可能发现,不许马进入圣林的规矩,和不许进入雅典的阿克罗波利斯一样,每年都有一个例外,即每年一次,把马牵到圣林去,作为维尔比厄斯神的化身而杀掉。而过了一些时候以后,把这样杀掉的马误会为神的敌人,杀之以祭神,正如杀猪祭祀得墨忒耳和奥锡利斯,杀山羊祭祀狄俄尼索斯(可能也祭祀雅典娜)。作者记载某一风俗时很容易忽视例外的情况。所以,关于阿里奇亚圣林的记叙没有提到我们推断的这种例外情况,我们也无须乎奇怪。如果我们只有阿忒纳乌斯和普林尼的叙述,那我们就只知道不许用山羊祭雅典娜,不许山羊进入阿克罗波利斯的规矩,而不知道还有一个重要的例外情况。幸而瓦罗的著作中保存了这点,让我们知道了这个例外情况。

我们推测每年在阿里奇亚圣林可能宰杀一匹作为森林之神的代表的马。罗马也每年宰杀一匹马,这个事实对我们的推测多少是一个例证。罗马每年 10 月 15 日在玛尔斯广场上赛车。这时获胜的车队用矛刺死右手边的一匹马向玛尔斯献祭,目的是要保证好收成。马刺杀后割下马头,用成串的面包装饰起来。于是,两个区(圣路区和苏布拉区)的居民竞相夺取马头,如果圣路区的人得到了,他们就把它挂在马米里亚塔上,还割下马尾尽快

---

① 此处原文为 aegis,这个字来源于希腊文的 aigis,意思是山羊皮,宙斯的盾。据希腊神话,aigis 是宙斯用的神盾,后来他的女儿雅典娜也佩带该盾。这里是借用的词。

地送到国王家里去,让血滴到国王家的火灶上。看来还要接住马血,保存到4月21号,这时圣火贞女拿她和六天前杀了献祭尚未出生的牛犊的血混在一起,把混合物分给牧羊人,用以熏他们的羊群。

在这个仪式里,马头上挂一串面包,祭礼的目的是为了获得好收成,似乎都表明马是作为谷精的动物代表而被杀的。我们已经见到许多这种代表的例子了。割马尾巴的风俗很像非洲割牛尾巴献祭以求好庄稼的风俗。在罗马和非洲的风俗中,动物显然是代表谷精的,人们认为它的尾巴富有增殖力。我们谈到过,欧洲民间风俗中也有这后一种想法。春天用马尾血洗熏羊群的做法也可以和春天用老太婆、闺女或克里阿克谷捆作马料或圣诞节时作牲口料的做法相比拟,也可以和春天拿圣诞牛给耕牛耕马吃相比拟。所有这些做法,目的都是求谷精在这一年内保佑全家,保佑家里的人。

罗马献祭所谓十月马,使我们回想到:古时候苏布拉区是后来这座大城里又低又脏的地区,古时它是一个独立的村庄,它的居民在收庄稼的田里和罗马的邻居进行友好的比赛,那时的罗马还是乡村的一个小镇。举行仪式的地点玛尔斯广场在台伯河旁边,直到帝制废除之前,那里仍是国王领地的一部分。有一个传统说法,当最后一个国王从罗马被赶走的时候,成熟待割的谷物还留在河边王室领土上,但是谁也不愿吃这倒霉的谷子,都被扔到河里,夏天天热水低,谷堆都成了岛屿的中心点。这样说来,祭马是收割完毕时在王室的谷地里举行的一种古老的秋天仪式。马尾和马血是代表谷精的主要部分,都拿到国王家里去保存起

第四十九章　古代植物之神的动物形象

来，正如德国的收获公鸡一样，钉在山墙上或农舍的门上，苏格兰高地的闺女形状的最后一捆谷子带回家保存在炉灶上。所以，谷精的福佑带到国王的家里和炉灶上，通过王室和炉灶再传给整个社会，国王正是整个社会的头领。同样，在北欧的春天和秋天的风俗中，有时把五朔柱立在镇长或村长家的门前，收获时最后一捆也带给这位全村的首领。苏布拉村原先无疑也有它自己的类似仪式，既然现在马尾和马尾上的血都已送给了国王，那么可以争夺马头的奖品，对这个地区的居民来说也算满意了！苏布拉区的人赢得马头时就把马头钉在马米里亚塔上，这个塔好像是古老的马米里亚家族的望楼或主寨，这个家族是该村的巨头。在国王的田里和家里，以全镇和邻近的村庄的名义举行这种仪式之前，有一段时候，各村必然在自己的田里举行类似的仪式。在罗马，各村把各家单独的收获仪式连在一起，在王地上的共同庆祝之后，在很长的时期内，在拉齐奥的农业区域里，各个村庄都可能仍旧在自己的领地上继续遵循这种风俗。我们提出这样的推论：阿里奇亚的圣林与罗马的玛尔斯广场一样，可能是一个共同的收获庆祝会的会址，在会上以附近各村的名义举行同样粗犷的仪式，杀马献祭。这样的推论就其本身来说，并不是不可能的。马代表树和谷物的增殖精灵，因为这两种观念彼此融合，在收获五月之类的风俗里我们已经见到过了。

第五十章 神体圣餐

第一节 以新谷作圣餐

现在,我们已经了解有时人代表谷精,有时动物代表谷精,两种情况中,谷精都是通过代表而被杀并作为圣餐被吃掉。我们要想找到真正杀死谷精人身代表的例子自然要到野蛮种族中去寻求。但是欧洲农民的收获晚餐中提出了明确无误的例证,禽兽是作为谷精代表被当作圣餐吃掉的。但是我们还可以进一步预先推想到,新谷本身也是当圣餐吃的,也就是当作谷精的躯体来吃的。在瑞典的韦姆兰省,农民的妻子用最后一捆谷穗上的谷粒烤出一个女孩形的面包,把这块面包分给全家人吃。在这个例子里,这块面包代表被当作闺女的谷精,正如苏格兰人也是这样看待谷精,把最后一捆谷穗编成妇女形状并称之为闺女。一般说来,人们都认为谷精住在最后一捆谷子里,所以吃最后一捆谷子做的面包就是吃谷精本身。在法国的拉帕利斯也是一样,用面做一个人形挂在枞树上,由最后一辆收获车运载。树和面人都送到镇长家里,保存到葡萄收获完毕以后,然后举行宴会庆祝收获完毕,镇长把面人碎成小块分给大家吃。

这些例子是以人形代表谷精而把他吃掉。在另外一些例子里,虽然不把新谷烤成人形的面包,但是吃新谷时举行的隆重仪式就足以表明,新谷是当圣餐吃的,也就是当谷精的躯体吃的。例如,立陶宛的农民过去吃新谷时常举行下面的仪式。大约在秋耕的时候,所有的谷物都已经收进来,要开始打谷了,立陶宛人都举行所谓萨巴利奥斯会,这个词的意思是"混合在一起"或"放投在一起",每个农民从各种庄稼中挑出九大把最好的——小麦、大麦、燕麦、黄麻豆子、扁豆等等,每把分成三份,一共二十七份,扔在一堆,混合起来。这些种子必须都是第一次脱粒、第一次簸扬、特为留起来的,这些混合起来的谷种其中一部分用作烤小面包,全家每人吃一个,其余的再加大麦或燕麦做成啤酒。混成物酿的头一酿啤酒是农民和他的妻子、儿女们喝的,第二酿给仆人喝。农民在啤酒酿好后挑一个没有生客来的晚上,跪在啤酒桶面前,汲一罐啤酒,倒在桶嘴上,说道:"多产的大地呵,让黑麦、大麦、各种谷物都兴旺吧!"然后拿一桶到堂屋里,他妻子和孩子都在那里等着他。地上捆好一只黑公鸡或白公鸡,或花公鸡(不要红的)和一只同一颜色同一窠出的母鸡,都要是当年孵出来的。然后主人跪下,手里拿着酒罐,为收获谢神,祈求来年有好收成。然后,大家都举起手来说道:"神呵,大地呵,我们自愿把这对公鸡和母鸡献给你。"说完后,主人用木勺把鸡打死,因为他不能砍鸡头,头遍祈祷完毕,他就倒出三分之一的啤酒。然后他妻子用从未用过的新锅煮鸡,再在地板上放一个斗,斗底朝上,上面放一块前面提到的小面包以及煮好的鸡。其次取出新啤酒,还用一个勺,三个杯子,都是专供这时应用的。当主人把啤酒用勺舀在杯子里,全家围着桶跪下来。然后,父亲祷告,喝掉三杯啤酒。其余的人跟着他做。然后吃面包和鸡肉,接着又一巡啤酒,终于每人三杯一遍地喝九遍。食物都不能留下来，万一剩下了东西，第二天早上举行同样的仪式吃掉。骨头给狗吃，他如没有吃完，剩余的埋在牛棚的粪堆下面。这个仪式在12月初举行，那一整天都不许说不吉利的话。

这是大约两百多年以前的风俗。如今，在立陶宛，吃新土豆或新谷做的面包时，同桌吃饭的人都互相拔头发。关于这种风俗的意义还不大清楚，但是，非基督教徒的立陶宛人在他们庄严的祭仪上的确有类似的风俗。奥塞尔岛上的许多爱沙尼亚人在吃新谷烤的面包时，得先咬一下铁块。这里咬铁块显然是一种巫法，能使谷里的精灵不致为害。在萨瑟兰郡①，至今地里挖出新土豆时，全家人都要吃，否则"（土豆）里面的精灵会生气，土豆会变得不好保存"。约克郡②有一个地方还有牧师割地里头把谷穗的风俗，供给我这材料的人认为，这样割下的谷子是做圣餐面包用的。如果他叙述的这个风俗的后面部分事实不错（类似的例子倒都是证明他不错的），那么，这个习俗就表明基督教吃圣餐的做法实际上吸收了比基督教更为古老的圣餐礼的做法。

据说，日本的阿伊诺或阿伊努人把不同的小米分别分成男性女性，各种小米统称为"神圣的夫妻五谷"（Umurek haru Kamui）。"所以捣碎小米做饼给大家吃之前，老人先自己拿一点做祭饼。饼做好后，老人很认真地向饼祷告说：'哦，谷神呵，我们向你礼拜。你今年长得很好，你的味道会很香。你真好。女火神一

---

① 过去苏格兰北部的一个郡，今为苏格兰高地的一个地区。
② 原为苏格兰北部的一个郡，今分成三个郡：北约克郡、南约克郡、西约克郡。

第五十章 神体圣餐

定会高兴,我们也非常喜欢。呵,神呵,呵,谷神呵,你滋养人们吧。我现在吃你。我礼拜你。感谢你。'祈祷后,拿起一块饼来吃下。从此之后,人们才能吃今年收的小米。如此用这样多的祈祷把这种食物奉献给阿伊努人的神以求保佑。毫无疑问,人们是把谷物看作献给某神的祭品,但是那个神也就是谷神本身,他要能保佑人,他才算得是神。"

在东印度的布鲁岛上,大米收割完后,各氏族的人都聚在一起吃圣餐,每个成员都要捐赠一点新米。这顿饭叫作"吃米魂",清楚地表明这顿饭的圣餐性质。另外还拿出一些米来献给精灵。在西里伯斯的米纳哈萨,阿尔福人的每块田地都由祭司播种头一把稻种,收割头一把成熟的稻穗。他把这把大米烤熟后碾成粉,全家每人给一点。在西里伯斯的另一地区波朗·蒙冈多,收割大米前要用一只小猪或家禽献祭。然后,祭司先在自己田里摘一点稻穗,一起晒干,然后还给各自的主人,他们再把它碾成米煮熟。煮好后,妇女拿一个蛋和饭一起送还祭司,祭司拿蛋献祭,饭还给妇女。全家每个成员包括最小的孩子都得吃一点这份饭。经过这次仪式之后,大家就可以自由地收割大米了。

印度南部尼格里山区有一个部落,称作伯格或巴达加,在那里,撒头一把谷穗的都是一个库伦巴人,他是另一族的人,伯格族把这一族的成员都看作巫师。头一把谷穗的谷粒"当天碾成粉,做成饼,作为新谷的圣体。伯格人和他全家把这种饼和祭祀剩下的家禽,当作共同祭献的食物一起吃下"。在印度南部的印度人中,吃新米是一种家庭宴会,叫作邦哥尔。新米用新锅煮,点火的时间是按印度天文家的推算,在太阳进入南回归线那一天的中午。这天全家热切地守望着煮米的锅,因为米汤怎样开,来年的庄稼就会怎样。如果米汤开得快,来年就丰收,如果米汤开的慢,来年就歉收。新煮的米一部分献给象神迦尼萨,然后每人吃一点。印度北部有些地方,新谷的节会叫作"呐梵"(Navan),意即"新谷"。新谷成熟时,所有者拿着吉兆物件到地里去,摘五六根春播的大麦穗,摘一根秋播的小米,带回家,烤干,和上粗糖、黄油和凝乳。一部分以村神和祖先的名义扔在火里,其余的全家吃掉。

有人对尼日尔河上的奥尼莎村吃新山药时的仪式作过这样的描写:"每个头领都带六个山药,砍一根棕榈树小枝子,放在他的大门前面,烤三个山药,再弄一些柯拉果和鱼。山药烤好后,乡村医生(Libia)拿走山药,捣成糊状物,分成两份,他拿起一份放在要吃新山药的人的嘴唇上。吃的人先把热山药上的气吹开,然后整个塞在嘴里,并且说:'我谢谢神让我吃新山药',然后津津有味地嚼起来,并且吃鱼。"

英属东非洲的南迪人,当秋天黍稷籽粒成熟的时候,每一个有田地的妇女都带着女儿到田里去,她们都摘一些成熟的谷穗。然后每个妇女拿一粒谷按在项链上,一粒谷放在口里嚼,嚼后抹在额上、喉咙上和胸口。她们脸上毫无欢乐的表情且哀愁地割一些新谷,带回家放在顶楼晾干。因为天花板是树条编的,许多谷子都从缝里落到火里,在火里剥剥地爆着响。人们并不防止这种浪费,因为他们认为谷物的噼啪声是表明死者的魂魄在吃它。过了几天,用新谷煮粥,和牛奶一起当作晚餐。全家人都吃一点粥,并把粥涂在墙上小屋顶上,他们还放一点在嘴里,向东边吐出去,也吐在小屋的外面。然后家长手里拿一点谷子,向神祷告,祈求健康和精力。对牛奶也是这样处理,凡在场的都跟着他祷告。

在纳塔尔和祖鲁兰的卡菲尔人中,不到节日,谁也不许吃新谷,节日是卡菲尔年的开始,在12月底或1月初举行。所有人都聚在国王的小屋里,宴会跳舞,他们分散前举行"人民的献礼"。地里出的各种庄稼,如谷子、玉米、南瓜,和祭祀用过的动物的肉与"药"等调在一起,用大锅煮好,国王亲自拿着这种食物在每人嘴里放一点。吃了神食之后,每个人全年都神化了,马上可以收庄稼。人们相信,如果任何人在节日前吃了新谷,就会死掉,如果他被发现,就将他处死,至少要把他所有的牲口拿走。有一条规则很好地表现出了新谷之神圣,煮新谷必须用专门煮新谷的锅,由一位巫师用两根所谓"夫妻"棍相磨擦点上新火。

在贝专纳人中有一条规矩,他们吃新庄稼之前必须洁身。洁身的时间是在1月新年开头的某一天,由头领指定。在本族的大聚会厅里开始,所有成年男子都在这里聚会。他们每人手里都拿一些冬瓜叶子,当地人叫作"藜萝泽"(lerotse,即某种介乎南瓜与食用葫芦之间的东西),把叶子揉碎后,用挤出来的汁液涂在大脚趾和肚脐眼上,许多人还真把这种汁液涂在他全身的关节上,但根据更了解情况的人说,这是脱离古代风俗的庸俗做法。在大屋里举行这种仪式之后,每人都回到自己的房里,全家聚在一起,不管男人、妇女、小孩,人人都抹上冬瓜叶子的汁液。有一些叶子也捣碎,放在大木盆里,和上牛奶让狗舐干净。然后,全家每人盛粥的盘子都用冬瓜叶子擦过。等全部清洗完毕之后(而不是在清洗之前),人们才能自由地吃新谷。

巴西的博罗罗印第安人认为,在术士祝福之前吃新玉米准会活不成。祝福的仪式如下:半熟的谷壳洗后放在术士的面前,他又跳又唱,一连几小时,并且不断抽烟,让自己进入一种狂热的状态,于是,他吃一口谷子,四肢颤抖,时时高叫。只要杀大牲口或大鱼,也要举行同样的仪式。博罗罗人坚信,在仪式未完成之前,谁要接触了没有经过献礼的玉米或肉,他和他的全族都要暴亡。

在北美洲的克里克印第安人中,布斯克节(busk,即尝新节)是一年中的主要节日,在7月或8月举行。这时谷物成熟,表明旧年终结,新年开始。节日开始前,没有一个印第安人会吃甚或处理任何新庄稼。有时候,每个村镇都各自举行尝新节,有时几个村镇联合起来共同举行。人们在举行尝新节之前,都给自己准备好新衣服、新用具、新家具。他们把旧衣服和破烂以及所有剩下的谷物和其他旧粮食全都扔成一堆,用火烧掉。为了准备仪式,村里全部的火都熄灭掉,灰都清除干净。尤其要把庙里的炉灶(即祭坛)挖开,除去灰烬。然后主祭司拿一些球花蛇根草的根,一些绿烟叶子和一点新谷放在火炉底下。接着吩咐用白泥盖上,洒上干净水。在祭坛上用幼树的青枝子扎一个厚实的藤架。这时在家的妇女清扫她们的家,刷新旧炉灶,洗净所有的厨房用具,准备接受新火、新谷。公共广场或神场细心扫除过,以往宴会留下的最小的面包屑也打扫干净,"以防污染献祭的新谷"。在日落以前还要把所有在旧年里装过食物或用于食物的器皿都从庙里拿走。然后一个报信人把全部在当年没有违反新谷祭礼规矩的人和没有违反婚姻的规矩的人都召集到神场上去,开始庄严的斋戒。但是妇女(有六位年老的妇女除外)、小孩和那些还没有达到

第五十章 神体圣餐

武士等级的人都不许进入广场。广场四角还有哨兵站岗,不让任何不干不净的的人和动物进入广场。严格戒食两夜一天,信徒都喝蛇树根熬的苦水,"以便引起呕吐,洗涤他们罪恶的身躯"。为了广场外的人也能洗涤,一个老人在广场的一个角落上放一些绿烟叶;一个年老的妇女把烟叶拿走分给所有在外面的人,他们嚼了烟叶咽下去,"为的是折磨他们的灵魂"。在这普遍戒食期间,妇女、孩子和体弱的人都可以在午后吃东西,但午前不能吃。戒食结束的那天早上,妇女们拿一些旧年的食物放在神场的外面。她们把这些食物放在饥饿的人群面前,但在中午以前这一切吃的东西都要拿走,清除干净。中午后太阳偏西,传信人喊话,要所有的人都留在屋子里,不能做坏事,一定要熄灭并扔掉旧火,一点火星也不留。于是一片寂静。然后最高祭司磨擦两块木头,取得新火,放在绿亭子下的祭坛上。人们认为这个新火能赎偿一切过去所犯的除了谋杀以外的罪恶。接着取来一些新谷,最高祭司把各种谷子都拿出一点来,涂上熊油,拿它和肉一起,"献给慷慨的火神圣灵。这是新谷祭祀,是一年的赎罪祭祀"。他还奉献神圣的泻药(蛇鞭菊和卡西纳或泻水),把它倒一点在火上。这时留在外面的人走拢来,但并不进入神场,于是主祭司发表讲话,鼓励人们遵守老仪式、老风俗,宣布新的神火已经清洗了去年的罪过,并认真地告诫妇女,如果她们有人没有熄掉旧火,或染了任何不干净的东西,就必须离开,"否则神火会伤害他们和别人"。这时就拿一些新火放在广场外面,妇女高高兴兴地带回家去,把它放在她们清洁的炉灶上。几个村镇联合举行节日仪式的时候,新火可能要拿好几英里远。于是用新火煮新谷,和熊油一起吃掉,熊油是不能少的。在节日的某个时候,人们拿新谷在手上搓,然后再在脸上胸前搓。在此后的节日中,武士穿上他们粗犷的军服,头上盖着白绒毛,手里拿着白羽毛,围着圣亭跳舞,亭下就是新火。仪式一连举行八天,仪式期间严格禁欲。节日要结束的时候,武士们举行假斗,然后男人和妇女一起,站成三圈,围着圣火跳舞。最后,所有人都在身上涂上白泥,到溪流里洗澡。他们从水里出来时,认为不管过去做了什么错事,现在都不会遭灾了。于是他们高高兴兴安详地离去。

佛罗里达的塞米诺尔印第安人和克里克人属于同一民族,这支人的后裔至今还每年举行洁礼和节会,名叫"青谷舞",会上吃新谷。节日第一天的黄昏,他们喝一种讨厌的所谓"黑色饮料",这种药水使人腹泻,又清肠胃,他们认为不喝这种水的人吃新打的青谷就不安全,并且在一年里准会有个时候要生病的。一面喝药水,一面跳舞开始,术士也参加跳舞。第二天他们吃青谷,次日断食,也许是怕接触一般食物污染了他们胃里的圣食,断食一天以后就大设筵席。

甚至不种地的部落,他们采摘头一批野果,或挖当季的头一批草木根时,有时也举行类似的仪式。如美洲西北部的萨利和廷尼印第安人,"当年轻人吃头一个浆果或当季的树根时,他们总是先要对果树或植物说话,求它照顾帮助。某些部落在摘野果或采果树根时,每年照例要举行头批收获的仪式。在吃鲑的部落中当'虹鳟'鲑鱼开始成群游来的时候,他们也举行仪式。这些仪式倒不是谢恩祈祷,而是一些礼仪,保证丰产,或保证某样所要的东西大量供应,如果没有正式地、尊敬地举行这些仪式,那就有触犯某物的精灵的危险，就会得不到他们"。例如，这些印第安人喜欢吃野覆盆子的嫩芽或细枝，他们头次吃当季的嫩芽时举行一个庄严的仪式。嫩芽用新锅煮熟，人们聚合起来站一大圈，闭上眼睛，这时主持仪式的头领或巫医召唤覆盆子的精灵，求它宽宥他们，赏赐好的嫩枝给他们。这一部分仪式做完后，煮好的嫩枝装在新制的盘子里交给主祭的人，一小部分分给每个在场的人，他们尊敬有礼地吃下去。

英属哥伦比亚的汤姆逊印第安人煮向日葵的根（*Balsamorhiza Sagittata*, *Nutt*)吃。但他们过去常把它当作一个神物，对它有不少的禁忌，例如，挖或烤这种根的妇女必须禁欲，任何男子不得到妇女烤根的炉子旁边去。年轻人吃当季的头一批浆果、根或其他产品的时候，他们对向日葵根念祷文如下："我通知您我要吃您了。求您永远帮助我往上爬，让我永远能爬到山顶上，但愿我永远手灵脚快！向日葵呵，我就是求您这件事。您是所有神灵中最伟大的。"吃的人要是不祷告，他就会变懒，早上会睡得起不来。

美国西北部的汤普逊印第安人和其他印第安人部落的这些风俗是很有意义的，因为他们清楚地表明了吃当季头批果实时举行仪式的动机，至少表明了许多动机中的一种。这些印第安人的例子中的动机就是相信植物的生存是依靠一个有知觉的、多少有些威力的精灵，人们要吃它身体的一部分果实或根的时候，必须先向它祈求才能吃了平安无事。对野果、野果根既然如此，我们可以具有一定把握地推论，对种植出来的果实和根如山药也是如此，对谷物尤其如此，像小麦、大麦、燕麦、大米和玉米等等。对这所有的情况我们似乎都有理由这样推论：野蛮人吃任何头批果实时所表现的顾虑，以及他们打消顾虑时所举行的仪式至少在很大程度上是出于这样一个观念：草木或树是靠一个精灵甚至靠一个神来生活，必须先求得它的允许或求得它的照顾，然后才可能平安无事地吃新收获物。阿伊努人的确明明肯定这一点：他们把小米叫作"神谷"、"谷神"，必须向它祷告了，礼拜了，他们才吃新小米做的饼。即使有些例子没有明确地肯定头批果实里住着神灵，但看起来也还是有这种暗示：吃它们之前有庄严的准备仪式，不举行既定仪式而胆敢吃它们的人就认为会遭灾。因此，在所有这些例子中，尝新就是圣餐，是与神交往，无论如何也是与一个威力的精灵交往，我们这样说，不算不恰当吧！

凡是用新的或专用的器皿装新收谷物的风俗，凡是与神灵交往者必须洁身才能合法地参加与神灵交通的活动的做法，都是倾向于这种结论的。在尝新前洁身的一切方式中，把仪式的圣餐性质表现得最清楚的恐怕要算克里克人和塞米诺尔人尝新前吃泻药的做法。这样做的意图是要防止圣食在食者的胃里与普通食物接触而被污染。出于同样的原因，天主教徒参加圣餐斋戒，例如在非洲东部的游牧民族马赛人中，年轻的武士只吃肉和牛奶，他们不得不有许多天只吃牛奶，然后又有许多天只吃肉，在两种食物交换的时候，他们一定要保证不让旧食物留在肚子里，他们的办法是吃一种很强的泻药。

在我们考察的这些节日里，有一些节日是把尝新圣餐和向神或精灵献新谷同时举行，经过一个时期以后，如果说新谷祭礼还没有把圣餐摒除的话，也使圣餐黯然失色。原来只不过是向神或精灵奉献新谷，现在却成了人们吃新谷的预备活动，更高的神灵既然已经得到他们的一份，人就可以自由享受其余的部分。对新收获物的这种看法表明人们不再认为新收获物本身具有神灵身份，他们不过是神赐给人的礼物而已，人必须对恩神表示感激崇拜，把他们的恩赐奉还一部分给他们。

第二节 阿兹台克人的圣餐习俗

在西班牙人发现和征服墨西哥之前，阿兹台克人有一个把面包当成是神的躯体来吃的风俗。用面做一个墨西哥的大神徽兹罗波契特利或维兹里朴茨特里(Vitzilipuztli)的神像，然后掰碎，由信徒庄严地吃掉，一年有两次，5月和12月。历史学家阿柯斯塔是这样描写5月的仪式的："墨西哥人在5月为他们的神维兹里朴茨特里举行宴会，大会的前两天，我已经提到过的童女（她们被关闭在同一个庙里，好像是出家人一样）拿一些甜菜子和烤过的玉米混在一起，然后她们用蜜揉它，用这种面团做一个偶像，和木头偶像一样大小，眼睛是绿色、蓝色和白色的玻璃球，牙齿是玉米粒，装上所有我提到过的饰物和佩件。做好后所有的贵人都来了，给他带一件精致、华丽的衣服，和木头偶像的一样，他们拿衣服给它穿上，放在一张蓝椅子上，用滑竿在肩上抬着。宴会的那天早晨来到了，天亮前一小时，所有的女孩都穿上白衣服，戴上新的首饰，这一天她们被称为维兹里朴茨特里神的姐妹，她们头上戴着烤过的玉米做的花冠，跟阿扎哈或橘树花差不多，她们的脖子上也是一大串这样的玉米，像肩带一样，一直垂到左边的胳臂上。

她们的脸颊染成红色,她们的手臂从手肘至手腕包着红鹦鹉的毛。"年轻男子穿红袍,像童女一样戴玉米冠,他们把偶像用滑竿抬到大金字塔形的庙宇的墙脚下,按着笛子、喇叭、小号和鼓的节拍,从又窄又陡的阶梯上把偶像抬上去,"当他们把偶像抬上去的时候,所有的人都站在院子里,深怀敬畏。抬上去之后,他们把偶像放在一个小玫瑰屋子里面,这是他们原来准备好的,接着年轻男子走来,撒下许多各色的花卉,庙里庙外都放满了花。然后,所有的童女都从尼庵里走出来,带一些甜菜和烤熟的玉米捣成的浆糊,也就是用以做偶像的那种浆糊,这些浆糊形状像一些大骨头。她们把他们交给年轻人,年轻人把他们拿上去放在偶像的脚边,他们尽量多放,直到放不下为止。他们把这些面团叫作维兹里朴茨特里的肉和骨头。放完骨头以后,庙里所有的长老立即都来了,祭司、祭司助理以及所有其余的僧职官员,按照他们的尊卑老幼(他们的等级很严格),一个接着一个,戴着各种颜色、各种手工做的面纱,也是根据各人的尊卑职位,他们头上戴着花冠,颈上围着花链,他们后面跟着他们敬奉的男神女神,体形不一,服饰相同,然后围着那些面团,按次序排列起来,他们唱歌跳舞,举行一定的仪式。他们用这种办法得到福佑和奉献给偶像的肉和骨头。这种仪式和祝福(有了祝福它们也算是神的肉和骨头)完毕后,他们把这些面团也当神一样地尊重……全城人都来看这大好的场面,整个地区的人都遵守一条严格的戒令:在维兹里朴茨里特神像节的这一天,谁也不许吃别的肉,只能吃这做偶像的带蜜的面团。必须在这天的一定的时候吃,中午以前不许喝水或别的饮料,否则就不吉利,甚至是渎神的。仪式完了之后,他们吃任何东

第五十章　神体圣餐

西都不违法。仪式期间,他们把水藏起来,不让孩子看见,凡懂事的孩子都叫不要喝水,如果喝了,神就会生他们的气,他们如果不是非常细心严格地遵守戒规,他们就会死亡。仪式、跳舞和献祭完毕后,他们脱下衣服,庙里的祭司和高级僧侣取出面团偶像,毁掉他所有的装饰品,碎成许多块。对偶像如此,对他们奉献的短面棒也是如此,然后他们把他交给人们作为圣餐,从年纪最大的人开始,依次给所有男女和小孩,他们接受他,又是流泪,又是敬畏,好像得了一件可羡慕的东西,他们说他们是吃神的肉和骨头,因此他们悲伤。家里有病人的人也为病人要一块,毕恭毕敬地带回家去"。

　　从这一段有趣的描写里,我们知道,古代墨西哥人甚至在基督教传道士来到之前,就充分了解圣餐转化的道理,在他们宗教的庄严仪式中付之实行。他们所有吃献祭面包的人都在自己身体中得到一份神的实体,也就是与神有了一次神秘的交往。体化的理论,亦即面包成为肉体的神秘转变,在基督教传布甚至兴起之前很久,古印度的雅利安人也是熟悉的。婆罗门宣传献祭的米饼是代替人身的,经祭司处理,米饼的确变成真正的人体。我们谈到:"当它(米饼)还是米粉时,那是头发。当祭司给它浇上水,就成了皮肤。当祭司将它搅拌时,它就变成了肉;当米饼拿去烘烤时它就变成了骨头。因为那时,它开始变硬了,而骨头是硬的。当祭司拿开(从火上拿开)米饼洒上黄酒时,就把它变成了骨髓。于是,他们所谓的五重祭品就此完成了。"

　　那么,我们还可以理解墨西哥人为什么在与神庄严交往的那一天不吃别的东西,只吃他们尊为神的肉和骨头的面包,为什么在中午以前,他们任何饮料都不许喝,连水也不许喝。毫无疑问,他们是怕与普通东西接触从而污染了胃里吃下的上帝骨肉。同样的敬畏之心使希腊人和塞米诺尔印第安人(前面已说到过)采用更彻底的手段,用烈性的泻药洗净他们的身体之后,他们才敢吃尝新圣餐。

在12月冬至节的时候,阿兹台克人先杀死做成偶像的神维兹里朴茨特里,然后吃掉它。用小孩的血把各种种子调成面团,按照人形做一个神的偶像,这是庄严仪式的准备工作。用几块橡胶木代表神的骨头。这个偶像放在庙里的主要祭坛上,在节日那天,国王向它献香。第二天一大早就把它拿下来,放在一个大厅里。然后有一个祭司也取神名叫魁扎尔柯特尔(Quetzalcoatl)并且扮演这个神,他拿带火石头的标枪向面做的偶像的胸前投去,将它反复刺透。这叫作"杀维兹里朴茨特里神,好吃他的肉"。有一个祭司把偶像的心挖出来给国王吃。其余的部分分成小块给每一个男人吃,不论长幼,甚至摇篮中的婴儿也有一份,但是妇女一点也不能吃。这个仪式名叫剔夸罗(Teogualo),意即"吃神"礼。

在另外一个节日里,墨西哥人做一些山神像,代表云雾遮盖的山峦。这些像是用各种种子的面做成的,穿上纸扎的服饰。有些人做五个像,有些人做十个,还有些人做到十五个之多。做好后,他们放在各家的小礼拜堂里供奉起来。一个晚上用小碗碟向他们供奉四次食品。整个黑夜里,人们都在他们面前唱着歌、吹着笛子。在天亮的时候,祭司用织布的工具刺穿这些偶像,砍掉他们的头,挖出他们的心,用一个绿碟子把心送给家里的主人。

偶像的身体由全家人，特别是仆人吃掉，"吃了偶像就不会有某种病痛，那些忽略供奉这些神的人认为自己可能得这种病"。

第三节 阿里奇亚的"曼尼"

现在我们对"阿里奇亚有许多曼尼"这句谚语就能够提出一个解释。罗马人把一些做成人形的面包称为曼尼（maniae），看来，这种面包是专门在阿里奇亚做的。这种面包的名字曼尼也是鬼妈妈或鬼奶奶的名字，在户神节①向她奉献男形女形的羊毛偶像。这些偶像挂在罗马每家的大门口，家里每个自由人挂一个偶像，每个奴隶则挂一个别种样子的偶像。理由是在这一天死者的鬼魂都要出来，人们希望这些鬼或出于好意或由于粗心，只拿走门上的偶像，留下屋里的活人。根据传统说法，这些羊毛偶像是代替从前杀活人为牺牲献祭的风俗的。这点材料太零碎，太靠不住，不可能有把握地作出推论。但是，似乎值得提示一下，这些阿里奇亚烤的人形面包是圣餐面包，在古时候，每年杀掉森林神王，按他的偶像做一些面包，跟墨西哥的面团神像一样，由他的信徒当圣餐吃。墨西哥对维兹里朴茨特里举行的圣礼也有人身牺牲。据传统说法，阿里奇亚圣林的创建者是一个叫曼尼的人，众多的曼尼由他那里传下来，这个传说是一则语源的神话，他解释了把圣餐面包称为曼尼的原因。故事说在户神节献偶像是代替人身

---

① 户神节（Compitalia），是罗马宗教的一个节日，每年12月底至次年1月初，纪念户神拉尔。有人认为这个户神拉尔（Lares）原为远古罗马人的农田神灵，也有人认为原是死者亡灵。

祭品，面包与人身牺牲的原本联系也许在这个故事里可以找到一点朦胧的旧事回忆。这个故事本身可能是没有基础的，因为挂起偶像，转移鬼或魔对活人的注意力，这种做法并不是不常见的。

例如，西藏人害怕孔麻老母管辖的无数阴间妖魔。这位女神相当于罗马人的曼尼（鬼妈妈或鬼奶奶），她身穿黄袍，手持金钩，骑着公羊。西藏人为防止她手下恶鬼进入自家住宅，都在大门上钉一个像吊灯似的精致木盒，里面盛着一只公羊颅骨，各种珍贵物品如金叶、银云母、绿松石以及米、面、豆类等干粮，还有男、女和住宅的雕像或图像。"这些男人、妇女和住宅的图像是用来蒙混恶鬼的。假如他们不顾这些奉献，仍然要进入住宅的话，那么，这些图像便可使他们信以为是本宅所住之人，而把他们的愤怒发泄在这些木片上，不致伤及真人。"一切准备就绪之后，由一位僧侣向孔麻老母祝告，请求接纳这点薄礼，关紧地门，使恶鬼不得跑出来侵扰家宅，为害于人。

偶像还常常是防病治病的一种工具，病魔或是误认偶像为活人，或是被劝说、被强迫进入偶像，真正的男人妇女则健康无恙。所以西里伯斯的米纳哈萨地方的阿尔福尔人有时把病人移到另一家去，他们在病人床上留一个枕头和衣服扎的偶像。人们认为病魔会把这个偶像误认为病人，结果病人痊愈。婆罗洲的土著似乎特别喜欢这种治病防病的办法。所以，卡托固郭河的达雅克人遇到瘟疫盛行的时候，他们在门上挂一个木偶像，希望疫魔受骗，取走偶像，留下活人。婆罗洲的奥洛雅朱人如认为病人受到魔鬼袭击，就用面或米粉做一个偶像，当作病人的替身，扔到房子底下，病人就不受魔鬼纠缠。在婆罗洲西部的某些地区，医生通常是一个年老的妇女,如果某人突然病重,医生就做一个木像,用它在病人头上接触七次,同时,她说道:"这个像是顶替病人的病魔,你到像里去吧!"然后,用小篮子装一点米、盐和烟草,和替身一起拿到妖精进入人体的那个地方去。把偶像立在那里,医生先召唤妖精说:"魔鬼啊,这里是代替病人的偶像。把病人的魂魄放了吧!去纠缠偶像吧!因为偶像确实比病人还美好。"巴塔克的巫师能够施法,叫病魔从病人身体出来进到偶像里去。那偶像是香蕉叶子做的,有个人脸,身上缠着灵草。巫师施法后赶紧把偶像拿去扔掉或埋在村界以外。有时候依病人的性别,把偶像打扮成男人或妇女,放在十字街头,或通衢大道上,希望某个过路的人见了他,会惊叫起来:"啊,某某某死啦!"认为这一叫会欺骗病魔,使他相信他的坏主意已经达到目的了,于是离去,病人便痊愈了。马来半岛萨凯族的马,达拉特人把各种病都算作他们称为尼阿尼妖精作祟,不过,幸而术士能把这些妖魔诱出病人体外,让他们寄身于粗糙的草人身上,草人挂在屋外一个铃形的小神龛里,用一些去皮的树枝点缀着。天花流行的时候,埃维黑人有时在城外清出一片地方来,他们在那里立一些小土墩子,那地方有多少人,就在土墩上放多少小泥人。还摆出食物和水来,让天花精解饥解渴,人们希望他会取走泥像,饶了活人,为了加一层保证,堵死到城里去的路,挡住它。

我们有了这些例证,就可以这样推测:古代罗马家家门口在户神节挂的那些羊毛偶像并不是人牺的替身,过去在这时用它献祭,是一种代替祭品,献给鬼妈妈或鬼奶奶的,希望她在城里游荡时会接受或误认偶像为家里的人,因而将活人又赦免一年。教皇和维斯塔贞女在5月把灯芯草做的偶像从罗马古老的苏布里西亚桥扔进台伯河去,其原来的意义很可能也是这样。也就是说,偶像是做来清除城里的魔鬼的影响的,把魔鬼的注意力从人身上转移到偶像身上,然后把整个可怕的鬼物全部都扔到河里去,河水立即远远地把他们送进海里。老卡拉巴的土著以与此完全一样的办法定期清除城里的魔鬼,把不谨慎的魔鬼引诱到一些破烂的草人里,然后把草人扔进河里。普鲁塔克提出的证据在一定程度上证实了这种对罗马风俗的解释,他说这种仪式是"最大的一次祓除"。

第五十一章 吃神肉是一种顺势巫术

关于杀神的做法,我们已经在社会发展达到农业阶段的民族中考察过了。我们已经见到谷物或其他庄稼的精灵通常表现为人或动物,我们还看到某些地方流行这样一个风俗,每年杀掉神的人身代表或动物代表。为什么杀谷精要用这种方式来表示呢?有一个理由在本书前面已经暗示过了:我们可以认为该目的是要防止他或她(谷精常常是女性的)年老体弱,趁谷精还健壮的时候把谷精转到年轻力壮的继承者身上。除了希望更新他的神灵精力以外,也许还认为在收割者的镰或刀下面,谷精的死亡是不可避免的,因此,它的崇拜者不得不勉强承认这种可悲的不可避免的事。但是,进一步看,我们发现一个很普遍的风俗,把神当圣餐吃,或是吃代表神的人或动物,或是吃人或动物形的面包。从原始的观点看,这样吃神的躯体的理由是相当简单的。野蛮人大都认为吃一个动物或一个人的肉,他就不仅获得了该动物或人的体质特性,而且获得了动物或人的道德和智力的特性。所以,如认为某生物是有灵性的,我们简单的野蛮人自然希望吸收他的特性,同时也吸收他的一部分灵性。通过肉食的媒介就能获得种种善恶,这种普遍的信念最好还是用例子来证明,有些例子甚至并不提出食物是神的躯体或血这种托词。这种理论构成广泛的、门类众多的交感或顺势巫术的一部分。

例如,克里克人、切罗基人与他们同宗的北美印第安人部落"都相信自然具有一种特性,能将人和动物所吃的东西或人们感官所接触的物体的素质转移给人和动物。以鹿肉为生的人,就身体素质来讲,要比以笨重的熊的肉为生的人,手脚要迅捷得多、灵活得多,以鹿肉为生的人也比以无能的普通的家禽如粗笨驯服的牛、笨重得在泥里打滚的猪为生的人手脚迅速。他们中的几位老人就提出这样的理由,并且说,在从前,他们一些最大的头领在食物上总是遵守这条规矩,很少吃质地粗劣或行动笨重的禽兽,认为吃了这种动物会使全身迟钝笨拙,没有足够的精力行使他们重大的行政或宗教的职权"。厄瓜多尔的扎巴罗印第安人"除了不得已而外,在大多数情况下绝不吃笨重的貘和野猪的肉,只吃鸟、猴、鹿、鱼等等,他们声称主要是因为吃了笨肉,使他们像供给他们肉食的动物一样,变成笨手笨脚,妨碍他们的灵敏,使他们不适于打猎"。同样,巴西的一些印第安人不吃跑得慢、飞得慢或游得慢的兽、鸟或鱼类,唯恐吃了他们的肉,就失去敏捷的能力,到紧要时刻不能逃脱他们的敌人。加勒比人不吃猪肉,怕吃了会使他们长出猪一样的小眼睛;他们不吃乌龟,怕吃了乌龟,会变得跟乌龟一样又笨又重。西非洲的范人出于类似的原因,壮年绝不吃乌龟,他们觉得如果吃了乌龟,腿的精力和速度就会失去。但是老年人可以随便吃乌龟,因为他们已经失去了跑动的能力,吃了走得慢的动物的肉也没有什么害处。

许多野蛮人不敢吃走得慢的动物,怕他们自己也变得手足迟

第五十一章 吃神肉是一种顺势巫术

缓。南非洲的布须曼人①却特意吃这种动物的肉,他们提出的理由表明未开化的野蛮人的出奇精细。他们认为,他们追逐的猎物会受到猎人体内食物的感应,他如果吃了跑得快的动物,猎物也会跑得快,将能逃脱猎人。如果他吃跑得慢的动物,猎物也会跑得慢,猎人就能赶上杀掉它。为了这个缘故,打大羚羊的猎人绝不吃又快又灵活的羚羊的肉,他们连用手摸都不摸它,因为他们认为羚羊是一个很活泼的动物,晚上也不睡。那么,他们怎么捉得到它呢?

纳马夸人不吃野兔的肉,因为他们觉得野兔肉会使他们胆小,像野兔一样。但是他们吃狮子肉、喝豹子或狮子血,以求获得这些野兽的勇气和力量。卡拉哈里游牧部落的人不让孩子吃豺狗的心,怕豺狗的心会使孩子像它一样怯懦,但让孩子吃豹子心,使孩子像豹子一样勇猛。东非洲的瓦戈戈人杀了一头狮子,他就把狮子的心吃掉,为的是想要像狮子一样勇敢。他认为吃母鸡的心会使他胆怯。当严重的疾病侵袭祖鲁人的村庄的时候,术士就拿一块非常老的豹的骨头,或是老母牛、老公牛或其他非常老的动物骨头,让健康人和病人都吃,为的是要他们吃了这种骨头,能活得像该动物那么老。为了使年老的阿松返老还童,女巫米迪阿用长命鹿的肝,用比九代人还活得久的一头母牛的头煎成药水注射到老人的血管里。

在婆罗洲西北部的达雅克人中,青年男子和武士都不吃鹿肉,因为鹿肉会使他们像鹿一样怯懦,但妇女和很老的老头可以随便吃鹿肉。同一个地区的卡亚人,他们对吃鹿肉的坏影响也有

---

① 南非卡拉哈里沙漠地区的一个游牧民族。

同样的看法，不过，只要鹿肉是在露天做熟的，他们就吃这种危险的食物，他们认为，这时鹿的胆怯的精灵已经跑到丛林里去了。所以不会进入吃肉者的身体。阿伊努人认为秧鸡的心特别聪明，他说起话来最有力量。所以杀了秧鸡，要立即剖腹挖心，趁热的时候或趁它未受任何损害的时候把它吞了。如果一个人这样吞了秧鸡心，他就会变得非常机灵和聪明，能够驳倒所有和他争辩的人。印度北部的人们认为，如果吃了猫头鹰的眼珠，谁就会和猫头鹰一样，黑夜也能看得见东西。

堪萨斯印第安人出发打仗之前，常在酋长的小屋里举行宴会，主菜是狗肉。印第安人说，狗为了保护他的主人，宁愿让自己被砍成几块，这样的动物一定会激起勇气。东印度群岛的布鲁人和阿鲁人吃狗肉，为的是打仗时勇敢灵活。在新几内亚的莫尔斯比港①和莫图莫图地区的巴布亚人中，少年人吃壮猪、袋鼠和大鱼，为的是获得动物和鱼的力量。澳大利亚北部有一些土人认为吃了袋鼠或鸸鹋的肉，他们就能比从前跳得高些，跑得快些。阿萨姆的米里人看重老虎肉，把他当作人的食物，老虎肉使他们有力、勇敢。但是"妇女不适于吃，那会使她们意志太坚强"。在高丽②，作为使人勇敢的手段，老虎的骨头比豹子的骨头价钱要高。汉城有一位唐人买了一只完整的老虎，全部吃下，以求能像老虎那样勇猛。北欧神话中，国王奥楠德的儿子殷吉奥德年轻时很懦弱，他吃了狼心以后，变得非常勇敢。希奥尔图得到力量和勇气

---

① 今巴布亚新几内亚的首都。
② 即今朝鲜。

第五十一章 吃神肉是一种顺势巫术

是由于吃了熊心,喝了熊血。

在摩洛哥,让昏睡的病人咽蚂蚁,吃狮子肉会使懦夫勇敢!但是人们不吃家禽的心,他们恐怕因此变得胆小。中亚的土耳其人遇到孩子学话很慢,就拿某种鸟的舌头给他吃。有一个北美的印第安人认为白兰地一定是由许多个心和舌头煎熬成的。他说:"因为我喝了之后,就什么都不怕,话也说得好极了!"在爪哇有一种小蚯蚓,常常发出一种尖叫声,像一个小闹钟的声音一样。因此,当一个舞女在履行自己的职业时嗓子喊得发哑,带队的人就让她吃几条这种蚯蚓,认为吃了之后,她的嗓子会恢复,能够跟原来一样尖叫。中非洲的达尔福尔人认为,肝是灵魂的所在地,人如吃了动物的肝就能壮大自己的灵魂。"什么时候杀死一头动物,就把它的肝取出来吃掉,但是人们很细心,不用手去摸肝,因为他们认为肝是神圣的。肝是切成细块生吃,用刀尖把小块送到嘴里,用尖棍子也可以。任何人偶然摸了肝一下,就不许他吃,禁止吃肝是他的大不幸"。妇女不许吃肝,因为她们没有魂魄。

通常还吃死人的血肉,以吸取死人所持有的勇敢、聪明或其他素质,或是认为勇敢聪明素质是在某个被吃的特定部位。所以在东南非洲的山居部落中,有一些年轻人加入行会或帮会的仪式上,有一项是要把勇敢、智慧和其他素质灌注到新入会的人身上。凡是行动突出勇敢的敌人被杀时,他的肝是勇敢的所在,睾丸是力量的所在,他的耳朵是智慧的所在,前额的皮肤是忍耐的所在,其他许多部位被认为是其他品德的所在,这些部位被割下来烧成灰烬。用牛角细心地把灰保存好,举行割礼时,和其他成分一起拌成糊,由族里的祭司给青年吃。用这种办法,被杀者的力量、勇气、智慧和其他美德就传给了吃的人。山居的巴苏陀人杀死一个很勇敢的敌人时,他们立即把心挖出来吃掉,因为他们认为这会使他们打仗时有勇气、有力量。当查理·麦卡锡爵士在1842年被阿散蒂人杀死时,据说他的心被阿散蒂军的首领吃了,他们希望用这种办法吸入他的勇气。他的肉晒干切块分给职位较低的军官吃了,也是为了这个目的,他的骨头长期保存在库马西,作为全国礼拜的对象。新格拉纳达的瑚拉印第安人遇到机会时就吃西班牙人的心,希望藉此可以使自己跟卡斯蒂利亚武士一样无所畏惧。苏印第安人[①]常把勇敢敌人的心碾成粉末喝进肚里,希望以此取得死者的勇气。

通常固然是吃人心,以求吃的人得到心的原有者的素质,但因此而吃掉的并不是心这一部分,这点我们已经谈到。如澳大利亚东南部的两个部落色多拉和恩加里戈,他们的武士常吃被杀敌人的头和脚,以为这样就得到死者的素质和勇气。新南威尔士的卡米拉罗伊人为了得到勇敢者的勇气,吃他的肝和心。在东京[②]也有一种流行的迷信,认为勇敢者的肝使吃肝的人勇敢。出于类似的意图,中国人吞食刚被处死的江洋大盗的胆汁。沙捞越的达雅克人常吃被杀者的手心和膝盖肉,以增强他们自己的手和膝盖的力气。西里伯斯中部著名的猎取人头的托拉拉基部族喝被他们杀死者的血,吃他们的脑子,以求使自己变得勇敢。菲律宾群岛的伊塔隆人喝他们杀死的敌人的血,生吃他们的后脑和内脏,以求得到他们的勇气。为了同样的原因,菲律宾群岛的另一部

---

① 美国北部和加拿大毗连地区的苏印第安人,也叫达科他印第安人。
② 指越南北部。

第五十一章　吃神肉是一种顺势巫术

落,埃富高人吮吸敌人的脑髓。同样,德属新几内亚的卡伊族人吃敌人的脑子以求得到他们的力量。在西非洲的基姆班达人中,新王继位时要杀死一个勇敢的俘虏,新王和贵族都吃他的肉,藉以获得他的力量和勇气。出名的祖鲁酋长马图阿纳喝过三十个酋长的胆汁(这些酋长的族人也都被他消灭了),以为这会使他强壮。祖鲁人认为吃掉敌人的前额中部和眉毛,他们就会得到凝视敌人的胆量。每次出征之前,西里伯斯的米纳哈萨人拿一把被杀敌人的头发泡在开水里提取勇气,然后战士把这种勇气水喝下。在新西兰,"酋长就是阿图亚(神),但神有强大和软弱之分,各个神自然设法使自己成为强大的神,所采取的办法是使别人的精灵合并于自己,例如某武士杀了一个酋长的时候,他就立即挖下他的眼睛吞下,因为阿图亚·唐卡(神灵)就住在眼睛里。因此,他不仅杀死敌人的躯体,而且还占去敌人的灵魂,杀的酋长越多,他的灵气就越大"。

至此,我们就不难理解,为什么一个野蛮人要吃他认为是神灵的动物或人的肉了。吃了神的肉,他就分得神的特性和权力。神是谷神,谷物就是他的主体,神是葡萄神,葡萄汁就是他的血,所以信徒吃了面包和葡萄酒,就是吃了这个神的真正的血肉。所以在狄俄尼索斯这样的葡萄神的仪式上喝葡萄酒,并不是欢闹的行为,那是一顿庄严的圣餐。不过这样一个时候终于来临了,以理性为主导的人觉得很难理解,若是一个神智正常的人怎么会认为吃了面包、喝了葡萄酒,他就是吃了神的血肉呢? 西塞罗说:"我们把谷物叫西里斯(谷神的名字),把葡萄酒叫巴克科斯(酒神的名字),我们不过是用一个普通的修辞而已,难道你认为真有人会那么神志不清,以为他吃的东西就是神吗?"

第五十二章　杀死神性动物

第一节　杀死神雕

在前面几章中,我们谈到在许多已经发展到主要以农业为生的社会里都有杀谷神的风习,或是以谷神原本的形式如玉米、大米等等,或是假借动物和人的形体而杀掉吃了。我们还要说明狩猎或游牧的部落,和农业民族一样,也有杀他们崇拜物的风习。在猎人和牧人供奉并杀掉的那些崇拜物或神(如果他们值得尊神的话)之中,许多都是单纯的,而不是体现其他超凡神物的动物。我们头一个例证是加利福尼亚的印第安人,他们住在一个富饶的国土上,气候晴朗温和,但他们差不多还是处在最野蛮的状态。阿卡契曼人崇拜大雕,他们每年有一次盛大的节日,叫作配恩斯(即鸟会的意思),就是为大雕举行的一种宗教仪式。节日选定后,在庆祝的前一天傍晚公布,立即准备一个专用的庙地(vanguech),似乎是一个用木栅围起来的圆形或椭圆形的场地,在一个栏杆上立一个剥制后填充起来的山狗或草原狼的皮,表示秦尼格秦尼克(Chinigchinich)神。庙地备好之后,排起庄严的队伍,把鸟带进庙地,摆在专门建好的祭坛上。然后所有的年轻妇女,无论已婚未婚,都在祭坛前面跑来跑去,老人们在旁安静地观看着。头人们脸上涂着颜色,并用羽毛装饰起来,围着他们供奉的鸟跳舞。这些仪式做完之后,他们捉住鸟,带到主要的庙地,所有的人都加入这一壮丽的行列,头领们载歌载舞走在前面。到达庙地后,他们把鸟杀掉,不使滴出一滴血来。把皮完整地剥下来,和羽毛一起作为圣物保存,或是用于做节日服装(paelt)。鸟的尸体埋在庙地的一个洞里,年老妇女们聚在墓坟周围,悲恸号哭,并把各种植物种子和食物扔到坟上。她们哭道:"为什么要跑呢?跟我们在一起不是更好吗?你也跟我们一样能做皮诺(一种粥)。你要是不跑,也不至于成了配恩斯(Panes)呀!"等等。这个仪式完毕后继续跳舞,一连三天三夜。据说配恩斯是一个妇女,她跑到群山里去,秦尼格秦尼克神把她变成一只鸟。他们相信虽然每年杀死这鸟,她仍能复生,回到她山里的家中去。而且,他们觉得,"杀死她多少次,她就繁殖多少倍。所有头人每年都举行配恩斯节,他们都坚信所有在节日杀死献祭的鸟都是那同一个母鸟"。

　　加利福尼亚人说的多中之一,这说法很值得注意,有助于说明他们杀神鸟的动机。物种的生命和个体是不同的,这种观念在我们看来明白易懂,在加利福尼亚野蛮人看起来却好像不易掌握。他没有认识到物种生命与个体生命不同,因此,以为威胁并将最后毁灭个体生命的危险和灾难,也同样将降临于物种的生命。很显然,他觉得孤立无援的物种也会像个体一样衰老死亡,所以必须采取某种步骤,使他视为神灵的某一物种免于灭绝。他们能想象出的回避灾祸的唯一办法就是杀掉种族中的一个成员,生命的潮水在这个成员的筋脉里还流得很旺盛,还没有在老年的沼泽地里变成死水。他觉得,把生命这样从一个渠道岔开,它就会重新自由地流入一个新的渠道,换句话说,被杀的动物会复活,进入一个新的生命期,具有青年的朝气和精力。在我们看来,这样推理显然是荒谬的;这种风俗也同样如此。这里还可提一下萨摩亚人对个体生命和种族生命的认识同样混淆不清。每一家族都把某一种动物奉为神祇,不过,他们认为这些动物中死了一个,比如说,死了一个猫头鹰,那并不是神死了,"神还是活着的,附在所有现存的猫头鹰身上"。

第二节 杀死神羊

我们方才考察的加利福尼亚的粗鄙仪式,在古埃及的宗教中有一个与它非常相近的例子。底比斯人和所有其他供奉底比斯的神阿蒙的埃及人,都奉公羊为神兽,不杀公羊。但是在一年一度的阿蒙节上,他们都要杀一只公羊,剥掉他的皮,把皮披在神阿蒙像上。然后他们悲悼这只公羊,把它埋在圣墓里,有个故事说明这个风俗。故事大致是这样:宙斯有一次在赫拉克勒斯面前显圣,披着羊毛,顶着羊头。当然,这个例子里的公羊就是底比斯的兽神,正如狼是里柯波里斯的兽神,山羊是门德斯的兽神。换句话说,公羊就是阿蒙自己。不错,在碑刻上阿蒙的形象,身躯人身,头是公羊的头。但是,这只是表明,他还是处在通常的预备状态,兽神是经过预备状态后,才成为完全的人化神祇。所以,杀公羊不是作为献给阿蒙的祭品而杀掉的,用杀掉的羊披在阿蒙的偶像身上,这条惯例明明表示神与兽是一回事。每年杀公羊神的理由可能就是我给一般杀神风俗提出的理由,也就是我给加利福尼亚特有的杀神雕的风俗所提出的理由。杀公牛神阿庇斯的类似例子也证明可以把这种解释运用于埃及,阿庇斯是不能活过一定年限的。给人神的生命定一个期限,其意图我已经申述过,是要使他不致年老体弱。同样的理由也可以解释每年杀兽神的风俗——很可能杀兽神的风俗更老一些——底比斯人的公羊就是每年杀死的兽神。

底比斯人的仪式中有一点——将羊皮披在神像身上——值得特别注意。如果起初神是活羊,用偶像代表他则是后出的。但是,怎么产生的呢?把杀掉的兽神的皮保存起来这种做法也许提供了问题——加利福尼亚人是保存雕皮——的答案。在收庄稼地里杀一只代表谷精的山羊,它的皮也为各种迷信的目的保存起来。事实上,皮是作为神的表征或纪念物而保存起来的,而不是说皮本身包含一部分神灵生命,不过是把皮填上东西,撑在架子上,作为一个正规的神像。起初,这种像每年换一次,用杀掉的动物皮做新像。但是从每年用的神像到永久的神像,这种转变并不难。我们已经谈到每年砍新五朔树的风俗,被保持永久的五朔柱所代替,不过,每年要在五朔柱上点缀新叶新花,甚至柱顶上每年加上一棵新的小树。同样,用填好的皮代表神这一做法,已被木、石或金属的永久神像所代替,每年在永久神像上披上杀死的动物的新皮。发展到这个阶段的时候,自然会把杀公羊的风俗解释为献给神像的祭品,就会用阿蒙和赫丘利的故事来说明了。

第三节　杀死神蛇

非洲西部似乎提供了另外一个每年杀神兽保存兽皮的例子。

费尔南多·波岛上的伊萨普黑人把一种眼镜蛇看作他们的守护神,他能降福或致祸,赐予财富或罚以疾病和死亡。把这种爬虫类的皮在广场上最高的一棵树的树枝上尾巴朝下地悬挂着,是每年一次的仪式。仪式一结束,立即把所有当年生的孩子抱出来,让他们的手去摸蛇皮的尾巴。摸蛇皮的惯例显然是一种把孩子放在部落神的保护之下的办法。同样,在塞内冈比亚,蛇族的每个孩子出生八天后,会有一条蚺蛇来看他。古代非洲蚺蛇族普西利人常常把他们的婴儿露在蛇的面前,认为蛇不会伤害该族的孩子。

第四节 杀死神龟

在加利福尼亚、埃及和费尔南多·波的风俗中,动物崇拜似乎与农业无关,所以,可以把他的时间推到社会发展的狩猎和畜牧阶段。下面描述的这个风俗也是这种情况,不过,遵守这个风俗的新墨西哥祖尼印第安人现在已经定居在一种特别类型的带有围墙的村镇上,他们仍从事农耕并有陶瓷和纺织工艺。他们的风俗具有一定突出的特点,与上述例证又不属于同类,所以值得详细描写一下。这里引一段目击者的话:

"仲夏来了,天气热得厉害。我哥哥(我父母收养的养子,印第安人)和我天天坐在我们家阴凉的下层屋子里,——后者(原文如此)正忙着用他的炼铁炉和粗糙的工具,把墨西哥钱币做成镯子、条带、耳环、扣子等等,作野蛮人用的装饰品。虽然他的工具粗糙得惊人,但他有耐性,手又巧,做出的活儿漂亮极了。有一

第五十二章 杀死神性动物

天,我坐着瞧他做这些东西,有一个五十人的队伍匆匆忙忙走下山来,越过平地,往西去了。一个涂了彩色、戴了贝壳的祭司庄严地领着他们走。后面跟着拿火炬的舒禄威肆(Shu-lu-wit-si,即火神)。他们走远了看不见的时候,我问哥哥怎么一回事?

他说:'他们是到卡卡城去的,到我们其他人的家去的。'四天以后,太阳快要落山的时候,那班人穿戴着卡考什(Ka-K'ok-shi,好舞蹈)的漂亮的服饰,排成单行,从原来的山路上回来了,每人手臂上挽着一个篮子,里面满是活的且正在爬动的乌龟。他们都小心地看着拿着,像妈妈待孩子一样。那些令人厌恶的乌龟,有的还用软毯子包着,它们的头和脚伸在外面——在头戴羽毛的朝拜者的背上背着,就像可笑而又庄严的孩子骑在大人的背上的讽刺画。那天黄昏,我正在楼上吃晚饭,村长的姐夫来了。家里人迎接他,好像他是天上派下来的使者。他手指头发抖拿着一个挨了不少骂的不听话乌龟。他的手上和赤脚上涂的颜色还未褪掉,这使我猜想他是圣使中的一个。

我问道:'那么,你是到卡—瑟鲁—厄尔—伦(Ka-thlu-el-lon)去了,是不是?'

这个疲倦的人说:'哎,'他的嗓子因为唱的时间太长都发哑了,他一面回答,一面坐到一块给他放好的皮上,简直精疲力竭,他把乌龟轻轻地放在地上。那乌龟一脱出手来,就赶忙乱跑,它短腿能跑多快就跑多快。全家人一致放下盘子、汤匙和喝水的杯子,从祭神的餐碗里抓一大把吃的东西,赶忙跟着乌龟满屋跑,跑到黑角落里,绕着水壶跑,跑到碾盆的后面,然后又跑到屋当中来,人们跟着他跑,一面祈祷,一面在他背上撒粮食。最后,说也奇怪,他走到那个把他带来的、跑累了的人身边去了。

他激动地喊道:'哈,你瞧,它又跑到我这儿了,呵,众生之父,今天给了我多大光彩。'他把手温和地在爬行的动物背上摸了一下,然后,他又深又久地闻他的手心,同时求神保佑。然后,他用手撑着下巴,用他那双大的、渴望的眼睛看着那丑陋的俘虏满地爬。那家伙眨着被饭食迷糊了的眼睛,在光滑的地上爬着,似乎在回忆它的老家。这时候,我大胆地问了一句:

'你为什么不放了它,或者给它点水喝?'

这人慢慢地把眼睛对着我,脸上露出苦恼、愤怒与可怜交织在一起的神情,其他的人也用敬畏的眼神瞪着我。

'可怜的小弟弟,'他终于说话了,'你不知道它有多么贵重啊!它会死?不会的,我告诉你吧,它不会死的。'

'不过,你要是不喂它,不给它水喝,它就会死掉。'

'我跟你说它不会死;它只是明天换个家,回到它兄弟的家里去。呵,得了,你不会懂的。'他沉思起来。他又转过脸对蒙了眼的乌龟说:'啊,我可怜的、亲爱的、无依无靠的孩子或父母,我的姐妹或我的兄弟!谁知道是什么?也许是我的曾祖父、曾祖母!'说完之后,他哭起来,哭得伤心极了,抽泣得身上直哆嗦,妇女孩子都跟着哭,他把他的脸埋在手里。我顾不得错不错,对他的悲伤充满同情心,我把乌龟拿到嘴唇上,吻它冰冷的甲壳,然后把它放在地上,赶忙离开这悲痛的一家人,让他们去痛苦。第二天,又是祈祷,又是温柔的祈求,又是羽毛,又是祭品,可怜的乌龟被杀了,它的肉和骨头都剔开了,扔到河里,使它'又一次回到死者湖的黑水中和自己的同伴一起永生'。龟壳剔净晾干,做成跳舞的

第五十二章 杀死神性动物

响鼓,用一块鹿皮包着,至今还挂在我哥哥家烟熏的梁柱上。有一次一个纳瓦霍人想用一个勺买它,被痛骂一顿,赶出屋外。如果有人大胆提到乌龟了,他的话会引起一大串泪水,他就会被提醒,乌龟不过是'搬了家,永远住在我们失去的亲人的家里'。"

我们发现,这个风俗用明白的方式表现了人死之后灵魂转生为乌龟的信念。莫基印第安人相信转生的理论,他们与祖尼人同属一族。莫基人包括若干图腾氏族——熊族、鹿、狼族、兔族等等,他们认为这些氏族的祖先是熊、鹿、狼、兔等等,每个氏族的成员死去时,依他所属的氏族而转生为熊、狼等等。祖尼人也分为几个氏族,氏族的图腾与莫基人的图腾很一致,他们有一个图腾就是乌龟。因此死后转生为乌龟的想法也许就是他们图腾的信念的一条常规。那么把一只住有人类灵魂的乌龟杀掉是什么意思呢?很显然,目的是要保持和另一世界的来往,死者的灵魂就会以乌龟的形体聚集在另一世界里。死者的灵魂有时回老家,这是一个普通的信念,因此活人欢迎并热心地招待这些看不见的访问者,然后再送他们上路。在祖尼人的仪式中,死者以乌龟的形式被接回家来,杀乌龟就是把灵魂送回灵魂所住世界的办法。因此,上述关于杀神风俗的一般解释似乎不适用于祖尼人的风俗,该风俗真正意义已经不大清楚了。我们掌握的晚近比较详细的有关记载,对于这个问题的模糊之处也未能予以澄清,我们从这个记载中知道这个仪式是这些印第安人在夏至时举行的繁复仪式的一部分,那些繁复仪式的目的是为庄稼祈求充分的雨水。派出使者到圣湖柯斯鲁瓦拉瓦去迎回"他们逝去的亲人——乌龟",据信那些死者灵魂都转生为乌龟了。把乌龟庄严地迎回祖尼之后,就把他们放在水盆里,有些人穿着神装,扮作男神和女神,围着乌龟跳舞。"仪式完了之后,谁捉的乌龟,谁就把它带回家去,吊着脖子悬在梁上,到第二天早上就把它们扔到开水锅里。乌龟蛋被认为是上等珍馐。除了做菜吃外,很少吃乌龟肉。乌龟蛋可治皮肤病。一部分肉和柯哈克瓦(一种白色贝珠)与绿松石的珠子扔到河里,是给神仙的祭品"。这些记载总算肯定了这样的推论:乌龟是死者的化身,因为乌龟是叫作祖尼人的"逝去的亲人"。说实在的,既然乌龟是从鬼魂来往的湖泊里来的,它除了是死者魂魄的附体而外,还能是什么别的呢?既然在这些仲夏仪式中祈祷跳舞的主要目的是为庄稼求雨,那么把乌龟拿到祖尼来,在他们面前跳舞,其意图是向祖先的神灵祈求(祖先神灵依附在动物身上),请它们为活着的子孙的福利让老天爷降下雨水。

第五节 杀死神熊

阿伊努或阿伊诺人献祭用熊,初看起来,也难明白是什么意思。他们是一个原始民族,住在日本的虾夷岛以及库页岛和千岛群岛的南部,很难确定阿伊努人对熊的态度。一方面他们管它叫卡穆伊(kamui),即神,但他们称陌生人也用这个字,因此卡穆伊这个字的意思可能只是一种具有超人力量的,至少也是威力非凡的神物。而且,据说"熊是他们的主神","在阿伊努人的宗教中熊占主要地位","在所有动物中,熊特别受到尊重","他们依自己的方式敬奉熊","毫无疑问,这个野兽比无生命的自然力量更加激起崇拜之情,阿伊诺人可以说是崇拜者"。但是在另一方面,他们

第五十二章　杀死神性动物

但凡可能就要杀熊，"在以往的年代里，阿伊努人认为猎熊是人生最有男子气概、最有益的行为"，"人在秋天、冬天和春天狩猎鹿和熊。他们交纳的贡物或赋税中，一部分就是鹿皮和熊皮。他们以干鹿肉、干熊肉为生"，熊肉确是他们的主食之一：他们吃鲜熊肉和腌熊肉，熊皮则做衣服穿。事实上，文章作者所说的对熊的崇拜，似乎主要是指对死熊的崇拜。所以，他们虽然一有机会就杀熊，但"在肢解尸体的时候，他们努力求神宽恕。因为他们杀了神的代表，所以对神表示出种种恭顺和卑屈的敬礼"，"杀了熊之后，阿伊努人就坐下来礼赞它，向他额手礼拜，奉献艾诺——礼物"。"如果在陷阱里捉住，或箭伤了一头熊，猎人就要举行道歉和求恕的仪式"。被杀的熊的头盖骨在他们的小屋里具有荣誉地位，或挂在小屋外的圣柱上，对它十分恭敬。向它献祭小米酒和一种名叫萨基(sake)的醉人的米酒，称它们是"神灵保持者"或"尊敬的神灵"。狐狸的头盖骨也系在小屋外的圣柱上，把它们看作一种避邪的魔物，并把它们当神谕来请示。但是也有一种公开的说法："狐狸也和熊一样得不到什么尊重，人们宁可尽量避开它，认为它是一种狡猾的动物。"所以，很难说熊是阿伊努人的兽神，也不能说是一种图腾，因为他们说他们自己是熊，又随便地把熊杀掉吃了。不过，他们有个传说，说一个妇女和熊生了一个儿子，他们有许多人住在山里，以做熊的后代自豪。这种人叫作"熊的后裔"(Kimun Kamui sanikiri)，他们怀着自豪感说道："说到我哇，我是山神的孩子，我是统治山林的神的后裔"，所谓"山神"不过是指熊罢了！所以，很可能就是像我们的主要权威人士约翰·巴彻勒牧师的看法，熊曾经是阿伊努人的一个氏族的图腾；即使如此，也很难解释整个阿伊努人对熊所怀的敬意。

我们这里想要谈的是阿伊努的熊节。冬天将尽的时候捉一头小熊,带回村子里。如果熊特别小,就由一位阿伊努妇女喂养,如果没有一个妇女喂养它,就用手和嘴喂这个小动物。白天让它在小屋里和孩子们玩,受到很温情的爱护。但是当小熊长得够大了,缠人或抓人,使人不安,就把它关在一个结实的木箱里,一般在笼里养两年或三年,用鱼或小米粥喂养,一直养到杀了吃掉的时候。但是,"特别值得注意的事实是,养小熊不只是为了提供好吃的肉食,而是几乎把熊当作崇拜的对象,甚至当作一种神物"。在虾夷岛这个节日一般在9月或10月。举行节日宴会之前,阿伊努人向神告罪,说他们待熊很好,尽可能长时期地供养它,但现在已不能再喂养它了,不得不杀死它。举行熊肉宴的人请来亲戚朋友,在一个山村里,差不多全村的人都参加宴会。远村的客人也受到邀请,无所花费,痛饮一场,所以客人一般都愿意来。请柬的内容,大致如下:"我,某××,即将献祭居处山林之亲爱的小神物。我的朋友和先生们,敬请光临宴会,一堂欢叙,同送尊神!"所有的人都聚在笼子面前,专门选定演说者对熊讲话,告诉它,他们要把它送到它祖先那里去,请不要气恼,原谅他们即将对它做的事,并安慰它,向它保证有许多削好的神杖(inao)、大量的饼、酒送给它在路上享用。这种演说,巴彻勒先生听见过一次,大意如下:"呵,你神灵啊,你是被送到这世上来供我们猎取的。呵,你这宝贵的小神灵,我们礼拜你,请听我们祷告。我们喂养了你,花了不少力气把你养大,都是因为我们非常爱你。现在,你已经长大了,我们要把你送回你父亲、母亲那里去。你到那里,请为我们多说

第五十二章 杀死神性动物

好话,告诉它们,我们对你多么仁爱,请再到我们这里来,我们将祭祀你!"用绳子把熊捆好后,牵出木笼,用一阵钝箭射它,为的是将它激怒。当它挣扎无效,疲倦了的时候,把它捆在木桩上,用两根棍夹住它的脖子,然后用力夹紧,所有人都热心地帮着把它夹死。好箭手还向它的心脏射进一箭,却不流出血来,他们认为如果有血滴在地上,就不吉利。不过,有时人们也喝熊的热血以为"熊的勇敢和其他德性就会传到他们身上"。有时候,他们把熊血涂在自己身上或衣服上,为的是保证打猎成功。熊被夹死后,剥去皮,砍掉头,放在屋里东边窗子上,在它嘴下放一块它自己的生肉,和一碗煮好的它身上的肉,还有一些玉米饼和干鱼,接着便向这死熊祷告。有时还邀请它在到达父亲母亲那里之后,再回到世上来,以便再一次供养它,杀掉它。当人们认为熊已经吃完自己的肉时,主持宴会的人就拿起装着煮好的肉的碗,向它敬礼,把肉分给所有在场的人,每个人,无论老少,都必须吃一点。这个碗叫作"祭碗",因为那是刚刚祭过死熊的。其他的肉也煮熟分给所有的人,每人至少吃一块,不吃的人等于开除了教籍,将被置于阿伊努族人之外。过去,除了骨头而外,熊身上的一切都得在宴会上吃掉,但是这条规矩现在已经不那么严了。熊头剥去皮后,放在屋外神杖旁的一根长杆上,一直放在那里,到最后变成光光的骷髅。挂在那里的这种骷髅不只在节日受到礼拜,它在那里存在多久,都一直受到礼拜。阿伊努人向巴彻勒先生担保说他们的确相信受崇拜的动物的精灵是住在骷髅里,所以他们说它是"神灵的保持者"和"珍贵的神灵"。B.舒贝博士8月10号在库内亲眼看到杀神的仪式,库内是虾夷岛上火山湾的一个村子。他对这个仪式的描写中有些有趣的特点,上面的记载里没有提到,值得在这里综述一下。

他进入小屋后,发现有三十个左右的阿伊努人在场,男人、妇女、小孩,都穿着最好的衣服。屋里的主人首先在炉灶上向火神奠酒,客人都照他的样子做。然后在小屋里家神的神圣角落里祭奠家神。与此同时,喂熊的主妇独坐着,安静地忧伤,且不时地落泪。她的悲哀显然不是做作,随着节日活动的继续进行,她越发哀伤。接着,主人和一些客人走出小屋,在熊的笼子面前奠酒。还用一个碟子给熊送上几滴,立即被熊打翻。接着妇女和小姑娘们围着笼子跳舞,她们的脸对着笼子,膝盖微微弯曲,用脚尖跳跃。她们边跳边拍手,唱着单调的歌曲。主妇和几个老年妇女含泪而舞,年老的妇女可能是喂过许多熊的,她们把手向熊伸去,向它喊出许多亲热称呼。青年人就显得不那么哀伤,他们不但唱歌,而且发出笑声。闹声把熊搅动了,开始在笼子里跑起来,悲哀地吼叫着。其次在神杖前奠酒,神杖就在一个阿伊努人家小屋的外面。这些神杖大约有两英尺高,顶上削成螺旋形。这是专门为过节日竖的五根新神杖,上面绑着竹叶。杀熊时照例都这么做。竹叶的意思是指熊死还会复生。然后把熊牵出笼子,颈上缠一根绳,把它领到小屋附近的地方。然后男人们由一个人领着向熊射出木头做的箭。舒贝博士也得跟着这样做。接着把熊牵到神杖面前,拿一根棍子放在它嘴里,九个人跪在它身上,把它的颈子压在一根柱子上。五分钟以后熊就死了,哼也没哼一声。这时妇女和女孩们已在男人们后面站好,跳舞悲号,打那些杀熊的男人。接着把熊的尸体放在神杖前的席子上,从神杖上拿下一把剑和剑

第五十二章 杀死神性动物

囊,挂在死熊的脖子上。如果是母熊,还挂上项链和耳环。然后向他献祭食物和饮料:小米粥、小米面饼和一壶米酒。这时男人们坐在死熊面前的席上,向他奠酒,然后就大口喝起酒来。妇人和女孩们也都没有愁容了,高兴地跳着舞,年老妇人更是格外高兴。正当高兴到极处的时候,两个原来牵熊出笼的阿伊努人,爬到小屋顶上,把小米饼子扔到人群中,于是男女老幼人人争先恐后地抢那些饼子。然后剥去熊皮、切开熊的内脏,将头割下来,皮连在头上。男人们用杯子接着血热切地喝下去。所有妇女和孩子好像都不喝血,虽然按规矩并不禁止他们喝。熊肝切成小块和盐生吃,妇女和孩子们也得到一份。肉和其余的内脏拿进屋去,保存到第三天,然后分给所有赴宴的人。舒贝博士也得到了一份熊血和熊肝。给熊开膛时,妇女和小姑娘跳着节日开始时跳的那种舞——不过,不是围着木笼跳,而是在神杖面前跳。跳这种舞时,顷刻前还很欢乐的老年妇女这时又流泪不止。从熊的头部挖出脑髓,和盐一起吞食,剥了皮的头顶骨就挂在神杖旁的一根柱子上。堵熊嘴的一根棍子也拴在柱子上,挂在尸首上的箭和箭袋也是如此。约一小时后,拿走箭袋,其余的东西仍然留在那里。所有的人,男人和妇女都在柱子前热热闹闹地跳舞。最后再举行一次酒会,妇女也都参加,以此结束节日的活动。

  关于阿伊努人熊节发表的第一篇记载也许要算一个日本作者在1652年写的那一篇。这篇记载有法文译本,大致如下:"他们得到小熊就带回家交给妻子喂养。长大后就用鱼鸟喂它,到冬天为了取出肝脏把它杀掉,他们认为肝能消毒、去虫、止痛、治胃病。肝的味道非常苦,如果在夏天杀熊,肝就毫无用处。杀熊于日本的1月份开始。他们杀熊是把熊头夹在两根长棍子中间,由五十或六十人一起来夹,男女都有。熊杀死后,他们吃熊肉,肝存起来做药料,皮就卖掉,皮为黑色,通常有六英尺长,最长的竟达十二英尺。一剥完皮,养熊的人就开始哭它。然后他们做一些小饼,款待那些帮助他们的人。"

库页岛的阿伊努人用同样的仪式养熊杀熊。我们了解到,他们并不把熊看作神,只是把熊当作一个使者,交予各种任务由它带给森林之神。先在笼里养熊两年左右,然后在节日杀掉,而这种节日又是在冬天的某个晚上。杀熊的头一天举行哀悼,年老的妇女在放熊的笼子面前彼此换班哀哭、呻吟。然后在午夜时分,或在大清早,由一个人对熊说很多的话,提醒它,他们是如何看护它,好好喂它,让它在河里洗澡,使它温暖、舒适。他接着说:"现在我们要为你举行一个大宴会,你不要怕,我们不会害你,我们只把你杀掉,送你到爱你的森林之神那里去。我们奉献给你一顿好饭,将是你在我们这里吃的最好的一顿饭,我们大家都一起来哭你。杀你的阿伊努人是我们这里最好的弓箭手。他就在这里,他哭,他求你宽恕!你不会感觉到什么,很快就会办完了。我们不能一直喂你,这你是懂得的。为你,我们是尽了责任,现在轮到你为我们作出牺牲了。你请神冬天给我们多送些水獭和黑貂,夏天多给些海豹和鱼。别把我们托你的事给忘了,我们非常爱你,我们的孩子们也永远不会忘记你。"熊在旁观者的激动中吃完最后一顿饭,年老的妇女又哭起来,男子吞声哭唤,这时,人们克服困难,冒着危险把熊捆起来。放出笼后用绳子牵着或拖着,依熊的性子而定,绕笼走三圈,然后绕主人的房子走三圈,最后绕演说者的房子走三圈。于是把他绑在一棵树上，树上用通常削好的神杖点缀起来，演说者对熊又作一番很长的讲话，有时说到天都快亮了。他喊道："记住哇！记住哇！你要记住你的一生啊，要记住我们为你尽的心意呀。现在是你尽你的责任的时候了。别忘了我托付你的事。你告诉神，请神多给我们财富，好让我们的猎人满载稀有的兽皮和好吃的动物从森林中回来，让我们的渔夫在海岸上和海里找到成群的海豹，让他们的网被捕获的鱼压得断裂。除了你，我们再也没有别的指望。妖精会笑我们，他们总是不怀好意危害我们，他们见了你都要低头。我们给你食物，使你健康高兴，现在我们杀你也是为了你可以多送财富给我们和我们的孩子，作为对我们的回报。"熊愈来愈躁动不安，对这番讲话也听不进去，它围着树，一圈又一圈地走着，悲哀地号叫着，终于最初升起的阳光照到了这幅景象上，一个弓箭手一箭射穿它的心口。他一射出箭，就立即扔了弓，倒在地上，年老的男子妇女也都倒下去，哭泣着，呜咽着。然后他们给死兽献米和野土豆等祭品。先说一番可怜它的话，感谢它所忍受的痛苦，然后砍去它的头和脚爪，作为圣物保存起来。接着用熊肉熊血设宴。妇女从前是不参加的，现在也和男人共席了，所有在场的人趁热把血喝掉，照规矩肉只能煮熟，不许烤。由于规定熊的遗体不能由大门进屋，库页岛上阿伊努人住房又没有窗子，因此，他们由一个人爬上屋顶，把肉和皮从通烟口放进屋里。于是用饭和野土豆向熊头祭祀，而且很周到地在熊头旁边放着烟斗、烟叶和火柴。照规矩，客人要等把熊身吃完才能散。吃饭时不得用盐和花椒，一块肉也不能给狗吃，宴会完毕，就把熊头拿到树林的深处，放在一堆熊的头盖骨上。那些头骨都是过去这种节日剩下的,已经腐烂发白了。

西伯利亚东部通古斯族的吉利亚克人①每年1月举行一次与此相同的熊节,"在他们的宗教仪式中,熊是全村最受照顾的对象,是最主要的角色"。把老母熊杀掉,小熊在村里养起来,并不给它喂奶。当熊长得够大了,就从笼里取出来,拖着走过村子。但是,他俩先把它引到河边去,认为这样做会保证各家打鱼丰收。然后把它牵到村里各家,各家有鱼、白兰地等物献给它。有些人匍匐在它面前。人们认为它进入家门是带来祝福,献给它的食物,它如嗅了,也是祝福。不过,人们不断地逗它、弄它、挑它、搔它,让它发脾气、使性子。各家都去过之后,就把它绑在一个树桩上,用箭射死。然后割了它的头,缀上刨花,放在设宴的桌子上。他们在这里求死熊原谅,向它礼拜。然后烤熟它的肉,用雕刻精致的木碗吃肉。他们不像阿伊努人那样吃生肉,喝熊血,他们吃到最后连熊的脑髓和内脏也都吃掉。他们把缀着刨花的头盖骨放在屋角的一棵树上,然后人们唱歌:男人妇女都排着队跳舞,模仿熊的姿态。

俄罗斯的旅行者利奥波德·冯·施伦克②和他的伙伴于1856年1月在吉利亚克人的提巴克村亲眼见到过一次这种熊节。他详细地报道了这个仪式,我们从中获知一些具体情况,在我方才简短的叙述中没有提到。熊节从阿穆尔河和西伯利亚直到堪察加这整个地区各民族的生活中有着重要的影响。但它在这些

---

① 作者这里有误。吉利亚克人不属通古斯族。有的学者将之划入古亚细亚族。
② 勒·范·施伦克(L. von Schrenck, 1826 – 1894),俄国民族学家。

民族中所占的地位都不及在吉利亚克人中那么重要。在阿穆尔河谷中,这个动物长得又高又大,饥饿使它们变得很凶猛,它们的出现又十分经常,这一切都使它成为这个地方最可怕的猛兽。所以,毫不奇怪,吉利亚克人经常想到它,无论它是活着还是死去,都在它周围涂上一种迷信恐惧的光圈。例如,他们认为,如果一个吉利亚克人和熊搏斗时死去,他的魂魄就附在这个野兽的躯体中了。然而就吉利亚克人的口味来说,熊的肉具有不可抗拒的诱惑力,特别是捕获这个动物以后用鱼喂上一段时间,养得肥肥的,它的肉在吉利亚克人看来,味道特别鲜美。但是要享受这种美味而不致遭受危害,他们认为必须举行一长串仪式。其目的是要做出尊敬的样子欺骗活着的熊,对它离体的魂灵表示崇敬以平息死熊的愤怒。一提到这种野兽就立即表示尊敬。威武地把它带回家来,养在笼子里,全村人轮流饲养它。因为,捉它或买它的固然可能是一个人,但在某种程度上,是属于全村的。它的肉分享大家,所以人人都得在它活着的时候出一分力量,来喂养它。把熊捉到之后究竟养多久,要依它的年纪而定。老熊只养几个月,小熊需要养大了才成。等捉到的熊长了厚厚一层膘,就表明快要过熊节了,节日总是在冬天,一般在12月,有时候在1月或2月。俄罗斯旅行者所见到的那个节日一连进行了好多天,吃了三只熊。牵熊游行不止一次,逼它走进村里的每户人家,家家都喂它,算是一种光荣,也是表示熊是受欢迎的客人。在熊出发挨家拜访之前,吉利亚克人在它面前跳绳,也许正如施伦克所想的,这是表示对熊的尊敬。杀熊的头天晚上,藉着月光把熊领到冻结的冰河上,那天晚上村里人谁都不许睡觉。第二天,又把三头熊从陡峭的河岸牵下河去，围着村里妇女取水的冰窟窿走上三圈，然后把它们牵到离村不远的指定地点，用箭射死。杀祭或宰熊的地点用削好的木桩围起来，木桩顶上都挂着卷曲的刨花表明这是圣地。吉利亚克人和阿伊努人一样，这类木桩是他们一切宗教仪式上惯用的徽志。

为了迎接熊皮，房子都已安顿装饰妥当，然后把熊皮连头一起拿进去，不过，不是从门里拿进去，而是从窗子里拿进去，挂在炉灶对面的一种架子上，往后熊肉就是在这个架子上做熟。在吉利亚克人中，煮熊肉是年纪最老的男子的事，这是他们的最高权利，妇人、女孩、年轻男子、小男孩都没有份儿，这项工作做得很慢，考虑又多，还举行一定的仪式。在俄罗斯旅行者所描写的那一次，首先在水锅的四周围上一层厚厚的刨花，然后装上雪，因为煮熊肉是不许用水的。同时紧挨着熊嘴下面吊一个大木盆，盆上刻满藤藤叶叶的各种花纹，木盆的一边刻有熊的浮雕，另一边是一只癞蛤蟆。切熊肉的时候，每条熊腿都要放在地上，搁在熊的面前，好像放进锅里去煮之前要请求它的允许。煮好的肉用铁钩从锅里钩出来，放在熊面前的木盆里，好像是要熊首先尝尝自己的肉味。肥肉一切成条也马上挂在熊面前，然后再放在熊面前地上的小木盆里。最后切熊的内脏，放在小盆或桶里。同时妇女用棕色的破布做成布条，日落以后，把这些条带缠在熊嘴上，正在眼睛下面"以便吸干熊眼里流出的泪水"。

擦去可怜的熊先生的泪水的仪式举行完毕后，所有在场的吉利亚克人立即开始认真地吃起它的肉来。煮肉的汤已经先喝了。吉利亚克人在这种节日喝熊肉汤、吃熊肉用的木碗、木盘、木勺，

第五十二章 杀死神性动物

都是专门做的,只有过节才派上用场。这些用具都精细地刻着熊的形象和其他花纹,也都与熊或节日有关,人们对用具怀有一种强烈的出于迷信的顾虑,舍不得弃掉它们。骨头拣尽后再放回煮肉的锅里去。节日饭吃完后,一个老人站在屋子的大门口,手里拿一根枞树枝,当人们出门时,他就在每个吃熊肉的人身上轻轻地打一下,也许是表示处罚他们对所崇拜的熊所干的一切。到了下午,妇女们跳一种奇怪的舞蹈。每次只有一个妇女跳,手里拿着一根枞树枝或木制的响板,上身做出极奇怪的姿势。其他的妇女则用木棍敲打房屋的柱子以为伴奏。施伦克认为,吃完熊肉后,由一位年龄最大的老人庄严地把骨头和头盖骨拿到离村不远的树林中的某个地方,把骨头掩盖起来。又砍倒一棵小树,留下几英寸高的树桩,把头盖骨塞在树缝里,遮住了树桩,再也看不见熊的头盖骨了,这就是那头熊的最后结局。

里奥·斯特恩伯格先生也为我们描述过吉利亚克人的熊节,大体上与前面的叙述一致,但里面有些细节可以提一下。据斯特恩伯格先生说,节日的举行,通常是纪念一位死去的亲属:死者最近的亲属或是买一只小熊或是捉一只小熊,喂养两三年后杀祭。只有几位贵客有权吃这熊肉,而主人和他们那个氏族的成员只可以喝汤。肉汤非常多,足够人们喝的。贵客必须是本族的女婿(主人的女儿和本族其他妇女所嫁的男人)。用箭杀死熊的任务是由一位客人,通常是主人的女婿来执行。熊杀死后,皮、头、肉都拿进屋里,不是从门里拿进来,而是从烟筒口拿进来。熊头下面放有一个装满箭的箭袋子,头旁放着烟草、糖和其他食物,人们认为熊的魂魄把这些东西的魂魄都带上路远行了。煮熊肉有一种特制的用具,必须用火石和铁制的神物点火,这些神物属于整个氏族,一代一代地传下来,除在这种庄严的场合外,从来不用它们取火。为聚会的人们吃喝做了许多食物放在特制的器皿里,搁在熊头面前:这叫作"熊头祭"。熊杀死后,又杀祭成双的公狗母狗。勒死狗之前,先喂它们,把它们领到最高的山上去见它们的神,让它们换掉皮,来年变成熊再回来。死熊的魂魄也是到那个神那里去,这个神也是古老森林的神,熊的魂魄离去时满载献给它的祭品,伴随它的有狗的魂魄,还有削好的神杖的魂魄,在节日中神杖的地位是很突出的。

和吉利亚克人邻近的戈尔德人①几乎用完全同样的方式对待熊。他们猎熊杀熊,有时捉一只活熊,关在笼子里饲养得很好,称之为儿子、兄弟。等到盛大节日把熊牵出笼来,四处游行,非常尊敬,最后杀了吃掉。"把头盖骨、下颚骨和耳朵挂在一棵树上,用以避邪,熊肉则吃掉,而且吃得津津有味,因为他们相信所有吃肉的人都将热衷于追猎野兽,变得很勇敢。"

阿穆尔河流域的通古斯族还有一支奥罗奇人也举行性质大致相同的熊节。任何人抓到一只小熊,都有义务在笼子里养它三年左右,三年结束时就把它当众杀掉,和朋友一起吃熊肉。虽由个人组织,宴会仍是公众的,人们设法每年在奥罗奇人各村里轮流举行一次。每次节日完全游戏笑闹。做法是把熊放出笼,用绳子牵到所有的小屋去。一群人跟着他们带着长矛、弓箭,到处受到酒食款待。他们不只到本地各家,也到邻村去拜访。访问结束

---

① 又称纳乃人或赫哲人。

第五十二章 杀死神性动物

后把熊拴在一棵树上或木桩上,大家用箭把它射死,把肉烤来吃。在登萨河上奥罗奇人的妇女也参加熊节,而维河的奥罗奇人,妇女连熊肉也不能碰一碰。

在这些部落对待捉住的熊的方式有些特点很难说不是崇拜。对活熊或死熊念的祷告就可为例证,供奉食物,其中包括熊本身的一部分肉,都放在它的头盖骨面前。吉利亚克人有个惯例,把活熊领到河里去,以保证捕鱼,牵着它挨家走,使每家都得到它的福佑,正如欧洲一样,一棵五朔树或树精的人身代表,在春天送到各家去,为的是把复苏的自然新鲜精力传播给大家。又如,大家庄严地吃熊肉、喝熊血,特别是阿伊努人的风俗,在死兽前放的杯子成为圣物,杯里的东西大家分吃,十分像是吃圣餐。吉利亚克人的做法也肯定了这一点,他们把专门盛熊肉的器皿保存起来,他们用圣物点火煮肉。除了这种宗教场合外,圣物是从来不用的。的确,关于阿伊努宗教,我们的主要权威约翰·巴彻勒牧师坦率地把阿伊努人对熊的毕恭毕敬说成是崇拜,并肯定这个动物无疑是他们的一个神。自然,阿伊努人似乎随意地把它们称呼神(*kamui*)的字用来称呼熊,但是,正是巴彻勒先生自己所指出的,这个字的含义有各种细微的区别,许多不同的对象都用这个称呼,所以把这个字用在熊身上,并不能使我们断定熊就一定被视为神。确实有人明确说过,库页岛的阿伊努人并不把熊看成神,而把它看作被派到神那里去的使者,熊死时他们托付给熊的差事说明了这种说法。吉利亚克人也显然把熊看成使者,带着礼物到山神那里去,人民的福利是依靠山神的。同时,他们又把这种动物看成高人一等,事实上看成一个小神,村子里只要养着它,只要有它在，它就散布福泽，尤其能够抵挡成群的妖精，使他们无法得逞，时刻乘隙偷人东西或用疾病危害人们的身体。而且吉利亚克人、阿伊努人和戈尔德人都认为享用了熊肉、熊血、熊汤，他们就获得熊的一部分巨大力量，特别是它的勇气和体力。所以，毫不奇怪，他们会用最深的敬畏之心对待这么一个伟大的好恩人。

拿阿伊努人对待其他生物的态度同他们对待熊的暧昧态度比较一下，可以得到一些启发，了解这种暧昧态度。例如，他们认为猫头鹰是一个善神，它的叫声警告人们邪恶将临，从而保护了人们，防御邪恶，所以人们爱它、相信它，虔诚地尊它为人与造物主之间的中介神灵。人们称呼它的各种名字说明了它具有的神性和中介身份。那些人只要有机会就捉一只这样的神鸟，养在笼子里。用一些亲热的名字称呼它，"可爱的神"、"亲爱的小神灵"。不过，时辰一到，就把这亲爱的小神灵勒死，让它以中介的身份向上级的神，或直接向造物主送去信息。下面是杀死猫头鹰祭祖时的祷词的格式："可爱的神，我们把你养大，是因为我们爱你，现在我们要把你送到你父亲那里去。这里是我们献给你的食物、神杖、酒和饼，把它们拿到你父亲那里去吧，它会很高兴的。你见了它就说：'我在阿伊努人那里住了很久，一个阿伊努人爸爸和一个阿伊努人妈妈养育我。我现在到你这里来。我带了各种各样的好东西。我住在阿伊努人家里的时候，见到他们有不少苦难。有些人被妖魔附体，有些人被野兽所伤，有些人为土地崩塌所害，有些人为船只倾覆所苦，许多人被疾病纠缠。人们的苦难深重。我的父亲，您听我说，赶快去看看阿伊努人，帮助他们吧！'如果你这样向你父亲诉说，你的父亲会帮助我们的。"

第五十二章 杀死神性动物

另外,阿伊努人还在笼里养鹰,尊鹰为神灵,求它保护人们,防御邪恶。但他们杀祭这种神鹰。杀祭时,他们向它祷告,说道:"哦,可爱的神灵啊,啊,你这神鸟啊,请听我说吧!你不是这个世界的,你的家还在造物主那里,你是他的金鹰。实情就是这样,我把这些神杖、饼和其他贵重东西送给你。你骑上神杖,升到你辉煌天空的家里去。你到家时,把你本类的神灵聚集在一起,谢谢它们为我们统治了这个世界。我求你再回来统治我们。啊,我亲爱的,你快去吧!"又如阿伊努人尊重隼,把它养在笼子里,向它献祭品。要杀它的时候,就向这种鸟念这样的祷告:"神隼啊,你是出色的猎手,请把你的聪明赐给我吧!"如果隼被关在笼里养得很好,杀它时又用这种方式向它祈祷,它一定会帮助猎人。

阿伊努人就是这样宰杀动物,希望由此获得各种好处。他们把这些动物看作神灵,希望这些动物为他们带信给亲人或上界的神,他们希望透过吃它们的躯体,或用其他方法得到它们的美德。他们显然希望它们再生到这个世界上来,再把它们捉住杀掉,再一次获得它们已经获得过的一切利益。因为在击碎熊和鹰的脑袋之前,他们向其崇拜的熊和鹰祝祷,祈求它们复生到这世上来。这些似乎清楚地表明他们相信这些生物将来会复活。如果在这一点上还有任何怀疑,巴彻勒先生的证明会予以解除,他告诉我们:"阿伊努人坚信猎杀或祭杀的禽兽的精灵会再次投生回到世上生活,他们还相信,禽兽还阳是专门为了人的福利,尤其是为了阿伊努猎人的福利。"巴彻勒先生对我们说,阿伊努人"承认把禽兽杀掉吃掉,会有另外一个顶替它,从而可用同样的方式来对待"。杀死这些禽兽时"向它们祝祷,邀请它们复生,供作另一次宴会的食物,好像这样被他们杀掉吃掉是一种荣誉,也是一件愉快的事。人们的确是这样想的"。最后这几句话,从上下文来看,是特别就杀熊一事而说的。

所以,阿伊努人杀掉自己崇拜的动物之前就想到要获得一些利益,其中有一点相当实惠,那就是在这次和以后各次的场合中饱吃它的肉、喝它的血,而这种令人愉快的向往又是来自他们坚信死去的动物精灵不朽,肉体复生。世界上许多地方许多野蛮民族的猎人都有这类信念,并由这信念产生了各种古怪的风俗,有一些古怪风俗我们一会儿就要谈到。同时,要特别注意的是:阿伊努人、吉利亚克人和其他部落的人,当他们把笼里驯养的熊杀了后,举行庄严的庆典活动以表达他们的尊敬和哀伤,这些庆典活动其实与平时猎人在森林中遇到野熊,将它杀掉而举行的仪式是类似的,只不过在程度上较为盛大,或更为隆重些。我们见到过一些材料明确指出吉利亚克人确有这种情况。斯特恩伯格先生说,如果我们要了解吉利亚克人的仪式的意义,"我们首先必须记住,一般总是错误认为熊节只是在杀掉家熊时才举行。其实并非如此,吉利亚克人打猎时每次杀了熊都举行熊节。不错,打猎时的熊节规模不那么大,但熊节的实质是一样的,在森林里杀了熊,把它的头和皮带回村里来,用音乐和庄严的仪式胜利地迎接他们。把熊头放在圣坛上,献上祭品,正如对待杀死的家熊一样。贵客也来相聚,同样也要用狗献祭。野熊的骨头也和家熊的骨头一样,保存在同一地方,待以同样的敬意。所以,冬天盛大的熊节不过是每杀一头熊时举行的仪式的扩大。"

所以,这些部落对他们一贯捕猎、杀死、吃掉的动物表示敬

第五十二章 杀死神性动物

重,几乎尊为神祇,这种做法表面上很矛盾,但这种矛盾并不像我们初看时那么严重:人们这样做是有理由的,有一些很实际的理由。那些野蛮人绝不是那么不讲逻辑,那么不切实际,像一些肤浅的观察家所认为的那样,他们深入地思考了与他们有切身关系的问题,对这些问题,进行推理,得出的结论与我们的结论虽然常常相差很远,但我们不应该否定他们对人类生存的某些问题也长期耐心地思考过。在现在的这个例子里,如果他把一般的熊看作满足人类需要的动物,同时却又从这种动物中挑出一些个别者来加以礼拜,几乎达到神化它们的地步,如果确是这样的话,我们不应马上仓促地说这是不合理的、矛盾的,而是要努力把我们自己放在他的观点上,像他观察事物一样地观察事物,要努力去掉我们的成见,我们对世界的看法已经被这些成见很深地感染了。如果我们这样做了,我们也许会发现,尽管野蛮人的行径在我们看来很荒谬,但他的所作所为一般是根据一连串的推理,他觉得这些推理是与有限经验中的事情相协调的。我想在下一章中就这一点提出证明。我想证明的是:野蛮人根据他粗浅的哲学原则惯于对自己杀掉吃掉的动物表示尊敬,阿伊努人和亚洲东部的其他部落在熊节上举行的庄严仪式,不过是一个特别突出的例子而已。

第五十三章 猎人抚慰野兽

有一种解释生命的理论,以为灵魂寄居生命体内并且不死。野蛮人不仅拿这种理论解释人类的生命,而且扩大到解释一般的生物。他这样做比文明人来得更为自由;也许比文明人更合乎逻辑。文明人通常认为自己可以不朽,动物则没有不朽的权利。野蛮人并不这么骄傲,他通常认为动物也有人那样的感情和智慧,它们也和人一样有灵魂,身躯死了,灵魂仍活着,或是成为无主的游魂,或是投胎又为动物。

野蛮人实际上是把所有生物和人平等看待,杀一个动物和吃一个动物的行为,在野蛮人看来和我们的看法是很不同的。我们认为动物的智力比我们低得多,我们也不承认动物有不朽的灵魂。然而杀了一头野兽的原始猎人,根据他粗朴哲学的原则,认为自己将受到无主精灵的报复,或受同类野兽的报复。他认为同类的野兽跟人一样,都是由亲属关系和报复血仇的责任联系在一起的,所以伤害了它们同族中的一个,都会招来憎恶。因此,凡是野蛮人不急于要杀的动物,他们照例饶命,至少对那些凶猛、危险的野兽是如此,杀了它们一个同类,它们很可能要报血仇。鳄鱼就是这类的动物。只在热带地方才有鳄鱼,但热带通常食物丰富,所以原始人也不必为了鳄鱼又硬又难吃的肉去杀它。有些野蛮人因而有一条惯例,不杀鳄鱼,或是只为了血仇必报的原则才去杀它们,也就是说,只因鳄鱼杀了人,才向它报复。例如婆罗洲的达雅克人就不杀鳄鱼,除非鳄鱼先伤害了人。"他们说,为什么要去侵犯它呢?它和它的同族是很容易进行报复的。但是,如果短吻鳄鱼伤了人命,则死者的亲属都有报仇的神圣责任。他们会以法院警官捉拿犯人的精神,追捕这个吃人的家伙。有些人对于即使报血仇也不积极,不愿使自己纠缠到与己无关的争执中去。据信吃人的短吻鳄鱼应受正义的复仇者的追逐,只要抓到一条,他们就深信那就是犯罪的那一条,或是它的同谋者。"

马达加斯加的土著和达雅克人一样,从来不杀鳄鱼,"除非是鳄鱼伤害了他们的朋友,才要进行报复。他们相信把这种爬虫随便杀掉一条,随即就要丧失人命,这是根据复仇原则(lex talionis)"。住在马达加斯加岛伊塔西湖附近的人每年向鳄鱼出一张告示,宣称:鳄鱼伤害了他们多少朋友,他们就要杀多少鳄鱼,以为报复,并劝告所有无关的鳄鱼躲远一些,因为与它们并无纠葛,只有那伤害人命、心怀叵测的鳄鱼才是他们问话的对象。马达加斯加的许多部落都自认是鳄鱼的后代,因此,无论就哪方面说,他们都把这种满身鳞甲的爬虫看成一个人,一位兄弟。如果有一头鳄鱼竟然忘乎所以,吞食自己的人类亲属,部落的首领就率领全族的人到水边去,要罪犯的家族把他交出来审判。如族长不在,就由一个熟悉部落风俗的老人代替族长进行。于是放好钓饵,投入河里或湖里。第二天,当那个犯罪的兄弟或其家族中的一员被捉住拖上岸来以后,就严加审讯,细数他的罪行,然后宣布死刑立即执行。于是,正义得以伸张,法律的尊严得到充分的维护,对死了的鳄鱼哭悼一番,像亲属一样予以埋葬,并在它的尸体上堆起一个坟包,用一块石头标志它的头部的所在。

老虎也是一种危险的野兽,也是野蛮人不愿意去惹碰的,唯恐惹碰了一个,引起其他老虎的仇恨。苏门答腊人说什么也不肯捕捉或伤害老虎,除非出于自卫或因老虎不久前伤害了他的朋友或亲戚。有一次,一个欧洲人设陷阱捕虎,据说当时附近的人曾经在夜里到那地方去,向虎说明那陷阱不是他们设的,也没有征得他们的同意。在孟加拉的拉加马哈尔地方,山里的居民很厌恶杀虎,除非他们有亲戚给虎抓走了。遇到这种情况,他们就立意猎杀一只老虎。他们杀死一只老虎后,把弓箭放在尸首上,祝告上帝,宣布他们杀虎是为死去的亲人报仇。报完仇之后,他们发誓不再杀虎,除非遇到同样的挑衅。

卡罗利纳的印第安人遇见蛇,从不惊动它,而是绕过它去。他们认为杀死一条蛇,这种爬虫的亲属就会报复,伤害他们的兄弟、朋友或亲属。塞米诺尔印第安人不杀响尾蛇,因为恐怕被杀的响尾蛇的魂魄会煽动它的亲属来报仇。切罗基人认为响尾蛇是蛇族的首脑,所以怕它、敬它。大多数切罗基人除非不得已是不愿冒险杀响尾蛇的,即便杀了它们也必须赎罪,请求蛇的鬼魂原谅,或是亲自请求,或是按俗定手续请祭司代办。如果忽视了这些预防措施,死蛇的亲属就要派其成员来报血仇,尾随着仇人,把他咬死。一般切罗基人都不敢杀狼,能不杀就不杀,因为他们相信死兽的亲属一定会为它的遇难报仇,杀狼的武器若不经巫医

第五十三章 猎人抚慰野兽

施法净化,将来会一点用处也没有。不过,某些知道正确的赎罪仪式的人可以杀狼,不致有危害。有些人常受狼的打扰,伤害牲口或损毁渔具,他们有时就去请这样的人来杀狼。苏丹东部的努巴山区产一种和我们的画眉差不多的黑鸟,这种鸟的窠不许人动,也不许挪动小黑鸟,因为人们相信鸟的父母会报复,刮起一阵狂风损害庄稼。

但是野蛮人显然不能做到任何动物都不杀。他要么就得吃一些动物,要么就得挨饿。面临着要么不自己饿死要么就杀死动物的抉择,他不得不克服迷信的顾虑而杀死野兽。同时他又尽可能地安抚那些牺牲者及其同族。甚至在动手杀死动物的时候,也要对它们尊重,尽力解释甚至隐瞒致力于杀死它们的行为,而且许诺对它们的遗骸善予安置。希望借此取消这牺牲品对死亡的恐惧,让它们安于命运,并且诱来它们的同伴也一样踏上死亡之路。例如堪察加人有一条原则,在杀死任何一个陆上或海洋动物之前,都要向它请求原谅,求它不要因此生气。他们还向它献上杉果等物,使它觉得自己并不是一个牺牲品,而是宴会上的一个客人。他们认为这就会使它的同类不至于胆怯逃跑。例如,他们杀了一只熊,在宴会上吃了它的肉,主人就把熊头拿到众人面前,用草包起来,和各种零碎东西一起送给客人。然后,他就把熊死的罪责推给俄罗斯人,叫死熊找他们出气。他还叫死熊去告诉其他的熊,说他待它多么好,它们都可以来,不必害怕。堪察加人对海豹、海狮和其他动物也一样待以恭敬的礼仪。他们还把一种石楠科小灌木的树枝塞在被杀死的动物嘴里,然后,他们鼓励那龇牙咧嘴的头颅不要害怕,把这事告诉的伙伴,让他们也来被捉住,也享受这样好的款待。奥斯蒂亚克人①猎杀熊的时候,砍掉它的头,挂在一棵树上,然后他们围成一圈,向它的神灵礼拜。接着他们又到尸首的近旁哭悼,说道:"是谁杀死你的?是那些俄罗斯人!谁砍了你的头呀?是俄罗斯的斧头!谁剥了你的皮呀?是俄罗斯人做的刀子!"他们还解释说,使箭跑得飞快的羽毛是从一个奇怪的鸟翅膀上拔下来的,他们什么也没有干,只是放了一支箭而已。他们这样做是因为他们相信,如果不这样安慰死熊,死熊的游魂一遇到机会就会攻击他们。要不然他们就用草把死熊的皮填起来,用嬉笑怒骂的歌声庆贺他们的胜利,向熊吐唾沫,用脚踢它,然后把它后腿着地站着,"于是经过一段时间以后,他们像对一个守护神似地对死熊表示敬意"。科里亚克②人杀了一只熊或一只狼,他们剥去熊(狼)皮给他们之中的一个人穿上。然后围着披熊(狼)皮的人跳舞,说道:杀熊(狼)的不是他们,而是别人,通常说是一个俄罗斯人。他们杀了狐狸,就剥去它的皮,用草把身子包起来,要它去告诉它的同伴,它受到殷勤的招待,它脱去了旧外衣,换上了一件新的。一个较为晚近的作者充分叙述了科里亚克人的仪式,告诉我们死熊带回家来的时候,妇女出来迎接,打着火把跳舞。熊皮连着熊头一起剥下来,有一个妇女披上熊皮跳舞,求熊不要生气,要对人们仁慈。同时,他们用一个木盘子向死熊献肉,说道:"吃吧,朋友!"而后举行仪式,送去死熊,或者说得准确一点,送走死熊的灵魂,让它回家去,还给它路上吃的粮

---

① 西伯利亚西部芬兰岛戈尔族人。
② 西伯利亚东北部美洲印第安人的一族。

第五十三章 猎人抚慰野兽

食,布丁、驯鹿肉,都装在一个草袋子里。用草填满它的皮,带着围屋而走,然后就认为它向着太阳升起的方向离去了。仪式的目的是要保护人们,防止死熊和它同族的愤怒,以保证将来猎熊的收获。芬兰人常劝导死熊,说它不是他们杀的,是它从树上落下来了,或因别的原因而死,他们还举行葬仪纪念它,仪式终结时,吟游诗人细说他们对它的崇拜,劝它去向别的熊说它很受尊重、优待,为的是让它们也学它的样,都来受戮。当拉普人①猎到一只熊而自己未受伤害的时候,便感谢熊没有伤害他们,没有把使受伤致死的木棍和矛弄断,他们求它不要为它的死亡而驱遣暴风雨或其他灾难,来向他们报仇。他们用熊肉举行宴会。

从白令海峡到拉普兰这整个旧世界的北部,猎人都尊敬他们通常杀掉、吃掉的熊。在北美洲也有类似的情况。美洲的印第安人把猎熊看成一件大事,他们长期斋戒洁净,做好准备。出发以前,他们向以前打猎中杀死的熊的魂魄奉献赎罪的祭品,求它们照顾猎人。杀了一只熊以后,猎人燃起烟斗,把它放在熊的嘴唇之间,再吹烟斗,让熊嘴里满是烟。然后,他请熊不要因为杀了它而生气,不要妨碍他以后打猎。尸首整个地烤着吃,一块肉也不能剩下。头则涂成红色和蓝色,挂在柱子上,由演说者对它讲话,极力称赞它。奥塔瓦部落②的熊族杀死了熊,就举行熊肉宴会,并对死熊说:"不要因为我们杀了你而仇恨我们。你是懂事的,你看见我们的孩子在挨饿。他们爱你,希望把你装进他们的肚子里。

---

① 也称拉普兰人,分布在挪威、瑞典、芬兰和俄罗斯等国的北部。
② 北美印第安人的一个部落。

让一个首领的孩子吃掉不是很光荣的事吗?"英属哥伦比亚的努特卡人杀死熊之后带回家去,直立着放在大酋长面前,在熊头上戴一顶做得很漂亮的酋长帽子,在熊身上撒遍白色绒毛。然后在它面前放一盘食物,用语言和手势请它吃,这之后就把它的皮剥下、煮熟、吃掉。

通常捕杀其他危险动物的猎人对所猎野兽也这样表示尊敬。卡福部族的猎人动手用矛刺杀一头象的时候,他们喊道:"大头领,不要杀我们,强大的首领不要打我们,踩我们。"象死之后,他们找各种借口向它解释,说它的死完全是偶然的事。为了表示尊敬,他们用很庄严的仪式把它的鼻子埋掉:他们说:"象是一尊大神,它的鼻子就是它的手。"阿马科萨卡菲尔人①打象之前,他们对象喊话,请它原谅他们就要进行屠杀勾当,在它面前表示十分恭顺,向它明说他们要有象牙才能换到珠子和他们需要的东西。杀了象之后,他们把它埋在地里,一起埋下去的还有象鼻子的尖端以及他们用象牙换得的东西的一小部分,希望以此防止某种灾难,否则他们就无法躲掉。东非的某些部落,杀了狮子把尸体拿到酋长面前,他伏在地上对之礼拜,用脸擦狮子的嘴。西非有些地方,如果哪位黑人杀了豹子,便把杀豹的人捆起来送到首领那里,因为他杀了与酋长同等尊贵的动物。杀豹的人为自己辩解说,豹是森林之主,所以是陌生人。于是他被释放,得到报酬。死豹就戴上酋长帽子立在村子里,晚上举行舞会纪念它。巴干达人杀了野牛,很怕野牛的鬼魂,他们总是安慰这种危险的魂灵。他

---

① 南非的游牧民族。

第五十三章　猎人抚慰野兽

们绝不把死野牛头带进村子或香蕉园里：野牛头的肉，他们总是在野外吃。然后，他们把头盖骨放在一个专门搭起来的小屋里，他们把啤酒倒在小屋里，作为献祭，求鬼魂就待在它们所在的地方，不要伤害他们。

还有一种可怕的动物，野蛮猎人杀死它时，也是又高兴，又恐惧战栗，那就是鲸鱼。西伯利亚东北部沿海地区的科里亚克人杀死一头鲸鱼时，举行全族成员的盛会，主要"是根据这样一个想法：被杀的鲸鱼是来村里拜访的，它要住一段时候，这期间要对它十分恭敬，然后它回到海上，来年再来拜访，它还将劝邀它的亲属一块儿来。它会向它的亲人诉说它受到的殷勤招待。根据科里亚克人的想法，鲸鱼像其他动物一样，由相互有血缘关系的成员组成部落或家族，它们也跟科里亚克人一样住在村子里。它们要为本族成员中被杀者报仇，如果受到爱护，他们也会感激。"马达加斯加岛以北的圣玛丽岛的居民猎捕鲸鱼时，专挑小鲸鱼，并且"谦卑地请母亲原谅，说他们是不得已才杀了它的孩子的，请它在捕杀时游到海底下去，否则它看到这件事，一定非常不安，母爱将深受打击。"阿贾姆巴族的一个猎人在西非的阿金戈湖上杀了一头母河马，就把河马的头砍下来，把四肢和内脏除掉。然后，猎人光着身子走进河马的胸腔，跪在血泊里，用血和分泌物洗它整个身子，同时向河马的魂魄祷告，不要因为杀了它使它不能做母亲了而仇恨他，他还请死河马的鬼魂不要鼓动其他河马为它的死报仇，碰撞或打翻他的独木舟。

巴西的印第安人怕雪豹（一种类似豹的动物）报仇。他们在陷阱里捉到一只雪豹，把它杀掉，把躯体带回村里来。村里的妇女用各色羽毛装点尸体,在它腿上戴上镯子,哭它,说道:"我求你不要向我们的孩子报仇,因为你被捉是由于你自己的无知。欺骗你的并不是我们,是你自己。我们的丈夫只是设陷阱捕捉能吃的动物,他们从来没有想到把你也捉在里面了。所以,不要让你的魂魄去请你的伙伴为你的死向我们的孩子报仇!"一个布莱克福特印第安人①在罗网里捕到一些鹰,把它们杀死,带回村里专门的鹰房,是在帐篷外准备好装鹰的地方。他在地上把鹰摆成一堆,用一根棍子把鹰头撑起来,每只鹰嘴里放一块干肉,使得死鹰的灵魂回去告诉其他的鹰,说印第安人待它们很好。奥里诺科②地区的印第安人杀死一只动物后,打开它的嘴,把他们通常带在身边的水倒几滴进去,使死兽的魂魄回去后告诉它的伙伴说它受到了欢迎,它们将为未来得到同等的接待而感到鼓舞,也乐于来送死。特顿③印第安人行路的时候,如果遇见一只灰色蜘蛛或黄腿的蜘蛛,就把它弄死,因为如不这样就会遭灾难。但他很小心地不让蜘蛛知道是他弄死它的,因为蜘蛛如果知道了,它的魂魄就回去告诉其他的蜘蛛,必定有一只蜘蛛要为它的亲属的死亡报仇。所以印第安人打死蜘蛛时说道:"蜘蛛老爹啊,是雷神杀了你!"蜘蛛马上被压死,并相信它听到的话。它的魂魄也许赶快去告诉其他的蜘蛛,说雷神杀了它,但这对于打死它的人不会有什么危害。一只灰色蜘蛛或一只黄腿蜘蛛还能把雷神怎么样?

但是,未开化的野蛮人不是单纯地想同危险的动物处好关

---

① 加拿大渥太华地区阿尔岗琴印第安人的一个部落。
② 委内瑞拉的奥里诺科河流地区。
③ 美洲西北部达科他部落。

第五十三章 猎人抚慰野兽

系。他对野兽的尊敬在一定程度上是与野兽的力气和凶猛成正比的。如柬埔寨的未开化民族斯汀人相信一切动物都有魂魄，动物死后就四处游荡，他们杀了一个野兽就请求它原谅，怕它的魂魄会来害他。他们还向它献祭品，祭品的多少由野兽的身材力气而定。一头象死了他们就举行仪式，十分豪华，一连七天。北美印第安人也画出类似的界限。"熊、野牛和海狸是需要供应食物的马尼多（神物）。因为熊凶恶可怕，熊肉好吃。他们为它举行仪式，求它允许给他们吃掉它，虽然他们知道它是不愿意的。我们要杀你，但你不会被消灭。熊头和熊爪是神物……其他动物因同样的理由受到同样的对待……许多不危险的动物马尼多常常受到轻视——甲鱼、鼬鼠、臭猫等等。"这种界限是有意义的。可怕而又好吃的动物或是又可怕、又好吃的动物都待之以礼，又不可怕、又不好吃的动物则受到轻视。我们已经见到一些对可怕的，或好吃的动物崇敬的例子。有些动物并不可怕，只是被吃掉或看重它们的皮，我们还需证明对这种动物也同样尊重。

西伯利亚猎捕黑貂的人捉到黑貂时，谁也不许看它，他们认为，如果对捉住的黑貂说了好话或坏话，就再也捉不到黑貂了。有一个猎人表示他相信，哪怕远在莫斯科，凡说到黑貂的话，黑貂都能听到。他说，为什么现在黑貂打得那么少呢？主要原因就是有些黑貂送到莫斯科去了。在那里，他们把黑貂当稀奇动物，惊奇地看着它们，这一点黑貂是受不了的。黑貂捕得少还有一个较小的原因，就是如今世道远远不如从前了，如今有些猎人把捉到的黑貂藏起来，不肯交公。他说，这也是黑貂受不了的。阿拉斯加的猎人把黑貂和海狸的骨头保存起来，不让狗找到，保存一年后细心埋掉,"怕的是精灵寻找黑貂和海狸时会认为黑貂和海狸受到轻视,因而再也杀不了、也捉不到它们了"。加拿大印第安人也非常细心,不让狗啃海狸的骨头,至少某些骨头不让它啃。他们费了很大气力搜集和保存这些骨头。网里打上了海狸,他们把它扔到河里去。一个耶稣会的人分辩道,海狸不可能知道它骨头的下落,印第安人回答说:"你不懂捉海狸的事,对这个事你又爱多嘴。海狸死之前,它的魂魄在杀它的人的屋里转一圈,细心注意它骨头的下落。如果骨头是给了狗,其他的海狸会得到信息,再也不让给捉住;如果把它们的骨头扔到火里或河里,它们就很满意了,捕海狸的网也觉得特别满意。"他们捕海狸之前,先向大海狸庄严地祷告一番,送烟叶给它,捕捉完毕,一个演说者还对死海狸发表一篇墓前演说。他称赞海狸的精神和智慧。他说:"你再也听不到首脑们的声音了,他们指挥你,你把它们从所有海狸武士中选了出来,让它们为你制定规律。你的话术士们完全懂得,但在湖底再也听不见你的话了。你再也不能跟你残酷的敌人水獭作战了。永别了,海狸呀!但是你的皮可以用来买武器;我们把你烟熏的腿拿给我们的孩子,我们不让狗吃你的骨头,骨头太硬了。"

美洲的印第安人用同样的繁文缛节对待大羚羊、鹿、麋,理由也是一样。它们的骨头不能给狗吃,也不能扔到火里,它们的油也不能滴到火上。因为人们相信这些死兽的魂魄会看见它们躯体的遭遇,会告诉别的野兽——活着的或已经死了的。因为,如果虐待它们的躯体,它们的同类就不会让自己给人们捉住(无论是在今生还是在来世)。在巴拉圭的契奎特人中,巫医会问一个病人是否把一些鹿或乌龟肉扔掉了,如果他说是的,巫医就会说:"这就是置你于死命的地方。鹿或乌龟的魂魄已经进入你的身体了,报复你对它的虐待。"加拿大的印第安人,除了在打猎季节快要结束时之外,不吃麋的胞胎,因为,若是吃了,母麋就会羞怯跑开,不让给捉住。

在印度群岛的蒂莫尔—洛特岛①上,渔人把捉到的全部乌龟的壳都挂在自己的屋里,下次再去捕龟之前,他便对上次最后杀的那只乌龟的壳讲话,他先在龟壳里塞进一点蒟酱,然后祈求死龟的魂灵去引诱它在海里的亲属出来让他捉住。在西里伯斯中部的波索地区,猎人保存着所杀的鹿和野猪的下颚骨,把它们挂在家里近火的地方。然后,他们对下颚骨说:"喊你的伙伴吧!让你的祖父、外甥或孩子不要走开。"他们的想法是死鹿和死猪的魂魄就留在它们的下颚骨附近,能招引活鹿和活猪的魂魄,因而落入猎人的陷阱。由此可见狡猾的野蛮人是用死兽作钓饵,诱使活兽前来送命。

格兰查科的伦瓜印第安人喜欢猎鸵鸟,他们杀死一只鸵鸟后,带回村里,进行一些欺骗那附在死鸵鸟身上怀恨的鬼魂的做法。他认为鸵鸟刚死的时候,它的鬼魂自然大吃一惊,这阵惊慌过去之后,鸵鸟的鬼魂就会振作起来,追赶自己的躯体。印第安人根据这个聪明的判断采取行动,把鸵鸟胸前的羽毛拔下来,沿路隔不多远撒一些。鬼魂遇到每把毛都停下来考虑一下:"这是我全部的身体,还只是我身体的一部分?"怀疑使它停顿下来,要

---

① 即今印度尼西亚的塔宁巴尔群岛,在摩鹿加的东南方向。

对所有的羽毛作出判断,那一堆一堆的羽毛使它不得不走弯弯曲曲的"之"字路,浪费了许多宝贵的时间,这样,猎人就已安全地回到家里,而这个尖嘴巴的鬼魂在村子周围踱来踱去,一无所得。它很胆小,是不敢进入村子里的。

白令海峡附近的爱斯基摩人认为海豹、海象、鲸鱼等等海兽死去的魂魄依附在它们的膀胱上,把膀胱扔回海里去,他们就能使魂魄在新肉体中复生,因而增加了猎人追逐杀戮的猎物。每个猎人都按照这种信念行事,把他杀掉的一切海兽的膀胱都细心割下来、保存好,每年冬天在公共会堂里举行一次庄严的大会,向附在那些膀胱上的全年所杀海兽的魂魄表示敬意,人们又是跳舞,又是供献食物,然后把膀胱拿到冰上去,从窟窿中塞进水里。头脑简单的爱斯基摩人觉得动物的魂魄既然受到仁慈的招待,一定心情舒畅,因此会再变成海豹、海象、鲸鱼,心甘情愿地再让猎人用矛刺死,用钩扎死,或用其他方法处死。

有一个主要以打鱼为生或部分以打鱼为生的部落,为了类似的原因,非常细心地对待鱼类,表示各种尊荣和敬重。秘鲁印第安人"敬重他们捕捉到的鱼,他们说头一条鱼是在上界(他们这样称呼天国)做的,它生出该种族的所有其他的鱼,并注意给他们送下许多孩子,以维持它们的部落。因此,有的地区崇敬沙丁鱼,他们在这里捕杀的沙丁鱼比其他任何鱼都多。有些地方崇敬鳐鱼,有些地方崇敬小鲨鱼,有些地方崇敬金鱼,因为它好看,有些地方崇敬喇蛄;有些地方没有较大的神,或是没有鱼,或是不知道怎样捕鱼,于是就崇敬螃蟹。总之,什么鱼对他们最有用,他们就把那种鱼当作他们的神"。英属哥伦比亚的夸扣特尔

第五十三章 猎人抚慰野兽

印第安人认为杀了一条鲑鱼，鲑鱼的魂魄就回到鲑鱼国去了。因此，他们精心把鱼的骨头和内脏都扔进海里，为的是鲑鱼要复活时，魂魄可以使它们重新获得生命。如果他们烧掉骨头，鲑鱼就没有了魂魄，因而就根本不可能死而复生。同样，加拿大的渥太华印第安人认为死鱼的魂魄是到其他鱼的身体里去了，绝对不能烧鱼骨头，怕鱼的魂魄不高兴，再也不愿上网。休伦人也不把鱼头扔进火里，恐怕鱼的魂魄要去警告其他的鱼不要给捉住了，因为休伦人要烧掉它们的骨头。他们还有向鱼说教的人，劝鱼来让他们捉住。经常要找会说教的人，因为他们觉得一个聪明人的鼓励对引鱼入网很有效。一个法国传教士萨嘉德曾在休伦人的渔村里住过。他见到那位向鱼说教的人对自己的口才很是自豪。他讲话的词藻华丽，每天晚上饭后等所有人都坐好了，鸦雀无声，他就开始对鱼说教。他说的内容是休伦人不烧鱼骨头。"然后，他就这个题目任意发挥，添枝加叶，他鼓动，召唤，邀约，请求，要鱼来让休伦人捕捉，尽管胆子大些，不要畏惧，因为那是为自己的朋友服务，这些朋友尊重它们，不烧它们的骨头。"约克公爵岛上的土著每年用花草装饰起一只独木舟，满载贝币，或假定它满载着贝币，让它漂走，作为对失去伙伴（被捉被吃了的）的鱼类的赔偿。对头一批捉上来的鱼需要特别照顾，为的是与其他的鱼和好，他们认为对头批鱼的接待会影响其他鱼的行动。因此，毛利人常常把头批捕到的鱼放回海里去，"求它们引诱别的鱼来让人捕捞"。

遇到当季的头批鱼，预防工作就更加严格。在出产鲑鱼的河流，每到春天，鲑鱼开始逆流而上，许多部落都对这些鱼十分尊重,这些部落和北美太平洋沿岸的印第安人一样,主要以食鱼为生。英属哥伦比亚的印第安人常出外迎接头批溯河而上的鱼群:"他们尊重它们,对它们说:'鱼呵!鱼呵!你们都是头领,你们都是,你们都是头领。'"阿拉斯加的特林吉特人[①]对当季的头批大比目鱼非常小心看待,称之为首领,为之举行节会,然后再捕捉。春天来到,南风轻轻吹拂,鲑鱼开始沿克拉马思河往上游,加利福尼亚的卡罗克人为鲑鱼跳舞,以求多捕鱼。他们有一个称为卡利亚或神人的印第安人退居山林,斋戒十日,然后回到村里。这时人们全都躲开,他独自走下河去,打起头一网鲑鱼,吃下一部分,剩下的带到汗室(sweating house),在室内点起圣火来。"在舞蹈举行之前,印第安人谁也不许捕捉鲑鱼,节会后的十天也不能捉,哪怕是他全家挨饿也不行。"卡罗克人还相信一个渔夫如果用在江边收集来的柱子搭建他的渔棚,他就捉不到鲑鱼,因为鲑鱼会看见江边的柱子的。柱子必须从高山顶上运来。到了第二年,渔夫的鱼棚或鱼梁如仍旧用这些老柱子,那他也会白打一场鱼,"因为老鲑鱼会把这些柱子告诉小鲑鱼"。阿伊努人特别喜欢一种鱼,这种鱼在5、6月的时候在他们的河中出现。他们做好捕鱼的准备,遵守斋戒规仪,出发以后,妇女在家必须严守安静,否则鱼就听见了,跑走了。他们把头批捕到的鱼带回家来,从小屋一头的小洞里塞进去,不能从门里拿进,因为他如果从门里拿进去,"其他的鱼一定会看见他,都跑走了"。这种风俗也可部分地解释其他野蛮人遵守的一种习惯做法,就是在某些情况下,也不把猎物

[①] 印第安人的一个部落。

第五十三章 猎人抚慰野兽

从门里拿进家,而从窗子、从烟筒或从屋后专门开的小洞里拿进去。

有一些野蛮人尊重猎物的骨头,一般是他们所吃的动物的骨头。这里有一个特殊的理由,那就是相信如果保存骨头,到时候骨头会长上肉,又复活。所以很明显,为了猎人的利益,骨头是不能动的,因为毁了骨头,收来的猎物就少了。许多明纳塔里印第安人"相信那些杀后去了肉的野牛骨头会长新肉,重新复活,到来年6月就长胖可供宰杀了"。所以,美国西部草原上,常常可以看见摆成圆圈的、整整齐齐成堆的野牛的头盖骨,等待它们复活。达科塔人拿狗举行宴会后,细心地把骨头、碎块、污物收集起来埋掉,"据说,一半是为了向狗的种族表明,吃了它们一只狗,并不是对狗的种族本身不恭敬,一半也是出于这种信念:动物骨头会复活,又生新狗"。拉普人杀了一只狗献祭的时候,照例把狗的骨头、眼睛、耳朵、心、肺和生殖器部分(如果是公狗的话)以及四肢上的肉都割下一块保存起来。吃掉其余的肉之后,他们就把这些按躯体结构放在一口棺材里,用通常的仪式予以埋葬,拉普人认为,狗所祭的神会在死人住的阴间(Jabme-Aimo)使骨头长肉,使狗复生。有时候,他们在宴会上吃了一只熊,好像也都争先恐后照上述那样把熊的骨头埋起来。这表明拉普人希望死兽在另一世界复活,在这一点上和堪察加人是一致的。堪察加人认为,每种生物,哪怕像苍蝇那样小的生物,也会死而复生,住在下界。另一方面,北美的印第安人则在这个世界上寻求动物的复活。杀祭一个动物后把皮填充起来,撑在架子上,蒙古诸民族特别认真遵循这种风俗,这似乎也是表明对于被杀的动物期待它们重新复活的信念。原始民族通常都反对折断他们吃掉或杀祭的动物的骨头，这种反对或者是起源于动物会复活的信念，或者是怕吓走了其他的同类动物，和得罪死兽的鬼魂。北美的印第安人和爱斯基摩人不愿让狗啃动物的骨头，也许是为了预防骨头折断。

不过，死兽复活对人也有不利的地方，所以有些猎人设法防止死兽复活，他们割断动物的腿筋，不让它或它的鬼魂爬起来逃走。老挝库伊族猎人的做法据说就是出于这种动机。他们认为打猎时念的咒语可能失效，结果死兽就会复生逃走。因此，为了防止这种祸害，他们一杀死野兽就立即割断它的腿筋。阿拉斯加的爱斯基摩人杀死狐狸之后，认真地把狐狸所有的腿筋都割断，以防止鬼魂使死尸复活到处走动。但是谨慎的野蛮人为了使他猎获物的鬼魂不得逃跑，不仅仅只采取割断其尸体腿筋那一种办法。古时候，阿伊努人出外打猎，杀死头一只狐狸时，总是注意把狐狸的嘴巴捆紧，以防其鬼魂从嘴里跑出去向他的同伴报警，不要接近猎人。阿穆尔河的吉利亚克人挖掉他们杀死的海豹的眼睛，恐怕它的鬼魂知道了杀它的人要破坏他们的狩猎，进行报仇。

有些动物，原始人怕它们力大凶猛，有些动物，他们尊敬，因为他们希望从它们那里得到利益。除此而外还有一类生物，他们有时认为也必须尊崇和祭奠，与之和解。那就是侵害他们庄稼和牲口的昆虫和鸟兽。农夫为了去掉这些致命的敌人，想出许多迷信的办法，有些办法固然是要弄死它们或吓唬它们，但也有一些却是要与它和解，用和善的办法劝它不要损害大地的产品和牲畜。例如，奥塞尔岛上的爱沙尼亚农民非常害怕对谷物极端有害的象鼻虫。他们用一个漂亮的名字称呼它，如果小孩子要弄死一

第五十三章　猎人抚慰野兽

个象鼻虫,他们说:"别弄死了,我们越害它,它就越害我们。"他们如果发现一条象鼻虫,并不把它弄死,而是埋在土里。有人甚至把它藏在田里的一块石头下面,用谷物喂它。他们认为这样就会使它平息下去,为害较少。在特兰西瓦尼亚的撒克逊人中,播种人为了使麻雀不侵害庄稼,开始播种时把头一把种子从头上往后撒,说道:"麻雀,这是给你的!"为了保护庄稼,防御叶蝇侵害,他闭上眼睛,拿三把燕麦向四周撒去。向叶蝇做了这种奉献之后,他觉得叶蝇准会不再侵害庄稼了。特兰西瓦尼亚人有个保护庄稼、防止所有鸟兽、昆虫的方法,那就是播种人播完种之后,再从田的这一头到另一头走一遍,做出播种的样子,手里并没有种子。他一边走,一边说:"我这种子是播给动物的,我以上帝父亲的名义把这种子播给所有飞的、爬的、走的、站的、唱的、跳的等等。"下面是德国人解除囤子里的毛虫的办法。在日落以后,或在午夜,家中的主妇,或家中另一妇女,走遍整个囤子,背后拖一个扫把。她不得往后看,口中不断地喃喃地说道:"毛虫妈妈,晚上好,跟你的丈夫一起到教堂里去吧!"敞开囤门,直到第二天早上。

有时候为了对付害虫,农夫想找一个一方面不过分严厉,一方面也不软弱姑息的好办法。他仁慈而坚定,使慈悲和严厉相协调。希腊古代有一篇论农事的文章,劝那些要从田里赶走耗子的农夫这样做:"拿一张纸,写下这些话:'我命令你,所有在场的老鼠,你们不得妨碍我,也不许容忍其他老鼠进行伤害。我把那边的一片地给你(纸上写明是哪块田)。但是我如果在这里再捉住你了,凭诸神之母起誓,我要把你碎成七段。'写好后,把这张纸在日落前挂在一块未凿过的石头上,注意要把写了字的一面朝外。"

据说,在阿登地区,你若要赶走老鼠,必须反复念下面的话:"*Erat verbum, a pud Deum verstrum*。公老鼠,母老鼠,我用伟大的神的名义命令你们,走出我的屋子,走出我所有的住宅,到某某地方去,在那里待一辈子。*Decretis, reversis et desembarassis virgo potens, clemens, justitiae*。"然后把这些话多写几张纸,叠好,在老鼠要进出的门下放一张,在老鼠要走的路上放一张。这个法术需在日出时进行。据报道,几年前,有一个美国农人给老鼠写了一封彬彬有礼的信,告诉它们,他的收成不多,不能供养它们整个冬天,他对它们已经很仁慈了,他觉得为了它们自己好,它们最好离开,到附近粮食更多的人家去。他把这封信钉在他谷仓的一根柱子上让老鼠读。

有时候为要达到预想的目的,在可恶的动物中挑出一两个来以示区别对待,其余的却严加追捕。东印度的巴厘岛上大量捕捉侵害稻田的老鼠,像烧尸首一样把它们烧掉。但有两只被捕的老鼠却允许活着,并送给它们一个白麻布的小包。然后人们像在上帝面前一样,在它们面前鞠躬,把它们放走。沿海达雅克人的农场,即沙捞越伊班人的农场,每当鸟雀昆虫严重侵害时,他们就把各种有害生物每样捉一只(麻雀或蚱蜢等等),放在树皮做的装满粮食的小船里,然后让这只小船和船上那些可恶的乘客一起顺流漂走。如果这还不能把害虫害鸟赶走,达雅克人就用他们认为最有效的办法来达到目的。他们用泥做一条鳄鱼,跟活的一样大,立在田里,供上食物、米酒和布,并杀家禽和猪献祭。这个凶猛的动物有了这个慰劳品,马上就把所有吃庄稼的害物全都吞食掉。在阿尔巴尼亚,当蝗虫和甲虫侵害葡萄园和农田的时候,有些妇女便集合在一起,披散着头发,把两种害虫各捉一些列队走到泉边或小河边,把它们扔进水里淹死。然后,其中一位妇女唱道:"啊,蝗虫和甲虫,离开我们,死去吧!"其他妇女跟着齐声合唱这首挽歌。这样为那些害虫举行了葬礼以后,他们期望所有害虫全都死光,当毛虫在叙利亚的葡萄园里为害时,姑娘们就聚集到一起,捉住一只毛虫,由一个姑娘扮作毛虫妈妈,大家哭泣着把毛虫埋掉。接着把毛虫妈妈带到毛虫所在的地里,安慰它,希望这样可使毛虫都离开葡萄园。

第五十四章 以动物为圣餐

第一节 埃及人和阿伊努人的圣餐

现在我们也许能够理解阿伊努人和吉利亚克人对待熊的那种令人不易理解的行动了。事实已经表明,我们在人和低等动物之间所划的严格分界线,对于原始的野蛮人来说是根本不存在的。在他们看来,许多动物跟他们是同等的,甚至比他们优胜,不仅在力气方面,而且在智力方面也较优胜。假如做出抉择要杀死或者不得不杀死它们,他们觉得,为自己安全起见,必须尽量做到不引起活着的野兽和其死后的鬼魂以及所有他的同类的反感,从而也像野蛮氏族为其成员的伤亡与受辱进行报复一样对人报复。我们知道,原始人用以向被他杀死的野兽谢罪的多种方式之一是向其同类中的个别野兽表示敬意,他们以为这样一来就可以免除他杀害野兽的一切惩罚。这条原则可能说明阿伊努人对待熊的那种乍看起来似乎前后矛盾、令人迷惑不解的态度。熊的皮和肉给阿伊努人提供了衣食之需,熊既然有才智,多气力,因此就必须向其同类献出抵偿使之满意,以免它们为失去许多同类的生命而寻衅报仇,其做法就是饲养小熊,恭恭敬敬地对待它,到了宰熊之日,尤其虔敬并深表哀伤。这样,其同类所怀怨恨之情可得平息,不致前来报仇或在愤怨之下撤离其境,而使阿伊努人失去赖以生存的资粮。

　　由此可见,原始人对于动物的崇敬可分为两大类型,并在某些方面彼此矛盾。一方面,崇敬动物,既不杀伤,也不肉食;另一方面,由于一贯杀戮肉食,故而对之崇敬。两种情况下的崇敬,都因原始人期望从动物身上获得积极或消极的好处。前一种情况下的崇敬,其好处在于所敬之动物能向人提供积极性的保护、劝告或帮助,或者消极地不加害于人。后一种情况下的尊敬则可获得其皮肉。这两种类型的尊敬在一定程度上正好是相反的:一则因为崇敬,故不食其肉,一则正因为食其肉,才崇敬。而往往正是同一氏族同时遵行这两种类型的尊敬方式。如:北美印第安人崇敬他们的图腾动物,故而不食用;另一方面,对于日常食用的动物、鱼类,因赖以为生故而崇敬。澳大利亚土人有一种为我们迄今所知的最原始的图腾制度,但并没有像北美印第安人那样既杀食其肉,又企图博得其好感的明显迹象。他们为确保丰富的猎获物而采取办法,似乎不是靠博取欢心而是主要依靠交感巫术。北美印第安人为同样的目的也采取这种巫术原则。既然澳大利亚土人无疑比北美印第安人处于人类发展更早期、更不开化的阶段,因此,可以想象:在这些印第安人狩猎者想到用崇敬所猎动物的办法以确保丰富来源之前,他们也曾采取过交感巫术以求达此目的。这一点有很好的理由可以相信,从而就再次表明,交感巫术是人类为使自然界适合自己需求而采取的最远古的努力方式之一。

　　与上述崇敬动物两种明显类型相对应的,还有杀死动物神祇的两种明显类型:一方面,对于所崇敬的动物不杀不食,只在个别隆重情况下才杀才吃。关于这种习俗前面已经举过不少例证,还做了说明。另一方面,一贯杀死所崇敬的动物,每杀死一头这样的动物,便是杀死神祇一次,必须在现场致祭,特别对凶恶野兽,更须就地赔礼献祭。一般的日常赎偿之外,每年还要特别作一次大的赎偿,选杀同类野兽一头,对之表示极大的尊敬和虔诚。显然,这两种圣餐性的宰杀——为便于区别起见,可以称之为埃及人的类型和阿伊努人的类型——很容易被观察者混淆。在我们能够说出哪些具体事例属于哪个类型之前,需要问清楚为圣餐性宰杀的动物是否一贯属于免杀的一类,或属于一贯为该氏族所杀的一类。如系前者,则是埃及人的圣餐类型;若系后者,则属阿伊努人的类型。

畜牧部落的做法提供了这两种类型的实例。阿道夫·巴斯蒂安①写道:"畜牧部落,由于有时候不得不把所养牲畜卖给外乡人,而外乡人处理牲畜骨头又不恭敬,因此采取一种防止这种渎圣引起灾难危险的办法,即:选一头这类的牲畜为崇敬对象,关起门来全家同吃其肉以为圣餐,餐后将其骨骸按一切应有的仪礼敬重处置。严格地说,对每一头牲畜的骨骸都应该这样。不过既然已经对其有代表性的牲畜祭礼如仪,也就可以认为对全体牲畜都祭礼如仪了。这种家宴圣餐各民族都有,在高加索人中尤为常见。高加索的阿布切斯(Abchases of the Coucause)民族的牧人春天集合一起共进圣餐时,都把腰部束紧,手里拿着牧杖。这样

---

① 阿道夫·巴斯蒂安(Bastian, Adulf, 1826 - 1905),德国著名学者、人种学者、欧洲民族学创始人之一,柏林腓特烈·威廉大学人种学教授。

第五十四章 以动物为圣餐

做可能就是圣餐的仪式,同时也是表示互相帮助的盟誓。一切盟誓中最有力的盟誓莫过于共食一种神圣的物质。因为这样一来,参与盟誓者如果背盟弃信,就绝不能逃脱吃进腹内长在身上的神的惩罚。"这类圣餐便是属于阿伊努人的或赎罪的圣餐类型,因为它的目的是为求得与那些被人们杀掉后吃掉的兽类的和解。卡尔梅克人以羊肉为主食,他们向羊所作的抵赎,原则上和阿伊努人相同,具体做法略异。富有的卡尔梅克人习惯于崇奉一头白羊为神圣,尊之为"天羊"或"神羊",从来不剪它身上的毛,也不把它出售,等它老了以后,羊主人想要另选一只羊奉为神羊时,才把它杀死,并邀请邻居一同宴会,吃掉它的肉。杀羊的吉日一般选在秋天羊膘肥厚的季节,由巫师动手在羊身上洒上奶然后宰杀,把羊肉都吃掉,羊骨骸和一部分肥膘则在土砌的祭坛上烧化,把羊皮和头足都挂起来。

埃及人的圣餐类型可以托达人为例,托达人是印度南部的畜牧民族,主要以牛奶为主。他们"在相当程度上把水牛尊为神圣","待牛极好,几乎到了敬拜的地步"。他们从来不吃母水牛的肉,并且按规定也戒食公水牛肉,只有唯一例外,即全年一次全村成年男子都参加宰食刚出生一月的小雄牛犊。他们把小牛犊带到本村树木幽深处,用托达人的神树(软木树,*Millingtonia*)做的棍棒将它打死。用木柴磨擦生起圣火,将牛肉烤熟,由所有男人吃掉。妇女一律不得加入。这是托达人吃水牛肉的唯一例外。非洲中部的马迪或莫鲁部落的人,以牲畜为主要财富,也从事一定的农业生产。他们在某些隆重场合似乎也宰食羔羊作为圣餐。费尔金博士对他们的这种习俗有过以下论述:"一定时期遵行一种不寻常的习俗。我相信是一年一次的。我还不能判定那种习俗的确切定义,这似乎是专为解除人们的心理负担。因为在此之前,人们忧心忡忡,一旦仪式举行之后,便都情绪欢乐。我见到的情况是这样:男女老少一大群人围绕路旁——实际是一条很窄的小路——的一圈石头坐下。一个小孩牵来一头精选的羔羊绕着聚集的人群连走四匝,羊从人前走过时,人们信手从羊身上扯下一点羊毛插在头上或身上。最后小孩把羊牵到石头圈子里,由一个祭司身份的人动手把羊宰了,并且将少许羊血向人群连洒四次,然后在各人身上逐个地洒。他在小孩的胸骨下端用血画一个小圆圈,对妇女和小女孩只在她们胸脯以上画一记号,对男人则在两肩上各画一下。接着他就讲解这种仪式的意义,告诫人们要好好对待……。等这番说教完毕(有时讲的时间很长),人们站起身来,各在石头圈子上面或旁边放一片树叶,脸上露出极大的欢乐,高兴地离开了。羊头就挂在石圈附近的树上,羊肉给穷人们吃了。此外,在其他时候也举行这种仪礼,但形式较简单。例如哪一家人因疾病或亲人死亡而陷于巨大的苦痛,其亲友和邻居便聚在一起,宰食羔羊,认为这样可以化去凶灾。这种仪礼有时还在已故亲友的坟头举行。遇到大喜事件,如某家儿子久出远门归来,也举行这项仪礼。"每年宰杀一头羔羊的仪礼进行时,人们流露出的哀戚心情,似乎证明所杀羔羊乃是神圣的或即神兽,所以它的崇敬者哀悼它,正如加利福尼亚人哀悼他们神圣的鹈鹕之死,埃及人哀悼底比斯的公羊之死一样。用羔羊的血涂在每个崇敬者的身上乃是与神灵交流的一种形式。神性生命的传导由体外施与取代了体内吸收(如喝其血,食其肉)的做法。

第二节　带着神兽游行

带着神圣的动物挨家挨户地走访以便所有人能分享一份神的福佑。这种与神灵交流的形式,在吉利亚克人杀死一头熊之前带着熊游行全村的习俗中,得到充分证明。旁遮普①的蛇族部落与蛇神之灵交流的形式,与上述神灵交流形式相似。每年9月,这个地区各阶层、各种宗教的人士都敬拜神蛇,历时九天。一到8月底,米拉逊人,尤其蛇族部落的人,就用生面做成蛇形涂上黑和红的颜色,放在一个簸箕里。他们拿着簸箕满村走,不管走进哪一家,他们都说:"神和你们大家在一起！愿灾害远远离开。愿我们守护神（古加）的话灵验！"然后,他们送上装蛇的筐子说,道:"给一个小面饼和一点黄油。你如果服从蛇,你和你全家就都兴旺！"严格说来,饼和黄油都必须给,但很少人能做得到。但每人多少都给一点东西,通常是给一把面或一些谷物。新娶媳妇和新嫁女儿的人家,或新生儿子的人家,通常都给一又四分之一个卢比,或者给一块布。有时候拿蛇的人还唱道:"给蛇一块布,它就送你好媳妇！"这样访问了所有人家之后,就把面蛇埋掉,立一个小坟堆。在9月份的这九天中,妇女们都到坟前礼拜。她们带一盆豆腐,拿一点豆腐放在蛇坟上,跪下来叩头。然后回家,把其余的豆腐分给孩子吃。在这个例子里,面蛇显然代表真蛇。在蛇多的地方,便不去面蛇的坟头,而是去有蛇的林莽中礼拜。除了所

---

① 印度西北部地区,今为印度的一个邦。

有的人参加这种每年一次的礼拜之外,蛇族的人还在每月月望以后的每天早上做同样的礼拜。旁遮普地区蛇族的人不少。蛇族人不杀蛇,他们说蛇咬了他们也无伤害。他们如果见到一死蛇,就把衣服盖在蛇身上,为他举行正规的葬礼。

类似印度礼拜蛇的仪式在欧洲一直流传到晚近时候。关于它的起源,毫无疑问,可以追溯到非常原始的异教时代。最著名的例子是"鹪鹩猎礼"。许多欧洲民族——古代的希腊人、罗马人,现代的意大利人、西班牙人、法国人、德国人、荷兰人、丹麦人、瑞典人、英国人、威尔斯人——都把鹪鹩叫作王、小王、鸟王、篱笆王等等,认为杀了这种鸟就很不吉利。在英格兰,人们认为谁要是杀了一只鹪鹩,或是搅了它的巢,他在一年之内准会折断骨头,或遇到某种可怕的灾祸,甚至家中的母牛会流出血奶。苏格兰人把鹪鹩叫作"天鸡娘娘",男孩子们说:

> 谁要打搅了天鸡娘娘,
> 谁就是个坏心肠,坏心肠,
> 比十个坏心肠还要坏的坏心肠!

在布列塔尼的圣多南地方,人们认为孩子如果摸了巢里的小鹪鹩,就会受圣劳伦斯火的燎烤,就是说,脸上、腿上等处要长小疙瘩。在法国其他地区,人们认为某人如果杀了一只鹪鹩或搅动了他的巢,他的房子就会遭雷电轰击,或者他干这事的手指头会皱缩或脱落,至少也要残废,或者是他的牲口要害腿病。

尽管有这些看法,每年杀鹪鹩的风俗在英国和德国都流传很

第五十四章 以动物为圣餐

广。在马恩岛①,直到18世纪,圣诞节早晨还遵从这个惯例。在12月24日黄昏,所有的仆人都休假,他们整夜不睡,到处游荡,直到午夜各教堂敲钟的时候。祈祷完毕,他们就去捉鹪鹩,找到一个,他们就弄死它,把它拴在长杆顶上,使翅膀张开。于是他们带着它游行,到各家去,唱下面的歌:

> 我们为博滨的罗宾捉鹪鹩,
> 我们为康恩的杰克捉鹪鹩,
> 我们捉鹪鹩是为了博滨的罗宾,
> 我们捉鹪鹩是为了每一个人。

当他们走遍各家,尽可能收了钱以后,就把鹪鹩放在尸体架上,排着队抬到教区的墓地去,在那里挖一个坟穴"极其庄严地把它埋葬,并用曼克语为它唱挽歌,他们用挽歌为鸟报丧;唱过挽歌以后,圣诞节就开始了"。安葬停当,墓地外的人站成了一圈,随着音乐节拍跳舞。

18世纪的一位作者说,在爱尔兰,"圣诞节那天,农民还捉鹪鹩,把它弄死,在第二天(圣斯蒂芬节)把它拿出去,用两个铁杯,彼此拴成直角,把鸟脚拴在正中心,举着它,男人、妇女、小孩列队游行,各村都有。他们唱着一段爱尔兰的歌,大意说鹪鹩是众鸟之王"。在伦斯特②和康诺特③的某些地区仍举行"鹪鹩猎礼"。在

---

① 英国的一个岛屿,位于北爱尔兰和英格兰之间。
② 爱尔兰东南部的一个省。
③ 爱尔兰西北部的一个省。

圣诞节或圣斯蒂芬节,男孩子捕捉鹪鹩把它弄死,在扫帚把上捆一把冬青和常春藤,把鸟拴在当中,在圣斯蒂芬节那天带着它挨门串户到处走动,在人家门前唱道:

> 众鸟之王是鹪鹩,是鹪鹩,
> 圣斯蒂芬节那天在金雀花里把它捉到。
> 它的个儿虽不大,它的家族可不小。
> 好主妇呵!请招待我们一顿美酒佳肴。

他们得到钱或食物(面包、黄油、鸡蛋等),晚上就一起聚餐。

19世纪上半叶,法国南部许多地方还遵循类似的风俗。如在卡尔卡松,每年12月的头一个星期,圣让街上的年轻人常带棍棒出城,在草丛里寻找鹪鹩。谁先打到一只鹪鹩就宣布谁是大王。然后他们整队回城,由大王领头,把鹪鹩挂在杆子上。在除夕时大王和所有打鹪鹩的人打着火炬从街上穿过城里,走在前面的人又打鼓,又吹笛子。每到一家门口,就停下来,其中一人用粉笔在门上写着"*vive le roi!*"①附上即将来临的年份。到第十二天的早晨,这位大王又堂皇地列队出巡,戴着王冠,穿着蓝袍,拿着王杖。在他前面,一个人背着鹪鹩,鹪鹩系在杆子顶上,杆上装饰着橄榄树枝和橡树枝编的青翠花环,有时候花环里还编着橡树上的槲寄生。大王在圣文森特教区教堂听崇高的弥撒,四周簇拥着他的官员和卫士,听完后,他去拜访主教、市长、官长、有地位的市民,收

---

① 法文,意思是:国王万岁!

钱支付宴会的费用,宴会在晚上举行,以舞会结束。

这个"鹪鹩猎礼"与我们考察过的某些风俗,特别是与吉尔雅克人的带着熊游行,印度人带着蛇的游行,太相似了,似乎不容我们怀疑他们都是属于同一个思想范围之内的行为表现。每年一次,用特定的仪式把可敬的动物杀掉,动物死前或刚死就拿着它挨家巡礼,使每个敬拜它的人都得到一份灵性,人们认为这种灵性是从已死或将死的神身上传出来的。这种宗教性的巡礼在史前时期,在欧洲民族的仪式中想必占有很重要的地位,如果我们可以从他们在民间风俗中留下无数痕迹来判断的话。例如,在一年的最后一天(Hogmanay),苏格兰高地有这么一个习惯,一个男子披上牛皮挨家挨户拜访,一些青年人跟着他,每人各带一根棍子,棍上拴一点生牛皮。披牛皮的人常要围着每家的房子顺太阳运行方向跑三圈,也就是说要根据太阳运行的方向,使房子在他的右手边,其余的人追赶他,用棍子敲牛皮,敲得声音很响,像打鼓一样。他们这样乱闹的时候还敲打房屋的墙。这群人中有一人被接进屋里,他站在门槛里边,用这样的话向全家祝福:"愿神保佑这房子和房子里的一切,包括牲口、石头和木料!但愿这栋房子里永远肉多、床多、衣服多,人人安康!"然后每人都在火里烧他棍子上捆的一点牛皮,给全家每个人和每个家畜闻一闻。认为这就会使他们全年免于疾病和其他灾害,尤其不遭魔法的谋算。整个仪式叫作"嘉路音"(*calluinn*),这个字起源于敲打牛皮的闹声。在赫布里底群岛,包括圣基尔达岛,至少到18世纪后半叶都还遵循这个风俗,似乎一直延续到19世纪。

第五十五章 转嫁灾祸

第一节 将灾祸转嫁给无生命物体

我们已经探索了处在狩猎、畜牧和农业各社会发展阶段的一些民族的杀神做法,我也已尝试着说明了导致人们采取这种古怪风俗的动机。这种风俗还有一个方面需要注意。整个民族积累起来的不幸和罪过有时一起堆在将死的神身上,据信他可以把所有不幸和罪过永远带走,让人们清白无罪,幸福快乐。把自己的罪孽和痛苦转嫁给别人,让别人替自己承担这一切,是野蛮人头脑中熟悉的观念。这种观念的产生是由于非常明显地把生理和心理的、物质和非物质的现象混淆了起来。因为我们可以把一捆柴、一块石头,或其他东西从我们自己的背上转移到别人的背上,所以,野蛮人就觉得同样也可能把自己的痛苦和哀愁转移给别人,让别人替自己受苦。于是他就根据这种观念行事,终于想出无数的坏主意,藉此把自己不愿承担的麻烦推给别人。总之,社会和思想发展水平较低的民族一般都理解并运用这种找替身受罪的原则。下面我还要举例证明野蛮人的这种理论和实践都是赤裸裸的、直截了当的,毫无精妙思辨与狡黠理论的掩饰。

狡猾自私的野蛮人用以解脱自己转嫁邻人的办法是五花八门,这里只能从无数的例证中举几个典型的例子。首先,我们

第五十五章　转嫁灾祸

要知道，某人要解脱灾祸不一定非要转嫁给一个人，也完全可以转嫁给一种动物或一样东西，不过这样东西常常只是一个工具，把祸害传给首先接触他的人。东印度某些岛上的人认为有一个治癫痫病的办法，用某种树的叶子打病人的脸，然后把树叶扔掉。认为这样就把病转给了叶子，而且随叶子一起被扔掉。有些澳大利亚黑人治牙痛，拿一个烤热的投矛器放在脸上，然后丢掉投矛器，牙痛也随之而去，成为一块叫作"卡利契"（karriitch）的黑石头。在许多老土堆子、老沙丘里都有这种石头。人们把这种石头细心地收集起来，扔到敌人的阵地去，让他们得牙病。乌干达的一个畜牧民族巴希马人常得一种致命的脓疡，"他们治这种病的方法是把病转给别人，从巫师那里弄一点灵草，用草擦脓肿的地方，把草埋在人们经常走过的地方，谁首先踏上埋下去的草，谁就得这种病，原来的病人就好了"。

有时候，遇到病痛就把病转给偶像，这是把病转给人的初步手段。如巴干达人中，巫医有时用泥做一个病人的偶像，然后病人的亲属拿偶像磨擦，或是把偶像埋在路中心，或是藏在路旁的草里。第一个踩上偶像的人或第一个从偶像旁经过的人就会染上这病。有时偶像是用芭蕉花做的，扎成一个人形，使用的方法跟使用泥人一样。但是，为这种害人的目的而使用偶像是一桩大罪，任何人在大路上埋偶像，如被捉住，就一定要判处死刑。

在蒂汶岛的西部地区，当男人或妇女长途跋涉十分疲倦的时候，他们用一根带叶的树枝扇自己，然后把枝子扔到他们前辈扔枝子的地方。于是他们的疲乏算是传给了树叶，被扔掉了。有些人利用石头代替树叶，在巴伯尔群岛上，疲倦的人用石头敲打自己,认为他们把自己身上的疲倦就这样转给了石头,然后他们把石头扔在特定的地方。世界上有许多僻远的地区都有类似的信念和做法,因此出现许多石堆或枝叶堆,旅行者常常可以在路边见到,本地人路过其处都要扔上自己的一份石块、树枝或树叶。如所罗门岛或班克斯岛上的土人常常在陡峭的下坡路上或一段难走的路的起点的这种堆子上扔下树枝、石头或树叶,并且说:"我的疲倦都到那里去了!"这种做法并不是一种宗教仪式,因为扔在堆上的东西并不是献给神灵的祭品,扔掷时说的话也不是祷告。那不过是解除疲乏的一种巫术仪式而已,头脑简单的野蛮人认为他把疲乏转给树枝、树叶或石头,自己也就解乏了。

第二节 将灾祸转嫁给动物

动物常常被用作带走或转移灾祸的工具。一个摩尔人头痛的时候,常常把一只小羊或山羊打倒在地上,认为这样做就把头痛转给了羊。在摩洛哥,最富有的摩尔人在自家的牲口圈里养了一头野猪,为的是把精灵和妖魔从马身上转到野猪身上。在南非的卡菲尔人中,当别的治疗法无效时,"土人有时就采用这种习惯做法:牵一只山羊到病人面前,把村里的罪过都向羊忏悔。有时让病人的血滴几滴在羊头上,把羊赶到草原上没有人住的地方。人们认为这样就把病转到羊身上,丢在荒地里了。"在阿拉伯,遇到瘟疫盛行的时候,人们有的牵一只骆驼,走遍城里各个地区,使骆驼把瘟疫驮在身上。然后,他们在一个圣地把它勒死,认为他们一举去掉了骆驼,也去掉了瘟疫。据说福尔摩沙①的野蛮人在天花流行的时候,便把该病魔赶入一头母猪的体内,割掉猪耳朵烧掉,或把整只烧掉,以为这样就驱除了疫病。

在马尔加什人中,带走灾祸工具叫作法迪特拉(faditra)。"法迪特拉是锡基迪(神灵会)选定用以消除任何有害于人们幸福、安宁或兴盛的灾祸与疾病的东西。法迪特拉可以是灰烬、剪刻的钱币、绵羊、南瓜,或锡基迪选定的任何其他东西。物体选定好以后,祭司再看物体是为哪个受害者选定的,就把他所有的不幸都推到物体身上,最后他责成法迪特拉把所有的祸害带走,永不回来。如果法迪特拉是灰烬,就让风把它吹走;如果是剪刻的钱币,就把它扔到深水里去,或是放在找不着的地方;如果是绵羊,就让人背到远处去,这人尽力快跑,边走边抱怨,好像是因为法迪特拉带着灾祸而对它十分愤怒;如果是南瓜,就放在肩上拿到不远的地方去,把它在地上摔碎,并显出愤怒和憎恨的样子。"有一位占卜先生告诉一个马达加斯加人,说他定遭横死,但又说只要他举行某种仪式,他就可能避开厄运。用一个小桶,装满血,顶在头上,爬到一个阉牛背上,把血泼在公牛头上,然后把牛赶到荒野里去,使它再也不得回来。

苏门答腊的巴塔克人有一种仪式,他们称为"驱邪祭"。妇女如不生孩子,就献祭品给三个蚱蜢神:一个代表羊,一个代表牛,一个代表马。然后放走一只燕子,祈祷邪气落在鸟身上,随鸟飞

---

① 16世纪葡萄牙殖民主义者这样称呼我国的台湾省。后来西方一些国家也沿用这一名称。

走。"一般不与人同居的动物如果进到家里来了,马来人就认为是要出事的恶兆。如果一只野鸟飞进屋来,那就要小心地捉住它,涂上油,然后放出去,同时念几句咒语,要野鸟把家里人的一切厄运灾难都带走。"古代希腊妇女在家里捉住了燕子时似乎也是这么做法:把油倒在它身上,让它飞走,显然是要把厄运从家里赶走。喀尔巴阡山区的胡祖尔人认为,他们能把雀斑转到他们在春天看到的第一只燕子身上去,办法是在流水中洗脸,并且说:"燕子,燕子,请把我的雀斑拿去,让我的脸色红润。"

印度南部尼格里山区的巴达加人遇到死人的时候,就把死者的罪孽推到一头水牛的牛犊身上。为此目的,人们围着尸首,把他抬出村去。然后族里的一个长老站在尸首头前,朗诵或唱出一大串罪恶,都是任何巴达加人会犯的罪,他每念一条,人们就跟着重复该条最后一个字。罪孽忏悔一连念三遍。"根据传统说法,一个人犯罪的总数可以达到1300条。即使死者犯过全部的罪条,举行仪式的人如此高喊:'不要阻止它飞到上帝纯洁的脚前。'他念完之后,全体人都高唱:'不要阻止它飞!'主持人又念细节,喊道:'它杀了一只爬行的蛇,那就是罪!'所有的人立即跟上他最后一个字,喊道:'那就是罪!'他们喊的时候,执行人就把他的手放在小牛身上。这条罪就传给小牛。全篇罪单都这样深入地念一遍。但这还不够。当最后一声'万事大吉'喊过之后,行礼者就换了人,再一次忏悔,所有的人又喊道:'那就是罪。'再做第三次。然后,在全场一片庄严肃静的气氛中把小牛放掉。像犹太人的替罪羊一样,再也不能用这条小牛来做世俗的活计了。"A.C.克雷登牧师亲眼见到过一次巴达加人的葬仪,见到一头小水牛被牵着绕停尸架走三圈,把死者的手放在小牛头上。"这样做就算是小牛接受了死者的一切罪孽。然后把牛赶到老远的地方去,它就不会感染任何人了。据说,绝对不能把他卖掉,要把他看成一只奉献的神兽。"这个仪式的意思是:死者的罪转移到小牛身上,或者说,赦免死者罪孽的任务交托给小牛了。据说小牛很快就消失了,再也听不到它的消息。

第三节 将灾祸转嫁给人

人有时候也扮演替罪羊的角色,把威胁别人的灾祸移到自己身上。当一个僧伽罗人①病情危急、医生束手无策时,就请一个跳鬼的人来,他向鬼献上祭品,戴上类似鬼的假面具跳舞,借此把病人身上的那些病魔一个一个地招到自己身上来。这样成功地把病因取到之后,巧妙的跳鬼人就在尸架上装死,被人抬到村外的空地上放着。等到周围无人只剩他自己的时候,他立即复活了,跑回村里去要报酬。1590年有一个苏格兰巫婆,名叫阿格妮斯·桑普森,她被判犯罪,因为她医好了某个叫罗伯特·克斯的人的病。"这个病原是他在丹弗里斯时一个西部地区的术士加给他的,女巫把他的病转到自己身上,带着病大喊大叫,十分痛苦,一直折腾到天明,这时听见她房里有大的吵闹声。"原来这是女巫在闹腾,她在用衣服把病从她身上转移到一只猫或狗身上。不幸得很,这种企图有一部分没有成功,病没有转移给狗猫,却落到达尔

---

① 斯里兰卡的基本居民。

凯斯的亚历山大·道格拉斯身上,使他竟因病而死,原来的病人罗伯特·克斯倒全好了。

"新西兰有一个地区,人们感到有赎罪的必要,在某人身上举行一种仪式,把全部落所有的罪都转到他身上,原先他身上就捆好了一捆羊齿草,这时他跳进河里去,把草解开,使他漂流出海,让他们的罪也随之而去。"曼尼普尔①的邦主遇到重大紧急的情况常把他的罪转给别人,一般是转给一个犯人,这个犯人可以通过代替酋长受罪而得到赦免。为了转罪,邦主和他的妻子穿上最漂亮的袍子,在市场的一个架子上洗澡,犯人就蹲在架子下面。水从上面滴到犯人身上,他们的罪也被洗下来,落在活人替罪羊身上。邦主和他妻子把他们的漂亮袍子转交给他们的替身,转罪就算完成了,他们自己穿上新衣服,混在人群中,等到天黑。在特拉凡哥尔,当一个邦主将死的时候,他们找一个神圣的婆罗门,请他答应把将死的人的罪过背在自己身上,就赠送他一万卢比为报酬。这位婆罗门做好为罪责献身祭坛的准备,人们把他引到死者的房里去,他紧紧抱着将死的邦主,对他说:"王啊,我来承担你所有的罪过和病痛。但愿陛下长寿,快乐地统治下去。"他把病人的罪过都背在自己身上之后,就被送出国境,再也不许回来。在土耳其斯坦的乌契·库尔干地方,斯凯勒先生见到一位老人,据说他是靠代死人负罪来维持生活的,因而他一辈子都是代死者的灵魂祈祷。

---

① 印度东北部的一个邦。

在乌干达，军队出征回来，神谕警告国王说有某种灾祸附在士兵身上，这时照惯例从俘虏中选出一个奴隶，再从战利品中选一头牛、一只羊、一只家禽、一条狗，派一个强壮的卫士把它们的肢体折断，让它们死去，它们完全瘫了，不能爬回乌干达来。为了保证灾祸转到替身身上，用整把的草擦人和牲口的身体，然后把草把子捆在牺牲品身上。这之后就宣布军队已经清洁了，可以回到国都去。乌干达的新王就位时也要伤一个人，把他当作替罪羊，送到布尼奥罗去，让他带走国王和王后身上可能有的任何污秽。

第四节　欧洲转嫁灾祸的习俗

上述转嫁灾祸的习俗主要引证原始未开化民族的一些做法。同样，欧洲古代和现代的民族中也流行相似的做法，把疾病、灾难和罪孽的负担从某人身上转给别人，转给动物或其他物体身上。古罗马人治疗发烧的办法是剪下病人的指甲，在第二天日出以前用蜡贴在邻居的门上，这样病就转到邻人身上去了。古希腊人大概也采取过同样的办法，因为柏拉图在给他的理想国制定法律时，认为要叫人们见到在人家门口、或父母坟墓上、或十字路口的蜡制人形而不惊恐，是很难办到的事。公元4世纪，法国波尔多地方的马塞勒斯开了一个治疣子的偏方，至今欧洲许多地方有迷信思想的人中还很流行。你有多少疣子，就用多少小石头擦它，然后用一片常春藤的叶子把小石头包起来，扔到大路上，谁拾起这些石头,谁就长疣子,你的疣子就没有了。奥克尼群岛①上的人们有时用水洗病人,然后把水倒在大门口,认为病会脱离病人,传给了第一个从那个大门路过的人。巴伐利亚人有个退发烧的偏方:在一张纸上写道:"寒热啊,你别来,我不在家!"把这纸放在别人的口袋里。这人就会发烧,原来的病人就会痊愈。波希米亚有个治发烧的药方是这样的。病人把一个空罐子拿到十字路口,扔下后就跑开。第一个踢上罐子的人就会发烧,病人的烧就好了。

欧洲人跟野蛮人一样常常设法把痛苦或疾病从人身上转给动物。古代严肃的作家介绍说,某人如果被蝎子螯了,他应该倒骑上驴子,脸对着尾巴,或是在驴耳朵轻声说:"蝎子螯了我!"他们认为,这两个办法不论用哪种都会把病痛从人身上转给驴子。这种偏方马塞勒斯记录过不少。例如,他对我们说,下面这个方法可以治头痛。穿着靴子站在露天地上,拿一只青蛙攒住头,把口沫吐在它嘴里,请他把头痛带走,然后就放掉他。但是必须择一个吉利时辰去做这种法术。柴郡②有一种鹅口疮,婴儿的嘴唇或喉咙容易生这种疮,那里的人们常常用几乎与上述完全一样的方法治疗。拿一只小青蛙,把它的头在患者的嘴里放一会儿,青蛙就把病吸到自己身上,患者就解除了病痛。有一个常常这样治病的年老妇女说:"我向你担保,我们真是连着几天都听见可怜的青蛙发吼咳嗽,厉害得很。要是你听见可怜的家伙真在园子里咳嗽,准叫你心痛。"北安普顿郡、德文郡和威尔士有一个治咳嗽的

---

① 位于苏格兰北部。
② 在英格兰西部。

第五十五章 转嫁灾祸

方法,在两块涂了奶油的面包中夹一根病人的头发,把这种三明治给狗吃。于是狗就染上咳嗽,病人便不咳了。有时和动物分吃东西,把病传给它。如在奥尔登堡,你如果发烧,你就放一碗甜牛奶在狗面前,说道:"狗哇,你好,请你得病,让我病好!"然后,狗舔了一点牛奶,你就喝一大口,狗再舔一点,你再喝一大口,你和狗各喝三次,它就会发烧,你就会解降病痛。

波希米亚人治发烧的办法是日出前到树林去,找一个鹨鸟窠。找到后,取出一个小鸟,放身边养三天,然后回到树林去,把鹨鸟释放。你就立刻会退烧。鹨鸟把烧带走了。在《吠陀》[①]时代,古印度人让蓝色的樫鸟把肺病带走。他们说道:"肺病呵,飞走吧,跟蓝色的樫鸟一起飞走吧!跟暴风雨和羊角风一起消失吧!"在威尔士的南德格拉村里有一座教堂,是献给贞女殉道者圣忒克拉的,这个村里治癫痫的办法是(或者说过去常常是)把病转给一只家禽。病人先到一个圣泉附近洗四肢,扔四个便士在里面作为祭献。然后根据病人是男人还是妇女选一只公鸡或母鸡,放在篮子里先绕泉水走一圈,再绕教堂走一圈。接着病人走进教堂,躺在圣餐桌下,直到天亮。然后献六个便士离去,把鸡留在教堂里。如果鸡死了,病就算是从男人或妇女身上转给了鸡,人解除了病痛。迟至1855年,村里一个教区老管事还记得清清楚楚,他看见由于把病传给鸡了,鸡歪歪倒倒地到处走。

有病痛的人常常设法把疾病或厄运转给某种无生命的物体。

---

① 吠陀(Veda),印度最古老的宗教和文学作品的总集,其写作年代约在公元前1500—前1200年间。这里说的吠陀时代,意指《吠陀》所描述和代表的两个时期:前1500—前1200。

雅典有一个施洗者圣约翰的小教堂，是倚着一根古代的圆柱建的。发烧的病人常聚集在那儿，把一根涂了蜡的线系在圆柱内侧，认为这样就把发热从自己身上传给柱子了。在勃兰登堡的马克村，据说你如头晕，就脱光衣服，在日落后绕着亚麻地跑三圈，这样你的病就传给了亚麻，你就霍然而愈。

但是在欧洲，最常见的接受疾病或各种灾难的物体恐怕要算是树或灌木了。保加利亚有个治发烧的方法，日出前围着一棵柳树跑三圈，喊道："寒热将使你发抖，太阳将使我温暖。"在希腊的卡尔帕索斯岛上，祭司拿一根红线缠在病人脖子上。第二天早晨，病人的朋友把红线解掉，到小山上去把红线缠在一棵树上，认为他们这样做就把病传给树了。意大利也用类似的办法治发烧，把线系在一棵树上。患者于夜晚在左腕上系一根线，第二天早上把线挂在一棵树上。认为这样做烧就被系在树上了，病人就退烧，但是他必须当心，不要再从那棵树边走过，否则烧就会摆脱绳结，再来袭击他。佛兰德人治疟疾的方法是一大早出门找一棵老柳树，在一根柳枝上打三个结，说道："老家伙，早上好，我把寒热交给你了，早上好，老家伙！"然后转身就跑，不再往回看。在索嫩堡①，如果要消除痛风病，你必须找一棵小枞树，拿一根小枝打一个结，说道："上帝保佑你，高贵的枞树。我把痛风病带给你。我要在这里打一个结，把我的痛风病捆在里面……"等等。

还有一个把痛风病从人身上过给树的办法。剪下病人的手指甲和腿上一些汗毛。在一棵橡树上钻一个窟窿，把指甲和汗毛

---

① 德国一个地区。

第五十五章 转嫁灾祸

塞在洞里,再把洞填起来,抹上牛粪,此后三个月内病人如果解除了痛风,那就可以断定橡树代他生病了。在柴郡,如果要消除疣子,你只需拿一块火腿去擦它们,在梣树皮上开一个口子,把火腿放在树皮下面,疣子立即会从你手上消失,不过还要树皮上长出来形如粗糙的赘疣或疖子。在哈福德郡的贝克汉普斯蒂德地方,有过一些橡树,因治疟疾一直很出名。把病过给树的办法很简单,但很痛苦。患者把一绺头发钉在橡树上,然后猛然一挣,就把那一绺头发和疟疾都留在树里了。

第五十六章　公众驱邪

第一节　无所不在的邪魔

前一章解释并证明了把灾祸转给别人,转给动物和物体的基本原则。类似的办法亦可用来解脱整个社会所受的各种灾害。把整个民族积累的伤心事一次清除掉,这绝不是少见的或例外的做法,恰好相反,许多地方都这么做,最初是偶一为之,后来则一年一度地定期举行。

为了解人们之所以这样做的思想是什么,我们还得做一番努力。由于一种剥去了其人格性,并使之化约成井然有序的一系列感官印象的未知原因的哲学,我们感到很难把自己放在原始人的地位来考虑问题。我们看到的同样一些自然现象,在原始人看来却是神灵乔装的,或是他们招惹的结果。多少世代中,大批的神灵曾经与我们非常接近,许许多多的神灵逐渐从我们身边退去,越退越远,被科学的魔杖从家灶和家庭中赶走了,从小屋的废墟和长满常春藤的城堡中赶走了,从神灵来往的林中空地和寂寥的池塘赶走了,从吐着闪电的破碎的乌云中赶走了。从那些衬着银灰的月光和用火红的碎块镶着金黄的暮色的淡淡云彩中被赶走了。甚至从天空的最后堡垒里把它们统统赶走了,除了孩子们之外,谁也不会把苍穹看作是一片帐幔,掩盖着上天世界的辉煌华丽,使凡人的眼睛无从见到。只有在诗人的梦幻中,在演说家热情奔放的语言中,才能偶尔见到远远隐退了的神灵的旗帜在最后飘动,才能听到他们不可见的翅膀的拍打和嘲弄的笑声,或天使抑扬的音乐在远方消逝,这一切,对原始人来说却完全不同。在他的想象里,这个世界充满了那些被清醒的哲学早已抛弃的奇装异服的神物,无论他是醒着还是在睡梦中,仙人和精怪、鬼魂和妖魔总在他周围翔舞。他们盯着他的足迹,扰乱他的感官,进入他的身体,用千种异想天开、为非作歹的方法困扰他、欺骗他、折磨他。一般说来,他对他遇到的灾害、受到的损失、经历的痛苦,不是看成敌人施行魔法,就是看成精灵泄恨、生气或作祟。他们老是在他面前纠缠,使他困倦,他们不分日夜地搅扰他,使他愤怒,他真是无法形容地渴望摆脱他们,有时逼得他没有办法,忍无可忍,凶狠地转过脸来,反对他的迫害者,极力要把他们这一群从他的土地上赶走,把他们蜂拥的一大群清除掉。使他至少在一段时间内能够更自由地呼吸,能够办他的事,不受侵扰。因此,原始人努力清除他们的一切烦恼,其形式则是大规模地驱除或赶走妖魔鬼怪。他们认为,只要他们能够摆脱这些可恶的折磨鬼,他们就能重新生活得幸福而清白,伊甸园的故事和远古诗情画意的黄金时代又变成现实。

第二节　随时驱邪

由上所述,我们就能够理解为什么原始人经常进行的普遍的清除邪恶总是采取强力的驱邪形式。原始人认为,这些精灵如果说不是他的绝大部分苦恼也是他的许多苦恼的根源,如果能够摆脱他们,他的情况就会好转。公众从整个社会中驱除积累的邪恶的做法,依据邪恶是非物质的、不可见的和附身物质形体的或有替罪物的,可以分为两类:前者可以称为直接的或非代用物的驱邪;后者可以称为间接的或代用物驱邪,或替罪羊驱邪。先从前一类举例来谈。

在新几内亚和新不列颠之间有一个鲁克岛,遇到灾难的时候,岛上人认为那是魔鬼制造的,于是所有人都集中起来,又叫又骂又喊,拿棍子在空中挥打,赶走魔鬼。他们把魔鬼从灾难产生的地方一步一步地赶到海里去,到了海边,他们就加劲地喊,加劲地打,务求把他赶出该岛,通常魔鬼是退到海里,或退到罗丁岛上。新不列颠的土人把病患、旱灾、歉收,总之一切灾祸,都看作是妖精作怪。有时候许多人生病、死亡,雨季开始时就有这种情况,这时一个地区的全部居民都拿着树枝木棍,趁着月色走到田里,打地、踩地,同时狂喊,一直到第二天早晨,认为这样就会赶走魔鬼。为了驱邪,他们还举着火炬从村里穿过。据说,新喀里多尼亚①的土人相信一切邪恶都是一个力量强大的恶魔造成的,所以,为了不受他的干扰,他们时常挖一个大坑,全族人聚在坑的周围。他们在坑边咒骂了恶魔之后,就把坑用土填起来,一面踩坑顶,一面大喊,他们把这叫作埋妖精。澳大利亚中部的迪埃里族遇到严重疾病的时候,巫师就驱除库契(即妖精),用填塞起来的死袋鼠的尾巴敲打帐篷里外的地面,直到他们把妖精赶到远离帐

---

① 西南太平洋上,澳大利亚西面的法国岛屿。

篷的地方。

西里伯斯的米纳哈萨居民遇到某个村子出现一连串灾害或严重瘟疫的时候，他们归罪于魔鬼侵犯村子，必须把他从村子里驱逐出去。因此在某天一大早，所有的人——男人、妇女、小孩——都离开家，把家里的东西都随身带着，住在村外临时建筑的小屋里。他们在这里住上好几天，献祭品，准备举行最后的仪式。最后，所有的男人，有的戴上假面具，有的涂黑了脸等等，全体带上剑、枪、矛或扫帚，谨慎地悄悄地摸入无人住的村子里。然后，祭司的信号一起，他们怒气冲冲地在街上来回跑，跑到屋里去，跑到屋底下去（屋子离开地面，架在木堆上），一面喊，一面敲打墙壁、门窗，赶走魔鬼。然后祭司和其余的人带着圣火，围着每家屋子走几遍，围着进房的楼梯走三遍，都是带着火的。接着，他们把火拿到厨房里去，必须在那里连烧三天。这才把鬼赶走了，大家一致高兴。

哈尔马赫拉的阿尔福尔人认为瘟疫是别村的鬼带来的。所以，为了使自己的村庄不受病魔侵扰，就请巫师来驱邪。他从全村居民那里得到一件价值昂贵的衣服，用来盖在四个小箱上，拿到树林中去，放在设想鬼所在的地方。然后用嘲笑的语言，命令鬼离开这个地方。在新几内亚的凯岛上，妖精与死者的鬼魂是完全不同的，他们集成了一大群。几乎每棵树、每个洞都是这些魔鬼住的地方，而且这些魔鬼性子非常暴躁，稍一触犯就会跑出来。他们不高兴就送来疾病和灾害。所以，遇到广泛的灾害，如瘟疫流行之类，所有别的办法都于事无补的时候，全体居民由祭司带头，到离村有一段路的一个地方去。日落时分，在这里立两根竿子,在两根竿子中间悬一个十字架,上面拴几袋米和几个木头模型的旋转炮以及锣、镯子等等。然后,每个人都在柱子边站着,四下死一般的寂静,祭司提高嗓子,用精怪所使用的语言对精怪说话如下:"嗬!嗬!嗬!你住在树里的妖精,你住在岩洞里的妖精,你住在地下的妖精,我们把这些旋转炮、这些锣等给你们,请你们让疾病停止,不要使这么多人死于疾病。"于是人人往家里跑,能跑多快就跑多快。

在尼亚斯岛上,某人重病,医疗无效时,巫师就来着手袯除致病的魔鬼。在房子前面立一根竿子,从竿子顶上牵一根棕树叶编的绳子到屋顶上。然后,巫师带一头猪爬上屋顶,把猪杀掉,让它从屋顶滚到地上,魔鬼急于要得到猪,赶忙沿着棕榈绳子从屋顶滑下去,巫师召来的一个好鬼阻止魔鬼再爬上去。如果这个疗法失效,那就是说屋里一定还藏着别的鬼。于是又彻底搜查,屋里所有的门窗都关上,只在屋顶上留一个天窗。所有的男子都关在屋里,随着敲锣打鼓的声音,他们持剑左砍右杀。魔鬼给这一阵砍杀吓住了。从天窗逃出去,沿着棕榈绳子逃走。除了一个天窗外,所有的门窗都关住了,魔鬼不能再进屋来。遇到瘟疫,做法与此相同。村里所有的门都关上,只留一个门,每个人都在喊,每面锣都敲起来,每一把剑都在挥舞。于是魔鬼都赶了出去,最后一个门也给关上。此后八天,全村处于戒严状态,谁也不许进村。

缅甸一个村子里遇到霍乱流行时,身强力壮的人爬上屋顶,身边放着竹签、短木棍,其余的人,无论老幼都站在下面,打鼓,吹号,敲地、墙、锡锅以及其他东西,造成一片闹声,一连三夜。这是驱除霍乱妖魔最有效的办法。当天花第一次在印度东南部的库

第五十六章 公众驱邪

密人中出现时,他们认为那是从阿拉坎来的魔鬼。所有的村子都戒严,谁也不许进村或出村。他们将一只猴子在地上摔死,把它的尸体吊在村门口。猴子的血,拌上河里的小鹅卵石,洒在房屋上,每家的门槛都用猴子尾巴扫过,魔鬼就赶走了。

550

西非洲的黄金海岸遇到瘟疫猖獗的时候,人们常常带着棍棒和火炬一齐出动把妖精赶走。一声信号,全体居民便令人恐怖地叫喊起来,敲打屋里的每个角落,然后疯狂般地冲出街去,摇着火把,狂乱地在空中挥舞。闹声一直持续下去,直到有人报道被吓住的魔鬼已经从镇市或村庄的大门跑掉了,人们跟在魔鬼后面追赶,追了一段路,把它们赶进树林去,警告它们再也不许回来。被魔之后,接着把村里或镇上的公鸡全部杀掉,恐怕公鸡不适时地乱叫,会使被赶走了的魔鬼认出回他们老家时必须走的方向。休伦人的村子流行疾病,所有医疗方法都无效时,全体印第安人就举行一种仪式,叫作罗诺来亚。"他们说,这是从镇上或村里赶走魔鬼或妖精的重要创举,是最正当的办法。是那些妖魔引起、诱入并导致人们身心承受了一切疾病。"因此,在某天傍晚,男人们突然像疯子一样满村乱跑,在小屋里不管碰见什么都打破、打翻。他们把火和燃着的火炬满街乱扔,并彻夜不停地一边跑着,一边喊着唱着。后来,他们都梦见某些东西,如一把小刀,一条狗,一块皮或其他东西,等到第二天早晨,他们就挨家要礼物。他们接受礼物时不声不响,直到他们得到了梦见的那样东西。接到这样东西时,他们高兴地大喊一声,从小屋冲出去,在场的所有人都祝贺他。据信凡得到了自己所梦见的那样东西的人,就一定身体健康无恙,那些心想得到某些东西而没有得到的人就注定要倒霉。

有时候野蛮人并不是把病魔从他们家中赶出去,而是让它安安稳稳地占据他们的家,倒是他们自己逃掉,不让他跟随追来。如巴塔哥尼亚人受到天花侵袭的时候,他们认为这是妖精作祟,就扔掉病人逃走,他们用武器在空中击打,向四周洒水,以挡住可怕的病魔随后追赶。这样走了好几天之后,来到他们认为魔鬼到不了的地方,才停下来。为了防范起见,他们把所有用来砍杀的武器都插在地上,刃面朝着他们来的那个方向,好像他们是在抵挡骑兵的袭击。同样,当格兰查科的卢尔或托诺科特印第安人受到瘟疫袭击时,他们照例是设法逃避,但他们逃走时总是弯弯曲曲地走,不走直路。他们说,疾病追赶他们时,走起弯路来一定很疲倦,它绝对赶不上他们。当新墨西哥的印第安人感染天花或其他传染病,死亡很多时,他们常常每天换一个住的地方,退到丛山里最僻静的地方,尽可能选择刺丛最密的地方,希望天花怕刺扎,不来追他们。有一些钦人①去仰光访问,受到霍乱的感染,他们就持着出鞘的宝剑走路,吓跑魔鬼,白天他们则躲在小树丛中,使魔鬼无法找到他们。

第三节　定期驱邪

随时驱邪逐渐变为定期驱邪。人们逐渐觉得需要定期地、彻底地消除邪恶,一般是一年一次,为的是使人们能够重新开始生活,摆脱他们周围长期积累起来的邪恶影响。有些澳大利亚的黑

---

① 缅甸西部钦邦的基本居民。

第五十六章　公众驱邪

人每年从他们的土地上驱除死人的鬼魂。W.里德雷牧师在巴文河岸上亲眼见到过他们的仪式。"二十人组成歌唱队，老少都有，一边唱，一边用飞镖打着拍子……突然间从树皮里窜出一个人来，全身涂上白黏土，头上和脸上涂着红色和黄色的条纹，用棍子系一撮毛，顶在头上，有两呎高。他站立二十分钟，全然不动，两眼向上凝视。站在我旁边的一个土著对我说，他在寻找死人的鬼魂。后来，他慢慢动起来，接着就尽快地来回跑动，挥舞着一根树枝，好像是要赶走一些我们看不见的敌人。我感到这个哑剧正要结束的时候，只见十个人同样的装束，突然从树后出现，全体一起与他们神秘的进攻者格斗……终于转入快速的全力猛攻，然后结束了这种激烈的劳动。他们持续了一整夜，日出后又继续了好几个小时。这时他们感到很满意，认为十二个月内，不会再有鬼来了。他们在沿河的每个站口都举行同样的仪式。听说这是每年的惯例。"

一年之中有一定的季节是最适合彻底驱邪的时候。北极冬季将近结束的时候就是一个这样的时刻，这时好几个星期或好几个月没有出现过的太阳又从地平线上出现了。巴罗角是阿拉斯加最靠北的地方，几乎也是美洲最靠北的地方，这里的爱斯基摩人选定太阳重新出现的时刻，从各家驱除妖精图纳（Tuna）。美国的一个北极探险队在巴罗角过冬时见到过他们的仪式。人们在公共会堂前面点一堆火，在每家进门的地方站一个老妇。男人聚在会堂周围，年轻妇女和女孩从每家赶妖精，她们拿着刀狠狠地向床下和鹿皮刺去，并喝令图纳滚开。当她们认为已经把妖精从每一个小洞和角落里赶出来，就把它塞进地下的一个窟窿里去，再把它从窟窿里赶到屋外,并高声叫喊,疯狂地做出各种姿势。同时站在家门口的老妇,手里拿着刀,在空中划来划去,不使它回来。各部分人都把精灵往火里赶,要它到火里去。这时所有的人都围着火站一个半圆形,有几个领头的人专门控诉妖精,每人说完都用力掸他的衣服,叫妖精离开他到火里去。这时两个男子走出来,捏着装满黑火药的枪,另一个提了一桶尿来倒在火上。其中一人向火开枪,当水汽上升时再给它一枪,认为这样就暂时把图纳消灭了。

深秋时分,暴风雨在地面狂啸,吹开了冰的锁链,冻结的海这时还没有被冰链锁稳,流动的冰块彼此撞击,发出响亮的破裂声,冰块成堆,散乱无章,一个叠着一个。这时节,巴芬岛的爱斯基摩人以为他们听见了住在空中到处捣鬼的精灵在说话。死人的鬼魂疯狂地敲着小屋的门,他们不能进屋去。不幸让鬼捉住的人真该倒霉了,马上就会生病死去。有一个庞大无毛的狗形的鬼在追逐真正的狗,真狗一见了它就抽疯癫痫而死。无数的妖精全都出笼了,给爱斯基摩人带来疾病、死亡以及恶劣的天气和打猎的失败。所有这些来侵扰的精灵中最可怕的是塞德娜——阴间的女后——还有她的父亲,死去的爱斯基摩人都落在他手里。别的妖精都来自空中和水里,她却是来自地下。因此,这正是巫师忙碌的季节。各家都有他们在唱念,他们坐在大屋后面一个黑暗的神秘地方召唤精灵,一盏微弱的灯光朦胧地照着小屋。最艰巨的任务是赶走塞德娜,这个任务是留给最有力的巫师去完成的。在一间大屋里,地上盘着一卷绳子,这卷绳子顶上留着一个小口,代表一头海豹出气的洞。两个巫师站在旁边,其中一个拿着矛,好像

第五十六章 公众驱邪

他是在冬天注视着海豹的洞口,另一个拿着钩线。第三个巫师坐在屋后面念一篇咒文,把塞德娜引诱到这里来。这时能听见她从小屋地下走过来,沉重地喘着气,接着她从小洞冒出来,她被钩住了,她怒气冲冲地连忙返回去,身上还拖着钩线,同时两个男人尽力把线抓住。斗争是很激烈的,但最后她拼命一挣,终于拉脱,回到她在阿德里芬的住处。当钩子从洞里抽出来时,钩上都溅了血,巫师骄傲地把血拿给人看,作为他们本事好的证明。于是,塞德娜和其他妖精终于被赶走了。第二天,老老少少都参加一个盛大的庆祝会,纪念这件大事,但是,他们还是得当心,因为受伤的塞德娜很生气,她发现谁在屋外就会把谁捉住,所以他们都在头巾外面戴上护符,使自己不受她侵害。这些护符是用他们出生时穿的第一件衣裳做成的。

易洛魁人的新年是1月、2月或3月(时间不定),新年开始时举行一个"梦节",与休伦人在特殊场合举行的节日很相像。全部仪式要举行好几天,甚至好几个星期,成为一种农神节。男人妇女,各式各样的打扮,走家串户,遇见什么都摔掉扔掉。这是人们可以放任不羁的时候,他们都算是疯子,对他们的所作所为可以不负责任。因此,许多人乘着这个机会报复旧仇,痛打所恨的人,用冰水浇透他们,把垃圾和热灰撒在他们身上;有些人抓起点燃的火把或炭,扔到他们遇见的第一个人身上。唯一逃避迫害者的办法是猜到他们想干什么。节日中有一天举行把妖精从屋里赶出去的仪式。男人都披着野兽皮,脸上戴着相貌凶恶的假面具,手上拿着乌龟壳,他们挨家挨户闹得惊人,并在每家屋里从火里拿一些柴火,用手把炭灰撒在地上。节日前有一个普遍的忏悔,也许是为公众驱除邪气做准备的,是解除人们道德负担的方法。这些负担可以收集起来扔掉。

秘鲁的印加人每年9月有一个叫西图亚的节日,其目的是从首都及其郊区驱除所有的疾病和灾害。9月举行节日是因为雨季大约在这个时候开始,下头几场雨,常常有很多疾病发生。为了准备节日,秋分后月圆的第一天,所有人都禁食。白天禁食,晚上他们烤一种粗玉米面饼。这种面饼又分成两类:一类里掺有五岁至十岁的孩子的血,是从孩子的眉毛中间放出来的。这两类面饼分开来烤,因为它们的用途不同。各家都聚在年纪最大的长兄那里举行节会,没有长兄的人家,就到下一个年纪较大的亲戚家去。在同天晚上,所有在白天禁食的人都洗身子,都取一点血揉的面饼,用它擦头、脸、胸、肩、臂、腿。他们这样做,是因为面饼可以消除他们所有的病痛。这之后,这家家长用同样的面擦门槛,并把它作为一个证物留在那里,证明全家人都已斋戒沐浴,净了身子。同时,大祭司则在太阳神殿里举行同样的仪式。太阳一升起来,所有的人一齐礼拜,求他驱除城里的一切邪恶,然后他们就用没有掺血的面饼开斋。他们的礼拜和开斋都是在固定的时辰做的,以求所有的人像一个人一样敬拜太阳。礼拜、开斋之后,皇室的一位成员从城寨里走来,作为太阳的使者,装束华丽,披着束带的大袍,手里拿一根矛。矛上点缀着各色羽毛,从矛刃一直到矛眼,并且系着金环。他从山上的城寨里跑下来,挥着矛,一直跑到广场的中心,这里放着一个金壶,像一个喷泉,是用来盛发酵的玉米面酱的祭品。这里还有皇室另外四个成员等着他,每人手里都拿着一根矛,袍服也是束起来的,以便于跑动。使者用自己的矛碰

第五十六章　公众驱邪

触他们的四根矛,并对他们说太阳神命他们为使者,赶走城中的邪恶。于是这四个皇室成员便分开来沿着四条街道跑下去,这四条街道通向城外四面八方。他们跑的时候,所有的人,无论尊卑都来到他们家门口,高兴地大声叫喊,抖动他们的衣服,好像抖掉灰尘一样,同时喊道:"让邪恶走吧!我们多么盼望这个节日呵!啊,万物的创造者啊,让我们再过一年吧,我们就能再见到一个这样的节日。"他们抖动衣服之后,就用手擦头、脸、臂、腿,像洗澡一样。他们所做的这一切都是为了把邪恶从他们家中赶走,好比太阳的使者再把邪恶从城里赶出去。不仅皇室成员跑过的街上这样做,全城各区都普遍这样做。并且,他们都跳舞,皇室的这几个成员也在人群中跳,他们还到河里或泉水里洗澡,他们认为这样就可以摆脱疾病,身体健康。然后,他们拿起用绳子捆起来的大谷草火把,点起来,一个人一个人地传下去,彼此用火把敲打,说道:"让一切灾害都滚蛋。"同时,拿矛跑的人已跑出城外一千多呎了,在那里另有四个皇室的人等待着,接过他们手里的矛,继续跑下去。这样一来,矛就在接力跑的人中传下去,要跑五六里路远,跑到最后,跑的人就在河里洗身子,洗武器,并把矛竖立在地上,标明界线,被逐的邪恶不得越界回来。

几内亚的黑人每年专门订出一个时间,举行隆重仪式,驱除他们城镇的魔鬼。在黄金海岸的阿克西姆城,先有八天的节日,随后举行这种每年一次的驱邪,在节日中快活欢乐,大家跳跃、舞蹈、歌唱,或"完全可以自由讽刺,说坏话全不限制,他们可以随意地说出长辈和晚辈的缺点、丑行与作为,而不受处罚,甚至毫无阻挡"。到了第八天,他们带着悲戚的喊声驱邪,追赶它,用棍子、石头和其他顺手的东西打它。他们把它赶出城外相当远之后才回来。一百多个市镇同时用这种方法驱邪。为了保证它不再回到他们家里来,妇女擦洗她们所有木制的和陶制的器皿,"让器皿都干干净净,不沾邪气"。

在黄金海岸的海岸角堡,一个英国人在1844年10月4日见到这种仪式,他的描写如下:"今天晚上,本地每年一度的习俗,驱除恶鬼阿邦萨姆。八点钟的时候,城堡就放炮,人们在家里也放起滑膛枪来,把所有的家具都搬出屋外,用棍子等在每间房子的各个角落里敲打,尽量高声喊叫,吓唬魔鬼。在他们觉得已经把他赶出屋去之后,他们就冲到街上,乱扔火把,叫着、喊着,用棍子敲打棍子,敲打旧锅,真是闹得吓人,为的是把妖精从镇上赶到海里去。这种习俗开始之前,先有四个星期的极端寂静,不许放枪,不许打鼓,男人之间不许谈生意。这几周中,如果两个土著不和,在镇上闹起来,马上把他们交给国王重罚。如果一只狗或猪、绵羊和山羊在街上乱跑,可以杀掉它,任何人都可以把它带走,原主不得要求任何赔偿。保持寂静是为了欺骗阿邦萨姆,只要他一放松警惕,就可以乘其不意,把他吓跑。在安守静寂期间,如果有人死了,他的亲戚也要等到这四周过去以后才能哭泣。"

有时候,一年一度的驱邪日期是参照农事节气来定的。如西非洲多哥兰①的霍人,每年惯例举行驱邪之前,人们不许吃新山药。首领召集祭司和巫师,告诉他们,人们现在要吃新山药,高兴一番了,所以他们必须清洗城市、驱除邪恶。因此,用巫术把

---

① 原是德国殖民地,现在一部分属于多哥,一部分属于加纳。

妖魔鬼怪和一切害人的邪恶，都赶进成捆的树叶、藤蔓中去，系在棍子上，拿出镇外，插立在各条路上。第二天晚上不许点火，不许吃东西。到第三天早上，妇女打扫炉灶和房子，用破木盘清除垃圾。然后人们祷祝说："在我们身上为害的一切疾病啊，我们今天要动手除掉你。"于是，大家尽快地朝阿达克鲁山的方向跑去，他们一边打自己嘴巴，一边喊道："今天就滚！见谁就害的家伙，今天就滚！你这个妖精，今天就滚！老是叫我们头痛的东西，今天就滚！安罗和阿达克鲁是所有邪恶必须去的地方！"当他们来到阿达克鲁山上某棵树旁的时候，便把一切东西全部扔掉，然后回家。

在新几内亚东南部的基里威纳，新山药收获完毕以后，人们宴会跳舞，一连数日，大量的财产如手镯、当地货币等等都炫耀地摆在专门搭起来的一个台子上。节日过去，人们聚在一起，把精怪从村里赶走。他们又叫喊，又敲打屋里的柱子，凡是妖精可能藏身的地方都翻转过来。人们向道牧师解释说，他们招待并宴请了妖精，给它们准备了财富，现在该是它们离去的时候了。它们难道没有见到舞蹈，没有听见歌唱，没有吞掉山药的魂魄，没有抢走钱的魂魄，没有抢走台上陈列的所有其他的好东西？妖精还能要什么呢？所以它们一定要走开。

印度东北部的荷族人一年的大节是收谷入仓。节日在1月里，这时仓里都满是粮食，用他们自己的话来说，人们都是满身邪气。"他们有一个稀奇想法，在这个时候，男人和妇女都要释放情感，所以为了人们的安全，完全需要一段时候放纵情欲，让人们出出邪气。"节日开始，用三只家禽祭祀村神，一只公鸡和两只母鸡，其中有一只还必须是黑的。用时还奉献甄叔迦树（Butea frondosa）的花、米面糕和芝麻。这些祭品都由村里的祭司奉献，他祷告说，愿他们的孩子在即将开始的新的一年中不出事、不生病，愿他们有及时的雨水和好收成。有些地方还为死者的灵魂祈祷。人们认为这时候有一个妖精侵扰这个地方，为了除妖，男人、妇女、孩子都列队走遍全村，手里拿着木棍，好像是要打猎，同时唱着一种粗野的歌，大声叫嚷，直到他们觉得妖精已肯定被赶走为止。然后，他们大摆宴席，痛饮米酒，直至纵情放荡，相闹一通。这时，节日"成了狂欢节，仆人忘了对主人应尽的职责，孩子忘了对父母的孝敬，男子忘了对妇女的尊重，妇女全忘了谦逊、娇柔和贤淑的观念，大家都成了狂热酗酒之徒"。在平常，荷人举止都是安静沉默的，对妇女恭谨温和。但是在这个节日上，"他们的性情好像一下子都变了。儿子、女儿用粗话骂父母，父母对孩子也是一样；男女之间放纵情欲几乎成了禽兽"。荷人的亲戚和邻居蒙达里人几乎用同样的方式过这样的节日。"这简直就是农神节，过节时，农场主人宴请长工，允许他们极随便地对他们说话。这是收谷入仓的节日，一年劳苦的终结。在重新再干活之前，且稍微休息一下"。

有些兴都库什的氏族与荷族及曼达里斯族人一样，也是在收获后驱邪。收进了最后的大秋作物之后，人们认为需要从谷仓里驱除妖魔。先吃一种粥，接着家里主人就拿起火绳枪对着地上放一枪。然后，走出家门，一直装药放枪，把火药筒里的火药都放完，他们的邻居也如法炮制。第二天，继续欢乐一天。在奇特拉尔，这个节日叫作"禳鬼节"。另一方面，印度的孔德人不是在收获时驱邪。在这个时候,他们祭皮特利·彭努(Pitteri Pennu),各种增产与收入之神。节日的头一天,把一只篮子架在几根棍子上,做一个粗糙的车子,系在当轮子使的竹滚子上。祭司首先把这辆车拿到按嫡系世袭的部落首领家里去。与农事有关的一切仪式都是由首领带头。在这里,祭司收到少许各种各样的种子和一些羽毛。然后,他就把车拿到村里的所有人家去,各家都赠送这类的东西。最后祭司把车送到村外的地里去,由所有的年轻人在后跟随,他们彼此相打并用长棍子在空中猛击。用这种方式拿出去的种子叫作"祸害种子的妖精"。其作用是:"这些妖精算是随着车被赶出去了。把车和车里装的东西都扔下给妖精之后,人们认为妖精就再没有理由祸害其他种子了。"

爪哇东边的巴厘岛,人们定期大规模驱邪。一般说来,驱邪的时间选在九月"黑月"的那一天。如长期没有惊动魔鬼,这个地方就"发热了",祭司就发出命令强力禳鬼,以防整个巴厘岛都不能住人。到了预定的日期,全村或整个地区的人们都聚在一座大庙里。在庙前的十字路口,给魔鬼摆上祭品。祭司们念完祷告后,就吹号召集魔鬼来吃给他们预备好的食物。同时,有一部分人走出来,在大祭司面前的神灯上点燃他们的火炬。然后他们立即向四面八方散开,旁观的人跟在他们后面,穿过大街小巷,喊道:"走!滚开!"他们经过之处,留在家里的人都赶忙出来参加驱邪,敲门、敲柱子、敲米箱等等,简直震耳欲聋。妖魔被从屋里赶出之后,就跑到为它们摆的宴席上。但祭司在宴席上大骂它们,通过这种咒骂终于又把妖魔都赶出了那个地区。等最后一个魔鬼离开后,那些吵闹立即变成一片死寂,第二天还继续沉寂。他们认为魔鬼急于要回到他们老家来,为了使它认不出巴厘,而只觉得那是一个荒岛,二十四小时内人们守在自己家里动也不许动。就连一般的家务事,包括做饭,也必须停止。只有守卫的人在才能在街上露面。家家门口都挂着荆棘和树叶编的花环,警告陌生人不要进去。直到第三天,这种戒严才解除。即令在第三天,也不许到稻田去干活,或是到市场上买卖东西。大部分人还是在家里,打牌或掷骰子消磨时间。

在东京,塞基多(即普遍驱邪)一般是一年举行一次,尤其是遇到大量死亡的时候,如人、将军厩棚里的象或马,或乡间的牛,"他们认为死亡的原因是某些人的邪气作祟,诸如因叛国、反叛、企图谋杀国王、将军、公侯而被判处死刑的人,为了报复他们所受的处分,立意毁坏一切东西,犯下可怕的暴行。为了预防起见,人们的迷信使他们订立了塞基多,把它当作驱除魔鬼、清洗国土上的妖精的正确办法"。仪式一般定在2月25日举行,即新年开始后一个月,新年是在1月25日。这当中一个月是各种宴会作乐、普遍解禁的时候。整整一个月中,宫府大印印面朝下地封在箱子里,法律也好像是睡觉去了。所有的法庭都关了门,欠债人也不许逮捕,像偷偷摸摸、打架闹事之类的小罪,也不加处分,只有叛国谋杀的罪行才予以追究,犯事人暂且拘留,等到大印启封时再说。到农神节结束时,妖精都被赶走了。大批的步兵炮兵排起队伍,打起飘扬的旗子,武装得堂堂皇皇。"于是,将军把祭肉献给罪鬼、妖精(他们在死囚行刑前通常也有让死囚大吃一顿的惯例),请他们吃、喝。不一会儿,他就用一种字母符号等等的古怪语言,向它们控诉它们犯下的许多恶行和罪过,诸如扰乱地方安宁,杀死他的象、马等等,为了这一切,它们理应受到处分,逐出国境。于是三门大炮齐响,作为最后的信号;这时一切枪炮齐发,用枪炮最可怕的吼声,把魔鬼赶走,他们真是够糊涂的,竟断然认为枪炮声真正有效地把魔鬼赶跑了。"

柬埔寨是在3月里驱魔。人们认为偶像和碎石块是魔鬼的住处,把它们都收集起来带到首都去。在首都,把象都集中起来,能集中多少就集中多少。月圆的那天的黄昏,火枪齐发,驱使群象愤怒逐鬼。这个仪式一连举行三天。泰国每年赶鬼,在旧历年的最后一天举行。宫里放信号枪,下一站响应,一站一站地传下去,直到枪声达到城市的外门。这样一来,鬼就一步一步地被赶出去。然后立即用一根祭过的绳子拴在城墙周围,防止已赶走的鬼再回来。绳子是用结实的茅草编的,涂成一段段的红、黄、蓝各种颜色。

如果我们可以从目前欧洲异教徒的子孙中遗留的每年驱除恶鬼、妖魔、邪气的风俗遗迹来判断的话,这种风俗似乎在欧洲异教徒中曾经相当普遍。例如东俄罗斯的芬兰民族中异教徒沃特雅克人,他们村里所有的年轻女孩都在一年的最后一天,或新年的头一天集合在一起,都带着棍棒,棍子两头劈开了九处。她们拿这种棍子敲打屋内和院子的每个角落,说道:"我们正把撒旦赶出村去!"然后把棍子扔到村子下游的河里去。当棍子沿河流下去的时候,撒旦也随棍子到了另一个村子,又必须把他从那个村子赶走。有些村子用另外一种办法驱逐。村里各家把麦片、肉、白兰地交给未婚的男子。他们把这些东西拿到田里去,在枞树下点起一堆火,煮好麦片,吃他们随身带去的食物,吃之前先说这么一句:"到野地里去,别到屋子里来。"然后他们回到村里,到每个有年轻妇女的家里去。他们抓住年轻妇女,把她们扔到雪里,说道:"但愿病魔离开你。"剩下的麦片和其他食物,按各户交纳的数量分配给各户,每家吃自己的一份。据马尔米兹地区的一位沃特雅克人说,年轻人在各家见到谁就把谁扔到雪里去,这叫作"赶走撒旦",还把一些煮好的麦片扔到火里,说道:"神呵,别用疾病和瘟疫折磨我们,别把我们交给树林精灵做牺牲品。"但是,这种仪式最古老的形式是喀山治下的沃特雅克人遵循的那一种。首先在中午向魔鬼献祭品。然后,所有的男子都骑马在村中心集合,决定他们从哪一家开始。这个问题常引起热烈的争论,这个问题决定后,他们就把马拴在桩子上,带着鞭子、菩提木做的棍子和点燃的树枝扎的火把。人们认为撒旦最怕点燃的火把。拿好东西后,他们发出可怕的喊声,开始敲打屋里和院里的每个角落,这时大门是关着的,他们对被逐出的魔鬼吐唾沫。他们这样一家一家地走,终于把魔鬼从每家赶出来。然后,他们跨上马出村而去,狂喊着,向四面八方挥动他们的棍棒。他们在村外把棍棒丢开,再一次向魔鬼吐唾沫。东俄罗斯芬兰族人的另一支人,切列米斯人用菩提木的棒子敲墙,把撒旦从他们住处赶走。为了赶走撒旦,他们放枪,用刀砍地,并把点燃的柴头塞在缝里。他们还从火堆上跳过,跳的时候抖动衣裳。还有些地方,人们吹响椴树皮做的长喇叭,把邪鬼吓走。他逃到树林去之后,他们拿一些为宴会准备的奶酪饼和鸡蛋向树上扔去。

在基督教的欧洲,每年在一定时候驱除妖邪的古老的异教风俗一直流传到现代。如在卡拉布里亚的一些村子里,3月里开始

第五十六章 公众驱邪

驱除女妖。一般在晚上进行,教堂的钟声一响,人们就满街跑,喊道:"3月来了!"他们说女妖在3月里到处漫游,在这个月里,每逢星期五的晚上都举行这种仪式。如同我们料想的那样,古代异教的仪式常常附在基督教的节日中。在阿尔巴尼亚,年轻人于复活节的头一天点燃油木火把,列队穿过村庄,摇晃着火把。最后他们把火把扔进河里,喊道:"哈,柯尔(Kore)!我们把你扔到河里像扔火炬一样,叫你再也回不来了!"西里西亚的农民认为女妖在耶稣受难日①那天出来,为非作歹的力量很大。所以,离斯特列里兹不远的奥尔斯一带的人在那天带上旧笤帚,把女妖从各家、从农场、从牲口圈赶走,赶的时候大闹大敲,响成一片。

现在(或过去),欧洲中部喜欢在五朔节前夕驱除女妖,因为这些作恶的东西这时候邪气最盛。例如在蒂罗尔,和许多别的地方一样,这时节驱邪叫作"烧掉女妖"。正式驱邪在五朔节那天,但前几天人们就忙着准备了。在一个星期四的午夜,用油木、黑色和红色带斑点的栂树、跳戟树、迷迭香和野李树的枝子扎成靶子。一些男人首先要得到教堂的完全赦免,这些靶子才能由他们保存,在五朔节时点燃。到4月的最后三天,家家户户都扫除,用杜松果和芸香烟熏屋内。五朔节那天,晚钟敲过,暮色渐起的时候,"烧掉女妖"的仪式开始。成年男子和男孩用鞭子、铃铛、坛罐、锅勺敲得一片乱响,妇女拿着香炉,把狗解开,让它到处跑,号叫不止。教堂的钟声一响,系在杆上的树枝火把就点起来,香也燃起来,坛罐锅勺也都响起来,狗也叫起来,人人都要造出一些闹

---

① 基督教复活节的星期五,叫"耶稣受难日"。

声。在这一片闹声中，大家都提起嗓子高叫："女妖跑开，从这里跑开，不然你的厄运就要来。"然后，他们围着屋子、院子、村子跑七遍。这样女妖就从她们躲藏的地方给熏出赶走了。五朔节前夕驱妖的风俗在巴伐利亚许多地方，在波希米亚的德国人中，还一直流行，或到近年还在流行。如在波墨瓦德山区，村里所有的年轻人都在日落后集中于某个高地，特别是十字路口，大家一齐尽力把鞭子挥响一阵。这样就可赶走女妖，因为只要听见鞭声，这些妖物就不能为害。有些地方，青年人响鞭子的时候，牧人就吹他们的号角，摇曳的声调在静夜里老远都能听见，对于驱妖确实有效。

还有一个驱妖的时间是从圣诞节到主显节之间的十二天内。所以西里西亚有些地方的人在圣诞节和新年之间彻夜焚烧松香，为的是辛辣的烟味会把女妖和邪恶精灵远远地赶出屋外，在圣诞节的前一天和新年的前一天，他们朝田野和草地、朝灌木和大树放枪，用草包住果树，以防精怪对果树为害。在新年的头一天，即圣西尔维斯特节，波希米亚的男孩子都带着枪，围成一圈，向空中开火三次。这叫作"射妖"，人们认为这会把女妖吓跑。神秘的十二天的最后一天是主显节或"第十二夜"，欧洲许多地方把这一天选作驱逐妖魔的恰当的日子。如在卢塞恩湖上的鲁伦村，男孩子们在"第十二夜"列队游行，举着火把，吹着号角，摇着铃铛、打着鞭子等等造成一片闹声，以吓走两个树林的女妖斯特鲁黛里和斯特拉特里。人们认为如果他们闹得不够响，那年就不会有什么收成。又如法国南部的拉布吕吉埃地方。人们在"第十二日"的头一天晚上沿街跑，摇着铃，敲着壶，用各种方法造

第五十六章 公众驱邪

成一片喧闹声,然后借着火把和燃烧着的柴堆的光亮,他们大喊大叫,几乎震耳欲聋,希望用这种办法从镇上赶走一切游荡的鬼魂和妖邪。

第五十七章　公众的替罪者

第一节　驱除有形的邪魔

至此,我们已经讨论了我所谓的直接的或无中介物那一类型的普遍驱邪。在这一类型里,邪物是看不见的,至少一般人的眼睛无法见到,驱除的方式大部分都是打击空气,并且大吵大闹,以威胁妖魔,逼它们逃走。下面我将说明还有一种类型的驱邪。在这种驱邪中,邪气以可见的形体表现出来,至少被认为是附在媒介物上,这种介体是把妖魔从人群、村庄和市镇中带走的工具。

加利福尼亚的波莫人每七年驱邪一次。这类型的驱邪中,鬼邪是由人化装表示的。"二十或三十个人,穿着五光十色的服装,身上涂着粗野的颜色,头上顶着小桶装的松脂。他们偷偷地走进附近的山岭。他们都是化装为妖魔的人。有一个报信人爬到公众集会的屋顶上,对人群说了一通话。黄昏时预先约好的信号一起,戴假面具的那些人从山里走来,头上顶的小桶松脂燃烧着,同时做出各种怕人的响声和动作,还有那身奇特的服饰,尽野蛮人所能想出的一切办法来表现妖魔。吓怕了的妇女和孩子都赶快逃命,男人们挤在一个圆圈里,根据火攻妖魔的原则,他们用点燃的火把在空中挥舞,喊着,吼着,向入侵的好杀的妖魔猛冲,于是出现一种可怕的场面,使聚在那里的数以百计的妇女十分害怕,她们尖声高叫,发晕,紧紧抓着她们勇敢的保护者。最后,妖魔还是冲进了公众聚会的屋内,最勇敢的男人们进去和它们谈判。全部闹剧的结尾是男人们鼓足勇气,把妖魔从公众会堂赶走,一阵惊人的吵嚷和假斗的闹声之后,妖魔被赶进了山里。"在春天,柳叶刚一在河岸上长齐,曼丹的印第安人便举行他们每年最大的节日,其中一个内容就是驱邪。一个男人脸上涂得漆黑代表妖魔,从草原进入村庄,追逐并吓唬妇女,他在野牛舞中扮演公水牛的角色,跳野牛舞的目的是要保证来年多得野牛。最后,他从村子里被赶走,妇女追在他后面嘘他、笑他、用棍子打他、用脏东西砸他。

昆士兰中部一些土著部落相信有一种邪魔,叫作魔郎佳(Molonga),来无影,去无踪,谁也看不见,如果不向它举行某种祭礼,它便见男人就杀,见妇女就害。这种祭礼一连五夜,也是一种舞会,只有男人参加,他们的穿着打扮奇奇怪怪。到了第五夜,一个男子化装为魔郎佳本身,用红赭石和羽毛装扮起来,拿着一根尖端扎着羽毛的长矛,从黑暗中向着观众冲出来,好像要把他们刺穿。人们大为激动,大喊大叫,妖魔假装再进攻一次,之后就在黑暗中消失了。每年除夕柬埔寨王宫里消除妖魔,一些涂得像鬼一样的人,被一些大象赶得在宫中各个院子里乱跑。把他们赶出去之后,就用一根献祭用过的线绳围住宫墙,拦住他们,不得再进来。印度南部米索尔的曼非拉巴德地区遇到霍乱或天花在某一教区里流行时,全区居民就集合起来,用符咒把病魔赶入一个木偶体内,把木偶拿到(通常是在半夜里)邻近教区里去。那个教区又同样地把偶像传给他们的邻居,这样一来,妖魔从一个一个村子里赶出去，终于赶到河边，人们最后把它扔进河里去。

不过，更多的情况是根本不必体现被逐的妖魔，人们认为他就附在那个送它走的工具中，只是看不见罢了！这种情况也可以简便地分为不定期驱邪和定期驱邪。我们先谈前者。

第二节 随时以轻舟、人、畜送走邪魔

把妖魔运走的工具是多种多样的，最常见的一种是一只小船。如在塞拉姆岛的南部地区，当全村人都生病的时候，就做一个小船，船上装着米、烟草、鸡蛋等等，都是全体村民捐赠的。还装上一个小帆，一切就绪后，一个男人用极高的嗓音喊道："所有的病呵，天花、疟疾、麻疹等等，你们已经折磨我们这么久了，害得我们好苦呵，你们现在不要再侵害我们了，我们已经为你们准备好这只船，装有你路上吃的粮食。你既不缺食物，也不缺药叶、槟榔子和烟草。走吧，马上就开船离开我们吧！再也不要到我们跟前来了，到一个远离这里的地方去吧！潮送风吹，都帮你们赶快到那里去吧！你到那里去了，往后我们的日子就过得没病没痛，我们就可以再也不见太阳照在你身上了。"然后，十个或二十个人把船带到海边去，让它随着岸上吹来的微风飘走，人们相信他们从此再也不会得病，至少到下次送船之前不会得病。如果他们再害病，他们就断定绝不是原来的病，而是另一种病，到时候他们又用同样的方式把这种病打发走。当装着妖魔的船看不见了的时候，送船的人才回到村里去，其中一人喊道："现在病魔已经走了，消逝了，被赶跑了，乘船走了。"于是，所有的人都从他们屋子里跑

第五十七章　公众的替罪者

出来,把这些话口口相传,人人都高兴极了,敲锣和其他叮当作响的乐器。

东印度群岛的其他岛屿上也常常举行类似的仪式。如在蒂莫尔—洛特岛①,为了把致病的妖魔引走,人们用一艘小快帆船,装上人偶和远程的粮食,让它随风浪漂走。当船就要漂走的时候,人们喊道:"病呵,离开这里吧!回去吧!你在这个穷地方干什么呵?"举行仪式后三天,杀一头猪,拿一部分猪肉献给杜迪拉阿,他住在太阳里。一位最年长的人说:"老先生,求你让这些儿孙、子女、妇女、男人的病都好起来吧,让我们都能吃猪肉、大米、喝棕榈酒吧。我们还将向你献祭,绝不食言,请享用你的一份吧!求你让全村的人都健康。"如果快帆船停在任何住人的地方,疾病就会在那地方传播开来。所以,停下来的快帆船会引起沿海居民极大的惊慌,他们立即把它烧掉,因为妖魔见火就要逃跑的。在布鲁岛,载走病魔的快帆船约有二十英尺长,有帆、桨、锚等物,且载有不少的粮食。整整一天一夜,人们敲锣打鼓,四处乱跑,以吓走妖魔。第二天早上,十个年轻的壮汉拿着树枝打人,那些树枝都事先在土罐的水里泡过的。这之后,他们立即跑到海滩上,把树枝放上快帆船,赶紧开动另一艘船,拖着载病的快帆船出海。到了离海岸很远处把快帆船扔掉,一人高喊:"天花老爷,走开吧——自愿地走开吧——去找另外的地方吧!我们已经给你准备了路上的粮食,现在我们再也没有什么可给你了。"他们回到岸上后,所有的人都到海里洗澡。在这个仪式里,用树枝打人显然

---

①　即印尼的塔宁巴尔群岛。

是为了解脱他们的病魔。打了人以后,病魔就传到了树枝上去。所以才连忙把树枝放在快帆船上拉出海去。在塞拉姆内地也是如此,天花或别的疾病猖獗时,祭司用献祭过的树枝敲打所有的屋子,然后把树枝扔进河里,随水入海。正与俄罗斯的沃特雅克人一样,把从村里赶鬼时用的棍子扔进河里去,让流水把灾害带走。船上放一些偶像表示病人以诱使魔鬼跟随偶像,这种办法并不是罕见的,例如婆罗洲海岸的许多异教部落用下面的办法驱除瘟病:他们用西米椰子的树心雕一个或几个粗糙的人偶,把他们放上小筏或小船或设备齐全的马来人船上,还放些米和其他食物。再用槟榔子和槟榔子叶编的条带,把小船装点起来,在海水退潮时让小船随着退潮漂流出海,把疾病带走。人们就是这样愚蠢地想着、希望着。

把整个部落所有的妖魔或疾病带走的工具常常是一只动物或替罪羊。在印度中部各省,如某村发生霍乱,一到日落之后,人们都回到自己家里。祭司们走上街头,在各家屋顶上取一根草,来到村东的某个神龛前把这些草烧掉,并献祭大米、酥油、郁金。同时把染红了羽毛的鸡照着烟飘的方向赶走,以为这些鸡把疾病也带走了。如果这样没能把病治好,接着又试用山羊,一直到最后用猪来把疾病带走。印度的巴尔人、马兰人以及克米人中流行霍乱时,他们用一只山羊或一头水牛——羊或牛都必须是母的,尽可能选用黑色的——并拿黄布包一些谷子、丁香、铅丹,放在它背上,把它赶出村去。把这牛或羊赶出村外之后,就再也不许它回村里来。有时候用红颜色在水牛身上做一个记号,赶到邻村,由它把瘟疫随身带去。

第五十七章 公众的替罪者

白尼罗河的一个畜牧民族丁卡人,每家都有一头神牛。当这个地方受到战争、饥荒或任何其他灾害时,村里的首领就请某一家交出他的神牛,作为替罪羔羊。由妇女把它赶到河边,渡河到对岸去,让它在那里游荡,被野兽吃掉。然后妇女不声不响地回来,也不往后看,如果她们往后看了,魔法就失效了。1857年,玻利维亚和秘鲁的艾玛拉印第安人遭到一场瘟疫,他们拿一只黑色的驼马,载上受疫人的衣服,衣服上洒上白兰地,然后把驼马放到丛山中去,希望它把瘟疫带走。

偶尔也有用人做替罪羔羊。例如诸神常常警告乌干达的国王说他的敌人巴尼奥罗人在对他的人民施行魔法,要使他们全都病死。国王为了防止这场灾难,就派一个替罪羔羊到敌人疆界巴尼奥罗的边境去。这种替罪羔羊或者是一个男人和男孩,或者是一个妇女和她的孩子,是根据某种记号或身体缺点选择的。人们相信这是神做的记号,依靠这个记号来识别作为人牺的。随同这两个人牺的还有一头牛、一只羊、一只鸡和一条狗。由一个强壮的卫士把它们送到神所指定的地方。在那里把它们的肢体折断,让它们在敌国境内苟延残喘直到死去。它们由于四肢伤残,不能爬回乌干达。人们认为疾病或瘟疫传到了人牺身上,人牺又把疾病送回它原来的地方。

中国有一些土著部落,为了防止疫病,常挑选身强力壮的男人充当替罪者。此人脸上涂抹着油彩,做着各种令人可笑的动作,意思是要诱使一切瘟疫邪恶都附集在他一人身上。有个祭司当场协助他做这些动作。最后男男女女敲锣打鼓,追逐他,飞快地把他赶出镇外或村外。旁遮普有个治牛瘟的办法,是从恰马尔种姓里雇个人，让他的脸背着村子，用烧红的镰刀替他烙印，然后叫他一直往林莽里走去，不许回头看，这样把牛瘟带走。

第三节　定期以轻舟、人、畜送走邪魔

用替罪羔羊或其他媒介物这种有中介物的驱邪办法，和直接驱除不可见的邪魔一样，倾向于定期举行，原因也是一样的。印度群岛的莱蒂、莫阿、拉科尔诸岛上的人们每年（一般在3月）把他们所有的疾病都送进大海。他们做一艘快帆船，约有六英尺长，配上帆、桨、舵和其他设备，每家都在船上放一些米、水果、一只家禽、两个鸡蛋、田里的昆虫等等，然后让这些漂流入海，并且说："把所有的病从这里带走，把它们带到另外的岛上去，另外的地方去，把它们分布到东方太阳升起的地方。"婆罗洲的比亚甲人每年送一艘小船出海，载着人们的罪过和不幸。任何船上的水手遇到海上这只预兆不祥的小船都会遭受船里载的一切灾害。英属北婆罗洲的图阿兰地区的杜松人每年都遵行类似的风俗，这个仪式是全年最重要的一个仪式，其目的是要庄严地驱散过去整整12个月中屋子内外积累起来的全部邪气，并为全村来年带来好运气。驱赶放逐妖魔的工作主要由妇女们担任。她们穿上最漂亮的衣服，列队走过全村。其中一个篮子在背上背一头小乳猪，其余的人手里都拿着棍子，不时地用棍子打着小猪，因为猪的叫声有助于吸引游荡的精怪。妇女们在每家门前跳舞、唱歌，敲响板或钢铙钹，摇动小铜铃。在村里各家都表演完之后，队伍排成单行往河边走去，这时所有的妖怪都已被表演者从人家里赶了出

第五十七章 公众的替罪者

来,跟随他们来到水边。那里已准备好一只木筏,停在岸边。木筏上面放着许多祭品,食物、布、做饭的罐子和剑,筏板上放满了男人、妇女、动物和飞禽的偶像,都是用西米椰子叶做的。这时妖魔开始上船,等他们都上去之后,便把船推开,载着妖魔,顺着潮水流去。如果木筏在村子附近的岸边搁浅,那就赶快把它推开,唯恐看不见的乘客会抓住上岸回村的机会。小猪的叫声把妖魔从它们躲藏的地方引出来,小猪最后受的折磨是死亡,它被宰了,尸首也被扔掉。

尼科巴群岛的居民每年在旱季开始的时候,拿一艘船的模型走遍所有的村庄。把妖魔从小屋赶出来,赶上这艘小船,然后放船下水,使之随风飘走。有一个传教士1897年7月在卡尔尼科巴见过这个仪式,做了这样的描述:一连三天,人们忙着准备两辆非常大的浮车,形如独木舟,装着帆,载着一些树叶,上面装着驱邪的有用东西。年轻人忙着备船,巫师和长老则坐在屋内轮流唱歌,但是他们不时地走出来,拿着棍子在海滩上走动,防止魔鬼进村。第四天的仪式有一个名字,意思是"放船驱邪"。到黄昏的时候,村里人聚集起来,妇女带着装灰的篮子和许多驱邪的叶子。然后把这些叶子分给每一个人,不分老少。一切就绪后,一伙身强力壮的人,由一个巫师护卫着,把一辆浮车从村庄坟场的右边抬到海里去,让它浮在水上。等他们从海边一回来,另一伙人就抬着另一辆浮车,从村庄坟场的左边走向海滨,也同样把它放到海上漂浮。等到所有这些鬼船都已下水后,妇女们便在岸上撒灰,高喊:"鬼,跑开吧,跑开吧,再也不要回来了!"风浪正好,独木舟很快地漂走了,那天晚上,所有的人兴高采烈地聚集,因为鬼怪已向着乔瓦拉的方向离开了。尼科巴的其他村庄同样也每年驱邪一次,不过举行仪式的时间地点不同罢了!

中国许多土著部落每年3月间举行一次盛大节会,欢庆彻底驱除过去12个月来的一切邪恶。其做法如下:将一个装满火药、石子、小碎钱块的陶制大缸埋在地下,同时埋下一根导线,和大缸联在一起,划一根火柴把导线点着,缸内火药立即爆炸。这里,石子和铁片表示过去一年的疾病和灾害,其爆炸飞裂则表示疾病和灾害的被驱除。整个节日充满着狂欢和醉酒。

在几内亚海岸的奥德卡拉巴尔,过去和现在都是每两年一次大规模驱除一切妖魔鬼怪。从幽灵栖息之处驱除的幽灵,其中包括上次驱邪后一切死者的鬼魂。根据一篇记述,驱邪的时间是在11月里,约莫在驱邪前三星期或一个月,用柳条或木料做一些粗糙的偶像,形状似人或动物,如鳄鱼、豹子、大象、公牛、鸟雀等,用布条拴起来,装点一些便宜饰物,放在各家门口。举行仪式的那天早上三点钟左右,所有的居民都到街上去,高声喧嚷,震耳欲聋,极为粗野激烈,用这样的办法把所有隐藏着的妖魔鬼怪赶到偶像里去,为的是把他们和偶像一起从人的住宅赶走。因此,成群的人在街上走过,敲门、放枪、打鼓、吹号角、摇铃、敲罐子和锅,大声呼喊,总之,制造一切闹声,把鬼惊动起来。闹声一直继续到天要破晓的时候,然后逐渐平息,日出时完全终止。这时各家已彻底消除过了,所有受惊的精灵算是都挤进了偶像,或是进入偶像身上飘舞的衣饰上去了,家里扫出的垃圾或隔日的火灰也都放到柳木做的偶像里。然后,赶快抓起载鬼的偶像,以喧闹的队伍被带下河去,在鼓声中扔进水里,由退潮时的潮水把它们带入海

第五十七章 公众的替罪者

里。这样镇上便清除了所有的妖魔鬼怪,又可清静两年。

欧洲也不是没有这种逐年驱除托形于物体的鬼魅的事。在复活节星期日的晚上,南欧的吉卜赛人把一个衣帽盒似的器皿,像摇篮一样放在交叉的两根木棍上。他们在盒子里放一些叶草,还放一条干了的死蛇或死蜥蜴,每一个在场的人都必须用指头摸它一下,然后把盒子用红白羊毛包起来,由年纪最大的人从一个帐篷带到另一个帐篷,最后扔进流水里,扔之前,所有的人都得向里面吐一口唾沫,巫师还要对它念一段咒文。他们认为举行了这种仪式,就消除了百病,否则在那一整年里,这些病都会来折磨他们,如果某人见到盒子觉得稀奇,把他打开了,他和他的家人就会受到别人已经躲过了的疾病的纠缠。

用以大规模驱除全年积起来的邪恶的替罪事物,有时是一只动物。如阿萨姆的加罗人,除了个人害病举行祭祀之外,还有一些仪式是社会上所有的人或全村人每年都得参加的,其意图是要在未来的 12 个月中保护人们,不受森林危害,不得病,不招灾。其中最主要的仪式是阿松塔塔(Asongtata)节。这个仪式的做法是:每个大村庄外面,地上都显目地随便插了许多石头。这些石头叫作阿松,阿松塔塔节奉献用的祭品就放在这些石头上。先祭一头山羊,一个月以后则祭一只"兰古尔"(langur 或 Entellus,猴)或一只竹鼠。选好了的动物,用绳子拴着脖子由两个人牵着,一边一个,牵到村里的各家去。要轮流地牵进各家家门。这时集合起来的村民从屋外敲墙,使可能住在屋里的妖精受惊逃跑。这样在全村走遍之后,就把猴子或老鼠领到村外,挥刀杀死,开膛取出内脏,再把它钉在竖立地上的竹竿上。周围插上又长又尖的篾片,形成一种栏栅。这些原是纪念过去各村四周围上这类防御工事以抵挡人类敌人的日子,现在却成了抵挡疾病、抵挡林中野兽伤人的象征。献祭用的猴子是几天前猎到的,如果抓不到,可以用一个黄猴来代替,而不可用猢猴①。在这个例子里,钉在十字架上的猴子或老鼠是公众的替罪者,它代人受罚而死,解除了来年人们的一切疾病和灾难。

又如喜马拉雅山西部朱哈地方的菩提亚人,年年有一天要抓一条狗,用酒或大麻精将它灌醉,用甜肉喂它,牵着它在村里走一圈,再把它放掉。然后,人们追它,用棍子和石头把它打死,认为他们这么做之后,这一年村里就不会有疾病或灾祸。布雷达班有些地方,从前元旦那天有个风俗,牵一条狗到门口,给它一点面包,再把它赶出去,说道:"狗啊,走开吧!今年年底以前这个屋里如要死人或死牲口,都由你去承担吧!"在赎罪节那天,即7月10日,犹太的大祭司把两只手放在一只活山羊头上,对它忏悔以色列人的过错,这样把人的罪过传给牲口之后,就把它放到荒野里去。

定期为人负罪的替罪羔羊也可以是一个人。在尼日尔河的奥尼沙城,为了消除当地的罪过,过去每年总是献出两个活人来祭祀。这两个人牺是大家出钱购买的。凡在过去一年中犯过纵火、盗窃、奸淫、巫蛊等大罪的人都要捐献二十八恩古卡,即两英镑略多一点。把收集起来的这些钱拿到本国内地购置两个有病

---

① 阿萨姆人和缅甸人的土语叫 Hulock,即 Hulock monkey,是猴子的一种,音译为"猢猴"。

第五十七章 公众的替罪者

的人来献祭,"承担所有这些可怕的罪行——一个承担陆地上的罪行,一个承担水上的罪行"。由一个从附近镇上雇来的人把他们处死。1853年2月27日,J.C.泰勒牧师见到过一个这样的人牺献祭。受难者是一位妇女,约莫十九、二十岁的年纪。人们让她脸朝地躺着活活地从王宫一直拖到河边,有两英里的距离,跟在她后面的人群喊道:"邪恶!邪恶!"其意图是要"消除那里的罪过。用无情的方式拖着她的身体,好像他们一切邪恶的重担都这样带走了!"据说这类习俗至今仍在尼日尔河三角洲地带的许多部落中秘密流行,对英国政府的防范不予理睬。在西非的约鲁巴黑人中,"用作献祭的人牺,可以是自由民,也可以是奴隶,可以是富贵人家出身,也可以是出身贫民的寒士,无论是谁,一旦选中,就叫作奥鲁沃。整个禁闭期间,总是吃得好,养得好,要什么就给什么。到了杀他献祭的时候,通常是牵着他在酋长所住城镇的街道游行。酋长之所以选他为人牺,乃是为了他的政府和他的政府统治下的每户人家和每个个人的福利,是要他毫无例外地把一切人的罪过、灾祸和死亡带走。专门有人在他头上撒灰土和石灰,他的脸上也涂满石灰,使人看不出他的本来面目。人们都从自己家里跑出来,把手放在他的身上,以为这样就可以把自己的罪过、不幸和死亡传给他"。游行完毕后,就把他牵到一个内殿里斩首。他最后的话语或临死时的呻吟就是告诉聚在外面的人们欢呼的信号。人们认为献祭已被接纳,神灵的震怒已经消释了。

泰国过去有个风俗,每年有一天挑出一个十分淫乱的妇女,伴着鼓和双簧管吹奏的音乐,用滑竿抬着穿过所有的街道。人们侮辱她,拿脏东西扔她,抬着她走遍全城之后扔到一个粪堆上,或城堡外的刺丛中,不许她再进城。他们认为这样做这位妇女就把空气中和一切妖精的邪气都吸在她身上了。苏门答腊的巴塔克人献出一头红马或一头水牛,作为公众祭礼,以洁净土地,获得神的保佑。据说,从前则是把一个活人绑在拴牛的木桩上,等杀了牛以后就把人赶走,谁也不能接纳他,不能和他说话,或给他食物。毫无疑问,人们认为他把人们的罪恶和不幸带走了。

有时,替罪羔羊是一只神兽。马拉巴尔人和印度人一样崇敬母牛,他们认为杀母牛或吃母牛"是和杀人或谋杀一样的滔天罪行"。不过"婆罗门把人的罪过传给一头母牛,或几头母牛,然后把牛和牛所背负的罪过一齐牵走,牵到婆罗门指定的地方"。古埃及人宰杀公牛献祭时,他们把一切罪恶都用咒文传到牛的头上,否则这一切邪恶就可能落到他自己身上或埃及土地上,因此,他们或是把牛头卖给希腊人,或是把它扔到河里去。我们还说不出我们已知的历史时代埃及人是否普遍崇拜公牛,因为他们似乎通常杀牛和吃牛肉的。但是有许多情况都表明这样的结论,在起初,所有的牛——公牛和母牛都一样——被埃及人尊为神圣。因为他们不仅把所有的母牛视为神圣,绝不杀它们,而且连公牛也不杀,除非公牛有某种自然的记号。一个祭司在祭杀公牛之前,先检查每头公牛,如果它有某种适当的记号,他就在牛身上盖上印,表明可以杀;如果有人杀了一头没有盖印的牛,就将他处死。而且,对于阿庇斯和穆尼维斯这两头黑牛的崇拜,尤其是对阿庇斯的崇拜,在埃及宗教中占很重要的地位,所有自然死去的公牛都细心地埋葬在各个城市的郊外,然后从埃及各地把它们的骨头收集起来,放在一个地方。在伊希斯的盛大仪式上宰杀一头公牛献祭,所有的崇拜者都捶胸痛悼。那么,总体说来,我们也许可以这样推论,埃及人起先是把公牛视为神圣的,母牛则一直是神圣的,他们杀了公牛,把人们的一切灾祸都放在它头上,被杀的牛乃是有神性的替罪羔羊。中非的马狄人每年杀一只羔羊,很可能就是有神性的替罪羔羊,这种推测也可以部分地说明祖尼人的以龟献祭。

最后,替罪羔羊也可以是一个有神性的人。如印度的贡德人在11月祭祀谷物的保护神甘西阿姆神,在祭仪上,据说神亲自下降到一个崇拜者的头上,此人便忽然发作起来,踉跄一阵之后,就跑进林莽中去,人们相信如果没有人管他,他就会这样发疯而死。不过,他们把他找回来,但他的神经要过一两天才能恢复。人们认为总有一个人这样被挑出来作村里其余人的替罪羔羊。东高加索的阿尔巴尼亚人在月神庙里蓄养一批圣奴,其中有许多是神灵附体,代神预言的。这些人之中如果有一个表现了出乎寻常的附灵或疯癫迹象,独自在树林里来回乱跑,像在林莽中的那个贡德人一样,大祭司就用圣绳把他捆起来,很优裕地养他一年。一年到期时,便把他涂上药膏,领去献祭。有一个人专杀人牺,他从人群中走出来,将一根神矛刺入人牺体内划破他的心脏。从他倒下地的姿势可以得出国家福祸好坏的预兆。然后把尸体拿到某个地方去,所有的人都往上面站,作为洁身的仪式。这一点显然表明人们的罪是传给了人牺,正如犹太人的祭司把手放在动物头上,是把人们的罪过传给替罪羔羊一样。既然认为该人具有灵气,这就无疑是一个杀人神的例子,让他把人们的罪恶和不幸带走。

西藏地方的替罪仪式颇有特点。西藏的新年依新月出现的日期开始,大约在阳历2月15日左右。新年开始后的二十三天内,省会拉萨政府的权力由俗人统治者手中转交哲蚌寺的喇嘛,后者提出愿为获得这一特权付出最高代价。这位愿付最高代价的寺僧人们称之为协敖。他手持银色铁棒走遍拉萨街头,宣称就职,接过政府权力。附近寺庙僧众都来朝会,向他致敬。他极其专横地运用职权谋取私利,强迫征收买卖税金,约十倍于购买价格的总额,全部攫归己有。他手下人员四处侦查居民过失。在此期间拉萨市内民房一律都须纳税,稍有忤逆,必罚巨款,从不宽贷。协敖的苛政使市内劳动阶层人民纷纷逃往城外,待其二十三天统治期满后才回来。尽管在家俗人外逃,远近寺庙却门户大开,僧徒尽皆前来。各山区通往拉萨城内的道路挤满了赶来省会的喇嘛,他们带着经卷和炊具,有的步行,有的骑马骑驴或乘牛车。拉萨大街小巷到处麇集着僧徒,红色袈裟掩映全市。那一派熙攘纷乱景象真是难以形容。成群的僧人走街串巷高声念佛,他们摩肩接踵,或相互揖让,或间有争执,甚至互挥老拳,鼻青脸肿,头破血流,都无人干涉。从拂晓之前到日落之后,那些身披绛红法衣的高僧一直在拉萨最大寺院、香烟缭绕的大昭寺内举行法事,每日三次领取布施的茶饭和钱财。那座寺院建筑高大宏广,矗立在全市中心,四周商店栉比,寺内佛像都是用黄金和宝石嵌饰的。

协敖在新年二十三日内的职权停止后二十四天,又复掌权十天,还是与上次一样专横。第一天依旧众僧云集,禳除诸病邪恶,"并奉献一人,求神保佑平安。这个人并非要当场处死,然而他所

第五十七章 公众的替罪者

要经历的一系列祭祀过程却往往足以致他于死地。他的头上洒满了谷物,脸上画成黑白相间的阴阳脸谱。"胳臂上搭着一件皮袄,人们把他叫作"太岁"。他每天坐在市场中央,随便想要什么就拿什么,有时到处游逛,手持黑牦牛尾做的拂尘,向人身上摇拂,将厄运引到自己身上。到第十天头上,拉萨全部士兵都开到寺庙前,列成队伍,人们把太岁从庙内抬出,接受在那里集聚的群众的小小捐款。于是他嘲讽协敖,说:"我们五官感知并非虚幻,你的教导,全是空妄。"等等。那位暂时代表大喇嘛的协敖立即驳斥这种异端邪说,双方争辩激烈,最后同意掷骰决定是非胜负。协敖提出,如果他输了,便和那位替罪者太岁互换身份地位,如果太岁赢了,便是将有更多邪恶的预兆,如果协敖赢了,人们都极为欢腾,因为这表明协敖的对手已由诸佛当作祭品接受,由他承担拉萨全体人民的罪恶。协敖福星高照,抛出的骰子总是六,他的对手掷出的总是幺。乍看起来似乎很怪,其实也不怪,因为协敖用的骰子上面就是六这个数,而他对手用的骰子上面就是幺这个数。太岁看出了天意明明对他不利,大为惊惧,跨上白马,带着白狗一条、白鸟一只、盐以及政府供应的其他东西,飞奔逃亡。他仍旧穿着皮袄,脸还是半阴半阳的。全体人民群起而逐之,呵斥叫骂,并空放排枪,一直把他驱逐出城。他先逃到桑耶寺内,置身于恶魔的凶怪塑像和巨蟒猛兽的皮骸的包围之中。七天后他又进入泽当山中,在一蜗居之内安留数月或一年。如果他到期满就死去,人们便认为是大吉之兆,如果他幸存不死,就可重返拉萨城内,来年再当替罪者。

这种古怪有趣的仪式,在那与世隔绝的佛教首都——亚洲的罗马——至今仍旧年年举行。这种仪式之所以令人感兴趣,是因为他以显著的宗教阶层展现了一系列为世人赎罪的神灵自己也须献祭回赎,展现了一系列为替罪回赎而奉献的祭祀,以及诸神僵退的经历过程,当他们保持神的特权时,却同时又卸却了神应受的惩罚与苦难。在协敖身上我们毋需费过多力气便可看出那些尘世之王的继位者,那些人间的神祇以自己的生命为代价买得权利与荣誉的短暂的转让。他就是大喇嘛暂时的替身,这一点是没有疑问的,他的职责是——或曾经是——为人民替罪,这一点从他提出如果掷骰输了愿与真的替罪者太岁互换位置来看,也几乎是肯定无疑的。诚然,将这个问题付诸骰子、游戏来解决,未免荒唐。但是这种形式也不是像雨后春笋那样一夜之间就突然兴起的。如果说它们今天已是没有生命内容的形式,是失去内涵意义的空壳,那么,我们仍可肯定它们原来都具有生命力和含义的,如果说它们今天是此路不通的死胡同,那么,我们仍可肯定在往昔它们确是通向某处——哪怕是通向死亡——的路途。我们说那位西藏替罪者经过在集市上享有短暂的特权之后就走向死亡,这样推测是不无见地的。依此类推,如人们在他身后追逐并对空开枪,陈述那种仪式时总说最终要致人死命,以及相信他的死亡确是吉兆等等,都可说明这个推论。那位协敖付出那么高的代价充当为期数周的神的代表,并且宁愿到期之后以神的代表身份而死,我们对此也不必奇怪。那种痛苦的,然而又是不可或缺的职责,总是恰当地付给某个被社会抛弃的、尘世对之极为严峻的可怜虫来履行。只要在那短暂的时刻能够恣意行乐,然后便结束此生,他们都心甘情愿,乐于为之。要看到最初给神的代表协敖恣

第五十七章 公众的替罪者

意而为的时间共有数周,后来给予代表之代表的时间已减为几天,有的权威人士说减为十天,还有的权威人士说减为七天。无疑,十天、七天的时间已被认为是很长的拴羊之绳索,足供一头瘦瘠倒霉的羔羊悠游享乐,计时器中几颗沙粒滴落的时刻,已足够虚度一生宝贵年华者临终前的耽玩。因此,今天从拉萨市场上戴着彩绘面具,手持牦牛黑尾,带走一切灾难和不幸的小丑身上,我们可以清楚地看到替身的替身、代理人的代理人,从一位更为高贵者的肩上接过一切重负。如果我们沿此线索追溯其根源,绝不会只到协敖为止,而是可以一直追溯到拉萨的教宗大喇嘛本人,协敖只不过是大喇嘛的临时替身。我们对此世界各地的习俗便可得出结论:这位人神之所以屈尊将其神权暂时交付替身,其原因就在于,或者毋宁说曾在于,这个替身能够替他一死。通过这样的结论来看,多少世纪以来一直隐藏在浓雾之中,未为历史明灯照亮的一个真相就赫然显露了:佛在亚洲的代理人亦即佛教大宗主的悲剧性格竟隐然与那位肩负众生孽苦的人神、为群羊献出生命的好牧人的悲惨形象相似而重叠了。

第四节　替罪总论

前面考察了公众驱除一村、一镇或一国积累起来的邪恶风俗,这种考察提供了几点总的认识:

第一,我所谓的无中介物驱邪和有中介物驱邪,两种驱邪的意图是一样的,关于这一点不会有争论。换句话说,认为邪恶是不可见的也罢,认为他具有物质形式也罢,这一点是完全从属于仪式的主要目的,这个目的就是要把一直搅扰某民族的一切邪恶全部清除。如果两种驱邪之间缺少联系物的话,那么,用滑杠或小船送走邪恶这种做法就提供了一种联系。因为在这种做法里,一方面邪恶是不可见、不可触及的,而另一方面又用可见、可触及的工具将他们送走。替罪羊也不过是这类工具而已。

第二,就定期普遍驱邪这一方式而言,前后两次仪式之间的间隔通常是一年,而举行仪式的时间一般又和季节的某种明显转变恰好一致。如北极和温带地区于冬季开始或结束时,热带地区则在雨季开始或结束时。这种气候的转变容易增加死亡率,在吃、穿、住条件都很差的野蛮人中尤其如此,故原始人认为这是妖魔作祟,必须驱遣。所以,新不列颠和秘鲁的热带地区,在雨季开始驱邪;巴芬岛荒凉的海滨地区,人们则在酷冷的北极冬天要来到时赶鬼。当一个部落习于务农时,普遍驱邪的时间自然与农业年的某个大季候如播种或收获相一致。虽然这些季候本身与自然节令的变化相应,但并不等于从狩猎或畜牧生活过渡到农业生活会引起举行这种年度大礼的时间也有任何改变。我们已经说过,印度和兴都库什的一些农业社区,有的在收获时普遍赶鬼,有的在播种时普遍赶鬼。但是,不论在一年的哪个季节举行,普遍驱邪总是标志着新年的开始。因为进入新年之前,人们急于摆脱过去苦恼他们的祸害,所以,许多社区都在新年开始时举行庄严的、群众性的驱除妖魔鬼怪的仪式。

第三,还要看到在这种公众的定期驱邪的前后总有一个普遍解禁的时期,在解禁期内,一般的社会约束都抛开了,所有算不得大罪的过错都放过去,不予处分。几内亚和东京的解禁期在公众

第五十七章 公众的替罪者

废除妖邪之前。拉萨世俗政府在驱逐替罪者之前暂停行使职权的做法也许是与此相似的普遍解禁期的珍贵遗俗。印度荷人的解禁期在驱邪之后。在易洛魁人中,很难看出这种解禁期是在驱邪之前还是在驱邪之后。不论在哪个例子里,遇到这种场合,一切日常行动规则都特别松弛。无疑,这可以解释为普遍驱邪前后的解禁期。一方面,眼看要普遍驱邪、普遍赦罪了,人们敢于放纵情欲,相信即将举行的仪式会把他们迅速增加的负罪一笔勾销。另一方面,仪式刚刚举行完毕,人们的心灵都从沉重的压抑中解脱出来,他们原来在这种充满妖魔的气氛中一直苦恼着,因此在欢乐的最初冲动中就超越了习俗和道德通常所规定的界限。如果仪式是在收获时节举行,由于充分的食物供应而产生的物质福利又进一步鼓舞着仪式激起的兴奋情绪。

第四,用神人或神兽做替罪羔羊这一点特别值得注意。在这里,我们直接遇到这样一种风俗,即把妖魔转移到神身上,然后把神杀掉,用这样的方式把邪恶驱走。我们也许会想到用神人或神兽作为公众替罪羊的风俗比我们已经列举的那些例证似乎广泛得多。正如我们已经指出的,杀神的风俗起源于人类历史极早的时期,到了后世,甚至这种风俗还继续存在的时候,却容易受到误解。动物或人的神灵身份被忘记了,仅仅把它看成一个普通的牺牲品。遇到神人被杀的情况,这种误解尤其可能产生。因为某个民族开化以后,如果他还没有完全放弃以活人献祭的做法,至少在选择祭品时总要找那些总归该死的可怜虫。所以杀神有时会与处决犯人混淆起来。

如果我们要问,为什么选一个将死的神来背上人们的罪过和忧愁,并把它们带走呢？是不是可以这样提出:用神做替罪羊的办法,是把两种曾经彼此不同、彼此独立的风俗结合起来。一方面,我们讲到过,有一种风俗是杀掉人神或动物神,以防他的神灵生命因上了年纪而衰老。另一方面,我们讲到过,有一种风俗是每年清除一次邪恶和罪过。那么,人们如果想到把两种风俗合并起来,结果就是用临死的神做替罪羔羊。原先杀它倒不是为了要它带走罪过,而是要防止神灵的生命年迈衰老,但是,既然总是要把它杀掉的,人们就会想到何不抓住这个机会,把苦难和罪孽的担子也交给它,让它把这个担子挑到坟墓后面那个不可知的世界里去呢!

我们讲过,欧洲"送走死亡"的民间风俗有一点似乎不清楚,现在这种用神做替罪羔羊的做法澄清了这一点。我们已经提出理由说明可以相信这个仪式中的所谓死亡,原先就是植物精。人们每年春天把植物精杀掉,为的是使它充满青春的活力重新复生。但是,正如我所指出的,这个仪式有一些特点,只用这个假设还是无法说明的。例如,把死神偶像拿出去埋葬或烧掉时,人们表现出非常高兴,而那背偶像人的则露出恐惧和憎恶。我们如果假定"死亡"不只是临死的植物神,而且是公众的替罪羔羊,过去一年中折磨人们的一切邪恶都放在它身上,那么,这些特点立即就清楚了。在这种场合表示高兴是自然的、适当的、令人感到畏惧和憎恶的,本来不是将死的神,而是它所负担的罪过和不幸,如果他成了畏惧和憎恶的对象,那不过是由于很难区分担负者和担负物,至少很难划清二者的区分。担负物具有祸害的特点,人们畏惧并逃避担负者,好像他人也充满着那些危险的素质,事实上,它不过是负载那些危险素质的工具而已。同样,我们说到过,东印度群岛有些民族害怕并躲避装载疾病与罪过的小船。而且,这些民间风俗中,死亡是植物神灵的代表,也是替罪羔羊。人们,特别是斯拉夫各民族的人,总是在春天驱除死亡,这一事实也可证实上述观点。斯拉夫民族的新年始于春天,所以"送走死亡"的仪式就是在进入新年之前驱除旧年积恶的那种广泛流行的风俗的一例。

第五十八章 古罗马、古希腊的替罪人

第一节 古罗马的替罪人

现在,我们可以来考察古罗马时期用人来替罪的做法了。每年的3月14日,一个披着兽皮的人被领着在罗马街上游行,用白色的长棍子打他,把他赶出城外,人们称他为马缪里乌斯·维图里乌斯,意即"老玛尔斯"。① 既然这个仪式是在旧罗马年(3月1日开始)头一个月圆的前一天开始,披兽皮的人想必是代表旧年的玛尔斯,在新年开始时被赶走。而玛尔斯在起初是植物的名称,并非战神。古代罗马农民就是向玛尔斯祈求谷物、葡萄、果树和树林丰收繁茂的,阿尔沃兄弟神学院所做的工作就是为谷物的生长向神祭祀,他们几乎完全是向玛尔斯进行祈祷,据我们所知,为了获得丰收每年10月都向玛尔斯献祭良马一匹。而且,农民为求牲畜兴旺也是用"林中玛尔斯"(Mars Silvanus)的名义祭祀玛尔斯。我们已经说过,通常认为牲畜特别受到树神的保护。而且,把春天的3月献给玛尔斯似乎表明他是发芽的植物之神。如果我们对斯拉夫民族"送走死亡"的风俗的看法是正确的,那么,罗马在新年之初驱除旧玛尔斯的风俗与斯拉夫"送走死亡"的风

---

① 玛尔斯是罗马神话中的战神和农业之神。

俗就是同一回事。有些学者已经说过罗马与斯拉夫风俗的类似，不过，他们好像是把马缪里乌斯·维图里乌斯同斯拉夫仪式中与之相应的偶像都当作旧年的代表，而不是旧植物神的代表。很可能后世奉行这种仪式的民族也是这样理解的。但是，只是在某一段时期内的拟人化，这种观念太抽象了，不可能是原始人的观念。不过罗马仪式和斯拉夫仪式一样，不仅把神的代表当作植物神，而且也当作替罪羔羊。驱除神的代表就暗示着这一点，因为除此之外没有理由把这样的植物神从城里赶走。如果他又是替罪羊，那就不同了，就必须把他赶出城区，使他把负担的罪恶带到别处去。事实上，马缪里乌斯·维图里乌斯似乎是被赶到罗马的敌人奥斯塔人[①]住的地方去了。

第二节　古希腊的替罪人

古希腊也熟知利用替罪人的做法。在普卢塔克的故乡凯罗涅亚城，由行政长官在市镇厅内主持这种仪式，各家家长则在自己家里主持，这种仪式叫作"驱除饥荒"。做法是用西洋牡荆的枝子鞭打一个奴隶，把他赶出门外，并且说道："饥荒滚出去，财富健康请进来。"普卢塔克担任故乡的市镇长官时，在市镇厅里主持这种仪式，他还记叙了后来这个风俗引起的争论。

但是，后来在开化了的文明的希腊，替罪的风俗比温和、虔诚的普卢塔克主持的替罪仪式显得更阴森一些。希腊最热闹、最明

---

① 古代奥斯塔人住在意大利南部地区坎帕尼亚。

媚的殖民都市之一——马赛，一遇到瘟疫流行就有一个出身穷苦阶层的人自愿来做替罪羔羊。人们用公费整整养他一年，拿精美的食物给他吃。一年期满时就让他穿上圣衣，用神枝装饰起来，领着他走遍全城，同时高声祷告让人们把全部灾害都落在他一人头上。然后把他扔出城外，或在城墙外由人们用石头把他砸死。雅典人经常用公费豢养一批堕落无用的人，当城市遭到瘟疫、旱灾或饥荒这一类的灾难时，就把这些堕落的替罪羔羊拿出两个来献祭：一个为男人献祭，另一个为妇女献祭。前者在颈上围一串黑无花果，后者围一串白无花果。有时候献祭的为妇女，而杀祭的人牺似乎也是个妇女。先领他们走遍城里，而后杀祭，显然是在城外利用石头砸死的。但是，这种祭祀不限于大规模灾祸的特殊场合，似乎每年5月萨格里亚节都要把两个人牺（一个为男人，一个为妇女）领出雅典城外，用石头砸死。色雷斯的阿卜德拉城每年大规模地清城一次，并为这个目的专门选出一个市民用石头把他砸死，作为替罪羊，或代替所有其他人作出生命奉献。在砸死他的六天前先除去他的市民资格，"以便让他一人负担全市民众的罪孽，而不至连累其他市民"。

卢卡迪人每年从他们岛上南端一堵白色悬崖"情人崖"上把一个囚犯扔到海里去，作为替罪羔羊。但是，为了减缓他的降落，人们在他身上拴上几只活鸟和羽毛，崖下有一队小船，等着接他，把他送出边界。这些仁慈的预防工作也许是早先把一个替罪羔羊扔到海里去淹死的缓和做法。卢卡迪人的仪式是在祭祀阿波罗时举行的，那里有一座阿波罗的庙宇或神殿。在其他地方，惯例是每年把一个年轻人扔到海里去，咒他一句："你是我们的废

第五十八章 古罗马、古希腊的替罪人

物。"据说这种仪式是解除人们所受邪恶的困扰，或者，根据另一略有不同的说法，这个仪式是为人们赎罪的，偿还人们欠下海神的债务。纪元前6世纪小亚细亚希腊人中流行替罪羔羊风俗是这样的：当城里受到瘟疫、饥荒或其他规模灾害时，就选一个相貌丑陋或畸形的人，让他承担扰乱整个社会的一切邪恶。把他带到一个适当的地方，把干无花果、大麦面包和乳饼交给他手里，让他都吃掉。然后用绵枣、野生无花果的枝子和其他的野树枝，随着笛子吹奏的一种特殊的曲调，抽打他的生殖器官七遍，然后用林中的木料搭起一个火葬堆把他烧掉；他的骨灰扔到海里。亚洲的希腊人每年在萨格里亚收获时似乎也有与此类似的风俗。

在方才描述的仪式中，用绵枣、野生无花果枝子等等抽打人牺，其目的不可能只是为加重他的痛苦，否则，用任何棍子打他都成。W.曼哈德解释过这一部分仪式的真正意义。他指出古人认为绵枣有抵挡邪气的魔力，因此他们把它挂在家的大门上，在洁净仪式中应用绵枣。所以，在某个节日上，或在猎人空手回家时，阿卡迪人有一个用绵枣抽打潘的塑像的风俗，这不是要惩罚神，而是要清除它身上的一种邪气，这种邪气妨碍它行使圣职，它本是给猎人供应猎物的神。同样，用绵枣等物打人身替罪羊，其目的想必也是为了解放它的生殖力，使它不受魔力或其他邪气的束缚或影响，每年杀祭它的时日是萨格里亚节，是在5月举行的早期收获节，那么，我们就必须承认它是代表增殖植物神的。每年杀神的代表，目的是我已指出过的要保持神灵生命永远精力充沛，不受年老体弱的沾染，在将他处死之前，刺激他的增殖力，使之充分活跃地传给他的继承者、新神或老神的新的体现者，这也

是很自然的。毫无疑问,人们认为他立即取代被杀者的地位。类似的推理导致在旱灾或饥荒的特殊时节对替罪羔羊的类似处理。如果收成不符农夫的期望,那就把这一点归咎于某神失去了增殖力,这个神的职能就是要产生大地的果实的。人们可能以为他是邪气附体或年老体弱,因此举行上述种种仪式,通过杀死他的代表人来把他杀掉,使他重生,年轻力壮,可以把他的旺盛精力转输给精疲力竭的自然。按照同样的原则我们就能够理解用树枝抽打马缪里乌斯·维图里乌斯的原因、在卡罗尼亚仪式上用西洋牡荆(据说该树有魔性)抽打奴隶的原因、欧洲某些地方用棍子和石头攻打死亡偶像的原因,以及在巴比伦代表神的囚犯在钉死前受到抽打的原因。抽打的目的并不是要增加神灵受难者的痛苦,恰好相反,是要驱除邪气,在临死前的这个重要时刻,他很可能受到邪气纠缠。

我一直假定萨格里亚节的人牺一般是代表植物的精灵的,W.R.佩滕先生也早就说过:这些可怜虫似乎专门扮作无花果树的精灵。他指出所谓的人工授粉(也就是说,拿一串串野无花果挂在栽培的无花果树枝上,进行人工授粉)的过程是在6月里,大约在萨格里亚节后一个月左右。这在希腊和小亚细亚都很流行。他提出,两个人牺,一个代表男人,一个代表妇女,把黑的和白的无花果挂在两个人牺的脖子上,可能是根据巫术的模拟原则,直接仿效人工授粉来帮助无花果树受粉的。事实上,授粉既然是雌雄无花果树的接配,所以佩滕先生进一步假定,根据同样的巫术模拟原则,树木的婚配可以通过仿效婚配而得到促进,甚至可以得到两个人牺(其中一位有时似乎是女的)的真正婚配的促进。

第五十八章 古罗马、古希腊的替罪人

按照这种看法,用野生无花果树的枝子和用绵枣抽打人牺的做法就是一种巫法,其意图是要促进男人和妇女的生殖力,他们当时是分别代表雌雄无花果树的,通过他们的两性结合,无论是真正结婚或是假结婚,都能够帮助这些无花果树结出果实。

有许多类似的例子可以证实我们提出的对用某种植物抽打人身替罪羊的风俗的解释。如在德属新几内亚的卡伊族人中,某人如希望他的香蕉树苗快快长出香蕉,他就从已经结果的香蕉树上砍一根枝子打这些香蕉树苗。这个例子很明显,他是相信丰产力灌注在从已结果的树上砍下的枝子上,由于接触而传给了幼小的香蕉树。同样,在新喀里多尼亚,有人用枝子轻轻敲打芋头,边敲边说道:"我打这棵芋头是使它快生长",然后,他把枝子插在田头的地上。亚马逊河口的巴西印第安人中,有人想要自己的生殖器长得形体很大,就用河岸边盛长的白色水生植物莲花(aninga)敲打自己的生殖器。这种果实形状很像香蕉,并不能吃,其所以选用它来敲打,显然是取其形状硕大肥美。敲打的仪式必须在新月前三天或三天之后进行。在匈牙利的贝凯什州,人们用第一次打散正在交配中的公母狗的棍子敲打不孕妇女。这种做法清楚地表明人们以为狗的生殖力传到打她的棍子上,妇女接触到那棍子,也就获得了生殖能力。中西里伯斯的托拉杰人认为朱蕉(Dracaena terminalis)有一个强壮的灵魂,因为它修剪过后,它立即又长出来。所以,有人病了,他的朋友有时就用朱蕉的叶子打他的头顶,为的是要用其强壮的魂魄来增强他虚弱的魂魄。

上述这些举例证实了继我前辈 W. 曼哈德和 W. R. 佩滕先生之后,我对于希腊萨格里亚收获节上的抽打人牺那种做法所作的

解释。把用新鲜的绿色树苗或枝子抽打人牺生殖器官的做法解释为一种巫术，是再自然不过的了！那样做的目的就是要增加男人或妇女的生殖力，或是把植物的增殖力传给他们，或是消除他们身上的邪气。这个解释也为下述情况所肯定：代表两性的两个人牺中，一个代表一般的男人，另一个代表妇女。举行节日的季节也就是谷物收获的时候，正好与仪式具有农业意义的理论相符合。而且，人牺的头上挂着成串的黑白无花果，以及用野生无花果的树枝鞭打他们的生殖器，也强烈地表示了仪式的意图是要使无花果树增殖，这种做法与古代和近代希腊土地上的农夫的做法极为相似。农夫常常采取这种办法，想使他们的无花果树真正授粉丰产。椰枣的人工授粉不仅在美索不达米亚的农业中而且在它的宗教中都似乎占据很重要的地位，我们如果还记得这一点，那就似乎没有理由怀疑无花果人工授粉也可以在希腊宗教的庄严仪式中占一席地位。

如果这些考虑正确的话，我们就必须明确地得出结论：古代罗马希腊的后期，萨格里亚节上出现的人牺的确是以公众替罪羊的身份为主，他们把全民的罪过、灾难和忧愁随身带走，而在更早的时候，人们可能把他们当作植物精灵的化身，也许是谷物的化身，尤其是无花果树的化身，鞭打他们、杀死他们的目的主要是加强和更新当时希腊夏天酷热下已经开始衰谢的植物的生长力。

这里对希腊替罪羊所持的看法如果正确的话，他可以预先防止对于本书主旨的反对意见，这种反对意见如不加以防止，是很可能提出来的。关于阿里奇亚的祭司是以树林精灵的代表而被杀的理论，可以提出反面的意见说：这种风俗在古代希腊罗马并无旁证。但是现在已经提出令人相信亚洲希腊人定期地或不定期地杀祭的人,照例是被当作植物神的替身看待的。雅典人养的一批供作献祭的人牺可能也同样被当作神灵。至于他们是社会渣滓这一点并没有多大关系。在原始人的观点看来,选择某人作为神的代言者或替身并不因为他有高尚的道德素质或社会地位,神的谕言对于人不分好坏贵贱都是一样。如果那时文明的亚洲希腊人和雅典人一贯杀掉他们认为是神化身的人,那么,我们假定在历史的启蒙时期,阿里奇亚丛林中的半野蛮的拉丁人也遵行类似的风俗,并不是一定不可能的。

但是要确定这个论点,显然还需要证明,在古代意大利,除了阿里奇亚的圣林而外,其他地方也有杀死神的人身代表的风俗,别处也有并且也遵行这样的风俗。下面我就将提出这方面的证据。

第三节　古罗马的农神节

我们谈到过,许多民族曾经每年都有一个放肆的时期,这时法律和道德的一贯约束都抛开了,全民纵情地寻欢作乐,黑暗的情欲得到发泄,这些在较为稳定、清醒的日常生活中,是绝对不许可的。人类天性中被压制的力量这样突然爆发,常常堕落为肉欲罪恶的狂欢纵饮,这种突然爆发大都是在一年结束的时候,而且像我所指出的,常常与农业季节相关联,特别是在播种和收获的时候。所有这种放纵时期中最著名的一个,也是在现代语言中为这种时期拟定的总名称,就是萨图纳里亚——农神节。这个著名的节日是在每年的12月,即罗马历一年的最后一个月里,民间认为这是纪念萨图恩的欢乐盛世的。萨图恩是播种和收获的神,在很古的时候他活在人世上,是意大利的一个为人正直、予人福泽的国君。他把崇山中粗犷零落的住户聚集起来,教他们种地,为他们制定法律,他的统治是个太平盛世。他在位期间就是传说中的黄金时代:大地出产丰富,没有干戈争执之声惊动这个幸福世界,没有贪财爱利之人的欲望像毒药一样侵害勤劳、知足的农民的血液。奴隶制和私有财产都不存在,一切东西大家公有。后来,这位好神,这位仁君突然不见了,人们感于它的恩泽时时刻刻都在怀念它,立了祭坛供奉它,意大利的许多山、许多高地都用它的名字命名。不过,关于它的统治的光辉传说故事,后来竟蒙上一道阴影:据说,他的祭坛沾染着人牺的鲜血,直到后世也说仁慈的时代才用偶像代替了人牺祭献。在古代作家流传下来的关于农神节的描述中,对这位神的宗教方面的这个阴暗面却没有留下什么痕迹,甚至毫无痕迹。宴会、饮酒、种种疯狂的寻欢作乐,似乎特别标示出这个古代狂欢节的特点,这个节日在古罗马的街道上、公共场所和住宅中举行,一连七天,从12月17日到12月23日。

但是,节日中最引人注意的特点,使古人自己都觉得最惊人的,莫过于允许奴隶放任自由。自由民阶级和奴隶阶级之间的区分暂时废除了。奴隶可以骂他的主人,可以像他的上司一样醉酒,可以和他们同坐一起吃饭,奴隶有些行动在任何别的时候都会使他受到鞭打、囚禁或死刑,但这时连骂都不骂他一句。不仅如此,主人实际和他们的奴隶互换位置,主人在吃饭时侍候他们,

第五十八章 古罗马、古希腊的替罪人

要等到奴隶吃好喝足之后，才清理饭桌给主人摆饭。等级的倒换竟达到这种程度，每家暂时成了一个小共和国，国家的最高职务由奴隶掌管，他们发号施令，制定法律，好像他们确实具有政权、军权、司法权的一切尊严。农神节期间自由民也可以拈阄、假充国王，享受一点微弱权力，跟奴隶们节日期间从奴隶主那里获得一点权力一样。中阄的人暂时拥有国王的称号，对他们的临时臣民发出的号令具有玩笑取闹的性质。他可能命令某人伴酒、某人喝酒、某人唱歌、某人跳舞、某人责备自己、某人把一个吹笛的姑娘背着绕屋走一圈。

人们认为在这个节日允许奴隶自由是模仿萨图恩时代的社会状态，一般人觉得萨图纳里亚节（农神节）不多不少，恰好是那个快乐君主统治的暂时复活或恢复，我们如果记住这些情况，就不由得要假定主持吃喝笑闹的假王起初是代表萨图恩本人的。在马克西米安和戴克里先统治的时代，有一些罗马士兵驻扎在多瑙河上。有一篇非常奇怪、有趣的记载，记述这些士兵是怎样过农神节的。这篇记载如果没有把上述假定当作事实，那也是极高度地肯定了这个假定。这些记载保存在一篇关于圣达修斯殉道的记述中，这篇记述是由根特的弗朗兹·库蒙特教授从巴黎图书馆的一批希腊手稿中翻检出来而发表的。在米兰和柏林保存的手稿中也有关于这件事和这个风俗的较短描述。其中一段已经在1727年乌尔比诺印行的一本不知名的书中刊印问世，但是这段记叙对于古代和现代罗马宗教史的重要性一直被忽视了，直到库蒙特教授在几年前将这三篇记述同时发表了，才引起学者们注意。这三篇记述从各方面看都是真实的，其中最长的一篇可能是

根据官方文献写出的。根据这些记述,驻扎在下莫西亚的杜罗斯托罗姆地方的罗马士兵每年是用下述方法过农神节的。节日前三十天,他们用抽签的办法,在他们当中选一个漂亮的年轻小伙子,于是他学萨图恩的样穿上皇服,由一群士兵陪他上街游逛,他有充分的自由,放纵情欲,领略各种乐趣,不论其有多么卑鄙可耻。他享受王权统治虽然很快乐,但为时不长,且下场悲惨,因为三十天的时间一到期,农神节来到,他就得在他所扮演的神的祭坛上刎颈自杀。在公元303年,有一个基督教徒士兵达修斯中了签,但是他不愿意扮演异教的神,让淫乐污染他最后的一段生命。他的长官巴瑟斯又是威胁又是论述,终究不能动摇他的坚定意志,因此将他斩首。基督教殉教史的作者详细准确地记述道:11月20日,即阴历二十四日,星期五,凌晨四点钟,在杜罗斯托罗姆镇,由士兵约翰行刑。

库蒙特教授发表这篇记述以后,有人怀疑或否认它的历史真实性,有一个有趣的发现却大大肯定了它。在安科纳①海岸上有一座教堂,教堂的地下室里藏着许多古物,其中有具白色大理石的棺材,上面有希腊文的铭文,字体属于查士丁尼②时代,铭文大意如下:"神圣的殉教者达修斯安葬于此,自杜罗斯托罗姆迁来。"石棺是在1848年从圣珀勒格里诺教堂迁到这座教堂的地下室的,从镌刻在圣佩莱格里诺教堂石筑高祭坛上的拉丁文铭文中我们获悉,殉教者的尸骨还和另外两个圣徒的尸骨一起埋在高高的

---

① 意大利中部亚得里亚海岸边。
② 查士丁尼(Flavius Petrus Justinianus,483-565),东罗马帝国皇帝。

第五十八章 古罗马、古希腊的替罪人

祭坛下面。至于石棺在圣佩莱格里诺教堂放了多久,我们无从知道。但据记载,1650年就摆在那里了。圣徒殉教后,接着是好几个世纪的动乱,一连好几批野蛮的入侵者,占领并掠夺莫西亚,我们可以假定,圣徒的骨灰是在那动乱世纪的某个时候为安全起见迁移到安科纳来的。无论如何。教徒殉难记和铭刻彼此独立,而又相互证实,从这个证据来看,达修斯并不是神话中的圣徒,而是真有其人,在耶稣纪元较早的世纪里,他在杜罗斯托罗姆为他的信仰而死去。这样说来,未具名的圣徒殉难记关于主要情况(即圣达修斯殉教情况)的记录是实有其事的,那么,我们就有理由接受他对殉教的情况和起因提供的证据,尤其是他的叙述准确、详尽,完全没有什么圣徒奇迹的成分。因此,我得出这样的根据:他对罗马士兵农神节的叙述是可信的。

根据这段记述,我们对于萨图纳里亚(农神节)之王、古代罗马农神节的司仪在贺拉斯①和塔西佗②时代主持罗马各季狂欢节这一传说史实,得到了新的明确的解释。他似乎证明了他的任务并非永远是个滑稽角色或逗乐的小丑,只在意把宴会搞得热热闹闹,让笑话说得又多又猛,让火在炉子里发出闪光,噼噼剥剥地响,街上挤满了欢庆节日的群众;此时在远远的北方,索拉克特山透过清明霜冻的空气,露出皑皑白雪的山顶。如果我们拿这个欢乐、文明的大都市的滑稽君王和多瑙河上粗野军营里跟他扮演同

---

① 贺拉斯(Horace,前65-8),古罗马杰出诗人和讽刺作家,其《歌集》和《书信学》(包括通称为《诗艺》的给皮索公子的信),对西方文学有重大影响。

② 塔西佗(Tacitus,cornelius,约56—约120),古罗马演说家、政治家、历史学家,以所著《历史》而名留千古。

一角色的坚强的伙计比较一下,如果我们还记得有一长串类似的、可笑而又悲惨的人物,他们在其他时代、其他地方,也戴着仿制的王冠,披着帝王的披肩,在短短几小时或几天之中开一阵小小玩笑之后,就年纪轻轻地横死了,我们就不能怀疑,古典作家所描绘的罗马萨图纳里亚王不过是本来的萨图纳里亚王的了无生气的、被阉割了的复制品。很幸运的是,萨图纳里亚王原来的鲜明特征已经由《圣达修斯殉难记》的无名作者给我们保存下来了。换句话说,殉难记的作者对萨图纳里亚节(即农神节)的叙述与别处类似仪式的记述十分接近。殉难记的作者是不可能知道别处的类似仪式的。那么,他的描写基本准确,这一点就可以肯定了。把假王作为神的代表予以处死的风俗,不可能从指定假王主持节日宴会的做法中产生出来,而反过来倒是很可能的。因此,我们就能正确地假定,在更早野蛮的时代,古意大利有一个普遍的做法,即:凡是流行崇奉萨图恩的地方,都选出一个人在一段时间内扮演萨图恩,享有萨图恩一切传统的权利,然后死去,或是自杀,或是假手他人,或死于刀杀,或死于火焚,或死于绞刑树上,他是以善神的身份而死的,这个神为人世贡献出自己的生命。在罗马本地以及其他大城市里,也许是在奥古斯都统治时期之前,文明的发展减轻了这个风俗的残酷的做法,把它变成像少数几个古典作家所描写的那种无害的形式,对于节日的萨图纳里亚王,那些作家笔下只是顺便一提而已,不过,在偏僻的地区,更古的、更残酷的做法还长期存在着,甚至在意大利统一之后,罗马政府把这种野蛮做法压制下去了,农民对它的记忆仍旧流传下来,就像我们当中最低级的迷信形式一样恢复那些古老习俗,尤其在驻扎帝国境外的士兵中,过去罗马的铁掌对他们的管制愈来愈松了。

古代的农神节和现代意大利的狂欢节之间的相似之处常常有人注意到,但是,根据我们现在见到的这些事实,我们很可以问一问,那些相似之处是否达到了等同的程度。我们已经看到意大利、西班牙和法国,也就是在罗马影响最深最久的所有国家里,狂欢节的一个突出特点是一个滑稽人物扮作节日的化身,经过短短一段荣华放荡的生涯,便被当众枪毙、焚烧,或用其他方法处死,大家假装悲悼,或真正高兴一番。如果这里提出的对狂欢节的看法是正确的,这个滑稽人物不是别人,正是老萨图纳里亚王的直接继承者,就是继承那个狂欢宴会的主持人,那个扮作萨图恩的真正的人,欢宴过后,他也就以他所扮演的身份真正死去。"第十二夜"上的逗笑王、中世纪的傻瓜主教、愚蠢的修道院长(Abbot of Unreason)或胡闹老爷都是同一类的人物,也许他们的起源也是一样的。不论是否如此,我们可以有一定把握地作这样的结论:如果阿里奇亚的林中之王以一个树林神的化身而生,并以这个身份而死,那么,在古代,罗马就有一个类似的人物,他年年以萨图恩王即播种后正在出芽的种子的神的身份被杀。

第五十九章 墨西哥的杀神风俗

没有一个民族像古代墨西哥的阿兹台克人那么普遍地、隆重地遵循以人代神作献祭的风俗。我们对于这些非常的献祭仪式是很熟悉的。16世纪征服墨西哥的西班牙人充分地描写过这些仪式。在这个遥远的地区,我们发现一种野蛮残酷的宗教,与他们自己教会的教条与仪式竟有那么多古怪的相同之点,这自然激起他们的好奇心。耶稣会会士阿科斯塔说:"他们选一个他们认为不错的俘虏,在用他祭他们的偶像之前,便用偶像的名字称呼他,他是必须献祭给这个偶像的,其期限有一年、半年或三几个月不等。在当神的代表期间,他们供奉他,礼拜他,方式和对偶像本身一样,同时,他也吃喝,也寻欢作乐。他从街上走过的时候,人们都出来朝拜他,人人都向他奉献贡物,还有小孩和病人,希望他为他们治病,保佑他们,他想做什么,就允许他做什么,不过总得有十个或十二个人陪伴他,怕他跑了。有时他在外面走动时还吹奏笛子,使人们听到笛声,好来向他礼拜。节日到了,他也长胖了,人们把他杀掉,剖开他,吃掉他,把他当一个庄严的祭品。"

对于这种风俗的一般描写,还可引下面的具体实例来说明。例如有一个叫作托克斯卡特尔的节日,是墨西哥一年中最大的节日,每年节日要献祭一个扮作特兹卡特里波卡("众神之神")的年

第五十九章 墨西哥的杀神风俗

轻人。人们把这年轻人当作大神本人一样供养和礼拜,整整一年。据方济各会的老修道士沙哈根(他是研究阿兹台克人宗教的最高权威)说,这位人神的献祭时间在复活节或复活节后的几天,因此,如果他说的正确的话,则这个节日在日期和性质上,都与基督教的救世主死亡和复活的节日相符。他更准确地告诉我们,祭仪是在阿兹台克人年历的5月的头一天举行,据他说,阿兹台克人的5月大约从我们历法的4月23日或27日开始。

在这个节日上,这位伟大的神在一个人身代表身上死去,在另一个人身代表身上复活,这个人又可以享受一年类似神的致命荣誉,然后像在他以前的所有人身代表一样,到一年终了时死去。这一高贵尊严的职务是从俘虏中细心挑选体格健美的年轻人来担任的。他的身体必须毫无瑕疵,像芦苇一般苗条,像枝子一般地挺直,既不太高,也不太矮。如果吃得好,长得太胖了,就得喝盐水减瘦一些。为了使他在崇高的地位上举止优雅尊严,他受到细心的训练,使他像第一流的绅士那样说话,言词正确高雅,会吹笛子,抽雪茄,用富贵公子的风度嗅着花。他尊贵地住在一座庙里,贵族们侍候着他,向他礼拜,送肉给他,对他像君主样地服侍。国王亲自照料他穿华丽的衣服,"因为他已经把他尊为神"。他头上粘着老鹰的绒毛,头发上插着白公鸡的羽毛,羽毛垂到他的腰带上。头戴一个像烤过的玉米似的花环,用一种花编的花环挂在肩上,穿过腋下。他的鼻上挂着金饰,臂上戴着金手镯,他每走一步腿上的金铃叮当作响,耳朵上挂着绿松石耳环,手腕上戴着绿松石的镯子,颈上围着贝壳项链,直垂到胸前,身穿针织的长袍,腰上围着华丽的腰带。这位珠装玉裹的人物穿街而过,吹着笛子,喷着雪茄,嗅着花束,遇见他的人立即拜倒于地,又是叹息又流眼泪,向他祈祷,他们用手抓起土来放在自己嘴里,以示对他极度尊敬和顺从。妇女怀里抱着孩子走出来,把孩子献给他,敬称他为神。因为"他是我们的神主,人们承认他是主"。对所有在他过路时敬拜他的人,他都庄重有礼地打招呼。为了防止他逃跑,他到任何地方都有八个穿王家制服的仆人护从他,有四个剃了头,像宫廷奴隶一样,另外四人披着长发,如果他设计逃走了,卫队长就得代替他做神的代表,代替他去领死。在他领死之前二十天,就更换了服装,由四个少女细心照料,人们以四个女神的名号称呼她们:花神、小玉米神、"我们的水中之母"神和盐神,把她们送给他做新娘,和他婚配。在最后五天,神灵的荣誉大量地落在这命运注定的人牺身上。国王自己留在宫里,其他全宫廷的人都紧跟在人神身旁。一个接一个的宴会和舞会在一定的时间和地点举行。到了最后一天,这位年轻的人牺由他妻子和仆人陪同,登上覆着王家华盖的独木舟,划过湖去,来到水边的一座小山前。这座山名叫"离别山",因为他妻子就在这里最后向他告别。然后只剩下仆人陪同他走进路旁一座孤零零的小庙里。这座小庙跟一般的墨西哥庙宇一样,建成金字塔形。当年轻人走上阶梯时,每迈一步就踩破一根他在光荣的日子里吹过的笛子。登到最后一级,祭司们抓住他,把他面朝上仰着按倒在一块石头上,一个祭司划开他的胸膛,伸手掏出他的心脏捧着祭祀太阳。对这位已死亡之神的尸体并不像一般人牺那样让它滚下庙里的阶梯,而是抬到庙下面去,砍下头来,穿在矛尖上。这就是墨西哥万神殿最大的神的扮演者的固定结局。

第五十九章 墨西哥的杀神风俗

以神的身份生活了短暂的时光,也因此而招致暴死,这种荣誉在墨西哥不限于给男人,妇女也允许或被迫享受这份光荣,扮作女神分享注定要死亡的命运。如每年9月有个大节,节前严格斋戒七天,节日时,他们把一个十二三岁的女奴隶奉为神圣,他们尽可能找最漂亮的女孩,让她扮作玉米女神契柯米柯胡阿特。他们给她穿上女神的衣服,头戴法冠,颈上、手上都围着玉米棒子,头顶上立一根绿色的羽毛,像一棵玉米似的。据说他们这样是要表明玉米在节日时快要成熟了,但因为它还很嫩,所以选一个年幼的女孩充当玉米女神。整整一天,他们牵着这个穿得漂漂亮亮的可怜孩子挨家挨户地走,绿色的羽毛在头上颤抖着,欢乐地跳着舞,在沉闷清苦的斋戒后鼓舞人们。

到了黄昏,所有的人聚在庙里,庭院里点亮无数的灯笼、蜡烛。他们不睡觉,整夜在那里度过,到了午夜,喇叭、笛子、号角吹起庄严的音乐,抬出一个可以移动的架子或轿子,缀上用玉米棒子、花椒等做的彩球,装满各类的种子。抬的人把它放在有女神木偶的屋子门口。这时,屋子里里外外也都装饰起来,挂着用玉米棒子、花椒、南瓜、玫瑰和各类种子做的花圈,十分好看,地上铺满厚厚一层信徒送的这种绿色祭品。等音乐停止后,祭司和贵族组成一支庄严的队伍走了出来,手里拿着耀眼的灯火和缭绕的香烟,那个扮演女神的女孩夹在队伍中间。他们让她走进像轿子似的架子,里面摆满了玉米、花椒和南瓜,她笔直地立在上面,手扶着两个栏杆,以免摔倒。祭司手里拿着剃刀,忽然走到她面前,敏捷地削掉她头上戴的羽毛,把插过羽毛的头发齐根削了下来。然后,非常庄严地行着繁琐的礼仪,把羽毛和头发献给女神的木偶,流着泪,酬谢女神在那一年里赐给人们丰盛的果实和谷物。当她又哭又祷告的时候,所有站在庭院里的人都随着哭泣,随着她祈祷。仪式结束后,女孩从轿上走下来,由人陪送到一个地方在那里度过这晚剩下的时间。所有的人都在庙的庭院里在火把照耀下守夜到天明。

天亮了,庙里的庭院还挤满了人,他们认为离开这里是对神不恭,祭司又把扮作女神的少女带出来,她头上戴着法冠,颈上围着玉米棒子。她又走上活动架子或轿子上,站在上面,手扶在栏杆上。然后庙里的长老把轿子抬在肩上,有些人摇着燃烧的香,有些人奏乐唱歌,他们抬着轿子,列队穿过大院,来到慧兹罗波契特里神的殿里,然后又回到放玉米女神偶像的屋里来,女孩就是扮演这个女神的。于是他们让女孩从轿子里走下来,站在铺满神堂地面的谷物和蔬菜堆上。她站在那里,所有的长老和贵族都成单列一个跟着一个走来,拿着装满已干和凝固的血块的盘子(那血都是七天斋戒中从他们耳朵里抽出来,作为赎罪的)。他们一个一个地在她面前蹲下来,这与我们跪下是一样的,他们从盘里刮下血块,作为祭品放在她面前,以报答她这位玉米女神的化身所施给他们的恩惠。当男人把他们的血献给女神的人身代表时,妇女也摆成一长行,像男人们那样行事。她们也蹲坐在女孩面前,从盘子里刮血。这个仪式要拖很长的时间。因为无论尊卑老少,无一例外都要在这个肉身神祇前经过,都要献出他们的祭品。这之后,人们才怀着高兴的心情回家,吃肉和各种食物。据说,他们的愉快正好跟基督徒一样,经过在四旬斋禁欲后,到复活节时吃肉并满足其他欲望要求。他们吃饱喝足守了夜以后休息,回到

第五十九章 墨西哥的杀神风俗

庙里看仪式结束。仪式是这样结束的。人群集合起来,祭司庄严地给代表女孩熏香,然后他们把她仰天推倒在谷物和种子堆上,割下她的头,用桶子接住喷出的血,把血淋在女神木偶上,淋在屋里的墙上和地上堆的谷物、胡椒、南瓜、种子、蔬菜等祭品上。这之后,他们就剥下她身上的皮,给一个祭司暂时披上,又让这位祭司穿上女孩穿过的所有衣服,戴上法冠,把金黄的玉米棒子做的项链围在颈上,手拿插了羽毛的玉米棒和黄金。穿戴好了以后,祭司们把她引到人群中,大家都按着鼓点儿跳舞,由祭司带头在队伍前面一边跳舞一边做着各种姿势,做到尽可能地轻快活泼。事实上她的举动非常难看和不便,因为祭司披着女孩那又紧又湿的皮和衣服,对一个成年男人肯定是太小了。

在上述风俗中,年轻女孩和玉米女神几乎完全相等。她戴在颈上的金黄玉米棒子,她手上拿的人造玉米棒子,插在她头发上仿制的(据说是这样)玉米绿穗,都表明她是扮演谷精的化身;我们得到的材料还明白地告诉我们,她是年轻的女孩,专门选出来代表年轻的玉米。这些玉米在节日时还没有完全成熟。此外,节日期间仪式上让她站在玉米堆上,接受所有人的朝拜和血祭,人们借此答谢她以神的身份所赐给他们的福泽。这些都清楚地宣告了她就是玉米,就是玉米女神。还有,在玉米和种子堆上砍下她的头,她的血不仅浇在玉米女神的神像上,而且浇在成堆的玉米、胡椒、南瓜、种子和蔬菜上,这些似乎没有别的目的,就是要把谷物女神的血注入这些东西的代表身上,以促进和加强庄稼和大地一般产品的生长。以这个墨西哥祭礼来类比,其意义看来是无可争辩的,它有力地说明了我对于其他向谷物献祭人牺的习俗所作的解释。如果这个把鲜血洒在玉米上的墨西哥女孩的确代表玉米女神,那么,波尼人同样把一个女孩的血滴在谷种上,这个女孩也同样是代表女神谷精的,其他种族所杀的一些人牺也是这样,也都是为了促进庄稼的生长。

最后,在神剧结尾的一幕中,把死玉米女神的皮剥下来,由另一男人穿上她的皮和她的一切神服,并且领着人们跳舞。对于这一幕的最好的解释似乎就是:这幕戏的意图是要保证神的死亡会立即带来神的复活。如果确是这样的话,我们就可以有一定把握地推论:人们通常(也许一直是如此)把杀死神的人身代表做法看作纯粹是为了使神灵永远保持年轻活力,使它不受年老身体衰弱的影响,如果让神享受天年,那么人就要受苦。

上述墨西哥人的仪式足以证明我所假设曾在阿里奇亚流行的那种以人献祭的习俗,事实上也是其他一些民族惯常遵行的习俗。这些民族的文化水平,如果还不明显地高于、也绝不低于古代意大利那些民族的文化水平(关于阿里奇亚祭司职位的起源,当然要追溯到古代意大利各民族的文化)。世界上某个地方曾经流行这种祭祀,其确凿无疑的证据当然也可以合理地证明其他地方也曾流行这种祭祀的可能性。总之,我们考察过的事实似乎表明:将礼拜者视为神灵的人杀死,这种习俗在世界许多地方都曾流行过。

第六十章 天地之间

第一节 不得触地

本书开头,我们就提出了两个要回答的问题:阿里奇亚的祭司为什么要杀掉他的前任?杀之前,他为什么又必须折一根金枝?现在这两个问题中的第一个已经有了答案。如果我没有弄错,阿里奇亚祭司就是那些神王或人神之一,人们认为社会福利乃至自然现象的推移都密切地依赖于他的存在。这样一个精神的统治者,他的臣民或信徒对于他们自己和他之间的准确关系并没有任何很清晰的观念,他们对这一点的看法也许是模糊不定的,如果我们想用精确的逻辑解释这种关系,我们就会犯错误。那些人只知道,或是只感觉到,他们自己以及他们的牲口和庄稼略带些神秘地与他们的神王联系在一起,集体是健康还是多病,羊群牛群是兴旺还是病弱?地里的收成是丰富还是微薄?这些都要看他是健康还是生病。他们能想象到的最大的灾祸就是他们的统治者的正常死去——无论是病死,或是老死。因为在那些信徒看来,这种正常死亡会给他们自己和他们的财产带来严重后果,譬如,致命的瘟疫会使人畜全亡,土地不再增产,甚至自然本身的结构都要瓦解。为了预防这些大灾难,就必须趁王还年富力强的时候就将他处死,以求他的神灵生命在精力未衰时传给他的继承者,以恢复他的青春。这样,通过强壮的替身连续地一脉相承,神灵生命就可以永葆青春年少,这样也就保证了人畜一代一代地传下去,保持青春,播种和收获、春天和夏天、雨水和阳光,也永远不会失调。如果我的推测不错,这就是内米的林中之王、阿里奇亚的祭司之所以必须照例死于他的继承者的宝剑之下的缘故。

但是,我们还得要问一下,金枝又是什么呢?阿里奇亚祭司职位的每个候补者为什么要折下一根金枝才能杀死祭司呢?下面我们就来试着回答这些问题。

我们谈到过,有许多规定或禁忌约束着有神性的王或祭司的生活,其中有两条最好一开始就先谈谈,我希望读者注意的头一条规定就是神人的脚不可着地:墨西哥的扎波特克人的最高祭司必须严格遵守这条规矩,他的脚只要挨一下地,都会玷污他的神性。墨西哥的皇帝蒙特祖马从来脚不沾地,总是由贵族背着他,如果到了某个地方他要下来,他们总是用华丽的毯子铺地,让他走在上面;日本的天皇如果脚踩着地,便是可耻的降黜,在16世纪时,这一点就足以使他失去王位。在宫外,有人把他背在肩上,在宫内他走在织工细致的垫子走道上;塔希提的国王和王后,只能在自己世袭的领地之内着地走路,在其他任何地方脚都不能挨地,因为凡是他们脚踏过的地方都会成为神圣的。他们从一地到另一地旅行时都是由特殊专门的人背在肩上。永远有几对这种神圣侍从陪着他们,背的人需要更换时,国王和王后就攀上另一对侍从的肩上,不得用脚着地。多苏马的国王如果脚沾着地,便是个恶兆,他必须举行赎罪仪式。波斯王在宫廷里在地毯上走

第六十章 天地之间

路,任何其他人都不得踩这些地毯,在宫廷外面,他从来不走路,不是乘车,就是骑马。古时候,暹罗王从来脚不着地,从一个地方到另一地方总是用黄金宝座抬着。从前,乌干达诸王和他们的母亲和王后在他们住的宽敞禁城外面从来不能用脚走路,他们要外出时,就由水牛族的人把他们背在肩上,王家人士出门总有几个水牛族的人陪伴,轮换着背他们。国王骑在背的人的脖子上,两条腿放在两肩上,脚插在背的人的手臂下面。这些背国王的人,一个背累了,就把国王抬到第二人的肩上,不让国王的脚着地。他们用这种方法跑得很快,国王出巡时,一天都走很远的路。在国王的禁城里,专有小屋给背的人住,为的是需要他们时近便一些。刚果南部地区有一个民族,叫作巴库巴或布香戈,直到前几年,王族的人还是禁止下地,他们必须坐在皮革上、椅子上或奴隶的背上,奴隶则用四肢匍匐在地,他们的脚放在别人脚上。他们外出时由人背在背上,而国王外出则坐担架,用竿子抬着。在尼日利亚南部奥卡附近的依波人中,土地祭司必须遵守许多禁忌,例如,他不能看见死尸,如果在路上看见了,他必须用腕带把眼睛遮住,许多食物他都不能吃,如鸡蛋、多种鸟雀、羊肉、狗、公羊等等。他既不能戴假面具,也不能摸它,戴假面具的人不能进他的屋子。如果狗进了他的屋,就把它杀掉扔出去。作为土地祭司,他不能坐在地上,也不能吃掉在地上的东西,人们不能向他扔土块。按照古代婆罗门的仪式,国王在即位典礼上脚踩一张虎皮和一个金盘子,他脚上穿的是猪皮鞋,从那以后,只要他活着,他就不能光脚站在地上。

有些人是终身神圣的,或受禁忌的,因此终身不得用脚着地;

但是也还有一些人，他们只在某些场合具有神圣或禁忌的性质，因此，这项禁忌只适用于当他们吐出灵气的那个固定的时刻。如在婆罗洲中部的卡亚或巴霍人中，女祭司举行某种仪式时脚不能踏地，得在地上铺放木板，踩在木板上。又如征途中的武士，他们周围由一层禁忌的气氛包围着，因此，北美印第安人在整个出征时期，都不能直接坐在地上。在老挝，猎象时有许多忌讳，其中一条是主要猎人不能用脚挨地。因此，他从象上下来时，其他人用一个树叶编的垫子给他垫脚。

很显然，神性、魔力、禁忌或无论我们叫作什么的那种，充满在被奉为神的或守禁忌的人身上的神秘素质，远古的哲学家都视之为一种物质的实体或流体，已奉为神的人身上充满了这种东西，正如莱顿瓶里充满了电一样，也正如一个良好导体通过接触可以把瓶里的电放出来一样，人身上的神性或魔力也可以通过接触土地而放出来，并且彻底放尽，在这种理论中，土地就是魔力流体的最优良的导体。所以，为了保持积蓄，不使流失，崇奉为神的或守禁忌的人物必须小心防止接触地面。他像一个瓶子，装满了宝贵的物质或液体，如果要防止这种宝贵的物质或液体从他身上走掉，那就得像电学里所说的，他必须绝缘。许多例子显然提出守禁忌的人要绝缘，这不仅为他自己，而且也为别人。神性和禁忌的性质可以说是一种有力的爆炸物，稍一接触就会爆炸，因此，为了大家的安全，就必须把它保持在一个窄狭的范围之内，以防止它泄漏出来会爆炸、破坏和摧毁它碰上的一切东西。

第二节　不得见到太阳

下面谈谈第二条规定,就是太阳不能照在神人身上。日本天皇和扎波特克的大祭司都遵守这条规矩。大祭司"被看成神,大地不配负载他,太阳不配照耀他"。日本人不许天皇的圣体暴露在露天之下,因为太阳是不配照在他头上的。南美洲格拉纳达印第安人"未来的统治者或指挥者,不论是男是女,在幼小的时候都被禁闭好几年,甚至七年,禁闭得那么严谨,连太阳都不能看,如果他们偶然见到太阳,就剥夺他们的王位;他们只能吃某些指定的食物;看守他们的人,还在一定的时候到他们的隐居地或监狱里去痛打他们"。例如,波哥大的王位继承人(是国王姊妹的儿子,不是国王的儿子)必须从小接受严格训练,他完全隐居在一个庙里,既不许见太阳,也不许吃盐,也不许和妇女说话,他的周围都是卫士,注视他的行为,记下他的一举一动。给他定下的许多规矩,如果违犯了一条,那就声名扫地,甚至被剥夺继承王位的权利。索加摩沙的王位继承者也是一样,在就位之前必须在庙里斋戒七年,关在黑暗中,不许见太阳或光亮。秘鲁国王的太子继承王位之前,必先斋戒一月,不见太阳。

第三节　少女月经初潮时必须隔离

值得注意的是世界许多地方女孩到了月经开始来潮时必须遵守前述的两条禁忌(即:不得触及地面,不得看见太阳),或二者之一。例如,卢安戈黑人的女孩们一旦月经开始来潮,就关在单独的小屋里,身体任何部分不得赤裸着触及地面。南非祖鲁人和他们同族各部落的姑娘,无论是走路、捡柴禾,还在地里干活,只要月经来潮的迹象出现,就马上跑到河边藏到芦苇里,不让男人看见,还用身上披的大氅把头部密密地盖好,不让太阳光照到头上。同时还尽量把身体蜷曲成一团,像被太阳晒得那样萎缩,等天黑以后才回家去,躲进一间小屋里住一些时候。尼亚萨湖①北端的阿瓦孔德部落中,小姑娘第一次月经来潮后必须由几个女伴陪同住在一所黑不见光的屋里隔离起来。屋里地上铺着干枯的香蕉树叶,不许点灯。这所屋子叫作"阿瓦孙谷"(Awasungu)之屋,意思是"无心的姑娘"。

新爱尔兰岛②上的姑娘们要在牢笼似的小屋里幽禁四或五年,不见阳光,足不沾地。有一位目击者对此风俗描写如下:"我从一位教师处听说这里有一个对于姑娘们的奇怪风俗,所以我就要求酋长领我去她们住的屋子看看她们。那所小屋大约25呎长,处于芦苇和竹丛之中,入口处挂着一捆干草表示这里是严格"禁忌"之地。屋内有三个圆锥体的结构,大约七八呎高,底部圆周约10到12呎,离地面4呎左右逐渐收缩直到顶尖成为圆锥形。这三个小笼子都是用露兜树的宽大叶子密密地编起来的,不透光,也不透风。每个小笼的边上开有一个口子,装着椰子树和露兜树叶编的双层小门。离地大约3呎左右是一层竹子做的架子,

---

① 位于非洲东南部的马拉维与莫桑比克之间。
② 新不列颠北部俾斯麦群岛的一个岛屿。

第六十章 天地之间

相当于地板。据说每个小笼里住有一位少女,每人至少得在笼里住上4年到5年,足不出户。我几乎不能相信所说的这一切,太可怕了,不可能真的这样。我对酋长说,我想看看笼子里面是什么样子,也要看看里面的姑娘们,我将赠送她们一些小珠子作为礼物。他说除了他们的亲属以外,任何男人都不得见到她们,这是禁忌。不过,我想,我说要赠送珠子给她们这一点,起到了一定的劝诱作用,他终于去找那负责看守和开关门户的老妇人去了。当我们等待的时候,听到里面那些女孩子用很不满的口气跟酋长说话,好像不同意什么或是害怕什么。过了好一会儿,那个老妇人终于来了。她当然不是一个令人感到愉快的狱卒或监护人,她好像也不给酋长面子让我们看看那些姑娘们,脸色显得极不友善难看。不过,酋长叫她开门,她还是照办。姑娘们在里面向外窥视我们,当听到要她们让我们看时,都伸出手来要珠子。我故意坐在离笼稍远一点的地方,把珠子拿在手里伸着给她们,我是想借此引她们多走到外面来一点,好让我仔细看看笼里是什么样子。这么一来又产生了另一困难,因为这些女孩在这里幽禁期间不得足踏土地。她们想得到珠子,于是老妇人只好走到外面抱一些木头竹片进来铺在地上,然后去搀着姑娘们一个一个地踏着木片走到我身边,取我托在手里的珠子。这样我才能够看看她们所住的笼子里面。我的头还没伸进笼里,就直觉热气扑面,令人窒息。笼里很干净,除了几根接水的短竹筒之外,什么东西也没有。竹制台架只够一位姑娘坐下或蜷着身子躺在上面。关上笼门,里面一定漆黑或相当昏暗。姑娘从来不许走出笼外,每天只能在笼边放的盘子或木盆里洗一次澡。她们说出汗太多。她们从很小的时候就关在笼子里,一直到长成大姑娘时才放出去。这时给每个姑娘都举行一次盛大的结婚喜筵。我看见的这些姑娘里,有一个大约已十四五岁,酋长告诉我们她已经在笼里住了五年,很快就要被接出去了。另两个女孩大约八岁、十岁,还得在笼里再住几年。"

在英属新几内亚的卡巴迪地区,"酋长的女儿一到十二三岁就得守在家里,不得以任何理由走出户外,所住房屋遮掩严密,太阳不得照在她们身上"。在新几内亚北部海岸的雅宾人和布考亚人这两个相邻部落中,姑娘月经初潮时就要守在深闺里一连五六个星期足不出户,还不得坐在地上,否则她的不洁就要玷污土地,因此给她一块木墩让她坐在上面,她的脚不得碰到地上,如果不得不离开屋子一会儿,就要用席子把身体裹得紧紧的,脚底下用藤条绑两块椰子壳如同穿上便鞋似地走动。婆罗洲的奥特达农人把八岁或十岁的女孩子关在家里一个小房间或密室里,长期不和外人接触。这间密室同本宅其他部分一样,都是建在离地面很高的木桩上。室内只有一个很小的窗子,对着很孤寂的地方。女孩住在里面,几乎完全处在黑暗之中。不得以任何借口、哪怕是最急切的需要,离开住房。在她幽禁期间,家里亲属也都不能见她,只有一个女奴专门侍候她。幽禁期限通常为七年,在此期间女孩独自一人只有编织席子或做些其他手艺活消遣解闷。由于长期缺乏运动对她的发育成长很有影响,待到成年将她从小室里放出来时,脸色苍白,皮肤蜡黄。这时候她才可以看见阳光、大地、流水、绿树和鲜花,好像刚刚获得新生。为她特别举行一次盛大宴会,并杀死一个奴隶,将血涂在她身上。在塞拉姆岛,姑娘们

第六十章 天地之间

到了月经期就自己关在漆黑的小屋里。在加罗林群岛的雅浦岛上，如果小姑娘走在大道上，首次月经忽然来潮，这时候必须请人给一个椰子壳作垫子坐下，不得直接坐在地上。然后回家在父母住处一定距离的小屋里关上几天，随后又搬进专供月经期间妇女住的房子里去睡上一百天。

在托里斯海峡的马布雅格岛上，小姑娘到了成年期，首次月经来潮的迹象出现时，家里便在黑暗角落用柴禾堆成一圈，让她戴上肩带、臂钏、脚镯、腿饰、踝饰、项圈，并在两耳、前胸和后背都戴上贝壳饰品，蹲在柴禾圈内，只能见到她的头部。这样隔离三个月，白天不得被太阳晒着，夜间可以溜出来活动活动，同时让家人把柴禾收拾收拾。自己不得用手进食，须由专门服侍她的一或两位老年妇人——如她的乳母——喂她，其中一位特别为她在树林中某处起火煮食给她吃。若正在海龟产卵期间，便不得进食龟或龟的卵。任何蔬菜倒是可以吃的。隔离期间，任何男人，即使她的爸爸，也不得进入她住的屋子。如果她爸爸在此期间看见了她，就准要倒霉，如出海捕鱼就将一无所获，甚至渔船也会触礁或被风浪砸碎。三个月隔离期满时，姑娘由两个伴娘抬着，脚不沾地来到淡水湾边，同时还有本族妇女围着护送。到了海湾沙滩，便脱去姑娘的衣着装饰，由两位伴娘架着她一起向水里摇摇晃晃地走去，把她浸泡在水里。这时所有妇女都向她和抬她的两个伴娘身上溅水。最后上得岸来，一个伴娘堆起一堆草让姑娘蹲在上面，另一个伴娘跑到礁石边抓一只螃蟹，扯下蟹螯，又急忙赶回来。这时滩上已点起一堆火，就在火上烤螯，烤好后喂给姑娘吃。吃后，把姑娘重新打扮起来，全体妇女排成一行，列队走回

598

村里,姑娘走在队伍中间,由两个乳母搀着。乳母的丈夫出来接她,把她领到一个乳母家里,请所有的人用餐,这时姑娘才得像往常一样自己吃饭。饭后跳舞,以姑娘为主,跟隔离期间照顾她的两位乳母的丈夫一起跳。

据说在昆士兰北部约克角半岛雅拉康纳部落中,女孩子到了青春期开始时就一人独居一月或六个星期,只有妇女可以见她,男人一概不得见。她住在专门为她搭的小屋或棚里,整天仰卧在地板上,不得见太阳,日落时分得闭上眼,太阳下山后才可睁开。据说若不这样,姑娘的鼻子就要染病。那期间,凡盐水里长的食物都不能吃,否则将要被蛇咬死。有一位老妇人照应她,给她吃菜根、山药,给她水喝。有些澳大利亚的部落习惯把月经初潮时期死亡的女孩深埋土内,也许是为了不让太阳照着。

加利福尼亚印第安人认为女孩子第一次来月经时"具有特大超自然力量,而且不全是玷污或有害的。不过他们还是强烈地以为它带有邪恶,所以不仅让她和家人及社会脱离,而且还试图让她和世界隔离。对她采取的戒令之一就是不看她。她必须低着头,不看外界,不看天日。有些部落干脆用毯子把她遮盖起来。许多这样的风俗很像北大西洋沿岸流行的风俗,例如,不许女孩用手搔头,也不得让手碰在头上,有一种专门搔头的工具供她使用。有时,除了喂食之外,她不得自己吃任何东西"。

华盛顿州沿海的奇努克印第安人,其酋长的女儿到了成年期月经初来时,要在家里躲避五天,不见人,不见天,不得摘浆果。据信:她如看了天,天气就不好;如摘浆果,就要下雨;如将杉木皮制的纸巾挂在云杉上,那棵云杉马上就要枯死。她从家中另外一

第六十章 天地之间

个门出入,到离村很远的河湾里洗浴。她得禁食几天,好多天不得吃新鲜食物。

温哥华岛①上的阿特或努特卡印第安人把已到成年期初次月经来潮的姑娘"安置在家中类似走廊的地方,用席子密密地盖起来,像个笼子似的,既见不到太阳,也见不到火。姑娘得在里面住好几天,只给水喝,不给吃的。姑娘在笼里住的时间越长,姑娘的父母就越光彩。如果在此最初的考验期间,姑娘见着了火或太阳,便是终身的羞辱"。姑娘幽居的地方,屏风上画着神话中的雷电之鸟。姑娘住在里面不能动弹,也不能躺下,必须半蹲着坐在那里。只许用梳子或一片骨头搔头,不能用手碰头发,也不得用手在身上搔痒。据说若搔一下,身上就留一道伤痕。当姑娘成年以后,八个月内不得吃任何新鲜食物,特别不得吃鲜鱼。她只能自己单独进餐,另用杯盘,不能和别人相混。

英属哥伦比亚策佐特印第安人的姑娘,到月经来潮时戴上一顶大皮帽把整个脸庞都遮了起来,晒不着太阳。据说如果姑娘面孔暴露在外,见了天日,就要下雨。那种大帽子还可遮住脸孔不见火光,因为姑娘这期间也见不得火。她的两手也得戴上连指手套,嘴里放一颗动物的牙齿以防止自己的牙齿出现空洞。整整一年内不得看见鲜血(除非事先把脸抹黑了),要不然就将双目失明。整整两年内得戴着那种大皮帽子,并且独自住在一个小屋里(不过可以见人)。两年期满后,由一位男子摘下她头上戴的帽子扔掉。英属哥伦比亚比尔库拉或贝拉库拉部落中的姑娘到了成

---

① 英属哥伦比亚的一个岛屿,离加拿大西南海岸不远。

年期开始来月经时,必须住在家中披屋里,不得到正房,也不得坐在全家人烤火的火炉旁。那披屋就是她的卧室,室内另外为她砌了火炉。姑娘一进入披屋卧室,头四天必须坐在那里一动也不动,清晨吃少许饮食,喝一点水,整天不能再吃东西。四天以后,可以走出房间,但只能从在地板上另开的一个出口处通行(房子都是在高出地面的木桩上盖的),这时仍不能到正房里去。如果走出屋外,必须戴一顶大帽遮面不让阳光照着。他们以为如果太阳光照在姑娘脸上,姑娘的眼睛就要受损害。她可以在山上采浆果,但不得走近河边或海边(整整一年之内都是如此)。如果吃了鲑鱼,就要失去知觉,或者嘴巴变成长长的鸟喙。

阿拉斯加的特林吉特(斯林基特)或科洛希印第安人的小姑娘身上出现青春期的迹象时,就要关在一间非常严密的小屋或者笼子里,只留一个很小的通风孔。姑娘要在这样又黑又不干净的住处住上一年,没有火,不能活动,没人做伴。只有她妈妈和一个女奴给她送来饮食。食物是从通风的小窗口送进的,饮水得用白头鹰的翅骨来喝。这种隔离,后来有些地方减少到半年、三个月,甚至更少。隔离期间,姑娘得戴阔边帽子使她的目光不见天日,人们认为她不适于为阳光照射,她目光所到之处,能够毁掉猎人、渔民以及赌徒的好运,能将东西变成石头,还能造成其他危害。到隔离期满时,将她穿的全部旧衣统统烧掉,全换新衣,大摆酒筵,筵席上在她下唇与嘴巴平行地割破一道伤口,放进一小片木屑或贝壳,把裂口撑开。阿拉斯加的爱斯基摩人中有一个叫科尼亚加的部落,他们的姑娘一到成年期就关在一间小屋里,头六个月里蜷手蜷脚地坐着,后六个月里则把小屋稍为加大一点,使姑

第六十章 天地之间

娘能将背伸直。在这全过程中她都被认为不洁,没有人跟她接触往来。

巴西南部,巴拉圭边境的瓜拉尼人①习惯把第一次出现月经来潮征兆的小姑娘放在吊床上缝起来,仅留一个小口子呼吸。姑娘身子被包裹得严严密密,好像一具尸体。在行经的那几天里,就一直那么躺着,并且严禁饮食。月经完毕,把姑娘交给一个女管家,由她剪短姑娘的头发,在头发未长到遮住两耳之前,负责不让姑娘吃任何肉类。玻利维亚南部的奇里夸诺人则把首次月经来潮的姑娘也照上述瓜拉尼人那样缝在吊床里悬挂在屋顶上,直挂到第二个月才将吊床降下一半高度,到第三个月,一些老年妇女手拄拐杖来到屋内到处走,碰见什么东西就用手杖敲打,声称她们是在驱赶那条伤害姑娘的蛇。

格兰查科②的一个印第安人部落,叫马塔科人或马塔瓜约人,也将初来月经的女孩隔离若干时日,让姑娘躺在小屋的一个角落,身上用树枝或其他东西盖着,不得见人,不得与人说话,不吃肉,不吃鱼。在此期间还找一个男人在屋前击鼓。在玻利维亚东部印第安人的尤拉卡雷部族里,当姑娘首次月经有讯时,做爸爸的就在住宅附近用棕榈树叶搭一个小棚,把女儿关在棚内不见光线,并且一连四整天不进饮食。

英属圭亚那的马库西人发现姑娘的成年期已到,初见月经征兆时,就把姑娘放在吊床里挂在小屋的最高处。最初几天里白天

---

① 南部印第安人的一个部落。
② 又名查科,是阿根廷、巴拉圭和玻利维亚三国之间的一个低地平原地区。

躺在床上,晚上下来,点起一盏火,守在一旁,直到天亮。若不这样,脖子、喉头或身上其他部分就要溃疡。只要月经来潮,就得严格禁食。月经结束后才得下地,住在屋内最暗的小间里,早上可以自己做饭吃,但必须另外起火,另用炊具餐具。大约十天以后请巫师来家念咒解禁,在她身上以及她接触过的值钱东西上吹气。凡是她用过的锅碗盆勺,都予砸碎,埋在地下。月经后洗过第一个澡,姑娘的妈妈必须用细棍抽打姑娘,姑娘必须忍疼,不得出声叫痛。到第二个阶段结束时,姑娘还得挨一顿打,以后就不再打了。这时姑娘才算"净洁"了身子,可以同从前一样与人相处交往。圭亚那的其他印第安人将女儿放在吊床里,在屋顶挂满一个月后,捉一些大蚂蚁来咬她。这种大蚂蚁咬人非常疼。有时除了让蚂蚁咬之外,姑娘在高悬屋梁期间还须禁食。当隔离期满姑娘从吊床上放下来时,人已瘦得只剩下一副骨头架子了。

印度少女到了性成熟时就被关在一间黑暗的房间里,一连四天,不见天光。她被视为不洁,谁也不能挨着她。她的饮食限定为米饭、牛奶、糖、酥酪和不加盐的罗望子果浆。到第五天早上,由五个有丈夫的女子陪同来到附近的池塘,用郁金香粉化的水涂在身上,大家都在池塘里洗个澡,然后回到家里,还扔掉姑娘原住小房间的席子和其他东西。孟加拉的拉希婆罗门强迫首次青春期来潮的女孩子独自居住,不许见任何男人。她得在一间暗室里关闭三天,经受一定的苦行赎罪。不得吃鱼、肉和甜食,只能吃米饭和酥油。马拉巴尔①的蒂扬人认为少女第一次来月经时头四天

---

① 印度西南部沿海地区。

第六十章 天地之间

里是不洁的。在此期间,她必须住在家里靠北的一间房里,房内用鲜嫩的椰子树叶编出花彩装饰起来,姑娘睡在室内一种特制的草席上,另有一个女孩陪她做伴,也睡在那里。姑娘这时不能触及任何人和树木花草,不得见天,如果看见乌鸦和猫,就要遭受灾难,必须绝对素食,不得外加盐、罗望子和干辣椒。她还得随身佩带一把小刀,或将刀放在席子上,以避邪气。

在柬埔寨,少女月经初潮时被安置在床上,挂着蚊帐,整整睡一百天。不过一般则认为四天、五天、十天或二十天便够了!即使这样,在热带气候下,严密的蚊帐里,也着实够呛!另据记载,柬埔寨少女一旦月经初潮,便"进入林荫深处"。根据家庭的社会地位,姑娘隐蔽的日期可以是几天或几年不等,但必须遵守许多规矩,譬如,不见生人、不吃鱼、肉等等,还不准出门,连去宝塔也不行。如遇日蚀,这种隔离便可中止。姑娘出来拜谢天狗,因为据说是这个怪物把太阳叼在嘴里了。像这样打破常规,允许姑娘在日食之际出现在大庭广众之前,表明对于那种禁止少女初来月经时不可看见太阳的戒律被人们多么执着地理解并遵行。

像这样广泛流传的迷信观念和习俗,其根源可望在古代神话和民间故事中找到线索,而且也有人这样做过。古希腊丹娜①的故事就渊源于此。据说丹娜的父亲把她幽禁在一间地下室里或一座铜塔里,宙斯化作金雨前来和她幽会,丹娜因而受孕。西伯利亚的吉尔吉斯人关于他们祖先的传说故事和古希腊的丹娜的

---

① 丹娜(Danae),即希腊神话中阿尔戈斯国王阿克里西俄斯(Acrisius)的女儿,亦译达那厄。

故事有近似之处。某可汗有一个女儿,可汗把她关在一间黑暗的铁屋里,不许任何男人见她。有一个老媪专门服侍姑娘,姑娘长到处女时期,有一天向老媪说:"您总是出去,是到哪里去了?"老媪说:"孩子,外面有一个光明世界,你的父母就住在那儿,各种各样的人全都住在那儿。我就是常常到那里去的。"姑娘说:"好妈妈,我不告诉任何人,求您带我也去看看那光明世界吧!"于是老媪把姑娘带出了铁屋。可是姑娘一见光明世界,马上就晃晃悠悠地晕倒了。这时神的眼光落在她身上,姑娘就怀了孕。姑娘的父亲非常生气,把她装在一只金子做的箱子里放到大海里随风浪漂流而去(仙家的金子在仙境里能够漂流)。上述希腊故事里的金雨和吉尔吉斯人传说中神的眼光可能都是表示太阳和阳光的。妇女因太阳而怀孕的观念在传说故事里屡见不鲜,甚至在婚姻的习俗里也有其迹象。

第四节 月经初潮必须隔离的理由

少女月经初潮时普遍受到许多限制和幽禁,其原因在于原始人对于月经出血极端恐惧。原始人对于月经出血总是害怕,特别是第一次月经来潮时,所以少女首次行经时比平常出现这种神秘的流血时应遵守的禁戒更为严格。本书前面部分已经列举过由于这种原因而产生的恐惧和习俗的事例。鉴于月经出血现象带来的恐惧周期性地冲击着原始人的头脑,深刻地影响着他们的生活和习俗,我们不妨再举一些这方面的例子供读者参考。

澳大利亚南部恩康特贝部落里有或曾经有过一种"迷信,女

第六十章 天地之间

人每月月经期间必须从帐篷里分出来单住,如果有年轻人或男孩走近她的住处,她就得大声向来人叫喊,年轻人就立即避开她而绕行。假如她疏忽了这一点,就要受责备,有时甚至要受丈夫或近亲的鞭笞。男孩子们从小就受到告诫,切不能见到妇人的这种血渍,否则就会头发早白,终身体质虚弱"。澳大利亚中部的迪埃里人相信:妇女月经期间如果吃鱼或下河洗澡,河里的鱼就要死光,河水也将干涸。同一地区的阿伦塔人禁止月经期间的妇女采摘"莎草(irriakura)"球茎,这种球茎是当地男女常吃的一种食物。人们认为如果哪个女人违反了这项规定,这种食物就将供应不上了。

有些澳大利亚部落对于月事期间妇女的隔离更为严峻,呵斥鞭笞之外,甚至还加以严厉的惩罚。譬如,"瓦克尔布拉族人有一条规定,禁止妇女帐篷跟男人帐篷搭在同一条路上,倘若违章,将在大帐篷内予以处死。其所以这样严厉,是因为对月事期间妇女的恐惧。在此期间,妇女必须远避到帐篷以外至少半哩,阴部要绑上一圈本族图腾的树枝,要不断地警戒和注意不让男人看见自己。因为,据信,任何男人如果不幸看见这样的妇女,就要死亡。如果这样的妇女让男人看见自己,就该被处死。妇女月经净后,便把脸画成红白相间的颜色,头上覆盖着羽毛,回到原来帐篷中去"。

托列斯海峡①群岛的穆拉勒格岛上的妇女月事期间不得吃任何海产品,否则捕鱼将无所获。新几内亚西边的加勒拉地方,妇

---

① 在新几内亚与澳大利亚东北部之间。

女每月例假期间不得走近烟叶的地里，否则烟叶就要受病害。苏门答腊的明南卡布尔人以为妇女身体不洁期间如果走进稻田，庄稼就被毁了。

南非的布须曼人[①]以为月经期间应严格隔离的姑娘，如果看了男人一眼，这个男人，无论原来身体是什么姿势，或手里拿着什么东西，都会马上就地定住不能动弹；如果跟姑娘说话，就会变成树木。南非的畜牧民族认为月经期间的妇人要是喝了牛奶，他们的牛就都要死亡，如果妇人的经血滴在地上，牛从上面经过，也要死亡。为防止这类灾害，不仅经期妇女，包括所有妇女，都禁止进入牛群围栏，而且还不得走一般的通道进村，或从这家小屋到那家小屋穿行，必须从各家屋后绕行以避开牛群所在的村中场地。每一座卡福人的村庄里都可见到妇女这样经行的道路。同样，在巴干达人中，妇女月经期间都不得喝牛奶，也不得接触奶桶，凡她丈夫的东西一概不能碰，不能坐在他的席子上，也不得为他做饭。如果她在这期间摸了自己丈夫的任何东西，就被认为等于是诅咒他死亡，或实际在行使巫法致他死命。如果她动用了他的任何东西，他肯定就要害病；如果她摸了他的武器，他在下次战斗中肯定要被杀死。此外，巴干达人还不许月经期间的妇女走近井边，恐怕井水因而枯竭，同时这位妇人也将病死。她必须忏悔过失，请巫医为她祝祷求恕，方能平安。英属东非的阿基库尤人在村里新建起一幢小屋以后，主妇住进新居，第一次生火那天，如果恰巧在这天月经来潮，那么，这幢新居就一定要倒塌，因此第二天就得拆

---

① 即南非洲卡拉哈里沙漠地区的一个游牧部落。

第六十章 天地之间

毁,这位主妇绝不能在这新居内再多住一宿。因为对她和对新居,都将有灾祸降临。

按照犹太人的圣法经传,妇女月经期间若从两个男人中间走过,其中一个男人肯定要死亡。黎巴嫩的农民认为,月经期的妇女是许多灾祸的根源,她们的身影能使鲜花凋谢,树木枯萎,蛇蝎不行。她们如果骑马,马就要死亡,至少也要在长时间内不能使用。奥里诺科①的圭基里人相信妇女月经期间所踩着的一切东西都将死亡,如果男人踩到她走过的地方,这个男人的腿马上就要肿胀起来。哥斯达黎加的布赖布赖印第安人的已婚妇女月经期间只能用香蕉树叶当盘子,用后立即扔在偏僻的地方,如果牛发现并吃了它,牛就会消瘦死亡。她也只能用专门的杯子喝水,如果别人用她喝过的杯子喝水,就一定要病弱而亡。

北美印第安人绝大多数部落的习俗:妇女月经时都退出所住的帐篷或村庄,住进专门预备的小屋或掩蔽处所,自己吃,自己住,自己烤火取暖,严格禁止与男人的一切交往,男人们回避她们如同回避瘟疫一样。再如:美国的克里克人和同血缘的印第安人把月经时的妇女赶到村外不远的小屋里居住,让她们在那里甘冒受敌人惊扰隔绝的危险。因为人们认为在这样时刻走近这些妇女是"最可怕最危险的污染",并且这种危险也会延及敌人,敌人若杀了这样的妇女,就得用几种神草药来清除身上所受的污染。英属哥伦比亚的斯特西里印第安人想象月经中的妇女如果从他们的箭捆上跨过,这些箭便成了无用之物,甚至会造成箭主的死

---

① 委内瑞拉的奥里诺科流域。

亡；同样，如果她从背枪的猎人身前走过，猎人所使用的枪就再也不能命中。赫德逊湾①地区的奇佩瓦人及其他印第安人将月经期中的妇女从帐篷中隔离，让她（们）住在树枝搭的小棚里。她们围着长头巾，连头带胸口全盖住了。她们不能碰家中的家具或男人用的任何东西，如一碰着，"就玷污了，别人再用，就要遭灾受害"，例如，生病或死亡。她们必须用一根天鹅的骨头来喝水，不得在大家行走的道路上走路，也不得穿过牲口常走的路径，"永远不得在河流湖泊的冰上行走，也不得走近男人们狩猎海狸的地方或放置渔网的地方，否则就要破坏了渔猎的收获。月经期间的妇女还不得和人一起同吃任何动物的头，甚至还不得穿过或走在不久前由雪橇载着或人背着鹿、麋、海狸及其他动物的头走过的道上。如果违犯，就被视为极其严重的犯罪。因为人们坚信这将阻碍猎人，今后狩猎不会像以往那么多收获"。拉普人也是这样禁止妇女在月经期中到渔人惯常出发打鱼的海岸边快走。白令海峡的爱斯基摩人以为猎人如接近正来月经的妇女，打猎时就将无所收获。由于相同的理由，卡利尔印第安人不许月经期中的妇女经过牲口走的路径，如果实在需要经过的话，就把她抬过去。他们还认为如果她涉足溪流或湖水中，水中鱼类都将死亡。

围绕妇女生理上的这一神秘现象而产生的许多迷信，在欧洲文明民族中也不亚于原始未开化民族。现存最古的百科全书——普林尼的《自然史》——中列出有关因妇女月经而忧虑的危险远比任何未开化民族提出的要多得多。据该书记载，月经期

---

① 位于加拿大东北部，濒临大西洋。

第六十章 天地之间

的妇女如果触摸了酒,酒就要变成酸醋,她还会使庄稼枯萎,秧苗烂死,蔬菜全坏,果实早落,明镜晦暗,剃刀变钝,钢铁生锈(尤其在下弦月亏期间如此),蜜蜂死亡(至少赶出蜂窝),牝马流产,等等。欧洲各地至今仍以为月经期中的妇女如进入啤酒厂,酿出来的啤酒就是酸的;如摸了啤酒、葡萄酒、醋或牛奶,这些东西就全部要坏;她如果做果酱,果酱就不能存放;她如果骑母马,母马就要流产;如摸了花蕾,花蕾就要凋落;如爬上樱桃树,树就活不了。不伦瑞克①的人们认为,如果月事中的妇女在宰猪时帮了忙,猪肉就要腐烂。希腊卡利姆诺斯岛上的妇女来月经期间,不准到井边汲水,不准渡河,不准出海,如果坐船一定有风暴。

所以,可以说妇女月事来时需要隔离的目的是要化除其危险影响。对于第一次月经来潮的姑娘要特别小心严格隔离的原因,就在于人们认为其危险特大,上面我们举例说明了那条预防措施,即姑娘不许触地和不见太阳。一般做法是把姑娘悬空吊起,上不着天,下不着地。无论是像南美那样把姑娘放在吊床上悬到屋顶高处,或是像新爱尔兰岛那样把姑娘关进高出地面的黑暗狭小的笼子里,只要能使姑娘与大地和太阳隔离不致玷污、毒害生活的伟大来源就行了。总之,用电子学的术语来说,使姑娘变成绝缘体就无害了。为此目的而采取的防范措施都是以姑娘本人和他人安全考虑为主导思想的。他们认为姑娘如果无视这些规定,她本身必将受害。所以,像我们已经考察到的那样,祖鲁人的姑娘们相信,如果月事来潮期间晒到太阳,自己就要瘦得皮包骨

---

① 德国下萨克森州的一个地区。

头。马库西人想象,如果青年妇女违犯了这些戒律,全身就要溃疡。总之,姑娘都被视为拥有强大的力量,若不使之保持在固定范围之内,对姑娘自己以及姑娘接触的所有人都将造成危害。为了所有有关人员的安全,有必要将那种力量控制在一定范围之内,这就是我们所考察到的这方面许多禁忌的目的。

这种解释也适用于有神性的王及祭司之所以要遵守与上述相同禁忌的原因。在原始人的思想里,姑娘月经不洁(所谓的不洁)同神人的圣洁两者之间实质上并无差别,不过是同一神秘力量的不同表现而已。这种神秘力量,跟一般的力量一样,其本身无所谓好,也无所谓坏,只是如何应用从而造福或贻祸于人而已。所以,像月经来潮时的姑娘们一样,神人既不能触地也不能见天,其理由,一方面是恐怕接触了天地之后神性的毁灭力量将发泄于天地,另一方面又怕神人具有的微妙神性一泻无余,今后不再能执行其担负的关系人民甚至世界安全的神职。故上述各种戒律都在应当禁忌的前列(本书前面已经探讨过这些禁忌问题),其意图就是要保存神人的生命,随之也就得以保存神的臣民和崇奉者的生命。原始人认为神人宝贵而又危险的生命,无论放在天上或地下都不如悬在两者之中最为安全无害。

第六十一章　巴尔德尔的神话

有一个神,它的生活在某种意义上说,既不在天上,也不在地上,而是在两者之间,这个神就是北欧的巴尔德尔。它是一个善良美丽的神,是伟大的神奥丁的儿子,是诸神中最聪明、最温和、最受爱戴的神。根据新《艾达》,即散文体《艾达》(prose Edda)记载,关于他死亡的故事是这样的:有一天,巴尔德尔做了一个噩梦,好像是他要死的征兆。于是诸神开了一个会,决定要保护它免受任何侵害。弗丽嘉女神让火和水、铁和一切金属、石和土、树木、疾病、毒药,一切四只脚的走兽、鸟雀和爬行的东西都发誓,要它们不得杀害巴尔德尔。这之后,大家认为巴尔德尔是不可侵犯的了。于是,诸神把他放在它们当中,有的射它,有的砍它,有的拿石头砸它,如此取乐。不管它们怎么做,任何东西都不能伤害他,他们见了,大家都高兴。只是洛基这个捣蛋鬼不高兴,他扮作一个老太太去见弗丽嘉。女神告诉它,神的武器是不能伤害巴尔德尔的,因为她已经发誓,不要伤害巴尔德尔。于是洛基问道:"是不是所有的东西都立誓不伤害巴尔德尔?"她回答说:"在瓦哈拉的东边长了一棵树,叫作槲寄生树,我看它太小,没有让它发誓。"于是洛基去把那棵槲寄生树拔起来拿到众神的大会上去。它在那里发现瞎了眼的神霍德尔站在圈子外面。洛基问它:"你为什么不向巴尔德尔投射？"霍尔德回答说："因为我看不见它站在哪儿，而且，我也没有武器。"于是洛基说："还是跟别人一样吧，对巴尔德尔要表示尊敬，大家都是这样的。我告诉你它站在哪里，你就拿这根枝子向它投刺吧！"霍德尔拿起那棵槲寄生树，按照洛基指的方向，向巴尔德尔掷去。槲寄生树击中了巴尔德尔，把他刺了个穿胸透，倒地而死。这是降在诸神和人们身上最大的不幸。诸神一时都哑口无言，接着放声痛哭起来。它们抬起巴尔德尔的尸体，把他带到海边。巴尔德尔的船停在那里，这条船名叫号角，是所有船中最大的一艘。诸神想上船，在船上把巴尔德尔的尸体烧掉，但是船一动也不动。于是它们派人去找名叫希罗金的女巨人。她骑着一匹狼走来，把船使劲一推，巨浪都冒出火花，大地也都震动。于是诸神抬起巴尔德尔的尸体，放在船上的火葬堆上。他的妻子南娜见了，她的心哀痛得炸了开来，死去了。诸神把她也放在火葬堆上，跟她丈夫一起火化了。巴尔德尔的马披戴着全副马饰，也在堆上烧化了。

不管巴尔德尔是个真人，还是个神话人物，它在北欧受到崇拜。在松恩湾的那些美丽的海湾中，有一个海湾深深地伸进北欧的崇山峻岭，山上是苍郁的松林，高悬的瀑布，水花飞溅倾泻而下，流入渊深的海湾黑水中，就是在这个海湾上有一大片巴尔德尔圣地，叫作巴尔德尔林地。圣地周围有栏栅，里面有一座宏大的庙宇，庙内有许多神像，但没有一个像巴尔德尔那样受到衷心的崇拜。异教徒怀着那么大的敬畏之心看待这个地方。任何人不许在这里伤害别人，不许偷别人的牲口，也不许和妇女一起在这里亵渎。但是庙里的神像由妇女看管，她们用火烘暖神像，给

第六十一章 巴尔德尔的神话

神像涂油,用布把它们擦拭干净。

不管人们认为关于巴尔德尔的传说中包含的是什么样的历史内核,故事的细节表明它属于在仪式中戏剧化了的那一类神话,或者换一个说法,它属于这么一类神话,即:它们都是被当作巫术仪式的内容来演出的,这种戏剧化的表演,符合神话语言所欲达成的效果。一个神话只有在它成了神圣仪式表演者说出和演出的"经书"以后,它才会有最明显最准确的细节。如果我们能证明挪威人和其他欧洲民族也表演过与挪威巴尔德尔故事的情节相类似的仪式,那么北欧的巴尔德尔故事可能属于这一类的神话了。这个故事里的主要事件有二:第一,是拔槲寄生树,第二是神的死亡和焚化。这两件事也许可以在欧洲各地人们每年举行的仪式中找到相对应的部分,或者一件,或者两件事同时都有。下面几章将描述并讨论这些仪式,从每年的篝火节开始,关于拔槲寄生树且留待以后再谈。

第六十二章　欧洲的篝火节

第一节　一般的篝火节

从远古的时候起,全欧洲的农民有一个风俗,在一年的某几天,点起篝火,围着火跳舞,或从火上跳过去。这种风俗,根据历史证明,可以追溯到中世纪,并且在古代也有举行类似仪式的例子,这些事例本身的有力证据也表明,在基督教传播之前很久就有这种习俗了。公元8世纪时基督教的宗教会议曾经企图把这种风俗说成是异教仪式而予以取缔。这一事实便是北欧遵行这种仪式的最早证明。在篝火中烧毁偶像或者装作在火里焚烧一个活人并不罕见,而且我们有理由相信古代这种场合下确实焚烧活人。简略地考察一下这个风俗,就可以找出人牺的痕迹,同时也有助于说明它的意义。

最常见的点燃这种篝火的时候是在春天和夏天,有些地方也在秋末或冬天举火,尤其是在万圣夜(10月31日)、圣诞节那天和主显节前夕。篇幅不容许我详细描写所有这些篝火会,只能举几个例子来证明它们的一般性质。我们从春天的篝火节说起,这种篝火节通常在四旬斋的头一个礼拜天(*Quadragesima* 或 *Invocavit*)、复活节头一天和五朔节当天举行。

第二节 四旬斋篝火

在四旬斋的头一个礼拜天举行的风俗在比利时、法国北部和德国许多地方都很流行。如在比利时的阿登山区，在所谓"大火日"的头一个星期或两个星期，孩子们就从一个一个农庄劝募收取柴禾。在格兰哈鲁克斯地方，谁要是拒绝孩子们的要求，孩子们第二天就追赶他，要用已熄火的灰烬涂黑他的脸。到了举火的那天他们砍下小树，主要是杜松和金雀，等到黄昏，所有的高地都点起篝火。人们常常说要点燃七堆大火，村子才能免于火灾。如果默兹河那时还被厚厚的冰层冻结，冰上也点起火来，在格兰哈鲁克斯地方，人们在火堆的正中立一根柱子，称为"巫婆"（*makral*），由村子里最近结婚的男子把火点着。在莫朗韦附近，人们把一个草人放在火堆里烧掉。年轻人和孩子们围着火堆跳舞唱歌，并且得从火上跳过去，以求来年丰收，婚姻美满。或是借此预防腹痛。在布拉邦特①，也是在这个星期天，妇女和男人都用妇女服装打扮起来，打着火炬到田里去，在那里跳舞，唱滑稽歌曲，他们自称目的是要赶走"恶毒的播种者"，福音里提到它在这天出现，这个习俗一直延续到19世纪初。在埃诺省的帕图拉戈斯地方，直到1840年前后还尊崇这个风俗，名叫埃斯科芬或斯科芬（*Escouvion* 或 *Scouvion*），每年四旬斋的头一个星期天，称为小斯科芬节，青年们和孩子们常点着火把跑过菜园和果园，一边跑

---

① 公元1830年前西欧的一个公国，1830年后分属荷兰与比利时。

一边高声喊道:

> 结苹果,又结梨,对于斯科芬,樱桃都是黑的!

说完后,打火把的人用火把摇圈子,然后扔到苹果树、梨树、樱桃树的枝子中去。下一个星期天叫作大斯科芬节,同样点着火炬,在果园中跑,从下午直到天黑。

法国境内阿登山区,农村里全村的人都围着篝火跳舞唱歌,火在四旬斋的头一个星期就点燃起来,也是由最近结婚的男子或女人用火柴点着的。这个风俗在那一带至今还保存着,相当普遍。常常把猫扔到火里烧死,或擎在火上烤死。当他们烧的时候,牧人赶着他们的牲口从烟和火焰中穿过,作为给他们预防疾病和魔法的手段。有些村社认为围着火跳舞跳得越欢乐,那年的庄稼就越好。

汝拉山脉以西,法国的法兰斯孔德省①内,四旬斋的头一个星期日叫作火炬(Brandons)星期日,这是因为每逢那天照例点燃火炬。在那个星期六或星期天,村里的男孩们就套上一辆车,拖着满街走,在每个有女孩的人家门口停下来,讨一把柴禾。等到有了足够的柴禾时,他们就把车赶到离村不远的地方去,把柴禾架成一堆点燃起来,让教区所有的人来观看。在有些村子里,晚祷钟声响后,人们就喊着:"看火去!看火去!"这是篝火节的呼号。小伙子们、姑娘们、小孩子们围着火跳舞,火燃熄了大家就抢着从

---

① 前法国东部的一个地区和省份,与瑞士接壤。

余火上跳过去。不论姑娘或小伙子,谁跳过火堆而没有烤着衣服,谁在当年就会结婚。青年人还点火炬到街上和田里去,走过果园的时候,他们就喊道:"长出果子比叶子多!"杜省的拉维兰地方,直到近年,结婚的年轻夫妇必须在当年看管篝火。人们在篝火当中竖着一根柱子,顶上拴着一个木刻的公鸡。大家赛跑,赢了的就得到木公鸡为奖。

在奥弗涅山区,四旬斋的头一个星期天的晚上,处处都点着篝火。每一个村庄每一所小房子,甚至每一小区每一单独的农场都点起自己的篝火(即他们所说的 *figo*),当夜幕降临的时候火焰就燃起来了。无论在高处或在平地,处处都可见火焰的燃烧,人们围着火跳舞,从火焰上跳过去。然后,他们去参加格兰纳—米亚仪式。格兰纳—米亚是用谷草扎的火炬,拴在一根竿子顶上。当火堆烧了一半的时候,旁观的人就在要灭的火焰上点起火炬,拿到附近的果园、田地、菜园,以及任何有果树的地方。他们一边走,一边放开嗓子唱着:"我的朋友格兰纳,我们的父亲格兰纳,我的妈妈格兰纳。"然后他们把燃着的火炬拿到每棵树的枝子下晃一下,唱道:"*Brando,brandounci tsaque brantso,in plan panei*!"意思是说:"火炬燃烧吧,让每根树枝结出一篮果子!"还有些村子里,人们从播过种的田里跑过去,把火炬的灰摇到地上,他们还拿一些灰放在鸡巢里让母鸡全年多下蛋。这一切仪式都举行完了之后,各人回家,摆出筵席,晚上专吃馅饼和烤饼。在这个例子里,带着火炬到果树园里、和播过种的田里以及鸡巢等处,显然是一种要保证丰产的巫术。如波默罗尔博士所提示的,人们使用符咒所召唤的那个格兰纳,以及用它的名字称呼火把的那个格兰纳,可能就是古代凯尔特人的格兰纳斯神,罗马人把它当作阿波罗,对它的崇拜有碑刻为证,这种碑刻不仅在法国发现过,在苏格兰和多瑙河流域也发现过。

在四旬斋的头一个星期天把点燃的谷草火把(brandon)拿到果园和田里去使农作增殖,这种风俗在法国曾经很常见,不论是否同时还点燃篝火。又如在皮克狄省,"在四旬斋的头一个星期天,人们拿着火炬从田里走,祓除田鼠、毒麦和黑穗病。他们以为火炬对菜园很有益,能使洋葱长得很大。孩子们手里拿着火炬在田里乱跑,能使土地更肥沃"。在汝拉和库姆黛因之间一个叫作维尔克的村子里,每到这个节日山顶上都点起火炬,拿火炬的人来到村里挨家索讨烤豌豆,要求所有在当年结婚的夫妇跳舞。法国中部的一个地区贝里,这一天好像并不点篝火,但是在太阳落山以后,村庄里的全体居民都拿着点燃了的谷草火把分散在整个田野里,烤地、烤葡萄园、烤果园。远远望去,一片移动的火光,在黑暗中闪闪烁烁,像鬼火一样,彼此追逐横过平原,绕过山腰,走下山谷。男人在树枝子中间摇晃火把,妇女和孩子把麦秸编的绳子缠在树干上。仪式的目的是要防止大地的果实不受各种灾害。人们认为捆在树干上的麦草绳可以使果树多结果实。

上述相同的季节里相似的风俗,德国、奥地利和瑞士也一直流行。如在莱茵河流域普鲁士境内的艾弗尔山区,四旬斋的头一个星期天,青年人常常挨家收集谷草和柴。他们把柴草带到一个高地上,围着一棵又高又细的山毛榉堆起来,拿一块木柴成直角地拴在树上,构成一个十字形,叫作"茅屋"或"城堡",在上面点着

第六十二章 欧洲的篝火节

火,青年人光着头围绕火光熊熊的"城堡"列队而行走,每人手持一个点亮的火炬,高声祈祷。有时在"茅屋"里焚烧一个草人。人们注意烟往哪个方向飘,如果是往谷田里飞,那就是庄稼丰收的迹象。在同一天,艾弗尔有些地方还用谷草做一个大轮子,用三匹马拉到山顶上。村里的男孩们天黑时也到那里去,把轮子点燃,推它滚下山坡。在奥帕斯塔特菲尔德村,轮子需由最近结婚的青年完成。在卢森堡的埃希特纳赫附近,同样的仪式叫作"烧巫婆"。在蒂罗尔的伏拉贝格村,四旬斋的头一个星期天,把柴草围着一棵细长的小枞树堆起来。树顶上拴一个人形偶像,叫作"巫婆",是用旧布填上火药做的。到了夜里,都点上火,男孩、女孩围着它跳舞,摇着火把,唱着曲子,曲子里可以听到这样的话"谷子在簸箕里,犁在田里"。在施瓦本,在四旬斋的头一天,用布做一个偶像,拴在杆子上面,称之为"巫婆"或"老太婆"或"冬天的奶奶"。把杆子插在一堆木柴的中央,再点上火。当"巫婆"燃烧时,青年人向空中扔火饼。火饼是薄薄的圆木块,半径有几英寸长,边沿为锯齿形,仿效太阳和星星的光线。火饼正当中有一个小眼,穿在一根棍子头上。扔火饼之前,先点着,把棍子来回摇,动力传到火饼上,再把棍子在斜板上猛一碰,加大动力。这样一来,燃烧的火饼就投出去了,在空中飞得很高,落地之前在空中划出长长一道弧形火光。烧过的"巫婆"和火饼的炭拿回家去,当夜埋在亚麻田里,认为它能驱走田里的害虫。在赫斯和巴伐利亚边境上的罗思山区,人们常常在四旬斋的头一个星期天到山顶或高地去。小孩和少年拿着火炬,涂抹了焦油的扫帚和包着谷草的杆子,拿一个轮子,包上容易燃烧的东西,点燃后滚下山去。青年人冲到田里,拿着点亮的火把和扫帚,最后把火把和扫帚扔在一堆。他们站在周围,唱起赞美歌和民间的歌曲。拿着火炬在田里跑,其目的是要"赶走恶毒的播种者",也可能是纪念圣母的,求她全年保护大地的果实,保佑他们。在赫斯①附近的村子里,在罗恩山脉和福格尔山脉之间。人们认为火轮滚到哪里,哪里的田就不受冰雹风雨的灾害。

在瑞士也一样,在四旬斋的头一个星期天的晚上常有在高地点燃篝火的风俗,所以民间把这一天叫作火花星期日。例如,整个卢塞恩州都流行这个风俗。男孩挨家讨木柴谷草,然后堆在一个显眼的山丘上,中间立一根柱子,上面有一个草人,叫作"巫婆"。天黑时,点燃柴草堆,年轻人围着它疯狂地跳舞,还有人挥着鞭子发出声响,或是摇铃,当火焰烧得不那么旺的时候,他们就从火上跳过去,这叫作"烧巫婆"。该省有些地方,人们还用谷草和荆棘包着旧轮子,点燃后,让它冒着火焰滚下山去。在黑暗中噼噼啪啪地烧着的篝火愈多,当年的收成就会更好,在火边或火上跳过去的人,跳得愈高,人们认为亚麻也长得愈高。有些地方,点火的必须是最近结婚的男人或妇女。

在四旬斋的头一个星期天燃烧的这些火堆,似乎很难与大致同一时日的"送走死亡"仪式中烧掉死亡偶像的火区分开来。我前面谈到,在奥地利西里西亚的斯帕钦道夫村里,鲁珀特日(忏悔节?)那天早上,人们把一个草人,穿上皮衣,戴上皮帽,放在村外的一个洞里,把它烧掉。正烧的时候,人人争着抓一把草渣,把它

---

① 即黑森,德国中部的一个地区,英文名称为赫斯。

放在自家的田里，以为这会使收成更好。这个仪式叫作"埋葬死亡"。即使草人不叫"死亡"，遵循这个仪式的意义也许还是一样的。因为，正如我已经试着表明过的那样，死亡这个名字并不表示仪式原来的意义。在艾弗尔山区的科柏恩村里，男孩子在忏悔节那天做一个草人，对它进行正式审判，控诉它一年来在附近地区所犯的一切盗窃案件，最后判处草人死刑，拿着它走遍全村，然后枪毙，放在火堆上烧掉。他们围着火堆跳舞，最近结婚的新娘必须从火堆上跳过去。在奥尔登堡，忏悔节那天晚上，人们常编一个长长的草带，点燃后，摇晃着在地里到处跑，高声叫喊，唱着粗野的歌曲，最后他们在地里烧化一个草人。在杜塞尔多夫区忏悔节烧的草人，是用一捆未打过的谷秸做的。在春分后的第一个星期一，苏黎世的顽童们，用小车推着草人，女孩们带着五朔树从街上走过，晚祷铃响以后，就把草人烧掉。在亚琛地区，在圣灰星期三那天，常把一个人和豌豆蔓一起装在筐里，运到预定的地方。在这里，他悄悄从筐里蹓出来，然后把豆蔓和筐子点火烧掉，孩子们以为烧得是那个人。在瓦尔迪莱德罗（即蒂罗尔），每当狂欢节的最后一天，都用草和小树做一个木偶，而后烧掉。这个像叫作"老太婆"，仪式叫作"烧死老太婆"。

第三节　复活节篝火

另一个举行这种篝火会的时节，是复活节的前夕，即复活节星期日的前一天的星期六。在这一天，所有天主教国家都有一个风俗，熄灭教堂里所有的火，然后用火石和钢，或用火镜点起新火。用这新火点起逾越节①或复活节的大蜡烛,然后再用这大蜡烛点起教堂里所有熄灭的火。德国有许多地方也用这种新火在教堂附近的空地点起一堆篝火,这是献祭过的篝火,人们拿着橡树、核桃树、山毛榉的枝子,在火上烧成炭,然后带回家去。有些炭枝在家中新点起的火中烧掉,并祷告上帝赐福全家,免受火灾、雷电和冰雹。这样一来,每家都有了"新火"。有些炭枝保存到来年,遇到大雷雨闪电的时候,放在灶里,以防房子遭电击毁,或者把炭枝塞在屋顶下,也是为了同一目的。还有些树枝放在田里,果园里、草地上,祷告上帝保护他们,免受霜雹虫害。人们认为这样的田和果园比其他的田和果园的作物要长得好些,里面的谷物和树木不会被冰雹压倒,老鼠、害虫、甲虫不会吃它们,巫婆不能伤害它们,谷穗长得又密又饱满。人们还把炭枝放在犁上,把复活节火堆的灰,以及神圣棕榈树枝的灰在播种时和种子拌在一起。有时在祭过神的篝火上焚烧一个木制的偶像叫作"犹大",在这种风俗已经废除的地方有时仍称这种篝火为"烧犹大"。

农民举行的复活节篝火会的方式和与复活节篝火会有关的一些迷信,都明显地表示出它的性质乃是非基督教的。整个德国北部和中部,从东边的阿尔特马克和安霍特起,中经不伦瑞克、汉诺威、奥尔登堡、哈尔茨地区和黑森直到威斯特伐利亚,复活节篝火会至今还是同时在山顶上燃烧着。有时一眼望去,这种篝火可以数出四十堆之多。早在复活节之前,青年人就忙于收集木柴

---

① 古代犹太人一年一度的宗教节日和春天农事节日,是纪念希伯来人在埃及奴役下获得解放的节日,其日期和基督教的复活节基本上相同。

第六十二章 欧洲的篝火节

了。每个农家都捐献,柏油桶、石油箱等等早就堆得高高的了,相邻的村子彼此竞争,看谁点的火苗最大。年复一年,总是在同一个小山上烧火,因此,那个山常常就叫复活节山。站在高处看着篝火一个接一个地在附近高地烧起来,蔚为奇观。农民相信,他们的篝火烧得愈大,地里的出产就会愈多,火光照耀的房子就更不会有火灾和疾病。在黑森的沃尔克马森和其他地方,人们常常注意风把火苗吹往哪个方向,然后他们就在那个方向播种亚麻,相信它会长得很好。从火堆里取出的火棍可以保证房子免遭雷击,灰可以增加田地的肥力,保护田地不受老鼠侵害;把灰和牲口喝的水拌在一起,可以使牲口壮实,不受瘟疫。火焰灭下去的时候,老老少少都从火上跳过。有时还赶着牲口从快要熄灭的炭火上走过。有些地方用谷草包着柏油桶和车轮,点着火以后从山腰滚下山去。有些地方的男孩子就着篝火点起谷草把子,一面摇晃火把,一面到处乱跑。

在蒙斯特兰①,总是在某个固定的小山上烧起复活节的篝火,因而这些小山又叫作复活节或逾越节山。所有的人都围在火旁边,青年与少女们绕着火边走,边唱复活节颂直到火焰熄下去。然后女孩子排成一行,一个接一个从火上跳过去,每个女孩都由两个青年挽着手,跟着他们跑。昏暗中,男孩拿着火光熊熊的谷草把子从田里跑过,使田地增产。在奥尔登堡的德尔曼霍特地方习惯做法是砍两棵树,并排栽在地上,每棵树旁堆十二桶柏油。然后再在树旁堆上木柴,在复活节的黄昏都点上火。仪式

---

① 德国境内。

结束时,顽皮的孩子争着把彼此抹黑,还要把大人的衣服抹黑。阿尔特马克的人相信,复活节的火光能照到多远,所照之处的谷子全年都会长得好,也不会发生火灾。哈尔茨山区的布伦罗地方有一个在复活节烧松鼠的风俗。阿尔特马克的人们在火里烧骨头。

上弗兰肯的福希海姆附近,每年复活节星期六那天,人们都要在教堂墓地烧一个叫作犹大的草人。全村给烧草人的火葬堆送木头,并把烧过后的炭棍子保存起来,留到沃尔蒲吉斯节(Walpurgis Dan)(即5月1日)埋在田里,以防小麦枯萎发霉。大约在一百年或一百多年以前,上巴伐利亚的阿尔特格嫩贝格地方有如下的风俗:复活节星期六的下午,男孩收集木柴,堆在一块谷田里,在柴堆正中竖立一个高高的木十字架,全包在谷草里。晚祷之后,他们在教堂里祭过神的蜡烛上点起灯笼,尽快地向柴堆跑去,都争着第一个跑到那里,谁先跑到就给柴点着火。妇女和女孩不能到火跟前来,但他们可以在远处看火。火苗升起的时候,男人和少年都很高兴,又闹又喊着:"我们在烧犹大!"头一个到达火堆点火的人由妇女在复活节星期日发奖,在教堂门口送给他染了色的鸡蛋。整个仪式的目的是要防止冰雹。在上巴伐利亚的其他村子里,这个仪式在复活节星期六晚上九点、十点之间举行,叫作"焚烧复活节人"。在离村约一英里远的一个高地上,年轻人竖立一个高高的十字架,包上草,让它看起来像个人,两手伸在外面。这就是"复活节人"。十八岁以下的男孩不得参加这个仪式。一个年轻人站在"复活节人"旁边,手里拿着一支祭过神的蜡烛,是他从教堂里点好带来的。其余的人围着十字架距离均匀地站成个大圆圈,一声信号,便围着圆圈跑三圈,第二次信号一起,大家都向十字架和手拿燃烧着的蜡烛的男孩跑去。谁先到达,谁就有权把"复活节人"点着。点燃后,大家快乐异常。当"复活节人"在火焰中烧完的时候,从其余男孩中选出三人,每人围着灰烬用棍子在地上画三圈。然后,全体就都离开那里。到复活节星期一那天,村里人把那些灰烬收集起来撒在田里;他们还在田里插上复活节星期日祭神用过的棕榈树枝,另外还插一些棍子,棍子都已烧成炭,是在耶稣受难日①祭过神的。这些做法都是为了保护田地,不受霜雹侵害。施瓦本有些地方,不准用铁、铜或火石点燃复活节的火,只能用木头磨擦生火。

复活节篝火的风俗似乎在整个德国从北到南、从中部到西部都流行过。我们在荷兰也发现有复活节篝火。在荷兰,篝火是在最高的地方点燃的,人们围着火跳舞,从火焰或从燃着的炭上跳过。在这里也跟在德国常见的一样,篝火用的燃料由青年人挨家挨户收集。在瑞典许多地方,复活节头天晚上人们朝四面八方放火枪,在山上和高地点起篝火。有人认为举火的目的是要防止在这个时日特别活跃的特罗尔和其他妖精。

第四节 贝尔坦篝火

苏格兰中部高地的篝火,以"贝尔坦篝火"闻名,从前是在5

---

① 复活节前的星期五。

月1日以隆重的仪式点燃起来的。在这种仪式上人牺的习俗特别明显,毫不含糊。点燃篝火的风俗在许多地方一直延续到18世纪,这个时期的作家对这个仪式的描写构成了一幅现存的古代异教奇异有趣的画面,这里我将引录这些作家自己的描写。最详细的描写是约翰·拉姆齐留给我们的,他是克里夫附近奥赫特泰尔的地主,彭斯①的保护人,瓦尔特·司各特爵士②的朋友。他说道:督伊德教③最大的节日是贝尔坦节,即五朔节,高地的某些地方最近还用特殊的仪式纪念这个节日……,像督伊德教徒的其他公开宗教活动一样,贝尔坦节似乎是在小山上或高地举行。如果以为那个以宇宙为庙宇的神会住在任何人建的屋里,他们认为这是对神的侮辱。所以,他们在露天献祭,常常是在小山顶上,祭祀的地方四周是自然壮丽景色,是最好的温暖和安静的地方。据传统说法,在过去一百年内,高地纪念这节日的方式是这样的。但是,自从迷信衰落以来,各村的人们在某个小山上,或在他们放养牲口的高地上举行仪式。早上年轻人都聚集在那里,挖出一个深坑,在坑沿上堆成土墩作为座位。坑的正中放一堆木柴或其他燃料。古时候人们采用"特恩—爱今"(tein-eigin)——即应急火或特需火④来点燃这堆篝火。虽然许多年里,他们也曾经只用普通常用的火来点燃篝火。但是遇到特别紧急情况时还是要采用"特

---

① 彭斯(Robert Burns,1759-1796),苏格兰杰出的民族诗人。
② 瓦尔特·司各特爵士(Scott,Sir Walter,1771-1832),英国小说家、历史小说的创始者、诗人。
③ 古代高卢、不列颠和爱尔兰等地凯尔特人的祭司阶层和他们的宗教仪式。
④ 也有人译为净火,意指此火有洁清瘟疫之效。

第六十二章 欧洲的篝火节

恩—爱今"。所以这里我们还是叙述一下这种取火的过程。

"头天晚上,人们把所有的火都小心地熄灭,第二天早上,点燃圣火的材料都已准备好。斯凯、马尔、蒂里诸岛似乎是用最原始的办法点燃圣火。找一块久经风吹日晒的橡树板,正当中钻一个洞,再用一根橡木棍子将其一端插入洞内当螺旋钻。苏格兰本地有些地方使用的机器不同。他们用一块青绿色的方形木头框子,框子当中放一根树干做轴。有些地方要九个人,有些地方是二十七人轮流推转轴杆或螺旋钻。如果其中有人犯了谋杀、奸淫、盗窃或其他大罪,那火就点不着,或是失去其应有的神性。经过猛烈摩擦,稍有一点火星就燃起一种菌子,这种菌子是长在老桦树上的,非常容易燃烧。这个火好像是直接从天上来的,人们认为它有各种各样的神性。他们认为这个火能防止魔法,是治恶病的灵药,不论是人的病还是牲口的病都能治好,甚至最烈性的毒药也能用这个火来改变它们的毒性。"

"用应急火点燃起篝火之后,大家就准备饭食。一吃完饭,就围着火唱歌、跳舞。娱乐将结束时,主持节日活动的人拿出一个拌有鸡蛋的大烤饼,沿饼边切成扇形;这叫作'*bonnach beal-tine*'——即'贝尔坦饼'。把饼切成许多块隆重地分给大家,其中有一块,谁得了,谁就叫作'*cailleach beal-tine*'——即'贝尔坦老妖婆',这是一句骂人的话。发现某人得了这块饼之后,一部分人就捉住他,做出要把他扔到火里去的样子,但大多数人都阻止这样做,他就得救了。有些地方,人们把他放倒在地上,好像要肢解他,后来,他们拿蛋壳砸他,在那一整年当中,人们都叫他这个可恶的绰号。在人们对这个节日还记忆犹新的时候,提起贝尔坦老妖婆来,还假装他已经死了。"

卡兰德教区是西珀斯郡的一个美丽的地方,在这里,贝尔坦篝火的风俗直到18世纪末仍很流行。当时的教区牧师曾经这样描写该地的风俗:"5月的头一天叫作贝尔坦,或叫作巴尔坦节,镇上或村庄里所有男孩都在荒野相会。他们在草地上挖出一道深沟,沟内留出一块圆形的土墩当桌子,沟的大小足够容纳全体参加的人。他们燃烧一堆篝火,先做一道奶油蛋糊,然后用燕麦捏一个饼,放在石头上就着炭火烤熟。吃了奶油蛋糊之后,把饼分成尽可能大小、形状相等的若干等份,在场的每人一份,并将其中一块用炭涂黑,他们所有的小饼块都放在一个帽子里,每人都蒙上眼睛在帽子里拿一份饼块。拿帽子的人得最后一块。谁拿到那一块涂黑的饼,谁就是'虔诚的'人,就把谁献祭给巴力。他们是要求巴力保佑,在那一年之内不是以人而是以东西为祭品的,不过人们现在已经不真正献祭了,只强迫那'虔诚的'人从火上跳过三次,节日的仪式便到此结束。"

汤姆斯·彭楠特曾于1769年在珀斯郡旅行,他告诉我们说:"5月1日,各村的牧人举行他们的贝尔坦节,一种农村的祭礼。他们在地上挖一个方形的沟。沟的正中留一片草地,在这草地上堆起一堆木柴,还点起火来,在火上用大锅煮一锅鸡蛋、黄油、麦片牛奶粥,还有许多啤酒和威士忌酒。大家每人都要出一点东西。仪式开始时,把粥倒一点在地上作为祭奠;每人拿一个麦片饼,饼上有九个突起的小方块,每个方块献给一个神,即他们羊群、牛群的所谓保护者,或是献给某个动物,即羊群、牛群的真正破坏者。然后每人都把脸对着火,掰下一个方块,从肩上往背后

第六十二章 欧洲的篝火节

扔,说道:'我把这一块给你,请保护我的羊,等等。'这之后,他们对可恶的动物也举行同样的仪式:'狐狸呵,这块给你,请你饶了我的山羊,灰老鸦啊!这是给你的,老鹰啊!这是给你的。'仪式完毕后,他们喝粥,喝完后,由两个专门指定的人把剩下的粥藏起来。到下一个星期天,他们又聚在一起,把上次娱乐时吃剩下的东西吃完。"

18世纪另一作者描写了珀斯郡洛吉雷特教区举行的贝尔坦节。他说:"这里每年旧历五月一日举行贝尔坦节。主要是牧人举行,他们几十人聚在田野里,煮牛奶和鸡蛋,给自己做一顿饭。他们专为这聚会烤一些饼,跟这些菜一起吃,饼的表面突起一个乳头形的小包。"在这个论述中,没有提到篝火的事,但是,可能还是点燃篝火的,因为当时的一个作者告诉我们,洛吉雷特教区东边附近的克尔克米契尔教区,五月一日在田里点火烤圣饼的风俗到那时候还没有完全绝迹。我们可以推测面上带有小块的饼从前是用来决定谁该做"贝尔坦巫婆",或是谁该当火里的牺牲的。这种风俗的痕迹也许还保留在下述风俗中,烤一个特种的燕麦饼,在五月一日中午前后的时候让饼滚下山去,人们认为,谁的饼滚破了,谁就会死去,或是一年之内都不走好运。这些饼,或者如在苏格兰所谓的燕麦薄饼,是按通常的办法烤出来的,不过上面涂了一层薄薄的鸡蛋、牛奶或奶油以及一点麦片拌的奶油酱。这种风俗好像一直在因弗内斯郡的金尤西附近流行。

在苏格兰东北部,直到18世纪下半叶还点燃贝尔坦篝火,几个农庄的牧人还常常收集干柴,点燃后,在火堆的"南边"跳三次舞。但是,据后来的权威说法,这个地区不是在旧历五月一日点燃贝尔坦篝火,而是在旧历五月二日,叫作骨火。人们相信在那天黄昏或晚上,巫婆全都出动,忙着对牲口施魔法、偷牛奶。为了抵制她们的法术,牛棚门上都放着花楸树和忍冬树的木块,特别要放花楸树的木块,每家农场主和佃农都把旧茅草、金雀花枝堆成一堆,日落后不久就点燃起来。有几个人守在篝火边不断地拨着旺盛的火堆,另外一些人用叉子或杆子叉一些燃着的柴火,尽可能举得高高的到处跑动。青年人围着火跳舞,从火烟中跑过,喊道:"火啊!烧吧!烧死巫婆,烤死巫婆!火啊,火啊!烧死巫婆!"有些地方,用燕麦或大麦做一个大圆饼,从篝火灰上滚过。等所有的柴火都烧完了之后,人们把灰烬远远地撒开,在这之前,他们跨越火苗跑来跑去,口中喊到:"火啊,烧死老巫婆!"直到篝火烧尽,天色黑下来才止。

在赫布里底群岛,"贝尔坦薄饼做得比圣米迦勒地方的小一些,但做法还是一样,尤伊斯特地方已经不再做这种饼了,但阿兰神父还记得大约二十五年前见过他祖父做过一个这样的饼,那地方还做一种干酪,一般是在五月一日做,保存到来年贝尔坦节,作为一种避邪物,防止牛奶生产受邪气影响。这里的贝尔坦习俗似乎与别处是一样的。到处都把火灭掉,在山头点一堆大火,赶着牛群朝太阳方向(dessil)绕火走,以求全年免除瘟疫。每人都从火堆上取火回家,用以点燃自己家里的火。"

威尔士也一样,在五月开头的那天有点燃贝尔坦篝火的风俗,但是,点火的日子则从五朔节前夕到五月三日不等。从下面的描写来看,常常是用两块橡木摩擦生火。"火是这样点燃的:几个人各把自己衣服口袋翻转过来,身上不得留任何钱或金属。然后到最近的树林去,收集九种不同的树枝,把树枝拿到点火的地方,在草地上挖一个圆坑,把树枝成十字地架在坑内。所有的人都围成圆圈站着,看点火。有一个人拿两块橡木一起摩擦,直到冒火星为止。用火点燃树枝,立即燃起大火来。有时两堆火并排地烧着。这些火,不论是两堆或一堆,叫作 coelcerth[篝火]。把燕麦面或黄面做的圆饼分成四瓣,放在一个小面粉袋里,每个在场的人都在袋里取一小份面饼。拿袋子的人得最后一块。凡是拿到黄面饼的人都得从火上跳三遍,或者在两堆火之间跑三遍,人们认为这样做了准有好收成。必须受罚的人大叫大喊,老远都能听见,那些拿到燕麦的人又唱歌、又跳舞,拍手称快。这时拿金黄饼的人就在火上跳三遍,或在两堆篝火之间跑三趟。"

人们认为在火上跳三遍或在两堆篝火之间跑三遍,就准会丰收,这种信念是值得注意的。另一个讲威尔士风俗的作者指出过上述那种信念。据他说,人们过去常常认为"在5月或仲夏点燃篝火,可以保护田地不受魔法侵害,因而会有好收成。灰也被认为是贵重的避邪物"。所以,人们似乎以为火的能力能够肥田,并不是直接促进地里种子的生长,而是间接地抵制巫术的有害影响,也许是间接地把巫婆本人烧掉。

爱尔兰似乎也点燃贝尔坦篝火,因为科马克"或另外一个叫这个名字的人说,贝尔坦节(即五朔节)之所以这样称呼是由于埃林的德鲁伊教祭司们常常在这天大念咒文,烧起'幸运之火',或'两堆篝火',他还说,当地人常把牛群赶到火边,或从火焰中走过,以预防当年的疾病"。在五朔节或五朔节前夕赶着牛群从火焰中走过的风俗在爱尔兰一直延续下来,至今人们还记得。

在瑞典靠近中部和南部地区,五朔节是民间的一个大节。节日前夕各个小山和丘陵都燃起熊熊篝火,这些篝火必须是用两块火石磨擦点燃起来的。每个大的村子都有自己的篝火,青年人围着火跳舞,老年人则注意观察火苗是向北还是向南,如果向北,春天就将来得晚,天气寒冷,如向南,春天就温暖宜人。在波希米亚,五朔节前夕青年人在小山和高地上,在十字路口,在牧场上点起篝火,围着火跳舞。他们从亮着的火炭上,甚至从火苗上跳过去。这个仪式叫作"烧巫婆"。有些地方拿一个偶像代表巫婆,在火上烧掉。我们必须记住五朔节的头一天是著名的沃尔蒲吉斯之夜,这时节各处的巫婆,隐身在每个角落,散布各种坏事的因子。在这个妖巫为虐的晚上,沃依格兰地区的孩子们也在高地点起篝火,并从火上跳过去,还挥动燃烧的扫帚,有时扔到空中,火光所及之处,就受到保佑。在沃尔蒲吉斯之夜点燃篝火,叫作"驱赶巫婆"。五朔节前夕(沃尔蒲吉斯之夜),点火烧巫婆的风俗一直在(或曾经在)蒂罗尔、摩拉维亚、萨克森和西里西亚流行。

第五节 仲夏节篝火

但是这种篝火节在整个欧洲最普遍的是在"夏至",即仲夏节前夕(6月23日)或仲夏节(6月24日)那天举行。用施洗者圣约翰的名字称呼仲夏节,多少使这个节日带上一点基督教的色彩,但是,我们不能怀疑,这个节日在公元纪元之前很久就已经有了。夏至或仲夏节是太阳运行中的一个大转折点,这时太阳在天空中一天比一天爬得更高,接着就停顿下来,又顺天路折回。对此,原

第六十二章 欧洲的篝火节

始人一开始注意并思考这巨大火光的球体行经天穹的现象时,不可能不焦急地予以注视。他还没有认识到面对自然的巨大周期性变化自己是无能为力的,他可能以为在太阳似乎要下落时他能够帮助太阳——能够支持太阳不稳的步伐,用他软弱的手重新点燃那盏红灯快要熄灭了的火焰。欧洲农民的仲夏节也许就是起源于这类想法。不管它的起源如何,它确实曾在地球上的某一部分地区广为流行,从西边的爱尔兰到东边的俄罗斯,从北边的挪威、瑞典到南边的西班牙、希腊。据中世纪的一位作者说,仲夏节的三大特点是篝火、田间的火炬游行和滚轮子的风俗。他告诉我们,男孩子烧各种骨头和垃圾,造出一种味道难闻的烟火,这种烟能够驱赶某些可恶的毒蛇,它们受盛夏酷暑的刺激在空中交配,滴下精液,污染了江河井水。这位作家解释滚轮子风俗的意思是表示太阳现在已经转到黄道的最高点,从此就要开始下落了。

仲夏篝火节的主要特点与我们前面所见春天篝火节的那些特点相似。两种风俗的类似之处明显地表现在下面的例子里。

16世纪上半叶一位作者告诉我们,几乎德国的每一个乡村镇市,在圣约翰节前夕都普遍点燃篝火,老的、少的、男的、女的都聚在篝火周围,唱歌跳舞庆此佳节。人们都戴用艾草和马鞭草编的花冠,手里拿着燕草并隔着燕草注视篝火,认为这样会保护他们的眼睛整年健康。每人离开的时候,都把艾草和马鞭草扔到火里,说道:"但愿我的一切厄运都离去,跟这些火一起烧掉。"在下康兹,有一个村子坐落在山腰上,俯视着莫泽尔河,这里的仲夏节常常是这样举行的。在陡峭的斯特罗姆伯格山顶上收集一堆柴草。每个居民,至少是每户人家都得为火堆贡献一份草。到了晚上,居民中所有的男子,大人和小男孩,都到山顶集合,妇人和大小女孩不许参加,但必须集合在半山坡上泉水旁边。山顶上有个大轮子,完全用草包扎起来,草是村民大家捐献出来的,包轮子剩下的草都扎成火把。当轮轴用的树干伸出轮子两边约三英尺长,当作把手供孩子们把它推下山去。附近西尔克镇的镇长发出信号(因为做这件事,他每次总得到一篮樱桃的酬报),一个正在燃烧着的火炬就把草轮点燃,当轮子发出火苗时,两个四肢健壮、手脚灵敏的小伙子抓住轮把,把它滚下坡去。这时喊声大作,每个男人和孩子都挥舞火炬,并注意当轮子正往山下滚时,不要让火炬灭了。两个滚轮子的小伙子,最大目标是要把火光熊熊的轮子滚进莫西尔河里去,但是能做到的很少,因为盖满了大半个山坡的葡萄园挡住了他们的去路,轮子还没有滚到河里就已经烧完了。轮子从泉水边妇女和女孩身旁滚过时,她们高兴地大喊起来,男人则在山顶上答应,在莫西尔河对岸山上观看这个场面的邻近居民也响应他们的喊声。如果火轮果真滚到河边,在水里熄掉,人们就指望当年的葡萄丰收,康兹的居民就有权从附近的葡萄园里收一车白葡萄酒。另一方面,他们相信,如果他们不举行这个仪式,牛群就会发晕、抽筋,在牛棚里暴跳不安。

至少到19世纪中叶,整个上巴伐利亚都点燃仲夏篝火。火是专门点在山上,但低地上也普遍点燃。据说,在黑暗安静的晚上,看那大群走动的人影,闪烁的火光,真是令人难忘的景象。人们从火里赶过牛群,目的是医治病牛,并使健康的牛免于瘟疫和各种灾害。许多家长在那天把家里的火都灭掉,再用在仲夏节篝火上点燃的火把重新点起火来。人们根据火苗的高低,判断当年的亚麻好坏,谁能从火堆上跳过去,谁在收庄稼时就不会背疼。巴伐利亚的许多地方,人们相信青年人在火上跳多高,亚麻就会长多高。在另外一些地方,老年人常常从火堆里拿三根炭棍埋在田里,认为这会使亚麻长高。也有人拿一个熄了的火把放在屋顶上,保护房子以免招致火灾。在维尔茨堡附近的市镇上,常常在市场上点燃篝火。从火上跳过的青年人头戴花冠,尤其是艾草和马鞭草编的花冠,手里还拿着燕草。他们认为拿一点燕草看火的人,全年不得眼病。16世纪时维尔茨堡还有一个风俗,主教的随从把一个燃烧着的木饼从俯瞰市镇的一个山上扔向空中,那是用带弹性的棍子射出去的,木饼从空中飞过像火龙一样。

施瓦本也一样,男孩女孩手牵着手从仲夏篝火上跳过,祈求大麻长到三英尺高,他们还烧草轮子,让它滚下山去。有时候,人们从仲夏篝火上跳过的时候,喊道:"亚麻,亚麻!今年的亚麻要长到七尺高!"在罗滕堡,人们将一个人形的粗糙偶像(叫作天使像)用花卉包裹起来,由男孩们在仲夏篝火上烧掉,之后,男孩们依次从熊熊的火上跳过。

在巴登也是一样,为了在圣约翰节点仲夏篝火,孩子们挨家挨户收集柴禾,少男、少女成对地从火上跳过。这里也跟别处一样,可以找出篝火与收获密切联系的痕迹。有些地方,人们认为从火上跳过的人收获时不会腰酸背痛。有时,青年人从火上跳过时喊道:"长吧,大麻长到三尺高!"大麻和谷物会长得跟火苗一样高,或是跟从火上跳过的人一样高,这种想法在巴登似乎是很普遍。人们认为从火上跳得最高的年轻人的父母会有最好的收获,另外,如果某人对火堆毫无捐献,那就认为他的庄稼不会受到保佑,尤其是他的大麻绝不会生长。桑格豪森①附近的伊德尔斯里本,人们在地上立一根高竿子,用链条在竿上挂一个油桶,垂到地上,把油点燃起来,转动油桶使它绕竿旋转不已,人群在旁观看,为之欢呼。

在丹麦和挪威,圣约翰节前夕,路上、空地上、山上都点燃仲夏篝火。挪威人认为火能驱除牛群的疾病。据说仲夏节的头天晚上,整个挪威境内全都点燃篝火。点火是为了驱除巫婆。据说那天晚上,她们从各地飞向布洛克斯伯格,大巫婆就住在那里。在瑞典,圣约翰(圣汉斯)节前夕是全年最欢乐的一个晚上。瑞典有些地方,特别是在波胡斯、斯堪尼亚两省,以及与挪威接壤的地区,为庆祝这个节日,常常放枪,点燃大堆篝火,以前称之为巴尔德尔篝火(*Balder's Bâlar*),于黄昏时在山上和高地点燃起来,把四周的景色照得一片光亮。人们围着火跳舞,从火上或从火中跳过。在诺兰的某些地方,圣约翰节前夕,人们就在十字路口点燃篝火。用几种不同的木头做燃料,观看者往火焰里扔一种毒菌(*Bäran*),为的是抵消特罗尔和其他妖精的魔力,人们认为那天晚上它们都出来了,因为在这个神秘的时刻,山门洞开,这些可怕的家伙从群山的深洞里出来跳舞,娱乐一番。农民认为附近如果有特罗尔,它们就会现形,例如,有一个动物,公山羊或母山羊在熊熊噼啪的火堆出现,农民坚信这正是恶魔现身。还有,值得注意的是,在瑞典,圣约翰节的前一天是火节,也是水节,因为人们认为那时某些圣泉具有奇异的治病效力,许多病人都到那里去

---

① 德国境内。

第六十二章 欧洲的篝火节

治病。

在奥地利,仲夏的风俗与迷信和德国颇为相似。如在蒂罗尔的某些地方,点篝火,向空中扔火饼。在莱茵河河谷下游,每当仲夏节,人们把一个穿得破破烂烂的偶像装在车子里满村走,然后烧掉。这个偶像叫作洛特,后来误传为路德。在安布拉斯,有一个村子把马丁·路德的偶像烧掉。人们说,如果你在圣约翰的晚上于十一点至十二点之间从村里走过,在三个井里洗身子,你就会看见未来一年中所有要死的人。在格拉兹,圣约翰节的头一天(6月23日),一般人常常做一个偶像,叫作塔特曼(Tatermann),他们把它拖到发白的空地上,用正在燃烧的长扫帚打它,直到它也着了火。在蒂罗尔的路特村,人们相信亚麻长得像他们能跳过仲夏篝火那么高。当晚便从火里取几块木炭拌在他们的亚麻田里,一直把他们保存到亚麻收割之后。在下奥地利,人们在高地上点燃篝火,男孩子围着火跳,摇着在漆里浸过的燃烧着的火把。谁从火上跳过三次,在那一年里,谁就不会发烧。常常把漆涂在车轮上,点燃后让它冒着火滚下山腰去。

在波希米亚全境,至今还在仲夏节前夕点燃篝火。到了那天下午,男孩子们推着手推车挨家挨户收集柴禾,对不肯捐赠的吝啬鬼,就说他定受到恶报,用以吓唬他们。有时候年轻人砍一棵又高又直的枞树,立在一片高地上,女孩们为它装上彩球、花环、红色绸带,然后把柴火堆在它周围,等到天黑,全都点燃。冒出火苗后,年轻人爬到树上,取下女孩们放在上面的花圈。然后,男孩们女孩们面对面地站在火的两侧,透过花环,彼此观看,看彼此谁是真心,谁在年内结婚。女孩子还把花环通过火焰扔给男孩子,

626

如果他没有接住他爱人扔来的花环,这个笨小伙子就该倒霉。火熄下去的时候,每一对都牵起手,从火上跳三次。从火上跳过去的男孩和女孩都不会得疟疾,年轻人跳多高,亚麻就长多高。哪个女孩在仲夏前夕见到九堆篝火,年底前她就会结婚。火烤焦了的花环小心地保存到年底,平常遇到大雷雨时,就在这烤焦的花环上扯一点花枝下来放进灶里烧掉,同时又做祷告,并拿一部分给生病或怀孕的牛,有一部分用以熏屋子和牛棚,使人畜都健壮。有时把一个旧车轮涂上树脂,点燃后滚下山去。男孩们常常把他们能找到的所有的旧扫帚都收集起来,蘸上漆,点着火,高高地扔到空中。他们有时排着队,跑下山坡,摇着燃烧着的扫帚,大叫大喊。扫帚和灰烬都保存起来,插在白菜园子里保护白菜,不受毛虫、蚊蚋的侵害。有些人把仲夏篝火里的炭棍和灰埋在自家播了种的田里和草地上,埋在菜园里,放在屋顶上,作为一种护符,避免雷打或坏天气,他们认为放在屋顶的灰可以防止房屋发生火灾。有些地方燃起仲夏篝火的时候,人们把艾草放在头上或缠在腰上,认为这会防鬼、防巫婆、防疾病,艾环尤其是防止眼病的可靠护符。有时候,女孩从野花编的花环里看火,求火使她们的眼睛和眼睑健好。看了三遍的人,就会全年不害眼疾。波希米亚有些地方的人赶着牛从仲夏篝火中走过,以保护它们不受巫术侵害。

斯拉夫民族的国家里,也用同样的仪式举行仲夏篝火会。我们已经说过在俄罗斯,青年男女在圣约翰节前夕成对地跳过火堆,手臂里抱着草扎的库帕洛偶像。俄罗斯有些地方烧掉库帕洛偶像,或在圣约翰节晚上把它扔到河里去。俄罗斯有些地方,年轻人戴着花冠,围着用圣草编的带子,从烟火里跳过去,有时也赶着牲口从火中跑过,为的是保护动物,防御巫师和巫婆(这时节的巫师和巫婆特别贪吃牛奶)。在小俄罗斯,圣约翰节晚上,人们在地上钉一根木棒,包上谷草,点起火来。火苗升起来的时候,妇女们就把桦树枝子扔到火里,说道:"但愿我的亚麻跟这枝子一样高!"在罗塞尼亚是用磨擦木头发出的火星点燃篝火。当老人们正在"点擦"生火时,其他的人都尊敬地保持安静,等到木头上发出火花,燃起篝火时,他们立即唱起欢乐的歌。火堆一点起来,青年人手牵着手,成对地从火烟中(如果不是火中的话)跳过,接着又把牛群赶着在火烟中走过。

在普鲁士和立陶宛的许多地方,仲夏节前夕都点燃大堆篝火,一眼望去,所有的高地都火光熊熊。据说,这些篝火是防御巫法、雷电、冰雹和牲口疾病的。第二天早上把牛群赶过烧过火的地方,尤其有效。篝火堆特别能保护农人,防御巫婆法术,因为她们总想要施法念咒,偷乳牛的奶汁。所以,第二天早上,你可以看见点火堆的年轻人挨家收一罐一罐的牛奶。为了同样的原因,他们把粟刺或其艾草插在乳牛去草地时要通过的门或篱笆上,他们认为这会防避巫法。东普鲁士的马苏仁地区,住着一支波兰族的人,在仲夏节的晚上,有一个全村熄火的风俗。熄火以后在地上钉一个橡木桩,桩上装一个轮子,直到磨擦生出火来。每人都从新火上点一个火把拿回家去,点燃家中炉灶的火。在塞尔维亚,牧人在仲夏节的头天晚上点起桦树皮的火把,围着羊圈牛棚走,然后爬上山,让火把在山上熄灭。

在匈牙利的马扎尔人中,仲夏篝火节具有我们在欧洲许多地方常常遇到的同样特点。仲夏节前夕,许多地方都有这样的风俗,在高地上点起篝火,从火上跳过去,从青年人跳过火的姿势里,旁观者可以看出他们是否马上要结婚了。在这一天,匈牙利的许多牧猪人也在裹着大麻的木轴上转动轮子取火,赶着猪从火上跑过去,以保护它们不生病。

俄罗斯的爱沙尼亚人跟马扎尔人一样,都属图兰族人①,他们也用一般的方式庆祝夏至。他们认为圣约翰节篝火能保护牲口不受巫婆侵害,他们说,谁如不参加圣约翰节篝火会,他田里的大麦就将满是荆棘,而燕麦也将满是野草。在爱沙尼亚的厄塞尔岛②上,人们一面向仲夏篝火里扔柴,一面喊到:"野草扔到火里,亚麻长到田里。"

人们或者是扔三根木柴到火里,说道:"亚麻高高长!"人们还从篝火堆里取出炭枝子带回家去保存起来好让牲口兴旺。岛上有些地方围着一棵树架起柴火和其他可燃的东西,树顶上竖一面旗子,谁能在旗子着火以前用竿子把他钓下来,谁就会走好运。过去,节庆一直持续到天亮,以淫荡狂欢结束,在夏天逐渐明亮起来的晨曦中那场面显得很不雅观。

从东欧到西欧,我们至今仍能发现纪念夏至的仪式大体上是相同的。直到19世纪中叶前后,仲夏节点燃篝火的风俗在法国还很流行。我们读到材料说,法国几乎没有一个市镇、一个村庄不点燃篝火。人们围着篝火跳舞,从火堆上跳过,从火里取出炭

---

① 属马拉尔—阿尔泰族系统的游牧民族。
② 位于里加湾口,爱沙尼亚人称为萨瑞玛(Saaremaa)。

第六十二章 欧洲的篝火节

枝子拿回家中以保护家室,防御雷电、火灾和魔法。

在布列塔尼,仲夏篝火的风俗显然一直保存到今天。火焰熄灭的时候,所有的人都围着火跪下来,由一个老人高声祈祷。然后大家都站起来,绕火堆走三圈,走完三圈便停下来,每人拾一个鹅卵石,扔到火堆上。然后,大家散去。布列塔尼和贝里两地的人们相信,围着仲夏篝火跳舞的女孩将会在一年之内结婚。奥恩河谷的风俗是仲夏节那天在太阳刚要落下地平线的时候点起篝火,农民赶着牛群从火里走过,要求保佑它们不受巫术侵害,尤其是防御巫婆和巫师施行法术偷取牛奶和黄油。在诺曼底的于米吉村,直到19世纪上半叶,庆祝仲夏节的方式都有某些与众不同的古老特点。每年6月23日,圣约翰节的头一天,"绿狼兄弟会"都要选一位新首脑或长老,总是从科尼豪村选出来。选出后,兄弟会的新首领就叫"绿狼",穿上一种特别的衣服,一种绿长袍,一顶很高的锥形的绿帽子,没有帽边。穿戴好了,他庄严地走在众兄弟的前面,唱着圣约翰赞美歌,十字架和圣旗走在前面,到一个叫作考奎的地方去。在这里,他们这一行人受到神父、教堂唱诗班的领队和歌唱队的迎接,把他们领到教区的教堂里。听完弥撒后,大家又来到绿狼的家里,简单地吃一顿饭。到了晚上,一位年轻男子和一位年轻妇女,佩着花,摇着手铃。手铃声响起,篝火就点燃起来。然后绿狼和他的兄弟们,头巾披到肩上,彼此拉着手,跟在当选来年绿狼的人后面围着火跑。这一队人虽然只有第一个和最后一个有只手是空着的,他们都要三次围上,抓住未来的绿狼,绿狼尽力逃脱,他带一根长棍子打那些兄弟。最后,他们把他捉住,把他抬到火堆上去,做出要把他扔到火上去的样子。这个仪式完了之后,他们就回到绿狼的家里,在那里为他们摆着一顿最简单的晚饭。一直到午夜之前都有一种庄严的宗教气氛笼罩着。但是十二点钟刚一敲响,这一切马上都改变了。拘束变成了放纵,虔诚的赞美歌变成了酒神的小曲,乡村提琴的尖厉颤音比起快乐的绿狼兄弟的喊声高不了多少。第二天,6月24日或仲夏节,还是原班人马,同样欢乐地热烈庆贺。其中有一项仪式是在一片火枪声中展示一块特大圣饼(是用麦粉特制的千层饼),饼上面放着一个彩带装饰的绿色角锥形塔。然后又将一个手摇圣铃放在祭场的踏板上,作为"绿狼"职位的徽志交给来年的继任者。

埃纳省的夏多—蒂埃里乡间,圣约翰仲夏节点燃篝火并围着篝火跳舞的风俗,一直继续到1850年前后,特别在6月份多雨的时候点燃篝火,人们认为这样做能够停止下雨。在孚日山区,至今每逢仲夏节前夕还有在山头点燃篝火的习俗。人们认为火有助于保护大地的果实,保证好收成。

几乎所有普瓦图的村庄在圣约翰节前夕都点燃篝火。人们手拿核桃树枝围着火走三遍。牧羊妇女和孩子穿过火传递毛蕊花(verbascum)和坚果,人们认为核果能治牙痛,毛蕊花保护牲口不得病,不受巫术侵扰。篝火熄下去的时候,人们拿一些火灰回家,或是存在家里,避免雷电,或是撒在田里,消除瞿麦和毒麦。在普瓦图,圣约翰节前夕还有一个风俗就是将一个用稻草包扎的点着火的轮子从田里滚过,使田地肥沃。

在法国南部科曼热的山区里仲夏节篝火习俗做法是,劈开一棵高树的树干,塞进纸屑刨花等,用火点燃。树顶上拴着一个花

第六十二章 欧洲的篝火节

环,点火的时候,一个最近结婚的男子必须爬上梯子,把树顶上的花环取下来。在这一地区的平原上仲夏篝火的材料也是一般的柴火,但堆这些材料的人必须是上次仲夏节之后结婚的,他们每人还将在柴堆顶上放一个花环。

仲夏篝火在普罗旺斯仍然很流行。孩子们挨家收集柴禾,很少空手走开的。从前,神父、镇长和参议员常常列队到火堆所在处,甚至屈身烧火,然后,聚集的人绕火走三周。在阿克斯镇,选出一个善射鹦鹉的青年做名义上的"国王",主持仲夏节。他挑选自己的官员,一个威武的卫队陪他到火堆去,点上火,领头在火旁跳舞,第二天犒赏随从。他的统治为期一年,这一年中他享有某些特权。他可以参加在圣约翰节那天由圣约翰骑士队队长举行的弥撒,有权狩猎,士兵不得在他家里驻扎。在马赛,有一个同业工会也在这一天选一个 *badache*[双斧]王。据说,他好像并不点起篝火,而是由高级官长和其他掌权的人举行重大仪式点燃篝火。

在比利时,大城市中早就不时兴仲夏篝火的风俗了。但在农村及小集镇上仍然还有。在这个国家里,圣彼得节(6月29日)的前夕,点火跳舞庆祝,正如那些纪念圣约翰节的篝火一样,都是为了驱逐飞龙的。在法国的佛兰德地区,直到1789年,总是用谷草扎一个人像放在仲夏节篝火里烧掉,将一个妇女的偶像在圣彼得节即6月29日那天烧掉。在比利时,人们从仲夏篝火上跳过,以防止腹痛。他们把灰存在家里,防止火灾。

我们国家里也有许多地方遵行仲夏篝火的习俗,人们也是围着火跳舞,从火上跳过去。在威尔士,细心保存上次仲夏节中用过的三种或九种木材和木炭,它们是下次再点火时必不可少的主角。篝火通常总是在高地上。在格拉摩根山谷,常常将谷草包的车辆点着火滚下山坡。如果车轮滚下山坡一直不灭,并且继续烧很长一段时间,那就丰收有望。马恩岛上的人在仲夏节前夕总是在地里上风处点燃篝火,让火烟吹过庄稼,他们还把牛群围起来,拿着燃烧的金雀花围着牛群走几遍。在爱尔兰,把牛群,特别是不生育的牛群赶着从仲夏篝火中走过,把灰撒在地里肥田,或是把活炭放在田里以防虫害。苏格兰没有多少仲夏篝火的迹象,但在这时,在高地珀斯郡,牧羊人常面对太阳打着火把绕牛棚走三匝。他们这样做的目的是清洗羊群、牛群,使它们不生疾病。

仲夏节前夕点燃篝火,在篝火旁跳舞、从篝火堆上跳过,这一套做法在整个西班牙以及意大利的某些地区和西西里岛都很普遍,或者说,直到最近都很普遍。在马耳他岛,到了圣约翰节前夕(仲夏节前夕),市镇和村庄的街道广场上都点起大堆篝火。从前,在圣慈善收养院前摆着一堆油漆桶,由圣约翰修道会的教长把火点着。据说希腊也一样,在圣约翰节前夕点燃篝火并从火上跳过的习俗仍然很普遍。这种习俗流行的原因之一是希望躲避跳蚤。根据另一说法,妇女从火上跳过时喊道:"卸下我的罪过!"在莱斯博斯岛①上,圣约翰节前夕点燃篝火通常是三堆三堆地点燃,人们则从火上跳过三次,跳时每人头上顶一块石头,说道:"头顶石块跳过冤火!"在卡利姆诺斯,据说仲夏篝火能保证来年丰收,并驱除跳蚤。人们围着火又跳舞又唱歌,把石头放在头上,然

---

① 希腊岛屿,位于爱琴海上。

第六十二章　欧洲的篝火节

后从火焰或炭火上跳过。火焰渐小时，他们向火里扔石头，火快灭的时候，他们在腿上画十字，然后径直走到海里去洗澡。

在仲夏节或仲夏节前夕点燃篝火的习俗广泛地流行于北非的伊斯兰国家中，尤其是在摩洛哥和阿尔及利亚。在柏柏尔人和许多阿拉伯人或讲阿拉伯语的部落中也很普遍。在这些国家里，仲夏节（旧历五月二十四日）叫作兰萨拉（*l'ánsăra*）。篝火是点在院子里、十字路口、田里，有时点在打谷场上。凡燃烧时冒出浓烟和香气的植物都是烧篝火用的好材料，其中有大茴香、麝香草、芸香、山萝葡子、甘菊、天竺葵和薄荷。人们用烟熏自己，尤其给孩子熏烟，并把烟往果园和庄稼上扇。人们还从火上跳过，有些地方，每人得从火上跳七次。而且，他们还在篝火上点火把，拿着火把熏屋子。他们拿东西从火上穿过，引病人去接触火苗，祈祷病人从此恢复健康。篝火的灰还以具有致福的特性而著名，所以有些地方人们用篝火灰擦头发或身体。有些地方人们认为从火上跳过就能消除百害，不生孩子的夫妇可以生育。摩洛哥北部里弗地区的柏柏尔人为了他们自己、他们的牲口和他们的果树的利益，对仲夏篝火大为利用。他们从火上跳过，相信这会保持他们的健康，他们在果树下点火，以免果实早落。他们还认为把灰和成泥抹在头上能防止头发脱落。据说摩洛哥的所有这些风俗都认为篝火烟熏具有有益的效果。他们认为烟里含有巫术素质，能给人、动物、果树和庄稼消灾。

信奉伊斯兰教的民族有仲夏节，这一点特别值得注意，因为回历完全是按月亮推算的，又没有闰年闰月予以校正，太阳年中有一定时日的节日，他们必然注意不到，所以严格的穆斯林节日都以月亮为准,在地球环绕太阳运行的整个时期中,都随月亮的转动而推移。这个事实本身就证明了在北非的穆斯林民族中,正如欧洲的基督教民族一样,仲夏节与该民族公开承认的宗教毫无关系,而是更为古老的异教习俗的遗迹。

第六节　万圣夜篝火

从前面的考察里我们可以推断,在欧洲民族的异教祖先中,一年里最有群众性、最广泛的篝火会就是仲夏节前夕或仲夏节的盛大庆祝会。节日的时间正好是夏至,这很难说是偶然巧合。我们应该认为,我们的异教祖先有意使地上的火会仪式符合于太阳在天空运行的最高点的到来。如果确实这样,古代仲夏仪式的创始人一定会观测到夏至,或是观测到太阳在天空的明显道路的转折点,因此,他们必然在某种程度上根据天文考虑的结果来调节他们过节的日历。

但是,一方面对欧洲大部分的土著(我们也许可以这样称呼)来说,可以把这一点看作相当肯定的事实,另一方对凯尔特民族来说却并非如此,他们住在欧洲陆地的尖端,住在从西北伸到大西洋去的那些岛屿和海岬上。凯尔特人的主要篝火节日一直保持到现代,甚至保持到我们今天,不过流行的地域有限,规模也变小了,他们火会的时间似乎与太阳在天空的位置毫无关系。火会有两个,彼此之间相隔6个月,一个是在五朔节的前夕举行,一个是在万灵节的前夕,也就是现在一般所谓的万圣节的前夕,即10月31日,在万圣节或万灵节的前一天。这两个日子与太阳周年运转的四个大关键(即冬至、夏至、春分、秋分)都无关系。它们与农历年的主要季节如春天的播种和秋天的收获也不一致,因为五朔节来临的时候,种子早已种在地里了,11月开始的时候,庄稼早已收毕入仓了,田地空闲着,果树光秃秃的,连黄叶子都很快地飘落在地上。不过,5月1日和11月1日在欧洲倒是标明一年的转折点,一个带来春日温暖和夏天植物的繁茂,另一个如果不是带来至少也是预报冬天的寒冷和荒凉。一位有学识、有才智的作者已经很好地指出:一年的这两个特殊时刻对欧洲的农民关系固然比较小,对欧洲的牧民关系很大,因为他们在夏天要来的时候,才把牲口赶出去吃新草,在冬天要来的时候,才把牲口领回安全荫蔽的畜棚里。因此,凯尔特人把一年分为两半,从5月开始为头一半,从11月开始为后一半,这很可能最早在凯尔特人主要还是畜牧民族依靠畜牧为生那时候就这么做的。因此,对他们来说,一年的两个大段落是牲口在初夏从家里出去的时候,和它们在初冬又回到家来的时候。连离凯尔特人现在居住的地区很远的欧洲中部,也可以清楚地看出把一年划成这样两段的做法,一方面有普遍流行的五朔节及其前夕(沃尔蒲吉斯之夜),另一方面有普遍流行的11月初的万灵节,这是在薄薄的一层基督教外衣下掩藏着的一个古老的异教的亡人节。所以,我们可以这样推测:整个欧洲各地根据天文规律把一年划分为春夏秋冬四季之前,曾经是根据陆地生活条件把一年分为夏至、冬至两大季节的(假如我们可以这样定名的话)。

无论如何,凯尔特人的两个大节,5月1日和11月1日或说得更确切些,这两天的头一天,在纪念的方式以及与它们有关的迷信方面，彼此都非常近似，从两个节日所带有的古老性质来看，两者都表明它们的起源是古老的、纯粹是异教的。五朔节，亦即凯尔特人所谓的贝尔坦节，是夏天的开端，关于这个节日我们已经描述过了；现在需要叙述一下与它相应的万圣夜，这个节日，它标志着冬天的到来。

两个节日中，在古时候也许万圣夜这个节日更重要，因为凯尔特人似乎是以万圣夜作为一年的开始，而不以贝尔坦节作为一年的开始。马恩岛是保持凯尔特语言和风俗最久、抵御撒克逊侵入者的包围时间最长的一个堡垒，这个岛直到近代都把旧历十一月一日看作元旦。如马恩岛的化装游行者总是在万圣夜（旧历）四处走动，用马恩岛语唱一种除夕歌，开头是"今晚是除夕，Hogunnaa！"在古代的爱尔兰，每年万圣节或恺温节（Samhain）前夕都要点新火，爱尔兰所有的火都要用这个圣火重新点燃。这种风俗强烈地表明萨温节或万圣节（十一月一日）是元旦，因为每年点新火自然是在一年的开头，为的是新火的福气可以持续整整12个月之久。关于凯尔特人的新年从11月1日开始这种看法还有一个事实可以用来证实，即凯尔特人在万圣节前夕常常采用各种各样的方法预卜他们的命运，尤其要知道他们来年的运气。除了在一年的开端，难道还有更合理的时间采用这些办法探索未来吗？在凯尔特人的思想中，万圣前夕作为预兆和占卜的时节，似乎远远胜过贝尔坦节。由此，我们可以有一定把握地推断，凯尔特人的新年是从万圣夜算起，而不是从贝尔坦节算起。还有一个很重要的、能够表明这同一结论的情况，那就是亡人与万圣夜的关系。万圣夜这个标志由秋入冬的晚上，不仅在凯尔特人中，而

第六十二章　欧洲的篝火节

且在整个欧洲都似乎是古时亡人魂魄一年一度回老家探亲的时刻。亡魂回得家来烤烤火,暖和暖和身子,在厨房或客厅里享受亲人为他们准备的美食,使他们得到安慰。这也许是一个很自然的想法,冬天来了,把瑟缩、饥饿的可怜鬼魂从光秃的田野、从树叶落尽的林地赶到隐蔽的、有着熟悉炉火的茅屋里来。凄冷的风在摇摆的树枝间呼啸着,雪堆在凹地里愈堆愈深,这时牛群不是排着队从林间、山头的夏季牧场回来了,在牛棚里受到饲养和爱护吗?好心的丈夫和妻子既然迎回了他们的牛,难道他们能够不欢迎他们已故亲人的魂魄归来吗?

在这一天,"当秋天把黯淡的年华交给冬天的时候",人们认为四处飘荡、人眼难见的还不只是死人的魂魄。巫婆也在到处乱跑,干着坏事,有的骑着扫帚从空中扫过,有的骑着斑猫沿路奔驰(这天晚上,斑猫都变成了乌黑的骏马)。仙人也出动了,各种小妖精也随意到处乱走。

然而在凯尔特农民心中,万圣夜虽然总是带有一种神秘恐惧的魔力,但群众的节日庆祝活动却绝非一片阴暗,至少在现代是如此,完全相反,庆祝活动有精彩的场面,热闹的娱乐,使这天晚上成为一年中最快乐的一夜。在苏格兰高地有许多事使这个节日具有浪漫色彩的美,其中就有常在高处此起彼落地燃烧着的篝火。"在秋季最后的一天,孩子们收集羊齿草、柏油桶、莎草(*gainisg*)以及一切适于点燃篝火的东西,都堆在房子附近的一个高地上,到黄昏时点燃。这种篝火叫作桑姆纳干(*Samhnagan*),每家都点一堆。看谁家点的篝火最大,这是件争强好胜的事。整个地区在熊熊火光的照耀下,一片通明。火光映在狭长的海湾上。许许多多的高地,无数的篝火,水天相接,形成一幅极美的景色。"万圣夜的篝火跟5月1日的贝尔坦篝火一样,似乎在珀斯郡高地最为流行。在卡兰德教区,直到18世纪末,人们还点燃篝火。篝火熄灭后,人们把灰收集起来,堆成一圈,与篝火有关的各家,每人在灰圈附近放一块石头。第二天早晨,如果发现哪块石头挪动了位置或有所损坏,人们就肯定那块石头所代表的人"fey"了(意即命运已经注定了),从那天起,他活不了12个月。在鲍尔奎德镇,直到19世纪后半叶,每家都在万圣夜点燃篝火,但是,主要是孩子们遵守这个风俗。篝火点在房子附近任何一个高丘上,并不围着火跳舞。苏格兰东北的某些地区如巴肯也在万圣夜点燃篝火。村民和农人都得点燃自己的篝火。各村的孩子挨家向主人讨泥炭,通常都说一句:"给我们一块泥炭烧巫婆吧!"他们收够了泥炭就堆成一堆,再加上谷草、金雀花和其他易燃的东西,全都点燃起来。然后,所有青年人都一个挨一个地躺在地上(尽可能挨近火躺着,只要烫不着就行),让烟从身上滚过。其余的人则从烟里跑过,从躺在地上的伙伴的身上跳过。火堆烧完的时候,他们把炭散开,互相竞赛,看谁撒的灰最多。

　　威尔士北部的习俗,万圣夜家家点燃篝火,叫作"柯尔柯斯"(*Coel Coeth*)。篝火就在房子附近最显眼的地方,火快灭的时候,每人都向灰里扔一块石头,事先在石头上做好记号。然后,围着火念完祷告后回家睡觉。第二天早上一起床就去寻找那块石头,如果发现某人的石头不见了,他们就以为扔石头的人活不过下一个万圣夜。据约翰·里斯爵士说,万圣夜在山头点篝火庆祝的习俗在威尔士也许至今还有,现在还活着的人仍能记得帮助点火的人要等到最后一个火星熄灭,然后赶快跑开,提高嗓子喊道:"黑母猪快出来抓住落在最后的一个!"约翰·里斯爵士说得不错,这句话表示最初那些人中有一个人千真万确地成了牺牲。直到现在,这句话还在卡那封郡流行,这里的人有时还用暴躁的黑猪来吓唬孩子。现在我们就能懂得为什么下布列塔尼的人都往仲夏节篝火里扔一个鹅卵石的原因了。毫无疑问,那里也与威尔士和苏格兰高地一样,在某个时候,也是根据万圣节早上鹅卵石的位置和状况来判定生死祸福的征兆的。在凯尔特族彼此不同的三支人中都发现有这个风俗,这个风俗也许在他们分化出来之前的某个时期就已经有了,至少在异族还没有把分裂的木楔钉入他们之间的时候就已经有了。

在凯尔特人的另一个家乡马恩岛也一样,直到近代仍在万圣夜点燃篝火,举行全部的例行仪式,以防精灵或巫婆的恶劣影响。

第七节 仲冬节篝火

正如我们有理由相信古代欧洲异教徒举行盛大的篝火会庆祝仲夏节,并且许多地方至今还保存着那些篝火会的遗迹,那么很自然地,我们也可以假定他们会举行类似的仪式,纪念相应的仲冬节会,因为仲夏和仲冬(即俗语中所谓的夏至和冬至)是太阳在人们可见的天空轨道中的两大转折点,在这两个时刻,天上大火球的火力和热力开始消长,对于原始人来说,这正是在地上点起篝火的最适当时刻。

在现代的基督教国家里,似乎还一直保存着(或者说一直保存到晚近)古老的冬至篝火会,也就是英格兰各种各样叫法的圣诞木、圣诞柴、圣诞木块的老风俗。这个风俗广泛流行于欧洲,但在英格兰、法国、南斯拉夫中似乎特别兴盛,关于这种风俗的详细记载也是从这些地方来的。圣诞柴不过是冬天的仲夏火,是点在室内,而不是点在室外,这是因为严寒的缘故。英国的考古学者约翰·布兰德早就指出了这一点,而与圣诞柴有关的许多古怪迷信也表明这种看法,这些迷信与基督教并无联系,显然带有异教的起源。虽然这两个节令的庆祝都是篝火会,但是冬天的庆祝却必须或希望在室内举行,这就使它具有私人的或家庭的节日的性质,与夏天庆祝的群众性形成强烈的对比。人们在夏天庆祝时,聚在某个开阔的地方或显眼的高地,共同点起一堆大火,一起围着篝火跳舞作乐。

直到19世纪中叶左右,德国中部某些地区仍保存着圣诞火的老仪式。如在西格和拉恩两个村子里,一块粗重橡木的圣诞柴塞在灶底下,虽然是在灶火底下燃烧,也很难在一年内就烧成灰烬,把剩下的旧柴碾成粉末,在"十二夜"期间撒在田里,据说这样能促进庄稼生长。在威斯特伐利亚的某些村子里,做法是把圣诞柴(圣诞火)略微烧成炭就立即抽出来,然后细心保存,每逢打雷闪电就再放回火里去,因为人们认为烧着圣诞柴的屋子不会遭雷打。在威斯特伐利亚的另外一些村子里还有个老风俗,把圣诞柴捆在收获时割下的最后一捆谷子里。

法国有些省里,尤其是普罗旺斯省,长期遵行圣诞木柴(许多地方称之为 *tréfoir*)的风俗。17世纪的一位法国作者,作为迷信来驳斥"这种信念:拿一根叫作 *tréfoir*[即圣诞燃烧的木头]的木头,在圣诞节前一天开始放在火上,接着每天都在火上烧一会,直到第十二夜,然后把它存在床底下,以为这样就能够在新的一年中保护房子不遭火烧雷击,家里人冬天不冻脚后跟,牲口不生疾病,如果拿一片木头浸在母牛喝的水里,就能帮助母牛孕育小牛,最后,如果把木头灰撒在田里,就能防止小麦发霉。"

在佛兰德和法国的某些地方,圣诞木柴的余炭照例保存在家里的床底下,以防雷电,一听见雷声,家里就有人取出一片圣诞柴,扔在火上,以为可以防止雷击。又如在佩里戈德,人们把炭和灰都细心保存起来,用以医治腺肿;犁田的人常找在火中未曾烧掉的木头做犁楔子,他们说这会使种子长得好一些;妇女为了她们的鸡也拿几块圣诞木保存到"第十二夜",有些人认为他们摇动圣诞柴火时有多少火花迸出来就会孵出多少小鸡;有些人把烧过的火炭放在床底下驱虫。法国有许多地方认为圣诞柴的炭能够保护房子不遭雷击,也能防御巫法。

在英格兰,关于圣诞木柴的风俗和信念也差不多。考古学家约翰·布兰德说,在圣诞前夜,"我们祖先常常点起特别大的蜡烛,叫作圣诞烛,在烛火上放一根木头,叫作圣诞木柴或圣诞木,用以照亮房子,好像是要把夜晚变成白天"。有一个老风俗是拿一块旧圣诞柴和新圣诞柴一起点,为了这个目的把一年的圣诞柴保存到下一次用,凡存放圣诞柴的地方,妖精作不了怪。剩下的木块还能保护房子免受火烧雷击。

在南方的斯拉夫人中,尤其是在塞尔维亚人中,至今还隆重地举行砍圣诞柴的仪式。柴通常是一块橡树,有时也用橄榄树或山毛榉。他们似乎认为从燃烧的圣诞木里敲击多少火星,他们就会得到多少小牛、小羊、小猪、小山羊。有些人拿一块圣诞木到田里,以防冰雹。在阿尔巴尼亚,直到近年都有在圣诞节烧圣诞柴并把柴灰撒在田里肥田的普遍风俗。胡祖尔人(喀尔巴阡山的一支斯拉夫人)在平安夜(旧历一月五号)摩擦木头取火,一直烧到"第十二夜"。

值得注意的是,人们普遍相信:把圣诞木柴的余炭保存起来,能保护房子免受火灾,特别是冤遭雷击。由于圣诞木柴常常用的是橡树,很可能这种信念是雅利安人把雷神与橡树联系起来的古老信念的遗迹。至于圣诞木柴的灰烬具有治疗和增殖的功效,如使人畜保健、母牛产子、大地增产等的想法,是否也是从同一个古代根源发展出来的呢,倒是一个特别值得考虑的问题。

第八节 净火

到此为止,我们所描写的篝火节都是定期在一年的某个固定时间举行的。但是,除了定期举行篝火节而外,欧洲许多地方的农民从很古的时候起,遇到农荒的时候,特别是他们的牲口受到瘟疫袭击的时候,还常常不定期地举行一种篝火仪式。只说欧洲的民间篝火节而不说一说这些令人注意的仪式,那就说得不完全。这种仪式更值得我们注意,因为我们也许可以把它看作一切篝火节的起源,它们的确是在很古的时候就有了。在条顿民族中,这种篝火一般称为净火,有时也叫作"野火"。毫无疑问,这是为了把它和通常所烧的文火加以区别。斯拉夫民族称之为"活火"。

这个风俗的历史可以追溯到中世纪的早期,那时教会谴责那是异教迷信,往下直到19世纪前半叶,在德国、英格兰、苏格兰和爱尔兰有些地区偶尔有这种习俗。在斯拉夫民族中似乎延续的时间更长。通常举行这种仪式的时候是瘟疫或牛瘟爆发的时候,人们认为净火是有效的治疗方法。受它治疗的动物包括母牛、猪、马,有时还有鹅。为了点燃净火,必须先把附近地方的一切灯火熄灭,连一点火星也不能留,因为只要屋里点了一盏灯,就不能点净火。有时人们认为把村里所有的火都灭掉就够了,但是有时还需要灭掉附近村子的火,甚至整个教区的火。苏格兰高地的某些地方有这样的规矩:住在两条相邻溪流之间的一切人家都应该在指定日期把灯火熄灭。通常是在露天烧净火的,但是塞尔维亚某些地方则在一间屋子里点燃,有时点火的地方是十字路口或路上的一个坑洼。在苏格兰高地,适于举行这种仪式的地方似乎是山丘或河里的小洲。

点燃净火的方法照例是用两块木头摩擦,不能用石头或铁取火。有材料记载:南斯拉夫人中有一种特别的取火方法,就是把铁块放在铁砧上敲打。凡是专用木头生火的地方,据说一般都是用橡树,而莱茵河下游则是用橡树或桃树。听说在斯拉夫国家里,用杨树、梨树、山茱萸都行。有时把所有的材料只说成是两块干木头。有时认为必须用九种不同的木头,但是这也许是说火里要烧九种木头,而不是为了点燃净火而摩擦九种木头。点燃净火的方式随地区而异。最常见的方式是这样的:地上埋两根杆子,彼此相距大约一英尺半,两根杆子相对的一面各有一孔,孔里放一根光滑的横木或棍子,塞上麻布,将棍子尖端紧紧地插进洞里。

为了使棍子更容易点着,上面常常涂上柏油。然后在棍子上缠一根绳子,由两个或更多的人分抓绳子的两头,来回地拉动绳子,使棍子迅速转动,透过摩擦,终于使孔里的麻布冒出火星,立即用麻屑或麻絮引火,不停地划圈子摇动,直到燃起一团大火,用来点燃谷草,再用谷草点燃那一堆作篝火的燃料。一般做法常常是用一个轮子,有时是一个车轮,有时甚至是一个纺车的轮子为中心,外加其他易燃物。在亚伯丁郡,这个轮子叫"大轮子",在马尔岛①上,这个轮子要从东向西在九根橡木轮轴上滚过。有时我们只听说用两块木头摩擦。有时又听说点火用车轮和滚车轮的轴都必须是新的。同样,转动木棍的绳子据说也要用新的,如果可能,还要用绞死过人的绞架上的绳子搓成,不过,这一条只是为了想要做到十全十美,并非绝对非有不可。

至于什么人可以点火或应该点火,都有许多规矩。据说,拉绳子木棍的两个人必须是兄弟俩,至少两人的名字要是一样的,有时认为只要是两个贞洁的青年人就够了。在不伦瑞克的某些村子里,人们认为凡是参加点燃净火的人如果不是同名的,他们就会徒劳无功。在西里西亚,常常由双胞兄弟砍伐点火的树。在苏格兰②西部的各岛上,由81个已婚的男子分成9组轮流用两块大木板摩擦生火。在北尤伊斯特,9人一组,共9个组,81个点火的人都得是头胎出生的儿子,但他们是否已婚或未婚,还不大清楚。在塞尔维亚人中,有时由年纪在十一至十四岁之间的男女两

---

① 希腊岛屿,位于爱琴海上。
② 苏格兰西海岸附近内赫布里底群岛的一个岛屿。

第六十二章 欧洲的篝火节

个孩子点燃净火。他们光着身子在一间黑房子里点火,有时由一个老头子和一个老太婆来点这火,也是在黑暗中点的。在保加利亚也一样,点燃净火的人必须脱光衣服。在凯斯内斯[①],点火的人身上不能带有任何金属。如果木头摩擦了很长时间还没有发出火来,他们就认为村里某处一定还燃着火,于是挨家严查,只要找到火就将它灭掉,不小心的主人家里如果有没灭的火,就要受到处分或挨骂,有时还真罚他一大笔款子。

净火终于点燃了,用他点起篝火来,待到篝火火苗弱下去的时候,人们就立即把有病的牲口从炭火上赶过,有时还分出先后,首先是猪,接着是母牛,最后是马。有时赶着它们从烟火里走过两次或三次,偶尔有的牲口竟被火烧死。所有的牲口走完后,青年人就在灰烬上乱跑,彼此撒灰涂黑,涂得最黑的人胜利地随着牲口走进村去,保持很长时候不洗掉。人们从火里取些正燃着的火炭带回家中用以点燃他们家里的火。这些火炭用水浸灭后,有时放在喂牲口的槽里放一些日子。净火的灰也撒在田里保护庄稼不受虫害。有时拿回家去,当作治病的药物,把它撒在患病的地方,或是用水调好,让病人喝掉。在苏格兰西部各岛以及与各岛邻接的大陆上,当用净火把家里的火点着后,马上就放一壶水在上面,烧热后把热水浇在病人身上,或是浇在染上牛瘟的牲口身上。净火的烟具有特别的功能,在瑞士,人们用这种烟熏果树和渔网,为的是让树多结果、网多捕鱼;在苏格兰高地,人们认为净火具有防巫术的无上妙用,听说在马尔岛,点燃治牛瘟的火时,

---

[①] 苏格兰东北部的一个郡,属高地地区。

还有杀一头病牛献祭的仪式,把牛砍成许多块烧掉。斯拉沃尼亚和保加利亚的农民认为牛瘟是恶魔或吸血鬼,在它和牛群之间放一个火栏栅就能制住他。也许各地用净火治牛瘟的做法原来都有类似的想象。德国有些地方,人们似乎不等牛瘟爆发,就预先每年点一次净火来防止病灾。波兰也是这样。据说每年圣罗克节那天,村里都在街道上点起净火,赶着牛群从火里走过三遍,以防牛瘟。我们谈到过,在赫布里底群岛,为了同一个目的,每年同样地把牛群赶过贝尔坦篝火。瑞典有些村子里,孩子们至今还摩擦木头点起净火来驱除瘴气。

第六十三章 篝火节的含义

第一节 篝火节的一般含义

前面有关欧洲民间篝火节的考察提出了几个一般的结论。首先,这些仪式不论是在一年的哪个时间举行,也不论是在欧洲哪里举行,都有着惊人的类似之处。点燃大堆篝火从火上跳,赶着牲口从火中走过或绕火而行,这种风俗实际上遍布整个欧洲,手持火炬围着田地、果园、草场,或畜棚游行或赛跑这些做法也可以说是遍及全欧。向空中扔火饼或向山下推火轮的风俗就比较不那么普遍。圣诞木柴的仪式和其他篝火仪式的不同之处在于,圣诞木柴具有私人的和家庭的性质的特点,其所以如此,是因为仲冬天气恶劣,不仅露天公众集会令人不快,而且随时都会下雨落雪,把最重要的火浇灭而破坏篝火活动。除了这种地点和季节的不同而外,一年中任何时间、任何地方的篝火节活动,一般都是相当近似的。一如各种仪式的类似,人们期望篝火得到的利益也是类似的。不论是用固定的杆子点火也好,或是拿着火把到处走也好,或是从要熄的篝火堆上取出炭灰也好,人们都认为火有利于庄稼生长、人畜兴旺,或积极促进,或消除威胁他们的雷电、火灾、霉、虫、减产、疾病以及不可轻视的巫法等等。

但是,我们自然会问,人们怎么认为这么大、这么多的利益会用这么简单的方法得到呢？使用烟、火、灰、炭就能得到这么多好处,避开这么多坏处,人们究竟是怎么想的呢？现代的探索者作出了两种不同的解释：一方面,有人认为篝火节是太阳魔法或巫术仪式,是想根据模拟巫术的原则,点起火来,在地上摹仿天空中光和热的伟大源泉,以求得人、畜、植物所需要的阳光供应。这是威廉·曼哈德的看法,可以把它称为太阳说；另一方面,有人坚持,篝火节仪式不一定就与太阳有关,其目的只是希望净化,只要烧掉并毁去一切有害的影响,不论是人的形式,如巫婆、魔鬼和妖怪,或是一种非人的形式,一种扩散开来的污秽或空气的污染。这是爱德华·威斯特马克博士的看法,显然也是尤金·莫克教授的看法。这种看法可以称为净化说。这两种说法显然表明对仪式中占主要地位的火持有很不同的看法：一种看法认为,火像我们在地球上所处的纬度得到的阳光,是一个温和的生产力量,促进植物生长和一切构成健康和幸福的事物的发展；另一种看法认为,火是一种凶狠的破坏力量,它毁坏和消灭一切可恶的成分,无论是精神方面的,还是物质方面的,它威胁人、动物、植物的生命。根据前一种理论,火是一种刺激物,根据后一种理论,火是一种消毒剂；一种看法认为它有积极的功效,另一种看法认为它有消极的功效。

这两种解释中关于火的性质说法虽然不同,但两种解释并不是完全不可调和的。如果我们假定这些节日点燃的火最初是摹仿太阳的光和热的,那么,难道不也可以认为那些关于火具有净化和消毒作用的认识是直接来自关于阳光具有净化和消毒作用的认识吗？这样,我们就可以作出结论：这些仪式最初本来就是摹仿阳光的,关于它的净化作用则是后来引申得出的。这样的结论在两种对立学说之间采取了中间立场,承认两者都有符合事实的部分。我在本书的前几版中都采用了这样的结论。但是,威斯特马克博士曾经有力地专为净化说辩护,我不得不说他的论点很有分量,更充分地考察一下事实,我觉得证据似乎的确有利于他的观点。不过,问题还不是很清楚。如果不加讨论就排除太阳说,便不能说我们是正确的。所以,我想先引证赞成太阳说的那些理由,然后再谈那些反对太阳说的理由。对于威廉·曼哈德这样博学而睿智的研究者所支持的理论,我们应当恭敬地听一听。

第二节 篝火节的含义——太阳说

我们在前面谈到过,野蛮人采用魔法制造阳光,因此,如果欧洲的原始人也这么做,也就不足为奇了。的确,如果我们考虑到在一年的大部分时间中,欧洲的气候都是寒冷多云的,我们就会发现,太阳魔法在欧洲民族的迷信办法中所占的地位要比住在赤道附近的野蛮人的做法突出得多。赤道附近的野蛮人因为住在赤道附近,在自然界的推移过程中能得到比他们所需要的还要多的阳光。篝火节的太阳说这种看法会受到各种论点的支持,一部分论点来自篝火节的日期,一部分来自仪式的性质,一部分来自人们所谓篝火节对天气和植物的影响。

首先,在节日的日期方面,两个最重要、流传最广泛的篝火节的日期多少与夏至和冬至恰好一致,也就是说,正碰上太阳在天空的明显轨道的两个转折点,即太阳运行中分别达到它的最高点和最低点。这种时间的相符不可能纯粹是偶然的巧合。仲冬的圣诞节庆祝根本不容我们推测,我们从古人明确的证据中知道,圣诞节就是基督教会制定出来代替古老的异教的太阳诞生节,人们显然认为太阳在这一年的最短的一天复生,然后它的光和热眼看着增长,终于在仲夏时达到最成熟的程度。所以说,圣诞节的民间庆祝活动中占突出地位的圣诞木柴原是为了帮助在仲冬出生的太阳再点燃它似乎逐渐熄下去的火光,这种推测并非完全牵强附会。

某些篝火节不仅在日期上表现出有意摹仿太阳,在纪念的方式上也表现出有意摹仿太阳。在这些仪式上常有滚火轮下山的风俗,很可以当作摹仿太阳在天空运行,这种摹仿在仲夏节尤其适合,这时太阳开始了一年中的倾斜。有些记录这个风俗的人就是这样解释的。使燃烧的油筒围着柱子转也可以说是很明显地摹仿太阳的运行。又如常见的扔火饼的做法,有时人们明显地说它是做成太阳形状的,把它在节日时扔向空中很可以说是一项摹仿巫术。巫术的力量在这些例子里也和在其他许多例子中一样,可以说是通过摹拟或交感而获得预期效果的。通过摹拟所期望的就能真正产生这种效果。模仿太阳在天空的运行,你就真正帮助太阳准确迅速地绕巡天际。民间有时把仲夏节篝火称为"天火",清楚地表明人们那时已经把地上的火光和天上的火光有意识地联系起来了。

有人描述过的原先在这些节日点燃篝火的方式也证实了其原意是摹仿太阳的这一看法。诚如某些学者已经观察到的,早先,在这种定期的节日里,很可能是普遍地用摩擦两片木头取火

第六十三章 篝火节的含义

的。有些地方至今在复活节和仲夏节还用这种办法取火。还有人明确地指出从前苏格兰和威尔士的贝尔坦篝火节都是这样取火的，而净火则几乎永远是用木头摩擦取火，有时用轮子旋转取火。这样说来，过去曾经一律用这种办法取火，就几乎可以肯定了。而其所用的轮子是代表太阳的，这种推测也是说得通的。如果从前定期燃烧的篝火也是用同样方法产生的，那么，认为点燃篝火的做法原是太阳魔法的观点，也就可以肯定了。事实上，正如库恩所指出的，有些证据已经表明仲夏篝火原来就是这样点起来的。我们谈到过，许多匈牙利的养猪人，在一根木轴上绕上亚麻，再按上轮子，使轮子在轴上旋转，点起仲夏节前夕的篝火，并赶着猪从这火上走过。在施瓦本的奥伯尔默德根村，每逢圣维图斯节（6月15日）就燃起他们所谓的"天火"来，办法是拿一个车轮，涂上油，缠上草，系在12英尺高的杆子上，杆顶就插在轮子的中心，然后把轮子点起来。在一个山顶上点起这种火，火苗上升时，人们伸臂仰首望天，念一套固定的祷词。在这个例子里，在杆顶上装上轮子，并把它点着火，这表明在起初，这个火也跟净火一样，是旋转车轮而产生的，并且举行这种仪式的时日（6月15日）靠近仲夏。我们已经见到，在马苏伦，过去的确常于仲夏节的时候在橡木轴上快速地旋转一个轮子取火，虽然并没有材料说这样点的火是用来点燃篝火的。我们还必须记住，所有这些例证中提到的轮子只是为了加强摩擦便于点火的一种装置，不一定具有任何象征的意义。

有人以为定期或不定期地点燃篝火的做法，其目的是想影响天气和植物。这种假想可以引用来证实点燃篝火是太阳魔法的观点,因为那些人把火的功效说得跟太阳的功效一样。所以,法国人相信,在多雨的6月,点燃仲夏篝火,会使雨停止。这种看法似乎是假定火能驱散乌云,使太阳露出明亮的光辉,使潮湿的土地和滴水的树木干燥起来。同样,瑞士的孩子们在大雾的日子里点燃净火用以清除湿雾,这很自然地也可说是一种太阳魔法。在孚日山区,人们相信,仲夏篝火有助于保护大地的出产和保证好收成。在瑞典,人们观察五朔节篝火火苗飘动的方向来测定下一季天气的冷暖,如果火苗向南飘,天气就暖和,如果向北飘,天气就寒冷。毫无疑问,这个例子只是把火苗的方向看作天气的预兆,而不是把它当作影响天气的一种做法。但我们可以相当肯定地说,这是许多巫术变为占卜的一个例子。在艾弗尔山区也是这样,火烟向田里飘就是丰收的预兆。但更古的看法认为,烟和火苗不只是预兆,它们确实能导致丰收,火的热力对谷物起到太阳光热的作用。马恩岛人在田里向风的一面点火,使烟飘过田地,也许就是因为持有这种看法。在非洲南部,马塔贝列人于4月左右在自家园内向风的一面点起大堆篝火,"他们的想法是让烟飘过庄稼,帮助庄稼成熟"。祖鲁人也是如此,"在园内向风的一面点起火,在火上焚烧一种叶草,使作物受到烟熏,能加速生长"。又如欧洲农民认为凡篝火能照到的地方,庄稼就会长得好,这也可以说是篝火有促使庄稼增殖的信念的一种遗迹。同样的信念也可以说是表现在这种想法中:从篝火里取出余炭埋在地里,会促进庄稼生长。在火苗飘动的方向撒大麻种,播种时用火灰搅拌谷种,把灰撒在地里肥田,把圣诞木柴塞在犁里使种子旺盛生长,这些风俗都可以说含有上述想法。有一种看法认为大麻或亚麻

第六十三章 篝火节的含义

能长得跟篝火火苗一样高,或是长得和人们跳过火苗时那样高,这种看法显然也属于同前一类的观念。又如在莫塞尔河上的康兹,火轮从山上滚到河边而不熄灭,就受到欢呼,认为是葡萄将要丰收的预兆。这种信念在人们心中是那么坚定,以致如果仪式成功了,村里的人就有权向附近葡萄园的主人征税。在这个例子里,火轮可能被认为代表没有云彩遮掩的太阳,能够预告葡萄的丰收。村人从附近葡萄园里得到一车白葡萄酒,也可以说是因为他们为葡萄取得的阳光而给予的一种报酬。同样,在格拉摩根山谷,人们常常在仲夏节从山上滚下一个火轮,如果火轮未到脚下就熄了,人们就认为当年没有好收成;如果火轮一路上燃烧着,到了山脚下还继续燃烧一个很长的时候,农人就指望当年夏天会有好收成。在这个例子里,我们自然可以认定在农民心目中轮子的火和庄稼依靠的太阳的火是直接关联的。

但是,在民间信念中,篝火促进增殖的效力并不限于植物,对动物也一样。爱尔兰的风俗把不孕的牛从仲夏火中赶过,法国人认为把圣诞木柴浸在水里能够帮助母牛产子,法国和塞尔维亚都认为圣诞柴迸出多少火星,他们就有多少小鸡、小牛、小羊羔,法国的风俗把篝火灰放在鸡窝里能促使母鸡生蛋,德国农民把篝火灰拌在牲口喝的水里,促进动物繁殖,这些都明显的表示篝火也能促进动物繁殖。还有一些明显的标记,表明温暖的篝火也能促进人类子孙繁衍。摩洛哥人认为不生孩子的夫妻从仲夏篝火上跳过就能够生育。爱尔兰人认为从仲夏篝火上跳过三次的女孩会马上结婚并且将成为有很多孩子的妈妈;在佛兰德,妇女从仲夏篝火上跳过能保证分娩容易。法国许多地方的人们认为,一个女孩子如果围着九堆篝火跳过舞,她在一年内准会结婚。在波希米亚,人们认为女孩只要看见九堆篝火,就会结婚。另一方面,在莱希芮茵,人们说如果一对青年男女一起从仲夏篝火上跳过,而没有被火烤着,那位青年妇女12个月内不会做妈妈,因为火焰没有触及她,没有使她受孕。瑞士和法国有些地方,点燃圣诞木柴时还祈求保佑妇女多育子女,母山羊多生小山羊,雌绵羊多生小绵羊。有些地方有这样一个规矩:须由最近结婚的人点燃篝火。无论其认为点火人是接受篝火的增殖力还是传授增殖力,这些观念都像是属于上述同一类的观念。情侣们常常手牵手地跳过篝火,这种普遍做法很可能是产生于这种想法:跳过篝火他们婚后就会生育子女。有种风俗是让新近一年内结婚的夫妇在火炬照耀下跳舞,可以说是出于同样的动机。爱沙尼亚人在仲夏节似乎有一些混乱的场面,正与我们自己过去庆祝五朔节时有过的一样,这种场面的起源,也许不是完全由于过节的人的放纵,而是起源于一种原始的观念,认为在天体运行的一年转折之际,与人的生命神秘地紧密相连,进行这种放荡淫乐,如果不是必需的话,也是正当的。

在我们考察的这些节日里,点燃篝火的习俗通常总是和手持火把到田地、果园、牧地、羊群、牛群中走动的习俗联系在一起的。我们很难怀疑:这两种习俗不过是为达到同一目的而采取的不同方式而已,这个目的就是从火——无论是不动的篝火或手持的火炬——获得福利。因此,如果我们接受篝火太阳说,我们就必须将太阳说也同样应用于火炬说,我们就得假定拿着燃烧的火炬在农村到处走或跑动,只不过是以火炬闪烁的光亮摹仿温暖的阳光作为向远近散布光和热的手段罢了！拿着火炬在地里走动,目的就是为了使田地增产,有时候从篝火中取出余炭放在地里防止虫害,也同样是为了增产。主显节前夕诺曼底的男女老少拿着火炬在地里和果树园里到处跑,并将火炬在枝干间挥动,目的是用以清除苔藓,驱走鼹鼠和田鼠。"他们认为这一仪式能达到双重目的:驱除繁殖迅速、为害极大的虫鸟和兽类,增强树木田地甚至牲畜的生殖。"他们以为仪式的时间越长,秋季的收成就越好。波希米亚人说他们把烧着的扫帚向空中扔得有多高,他们的玉米也就能长到多高。这些观念并不限于欧洲人中。高丽宫廷的太监在新年前几天就一面摇动火炬,一面念诵咒文,据说这样可以稳保来年丰收。普瓦图①的农民习惯将燃烧着的轮子推着在地里走过,目的是要使田地增产。这种习俗可说是以更形象的形式体现了同一概念。这种做法,不仅轮炬的光和热表示了太阳的光和热,而且仿制太阳也确实从地里走过,从而使田地受到他的温暖和促进。此外,像拿着明亮的火把绕着牲畜走的习俗,跟赶着牲畜走过篝火显然是相等的。所以,如果篝火是一种太阳巫术,火炬也一定是一种太阳巫术。

第三节 篝火节的含义——净化说

至此我们已经考察了关于太阳说的各种论证,证明欧洲篝火

---

① 法国中西部一地区。

节点燃的篝火是一种巫术以保证人和牲畜、五谷和果实都能得到充足的阳光。还有待考察的则是反对太阳说而赞成净化说的各种论证。净化说的论点是：在那些篝火仪式中，点燃的篝火不是创造性的手段，而是清洗性的手段，它通过烧掉或消除可以导致疾病和死亡，威胁一切生物的物质的或精神的有害因素，而净化人和牲畜与作物。

首先，应该看到那些遵行篝火节习俗的人从来不曾提出太阳说来解释这种习俗，相反，他们倒是常常提出并且强调净化说。这是赞同净化说而反对太阳说的有力论证。因为除非有重大理由，对民间习俗的通俗解释是不能否定的。我们这里讨论的问题，还没有充分的理由予以否定。把火看作一种毁灭性的力量并且能够用来清除一切有害事物，这种概念非常简单明白，即使那些粗野农民也会具有这种概念，而正是他们首创了篝火节。另一方面，把火看作太阳放射出来的物质，或者，不管怎样，把火看作是与太阳有关的物理感应的联系，这种概念的产生绝非单纯、了然，尽管把火当作巫法用来产生阳光这种做法是不可否认的。在试图证明民间习俗时，我们绝不应追求深奥的思想而不顾近在眼前并为人民自己明确解释过的更为简明的思想观念。关于篝火节这个问题，篝火具有毁灭性的功能这一方面，人民自己已经反复阐明，篝火是用来驱除严重邪恶的，因而是一种巫术，这一点更有重大意义。人们再三告诉我们，点燃篝火的意图是要烧掉或驱除妖巫，有时在火中烧化妖巫的偶像，更是形象地表明了这种意图。因此，只要我们想起多少世纪以来欧洲民间对于妖巫十分恐惧的心理，我们就能料到所有那些篝火节的首要意图就是要铲除

第六十三章 篝火节的含义

或者起码也是要摆脱妖巫，因为民间认为妖巫几乎是人、畜、庄稼所受一切灾害与不幸的根源。

民间认为篝火与火炬能够消除一切灾害和不幸。只要考察到这一点，上述料想就能予以肯定。民间最大的灾害和不幸，大概要算牲畜的疾病，而妖巫为害最甚的就是不断侵扰牛群，特别是偷窃牛奶。因此，很显然，点燃净火（或叫特需火），也可看作是定期篝火节的母火，首先就是为了治疗畜疫或牲口其他疾病的，其仪式则表明（根据一般的推理是可能的），点燃净火这一习俗可以上溯到很早的历史阶段，当时欧洲人的祖先主要依靠畜牧为生，农业生产还处在从属的地位。当时欧洲许多地区的牧人最害怕的两大敌人仍然是妖巫和豺狼，所以他们把火作为禁戒两大敌人的有力手段，就不足为奇了！在斯拉夫各民族中，点燃净火所要对付的对象已不是那么活跃的妖巫、吸血鬼及其他邪恶精灵，其仪式的目的主要在于驱除这些害物，而不是真正想把它们在火焰中消灭。对于我们现在的研究来说，这些具体的分别倒不是很重要的了。重要的是，在斯拉夫民族中，我们现在考察的一切篝火仪式的来源——净火，并不是什么太阳巫术，只是（十分清楚、毫不错误地）保护人畜不受妖巫精灵等害物的侵袭的一种手段。斯拉夫民族的农民只是想像用火烧一烧或吓唬一下野兽那样，来对付那些妖巫精灵罢了！

此外，篝火常常是为了保护田地不受雹灾，房舍不受雷电袭击的。不过人们经常以为冰雹、雷电都是妖巫施为的。因此，禁戒妖巫的篝火必然同时也就作为防止冰雹雷电的护身符了。还有，人们普遍地从篝火堆中取出燃烧着的木头或树枝收藏在屋内以防火灾。这样做可能是根据顺势巫术的原理,认为一种火可防止另一种火,但是也可能其意图在于迫使巫害不得侵扰。人们还从篝火堆上跳过以预防腹痛,注视火苗以保护眼睛健康。在日耳曼,可能其他地方也一样,人们把腹痛眼痛都归罪于妖巫的为害。在仲夏节篝火上跳过或围着篝火转圈,都被认为可预防割谷时背痛,在德国把这样的背痛叫作"妖巫袭击",把病痛归因于巫术。

如果说篝火节的篝火和火炬主要是被当作对付妖巫的武器,那么,这种解释同样也适用于篝火节间掷向天空的燃烧着的火盘和从山上滚下的燃烧着的火轮。我们可以假定,火盘和火轮同样都是为了要烧死那些隐形在空中飞来飞去,出没于田地、果园、山间、葡萄园内的妖巫。人们总是认为,妖巫们骑在扫帚或其他轻便工具来往于天空。假如妖巫真个有此能耐,那么,纵使你向它们投掷燃烧的火器(无论火盘、火炬还是扫帚),它们在昏暗中从你头顶上疾飞而过,你又怎能击中它们呢?斯拉沃尼亚南部的农民相信妖巫驾着下冰雹的乌云,所以他们向云中射击,要打下那些妖怪。他们一面射击,一面诅咒道:"该死,该死!该死的赫罗狄亚斯!上帝惩罚你,把你捆绑起来扔在救世主的血泊里!"他们还拿出燃烧着熊熊炭火的罐子,洒上圣油、悬挂树叶和苦艾,使冒出浓烟,浓烟直上云间,熏倒妖巫,使之跌落地面。为了让妖怪重重地摔倒,那些乡下人急忙拿出椅子倒放在地上,好让妖怪摔落在椅子腿上折断腰腿。尤有甚者,他们还拿出镰刀、钩刀和其他可怕的武器,刀刃向上,好让妖怪从云间直接摔落在刀刃上,斩为数段。

照此观点来看,应用篝火、火炬、火盘、火轮等形式的火而获

第六十三章 篝火节的含义

得的繁殖力,并非直接来自这些火的巫法所产生的太阳热能,而纯粹是从巫蛊致命的阻碍下解放了动植物的繁殖力所获得的间接效果。动植物所能获得的繁殖力在人类两性方面也是一样。据说,篝火还可以促进婚姻,使无嗣夫妇生儿育女。这一积极的作用不需从火的促进生殖能力方面直接获得,却可以从火能排除巫蛊对夫妇结合所施的魔法而间接地得到。

总体看来,篝火具有净化性能的理论,比起篝火具有太阳性能的理论,似乎更为可能,更与现有证据相符。

第六十四章　在篝火中焚烧活人

第一节　在篝火中焚烧偶像

我们还需要问一下:在这些节日的篝火中焚烧偶像是什么意思?经过前面的考察,对这个问题的答复就很显而易见了。鉴于一般都认为篝火的目的是烧死妖巫,在篝火中焚化的偶像有时就叫作"巫婆",我们自然会得出结论说,这些节日里在篝火中焚烧的一切偶像都是表示巫婆或男巫的,焚烧巫觋偶像完全是焚烧这些邪恶男女的替身。根据顺势或模拟巫术的原理,烧毁了偶像,也就烧毁了那些巫觋本人。整个说来,这样解释对于在这种节日焚化稻草人的习俗最为合乎实际情况。

但是这样解释也可能不能适用于所有这些情况,其中有些事例得接受或需要其他解释。因为正如我已经指出过的那样,这些烧毁的偶像很难跟春季烧毁或摧毁的死神偶像分别开来。至于把这些所谓死神的偶像当作树精或植物精灵的真正代表,其理由前面已经说了。在春天和仲夏篝火中烧掉的其他偶像是否也可以同样解释呢?应该是可以的。因为正如把死神的残体插在地里促进庄稼生长一样,春天篝火中烧掉的人形偶像的残炭有时也放在地里,相信它能防止虫害。新婚的新娘必须在忏悔日从烧毁稻草人的火焰上跳过,这一习俗的目的在于使她生育子女。我们

第六十四章 在篝火中焚烧活人

已经考察到人们认为树精有福佑妇女生育的能力,因此,说新娘必须从上面跳过的燃烧着的偶像就是那个促进繁殖力的树精或植物精灵的代表,也是合理的推断。用没有脱穗的谷秸扎成人形,缀上鲜花,做成偶像,它的身份就是植物精灵,这几乎是一点也不错的。要注意的是,有时在春天和仲夏篝火中燃烧的不是偶像,而是活的或砍倒的树木。考虑到树精经常以人形来表现这一事实,我们说在篝火中焚烧的树和偶像都是表示树精的,这些树和偶像彼此是相等的,这样假定,绝非草率。再看:(1)那种要焚烧的偶像常常和五朔节花柱(山楂树)一起被孩子们抬着游街,前者由男孩们抬着,后者由女孩们抬着;(2)那种偶像有时绑在一棵活树上,连树一起焚烧。这两点事实也证明了我们的假定。在这些事例里,可见树精是既以树木又以偶像来双重表现的,前面我们已经发现了这种情况。因此,偶像作为有益于人的植物精灵的代表,有时竟被人遗忘,也就很自然了。对于后来的思想风尚,这种焚烧有益之神的习俗实在过于陌生,难免不被误解。于是,很自然的,那些继续焚烧神像的人后来基于种种原因,带着厌恶情绪,就把他说成为犹大、路德和巫婆等的偶像了。

前面我们曾以一章的篇幅研究过杀死某个神祇或其代表的一般原因。如果所杀之神碰巧是植物之神,那么,为什么用火把它烧死呢?其中有特殊原因。因为植物生长必须有光和热,根据交感巫术原理,让植物神的人身代表受到光和热。换言之,在代表太阳的火中烧死植物精灵,就可肯定至少在一段时间内植物能得到充分的阳光。也许有人会不同意,说:假如其意图只是为了植物获得足够的阳光,根据巫术交感原理,将植物神的代表从篝火中穿过,不是比烧掉他们更容易达到目的吗?事实上有时确是这么做的。在俄罗斯,我们已经看到库帕洛的稻草形象并未在仲夏节的篝火上燃掉,而只是拿着它在火上来回晃动几次。不过,由于已经说过的原因,该神一定得死。所以第二天剥去库帕洛身上所有的衣服,把她扔到河里。在俄罗斯人的这个习俗中,将稻草人形在火中来回晃动的做法,如果不单纯只是加以净化,可能也是一种太阳巫法。杀死该神是另一件事,而杀死神的方式——把神淹死——可能又是求雨巫法。不过通常人们并不以为有必要分得这么精细,由于已经提到的各种理由,他们觉得只要让植物神祇受到相当的热度就足够有利了。同样,把他杀死也是有利的,所以把两种利益综合起来,就采取了烧死他这种虽不是很好却还可行的办法。

第二节 在篝火中烧死人和动物

与欧洲篝火节有关的民间民俗中有一些特征表明有过以人为牺的做法。我们发现有不少理由可以使人相信:在欧洲有许多活人充当过树精和谷精的代表并以此身份而死。如果那样处死他们能得到任何特殊利益的话,就没有任何理由说他们为什么不被烧死了。关于人的受难,在原始人的算计中是未加考虑的。在我们讨论的篝火节假装把人烧死的做法有时比较过分,似乎令人有理由相信它是真的烧死活人的古老习俗的遗存。譬如我们看到,在亚琛,用豌豆秸裹起来的人装得那么逼真,使孩子们相信他是真的被焚烧了。在诺曼底的朱米吉地区,有一个全身着绿的

第六十四章 在篝火中焚烧活人

人,人们称他为绿狼并群起追逐他,把他捉住以后就装作要把他扔到仲夏节篝火里去。同样,在苏格兰的贝尔坦篝火节,人们捉住假装的人牺,做出把他扔进篝火里的姿态,事后又故意说他已烧死了。在苏格兰的东北部地区,万圣夜孩子们都尽量挨近篝火躺下并让其他孩子从自己身上跳过。这做法也和上面说的习俗一样,是一种假装的姿态。埃克斯地方的有名无实的假王,在位一年,并且首先围绕仲夏节篝火跳舞的习俗,就是古时把他作为燃料的习俗的改进,后来干脆只要他点着篝火就行了。在其以后的习俗中,曼哈德发现人们焚烧用树叶裹起来的植物精灵的代表,他的发现可能是对的。奥地利的沃尔菲克地方,在仲夏节那天孩子们簇拥着一个浑身用无花果树枝裹起来的孩子,挨家挨户讨取木柴,作篝火之用。他们还一边唱道:

> 我需要林中的树木。
> 　请赐葡萄美酒,
> 　勿给酸乳,
> 　让伐木人心满意足。

巴伐利亚有些地方,孩子们也是在仲夏节前用绳子牵着一个全身披盖无花果树绿枝的孩子,走遍全村,各家各户收集仲夏节篝火用的燃料。符腾堡的莫斯海姆地方,过圣约翰篝火节通常要持续两个星期,直到仲夏节后第二个星期日。到最后一天,年纪大了的人们都退入树林,由孩子们管理篝火。孩子们把一个小伙伴用树叶和细枝披盖起来,让他走到篝火前把火散开、踏灭。所有在场的人一见到他就跑开。

可能还不止这些。大约一百年前苏格兰高地流行的贝尔坦篝火节还依然残留着上述那些节日奉献人牺的痕迹。也就是说，偏居欧洲偏远角落、几乎完全与外界隔绝的一支凯尔特人，直至距今一百年前仍保留着远比西欧其他任何民族为多的古老的异教习俗。根据无可怀疑的证据，我们知道，凯尔特人一直系统地遵行在篝火中奉献人牺的习俗，这是值得注意的。有关这些人牺的最早记述是儒略·恺撒遗留给我们的。作为前此独立的高卢凯尔特人的征服者，恺撒有充分的机会观察凯尔特人的民族宗教和仪式。当时那些土生土长的宗教及仪式还很清新，富有生气，没有被罗马文明的熔炉所熔化。在恺撒率领罗马大军渡过英吉利海峡之前五十年左右，一位名叫波西多尼厄斯①的希腊探险家就已到高卢旅行过。恺撒撰写的有关记述②也吸取了波西多尼厄斯的见闻。希腊地理学家斯特拉波③、历史学家狄奥多罗斯有关凯尔特人献祭人牺习俗的著述，也都取材于波西多尼厄斯的著作。不过他们的记叙各不相同，三人著述中所写细节，彼此书中皆无。把三人写的材料综合起来，就有可能恢复波西多尼厄斯的原来记述，从而获得公元2世纪末高卢凯尔特人献祭人牺的真实画面。以下可能是这个习俗的概貌：凯尔特人将判处死刑的罪犯保留作为五年一度祭神大典中的人牺。据说这样的人牺愈多，土

---

① 波西多尼厄斯，(Posidonius，或 Poseidonius，波塞多尼奥斯，约前 135－前 51 年)，希腊学者、斯多噶学派哲学家。
② 指儒略·恺撒所著《高卢战记》(Commentarii de bello Gollico)。
③ 斯特拉波(Strabo，前 64 或 63 年-后 23 或 24 年)，希腊地理学家、历史学家。

地获得的增产力就愈大。如果没有那足够的罪犯可充人牺,就将战争中的俘虏用来补够不足之数。这些人牺都由德鲁伊巫师或祭司来杀祭,其方式有的用箭射死,有的在木桩上钉死,也有用下述办法活活烧死,即立起柳条编的或木制或草扎的巨大偶像,将活人、活牲口或其他活的动物放在里面,然后引火点着巨像,一起烧掉。

每五年一次的盛大节日主要活动内容就是这样。除了这样五年一次、规模盛大、杀祭众多人牺的节日之外,我们还可以合理地认定仍有规模较小一年一次的同类节日,正是这些节日,连同其以人为牺的残迹,一直流传到欧洲许多地区,至今仍然年复一年地举行活动仪式。古代德鲁伊祭司们把人牺装进用草覆盖或用柳条编制的巨大偶像的做法,使我们想到现在还常常把扮作树精的活人装进覆盖着枝叶的框架的做法。鉴于土地的肥沃程度明显地被认为取决于献祭人牺的情况,曼哈德才把凯尔特人装入柳条或草框中的人牺解释为树精或植物精灵的代表。

德鲁伊祭司用的那些柳木巨人直到晚近(如果不说当代的话)在现代欧洲春天与仲夏节间仍有它们的代表。在杜埃①,至少直到19世纪初每逢7月7日最近的星期天,人们总要列队游行。最大特点就是游行队伍中的一个巨像,是用柳木做的,约20或30英尺高,人们称之为"巨人",由装在里面的人用滚轴和绳子拉动它从街上走过。巨人佩戴着盔、盾、刀、剑,像武士一样。后面还跟着也是用柳木做的但身材略小些的偶像——"巨人"的妻子和

---

① 法国北部的一个城市。

三个孩子。在敦刻尔克①，6月24日仲夏节那天也有这样的巨人游行（叫作"敦刻尔克的喜闹剧"）吸引着广大观众。巨人是巨大的柳木制品，有时高达45英尺，身着金条蓝色长袍，下垂至脚，内藏12个或更多制造它的人，牵着它的脑袋向观众点头示意。巨人名叫鲁斯大爷，口袋里装着一个按巨人（Brobdingnagian）国②人的尺寸比例的大娃娃。巨人后面跟着它的女儿，也像它一样用柳木做的，比它的身材略小一点。布拉邦特和佛兰德的大多数市镇甚至村庄里也都有，或一贯都有，同样的柳木巨人，一年一度地推出来到处走动，受到广大人民的喜爱，以爱国主义的热情谈论着它，乐看不倦。在安特卫普③，人们做的巨人特大，哪个城门也容不下它的高大身材通过，因此不能跟其他比利时巨人一样在隆重的节日到邻近市镇去访问兄弟巨人。

在英格兰，仲夏节间的一个突出的特色就是人造的巨人。16世纪一位作家谈道："伦敦的仲夏盛大游行，引起人们的惊奇。一个高大奇丑的巨人遍身武装披挂，像活人一样在街上游行。巨人体内填满了废纸和麻屑，机灵的孩子们从巨人下面窥视，狡诈地发现了个中秘密，大大地嘲笑一番。"在曼彻斯特，每年仲夏节前夕的盛大游行都有四个巨人偶像，各种纸扎的动物、竹马和其他偶像。在考文垂，挨近巨人身边的偶像是它的妻子。牛津郡的布尔福德，每到仲夏节前有纸扎的巨人和龙满街游行，热烈欢庆。

---

① 今法国北部的一个海港。
② 英国名作家乔纳森·斯威夫特（Jonathan Swift, 1667－1745）的名作《格利佛游记》（*Gulliver's Travels*, 1726）里的大人国，该国居民身材高大，犹如铁塔。
③ 北利时北部的一个省。

第六十四章 在篝火中焚烧活人

1844年前后,在索尔兹伯里①的泰勒公司年久不用的大厅里,一个古物收藏者发现一具这种巨人偶像的残躯躺在那里已经朽坏。那是用木条和箍钉起的架子,跟五朔节"花屋中人"(Jack-in-the green)的做法差不多。

上述例子中的巨人只是在游行队伍中出现的。此外,有时也在仲夏节篝火中烧掉它们。例如巴黎有一条街名叫熊街,人们每年都要做一个柳木巨人,打扮得像个士兵,带着它列队在街上来来去去地游行几天,然后在7月3日那天隆重地烧掉,烧时旁观群众同声齐唱 *Salve Regina*。② 有一个享有国王称号的人手持燃烧着的火炬主持这个仪式。巨人烧掉后把灰散给众人,大家都抢着要。这一习俗到1793年才被废止。在布里、法兰西岛,每年仲夏节前夕总要焚烧一个18英尺高的柳木做的巨人。

德鲁伊教派把动物关在柳木框里活活烧死的习俗在春季和仲夏的节日里也有相应的做法。比利牛斯③的卢乡,人们在"仲夏节前夕于近郊主要地区中心竖立一根用结实柳木做的高约70呎的空心圆柱,从底部到顶端交织着绿叶,柱底周围排列着各种可以采集到的鲜花和香草,映衬着高高的圆柱,柱内填满易燃材料,随时可以着火。等到既定时间(大约晚上八点钟),由教士带头,由青年小伙子和少女们组成的盛大游行队伍唱着赞美诗从市内如潮水般涌来,把圆柱团团围住。四面群山篝火通红,景色十分

---

① 英格兰中南部威尔特郡的一个城市。
② 基督徒三一节至基督降灵节期间,恳祷后唱的应答轮唱赞美诗。"Salve Regina",直译意思是"女王万岁"。
③ 法国与西班牙交界处的山脉。

壮丽。这时人群用火炬点着了圆柱底部,五十多位男人和小孩手持火炬绕柱舞蹈,做出各种狂欢姿态。凡能捉来的活蛇这时都拿来纷纷投进柱内。柱内烈火熊熊,群蛇竞相窜上柱顶逃命。有的爬到顶上,只见它们猛烈地甩动着尾巴,结果又跌落柱内火中。这情景引起旁观的人们极大欢乐。这是卢乡及附近居民最喜爱的一年一度的庆祝活动,当地传说这起源于异教的习俗信仰"。过去巴黎的罢工广场上举行篝火节时,习俗总是将装满活猫的篮子、桶或口袋吊在篝火中央一根高杆之上,把猫活活烧死,有时烧的是活狐狸。人们拣起篝火里的炭灰带回家去,以为会带来好运。法国国王经常观看这些场面甚至御手亲自点燃篝火。1648年路易十四世头戴玫瑰花冠,手持一束玫瑰花点起篝火,并在篝火前舞蹈,事后还参加了在市政厅内举行的宴会。以国王之尊,在巴黎主持篝火节,那也是最后一次。在梅斯①,人们以盛大仪式在旷地点燃篝火,并将十二只猫关在柳木笼内放到火上烧死,供大家取乐。上阿尔卑斯山境内的佳普地区经常把猫放在仲夏节篝火上烤炙。在俄罗斯,有时将一只白公鸡放在仲夏节篝火中烧死。迈森②或图林根③,两地习俗将一只马头扔进仲夏节篝火。有时还将动物在春季篝火中烧死。孚日山区的忏悔节那天在火中把猫烧死。阿尔萨斯则于复活节把猫扔进篝火中。在阿登④高地,人们把猫扔进四旬斋第一个星期天点燃的篝火中,有时更残

---

① 位于法国西北部。
② 在德国的东部。
③ 位于德国的西南部。
④ 位于法国东北部、比利时南部和卢森堡之间多森林的高地。

第六十四章 在篝火中焚烧活人

酷地把猫吊在竿子上放火中烤死。"代表邪恶的猫,受罪无穷。"当那些生物在火焰中死亡时,牧羊人赶着羊群从篝火上跳过,认为这是防止疾病和巫害的最可靠的办法。我们还发现有时把松鼠也扔进复活节的篝火里。

于此可见,近代欧洲民间节日活动中仍有古代高卢凯尔特人祭祖仪式的遗迹。在法国,或者在古高卢领域内更大些地区,那些焚烧柳木做的巨人或把动物关在柳木笼或篮子里烧死的习俗中,保留着凯尔特人那些仪式的最明显的痕迹,是很自然的。这些习俗一般都是在仲夏节或仲夏节前后进行。我们可以推断,古代凯尔特人的那些仪式也是在仲夏节时隆重举行的。这一推断,同时欧洲民俗一般考察后提出的结论是一致的,就是:整体来说,仲夏节是欧洲原始雅利安人每年所有节日中最隆重庆祝、最广泛流传的节日。同时,我们还要记住,不列颠的凯尔特人一年中最主要的篝火节就是贝尔坦节(五朔节)和万圣夜(10月的最后一天)。这就提出一个疑问:高卢的凯尔特人可能也不是在5月初或10月初,而是在仲夏节举行他们主要的篝火仪式,包括烧死人牲和牺牲的仪式。

我们还要问:这些祭祀的意义是什么？为什么要在这些节日把人和动物烧死？如果我们说近代欧洲篝火节的意图是通过焚烧或禁制妖巫以破除其妖术,这样理解是正确的话,那么,我们也该这样来理解凯尔特人以人为牺牲的习俗,也就是说,我们也该假定:古凯尔特人焚烧柳木制的人形,认为木人代表的是妖巫,故予以处死。其所以选用火刑,是因为他们认为那是铲除邪恶危险祸害的最可靠方式。凯尔特人把牲口以及各种野兽和人一起烧死，其道理也是一样。我们可以推测它们也被当作妖巫所变或受巫蛊符祝为祟的东西。近代民间篝火普遍烧死活猫的习俗，便可证实这一推测之不妄。因为猫，偶尔也有野兔，在绝大多数情况下都被认为是妖巫变的。我们还发现蛇和狐狸也常被扔进仲夏节篝火中烧死，听说威尔士和日耳曼的妖巫都是变形为狐狸或蛇的。总之，我们只要记住妖巫善于变幻各种动物形态，那么，这一假说就容易说明古代高卢和近代欧洲为什么在节日烧死那么多活兽。据我们臆测，所有这些动物之所以要被火化，不仅因为它们是兽类，而且因为它们被视为妖巫的幻形为害于人的。这样解释古代凯尔特人的祭祀，其好处之一，是给欧洲自古以来，直至两百年前理性主义影响日大，否定了巫术之说，制止了烧死妖巫的习俗等做法，提出了圆通一致的解释。要是这样的话，我们大概就可以理解古代凯尔特人为什么会认为在篝火上烧死的人越多，土地的出产也就愈多了。对于现代读者来说，杀人的行为与土地生产力之间的联系，乍看可能并不明显，但是，只要略为考虑一下就会明白，原来在火柱或绞架上被杀的罪犯都是惯爱以虫害冰雹等灾毁坏农民庄稼的妖巫，处死这些坏蛋，除去破坏人们劳动成果和牧人希望的主要根源，就能确保丰收，所以古人就这么做了。

曼哈德对于我们讨论的凯尔特人的祭祀习俗有不同的解释。他假定凯尔特人焚烧的柳木人像是植物精灵的代表，因而焚烧它们是一种巫术仪式，旨在为庄稼求得必需的阳光。同样，他还倾向于认为经常在篝火中烧死的动物是谷精的代表，如本书前面所说，谷精常被想象为以动物的形体出现。这种理论无疑是站得住的。曼哈德的重大权威性，也值得我们认真加以考虑。本书前面

第六十四章 在篝火中焚烧活人

几版里采用了他的理论。不过我再三考虑,觉得整体来说他的理论,比之认为在篝火中烧死的人和动物被当作妖巫而处死的那种理论,符合真实的可能性要小一些。这后一种观点得到庆祝篝火节的人们的有力佐证,譬如民间把点燃篝火的习俗叫作"烧巫婆",有时把巫婆的偶像放在篝火中烧化,并且认为篝火的余炭和灰能够防御妖巫魔法。另一方面,能够表明被人们当作植物精灵代表的偶像或动物被烧死于篝火之中,并且篝火又是作为太阳巫术,这样的证据却不多。尤其有关卢乡仲夏节篝火把蛇烧死的习俗,我还没有见过任何说明欧洲人把蛇看作树精或谷精化身的证据,虽然世界上其他一些地方倒不是没有这种观念。鉴于民间认为巫婆变形为动物的信念十分广泛,根深蒂固,并且对他们又非常害怕,我们假定猫和其他动物是巫婆的化身而非植物精灵被烧死在篝火中,大概要比较稳当些。

第六十五章　巴尔德尔与槲寄生

读者也许还记得前面关于欧洲民间篝火节的叙述是由北欧人神话中的巴尔德尔神所引起。据说巴尔德尔是被槲寄生小枝所杀并在烈火中烧化。现在我们就来探讨一下前面考察过的那些习俗对于说明这个神话能有多大帮助。也许从杀死巴尔德尔的工具槲寄生说起,对于我们的研究要方便一些。

远古以来,槲寄生在欧洲就一直是迷信崇拜的对象。我们从普林尼的著名篇章中获悉古凯尔特人德鲁伊教的祭司崇奉他。列举了各种槲寄生之后,普林尼往下写道:"研究这个课题时不能忽视整个高卢境内崇奉槲寄生的情况。他们称巫师为德鲁伊。那些德鲁伊巫师把槲寄生和其所寄生的树(必须是橡树)奉为极端神圣。他们还奉橡树林为神林,举行任何神圣仪礼时都必须用橡树叶。'德鲁伊'这个名字就可视为由于他们崇奉橡树而得来的希腊语称号。他们相信凡橡树上长出的东西,都是上天所赐,标志着那株橡树已为天神亲自选中。槲寄生十分罕见。一旦发现,就举行隆重仪式,然后采集。他们总是在每月的第六天举行仪式,因为他们计算年、月,以至三十年的周期循环都是从新月的第六天开始算起。在他们看来,新月第六天,月亮未走到行程的一半,正是精力充沛的时候。他们先在树下为祭祀和盛宴作一系

第六十五章 巴尔德尔与槲寄生

列准备,欢呼该树为万灵的药物,牵来两条白色公牛,牛角从未绑过,一位身穿白袍的祭司爬到树上用金制的镰刀割下槲寄生,人们在树下用白布接着。然后就献祭牺牲,祷告天神保佑赐福。他们深信用槲寄生制出的药水给不孕的牲口服下一剂就会生育,而且认为槲寄生能解百毒。"

普林尼在另一段文字中写道:"在药物里,长在橡树上的槲寄生被认为是最灵验的。有些迷信的人还认为在新月第一天采摘(不用金属,不落地面)的槲寄生是治癫痫病的特效药,妇女拿着它就会受孕;用它治疗溃疡,极为有效,患者只要口含一小片槲寄生,再在患处贴上一片,即可痊愈。"普林尼还说:"人们还把槲寄生当作跟醋和鸡蛋一样是最好的清火药物。"

如果普林尼在这后一篇文章中明显地提出的那些信念在同时代的意大利人中甚为普遍的话,那么就可推论:古凯尔特人和意大利人对于寄生橡树上的槲寄生的可贵价值的看法在相当程度上是一致的。他们都认为它是治疗许多疾病的有效药物,同时又有促进生育的功能,如古凯尔特人相信一剂槲寄生药可使不育的牲口繁殖。意大利人以为妇女身上带一点槲寄生就有助于受孕生子。这两个民族的人们都以为要使槲寄生发挥医药特性,必须在一定时间、按一定方法采集。他们规定:不得用铁器砍它,故古凯尔特人的巫师就用金刀割它;割下的槲寄生还不得落在地面,古凯尔特的巫师就用白布兜着它。至于采摘时间,两个民族都依太阳历而定,略有不同的是意大利人订于每月初一,古凯尔特人选定每月初六。

我们可以将古代高卢人和意大利人对于槲寄生的奇妙药用

性能的信念跟近代日本阿伊努人的类似信念进行比较。我们看到材料说,"他们跟北方的许多民族一样特别敬重槲寄生,他们把它当作一种几乎无病不治的药物,有时放在饭食里吃,有时煎成汤剂服用。他们喜爱槲寄生的叶子更甚于喜爱它的浆果。后者使用时太黏了些……。可是很多人认为这种植物能使园里果实丰收。为此目的而使用时,总是把槲寄生的叶子切成碎片,对它祝祷,然后同小米及其他谷种一起播种,还留一小部分放在饮食里一起吃掉。不孕妇女也吃槲寄生,以求生子。据信,杨柳树上长的槲寄生疗效最大,因为人们视柳树尤为神圣"。

由此看来,阿伊努人同古凯尔特人一样视槲寄生几乎能治百病,同古意大利人一样认为槲寄生能使妇女育儿。古凯尔特人的观念以为槲寄生是"万灵药",无病不治,同塞内冈比亚的瓦洛人持有的观念可以相比。瓦洛人"很敬重一种槲寄生,称之为韬拨(tob),出征作战时身上带着槲寄生的叶子预防受伤,好像那些叶子真的是有效的护身符"。叙述这一习俗的德国作者还补充说:"非洲这个地区的人们对槲寄生的想法,居然同高卢人的迷信想法一样,不是很奇怪吗?这两个国家的共同偏见可能产生于同一根源:无论那些黑人,还是这些白人,无疑都亲自看到了这种不在土内生根便长得繁茂的神奇的植物。他们很可能都以为那正是上帝的恩赐,从天降下的神树。"

古凯尔特人的德鲁伊巫师们的信念有力地证实了这个迷信根源的想法。据普林尼报道,德鲁伊巫师们的信念,认为无论橡树上生长的任何东西,都是上天所赐,是上帝自己选定了这棵树的标志。这种信念说明了为什么德鲁伊巫师不用一般刀斧而用

第六十五章 巴尔德尔与槲寄生

金制的镰刀割下槲寄生并且割时不让它落到地上,也许他们认为这种天赐神树一接触地面就会受亵渎而失去神效。德鲁伊巫师采割槲寄生的仪式可以同柬埔寨的类似情况相比拟。他们说当看到兰花在罗望子树上寄生茁长时,就得穿上白色衣服,带上一个新陶土罐子,在正午时刻爬到树上,摘下它来放进罐内,让罐子落到地上,然后用这罐子煎汤服用,可使人百邪不侵。正像非洲人以为佩戴寄生植物的叶子会使人无灾无病一样,柬埔寨人也认为将寄生植物煎成汤剂,或内服或外洗,也都收到同样的效果。我们推断,这两个地方的同样观念的形成,是由于这种寄生植物长在离地面较高比较安全的地方,似乎给幸运的获得者提供了可以超脱人世和各种灾害的安全感。原始人思想中对这样有利形势的考虑,事例很多,我们前面已经谈了不少。

无论对槲寄生的信念和习俗做法的根源是什么,可以肯定的是,其中有些跟现代欧洲农民中的传说故事是相类似的。例如欧洲好些地方规定不许按一般办法采集槲寄生,必须用石头将它从寄生的树上投掷或砸落下来。譬如瑞士阿尔高州的农民认为所有寄生的植物,特别是橡树上的槲寄生,在一定意义上都是神圣的。他们认为它有巨大的威力,但如果用一般的办法采它,就要减低它的力量。因此,他们采取了以下的方式:"当太阳进入人马座、月到朔日、新月之前的第一、第三、第四天,用箭射下橡树上的槲寄生,并用左手接住。这样采来的槲寄生能治小孩一切病症。"瑞士的农民,像古时德鲁伊巫师们一样,把橡树上的槲寄生说得具有特别的功效:不得用寻常的办法采它,当他从树上落下时必须接住,它是治疗百病的万灵药,至少能治疗儿童百病。瑞典民间迷信也是这样:对具此神效的槲寄生,必须把它从橡树上射下或用石头砸下,同样,直到19世纪上半叶,威尔士的人们还认为要保持槲寄生的神效,必须把它从寄生的树上射下。

关于槲寄生的医疗功效,现代农民乃至学者的意见,在相当程度上同古人的意见一致。古凯尔特人的德鲁伊巫师称槲寄生,也许称它所寄生的橡树为"万灵药"。至今讲凯尔特语的布列塔尼、威尔士、爱尔兰和苏格兰等地的人仍把槲寄生叫作"万灵药"。施洗者约翰节(仲夏节)早晨,皮埃蒙特和伦巴第的农民出外寻找橡树叶作"圣约翰油"用,据说它能治好一切伤口。或许原先的"圣约翰油"指的就是这种槲寄生或用它煎出的汤剂。荷尔施泰因①的人们至今仍把槲寄生,特别橡树上的槲寄生作医治新伤口的特效药,同时又是确保打猎丰收的可靠护身符。在法国南方的拉科讷农民中间至今还有古代凯尔特人的巫师关于槲寄生能解百毒的信念,他们把它放在患者肚腹上,或用它煎汤让患者喝下。古人认为槲寄生是治疗癫痫病的良药,这个信念直传到现代,不仅无知识的人,即使饱学之士也还有相信的。例如在瑞典,癫痫病患者相信只要随身带一把用橡树槲寄生做柄的小刀就不会发病。在德国,出于同样目的,小孩们脖子上经常挂一些槲寄生。在法国的波旁奈地区,民间有一种治疗癫痫病的偏方就是用槲寄生煎汤,其法是在施洗者约翰节那天从橡树上采下槲寄生和黑麦面粉一起煎煮。林肯郡的博特斯福德地方把槲寄生制剂当作缓解这种可怕疾病的良药,直到18世纪英国和荷兰的高级医药权

---

① 今德国北部的一个地区。

第六十五章 巴尔德尔与槲寄生

威都推荐用槲寄生治疗癫痫病。

关于槲寄生的医疗价值,医药界的意见也经历了根本的转变。古凯尔特人的德鲁伊巫师以为槲寄生能治一切病症,现代医生则认为它百病不治。假如他们的意见正确的话,我们应该这样结论:古代广泛流传的对于槲寄生医疗价值的信念完全属于迷信,他只是出于无知的想象,以为这种植物高高寄生在大树枝干上,超离地面,可以免受生活在地面上那些动植物遭受的危险灾害,因而就产生了它可治百病的信念。从这个观点来看我们也许就能理解为什么长期以来人们坚持把槲寄生当作治疗癫痫病的有效药物。鉴于槲寄生植根于大树枝干离地面甚高不会落到地上,因而推论癫痫患者只要身上口袋里放一片槲寄生或肚腹里服一剂槲寄生煎药,万一发病也不会躺倒在地。这样的逻辑推理,即使到现在,在人类相当多的一部分人中,仍被认为是足以信服的。

古代意大利人认为槲寄生能够灭火,瑞典农民也这么认为。他们把整捆的橡树槲寄生挂在室内天花板上,以防灾害,尤其火灾。瑞士阿尔高州的人给槲寄生取了个绰号叫"雷火笤帚",槲寄生之所以被认为具有灭火的功能,从它得的这个诨名里可以窥见一斑。因为雷火笤帚是树枝上长出的表面粗糙形同灌木的赘疣,民间都以为是雷电闪照之后产生的,所以波希米亚的人们相信在火中燃烧过的雷火笤帚可以保护房屋不受雷击。既然它本身是雷电的产物,根据巫术顺势原则,它自然可以防止雷电,一如避雷针。因此,瑞典人用槲寄生防火,主要是用来防避雷电免使房屋起火的,当然对于防止一般火灾它也被认为是很有效的。

此外，槲寄生既是避雷电的导体，也是万能钥匙，据说它能开各种各样的锁。不过，在它的一切功能中最宝贵的功能大概要算防止妖术与巫法的功能。这无疑就是奥地利人家门户上插一枝槲寄生作为防止梦魇的手段的理由。英格兰北部的人们说，若要牛奶场兴旺，就得给新年后头一个生下小牛的母牛送一捆槲寄生，因为大家都知道妖巫对牛奶和黄油是最大的危害。同样，在威尔士，为了保证牛奶场有好运，人们总是送一枝槲寄生给元旦第一小时以后第一个生小牛的母牛。威尔士的乡间盛产槲寄生，农场的住房总是堆满着槲寄生。槲寄生不多时，农民们就说："没了槲寄生，就没有好运。"如果槲寄生丰收，他们就指望五谷也一定丰收。在瑞典，人们在施洗者约翰节前夕努力寻找槲寄生，他们认为"它具有很大的神奇性能，只要在住宅的天花板、马厩、牛棚里插上一根寄生小枝，'特罗尔'就不能对人畜为害。"

关于应该在什么时候采集槲寄生，意见不一。古凯尔特人主要是在新月的第六天，古意大利人显然是在新月的第一天。到了近代，有人则更愿意在3月月望，还有人却宁愿在太阳进入人马座、冬至后月亏时。但是大家最喜欢的时间恐怕还是仲夏节前夕或仲夏节那天。我们发现，在法国和瑞典，人们都认为仲夏节采集的槲寄生具有特殊的功能。瑞典人的规定是"收割槲寄生必须在仲夏节前一天的夜间太阳与月亮各进入其本宫之时"。威尔士人还相信将仲夏节前夕或浆果出现之前任何时刻采集的槲寄生放一枝在枕下，睡觉时就不做任何预兆吉凶的梦。这样看来，槲寄生是这样许多种植物之一，它们的巫术或医药功能的累积，是同太阳一年行程中逐日增长达到最长的那天相一致的。因此，作

第六十五章 巴尔德尔与槲寄生

下述推测似乎是合理的：在十分崇敬槲寄生的古凯尔特德鲁伊巫师心目中，神圣的槲寄生到6月夏至时可能具有双倍的神奇性能，所以他们惯常在仲夏节前夕举行隆重仪式采集它们。

虽然如此，下面一点仍是无疑的，即：在巴尔德尔的故乡斯堪的纳维亚，人们都在仲夏节前夕采集槲寄生这个致巴尔德尔死命的东西，是因为它具有神奇的性能的缘故。槲寄生普通都是长在瑞典更温暖地区浓密潮湿森林里的梨树、橡树或其他树上的。所以斯堪的纳维亚盛大的仲夏节时总要演出巴尔德尔神话中两个主要事件之一。而另一重大事件，即在大堆柴火上烧死巴尔德尔的故事，至今，或者说迄至晚近，仍在每年仲夏节前夕丹麦、挪威和瑞典民间燃起的熊熊篝火中继续得到相应的表演。但是，这并不表示在那些篝火堆中烧了什么偶像。焚烧偶像只是一种外表，一旦它的内涵意义被人遗忘，这种外表也就很容易消失了。巴尔德尔篝火（*Balder's Balar*，过去瑞典仲夏节烧的篝火都叫这个名字），这个名字把篝火与巴尔德尔的关系表明得非常清楚，无可置疑，而且很可能古时每年在篝火中烧的真是代表巴尔德尔的活人或者是代表巴尔德尔的偶像。仲夏节是奉献给巴尔德尔的季节，瑞典诗人泰格纳尔（Tegner）之所以认定仲夏节烧死的是巴尔德尔，很可能是根据古老的传说所讲的这位善良的神在夏至那天不幸早逝。

这就表明巴尔德尔神话中的主要事件在欧洲农民的篝火节上有与它相当的情节，这种篝火节无疑在基督教传播到欧洲之前很早就已经盛行了。贝尔坦篝火节期间用拈阄的办法选出一个人牺装作把他扔进篝火中烧死的习俗，诺曼底仲夏节篝火中对于绿狼人的同样处理，都可自然地理解为在这样的节日真正烧死活人的更古老习俗的遗迹。而身着绿装的绿狼人，同在莫斯海姆那里全身披着树叶踏灭仲夏节篝火的年轻人，似乎都暗示在这些节日死去的人确实都是以树精或植物神祇的身份而死的。从这一切，我们可以合理地推断：以巴尔德尔神话为一方面，以篝火节与采集槲寄生的习俗为另一方面，原来是一个整体分裂开来的两半。换句话说，我们可以有一定程度的把握假定，巴尔德尔之死的神话不仅只是神话（即假借个人生命的意象来影射自然现象），同时也是人们用来解释为什么每年烧死一个代表神的活人以及举行隆重仪式采集槲寄生。如果我想得对的话，正是巴尔德尔故事的悲剧性结局构成了年年上演的神圣戏剧的内容。这种神剧实际是一种巫术仪式，其意图是要使阳光照耀，树木生长，庄稼丰盛，保护人畜不受精灵、妖巫等的侵扰。总之，这个神话故事属于自然神话一类，需要一定仪式予以补充。在这里，如我们所常见的，神话与巫术，正如理论和实践的关系一样。

假如在火中烧死的人牺——活人巴尔德尔——无论是在春季还是仲夏，作为树精或植物神祇的身份而被处死，那么巴尔德尔本身大概就一定是树精或植物神祇。因此，就需要判定（假如我们能够做到的话）在篝火中活活烧死的人究竟代表的是哪一棵或哪一些树的树精。我们确信，他绝不是表示一般的植物。原始人对于一般的植物概念不可能太抽象，极可能最初人牺代表的是一种特殊的神树。欧洲所有的树木里没有哪种树像橡树那样被那么突出地视为雅利安人的神树。我们发现欧洲雅利安人的各大支系无不崇奉橡树，因此，我们可以肯定，雅利安人在分散到欧

第六十五章 巴尔德尔与槲寄生

洲各地之前就普遍崇奉橡树,而雅利安人原始的老家那里也一定是到处密布着橡树丛林的地方。

考虑到欧洲雅利安人的各支系都奉行篝火节以及这些篝火节的原始特征和他们之间的显著类似,我们可以推断这些节日构成了人们从老家分散出来时带出来的共同宗教仪式的总体之一部分,如果我没弄错的话,那些篝火节的一个基本特征就是烧死一个代表树精的活人。鉴于橡树在雅利安人宗教中所占的地位,可以推断其所代表的树精起初一定是橡树,至少就古凯尔特人和立陶宛人而言,这一结论可能是无可争议的。在宗教上的守旧性这一显著的特点,也证实他们和日耳曼人都是如此。那些点火人熟知的最原始的点火方法就是用两片木块相互摩擦直至发出火星。我们已经发现欧洲点燃圣火,例如净火,至今还沿用这办法,很可能古代一切篝火都是用这办法点火的。像火或其他圣火,有时还要求用一种特殊的木头摩擦取火,而所说的那种木头,无论是古凯尔特人说的、日耳曼人说的还是斯拉夫人说的,似乎都是说的橡树,如果圣火都是用橡树木头摩擦点燃的,我们就可以推断原来那些圣火便是烧的这种树木。罗马维斯塔的永恒圣火,事实上大概就是烧的橡树木柴;立陶宛的罗莫夫圣殿在神圣橡树下燃烧的永恒圣火,烧的也正是橡树木柴。过去仲夏节篝火烧的是橡树木柴,可能是从德国许多山区农民中一直时行的习俗做法学去的,这习俗是在仲夏节那天用一块又大又重的橡树木头点起农家的用火,然后把它闷着一直烧到一年的年底才烧成炭烬。到下次仲夏节时把这块木炭挪开,再点起另一块新的,把旧炭与灰跟谷种拌在一起或撒在园地里。他们相信这样可以保护灶上煮的食物不受妖巫之害，保护住宅兴旺，促进庄稼生长、免受虫害枯萎。可见这个习俗跟圣诞节前夕放入火中焚烧木块的习俗几乎完全相同。后者在德国、法国、英国、塞尔维亚以及其他斯拉夫民族聚居的地方都是用的橡树。所以，我们总的结论是，在那些定期和不定期的仪式上，古代雅利安人都是使用神圣橡树的木柴点燃篝火并用它做篝火的燃料。

如果这些隆重仪式上的火都是用橡树当燃料，那么，作为树精化身在火中烧死的人所代表的树精只能是橡树而非其他。这样燃烧的两种不同形式的东西——做燃料燃烧的橡树木柴，和在火中烧死的橡树树精的化身活人——实际是一种东西，即神圣的橡树。这一结论可以特别应用于斯堪的纳维亚人。斯堪的纳维亚人习俗在仲夏节篝火中烧死的人牺和槲寄生的关系，正好证实我们对欧洲雅利安人关于橡树和篝火的关系的结论。我们已经说过斯堪的纳维亚人习俗在仲夏节时采集槲寄生。从这个习俗的表面看来，似乎跟仲夏节篝火烧人牺或他们的偶像没什么关系，甚至即使那些篝火可能最初是用橡树木头点燃的，也不一定就必须去采槲寄生。巴尔德尔的神话给仲夏节采集槲寄生和点燃篝火之间提供了权威性的联系。巴尔德尔神话和我们研究的习俗几乎是不可分开的。这个神话表明槲寄生与仲夏节篝火中烧死的橡树的人身代表之间确实存在着极为重要的关系。根据神话，天地间除了槲寄生之外，没有任何东西可以杀死巴尔德尔，只要槲寄生继续长在橡树上，巴尔德尔就不仅会永生不死，而且也将永远不会受伤害。如果我们假定巴尔德尔原来就是橡树，那么，这个神话的起源就很明白了。槲寄生被当作橡树的生命中

第六十五章　巴尔德尔与槲寄生

心,只要它不受伤,任何东西就不能杀死甚至根本不能伤害橡树。原始人通过观察,看到橡树每年落叶,而长在它上面的槲寄生却四季常青,他们很自然地就产生一种概念,以为槲寄生是橡树生命的中心。冬天,光秃秃的橡树枝上槲寄生依然枝叶青翠,这一定会使崇奉橡树的人们雀跃欢呼,认为橡树虽然已经枝叶凋枯,然而它的神圣生命却依然存活在槲寄生中,好像人睡着了,身体虽然静止,心脏还仍然在跳动。因此,到必须杀死该神的时候,即必须焚烧那神树的时候,首先就得砍下槲寄生。因为只要槲寄生在原处完好不动,橡树就(人们会这样认为)刀枪不入,无法损伤,任凭刀砍斧伐都不能伤它表面的一丝一毫。但是只要把它的神圣心脏剥落,橡树就会应声倒下。到了后世,用活人表示树精,按逻辑推理自然要认为它和它所代表的橡树一样,槲寄生不去,它是死不了也伤不了的。于是,去掉槲寄生便成了它死亡的信号和原因。

　　根据这一观点,不可伤害的巴尔德尔正是不折不扣的槲寄生的橡树化身。古代意大利人认为槲寄生是水火都不能伤害的,这个信念又证实了我们所作的解释。因为,如果槲寄生确是不可伤害,那么,只要它不离开它寄生的橡树,它就可以把自己的不可伤害的特性传给它寄生的橡树。或者,把这个概念放在神话的形式内,我们就可这样叙述:那位仁慈的橡树之神把自己的生命安全地置于生长在枝干间不会朽灭的槲寄生中,只要槲寄生在原处安然无恙,神本身就不可伤害,后来一位狡猾的敌人知道了神的这一秘密,从橡树上割下槲寄生,从而杀死了橡树神并扔在火里焚化了(如果那火不能侵的寄生物还在树枝上的话,那么任何火也烧不了这位神树)。

对于许多读者说来,神物的生命在某种意义上寄托在自身之外,这种概念确实是奇怪的。这种概念对原始迷信的重大影响,也还未被充分认识。因此,还值得从故事和习俗中举些例子来加以阐述。这些例子将显示出:我用来解释巴尔德尔和槲寄生之间的关系的这种生命在体外的原则概念,其实也正是深深铭刻在原始人思想中的其中一种原则概念。

第六十六章　民间故事中灵魂寄存于体外的观念

我们在本书前面已经看到原始人的见解，认为灵魂可以暂时离体而不会造成死亡。据信灵魂这样暂时离开身体有相当的危险，因为飘荡的灵魂很容易落到敌人手中遭受种种灾害或其他凶险。但是，让灵魂离体亦可保有另一种能力。如果灵魂离体期间能够确保安全，就没有理由不让灵魂长期离体。一个人要是纯粹为个人安全考虑，可能希望自己的灵魂永不回归体内。未开化的人们不能把生命抽象地理解为"知觉的不断的可能"，或是"不断地调整内心以适应外界关系"，他们把生命理解为具体的物质的东西，有具体的体积，能够看得见摸得着，能够藏在箱子或罐子里，同时也容易受伤、断裂或被粉碎。这样理解的生命，不必要一定在人的体内，也可以离开身体通过远距离的感应或操作而继续使人体保持生机勃勃。只要称之为他的生命或灵魂的物体不受伤害，这人就活得很好；如果这个物体受到伤害，本人就要受害；如果这个物体被毁坏了，本人就要死亡。或者，换个说法，如果本人病了或死了，对这一事实的解释就是那个被称为他的生命或灵魂的物质的东西，无论在他的体内或体外，一定是受伤了或被毁坏了。也可能有这样的情况：生命或灵魂居留身体之内，受伤害的机会较多,还不如藏在某个安全秘密的地方更为妥善。因此,在这样情况下,原始人就把自己的灵魂从体内取出,存放在一个温暖舒适安全的地方,以确保平安,等危险过后再收回体内。或者如果他真得找到一个绝对安全的地方,他就会放心地把自己的灵魂永远藏放在那里。这样做的好处是,只要灵魂在那里不受损害,其人就将永生不死,因为他的生命没有放在体内,任何东西也不能使他死亡。

有许多民间故事证实了原始人的这种信念,像北欧民间故事《心不在身上的巨人》就是人所熟知的最好的例子,这一类的故事在世界各地广为流传,从故事数量之多以及体现其主要思想概念的各种各样的事件和细节,我们可以推断灵魂外在的概念在历史早期人的思想中占有重要地位。因为民间故事是原始人思想对客观世界的忠实反映,我们可以相信民间故事中普遍出现的任何思想,在我们看来无论多荒谬可笑,一定曾经是一条普通的信念。就相信灵魂可以长期或暂时离开身体这一点来说,将原始人的实际信念和行为同民间故事所谈的加以比较,就可以充分证实我们的推断。让我们且举一些这样的故事为例,然后再回过头来继续研究这个问题。我们将本着能够说明其特点同时又说明其广泛流传情况的原则来列举故事。

首先,从印度斯坦到赫布里底所有雅利安人各部族,都用不同的形式讲述灵魂存在于体外的故事。一个很普遍的说法是这样的:巫师、巨人、仙灵都是不死的和不可伤害的,因为他们都把自己的灵魂藏在遥远的秘密的地方。有一位漂亮的公主被用魔法禁闭在魔宫里,她机智地探索到了巫师的秘密,告诉了故事中的

第六十六章　民间故事中灵魂寄存于体外的观念

男主人公,设法找到了巫师的灵魂(心、生命,或亡魂——各种各样的叫法),把他摧毁,于是就杀死了那个巫师。例如,印度有一个民间故事叙述一个名叫彭契金的巫师掳走了一位王后,禁闭了十二年,强要和她结婚,王后不肯答应,后来王后的儿子来搭救她,两人计议要杀死彭契金。于是王后便对巫师和颜悦色,假装现在想通了愿意嫁给巫师。她说:"请告诉我您果真能长生不死吗?死神永远对您无可奈何吗?您果真有这大本领不会像世人一样受生老病死之苦吗?""确实这样,"巫师说道:"我跟别人确实不同。远离这儿几千、几万里之外,有一片密布丛林的地方。丛林中间长了一圈棕榈树,这圈树的中间矗立着六把雨伞,一个叠着一个,伞上都是雨水,最底层那把伞下面,放着一只鸟笼,笼里有一只小小的绿色鹦鹉。我的生命就寄托在那只鹦鹉的身上,如果鹦鹉被杀死,我也就活不成。可是,"他又说道:"那鹦鹉绝不会受到任何侵害,因为一方面路程遥远,人去不了,一方面我施了魔法,召遣了千万个神怪围住那棕榈树,保护鹦鹉,任何人只要一挨近那地方,就会被杀死。"王后的年轻的儿子,克服了千难万险,抓住了鹦鹉,带到巫师魔宫门口,开始逗耍鹦鹉。巫师彭契金一见王子,便走出来,想诱骗王子把鹦鹉还给他。"把鹦鹉还我!"彭契金喊道。王子紧紧捉住鹦鹉,扯下一只翅膀。当王子一扯下鹦鹉的右边翅膀,那巫师的右臂也随之脱落下来。巫师又伸出左臂,喊道:"还我鹦鹉!"王子又扯下鹦鹉的另一只翅膀,巫师的左臂马上又脱落下来。"还我鹦鹉!"巫师双膝跪在地上喊着。王子扯下鹦鹉的右腿,巫师的右腿便脱落了,王子扯下鹦鹉的左腿,巫师的左腿也脱落了。巫师的四肢全没有了,只剩下身躯和脑袋,但是他还是转动着两眼,喊着:"还我鹦鹉!""接着你的鹦鹉,"王子大声说道。他一面说一面使劲拧断鹦鹉的脖子,猛地掷向巫师。当他这么一拧一掷时,那巫师的脑袋也就拧转到一边,发出一声可怕的呻吟,当即死亡!另外一个印度民间故事说:一个妖怪的女儿问妖怪说:"爸爸,您的灵魂藏在哪里了?""离此地十六英里以外,"他答道:"那是一棵树,周围尽是老虎、熊和蛇蝎。树顶上有一条特大的蛇,蛇头上有一只小笼子,笼子里有一只小鸟,我的灵魂就在那个小鸟身体里面。"这个妖怪的结果同前面那篇故事中的巫师下场一样。随着小鸟的两翼和两腿被扯落,妖怪的四肢也脱落了,而当小鸟的头颈被拧断,妖怪就倒在地上死了。孟加拉的一个民间故事说,所有妖怪都住在锡兰①,他们的生命都藏在一个柠檬里面。有一个小孩把柠檬切成了碎块,所有的妖怪全都死了。

暹罗或柬埔寨流传这样一个民间故事(可能从印度传去的):锡兰国王索萨堪(Thossakan),或叫拉瓦纳(Ravana),每当出外征战时,都用巫术把自己的灵魂拿出体外放在匣子里留在家中,于是在战斗中他总是刀枪不入,永不受伤。一次,当他要出发去征伐罗摩②时,他把他的灵魂交给了一位名叫火眼的隐士代为妥善保藏。在战斗中罗摩的箭射到他身上都不能伤他,使罗摩大为震惊。罗摩的一个伙伴知道了国王刀枪不能伤害的秘密,就使用巫

---

① 1972年5月22日改名斯里兰卡。
② 罗摩(Ráma)。印度古代传说中有三个罗摩,即持斧罗摩、大力罗摩和罗摩占陀罗。通常说的罗摩指印度教第二天神毗湿奴(护持神)的第七化身罗摩占陀罗。这里所说的罗摩,即指此。

第六十六章 民间故事中灵魂寄存于体外的观念

法摇身一变,变作国王的形象,到隐士那里要回国王的灵魂。拿到国王的灵魂之后,他便扶摇直上太空,迅速飞回罗摩那里,手里舞弄着那个盛灵魂的匣子,使尽力气压榨它,于是锡兰国王身上气息也全部被挤光,马上就死了。孟加拉有个故事,说国王要远适异国,行前在他父王王宫的庭院里亲手栽了一棵树,并告诉他父母说:"这树就是我的生命。如果他长得青翠喜人,就表明我过得很好;如果稍有凋谢,就表明我生病了;如果这树完全凋谢,就表明我已死去。"还有一个印度故事,说有位王子出外旅游,临行时留下一株大麦,嘱咐人一定要好好浇灌保护。如果大麦长得繁茂,他在旅途一定很好;如果大麦凋萎,他就将遇到灾难。后来这株大麦竟然自己倒了。原来是王子在外被人砍了脑袋,随着他的脑袋滚落在地,这株大麦便突然折断,麦穗撒落满地。

在古代和近代的希腊民间故事里,灵魂存在于体外的观念也不难见到。墨勒阿革洛斯①生下来七天之后,命运女神来到他母亲面前告诉她说,当炉中那根木柴烧完时,墨勒阿革洛斯就将死去。于是他妈妈立即把那根正在燃烧着的木柴从炉中取出,藏在一个箱子里。后来过了多年,由于他杀了她的兄弟,使她非常愤怒,便把那根木柴放在火里燃烧,墨勒阿革洛斯立即感到像有火焰在吞噬他的生命,随着木柴烧尽,他也在极度痛苦中死亡了。迈加拉的国王尼索斯头顶中间有一根紫色或金黄色的头发,命运注定什么时候拔去了这一根头发,这位国王就要死亡。后来克里

---

① 墨勒阿革洛斯(Meleagros),希腊神话中狩猎卡吕冬野猪的领袖,乃卡吕冬国王俄纽斯(Oeneus)的儿子。

特人围攻迈加拉,国王的女儿斯库拉爱上了弥诺斯(克里特人的国王),扯下了她父亲头上那一根生命所系的头发,于是尼索斯王便死了。近代希腊的一篇民间故事说,有一个男子,把自己全部力量都储存在他头上的三根金色头发里,他妈妈拔掉那三根头发,他就身体虚弱,非常怯懦,于是后来被敌人所杀。另一篇近代希腊故事里讲到一个妖人把自己的生命寄放在三只斑鸠身上,而这三只斑鸠则在一只野猪的肚子里。当第一只斑鸠被杀死后,这个妖人便变得病弱;当第二只斑鸠又被杀死之后,这妖人便更加衰弱;最后第三只斑鸠又死了,于是那妖人也就死了。与此同类的另一希腊故事说,一个妖怪的全身力量都寄存在三只唱歌的小鸟身上,这三只小鸟则住在野猪的肚子里。故事里的主角捉到了他们,杀死其中两只,又找到妖怪的住处,发现妖怪躺在地上痛苦难受。这位英雄拿出第三只小鸟,妖怪求英雄把小鸟放掉或者给他吃掉。英雄拧折了小鸟的头颈,妖怪当场就死了。

现代罗马文本的《阿拉丁与神灯》这个民间故事,讲一个巫师把公主掳去关在大洋中一块漂浮的岩石上。他还告诉公主说他是不会死的。后来公主的丈夫来救她,她把这话告诉了王子。王子说:"那不可能,不过,一定有某样东西对他是性命攸关的,想办法问出那是什么东西?"于是公主就探问巫师,巫师说森林里有一条七头蛇,中间那个蛇头有一只小野兔,野兔头中有只小鸟,小鸟头中有一颗宝石,谁要能把那宝石放到他的枕下,他就活不了了。于是,王子设法获得了那颗宝石,公主把他放到巫师的枕下。巫师睡觉时头刚一着枕,便惨叫三声,身子滚动了三下,就死了。

上述那一类故事在斯拉夫民族中也很流行。例如有一个俄

第六十六章 民间故事中灵魂寄存于体外的观念

罗斯的民间故事,讲一个名叫"不死"(Koshchei)的巫师掳走了一位公主禁闭在他的金堡里。一天,公主独自在金堡的花园里散步,面容显得十分哀愁,有个王子路过,见到了她,向她表示友好。公主看到有机会随同王子逃出魔窟,很受鼓舞,于是就来到巫师跟前说些好听奉承的话哄骗巫师。公主说:"最亲爱的朋友,请您告诉我,您是不是长生不死的?""当然不是的。"巫师回答说。"好极了,"公主说道:"那么,您是不是把您的生命放在您的住处了?""是这样,"巫师说:"就放在门槛下的扫帚里。"公主在门槛下找到了扫帚,扔进火里,扫帚烧化了,不死的巫师却安然无恙,连一根头发也没有烤焦。第一次努力受到挫折之后,机灵的少女故意撅着嘴巴说道:"你并不真的爱我,因为你没把你藏放灵魂的地方告诉我。不过我倒不生气,还是全心全意地爱你。"她说着这些奉承的话,要求巫师把藏放灵魂的地方说出来。巫师笑了,说:"你干嘛要知道这个?好吧,由于爱你,就告诉你吧。在一片地里,长着三棵葱翠的橡树,在那最大的一棵橡树的根底下,有一个蛇蜥。如果那蛇蜥一旦被发现砸死,我也就立刻死亡了。"公主听了这番话以后,马上就去告诉了她的情人,她的情人便去搜寻那三棵橡树,挖出了蛇蜥,把它砸得稀巴烂,又赶回巫师的城堡。可是公主对他说那巫师仍旧活得好好的。于是公主又来谄媚巫师。这回,巫师经不住哄诱,对公主披肝沥胆说出了真话,他说:"我的灵魂在遥远的地方,难以寻找,我把他藏在远洋之外了。在那汪洋大海里,有一个小岛,岛上长着一棵橡树,橡树底下有一个铁箱子,箱子里面放着一个小篮子,篮子里有个兔子,兔子肚里有只鸭子,鸭子肚里有个蛋。谁要是找到了那蛋,把蛋打破,便同时也杀死了我。"王子当然设法找到了那蛋,手里拿着蛋来到不死的巫师面前。这怪物本来可以杀死王子,可是王子用力一捏手中的蛋,那怪物便痛得大叫起来。他转身向站在一旁假意微笑的公主,说:"我不是因为爱你,才把我灵魂所藏的地方告诉你吗?这就是你给我的回报吗?"说着便伸手去摘挂在墙上的宝剑。可是没等他摘下剑来,王子迅速砸碎了手里拿着的蛋,那号称不死的巫师便倒地一命呜呼了。还有一篇故事说到不死巫师的死,说他是被用巫术将其生命与之紧紧结合在一起的那个神秘的鸡蛋砸在前额上而死的。这篇故事的另一种说法提到的则是一条大蛇,致这条大蛇于死命的则是一块小石子。这块小石子所藏的地方是一个孤岛,岛上一块巨石,石中一只野兔,野兔肚里有只鸭,鸭肚里有个鸭蛋,鸭蛋黄中藏着这块小石子。

条顿血统的各民族中也不乏灵魂存在于体外的传说故事。特兰西瓦尼亚的撒克逊人有一个故事说:一个青年再三用枪射击一个巫婆,颗颗枪弹从巫婆身上穿透,巫婆却丝毫未受伤害,反而嘲笑这个青年。"笨蛋,"她喊道:"你拼命射吧,伤不了我一根毫毛。要知道我的命不在我身上,放在老远老远的地方了。在一座大山里,有一个池塘,塘里有只鸭子浮游在水面上,鸭子肚里有个蛋,蛋内燃烧着一团火,那火就是我的命。你要是有本事把那火扑灭了,才能结束我的生命。告诉你,那是办不到的,永远办不到。"然而,那青年终于得到了那只蛋,砸碎了蛋,弄灭了火,随着火的熄灭,巫婆的生命也完蛋了。一个日耳曼人的故事说:有一个吃人的妖怪,叫作"没有灵魂的身躯"或"没魂人"。他把自己的灵魂藏在一个匣子里,把匣子放在红海中的一块岩石上。有个士

第六十六章 民间故事中灵魂寄存于体外的观念

兵得到了那匣子,带着它去找那"没魂人"。"没魂人"乞求士兵把匣子还给他。这个士兵打开匣子,拿出里面的灵魂,从头上往后面扔了出去,那吃人的妖怪当即倒地死了。

另外一篇日耳曼人的故事,说的是一位老术士同一个少女孤独地住在一片广大阴森的树林里。这少女恐怕巫师老了,死后剩下她一个人在森林里。巫术再三劝慰以消除少女的疑虑,他对少女说:"亲爱的孩子,我不会死的,我的心并没有放在我的胸中。"少女要求术士告诉她他的心放在哪里了?术士说:"远离此处一个无人知道的偏僻的地方有一个大教堂。教堂的门是铁制的,非常安全。教堂四周是一条又宽又深的溪流。教堂里面有一只小鸟飞翔,我的心就在小鸟的肚子里。只要小鸟活着,我就不会死亡。小鸟自己绝不会死的,也没有人能捉到它。因此,我是不会死的。你完全不需焦虑。"少女在被老巫师拐来森林之前,原本要和一个年轻小伙子结婚的。这小伙子得知巫师秘密后千方百计地进入了巫师说的那座教堂,捉住了小鸟。他带着小鸟来找这少女,少女把他和小鸟偷偷地安顿在巫师的床底下。不久,巫师回来了。他身上病痛不安,并且告诉了少女。姑娘眼泪汪汪地说道:"哎呀,爹爹要死了;可是爹爹的胸膛里还有一颗心哩!""孩子,"术士说道:"快别说了。我不会死的,很快就会好起来。"这时在床底下的那个小伙子轻轻地捏了一下小鸟;他一捏,那巫师马上觉得很难受,坐了下来。于是小伙子把小鸟攥得更紧些,巫师坐在椅子上就失去了知觉。"把他掐死,"少女高声喊道。她的爱人照办了。小鸟被掐死了,巫师也倒在地上死了。

挪威人有一个《心不在身上的巨人》的民间故事,故事里的巨人告诉被掳来的公主说:"在遥远的地方有一片大湖泊,湖泊中央有一个小岛,岛上有座教堂,教堂里有一口井,井里有一只鸭子浮在水面,鸭子肚里有个蛋,我的心就藏在那个蛋里。"故事里的主人公在受过他好处的一些动物的帮助下得到了那蛋,用力挤攥那个蛋,巨人立即惨叫起来,哀求饶命。这位主人公把蛋砸得粉碎,巨人马上也就粉身碎骨了。另外一篇挪威人关于山妖的民间故事,讲有一个山妖抓来一位公主住在山洞里,对公主说她永远不得回家去了,除非她能在某条龙的第九个龙头的第九条舌头底下找到那颗藏有他心灵的沙粒。如果她能将那颗沙粒放到山妖所住的岩洞上面,洞里妖精便都将粉身碎骨,"岩洞则将成金碧辉煌的宫殿,湖泊将变成绿色的草地"。故事里的主人公终于找到了那颗沙粒并且把它放到山妖所住的高大岩洞顶上。于是洞里所有的妖精都成了齑粉,其他一切也都如山妖预言的那样实现了。

在苏格兰西部高地记录的一篇凯尔特人的民间故事里,有一个巨人掳走了王后。后来王后问巨人把灵魂藏在什么地方。巨人几次都没说真话,欺骗了王后。可是最终还是向王后吐露了有关自己生死的秘密。"门槛底下有一块大石板,石板下面有一只阉羊,羊肚里有一只鸭子,鸭肚里有个蛋,我的灵魂就藏在那蛋里。"第二天巨人出去了,王后设法得到了那蛋,把蛋砸碎。那时已近黄昏,巨人在暮色苍茫中正赶着回家来,王后把蛋一砸碎,就在那顷刻之间,巨人也倒地死了。另外一篇凯尔特人的民间故事叙述一个海中兽妖抢走了国王女儿,有一位老铁匠说只有一个办法可以杀死这个海妖,其他办法都不可能。"在那狭长的海湾里有一个小岛,岛上有一只叫艾力德希斯弗兴的白足母鹿。它的腿

第六十六章 民间故事中灵魂寄存于体外的观念

非常细长,跑得飞快,如果它被人捉到,它肚子里会迸出一个有冠顶的海鸥,海鸥被人捉住时,会迸出一条鲸鱼来。鲸鱼嘴里有一个蛋,那海妖的灵魂就藏在那蛋里。如果能把那蛋打碎,那海妖就死了。"像常说的故事一样,后来终于那蛋被打碎了,那海妖便死了。

在一篇爱尔兰的民间故事里我们也可以见到这类故事的记载:一个巨人抢来一个少女关在山顶上他的城堡里。许多壮士为了拯救这位漂亮少女来到城堡,丧失了生命,他们的白骨堆满了城堡四周。最后一位英雄(故事里的主人公)用刀劈斧砍均不能伤他分毫之后,终于发现致死巨人的唯一办法是要找到埋在海底下一只箱子里的鸭子腹中的那个蛋,用那个蛋去擦巨人右胸脯上的那颗痣。在一些友好动物的帮助下,这位英雄拿到那个宝贵的蛋,当他一擦到巨人右胸的痣上,就轻而易举地杀死了那巨人。有一篇布列塔尼人的故事,同样也讲到一位巨人无论火水刀枪都伤不了他。他杀死了六个妻子,又娶了第七个妻子,并且对她说:"我是死不了的,任何人也伤害不了我,除非将一个特殊的鸡蛋在我胸口上砸碎,而这个鸡蛋是藏在一只鸽子肚里的,这鸽子又是在一只兔子的肚里,兔子则藏在一只狼的腹中,那狼呢,则是在我哥哥的肚子里,我哥哥住在离此三千里以外的地方。所以,我很放心。"有一个士兵努力设法得到了那个鸡蛋,并且在巨人胸脯上砸碎了那蛋,巨人立即丧失了生命。另一篇布列塔尼人的故事,讲一个巨人把自己的生命藏在他城堡的花园里一棵黄杨树内。要想杀死巨人,首先得用斧子一下子砍断该树的主根而不伤及任何较小的根。跟其他的传说一样,故事中的英雄成功地做到了这一切,与此同时,巨人也倒地身亡。

我们从自印度至爱尔兰的雅利安人各民族的民间故事中探索了有关体外灵魂的观念。在不属于雅利安种族的其他民族的民间故事中,这同样的观念也很常见。我们还将举些例子。古代埃及人有个"两兄弟"的故事,大约是在公元前1300年前后,拉姆西斯二世统治时期记录下来的。故事说:有两个兄弟,一个使用魔法把自己的心脏放在一棵刺槐树的花中。他的妻子怂恿某人摘下那花,他本人立刻就倒地而亡。后来他兄弟在刺槐的种子里找到了他失去的心,并把他放在一杯新鲜清水里,他又复活了。

《天方夜谭》里有一篇《赛义夫·厄尔一摩洛克》的故事。故事中的精怪对掳来的印度国王的女儿说:"我生下来时占星家就说我的灵魂将在人间国王的一个王子手里被摧毁,因此,我就把灵魂放到一只麻雀的胃囊里,并且把麻雀放进一个小盒子里,把这小盒子又放在另一个小盒子里,把这另一小盒又放进另外七个小盒里,然后将这些小盒都放在这七只箱子里,这七只箱子又全放进一个大理石的保险箱里,这保险箱则放在四周皆是海洋的一块地方,远离人世,任何人都无法到达。"赛义夫·厄尔一摩洛克终于获得了那只麻雀,把它拧死,那精怪便倒在地上化为一堆黑灰。在一篇卡比尔人①的民间故事里,一个妖怪宣称他的生命放在遥远地方的一个蛋里。那蛋放在海底骆驼腹中鸽子的肚里,故事里的英雄设法得到了那蛋,在手中捏碎,妖怪便死了。马扎尔

---

① 居住在阿尔及尔和突尼斯之间的柏柏尔人的一支。

第六十六章 民间故事中灵魂寄存于体外的观念

人①有个民间故事,讲述一个老巫婆将一位名叫安布罗斯的年轻王子关闭在地壳底下。后来她向王子吐露了秘密,原来她在一块优美的草地上养了一头野猪,如果谁能把野猪杀死,便会发现野猪肚里有只兔子,兔子肚里有只鸽子,鸽子肚里有个小盒,盒内有一个黑色的和一个发亮的甲虫,发亮的甲虫掌握着她的生命,黑色的甲虫掌握着她的法力。如果这两个甲虫死了,她的生命也随之完结。一天,等老巫婆外出了,安布罗斯杀死了野猪,取出了兔子,捉到了鸽子,拿出了盒子,抓住了两只甲虫。他杀死了黑甲虫,留下亮甲虫的活命。于是老巫婆马上就失去了法力,回得家来就上床躺着。安布罗斯向她探询了逃出监牢回到地面上的办法,然后杀死那只亮甲虫,老巫婆立即就咽了气。卡尔梅克人有一个民间故事,其中说到一位可汗要考验一位智士的技艺,叫他窃取可汗本人性命所寄的宝石。这位智士设法在可汗及其卫士熟睡时窃取了灵魂的护符宝石,为了证明自己的本领高超,还将一个胆囊戴在可汗的头上,这做得太过分了。第二天早上,可汗对智士说,其他都可原谅,但亵渎了可汗的尊严是不能宽恕的,于是下令立即将这位爱开玩笑的朋友处死。智士对于主上这样忘恩负义的表现感到非常痛心,把手中拿的宝石猛力向地上砸去。于是可汗马上就鼻孔流血,断气身亡。

有一篇鞑靼语的诗歌描写两位英雄,一个名叫阿克·莫洛特,另一个名叫布拉特,进行着殊死的战斗。阿克·莫洛特用箭反复刺透了对方,抓住对方向地下猛击,但对方却安然无恙,因为

---

① 匈牙利的主要民族。

布拉特是打不倒杀不死的。两人格斗了三年之久,最后阿克·莫洛特的一个朋友看见一根白线挂着一个金色的篮子吊在天空,他心想可能布拉特的灵魂就放在篮子里,于是他用箭射断了那线,篮子便掉落地上,他打开篮子一看,里面放着十只白鸟,其中一只就是布拉特的灵魂。当布拉特看到自己的灵魂被发现,他哭了,那些鸟一个一个地被杀死了。于是阿克·莫洛特就轻而易举的杀死了他的敌人。另一篇鞑靼语的诗歌叙述两兄弟出发跟另外两兄弟战斗。出发前,这两兄弟把自己的灵魂从身上取出来化作香花连同另外六根草茎一起藏在一个金色的羊角中,埋在深坑里。他们的一个敌人看见了他们的所作所为,挖出了他们的灵魂并把那羊角放在自己的箭袋里。这两兄弟灵魂被盗以后知道胜利无望,便和他们的敌人讲和了。还有一篇鞑靼人的诗歌讲到一个凶恶的魔鬼敌视所有神祇与英雄,有一个英勇的青年与恶魔搏斗,把他斗败,捆住他的手脚,用剑割他,可是恶魔还是不死。于是青年问他:"你把你的灵魂藏在哪里了?快说出来。如果你的灵魂在你身上的话,你早就死了。"恶魔回答说:"我的马鞍上有个袋子,袋里有条十二头蛇。我的灵魂就藏在蛇身上。什么时候你杀死了那蛇,你也就杀死我了。"结果,青年找到了那马褡裢,杀了十二头蛇,恶魔随即断气身亡。还有一篇鞑靼人的叙事诗,叙述英雄高客漳把自己的一半力量储在一只金戒指里交托一位少女保存。有一次高客漳同一个好汉搏斗好久不能杀死对方,这时候一个妇人走来把那金戒指放进他的嘴里。他马上气力陡增,一下子就杀死了他的敌人。

在一篇蒙古人的故事里,英雄约偕战胜了敌人卓利敦喇嘛,

第六十六章 民间故事中灵魂寄存于体外的观念

这个喇嘛善用魔法,他把自己的灵魂化为一个黄蜂飞去蜇约偌的眼睛。约偌捉住了马蜂,捏在手里,一松一紧地交替地捏着马蜂,这样就使得那喇嘛相应地失去知觉又恢复知觉,又失去知觉,又恢复知觉。鞑靼人的另一首叙事诗中说到两个青年剖开了一个老巫婆的肚子,扯出肚里的心肝五脏,老巫婆依旧活着。问她把灵魂藏在哪里了,她说在她鞋底里,有条七头花斑蛇便是。于是一个青年用剑划开她的鞋底,抓出那花斑蛇,斩去七个蛇头,巫婆便死了。另一首鞑靼人的诗篇,描写英雄卡塔嘎和天鹅女妖搏斗的经历。他们长期搏斗着:月亮盈了又亏了,亏了又盈了,他们还在继续搏斗,年复一年,他们的斗争继续不停。那匹花斑马和黑马都知道天鹅女妖的灵魂没有放在自己身上。原来在黑土底下有九海奔流,在九海汇合处,形成一个大海流出地球表面。在九海汇合的海口升起一块巨大的铜矿石,直升到地表,介于天和地之间。铜矿石脚下有一只黑色箱子,箱子里有一只金制的小盒,盒子里放的是天鹅女妖的灵魂,化为七只小鸟,假如七只小鸟一死,天鹅女妖也就立即死亡。于是这两匹马就跑到那铜矿石脚下,打开黑箱,把小金盒带了回来。然后那花斑马摇身一变变作一个秃顶老人,打开金盒砍下了七只鸟的头,那天鹅女妖便丧命了。还有一篇鞑靼人的诗歌讲述了一位英雄追赶他的妹妹,因为她把他的牲口赶跑了。然而他受到警告,叫他不要追逐。原因是他妹妹把他的灵魂放在金剑和金箭中一齐带走了。如果他追逐的话,她就会用剑劈死他或用箭射死他。

马来人有一首诗歌叙述往昔印德拉普拉城内有一商人,生意兴隆,财源茂盛,但遗憾没有儿女。一天,他和妻子在河边散步,发现路旁有个女婴儿,像仙女般的美丽可爱,于是便收养了,取名华达莎丽。商人特制一条金鱼,把他养女的灵魂放入这条金子做的鱼肚子里,然后把金鱼放进盛满水的金盒子里,把盒子藏在他家花园中的池塘里。女孩逐渐长成了秀丽可爱的大姑娘。这时,印德拉普拉国王那年轻漂亮的王后恐怕国王要娶第二位妻子,听说华达莎丽这么美貌迷人,便决心把她除掉。她把姑娘诱进王宫,残酷地拷打她。但是姑娘是不会死的,因为她的灵魂没在身上。最后她再也忍受不了那种折磨,便对王后说:"如果您想要我死,您必须把我父亲花园中池塘里的盒子取来。"王后命人去取来了盒子,打开盒子,里面装满了水,金鱼就在水中。姑娘说:"我的灵魂就在鱼身上。您得在早晨把金鱼从水中取出来,晚上又放回水里去,不要让鱼躺着,要系在您的脖子上。假如您这样做,我很快就会死的。"于是王后把鱼从盒子里拿了出来,围在脖子上挂着,这么一来,姑娘马上就晕了过去。到了晚上,王后把金鱼放回水中,姑娘又苏醒过来。王后见姑娘已完全落在她的掌握中,便把姑娘送回她养父母家中。她的父母为了拯救姑娘不再受残害,决心把姑娘从城里送到乡下去。他们在一个偏僻的地方盖了一座房子让华达莎丽独自住在那里。由于她灵魂所寄托的金鱼有时在水中,有时不在水中,华达莎丽便交替地晕厥过去、又苏醒过来、再晕厥过去。当金鱼不在水中时,她整天昏迷不醒,到了晚上,当金鱼又放入水中,她就苏醒过来。一天,国王到野外打猎,经过华达莎丽所在的屋子。华达莎丽正昏迷地躺在那里,她的美貌使国王一见倾心,神魂颠倒。他用了各种方法都未能使姑娘醒过来。第二天黄昏之前,他又来姑娘住处看望,发现姑娘还是不

第六十六章 民间故事中灵魂寄存于体外的观念

省人事。等到天黑,姑娘苏醒过来,并把自己生命的秘密告诉了国王。国王回到王宫,从王后那里拿过金鱼放入水里,华达莎丽立即复生了,国王便娶了她做妻子。

还有一个关于灵魂寄存于体外的故事,来自苏门答腊西边的尼亚斯岛上。故事说,过去有位酋长被敌人俘虏了,想要杀死他,却杀不死他:水淹、火烧、刀砍都不成。最后酋长的妻子泄露了他的秘密:他头上有一根头发,像钢丝一样地坚硬,他的生命是和钢丝结合在一起的。于是敌人拔掉了他头上这根头发,酋长就一命呜呼了。

西非的尼日利亚南方有一个故事,叙述一个国王把自己的灵魂放在王宫大门前一棵大树上的棕色小鸟身上。国王的生命便同小鸟的生命紧密联系在一起,谁要是杀死了这只小鸟,谁就同时杀死了国王,从而也就继承了王位。王后把这个秘密告诉了她的情人,于是情人用箭射死了那只小鸟,便也杀死了国王,登上了空出已久王位。南非的巴龙加人讲过这样一个故事:有一家人把他们全家人的生命都寄存在一只猫的身上。这家的小女儿名叫泰蒂珊,后来结婚了,要求父母让她把那只宝贵的猫带到她的新家去。父母不肯答应,说:"你该知道我们的生命都和它联系在一起的。"他们许诺给她一只羚羊,甚至给她一头人象,来代替这猫。可是任凭给她什么东西姑娘都不满足,最后还是让她把猫带走了。姑娘把猫关在一个地方,任何人都不知道,连她的丈夫也一无所知。一天,她下田干活去了,那猫跑了出来,进入屋内,戴上姑娘丈夫练武的饰品,又跳舞又歌唱。有些孩子被它弄出的声响所吸引,赶来观看,发现猫这怪样,非常惊异。那猫跳闹得更激动，还伤了孩子。孩子们便跑开去告诉屋主人说："你家屋里有人在跳舞，还伤着了我们。""住口，"屋主人说："我马上就拆穿你们的谎话。"说完他就回到家中藏在门后向屋内窥视，果然是那猫在折腾、歌唱。于是他便对准猫开了一枪，那猫应声倒地而死。他的妻子在地里干活也同时跌倒在地。"有人在家里杀害我了，"她说。她还剩下一口气未断，要求她丈夫同她一起回她父母的村里，把死猫用席子包着一齐带去。她的所有亲属都来看望，都痛切地责备她不该坚持把那猫带到她丈夫的村里去。当解开席子露出死猫时，在场的人一个一个地相继倒地，失去了生命。猫族就这样绝灭了。悲痛的丈夫用树枝封上了村子的大门，回到自己家里，告诉他的亲友说他怎样杀死了那猫，从而杀死了他妻子的整个家族，因为他们的生命都寄托在那只猫的身上。

北美印第安人的民间故事里也有这样的观念。例如纳瓦霍人有过这样的故事：有一个怪物名叫"姑娘变的熊"。姑娘从草原狼那里学会了变化为熊的本事。她是一个不可伤害的、了不起的武士，每当出发战斗之前，她总是把自己的心肝五脏先从身上拿出来藏在一个地方，使任何人都不能杀死她，等战斗过后再把那些心肝五脏放回原处。英属哥伦比亚的夸扣特尔印第安人中传说一个女妖的故事，这个女妖把她的生命藏在一根铁杉树枝里，没有人能杀死她。一个勇敢的男孩子在树林遇见了她，用石头砸得她脑浆迸裂，接着又把她的身体肢解，扔进水里，以为这样已经除掉了女妖。他去到女妖家里，却见一个妇人被固定在地上不能走动。那妇人告诫他说："别待在这儿。我知道你已经努力杀死女妖。有些人曾经试图杀死女妖，连你这一次已经是第四次了。

可是女妖是杀不死的,她又复活了过来。她的性命就放在那边被覆盖着的杉树树枝里。你走到它的旁边,等女妖进屋内时,你就折断她那性命,女妖才会死去。"那妇人话刚说完,那女妖果然走了回来,还一边走一边唱着。这孩子马上折断那根树枝,女妖便应声倒地死了。

第六十七章 民间习俗中灵魂寄存于体外的观念

第一节 灵魂寄附于无生命的物体

许多民族的民间故事里都有这样一种思想，以为灵魂可以在或长或短的时间内寄存于体外某一安全的地方，至少可以藏在头发中，这种思想并非为渲染故事情节而虚构的，而是原始人信念中真实的内涵，并由此产生了相应的一整套习俗。

我们已经看到，在那些民间故事里英雄在战争前进行准备时，往往先把自己的灵魂从体内移出，使自己的身体在战争中不会受到伤害、不会死亡。出于同样的目的，未开化的人们面临各种真实的或想象的危险的时刻，总是先把自己的灵魂移出体外。例如西里伯斯的米纳哈萨人，如果哪家要迁入新居，便请一个祭司把那一家人的灵魂收集在一个袋子里，等他们搬定后再一一还回本人。之所以这样做，是因为迁入新房之际充满着超自然的危险。在西里伯斯南方，妇女临盆时，派去请大夫或接生婆的人总要随身带一点铁器，譬如一把砍刀，交给大夫。大夫便把这铁器好好收藏在自己家里，直到产妇分娩了以后再交回原主，这时原主还要酬谢他一笔钱作为报答。那把砍刀或其他这类的东

第六十七章 民间习俗中灵魂寄存于体外的观念

西,寄附着产妇的灵魂。据说,在此紧要时刻把灵魂拿出体外收藏比在自己体内要安全得多。所以,大夫必须特别小心把它收藏好,如果丢失了这铁器,人们便认为那位产妇的灵魂肯定也就随之亡失了。

婆罗洲东南的皮努达雅克人每当孕妇临产时总要请一位巫医来念咒作法,把新生婴儿的灵魂收进半个椰子里蒙上一块布,放在一个方形浅盘上用绳子吊着挂在屋顶下。巫医每到月初还要再度作法,这样进行一年才算功德圆满。记录这一风俗的作者没有说明风俗的意图,我们可以臆断,作法的目的是要把婴儿的灵魂放在比他的脆嫩身体更为安全的地方。印度群岛其他地方遵循与这同样的习俗,他们提出的理由证实了我们的臆断。在凯伊群岛,凡新生婴儿的人家常在一个粗糙的木刻祖先像旁边挂一个挖空了、裂为两半、又缝合起来的椰子。据信新生婴儿的灵魂就暂时存放在这椰子里面,这样可以避免妖邪侵袭,比较安全。等婴儿长大身体健壮时,才永久住进自己体内。同样,在阿拉斯加的爱斯基摩人中,小儿生病时,巫医常将其灵魂从体内召出,放在保险的护身符里,藏置巫医药囊中,以确保安全。许多护身符都被当作灵魂收藏箱来存放灵魂,认为较安全。英属中非西郡地区有一个曼加遮老妇人脖子上总围着一个象牙饰物,约三英寸长,中间是空的,老妇人说那是她的命根子。她当然不愿放弃它。一个种植园主想要买下它,未能如愿。一天,詹姆斯·麦克唐纳先生坐在赫吕毕酋长家里等候会见这位大人物。酋长正在里面站着穿戴,打扮自己。这时一位土人指着一对优美的牛角告诉他说:"纳塔米(指酋长)的灵魂就放在这对牛角里。"这对牛角是奉献祭神的牺牛角，人们奉为神品。一位巫师曾将这对牛角系在酋长家的屋顶下，保护他和宅内人口不受雷轰电击。麦克唐纳德先生补充说："这种想法对于南非人是一点也不陌生的，那里的人可以把自己的灵魂放在自家的屋顶下，放在某棵树内，或泉水旁，或山间石岩下。"新不列颠加泽尔半岛的土人有一秘密社团叫英格尼厄特或英吉厄特。凡加入该团的人都发给一块同人或某种动物一般大小的石头，据说从此以后此人的灵魂与这块石头结合在一起。石头如果裂开，就是此人的恶兆。人们说雷电已经轰击了这块石头，石头的主人不久就要死亡，如果那块灵魂石裂而其人不死，人们就说此石异常，不适合寄附灵魂而另换新石。罗曼努斯·勒卡佩努(Romanus Lecapenus)皇帝有一次得到一位天文学家的通知说，保加利亚王子西米安的生命系在君士坦丁堡的一根圆柱里，如果把那根圆柱的柱顶移开，西米安很快就会死去。这位皇帝采纳了这个暗示，移去了那柱顶。后来皇帝调查获悉，正在移去那柱顶的同时，西米安王子便在保加利亚以心脏病突发而死了。

另外，在一些民间故事里我们看到有人有时把自己的灵魂或力量系在自己的头发里，当他的头发剪掉时就会死去或变得虚弱。安汶岛①的土人认为自己的有生力量在自己的头发中，如剃去头发，力量也就消失了。一名罪犯在该岛荷兰人法庭上受刑时坚决否认他的罪行，可是一旦剃去他的头发，便马上承认了。有一个人因谋杀而受审讯，忍受一切痛楚毫无畏缩，一见行刑人拿

---

① 摩鹿加群岛的一个岛屿，在塞拉姆岛的西南，属印度尼西亚。

第六十七章 民间习俗中灵魂寄存于体外的观念

来一把大剪刀,便问拿这大剪刀来干什么,听说是要剪掉他的头发的,便乞求不要剪他的头发,他宁愿坦白招认。后来荷兰殖民当局每逢囚犯忍受刑讯拒不招供时,便剪掉该犯的头发。

在欧洲,人们也常常以为男女巫觋的邪恶力量在于他们的头发,如果不剪除他们的头发,便无法制服这帮歹徒。因此,在法国,习惯做法是将被控告为使用巫术的人全身毛发统统剃光,然后交付拷问。米莱厄斯先生曾在图卢兹①看见过这种拷问,那些被拷问的人坚决不肯招认,直到后来把他们衣服完全脱光,把他们身上毛发彻底剃光,他们才供认不讳。一个妇人表面上过着虔诚的生活,但受到怀疑,加以拷问,备受捶楚,却抵死不认,后来也是把她全身毛发剃光,才迫使她招认了罪恶。著名的宗教法庭审问官斯普伦格剃去了巫觋嫌疑犯的头发,为此感到满意。可是他的同僚库曼纳斯比他做得更为彻底,把47名妇女赤身露体剃去全身毛发,然后扔进火中烧死,也因这种严厉审讯而享有很高权威。据说撒旦曾经在北贝里克教堂的讲坛上布道时安慰他的奴仆,向他们保证说,"只要他们的头发长在头上,一根也不要脱落",就任何东西也伤害不了他们。同样,在印度巴斯塔地区,"如果有人被判犯有施行巫术罪,群众就会揍他,剃去他的头发(因为人们认为头发构成他的危害力量),敲掉他的门牙(据说这是为了防止他念诵妖术咒语)……妇女如果犯有妖术的罪嫌,也必须经历与此相同的严峻考验,如果发现有罪,便给予同样的惩罚,把她们身上的毛发全都剃光之后,再把她们的头发拴在公共场所的一

---

① 法国南部城市,位于加龙河上。

棵树上"。印度的比尔人对于一经证实犯有行使巫术罪的妇女进行各种形式的惩治，如：脚朝上、头朝下吊在树上，把胡椒粉放进眼睛里，最后采取的办法是从她头上剪下一绺头发埋在土里，"以斩断她和她原来的邪恶法力的最终联系"。墨西哥的阿兹台克人"在处死犯了恶行的男女巫觋之前，也采取类似的做法，即捉住他们，割去他们盘在头顶的头发，以除去他们的全部妖术魔法，从而置他们于死地，了结其腐恶的残生"。

第二节 灵魂寄附于草木

在民间故事里我们还见到人的性命有时和草木的生命联系在一起，随着草木的枯谢，人的生命也因之凋萎。西非加蓬的姆班加人若在同一天生下两个孩子，便种下两棵同类的树，并且围着这两棵树跳舞。他们认为这两个孩子的生命各与其中的一棵树联系在一起，当此树倾倒或死亡，则孩子很快也将死亡。喀麦隆的人们也相信一个人的生命和某棵树的生命交感地密切联系在一起。卡拉巴尔①旧镇的酋长把自己的灵魂藏在某泉水附近的圣林中。有些欧洲人由于不了解情况或者是开玩笑砍倒了圣林中一些树木，这个灵魂极为愤怒并且根据酋长的旨意用一切严厉方式威胁冒犯了他的那些欧洲人。

有些巴布亚人把刚生下来的婴儿的生命按交感原则同一株树的生命联系在一起，其做法是将一颗小卵石嵌进树皮内，认为

---

① 尼日利亚南方的城市。

第六十七章 民间习俗中灵魂寄存于体外的观念

这样就把婴儿的生命完全置于树的生命保护之中了。如果这棵树被砍倒,则这孩子就会死亡。毛利人生下婴儿后惯常把脐带埋在一个神圣的地方,在上面种一棵树苗。随着树苗的长大,也象征着幼儿生命的成长(tohu oranga),树若繁茂,则此儿也一定富贵荣华;树若枯凋,则此儿父母就可预卜其最乖舛的命运。斐济岛上有些地方把男婴儿的脐带同一颗椰子或面包果树的一根树枝种在一起,认为婴儿的生命就这样同树的生命密切连在一起了。荷属婆罗洲兰达克和塔扬两个地区的达雅克人习俗为婴儿种果树一株,民间信念以为孩子的命运便这样同树的生命紧密相连。如果树长得很快,孩子就健康幸福;树如长得矮或枯萎,则与他休戚相关、祸福与共的人也必然遭遇厄运和不幸。

据说俄国、德国、英国、法国和意大利仍然有许多人家习惯性地在生下婴儿时种一棵树,特别注意培养爱护,希望所种的树同孩子一起成长。瑞士阿尔高州仍相当盛行这种习俗:生下男孩种一棵苹果树,生下女孩种一棵梨树,认为孩子一生的亨通蹇滞与树的荣枯息息相依。梅克伦堡的人婴儿生下后的胞衣放在一棵小树底下,认为婴儿将与此树一起成长。在达尔胡西堡①附近(距爱丁堡不远)有一株橡树,人们称为爱吉维尔树(Edgewell Tree,意为长生树),相信由于某种神秘的关系,它的荣枯同这个家庭的兴衰密切相连。据说这家的一个成员死了或将要死时,那棵爱吉维尔树的树枝就掉落一枝。例如,在1874年7月一个非常安谧

---

① 英国乔治·兰姆塞将军(George Ramsay,1770-1838),出生于苏格兰,曾任英国殖民地加拿大北部达尔胡西(海港)的总督(1819-1828),曾受封为达尔胡西伯爵,其府邸在苏格兰首府爱丁堡附近,人称达尔胡西堡。

宁静的日子里,该树一根很大的树枝忽然折落。有位年老的看林人惊叹说:"这家的老翁去世了!"不久消息传来,达尔胡西第十一代伯爵福克斯·莫尔果然逝世了。

在英格兰,有时让孩子从裂开的梣树中间走过,以此来治疗疝病或佝偻病,并且认为从那以后孩子和该树便有了互相感应的关系。这株梣树就长在希尔利·希斯边界从霍克利豪斯通往伯明翰①的大道旁。"毗邻的一家农场主的儿子托马斯·奇林沃思,今年大约三十四岁了,在一周岁的时候,曾在类似的一棵树中穿过,这棵树至今仍长得非常繁茂,托马斯特别精心爱护它,一根树枝也不让碰。因为据信病人的生命全寄托在这棵树上,只要树被砍倒,病人无论在多么遥远的地方,其疝症也要复发,就要出现脱疝,最终死亡。有一个人正赶着马车走在路上便忽然发病死了,其原因就在于此"。"不过,"介绍这情况的人又写道:"许多把生命这样寄托在树上的人,在树被砍之后,依旧活着,也是很常见的。"最常见的医疗方式是把一棵梣树幼苗竖着劈开约几英尺长,把婴儿脱光身子,在早上日出时从裂隙中穿过三次或九次。在英格兰西部,据说是要把婴儿"向着太阳方向"穿过树的隙缝。这种仪式进行之后,立即把树绑扎起来,并用泥把树的裂隙糊好。人们相信当树的裂隙长得合起来了时,孩子的疝病也就好了;如果树的裂缝没有长封了口,则孩子体内的疝症也仍然未好;如果那树枯死了,孩子肯定也将随之死亡。

欧洲其他地方如德国、法国、丹麦、瑞典也用这同样的方法

---

① 英格兰中西部的一个郡级市镇。

医治好多种疾病，特别是医治疝病和伛偻病。不过这些地方选用的不是梣树，而是橡树。有时也可以用杨树代替，甚至指定必用杨树。在梅克伦堡，同在英格兰一样，人们认为孩子同树这样建立的生命交感关系非常密切，只要树被砍倒，孩子就马上死亡。

第三节 灵魂寄附于动物

像民间传说故事里说的那样，在实际生活中，有些人不仅把自己的生命同无生命的物体以及植物互相交感地联系在一起。据说这同样的联系也存在于人和动物之间，两者祸福与共，动物如死，人也偕亡。习俗与传说故事所说情况更为接近，因为两者中所说从人体移到动物体内的灵魂，都是由男女巫师运用特殊法力进行的。譬如，西伯利亚的雅库特人相信每个萨满教巫师或术士都把自己的灵魂或自己几个灵魂中的一人附在一个动物身上，并把这个动物小心地隐藏着，不给世人知道。一个知名的巫师说过："没有人能够找到我的体外灵魂，我把他藏在遥远的埃兹干斯克多岩石的丛山里。"仅仅一年一次当山间冰雪融化、大地转青的时候，这些巫师寄放在体外的灵魂才化作动物的形象在人们的住处出现。它们到处漫游，除巫师之外，谁也看不见它们。那些强有力的灵魂喧嚣着疾驰而过，其弱者则悄然来去。它们有时相互殴斗，如果巫师之体外灵魂被打败，则该巫师本人便卧病或死亡。最懦弱的巫师，其灵魂幻化为狗形，它使其人形之身不得安宁，总是扰他的心神，撕碎他的躯体；最强悍的巫师，其灵魂则幻化为雄马、角鹿、黑熊、老鹰或野猪。此外，图鲁金斯克地区的萨莫耶德人认为每个巫师都有一个自己熟悉的幻化为野猪形象的鬼魂，用一根魔带拴着牵着到处走动。野猪一死，巫师本人也就死亡。有些故事说到巫师之间的争斗，他们先将自己精灵遣出战斗，最后才亲自出马相搏。马来人相信"人的灵魂可以进入别人身上或动物身上，或者更确切些说，认为二者之间可以形成一种神秘关系，即一方的命运完全依赖于另一方的命运"。

新赫布里底群岛中莫塔岛上的美拉尼西亚人，在日常生活中都体现出灵魂存在于体外的概念。在莫塔语里，"塔曼纽"(tamaniu)一词意思是"某种有生命或无生命的东西，有人以为自己和这件东西之间有着亲密关系。……并非每个莫塔人都有自己的'塔曼纽'，只是有些人想象自己跟蜥蜴、蛇，也可能某块石头有这种关系。有时这件东西要经过寻找才能发现，其法是喝下某种树叶的浸液，把浸过的树叶堆在一起，在该堆上或堆内最新发现的任何活的东西，便是喝那浸制叶液的人的'塔曼纽'。对'塔曼纽'只是观察，并不要喂养或敬奉它，当地土人相信只要召唤，它就会来，与它有此种关系的人，生命就同这东西的生命（如是活物，便同他的生命，如是无生命的东西，便同它的安全）紧密联系在一起：若该活物死了，或该无生命之物受损坏或丢失了，其人也就死亡。因此，若某人患病，就要查看那'塔曼纽'是否安全无恙。"

把灵魂拿出体外存放在某一动物身上这种理论，在西非似乎非常流行，尤其在尼日利亚的喀麦隆人和加蓬人。加蓬族的范人相信巫师在他最初要成为巫师的仪式里，把他的生命和某种特殊的野兽的生命联系在一起，其做法是进行一种歃血为盟、结为兄

第六十七章　民间习俗中灵魂寄存于体外的观念

弟的仪式,从自己臂上抽出少许血来,把自己的血注入野兽体内,把野兽的血注入自己体内。于是这一对人兽之间的血盟便确立起来,一方的死亡便要导致其盟方也要死亡。据说这种同盟可大大增长巫师的法力,以多种方式为自己的利益效劳。首先,像神话故事中的妖巫把自己的性命从体内取出藏在某个安全的地方一样,他也可自诩为不会被伤害至死。尤其那头与他歃过血的野兽成了他的血肉相连的兄弟,能听从他的一切役使,他可以指使他去杀伤自己的敌人。从这点看来,可以想象凡他选择与之建立这样关系的动物,绝不是温驯的野兽或家养的牲畜,而总是凶残的猛兽如斑豹、黑蟒、鳄鱼、河马、野猪或秃鹰。在所有这些野兽中,河马是最常为范人巫师优先选择的,其次是黑蟒,鸷是最少选用的。女巫和男巫一样,也有这样经过歃血供她们役使的野兽,不过选择的野兽不同。她们从来不选黑豹,却经常选用分泌毒液的蟒蛇,有时选带触角的毒蛇、黑蟒或栖息在香蕉树上的青蟒,或者也选秃鹰、猫头鹰及其他夜间出没的鸟类。凡男巫女巫所选禽兽总是单独个别的兽或禽,绝不选整个种属。这血盟的单个禽兽一死,这种血盟关系也就自然终结,因为兽死,人也就亡了。

喀麦隆境内的十字河流域土人也有类似的信念。成群的人,一般都是同一村庄的人,选定各种动物作为他们歃血为盟的亲密友谊和性命与共的关系。这些动物有河马、大象、斑豹、鳄鱼、猩猩、鱼、蟒等,所有这些动物要么非常强大有力、要么极易潜藏水底或丛林,据说选择这类动物时不可或缺的条件是该动物必须具有隐藏自己的能力。因为选择这类动物为友或做帮手,是期望靠它悄悄地伤害敌人,例如,如果选择河马,河马可以突然跳出水面倾覆敌人的乘舟。由于人兽之间这种交相感应的关系,兽如一死,其人也亡,其人如亡,该兽即死。因此,对这类亲缘野兽绝不容射猎侵扰,恐怕株连杀伤与这些野兽性命相连的人。不过这并不妨碍村里以象为盟友的人猎象,因为他只选某个别的动物(如象),并不尊奉象的全体种属,他们以为自己任何时候都能认出与自己结盟的象兄弟,而其他的象都只不过是一般的象,仅此而已,更无其他。这种认识据说是相互的。如某猎人以象为盟友,一旦遇见这头象友(我们可以这样称呼他),这只高尚的动物就举起自己的前爪伸到他面前,好像说:"别射!"假如该猎人竟无人性地开枪射击打伤了这只同自己性命相连的象,自己也要病倒。

喀麦隆的巴隆人想象每人都有几个灵魂,其中一个在自己身上,一个在某个动物身上,如大象、野猪、斑豹,等等。如果某人回到家中,感觉有病,说:"我快死了",便真的死去,人们断言是此人在野猪或斑豹身上的灵魂已被杀死,是体外灵魂的死亡导致他体内灵魂的死亡。尼日尔三角洲一个重要部落——伊博人,也同样相信活人的灵魂可存在于体外。他们以为人活着在世时自己的灵魂可以有一段时间离开自己身体住进一只动物体内。有一个人想获得这种能力,从巫医那里讨得一种药剂,同自己的血混合在一起。从那以后,他的灵魂便脱离了他的身体而进入一头动物体内。如果那头动物被杀而这人的灵魂正好还寄住在它体内,这人也就要随之而死。如果这动物受了伤,这人身上立即就布满了疖疮。这种信念煽动了许多阴贼的行为:狡诈的无赖有时偷偷地把巫药放进敌人的食物里面,使敌人吃后灵魂转入某动物体内,然后就设法杀死这头动物从而也就杀死了敌人。

尼日尔河口卡拉巴①地方的黑人相信一个人有四个灵魂,其中一个灵魂总是脱离自己的身体以野兽的形态寄居在森林中。这个体外灵魂,或林中灵魂(像金斯利小姐②所称呼的那样)几乎可以是任何一种动物,如:斑豹、鱼、乌龟,但从来不是家畜,也不是任何植物。如果没有超人的法眼,人是看不见自己的林中灵魂的。只有占卜者能够告诉人们他的林中灵魂是什么动物,今后注意切莫杀伤任何这类的动物,也不许别人杀伤。常常父子的林中灵魂是同类的动物,母女的林中灵魂则是另一类的动物。然而,有时全家子女全都依父亲的林中灵魂所寄居的动物形态,例如,父亲的体外灵魂是斑豹,所有他的儿女的体外灵魂也都是斑豹。另一方面,子女也有常依妈妈的体外灵魂形态为自己体外灵魂形态的。例如,妈妈体外灵魂的形态是乌龟,她的儿女的体外灵魂也都是乌龟。人的性命同他的体外或林中灵魂的动物的性命紧密相依,该动物的伤亡必然也导致此人的伤亡。反过来,人亡,其林中灵魂便不再有安息之处,结果变得疯狂,或冲入烈火,或冲向人群,头部被击而结束了生命。

北卡拉巴的埃克特附近有一个圣湖,湖中的鱼都被小心护养,因为人们以为自己的灵魂寄附在那些鱼的体内,如果杀死一

---

① 在尼日利亚,是尼日尔河出口处,这一段河流名叫卡拉巴河,其城市亦名卡拉巴。

② 金斯利(Kingsley, Mary Henrietta, 1862—1900),英国女旅行家、人类学家。著有《西非记游》(*Travels in West Africa*, 1897)、《西非研究》(*West Africa Studies*, 1899)、《西非的故事》(*The stroy of west Africa*, 1899)等。

条鱼,就立即有一个人死亡。几年以前,卡拉巴河内有一条巨大的老鳄鱼,民间都说有一位酋长本人住在杜克市内,他的体外灵魂就寄居在那条老鳄鱼的体内。爱好狩猎的副领事们时常去猎取这条鳄鱼,一次一位官长设法击中了它,于是那酋长马上就腿上有伤卧床不起。他宣称被狗咬了,可是那精谙巫术的占卜者却摇头不肯相信这理由不足的托辞。此外,在洛科贾和尼日尔三角洲之间的尼日尔河两岸一些部落中流行这样一种信念,"以为人可能具有一种以某种动物形态存在的 *alter ego*①,为鳄鱼或河马。据说人的生命同这动物的生命密切相连,一方受到任何影响,另一方身上立即有所反应,如一方死去另一方也即身亡。不很久以前有一位英国人在当地土人村庄附近用枪打死了一只河马,村里一个妇女的朋友那天晚上恰巧死了,于是就要这英国人赔偿人命,终于得到五个英镑作为对死者的抚恤。"

中美洲的萨波特人,每当妇女分娩时,她的亲友都聚集在小屋内并在地上画出各种动物,每画好一个,就把它擦去,这样一直进行到婴儿诞生时,画好在地上而未擦去的动物就被看作是新生婴儿的"通纳"(*tona*)或"第二自我"。"等孩子长大时,就给他一头代表他的动物,由他饲养照管,正如人们的信念那样,孩子的健康和生命都同这只动物的生命健康息息相关,要活都活,要死也都同时死亡。"或者更确切些说,该动物如死亡,其人也很快就要死亡。危地马拉和洪都拉斯印第安人的纳古尔(*Nagual*)或劳尔

---

① 拉丁语:意为第二个我。

(Naul)[①]"可以是非生物或生物(一般都是动物)。它(它)和每个个别人命运与共,人的祸福取决于其纳古尔的荣枯"。据一位老作家说,危地马拉许多印第安人"受邪魔愚弄、相信他们的生命依赖于某某野兽(把他们当作自己),倘该兽死亡,他们也即死亡;倘该兽被猎逐,他们就心跳得厉害;倘该兽昏厥,他们也昏厥;更有甚者,他们还受邪说影响,竟将自己扮成该兽的形体(通常他们喜爱扮为雄鹿或雌鹿,雄狮或猛虎,狗或鹰),并在野兽的形体下遭遇射猎受伤"。印第安人听信蛊说,以为他们的"纳古尔"一死,他本人也就连带死亡。有个传说故事明确说道:在克察尔特南戈高原上同西班牙人最初的多次战斗中,印第安人的酋长们的纳古尔都以巨大毒蛇的形象进行格斗。最高酋长的纳古尔特别引人注目,它是一只碧羽辉煌的巨鸟。西班牙人的将军彼德罗·德·阿尔瓦拉多用剑杀死了这只巨鸟,印第安人酋长也即倒地身亡。

澳大利亚东南部的许多部落中男女两性各有专门的动物属类作他们的纳古尔,像中美洲的印第安人一样。不同的是,印第安人明确知道自己生命与之相连的是哪一头动物,澳大利亚人只知道他们各人的生命和某一种属中的某一动物连在一起,却不知道具体的是哪一个。结果自然是:所有男人都不杀牲,并且保护与他们生命相连的某一种属的所有动物;所有妇女也都不杀牲,并且保护与她们生命相连的另一种属的所有动物。因为谁也说不上这两种有关种属中的任何一头动物的死将会导致哪位男子或妇女的身亡,譬如像绿鸟一死,印第安人酋长即随之而亡,童话

[①] 这两地印第安人的土语,都是第二自我的意思。

中鹦鹉一死，彭契金即亡那样。澳大利亚东南部的沃乔巴卢克氏族"认为蝙蝠的生命是男人的生命，夜莺的生命是女人的生命，这两种生物中任何一个被杀死，则某男子或某女人的生命也就终结了。在这情况下该氏族中的男男女女都害怕自己可能会成为牺牲者，因此在氏族内部引起很大的争斗。听说在这些殴斗中，男女各为一方，搞不清究竟哪一方胜了，因为有时妇女们用山药棒痛打男人们一顿，而更经常的是妇女们被男人用梭镖刺伤甚至死亡"。瓦特约巴勒克人说蝙蝠是男人的"兄弟"，夜莺是男人的"妻子"。各氏族男女生命所与之关联的动物种属各不相同，譬如瓦特约巴勒克人把蝙蝠当作与男人生命相关的动物，而在默里河①下游的贡波尔克里克人则把蝙蝠当作与妇女生命相连的动物，当地土人不肯打死蝙蝠，理由是"如果打死一个蝙蝠，他们的卢布拉（妇女）就将有一人要随之身亡"。无论把哪种动物当作与男人和妇女生命紧密相连，这种信念本身以及由此而引起的殴斗在澳大利亚东南部（也许流传到更多地方）颇为流行，是众所熟知的。这是一种很怪的信念，所以其结果引起种种斗殴。如维多利亚内某些部落"认为蝙蝠生命属于男人，为保护蝙蝠不受伤害，男人们甚至为了它的缘故把自己的妻子打得半死。夜莺或蚊母鸟的生命属于妇女，尽管它是不吉祥的鸟，它夜间的叫声令人恐怖，却受到妇女的爱惜保护，如果哪个男人打死一头夜莺，妇女们全都为之激怒，就像杀了她们的一个儿女，都用长棒子痛打这男人"。

---

① 在澳大利亚东南部，由澳大利亚维多利亚州和新南威尔士州内的阿尔卑斯山流入印度洋。

第六十七章　民间习俗中灵魂寄存于体外的观念

澳大利亚男人和妇女分别爱惜并保护蝙蝠和夜莺（通常似乎都把这两种生物同男女的生命连在一起），并非完全出于自私的考虑，每个男人认为不仅他自己的生命，连他的父亲、兄弟、儿子等等的生命也都同各个个别的蝙蝠连在一起，因此，保护全体蝙蝠，就是保护他本人同他的男性亲属。同样，每个妇女也都认为她的妈妈、姐妹、女儿等等及她自己的生命都是同各个个别的夜莺的生命连在一起，爱护夜莺就是爱护自己和全体女性亲属。既然男人的生命被假定为包含在某些动物身上，那么，很显然，这些人同这些动物彼此很难划分或区别。假如兄弟约翰的生命在一只蝙蝠身上，那么，一方面，蝙蝠跟约翰一样，都是我兄弟，另一方面，在某种意义上，约翰就是一只蝙蝠，因为他的生命在蝙蝠身上。同样，如果玛丽妹妹的生命在某只夜莺身上，那么，夜莺就是我妹妹，而玛丽也是一只夜莺。这是非常自然的结论，澳大利亚土人并非不能得出。蝙蝠为某男人的同命动物，就称之为某男人的兄弟，夜莺为某女子的同命动物，就称之为某女子的姐妹。反过来，男人称女人为夜莺，女人称男人为蝙蝠。在其他部落里男女两性以其他动物为生命相依连的，其情况也大抵如此。例如在库尔奈部落①里，鸸鹋都是男人的"兄弟"，男人也都是鸸鹋，所有美妙的鸣禽都是妇女"姐妹"，妇女也都是美妙的鸣禽。

当一个未开化的野蛮人把自己的名字叫作某个动物，并称该动物为兄弟，且拒不杀害它，这个动物就被认定为这个野蛮人的图腾。在澳大利亚东南部的一些部落中（我们已经谈到蝙蝠和夜

---

① 澳大利亚维多利亚州的土著。

莺),鸸鹋和美妙的鸣禽都可说是男女两性的图腾。但是把某种动物定为男性或女性的图腾,这种事例还是很罕见的,除澳大利亚外,迄今为止当未在别处发现过。最最常见的做法不是给男性或女性确定某种动物为图腾,而是为某一氏族确定图腾并且按父亲或母亲代代传袭。个人和其氏族图腾的关系跟他(她)和其同性的图腾关系并无区别,他不杀害它,称它为兄弟,并用它的名字称呼自己。假如这些关系是相似的,那么,适用于这一关系的解释,同样也应适用于对另一关系的解释。因此,某一氏族崇奉动物或植物(氏族也可以植物为图腾)并以该动物或植物的名字为自己的名字,其理由似乎出于一种信念,以为本氏族中每个人的生命都同各该动物或植物中的某一个的生命紧密相连,他或她的死亡是由于杀死那个动物或毁伤那棵植物的结果。对于图腾关系的这样解释,跟乔治·格雷爵士(Sir George Grey)[①]对于图腾或澳大利亚西部的"考邦"(*Kobong*)所下的定义颇为一致。他说:"一个家族同该家族'考邦'之间有一种神秘的关系存在,因此,这个家族的成员绝不杀害他所属的考邦种属中任何动物,即使发现它在熟睡,也不杀害。有时完全出于无奈杀死一头这样的动物,也总是给予它一个逃脱的机会。这样做的原因是由于家族的信念,以为某些这类的动物是他们最亲近的朋友,如杀死这个动物,就是极大犯罪,所以人人都极其注意避免。同样,某土人若以某

---

① 格雷(George Grey,1812－1898),英国殖民地行政长官。先后任南澳大利亚、新西兰、开普殖民地等地的总督,1874－1894年任新西兰议员,1877－1879年任总理,且研究毛利文化,著有《波利尼西亚人的神话志》(*Polynesian Mythology*,1855)及澳大利亚土人词记等。

第六十七章 民间习俗中灵魂寄存于体外的观念

种植物为'考邦',在某些情况下便不得采集这种植物,特别在一年中的某个特别时期里更是如此。"在这里可以看出,虽然人人都不杀害、不采集某些种属的动物和植物,但这些动植物并不是对每个人都是一样地珍贵。事实远非如此。在各种动植物中只有一类对他特别亲近贵重。由于他不知道哪个是最亲近贵重的,为免误伤,故不得不全都不加杀害。此外,对于氏族图腾的这样解释,同杀死图腾种属中的一个成员的假定,效果是一致的。"一天,这些黑人中有一个人杀死了一只乌鸦。三四天以后,一个名叫拉理的波特瓦(Boortwa,即乌鸦,该乌鸦氏族的一个成员)也死了。他已经病了好几天了,由于他的温冈(Wirgong,即图腾)死亡,加速了他的病故。"杀死一只乌鸦造成乌鸦氏族中一人死亡,正和性别图腾一样,打死一只蝙蝠造成一个蝙蝠男人死亡,打死一只夜莺造成一个夜莺妇女死亡。与此类似,杀死一个纳古尔(nagual),造成一个中美洲印第安人死亡,杀死林中灵魂,一个卡拉巴黑人就身亡;一个塔曼纽死了,班克斯列岛上就有一个土人也偕亡,童话里的巨人或巫师随他寄藏生命的动物的被杀也即命归黄泉。

看来也许《心不在身上的巨人》那篇故事能够提供理解人与其图腾之关系的钥匙。根据这篇故事里的理论,图腾实际是人储放自己生命的藏器,好像彭契金把他的生命放在鹦鹉身上,毕达莎丽把她的生命藏在金鱼身上那样。如果一个未开化的野蛮人有一个自己性别的图腾,又有一个氏族的图腾,那么,他的生命一定同两个不同的动物的生命紧密相连,二者任何一个的死亡都会引起其人身亡。对于这种看法,没有什么可以反对的。因为在野蛮人看来，如果有比自己身体之内更好更多的地方存放自己的灵魂，这有何不可呢？既然可以把生命寄放体外，为什么不可以把一部分生命放在一头动物身上，把另一部分生命放在另一头动物身上呢？生命之可分性，或者换个说法，灵魂之多元性，这种概念有许多人们熟知的事实可以证明，已经被哲学家们如柏拉图以及原始人所接受，只是当一个灵魂的概念从原来半科学的假设变成神学上的教条的时候，它的整体性和不可分性才被作为根本要素来坚持。原始人不受教条的局限，根据他认为必要假定有多少灵魂来随意解释生命的现象。例如，加勒比人想象头颅内有一个灵魂，心中有一个灵魂，在凡是感到动脉跳动的地方各有一个灵魂；有些海达泽印第安人对于四肢先已死亡，而人尚未断气的逐渐死亡现象，解释为人有四个灵魂，他们并不同时而是一个一个地离开人的身体，必须这四个灵魂全都离开了人体，这人才最终死亡。婆罗洲的达雅克人和马来半岛的马来人相信每个人都有七个灵魂。西里伯斯岛上波索地方的阿尔福尔人则认为人只有三个灵魂。老挝的土人想象人体有三十个灵魂分别住在手、足、口、眼等处。因此，照原始的看法，未开化的原始人在他的性别图腾和氏族图腾中各有一个灵魂，是完全可能的。可是，据我考察，只有在澳大利亚发现过一个人有性别图腾。因此，一般说来，尊奉图腾的原始人不需要一次存放一个以上的灵魂在体外。

如果把图腾理解为人存放自己的灵魂或自己许多灵魂中的一个灵魂的储器是正确的话，我们就应该能够找到这样的图腾氏族，他们明确表示他们氏族中每人至少有一个灵魂永远寄存体外，倘此体外灵魂毁灭，其人也即死亡。苏门答腊的巴塔克人就是这样一个氏族。他们又分成父系后裔与好些族外婚氏族(*margas*),每个氏族都禁止食用某一种动物的血肉,譬如某氏族不吃虎肉,另一氏族不吃猴肉,或不吃鳄鱼,不吃狗肉、猫肉、鸽肉、白毛水牛、蚱蜢等等。各该氏族的人说明不吃某种动物的理由,或者是因为他们是该动物的后裔,或者因为他们死后灵魂转生为该动物,或者他们自己或祖辈受过该种动物的恩惠要予以报答。有时候氏族还以该种动物的名称为本氏族的名称。因此,巴塔克人具有各种各样的图腾。此外,每个巴塔克人都相信自己有七个灵魂,或者再少算也有三个灵魂,其中一个总是永远寄存体外,如此体外灵魂死亡,无论远在天涯,其人也即同时随之身亡。提到这种信念的作者没有谈及巴塔克人的图腾。根据澳大利亚、中美洲以及非洲等地的例证,我们可以推断这种所谓体外灵魂(其死亡即造成本人死亡),系寄存于动物或植物图腾之内的。

巴塔克人并没有一定的说法肯定他们的灵魂就是寄存在他们的图腾之内,而是提出其他理由说明他们氏族为什么尊崇某种神圣动物或植物。这就反驳了我们上述的推论。因为如果一个未开化的原始人真正相信他的生命同身外某一物体紧密依存的话,他就(至少)绝不会让任何人知道这个外物是什么的秘密了。原始人对于一切涉及其生命秘密和信念的东西都是极其谨慎保守不会轻易泄露的。欧洲人在原始人中已经居住多年尚未能发现原始人主要的信条,而只是偶然看到他们所做的一些零碎的、支离末端的信仰表现而已。尤其是原始人总是极其害怕巫术的暗算,即使是身上最微不足道的弃物,如剪下的头发和指甲、吐出的唾沫、吃剩的食物,甚至自己的真名等,在原始人的想象中都可能被巫者用来致自己于死命,因此总是小心翼翼地藏起这些东西或予以销毁。假如原始人对待这些生命外围和前沿的东西尚且如此隐蔽保密,那么,对待他寄托保存内在生命的隐私,该更是多么谨慎隐晦、多么严格保密了!童话里的公主询问巨人把灵魂藏在什么地方,巨人总是说谎或含糊其辞避而不答,总是经过多方哄诱才吐露出来。在警惕地保持缄默方面,巨人同原始人一样胆小诡秘。由于故事情节发展的需要,巨人最终还是说出了自己的秘密,而在原始人方面却不受这种义务的约束,任何引诱都不可能使他向陌生者透露灵魂的场所从而使自己趋于毁灭。因此,原始人关于生命的中心奥秘竟能如此长久保留不为人知,使我们今天不得不从零散的、片段的文献或线索中,从童话故事里残存的一些迹象中来拼凑、恢复和发现这一主要秘密,就不足为奇了!

第四节 死亡与复活的礼仪

692 图腾崇拜的观点有助于了解一种宗教仪礼,后者就我所知,迄今尚无适切的解释。在许多未开化的野蛮氏族中,尤其在那些奉行图腾制的氏族中,孩子们到了青春期,按习俗都要进行一定的成年礼,其最常见的做法之一就是假装杀死已到青春期的孩子,然后又使他复活。假如说这样是为了将孩子的灵魂转入其图腾,那么,对这种仪礼就可以理解了。因为要想把孩子的灵魂召出体外,很自然就会想到把孩子杀死,或者至少使孩子昏迷如死(原始人把昏迷不醒看得同死亡一样,不能区别)。孩子极

第六十七章　民间习俗中灵魂寄存于体外的观念

度昏厥后苏醒过来,可以说是身体机体的逐渐恢复,然而原始人则解释为这是从孩子的图腾身上输入了新的生命,所以这些成年礼的本质,就其假装死亡和复活的现象来看,可以说是人与其图腾交换生命的仪礼。原始人对于这样交换灵魂的信念显然来自巴斯克猎人①的故事。故事是说一个巴斯克猎人自称被熊所杀,熊的灵魂进入了猎人体内,熊的肉体死亡了,猎人则变成了那熊。这个故事里的猎人,死而复生,变成了熊,正是这里所谈的理论:在到了青春期的孩子举行成年礼时杀死孩子,又使孩子复生的翻版。孩子作为人而死去,作为一个动物又复生,该动物的灵魂进入孩子体内,孩子的灵魂则进入动物身上。因此,他完全有理由根据他的图腾是什么而称呼自己为什么,如为熊、为狼等等,他完全有理由对待所有的熊、或狼、或其他动物如兄弟,因为这些动物身上有他自己和他亲人的灵魂。

关于这种成年礼中的假死和复活,还可举例如下。新南威尔士州的温吉或温吉邦部落中,青年人到成年时都要经受一种秘密仪式,无关人士一概不得观看。仪式的部分做法是将经受仪式的青年牙齿敲掉一个,另取一个新名字,表示该青年已成人了。敲牙时有一种工具叫作"牛吼",由一块带锯齿边的平木系在绳子的一端,转动起来发出很响的声音。非经过这种仪式的人都不让看见这个工具。妇女不得观看这种仪式,违者处死。据透露,凡经历这种仪式的青年每人都要被名叫杜仁霖(Thuremlin,通常称为达拉莫伦[Daramulun])的神秘怪物带到远处杀死,甚至砍成几

---

① 欧洲比利牛斯山西部,西班牙北部三省的古老居民。

段,然后又使之复活并敲掉一颗牙齿。据说该部落人确信杜仁霖的威力,毫不怀疑。

达林河①上游的乌拉罗人(Ualaroi)说在这种成年典礼仪式上有鬼神将受礼的孩子杀死,又使之复生,成为男子汉。拉克兰河下游和默里河流域的土人都认为是图鲁玛伦(Thrumalun,即达拉莫伦)杀死又复活受礼的青年。澳大利亚中部的安玛特杰部落里,妇女和儿童都相信是名叫特旺伊利卡(Twanyirika)的精怪在成年典礼期间杀死青年又使之复活。这个部落里所行的青年成丁礼,同澳大利亚中部其他部落里所行的一样,包括割去青年的包皮和割裂龟头下侧,后一手术完毕时,做父亲的就给这青年一根神杖(Churinga),并教诲他,他的灵魂已和远祖相连。典礼之后,青年退居树丛中休养割伤,这期间他必须轮转"牛吼",否则天上神灵就要下凡把他攫走。卡彭塔里亚湾②两岸的宾宾加部落中妇女和儿童以为成年礼仪式中"牛吼"的响声是一个名叫卡塔加林那的精怪发出来的。这个精怪住在蚂蚁山里,跑到成年礼的仪式上来吃掉举行成年礼的青年,然后又让青年复活。同样,他们的邻人阿努拉部落里的妇女们想象"牛吼"的嗡嗡声是一个叫作格那巴亚的精怪发出来的,它吞噬了受礼的孩子,然后又吐出来,孩子便成了举行过成年礼的成人。

新南威尔士南方沿海各部落中,海岸穆林族人的青年成年礼可算是典型的。在典礼仪式上,凡受礼者都给予参观戏剧性的死

---

① 在澳大利亚东南部,向西南流经默里河入印度洋。
② 在澳大利亚北部海岸线上,阿拉富拉海的海湾。

第六十七章　民间习俗中灵魂寄存于体外的观念

人复活的图腾。一个亲眼见过这种仪式的人叙述如下：一个男人用鞣酸皮布乔妆包裹起来躺在墓穴里，上面薄薄地覆上一些树枝和土。他手里拿着一棵小树，似乎要在墓土中长大。墓旁还插了好些小树，以增添气氛。接着把受礼者都抬到墓旁放下，一长列用鞣酸皮布装扮起来的男人随之也来到墓地，他们代表一群巫医，由两位年尊者率领，前来奠祭埋在这里的巫医兄弟。他们一面向达拉莫伦(Daramulun)念诵经咒，一面鱼贯而行，穿过崖石和树木来到这块空地墓边，在受礼者的对面停下来。那两位年长的巫医则站后面，其余的巫医就唱歌舞蹈，直到墓中假装死者那人手中拿着的小树开始颤动为止。他们对受礼者说："瞧！"一面用手指那颤抖的树叶。受礼者都看着那墓中长出的小树，小树更加颤动不止，经过猛烈晃动后倒在地面。在巫医们的狂舞和梵呗声中，那个装死的人踢开压在身上的树枝和泥土，跳将起来也在墓穴中跳起巫舞，嘴里吐出巫药，假说是达拉莫伦亲自赐给他的。

新几内亚北部一些部落——雅宾族、布考亚族、卡伊族以及塔米族——跟澳大利亚的一些氏族一样，都要求其男性成员割去包皮才能进入成年男子之列。其部落成年礼也是以割去包皮为中心，也同样被认为是一怪物吞噬受礼青年后再吐出。仪式上所用"牛吼"发出的声响，也认为系怪物所发。这些新几内亚的氏族不仅把这种信念强加在妇女儿童的头脑中，而且在成年礼的实际仪式中还以戏剧形式表演出来，妇女和未举行过成年礼的男性都不得在场观看。为此，他们在树林里偏僻的地方或在村子里面搭起一座一百英尺左右长的棚子，像似怪物的形状，一头略高，表示怪物的脑袋，另一头则逐渐矮小。将一株槟榔树连根挖起，当作怪物的背脊,树的蓬松须根,当作怪物的头发。本氏族的艺术家还在长棚高大的一头装饰了两只睁得老大的眼睛和一只张着的嘴巴,使整个棚子活像一只怪兽。凡须经受成年礼的青年同自己的母亲和女性亲属泣别之后(这些女眷都相信或假装怪物要吞食她们的亲人),吓得呆若木鸡似地被送到这威风凛凛的小棚面前,这巨大的怪物阴沉地吼叫着(其实只是人藏在怪物腹中转动"牛吼"发出的嗡嗡的响声罢了)。怪物吞噬受礼者的具体过程,做法各有不同。塔米部落里是让受礼者排队走过一排手持牛吼顶在头上的男人面前,卡伊族人则是更为生动地让受礼者从一高架下面走过,架上站立一人,摆出要吞噬来人的架势,其实只是在每个吓得发抖的青年人在他脚下走过时吞下一口水而已。如果及时向此人献上一只小猪,则怪物就可能饶恕这个青年,及时把他吐出口外。扮演怪物的人代怪物收入献礼,马上就可听到汩汩水声,刚才吞下的那口水便喷射到这位献礼青年的身上。这就表示这位青年已被从怪物肚里释放出来,不过他还得马上经受那更痛苦更危险的割除包皮的手术。这种割除被解释为怪物吐出来时留下的伤口。当进行包皮割除时,有人舞动"牛吼",发出雷鸣似的响声,表示是那可怕的怪物吞噬青年人时吼叫的声音。

有时候年轻的孩子死于割除手术,便悄悄地埋在森林中,告诉哀伤的母亲说那怪物有一个猪肚子和一个人肚子,她的孩子不幸落进了猪肚子,因而就吐不出来了。青年们割除包皮之后必须隔离好几个月不得接触妇女,甚至看见女人也不行。他们就住在那代表怪物肚子的长棚里。最后,他们作为受过典礼的成人,在欢迎的仪式中风光体面地回到村里,女性族人含着欢乐的眼泪和

第六十七章 民间习俗中灵魂寄存于体外的观念

啜泣热情地接待他们,好像他们是从坟墓里复活回来似的。起初,这些青年人都紧闭着眼睛,有时甚至用膏药蒙住眼睛,装作听不懂年长者吩咐他们的话。渐渐地他们恢复了原状,好像从昏迷中苏醒过来。第二天沐浴,洗净身上涂的白垩,成年典礼全部过程至此结束。

值得注意的是新几内亚的所有那些氏族,对于在成年礼中割除包皮时吞噬受割青年的怪物以及把木制"牛吼"发出的无害的响声当作怪物的吼叫,都用的是同样的字眼。尤其值得注意的是:四种语言中有三种语言所说的"牛吼"与怪物的字眼,也都是死人的鬼魂或幽灵的意思。那第四种语言,即卡伊族人的语言,怪物一词的另一意思是"祖父"。由此可见成年礼中吞噬受礼者的怪物都是被作为有威力的鬼怪或祖先的神灵来看待的,"牛吼"则是鬼怪或神灵的物质的体现。这样就可说明为什么这件神器绝对保持神秘不许妇女看见了。平常不用时"牛吼"都储存在男人俱乐部的屋里,妇女不得进入,她们和所有未受过成年礼的人都不许偷看,违者处死。荷属新内亚南部沿海的巴布亚族人,或叫图格里部落或咯丫咯丫部落,称"牛吼"为缫桑(sosom),即神秘的怪物,每年季风从东南吹来时,便与之俱来。这时咯丫人便为它举行节会,轮转"牛吼",把男孩们奉献给它,它又很体谅地让孩子们复活过来。

斐济群岛的最大岛屿维蒂岛上有些地区总是在接受成年礼的青年人面前隆重地演出死亡与复活的戏剧。在一个神圣的围场里陈列着一排死人或似乎要死的人,他们躺在地上,肚腹剖开,内脏外流,浸在血泊里。大祭司一声令下,那些假死的人都一跃而起，跑向河边洗净身上的鲜血和借用的猪内脏，然后精神抖擞地走回神圣围场，真像获得新生似地洁净无瑕、生气勃勃，佩戴着花环，按着庄严的音乐节拍晃动着身躯，来到受礼者面前站住。青年举行成年礼仪式上的死亡与复活的戏剧，演来就是这样。

新几内亚与新不列颠之间有一个鲁克岛，岛上土人有这样一种节日，其活动内容是：两个男人头上套着木制的假面具，跳着舞，走遍全村，所有男人都跟在后面。他们要求把已割包皮但尚未被马萨巴（Marsaba，恶魔）吞噬的青年孩子都交出来。这些孩子吓得直打哆嗦，尖声呼叫着从乔装的男人胯下钻过。然后这一行人又走遍全村，宣称马萨巴已经吞噬了孩子，如不献上猪和芋头等礼物，就不把孩子吐出来，最后全村居民以马萨巴的名义共同吃掉这些东西。

塞拉姆①西部的男孩子到了青春期都被接纳为卡基恩协会（Kakian association）的会员。现代作家公认这个协会主要是抵制外国占领的政治性社团。实际上他的宗旨纯粹是宗教性的和社会性的，虽然他的祭司们也可能偶尔运用他们的权威影响以达到某些政治目的。这个社团不过是那些广泛流行的原始的宗教性质的组织之一，他的一个主要目的就是为青年人举行成年礼。近年来该协会的真正性质得到荷兰著名人种学者李德尔（J. G. F. Riedel）的正式承认。卡基恩协会的会所是一座长方形的木棚，住于森林深处树木最稠密的地方，棚内光线阴暗，从棚外看不见棚内的人在做什么。每个村庄都有一个这样的会所。孩子长大要

---

① 印度尼西亚领土，摩鹿加群岛中的一个岛屿。

第六十七章 民间习俗中灵魂寄存于体外的观念

接受成年礼时都得蒙上眼睛,由两个男人挽着手领到会所,他们的父母亲也一起参加仪式。每个受礼者都有两个男人作监护人在受礼期间予以照顾。等所有人都聚齐在棚前,大祭司便开始高声召魔。顷刻之间就听得棚内发出尖厉的刺耳杂音。其实这是有人事先偷偷从后门进入棚内暗藏着到这时吹起竹制的喇叭,妇女和小孩不知,以为是魔鬼的声音,十分害怕。于是祭司带头步入棚内,受礼的孩子随后跟进,一次只许进去一个。每次孩子进入棚内深处,棚外就听得一阵沉闷的劈剁声,可怕的哭叫声,接着从棚顶扔出一把血淋淋的刀或矛来。这就表示魔鬼已经砍下孩子的脑袋,把孩子带往另一天地予以变形复生。母亲们一见那血淋淋的刀便哭喊起来,说恶魔杀死了她们的儿子。有些地方让年轻的孩子们从鳄鱼嘴或食火鸡喙形状的入口处走进一所木棚,便说恶魔已经吞噬了他们。这些孩子要在棚里待上五天或九天,坐在黑暗中听着竹喇叭吹奏的声音和不时响起的毛瑟枪枪声以及刀剑相击声。每天洗澡,脸上身上涂抹一层黄色染料,看来好像真的被恶魔吞噬过似的。这期间每人胸口或胳臂上刺一或两个十字,不睡觉时就得屈膝坐着不许动弹。酋长拿着喇叭,让这些孩子坐成一排,两腿交叉,手伸向前,然后将喇叭口对着每个孩子的手心说话,那声调非常之怪,像是幽灵讲话的声音。他警告这些孩子要遵守卡基恩会的规矩,不得泄露在这里发生的情况,否则就要受到惩罚,被处死。此外还教诲孩子对自己的血亲要好,并且把本部落的传统和秘密也都讲给他们听。

这期间孩子们的母亲和姐妹都回到家中哭泣哀悼。一两天以后,孩子的监护人回到村里传告喜讯:由于祭司讲情,恶魔已还回了孩子的生命。报信人浑身是泥,神志昏厥,好像刚从阴间赶回的信使。孩子们离开卡基恩会所之前,祭司发给他们每人一根木杖,杖的两端都插着公鸡或食火鸡的羽毛,表示是恶魔在恢复他们生命时赐给的,作为他已经到过灵境的标志。这些年轻的孩子回到家中时步履蹒跚,脸向后、背朝向前,倒着走进屋里,或从后门而入,似乎已经忘记了该怎么走路。家里人用盘子盛食物给他们吃,他却把盘子翻过来拿着。他不会说话,想要什么只打手势。这一切都表示他受恶魔或鬼灵的影响还没完全复原。他的监护人得教他生活中各种动作,好像他是新生的孩子一样。此外,离开卡基恩会所时,孩子们都受告诫,严禁在一年内,即下次典礼仪式前,吃某几种水果。二十或三十天之内不得由他母亲或姐妹给梳头发,等到二十或三十天期满时由大祭司把他们带到树林中偏僻地方,从他们每人头顶剪下一绺头发。经过这一系列的成年礼仪式后,这些孩子才算是成人并且可以结婚了。如果有人未经成年礼就结婚,便是丑事。

下刚果地区有一种叫作恩德波(ndembo)的行会或秘密社团,其成员至今仍奉行假死与复活的旧俗。"恩德波行成年礼的做法是由动手术的大夫让一个人假装昏厥倒地,将他抬到市外一个四周有围墙的地方,这叫作'临终的恩德波'。其他人则相继仿效,一般都是些男孩子和女孩子,更多的是青年男女。他们被认为是已经死了,他们的父母和朋友为他们送去饮食。等过一段时间(按习俗有等三个月到三年的),便安排由大夫将他们起死回生。……先交付大夫的费用,再攒足够办一次宴会的钱(货物),那时,恩德波的人们就可回生了。起初,这些人装作不认识任何

第六十七章　民间习俗中灵魂寄存于体外的观念

人和任何东西,甚至连吃东西也不会,得由他们的朋友代劳。他们索取受过成年礼者的一切美好东西,如不给他们,他们就打人甚至把人勒死或杀死。尽管这样也不受责罚,因为人们认为他们还未清醒懂事。有时他们继续假装糊涂,胡言乱语,好像刚从阴间回来。从此以后他们便另有名字,特别为那些经过'恩德波死亡'的人所熟知的名字。……我们在沿刚果河上游很远处以及河流附近地区都听到过有这种习俗。"

北美一些印第安人部落也有一些宗教性质的社团,它吸收成员的对象只是经历过假装被杀又复生的人们。1766 年或 1767 年,乔纳森·卡佛船长在大湖地区苏安或达科他部落的璃多韦西人中目睹过一个名叫"神灵友好社"(*Wakon-kitchewah*)的社团接纳成员的仪式。要求入社的人跪在该社团的首领面前,首领自称"自己现在已为神灵所附身,马上就要将此神性传给他,神灵很可能会击毙他,但立刻就会使他回生。首领还说:无论多么可怕,这是该社成员被吸收传播神性,以获得作为该社团成员特权的必经程序。他一边这么说,一边就神情激动直到面部扭曲,身躯抽搐,一刹那间突然向跪在他面前的青年人嘴里扔进一颗形状和颜色都像一粒小豆似的东西,青年立即倒地,一动不动好像被击毙"。这样在地上像死了似地躺了一会儿,经过在他身上一阵敲打,他又显出苏醒过来的迹象,最后嘴里吐出那粒小豆或首领扔进他嘴里的那个什么东西,就完全苏醒过来。其他部落,如奥杰布韦、温尼贝戈、达科他或苏,用来像是真个杀死接受成年礼的孩子的工具则是法宝囊,这种法宝囊是用动物如海獭、野猫、蛇、熊、浣熊、豺狼、猫头鹰、黄鼠狼等的皮制成的,形状大体上像这种动物。社团的每个成员都有一个这样的宝囊,囊内盛的是组成其"法术"或符咒的零星杂物。"他们相信这个皮囊或动物的肚内会出来精灵或嘘气,不仅能够把人打翻在地、杀死,而且还能使人起死回生。"用这种法宝囊杀人时只需将囊击向某人,此人便倒在地上跟死人一样;将宝囊在此人身上再击一下,此人便又活了过来。

约翰·朱维特(John R. Jewitt)被努特卡·桑德的印第安人俘虏后所见的那种仪式是属于这类习俗的。那位印第安人之王或酋长"拔出手枪对准他儿子的耳朵,儿子立即倒在地上好像被打死了,全家妇女立即放声痛哭,每人从自己头上扯下一些头发,诉说王子可怜死了。与此同时,许多居民带着短剑、毛瑟枪等赶来屋内,询问妇女啼哭的原因。随后又有两位身披狼皮的人赶来,脸上戴着画有狼头的面具,像狼一样爬进屋里,背起王子爬出屋外走往远处"。朱维特在另一地方还提到那位王子——大约十一岁的孩子——头上戴着狼首面具。鉴于美洲这个地区的印第安人分成若干图腾氏族,其中以狼为图腾的又是个主要氏族,每个氏族成员又习惯随身佩戴本族图腾的某一部分以为标志,因此,那位王子很可能是狼族王子,朱维特所说的仪式表示的是杀死王子使之新生为狼,正如巴斯克的猎人以为自己被杀死又以熊身复活一样。

这样猜测解释还是第一次提出。弗朗兹·博厄斯博士(Dr. Franz Boas)[①]在这些印第安人中进行研究的结果,在一定程度上

[①] 弗朗兹·博厄斯(Franz Boas,1858-1942),美国著名的民族学家、普通人类学的创始人、美国人类学会创始人之一。

第六十七章 民间习俗中灵魂寄存于体外的观念

证实了这个猜测。另外，那位酋长儿子经历的情况似乎不太像是图腾氏族，而更像是一个叫作特洛柯拉的秘密社团接纳成员的做法。该社团的成员都扮作狼形，每一新成员都须由狼来引进如仪。一群印第安人身披狼皮，头戴狼脸面具，夜间出来，抓走拟接纳的对象带往树林中。社团全体成员听到群狼来到村边抓走人时都抹黑脸孔高声歌唱："所有部落都非常欢欣兴奋，因为我成了特洛柯拉的一个成员。"第二天狼群送回抓走的青年人，人已死去。社团的成员便忙着使他苏醒过来。他们假定狼将一块施过魔法的石头放进他的体内，必须取出才能使他起死回生。在这之前，假装的尸体就停放在屋外，由两位术士移走魔石（看上去像是石英石），然后尸体就活过来了。英属哥伦比亚的尼斯卡印第安人共有四个主要氏族，分别以大乌鸦、狼、鹰、熊为自己氏族的图腾，各氏族经受成年礼的青年总是由人扮的各氏族的图腾动物背送回来。例如，某人将被叫作奥拉拉的秘密社团施行成年典礼吸收为成员时，他的朋友便拔出刀来假装把他杀死。其实只是巧妙地砍了一个用来代替他的假人的头，而让他本人溜之乎也。然后就把砍下的脑袋的假人放在地上，盖上全身，妇女们便对之哀哀哭号，他的亲属举办葬仪，宴请宾客，隆重地焚化假尸。总之，这些氏族经常举行这样的殡葬。这样新被接纳的成员在一年内不得公开露面，除该社团成员外，不得见任何人。等到一年期满，他才回生，由代表他的图腾的动物（人扮的）将他送回。

这些仪式的本质似乎就是杀死受礼者的人身，待他回身时则换成为动物的生命，这生命如果不是他的保护神的话，至少也是和他有着极为亲密关系的动物。读者还会记得危地马拉印第安人将自己的生命和一种动物的生命紧密结合在一起，他们能够使自己也以这种动物的形象出现。因此，我们推测英属哥伦比亚印第安人也可能同样想象他们的生命是和他们穿着服装所模仿的动物的生命紧密结合在一起，这也不为无理。至少，如果哥伦比亚印第安人今天的信念中已无此一条，那么，过去他们的祖先也一定有此信念，因此才形成各图腾氏族与秘密社团的这些仪礼。这两类社会和社团的成员经受仪礼的方式虽然有所不同（即：一个人出生于他所属的图腾氏族，长大后又被引进为另一秘密社团的成员），但二者是同类的，其根源都出于同一思想类型，这是无可猜疑的。假如我没弄错的话，这种思想就是为了要和一个动物、一个精灵，或其他强有力的神物建立相互感应关系，以便使人能把自己的灵魂或灵魂的某些部分安全地寄存在对方身上，并且能从对方身上获得神奇力量。

因此，在这种理论的基础上，凡发现实行图腾制的地方，以及假装杀死接受成年礼又使之复活的地方，都可能存在或曾经存在不仅是将灵魂永恒地寄藏于体外某物——动物、植物，或其他——中的信念，而且是实际这样实行的意图。如果要问，为什么他们要将灵魂寄藏于体外？回答只能是：像童话中的巨人、怪物那样，他们认为这样比放在自己身上要安全些，就好像把钱存在银行里而不随身带着的道理一样。我们已经考察到，在危急时刻他们常常把生命或灵魂转移到某些安全地方藏放着，等危险过了再取回来。不过，像图腾制度这类习俗并不只是在特别危急的时刻才这么做，他们的制度或一贯做法是，每一个人，至少是每个男人，在一定的年纪时都必须将自己的生命或灵魂转移并寄藏于

第六十七章 民间习俗中灵魂寄存于体外的观念

体外，一般都是在青春期开始时进行这种转移。这一事实表明，图腾制度或与此相类似的制度，想要预先防止的那种特别危险，就是他们认为到性成熟时才会出现的危险，实际上即他们以为会发生在两性之间的关系的危险。我们可以很容易地列出一系列的事实证明：在那些未开化的氏族的思想里，总是把性关系和许多严重的灾难联想在一起的。但是，他们所忧惧的究竟是什么性质至今还不大清楚。我们希望在不久将来对原始人的思想方式会有更确切的了解，能够揭露出原始人社会的这一最重要的核心秘密，从而不仅为了解图腾制度，而且也为了解婚姻制度的起源多少提供了一些端倪。

第六十八章　金枝

　　以上所说,认为巴尔德尔的生命是寄托在槲寄生中的那种观点跟原始人的思想方式完全一致。看来似乎有些矛盾的是:如果说他的生命寄托在槲寄生里面,那么,他又怎么会被槲寄生一击而死呢?当一个人的生命被认为是寄托于某一特殊物体上并与之不可分隔地紧密相连时,该物体如果毁灭,则其人的生命也随之毁灭,那么这个特殊物体就可以客观地被认为或被说成某人的生命或死亡所系,像童话故事里发生的一样。因此,如果一个人的死亡系于某物体之内,那么用该物击某人,某人就必然死亡,这就十分自然了。"不死"的童话里,柯斯彻被他秘藏生命或死亡的鸭蛋或石子一击就身亡了,将一粒沙子放在一群妖魔的头上,群妖就立即爆炸死亡,显然他们的生命或死亡都在这粒沙子里面,那个术士的生命或死亡藏在一块石子里,一旦这块石子放在他的枕下,他就丧命了。鞑靼人的英雄把自己的灵魂移藏在一支金箭或一把金剑中,受到警告说谨防被此武器杀身。

　　我曾经说过,认为橡树的生命寄托在槲寄生之中这一看法可能是由观察冬天橡树绿叶脱落而寄生橡树上的槲寄生却仍碧绿如故这一现象而得出的。而槲寄生的位置——下长在地上,而长在橡树枝干上——可能更加坚定了这种看法。原始人可能以为像他自己一样,橡树精灵也得把自己的生命存放于某个安全地方,因此就挑选了槲寄生。因为在某种意义上说,槲寄生既不在地上,也不在天上,可算是远离灾害的了。在本书前面一章里我们看到原始人寻求将自己本身神性的生命托悬于上不着天、下不着地之处,庶几尽可能减少遭受危险事物袭击的可能,避免像人在地面那样生命陷于危险事物的包围之中。这样,我们就能够理解为什么古今民间巫医都有这样一条规律:不许槲寄生接触地面,以免槲寄生一触及地面,就失去其医疗效果。这可能是古代迷信观念的残余,认为神树生命所寄的槲寄生植物不应冒险触及地面而给神树的生命带来危害。印度有一个传说提出了与巴尔德尔神话相似的故事:因陀罗向魔鬼那牟质发誓说,既不在白天杀他,也不在夜晚杀它,既不用棍棒杀它,也不用弓箭杀它;既不用手掌杀它,也不用拳头杀它;既不用湿的东西杀它,也不用干的东西杀它。可是它在黎明的昏暗中将海水泡沫洒在妖魔身上而将它杀死。海水泡沫正是野蛮人可能选择寄托自己生命的东西,因为他所处的位置正在天空与大地或天空与大海之间,难以区别。因此,印度有一个氏族以河水泡沫为自己的图腾也就不奇怪了。

此外,关于槲寄生的神秘性,一部分来自它不植根于地内的这种看法,从有关花楸或山梨树的相同的古老迷信中也得到了证实。在日德兰①,人们认为在另一棵树顶上生长的山梨"防止魔法

---

① 北欧的一个半岛,主要是丹麦的国境和德国石勒苏益格—荷尔斯泰因州的北部。

特别有效,因为它不生长在地上,妖术对它无效。如能在耶稣升天节①那天采下它来,功效最为圆满"。所以当地人们把山梨树枝放在门上防止妖邪侵袭。同样,在瑞典和挪威,把长在另一棵树上或长在屋顶或悬崖(由于飞鸟衔落的种子而长出的)之上的山梨叫作"飞山梨"(flögrönn),认为它有神奇的特性。他们说人如黑夜外出,嘴里应该含一点"飞山梨",否则就会有遭遇邪魔、倒地不能动弹的危险。正像斯堪的纳维亚把寄生的槲树当作防邪魔的灵物一样,德国至今仍普遍认为槲寄生是防巫害的良方,瑞典于仲夏节前夕采集槲寄生系在屋内天花板上,或挂于牛棚马厩里,相信这样可使"特罗尔"无能危害于人畜。

苏格兰有一种迷信也证实了这样的看法,以为槲寄生不仅是使巴尔德尔丧生的工具,而且也是巴尔德尔寄托生命之所在。据传说埃罗尔(帕斯郡泰湾②附近的一大庄园)赫家的命运,就是同他家庄园的一棵大橡树上生长的槲寄生的生命紧密相连的。赫家后裔对此古老信念做过如下记述:"在低地国家的本族后人中几乎已经普遍地忘记了本族的徽志了。一份古代手抄稿中记载了这一徽志,帕思郡一些老年人口头相传,也说赫家家族的徽志就是槲寄生。从前,在埃罗尔附近,距猎鹰石不远处,有一棵古老的大橡树,已不知有多少年代了,树上长了一丛小树,许多神奇的传说都认为与这棵树有关,赫家世代的盛衰兴替,据说都和此树的荣枯息息相关。据说,赫家哪位成员在万圣夜用一把新制短剑

---

① 按基督教习俗,耶稣升天节在复活四十天后的第一个星期日。
② 苏格兰境内泰河的入海口。

砍下一根槲寄生的枝子,手持树枝迎着太阳方向绕树三匝,口念咒语,这根槲寄生的枝子就成了防御一切巫法妖术以及在战斗中刀枪不入的最灵验的护身符。此外,把按上述方式采下的一根小枝放在婴儿睡的摇篮里,便可以防止精灵侵扰婴儿或把婴儿变成小精灵。还有一点,就是当橡树的根部枯死之后,埃罗尔的'炉前就要长出青草,乌鸦也要栖息在老鹰的窝巢'。赫家小孩中只要有人射杀了一头白鹰并从埃罗尔的橡树上砍下一根树枝来,就会出现这两种最不幸的事。后来那棵老树什么时候被毁去了,我无从知道。赫家那座庄园后来也卖出去了,当然据说在那棵与赫家命运攸关的橡树被砍倒之后不久卖出去的。"传说民谣诗人托马斯①曾将这个古老迷信用诗句记录下来:

> 只要埃罗尔的橡树挺拔独立,
> 橡树上的槲寄生便枝叶茂密。
> 赫家就荣华富贵,瓜瓞绵绵,
> 赫府上灰色的雄鹰就能在风暴中无畏地展翅飞翔。
> 一旦橡树根枯叶落,
> 槲寄生就萎谢飘摇。
> 埃罗尔的炉前将生长青草,
> 乌鸦占据着雄鹰的窝巢。

---

① 13世纪末叶苏格兰的占卜者和著名民间诗人,全名是托马斯·埃尔塞尔多恩(Thomas Erceldoune),也叫托马斯·利尔蒙特(Thoras Learmont),习称民谣诗人托马斯(Thomas the Rhymer),活动时期约在1220—1297年,是著名的韵文传奇《特里斯特莱姆爵士》(*Sir Tristrem*)的作者。

关于金枝就是槲寄生的看法,已经不是什么新鲜意见了。诚然,维吉尔并未证实金枝就是槲寄生,他只是用金枝比拟槲寄生。这可能是诗的表现方法,给这个卑微的小树披上一层神秘的外衣,或者更可能是他的描述乃是根据民间迷信传说古时候槲寄生确实曾经有过一段光荣的超自然的神奇妙用。诗人写道:①有两只小野鸽引导着埃涅阿斯进入幽谷,谷底深处长着金枝,鸽子栖息在这棵树上,"树枝发出闪烁的金辉,好像严冬森林里的槲寄生——寄生在大树上的植物,绿叶扶疏,金黄果实,绕树累累——似乎是浓荫圣橡上的茂叶金枝,在微风中沙沙作响"。维吉尔在这里肯定是把金枝描写为长在一棵圣橡上,并把它同槲寄生相比拟。所以,按逻辑推理,结论必然是:所说的金枝,不是别的什么东西,只能是透过诗的薄雾或民间迷信看到的槲寄生。

现在我们有根据可以相信:阿里奇亚丛林中的祭司——林中之王——就是金枝所生长的那棵树的化身。于是不难理解,为什么必须折下金枝,才能把它杀死。作为橡树的精灵,它的生或死都寄托在生长于橡树上的槲寄生之内,只要槲寄生完好无恙,它就像巴尔德尔一样,也不会死亡。因此,要想杀死它,就必须折断槲寄生,并且很可能要像杀死巴尔德尔那样,用折下的槲寄生为器械才能致它死。为使这两者完全相似,只需再假定过去也是将林中之王在一年一度的阿里奇亚丛林中庆祝仲夏节的篝火中焚化(无论焚化其尸体或将他活活火化)。阿里奇亚丛林中燃烧的

---

① 这里引用的是古罗马诗人维吉尔(公元前70-公元前19)著名的12卷史诗《埃涅阿斯纪》第4卷中的描写。

第六十八章 金枝

永恒之火，像罗马维斯塔神殿中的永恒之火以及在罗莫夫的栎树下燃烧的永恒之火一样，可能都是用神圣橡树的木柴燃烧的。因此，林中之王过去一定是在橡树木材的熊熊烈火中结束其一生的。到了后来，像我已经提到的那样，林中之王在职一年的任期，则视其能否以有力的手腕证明自己确仍拥有神权而延长或缩短。不过其最终结局仍不免一死，只是由过去的被火焚化转为伏剑身亡而已。

这样看来，在意大利的中心，美丽的内米湖畔，在远古时期，每年也上演着十分激烈的悲剧。意大利的商人和士兵后来在他们野蛮的亲族、高卢的凯尔特人那里也看到过这种悲剧。如果罗马的雄鹰们曾经飞扑过挪威的话，那么，野蛮的北方雅利安人中也曾反复地发生与此略有不同的悲剧。这种仪式可能就是古代雅利安人崇拜橡树的一个主要特征。

最后一点需要提出的问题是：为什么把槲寄生叫作金枝呢？它那微白带黄色的果实是不足以体现这个名称的，因为维吉尔说过，这金枝连枝带叶都是金黄色的。也许这名称的得来是由于槲寄生的树枝折下来存放几个月以后变成金黄色的缘故。那鲜艳的金色光泽，不仅在叶上，而且遍布枝茎，整个树枝看来确实像一根金枝。布列塔尼的农民在自己茅屋前挂着大捆大捆的槲寄生树枝，每年6月间它们呈现的金黄色泽确实引人注目。布列塔尼有些地区，特别在莫尔比昂一带，农民还把槲寄生的树枝挂在牛栏马厩的门上，防御妖邪，保护牛群和马匹。

槲寄生枯枝的黄色可以部分解释何以槲寄生有时又被认为具有显示地下宝藏的性能，因为根据巫术顺势原则，黄色树枝和金黄色金子之间有一种自然的亲密关系。民间传说蕨孢子具有神奇性能,认为它在仲夏节前夕开花如同黄金或火一样。这和关于槲寄生的特性的说法,完全类似,也正好证实了前一说法。在波希米亚,据说蕨孢子"在圣约翰节那天开出金黄色的花朵,闪出火一样的光辉"。因为蕨孢子有这样神秘性能,谁要是有了它,或者拿着它在仲夏节前夕登山,就会发现黄金矿脉或地下宝藏发出的蓝色光焰。俄罗斯民间传说,如果你能在仲夏节前夕的子夜采到神秘的蕨花,你只需把花向天上扔去,它就会像天上星星一样落下来,正好落在地下宝藏的位置。布列塔尼寻找宝藏的人在仲夏节前夕的子夜采集蕨孢子,一直保存到来年复活节前的星期日,将他们撒在他们认为藏有珍宝的地上。蒂罗尔农民想象,到了仲夏节前夕,能够看见地下埋藏的珍宝像火焰似地发光,如在这时按照规定的注意方法采集到蕨孢子,就能帮助把埋在地下的珍宝弄到地面上来。瑞士弗赖堡州的人习惯在圣约翰节那天夜里守在紫蕨旁边,希望能得到妖魔自己送来的宝藏。波希米亚人说,谁如果在这期间得到紫蕨的金花,就得到了一切地下宝藏的钥匙,如果未婚的姑娘在一现即逝的金花下铺一块布,就会有赤金掉到布上。在蒂罗尔和波希米亚,你如果把蕨孢子放在钱币中,无论你花多少钱,钱币总不会少。还有人认为蕨孢子在圣诞夜里开花,谁要是采到了这花,就一定要发财。施蒂里亚的人说在圣诞节之夜采集蕨孢子,可以迫使妖魔给你送一袋钱币来。

根据与此类似的巫术顺势原理,人们认为蕨孢子能发现黄金,因为它本身就是金黄色的,由于同样原因,它能使保存它的人永远不乏黄金。可是,当人们说蕨孢子是金黄色的时候,又说它

第六十八章 金枝

像烈火似的闪光。因此,我们考察采集这种神奇种子的两大节日——仲夏节和圣诞节——也就是一年之中季节变化的两大转移点(圣诞节不过是古代异教徒庆祝冬至的节日而已)的时候,应当把蕨孢子烈火似的性质看作主要的层面,而把它的金子般的性质看作为次要的、引申出来的层面。蕨孢子应是太阳在行程中每当夏至冬至两个极点时发出的火花。一个日耳曼的故事证实了这种观点:故事说一个猎人在仲夏节正午用箭射太阳,获得了蕨孢子。猎人射中了太阳,太阳滴下了三滴血,落在猎人铺开的白布上,这三滴血就是蕨孢子。故事里说的血滴就是太阳的血,蕨孢子便是直接从太阳的血转来的。因此可以认为蕨孢子可能是金质的,因为据信它是太阳的金火喷射出来的。

像蕨孢子一样,槲寄生也要在仲夏节或圣诞节采集,它也具有显示地下宝藏的性能。瑞典人在仲夏节前夕用槲寄生做成神杖,或者四根不同的木质神杖中必须有一根是槲寄生做的。寻宝者于日落后将神杖置于地上,如其下有宝藏,则神杖便蠕动如活物。如果说槲寄生能发现黄金的话,那么,这也就是金枝所具有的一种特性了:如果说金枝是在夏至日或冬至日采集的,那么,像黄金般的紫孢种子一样,金枝不也是太阳喷射出来的火种吗?对于这个问题,不能只是简单地肯定答复。我们已经考察到古雅利安人之所以在冬至、夏至或其他节日仪式上点燃篝火,也许有一部分原因是作为太阳的魔法,就是说,是为了给太阳增加新的火力。由于那些篝火通常是用橡树木柴磨擦起火的,所以古雅利安人可能认为太阳定期地从神圣橡树中吸取其潜藏的火源,换句话说,他们可能以为橡树是太阳的火库或热火的储藏仓库,不时地为它提供火及热。假如橡树的生命被认为是寄存于槲寄生里面的,那么,根据这种观点,槲寄生里面一定含有火的种子或火的根源,通过磨擦橡树的火柴迸发出来。因此,与其说槲寄生是太阳的火迸发出来的,倒不如说太阳的火是被认为由槲寄生发出来的,这样可能更正确些。所以,槲寄生射出金色的光辉,把它叫作金枝就不奇怪了。也许,像蕨子那样,它被认为是只在那些固定的时候,特别在仲夏节,由橡树取火为太阳增添火热的时候,才出现金色。希罗普郡①的普维尔巴奇地方,人们相信,在他们记忆中,橡树在仲夏节前夕夜间开花,天亮前就凋谢。姑娘们若想知道自己的婚姻前途如何,便在夜晚于橡树下面铺一块白布,第二天早上白布上面有一点灰烬,那就是橡树上开过的而已经凋谢的花烬。姑娘拾起这点花烬放在自己枕下,于是未来的丈夫便会在她梦中出现。橡树如此短促地花开花谢,大概就是槲寄生的特征。这种推测从以下考察到的事例得到证实:在威尔士,也是在仲夏节前夕采下槲寄生的金枝放在枕下,以求梦中预示佳讯,而且用白布承接想象的橡树花烬的做法,跟德鲁伊祭司们用金镰刀割下橡树枝上的槲寄生并以白布承接的做法,完全一样。鉴于希罗普郡毗邻威尔士,有关橡树在仲夏节前夕开花的信念可能直接发源于威尔士,虽然也可能是原始雅利安人信念的遗迹。像我们看到的那样,意大利有些地方农民至今仍在仲夏节那天早晨采集橡树制作"圣约翰膏"。这种油膏跟槲寄生一样能治百伤,也许这正是槲寄生本身赋予他的美质。因此,就容易理解何以对像槲寄

---

① 在英格兰西部,威尔士的边界上。

第六十八章 金枝

生这种微不足道的寄生植物竟冠以并不反映它在树上真实形态的"金枝"的称号。另外,我们还可以理解何以在远古时期,人们相信槲寄生具有灭火的显著性能,而在瑞典,迄今还把槲寄生存放在家里以防火灾。根据巫术的顺势原则,猛烈属性使成为治疗火伤和预防火灾的最好药物。

以上这些想法可以部分地说明维吉尔让埃涅阿斯[①]在进入幽暗的阴间时随身带着一根槲寄生的光辉树枝的道理。诗人描写地狱门前茫茫无际的幽深森林,英雄埃涅阿斯在飞旋的两只鸽子的引导下,一步步进入那太古森林深处,直至看见远方树荫中闪烁着金枝的光辉,照亮着其上纵横缠结的枝干。如果深秋木叶萧条的森林中槲寄生的枯黄树枝被认为孕育着火的种子,那么,对于一个在黑暗阴间孤独的徬徨者来说,还有什么比既能照亮足下道路又能当扶手拐杖的槲寄生树枝更好的良伴呢?带着它就能勇敢地面向征途中可能遇到的任何艰难险阻。当埃涅阿斯走出森林来到冥河两岸,那缓缓的河水曲折地、慢慢地流过阴间的沼泽,粗暴的舟子不让他乘坐渡船,这时,他只好从怀中抽出那金枝并把它高高举起,那咆哮的篙工一见立即畏缩如鼠,温顺地请英雄登上摇摇晃晃的小船。由于载不动活人,未到中流小船便沉入水底。即使在现代,如我们已经考察到的,槲寄生也一直被认为是防御巫法和邪魔的良物。古人更可能认为槲寄生具有这些神异功效。假如说槲寄生像我们有些农民相信的那样,能够开启一

---

① 古罗马诗人维吉尔(公元前 70－前 19)12 卷史诗《埃涅阿斯纪》里的主人翁。这里指的是该诗第 6 卷中叙述埃涅阿斯前往阴间寻访他父亲的阴魂,询问有关罗马未来命运的那一段情景。

切关锁,那么,埃涅阿斯手里拿着它,不是也很像"芝麻开门"①的咒语一样,能够打开死亡的大门么?

我们还可以推断出维尔比厄斯在内米被人们把它同太阳混为一体的原由。假如维尔比厄斯是树神(我在前面曾试图这样说明过),那么,它一定是金枝所寄生的橡树树神,因为古老传说都把它说成是这片圣林的第一个森林之王。既然是橡树之神,它就一定是定期地为太阳增添火焰,因此就容易被人们把它当作太阳,把它跟太阳混同起来。同样,我们也能说明为什么巴尔德尔,一个橡树精灵,被形容为"容光焕发,射出耀眼的光辉",并且为什么常常把它当作太阳。总体来看,我们可以说,在原始社会里人们知道的唯一取火办法就是磨擦木头,原始人一定以为像树液或树汁那样,火也是可以储藏起来的东西,要用力把它提取出来。加利福尼亚的塞纳尔印第安人"表示相信,整个世界曾经是一个大火球,火的要素从火球传进树木,所以只要将两块木头互相磨擦,火就出来了"。加利福尼亚的迈杜印第安人也认为,"大地基本上是一个熔化了的物质形成的球,火的原素便是从这个球发出,经由树根进入树干树枝的,所以印第安人就通过钻木来取火"。加罗林群岛中的纳莫鹿克岛上,人们说取火的办法是神教给人的。火神奥罗菲特(Olofaet)把火交给姆威鸟(mwi),叫它叼在嘴里带到人间。于是姆威绕着树一棵一棵地飞旋,把酣眠着的火种储存在树木中,使人磨擦树木就能取出火来。古代印度吠陀

---

① 阿拉伯著名民间故事集《一千零一夜》(旧译《天方夜谭》)中《阿里巴巴与四十大盗》故事,大盗进入宝库时念的话语。一念此语,宝库石门便自动开开。

第六十八章 金枝

颂诗把火神阿耆尼[1]"说成出生于树木,为草木的胚芽,或遍布于树木之中。还说它曾经进入或力求进入一切树木之中。当它被称为树木或树木与草木的胚芽时,这里面可能暗示着森林中树枝磨擦而生的火"。

原始人很自然地把雷电轰击过的树看作是充蓄着两倍或三倍的火的,因为他亲眼看见那强烈的闪光进入了树干。也许我们可以这样解释关于受雷电轰击过的树木的迷信思想。英属哥伦比亚的汤姆森印第安人想要纵火焚烧敌人的房屋时,便用被雷电击过的树木做箭或把这种木块附在箭竿上射向敌人的房屋。萨克森的文德族[2]农民不用被雷电击过的树木做柴禾烧炉子,他们说,如果用这些树木当柴禾烧了,家里的房子必然要被火烧毁。同样,南非的聪加人不用这样的木材做燃料,也不用这样的木材生起的火取暖。相反,北罗得西亚的维南万加人每逢雷电烧着了树木,全村都把所有火熄灭,重新用灰泥抹砌炉灶,各村头人把雷电引起的火送到酋长那里,酋长便对之祝祷,然后把新火送往各村,村人则给送火的人以一定的酬劳。这情况表明他们对雷电引起的火十分敬畏,这是容易理解的,因为他们把雷电说成为天神亲临大地。加利福尼亚的迈杜印第安人同样相信:是一位伟大巨人创造了这个世界和世界上的人,雷电正是从天飞降的这位巨

---

[1] 梵文为 Agni,亦译"阿祇你"、"阿似尼"等。意译是火,婆罗门教的火神。据《梨俱吠陀》记载,其来源或其存在形式有三种,在天上为太阳,在空中为雷电的火,在地上为平常的火。用力摩擦两块木片,即能生火,故又称为"力之子"。为三相神的思想的萌芽。

[2] 文德族是西斯拉夫人的一支,其后裔为索布人,现在是德国的少数民族。

人,它那曳光的长臂点着了森林树木。

远古时期欧洲人崇敬橡树,确信橡树和天神二者一体的关系,多半是由于古代欧洲森林中最常因雷电而起火的树木实为橡树,这样来解释似乎是可信的。近年来许多不带神学观点的科学研究工作者进行过一系列观察,证实了橡树的这种特点。我们可以说,无论是由于橡树木质比其他树木更易传电还是由于其他原因,橡树最常因雷电而起火的事实本身就很足以引起我们原始祖先的注意。他们居住在当时覆盖着欧洲大部分地区的无边林海里,按照他们简单的宗教方式,对于这个观念会很自然地理解为:经常从雷鸣时听到其威严声音的即是他们最崇敬的伟大天神。由于天神最宠爱万木中的橡树,它经常乘着闪电之光从密布的浓云中降临橡树之上,在劈开并烧黑的树干和焦枯的树叶上留下了自己亲临过的标志或信息。从此这样的树便围上了神的光圈,被当作高大天神在人间的神座。可以肯定地说,像有些原始人那样,古希腊人和古罗马人也都把他们的伟大天神和伟大橡树之神同触击地面的闪电看成是一致的,并且总是把电击过的现场围将起来奉为圣地。中欧森林中的凯尔特人和日耳曼人的祖先对于被雷电烧焦了的橡树大概也是这样认识、这样崇敬的。我们这样设想也不为过。

上述对于雅利安人崇敬橡树并且把橡树和伟大的雷电与上天之神连在一起这一现象所作的解释,很久以前雅各布·格林就已经提出或示意过,近年来沃德·福勒(W. Warde Fowler)先生又做了有力的补充。这些解释看来比我过去采用的解释较为简明,也较可能。过去我所取的解释是:橡树之所以受崇敬,是由于

第六十八章 金枝

我们原始的祖先从橡树获得许多好处,至于他们对橡树同天神的关系的看法则是后来想到的,根据的信念是闪电乃是天神在天上用两片橡树木材磨擦发出的火光,正像敬奉天神的原始人在地上森林中点火一样。根据这种理论,雷电与上天之神是从原来的橡树之神发展而来的。根据现在的理论(我赞同这种理论),上天与雷电之神原来是我们雅利安人祖先最初的伟神,其所以把它和橡树联在一起,不过是因为常见橡树被雷电所击,据以推理得出的看法罢了!如果像有些人想的那样,雅利安人在进入欧洲幽暗森林之前,曾经赶着他们的羊群和牛群在俄罗斯或中亚细亚的广阔草原上到处漫游,他们可能早就崇奉过穹苍与轰雷闪电之神了,只是在来到新家以后才产生了把雷电烧焦了的橡树和天神连在一起的想法。

这种新的理论也许还能更好地阐明原始人赋予长在橡树上的槲寄生的特殊神性。只说它是寄生橡树上的珍物,还不足以说明对槲寄生的迷信之流传广泛与持久。普林尼的叙述对这种迷信的真正起源提供了线索。他说:德鲁伊祭司之所以奉敬橡树,是因为他们相信它降自上天,那寄生在它上面的树乃是天神亲自选定的标志。他们是否以为槲寄生就是在电光一闪时由上天降生在橡树上的呢?这一推测可由以下事例予以证实:瑞士的阿尔高州把槲寄生叫作雷电笤帚,这名字清楚地表明该寄生植物同雷电的亲密关系:在德国;凡树上长的枝叶茂密的一丛树瘤也都叫作"雷电笤帚",因为那些无知识的人确实相信这些寄生植物乃是雷电的产物。如果这种推测有几分真实性的话,那么,凯尔特人德鲁伊教的祭司们在所有树木中只敬奉槲寄生托生的橡树的真正原因便是：凡这样的橡树不仅受过雷电轰击，而且其树枝间还有那神火留下的可见的信物，所以，当举行神秘仪式割下槲寄生时，便要设法妥善保存那一霹雳的全部神性。假如确实这样，我们就该明确断定：槲寄生确被认为是雷电发出并留在树上的，而不是像我一向所论证的，认为仲夏节时太阳迸发出来留在树上的。也许我们还可以把这两种似乎互相分歧的看法合在一起，假定古雅利安人的信念中以为槲寄生是仲夏节太阳迸出的火花在闪电时降于橡树之上的。不过这样说未免有些牵强，就我所知，如今还没有任何可靠的证据可予以证实。至于这两种不同的解释在神话的原则基础上能否真正互相协调一致，我且勿妄言，然而即使两种互有差异，也不会妨碍我们原始祖先同时、同样热烈地具有这两种信念，因为像人类的绝大多数一样，原始人并不受迂腐的逻辑推理的束缚。要想通过原始人愚昧无知盲目害怕的鲁莽，探索出原始人的迂回的思想道路，我们必须始终记住：我们是在被魔法封锁了的境域内行走，要注意别把横在前进道路上或回旋在我们头上透过阴暗向我们叽叽喳喳的一切朦胧的形象误认为是真实可靠的东西。我们绝不可能做到完全符合原始人的观点，用他们的眼光看事物，我们的心也一如他们高昂的情绪而激动。因此，我们有关原始人及其习惯的一切理论都必然是很难准确的，我们最多只能期望合理程度内的可能而已。

在结束这番调查研究的时候，我们可以说，如果巴尔德尔真像我所推测的那样，是生长槲寄生的橡树的化身，那么，根据前述新理论，它之被槲寄生一击而死可以解释为乃是雷电的轰击致死的。只要雷电火焰在里面慢燃着的槲寄生能够继续留在橡树枝

第六十八章 金枝

头,就没有任何东西能加害于这位善良的橡树之神(它为了安全起见,早已把自己的生命寄存于这个上不着天、下不着地的神秘的寄生物之中了),可是,一旦它生命或死亡所托的槲寄生被从橡树枝上折断并向树干掷去时,立即树就倒了,神也死了——毁于霹雳之中。

我们谈到巴尔德尔在斯堪的纳维亚橡树林中的一切,以及在此模糊不清问题上应有的一切疑难之点,也都可适用于意大利阿里奇亚橡树林中的林中之王,狄安娜的祭司。它也许就是伟大的意大利天神朱庇特的化身,朱庇特曾经仁慈地乘着闪电自天而降,住在人间,栖身于内米小山谷内神橡树上长着的槲寄生——雷电笤帚——金枝之中。如果确是这样的话,就无怪这位祭司要手提宝剑捍卫那神与他本人生命所系的神秘的树枝了。他所侍奉并与之结婚的女神非他,正是天神的真妻,天后本人。她也喜爱这里寂静的群山和幽独的丛林,像月中嫦娥那样在蔚碧的夜空飘然徘徊,满怀喜悦地俯视着映在"狄安娜的明镜"宁静闪亮的湖面上的自己的倩影。

第六十九章　告别内米

我们进行的考察研究到此就要结束了。但是,就像探求真理中经常出现的情况那样,我们回答了一个问题,却又提出了更多的问题,如果我们是循着一条途径走过来的,一路上我们确实也经过了好些别的途径,这些途径都离我们这条途径不远,而且通向——或者似乎通向——比内米圣林更为遥远的其他目标。我们也曾沿着其中一些道路走了一段,其余的蹊径,今后如有机缘,作者还将与读者来共同探求。到目前为止,我们一起走过的行程已经够远的了,现在该要分手了。临别之前,我们还该自问一下:有没有更全面的结论,能否从本书所着意研究的人类愚昧谬误和令人伤感的经历中汲取一些充满希望、激励前进的效益呢?

如果考虑到,一方面,无论何时何地人的主要需求基本上都是相似的,而另一方面,不同时代的人采取满足生活需求的方式又差异极大,我们也许能作出这样的结论:人类较高级的思想运动,就我们所能见到的而言,大体上是由巫术的发展到宗教的,更进而到科学的这几个阶段。在巫术的思想阶段,人依靠自己本身的力量应付重重艰难险阻,他相信自然界一定的既定秩序,觉得肯定可以信赖它、运用它、为自己的目的服务。当他发觉自己想错了,伤心地认识到他所以为的自然秩序和自信能够驾驭它的能

第六十九章 告别内米

力,纯粹都是幻想的,他就不再依靠自己的才智和独自无援的努力,而谦卑地委身于自然幕后某一伟大而不可见的神的怜悯之中,并把以往狂妄地自以为具有的广大能力都归之于神。于是,在思想比较敏锐的人们心目中,巫术思想逐渐为宗教思想所替代,后者把自然现象的更替解释为本质像人、而能力无限超过人的神的意志、神的情感或愿望所规定的。

随着时间的推移,这样解释又令人不能满意,因为他假定自然界的活动,其演变更替,不是取决于永恒不变的客观规律,而是在一定程度上是变易无常的。这是未经缜密考察的臆说。相反,我们愈仔细观察自然界的更替现象,愈加感到它们严密的规律,绝对的准确,无论在什么地方观察它们,它们都是照样准确地进行着。我们的知识每取得一次伟大的进步,就又一次扩大了宇宙间的秩序的范畴。时至今日,我们已经能够预见:人类获得的更多的知识,将会使各方面看来似乎真实的混乱都化为和谐,虽然在某些领域内命运和紊乱似乎还继续占统治地位。思想敏锐的人们继续探索宇宙奥秘以求得更深一层的解答,他们提出:自然宗教的理论是不适当的,有点儿回到了巫术的旧观点上,他们明确地认为(过去巫术只是明确地假定)自然界现象有其不变的规律性,如果周密观察就能有把握地预见其进程,并据以决定自己应采取的行动。总之,作为解释自然现象的宗教,已经被科学取代了。

科学与巫术的共同之处只在于两者都相信一切事物都有其内在规律。读者当然知道巫术所假定的事物规律与科学以之为基础的那种事物规律,两者是有很大差异的。这种差异自然地来自两种不同规律所形成的各式各样的模式。巫术所认为的规律纯粹是事物规律呈现于人的头脑,经过不正确的类比、延伸而得出的;科学所提出的规律乃是对自然界现象本身耐心准确观察后得出来的。科学所获得的丰富、详实、辉煌成果,使我们欣然深信其方法之健全。经过无数世纪的暗中摸索,终于找到了通向宇宙万象迷宫的线索、打开自然知识宝库的金钥匙。人类未来进步——精神、才智与物质的进步——的希望,与科学的盛衰密切相关,凡在科学发现道路上设置的每一障碍都是对人类的犯罪。我想这样说也许并不过分。

然而思想史告诫我们不要作出以下这样的结论:因为科学理论是最好的,尚有待系统地阐述,因此它就必须是十全十美的、终极的科学理念。应该记住:科学的概括,或者用一般的说法,自然的法则,只是一些假说,用来说明"世界"和"宇宙"的现象。然而这两个响亮的、被尊崇的名词,其实只不过是人类思想不断变化的外衣罢了!说到底,巫术、宗教和科学都不过是思想的论说。科学取代了在它之前的巫术与宗教,今后它本身也可能被更加圆满的假说所更替,也许被我们这一代人想象不出的、与记录宇宙这一荧幕上的影像、看待自然界一切现象完全不同的方式所更替。知识总是朝着一个明确的目标永不停歇地前进的,但是所追求的目标亦是永恒地向后隐退着。所以,对于这种无穷无尽的追求我们无需怨诽:

Fatti non foste a viver come bruti
Ma per seguir rirlute e conoscenza。①

---

① 意大利文,引自但丁《神曲·地狱篇》第二十六章。但丁藉荷马史诗中的英雄尤利西斯所说的话,大意是"人生来不是为了像野兽似的活着,而是为了追求美德和知识"。

第六十九章 告别内米

许多伟大事物将从这种追求中产生,虽然我们可能赶不上了,许多更明亮的星星将在我们未来的航行者、思想领域里的尤利西斯①的头上出现,而不像对我们这样只是远远地照耀着,有一天巫术的梦想将成为科学清醒的现实,然而这一美好前景的最前端却横着一道阴影。无论将来会给人类准备增加多少知识和力量,人类也不能制止那些伟大力量的扫荡。看来那些伟大力量正在无声地却非常坚韧地形成之中,将毁灭我们这个地球像一颗微粒或尘埃似地浮游其间的灿烂宇宙。在未来若干世纪后,人可能能够预告甚至控制风云的变幻,但是他的纤弱的双手仍将无力加快天体在其轨道中缓慢下来的运行速度,也不能重新燃起太阳快要熄灭的火焰。有关地球和太阳之类的忧虑不安都不过是人的思想从子虚乌有中虚构出来的一些想法,今天巧伪的女巫制造的种种幻象,明天她自己就会予以废弃。他们在常人眼里似乎是真实的,但必将化为一阵云烟,转眼就烟消云散了。对于一想到那遥远未来的灾难就吓得发抖的哲学家来说,想想这些只不过是幻象也就可以得到慰藉了。

深入探究未来之前,我们可以把迄今为止人类思想的发展比作为三种不同的纺线:黑线——巫术、红线——宗教、白线——科学交织起来的网。在科学研究中,我们可以包括人类多少世纪以来通过观察自然而掌握并积累的那些简单真理。如果我们能够从头考察这一人类思想发展的网织物,我们就会看出他首先是黑

---

① 尤利西斯(Ulysses),在罗马神话中是一位英雄,即希腊神话中的英雄奥德修斯,曾参与围攻特洛伊城的战争。荷马在史诗《奥德赛》中以奥德修斯(尤利西斯)为主人公。他参与远征特洛伊胜利后返回故国途中在求知欲望推动下,坚持航海探险。

白交织的格子花似的图案,是正确与错误观念的拼缀品,这时候还没有染上宗教红线的颜色。顺着这拼缀品再往前看,就会发现它上面虽然还是黑白交织的格子图案,而在这织物的中心,宗教已经深深进入,有着赫然一片殷红色素。可是,随着科学白线愈来愈多地编织进来,它已逐渐黯然失色。这样编织和着色,随着织物的进一步展开,画面的颜色也逐渐变化。这同具有各种不同旨趣、相互矛盾趋向的现代思想的状况正好相似。多少世纪以来一直在缓慢地改变着思想颜色的伟大运动在不远的将来仍将继续么?是否会出现倒退、阻碍进步甚至毁弃已经取得的成就呢?按我们刚才的比喻来说,在时间的十分活跃的织布机上,命运之神将在这块织品上织出何等颜色呢?是白的?还是红的?——我们还说不上来。一片淡淡的微光已经照亮这张思想织物的背景,它的另一端则还深锁在浓云密雾之中。

我们漫长的探索航程已经结束,我们所乘的一叶扁舟终于进入港口,收起了满载征尘的风帆。我们又一次出发前往内米。正是黄昏时候,我们沿着阿庇安①大道长长的斜坡直爬上阿尔班山峰,回头看西天晚霞灿然,落日余晖,像临终圣徒头上的光环,映照在罗马上空,为圣彼得大教堂的尖顶平添一层耀眼的金辉。如此景色,一见难忘。为了赶路,我们依依离开峰顶,沿峰侧小径在苍茫暮色中直奔内米。到达目的地后,俯视谷底,镜湖隐约可见,风景依稀,仍似当年狄安娜在此圣林中接受敬奉者礼拜时的模

---

① 阿庇安大道(Appian Way)是古罗马皇帝阿庇安所建的军用大道,从罗马经加普利亚通往布朗迪西恩(今布林迪西),全长350英里。

第六十九章 告别内米

样。诚然,林中女神的殿宇已荡然无存,林中之王也不再守卫在金枝之旁。但内米的丛林依旧郁郁葱葱,西天落日这时已在它上空隐去,清风拂面,传来远处镇上阿里奇亚教堂的晚祷钟声:*Ave Maria*(万福,玛利亚)! 甜美肃穆,余音袅袅,越过罗马四郊广阔的平原沼泽逐渐消逝。*Le roi est mort, vive le roi*! *Ave Maria*![1]

---

[1] 法语:"国王驾崩了,国王万岁! 万福,玛利亚!"或译为:"先王驾崩,新王万岁! 万福,玛利亚!"

索　引

本索引所标页码为英文本页码,参见中文本边码

A

Abbas the Great, Shah of Persia, 大阿巴斯波斯国王　289

Abbot of Unreason, 愚蠢的修道院院长（圣诞节狂欢活动的主持人）　586

Abchases of the Caucasus, 高加索的阿布切斯人　534

Abduction of souls by demons, 魔鬼诱劫灵魂　186

Abeokuta, the Alake of, 贝奥库塔的阿雷克（国王）　295

Abipones of paraguay, 巴拉圭的阿比波尼人　254

Abonsam, an evil spirit, 恶鬼阿邦萨姆　555

Abruzzi, the Carnival in the, 阿布鲁齐的狂欢节　303

Abscesses, cure for, 治疗脓肿的方法　539

Absence and recall of the soul, 灵魂离体与招魂　180

Abstinence, 禁欲　136, 138

Abydos, 阿比多斯　366; specially associated with Osiris 阿比多斯与奥锡利斯的特殊关系　367

Abyssinia, rain-making in, 阿比西尼亚人的求雨　66; rain-making priests on the borders of 阿比尼西亚边境的求雨祭司　107

Acagchemem tribe of California 加利福尼亚的阿卡契曼部族　499

Acaill, Book of, 《阿凯尔之书》　273

Acosta, J. de 阿科斯塔　587

Acts, tabooed 禁忌的行为　194-202

Adam of Bremen, 不来梅的亚当　160

Adon, a Semitic title, 阿多恩("主"或"老爷"), 闪米特语的称号　325

Adonis, and Aphredite (Venus) 阿多尼斯与阿芙罗狄特(维纳斯)7, 8, 328; the myth of, 阿多尼斯的神话　324-327; in Syria, 阿多尼斯在叙利亚　327-329; in Cyprus, 阿多尼斯在塞浦路斯　329-35; ritual of, 阿多尼斯的祭祀仪式　335-41; the gardens of, 阿多尼斯园圃　341; in relation to the pig 阿多尼斯和猪的关系　471

Adonis, the river 阿多尼斯河　328, 336

Adoption, pretence of birth at, 用假扮分娩的形式收养子女　14

Adultery of wife thought to spoil the luck of absent husband, 认为妻子不贞会使得离乡在外的丈夫触霉运　23, 24

Aegira, priestess of Earth at 爱吉拉地方

的穴居女巫 94

Aegis, Athena and the 雅典娜与神盾 477

Aeneas, and the Golden Bough 埃涅阿斯与金枝 3,163,703,706,707; his vision of the giories Rome,埃涅阿斯看到的罗马光辉景象 149

Aeolus, king of the Winds, 埃俄罗斯风王 81

Aesculapius, 阿斯科拉庇厄斯 5,111,301

Afghanistan, ceremony at the reception of strangers in, 阿富汗人接待外乡人的仪式 196

Africa, magicians, especially rain-makers, as chiefs and kings in, 非洲的巫师、特别是求雨巫师也是酋长和国王 84–86; human gods in, 非洲的人神 98; rules of life or taboos observed by kings in, 非洲国王遵守的生活规律或禁忌 169–172; reluctance of people to tell their own names in, 非洲人不愿说出自己的名字 247; seclusion of girls at puberty in. 非洲少女青春期要隔离 595; dread and seclusion of menstruous women in, 非洲人害怕妇女月经、妇女来月经时要隔离 604; birth-trees in, 非洲的生命树 681

Africa, British Central, heart of lion eaten to make eater brave in, 英属中非土人认为吃了狮子心可使人勇敢 495

___ East, seclusion and purification of manslayers in, 东非土人凡杀人者要隔离洁身 214; infanticide in, 东非的杀婴习俗 293; propitiation of dead lions in, 东非土人向死狮慰问谢罪 522;

___, North, charms to render bridegroom impotent in, 北非土人使新郎不能进行性行为的魔法 241; Midsummer fires in, 北非的仲夏节篝火 631

___, South, rat's hair as a charm in, 南非土人用兔毛作巫法 31; sontinence in war in, 南非土人战争期间禁欲 211; seclusion of man-slayers in. 在南非杀人者要隔离 214; disposal of cut hair and nails in, 南非人对剪下头发与指甲的处理 235; magic use of spittle in, 南非人唾沫的巫术用途 237; personal names tabooed in, 南非人对个人姓名的禁忌 247; rites of initiation in, 南非人的入会仪式（即割礼） 497; seclusion of girls at puberty in, 南非少女青春期要隔离 595; dread of menstruous women in, 南非人害怕月经期中的妇女 604; story of the external soul in, 南非人关于灵魂存于体外的故事 677

___, West, magical functions of chiefs in, 西非酋长的巫师职能 85; reverence for silk-cotton trees in, 西非崇敬木棉树 112; kings forced to accept office in, 西非的国王被迫就职 176; fetish kings in, 西非专司巫术（即宗教性）的王 177; traps set for souls in, 西非人捕捉灵魂的圈套 187; purification after a journey in, 西非人旅行归来要洁身 197; custom as to blood shed on the ground, 西非人擦去滴在地上的血迹的风俗 229; rain-charms, 西非的求雨巫法 234; negroes of, 西非的黑人 236; human sacrifices in, 西非以活人献祭的习俗 433,570; propitiation of dead leopard in, 西非人向死豹谢罪慰问的习俗 523; the external soul in, 西非人关于灵魂寄存体外的理论 684; ritual of death and resurrection in, 西非人关于死亡复活的仪式 697

Afterbirth, contagious magic of, 关于胞衣的接触巫术 39-41

Agar Dinka, the, 阿加的丁卡人 270

Agaric, superstitions as to 有关蘑菇的迷信 618

Abdestis, a man-monster 人妖阿吉斯蒂斯 349

Age of magic, 巫术时代 55, 56

Agni, Indian fire-god, 阿耆尼, 印度人的火神 708

Agricultural year, expulsion of demons timed to coincide with seasons of the, 驱魔时节与农历季节一致 575

Agrionia, festival at Orchomenus, 奥尔霍梅努斯的阿格利昂尼亚节 291

Agu, Mount, in Togo, wind fetish on, 多哥的阿古山上的风神 81; fetish priest on, 阿古山上风雨的祭司 169; Ague, cure for 治疗疟疾的方法 545, 546

Aht of Nootka Indians 阿特, 或努特卡印第安人 599

Ainos, 阿伊努人 481, 496, 515, 528, 530, 532; of Japan, 日本的阿伊努人 252, 505, 506, 660; of Saghalien, 萨哈林岛（即库页岛）的阿伊努人 20, 509

Akikuyu of British East Africa, 英属东非的阿基库尤人 145, 604

Aladdin and the Wonderful Lamp, Roman version of, 罗马文版的《阿拉丁和神灯的故事》 671

Alake, the of Abeokuta, 阿贝奥库塔的阿雷克（或国王） 295

Alaska, respect of hunters for dead sables and bears in, 阿拉斯加猎人对已死黑貂和熊的尊敬 525; expulsion of evils in, 阿拉斯加土人驱邪 555; seclusion of girls at puberty in, 阿拉斯加少女青春期要隔离 600

Alba Longa, 阿尔巴隆加 148; kings of, 阿尔巴隆加的国王 149

Alban dynasty, 阿尔巴王朝 149; hills, 阿尔巴丘陵 148; lake, 阿尔巴湖 149; mountain, 阿尔巴山 149, 150, 167; Albania, milk-stone in, 阿尔巴尼亚的增乳石 34; mock lamentations for locusts and beetles in, 阿尔巴尼亚农村妇女假哭蝗虫与甲虫 513; expulsion of Kore on Easter Eve in, 阿尔巴尼亚农村在复活节前夕驱除"柯尔" 560; the Yule log in, 阿尔巴尼亚的圣诞节木柴 638

Albanians of the Caucasus, 高加索的阿尔巴尼亚人 251, 571

Albigenses worshipped each other, 阿尔比教派的人相互礼拜 101

Alchemy leads up to chemistry, 炼金术为化学铺路 92

Aleuts of Alaska, 阿拉斯加的阿留申人 321

Alexandria, festival of Adonis at 亚历山大的阿多尼斯节 335

Alexandrian calendar, 亚历山大历法 374; year, 亚历山大年 373

Alfai, rain-making priest, 求雨祭司阿尔法 107

Alfoors, of the island of Buru, 布鲁岛的阿尔福尔人 250; of Central Celebes, 中西里伯斯的阿尔福尔人 180, 690; of Halmahera, 哈尔马赫拉岛的阿尔福尔人 548; of Minahassa, 米纳哈萨的阿尔福尔人 94, 186, 482, 492; of Poso, 波索的阿尔福尔人 248

Algeria, Midsummer fires in, 阿尔及利亚的仲夏节篝火 631

Algidus, Mount 阿尔基德斯山 150, 164

Algonquins, 阿尔衮琴人 144

All-healer, name applied to mistletoe, 榭寄

生被称为万灵药　659-61
All Saints' Day 万圣节　634,636
All Souls, feast of, 万灵节　360
Allan, John Hay, on the Hays of Errol, 约翰·赫·阿兰谈埃罗尔地方赫家的情况　702
Allatu, Babylonian goddess, 阿拉图巴比伦的女神　326,327
All-Hallows (All Saints' Day), 万圣节　173
Almond, causes virgin to conceive, 杏仁使童贞少女怀孕　347; the father of all things, 杏仁为万物之父　347
Alpheus, the sacred, 神圣的阿尔菲厄斯河　110
Alqamar, tribe of nomads, 阿尔卡马尔游牧部落　64
Alsace, May-trees in, 阿尔萨斯地区的五朔树　121
The Little May Rose in, 阿尔萨斯地区的五月小玫瑰　125; stuffed goat or fox at threshing in, 阿尔萨斯打谷时剥制的山羊和狐狸　457; cats burnt in Easter bonfires in, 把活猫投入复活节篝火中烧死　656
Altmark, the May Bride at Whitsuntide in the, 阿尔特马克地区降灵节期间的五朔节新娘　135; Easter bonfires in the, 阿尔特马克地区的复活节篝火　615,616
Alvarado, Pedro de, Spanish general, 阿尔瓦拉多·彼德罗·德,西班牙的将军　687
Amaxosa caffres, 阿马科萨卡福人
Amazon, Indians at the mouth of the, 亚马逊(河口)的印第安人　581
Amboyna, rice in bloom treated like a pregnant wowan 安汶岛土人像对待孕妇一样对待开花的稻秧　115; ceremony to fertilise clovetrees in, 安汶岛农夫使丁香树增产的仪式　137; fear to lose the shadow at noon in, 安汶岛上居民惧怕中午时分影子消失　191; sick people sprikled with pungent spices in, 安汶岛居民向病人身上撒辛辣香料　196; superstition regarding hair in, 安汶岛上土人关于头发的迷信　680
America, power of medicine men in North, 北美巫师的权力　87; continence in Central, 中美洲的禁欲　138; the Corn Mother in, 北美的五谷娘娘　412; personification of maize in North, 北美玉米的人格化　419; first-fruit ceremonies in, 北美收获第一批新谷时的仪式　486,487
American Indians, 美洲印第安人　29,63,82,87,111,136,138,214,244,246,252,253,256,264,522; See also North American Indians 参看"北美印第安人"条
Amethysts as charms, 用紫石英作护符　34,85
Ammon, the god, 阿蒙神　142,477,500
Amoy, spirits who draw away the souls of children at, 厦门摄取小儿灵魂的妖精　186
Amphictyon, king of Athens, 安菲提昂,雅典之王　155
Amulets, 护身符　109,242,243,679,680
Amulius Silvius, 阿幕利厄斯·西尔维厄斯　149
Anabis, human god at, 安那庇斯(村)的人神　96
Anaitis, Persian goddess, 安乃绨斯,波斯的女神　331
Anoromie of Abuses,《陋俗剖析》　123
Ancestor, wooden image of, 祖先的木像

679

Ancestors, prayers to, 向祖先祈祷 71; sacrifices to, 向祖先献祭 72; souls of, in trees, 祖先灵魂寄居树中 115; names of, bestowed on their reincarnations, 子孙沿用转世祖先的名字 256

Ancus Marcius, Roman king, 恩喀司·马西埃斯罗马国王 158

Andaman Islandedrs, 安得曼群岛上的居民 192

Anderida, forest of, 安德利达森林 109

Andes, the Peruvian, 秘鲁（境内）的安第斯山脉 79; the Colombian, 哥伦比亚（境内）的安第斯山脉 104

Anemone, the scarlet, 鲜红的银莲花 336

Angamis, Eastern, of Manipur, 曼尼普尔的东安加米人 64

Angola, the Matiamvo of, 安哥拉的马蒂安孚 271

Angoni, the, 安戈尼 73, 214

Angoniland, rain-making in, 安戈尼兰人求雨 63

Angoy, king of, 安哥伊的国王 273

Anhouri, Egyptian god, 安豪里，埃及的神 265

Animal, killing the divine, 杀死神兽 499 – 518; and man, sympathetic relation between, 人兽之间的交感关系 700

Animals, homeopathic magic of, 对动物的顺势巫术 31; association of ideas common to the, 动物之间共有的联想 54; rain-making by means of, 用动物求雨 72; injured through their shadows, 动物因自己的影子而受伤 190; propitiation of the spirits of slain, 抚慰被杀动物的灵魂 217, 220; torn to pieces and devoured in religious rites, 在宗教礼仪中撕裂并吃掉献祭牲畜 390, 391; so-called unclean, originally sacred, 所谓不洁动物原是神圣动物 472; belief in the descent of men from, 相信人是动物的后裔 473; resurrection of, 动物的复活 516, 528, 529; wild, propitiation of, 抚慰野兽 518 – 532; two forms of the worship of, 动物崇拜的两种形式 532; processions with sacred, 带着神兽游行 535; transference of evil to, 将灾祸转嫁给动物 540 – 542; as scapegoats, 用动物为人替罪 540, 565, 568, 570, 576; burnt at festivals, 节日里烧死动物 655, 656; perhaps deemed embodiments of withches 动物被视为妖巫的化身 657, 658; external soul in, 灵魂寄存在动物体内 683 – 691; Animism, the Buddhist, not a philosophical theory, 佛教徒的万物有灵论并非哲学理论 112; passing into polytheism, 万物有灵论演化到多神论 117

Anjea, mythical being, 神话怪物安吉 39

Anna Kuari, an Oraon goddess, 安娜·库里，奥拉昂人的女神 434

Annam, ceremonies observed when a whale is washed ashore in, 安南人在鲸鱼被水冲上海岸所遵行的仪式 223

Anointing stones, in order to avert bullets from absent warriors, 石上涂油使出征战士免中枪弹 26; in a rain-charm, 求雨巫法：石上涂油 76

Anointment of, weapon which caused wound, 在伤过人的武器上涂油 41; of priest at installation 祭司就职时身上涂油 174

Anthropomorphism of the spirits of nature, 自然精灵拟人化 423

Antigonus, King, 国王安第哥纳斯 97

索 引

Antioch, festival of Adonis at, 安蒂奥克的阿多尼斯节 336, 346

Antrim, harvest customs in, 安特利姆郡收获时的习俗 404

Ants, bites of, used in purificatory ceremonies, 用蚂蚁螫人的洁身仪式 195, 601; for lethargic patients, 用蚂蚁螫昏迷的病人 496

Anubis, the jackal-headed god, 阿努比斯豺头神 366, 367, 374

Anula tribe of Northern Australia, 澳大利亚北部的阿努拉部落 64, 72, 693

Apaches, the, 阿帕奇人 76, 211

Apalai Indians, 阿帕莱印第安人 195

Ape, a Batak totem, 猿, 巴塔克人的图腾 691

Aphrodite, 阿芙罗狄特 4; and Adonis, 阿芙罗狄特和阿多尼斯 7, 327, 335; the mourning, of the Lebanon, 黎巴嫩的悲伤的阿芙罗狄特 329; sanctuary of, 阿芙罗狄特的神殿 330; and Cinyras and Pygmalion, 阿芙罗狄特同辛尼拉斯及皮格梅琳 332; her blood dyes white roses red, 阿芙罗狄特的鲜血染红了白玫瑰 336

Apis, sacred Egyptian bull, 阿庇斯, 埃及的神牛 335, 365, 476, 501

Apollo, prophetess of, 阿波罗的女先知 95; image of, in sacred cave at Hylae, 海力神洞中的阿波罗像 95; and Artemis, 阿波罗与阿尔忒弥斯 120; at Delphi, 阿波罗在德尔斐 265; his musical contest with Marsyas, 阿波罗与马西亚斯比赛音乐 354; identified with Celtic Grannus, 阿波罗相当于凯尔特人的格兰纳斯(神) 611

Apollo Diradiotes, inspired priestess at temple of, 阿波罗·狄拉迪奥蒂斯神殿内受神灵感召的女祭司 94

Apologies offered to trees, 向树赔礼道歉 113, 115, 116; by savages to the animals they kill, 未开化的人向所杀动物赔礼道歉 520, 523

Apoyaos, head-hunters, 阿波耀人猎取人头祭祀祈年 433

Apple-tree, barren women roll under, to obtain offspring, 不孕妇女在苹果树下打滚求嗣 120; straw man placed on oldest, 把稻草人放在最老的苹果树上 467; torches thrown at, 向苹果树掷火把 610; as life-index of boy, 苹果树作幼儿生命标志 682

Arab charms, 阿拉伯巫法 31, 242; name for the scarlet anemone, 鲜红的银莲花又名阿拉伯的巫法 336

Arabia, belief as to shadows in ancient, 古阿拉伯人对影子的信念 190; camel as scapegoat in, 阿拉伯半岛上人们以骆驼替罪 540

Arabian Nights, story of the external soul in the, 《天方夜谭》(另译《一千零一夜》)中关于灵魂寄存于体外的故事 674

Araucanians of South America, 南美的阿劳坎人 45

Archigallus, high priest of Attis, 大伽拉, 阿蒂斯的大祭司 349, 353

Arctic regions, ceremonies at the reappearance of the sun in the, 北极地区太阳再现时的仪式 551

Arden, forest of, 阿登的森林 110

Ardennes, effigies of Carnival in the, 阿登地区狂欢节的偶像 305; exorcising rats in the, 阿登地区驱除老鼠 531; bonfires on the first Sunday in Lent, 阿登地区四旬斋第一个星期日举行的篝

火 609,656

Lenten fires and customs in the French, 法属阿登地区四旬斋时的篝火和习俗 610; Aricia, 阿里奇亚 1,2; Many Manii at, "阿里奇亚有许多曼尼" 6,491; its distance from the sanctuary, 从阿里奇亚到内米林中之王圣所的距离 107; the priest of, 阿里奇亚的祭司 582,592,593,703

Arician grove, 阿里奇亚丛林 5,6,301, 477-479,491,582,704

Arizona, aridity of, 亚利桑那的干旱地区 76

Armenia, rain-making in, 亚美尼亚人的求雨方式 70; cut hair, nails, and extracted teeth preserved in, 亚美尼亚人保存剪下的头发、指甲和拔下的牙齿 236; sacred prostitution of girls before marriage in, 亚美尼亚的姑娘们出嫁前要当神妓 331

Arrows, in homeopathic magic, 顺势巫术中的箭 29; in contagious magic, 接触巫术中的箭 41; fire-tipped, shot at sun during an-eclipse, 日食时烧红箭镞射向太阳 78; shot as a rain-charm, 射箭也是求雨巫法 99

Arsacid house, divinity of Parthian kings of the, 帕提亚人（安息王朝）国王的神性 104

Art, sylvan deities in classical, 古典艺术中的森林之神 117

Artemis, 阿尔忒弥斯 120,140,141; and Hippolytus, 阿尔忒弥斯与希波吕托斯 4-7; and Apollo, 阿尔忒弥斯与阿波罗 120; of Ephesus, 以弗所的阿尔忒弥斯 141,349; at Perga, 阿尔忒弥斯在珀迦 330; the Hanged, 被吊死的阿尔忒弥斯 355

Aru Islands, custom of not sleeping after a death in the, 阿鲁群岛死人后不睡觉的习俗 182; dog's flesh eaten to make eater brave, 阿鲁群岛土人以为吃狗肉使人勇敢 496

Arunta of Central Australia, 澳大利亚中部的阿伦塔人 17,603

Arval Brothers, 阿尔沃兄弟神学院 224, 578

Aryan god of thunder, 雅利安人的雷神 638

Aryans, magical powers ascribed to kings, 雅利安人相信国王有巫术能力 89; in Europe, 欧洲的雅利安人 110,159, 161,163,656,665; descent of kingship through women, 雅利安人王位由女性后裔继承 155; of ancient India, 古代印度的雅利安人 490; their use of the sacred oak-wood, 雅利安人对神圣橡树木材的使用 666; stories of the external soul, 雅利安人关于灵魂寄存于体外的故事 668; reverence for the oak, 雅利安人尊崇橡树 709

Ascension Day, 耶稣升天节 312,702

Ascetic idealism of the East, 东方的禁欲观念 139

Ash-tree in popular cures, 民间医方中的梣树 546,682

Ash Wednesday, 圣灰星期三（或叫大斋首日即四旬节的第一个星期三）302,304, 305,461,614

Ashantees, 阿散蒂人 497

Ashes, in magic, 巫术中使用的灰烬 30-32,72,76; of human victims scattered on fields, 人牺的骨灰撒在地里 378-380,433,436-438,442,443; of bonfires, use of, 篝火节灰烬的用途 611, 615,621,635,645,646; of Midsummer fires, 仲夏节篝火的灰烬 626, 629, 631, 632; of the Yule log, 圣诞节木柴的灰烬 637; of the need-fire, 净火的灰烬 640

Asia Minor, pontiffs in, 小亚细亚的大祭司 9; human scapegoats in, 小亚细亚人以活人作替罪羊 579

Asongtata, annual ceremony performed by the Garos of Assam, 阿松塔塔节阿萨姆邦的加罗人每年一次的仪式 568

Asopus, the river, 亚索波斯河 143

Aspalis, a form of Artemis, 阿斯珀丽丝是阿尔忒弥斯的一个表现形态 355

Ass, in cure for scorpion's bite, 人被蝎子咬伤后将伤痛转嫁给驴子 544

Assam, the hill tribes of, taboos observed by the headman and his wife, 阿萨姆山区部族的头人与其妻子遵守的禁忌 173; and by warriors, 阿萨姆山区武士们遵守的禁忌 212; parents named after children in, 阿萨姆山区人们用子女的名字称呼其父母 248; head-hunting in, 阿萨姆邦猎杀人头的习俗 441; the Asongtata ceremony in, 阿萨姆的阿松塔塔节仪式 568

Assumption of the Virgin, festival of, 圣母升天节 360

Astarte, a great Babylonian goddess, 阿斯塔特, 巴比伦的伟大女神 327, 335, 346

Athamas, king of Alus, 阿塔玛斯, 阿勒斯的国王 290-292

Athena and the *aegis*, 雅典娜与神盾 477

Athenian sacrifice of the *bouphonia* 雅典人宰牛献祭 466

Athenians, decree divine honours to Demetrius Poliorcetes and his father Antigonous, 雅典人敬奉德米特利厄斯·波里奥瑟蒂斯和他父亲安第哥纳斯为神 97; prayed to Zeus for rain, 雅典人祈祷宙斯赐雨 159; their tribute of youths and maidens to Minos, 雅典人向弥诺斯献祭童男童女 280; sacrifice to Dionysus for the fruits of the land, 雅典人向狄俄尼索斯献祭祈求丰收, 386; their use of human scapegoats, 雅典人用活人作替罪羊 579

Athens, king and queen at, 雅典的国王与王后 9; titular king at, 雅典名义上的国王 106; marriage of Dionysus at, 雅典举办的狄俄尼索斯的婚配 142; female kinship at, 雅典王室世系按母系计算 155; sacred spots struck by lightning at, 雅典境内受雷电击过的神圣地方 159; the Commemoration of the Dead at, 雅典对死者的追悼 340

Dionysus of the Black Goatskin at, 雅典披黑山羊皮的狄俄尼索斯 390; annual sacrifice of a goat on the Acropolis of, 雅典每年在卫城上献祭一只山羊 477; fever transferred to pillar at, 雅典人发烧时将病转嫁到石柱上 545

Atonement, Jewish Day of, 犹太人的赎罪节 569

Attica, summer festival of Adonis in, 阿蒂卡的阿多尼斯夏季节日 336; Flowery Dionysus in, 阿蒂卡多花的(花神)狄俄尼索斯 387; time of threshing in, 阿蒂卡的打谷时节 466; killing an ox formerly a capital crime in, 阿蒂卡古时宰牛是一大罪行

Attis, and Cybele, 阿蒂斯与库柏勒 4, 5, 8; myth and ritual of, 阿蒂斯的神话与祭礼仪式 347-352; as a god of vegetation, 阿蒂斯是植物神 352, 353; human representatives of,阿蒂斯的人身代表 353-356;his relation to Lityerses,阿蒂斯同利提尔西斯的关系 440;killed by a boar,阿蒂斯被野猪杀死 471

Augustine,奥古斯丁 165,359,382

Augustus as a ruler,奥古斯都是一位统治者 46

Aun or On, king of Sweden,奥恩或昂恩,瑞典国王 278,290

Aurelia Aemilia,a sacred harlot,神妓奥瑞莉娅·阿米丽亚 331

Australia, magical ceremonies in,澳大利亚的巫术仪式 17;charms in,澳大利亚的巫法 32;contagious magic in,澳大利亚的接触巫术 38,39,42,44,45;magic practised but religion nearly unknown in aboriginal,澳大利亚土人只知施行巫术几乎不知宗教 55;rain-making in,澳大利亚土人求雨 64,65,72,76;detaining the sun or hastening its descent in,澳大利亚黑人试图阻止或加速太阳下山 80;dust columns thought to be spirits in,澳大利亚土人以为妖精藏在旋风卷起的尘柱内 82;government of old men in aboriginal,澳大利亚土人中的老人政府 83;ceremony observed at approaching the camp of another tribe,澳大利亚客姓部族被邀来到土著部族的帐篷时所遵行的仪式 197;totemism in,澳大利亚的图腾崇拜 533;annual expulsion of ghosts in,澳大利亚黑人一年一度驱鬼 551;dread and seclusion of women at menstruation in,澳大利亚有些部族害怕月经期间的妇女予以隔离 603;initiation of young men in,澳大利亚青年人的成年礼(即割礼) 692;

———Central, magical ceremonies for the supply of food in,澳大利亚中部一些部族以巫术仪式寻求粮食供应 17;charm to promote the growth of beards in,澳大利亚中部土人以巫法促使胡须生长 32;contagious magic of wounds in,澳大利亚中部土人用接触巫术治疗创伤 42;headmen of totem clans public magicians in,澳大利亚中部图腾氏族的头人也是公众巫师 83;concealment of personal names in,澳大利亚中部各部族中人隐瞒个人的名字 245;avoidance of the names of the dead in,澳大利亚中部各部族中人避讳死者的名字 252;magical rites for the revival of nature in,澳大利亚中部土人用巫术仪式促使自然界复苏 323;expelling the devil in,澳大利亚中部迪埃里人驱逐邪魔 548

Australia, Northern, homoeopathic magic of flesh diet in,北澳大利亚土人关于肉食的顺势巫术 496

———, South-eastern, contagious magic of footprints in,澳大利亚东南部土人关于脚印的接触巫术 44;and of bodily impressions,澳大利亚东南部土人关于身体压痕的接触巫术 45;sex totems in,澳大利亚东南部图腾氏族中的性别图腾 687-689

———, Western, belief as to the placenta in,澳大利亚西部一些部族对于胎盘的信念 39

Australian aborigines(blacks),澳大利亚土人(黑人) 38,39,55,80,179,205,207,229,234,244,251,253,254,349,533,539,551

Austria, charm to make fruit trees bear in,奥地利农民使果树结果的巫法 28;

belief in the sensitiveness of trees, 奥地利有些老农相信树有感觉 113; harvest customs in, 奥地利收割庄稼时的习俗 405; children warned against the Corn-cock in, 奥地利人告诫儿童当心五谷公鸡 451; mythical calf in the corn in, 奥地利一些地区关于谷物中的神犊的说法 459; Midsummer fires in, 奥地利的仲夏节篝火 625; the mistletoe in, 奥地利的槲寄生 663

Autumn-hen, last sheaf called, 地里最后一捆谷子叫作秋天的母鸡 451

Auvergne, Lenten fires in, 奥弗涅地区四旬斋的篝火 611

Auxerre, harvest customs in, 奥塞尔地区收割庄稼时的习俗 401, 459

Auxesia and Damia, 奥克塞西娅与达米娅 7

Awa-nkonde, the, 阿瓦孔德人 596

"Awasungu, house of the", "阿瓦孙谷之屋" 596

Axe, that slew ox, condemned, 谴责宰牛用过的斧头 466

Axo-mama (potato-mother), 阿克索娘娘（土豆娘娘） 413

Aymara Indians, 艾玛拉印第安人 73, 565

Azadirachta Indica (the nim tree), 尼姆树 73

Aztecs, 阿兹台克人 488, 587, 681

B

Ba-pedi of South Africa, 南非的巴佩迪人 209, 211, 220

Ba-Ronga of South Africa, 南非的巴龙加人 677

Ba-Thonga of South Africa, 南非的巴聪加人 211, 220

Baal, prophets of, 贝尔的先知们 66

Baba, name given to last sheaf, 地里最后一捆谷子叫作"巴巴" 404

Babar Archipelago, ceremony to obtain a child for barren woman in the, 巴伯尔群岛土人为不孕妇女求子的仪式 14; saturnalie at marriage of Sun and Earth 巴伯尔群岛上作"太阳与大地婚配"时人们纵情狂欢 136—137; fatigue transferred to stones in the, 巴伯尔群岛土人将疲劳转到石头上 540

Babylon, theocratic despotism of ancient, 古代巴比伦的神权专制 48; sanctuary of Bel at, 巴比伦的伯尔圣殿 142; mortality of the high gods of, 巴比伦的大神也不免死亡 265; festival of Zagmuk at, 巴比伦的札格穆克节 281; festival of Sacaea at, 巴比伦的撒卡亚节 281; sanctified harlotry at, 巴比伦妇女必须卖淫向神奉献的习俗 330

Babylonia, divinity of the early kings, 古代巴比伦帝国国王的神性 104; worship of Adonis in, 巴比伦的闪米特人崇拜阿多尼斯 325

Bacchanals of Thrace, ivy eaten by, 色雷斯的酒神崇拜者嚼食常春藤 95; tore Pentheus in pieces, 色雷斯的酒神崇拜者将彭修斯（底比斯国王）撕裂为碎块 378, 392; wore horns, 色雷斯的酒神崇拜者头上戴角 390

Bacchic frenzy, 酒神崇拜者狂欢乱闹 29

Bacchus or Dionysus, (see Dionysus) 巴克斯或狄俄尼索斯 386（参考狄俄尼索斯）

Badagas of the Neilgherry Hills, 尼格里山区的巴达加人 482, 541, 542

Badonsachen, king of Burma, 巴敦萨钦,缅甸国王 99

Baduwis of Java,爪哇的巴兑人 225

Baffin Land, expulsion of Sedna in, 巴芬岛的爱斯基摩人驱除塞德娜 552

Bag, souls of persons deposited in a, 把人的灵魂存放在口袋内 186,675,679; soul of dying chief caught in a, 酋长临终时灵魂被存放在袋子里 294,295

Baganda of Central Africa, 中非的巴干达人 40,98,137,145,523,539,604

Bagba, a wind-fetish, 风神巴格巴 81, 170

Bageshu of East Africa 东非的巴格舒人 214

Bagobos of Mindanao 棉兰老的巴哥波人 180,355,433

Bahaus, (see Kayans), 巴豪人(参考卡扬人)

Bahima, of Central Africa, 中非的巴希马人 257; of Uganda, 乌干达的巴希马人 539

Bailly, J. S., French astronomer, 贝利,法国天文学家 337

Balder, the myth of, 巴尔德尔的神话 607-609; and the mistletoe, 巴尔德尔与槲寄生 608,658-667,701,702,710

Balder's balefires, 巴尔德尔篝火 625, 664

Bali, island of, rice personified as husband and wife in, 巴厘岛土人把稻秧比拟为夫妻 418; expulsion of devils, 巴厘岛上土人驱除邪魔 557

Ball-Players, homoeopathic charms employed by, 球员运用顺势巫法 29

Balls, gold and silver, to imitate the sun and moon, 模拟太阳和月亮和金、银色圆球 121

Balong of the Cameroons, 喀麦隆的巴隆人 685

Bangala of the Upper Congo, 上刚果的班加拉人 247

Banjars in West Africa, 西非的班查尔人 86

Banks' Islands, magical stones in the, 班克斯列岛的巫石 33; making sunshine in the, 班克斯列岛上土人求晴 78-79; ghosts in stones in the, 班克斯列岛上土人相信恶鬼藏在巨石中 190; ceremony for getting rid of fatigue in the, 班克斯列岛上土人解除疲劳的仪式 540; Banting in Sarawak, rules observed during absence of warriors at, 沙捞越班丁地区战士出征时农人要遵守的规矩 25

Bantu tribes, 班图氏族 209,215

Banyoro, the, 巴尼奥罗人 85,565

Barenton, the fountain of 巴伦潭喷泉 76,77

Barley, oldest cereal cultivated by the Aryans, 大麦,雅利安人培育的最早的谷物 399

Barley-cow, 大麦(母)牛 457; -mother, 大麦娘娘 399; -sow, 大麦母猪 460; -wolf, 大麦狼 448,449

Baronga, the, of South Africa 南非的巴龙加人 67,69,71

Barren women (see under women), 不孕的妇女(参考"妇女")

Bashilange, reception of the subject chiefs by head chiefs among the, 巴什兰格的大酋长接见臣属的小酋长 198

Basque hunter transformed inio bear, 巴斯克猎人被变形为熊 692,699

Bastard, name given to last sheaf, 地里最

后的谷捆叫作巴斯塔德 406
Bastian,Adolf,阿道夫·巴斯蒂安 533
Basutos,巴苏陀人 38,192,214
Bataks of Sumatra,苏门答腊的巴塔克人 14,40,82,184,198,541,570,690,691
Batavia,rain-making in,巴塔维亚地区求雨 72
Batchelor,Rev J.,巴彻勒牧师 506,515,516
Bathing as a rain charm,洗澡作为一种求雨巫法 70
Bats,the lives of men in,人的生命寄存在蝙蝠身内 687,688
Bavaria,charms in,巴伐利亚的巫法 28; magic in,巴伐利亚的巫术 29,40,42,43; greasing weapon instead of wound in,巴伐利亚人用油脂涂在武器上治伤,而不涂在伤口上 42; green bushes placed at doors of newly married pairs in,巴伐利亚风俗在新婚夫妇的门上插新鲜树枝 119; the Maypole in,巴伐利亚的五朔树节花柱 124; the Walber in,巴伐利亚的华柏(树) 126; saying as to crossed legs in,巴伐利亚关于两腿交叉的说法 240; Whitsuntide mummers in Lower,下巴伐利亚圣灵降临节期的化装游乐者 97; carrying out Death in,巴伐利亚地区"带走死神"的习俗 307; contests between Summer and Winter in,巴伐利亚地区表演的夏与冬的竞争 316; the corn-spirit in,巴伐利亚的谷精 402; harvest customs in,巴伐利亚收割时的习俗 405,426-428,454,456,457,461; cure for fever in,巴伐利亚地区人们治发烧的方法 544; expulsion of witches in,巴伐利亚地区驱除妖巫 561; Easter fires in,巴伐利亚地区的复活节篝火 616; Mid- summer fires in,巴伐利亚地区的仲夏节篝火 623,653
Bean,King of the,逗笑王 586
Bean-cock,逗笑公鸡 451; -goat,逗笑山羊 454
Bear,taboos concerning,有关熊的禁忌 221; custom observed after killing a,杀熊后遵守的习俗 222; killing the sacred,宰杀神熊 505
Beards,magic to promote growth of,巫法促使胡须生长 32
Beasts, sacred, held responsible for the course of nature in ancient Egypt,古代埃及人认为神兽主宰自然界的进程 87
Beating a man's garment instead of the man,鞭打人的外衣代替鞭笞其人 44; with rods in rain-making,爪哇土人相互以杖击背求雨 66; frogs, as a rain-charm,巫法杖击青蛙求雨 73
Beauce and perche,博斯和帕彻 40
Bechuanas,the,of South Africa,南非的贝专纳人 31,73,197,474,484
Bed-clothes, contagious magic of bodily impressions on,利用人体在被褥上留下的痕印进行接触巫术 45
Bede,on the succession of pictish kings,比德论皮克特人的王位继承问题 156
Bedouins attack whirlwinds,贝都因人袭击旋风 83
Beeches of Latium,拉提姆的山毛榉 150
Beech-tree,in sacred grove of Diana,狄安娜神林中的山毛榉树 8; burnt in Lenten bonfire,四旬斋篝火中燃烧山毛榉树 612
Beena Marriage,嫔纳婚姻(制) 152
Beer,continence observed at brewing,酿制啤酒时必须禁欲 219

Beetle, in magic, 巫术中用甲虫 31; superstitious precautions against beetles, 防治甲虫的迷信方法 31; external soul in a, 灵魂寄放在甲虫体内 674

Belgium, Lenten fires in, 比利时的四旬斋篝火 609; Midsummer fires in, 比利时的仲夏节篝火 630

Bella Coola Indians, 贝拉库拉印第安人 600

Bells, used in exorcism, 摇铃驱邪 195, 568; to conjure spirits, 摇铃驱鬼 199; worn as amulets, 佩戴小铃作为驱邪护符 226; rung as a protection against witches, 摇铃预防妖巫 560, 561; Beltane fires, 贝尔坦节篝火 617-622, 653; cakes, 贝尔坦节的饼子 618-621; carline, 贝尔坦老妖婆 618

Benares, Hindoo gentleman worshipped as a god at, 贝拿勒斯人崇拜一位印度绅士为神 100

Bengal, marriage ceremony at the digging of wells, 孟加拉人掘井时举行一个木制男神与水中女神的婚礼 144; rule of succession of kings of, 孟加拉关于王位继承的规定 227; coremony over a Karmatree in, 孟加拉人向羯磨（因果）树举行的仪式 342; human sacrifices in, 孟加拉的孔德人以活人献祭 434; seclusion of girls at puberty in, 孟加拉姑娘青春期要隔离 602; stories of the external soul in, 孟加拉人关于灵魂寄存体外的故事 670

Benin, king of, worshipped as a god 贝宁的国王被崇拜为神 99, 200; human sacrifices in, 贝宁境内以活人献祭 433

Bera Pennu, Earth goodess, 珀拉, 澎努, 大地女神 434

Bearawans of Sarawak, 沙捞越的比拉万人 15

Berbers of North Africa, 北非的柏柏尔人 631

Berlin, treatment of narelstring in, 柏林处理脐带的习俗 40

Besisis of the Malay Peninsula, 马来半岛的贝锡西斯人 191

Besoms, burning, flung into the air to make corn grow, 把燃烧着的长扫帚扔向空中促进五谷生长 647

Bethlehem, the Star of, 伯利恒上空的星 347

Betsileo of Madagascar, 马达加斯加的伯特锡里奥人 229

Bhars of India, 印度的巴尔人 565

Bhotiyas of Juhar, 朱哈的菩提亚人 569

Biajas of Borneo, 婆罗洲的比亚甲人 566

Bibili, of New Guinea, the natives reputed to make wind, 新几内亚的贝比利人以呼风著名 80

Bidasari and the golden fish, Malay story of, 马来人诗歌中传诵的"毕达莎丽与金鱼"的故事 676

Bilaspur or Bilaspore, twirling spindles forbiddenin 比拉斯普尔或比拉斯波尔地区头人议事时严禁人们转动纺锤 20; temporary rajah in, 比拉斯普尔或比拉斯波尔的临时邦主 287

Bilqula(see Bella Coola) 比尔库拉（参考贝尔库拉）

Binbinga tribe of Northern Australia, 北澳大利亚的宾宾加部落 693

Birch-trees, 桦树, 121, 128, 627

Bird, soul conceived as a, 把灵魂看作小鸟 181

Birds, cause headache through clipped hair, 鸟衔去人剪下的头发可使人头痛

234,237;absent warriors called,称远在外乡的战士为鸟 247;tongues of,eaten,吞食鸟舌 496;as scapegoats,以鸟为人替罪 541,545;external souls in,灵魂寄存在小鸟体内 670,672,675-677

Birth,pretence of,扮作分娩 14,15,197,406,421;a man's fortune determined by the day and hour of his,生日时辰注定人一生命运 37;new 新生 351,697

Birth-trees,in Africa,非洲的生日树 681;in Europe,欧洲的生日树 682

Bitch,last sheaf called the,最后一捆谷子叫作母狗 449

Bithynia,song of reapers in,俾西尼阿的收割者之歌 425

Black colour in rain-making ceremonies,求雨仪式中应用的黑色 67;animals in rain,charms,求雨巫法中使用黑色动物 72,161

Blackfoot Indians,布莱克福特印第安人 21,22,524

Blindness,charm to cause,巫法使人失明 30

Blood,sympathetic connection between a wounded person and his shed,受伤者和其伤口所流鲜血之间的交感关系 43;human,in rain-making ceremonies,求雨仪式中使用人血 65;as a means of inspiration,用血做神灵感召的媒介 94;smeared on woodwork of house,在住宅的木头上抹血 117;put on doorposts,把血放在门柱上 175;of childbirth,分娩时流的血 209,229;smeared on person as a purification,人身抹血,用以洁身 221;tabooed,血的禁忌 227-230;royal,not to be shed on the ground,王室宗亲身上的血不得流到地上 228;

unwillingness to shed,不愿流血 228;received on bodies of kinsfolk,凡人流血由其亲属用身体承受 229;drops of,effaced,抹去血滴 229;of chief sacred,酋长身上滴下的血奉为神圣 230;fetish priests allowed to drink fresh,专司祭祀的祭司可以喝鲜血 238;Day of, in the festival of Attis,阿蒂斯节间的血日 349,353;bath of bull's,in the rites of Attis,阿蒂斯祀仪中用公牛鲜血洗浴 351;remission of sins through the shedding of,通过流血祈求免罪 356;sprinkled on seed and scattered on field,把血洒在种子上,洒在地里 432,434,438;of sacrificial horse,牺马的血 478;of men drunk to acquire their qualities,喝人血以求得其人的才能品质 497,498;as a means of communion with a deity,以血作为与神灵交流的媒介 535;of children used to knead a paste,用儿童的血捏面团 553;girls at puberty forbidden to see 青春期少女不得见血 600;menstruous,月经的血 603,604

Blood-brotherhood 歃血盟兄弟 113;-covenant,歃血为盟 202

Blu-u Kayans of Aorneo,婆罗洲的布鲁岛卡扬人 195

Boa-constrictor,Caffres'dread of,卡菲尔人害怕蟒蛇 222

Boar,in magic 巫术里的公猪 31;and Adonis 公猪与阿多尼斯 325,471;Attis killed by a,阿蒂斯被公猪杀死 347,471;corn-spirit as,谷精幻化为公猪 460;the Yule,(用玉米做成的)圣诞公猪 461,462;Christmas,(用燕麦做成的)圣诞节公猪 462

Boas,Dr. Franz,弗朗兹·博厄斯博士

699

Boba, name given to the last sheaf, 田里最后一捆谷子叫作波巴(老太婆) 405
Bodio, fetish king 波迪奥, 专司祭祀之王 86
Boeotians, the, 维奥蒂亚人 143, 371
Bogota, rigorous training of the heir to the throne of, 波哥大王位继承人须经严格训练 595
Bohemia, Midsummer tree burned in, 波希米亚有些地区焚烧仲夏节树(或名五朔树) 122; throwing Death into the water in, 波希米亚青年人于四旬斋第四个星期日将死神偶像投入水中 125; May King and Queen in, 波希米亚地区的五朔节王和王后 130-132; Whitsuntide mummers in, 波希米亚地区圣灵降临节期间的化装游乐者 298, 299; Carrying out Death in, 波希米亚 "送死神" 的习俗 309, 310; bringing in Summer in, 波希米亚 "迎夏" 的习俗 311; the last sheaf in, 波希米亚有些地区处理地里最后一捆谷物的习俗 404; harvest customs in, 波希米亚收获期间的习俗 429, 456, 457; cure for fever in, 波希米亚人治发烧的方法 544; expulsion of witches in, 波希米亚的日耳曼人驱除妖巫 561; bonfires in, 波希米亚人有关篝火的习俗 621, 626; charm to make corn grow high in, 波希米亚人关于使五谷长高的巫法 647; fern-seed on St. John's Day in, 波希米亚境内有关圣约翰蕨孢子开花的一些说法 704, 705
Boils, 脓疮 473
Bolivia, seclusion of girls at puberty in, 玻利维亚的少女青春期必须隔离 601
Bombay, belief as to absence of sleeper's soul in, 孟买人以为人睡熟时灵魂离体 183

Bones, of dead in magic 巫术中使用死人的骨头 30, 71; human, buried as a rain-charm, 埋葬死人骨骸为求雨巫法 72; departing souls bottled up in hollow, 将要离去的灵魂封闭在空骨之内 180; used as charms, 骨头用作巫法 201, 495; cakes baked in the shape of, 烤饼做成骨头形状 489; of animals treatment of, 对动物骨头的处理 525-529; burnt in bonfires, 在篝火中烧骨头 616
Bonfires, Midsummer, 仲夏节篝火 122, 622, 629, 645; leaping over, 跳过篝火 318, 610; supposed to protect against conflagration, 以为篝火可以防止火灾 610; lit by persons last married, 由新婚者点燃篝火 610; a protection against sickness, witchcraft, and sorcery; 用篝火防治疾病, 妖术与邪法 610, 620, 621; fertilising influence of, 篝火的增产作用 645, 646; protect fields against hail and homesteads against thunder and lightning, 篝火防止庄稼不受冰雹损害, 住宅免遭雷电轰击 649
Boni, Commendatore G., 康门兑特尔·博尼 163
Bontoc, the natives of, 邦都的土人 433
Bormus or Borimus, 波姆斯或波里姆斯 425, 442
Bornco, the Dyaks of, 婆罗洲的达雅克人 14; rules observed by camphor-hunters in, 婆罗洲寻采樟脑者遵行的规矩 21; telepathy in war in, 婆罗洲土人征战时的心灵感应 25; hooks to catch souls in, 婆罗洲的术士或巫医用钩子捕捉灵魂 180; rice used to prevent soul from wandering, 婆罗洲新当地区妇女使用稻

米阻止灵魂在外游荡 181; precautions against strangers in, 婆罗洲土人对外来陌生人采取的巫术防御措施 195; use of puppets as substitutes for living persons, 婆罗洲土人用木偶或面捏人像代替真人以蒙骗邪鬼 492; sickness expelled in a ship from 婆罗洲土人用轻舟送走瘟魔 564; expulsion of evils in, 婆罗洲土人驱邪 566; seclusion of girls at puberty in, 婆罗洲土人少女青春期要隔离 597; birth custom in, 婆罗洲达雅克人生儿的习俗 679; tree as life-index in, 婆罗洲达雅克人为新生婴儿植树作婴儿一生命运的标识 682

Bororos of Brazil, 巴西的博罗я人 181, 484

Bosnian Turks, 波斯尼亚土耳其人 15

Bouphonia, Athenian sacrifice, 屠牛祭, 雅典人的一种祭品 466

Boys, at initiation, 少年们接受割礼（即成年礼） 692, 696

Brahma, Vishnu, and Siva, the Hindoo trinity, 印度教三大神：梵天，毗湿奴，湿婆 52

Brahmans, 婆罗门 33, 67, 79, 100, 227, 245, 285, 288, 343, 490

Brains of enemies eaten, 中西里伯斯土人吃敌人脑髓 498

Branches, used in rain-charm, 求雨巫法中使用树枝 63, 64; in exorcism 被邪用树枝; fatigue and sickness transferred to, 将疲劳和疾病转给树枝 540, 564

Brand, John 约翰·布兰德 636, 637

Brandy, North American Indian theory of, 北美印第安人关于白兰地的论说 496

Bray, Mrs. 布雷夫人 446

Brazil, Indians of, 巴西的印第安人 88, 181, 495, 583, 581; seclusion of girls at puberty in, 巴西少女青春期要隔离 601

Bread, leavened, Flamen Dialis forbidden to touch, 古罗马祭司狄阿力斯不得触摸发酵了的面包 174; fast from, in mourning for Attis, 悼念阿蒂斯，斋戒不食 350; communion, 圣餐面包 481; eaten sacramentally, 面包当圣餐吃 488, 498

Bread-fruit, 面包果 33

Breath, of chief sacred, 酋长的气息是神圣的 205, 231; caught by his successor, 酋长的继任者捕捉他的气息 294

Brethren and Sisters of the Free Spirit, 自由圣灵兄弟姐妹会 101

Breton superstitions as to tides, 布列塔尼人关于潮汐的迷信 35; peasants' way of getting rain, 布列塔尼农民求雨的方式 76; stories of the external soul, 布列塔尼人关于灵魂寄存体外的故事 674; peasants and the mistletoe, 布列塔尼的农民与槲寄生 704

Brewing, continence observed at, 酿酒时遵行禁欲 219

Bribri Indians, the, 布赖布赖印第安人 208, 605

Bride, the Whitsuntide, 圣灵降临节期间的新娘 132, 135; the May, 五朔节新娘 135; races for a, 赛马夺新娘 156; fishing net thrown over, 用渔网罩住新娘 242; of the Nile 尼罗河的新娘 370; name given to last sheaf, 最后一捆谷子叫作新娘 408

Bride and bridegroom, the Whitsuntide, 圣灵降临节的新娘和新郎 133; the Midsummer, 仲夏节的新娘和新郎 133; all knots on their garments unloosed, 新娘新郎身上衣服纽扣都要解开 241

Bridegroom, the Whitsuntide, 圣灵降临节的新郎 133; of May, 五朔节的新郎 133, 320

Bridget in Scotland and the Isle of Man, 苏格兰和马恩岛的布利吉特 134

Brigit, a Celtic goddess, 布利吉特, 凯尔特人的女神 135

Brimo and Brimos in the mysteries of Eleusis, 厄琉西斯秘仪中的布莉姆和布莉姆斯 143

British Columbia. (See Columbia, British) 英属哥伦比亚(参考"哥伦比亚, 英国属地")

Brittany, belief as to death at ebb-tide in, 布列塔尼地方人们相信人会在退潮时死亡 35; the Monther-sheaf in Upper, 上布列塔尼的谷束娘娘 401

Midsummer fires in, 布列塔尼的仲夏节篝火 628; mistletoe as a protection agaitst witchcraft in, 布列塔尼人用槲寄生防妖术 704; fern-seed on Midsummer eve in, 布列塔尼仲夏节前夕的蕨孢子 705

Brooke, Rajah, of Sarawak, 沙捞越的拉买(酋长)布鲁克 89

Brotherhood of the Green Wolf, 绿狼兄弟会 628

Brothers, childless persons named after their younger, 对无子女者人们以其弟弟的名字称呼 248; ancient Egyptian story of the Two, 古埃及"两兄弟的故事" 674

Brothers and sisters, marriage of, 兄弟姐妹之间相婚配 332

Brothers-in-law, their names not to be pronounced, 姐(妹)夫、内兄(弟)、大伯(小叔)的名字不得说出来 250, 251

Brown, George, 乔治·布朗博士 84

Buddha, images of, drenched as a rain-charm, 浸泡佛像是一种求雨巫法 77; the Footprint of, 佛的脚印 235

Buddhas, living, 活佛(们) 102

Buddhism, 佛教 112; and Christianity, 佛教与基督教 361

Buffalo, sacrificed for human victim, 以水牛代替人牺献祭 436; a Batak totem, 水牛是巴塔克人的图腾 691

Buffalo-bull, last sheaf called, 最后一捆谷子叫作公水牛 457

Buffaloes, propitiation of dead, 向死去的水牛谢罪 523; the resurrection of, 死水牛的复活 529; revered by the Todas, 托达人敬重水牛 534; as scape-goats, 用水牛替罪 565

Buginese of Celebes, 西里伯斯的布津人 33

Building, continence during, 盖房期间必须禁欲 220

Bukaua of New Guinea, 新几内亚的布考亚人 597, 694

Bulgaria, 保加利亚 15; charms in, 保加利亚的巫法 30, 31; peasants threaten fruit trees to make them bear, 保加利亚农民威胁果树多结果实 114; superstitions in, 保加利亚人的迷信 240; harvest customs in, 保加利亚的收获习俗 405; cure for fever in, 保加利亚人治疗发烧的方法 545; need-fire in, 保加利亚人点燃净火的习俗 640

Bull, in relation to Dionysus, 公牛和狄俄尼索斯的关系 389, 390; corn-spirit as, 谷精幻化为公牛 457, 465; at threshing, 打谷时的公牛 458, 459

Bull's blood, bath of, in rites of Attis, 阿蒂斯祀仪中公牛的血洗礼 351

Bull-roarers, 牛吼 692–695

Bullets, magical treatment of, 对子弹进行巫术处理 19; magical modes of averting, 巫术避弹法 26

Bullocks as scapegoats, 用阉牛替罪 541

Bulls, sacred, of Ancient Egypt, 古代埃及的神圣公牛 476

Bunyoro, king of, 布尼奥罗的国王 199, 270

Burghers or Badagas (See Badagas) 布尔格尔人或巴达加人(参考"巴达加"人)

Burglars, charms employed by, 窃贼运用的巫法 30

Burial customs, 殡葬习俗 35, 175, 185, 190

Burma, priestly king in, 缅甸的专司祭祀之王 226, 227; king's name tabooed in, 缅甸国王名字的禁忌 257; custom of threshing in, 缅甸打谷时的习俗 418; expulsion of demons in, 缅甸人祓魔 549

Burne, C. S., C. S. 伯恩 446

Buru, East Indian island, girl sacrificed to crocodile in 东印度布鲁岛土人用少女献祭鳄鱼 145; eating the soul of the rice in, 东印度布鲁岛上土人吃大米的灵魂 482; dog's flesh eaten in, 东印度布鲁岛上土人吃狗肉 496

Burying the Carnival, 埋葬狂欢节 301-7

Bush negroes of Surinam, 苏里南的布希黑人 166, 473

Bushmen of South Africa, 南非的布须曼人 495, 604

Busiris, backbone of Osiris at, 奥锡利斯的背脊骨保存在布赛利斯 367; ritual of Osiris at, 布赛利斯的奥锡利斯祀仪 375; "the house of Osiris", "奥锡利斯的房子" 443

Busiris, king of Egypt, 布锡利斯, 埃及国王 443

Butter, time for making, 制作黄油的时刻 35

Buzzard, killing the sacred, 杀死神鹰 449

Byblus, Adonis at, 阿多尼斯在比布勒斯 327; Osiris and Isis at, 奥锡利斯和伊希思在比布勒斯 364

C

Cacongo, king of, 卡刚果的国王 199

Cactus, the sacred, 被奉为神物的仙人掌 23

Cadiz, death at low tide at, 加的斯地方的人常在退潮时死亡 35

Caesar, Julius 儒略·恺撒 46, 653

Caffres, the, 卡菲尔人 25, 235, 247-9, 522; of Sofala, 苏法拉的卡菲尔人 33; of Natal and Zululand, 纳塔尔和祖鲁兰的卡菲尔人 483

Caileach (Old Wife), name given to last corn cut, 最后割的谷子叫作卡利契(老太婆) 403, 409

Cairo, ceremony of cutting the dams at, 开罗挖开堤坝的仪式 370

Cajaboneros Indians, the, 卡加波罗印第安人 138

Calabar, expulsion of demons at Old, 奥德卡拉巴尔地区的驱魔仪式 567; soul of chief in sacred grove at, 卡拉巴尔酋长的灵魂存放在神树林里 681; belief of negroes regarding external souls, 卡拉巴尔黑人关于灵魂可寄存体外的信念 686

Calabashes, souls shut up in, 把灵魂封闭

在葫芦里 188
Calabria, Easter custom in, 卡拉布里亚的复活节习俗 345; annual expulsion of witches in, 卡拉布里亚地区每年一次驱除妖巫 560
Calendar, the ancient Greek, 古希腊的历法 279; regulation of the early, an affair of religion, 早期历法校订宗教事务 280; the Egyptian, 埃及人的历法 368; the Alexandrian, 亚历山大历法 373; of Esne, 埃斯尼历法 373; the Mohammedan, 回历 632
Calf, killed at harvest, 收割时节宰杀牛犊 458; mythical, in the corn, 想象神牛犊在谷物中 459
Calicut, rule of succession observed by the kings of, 卡利卡特国王遵守的王位继承规定 275-277, 296; California, the shaman in, 加利福尼亚的萨满 88; killing the sacred buzzard in, 加利福尼亚印第安人杀死神鹰的习俗 399; Indians of, 加利福尼亚的印第安人 599, 707
Caligula and the priest of Nemi, 卡里古拉与内米的祭司 3
Cambodia, homoeopathic magic used by hunters in, 柬埔寨猎人运用顺势巫术 18; human incarnation of god in, 柬埔寨神化身的人（或化身为人的神） 95; kings of, 柬埔寨的国王 108, 167, 224, 266, 284, 289; superstitions regarding the head in, 柬埔寨人对于头部的迷信 230; annual expulsion of demons in, 柬埔寨国内每年驱邪一次 559; palace purged of demons, 柬埔寨王宫被魔 563; seclusion of girls at puberty, 柬埔寨少女青春期要隔离 602; ritual at cutting a parasitic orchid in, 柬埔寨人采割寄生兰花的仪式 660, 661
Cambodian story of the external soul, 柬埔寨关于体外灵魂的故事 668
Camel, plague transferred to, 把瘟疫移到骆驼身上 540
Cameroons, the external soul in the, 喀麦隆人相信灵魂可寄存于体外 681; theory of, 喀麦隆人关于灵魂可寄存体外的论说 685
Camomile, burnt in Midsummer fire, 特选春黄菊作仲夏节篝火的燃料 631
Camp shifed after a death, 死人后所住帐篷要搬迁 252
Campbell, Major-General John, 约翰·坎贝尔少将 436, 437
———, J. G. 坎贝尔牧师 403
Camphor, 樟脑 21, 24
Canadian Indians, 加拿大印第安人 525, 526
Candlemas, 圣烛节 134, 461
Candles, 蜡烛 3; magical, 魔烛 30; of human tallow, 用人的脂肪做成的蜡烛 56
Cannibal feast, legendary, at the Boeotian Orchomenus, 维奥蒂亚奥尔霍梅努斯地方传说的人肉宴 292
Cannibalism, 根据顺势巫术原理而形成的食人习俗 391, 497
Caprification, 无花果授粉法 580
Car Nicobar, expulsion of devils in, 卡尔尼科巴岛上驱邪 567
Caramantran, death of, 卡拉曼特兰的死亡
Caribs, the, 加勒比人 27, 495, 690
Carinthia, Green George in, 卡林西亚地方的绿衣乔治 126; ceremony at the installation of a prince of, 卡林西亚地方新王就职的仪式 287; custom at threshing in, 卡林西亚地区打谷时的习俗

429
Carlin or Carline, "the Old Woman," in Scotland, 苏格兰的卡琳或卡莱茵(即"老太婆") 403
Carnival, dances at the, 狂欢节(嘉年华会)上的舞蹈 28; burying the, 埋葬狂欢节(嘉年华会) 298, 301-307; at Rome in the rites of Attis, 罗马阿蒂斯祀仪中的狂欢节(嘉年华会) 350; in relation to the Saturnalia, 狂欢节(嘉年华会)与农神节的关系 586; effigy burnt at end of, 狂欢节(嘉年华会)结束时烧去偶像 614
Carolina, Indians of, 卡罗利纳的印第安人 519
Caroline Islands, 加罗林群岛 40, 218; traditionary origin of fire in the, 加罗林群岛土人关于火的起源的传说故事 707
Carpathus, laying out of corpses in, 卡帕瑟斯岛上土人收殓死人的习俗 243
Carrier Indians of North—West America, 西北美洲的卡利尔印第安人 18, 219, 606
"Carrying out Death", "送走死神" 125, 302, 307—316, 577, 613, 614
Carthage, Christians worshipping each other at, 迦太基的基督教徒们互相礼拜 101; the effeminate priests of the Great Mother at, 迦太基的女神伟大母亲(众神之母)的女祭司(们) 356
Carthaginian sacrifice of children to Moloch, 迦太基人以儿童献祭莫洛克 281
Carver, Captain Jonathan, 乔纳森·卡佛船长 698
Castration, 阉割 347, 350
Cat, in homoeopathic magic, 顺势巫术中的猫 32; in rain-charm, 求雨巫法中的猫 72; corn-spirit as, 谷精幻化为猫 453; killed at harvest, 收获时节杀死猫 453; a representative of the devil, 猫是邪魔的代表 656; story of a clan whose souls were all in one, 一个氏族的人把灵魂都存放在一只猫身上的故事 677; a Batak totem, 猫的巴塔克人的图腾 691
Cat's cradle as a charm, "翻花篮"是一种巫法 20, 79; forbidden to boys among the Esquimaux, 爱斯基摩人不许儿童做"翻花篮"游戏 20
Catat, 卡塔特博士 193
Caterpillars, precautions against, 防治毛虫 531
Catholic Church, 天主教 335, 345
Catholic custom of dedicating candles, 天主教奉献圣烛的习俗 3; as to partaking of the Eucharist, 天主教吃圣餐的习俗 488
Catlin, George, 乔治·卡特林 88
Cats, burnt in bonfires, 把猫扔到篝火中烧死 610, 615; perhaps burnt as witches, 也许是把猫当妖婆烧死 658
Cattle, magical stones for increase of, 巫石使家畜繁殖 33; influence of tree-spirits on, 树精对家畜的(增产)作用 119; crowned, 家畜披戴花冠 126; protected against wolves by charms, 用巫法保护家畜不受野狼的侵袭 242; last sheaf given to, 把最后一捆谷草给家畜吃 400, 407; Yule Boar given to the, 把圣诞节公猪给家畜吃 642; driven through, round, or between bonfires, 赶着家畜穿过或绕过篝火或从几堆篝火中间走过 615, 620, 621, 624, 626—628, 640, 641; protected against sorcery by sprigs of mullein, 用毛蕊花细枝保护

家畜免受妖术之害 629; lighted brands carried round, 手持火把围家畜绕行 647

Cattle disease, Midsummer fires a protection against, 仲夏节篝火防治牲畜疾病 67; plague, need-fire kindled as a remedy for, 点燃净火医疗牲畜疫病 641

Caucasus, rain-making in the, 高加索人求雨 70; sacraments of pastoral tribes in the, 高加索游牧氏族的圣餐 534

Cayor in Senegal, the king of, 塞内加尔卡约人的国王 172

Cazembes of Angola, the, 安哥拉的卡赞布人 203

Cecrops, king of Athens, 西克劳普斯，雅典的国王 155

Cedar, sacred, 神圣的雪松 95

Cedar-tree, girl sacrificed to a, 向雪松献祭少女 112

Celebes, rain-charms in, 西里伯斯人的求雨巫法 70; hooking souls in, 西里伯斯人钩钓灵魂 180; customs at childbirth in, 西里伯斯妇女分娩时的习俗 180; ceremonies for recovering souls in, 西里伯斯人灵魂复还的仪式 186; propitiation of souls of slain enemies in, 西里伯斯人抚慰被杀仇人的灵魂 212; planting the rice in, 西里伯斯人栽秧时的习俗 416; customs as to eating the new rice in, 西里伯斯人吃新米的习俗 482; the external soul, 西里伯斯人有关灵魂寄存体外的想法和做法 679

Celtic sacrifices, 凯尔特人的祀祭 653, 657; tales of the external soul, 凯尔特人有关灵魂寄存体外的故事 673

Celts, their worship of the oak, 凯尔特人崇拜橡树 110, 160; annual sacrifice to Artemis, 凯尔特人每年一次向阿尔忒弥斯献祭 141

Ceram, island of, sickness expelled in a ship from, 塞拉姆岛土人将疾病载在船上赶走 563; seclusion of girls at puberty in, 塞拉姆岛上少女青春期要隔离 597; the Kakian association in, 塞拉姆岛上的卡基恩会 696

Ceres, the, in France, 法国的色列斯（用谷把扎的偶像） 401

Cetchwayo, king of Zululand, 锡兰的吃人妖魔 669; king of, and his external soul, 锡兰国王和他寄存在体外的灵魂 669, 670

Chaka, the, Zulu, despot, 查卡，祖鲁的暴君 86

Chams of Cochin-China, 交趾支那的占人 29, 220

Charms, to ensure long life, 巫法保证长寿 35; to prevent the sun from going dowm, 巫法阻止日落 79; to facilitate childbirth, 巫法催(胎儿)诞生 238

Chasas of Orissa, 奥里萨的恰沙人 473

Chastity observed for sake of absent persons 为远出的人恪守贞操 23, 24; as a virtue not understood by savages, 未开化的人不懂贞操是一种德行 139; (see also Continence, 参看禁欲条)

Chatti, German tribe, 查蒂人，日耳曼部族 232

Cheese, the Beltane, 贝尔坦干酪 620

Chent—Ament, title of Osiris, 琴特—阿曼特，奥锡利斯的称号 375

Cheremiss, of Caucasus, the, 高加索的切列米斯人 262, 560

Cherokees, the, 切罗基人 29, 40, 372, 520

Chibchas, the, 奇布查人 104

Chicomecohuatl, Mexican goddess, 契柯米

柯胡阿特,墨西哥女神 589

Chiefs, supernatural power of, in Melanesia, 美拉尼西亚酋长们的超自然力量 84; as magicians, 美拉尼西亚的酋长也是巫师 84; punished for drought and dearth, 美拉尼西亚的酋长因干旱和饥荒而受惩罚; tabooed, 美拉尼西亚的酋长是禁忌的; sacred, 美拉尼西亚的酋长是神圣的; foods tabooed to, 美拉尼西亚酋长禁忌的食物; names of, tabooed, 美拉尼西亚酋长名字的禁忌

Chilcotin Indians, 奇尔科廷印第安人 78; Child, name given to last sheaf, 最后一捆谷子叫作"孩子" 406; born on harvest field, pretence of, 假作在收割庄稼的田里生孩子 406

Childbed, woman in, thought to control the wind, 认为分娩时的妇女能够控制风 80; souls of women dying in, live in trees, 分娩中死去的产妇的灵魂住在树上 115; taboos on women in, 临盆产妇的禁忌 208

Childbirth, precautions taken with mother at, 孕妇分娩时采取的防御措施 180, 181; women tabooed at, 产妇的禁忌 208; knots untied at, 产妇临盆时一切结扣都得打开 238; homoeopathic magic to facilitate, 顺势巫术催生 239

Children, taboos observed by, 儿童遵守的禁忌 21, 22; buried to the neck as a rain-charm, 把儿童埋到脖子那么深, 作为一种求雨巫法 75; parents named after their, 父母随孩子的名字称呼 248; sacrificed, 用儿童献祭 281, 293, 380, 431; blood of, used to knead a paste, 用儿童的血捏面团 553

Chilote Indians, 奇洛特印第安人 237

China, emperors of, 中国的皇帝 9; charms in, 中国的巫法 35; geomancy in, 中国的土占(抓一把沙撒在地上看形相的占卜) 36; modes of compelling the rain-god to give rain in, 中国人迫令雨神降雨的方式 74; trees planted on graves in, 中国人坟墓上种树 115; convulsions attributed to the action of demons in, 中国人认为邪魔造成灾变 186; customs as to shadows at funerals in, 中国人入殓的习俗 190; ceremony at the beginning of spring in, 中国立春时举行的仪式 468; popular superstitions in, 中国民间各种迷信 498; human scapegoats in, 中国以人替罪的习俗 566; expulsion of evils in, 中国人驱邪 567; 另见 Tibet(西藏)

Chinese empire, incarnate human gods in the, 在中国神转世为人 103

Chinigchinich Californian god, 秦尼格秦尼克, 加利福尼亚印第安人的神 499

Chinna Kimedy, in India, 印度的秦纳基姆迪 436

Chinook Indians, 奇努克印第安人 256, 599

Chins, the, 钦人 551

Chippeway Indians, 奇佩瓦印第安人 605

Chiquites Indians of Paraguay, 巴拉圭的契奎特印第安人 526

Chiriguanos of South America, 南美的奇里夸诺人 601

Chitomé or Chitombé, a pontiff of Congo, 奇托姆或奇托姆刚果的大祭司 170, 266, 296

Chittagong, 吉大港 239

Choctaws, the, 乔克图人 215

Cholera, demon of, 霍乱病魔 549, 551, 563; sent away in animal scapegoats, 以

动物承载病魔送往远方 563
Christ, his Nativity, 耶稣基督的诞辰 358; his crucifixion, 耶稣被钉死在十字架上 359; his resurrection, 耶稣复活 35, 360
Christian festivals dispalce heathen festivals, 基督教的节日取代了异教的节日 360
Christianity, its conflict with the Mithraic religion, 基督教, 和密特拉教的抵悟 358; and Buddhism, 基督教与佛教 361
Christians, pretenders to divinity among, 基督徒中冒充禀赋神性者 101
Christmas, festival of, borrowed from the Mithraic religion, 圣诞节是从密特拉教引借来的 358; heathen origin of, 圣诞节的异教根源 359
Christmas boar, 圣诞节公猪 462; candles, 圣诞节圣烛 637
Church bells, protection against witchcraft, 教堂钟声驱除妖巫 560
Ciminian forest, the, 西米尼森林 110
Cingalese cure by means of devil-dancers, 僧伽罗人用鬼的办法治病 542
Cinyras, father of Adonis, 辛尼拉斯, 阿多尼斯的父亲 327, 328, 332
Circassia, custom as to pear trees in, 切尔克斯人关于梨树的习俗 119
Circe, the land of, 喀耳刻的地方 150
Circumcision, 割除包皮 229, 691
Claudius, the Emperor, 克劳迪乌斯皇帝 3, 348
Clayton, A. C. 克雷登牧师 542
Clothes, magic sympathy between a person and his, 人和他的衣服之间的巫术感应 43, 44
Clotilde, Queen, 克洛蒂尔德, 皇太后 232
Clove trees treated like pregnant women, 像对待孕妇似地对待丁香树 115
Cloves, ceremony to make them grow, 促使丁香生长的仪式 13
Clucking-hen at threshing, 打谷时咯咯叫的母鸡 451
Clyack sheaf, 克里阿克, 谷捆 408, 425
Coast Murring tribe of New South Wales, 新南威尔士的海岸穆林氏族 693
Cobra, cermony after killing a, 杀死眼镜蛇后举行的仪式 222
Coca-mother, among the Peruvians, 秘鲁人的古柯娘娘 413
Coco-nuts, sacred in Northern India, 印度北方以椰子为神果 113
Cock, corn-spirit as, 谷精幻化为公鸡 451
Cockatoos, magical multiplication of 巫法增殖白鹦鹉 17
Coel Coeth, Hallowe'en bonfire, 柯尔·柯斯, 万圣节篝火 635
Coins, from the eyes of corpses, 放在死尸眼睛上的铜币 31; portraits of kings not stamped on, 国王肖像不得压在钱币上 193
Columbia, British, use of magical images to procure fish in, 英属哥伦比亚巫师用巫术做的游鱼形象捕鱼 18; taboos imposed on parents of twins in, 英属哥伦比亚地区孪生子女的父母必须遵守的禁忌 66; belief regarding a physician and his patient's soul, 英属哥伦比亚地区人们关于医师与其病人灵魂的信念 189; Indians, dislike of telling their own names, 英属哥伦比亚印第安人不愿说出自己的名字 246; seclusion of girls at puberty in, 英属哥伦比亚地区少女

索 引 1127

青春期要隔离 600;rites of initiation in,英属哥伦比亚少年成年礼（即割礼）的仪式 699
Combs,when not to be used,当梳子不用了的时候 24,174,215,216
Commagny,the priory of,康玛格妮的修道院 77
Communion with deity by eating new fruits,食新果与神灵交感 487
Communion bread,圣餐面包 481
Compitalia,festival of the,户神节 491
Conception in women caused by trees,使妇女怀孕 119
Congo, recall of stray souls among the tribes,刚果各部落里为失魂者招魂 184
conjuring spirits before drinking in the,刚果土人饮水（酒）之前先祈求鬼神 199;royal persons forbidden to touch the ground,刚果皇室人员不得触及地面 594;rites of initiation on the Lower,下刚果少年的成年礼（割礼）697
Connaught,taboos observed by the ancient kings of,古代康诺特国王遵守的禁忌 173
"Consort,the divine","神的配偶" 142
Constantine,the Emperor,康斯坦丁皇帝 331
Consumption,cure for,治痨病法 545
Contact or contagion in magic,law of,巫术的接触律 11
Continence,required during search for sacred cactus,寻觅神圣的仙人掌期间要求禁欲 23;practised before fertility ceremonies,举行繁殖仪式前实行禁欲 136;practised in order to make crops grow,禁欲使庄稼快速成长 138;enjoined on people during rounds of sacred pontiff,神圣的大祭司出外巡视期间人们必须禁欲 170;of priests,祭司们的禁欲 170;on eve of period of taboo,禁忌期开始前夕要禁欲 173;during war,战争期间要禁欲 210,211;after victory,胜利后要禁欲 212;by hunters and fishers,猎户和渔民的禁欲 217;by workers in saltpans,盐田工人的禁欲 219;at brewing,酿酒期间禁欲 219;at house-building,盖房期间禁欲 220;at making and repairing dams,建坝和修坝期间禁欲 210;by lion-killers and bear killers,杀狮、杀熊者禁欲 221,222;at festival of first-fruits,吃新（新谷、新果）节禁欲 486
Cords,knotted,in magic,巫法结绳 241
Corea, kings responsible for rain and crops,高丽国王负责雨水和庄稼 87;offerings to souls of the dead in trees in,高丽人向寄居树内的亡灵祭祀 115;king not to be touched,高丽人不得触摸国王 224;means of inspiring courage in,高丽人鼓舞勇气的办法 496;use of torches to ensure good crops in,高丽人用火把保证庄稼长得好 647
Corinthians make images of Dionysus out of a pine-tree,科林斯人用松树雕出狄俄尼索斯的像 387
Cormac Mac Art,king of Ireland,爱尔兰国王柯默克·麦克·阿特 273
Corn,spirit of the,embodied in human beings,谷精表现为人形 419;double personification of,as mother and daughter,谷精的双重拟人化，是妈妈，又是女儿 420
Corn-baby,谷物婴儿 459;-bull,谷物公牛 458;-cat,谷物猫 453;-cock,谷物公鸡 451;-cow,谷物母牛 457;-foal,

谷物狗,460;-goat,谷物山羊 454;-pug,谷物哈巴狗 449;-sow,谷物母猪 448,460;-steer,谷物阉牛 457;-wolf,谷物狼 450;-god,Adonis as a,阿多尼斯也是一位谷神 338;Attis as a,阿蒂斯也是谷神 353;Osiris as a,奥锡利斯也是谷神 376;-mother,谷物娘娘 143,399,412;-reapers,songs of the,谷物收割者之歌 424

Corn-spirit, Adonis as a,阿多尼斯是一个谷精 338;represented by human victims,由人牺代表谷精 339;represented as a dead old woman,谷精表现为一个老妇人 372;killing the,杀死谷精 425-31;slain in his human representatives,谷精在以人身为代表的形式下被杀死 438-37;how repretesentative was chosen,谷精代表的选定 439;as an animal,谷精幻化为动物 447-64

Corn-medicine festival,五谷魔法节 419,420

Cornwall, temporary king in,康沃尔的临时国王 287

Cos, sanctuary of Aesculapius in,科斯岛上药王阿斯科拉庇厄斯的圣所 111;harvest-home in,科斯岛上庆祝收获完毕的习俗 396

Costa Rica,哥斯达黎加 605

Cottonwood trees, the shades or spirits of,白杨的灵或精灵 111,117

Courland, custom of sowing in,库尔兰的播种习俗 461

Cow, ceremony of rebirth from a golden,从金制母牛肚内再生的仪式 197;sacred to Isis,奉献给伊希思的母牛 373;corn-spirit as,谷精幻化为母牛 457;as scapegoat,母牛被用来替罪 565,571;witches steal milk from,妖巫窃取母牛的奶 648;mistletoe given to,把槲寄生给母牛吃 663

Creator, the grave of the,造物者的坟墓 264

Creek Indians,克里克印第安人 211,484,605

Cretan festival of Dionysus,克里特人的狄俄尼索斯节日 389,390

Crete, milk-stones in,克里特岛的乳石 34

Crevaux, J. 克利沃斯 195

Criminals shorn to make them confess,剃光罪犯的头发使他们坦白认罪 680

Cripple goat, last sheaf called,最后一捆谷子叫作瘸腿山羊 455

Crocodile, girl sacrificed to a,以幼女向鳄鱼献祭 145

Crocodiles, Malay charm to catch,马来人用巫法捕捉鳄鱼 19;spared by savages out of respect,未开化的人尊重鳄鱼不肯伤害它 518

Cronus, his sacrifice of his son,克罗纳斯用自己的儿子献祭 293

Crops, charms to promote the growth of the,巫法促使庄稼生长 28,288,610,613,614,624,645;intercourse of the sexes to promote the growth of the,男女性交促进庄稼生长 136;human victims sacrificed for the,献祭人牺祈求丰收 355,431;superstitous devices to get rid of vermin in the,用迷信手段驱除庄稼中的害虫 530;supposed to be spoiled by menstruous women,以为来月经的妇女损毁庄稼 604,606

Cross of the Horse first sheaf called,第一捆谷子叫作"马的十字架"(即"行马") 460

Cross-road, fever deposited at,把热病放到

索 引

十字路口 544;offerings at,在十字路口献祭 557;ceremonies at,在十字路口举行的仪式 561;Midsummer fires lighted at,在十字路口燃起仲夏节篝火 625
"Crying the Mare" in Hertfordshire,哈福德郡"哭牝马" 459
"Crying the neck" in Devonshire,德文郡"哭脖子" 445
Crystals, magic of,水晶的巫术 38,76,85
Cumanus, the inquisitor,库曼纳斯,宗教法庭审判官 681
Cumont, Fran 弗朗兹·库蒙特教授 584
Cup-and-ball as a charm,杯球作为一种巫法 80
Cybele, Mother of the Gods,库柏勒,众神之母 347;worship of,对库柏勒的崇拜 348
Cynaetha, festival of Dionysus at,辛内莎地区的狄俄尼索斯节日 390
Cyprus, sacred prostituion in,塞浦路斯的神娼 330
Cytisorus, son of phrixus,库提索鲁斯,弗里克修斯的儿子 290,291
Cyzicus, council chamber at,西齐卡斯市议会厅 225

D

Dacotas,达柯塔人 529
Daedala, festival of the,狄德勒节 143
Dahomey, the king of,达荷美的国王 172,199,257
Dairi, the, or Mikado of Japan,日本的窦（读音为大里）或天皇 168,169
Dairies, sacred, of the Todas,托达人的神圣的牛奶场 175
Dalai Lama of Lhasa,拉萨的达赖喇嘛 103
Dalmatia, belief as to the souls of trees in,达尔马提亚地方人们相信树有精灵 112
Damia and Auxesia,达米娅和奥克塞西娅 7
Dams, continence at making,筑坝时禁欲 220;in Egypt,埃及的堤坝 369,370
Danae, the story of,丹娜的故事 602
Dances, of women while men are away fighting,男人出征,妇女在家舞蹈 26,27;to make hemp grow,舞蹈使大麻长高 28;for rain,舞蹈求雨 64;round sacred trees,围绕五朔节柱舞蹈 122;round bonfires,围绕篝火舞蹈 122,610-12;to fertilise gardens,舞蹈促使园圃多产 137;of king,国王的舞蹈 200;of successful head-hunters,凯旋的人头猎取者的舞蹈 212;to propitiate souls of slain foes,舞蹈抚慰被杀敌人的鬼魂 212;of victory,庆胜利的舞蹈 213;of harvesters,收获者的舞蹈 401,427,460;at festival of first-fruits,新谷节的舞蹈 486;at burial of the wren,鹪鹩葬礼上的舞蹈 537;masked,带假面具舞蹈 542
Danger Island, snares for souls in,危岛巫师用罗网捕捉人的灵魂 187
Danish magic of footprints,丹麦人有关足印进行的巫术 44
Danzig, disposal of cut hair at,但泽人对剪下的头发的处理 235;last sheaf at harvest at,但泽人对收获时最后一捆谷子的做法 400
Daramulun, a mythical being,达拉莫伦,神秘怪物 692,693
Darfur, Sultan of,达尔富尔的苏丹 200;

people of, believe the liver to be the seat of the soul,达尔富尔人以为肝脏是灵魂的居处 497

Date-palm,artifical fertilisation of the,椰枣的人工授粉 582

Day of Blood,in rites of Attis,阿蒂斯祀仪中的血日 350;of Atonement,补偿(赎罪)的血日 569

De Barros,Portuguese historian,德·巴罗斯,葡萄牙历史学家 277

Dead,the,homoeopathic magic of,关于死人的顺势巫术 30;spirits of,死人的鬼魂 47;making rain by means of,利用死人求雨 71;trees animated by the souls of,死人鬼魂附托在树上 115;sacrifices to,向死人献祭 175;taboos on persons who have handled,收殓死者的人要遵守的禁忌 205;names of,tabooed,死者名字的禁忌 251-256;appear to the living in dreams,死人向活人托梦 256;festival of,亡人节 373,633;worship of,礼拜死人 414;ghosts of,死人鬼魂 551

Dead Sunday,死者礼拜日 302

Death,pretence of,假装死亡 16;"carrying out","送走死神" 125,302,307-16,577,613,614;at ebb tide,退潮时死亡 167,168;mourners forbidden to sleep in a house after a,悼亡人不得在死者屋内睡眠 182;custom of covering up mirrors after a,死人后屋内所有镜子都要蒙盖起来的习俗 192;from imagination,想象的死亡 204;ritual of,and resurrection,死亡与复活的仪礼 691-711

Deir'el Bahari,paintings at,德尔·巴哈利(的神殿内)的壁画 142

Deities duplicated through dialectical differences in their names,由于各地方言对神名说法上的差异而造成了更多的神 164,165;of vegetation as animals,想象植物之神幻化为动物的形态 464-479

Deity,savage conception of,未开化的人对神的概念 92

Demeter,married to Zeus at Eleusis,得墨忒耳在厄琉西斯嫁给宙斯 142;and Persephone,得墨忒耳与珀耳塞福涅 393-398,420;etymology of her name,得墨忒耳名字的语源 399;in relation to the pig,得墨忒耳与猪的关系 469;horse-headed,of Phigalia,菲盖里亚马头女身的得墨忒耳 471;Black,穿黑袍的得墨忒耳 471

Demetrius Poliorcetes,deified,德米特利厄斯·波里奥瑟蒂斯被尊奉为神 97

Demons,of trees,树精 116;abduction of souls by,树精诱拐人的灵魂 186;and ghosts averse to iron,妖魔鬼怪都怕铁器 226;deceived by effigies,用画像欺骗妖魔 492;of disease exorcised,驱除病魔 542;omnipresence of,无所不在的魔鬼 546;of cholera,霍乱病魔 549;men disguised as,人装作妖魔 562;conjured into images,将妖魔赶进木制的各种偶像中 568

Déné Indians,the,德内印第安人 208

Denmark,Whitsuntide customs in,丹麦圣灵降临节期间的习俗 133;Yule Boar in,丹麦的"圣诞公猪" 461;Midsummer fires in,丹麦的仲夏节篝火 626

Departmental kings of nature,局部的自然之王 106

Depilation,剃尽毛发 681

Deputy,expedient of dying by,用替身代死的权宜处置 272,289

Devil-dancers,跳鬼者 542

Devils. see Demons,魔鬼,参考"恶魔" 56

Devonshire,harvest customs in,德文郡的收割习俗 445

Dharmé,the Sun-god,太阳神达梅 145

DI, Aryan root meaning "bright"DI,雅利安语词根,意思是"光明" 164

Diana,狄安娜 1,3,8;the Tauric,托里克的狄安娜 2,3,6;goddess of childbirth,狄安娜是育儿女神 3,141;goddess of fertility,狄安娜是繁殖女神 139-142;and Dianus,狄安娜与狄安纳斯 161-167

"Diand's Mirror","狄安娜的明镜" 1,711

Dianus and Diana,狄安纳斯与狄安娜 161-167

Dieri of Central Australia,the,澳大利亚中部的迪埃里人 64,65,115,548,603

Dinkas,the,丁卡人 269,565

Diodorus Siculus,狄奥多罗斯·西库勒斯（意为"西西里的"）365

Dione,wife of Zeus at Dodona,多多纳的狄娥娜,宙斯的妻子 151;the old consort of Zeus,宙斯的老伴 165

Dionysus,狄俄尼索斯 142,265,378;god of the vine,狄俄尼索斯是葡萄树神 386;god of trees,狄俄尼索斯是树神 387;the Flowery,狄俄尼索斯是花神 387;god of agriculture and the corn,狄俄尼索斯是农业谷物之神 387;and the winnowing fan,狄俄尼索斯与簸箕 388;horned,头上长角的狄俄尼索斯 390;live animals rent in the rites,of,狄俄尼索斯的祀仪上将活的动物撕为碎块 390,391;as a goat,狄俄尼索斯被想象为山羊 390;human sacrifices in his rites,在狄俄尼索斯的祀仪上以活人献祭 392;torn in pieces at Thebes,狄俄尼索斯在底比斯被撕裂为碎块 392;as a bull,狄俄尼索斯被想象为公牛 464,465;relations to Pans, Satyrs, and Silenuses,狄俄尼索斯同潘·萨蒂罗斯,以及西勒诺斯的关系 464;his resurrection perhaps enacted in his rites,狄俄尼索斯祀仪中表演其复活情景 468

Disease,demons of,expelled,驱除病魔 196,542;transferred to other people and to effigies,将病魔转嫁别人及偶像 539;sent away in little ships,轻舟送病魔 563

Divination,占卜 256,634,635

Divine animal, killing the,杀死神兽 499;as scapegoat,以神兽替罪 570,579

Divine Consort,the"神偶" 142

Divine Husbandman, in China,中国的神农 468

Divining rods,神杖 705

Divinities, human, bound by many rules,人神受许多规矩约束 262

Divinity of kings,国王的神性 162;growth of the conception of the,关于国王具有神性的观念的产生 162,165

Divorce of spiritual from temporal power,神权与世俗权力（政权）的分离 175-8

Dobrizhoffer,Father M.,道布利若弗尔神甫 254,255

Dodona,oracular spring at,多多纳的神谕清泉 147;Zeus and Dione at,多多纳的宙斯和狄娥娜 151;oracular oak at,多多纳的神谕橡树 159

Dodwell,E.,多德威尔 397

Dog, black, sacrificed for rain, 献祭黑狗求雨 73; used to stop rain, 用黑狗止雨 75; prohibition to touch or name, 禁止抚摸狗, 也不得说出"狗"字来 174; corn-spirit as, 认为谷精幻化为狗 448; of the harvest, "收割狗" 449

Dogs crowned, 狗戴花冠 3

Dollar-bird associated with rain, 金钱鸟与下雨联想在一起 72

Donar or Thunar, German thunder-god, 日耳曼人的雷神道纳尔, 或瑟纳尔 160

Doors opened to facilitate childbirth, 门户洞开便于产妇分娩 239; to facilitate death, 门户洞开使临死的人不再弥留 243

Dos Santos, J., 多斯·桑托斯 97

Dosuma, king of, 多苏马的国王 593

Doves, external soul in, 灵魂寄存在鸽子体内 670; Aeneas led to Golden Bough by, 埃涅阿斯由小野鸽领到金枝那里 703

Dragon, rain-god represented as, 以龙为雨神 74; or serpent of water, 以水蛇为雨神 146; at Midsummer, effigy of, 仲夏节间龙的偶像 655

Dramas, magical, 巫剧 140, 324; sacred, 神剧 374

Dreams, absence of soul in, 梦中灵魂离体 181; belief of savages in the reality of, 未开化的人相信梦境是真实的 181; festival of, 梦节 553

Drenching people with water as a rain-charm, 用水把人淋湿作为求雨巫法 69, 70, 341, 342

"Drink, Black" an emetic, 催吐药"黑色饮料" 486

Drinking and eating, taboos on, 关于饮、食的禁忌 198, 199; modes of drinking for tabooed persons, 受禁忌者的喝水方式 199, 208, 211, 219

Drought, supposed to be caused by the unburied dead, 以为干旱是由未葬的死者造成的 72; chiefs and kings punished for, 酋长与国王因干旱而受惩罚 86; supposed to be caused by a concealed miscarriage, 以为干旱由隐瞒流产造成的 209

Druidical festivals, so-called, 所谓督伊德教的节日 617

Druids, 德鲁伊德祭司(巫师) 110, 653, 654, 657, 659; of Ireland, 爱尔兰的督伊德祭司 621; and the mistletoe, 督伊德祭司与槲寄生 709, 710

Duchesne, 迪歇纳阁下 360

Dugong fishing, taboos in connection with, 有关捕捉人鱼的禁忌 217

Dulyn, the tarn of, on Snowdon, 斯诺登山上的杜灵湖 76

Dunkirk, the Follies of, 敦刻尔克的喜闹剧 654

Durian-tree, the, 榴梿果树 113

Dusns of Borneo, the, 婆罗洲的杜松人 225, 566

Dyaks, of Borneo, 婆罗洲的达雅克人 14, 16, 25, 182, 248, 249, 413, 496, 518; of Landak, 兰达克达雅克人 682; of Pinoeh, 皮努达雅克人 679; of Sarawak, 沙捞越的达雅克人 498; sea, 沿海达雅克人 239, 531; of Tajan, 塔扬的达雅克人 682

E

Ea, the great god, 伟神伊亚 326

Eagle, the bird of Jove, 鹰, 朱庇特的神鸟

148
Eagle-hunters, 猎鹰人 21,22
Eagle-owl worshipped by the Ainos, 阿伊努人(虾夷)崇拜雕鹗(猫头鹰) 515
Earth, inspired priestess of, 受大地之神感召的女祭司 94; marriage of the Sun and, 太阳与大地婚配 145; image of, praying to Zeus for rain, 大地神像，向宙斯求雨 159; Lithuanian prayers to the 立陶宛人向大地之神致祭的祷词 480; the priest of, 大地(神)的祭司 594
Earth demons, 阴间妖魔 492; goddess, 大地女神 396,434-7
Earthworms eaten by dancing girl, 舞女吃蚯蚓 497
East, ascetic idealism of the, 东方的禁欲主张 139
East Indian Islands, magic in the, 东印度群岛的巫术 18,21; epilepsy transferred to leaves in the, 东印度群岛土人将癫痫转到树叶上 539; demons of sickness expelled in little ships, 东印度群岛土人驱逐病魔，用小舟载之远去 564
East Indies, pregnant women forbidden to tie knots, 东印度群岛土人不许孕妇打结 238; reluctance of persons to tell their own names, 东印度群岛土人不愿说出自己的名字 246; bringing back the Soul of the Rice, 东印度群岛土人带回稻米的灵魂 372; the Rice-mother in the, 东印度群岛的稻娘娘 413
Easter, resemblance of the festival of, to the rites of Adonis, 复活节的仪式同对阿多尼斯的祀仪相似 345; assimilated to the spring festival of Attis, 复活节与春天的阿蒂斯节相同化 359; contro-versy as to the origin of, 关于复活节的起源的争论 361
Easter Eve, ceremonies on, 复活节前夕的仪礼 400,560; Saturday, new fire on, 复活节前夕的星期六新火 614; Sunday cermony observed by gypsies on, 吉卜赛人在复活节(星期日)遵行的仪式 568; Monday, festival on, 复活节次日(星期一)的节日活动 126; candle, 复活节蜡烛 614; fires, 复活节新火 614
Eating, out of sacred vessels, 食用圣皿中的食物 169; together, 共食 202; and drinking, taboos on, 饮食的禁忌 198; eating the god, 食神(肉) 479-94; the soul of the rice, "吃米魂" 482
Ebb tide, death at, 人在退潮时死亡 35
Eclipse, ceremonies at an, 日蚀时的仪式 78
Ecuador, human sacrifices in, 厄瓜多尔以人献祭 431
Edgewell Tree, the, 爱吉维尔(长生)树 682
Effigies, 偶像 468,491,494,539,568, 609,612-14,622,624,625,630,648, 655,658; of Carnival, 狂欢节的偶像 302; of Death, 死神的偶像 307,311; of Judas, 犹大的偶像 615; of Kupalo, Kostroma, and Yarilo, 库巴罗、柯斯特罗马，以及雅里罗的偶像; of Osiris, 奥锡利斯的偶像 376,382; of Shrove Tuesday, 忏悔星期二的偶像 305
Efugaos, the, of the Philippines, 菲律宾的埃富高人 498
Egbas, the, of West Africa, 西非的埃格巴人 274
Egeria, water-nymph, 伊吉利娅，清泉女神(水中仙女) 4,8,147,151,152,164
Egerius Baebius or Laevius, 伊吉利埃斯·

贝比埃斯或莱维埃斯 5
Egg-shells, the breaking of, 打碎蛋壳 201
Egypt, the Nativity of the Sun at the winter solstice in, 埃及人认为冬至是太阳的诞辰 358; in early June, 埃及的六月初（埃及尼罗河开始上涨） 369; the gods flee into, 诸神逃入埃及 391; the corn-spirit in, 埃及的谷精 443
Egypt, ancient, theocratic despotsm of, 古代埃及的神权专制 48; magicians in, 古代埃及的巫觋 52, 261; confusion of magic and religion in, 古代埃及巫术与宗教混同 53; ceremonies for the regulation of the sun, 古代埃及校准太阳的仪式 78; kings blamed for the failure of the crops in, 古代埃及国王因庄稼歉收而受谴责 87; sacred beast responsible for the course of nature in, 古代埃及主管自然进程的神兽 87; human gods in, 古代埃及的人神 96, 265; kings of, 古代埃及的国王 104, 142, 174, 238, 333, 378; queen of, 古代埃及的王后 142; personal names in, 古代埃及人的名字; reapers' lamentations and invocations to Isis in, 古代埃及收割者对伊希思的哀悼和召唤 338, 371, 424, 443, 444; sacrfice of red-haired men in, 古代埃及以红发人献祭 378, 379; human sacrifices in, 古代埃及人 443; religious attitude to pigs in, 古代埃及对猪所持的宗教态度 472; rams, sacred in, 古代埃及奉公羊为神圣 500; bulls as scapegoats in, 古代埃及以公牛为替罪者 571; story of external soul in, 古代埃及关于灵魂寄存于体外的故事 674
——, Lower, Sais in, 下埃及的赛伊斯（城） 373
——, Upper, temporary kings in, 上埃及的临时国王 286
Egyptian calendar, 埃及人的历法 368; festivals, 埃及人的节日 368, 369; religion, 埃及人的宗教 370; types of sacrament, 埃及人的圣餐类型 532-535
Elders, council of, in savage communities, 未开化人社会的长老议会 47
Elephant hunters, 猎象者 23, 594
Elephants, ceremonies observed at slaughter of, 宰象者遵行的仪式 522, 524; lives of persons bound up with those of, 与象的生命紧紧相连的人 685
Eleusine grain, 黍稷（籽粒） 483
Eleusinian mysteries, 厄琉西斯秘式 142, 393-395, 397, 398; priests, 厄琉西斯的祭司 259
Eleusis, rites of Demeter at, 厄琉西斯的得墨忒耳祀仪 376, 397; Demeter at, 得墨忒耳在厄琉西斯 393; Rarian plain at, 厄琉西斯附近的拉里亚平原 394
Elfin race averse to iron, 精灵鬼魅回避铁器 226
Elipandus of Toledo, 托莱多的以利班德 101
Elis, Dionysus hailed as a hull by the women of, 伊利斯的妇女欢呼狄俄尼索斯为公牛 390
Elisha, the prophet, 伊利沙, 预言家 334
Elk clan of the Omaha Indians, 奥巴哈印第安人的麋族 474
Embalming as a means of prolonging the life the soul, 使用防腐药物作为延长灵魂生命的手段 265
Emblica officinalis sacred in Northern India, 印度北方奉余甘子树为神树 119
Emin Pasha, 厄明·帕莎 196
Empedocles, his claim to divinity, 恩培多

克勒自称是神 96
Emu-wrens,鹩鹩—鹪鹩 689
Encounter Bay tribe,恩康特贝部落 603
Endymion,恩底弥翁 4,156
England,belief as to death at ebb tide in, 英格兰人关于退潮时死人的信念 35; anointing the weapon instead of the wound in,英格兰人不在伤口,而是在武器上抹油膏 42;May-trees and May-bushes in,英格兰的五朔节树与五朔节灌木 120-121;village May-poles in, 英格兰农村里的五朔柱 123;Jack-in-the Green in,英格兰的绿衣杰克(即花屋中人) 129;undoing locks and bolts at a death in,英格兰死人时打开锁和门闩 243;Harvest Queen in,英格兰的收获皇后 405;harvest customs in,英格兰收割期间的习俗 406,459,460; killing the wre in,英格兰杀死鹪鹩的习俗 536;the Yule log in,英格兰的圣诞节木柴 637;the mistletoe in,英格兰的槲寄生 662,663;birth-trees in,英格兰的生日树 682;cure for rupture or rickets in,英格兰治疗小儿疝气或佝偻病的方法 682
Epilepsy transferred to leaves,把癫痫转到树叶上 539
Epiphany,耶稣显现节 359,462,561
Ergamenes,king of Meroe,厄伽曼斯,美罗伊的国王 266
Erman,厄曼教授 377
Escouvion or *Scouvion*,in Belgium,比利时的埃斯科芬或斯科芬 610
Esne,festal calendar of,埃斯尼节气历 373
Esquimaux,爱斯基摩人 20,82,179, 244,317,529;of Alaska,阿拉斯加的爱斯基摩人 551,679;of Baffin Land,巴芬岛的爱斯基摩人 552;of Bering Strait,白令海峡的爱斯基摩人 193, 220,221,227,526,606;of Iglulik,伊格卢利克的爱斯基摩人 79
Esthonia,Shrove Tuesday customs in,爱沙尼亚的忏悔(节)星期二的习俗 315;harvest customs in,爱沙尼亚收割期间的习俗 456,460;Christmas Bqar in,爱沙尼亚的圣诞节公猪 462;Midsummer fires in,爱沙尼亚的仲夏节篝火 628
Esthonians,爱沙尼亚人 81,225,228, 307,481,530
Ethiopia,kings of,埃塞俄比亚的国王 200,273
Eubuleus,legendary swine-herd,传说中的牧猪人欧布路斯 469,470
Eucharist,圣餐 488
Eudoxus of Cnidus,赖德斯的尤道克斯 474
Eunuch priests,净身祭司 349,352
Europe,dancing or leaping high to make crops grow,欧洲习俗舞蹈跳高促使庄稼生长 28;the Hand of Glory in,欧洲的"光荣之手" 30;belief as to death at ebb tide in,欧洲人关于退潮时死人的信念 35;treatment of the navel-string and after-birth in,欧洲人处理脐带和胞衣的习俗 40;contagious magic in,欧洲的接触巫术 44;confusion of magic and religion in,欧洲巫术与宗教的混合 53,54;belief in magic in modern,现代欧洲对巫术的信念 56;rain-making ceremonies in,欧洲的求雨仪式 69; the May-pole or May-tree in,欧洲的五朔柱或五朔树 120;Midsummer festival in modern,现代欧洲的仲夏节 153;fear of having one's likeness taken

in,欧洲人害怕被照相或摄影 194;belief as to consummation of marriage being impeded by locks and knots,欧洲关于锁扣可以阻障新婚夫妇亲合的信念 240;the Corn-mother in Northern,北欧的五谷娘娘 399－412;Comparison between the Lityerses story and harvest customs in,欧洲收获期间的习俗与里提尔西斯故事的比较 426－431; "hunting the wren"in,欧洲"捕捉鹪鹩" 536;transference of evil in,欧洲转嫁灾祸的习俗 543－546;annual expulsion of demons among the heathen of,欧洲异教徒每年一次驱除妖魔 559;annual expulsion of witches in Central,中欧每年一次驱除妖巫 560;expulsion of embodied evils in,欧洲驱除托形于物体的鬼魅 568;the mistletoe in,欧洲的槲寄生 661;superstitions as to menstruous women in,欧洲关于月经来潮妇女的迷信 606;fire-festivals of,欧洲的篝火节 609－41;Midsummer fires in,欧洲的仲夏节篝火 622;need-fire in,欧洲的净火 638

Evil,transference of,转嫁灾祸 538－546;to animals,将灾祸转嫁动物 540－542;to men,将灾祸转嫁别人 542－543;in Europe,欧洲转嫁灾祸的习俗 543－546

Evils,expulsion of,public,公众驱邪 546;occasional,随时驱邪 547;periodic,定期驱邪 551;embodied,有形的邪魔 562;occasional,in a material vehicle,随时以物质器具送走邪魔 563;periodic,in a material vehicle,定期以物质器具送走邪魔 568

Ewe-speaking peoples of the Slave Coast,the,斯莱夫(奴隶)海岸讲克瓦语的埃维人 112,198;taboos observed by their kings,埃维人国王遵守的禁忌 172

Exogamy,族外婚 152

Eyeos,the,埃俄人 172,273

Ezekiel,the prophet,以西结,预言家 327

F

Face,of sleeper not to be painted or disfigured,人睡熟后不得在其脸上涂画或改变相貌 183;taboos on showing the,禁忌露出面孔 199;of human scapegoat painied half white,half black,替罪者的面孔涂成半边白半边黑 573

Faces,veiled to avert evil lnfluences,脸上蒙纱回避邪恶 200;blackened,面孔涂黑 213,462

Faditras among the Malagasy,马尔加什（马达加斯加）人中的法迪特拉 541

Fairies,averse to iron,仙灵回避铁器 226

Falling sickness transferred to fowls,把癫痫病转给家禽 545;mistletoe a remedy for,槲寄生可治疗癫痫 662

Fan tribe,the,范人部落 86

Fans of the Gaboon,加蓬的范人 684;of West Africa,西非的范人 495

Fans in homoeopathic magic,顺势巫术使用的扇子 26

Fasting obligatory,禁食的义务 23,26;of Catholics,天主教徒禁食的义务 448;of girls at puberty,少女青春期必须禁食 600,601

Father,called ofter his child,亲从子女 247;and mother,names not be mentioned,不得说父母的名字,250;of a god,神的父亲 333,334

Father-in-law, his name not to be mentioned, 不得说岳父的名字 249-51
Father May, 五朔节之父（五朔节游戏中扮演）126,127
Fatigue transferred to leaves, 将疲劳转给树叶 540
Fauns, rustian Italian gods, 孚恩（亦译法翁）意大利民间的神 464
Fazogl, Kings of, 法佐格尔的国王 266
Feast of All Souls, 万灵节 633; of yams, 节日 200 芋头节
Feet of enemies eaten, 吃掉敌人的脚 498
Felkin, Dr. R. W. R. W. 费尔金博士 535
Feloupes of Senegambia, 塞内冈比亚的菲洛普人 74
Female kinship or mother-kin defined, 女性亲属或母系亲属继承王位的规定 152; indifference to paternity of kings under, 在母系亲属的规定下无视国王的父系亲属关系 154; at Athens, 雅典关于母系亲属的规定 155; among the Aryans, 雅利安人中的母系亲属的规定 155
Fernando Po, Taboos observed by the kings of, 费南多波国王须遵守的禁忌 172,238
Fertilisation, artificial, 人工授精 114,378,580,582; of barren women, 对不孕妇女授精 581
Fertility, Diana as a goddess of, 狄安娜也是繁育女神 8; of women, magical images designed to ensure the, 用巫术图像使妇女繁育 14
Fetish kings in west Africa, 西非赋有神性的国王 177
Feuillet, Madame Octave, 奥克塔福·富丽特夫人 306

Fever, cures for, 治疗发烧的方法 343-345
Fig, artificial fertilisation of the, 无花果的人工授粉 378; human scapegoat beaten with branches of the wild, 用野无花果树枝抽打活的替罪者 579
Fig-tree, the sacred, 神圣的无花果树 136; artificial fertilisation of the, 无花果树的人工授粉 580,582
Fiji Islands, the, conception of the soul in, 斐济群岛土人关于灵魂的概念 179; notion of the absence of the soul in dreams in, 斐济群岛土人关于梦中灵魂离体的观念 182; catching away souls in, 斐济群岛上捉走灵魂 187; supposed effect of using chief's dishes or clothes in, 使用酋长的盘碟或衣服想象的后果 202; custom at cutting a chief's hair in, 斐济群岛酋长剪发的习俗 233; birth-trees in, 斐济群岛的生日树 682; drama of death and resurrection in, 斐济群岛演出死亡与复活的戏剧 695
Finland, cattle protected by the woodland spirits in, 芬兰家畜得到林中精灵保护 141
Finnish-Ugrian peoples, sacred groves of the, 芬兰—乌戈尔人的神树林, 111
Finnish wizards and witches, 芬兰的巫觋 81
Finns, 芬兰人 521
Fire, the god of, 火神 23; kept burning for the sake of absent warriors, 战士出征, 大祭司庙内炉火必须一直燃烧不灭 26; supposed to be subject to Catholic priests, 法国农民以为火听命于天主教神父 53; used to stop rain, 用火止雨 64; as a charm to rekindle the sun, 用火

重新点燃太阳之火的巫法 78;and Water,kings of,火王与水王 108,176,266;kindled by friction,摩擦点(燃篝)火 161,534,617,618,620,627,639,644,707;purification by,借火净化 197,198,213,648;"new","新火" 485,614;sacred,神火 486,534;"living","活火" 638;"wild","野火" 638;made by means of a wheel,用转轮生火 639;of heaven,天上之火 644;extinguished by mistletoe,火被槲寄生熄灭 659,662,706;primitive ideas as to the origin of,原始人对于火的来源的概念 707;(See also Bonfires, Fires, Need-fire,参看篝火、火、净火诸条)

Fire-festivals of Europe, the 欧洲的篝火节 609;interpretation of,篝火节的含义 641;solar theory of,篝火节的太阳说 642;purificatory theory of,篝火节的净化说 642,647;at the solsitces,夏至节与冬至节的篝火 643;a protection against witchcraft,篝火驱除妖巫 648;their relation to Druidism,篝火节与凯尔特人宗教仪式的关系 653

Fires, Perpetual,永恒的圣火 3,161,163,665,704;the Lenten,四旬斋篝火 609;Easter,复活节篝火 614;Beltane,贝尔坦篝火 617;Midsummer,仲夏节篝火 622;Hallowe'en,万圣节前夕的篝火 632,635;Midwinter,仲冬节篝火 636;extinguished before lighting the need-fire,点燃净火前所有的火皆熄 639;burning of effigies in the,在篝火中焚烧偶像 650;burning of men and women in the,在篝火中焚烧男人和妇女 652;the solstitial, perhaps suncharms,冬至节和夏至节的篝火可能都是太阳巫法 706

First-fruits,新谷登场 170,177,396,431,467,479,482,487

Fish,magical image to procure,画鱼置水中来捕鱼的巫术 18;sacred,古叙利亚人视鱼为神圣 473;treated with respect by fishing tribes,渔猎氏族尊敬鱼类 527;external soul in a golden,把灵魂寄存在金鱼体内 676

Fishing, homoeopathic magic in,捕鱼运用的顺势巫术 18

Flamen Dialis, the,古罗巴祭司狄阿力斯 151,235,244

rules of life prescribed for,为古罗巴祭司狄阿力斯制定的生活规律 174

Flaminica, the,弗莱明妮卡(古罗马祭司的妻子) 151;rules observed by,弗莱明妮卡遵行的规矩 174

Flanders, Ridsummer fires in,佛兰德地方的仲夏节篝火 630,646;the Yule log in,佛兰德地方的圣诞节木柴 637

Flax, homoeopathic magic at sowing,播种亚麻时的顺势巫术 28;prayers of old Prussians for the growth of,古普鲁士人求亚麻生长的祈祷文 288;giddiness transferred to,把眩晕转给亚麻 545;leaping over bonfires to make it grow tall,跳越篝火使亚麻长高 613,624,626

Flax-mother,亚麻妈妈 399

Flight of the king, at Rome,罗马国王的奔逃 157

Flowers, goddess of,女花神 588

Flute, magical, made from human leg-bone,用人腿骨制成的巫笛 30;skill of Marsyas on the,马西亚斯吹笛的技巧 354

Folk-customs, the external noul in,民间习俗中灵魂寄存于体外的观念 678-

701

Folk-tales, the external soul in, 民间故事中灵魂寄存于体外的观念 667-678

Food, homoeopathic magic for supply of, 供应粮食的顺势巫术 17; eaten dry, 吃干粮 21,29,68; tabooed, 食物的禁忌,21,22,238; taboos on leaving food over, 吃剩食物的禁忌 200

Fools, Bishop of, 傻瓜主教(狂欢会的主持人) 586

Footprints, contagious magic of, 脚印的接触巫术 44,45

Foreskins, used in mainmaking, 求雨时用的包皮 65

Fowler, W. Warde, 沃德·福勒 709

Foxes, burnt in Midsummer fires, 在仲夏节篝火中烧死狐狸 656,657; witches turn into, 妖巫变成狐狸 657

Framin in west Atrica, dance of women at, 西非弗拉明地方妇女的舞蹈 26

France, contagious magic in, 法国的接触巫术 44; peasants ascribe magical powers to priests, 法国农民认为祭司有巫术能力 53,54; images of saints dipped in water as a rain-charm in, 法国有些地区将圣徒像浸入水中作为求雨巫法 77; kings of, touch for scrofula, 法国国王用手抚摸可治疗瘰疬,90; custom of the Harvest-May in, 法国五月收获的习俗 118; May custom in, 法国五朔节的习俗 121; the May-pole in, 法国的五朔柱 124; harvest customs in, 法国收获时期的习俗 341,448-450, 453,445,457-459; the Corn-mother in, 法国的五谷娘娘 401; the dough man in, 法国的面团人 480; hunting the wren in, 法国捕捉鹪鹩的习俗 537; the king of the Bean in, 法国的豆荚王(狂欢节活动的主持人) 586; expulsion of witches in, 法国驱除妖巫的习俗 561; Lenten fires in, 法国的四旬斋篝火 610; Midsummer fires in, 法国的仲夏篝火 628-30,645; the Yule log in, 法国的圣诞节木柴 637; wicker-work giants burnt in 法国民间焚烧柳木做的巨人的习俗 655; mistletoe in, 法国的槲寄生 662; birth-trees in, 法国的生日树 682

Franche-Comte, dances in, to make hemp grow, 弗朗什孔泰人跳舞促使大麻生长 28; the goat at threshing in, 法兰西—康特地方打谷时的山羊 456; Frey, the Scandinavian god of fertility, 福瑞,斯堪的纳维亚的丰产繁殖之神 143

Fricktal, Switzerland, the Whitsuntide Lout in, 瑞士弗利克茨尔地方的降灵节土佬 128

Friction, fire kindled by, 摩擦点火 129
(See under Fire, 参考"篝火")

Friesland, East, the clucking hen at threshing in, 东弗里斯兰打谷时学母鸡咯咯的叫声 451

Frigg, the Norse goddess, and Balder, 北欧女神弗丽嘉和巴尔德尔 607

Frog in magic, 巫术中用的青蛙 31,73, 131; maladies transferred to frogs, 把疾病转给青蛙 544

Frog-flayer, the, in Whitsuntide pageant, 降灵节游行表演中的剥蛙人 130

Frosinone in Latium, burning an effigy of the Carnival at, 拉丁姆的弗罗齐诺内地方焚烧狂欢节的偶像,302

Fruit-trees, fertilised by fruitful women, 由多子女的妇人授予果树多产的功能 28; homoeopathic magic in relation to, 关于果树的顺势巫术 29; threatened to make them bear fruit,威胁果树结果 113;worshippers of Osiris forbidden to injure,奥锡利斯的崇拜者不得损伤果树 380;wrapt in straw as precaution against evil spirits,用稻草包裹果树预防邪恶精灵 561;fires lit under,在果树下点燃篝火 632;fumigated with smoke of need-fire 用净火烟熏果树 641;fertilised by burning torches,用燃烧着的火炬促使果树多产 647

Fuegian charm to make the wind drop,火地岛人用巫术使风停息 80

Fumigation,with laurel,用月桂树烟熏 95;of flocks,烟熏羊群 478;with juniper and rue,用红松和芸香烟熏 560;of fruit-trees and nets,烟熏果树和渔网 641;of crops,烟熏庄稼 645

Funeral customs,殡葬习俗 185,190,227,542;rites,殡葬礼仪 367,375

G

Gaboon, theory of the external soul in the,加蓬人关于灵魂寄存体外的见解 684

Gabriel,the archangel,大天使加百列 13,241

Galela,dread of menstruous women in,加勒拉人害怕月经中的妇女 604

Galelareese of Halmahera,(印尼)哈尔马赫拉岛上的加勒拉人 29-31

Galicia,harvest customs in,加利西亚的收获习俗 451

Gallas,盖拉人 98,118;kings of the,盖拉人的国王 10

Galli,the emasculated priests of Attis,伽里,阿蒂斯的净身祭司 348

Ganesa,the image of,甘尼萨神像 482;

Gardens of Adonis,阿多尼斯的园圃 341-7

Garos of Assam,阿萨姆(邦)的加罗人 72,568

Gascon peasants, their belief in the magical power of priests,加斯科农民相信神父的巫术法力 54

Gatschet,A. S.,A. S. 盖希特 255

Gaul,ancient, human sacrifices in,古代高卢以活人献祭 65;the mistletoe in,古代高卢的槲寄生 659

Gauri,harvest goddess,戈里,收获女神 420

Gayos sf Sumatra,苏门答腊的芥莪人 141

Gazelle Peninsula,加泽尔半岛 251;the Inghiet society in the 加泽尔半岛的英格尼厄特秘密社团 680

Ceomancy in China,中国的土占 36

Germany,contagious magic in,德国的接触巫术 39,42,45;worship of women in ancient,古代日耳曼人崇拜妇女 97;tree-worship in,德国的树木崇拜 110;Harvest-May in,德国的收获五月 118;use of May trees in,德国五朔树的用途 119;races at Whitsuntide in,德国降灵节期间的竞赛 124;Worship of the oak in,德国的橡树崇拜 160;belief as to the escape of the soul in,德国关于灵魂逃逸的信念 182;superstition as to cut hair in,德国关于剪发的迷信 234;the Corn-mother in,德国的五谷娘娘 399;the Old woman in,德国的"老太婆" 400

names given to the last sheaf in,德国为田里最后一捆谷子取的名字 401

harvest customs,德国的收获习俗 402,

408,427,449,451,453,454,458-460; the Corn-spirit in,德国的谷精 448; the harvest cock in,德国的"收获公鸡" 451,479; pig's bones in connetion with sowinp in,德国猪骨和播种的关系 461; Lenten fires in,德国的四旬斋篝火 612; Easter fires in,德国的复活节篝火 614; Midsummer fires in,德国的仲夏节篝火 623; the Yule log 德国的圣诞节木柴 637; need-fire in,德国的净火 641; mistletoe in,德国的槲寄生 662, 702; oak-wood for cottage fires at Midsummer in,德国的仲夏节间以橡木点起农家用火 665; stories of the external soul in,德国关于灵魂寄存体外的故事 672; birth-trees in,德国的生日树 682

Gerontocracy in Australia,澳大利亚的老人政府 83

Getae,human god among the,基提人中的人神 97

Ghansyam Deo,a deity of the Gonds,甘西阿姆狄欧,贡德人的神 571

Ghosts,鬼魂 84,185,190,207,216, 226,253,491,551; of the slain,被杀害者的鬼魂 212-215,227; of animals, dread of,害怕动物的灵魂 223,520-524,526; Giant who had no heart in his body,stories of the,心脏不在体内的巨人的故事; mythical, supposed to kill and resuscitate lads at initiation,以为神怪巨人在成年礼时杀死受礼少年又使之复活 695

Giants,wicker-worp,柳木制巨人 654, 655

Giddiness,cure for,治疗昏眩的方法 545

Gilyaks of the Amoor,阿穆尔的吉利亚克人 510-514,517,530

Gingiro,king of,金吉罗的王 270

Gippsland blacks,吉普斯兰黑人 248

Girl,annually sacrificed to cedar tree,每年用童女向雪松献祭 112; sacrificed to a crocodile,用童女向鳄鱼献祭 145; sacrificed for the crops,献祭少女祈求庄稼丰收 432; and boy, need-fire kindled by,童男童女点燃净火 640

Girls,married to nets,将少女嫁给渔网 144; used in rain-making,用少女求雨 210; seclusion of, at puberty,少女青春期要隔离 595-607

Glory,the Hand of,光荣的手 30

Gnabaia,an Australian spirit,格那巴亚,澳大利亚的精怪 693

Goajiros of Colombia,哥伦比亚的瓜希拉人 252

Goat,blood of,sucked by priest as means of inspiration,祭司吮吸羊血借以获得神灵感召 94; sacrificed,以山羊献祭 365,391,436; in relation to Dionysus,山羊与狄俄尼索斯的关系 390,464; last sheaf in form of a,最后一捆谷子扎成山羊形状 454; killed on harvestfield,在收割地里杀死山羊 455; effigy of a,山羊的偶像 456; sacred animal of a Bushman tribe,布须曼人部族以山羊为神圣动物 474; relation of, to Athena,山羊跟雅典娜的关系 477; evils transferred to,将灾祸转嫁给山羊 540; an scapegoat,以山羊替罪 565

God,savage ideas of,未开化人对神的概念 92; the killing and resurrection of a,杀神和神的复活 301,538; the Dying and Reviving,神的死亡和复活 386; killed in animal form,神以动物的形体被杀 391; the animal enemy of, originally identical With the god,与神

为敌的动物原来曾是该神 391；eating the，食神 479-494,498；dying, as scapegoat，神作替罪者而死 539,576；killing of the,in Mexico，墨西哥的杀神习俗 587-592；(See also Gods，参考"诸神条")

God-man,a source of danger，人神是危险的根源 202

Goddesses, of fertility served by eunuch priests，繁殖女神由净身祭司供役 349；personated by women，女神由妇女扮演 589

Gods, appeal to the pity of, as a rain-charm，巫法祈求诸神怜悯赐给甘霖 75；incarnate human，神化身为人 91-106,162；conception of, slowly evolved，神的概念是逐渐演化的 91；and goddesses, dramatic weddings of，男女神祇的戏剧性婚配 140；the marriage of the，诸神的婚姻 142-145；created by men in their own likeness，人按自己的形象创造神 260；their names tabooed，神名的禁忌 260-262；mortality of the，神也死亡 264；death and resurrection of，神的死亡和复活 385-386,388；distinguished from spirits，神和精灵的区别 411

Gold Coast, negroes of the，黄金海岸的黑人 118；expulsion of demons on the，黄金海岸驱除恶魔 550,554,555

Golden Bough，金枝 3,593,701-711

Golden Fleece,ram with，长着金色羊毛的公羊 290

Goldi,bear-festivals of the，戈尔德人的熊节 514

Goliath, staw man stabbed at Whitsuntide，歌利亚，降灵节用茅刺的稻草人 133

Gonds of India，印度的贡德人 433,571

Good Friday, ceremony in Greep churches on，希腊教会耶稣受难日的纪念仪式 345；expulsion of witches on，希腊教会耶稣受难日驱除妖巫 560

Gorillas, lives of persons bound up with those of，人的生命跟大猩猩的生命联系在一起 685

Gossips of St. John，圣约翰的密友 344

Gouri,Indian goddess of fertility，印度繁殖女神古丽 343

Gout,remedy for，痛风的治疗法 196；transferred to trees，将痛风转到树上 546

Gran Chaco,Indians of，格兰查科的印度安人 182,601

Granada, youthful rulers secluded in，格拉纳达年轻的统治者须受隔离 595

Grandmother, name given to last sheaf，给最后一捆谷子取名叫老奶奶 401

Grannas-mias,torches，格兰纳—米亚火炬 611

Grannus,a Celtic deity，格兰纳斯，凯尔特人的神祇 611

Grass king,the，草王 130,299

Grass knotted as a charm，在草上打结的一种巫术 242

Grasshoppers,in homoeopathic magic，顺势巫术中用的蚱蜢 37；sacrifice of，以蚱蜢向神献祭 541

Grave,soul fetched from，从坟墓里迎回生者的灵魂 185；of Zeus，宙斯的坟墓 265；of Dionysys，狄俄尼索斯的坟墓 265,389；of Osiris，奥锡利斯的坟墓 365,378；dance at initiation in a，在墓穴中举行割礼（成年礼）时的舞蹈 693

Grave-clothes, homoeopathic magic of, in China，中国顺势巫术应用的寿衣 35；

no buttons in,寿衣上不钉纽扣 243
Graves,rain-charms at,在坟墓上进行的求雨巫法 62,71;tress planted on,坟墓上栽种的树木 115
Greasing the weapon instead of wound,不在伤口而在武器上涂油膏 41
Great Mother,last sheaf called,最后一捆谷子叫作大娘娘 401
Grebo people of Sierra Leone,塞拉利昂的格雷博人 174
Greece,priestly kings in,希腊的专司祭祀之王 9;ceremony performed by persons supponed to have been dead,希腊为假定已死之人举行的仪式 15;homoeopathic magic in,希腊的顺势巫术 16,34;sacrifice of pregnant victims to ensure fertility in,希腊以已孕妇献祭谋求增产繁殖 28;contagious magih in,希腊的接触巫术 44;rain-maping in,希腊的求雨习俗 69,77;sanctity of kings and chiefs in Homeric,荷马史诗中的希腊国王与酋长被奉为神 89;forests of,希腊的森林 110;tree worship in,希腊的树木崇拜 111;custom as to foundations of new buildings in,希腊关于新建筑物奠基的习俗 191;custom as to man-slayers in,希腊有关杀人者的习俗 216;names of the priests of the Eleusinian mysteries not to be mentioned in,希腊不许说出厄琉西斯秘仪的祭司的名字 259;the eight years' cycle in,希腊国王任职期限八年 279;human sacrifices in,希腊以人献祭 290;mode of ridding the fields of mice in,希腊驱除庄稼地里老鼠的方法 530;scapegoats in,希腊的替罪羊 541,578;Midsummer fires in,希腊的仲夏节篝火 631;stories of the external soul in,希腊关于灵魂寄存体外的故事 670
Greep belief that the sun rode in a chariot,希腊人的信念以为太阳驾着双轮马拉车在天空行驶 79;calendar,希腊的历法 279;charms,希腊的巫法 31;Church,ceremonies on Good Friday in the,希腊教会的耶稣受难日仪式 345;divinities who died and rose again,希腊死而复生的诸神 386;maxim not to look at one's reflection in water,希腊箴言,不看水中自己的倒影 192;maxim not to wear rings,希腊箴言:不戴环圈一类东西(戒指、耳环、镯子等) 243;mythology,Adonis in,希腊关于阿多尼斯的神话 325,327;ritual of expiatory Sacrifices,希腊献祭赎罪的仪礼 473;sanctuaries,iron not to be brought into,希腊不得将铁器带入神殿的习俗 224;superstitions as to certain woolen garments and stones 希腊关于某些羊毛服装以及石头的迷信 32
Green Corn Dance,青谷舞 486
____,George,绿衣乔治 126,128
____,Wolf,brotherhood of the,绿狼兄弟会 628,664
Greenland,woman in childbed thought to control the wind in 格陵兰人以为产妇能够控制风 80;belief in the mortality of the gods in,格陵兰人相信神也是要死的 264
Grey,George,乔治·格雷爵士 689
Grimm,Jacob,雅各·格林 709
Grove,Arician,阿里奇亚丛林 5,163,301;Balder's,巴尔德尔的丛林 608;soul of the chief in a sacred,酋长的灵魂存放在神树林内 681
Groves,sacred,神树林 110,111;to Di-

ana,奉献给狄安娜的神树林 140
Guanches of Teneriffe,特纳里夫岛上的广奇人 75
Guarani Indians,瓜拉尼印第安人 29,601
Guatemala,the Indians of,危地马拉的印第安人 687
Guayaquil,Indians of,瓜亚基尔的印第安人 431
Guaycurus,the,圭库鲁人 82
Guayquiries of the Orinoco,奥里诺科的圭基里人 605
Guiana,Indians of,圭亚那印第安人 181,601
Guinea,priestly kings in,几内亚的专任祭司的王 169;belief of negroes in dreams,几内亚黑人相信梦中的一切 182;human sacrifices in,几内亚以人献祭 433;annual sacrifice of oxen at great Bassam,几内亚的大巴撒姆地方每年以牛献祭 467;expulsion of the devil in,几内亚的驱邪 554;seclusion of girls at puberty in,几内亚的少女青春期要隔离 597
Gunputty,elephant-headed god,象首人身的神甘菩提 100
Gypsies,Green George among the,吉卜赛人中的绿衣乔治 126;annual ceremony performed by the,吉卜赛人一年一度的驱除疾病的仪式 568

H

Hag(*wrach*),name given to the last corn cut in Wales 威尔士最后割下的谷子取名叫巫婆 403,404
Haida Indians,海达印第安人 27,35

Hair,used in magic,巫术中使用的头发 13,233-235;charms,用头发作巫法 28,29,32;tabooed,对头发的禁忌 231;disposal of cut,对剪下的头发的处置 233;external noul in,灵魂寄存在头发中 670;strength bound up with,体力与头发紧密结合在一起 680;of criminals,wizards,and witches shorn,剃光罪犯、术士和妖巫的头发 681
Hair-cutting,ceremonies at,剪发时的仪式 233
Halfdan the Black,Norwegian king,黑脸哈弗丹,挪威国王 379
Hallowe'en,万圣夜 609;fires,万圣夜的篝火 632-636;divinations at,万圣夜的预卜 634;wihches,fairies,and hobgoblins let loose at,万圣夜妖巫、仙灵、小精怪纷纷出来活动 634;and Beltane,the two chief fire festivals of the British Celts,万圣夜和贝尔坦节是不列颠凯尔特人的两个主要篝火节 656
Halmahera,driving away devils in,哈尔马赫拉岛上的驱邪 548
Hand of Glory,光荣的手 30
Hands,tabooed,手的禁忌 204-206,208,210,212,214,233;not to be clasped,两手十指不得交叉握 240;of enemies eates,吃敌人的手 498
Hannibal,his retirement from Italy,汉尼拔退出意大利 384
Hanover,harvest customs in,汉诺威的收获习俗 400,401,454;Easter bonfires in,汉诺威的复活节篝火 615
Hare,corn-spirit as,想象谷精化为野兔 452
Hares not eaten lest they make the eaters timid,不吃野兔肉,恐怕吃后使人胆怯

495; witches changed into, 妖巫变成野兔 657

Haroekoe, East Indian island, fisherman's magic in, 东印度哈鲁库岛上渔民的巫术 18

Harpocrates, the younger Horus, 哈波克雷特斯, 小贺鲁斯 364

Harran, moursing for Tammuz in, 哈兰地区悼念塔穆兹 338; legend of Tammuz in, 哈兰地区关于塔穆兹的传说故事 442; human sacrifices in, 哈兰地区以人献祭 444

Harvest, rain-charm at, 收获期间求雨巫法 341; custom of the Arabs of the Moab at, 摩阿布阿拉伯人的收获习俗 372, 378; expulsion of devils after, 收获之后驱邪 557, 575

Harvest child, 收获小孩 406; cock, 收获公鸡 451; customs, 收获习俗 400-10; goat, 收获山羊 454; hen, 收获母鸡 451; May, 收获五月 118, 142; mother, 收获娘娘 401

Harz Mountains, 哈尔茨山区 42; Carnival in the, 哈尔茨山区的狂欢节 307

Hawaii, capture of souls by sorcerersin, 夏威夷巫师捉人生魂 188; festival of Macahity in, 夏威夷的马卡希提节 282, 283

Hawk, Isis in the form of a, 伊希思以鹰的形象出现 364

Hawks revered by the Ainos, 阿伊努人崇敬老鹰 516

Hawthorn at doors on May Day, 五朔节人家门前的五朔树 121

Hays of Errol, 埃罗尔的赫家 702

Head, prohibition to touch the, 禁止摸头 207, 230, 231; regarded as sacred, 人的头部被视为神圣的 230; tabooed, 头部的禁忌 230-231; supposed to be the mesidence of spirits, 以为人的头部是神灵所居住之处 230; of horse in Roman sacrifice, 罗马祭祀中的马头 478; (See also Heads, 参考"头部")

Head-hunters, 猎取人头者 433

Headache, caused by clipped hair, 剪下的头发使人头痛 234, 237; transferred to animal, 把头痛转给动物 540

Heads, of lac gatherers not to be cleansed, 虫胶采集者不得洗头 21; of man-slayers shaved, 杀人者剃光头发 215; of dead kings removed, and kept, 已死国王的头被摘下来保存起来 295; (See also Head, 参考"头")

Heart, of Dionysus, 狄俄尼索斯的心 388, 389; of jackal not eaten lest it make the eater timid, 不吃豺心, 唯恐吃后使人胆怯 495; of lion or leopard eaten, 吃狮子或豹子的心 495; of water-ouzel eaten to acquire wisdom and eloquence, 吃河马使人聪明且能言善道 496; of wolf and of bear eaten to acquire courage, 吃狼和熊的心使人勇敢 496

Hearts, of men and animals offered to the sun, 向太阳献祭人和动物的心 79, 589; of dead kings eaten by their successors, 继任国王吃已死前王的心 295; of men sacrificed, 戏祭人心 431; of men eaten to acquire their qualities, 吃人心获其品性才能 497

Heaves, between, and earth, 天、地之间 592-607; fire of, 天火 644; Queen of, 天后 711

Hebrew prophets, their ethical religion, 希伯来先知, 他们的道德宗教 51

Heitsi-eibib, Hottentot god or hero, 赫兹—厄比, 霍屯督人的神或英雄 264

Helen of the Tree,树上的海伦 356

Heliogabalus,sun-god at Emesa,赫里奥盖布勒,埃美莎的太阳神 330

Helle and Phrixus,children of King Athamas,赫尔和费里克索斯,国王阿塔玛斯的子女 290

Hemp,promoting the growth of,促使大麻生长 28,624

Hen,sacrificed by woodman before felling tree,伐木者砍树前先用母鸡献祭 112;heart of,not eaten,不吃母鸡的心 495

Hera,adoption of Hercules by,赫拉收赫拉克勒斯为养子 14;and Zeus,their marriage,赫拉和宙斯的婚姻 143

Heracles,赫拉克勒斯 14,425,443

Hercynian forest,赫尔兴尼森林 109

Herdsmen dread witches and wolves,牧人害怕妖巫和狼 649

Hermotimus of Clazomenae,克莱佐孟纳的赫尔莫替墨斯 185

Hermutrude,legendary queen of Scotland,赫尔穆特鲁德,传说中的苏格兰王后 155

Hialto,how he became brave,希奥尔图是怎样变得勇敢的 496

Hidatsa Indians,海达泽印第安人 111,690

Highlands of Scotland,the,magic to catch fish in,苏格兰高地的巫法捕鱼 18;St. Bride's Day in,苏格兰高地的圣布利德节 134;iron as a charm against fairies in,苏格兰高地以铁器为防御精灵的巫法 226;saying about combing hair at night in,苏格兰高地关于夜晚梳发的说法 234;Knots untied at marriage in,苏格兰高地结婚时要解开一切结扣的习俗 241;beating the cow's hide in,苏格兰高地抽打牛皮的习俗 538;Beltane fires in,苏格兰高地的贝尔坦节篝火 617-620;Hallowe'en fires in,苏格兰高地的万圣节前夕篝火 635;need-fire in,苏格兰高地的净火 641;story of the external soul in,苏格兰高地关于灵魂寄存体外的故事 673

Hilaria,festival of joy,希拉利亚,欢乐的节日 350

Hindoo charm,印度人的巫法 30;trinity,印度人的三相神 52;superstition,印度人的迷信 114

Hindoo koosh,sacred cedar ;of the,兴都库什的神柏 95;expulsion of demons in the,兴都库什地区的驱邪 557

Hindoos,印度人 15,101,180,343,602,669;of southern India,印度南方的印度人 482

Hippasus,torn to pieces by Bacchanals,希巴索斯在酒神节时被酒徒们撕裂献祭 292

Hippodamia and Pelops,希波达弥亚和佩洛普斯 156

Hippolytus,希波吕托斯 4,5,301,477

Hippopotamus,ceremony after killing a,杀死一只河马举行的仪式 523

Hogmanay,Highland custom on,苏格兰高地霍格玛内(即除夕)的习俗 538;song in the Isle of Man,马恩岛上的除夕之歌 634

Holiness,and pollution not differentiated by navages,未开化的氏族对神圣与玷污二者的概念不分 222;conceived as a dangerous virus,认为神圣的东西是一种危险的力量 474;as a dangerous physical substance which needs to be insulated,视神圣的东西为危险之物需要

予以隔绝 594

Holland,"killing the Hare"in,荷兰的"杀兔";Easter fires in,荷兰的复活节篝火 617;the mistletoe in,荷兰的槲寄生 662

Honduras,Indians of,洪都拉斯的印第安人 687

Honey-wine,continence at brewing,酿制蜜酒时要禁欲 219

Hooks used in magic,巫术中使用的钩 27;to catch souls,巫术中用钩捉人灵魂 180,185

Horns,blown to ban witches,吹牛角逐妖巫 561;to expel demons,吹牛角驱妖邪 568

Horse,prohibition to see a,禁止看马 172;prohibition to ride,禁止骑马 174;last sheaf given to,最后一捆谷子给马吃 408,460;corn-spirit as a,谷精幻化为马 459;"fatigue of the""累得像马似的(筋疲力尽)" 460;"Cross of the","马谷子" 460;Virbius and the,维尔比厄斯和马 476;sacrificed to Mars,以马献祭玛尔斯(战神) 478,578;red,sacrifeed as a purification of the land,献祭红马祓洁其地 570

Horse-headed Demeter,马首人身的得墨忒耳 471

Horses,Hippolytus killed by,希波吕托斯被马所杀 5,301;excluded from Arician grove,马不得进入阿里奇亚丛林 5,477;sacrificed to the sun,以马献祭太阳 79;driven through the needfire,赶马从净火中穿过 639,640

Horus,his eye injured by Typhon,贺鲁斯的眼睛被泰丰所伤 475;the younger,son of Isis and the dead Osiris,小贺鲁斯,伊希思与已故的奥锡利斯的儿子 364,367

Hos,of North-eastern India,印度东北部的荷人 556;of Togoland,多哥兰的霍人 232,239,241,555

Hother,the blind bod,and Balder,霍德尔(双目失明的神)与巴尔德尔 608

Hottentots,霍屯督人 45,80,221,265

House,taboos observed after building a new,新房建成后遵守的禁忌 117;Ceremony on entering a new,住进新房时举行的仪式 186;taboos on quitting the,离开住宅时的禁忌 200

House-building,建造新屋 30;continence observed at,建造房屋时遵行禁欲 220

Housebreakers,charms employed by,抢劫者侵入人家住宅使用的巫法 30

Howitt,A.W.霍威特 44,234

Hudson Bay Territory,赫德森湾地区 605

Huichol Indians of Mexico,墨西哥的惠乔拉科尔印第安人 23,32

Huitzilopochtli,or Vitzilipuztli,a great Mexican god 徽兹罗波契特利,或维兹里朴茨特里,墨西哥的一位大神 488

Human sacrifices("See under Sacrifices")以人献祭,参考"献祭"

Hungary,Whitsuntide Queen in,匈牙利圣灵降临节间的王后 131;continence at sowing in,匈牙利播种时禁欲 138;harvest cock in,匈牙利的收获公鸡 451;custom at threshing in,匈牙利打谷时的习俗 458;women fertilised by being struck with certain sticks in,匈牙利妇女经用某种枝条抽打后而多育 581;Midsummer fires in,匈牙利的仲夏节篝火 627,644

Hunters,employ homoeopathic magic to

ensure a catch,猎人运用顺势巫术谋求多所捕获 18;taboos observed by and for,猎人遵守的禁忌 19,20,23;employ contagious magic of footprints,猎人运用足迹施行接触巫术 45;tabooed,禁忌的猎人 216;chastity of,猎人的贞操 217;luck of, spoiled by menstruous women,月经中的妇女会破坏猎人的好运 605-6

Hurons,休伦人 144,179,527,550

Husband,taboos observed in his abesnce,丈夫外出期间妻子遵守的禁忌 21-25;his name not to be pronounced,妻子不得说丈夫的名字 248,249;and wife,name given to two fire-sticks,用来摩擦生火的两根木柴叫作"夫妻" 484

Huzuls of the Garpathians,喀尔巴阡山区的胡祖尔人 20,234,541,638

Hyaenas, supposed power over men's shadows,以为鬣狗踩着人影,人便不能说话和行动 190

Hymn to Demeter, Homeric,荷马式的得墨忒耳赞歌 393

Hymns to Demetrius Poliorcetes,献给德米特利厄斯·波里奥瑟蒂斯的赞歌 97;to Tammuz,塔穆兹赞歌 326

Hyrrockin,a giantess,女巨人希罗金 608

I

Ibadan,king of,伊巴丹的国王 295
Ibans of Sarawak,沙捞越的伊班人 531
Ibn Batutah,伊本·白图泰(著名的阿拉伯旅行家) 145
Ibos of the lower Niger,下尼日尔的伊博人 685

Iddah,divinity claimed by king of,依大的国王自称为神 99
Ignorrotes,the,伊格诺罗特人 115
Ijebu tribe,艾杰布部族 281
Ilocanes of Luzon,the,吕宋的伊罗卡诺人 113
Images,magical,巫术的人像 13,14;dipped in water as a raincharm,将圣徒像浸入水中的求雨巫法 77;of Osiris made of vegetable mould,菜园腐殖土捏的奥锡利斯像 374-377;vicarious use of,以图像代替 492;of gods, suggested origin of,神像起源于设想 501;demons conjured into,妖魔被赶入木像中 563,568;colossal,filled with human victims and burnt,巨大木像中填满人牺烧死 654

Imagination,death from,由想象的恐惧致死 204

Immortality,Egyptian hope of, centred in Osiris,埃及人以奥锡利斯的死亡与复活神话来寄托长生不死的希望 367,376,382;hope of, associated with the Eleusinian mysteries,厄琉西斯秘仪反映的人对长生不死的希望 398

Impregnation of women by the sun,妇女因受太阳受孕 603

Inca,fast of the future,古秘鲁印加(王位)继承人基前必须斋戒 595

Incarnation,of gods in human form,神化身为人 91;examples of temporary,神暂时附身于人的事例 93;of divine spirit in Shilluk kings,希卢克人的国王有神灵附体 267

Incas of Peru,秘鲁的印加人 40,104,236,553

Incense,inhaled to produce isspiration,吸入薰香后神灵附体说出神谕 95;used in exorcism, 焚香袪魔 195; burst at the rites of Adonis, 阿多尼斯仪式上焚香 337; burnt in honour of the Queen of Heaven, 向天后焚香顶礼 337; burns as a protection agaist witches, 焚香驱巫 561

Incest, 乱伦 141, 332

India, ascendency of sorcerers over gods in modern, 近代印度巫师对诸神发号施令 52; rain-charm, in, 印度求雨巫法 71; incarnate human gods in, 印度化身为人的神 93; ceremony of rebirth in, 印度人重生的仪式 197; story of the transference of human souls in, 印度灵魂转附他人(物)体内的故事 184; images of Siva and Parvati married in, 印度人将湿婆神像同雪山神女的神像举行婚礼 319-320; human sacrifices in, 印度以活人献祭的习俗 433; use of animals as scapegoats in, 印度以动物替罪 565; girls secluded at puberty in, 印度少女青春期隔离的习俗 602; torture of suspected witches in, 印度对有妖巫嫌疑者的拷问 681

———, ancient, ceremony performed by persons supposed to have been dead in, 古代印度被误认为已经死亡的人必须履行的仪式 15; magical nuture of ritual in, 古代印度祭祀的巫术性质 53; magical power of kings in, 古代印度国王的巫术能力 89; maxim not to look at one's reflection in water in, 古代印度关于勿向水中看自己的倒影的箴言 192

———, Central Provinces of, rain-charms in, 印度中部地区的求雨巫法 73; sacred trees in, 印度的神树 119; peacock worshipped among the Bhils of, 印度的比尔人崇拜孔雀 474; expulsion of disease in, 印度人驱除病魔的做法 565

———, North-eastern, harvest hore festival in, 印度东北地区的收获归仓节 556

———, Northen, the Emblica *officinalis* sacred in, 印度北方把余甘子树当作神树 119; coco-nuts sacred in, 印度北方认为椰子是最神圣的果实 119; eyes of owl eaten in, 印度北方人吃猫头鹰的眼睛 496

———, South-eastern, precautions against demon of smallpox in, 印度东南部地区驱除天花病魔的习俗 549

———, Southern, inspired priest in, 印度南方神灵附体的祭司 94; husband's name tabooed in, 印度南方丈夫名字的禁忌 249; kings formerly killed after a twelve years' reign in, 印度南方古代国王任期十二年届满后自到而死 274; ceremonies at eating the new rice in, 印度南方每年吃新米的仪式 482; expulsion of demon in, 印度南方的驱邪 563

Indian ceremonies analogous to the rites of Adonis, 跟阿多尼斯仪礼类似的印第安人的仪式 336; legend parallel to Balder myth, 跟巴尔德尔神话相似的印第安人的神话故事 701

———, Archipelago, the, headhunting in, 印度群岛土人猎取人头 441; expulsion of diseases in, 印度群岛土人驱除病魔 566; birth-custom in, 印度群岛新生婴儿的习俗 679

Indonesian ideas of the rice soul, 印度尼西亚人关于稻米有灵魂的观念 414; treatment of the growing rice as a breeding woman, 印度尼西亚土人对待抽穗灌浆时的稻秧跟对待哺乳的妇女

一样 414
Indra, great Indian god, 印度最高神因陀罗(亦译帝释天) 67
Industrial progress essential to intellectual progress, 工业进步是知识进步的根本 48; evolution from uniformity to diversty of funcion, 单一性的职能向多样性的职能进化 106
Infanticide, 杀婴(献祭) 293
Infants, exposed to attacks of demons, 婴儿受邪魔袭击 226,245; tobooed, 禁忌的婴儿 231
Infidelity of wife thought to injure absent husband, 妻子不贞被认为会给在外的丈夫招致灾祸 23,25
Ingiald, son of King Aunund, 殷吉奥德, 国王奥楠德的儿子 496
Ingniet or Ingiet, a secret society, 英格尼厄特或英吉厄特, 一个秘密社团 680
Initiation, rites of, 成年礼(割礼)的仪式 692,693
Innovations, the savage distrust of, 未开化人不信革新 225
Ino and Melicertes, 伊婼与墨利色蒂斯 290,291
Inquisition, the, 宗教法庭 102,103
Insects, homoeopathic magic of, 利用昆虫进行顺势巫术 31; charms to protect the fields against, 用巫法防治地里的害虫 530,531
Inspiration, 神灵感召 93; two modes of producing temporary, 招致神灵临时感召的两种方式 94; prophetic, 神灵的预言性启示 354; savage theory of, 未开化人关于神灵感召的理论 356
Intellectual progress dependent on economic progress, 智力的进步依赖于经济的进步 48

Invulnerability, conferred by decoction of a parasitic orchid, 用寄生的兰花煎剂可使人刀枪不入, 不受任何伤害 661; of Balder, 巴尔德尔的生命不会受伤害 667; attained through blood brotherhood with animal, 跟动物结成血盟兄弟可以使生命不受伤害 684
Invulnerable warlock or giant, stories of the, 不会受伤害的巫师或巨人的故事 668
Ireland, woman burnt as a witch in, 爱尔兰把妇女当作妖巫烧死 56; magical powers of kings in, 爱尔兰国王的巫术法力 89; belief as to green boughs on May Day in, 爱尔兰人关于五朔节青枝的信念 119; May Day in, 爱尔兰的五朔节 121; May Queen in, 爱尔兰的五朔节王后 131; taboos observed by kings in ancient, 古爱尔兰国王遵守的禁忌 173; cut hair preserved against the day of judgment in, 爱尔兰人保存剪下的头发预备在上帝的最后审判日之用 236; old kings of, might not have any blemish, 古爱尔兰国王的言行不得有任何污点 273; harvest customs in, 爱尔兰的收获习俗 404; hunting the wren in, 爱尔兰捕捉鹪鹩的习俗 537; Beltane fires in, 爱尔兰的贝尔坦篝火 621; Hallowe'en in, 爱尔兰万圣夜的习俗 634; Midsummer fires in, 爱尔兰的仲夏节篝火 646; story of the external soul in, 爱尔兰灵魂离体的故事 673
Iron, tabooed, 铁器的禁忌 221,224; used as a charm against spirits, 以铁为巫法对付鬼怪 225,481; mistletoe gathered without the use of, 不用铁器采集槲寄生 660
Iron-Beard, Dr., a Whitsuntide mummer,

圣灵降临节演出的人物铁胡子博士 297,300,307

Iroquois,the,易洛魁人 112,553

Ishtar,great Babylonian goddess,伊希塔,巴比伦的重要女神 330

Isis,how she discovered the name of Ra,伊希斯是怎样发现拉(太阳神)的名字的 260;sister and wife of Osiris,伊希斯是奥锡利斯的妹妹和妻子 363,382;her many names,伊希斯的许多名字 382;a corn-goddess,伊希斯是五谷女神 382;her discovery of wheat and barley,伊希斯发现小麦和大麦 382;identified with Demeter,伊希斯就是得墨忒耳 383;popularity of her worship in the Roman Empire,罗马帝国普遍崇拜伊希斯 383;resemblance to the Virgin Mary,伊希斯类似圣母玛利亚 383;dirge of,伊希斯的挽歌 424

Islay,the island of,艾莱岛 403

Isle de France,the May-tree and Father May in,法兰西岛上的五朔树和五月之父 126;harvest customs in,法兰西岛上的收获习俗 427;Midsummer giant burnt in,法兰西岛上仲夏节间焚烧木制巨人 655

Isle of Man,the,马恩岛 81;St. Bridget in,马恩岛上的圣布利吉特 135;hunting the wren in,马恩岛上捕捉鹪鹩 536;Midsummer fires in,马恩岛上的仲夏节篝火 630,645;old New Year's Day in,马恩岛上旧历新年元旦 933;Hogmanay song in,马恩岛上的除夕之歌 634;Hallowe'en in 马恩岛上的万圣夜 636

Israelites,古以色列(古犹太)人 210,472

Issapoo,negroes of,伊萨普黑人 501

Italones,the,伊塔隆人 498

Italy,disposal of loose hair by women in,意大利妇女对剪下或掉下的头发的处置方法 236;"killing the Hare" at harvest in,意大利收获中的"杀野兔" 453;resemblance between the Carnival of modern and the Saturnalia of ancient,现代意大利的狂欢节与古代意大利的农神节相似 586;Midsummer fires in,意大利的仲夏节篝火 631;the mistletoe in,意大利的槲寄生 659;birth-trees in,意大利的生日树 682

____ , ancient, spinning on highroads forbidden to women,古代意大利禁止妇女在大路上编织 20;forests of,古代意大利的森林 110;tree-worship in,古代意大利的树木崇拜 111;oaks sacred to Jupiter in,古代意大利橡树是奉献给朱庇特的 160

Itonamas of South America,南美的伊托纳玛人 180

Ivy,eaten by Bacchanals,酒徒们吃的常春藤 95;prohibition to touch or name,禁止抚摸常春藤或叫出常春藤这个词 174;sacred to Attis,常春藤奉献给阿蒂斯 352;Sacred to Osiris,常春藤奉献给奥锡利斯 381;associated with Dionysus,常春藤和狄俄尼索斯的关系 387

J

Ja-Luo tribes of Kavirondo,卡维兰多的贾卢奥人 214

Jablonski,P. E. ,贾布隆斯基 384

Jabme-Aimo,abode of the dead,杰布迷—爱莫,死者的住所 520

Jack-in-the-Creen,绿衣杰克(亦译花屋中

人) 128,299

Jackal's heart not eaten lest it make the eater timid,不吃豺心以免使食者变得懦弱 495

Jagas,tribe of Angola,贾加人,安哥拉的部族 293

Jambi in Sumatra,temporary kings in,苏门答腊占碑地区的临时国王 287

Jana,another form of Diana,简娜是狄安娜这个名字的另一种拼写形式 164-5

Janus,雅努斯 164,165,167;as a god of doors,当作门神的雅努斯 166;explanation of the two-headed,关于双首雅努斯的解释 166

Japan,black dog sacrificed forrain in the mountains of,日本山区献祭黑狗求雨 73;rain-making by means of a stone in,日本相模湾地区用巫石求雨 76;ceremony to make trees bear fruit in,日本促使果树结果的巫术仪式 114;the Mikado of,日本天皇 168;bear festival of the Aino in,日本阿伊努人的熊节 505;the mistletoe in,日本的槲寄生 660

Jar,the evils of a whole year shut up in a,一年中的各种邪恶都封闭于一口坛子内 567

Jars,wind kept by priests in,祭司把风封存在坛内 170

Jaundice,黄疸 15,16

Java,爪哇 30;rain-charms in,爪哇的求雨巫法 66,68,72;sexual intercourse to promote the growth of rice in,爪哇农民在稻花飘香时于田间性交以促进稻米结穗 136;custom when child is first set on the ground,爪哇人对婴儿每一次着地时的习俗 181;remedy for gout or rheumatism in,爪哇人对痛风或风湿病的疗法 196;superstitions as to the head in,爪哇人关于头部的迷信 230;ceremony at rice-harvest in,爪哇人收割稻谷时的仪式 418;earthworms eaten by dancing girls in,爪哇舞女吃蚯蚓 49

Jawbones,magical use of,颚骨在巫术中的利用 18,78;of slain animals propitiated by hunters,猎人保存所杀动物的颚骨并予以抚慰 526

Jaws of corpse tied up to prevent the escape of the soul,紧扎死人上下颚防止其灵魂逃走 180

Jay,blue,as scapegoat,蓝色樫鸟带走疾病 545

Jeoud,sacrificed by his father,杰乌德被其父献祭给复仇恶魔 293

Jerome on the worship of Adonis,哲罗姆关于阿多尼斯崇拜的论述 346

——,of Prague,布拉格的哲罗姆 118

Jerusalem,the Temple at,耶路撒冷的神殿 225;mourning for Temmuz at,耶路撒冷对塔穆兹的哀悼 326;religious music at,耶路撒冷的宗教音乐 334

Jewish hunters,犹太人的狩猎者 228

Jewitt,John R. 约翰·R. 朱维特 698

Jews,attitude of,to the pig,犹太人对于猪的态度 472;their ablutions,犹太人的洗礼 473;use of scapegoats,犹太人利用替罪羊 569,572

Jinn,(伊斯兰教中记载的)精灵 145,540

Jinnee of the sea,virgings married to a,将少女嫁给海中精灵 146

Judah,idolatrous kings of,犹太崇拜偶像的国王 79

Judas,effigies of,burnt of,焚烧犹大木像 615,616

Jukos, the, of Nigeria, 尼日利亚的朱库人 270

Julian, the Emperor, 朱利安, (罗马帝国) 皇帝 109, 336, 346

Juniper berries, houses fumigated with, 杜松果烟熏住宅 560

Juno, 朱诺 150, 151, 164, 165; Moneta, 蒙妮塔 150

Jupiter, Roman kings in the character of, 罗马国王扮作朱庇特 148, 152; as god of the oak, the rain, and the thunder, 朱庇特是橡树之神、雨神和雷神 160; and Juno, doubles of Janus (Dianss) and Diana, 朱庇特和朱诺, 就是雅努斯 (狄安纳斯) 和狄安娜 164; and Dionysus, 朱庇特和狄俄尼索斯 388

——, Capitoline, 古罗马卡庇托山上的朱庇特神殿 (内供奉朱庇特) 148, 150; Elicius, 朱庇特, 伊里西厄斯 149; Latian, 拉第安朱庇特 150; Liber, temple of, 朱庇特·莱伯尔的神殿 225

Jutland, superstitions about a parasitic rowan in, 日德兰半岛关于寄生的山梨的迷信 702

Juturna, a water nymph, 朱特娜, 水中仙女 165

K

Kabyle story of the external soul, 卡比尔人关于灵魂寄存体外的故事 674

Kachins of Burma, 缅甸的克钦人 219

Kadiak, island off Alaska, 卡迪亚克岛, 在阿拉斯加附近 208

Kai, tribe in New Guinea, 新几内亚的卡伊部族 468, 581, 694

Kakian association in Ceram, 塞兰岛上的卡基恩协会 696

Kalamba, a Congo chief, 卡兰巴, 刚果的一位酋长 198

Kali, Indian goddess, 迦梨, 印度女神 94

Kalmucks, the, 卡尔梅克人 534; story of the external soul among the, 卡尔梅克人关于灵魂寄存体外的故事 675

Kamilaroi, the, 卡米拉洛伊人 498

Kamtchatkans, the, 堪察加人 78, 520, 529

Kangatoo, eaten to make eater swift-footed, 大袋鼠——人食后能疾行 496

Kansas Indians, 堪萨斯印第安人 496

Kapus or Reddis in Madras Presidency, 马德拉斯管辖区的卡普人或雷迪人 73

Kara-Kirghiz, the, 卡拉吉尔吉斯人 120

Karens of Burma, 缅甸的克伦人 183, 185, 230, 415

Karma-tree, ceremony over a, 卡马树前举行的仪式 342

Karo-Bataks of Sumatra, 苏门答腊的卡罗—巴塔克人 40, 185, 233

Karok Indians of California, 加利福尼亚的卡罗克印第安人 528

Karpathos, island of, 卡尔帕索斯岛 545

Katajalina, an Australian spirit, 卡塔加林那, 澳大利亚一个精怪的名字 693

Kavirondo, tribes of, purification of manslayers among the, 卡维龙多部族中杀人者的祓洁 215

Kayans of Borneo, 婆罗洲的卡杨人 82, 117, 211, 221, 414, 496

Kei Islands, the, magical telepathy in, 凯伊岛上的巫术感应习俗 24, 26; treatment of the navel-string in, 凯伊岛上对新生儿脐带的处理 40; expulsion of demons in, 凯伊岛上驱邪 548; birth custom in,凯伊岛上有关新生儿的习俗 679

Kekchi Indians of Guatemala,危地马拉的凯克奇印第安人 138

Keramin tribe of New South Wales,新南威尔士的克拉明部落 76

Keremet,a god of the Wotyaks,沃特雅克人的神克利梅特 144

Kettles used to mimic thunder,敲打壶罐仿效雷声 77

Key of the field,田地的钥匙 430

Keys,bunch of,as a charm,用钥匙串作巫法 226

Khalij,old canal at Cairo,开罗哈里吉古运河 370

Khan,ceremony at visiting a Tartar,朝见鞑靼可汗的仪式 198;the Great,大可汗 228

Khon-ma,Tibetan goddess,西藏女神孔麻老母 492

Khonds,the,孔德人 256,434,557

Khor-Adar Dinka,the,霍—阿达丁卡人 270

Kibanga,King of,基班加国王 270

Kickapoo Indians,基卡普印第安人 214

Kid,surname of Dionysus,狄俄尼索斯的别号叫"小山羊" 390

Kidneys tabooed too Malagasy soldiers,马尔加什(马达加斯加)人的士兵禁忌吃腰子 22

Killer,of the Elephant,official who throttles sick kings,杀象官扼杀病弱国王 271;of the Rye-woman,"杀黑麦老太婆的人" 428

Killing the spirit of the wind,杀风妖 82;the divine king,杀死神王 264－83;the tree-spirit,杀死树精 296－323;the divine animal 杀死神兽 499－518;a god,杀神 533,538,587－592

Kimbunda,the,of West Africa,西非的基姆班达人 498

King,the Killing of the divine,杀死神王 264－283;his life sympathetically bound up with the prosperity of the country,神王的生命和国家的兴衰交感地联系在一起 267,268,592;sacrifice of his son,神王将自己的儿子献祭 289－93;responsible for weather and crops,神王负有保证风调雨顺庄稼丰收的责任 292;(See also Kings,参考"国王")

King and Queen,at Athens,雅典的祭司王与王后 9;at Whitsuntide,圣灵降临节间的王与后 132,299;of May,五朔节的王与后 132,299,320

King,the Grass,草王 130,299;the Laef,绿叶王 130;the Roman,as Jupiter,罗马国王自称为朱庇特的化身 148

King of the Bean,豆荚王 586;of the Calf,牛犊王 458;of Fire,火王 108,176,266;of Rain,雨王 70;of Rain and Storm,暴风雨之王 107;of Sacred Rites at Rome,罗马祭祀之王 9,106,152,157;of Water,水王 108,170,266;of the Wood at Nemi,内米的森林之王 13,8,106,140,147,163,164,167,269,300,301,586,593,703,710;of the Years at Lhassa,拉萨的太岁 573,574

King Hop in Siam,暹罗的跳脚王 284,285

King's evil,"国王的病魔"(即疬病) 90,204

———,Race at Whitsuntide,圣灵降临节间赛跑优胜者为王 129

King,priestly,专司祭祀之王 9,169,

203; Teutonic, 北欧民族专司祭祀的国王 9; magicians as, 巫师也是国王 83-91; touch for scrofula, 国王抚摸治愈瘰疬 90; divinity of, 国王的神性 91; as gods in India, 印度国王也是神 100; temples built in honour of, 为国王建筑神殿 104; sacrifices to, 向国王献祭 104; of nature, 自然(界)之王 106-109; of rain, 雨王 108; of fire and water, 火王与水王 108; Roman, 罗马国王 147-149, 151, 152; supernatural powers attributed to, 将超自然的力量用之于国王 149, 168; paternity of, 国王的父系 154; their lives regulated by strict rules, 国王生活有严格规定 168, 194; taboos observed by, 国王遵守的禁忌 171; beaten before coronation, 国王登基前夕要挨打 176; portraits of, not on coins, 钱币上不许铸国王肖像 193; guarded against the magic of strangers, 国王防止入境外国人施行巫术 198; not to be seen eating and drinking, 国王饮食时不得被人看见 198; forbidden to leave their palaces, 国王不得离开自己的王宫 200; tabooed, 国王的禁忌 202; foods tabooed to, 国王食物的禁忌 238; names of tabooed, 国王名字的禁忌 257-259; killed when strength fails, 国王精力衰退时被处死 265; attacks on, permitted, 允许袭击国王 267, 275; worshipped ofter death, 国王死后受到礼拜 268; killed at the end of fixed term, 国王任期届满时被处死 274; dying by deputy, 国王由代表替死 278; temporary, 临时国王 283-289; torn in pieces traditions of, 关于国王被碎裂而死的传说 378; trace of the custom of slaying them annually, 一年一度杀死国王习俗的迹象, 440

Kingship, evolution of the sacred, 神圣王权的演变; descent of the, in the female line, 王室女系亲属继承王位 152, 154, 155; burdens and restrictions attaching to the early, 早期王权的重负和限制 168, 175; tenure of the, 王位的期限 279-281; Kingsley, Miss, on soul-traps, 金斯利小姐谈设陷阱捉灵魂的故事 188

Kinship of men with crocodiles, 人和鳄鱼的亲属关系 519

Kiowa Indians, 基奥瓦印第安人 253

Kirghiz, the, 吉尔吉斯人 156, 249, 602

Kirn, last corn cut, 地里最后割下的一把谷子叫作克恩 406

Kiwai, natives of, 基瓦伊的土人 379

Klamath Indians of Oregon, 俄勒冈的克拉马特印第安人 255

Knife as charm against spirfts, 小刀用作防御精灵的巫法 226; not to be left edge upwards, 不得把小刀的刀刃向上放着 227

Knives, not used at meals after a funeral, 送殡后吃饭不得用刀子 227; of special pattern used in reaping rice, 用专门样式的刀割稻 414

Knots, tying up the wind in 用结扣把风拴住 81; prohibition to wear, 禁止服装有结扣 174; untied at childbirth, 产妇分娩时解开一切结扣 238, 240; thought to prevent the consummation of marriage, 认为结扣会阻挠新婚夫妻合欢 240; thouhgt to cause sickness and disease, 认为扣能造成疾病不适 241; used to cure disease, win a lover, or stop a runaway, 用结扣治病、赢得爱人、或制止逃亡者 242; magical virtue of,

结扣的巫术性质 242-243;tied in branches of trees as remedies,用树枝打结治病 545

Koniags of Alaska,阿拉斯加的科尼亚加人 600

Koran,on magical knots,《古兰经》里关于巫术结扣的记载 241

Kore,Maiden,title of persephone,柯尔,闺女,珀耳塞福涅的称号 429

Kore expelled on Easter Eve in Albania,阿尔巴尼亚民间在复活节前夕驱除柯尔(邪魔) 560

Koryaks,the,科里亚克人 156,521,523

Koschei the Deathless,story of,不死的考什柴的故事 671

Kostroma,funaral of,in Russda,俄罗斯的科斯特罗马的葬礼 318

Kostrubonko, death and resurrection of,科斯特鲁班柯(春神)的死亡与复苏 317

Koui hunters in Laos,老挝的库伊族猎人 529

Krishna,Hindoo god,克利希那,印度的神(护持神毗湿奴的第八化身) 101

Kublai Khan,忽必烈 228

Kuhn,Adalbert,库恩,阿德尔伯特 644

Kukulu,priestly King,库克禄,司祭祀之王 169

Kumis of South-eastern India,印度东南部的库米人 565

Kunama,the,库纳马人 107

Kupalo,mythical being,库帕洛,神话中的人物 317-318,627,652

Kurmis of India,印度的库尔米人 565

Kurnai of Victoria,维多利亚的库尔奈人 190,689

Kuruvikkarans of Southern India,印度南部的库鲁维卡兰人 94

Kwakiutl Indians,夸扣特尔印第安人 66,527

L

Labyrinth,the Cretan,克里特岛上的迷宫 280

Lac,taboos observed in gathering,采集虫胶时遵守的禁忌 20

Lada,mythical being in Russia,俄罗斯神话中的人物拉达 318

Ladder,for the use of a treespirit,供树精使用的梯子 116;to facilitate the descent of the sun. 帮助太阳下山用的梯子 136

Lafitau,J. F. 拉菲托 256

Lagos,in West Africa,西菲的拉各斯 295

Lagrange,Father,拉格兰吉神甫 338

Lake-dwellers of Europe,欧洲(史前的)湖上居民 399

Lakor,island of,拉科尔岛 566

Laluba,the,of the Upper Nile,上尼罗的拉卢巴人 85

Lama of Tibet,the Grand,西藏的大喇嘛 102-103

Lamb,blood of,tasted by priestess to procure inspiration,女祭司喝羔羊血获得神灵感应 94;as expiatory victim,羔羊用作赎罪的祭品 224;thrown into lake as an offering,将羔羊扔进湖中献祭 390;killed sacramentally,杀死羔羊做圣餐 534

Laments for Tammuz,塔穆兹挽歌 326;for Osiris,奥利锡里斯挽歌 366

Lamps,dedication of,(内米神龛中)奉献的长明灯 3;to light ghosts to their

old homes,为死者灵魂回家提供照明灯火 374
Landen,the battlefield of,兰登战场 340
Language,special,特殊的语言（对暹罗国王尊称的专门用语） 99;change of,caused by taboo,由禁忌造成的语言的交易 254,255 257
Languinaros,the,当魁尼罗人 138
Laos,in Siam,taboos observed at,暹罗、老挝遵守的禁忌 21,23,219,594
Lapis manalis used in rainmaking ceremony at Rome 罗马求雨仪式中使用的拉庇斯·曼纳利斯（石头的名字） 78
Lappland,tying up the wind in,拉普兰地方术士把风拴住 81
Lapps,the,拉普人 221,238,243,256,521,529,566
Latin League,the,拉丁同盟 150,167
Latinus,King,国王拉丁努斯 149
Latium,ancient,the woods of,古代拉丁姆地区的丛林 150;succession to kingdom in,古代拉丁姆王位的嬗递 152 - 158
Latukes of the Upper Nile,上尼罗的拉图卡人 85,87,229
Laurel,月桂 95,148
Laws of Manu,《摩奴法典》 89,100
Le Mole,on the Lake of Nemi,内米湖畔的勒·莫尔 4
Leaf Man,the Little,小树叶人 128;king绿叶王 130
Leaping,to make crops grow high,跳跃促使庄稼长高 28;Lover bonfires,跳过篝火 560,610,613,621,624 - 626,630,631,646,656;Learchus,sun of King Athamas,国王阿塔玛斯的儿子李尔秋斯 290,291
Leaves,disease transferred to,疾病转到树叶上 539
fatigue transferred to,劳累转到树叶上 540;used to expel demons,用树叶驱邪 567
Lechrain,莱希芮茵 646;burying the Carnival in,莱希芮茵地区埋葬嘉年华会（狂欢节） 307
Legs not to be crossed,产妇临盆时丈夫不得交叉两腿就坐 239,240
Leinster,taboos observed by the ancient kings of,古代伦斯特国王必须遵守的禁忌 173
Lemon,external souls of ogres in a,妖精的灵魂寄存在一颗柠檬里 669
Landu tribe of Central Africa,中非的伦杜部族 85
Lengua Indians,the 伦瓜印第安人 82,88,294,253,526
Lent,personfication of,四旬斋节的拟人化 304
Lenten fires,四旬斋时举行篝火 609
Leo the Great,利奥大帝 359
Leopard's blood drunk or heart eaten to make eater brave,喝豹子的血吃豹子的心能使人勇敢 459
Leopards,豹 523;external human souls in,人的灵魂寄放在豹子体内 648 - 646
Lepers sacrificed by the Mexicans,墨西哥人将麻风病人献祭 444
Leprosy,麻风病 473
Lerida in Catalonia,funeral of the Carnival at,加泰罗尼亚的莱里达地方狂欢节的葬礼 304
Lerotse leaves used in purification,用藜萝泽叶子洁身 484
Leti,island of,marriage of the Sun and Earth in,莱蒂岛上太阳与大地婚配的习俗 136;annual expulsion of diseases

in,莱蒂岛人每年一次定期驱除病魔 566
Leto,勒托 120
Letts of Russia, swing to make the flax grow high,俄罗斯的列托人习俗,打秋千使亚麻长高 289
Leucadians,卢卡迪人 579
Leucippe, daughter of Minyas,米尼亚斯的女儿露茜普 290
Lewis, the island of,刘易斯岛 81
Lhota Naga, the 洛塔那加人 433
Libyans, the Alitemnian,阿莱特姆尼的利比亚人 156
Licence, periods of,特许行为放纵时期 158,553,555,558,575,583
Lighting, magical imitation of,巫术模拟闪电 63;imitation of,by kings,国王仿造闪电 77,149;talismans against,护符防雷电 614,615,626,637,638,649;regarded as a god descending out of heaven,雷电被认为是天上下降的神 708;strikes oak oftener than any other tree,与其他树相比橡树更多地遭电击 708,709;places struck by, enclosed and deemed sacred,雷电击过的地方被围起来视为圣地 709
Lime-trees, sacred,神圣的菩提树 161
Linus or Ailinus, Phoenician vintage song,腓尼基人的葡萄之歌:里纳斯或哀里纳斯 425,442
Lion purification of killer of a,杀狮者的洁身 221;flesh or heart easten to make eater brave,吃狮肉或狮心能使人勇敢 495
Lithuania, tree-worship in,立陶宛的树木崇拜 110;sacred groves in,立陶宛的神树林 118;May Day in,立陶宛的五朔节 126;last sheaf in,立陶宛农村地里割下最后一捆谷子 405;harvest customs in,立陶宛的收获习俗 406;ceremonies observed at eating the new corn in,立陶宛吃新谷时举行的仪式 480,481;Midsummer fires in,立陶宛的仲夏节篝火 627
Lithuanians,立陶宛人 161,227,665
Lityerses,里提尔西斯 424-447
Lizard, soul in form of,灵魂以蜥蜴的形式出游 182;or snake, in ceremony for riddance of evils,驱邪仪式中的蜥蜴或蛇 568
Ljeschie, Russian wood-spirits,俄罗斯的树精列斯奇 465
Llame, black, as scapegoat,黑色无峰驼作替罪者 565
Loango, king of,卢安戈的国王 86,98,199-201;taboos observed by kings of,卢安戈国王遵守的禁忌 171;food tabooed to priests in,卢安戈祭司饮食的禁忌 238;girls secluded at puberty in,卢安戈少女青春期要隔离 595
Locks unclocked at childbirth,产妇分娩时一切锁拴都要打开 238,239;thought to prevent consummation of marriage,以为锁拴能妨碍夫妇合欢 240;unlocked to facilitate death,打开锁拴让临死弥留的人痛快死去 243;mistletoe as a master-key to open all,槲寄生能开一切锁 663
Locusts, chiefs held responsible for ravages of,酋长要对蝗虫灾负责 87;superstitions precautions against,防治蝗虫灾害的迷信做法 531
Logan, W. 洛根 276
Loki and Balder,洛基和巴尔德尔 608
Lokoiya, the, of the Upper Nile,上尼罗的洛科亚人 85

Lolos of Western China, the, 中国西部的催催（彝族的旧称） 183

Lombok, island of, 龙目岛 418

Longevity, charms to ensure, 巫术保长寿 53

"Longevity garments" in China, 中国的"寿衣" 36

Looms not to be touched by a man, 男人不得触摸织布机 211

"Lord of the Heavenly Hosts" in Siam, 暹罗的"众天之主神" 284

Lorraine, harvest customs in, 洛林的收获习俗 428,449,475

Love charms, 爱情巫法 44

"Love Chase" among the Kirghiz, 吉尔吉斯人的"爱的追逐" 156

Loyalty Islands, recall of a lost in the, 洛亚尔提群岛上召唤失去的魂魄 185

Lules or Tonocotes of the Gran Chaco, 格兰·查科的卢莱人或托诺科特人 550

Lusatia, "carrying out Death" in, 卢萨西亚地方"带走死亡" 310-313

Luxor, paintings at, 卢克苏尔的壁画 142

Lycurgus, king of the; Thracian Edonians, 色雷斯埃多尼亚人的国王莱克尔加斯 378,379,392

Lydia, religious prostitution in, 利迪亚的宗教性卖淫 331; festival of Dionysus in, 利迪亚的狄俄尼索斯节 390

M

Ma, goddess at Comana in Pontus, 庞德斯的科莫纳地方女神，玛 331

Mabuaig, continence observed during turtle-season, 马布亚格人在海龟交配期间严格禁欲 217; seclusion of girls at puberty in, 马布亚格岛上少女青春期间隔离 598

Macahity, a Hawaiian festival, 夏威夷的马卡希提节 282,283

M'Carthy, Sir Charles, eaten by the Ashantees to make them brave, 查理·麦卡锡爵士的心脏被亚蒂人生吃了，以为这样可以获得他的英勇气质 497

Macdonald, Rev. James, 詹姆斯·麦克唐纳牧师 18

Macedonian calendar, 马其顿历 443

MacGregor, william, 威廉·麦格雷戈爵士 84

Mac S. C. Pherson, 麦克菲尔逊少校 437

Macusis of British Guiana, 英属圭亚那的马库西人 181,601

Madagascar, king of, as high priest, 马达加斯加的国王也是大祭司 9; foods tabooed in, 马达加斯加关于食物的禁忌 22; custom of women while men are at war in, 马达加斯加男人上战场妇女在家遵守的习俗 26; magical use of stones in 马达加斯加巫术中使用石头 33; modes of counteracting evil omens, 马达加斯加人被除恶兆的习俗做法 37; fear of beine photographed in, 马达加斯加人害怕摄影 193; taboo on mentioning personal names in, 马达加斯加关于说到个人姓字的禁忌 246; names of chiefs and kings tabooed, 马达加斯加人对酋长和国王名字的禁忌 258; crocodiles respected in, 马达加斯加人敬重鳄鱼 519; See also Malagasy, 参考"马尔加什"（即马达加斯加）

Madanassana Bushmen, 马达那桑那布须曼人 474

Madi tribe of Central Africa, 中非的马迪

部族 534

Madonna and Isis, their resemblance, 圣母玛利亚和伊希思,她们的相似之处 383

Madura, inspired mediums in 马都拉岛上神灵附体的女巫 95

Magic, principles of, 巫术的原理 11; sympathetic, 感应巫术 10-48,200,202,211,219,233,237,386,403,533; homoeopathic or imitative, 顺势或模拟巫术 11-37,63,221,239,240,341,444,494-9,581,642,704; contagious, 接触巫术 11,37-45,230,233,235; positive and negative, 积极巫术与消极巫术 19,21,29; public and private, 公众巫术与个体巫术 45-61; and religion, 巫术与宗教 48-60,64,90,92,162,324; and science, 巫术与科学 48,49,712; attraction of, 巫术的吸引力 49; the Age of, 巫术时代 55,56; universality of belief in, 对巫术的普遍概念 55,56; fallacy of, 巫术的谬误 59,90; movement of thought from magic through relion to science, 从巫术到宗教又走向科学的思想发展运动 711

Magician, public, 为公众谋福利的巫觋 45,60; and priest, 巫觋与祭司 52

Magicians, claim to compel the gods, 巫觋声称能役使诸神 52; professional, 专职的巫觋 6; as kings, 巫师也就是国王 83-91; develop into gods and kings, 巫师发展成为神和国王 92; the oldest professional class in the evolution of evolution of society, 巫觋是社会进化发展过程中最古的专业阶层 105; Egyptian, 埃及的巫觋 52,261

Magnets thought to keep brothers at unity, 磁石被认为可使兄弟和睦 34

Magondi, a Mashona chief, 麦刚迪,马绍纳人的酋长 98

Magyar story of the external soul, 马扎尔人关于灵魂寄存体外的故事 674

Maharajas as incarnations of Krishna, (印度的土邦主)马哈拉佳被视为克利希那(牧牛神)的化身 101

Mahrattas, 马哈拉塔人 100

Mai Darat, a Sakai tribe, 迈达拉特人,萨凯人的一支 493

Maiden, the (Persephone), the descent of, 少女(珀耳塞福涅)降入冥府 371; name given to the last corn cut in the Highlands of Scotland, 苏格兰高地割下最后一把谷子叫作闺女 403,409

Maidhdeanbruain, "the shorn maiden" 梅德丁布茵"收割的闺女" 407

Maidu Indians of California, 加利福尼亚的迈杜印第安人 707,708

Maize, goddess of, 玉米女神 28; magic to promote its growth, 巫术促使玉米生长 28; and increase, 巫术促使玉米增产 33; personified as an Old Woman who Never Dies, (老)玉米被视为不死的老妇人 419; goddess of the young, 幼小的玉米女神 588

Maize-mother, the, 玉米娘娘 412,413

Makololo, the, of South Africa, 南非的马科洛洛人 236

Makrizi, Arab historian, 马克里兹,阿拉伯历史学家 64

Malabar, custom of *Thalavettiparothiam* in, 马拉巴尔地方关于"撒拉维提巴罗西阿姆"(为国王替死而换得君权)的习俗 278; cows as scapegoats in, 马拉巴尔人以牛替死 570; seclusion of girls at puberty in, 马拉巴尔少女青春期要隔离 602

Malagasy,马尔加什(即马达加斯加) 217,519;*faditras* among the,马尔加什人中的"法迪特拉" 541

Malay charms and magic,马来人的巫法和巫术 13,19,28,80; taboos,马来人的禁忌 21

Malays, the,马来人 88,113,179,181, 183,184,188,230,248,413,417,541, 676,683

Maldive Islands, virgin sacrificed as bride to a jinnee of the sea in the,马来代夫群岛土人将少女献给海上妖精做新娘 146

Mallans of India,印度的马兰人 565

Malta, Midsummer fires in,马耳他岛上的仲夏节篝火 631; Phoenician temples of,马耳他岛上腓尼基人的庙宇 330; fires on St. Johns Eve in,马耳他岛上圣约翰节前夕的篝火 631

Mamurius Veturius 马缪里乌斯·维图里乌斯 577,580

Man, Isle of. See Isle of Man 马恩岛,见前"马恩岛"; Man-god,人神 10,60,92, 203,265

Mandan Indians,曼丹印第安人 419,562

Mandelings of Sumatra,苏门答腊的曼德林人 116,239

Maneros, chant of Egyptian reapers,马纳罗斯,埃及收割者唱的歌 365,371, 372,424

Mangaia, Pacific island, separation of religious and civil authority in,芒艾亚岛上(在太平洋中)宗教与行政权力分离 177

Mangaians, the,曼盖亚人 191

Mani of Chitombe or Jumba,奇多姆或琼巴的摩尼 234

Manii at Aricia, many,阿里奇亚的许多曼尼 491

Manipur, Rajah of, and his human scape-goat,曼尼普尔的邦主及其活人替罪者 543

Manius Egerius,曼尼埃斯·伊吉里埃斯 6,492

Mannhardt, W., W. 曼哈德 118,127, 129,316,399,401,402,419,459,460, 465,580,642,643,654,658

Man-slayers tabooed,杀人者的禁忌 212-16; *Manu, The Laws of*,摩奴法典 89

Maori chiefs,毛利人的酋长 204

Maoris,毛利人 114,197,205,210,233, 234,528,682

Maraves, the, of South; Africa,南非的马拉维人 116

Marcellus of Bordeaux,波尔多的马塞勒斯(医生) 16,17,544

Mare, corn-spirit as,谷精幻化为牝马 459

Marena(Winter or Death) on Midsummer Eve in Russia,俄罗斯仲夏节前夕的稻草人玛莉娜(冬或死亡之神) 318

Marigolds in magic,巫术中的金盏花 44

Marimos, Bechuana tribe,马里莫人,贝专纳部族的一支 433

Marquesas,马克萨斯人 180,231-233

Marquesas or Washington Islands, human gods in the,马克萨斯或华盛顿群岛上的人神 96

Marriage, of men and women to trees,男人和妇女跟树结婚 8; treading on a stone at,结婚时要踏婚姻石 33; the pole-star at,新婚之夜的北极星 34; of the Sun and Earth,太阳与大地的婚配 136,145; the Sacred,神婚 139-146; of the Gods,诸神的婚姻 142-145;

consummation of, prevented by knots, 新婚合欢被结扣阻挠 240; mock or feal, of human victims, 人牺的模拟结婚或真实结婚 581

Marriott, Fitzgerald, 菲茨杰拉德·马里奥特 26

Mars, 玛尔斯 577, 578; temple of, 玛尔斯的神殿 77; "the red planet" 玛尔斯（火星）,"红色的火星" 444; Field of, 玛尔斯广场 478

Mars Silvanus, 林中的玛尔斯 578

Marseilles, human scapegoats at, 马赛的以人替罪 578
 Midsummer king of the double axe at, 马赛仲夏节间的双斧王 630

Marsh marigold, hoop wreathed with, 立金花编的花圈 121

Marsyas, his musical contest with Apollo, 马西亚斯同阿波罗进行的音乐比赛 354; perhaps a double of Attis, 马西亚斯可能是阿蒂斯的相似者 354

Martens, magic to snare, 用巫术捕貂 18

Masai of East Africa, 东非的马赛人 219, 232, 238

Masks worn by devil-dancers, 魔舞者戴假面 542; at expulsion of demons, 魔舞者戴假面驱邪 548, 553; by members of a secret Wolf society, 秘密狼社成员头戴假面 699

Maspero, Sir Gaston, 加斯东·马伯乐爵士 53

"Mass of the Holy Spirit","圣灵弥撒" 53

Mass of Saint S'ecaire, 圣色伽利的经文 54

Massagetae sacrifice horses to the sun, 马萨格泰人以马献祭太阳 79

Masset, in Queen Charlotte Islands, dances of Haida women at, 夏洛特皇后群岛的马赛特岛上海达人妇女舞蹈 27

Matabele, the, 马塔贝列人 72, 645

Matacos or Mataguayos, the, 马塔科或马塔瓜豹人 601

Matiamvo, a potentate in Angola, 马蒂安孚, 安哥拉的一位君主 271

Matuana, Zulu chief, 马图阿纳, 祖鲁人的酋长 498

May, king of, 五朔节王 129, 130, 299
King and Queen of, 五朔节王和王后 157, 320; Queen of, 五朔节王后 129, 131

May Bride, 五朔节新娘 135, 317, 320; Bridegroom, 五朔节新郎 133; Lady, in Cambridge, 剑桥的五朔节夫人 127; Rose, the Little, "小小的五月玫瑰" 125

____, Day, celebration of, 庆祝五朔节 119-35, 316, 621; "Burning out of the Witches" on, 五朔节焚烧巫婆 560; bonfires on, 五朔节篝火 617-622

May-bushes, 五朔树枝 119, 129, 130, 132; -garlands, 五朔花环 121; -poles, 五朔柱 119, 120, 122-124, 132, 479; -trees, 五朔树 114-121, 123, 124, 297, 299, 311, 314, 614, 651

Mbaya Indians, the, 姆巴亚印第安人 293

M'Bengas of the Gaboon, 加蓬的姆班加人 681

Mecca, pilgrims to, 赴麦加朝圣 238

Mecklenburg, magic in, 麦克伦堡地方的巫术 44; Locls unlocked at childbirth in, 麦克伦堡产妇分娩时一切栓锁全部打开 239; harvest customs in, 麦克伦堡的收获习俗 239; treatment of the

afterbirth, in, 麦克伦堡当地人对胞衣的处理方式 682
Medea and Aeson, 米迪阿与阿松 469
Medicine bag, at initiation, 成年礼上的药囊 698
———, men, 巫医 64, 85, 87, 88, 92, 105, 180, 183-187, 484, 520, 679, 693
Melanesia, homoepathic magic of stones in, 美拉尼西亚对于石头的顺势巫术 33; contagious magic of wounds in, 美拉尼西亚对于创伤的接触巫术 41; confusion of magic and religion in, 美拉尼西亚巫术与宗教的混同 52; supernatural power of chiefs in, 美拉尼西亚的酋长具有超自然的力量 84; continence while yam vines are being trained in, 美拉尼西亚人在藤蔓山药整枝时期夫妻都要禁欲 138; malignant spirits in, 美拉尼西亚的凶恶鬼灵 192; disposal of cut hair and nails in, 美拉尼西亚地方人们对剪下头发和指甲的处理 253; names of relations by marriage tabooed in 美拉尼西亚人姻亲之间的名字的禁忌 251; conception of the external soul in, 美拉尼西亚人关于灵魂寄存体外的概念 684
Melanesians, 美拉尼西亚人 52, 246
Melicertes, son of King Athaman, 国王阿塔玛斯的儿子墨利色蒂斯 290, 291
Melos, milk-stones in, 梅洛的乳石 34
Merphis, head of Osiris at, 奥锡利斯的头保存在孟菲斯 366
Men, evil transferred to, 邪恶转移到人身上 542; disguised as demons, 人扮作恶魔 562, 563; as scapegoats, 当替罪羊 565; divine, as scapegoats, 有神性的人也当替罪羊 571, 576; disguised as women, 男人扮作女人 610

Menedemus, sacrifices to, 向孟尼迪墨斯献祭 224
Menelik, Emperor of Abyssinia, 曼涅力克, 阿比西尼亚的皇帝 66
Menstruation, women tabooed at, 妇女月经期间的禁忌 207; seclusion of girls at, 少女月经期间要隔离 595; reasons for secluding women at, 妇女月经必须隔离的原因 606
Meriahs, human victims sacrificed among the Khonds 孔德人献祭的人牲叫作默里阿 434, 437
Merlin, the wizard, 默林巫师 76
Meroe, Ethiopian Kings of, 美罗伊埃塞俄比亚人的国王 266
Mesopotamia, artificial fertilisation of the date-palm in, 美索不达米亚对椰枣进行人工授粉 582
Messiah, pretended, in America, 美洲假冒的弥赛亚(救世主) 102
Metsik, a forest-spirit, 木奇克, 一个树精 315
Mexican kings, their oath, 墨西哥国王的誓言 87; sacraments, 墨西哥人的圣餐 488; temples, 墨西哥人的神殿 589
Mexicans, the ancient, 古代墨西哥人 79, 380, 432
Mexico, ancient, festival in honour of the goddess of maize, 古代墨西哥纪念玉米女神的节日 28; treatment of the navelstring in, 墨西哥人对脐带的处置 40; human sacrifices in, 墨西哥的以人献祭 380, 431, 432; killing the god in, 墨西哥的杀神习俗 587-592
Micah, the prophet, 先知弥迦 51
Mice, in magic, 巫术中的耗子 39; eaten by the Jews as a religious rite, 犹太人吃耗子是一种宗教仪式 472; supersti-

tious precautions of farmers against,农民防鼠害的迷信做法 530,531

Midsummer,death of the spirit of vegetation celebrated at,仲夏节纪念植物精灵的死亡 319；bonfire at,called "fire of heaven"仲夏节篝火亦称"天火" 644；procession of giants at,仲夏节的巨人游行行列 654；sacred to Balder,仲夏节、纪念巴尔德尔的节日 664

Midsummer bonfires,仲夏节篝火 122,622；(See also Midsummer fires,参考下面"仲夏节篝火")

——,Bride and Bridegroom,仲夏节新娘和新郎 133

——,Day,ancient Roman festival of,古代罗马仲夏节的节日活动 153；(See also St John's Day,参考"圣约翰日")

——,Eve,in Sweden,瑞典的仲夏节前夕 122；in Russia,俄罗斯的仲夏节前夕 318；trolls and evil spirits abroad on,(洞妖)特罗尔及其他妖精在仲夏节前夕出洞肆虐 625；oak thought to bloom,on,以为橡树在仲夏节前夕开花 706；(See also St. John's Eve,参考"圣约翰节前夕")

——,festival,in Europe,欧洲的仲夏节 153,622；named after St. John,以圣约翰的名字给仲夏节命名 343；the most important of the year among the primitive Aryans of Europe,仲夏节是欧洲原始雅利安人一年中最重要的节日 656

——,fires,仲夏节篝火 622-632；animals burnt in,在仲冬节篝火中烧死动物 655

Midwinter fires,仲冬节篝火 636

Mikado of Japan,日本天皇 168,169,176,202,593,595

Miklucho-Maclay,Baron,米克卢科·麦克莱男爵 197

Milk women's promoted by milk-stones,乳石可使母亲奶汁增多 34

of cows,thought to be promoted by green boughs,以为青翠树枝可促使母牛增乳 119

customs observed when the king of Bunyoro drinks,布尼奥罗人的国王饮奶时遵行的习俗 199；of pig thought to cause leprosy,以为母猪乳汁会使人得麻风病 472,473；omens from boiling,煮滚的奶汁预兆庄稼收成 482；taboos referring to,关于牛奶的禁忌 488；not to be drunk by menstruous women,月经期间的妇女不得喝牛奶 604；stolen by witches from cows,女巫窃取母牛的奶汁 620,627,628,648

Milk-stones,magical,巫术的乳石 34

Milkmen of the Todas sacred or divine,托达部族的挤奶人被奉为神 100；taboos of,挤奶人的禁忌 175

Millet,homoeopathic magic of,关于谷子的顺势巫术 29；the deity of 粟神 481

Minangkabauers of Sumatra,苏门答腊的米南卡保人 180,183,415,604

Minahassa,inspired priests in,米纳哈萨地方受神灵感召的祭司 95

cermony at house-warming in,米纳哈萨人关于岳父母翁姑名字的禁忌 250；sewing and plucking the new rice in,米纳哈萨播种和收割新稻的习俗 482；dummies to deceive demons in,米纳哈萨地方用人物图像蒙骗鬼怪 492；hair of slain foe used to impart courage in,米纳哈萨人用所杀仇敌的头发来吸取勇气 498；expulsion of devils in,米纳哈萨地方的驱邪 548

Minnetaree Indians,明纳塔里印第安人 419,529

Minos,king of Cnossus,克诺修斯的国王弥诺斯 280

Minotaur,the legend of the,关于弥诺陶洛斯的传说故事 280

Minyas,king of Orchomenus,奥尔霍梅努斯的国王米尼斯亚斯 91

Miracles,god-man expected to work,人们指望人神作出奇迹 93

Miris of Assam,阿萨姆的米里人 496

Mirros,superstitons as to,关于镜子的迷信 192

Mirzapur,rearing of silkworms in,米尔扎普尔地方养蚕的习俗 218

Miscarriage in childbed,dread of,害怕早产坐蓐 209

Misrule,Lord of,古代罗马农神节的司仪 585,586

Missouri,the cotton wood trees in the valley of,密苏里流域的白杨树 111

Mistletoe,槲寄生 160,658,659,751;Balder and the,巴尔德尔与槲寄生 608,658-667,701,702,710; and the Golden Bough,槲寄生与金枝 603-604

Mistress. sanctuary of the,at Lycosura,莱科索拉的娘娘庙 243;"of Turquoise,""托奎斯的女神" 330

Mithra,persian deity,密斯拉,波斯人的神 358

Mithraic religion,密斯拉宗教 467

Mnevis,sacred Egyptian bull,姆涅维斯,埃及人的神牛 366,476

Moab,Arabs of,莫亚布的阿拉伯人 32,378;king of,莫亚布的国王 293;wilderness of,莫亚布的荒野 334

Mock sun,仿造的太阳 79;execution,假装被处死 283;kings,暂作假王 284;marriage of human victims,人牺假婚 581

Moffat,R. 莫法特博士 86

Mogk,Eugen 尤金·莫克教授 642

Mohammed bewitched by a Jew,穆罕默德被一位犹太人的巫法中伤 241

Mohammedan calendar,lunar,回历,即太阴历 632

Mohammedans,celebration of Midsummer festival by,信奉伊斯兰教的民族庆祝仲夏节 632

Moloch,sacrifice of children to,以童男童女献祭莫洛克 281

Molonga,a demon of Queensland,昆士兰的恶魔:魔郎佳 562

Moluccas,the,clove-trees in blossom treated like pregnant women in,摩鹿加群岛的土人对待开花的丁香树就像对待孕妇一样 115;fear of offending forest spirits in,摩鹿加群岛上土人害怕得罪树精 117;abduction of souls in,摩鹿加群岛上关于诱拐灵魂的迷信 186

Mombasa,king of,蒙巴萨的国王 99

Mon,island of,蒙恩岛 456

Monarchy,in ancient Greece and Rome,古希腊、罗马的君主政体 9;rise of,essential to emergence of mankind from savagery,君主政体的兴起是人类摆脱蒙昧状态的必需 47

Mondard, tke great,大蒙达 466

Money,magical stones to bring,巫石招来金钱 33

Mongolia,incarnate human gods in,蒙古化身为人的神 103;story of the external soul in,蒙古关于灵魂寄存外的故事 676

Mongols,蒙古族人 103,252,529

Monkey sacrificed for riddance of evils, 献猴祭礼祓邪 569

Montanus the Phrygian, 弗里吉亚人蒙泰勒斯 101

Montezuma, king of Mexico, 墨西哥国王蒙特祖马 104,593

Moon, the, and Endymion, 月亮与恩底弥翁 4; ceremony at an eclipse of, 月蚀时的仪式 78; charm to hasten, 巫法催促月亮加速运行 80; Diana conceived as, 狄安娜被视为月神 141; ceremony at new, 祭礼新月的仪式 175; human victims sacrificed to, 以人牺祭月 444; pigs sacrificed to, 以猪祭月 472; the "dark,""黑"月 557; temple of, 月神庙 571; reflected in Diana's Mirror, 狄安娜的明镜中的月影 711

Mooraba Gosseyn, a Brahman, 莫拉巴高世音, 婆罗门僧侣 100

Moors of Morocco, 摩洛哥的摩尔人 540

Moquis of Arizona, 亚利桑那的莫基人 225,504

Moravia, "carrying out Death" in, 摩拉维亚地方"带走死神"的习俗 310,313; harvest customs in, 摩拉维亚的收获习俗 408; fires to burn witches in, 摩拉维亚地方点燃篝火烧死妖巫 622

Mori clan of the Bhits, 比尔人的莫里氏族 474

Morning Star, the, 晨星（金星、太白星、维纳斯）347; human sacrifice enjoined by, 晨星授命献祭人牺 432

Morocco, iron a protection against demons in, 摩洛哥人以铁器防邪 226; annual temporary king in, 摩洛哥一年一次指定临时国王 286; homoeopathic magic in, 摩洛哥顺势巫术 496; boars used to divert evil spirits in, 摩洛哥人蓄养野猪承当邪恶精灵滋扰 540; Midsummer fires in, 摩洛哥的仲夏节篝火 540

Moru tribe of Central Africa, 中非的莫鲁部落 534

Mosyni or Mosynoeci, the, 莫锡尼, 或莫锡诺西人 200

Mota, in the New Hebrides, conception of the external soul in, 新赫布里底群岛莫塔岛上土人关于灵魂寄存体外的概念 684

Mother, of a god, 神的母亲 333; of the gods, 众神之母 5,348,356; the Great (Cybele), 伟大神母（库伯勒）353; of the Maize, 玉米娘娘 413; or Grandmother of Ghosts, 鬼妈妈, 或鬼奶奶 491

Mother-corn, 五谷娘娘 405; -sheaf, 谷束娘娘 401;

——, Goddess of Western Asia, 西亚的母性女神 330;

——, kin, 母系亲属 152,248,332;

——, in-law, savage's dread of his, 未开化人惧怕自己的岳母 190

Motu of New Guinea, 新几内亚的莫图人 246

Motumotu, the, 莫图莫图人 81,192,246

Mourners, tabooed, 悼亡人的禁忌 205; change their names, 悼亡人更换名字 253

Mouse, soul in form of, 灵魂以老鼠的形态出现 182

Moxos Indians of Bolivia, 玻利维亚的莫克索斯印第安人 23

Mozcas, the, 莫斯卡人 104

Mukasa, god of the Victoria Nyanza lake, 维多尼亚尼昂萨湖的湖神莫卡萨 145

Mukylcin, the Earth-wife among the Wotyaks, 沃特雅克人的穆奇尔兴（大地

妻子) 144
Mullein, used as a charm, 毛蕊花用作巫法 629
Mummers, 节日化装表演者 126,127
the Whitsuntide, 圣灵降临间的化装游乐者 196-301; at Hallowe'en in Isle of Man, 马恩岛上圣节前夕的化装游乐者 633
Mundaris of Assam, 阿萨姆的蒙达里人 118,557
Mundas of Bengal, 孟加拉的蒙达人 342
Munster, taboos observed by the ancient kings of, 古代芒斯特国王遵守的禁忌 173
Mura-muras, appealed to for rain, 向穆拉穆拉求赐甘霖 65
Murderers, toboos imposed on, 杀人者必须遵守的禁忌 216
Murrain, need-fire kindled as a remedy for, 点燃净火医治瘟疫 641
Music, as a means of prophetic inspiration, 以音乐为求得先知感召的手段 334; and religion, 音乐与宗教 334-335
Muysca Indians of Colombia, 哥伦比亚的穆伊斯卡印第安人 104
Muzimbas or Zimbas, the, 莫津巴人, 或津巴人 97; Myrrh, the mother of Adonis, 弥尔赫, 阿多尼斯的母亲 337
Mysteries, Eleusinian, See Eleusinian mysteries, 神秘仪式, 厄琉西斯。参考"厄琉西斯秘仪"

N

"Naaman, wounds of the", "娜曼的创伤" 336

Nagual, external soul, 纳古尔, 体外灵魂 687
Nails, used in magic, 巫术中运用的钉子 44; knocked into trees, 把钉子敲进树干 127; used as charms against fairies, 铁钉用作巫术防御精灵 226
Nails, parings of, used in magic, 巫术利用剪下的指甲 13,223; swallowed by attendants, 侍从人员吞食剪下的指甲 229; disposal of, 对剪下指甲的处理 223-227
Namaquas, 纳马夸人 495; Names tabooed, personal, 个人名字的禁忌 244-248; of relations, 亲戚名字的禁忌 249-251; of the dead, 死者名字的禁忌 251-256; of kings and other sacred persons, 国王及其他神圣人物名字的禁忌 257-259; of gods, 神名的禁忌 260-262
Namuci and Indra, legend of, 那魔西与因陀罗的传说故事 702
Nana, mother of Attis, 娜娜, 阿蒂斯的母亲 347
Nandi of East Africa, 东非的南迪人 214,235,247,372,483
Nanumea, island of, precautions against strangers in, 纳努米亚群岛对外乡人入境采取的预防措施 195
Narcissus and his reflection, 纳西塞斯和他的水中倒影 192
Narrinyeri of South Australia, 澳大利亚南部的纳里涅里人 201
Natal, the Caffers of 纳塔尔的卡菲尔人 483
Natchez Indians of North America, 北美的纳切斯印第安人 63,215
Nativity of the Sun at the winter solstice, 冬令太阳节 358

Nature, conception of the immutable laws of, not primitive, 关于自然界不可改变的法则的概念并不是原始人的 91-92;the order and uniformity of, 自然界的秩序与一致 162

Nauras Indians of New Granada, 新格拉纳达的瑙拉印第安人 497

Navajoes of New Mexico, 新墨西哥的纳瓦霍人 678

Navel-string, 脐带 39-41,119

Ndembo, secret society on the Lower Congo, 恩德波,下刚果的一个秘密社团 697

Nebseni, the papyrus of, 纳布西尼的莎草纸古画轴 380

"Neck, crying the" in Devonshire, 德文郡"喊脖子"的习俗 445

Need-fire, 净火 617,638-641

Nekht, the papyrus of 尼赫特用莎草纸写的文献 380

Nemi, 内米 1,4,5,8; priest of Diana at, 内米的狄安娜的祭司 1,8,106,161,167; lake of, 内米湖 1,704

sacred grove of, 内米的圣林 1,4,8,104-142,147; at evening, 内米的黄昏 714

Nephele, wife of King Athamas 纳菲尔,国王阿塔玛斯的妻子 270

Nephthys, sister of Osiris, 纳芙西斯,奥锡利斯的妹妹 363

Net to catch the sun, 用网兜住太阳 79

Nets, marriage of girls to, 将少女嫁给渔网 144; to catch souls, 用网捉魂 182; as amulets, 用网作护身符 242; fumigated with smoke of need-fire, 用净火烟熏渔网 64

New birth, through blood in the rites of Attis, 通过阿蒂斯祀仪时牺牛的血淋获得新生 351; savage theory of, 未开化人关于新生的理论 356; of novices at initiation, 成年礼上受礼者的新生 697

New Britain, rain-making in, 新不列颠的求雨 63; the Sulka of, 新不列颠的苏卡人 76; magical powers ascribed to chiefs in, 新不列颠的酋长被认为具有巫术的能力 84; avoidance of wife's mother in, 新不列颠男人回避自己的岳母 191; expulsion of devils in, 新不列颠的驱邪 547-548; secret society in, 新不列颠的秘密社团 680

New Caledonia, rain-making by means of a human skele-ton in, 新喀里多尼亚的祈雨法师用死人骷髅求雨 71; making sunshine and drought in, 新喀里多尼亚的巫师祈求晴日和干旱 78; detaining the soul in the body in, 新喀里多尼亚人阻止临终的人灵魂离体 180; ideas as to reflections in, 新喀里多尼亚人关于人在水面和镜中映像的观念 192; burying the evil spirit in, 新喀里多尼亚人埋葬恶魔 548; taro plants beaten to make them grow in, 新喀里多尼亚人用细枝抽打芋头秧使之成长 581

New Guinea, charm to hasten the moon in, 新几内亚土人用巫法催月运行 80; charm for making wind in, 新几内亚土人用巫法求风 80; constitution of society in, 新几内亚的社会结构 84; leavings of food destroyed in, 新几内亚土人消除所有残羹剩饭 201; seclusion and purification of man-slayers in, 新几内亚的杀人者须经隔离和洁身 213; contience observed during the turtle season in, 新几内亚男女在海龟交配期间严格禁欲 217; dread of sorcery in, 新几内亚土人害怕妖术 229

———，British，charms used by hunters in，英属新几内亚猎人采用的巫法 18；charm against snake-bite in，英属新几内亚防蛇咬的巫法 31；no despots in，英属新几内亚没有专制君主 84；double shieftainship in the Mekeo district of，英属新几内亚墨科地区的双酋长制 178；a widower an outcast in，英属新几内亚的鳏夫是被遗弃的人 207；changes in language caused by fear of naming the dead in，英属新几内亚因怕提死者名字的习俗而造成语言的变易 155；girls secluded at puberty in，英属新几内亚少女青春期要隔离 597

———，Dutch，荷属新几内亚 213；name of relations by marriage tabooed in，荷属新几内亚人对姻亲名字的禁忌 250

———，Northern，rites of initiation in，新几内亚北部成年典礼仪式，694，695

———，South-eastern，annual expulsion of demons in，新几内亚东南部每年一次定期驱邪 556

New Hebrides，contagious magic in the，新赫布里底群岛上的接触巫术 43；magic of refuse of food in the，新赫布里底群岛对于吃剩食物采取的巫术措施 201；conception of the external soul in，the，新赫布里底群岛土人对于灵魂寄存体外的概念 684

New Ireland，新爱尔兰 596

New Mexico，the aridity of，新墨西哥的干旱 76；the Indians of，新墨西哥的印第安人 522，551

New South Wales，natives of，bury their dead at floo tide，新南威尔士土人在涨潮时埋葬死人 35；tribes of，新南威尔士的部落 38；way of stopping rain in，新南威尔士使雨停止的方法 64；the drama of resurrection at initiation in，新南威尔士成年礼中复活的戏剧 692，693

New Year，Chinese，中国人的新年 468；thd Celtic，on November first，凯尔特人的新年是十一月一日 633

New Year's Day，元旦 558，569；Eve，除夕 538，561

New Zealand，sanctity of chiefs in，新西兰酋长们的神性 204；sacredness of chiefs' blood and heads in，新西兰酋长身上的血和头部都有神性 230，231；customs at hair-cutting in，新西兰人理发的习俗 233；magic use of spittle in，新西兰对于唾沫的巫术利用 237；names of chiefs tabooed in，新西兰酋长的名字的禁忌 259；effect of contact with a sacred object in，新西兰人们接触圣物的后果 474；eyes of slain chief swallowed by warriors in，新西兰战士们吞食被杀酋长的眼睛 498；human scapegoats in，新西兰以人替罪的习俗 542

Ngarigo tribe of New South Wales，新南威尔士的恩加里戈部族 498

Ngoio，a province of Gongo，rule of succession to the chiefship in，古刚果恩戈约地区关于继任酋长职位的规定 283

Nias，island of，magic in，尼亚斯岛上的巫术 18；natives of，believe in demons of trees，尼亚斯岛上土人相信树死后其魂变为恶鬼 116；conception of the soul in，尼亚斯岛上土人对于灵魂的概念 179；detaining the soul in the body in，尼亚斯岛上土人羁留灵魂于体内 181；taboos observed by hunters in，尼亚斯岛上猎人遵守的禁忌 218；superstition as to personal names in，尼亚斯

岛上土人关于个人名字的迷信 245; succession to the chieftainship in,尼亚斯岛上酋长职位的继承 294; expulsion of demons in,尼亚斯岛上的驱邪 549; story of the external soul in,尼亚斯岛上关于灵魂寄存体外的故事 677

Nicaragua, the Indians of 尼加拉瓜印第安人 138

Nicholson, General, worshipped as a god,尼克尔逊将军被尊奉为神 100

Nicknames,诨名 247

Nicobar Islands, heavy rains attributed to the wrath of spirits in the,尼科巴群岛土人把大雨说成为鬼神发怒所致 225; custom of mourners in the,尼科巴群岛土人悼亡者的习俗 253; changes in language caused by fear of naming the dead,尼科巴群岛土人因怕提死者的名字而造成语言的变易 255; expulsion of demons in the,尼科巴群岛上的驱邪 567

Niger, belief as to external human souls lodged in animals on the,尼日尔土人相信人的灵魂寄居动物体内 686

Nigeria, Northern, custom of putting kings to death in,尼日利亚北方处死国王的习俗 271

——, Southern, the priest of the Earth in,尼日利亚南方的大地祭司 594; theory of the external soul in,尼日利亚南方土人关于灵魂寄存体外的说法 677,684,685

Nightingale in magic,巫术中的夜莺 32

Nightjars, the lives of women in,妇女的生命(灵魂)寄存在夜莺身上 687

Nile, the rise and fall of the,尼罗河水的涨落 369; thought to be swollen by the tears of Isis,古埃及人以为伊希恩的泪水使尼罗河上涨 370; the "bride" of the,尼罗河的"新娘" 370; money and offerings of gold thrown into the,将黄金和钱币投入尼罗河献祭 371

——, the Upper, medicinemen as chiefs among the tribes of,上尼罗各部落中的巫医也是各部落的酋长 85; Kings of the Rain on,上尼罗的雨王 107

——, the Whits 白尼罗 266

Nine, a number used in magical ceremonies, etc.巫术仪式中运用的数字如:9等等 18,241,242,284,484,618,620,625,626,628,639

Niska Indians of British Columbia,英属哥伦比亚的尼斯卡印第安人 699

Nisus, king of Megara, story of,墨格拉的国王尼撒斯的故事 670

Noessa Laut, magic, in.诺伊萨劳特的巫术 18

Nonnus, on death of Dionysus,侬纳斯谈狄俄尼索斯之死 388

Noon, fear to lose the shadow at,害怕中午时分影子消失 191

Nootka Indians,努特卡印第安人 66,179,217,522,599,698; wizard,努特卡印第安人的巫师 18

Normandy, burial of Shrove Tuesday in,诺曼底的忏悔星期二葬礼 305; harvest customs in,诺曼底的收获习俗 429

Brotherhood of the Green Wolf in,诺曼底的绿狼兄弟会 628-9; processions on the eve of Twelfth Day in,诺曼底主显节前夕的游行 647

Norrland, Midsummer bonfires in,诺尔兰德的仲夏节篝火 625

Norse stories of the external soul,北欧人关于灵魂寄存体外的故事 673

North-American Indians,北美印第安人 210,228,494,496,524,529

Norway,挪威 133;harvest customs in,挪威的收获习俗 428,429,453,454 Midsummer fires in,挪威的仲夏节篝火 625;superstitions about a parasitic rowan in,挪威关于寄生花楸的迷信 702

Nubas of Jebel-Nuba,努巴山区的努巴人 203

Nufoors of Dutch New Guinea,荷属新几内亚的努福尔人 246,250

Numa,纽玛 4,147,149,151,158,164

Nut, Egyptian-sky-goddess, mother of Osiris,娜特,埃及的上天女神,奥锡利斯的母亲 362,363

Nuts passed across Midsummer fires,在仲夏节篝火上传递坚果 629

Nyakang,first of the Shilluk kings,尼阿康,希卢克人最初的国王 267

Nyanza,Lake,incarnate human god of,尼安萨湖化身为人的神 98

Nyassa,Lake 尼亚萨湖 596

O

Oak,the worship of the,橡树崇拜 159-161,659,710;effigy of Death buried under an,橡树底下埋葬死神偶像 309;the principal sacred tree of the Aryans,橡树是雅利安人的主要神圣树木 665;human representatives of the oak perhaps originally burnt at the fire-festivals,人扮的橡树之神可能原来在篝火节间被焚 665,666;life of, in mistletoe,橡树的生命在槲寄生中 701;supposed to bloom on Midsummer Eve,橡树可能在仲夏节前夕开花 706;struck by lightning oftener than any other tree,橡树比别的树更常遭雷击 708

Oak branch,in rain-charm,求雨巫法使用橡树枝 77;crown, sacred to Jupiter and Juno,橡树枝叶编成王冠献给朱庇特和朱诺 148,151;god,橡树神 151,161;leaves,橡树叶 148,661;mistletoe,an"all-healer"橡树槲寄生,是一种"万灵药" 660-62;nymphs, at Rome,罗马的橡树仙女 147;-spirit,橡树精灵 701,703;-trees, sacrifices to,向橡树献祭 161;and ague transferred to,将疟疾转嫁给橡树 546

——, wood,perpetual fire of,用橡树木柴烧的永恒之火 161,704;used for the Yule log,橡树木柴作圣诞木柴用 637,638,666;used to kindle the Beltane fires,the need-fire, and the Midsummer fires,用橡树木柴点燃贝尔坦节篝火,净火,和仲夏节篝火 618,620,639,665

Oaths, on stones,对石明誓 33;taken by Mexican kings,墨西哥国王的誓言 87,104

Oats Bride,燕麦新娘 408;-cow,燕麦母牛 457,458;-goat,燕麦山羊 447,454,457;-mother,燕麦娘娘 400;-sow,燕麦母猪 460;-stallion,燕麦公马 459;-wolf,燕麦狼 448,449

O'Brien,Murrogh,默罗·奥布赖恩 229

Octennial cycle based on an attempt to harmonise lunar and solar time,八年一次周期循环是企图调和阴历和阳历的时间 279-280

October horse,sacrifice of the,每年10月用马献祭 478

Odin,sacrifice of king's sons to,国王的儿子献祭给奥丁 278-279,290;legend of the deposition of,奥丁被废位的传说

故事 279; human sacrifices to, 人牺献祭奥丁 354

O'Donovan, E., 奥多诺万 242

Offspring, charms to procure, 巫法求子 14, 15

Ogres in stories of the external soul, 灵魂寄存体外故事中的妖精 669, 670

Oil, in magic, 巫术中的涂油 23, 25, 26, 76; of St. John, 圣约翰油 661, 662, 706; human victim anointed with, 人牺身上涂油 435

Ointment, magical, 巫术的油膏 41

Ojebway Indians, 奥吉布威印第安人 13, 45, 78, 113, 211, 245

Olala, secret of Niska Indians, 尼斯卡印第安人的秘密社团奥拉拉 699

Old Calabar, 老卡拉巴 119, 493; expulsion of devils and ghosts in, 老卡拉巴驱邪逐鬼 567

Old Man, Arab custom of burying the, 阿拉伯人埋葬老头子的习俗 379; the last sheaf called the, 地里最后一捆谷子叫"老头子" 402, 426, 427, 467

——, men, savage communities ruled by, 未开化人的社会由老年人统治 47

——, Rye woman, 黑麦老太婆 428

——, wife, name given to last corn cut, 最后割下的谷子叫作老太婆 403

——, witch, burning the, 烧死巫婆 429

——, Woman, of the Corn, 玉米老妇人 372; last ears of corn called, 地里割下的最后一把谷穗叫作老太婆 400; last sheaf called, 最后一捆谷子叫作老太婆 402; killing the, 杀死老太婆 428; burning the, 烧死老太婆 614

Old Woman who Never Dies, North American Indian per-sonification of maize, 永远不死的老太婆, 北美印第安人对玉米的拟人化说法 149

Oldenberg, Professor, 奥尔登堡教授 67

Oldfield, A., 奥尔德·菲尔德 251

Oleae, the, at Orchomenus, 奥尔霍梅努斯地方的奥丽姬 291, 292

Olive wood, sacred images carved of, 橄榄木雕的圣像 7

Olofaet, a fire-god, in Namoluk, 纳莫鹿克岛上的火神奥罗菲特 707

Oloh Ngadju of Borneo, the, 婆罗洲的奥洛雅朱人 492

Olympia, races for the kingdom at, 奥林匹亚举行的竞争王位的赛跑 156

Omaha Indians, 奥马哈印第安人 63, 216, 473, 474

Omens, magic to annul evil, 抵制恶兆的巫术 37; from observation of the sky, 观察天象得到的恶兆 279; from boilling milk, 煮沸的牛奶显示的征兆 482; from the smoke and flames of bonfires, 篝火的烟和火焰预示的征兆 612, 615, 616, 621, 624, 645; from cakes rolled down hill, 烧饼滚下山坡显示的征兆 620; of marriage, 婚姻的预兆 626, 646

Omonga, a rice-spirit, 稻精欧蒙嘎 416

On or Aun, king of Sweden, 奥恩或昂恩, 瑞典国王 278, 290

Ongtong Java Islands, ceremony at reception of strangers in the, 翁东爪哇群岛接见外乡人的仪式 196

Onitisha, on the Niger, king of, 尼日尔奥尼沙地方的国王 200; ceremony at eating the new yams at, 奥尼河地方吃新收山药的仪式 483; human scapegoats at, 奥尼沙地方以活人献祭赎罪 569

Oracles, given by the king as representative of the god, 国王作为神的代表发布

神谕 94; inspired priests, 受神灵感召的祭司发布神谕 94

Oracular spring at Dodona, 多多纳宣示神谕的泉水 147

Orans of Bengal, 孟加拉的奥昂人 144, 342, 434

Orchomenus in Boeotia, human sacrifices at, 维奥蒂亚的澳尔霍梅努斯地区以人献祭 291

Ordeal of battle, 决斗定罪法 159; by poison, 饮毒试罪法 249

Orestes at Nemi, 内米的俄瑞斯忒斯 2, 6, 216

Oriental religions in the West, 西方的东方宗教 356

Orinoco, Indians of the, 奥里诺科的印第安人 27, 28, 71, 73, 78, 524

Orion, the constellation, 猎户星座 355

Orissa, Queen Victoria worshipped as a deity in, 奥里萨地方把维多利亚女王崇拜为神 100

Orkney Islands, transference of sickness by means of water in the, 奥克尼群岛土人用水洗病人将疾病转给他人 544

Orotchis, bears-festivals in the, 奥罗奇人的熊节 514

Orpheus, the legend of his death, 关于奥尔菲斯之死的传说故事 379

Osiris, 奥锡利斯 52, 325, 443; the myth of, 奥锡利斯的神话 362-368; the ritual of, 对奥锡利斯的祀奉仪式 368-377; the nature of, 奥锡利斯的实质 377-382; and the sun, 奥锡利斯与太阳 364; the cults of Adonis, Attis, Dionysus, and, 对阿多尼斯、阿蒂斯、狄俄尼索斯，以及奥锡利斯的崇拜 424; key to mysteries of, 解开奥锡利斯神秘的钥匙 444; and the pig, 奥锡利斯与猪 472, 475; in relation to sacred bulls, 奥锡利斯同神圣公牛的关系 476

Osiris, Adonis, Attis, their mythical similarity, 奥锡利斯、阿多尼斯、阿蒂斯——他们的神话的相似 325

"Osiris of the mysteries", "玄秘的（神秘仪式中的）奥锡利斯" 376

Osiris-Sep, title of Osiris, 奥锡利斯—赛卜, 奥锡利斯的称号 375

Ostiaks, the, 奥斯蒂亚克人 521

Ostrich, ghost of, deceived, 鸵鸟的鬼魂受骗 526

Ot Danoms of Borneo, 婆罗洲的奥特达农人 159, 597

Ottawa Indians, 奥塔瓦印第安人 214, 522, 527

Ounce, ceremony at killing an, 杀死雪豹的仪式 523

"Our Mother among the water" Mexican goddess, 墨西哥人的女神"我们的水中之母" 588

Ovambo of South-west Africa, 西南非的奥万博人 224

Owl, eyes of, earten to make eater see in the dark, 人吃了猫头鹰的眼睛就可以在黑暗中见物 496; life of a person bound up with that of an, 人的生命跟猫头鹰的生命联系在一起 684; sex totem of women, 猫头鹰是妇女的性别图腾 688

Ox, in magic, 巫术中的牛 22, 31, 72; corn-spirit as, 谷精幻化为牛 457, 466-468; slaughtered at threshing, 打谷时宰的牛 459; sacrificed at the *Bouphonia*, 雅典"屠牛祭"上宰牛献祭 466; effigy of, broken as a spring ceremony in China, 中国立春祀仪中裂碎牛像 468

Oyo, king of, among the Yorubas, 约巴鲁人支系奥约人的国王 274

P

Pacific, oracular inspiration of priests in the Southern, 南太平洋群岛上祭司获得神谕感召 94
Paddy (unhusked rice), the Father and Mother of the, 稻子（未去壳者）的父母 419
Padlock as amulet, 挂锁当护符 242
Paganism and Christianity, resemblances explained as diabolical conuterfeits, 基督教与异教相似处表明是恶劣的仿效 358, 361
Palatinate, mimic contest between Summer and Winter in the, 普法尔茨模拟夏与冬的格斗竞赛 316
———, the Upper, trees asked for pardon on being falled in, 上帕拉丁内特地区土人伐树前求树精谅宥 113
Palatine Hill at Rome, 罗马的帕拉丁丘 111
Palenque in Central America, ruins of, 中美洲帕伦克废墟 10
Palm-branches, in ceremony to procure rain, 求雨巫法中使用棕榈枝 74; ashes of, mixed with seed at sowing, 春播时用棕榈树枝叶烧的灰拌种子 615; stuck in fields to protect them against hail, 棕榈树枝插在地里防御冰雹 617
———, Sunday, 复活节前的星期日 74, 125, 705
———, -tree, thought to ensure fertility, 棕榈树被认为能促使繁育 119
Pan's image whipped with squills, 用绵枣抽打潘的塑像 580
Panes, festival of, 佩恩斯节 499
Pango, title signifying god, 潘哥, 神的称号 98
Pans, rustic Greek deities, 古希腊民间的小神, 潘 464
Panther, ceremony at the killing of a, 杀死黑豹的仪式 221
Panua, tribe of Khonds——潘努阿人, 孔德人的一个部族 434
Paphos in Cyprus, 塞浦路斯的帕福斯 329; sanctuary of Aphrodite at, 帕福斯的阿芙罗狄特圣所 330; religious prostitution at, 帕福斯地方的宗教娼妓 331
Papuans, the, 巴布亚人 43, 496, 682; of Finsch Haven, 芬奇黑文的巴布亚人 246
Papyrus of Nebseni, 纳布希尼的莎草纸文献 380; of Nekht, 尼赫特用莎草纸写的文献 380
Parents-in-law, their names not to be pronounced, 岳父母的名字不得说出来 249-50
Parilla, the Roman festival of shepherds, 帕里利亚, 罗马牧羊人的节日 154, 360
Parkinson, John, 约翰·帕金森 281
Parrot, external soul of warlock in a, 妖巫将自己灵魂寄放在鹦鹉体内 669
Parrots' eggs, a signal of death, 鹦鹉蛋——死亡的信号 173
Parthian monarchs brothers of the Sun, 帕提亚人的君主自称是太阳的兄弟 104
Parvati and Siva, marriage of the images of, 帕婆提（即雪山神女）的偶像与湿婆的偶像结婚 329
Paschal candle, 逾越节（即复活节）的蜡烛

614
——, Mountains, Easter fires on the, 逾越节(即复活节)山上的复活节篝火 615
Passier, in Sumatra, king of 苏门答腊的帕西尔王国的国王 277
Pastoral tribes, animal sacraments among, 游牧部族中以动物为圣餐 533
Patagonia, 巴塔戈尼亚 236; remedy for smallpox in, 巴塔戈尼亚医治天花的做法 550
Patani Bay, the Malays of 帕塔尼湾的马来人 183
Paternity of kings a matter of indifference under female kinship, 皇室女性亲属继承王位, 国王的父亲渊源无关紧要 154
Paton, W. R., W. R. 佩滕 580
Pawnees, the, 波尼人 225, 432
Payaguas of South America, 南美帕亚瓜人 82
Pea-mother, 豌豆娘娘 399, 400; -wolf, 豌豆狼 448
Peacock, a totem of the Bhils, 孔雀, 是比尔人的一种图腾 474
Pear-tree as protector of cattle, 梨树被视为牲口的保护者 119; as life-index of a girl, 梨树被视为女孩命运荣枯的标志 682
Pearls, in homoeopathic magic, 顺势巫术中的珍珠 37
Peas-cow, 豌豆牛 458; -pug 豌豆哈巴狗 448
Pebbles thrown in to Midsummer fires, 向仲夏节篝火中扔石子 623
Pelew Islands 珀卢群岛 116; seclusion of man-slayers in, 珀卢群岛上杀人者必须隔离 115; taboos observed by relations of murdered man in the, 珀卢群岛上被杀害的亲属遵守的禁忌 227
Pelops and Hippodamia, 珮洛普斯与希波达米亚 156
Penance observed after building a new house, 新屋建成之后, 向树神谢罪的习俗 117; for killing a boaconstrictor, 杀死蟒蛇后向之谢罪的习俗 222
Pennefather River in Queensland, the natives of the, 昆士兰境内彭尼法瑟河沿岸的土人 39
Penny-royal, burnt in Midsummer fire, 薄荷茎叶用作仲夏节篝火的燃料 631
Pentheus, king of Thebes, 底比斯国王彭修斯 378, 392
Pepper as a cure or exorcism, 胡椒用来治病或驱邪 196; dropped into eyes of strangers, 将胡椒撒进外乡人眼中 198
Perche, in France, homoeopathic cure for vomiting in, 法国珀奇地方对于呕吐的顺势疗法 16
Perils of the soul, 灵魂的危险 178-94
Perkunas or Perkuns, the Lithuanian god of thunder and lightning, 立陶宛人的雷电之神泊库纳斯或泊昆斯 161
Persephone, 珀耳塞福涅 327, 393-396, 414, 420-424, 469
Persi, horses sacrificed to the Sun in, 波斯人用马献祭太阳 79; temporary kings in, 波斯的临时国王 289; king of, 波斯的国王 593
Personification of abstract ideas not primitive, 抽象概念拟人化并非原始人的思想 315
Peru, Indians of, 秘鲁的印第安人 30, 33, 144, 236, 527; theocratic despotism of ancient, 古代秘鲁的神权专制 48
Perun, the thunder god of the Slavs, 斯拉夫人的雷神彼隆 161

Peruvian Andes,秘鲁境内的安第斯山脉 79

Peruvians,the ancient,古代秘鲁人 412

Pessinus,priestly kings at,珀西纳斯地方司祭祀的王 9;local legend of Attis at,珀西纳斯地方关于阿蒂斯的传说故事 347;image of the Mother of Gods at,珀西纳斯的众神之母的肖像 348;high-priest of Cybele at,珀西纳斯地方库珀勒的大祭司 353;high-priest perhaps slain in the character of Attis at,珀西纳斯大祭司可能是以阿蒂斯的身份被杀的 440

Phaedra and Hippolytus,菲德拉与希波吕托斯 4,7

Phalaris and his breazen bull,法拉里斯和他的铜牛 281

Phaya Phollathep,"Lord of the Heavenly Hosts,"temporary king in Siam,暹罗临时国王、"众天之主",法耶福拉锡卜 184

Pheneus,lake of,妃纳斯湖 110

Philae,the sculptures at,韭菜的碑铭 376

Philippine Islands,the,belief that souls of ancestors are in certain trees in,菲律宾群岛土人相信自己祖先的灵魂住在某些树中 151;grave of the Creator in,创世主的坟墓在菲律宾群岛的卡布尼安山顶上 264;human sacrifices in,菲律宾群岛以活人献祭 335,433;head-hunting in,菲律宾群岛土人猎取人头 441

Philo of Byblus,贝鲁斯的菲罗 293

Philosophy,as a solvent of religion 哲学是宗教的溶媒 161;primitive,原始人的哲学 163

Philostratus,on death at low tide,菲洛斯特拉特斯论人在潮水降落时死亡 35

Phoenicia,song of Linus in,腓尼基的里纳斯哀歌 415

Phoenician temples,腓尼基人的神殿 330,332;kings in Cyprus,在塞浦路斯的腓尼基人的国王 332;vintage song,腓尼基人的收获葡萄之歌 425,442

Phrixus and Helle,children of King Athamas,弗里克索斯与赫尔,国王阿塔玛斯的儿女 290

Phrygia,弗里吉亚,347,354;Lityerses in,里提尔西斯在弗里吉亚 425,426

Phrygian conmogony,弗里吉亚人的宇宙起源说 347;cap of Attis,阿蒂斯的弗里吉亚帽 353

Picardy,harvest customs in,彼卡第地方的收获习俗 45;Lenten fire-customs in,彼卡第地方四旬斋篝火习俗 612

Picts,female descent of king ship among the,皮克特人女性后裔继承王位 156

Piers,Sir Henry,亨利·皮尔斯爵士 120

Pig,sacrificed for rain or sunshine,献祭生猪求雨或祈晴 73;blood of a,drunk as a means of inspiration,喝猪血为神灵感召的媒介 95;and lamb as expiatory victims,猪羊作求神谢罪的祭品 224;corn-spirit as a,想象谷精幻化为猪 460-462;in relation to Demeter,猪跟得墨忒耳的关系 469;and Attis,猪和阿蒂斯 471;attitude of Jews to the,犹太人对猪的态度 472;in ancient Egypt,古代埃及的猪 472;used to decoy demons,用猪引诱恶魔 556-557

Pigs,magical ceremonies to catch wild,用巫术仪式捕捉野猪 18;magical stones to breed,用魔石繁殖猪 33;sacrificed at the marriage of Sun and Earth,太阳与大地婚配时以猪献祭 136;at the

Thesmophoria,塞斯莫福亚节间的猪 469;sacrificed to the moon and to Osiris,用猪向月亮和奥锡利斯献祭 472; reasons for not eating the flesh of,不吃猪肉的原因 494;driven through Midsummer fire,猪被赶着穿过仲夏节篝火 627;and through the need-fire,猪被赶着穿过净火 640;offered to monster who swallows novices in initiation,把猪献给那怪物,它吞噬了正在接受成年礼的青年 694,696

Pigeon,family of wild,in Samoa,萨摩亚的野鸽族人 474

Pillar,fever transferred to a,把热病转给圆柱 545

Pine-cones,symbols of fertility,松果是繁殖力的象征 353;thrown into vaults of Demeter,人们将松果扔进得墨忒耳的墓穴 353

——,-tree,in myth and ritual of Attis,阿蒂斯神话与祀仪中的松树 347,348,350,352;in the rites of Osiris,奥锡利斯祀仪中的松树 380;sacred to Dionysus,松树奉献给狄俄尼索斯 387

Pipiles of Central America,中美洲的皮皮尔人 136

Pirua,granary of maize,皮鲁阿,玉米仓库 412

Pitteri Pennu,Khond god of increase,皮特利·彭努,孔德人的繁殖之神 557

Placenta (afterbirth) and navel-string, contagious magic of,接触巫术中的胎盘（胞衣）和脐带 39-41

Plague,transferred to camel,将瘟疫转给骆驼 540;sent away in scapegoat,用替罪羔羊送走瘟疫 565

Plane-tree,Dionysus in,狄俄尼索斯在梧桐树中 387

Planets,human victims sacrificed to,以人牺牲献祭星宿 444

Plantain-tree,afterbirth buried under a,胞衣埋在香蕉树下 40;fertilised by parents of twins,孪生子的父母促使香蕉树多产 137

Plants,magic to make them grow,巫术使作物生长 28;influence persons homoeopathically,植物也依顺势巫术原理影响人 29;sexes of,植物的性别 114;thought to be animated by spirits, 以为植物生命是由精灵赋予的 487; external soul in,灵魂寄存在植物中 681

Plataea,festival of the Daedala at,普勒替厄地方的狄德勒节 143;the Archon of,普勒替厄地方的执政官 224

Plough,in relation to Dionysus,狄俄尼索斯与犁 387;piece of Yule log inserted in the,将一块圣诞木柴塞进犁中 645

Ploughing,by women as a rain-charm,妇女犁地为求雨巫法 70;ceremony of, performed by temporary king,临时国王耕地的仪式 284;Prussian custom at, 普鲁士人耕地的习俗 342;in rites of Osiris,奥锡利斯仪式中的耕地 375

Plurality of souls,doctrine of the,灵魂多重说 690

Pluto,carries off Persephone,普路托抢走珀耳塞福涅 393,469-470

Plutus,begotten in thriceploughed field, 普鲁图斯是在犁过三次的地里出生的 421

Poison,continence observed at brewing,酿制毒品时禁欲 219

Poison ordeal,服毒试罪法 294

Poland,objection to iron plough shares in,波兰农民反对使用铁犁 225;harvest customs in,波兰的收获习俗 404,406,451;Christmas custom in,波兰圣诞节习俗 450;need-fire in,波兰的净火 641

Pole-star,homoeopathic magic of the,有关北极星的顺势巫术 84

Pollution and holiness not differentiated by saveges,未开化人不会区别玷污与圣洁 223

Polynesia,taboos in,波利尼亚西的习俗禁忌 205,206,259;sacredness of the head in,波利尼西亚人视头部为神圣不可侵犯 231;infanticide in,波利尼西亚岛上杀婴习俗 193

Polynesian chiefs sacred,波利尼西亚人视他们的酋长为神圣 205

Polynesians,oracular inspiration of priests among the,波利尼西亚群岛祭司受神感召发布神谕 94;their way of ridding themselves of sacred contagion,他们送走神灵感染的做法 473;Polytheism evolved out of animism,多神论系由万物有灵论发展来的 117

Pomegranate causes virgin to conceive,石榴使童贞女受孕 347

Pomegranates sprung from the blood of Dionysus,石榴从狄俄尼索斯的血泊里苗长出来 389

seeds of,not eaten at the Thesmophoria,塞斯莫福利亚节期间妇女不吃石榴子 389

Pomerania,harvest custom in,波美拉尼亚地区的收获习俗 430

Pometia sacked by the Romans,波米蒂亚被罗马人劫掠 6

Pommerol,波默罗尔博士 611

Pomos of California,加利福尼亚的波莫人 562

Pompey the Great,庞培 329

Ponape,one of the Caroline Islands,treatment of the navel-string in,波纳佩岛（加罗林群岛岛屿之一）土人对脐带的处理 40;king of,波纳佩岛的国王 232

Pongol,Hindoo family festival,邦哥尔,印度人吃新谷的家庭宴会 482

Pons Sublicius at Rome,罗马的古代木桥 225

Poona,rain-making at,浦那的求雨 70;incarnation of elephantheaded god at,浦那化作象首人身的神 100

Poor Man,name applied to the corn-spirit after harvest,收获后称谷精为"可怜的人" 465

———,Old Woman,last sheaf left for,地里最后一把谷子留给"可怜的老太婆" 465

Poor woman,name applied,to the corn-spirit after harvest,收获后称谷精为"可怜的女人" 465

Poplar wood used to kindle need-fire,用白杨木点燃净火 739

Porta Capena at Rome,罗马卡庇纳城门 4,351

Portraits,souls in,灵魂在肖像内 193

Portugal,belief as to death at ebb tide in,葡萄牙土人认为人常在退潮时死亡 35

Poseidon,波塞冬 97,471

Potato woman,the Old,土豆老太婆 405;-mother,土豆娘娘 413;-wolf,土豆狼 448,449;-dog,土豆狗 449

Potoatoes,magical stones for increase of,用魔石增产土豆 33;custom at eating new,吃新土豆的习俗 481

Prayers,to the sun,向太阳的祈祷词

14,26,78;for rain,祈雨词 71,77,86, 118,159-61;to Dionysus,向狄俄尼索斯的祈祷词 378;to dead animals,对已死动物的祈祷词 507,522-4

Preious stones,magic of,宝石的巫术用途 34

Pregnancy,怀孕 238,239

Pretenders to divinity among Christians,基督徒之间相互冒称为神 101

Priest,of Diana,狄安娜的祭司 1,8,710;of Nemi,内米的祭司 8,161,163,167;and magician,their antagonism,祭司、巫师,以及他们之间的对立 52;drenched with water as rain-charm 水浸祭司是一种求雨巫法 70;rolled on fields as a fertility charm,将祭司在地里滚翻是一种求土地多产的巫法 139;of Zeus,宙斯的祭司 159;brings back lost souls in a bag,祭司用袋子装回亡失的灵魂 186;of Dionysus,狄俄尼索斯的祭司 291;sows and plucks the first rice,祭司播种并采摘第一批稻子 482;of Aricia,阿里奇亚的祭司 592;of the Earth,大地的祭司 594

Priestesses,女祭司们 94,294

Priestly kings,祭司兼国王司祭祀之王 9

Priests,magical powers attributed to,认为祭司具有巫术能力 53,54;inspired by gods,受神感召的祭司 94;influence wielded by,祭司掌握的权势 196;their hair unshorn,祭司终生蓄发 232;foods tabooed to,祭司禁忌的食物 238;of Attis, the emasculated,阿蒂斯的净身祭司 347;sacrififice humas victims,祭司献祭人牺 589,591

Princesses married to foreigners or men of low birth,公主下嫁外国的或出身卑微的男人 154

Processions,for rain in Sicily,西西里岛上求雨者的列队游行 74;with bears from house to house,吉利亚克人牵着熊列队走遍全村家家户户 512;with sacred animals,带着神圣动物列队参加仲夏节篝火活动 628,630;of giants (effigies) at popular festivals,民间节日里巨人偶像游行行列 654

Progress,the magician's,巫觋的发展 45-48

Prophets,Hebrew,their ethical religion,希伯来先知的伦理宗教 51

Propitiation,essential to religion,赎罪的宗教的根本 50;of the souls of the slain,向被杀者的灵魂谢罪抚慰 212;of the spirits of slain animals,向被杀动物的鬼魂谢罪抚慰 217,220;of the spirits of plants,向植物的鬼魂谢罪抚慰 487;of wild animals by hunters,猎人向野兽谢罪抚慰 518-532;of vermin by farmers,农夫向损害庄稼的鸟兽谢罪抚慰 530

Prostitution,sacred,before,marriage,姑娘们在结婚前须做神妓的习俗 330;suggested origin of,娼妓起源的假设 331

Provesce,priests thought to possess the power of averting storms in,普罗旺斯地区的祭司被视为具有防止风暴的能力 53

May-trees in,普罗旺斯的五朔树 124;mock execution of Caramantran on Ash Wednesday in,普罗旺斯地方在圣灰星期三假杀卡拉曼特兰(偶像) 304;Midsummer fires in,普罗旺斯的仲夏节篝火 630;the Yule log in,普罗旺斯的圣诞木柴 637

Prussia,contagious magic in,普鲁士的接触巫术 44;custom at spring ploughing in,普鲁士的春耕习俗 342;harvest customs in,普鲁士的收获习俗 421,426;the Corn-goat in,普鲁士的五谷山羊 454;the Bull at reaping in,普鲁士收割时的公牛 459

Midsummer fires in,普鲁士的仲夏节篝火 627

——,East,harvest customs in,东普鲁士的收获习俗 401,453,454,457

——,West,harvest costoms in,西普鲁士的收获习俗 402,457

Pretence of birth of child on harvest-field in,普鲁士收获地里装作生出婴儿 406,421

Prussian rulers formerly burnt,古普鲁士的统治者被烧死 274

Prussians,the old,古普鲁士人 288;their funeral feasts,古普鲁士人为亡人致奠（举行冥宴） 227;supreme ruler of,古普鲁士人的最高统治者 274

Psoloeis,the,at Orchomenus,奥尔霍梅努斯的普索罗依斯 291,292

Psylli,a Snake clan,古非洲的蛇族普西利人 83,502

Ptarmigans and ducks,dramatic contest of the,among the Esquimaux,爱斯基摩人举行松鸡和鸭的戏剧性竞赛 317

Puberty,girls secluded at,少女青春期受隔离 595;initiatory rites at,男孩成年典礼仪式 692

Punchkin and the parrot,story of,彭契金与鹦鹉的故事 669,687,690

Punjaub,the, General Nicholson worshipped in his life time in,尼科尔逊将军生前在旁遮普邦被尊敬为神 100;human sacrifice in,旁遮普邦以活人献祭 112;belief as to tattooing in,旁遮普邦人相信文身有利于死后灵魂荣耀

地升入天堂 180;Snake tribe in,旁遮普邦的蛇族人 566;human scapegoat in,旁遮普邦的活人替罪羊 565

Puppets,of rushes thrown into the Tiber,灯芯草做的傀儡扔进台伯河中 493;used to attract demons of sickness from living patients,用灯芯草做的傀儡将病魔从病人身上引出来 564

Puppies,red-haired,sacrificed by the Romans to the Dog-star,罗马人用红毛小狗献祭天狼星 444

Purification,of man-slayers,杀人者斋戒洁身 212,213;of hunters and fishers,猎人和渔夫斋戒 216;after contact with a pig,跟猪接触后要斋戒洁身 472;by washing,沐浴洁身 473;before partaking of new fruits 吃新果实前要斋戒 484,488;by emetics,用催吐药物洁净肠胃 485,488;by standing on sacrificed human victim,站在献祭的人牺身上以洁身洗罪 572;by beating,鞭笞洁身 601

Purificatory ceremonies,at reception of strangers,接待外乡来人洁身仪式 195;on return from a journey,远出归来的洁身仪式 197

——,theory of the fires of the fire-festivals,篝火节理论的净化环境 642,647;more probable than the solar theory,净化环境比太阳说更为近乎实际 650

Puyallup lndians,普亚卢普印第安人 256

Pygmalion,king of Cyprus,塞浦路斯国王皮格马利翁 332

Pythagoras,maxims of,毕达哥拉斯箴言 44,45

Python clan,in Senegambia,塞内冈比亚

的蚀蛇族人 502;

Q

Quartz used in circumcision,石英石用来切除包皮 224
Quartz-crystal used in rainmaking,求雨巫法中使用石英晶体 76
Queen,name gives to last corn cut at harvest,收获时田里最后割的谷子叫做皇后 407;the Harvest,in England,英格兰的收获皇后 405;of Athens,married to Dionysus,雅典王后与狄俄尼索斯婚配 142;of the Corn-ears,谷穗王后 405;of Egypt,the wife of Ammon,埃及王后,太阳神阿蒙的妻子 142;of Heaven,天后 337,711;of May,五朔节王后 127,129,131,320
Queensland,beliefs as to the afterbirth in,昆士兰土人相信胞衣对婴儿一生命运攸关 39;namesakes of the dead change their names in some of the tribes of,昆士兰有些族其成员因死者名字不得重复而改换新名 253;expulsion of a demon in Central,昆士兰中部驱邪习俗 562;seclusion of girls at puberty in,昆士兰少女青春期要隔离 598
Quetzalcoatl,Mexican god,魁札尔柯特尔,墨西哥人的神 491
Quilacare,suicide of the kings of,基拉卡尔国王的自杀 274-275
Quinoa—mother,the,昆诺阿黎娘娘 413
Quiteve,title of king of Sofala,苏法拉国王的称号:奎帝夫 273
Quito,the kings of,基多的国王 431
Quonde,in Nigeria,king-killing at,尼日利亚的匡德地区杀死国王的习俗 271

R

Ra,the Egyptian sun-god,拉,埃及人的太阳神 362,364,366,475;and Isis,拉和伊希思 260
Race,to determine the Whitsuntide king,赛跑优胜者当圣灵降临节的王 129;succession to a kingdom determined by a,赛跑优胜者继承王位 156;for a bride,赛跑优胜者赢得新娘 156;of reapers to last sheaf,收割者竞割地里最后一把谷子 459
Races,at Whitnuntide,圣灵降临节间的赛跑 124,129;on horseback to Maypole,五朔节赛马,最先到达五朔柱下者胜 132;at fire-festivals,篝火节的赛跑 611
Radica,a festival at the end of the Carnival in Frosinone,雷迪卡,弗罗齐诺内地方狂欢节结束时的盛会 302
Rain,the magical control of 巫术控制雨 62-78,234,629,645;prayers for,求雨祷词 71,77,86,118,159-161;kings expected to give,人们期待国王赐雨 85-87;supposed to fall only as a result of magic,认为降雨是行使巫术的结果 87;Zeus as the god of,宙斯也是雨神 159;prevented by the blood of a woman who has miscarried,流产妇人的血阻止降雨 209
Rain-bird,雨鸟 72;-charms,求雨巫法 71,131,210,234,300,341,400,437,438;doctor,among the Toradjas of Celebes,西里伯斯岛上托拉查人的司雨巫师 68;-gods,雨神 73-75;king,雨王 70,107;-makers,祈雨巫师 62,

84-86,107,269,270; song, sung by women, 妇女唱求雨歌 118; -stones, 雨石 76,85; temple, in Angoniland, 安戈尼兰的雨神庙 63-64

Rajah, temporary, after death of rajah, 拉杰(酋长、土王)死后的临时拉杰 287

Rajahs, among the Malays, supernatural powers attributed to, 马来人说他们的拉杰都有超自然的能力 88; two, in Timor, 帝汶岛上有两个土王(一管行政,一管祭祀) 177

Rajputana, gardens of Adonis in, 拉杰普塔纳的阿多尼斯园圃 43

Rali, the fair of, in India, 印度拉里地方的庙会 319

Ram, with golden fleece, 长着金色羊毛的公羊 29; as vicarious sacrifice for human victim, 以公羊代替人牺牲献祭 292; sacrificed to Ammon, 以公羊向阿蒙献祭 477; Tibetan goddess riding on a, 西藏骑坐公羊的女神 492; killing the sacred, 杀神公羊 500; consecration of a white, 尊奉白公羊为神圣 534

Ram's skull in charm to avert demons, 巫法用公羊头骨防御妖魔 492

Rama, his battle with the king of Ceylon, 罗摩与锡兰国王的战斗 670

Ramanga, among the Betsileo, 贝济寮人中的拉曼加,229

Raratonga, in the Pacific, 太平洋上的拉拉通加 39

Rarhi Brahmans of Bengal, 孟加拉的拉希婆罗门 602

Raskolnik, Russian Dissenter, 俄罗斯的不信奉正教者(旧礼仪教徒)拉斯科尔尼克 71

Raspberries, wild, ceremony at gathering the first, 采摘第一批野山莓的收获仪式 486

Rat's hair as a charm 老鼠毛作巫法 31

Rats, of magic, 巫术中的老鼠 39; superstitious precautions of farmers agaisst, 农夫防老鼠的迷信做法 531

Rattle, wooden, swung by twins to make fair or foul weather, 孪生子转动嘎嘎作声的木器可以控制天气阴晴 66

Rattlesnakes respected by North-American Indians, 北美印第安人尊敬响尾蛇 520

Raven's eggs in homoeopahtic magic, 顺势巫术中的大乌鸦蛋 32

Reapers, contests between, 收割者之间的竞赛 401,403,404,407,426,429; throw sickles at the last standing corn, 收割者用镰刀投掷地里最后未割的谷子 401,403,404,407,446,452; blindfolded, 收割者蒙住眼睛割最后一把谷子 404,407; of rice deceiving the ricespirit, 割稻人欺骗稻精 404; pretend to move down visitors to the harvest-field, 收割人见有人来到地里看望时便装作割谷 430; remedies for pains in the back, 收割人治背痛的办法 455

Reaping-match of Lityerses, 里提尔希思的收割竞赛 426

Rebirth from a golden cow, 从金铸母牛腹中重生 197; of ancestors in their descendants, 祖辈在子孙行中转世 256

Recall of the soul, 招魂 180

Red colour in magic, 巫术中的红色 15; wool, 红色羊毛 242

Red-haired men sacrificed by ancient Egyptians, 古代埃及人以红发人献祭 378,380,443,476; puppies sacrificed by the Romans, 罗马人以红毛小狗献祭

444,476

Reddening the face of a god,神脸涂红 148

Reddis or kapus in Madras presidency,马德拉斯管区的雷迪人或卡普人 73

Reflection, the soul identified with the,灵魂和映像等同一致 192

Reflection in water, supposed dangers of,设想水中映像有危险 192

Regalia, sanctity of, in Celebes,西里伯斯王徽的神圣性 295

Regeneration from a golden cow,从金铸母牛阴道再生 197

Regicide among the Slavs,斯拉夫人处死国王 278; modified custom of,处死国王的习俗在斯拉夫人中已经大幅度地被改变了 283

Regifugium at Rome,罗马国王奔逃的习俗 157

Reincarnation of animals,动物的再生 526-527

Relations, names of, tabooed,亲戚名字的禁忌 249-251; of the dead take names for fear of the ghost,死者的亲戚害怕其鬼魂而另取新名 253

Religion, and magic,宗教和巫术 48-60,64,90,92,162,324,711; defined,宗教的定义 50; two elements of, a theoretical and a practical,宗教的两大要素：理论的和实践的 50; and science,宗教与科学 51,712; the Age of,宗教的时代 56; transition from magic to,从巫术过渡到宗教 57; and music,宗教与音乐 334,335

Religions, oriental, in the west,东方的宗教在西方 356-562

Religious associations among the Indians of North America,北美印第安人的宗教社团 698

Remission of sins through the shedding of blood,通过流血获得赦罪 356

Remulus,勒慕路斯 149 (See Romulus,参考"罗慕路斯")

Renan's theory of Adosis,里南关于阿多尼斯的理论 340,341

Renouf, P. le Page,里诺夫爵士 384

Reproductive powers, beating people to stimulate their,鞭打人的生殖器官促进其人的生殖能力 581-582

Reptile clan of the Omaha Indians,奥马哈印第安人的爬虫族 474

Resurrection,复活 236; of the god,神的复活 300,386; of the tree-spirit,树精的复活 300; of a god in the hunting, pastoral, and agricultural stages of society,社会发展的渔猎、游牧和农业阶段中神的复活 301; enacted in Shrovetide and Lenten ceremonies,忏悔节与四旬斋节的复活演出 307; of the effigy of Death,死神偶像的复活 312; of the Carnival,狂欢节的复活 315; of the wild Man,野人的复活 315; of Kostrubonko,科斯特鲁邦柯（春之神）的复苏 317; of Attis,阿蒂斯的复活 350,360; of Osiris,奥锡利斯的复活 374,376; of Dionysus,狄俄尼索斯的复活 468; of animals,动物的复活 56,529; of fish,鱼的复活 527; divine, in Mexican ritual,墨西哥祀仪中神的复活 592; ritual of Death and,死亡与复活的宗教仪式 691-701; *Rex Nemorensis*, King of the Wood,纳莫任西斯，林中之王 3

Rheumatism, and magic,风湿病与巫术 44,45; popular cure for,风湿病的民间治疗法 196

Rhine, dramatic contest between winter

and Summer on the middle,莱茵河中游冬天与夏的戏剧性竞赛 316

Rhodes, worship of Helen in,(希腊)罗得岛上崇拜海伦 356

Rhodians worship the sun,地中海罗得岛人崇拜太阳 79

Rhys, Sir John,约翰·里斯爵士 635,636

Rice, in homoepathic magic,顺势巫术中的稻子 28,29; in bloom treated like a pregnant woman 稻秧开花时受到像对孕妇一样的对待 115; used to attract the soul conceived as a bird,用稻米来引诱被认为像小鸟似的灵魂 181,184; in water, divination by,把米粒放入水中占卜 256; soul of,稻的灵魂 413-425,417; two sheaves as "husband and wife" 两捆稻束叫"稻子夫妻" 418; (paddy) father and mother of the,稻秧的父母 419; "eating the soul of the rice" "吃米魂" 482; the new, ceremonies at eating,吃新整时的仪式 482

Rice bride and bridegroom,稻谷新娘和新郎 418; cakes,米饼 490; child,稻谷孩子 417; mother,稻谷娘娘 413,415,417

Rickets, cure for,治疗软骨的方法 682

Riedel, J. G. F. 李德尔 696

Rings to prevent the escape of the soul,用环防止灵魂逃逸 181; as amulets,用环作护符 226,243; as spiritual fetters,环能羁绊灵魂 243; and knots tabooed,环扣的禁忌 238-244

Ritual, of Adonis,阿多尼斯的祀仪 335-341; of Attis,阿蒂斯的祀仪 347-352; of Dionysus,狄俄尼索斯的祀仪 389; primitive, marks of,原始人祀仪的特征 411; magical or propitiatory, 巫术或谢罪的仪式 411; myths dramatised in,神话在祀仪中的戏剧化 608; of death and resurrection,死亡与复活的仪礼 691-701

Rock-crystal in rain-charms,求雨巫法中的水晶石 72,85

Roepstorff, A. F. de,罗普斯托夫先生 255

Romans, sacrificed pregnant victims to ensure fertility,古罗马人用孕妇献祭以求丰产 28; the ancient, their ceremonies for procuring rain,古罗马人求雨的仪式 77,78; superstition as to eggshells,罗马人对蛋壳的迷信 201; cutting hair or nails on shipboard,罗马人在船上理发剪指甲 234; superstitious objection to clasped hands or crossed legs,罗马人迷信不许双手紧握或两腿交叉 240; belief in the magic virtue of divine names,罗马人相信神圣名字的巫术性能 261; adopt the worship of the Phrygian Mother of the Gods,罗马人采纳了弗尼吉亚人对众神之母的崇拜 348; their sacrifice of red-haired puppies,罗马人以红毛小狗献祭 444,476; their cure for fever,罗马人治疗发烧的方法 543; deemed sacred the places struck by lightning,罗马人奉雷电击过的地方为神圣 709

Romanus Lecapenus, the emperor,罗曼纳斯·李开朴纳斯皇帝 680

Rome, the Sacrificial King at,罗马专管祭祀的国王 9,106; rain-making in,罗马的求雨 78,149; sacred trees in,罗马神圣的树 111; kings of,罗马的国王们 146-151; king and Queen of,罗马的国王与王后 147,151; founded by settlers from Alba Longa,罗马由阿尔巴隆

加迁来的定居者修建的 148；descent of the kingship in，罗马王位的继承 152；Midsummer festival in ancient，古代罗马的仲夏节日 153,154；priests in，罗马的祭司 224；name of guardian deity kept secret，罗马守护神的名字被保密 262；*Regifugium* at，罗马的专司祭祀之王 301（参考 Regifugium at Rome，"罗马国王奔逃的习俗"）；Phrygian Mother of the Gods brought to，弗里吉亚人的众神之母被带到罗马 348；Festival of Joy(*Hilaria*)at，罗马的欢乐节（希拉利亚） 350-351；sacrifice of she-goat to Vedijovis at，罗马人向维迪约威斯献祭母山羊 392；annual sacrifice of October horse at，罗马每年一次献祭十月马 478；the Mother and Grandmother of Ghosts at，罗马的鬼妈妈和鬼奶奶 491-493；human scape-goats in ancient，古代罗马活人作替罪羊 577；Saturnalia at，罗马的农神节 583；sacred fire of Vesta at，罗马维斯太的圣火 665

Romulus，罗慕路斯（一译罗慕洛）111,148,158,378

Romulus or Remulus, King of Alba，罗慕洛或勒慕路斯，阿尔巴的国王 149

Rook, island of, expulsion of the devil from the，鲁克岛上土人驱邪 547；initiation of young men in the，鲁克岛上青年人的成年典礼 695

Rope used to keep off demons，用绳子拦阻魔鬼 559

Rose, the Little May，五月的小小玫瑰 125；the white, dyed red by the blood of Aphrodite，白玫瑰被阿芙罗狄特的血染红了 336

Roumania, festival of Green George in，罗马尼亚的绿衣乔治节 126

Roumanians of Transylvania，特兰西瓦尼亚的罗马尼亚人 191,227,341

Rowan, parasitic，寄生的花楸 702

Rowan-tree, a pretection against witches，花楸树可以防妖巫 620

Royalty, the burden of，王位的重负 168

Runaways, knots as charms to stop，结扣作巫法阻止逃跑者 242

Runes, magic, Odin and the，奥丁与咒文 355

Rupert's Day, effigy burnt on，鲁珀特节（忏悔节）焚烧偶像 614

Rupture, cure for，脱肠（疝）治疗法 682

Russia, thieve's candles in，俄罗斯窃贼的蜡烛 56；rain-making in，俄罗斯人求雨 63,71；celebration of whitsuntide in，俄罗斯庆祝圣灵降临节 121,128,134；St. George's Day in，俄罗斯圣乔治日的活动 128；priest rolled on the fields to fertilise them，俄罗斯在地里翻滚以求增产 137；use of knots as amulets in，俄罗斯人用结扣作护符 242；funeral ceremonies of Kostrubonko, etc, in，俄罗斯的春之神等等的葬仪 317-318；harvest customs in，俄罗斯的收获节习俗 405,425；wood-spirits in，俄罗斯的树精 465；expulsions of demons in Eastern，俄罗斯东部的驱邪 559-560；Midsummer fires in，俄罗斯的仲夏节篝火 627,656；treatment of the effigy of Kupalo in，俄罗斯对于库巴罗的偶像的处理 652；story of the external soul in，俄罗斯关于灵魂寄存体外的故事 671；birth trees in，俄罗斯的生日树 682；fern-seed at Midsummer in，俄罗斯仲夏节的蕨孢子

Rustling of leaves regarded as the voice of

spirits，树叶的飒飒作响被当作神灵的话声

Ruthenia, Midsummer bonfires, in，罗塞尼亚的仲夏节篝火 627

Ruthenian burglars, their charms to cause sleep，罗塞尼亚的盗贼使用巫法使人入睡 30

Rye-boar，黑麦公猪 460, 461; -mother，黑麦娘娘 399, 400; -dog，黑麦狗 499; -goat，黑麦山羊 454; -pug，黑麦巴儿狗 499; -sow，黑麦母猪 447－460; -wolf，黑麦狼 446－448; -woman，黑麦女人 428; Woman, the Old，黑麦老太婆 405;

S

Sabaea or Sheba, kings of，萨巴或示巴的国王 200;

Sabarios, a Lithuanian festival，立陶宛农民人家举行的吃新粮宴会，叫作萨巴利奥斯 480;

Sabine priests，萨宾人的祭司 224;

Sable-hunters, rules observed by，猎黑貂者遵守的惯例 524;

Sacaea, a Babylonian festival，撒卡亚，巴比伦人的节日 281; mock king of，撒卡亚节间的假王 443

Sacrament in the rites of Attis，阿蒂斯祀仪中的圣餐 351; of swine's flesh，猪肉圣餐 470; of first-fruits，以新谷作圣餐 479; combined with a sacrifice of them，吃圣餐并以之向神献祭 488; of eating a god，吃神当圣餐 498; types of animal，动物当圣餐的类型 532－538

Sacramental bread，圣餐面包 491; eating of corn-spirit in animal form，以做动物形体表示谷精的面包作圣餐 470; meal of new rice，新米做饭当圣餐 482

Sacred persons, names of tabooed，神圣人物名字的禁忌 257－259

Sacrifice, of the king's son，以王子献祭 289; of virility，向春之女神奉献男性生殖力 349, 350; not to be touched，献祭物品，人不得触摸 473; annual, of a sacred animal，每年向神献祭一头神圣动物 475; of first-fruits，向神献祭新谷 488; of heifer at kindling needfire，点燃净火，以小母牛献祭 461

Sacrifices, offered to ancestors，祭祀祖宗 71, 72; human，以人献祭 79, 96, 112, 117, 146, 279, 281, 290, 354, 355, 378－380, 431, 569, 571, 579, 587, 609, 617, 653, 657, 658; offered to kings，向国王献祭 104; offered to a sacred sword，向神刀献祭 109; offered to trees，向树献祭 112, 113, 115, 116, 118; on roof of new house，新屋建成后在屋顶上献祭 117; to water-spirits，向水中精灵献祭 146; to the dead，向死者献祭 175; at foundation of buildings，建屋奠基时献祭 191; to souls of slain enemies，向被杀的敌人献祭 212; vicarious，用替身献祭 292; to children amomg the Semites，闪米特人向儿童献祭 293; offered in connection with irrigation，为灌溉而献祭 370

Sacrificial king at Rome，罗马的司祭祀之王 9, 106

Sagard, Gabriel，加布里埃尔·萨嘉德（法国传教士） 527

Saghalied, facilitating childbirth in，萨哈林岛上居民为临盆产妇催生 240

Sahagun, B. de 沙哈根（方济各会修道士） 587

索 引

St. Andrews, witch burnt at, 圣安德鲁岛上烧死妖巫 243

St. Angelo, ill-treated in drought, 大旱之时虐待圣·安吉洛 75

St. Bride, her Day in the Highlands of Scotland, 苏格兰高地的圣布利德节（2月1日） 134; an old goddess of fertility, 圣布利德, 生育繁殖女神 135

St. Bridget, 圣布利吉特 134

St. Columba, 圣哥伦巴 101

St. Dasius, martydom of, 圣达修斯殉道 584-5

St. Denys, his seven heads, 圣丹尼斯的七个头 366

St. Francis of Paolo, 保罗圣芳济 74

St. Gens, his image used in rain-making, 圣詹斯神像被用来求雨 77

St. George's Day, fertilisation of barren women by furit trees on, 不孕妇女在圣乔治日前夕置新衬衣于结实累累的果树上以求子嗣 119; Green George on, 圣乔治日的绿衣乔治 126-128; ceremony to fertilise the fields on, 圣乔治日促使田地多产的仪式 137

St. Gervais, spring of, 圣吉尔瓦斯泉 77

St. Hippolytus, 圣希波吕托斯 5

St. James, 圣雅各 50, 51

St. John, Midsummer festival of, in Sardinia, 撒丁岛上的仲夏节亦名圣约翰节 343; Sweethearts of, "圣约翰的情人" 343; oil of, found on oak leaves at Midsummer, 仲夏节在橡树的叶子上找到的圣约翰油 661-662, 706

——, the Baptist, bathing on his day, 施洗约翰日妇女集体下水沐浴 70; his chapel at Athens, 圣约翰在雅典的教堂 545; associated with Midsummer Day, 施洗约翰与仲夏节 622

——, the knights of, 圣约翰的骑士 630; Grand Master of the Order of, 圣约翰修道会的教长 631

St. John's Day, swinging on, 俄罗斯的列托人在圣约翰日荡秋千的习俗 289; Midsummer fires os, 圣约翰的仲夏节篝火 62, 628; fern-seed blooms on, 蕨孢子在圣约翰节那天开花 704;（See Midsummer Day 参见"仲夏节"条）

St. John's Eve, Sweden, 圣约翰节前夕在瑞典 122; Russian ceremony on, 俄罗斯圣约翰节前夕的仪式 318; in Malta, 圣约翰节前夕在马耳他岛 631

St. Joseph, ill-treated in drought, 大旱之时圣约瑟夫受虐待 75

St. Lawrence, fire of, 圣劳伦斯的火 536

St. Louis, 圣路易斯 90

St. Mary, Isle of, 圣玛丽岛 523

St. Maughold, gives veil to St. Bridget, 圣毛贺德赠送面纱给圣布利吉特 134

St. Michael, ill-treated in drought, 大旱之时圣迈克尔受虐待 75

St. Patrick, canon attributed to, 被认为是圣帕特里克写的圣典 90

St. paul, on immortality, 圣保罗论永生 398

St. Peter, as biver of rain, 圣彼得是赐雨者 77

St. Peter's Day, 圣彼得节 318, 360

St. Pons, his image used in rain-making, 求雨时用圣庞斯像 77

St. Rochus's Day, need-fire kindled on, 圣罗德斯节点燃净火 641

St. Stephen's Day, 圣斯蒂芬节 537

St. Sylvester's, Day, 圣西尔维斯特节 561

St. Tecla, falling sickness cured in her

church at Llandegla in Wales,威尔士南德格拉村圣忒克拉教治疗羊癫风病 545

St. Vitus's Day,圣维图斯节 644

Saint S'ecaire, Mass of,圣色伽利的经文 54

Saints, violence done to images of, to procure rain,对圣徒施加暴力以求雨 75; images of, dipped in water as a rain-charm,将圣徒像浸入水中作为求雨巫法 77

Sakalavas of Madagascar,马达加斯加的萨卡拉瓦人 172,258,295

Sakvari, song, ancient Indian hymn,萨克瓦里赞歌,古印度娑摩吠陀赞歌集中的一首 67

Sal tree,娑罗双树 145

Salish or Flathead Indians,萨利什或弗拉塞德印第安人 187,486

Salmon, twins thought to be,孪生子被认为是鲑鱼变的 66; ceremonies at catching the first of the season,鲑鱼当季时捕获第一批鲑鱼的仪式 528

Salmoneus, king of Elis,萨尔蒙努斯,伊利斯的国王 77,149,159,292

Salt, abstinence from,禁食盐 23,138; not to be eaten,不许吃盐 218,510,595,602; Mexican Goddess of,墨西哥人的盐之女神 588

Salt-pans, continence observed by workers in,盐田工人遵行的禁欲 219

Salvation of the individual soul, importance attached to in Oriental religion,东方宗教重视个人灵魂得救 357

Samarcand, homoeopathic magic applied to babies in,撒马尔罕对婴儿施行的顺势巫术 32; New Yeay ceremoy in,撒马尔罕的新年仪式 285

Samaveda, the,《娑摩吠陀》 67

Samhnagan, Hallowe'en bonfires,桑姆纳干,万圣夜的篝火 635

Samoa, rain-making in 萨摩亚群岛上土人求雨 75; taboo on persons who have handled the dead in,萨摩亚群岛上凡接触过死人者的禁忌 206; butterfly god in,萨摩亚岛上的蝴蝶神 474; the wild Pigeon family in,萨摩亚岛上的野鸽族人 474

Samorin, title of the kings of Calicut,萨莫林,卡利卡特国王的称号 275

Samoyed shamans, their familar spirits,萨莫耶德人的巫师人人都携带一个自己熟悉的鬼魂 683

Samoyeds of Siberia,西伯利亚的萨莫耶德人 252

Sampson, Agnes, a Scotch witch,阿格尼斯·桑普森,苏格兰巫婆 542

Samyas monastery, near Lhasa,拉萨附近的桑耶寺 573

San Pellegrino, church of, Ancono,安科纳的圣帕勒格里诺教堂 585

Sanctity and uncleanness not clearly differentiated in the primitive mind,圣洁与不洁在原始人思想里没有明确的区别 607

Sandwitch Islands, the king personated the god in the,桑威奇群岛上岛王假扮为神 94; precaution as to spittle of chiefs in the,桑威奇群岛上酋长采取唾沫的谨慎措施 237

Saning Sari, rice goddess,萨宁萨里,稻之女神 415

Sanitation improved through superstition,迷信措施却改善了环境卫生 201

Sankara and the Grand Lama,商羯罗与大喇嘛 189

Santals, their belief in the absence of the soul in dreams 桑塔尔人相信梦中灵魂离体, 182

Saparoea, East Indian island, fishermen's magic in, 东印度群岛萨帕罗伊岛上渔民的巫术 18

Sarawak 沙捞越 15,25,89; taboos observed in, 沙捞越人的禁忌 24

Sardings worshipped by Indians of Peru, 秘鲁印第安人崇拜沙丁鱼 527

Sardinia, gardens of Adonis in, 撒丁岛上的阿多尼斯园圃 343; Sweethearts of St. John at Midsummer in, 撒丁岛上仲夏节间"圣约翰的情人" 343-344; Midsummer fires in, 撒丁岛上的仲夏节篝火 344

Sarmata Islands, marriage of the Earth in, 萨马他群岛上太阳与大地婚配 136

Satan, annually expelled by the wotyaks, 沃特雅克人一年一度驱逐撒旦 559; and by the Cheremiss, 切列米斯人一年一度驱逐撒旦 560; preaches a sermon in North Berwick church, 撒旦在北贝里克教堂布道 681

Saturn, the god of sowing, 萨图恩,播种之神(即罗马神话中的农神) 583; his festival the Saturnalia, 萨图恩的节日——农神节 584

Saturnalia, 农神节 136,153,553,575; the Roman, 罗马人的农神节 158, 583-587

Satyrs in relation to goats, 萨蒂罗斯与山羊的关系 464

Savage, the, 原始未开化的人 47; This awe and dread of everything new, 未开化人敬畏一切新事物 225; our debt to, 原始人类的遗泽 262-264; not to be judged by European standards, 不应按欧洲人的标准来评价未开化的人 294; not illogical, 未开化人的思想行为并非不合逻辑 517; his belief that animals have souls, 未开化人相信动物有灵魂 518; unable to discriminate clearly between men and animals, 未开化人不能明确区分人与动物之不同 532; secretiveness of, 原始人对于生命的看法的秘密 691; his dread of sorcery, 未开化人畏惧妖术 691

Savage Island, kings killed on account of death in, 萨维吉(野人)岛王国饥荒被杀 87; cessation of monarchy in, 萨维吉岛上君主政治的终结 176

Savage philosophy, 未开化人的原始哲学 263

Saxo Grammaticus, 萨克索·格兰马蒂喀斯 33,155

Saxons of Transylvania, 特兰西瓦尼亚撒克逊人 238,239,306,312,316,456,530,672

Saxony, May or Whitsuntide trees in, 萨克森地方的五朔节树或圣灵降临节树 123; Whitsuntide mummers in, 萨克森的圣灵降临节化装游乐者 298,300; "carrying out Death" in, 萨克森地方"送死神"的习俗 309; Oats bride and bridegroom in, 萨克森的燕麦新娘与新郎 409; fires to burn the witches in, 萨克森地方在篝火中烧死 622

Scandinavia, female descent of the kingship in, 斯堪的纳维亚王位的女性继承 155

Scandinavian custom of the Yule Boar, 斯堪的纳维亚人关于圣诞公猪的习俗 461

Scapegoat, Jewish use of, 犹太人利用替罪羊 569; a material vehicle for expulsion of evils, 替罪羊是驱邪的有形工具 575

Scapegoats, animals as, 用动物替罪 540,565,568; birds as, 用鸟替罪 541; public, 为公众替罪者 562-577; divine animals as, 以神圣动物替罪 570,576; divine men as, 以有神性的人替罪 571,576; in general, 替罪总论 574

——, human, 人当替罪羊 542,565,569; in classical antiquity, 古希腊罗马的替罪人 577-587

Scheube, B. 舒贝博士 507

Schleswig, custom at threshing in, 石勒苏益格地方打谷的习俗 431

Schrenck, L. von 范·希仁克 511

Schuyler, E. 斯凯勒 543

Science, and magic, 科学与巫术 48,711

and religion, 科学与宗教 712

Scorpion's bite, pain transferred to an ass, 将蝎子咬伤转到驴身上 544

Scorpions, Isis and the, 伊希思与蝎子 364

Scotland, magical images in, 苏格兰在人像上使用巫术 56; witches raise wind in, 苏格兰妖巫可以兴风 80; iron as a safeguard against fairies in, 苏格兰用铁器防御精灵 226; witch burnt in, 苏格兰烧死妖巫 243; harvest customs in, 苏格兰的收获习俗 341,403,406-408,452; names given to last corn cut in, 苏格兰地里最后收割的谷捆取名叫…… 403,409,480; saying as to the wren in, 苏格兰关于鹪鹩的说法 536; witchcraft in, 苏格兰的妖[巫]术 542; worship of Grannus in, 苏格兰对格兰纳斯的崇拜 611; Beltane fires in, 苏格兰贝尔坦节篝火 617-620; few traces of Midsummer fires in, 苏格兰仲夏节篝火

的一些遗迹 631; Hallowe'en fires in, 苏格兰万圣夜的篝火 635; need-fire in, 苏格兰的净火 639-641; (See also Highlands, 参看"苏格兰高地"条)

Scouvion, or Escouvion, in Belgium, 比利时的斯科芬或厄斯科芬 610

Scrofula, 瘰伤, 淋巴结结核 90,203,204

Scylla, daughter of Nisus, 斯库拉, 尼撒斯（国王）的女儿 670

Scythians, the 西徐亚人 87

Sea Dyaks, 沿海达雅克人 25,239,249,531

Sea-god, human sacrifice to, 以活人献祭海神 579

Seals, care taken of the bladders and bones of, 小心取出海豹的膀胱和骨头 526

Sealskins in sympathy with the tides, 海豹皮与海潮感应 35

Seasons, magical and religious theories of the, 巫术和宗教有关季节的理论 324

Seb(Keb or Geb), Egyptian earth-god, father of Osiris, 塞伯(克伯或格伯), 埃及人的大地之神奥锡利斯的父亲 362

Secretiveness of the savage, 原始人对于生命看法的秘密 691

Sedna, Esquimau goddess, 塞德娜, 爱斯基摩人的女神 552

Seed-corn 谷种 420,452,461,463,469,470,666; -rice, 稻种 284; -time, annual expulsion of demons at, 每年一次在播种时期驱邪 557

Segera, a sago magician of Kiwai, 基瓦伊岛上以西谷米为图腾的巫士, 西杰拉 379

Seker(Sokari), title of Osiris, 西克尔(索卡里), 奥锡利斯的称号 375

Selangor, rice-crop supposed to depend on the district officer, of, 雪兰莪庄稼收成

索 引

据说取决于地方官员 89;durian-trees threatened in 雪兰莪巫师威胁榴莲树便多结果实 113

Seligman,C. G., C. G. 塞利格曼博士 266,270

Semele mother of Dionysus, 塞墨勒, 狄俄尼索斯的母亲 265,389

Seminole Indians of Florida, 佛罗里达的塞米诺尔印第安人 486,520

Semites,the, 闪米特人 293

Semitic Baal, 闪米特人的太阳神 281; kings as hereditary deities, 闪米特人的国王都是神的后裔 333; personal names, indicating relationship to a deity, 闪米特人个人的名字都表明跟一位神的关系 333;worship of Adonis, 闪米特人崇拜阿多尼斯 325

Senal Indians of California, 加利福尼亚的塞纳尔印第安人 707

Sencis of Peru, the, 秘鲁的森西人 78

Senegambia, Python clan in, 塞内冈比亚的蚺蛇部族 502;the mistletoen in, 塞内冈比亚的槲寄生 660

Serbia, rain-making ceremony in, 塞尔维亚的求雨仪式 69; Midsummer fires in,塞尔维亚的仲夏节篝火 627; the Yule log in, 塞尔维亚的圣诞节木柴 638;need-fire in, 塞尔维亚的净火 640

Serbian woman's charm to hoodwink their husbands, 塞尔维业妇女蒙蔽丈夫的巫法 32

Serpents, in magic, 巫术中利用蛇 32; ceremonies observed after killing, 杀蛇后遵行的仪式 222;killing the sacred, 杀死神蛇 501;burnt alive, 烧死活蛇 655,658

Servius Tullius, Roman king, 塞尔维埃斯·图利厄斯,罗马国王 152

Set,or Typhon, brother of Osiris, 塞特, 或泰丰, 奥锡利斯的兄弟 363,365,475

Seven, the number in magical ceremonies, etc.,7是巫术仪式中的数字, 等等 202,280,417,610,631

Sex totems, 不同性别的图腾 687-688

Sexes, of plants. recognised by some savages and by the ancients, 有些未开化人和古代人都已认识到植物具有雌雄性别 114;influence of the, on vegetation 两性关系对植物的影响 135-139; danger apprehhended from the relation of the, 担心两性关系招致危险 700

Sexual intercourse practised to make the crops and fruit grow, 男女性交促使庄稼和果实生长 135-136

Seyf el-Mulook and the jinnee, story of, 赛依夫·厄尔-摩洛克和精灵的故事 674

Shadow, the soul identified with the, 把影子当作灵魂 189-192

Shadows, of people drwan out by ghosts, 鬼捉人影 190; animals injured through their, 动物因影子受伤而受伤 190;of certain persons dangerous, 某些危险人物的影子 190,207;of people built into foundations of edifices, 将人影压在大建物的基石下 191

Shakespeare on death at ebb tide, 莎士比亚谈到人在退潮时死亡的问题 35

Shamans, 萨满(萨满教巫师或黄教僧) 88,683

Shanghai, geomaney at, 上海的地占 36

Shans of Burma, 缅甸的掸人 77

Sheba or Sabaea, kings of, 示巴或萨巴的国王 200

Sheep, torn by wolf in homoeopathic magic,顺势巫术中羊被狼撕裂 32;used in purificatory ceremony,洁身仪式中用羊 214;black,sacrificed for rain,用黑羊献祭求雨 72

Shell,called the "old man"贝壳被称为"老寿星" 33

Shenty,Egyptian cowgoddess 山蒂,埃及的母牛女神 375

Shetland,witches in,设得兰群岛上的妖巫 81

Shilluk,the,希卢克人 266,294;their kings,希卢克人的国王 295

Shoes,of priestess,古罗马祭司之妻所穿的鞋 174;of boar's skin worn by king at inauguration,国王登基时穿公猪皮做的鞋 594

Shooting star,superstition as to,关于用箭射星的迷信 279

Shrove Tuesday,customs on,忏悔节的习俗 134,302,305,317,461,514,651,656

Shrovetide customs,忏悔节间的习俗 298;Bear,忏悔节的熊 306

Shuswap Indians,舒斯瓦普印第安人 66,190,207

Siam,kings of,暹罗国王 99,224,257,593;objection to the king's image on coins in,暹罗不许在钱币上铸印国王肖像 193;mode of executing royal criminals in,暹罗处死有王室血统罪犯的方式 228;belief that a guardian spirit dwells in the head in,暹罗人相信人的头部有一个守护魂 230;ceremony at cutting a child's hair in,暹罗人给孩子剪头发时的仪式 235;temporary kings in,暹罗的临时国王 284,289;annual expulsion of demons in,暹罗每年一次驱邪 559;human scapegoat in,暹罗的活人替罪羊 570

Siamese monks,暹罗的和尚 112;story of the external soul,暹罗的灵魂寄存体外的故事 669

Siaoo,belief as to sylvan spirits in,锡奠岛上土人相信林中精灵 116

Siberia,bear-festival in,西伯利亚的熊节 510;sable-hunters in,西伯利亚的猎豹人 525;external souls of shamans in,西伯利亚萨满巫师将灵魂寄存体外 683

Sibyl,the,and the Golden Bough,女祭司西碧尔与金枝 8

Sibyiline Books,the,《西碧尔占语集》 348

Sicily,attempts to compel the saints to give rain in,西西里岛上居民企图迫使圣徒赐雨 74,75;gardens of Adonis in,西西里岛上的阿多尼斯园圃 344;Good Friday ceremonies in,西西里岛上的耶稣受难日纪念仪式 345

Sickness,homoeopathic magic for the cure of,顺势巫术治疗疾病 15;explained by the absence of the soul,人因灵魂离体而致病 183;ascribed to possession by demons and cured by exorcism,解释病因为中魔,治疗方法即被魔 196,547;cured or prevented by effigies 用模拟人像治病或防病 492;transferred to things,将疾病转移到别的东西上(如树枝、石子等) 539;or people,或将疾病转移到别人身上 540,544;or animals,或将疾病转移到动物身上 540,544;bonfires a protection against,篝火防治疾病 610

Sicknesses expelled in a ship,用小舟将病魔放逐 563

Sierra Leone,塞拉利昂 174;custom of beating a king on the eve of his corona-

索 引

tion in,塞拉利昂国王加冕前夕要受鞭笞的习俗 176
Sieve,water poured through,as a rain-charm,在节上洒水作为一种求雨巫法 71
Sikkim,fear of the camera in,锡金农村居民害怕摄影机 193
Silenuses,minor deities associated with Dionysus,西勒诺斯,同狄俄尼索斯联系在一起的小神之一 464
Silesia,Whitsuntide King in,西里西亚圣灵降临节间的王 129;Whitsuntide customs in,西里西亚圣灵降临节的习俗 132;"carrying out Death"in,西里西亚"送死神"的习俗 309-311,314,614;bringing in Summer,西里西亚"迎春"的习俗 311;the Grandmother at harvest in,西里西亚收割谷物时地里的"老婆婆" 401;names given to last sheaf in,西里西亚把地里最后一捆谷子叫作…… 402;the Wheat Bride at harvest in,西里西亚收割时的小麦新娘 409;harvest customs in,西里西亚收获时的习俗 428,449,451,453,457;expulsion of witches and evil spirits,in,西里西亚驱巫逐邪 560,561;need-fires in,西里西亚的净火 640
Silk-cotton trees reverenced,木棉树受尊崇 112
Silkworms,taboos,obeserved by breeders of,养蚕人遵守的禁忌 218
Silvanus,the Roman woodgod,西尔瓦诺斯,罗马的树林之神 140,141
Silvii,family name of kings of Alba,阿尔巴国王的族姓,西尔维 149
Simeon,prince of Bulgaria,西米安,保加利亚的王子 680
Similarity in magic,law of,巫术的相似律 11
Singarmati Devi,Indian goddess,辛加玛蒂,印度女神 218
Singhalese,the,僧伽罗人 226
Sins,confession of,忏悔罪愆 198,217,540,541-542,553,569;the remission of,through the shedding of blood,通过流血免除罪愆 356;transferred to a buffalo calf,将罪愆转移到水牛犊身上 541;transferred vicariously to human beings,将罪愆转由替罪人承当 542;of the Children of Israel transferred to scapegoat,犹太人(上帝选民的儿女们)的罪愆转给替罪羊 569
Sioux Indians,苏(达科他)印第安人 497
Sirius,the Dog-star,西利厄斯,天狼星 370,384
Sisters,taboos observed by,兄弟出征或打猎,姐妹居家遵守的禁忌 23,25
Situa,annual festival of the Incas,印加人每年举行一次的西图亚祓祭节 553
Siva and Parvati,marriage of the images of,湿婆像同帕婆提(雪山神女)像婚配 320
Skeat,W.W.,W.W.斯基特 417
Skelton drenched with water as a rain-charm,用水浸透骷髅的求雨巫法 71
Skin disease caused by eating a sacred animal,吃了某种神圣动物引起的皮肤病 473
Skins of sacrificed animals,uses made of,剥制献祭动物的皮供巫术利用 446;of human victims,人牺之皮的巫术利用 591
Skipping-rope played at bear-festival,熊节期间的跳绳戏 513
Skulls,of head-hunter's victims preserved as relics,猎人头者将所杀人头骨当珍物

保存 433; of bears and foxes worshipped and consulted as oracles, 阿伊努人崇拜熊和狐的头骨并向之祈求神谕 505; of turtles propitiated, 海龟的头骨受渔人抚慰 526

Sky, twins called children of the, 孪生儿被称为天之子 67; observation of the, for omens, 观察天象以见预兆 179

Skye, last sheaf called the Cripple Goat in, 斯凯岛上土人把地里最后一捆谷子叫作跛腿山羊 455; the need-fire in, 斯凯岛上的净火 618

Slave, charm to bring back a runaway, 抓回逃亡奴隶的巫法 31

Slave priest at Nemi, 内米的奴隶祭司 8

Slave coast of West Africa, negroes of the, 西非奴隶海岸的黑人 116; exorcism of demons from children on the, 奴隶海岸的母亲为生病幼儿驱邪 196; precautions as to the spittle of kings on the, 奴隶海岸土人对国王唾沫采取的谨慎处置 137

Slaves, license granted to, at the Saturnalia, 农神节间特许奴隶的放纵行为 158, 583

Slavonia, harvest customs in, 斯拉沃尼亚的收获习俗 404; the Corn-spirit in, 斯拉沃尼亚的谷精 448; custom of "carring out Death" in, 斯拉沃尼亚的"送死神"习俗 578; the Yule log in, 斯拉沃尼亚的圣诞节木柴 638; need-fire in, 斯拉沃尼亚的净火 641; stories of the external soul in, 斯拉沃尼亚关于灵魂寄存体外的故事 671

Slavonians, South, 南斯拉夫尼亚人 30, 32, 114, 119 (See also Slavs. 亦参考"斯拉夫人") 649

Slavs, 斯拉夫人 110, 161, 278, 302, 400,
649, 665; of Carinthia, 克林西亚的斯拉夫人 126; South, 南斯拉夫 44, 636

Sleep, charms of cause, 使人熟睡的巫法 30; absence of the soul in, 梦中灵魂离体 181-2; forbidden in house after a death, 某宅死人后当天夜间生人不得留宿 182; sick people not allowed to, 不许病人睡着 193

Slovenes, 斯洛文尼亚人 128; of Oberkrain, 奥伯尔克瑞恩的斯洛文尼亚人 134

Smallpox, 天花 493; demon of, transferred to a sow, 将天花魔转移到母猪身上 540; blood of monkey used to exorcise the devil of, 用猴血祓除天花病魔 549; flight from the evil spirit of, 逃离天花恶魔 550; demon of, expelled by means of an image, 用木刻雕像驱赶天花病魔 563; expelled in a boat, 用轻舟送走天花病魔 564

Smith's craft sacred, 铁匠的技艺是神圣的 86

Smoke, in rain-making, 求雨巫法中的烟 73; of cedar inhaled as means of inspiration, 吸入雪松的烟作为获得神灵感召的媒介 95; of bonfires, 篝火的烟 612, 622, 645; of need-fire, 净火的烟 640; used to stupefy witches in the clouds, 用烟将妖巫薰迷在云中 651

Smoking as a means of inducing a state of ecstasy, 烟熏得人神志恍惚状态 484; in honour of slain bears, 烟熏被杀之熊表示敬意 522

Snail supposed to suck blood of cattle, 以为蜗牛吮吸牲口的血 190

Snake, used in rain-charm, 求雨巫法中用蛇 72; respected by Indians of Carolina, 卡罗利纳印第安人尊敬蛇 519;

worshipped, 蛇受崇拜 535; said of wound a girl at puberty, 据说蛇伤害青春期少女 601; seven-headed, external soul of witch in a, 妖巫灵魂寄存在一条七头蛇的头部 676

Snake-bite, charm against, 防蛇咬的巫法 32; clan, exposed infants to snakes 蛇族人把婴儿弃置在蛇面前 502; -god, married to women 将妇女嫁给蛇神 145; -stone 蛇石 34; tribe, in the Punjaub, 旁遮普的蛇部族人 535

Snipe, fever transferred to a, 将热病转给鹬 545

Snorri Sturluson, 斯诺里·斯特逊 379

Sochit or *Sochet*, epithet of Isis, 索契特，或索捷特，伊希思的称号 383

Society, uniformity of occupation in primitive, 原始社会中职业的单一性 61; ancient, built on the principle of subordination of the individual to the community, 古代社会建立在个人从属公社的原则上 357

Sofala, kings of, put death, 苏法拉的国王被处死 272

Sogamosa or Sogamoza, the pontiff of, 索加摩沙，或索加摩萨的大祭司 104; heir to the throne not allowed to see the sun, 索加摩沙的王位继承人不得见太阳 595

Sokari(Seker), a title of Osiris, 索卡里（西克尔），奥锡利斯的称号 375

Solar theory of the fires of the fire-festivals, 有关篝火节的太阳说 642,643

Solomon Islands, the disposal of cut hair in, 所罗门群岛土人对剪下头发的处置 235; ceremony for getting rid of fatigue in, 所罗门群岛土人消除疲劳的仪式 540

Solstice, the summer, its importance for primitive man, 夏至节对原始人的重要性 622; the winter, reckoned by the ancients the Nativity of the Sun, 古代人认为冬至是太阳的诞生节 358

Solstitial fires perhaps raincharms, 夏至节点燃篝火也许是一种给太阳增热的巫法 706

Son of God, alleged incarnation of the, in America, 美国一个冒充上帝儿子化身的人 102; of the king, sacrificed for his father, 国王之子代父献身祭神 289

Songs of the corn-reapers, 收谷人之歌 424

Sopater accused of binding the winds, 索佩特尔被指控用巫法锁住了风 81

Sorcerers, 术士 84,233,236; souls extracted or detained by, 术士拘禁人的灵魂 187,188; influence wielded by, 术士掌握的权力 196; injure men through their names, 术士通过人的名字伤害人 245; exorcise demons, 术士祓魔 548

Sorcery, the dread of, 畏惧妖术 233,691; protections against, 防御妖术 621,629,663

Sorrowful One, vaults of the, 哀悼者的墓穴 371

Sothis, Egyptian name for Sirus, 索西斯，埃及人给天狼星取的名字 370

Soul, the perils of the, 灵魂的危险 178; as a mannikin, 灵魂是人体内的小人 178; absence and recall of the, 灵魂离体与招魂 180; as a shadow and a reflection, 灵魂的影子，是映像 189-192; in the blood, 灵魂在人体血液中 22,230; identified with the personal name, 灵魂同其人名字一致 244; of man-god,人神的灵魂 265;succession to the,神灵转世 293-295;of the rice,稻米之魂 413,415;thought to be seated in the liver,以为灵魂位居肝脏 197;the notion of a,关于一个灵魂的观念 690;the unity and indivisibility of the,灵魂的整体性和不可分性 690;(See also Souls. 参考下面"灵魂"条)

———, the external,in folktales,民间故事中的灵魂寄存体外的故事 667-678;in inanimate things,灵魂寄存在无生命物体中 679;in plants,灵魂寄存在植物体内 681;in animals,灵魂寄存在动物体内 683;kept in totem,灵魂寄存在图腾体内 690

Soul-boxes,amlets as,藏魂匣作护符 679-680;-stone,藏魂石 680

Souls,of the dead in trees,亡人灵魂寄居树内 115;every man thought to have four,下弗雷塞河印第安人以为人有四个灵魂 179;light and heavy,thin and fat,灵魂有轻有重,有胖有瘦 179;transference of,灵魂的转移 184,185;abducted by demons,灵魂被恶魔劫走 186;extracted or detained by sorcerers,灵魂被术士拘禁 187-188;supposed to be in portraits,有些未开化人以为灵魂在肖像中 193;of slain enemies propitiated,抚慰被杀敌的亡魂 213;of beasts respected,尊敬动物的灵魂 223;of the dead transmitted to successors,死者灵魂转附其继承人体内 294;immortal,attributed to animals,以为动物灵魂不死 518;the plurality of,灵魂多重说 690

South Sea Islands,human gods in the,南海群岛上的人神 96

Sow,corn-spirit as,想象谷精幻化为母猪 460;the cropped black,at Hallowe'en,万圣夜的"猛然窜出来的黑母猪" 636

Sowing,homoeopathic magic at,播种时的顺势巫术 28;sexual intercourse before,播种前男女交合 136;continence at,播种期禁欲 138;rites of,in Egypt,埃及的播种仪式 371;and ploughing,ceremony of,in the rites of Osiris,奥锡利斯祀仪中的播种和耕作仪式 375;expulsion of demons at,播种时驱邪 575

Spain,belief as to death at ebb tide in,西班牙人相信退潮时死人 35;Midsummer fires in,西班牙的仲夏节篝火 631

Spark Sunday in Switzerland,瑞士的火花星期日 613

Sparrows,charm to keep them from the corn,巫法驱赶麻雀不吃谷物 530

Sparta,state sacrifices at,斯巴达的国际 9;sacrifices to the sun at,斯巴达向太阳献祭 79;king not to be touched,斯巴达居民不得触摸国王 224;warned by oracle against a lame reign,神谕警告反对跛腿国王统治 273;octennial tenure of kingship at,斯巴达国王任期八年 279

Spears,sacred,神圣的矛 351,571

Speke,J. H.,J. H. 史庇克上尉 196

Spells,cast by strangers,外乡人施的符咒 197;at hair-cutting,理发时的符咒 233;cast by witches on union of man and wife,妖巫以符咒阻碍男子同妻子团圆 650

Spelt-goat,last sheaf called the,地里最后一捆谷子叫作斯佩耳特(小麦)山羊 456

Spices used in exorcism of demons,用香料祛魔 196

索 引

Spiders in homoeopathic magic, 顺势巫术使用蜘蛛 31; ceremony at killing, 砸死蜘蛛时的仪式 824

Spindles not to be carried openly on the highroads, 妇女在大路上不得公然携带纺锤 20; not to be twirled while men are in council, 男人议事时, 任何人不得转动纱锤 20

Spinning forbidden to women under certain circumstances, 在一定情况下妇女不得纺织 20

Spirit, Brethren and Sisters of the Free, 自由圣灵兄弟姐妹会 101; of vegetation, see Vegetation, 植物精, 参考"植物"; the Great, of American Indians, 美洲印第安人的大神 264

Spirits, in trees, 神住在树内 112; water, 水神 145; averse to iron, 精灵避铁器 252; evil, fear of attracting the attention of, 害怕引起邪恶精灵的注意 248; distinguished from gods, 辨别鬼神 411; of the woods, 树木精灵 465; retreat of the army of, 大批神灵隐退 546

Spitting, forbidden, 禁止吐痰 218; upon knots as a charm, 向结扣上吐唾沫的巫法 241; at ceremony of expulsion of evils, 驱邪仪式中的唾沫 56

Spittle, used in magic, 巫术中用的唾沫 13, 233, 234, 237; tabooed, 唾沫的禁忌 237; used in making a covenant, 唾沫订盟 237; magical virtue of, 唾沫的巫术效用 435, 437

Sprenger, the inquisitor, 斯朴仁格审问官 681

Spring, magical ceremonies for the revival of nature in, 为春季万物复苏举行的巫术仪式 320; ceremony at the beginning of, in China, 中国立春举行的仪式 468

Spring customs and harvest customs compared, 新春习俗和收获习俗的比较 410

Spring, oracular, at Dodona, 多多纳泉水发出的神谕 147

Springbok, not eaten by Bushmen, 布须曼人不吃小羚羊 495

Squirrels burnt in Easter bonfires, 复活节篝火中烧死松鼠 616, 656

Stabbing men's shadows in order to injure the men, 要伤其人刺伤其影 189

Standing on one foot, custom of, 单腿倚立的习俗 284, 285, 28

Star, falling, in magic, 巫术中的流星陨落 17; the Evening, in Keats's last sonnet, 济慈最后一首十四行诗中的绚烂的星星 34; of Salvation, 救星 346; of Bethlehem, 伯利恒上空的星 347; the Morning, 东方的晨星（金星） 432

Stars, shooting, superstitions as to, 关于以箭射星的迷信 279

Stella Maris, an epithet of the Virgin Mary, 斯特拉·玛丽丝（"大海的星"）, 圣母玛利亚的称号 383

Stepping over persons forbidden, 禁止从人身上跨过 311; over dead panther, 踩踏黑豹尸体 221

Sternberg, Leo, 里奥·斯特恩柏格 513, 517

Sticks, charred, uses of, 木炭的用途 614, 616, 624, 626; and stones, evils transferred to, 将邪恶转到木棍和石头中 540; whittled, 削尖的木棍 508, 512

Stiens of Cambodia, the, 柬埔寨的斯汀人 524

Stinging with ants as a form of purification, 用蚁螫洁身　601

Stone, used in ceremony to facilitate childbirth, 巫术仪式中用石头为产妇催生　14; supposed to cure jaundice, 以为石头可治黄疸病　16; treading on a, as a homoeopathic charm, 踩石头是一种顺势巫法　33; (lapis manalis) used in rainmaking at Rome, 罗马用"拉庇斯·曼纳利斯"石块求雨　77-78; holed, in magic, to make sunshine, 巫术将盘状石块穿孔向天求晴　78; external soul in a, 灵魂寄存石内　680; magical, put into body of novice at initiation, 成年典礼上将巫石放进受礼者体内　699

Stone-throwing as a fertility-charm, 掷石是促使生育繁殖的巫法　7; -curlew as a cure for jaundice, 石鹬可治黄疸病　16

Stones anointed in order to avert bullets from warriors, 石上涂油可避枪弹　26; homoeopathie magic of, 石头的顺势巫术作用　33; precious, magical gualities of, 宝石的巫术性能　34; rain-making by means of, 用石头求雨　75, 85; in charms to make the sun shine, 巫法用石块促使太阳照射　78; in wind charms, 用石块呼风的巫法　80; ghosts in, 鬼居石中　190; sacred, 神石　235; in last sheaf, 地理最后一捆谷把中放有石头　402, 403; criminal crushed between, 将罪人夹在两石间压死　431; fatigue transferred to, 将疲劳移到石上　540

Stoning human scapegoats, 用石头砸死活人替罪者　579

Storms, Catholic priests thought to possess the power of averting, 天主教徒以为他们的祭司具有转移风暴的力量　53; caused by cutting or combing the hair, 理发或梳头会导致暴风雨　234

Stow, in Suffolk, witch at, 萨福克郡斯托地方的巫师　44

Strangers, taboos on intercourse with, 跟外乡人交往的禁忌　194; suspected of practising magic arts, 外乡人被怀疑为施行巫术　194; ceremonies at reception of, 接待外乡人的仪式　195; slain as representatives of the corn-spirit, 外乡人被当作谷精代表而杀　426; regarded as representatives of the corn-spirit, 外乡人被视为谷精代表　429, 431, 439

Straw, wrapt round fruit-trees as a protection against evil spirits, 用稻草包扎果树以防邪鬼　561; tied round trees to make them fruitful, 用稻草包扎果树使之多结果实　612

Straw-bull at harvest, 收获时的稻草公牛　457; -goat, 稻草山羊　456

Strength of people bound up with their hair, 人的气力同各人的头发紧连在一起　680

Strings, knotted, as amulets, 成串的结扣作护符　243

Strudeli and Stratelli, female spirits of the wood, 斯特鲁黛里与斯特拉特里，林中女妖　561

Stseelis Indians of British Columbia, 英属哥伦比亚的斯特西里印第安人　605

Stubbes, Phillip, his *Anatomie of Abuses*, 菲力普·斯塔布斯的《陋俗剖析》　123

Stubble-cock, name of harvest supper, 收获晚餐又名茬子公鸡　451

Styx, passage of Aeneas across the, 埃涅阿斯渡过冥河　707

Substitutes, put to death instead of kings, 处死国王的替身　278, 282, 289; temporary, for the Shah of Persia, 波斯国王的临时替身 289; for human sacrifices, 人牺的替身 354

Substitutin for human victims, of animals, 用动物替代人牺 292, 392, 436; of rice-cakes, 米饼替代人牺 490; of effigies, 肖像替代人牺 491

Sudanese, 苏丹人 30

Suffocation as a mode of executing royal criminals, 用窒息法处死皇族罪犯 228

Sulka, the, of New Britain, 新不列颠的苏尔卡人 64, 76, 247

Sulla, at the temple of Diana, 苏拉在狄安娜神殿树碑颂德 164

"Sultan of the Scribes" at Fez, 非斯的"学士苏丹" 286

Sumatra, magical image to obtain offspring in, 苏门答腊巫术肖像求嗣 14; pregnant woman not to stand at the door in, 苏门答腊孕妇不得伫立门前 21; homoetpathic magic at sowing rice in, 苏门答腊播稻种时的顺势巫术 28; rain-charm by means of a black cat in, 苏门答腊用黑猫求雨 72; personification of the rice in, 苏门答腊稻的拟人化 415; tigers respected in, 苏门答腊敬重老虎 519; human scapegoat in, 苏门答腊以人当替罪羊 570

Summer, bringing in the, 迎夏 331 - 316; and Winter, battle of, 夏冬之战 316 - 317

Summer-trees, 夏日树 311, 314

Sun, prayers offered to the, 献给太阳的祈祷文 14, 26, 78; magical control of the, 巫术控制太阳 78 - 80; ceremonies at eclipses of the, 日食时的仪式 78; ancient Egyptian ceremony for regulation of the, 古埃及人控制太阳的仪式 78; sacrifices to the, 向太阳的献祭 79; chief deity of the Rhodians, 太阳是罗得岛人的主神 79; supposed to drive in a chariot, 以为太阳驾着双轮马拉车在天空运行 79; caught by not or string, 用网或绳捉住太阳 79; father of the Incas, 太阳是印加人之父 104; Parthian monarchs the brothers the, 帕提亚君主是太阳的兄弟 104; and Earth, marriage of the, 太阳与大地婚配 126, 145; not allowed to shine on sacred persons, 太阳不得照在神圣人物身上 169, 170; represented as a man with a bull's head, 太阳被表现为牛首人身的形象 281; Adonis as the, 阿多尼斯被当作太阳 337; Nativity of the, 太阳的诞辰 358; the Unconquered, Mithra identified with, 密特拉就是"不可征服的太阳" 358; Osiris as the, 奥锡利斯被认为是太阳 384; first-fruits offered to the, 第一批收获的农作物向太阳献祭 431; ceremony at the reappearance of the, in the Arctic regions, 北极地区严冬过后太阳重现时举行的仪式 551; hearts of human victims offered to the, 用人牺的心脏献祭太阳 589; rule not to see the, 不得见太阳的规定 595; not to shine on girls at puberty, 少女青春期不得让太阳光照到身上 596 - 600, 602; symbolized by a wheel, 用轮转焰火象征太阳 644; fern-seed procured by shooting at the, 箭射太阳获得蕨孢子 705; the ultimate cooling of the, 太阳的最终冷却 713

Sun-god, the, 太阳神 73, 105; -goddess, 太阳女神 168

Sunflower roots, ceremony at eating, 吃向日葵根的仪式 487

Sunshine, use of fire as a charm to produce, 利用篝火获得阳光的巫法 647–648

Surinam, the Bush negroes of, 苏里南的布什黑人 166, 473

Swabia, the Harvest-May in, 施瓦本的"收获五月" 118; May-trees in, 施瓦本的五朔节 123; disposal of cut hair in, 施瓦本对剪下的头发的处置 235; Whitsuntide mummers in, 施瓦本圣灵降临节间的化装游乐者 297; Shrovetied or Lenten ceremonies in, 施瓦本忏悔节或四旬斋节的仪式 307; the Old Woman at harvest in, 施瓦本收获时地里的"老太婆" 402; harvest customs in, 施瓦本的收获习俗 454, 457, 458, 460; Lenten fires in, 施瓦本的四旬斋节篝火 612; Easter fires in, 施瓦本的复活节篝火 617; Midsummer fires in, 施瓦本的仲夏节篝火 624; "fire of heaven" in, 施瓦本的"天火" 644

Swallows as scapegoats, 以燕子替罪 541

Swami Bhaskaranandaji Saraswati, 斯瓦米·布哈斯卡拉兰达吉·沙拉斯瓦蒂 100

Swan-woman, Tartar story of the, 鞑靼人关于天鹅女妖的故事 676

Swazieland, knots as charms, 斯威士兰的结扣巫法 242

Swearing on stones, 对石发誓 33

Sweat, contagious magic of, 汗水的接触巫术作用 43

Sweating as a purifidation, 以出汗洁身 207

Sweden, sacred grove in, 瑞典的神树丛 110; peasants stick leafy branches in cornfields in, 瑞典农民将带绿叶的树枝插在小麦地里 118; guardian trees in, 瑞典的守护神树 120; birch twigs on the eve of May Day in, 瑞典五朔节前夕青年人手持白桦树枝载歌载舞 122; bonfires and May-poles at Midsummer in, 瑞典仲夏节间的篝火和五朔柱 122; Midsummer Bride and Bridegroom in, 瑞典仲夏节的新娘与新郎 133; Frey and his priestess in, 瑞典的福瑞（繁育之神）和他的女祭司 143; dramatic contest between Summer and Winter on May Day in, 瑞典五朔节间夏与冬的戏剧性竞赛 316; harvest customs in, 瑞典的收获习俗 406; custom at threshing in, 瑞典打谷的习俗 431; Yule Boar in, 瑞典的圣诞节（公）猪 461; Christmas custom in, 瑞典的圣诞节习俗 462; Easter bonfires in, 瑞典的复活节篝火 617; May Day bonfires in, 瑞典的五朔节篝火 612, 645; Midsummer fires in, 瑞典的仲夏节篝火 625; the need-fire in, 瑞典的净火 641; the mistletoe in, 瑞典的槲寄生 661, 663; Balder's balefires in, 瑞典的巴尔德尔篝火 664; superstitions about a parasitic rowan in, 瑞典关于寄生花椒的迷信 702; the divining rod in, 瑞典的神杖 705

Swedish kings, traces of nine years' reign of, 瑞典国王任期九年的遗迹 278; "Sweethearts of St. John" "圣约翰的情人" 343, 344

Swine's flesh, sacramentally eaten, 把猪肉当圣餐吃 470, 472; not eaten by worshippers of Attis, 阿蒂斯的崇拜者不吃猪肉 471

Swineherds forbidden to enter Egyptian temples, 牧猪人不许进入埃及的神殿 472

Swinging, at ploughing rite in Siam, 暹罗耕种仪式上的打秋千 285,288; to make the flax grow high, 打秋千促使亚麻长高 289
Switzerland, harvest customs in, 瑞士的收获习俗 455,457; frightening away the spirits of the wood in, 瑞士吓走树木精灵 561; Lenten fires in, 瑞士的四旬斋篝火 613; the need-fire in, 瑞士的净火 641,645; the mistletoe in, 瑞士的槲寄生 661,662; fern-seed on St. John's Night in, 瑞士圣约翰之夜的蕨孢子 705
Sword, a magical, 火王的巫法宝剑 109
Swords used to ward off or expel demons, 用剑驱邪 549,551
Sycamore at doors on May Day, 五朔节人家门上插大枫树青枝 121; effigy of Osiris placed on boughs of, 奥锡利斯肖像放在大枫树枝上 376
Syleus, the legend of, 西里厄斯的传说故事 442
Sylvan deities in classical art, (希腊罗马) 古典艺术中表现的林中之神 117
Sympathy, magical, 巫法感应 38
Syrians, their religious attitude to pigs, 叙利亚人对猪的宗教态度 471; esteemed fish sacred, 叙利亚人视鱼为神圣 473
Syria, 叙利亚 241; Adonis in, 阿多尼斯在叙利亚 327; precaution against caterpillars in, 叙利亚防治毛虫的做法 531
Szis, the, of Upper Burma, 上缅甸的系人 418

T

Ta-ta-thi tribe of New South Wales, 新南威尔士的塔塔蒂人 76
Tâ-uz(Tammuz), 塔—吴兹（塔穆兹） 338
Tabali, chief of, 塔巴里的酋长 237
Taboo, or negative magic, 禁忌，或消极巫术 19-22,29; of chiefs and kings, 酋长和国王的禁忌 204; the meaning of, 禁忌的涵义 223; conceived as a dangerous physical substance which needs to be insulated, 凡被人认为带有危险性的物质东西都须隔绝 594
Taboo rajah and chief, 禁忌的拉杰和酋长 117-118
Tabooed acts, 禁忌的行为 194-202; hands, 禁忌的手 204-208; persons, 禁忌的人 202-223; things, 禁忌的物 223-224; words, 禁忌的词 244-262
Taboos, on food, 食物的禁忌 21,238; on parents of twins, 孪生子父母的禁忌 66; royal and priestly, 国王和祭司的禁忌 168~175; on intercourse with strangers, 同外乡人交往的禁忌 194; on eating and drinking, 吃和喝的禁忌 198; on showing the face, 露出头面的禁忌 199; on quitting the house, 离开住宅的禁忌 200; on leaving food over, 吃剩食物的禁忌 200; on chiefs and kings, 酋长和国王的禁忌 202; on mourners, 悼亡人的禁忌 205; on women, 妇女的禁忌 207; on warriors, 战士的禁忌 210; on man-slayers, 杀人者的禁忌 212; on hunters and fishers, 猎人与渔夫的禁忌 216; as spiritual insulators, 禁忌作为与神灵绝缘的措施 223; on iron, 铁器的禁忌 224; on sharp weapons, 犀利武器的禁忌 226; on blood, 血的禁忌 227; relating to the head, 有关头部的禁忌 230; on

hair,头发的禁忌 231;on spittle,唾沫的禁忌 237;on knots and rings,环扣的禁忌 238;on words,用词的禁忌 244;on personal names,个人名字的禁忌 244;on names of relations,亲戚名字的禁忌 249;on names of the dead,死者名字的禁忌 251;on names of kings and other sacred persons,国王及其他神圣人物名字的禁忌 257;on names of gods,神名的禁忌 260;regulating the lives of divine kings,对有神性国王生活规定的禁忌 593;—,observed in fishing and hunting,捕鱼、打猎时遵守的禁忌 20;by children in the absence of their fathers,父亲外出子女在家遵守的禁忌 21,22,26;by wives in the absence of their husbands,丈夫外出妻子在家遵守的禁忌 21-25;by siters in the absence of their brothers,兄弟外出姐妹在家遵守的禁忌 25;after house-building,建屋后的禁忌 117;for the sake of the crops,为保庄稼收成遵守的禁忌 138;by the Mikado,日本天皇遵守的禁忌 169;by headmen in Assam,阿萨姆刽子手遵守的禁忌 173;by ancient kings of Ireland,古代爱尔兰国王遵守的禁忌 173;by the Flamen Dialis,古罗马祭司狄奥力斯(朱庇特的祭司)遵守的禁忌 174;by the Bodia,波狄亚(塞拉利昂的一位大祭司)遵守的禁忌 174;by sacred milkmen among the Todas,托达部族中神圣挤奶人遵守的禁忌 175;by priest of Earth in Southern Nigeria,南尼日利亚大地祭司遵守的禁忌 594

Tahiti,seclusion of women after childbirth in,塔希提岛妇女分娩后要离开 208;king and queen of,塔希提岛上的国王与王后 224,593;sanctity of the head in,塔希提岛上居民视头部至为神圣 231;names of kings not to be pronounced in,塔希提岛人不得直呼国王名字 259

Talismans possessed by the fire King of Cambodia,柬埔寨火王掌握的法宝(护符) 108

Talmud,the,on menstruous women,(犹太人的)圣法经传关于妇女来月经时的说法 604

Talos,legend of,关于泰洛斯的传说故事 280

Tamarind tree,sacred,神圣的罗望子树 118

Tammuz,or Adonis,塔穆兹,或阿多尼斯 325;the lover of Ishtar,塔穆兹,伊希诺的情人 325;laments for,悼念塔穆兹 326;mourned for at Jerusalem,耶路撒冷哀悼塔穆兹 327;as a corn-spirit,塔穆兹被视为谷精 338;his bones ground in a mill,塔穆兹的骨头在磨坊中磨碎 338;perhaps represented by the mock king of Sacaea,撒卡亚节间假王可能是代表塔穆兹的 442

Tana(Tanna),one of the New Hebrides,contagious magic of clothes in,新赫布里底群岛中塔纳岛上关于衣服的接触巫术 43

magic practised on refuse of food in,塔纳岛上对于吃剩食物施用的巫术 201

Tapio,woodland god in Finland,芬兰的森林之神,泰庇欧 141

Tar barrel,burning,swung round pole at Midsummer,仲夏节间点燃油桶高挂在五朔柱上旋转 624-625

Tara,capital of ancient Ireland,塔拉,古爱尔兰的首府 173,273

Tari Pennu, earth goddess, 塔丽·彭努, 大地女神 434

Taro plants beaten to make them grow, 鞭打芋头苗使之生长 581

Tarquin the elder, 老塔尔昆 152

——, the Proud, 威严的塔尔昆 150

Tartar Khan, ceremony at visiting a, 朝见鞑靼可汗的仪式 198

—— stories of the external soul, 鞑靼人灵魂寄存体外的故事 675, 676

Tartars, the Buddhist, 鞑靼人佛教徒 102

Tasmania, 塔斯马尼亚（岛）252

Tatius, king of Rome, 罗马国王塔蒂乌斯 152, 158

Tattoo marks of priests of Attis, 阿蒂斯的祭司文身标志 352

Tattooing in the Punjaub, 旁遮普人习俗文身 180

Tauric Diana, her image brought by Orestes to Italy, 俄瑞斯忒斯把托里克狄安娜的像带到意大利 2

only to be appeased with human blood 只有人血才能获得托里克狄安娜的恕罪和保佑 6

Taygetus, Mount, sacrifices to the sun on, 在泰格塔斯山上向太阳献祭 79

Taylor, J. C., J. C. 泰勒牧师 570

Teeth, contagious magic of, 牙齿的接触巫术 38—39; of rats and mice in magic, 巫术中老鼠和小耗子的牙齿 39; of ancestor in magical ceremony, 巫术仪式中祖先的牙齿 78; of sacred kings preserved as amulets, 珍藏神圣国王的牙齿作护符 109; loss of, supposed effect of breaking a taboo, 牙齿掉落被认为是违背禁忌而受到的惩罚 206; as a rain-charm, 牙齿作求雨巫法 234; extracted, kept against the resurrection, 保存拔掉的牙齿以备将来复活时需用 236

Tegner, Swedish poet, 瑞典诗人泰洛纳尔 664

Tein-eigin, need-fire, in Scotland, "特恩—爱今", 苏格兰的净火 617, 618

Telepathy, magical, 巫术的心灵感应 22, 24, 25

Telugus, their way of stopping rain, 泰卢固人止雨的方法 64

Temple at Jerusalem, built without iron, 耶路撒冷的神殿建筑不用铁 225

Temples built in honour of living kings of Babylon, and of Egypt, 巴比伦的国王和埃及国王在世之日便建立神殿以示尊崇 104

Tenedos, isle of, 特内多斯岛 291, 392

Tepehuanes of Mexico, 墨西哥的特佩瓦内人 193

Teton Indians, 特顿印第安人 524

Teutonic kings as priests, 条顿人的国王也是祭司 9; stories of the external soul, 条顿人关于灵魂寄存体外的故事 672; thunder-god, 条顿人的雷神 160

Tezcatlipoca, Mexican god, 特兹卡特里波卡, 墨西哥人的神 587

Thargelia, Greek festival of the, 萨格里亚, 希腊人的节日 579, 582

Thebes, the Boeotian, grave of Dionysus at, （维奥蒂亚的）底比斯的狄俄尼索斯墓 389

Thebes, in Egypt, 埃及的底比斯 142, 174; Valley of the Kings at, 底比斯的"诸王之谷" 377; annual sacrifice of ram to Ammon at, 底比斯地方每年以公羊向阿蒙献祭 477, 500

Theddora tribe of South-east Australia, 澳大利东南部地区的色多拉部族 498

Theocracies in America, 美洲的神权政治 170

Theogamy, divine marriage, 茜奥格媚, 神的婚嫁 140

Theology distinguished from religion, 神学与宗教的区别 50

Theseus and Hippolytus 忒修斯与希波吕托斯 4

Thesmophoria, ancient Greek festival, 地母节, 古希腊的节日 353, 371, 389, 469, 470

Thevet, F. A., F. A. 塞维特 88

Thieves' candles, 窃贼的蜡烛 30, 31, 56

Thlinkeet or Tlingit Indians, 斯林基特或特林吉特印第安人 234, 528, 600

Thompson Indians of British columbia, 英属哥伦比亚的汤普森印第安人 27, 45, 487, 708

Thonga, Bantu tribe of South Africa, 聪加人, 属南非班图族 708

Thor, the Norse thunder-god, 索尔, 斯堪的纳维亚人的雷神 160

Thorn bushes to keep off ghosts, 有刺灌木可以防鬼 207

Thorns, wreaths of, hung up as a sign to warn off strangers, 悬挂荆棘编圈作为标志警告陌生人不要进入 558

Thoth, Egyptian god of wisdom, 索思, 埃及的智慧之神 362, 364

Thrace, worship of Dionysus in, 色雷斯地方对狄俄尼索斯的崇拜 386; the Bacchanals of, 色雷斯的酒神崇拜者(酒徒们) 390; human scapegoat in, 色雷斯的活人替罪羊 579

Thracian gods ruddy and bule-eyed, 色雷斯人的众神都是蓝眼睛, 红脸皮的 260

Thread, use of, in magic, 巫术中使用的绳线 181, 242, 545

Thresher of the last corn, 打最后一捆谷子的人 400, 401–406, 448, 456, 458, 460

Thresher-cow, in the Canton of Zurich, 苏黎世州的"打谷母牛" 458

Threshing, customs at, 打谷的习俗 400, 405, 418, 428–429, 431, 448, 449, 451, 453, 456, 458, 460

Threshing-dog, 脱粒狗 448

Thrumalum, mythical being in Australia, 图鲁玛伦, 澳大利亚的神物 693

Thunar or Donar, German thunder-god, 瑟纳尔, 或道纳尔, 日耳曼人的雷神 160

Thunder, imitation of, 模仿雷轰 63; kings expected to make, 人们期望国王能司雷雨 149; expiation for hearing, 闻雷要赎罪 174; Midsummer fires a protection against, 仲夏节篝火可防止雷火 627, 629

Thunder-beings, 雷公 524;-besom, 雷火笤帚 622, 709;-bird, the mythical, 北美印安第人神话中的雷雨巨鸟 599; -god, 雷神 161

Thunderbolt, Zeus surnamed the, 宙斯被尊称为雷公 159

Thuremlin, a mythical being, 神物杜仁霖 692

Thüringen, homoeopathic magic at sowing flax in, 图林根地方种亚麻时应用的顺势巫术 28; May King in, 图林根地方的五朔节王 129; Whitsuntide mummers in, 图林根地方圣灵降临节间的化装游乐者 298, 300; carrying out Death in, 图林根地方的"送死神"习俗 308; customs at threshing in, 图林根地方打谷时的习俗 405, 458; the Harvest-cock in, 图林根地方的收获公鸡 451;

"the Boar in the corn" in,图林根地方收获时"谷物中的公猪" 460;Midsummer fires in,图林根地方的仲夏节篝火 656

Tiber,puppets thrown into the,将傀儡扔进台伯河内 493

Tibet,the Grand Lamas of,西藏的大喇嘛 102;incarnate human gods in,西藏的转世活佛 103;vicarious use of images in,西藏用图像代表实物的巫术做法 492;human scapegoats in,西藏的活人替罪 572

Tibetan new year,西藏历新年 572

Tides,homoeopathic magic of the,潮水的顺势巫术应用 34,35

Tigers,respected in Sumatra,苏门答腊敬重老虎 519

Timmes,the,of Sierra Leone,塞拉利昂的蒂姆人 176

Timor,island of,telepathy in,帝汶岛上的感应巫术 26;fetish or tabooo rajah in,帝汶岛上职掌神灵或禁忌的土王 177;war customs in,帝汶岛土人关于战事的习俗 212;transference of fatigue to leaves in,帝汶岛土人把疲劳转到树叶上的巫法 212

Timorlaut Islands,蒂莫尔洛特群岛(即塔宁巴尔群岛) 526,564

Tinneh or Déné Indians,廷尼或丹印第安人 208;of North-west America,西北美洲的廷尼或丹尼印第安人 486

Titans kill Dionysus,提坦诸神杀死狄俄尼索斯 388

Tiyans of Malabar,马拉巴尔的蒂杨人 602

Tlingit or Thlinkeet Indians,特林吉特或斯林基特印第安人 234,528,600

Tlokoala,secret society of the Nootka Indians,特洛柯拉,努特卡印第安人的一个秘密社团 699

Toads in relation to rain,蛤蟆跟下雨有关 73

Tobacco,used as an emetic,烟叶用作催吐药 484-485

Tobacco smoke,priest inspired by,祭司吸烟叶的烟获得神灵感召 95

Toboongkoo,the,of Central Celebes,西里伯斯中部的托邦库人 116

Todas,a tribe of Southern India,印度南方的托达族人 100,175,534

Togoland,expulsion of devils in,多哥兰土人驱邪 555

Tolalaki,the,of Central Celebes,中西里伯斯的托拉基人 498

Tolarpoos,the,of Central Celeebes,中西里伯斯的托兰普人 244

Tomori,the,of Central Celebes,中西里伯斯的托莫里人 116,416

Tonapoo,the,of Central Celebes,中西里伯斯的托纳普人 117

Tonga,chief's touch thought to heal scrofula in,通加土著认为生了瘰疬经酋长一摸就会好 90;veneration paid to divine chiefs in,通加有神性的酋长受到尊崇 117;kings of,通加的国王 203,231;tabooed persons not allowed to handle food in,通加境内凡受禁忌的人都不用手拿食物 206,ceremony performed after contact with a sacred chief in,通加凡接触过神圣酋长者事后都得履行一种仪式 473

Tonquin,division of monarchy in,东京独裁君主权力的分割 177;annual expulsion of demons in,东京每年驱邪一次 558

Toothache,transferred to enemies,将牙痛

转给敌人 539;remed for,牙疼疗法 544
Toradjas of Central celebes,中西里伯斯的托拉查人 18,21,68,71,75,117,232,416,581
Torches,offered by womes to Diana,妇女向狄安娜奉献火炬 3;used to mimic lightning,用火炬模仿闪电 77;used in expulsion of demons,用火炬驱邪 548,550,554,555,557,560,562;in expulsion of witches,火炬驱除妖巫 560,561;processions with lighted,火炬游行 610,611,647;carried round folds,牧人手执火炬绕栏圈三匝 361;applied to fruit tree to fertilise them,持火炬在果树下走动促使果树多产 647
Torres Straits Islands,托列斯海峡列岛 604;magic in the,托列斯海峡列岛上的巫术 18;personal names tabooed in,托列斯海峡列岛上个人名字的禁忌 250;seclusion of girls at puberty in,托列斯海峡列岛上少女青春期要隔离 598
Tortoises in magic,巫术中的乌龟 36;reasons for not eating,不吃龟肉的理由 495
Totem,skin disease supposed to be caused by eating,设想皮肤病是由于吃了图腾 689;supposed effect of killling,想象中杀死图腾的后果 689;receptacle for a man's external noul,图腾是人寄藏灵魂的贮存器 690;transference of soul to,把灵魂转存到图腾身上 692,700
Totem animal,artificial,人装扮成的图腾兽 699;clans,图腾氏族 17
Totemism,in Australia and America,澳大利亚和美洲的图腾制度 533;suggested theory of,图腾崇拜理论拟议 689

Totems,magical ceremonies for the multiplication of the,促使图腾增殖的巫术仪式 17,85-86
Toumbuluh tribe of North Celebes,北西里伯斯的通布卢部族 239,240
Toxcatl,old Mexican festival,托克斯卡特尔,古老的墨西哥节日 587;transmigration of human souls,into turtles,人的灵魂投生为海龟 504;into bears,人的灵魂投生为熊 511;into totem animals,人的灵魂投生为图腾动物 691
Transubstantiation,圣餐的转化 490
Transylvania,rain-maping in,特兰西瓦尼亚地区的求雨 71;festival of Green George in,特兰西瓦尼亚的绿衣乔治节 126;continence at sowing in,特兰西瓦尼亚播种时期男女禁欲 138;saying as to sleeping child in,特兰西瓦尼亚关于熟睡中的孩子的说法 182;harvest customs in,特兰西瓦尼亚的收获习俗 451,452,456;customs at sowing in,特兰西瓦尼亚播种时的习俗 530;story of the external soul in,特兰西瓦尼亚关于灵魂寄存体外的故事 672
Transylvania,the Germans of,特兰西瓦尼亚的日耳曼人 239;the Roumanians of,特兰西瓦尼亚的罗马尼亚人 191,227,341;the Saxons of,特兰西瓦尼亚的撒克逊人 238,306,312,316,456,530,672
Travancore,the Rajah of,特拉凡哥尔的邦主 543
Tree,that has been struck by lighting,遭过雷击的树 80,708;decked with sham bracelets,ect.,插秧季节,用仿制手镯等装点村中广场上立的因果树 342;burst in the Midsummer bonfire,仲夏节篝火燃烧的树 626,628;external

soul in a, 灵魂寄存树内 670,680
Tree-agates, 苔纹玛瑙 (树状的石头) 34
——, -spirit, represented simultaneouly in vegetable and human form, 树精,同时表现为植物和人形 125; representative of, thrown into water to ensure rain, 将象征树精的偶像投入水中以确保雨水充足 126; killing of the, 杀死树精 296-323; resurrection of the, 树精复活 300; in relation to the vegetation-spirit, 树精同植物精灵是同一回事 315-316; Attis as a, 阿蒂斯是树精 352; Osiris as a, 奥锡利斯是树精 380; effigies of, burnt in bonfires, 篝火中焚烧树精偶像 651; human representatives of, put to death, 扮作树精的活人被处死 652,665

——, -spirits, 树神 109-117; beneficent powers of, 树神具有造福于人的能力 117-120, 651; in human form or embodied in living people, 树精以人形出现或用活人体现 125

——, -woship, 树神崇拜 109; among the ancient Germans, 古日耳曼人对树神的崇拜 110; among European families of the Aryan stock, 欧洲雅利安人氏族对树神的崇拜 110; among the Lithuanians, 立陶宛人对树神的崇拜 110; in ancient Greece and Italy, 古代希腊和意大利对树神的崇拜 111; among the Finish-Ugrian stock in Europe, 欧洲芬兰-戈尔人对树神的崇拜 111; notions at the root of, 崇拜树神这一观念的根源 111; in modern Europe, relics of, 现代欧洲崇拜树神的遗迹 120-135

Trees, worship of, 崇拜树神 109; oracular, 树神赐谕 110; regarded as animate, 把树看作活人一样 111; sacrifices offered to, 向树献祭 112,113, 115,116,118; sensitive, 树有感觉 112; akologies offered to, for cutting them dows, 伐树前向树赔罪 113; bleeding, 树受伤流血 ("伤流") 113; threatened to make them bear fruit, 威胁果树结果 113; married to each other, 树的相互婚嫁 114; in blossom treated like pregnant women, 对开花果树像待孕妇一样 115; animated by the souls of the dead, 死者灵魂使树木葱茏 115; planted on graves, 墓地植树 115; demons in, 树中精怪 116; ceremonies at cutting dows, 伐树仪式 116; grant womes an easy delivery, 树神保佑孕妇易产 120; sacred, 神树 120; represented on the monuments of Osiris, 奥锡利斯是树神 380; in relation to Dionysus, 树与狄俄尼索斯 (狄俄尼索斯也是树神) 387; evils transferred to, 将病魔转到树上 545; burnt in bonfires, 篝火中烧树 612,616,626,630,651; lives of people bound up with, 人的生命和树的生命连在一起 681,682; passing through cleft trees an a cure for various maladies, 从树干裂隙中穿过可治各种疾病 682-683; fire though by savages to be stored like sap in, 未开化人以为火像树叶一样贮存在树中 706;

Tribute of youths and maidens sent to the Minotaur, 向弥诺陶洛斯 (minotour 即 minotauros) 献祭童男女 280

Trinity, the Hindoo, 印度三相统 (三大主神:梵天,毗湿奴,湿婆) 52

Triptolemus, prince of Eleusis, 特里卜托勒姆斯,厄琉西斯的亲王 394,396,

470

Troezen, sanctuary of Hippolytus at, 特罗增的希波吕托斯圣所 6

Troll(s), 特罗尔(妖精) 617, 625, 663, 707

Tsetsaut Indians of British Columbia, 英属哥伦比亚的泽操印第安人 600

Tshi-speaking peoples of the Gold Coast, 黄金海岸讲契维语的民族 26

Tsimshian Indians of British Columbia, 英属哥伦比亚的齐姆西印第安人 66

Tsuen-cheu-fu, in China, geomancy at, 中国泉州府的风水 36

Tuaregs of the Sahara, 撒哈拉的图阿雷格人 252

Tubinges, burying the Carnival near, 图宾附近地区埋葬狂欢节 306

Tuhoe tribe of Maoris, 毛利人的图霍部族 119

Tullus Hostilius, king of Rome, 屠勒斯·霍斯梯力厄斯, 古罗马帝国 141, 158

Tumleo, island of, 图利欧岛 43

Tuna, a spirit, expulsion of, 驱除妖精图纳 551

Turcoman cure form fever, 土库曼人治疗发烧的办法 242

Turkestan, human scapegoat in, 土耳其斯坦以活人作替罪羊 543

Turks, exorcism practised by the, 突厥(土耳其)人祓魔 195; preserve their nail-parings for use at the mesurrection, 土耳其人保存剪下的指甲备死后复活时用 236; of Central Asia, 中亚细亚的土耳其人 496

Turmeric culivated, 培育郁金花 434

Turner's picture of the Golden Boug, 特纳的名画"金枝" 1

"Turquoise, Mintress of" at Sinai, 西奈的"托奎斯的女神" 330

Turtle, magical models of, 海龟模型的巫术用途 18

Turtles, killing the sacred, 杀死神龟 502; transmigration of human souls into, 人的灵魂投生海龟 504

Twanyirika, an Australian spirit, 特旺伊利卡, 澳大利亚精怪 693

Twelfth Day, ceremony of the King at Carcassone on, 卡尔卡松地方主显节间王的仪仗游行 537; the Eve of, 主显节前夕 531, 609, 647

———, Night, expulsion of the powers of evil on, 主显节夜间驱邪 561; the King of the Bean on, 主显节夜的豆荚王 586; the Yule log on, 主显节夜的圣诞木柴 637

Twelve Days from Christmas to Twelfth Night, precautions against witches during the, 主显节期间(从圣诞节至圣诞节后第十二天的主显节之夜)被除妖巫的习俗 561; Nights, remains of Yule log scattered over the fields; during the, 主显节期间(圣诞节至其后的第十二天)将头年圣诞木柴灰撒到地里增肥 637

Twins, 孪生儿 29, 227; taboos laid on parents of, 加予孪生子父母的禁忌 66; supposed to possess magical powers, 以为孪生儿具有巫术法力 66-67; associated with salmon and the grizzly bear, 孪生儿与鲑鱼及灰熊的关系 66; called children of the sky, 孪生儿被称为"苍天之子" 67

water poured on graves of, 在孪生子的坟上泼水 67; parests of, thought to be able to fertilise plantain trees, 以为孪生儿的父母能使果树增产 137

"Two Brothers,The"Egyptian tale of,埃及人的"两兄弟"的故事 674

Tycoons,the,大君(日本德川幕府时代的) 176

Typhon,or Set,the brother of Osiris,泰丰,或塞特,奥锡利斯的弟弟 363,365,475

Tyrol,the,witches in,蒂罗尔地区的妖巫 234;disposal of loose hair in,蒂罗尔土人对头上剪(或落)下的头发的处置 237;wedding-ring as amulet in,蒂罗尔土人以结婚戒指为护符 243;customs at threshing in,蒂罗尔地区打谷的习俗 429;the last thresher in,蒂罗尔地区最后一把谷子的人 449,456;"burning out the witches"in,蒂罗尔地区"烧死妖巫" 560,622;Lentes fires in,蒂罗尔地区的四旬斋篝火 612;Midsummer fires in,蒂罗尔地区的仲夏节篝火 625;fern-seed in,蒂罗尔地区的蕨孢子 705

U

Ualaroi ,the,of the Darling River,达林河(上游)的乌拉罗人 692

Uap,island of,taboos observed by fishermen in,乌阿普岛上渔民遵守的禁忌 218

Uea,one of the Loylty Islands,韦亚岛,洛亚尔提群岛中的一个小岛 185

Uganda,乌干达 208;priest inspired by tobacco smoke in,乌干达祭司吸入烟叶的烟获得神灵感召 95;taboos observed by father of twins in,乌干达孪生子的父亲遵守的禁忌 277;king's brothers burnt in,乌干达国王的兄弟被烧死 286;human scapegoats in,乌干达的活人替罪羊 543,565;king of,乌干达的国王 543,565,593

Ukraine,cereroney to fertilise the fields on St. George's Day in the,乌克兰在圣乔治日举行使田地增产的仪式 137

Uliase,East Indian island 乌里亚斯,东印度一个岛屿 191,196

Ulster, taboos observed by the ancient kings of,古北爱尔兰国王遵守的禁忌 173

Umbrians,ordeal of battle among the,安布利亚人用决斗方式裁定个人之间的纠纷 158

Unconquered Sun, Mithra identified with the,密特拉被看成是不可征服的太阳 358

Universal healer,mistletoe called,槲寄生被称为万灵药 659

Unmatjaera tribe of Central Australia,澳大利亚中部的安玛特杰拉部族 693

Unreason,Abbot of,圣诞节狂欢会主持人 586

Upsala,sacred grove at,乌普萨拉的神树林 110;festival at,乌普萨拉国王用自己的儿子献祭 290;human sacrifices at,乌普萨拉以人献祭 354

Upulero,the spirit of the sun,尤珀勒罗,太阳神 14

Ur,the fourth dynasty of,乌尔的第四王朝 104

Urua,divinity claimed by the chief of,乌鲁阿地区的酋长自称具有神性 98

V

Valeriun Soranus,瓦勒利厄斯·索拉纳斯

262

Vampyres, need-fire kindled as a safeguard against 点燃净火防治吸血鬼（牛瘟） 641, 649

Vancouver Island, 温哥华岛 599

Vedijovis, she-goat sacrificed to, 向维迪约威斯祭母山羊 392

Vegetation, homoeopathic of persons on, 人对于植物的顺势巫术影响 29; spirit of, 植物精灵 124, 125, 127 – 129, 131; influence of the sexes on, 两性关系对植物的影响 135 – 139; men and women masquerading as the spirits of, 男人和妇女扮作植物精灵 140; marriage of the powers of, 植物精灵的婚配 146; death and revival of the spirit of, 植物精灵的死亡与复活 400, 315, 318 – 319; perhaps generalised from a tree-spirit, 植物精灵可能是从树神的概念推广得来的 315 – 316, 339; growth and decay of, 植物的生长与衰朽 324, 385; decay and revival of, in the rites of Adonis, 阿多尼斯祀仪中表现的植物衰朽与复活 337; gardens of Adonis charms to promote the growth of, 阿多尼斯园圃是促使植物生长的巫法 341 342; Attis as a god of, 阿蒂斯是植物神 325; Osiris as a god of, 奥锡利斯是植物神 381, 375; decay and growth of, conceived as the death and resur-rection of gods, 植物的衰朽和生长被认为是神的死亡的复活 385; ancient deities of, as animals, 古代植物之神也是动物 464 – 479; Mars a deity of, 玛斯，是一位植物神 578; spirit of, burno in effigy, 植物精灵以偶像形式被焚毁 651; reasons for burning a deity of, 烧死植物神的原因 651; leaf-clad representative of the spirit of, burst, 把全身披戴树叶扮作植物精灵的人在篝火中烧死 652; view that victims of the Druids represented spirits of, 关于督伊德祭司的人牺是植物精灵的代表的观点 658

"Veins of the Nile", "尼罗河的脉络" 371

Veleda, a deified woman, 维尔达，一个被神化了的妇女 97

Vendée, custom of threshing in, 旺代的打谷习俗 406

Venison, ill effect of eating, 吃鹿肉的不良后果 496

Vesus (Aphredite) and Adonis, 维纳斯（阿芙罗狄蒂）与阿多尼斯 5, 7, 8

Venus, the planet, identified with Astarte, 维纳斯（太白星）与阿斯塔特一致 346, 370

Vermin, from hair returned to their owner, 在别人头发里捉到虱子，又还给原主 236; propitiated by farmers, 农夫向害虫谢罪 530; exercised with torches, 用火炬被除害虫 647

Verres, Roman governor, 维里斯，罗马统治者 397

Vervain, 马鞭草 17, 623, 624

Vesta, temple of, 维斯塔神殿 3, 704; perpetual fire of, 维斯塔的永恒圣火 3, 665

Vestal fire, 维斯塔圣火 3; at Nemi, 内米的维斯塔圣火 163, 164

____, Virgins, 维斯塔的处女祭司（圣火贞女） 3, 153, 235, 478, 493

Vestals, 维斯塔（灶神）的守护祭司 4, 145

Victoria, Queen, worshipped in Orissa, 奥里萨的人们崇拜维多利亚女王 100

Victoria, aborigines of, 维多利亚的土人

45,252;sex totms in,维多利亚土人的性别图腾 688
Victoria Nyanza,Lake,维多利亚尼安萨湖 87
Vine,the cultivation of,introduced by Osiris,奥锡利斯教人培育葡萄树 362,380;in relation to Dionysus,葡萄与狄俄尼索斯的关系 386
Vintage song,Phoenician,腓尼基人收获葡萄之歌 425,442
Violets sprung from the blood of Attis,紫罗兰花是从阿蒂斯的血泊中迸发出来的 348
Virbius,维尔比尼斯 4,5,8,141,163,164,301,476,707
Virgin,the Heavenly,mother of the Sun,天上的童女,太阳的母亲 358
Virgin Mary and Isis,圣母玛利亚与伊希思 383
────,mothers,tales of,童贞女妈妈的故事 347
Vitu Levu,Fijian island,维蒂岛,斐济群岛之一 695
Vitzilipuztli,a great Mexican god,维兹里朴茨特里,墨西哥的大神 488
Voigtland,locks unlocked at chidbirth in,沃依格兰地区产妇临产时打开一切锁钥 239;bonfires on Walpurgis Night in,沃依格兰地区华尔普吉斯之夜的篝火 622
Volga,sacred groves among the tribes of the,伏尔加河流域各氏族的神圣树林 111
Vomiting,homoeopathic cure for,对呕吐的顺势疗法 16;as a religious rite,呕吐是一项宗教仪式 485
Vosges,the,disposal of cut hair and nails in,孚日地区人们对剪下头发和指甲的处置办法 236;harvest customs in,孚日地区的收获习俗 499
Midsummer fires in,孚日地区的仲夏节篝火 629,645;cats burnt alive on Shrove Tuesday in,孚日地区忏悔节期间烧死活猫 656
Vonges Mountains,the,May customs in,孚日山区五朔节习俗 121;"catching the cat"in,孚日山区"捉猫"的说法 453
Voyages,telepathy in,航海中的心灵感应 24

W

Wadai,Sultan of,瓦代的苏丹 200,273
Wageia of East Africa,东非的魏该亚人 215
Wagogo of East Africa,东非的瓦戈戈人 23,72,85,495
Wagtail,yellow,in magic,黄鹡鸰在巫术中的用途 15,16
Waizganthos,an old Prussian god,卫兹干索斯,古代普鲁士的神 228
Wajagga of East Africa,东非的瓦贾加人 237
Wakanda,a spirit,瓦坎达,死鬼 216
Wakalbura of Australia,澳大利亚的瓦克尔布拉人 180,603
Wakondyo of Central Africa,中非的瓦孔代人 76
Walber,the,华柏(树) 126,127
Waldemar I.,King of Denmarp,沃尔德马一世,丹麦国王 89
Wales,belief as to death at ebb tide in,威尔士地方关于人在退潮时死亡的信念 35;harvest customs in,威尔士的收获习

俗 403;falling sickness transferrde to fowls fowls in,威尔士农村居民将癫痫病转给家禽 545;Beltane fires in,威尔士的贝尔坦篝火 629;Midsummer firers of,威尔士的仲夏节篝火 630,646;Hallowe'en fires in,威尔士万圣节前夕的篝火 635;mistletoe in,威尔士的槲寄生 661,663

Walhalla,mistletoe growing east of,瓦哈拉东边长的槲寄生 608

Wallachia,crown of last ears of corn worn by girl at harvest in,瓦拉奇亚地区收获期间姑娘头戴地里最后割下的谷穗编的谷冠 341

Walos of Senegambia,塞内冈比亚的瓦洛人 660

Walpurgis Day in Upper Frankes,上弗兰肯的华尔普吉斯节 616

——, Night,witches abroad on,沃尔浦吉斯节日之夜群巫空穴外出 560,622; annual expulsion of witches on,每年沃尔浦吉斯节日之夜驱除妖巫 561

Wambugwe of East Africa,东非的万布圭人 72,84

Wandorobbo of East Africa,东非的万多罗波人 219

Wanika of East Africa,东非的瓦尼卡人 112

War,telepathy in,战争中的心灵感应 25-27;rules of ceremonial purity observed in,战争中遵守的斋戒规约 210;continence in,战争中禁欲 210-212

Warlock,the invulnerable,stories of,不会受伤害的术士的故事中 668

Warramunga of Central Kustralia,中澳大利亚的瓦拉蒙加人 17

Warriors tabooed,禁忌的战士 210,594

Warts,transferred to ashtree,肉瘤转移到桐树上 546

Warua,瓦鲁亚人 198

Washing,forbidden for magical reasons,由于巫术原因不许用水洗头刷盘 21,23,68;Practised as a ceremonial purification by the Jews,and by the Greeks,犹太人,希腊人施行水洗洁身仪式 473

Wataturu of East Africa,东非的瓦塔图鲁人 85

Watchogs,charm to silesce,施行巫法使看门狗不叫 31

Water,used in charms,巫法使人 26,63,67,71,341;kings of,水王 108;in Midsummer festival,仲夏节间的水 554,625;of Life,Ishtar sprinkled with,向伊希塔身上喷洒生命之水 326;used to wash away sins,用水涤罪 543

Water-ousel,heart of,eaten to make eater wise and elo-quent,人吃了河马的心会变得聪明,擅长辞令 496

——, spirits,propitiation of,向水中精灵乞怜谢罪 127;women married to,女子嫁给水中精怪 145;sacrifices to,向水中精怪献祭 146;danger of,水中精怪的危险 192

Wawamba of Central Africa,中非的瓦旺巴人 76

Wax figures in magic,巫术中用的蜡人 543-544

Weapon and wound,contagious magic of,关于武器和创伤的接触巫术 41-43

Weapkns,prayers to,向武器的祷辞 27;of warriors,purification of,战士武器的被洁 214;sharp,tabooed,犀利武器的禁忌 226

Weariness,transferred to stones,把疲累

转给石头 50

Weather, magical control of the, 巫术控制天气 60-83

Weaving, charm to ensure skill in, 巫法保证纺织技艺精良 32

Wedding ring amulet against witchcraft, 结婚戒指是防妖巫的护符 243

Weevils spared by Esthonian peasants, 爱沙尼亚的农民不弄死象鼻虫 530

Wells, cleansed as raincharm, 清整井底是求雨巫法 67; menstruous women kept from, 月事期间的妇女不走近井边 64,606

Wends, the, 汶德人 119,402,451; of Saxony, 萨克森的汶德人 708

Wermland in Sweden, treatment of stragers on the threshing floor in, 瑞典韦尔姆兰地方打谷场上对待外乡陌生人的习俗 431; grain of last sheaf baked in a girl-shaped loat in, 瑞典韦尔姆兰地方用最后割的一捆谷子做成女孩形的烤面包 480

Westermarck, Dr. Edward, 爱德华·威斯特马克博士 642,643

Westphalia, the Whitsuntide Bride in, 威斯特伐利亚地方圣灵降临节间的新娘 135; the last sheaf at harvest in, 威斯特伐利亚收获期间的最后一捆谷子 401; the Harvest-cock in, 威斯特伐利亚的收获公鸡 451; Easter fires in, 威斯特伐利亚的复活节篝火 615; the Yule log in, 威斯特伐利亚的圣诞节木柴, 637

Wetar, East Indian island, stabbing people' shadows in, 东印度韦塔岛上巫士用刀刺人影 189; belief regarding leprosy in, 东印度韦塔岛上土人关于麻风病的想法 473

Whale, solemn burial of dead, 对已死鲸鱼的隆重葬礼 223

Whale's ghost, fear of injuring, 不敢伤害鲸鱼的鬼魂 220

Whalers, taboos observed by, 捕鲸者遵守的禁忌 217,220,221

Whales, ceremonies observed at the slaughter of, 杀死鲸鱼时所遵行的仪式 523

Wheat and barley, the cultivttaion of, introduced by Osir-is, 奥锡利斯教人种植小麦、大麦 363; discovered by Isis, 伊希思发现小麦和大麦 382

Wheat Bride, 小麦新娘 408; -cock, 小麦公鸡 451; -cow, 小麦母牛 457; -dog, 小麦狗 448,449; -goat, 小麦山羊 454; -man, 小麦人 428; -mother, 小麦娘娘 400; -pug, 小麦哈巴狗 449; -sow, 小麦母猪 460; -wolf, 小麦狼 449,450

Wheel, effigy of death attached to a, 死神偶像绑在轮子上 311; fire kinded by the rotation of a, 转动轮盘点燃篝火 627; as a symbol of the sun, 以轮盘作太阳的象征 644

Wheels, burning, rolled down hill, 将燃烧着的火轮从山上滚到山下 612,613, 615,622-624,625,641,643,645,646; rollde over fields at Midsummer to fertilise them, 仲夏节间将燃烧的火轮在地里滚过使土地多产 629,647; perhaps intended to burn witches, 上述做法也可能是想要烧死妖巫 649

Whit-Monday, custom oserved by Russian girls on, 俄罗斯姑娘们在降灵节后一日遵守的习俗 128; the Leaf King at Hildesheim on, 希尔德斯海姆降灵节第二天的绿叶王 130; the king of Bohemia on,波希米亚有些地区降灵节第二天扮演的假王 130;the king's game on,降灵节第二天孩子们做假王的游戏 132;pretence of beheading a leaf-clad man on,降灵节第二天扮演将叶里人斩首的游戏 297;pretence of beheading the king on,降灵节第二天扮演将暴君斩首的游戏 298-299

Whitsun-Bride in Denmrak,丹麦的圣灵节间的赛跑 133

Whitsuntide,races at,圣灵降临节间的赛跑 124,129;contests for the kingship at,圣灵降临节间夺取节日王位的竞赛 129,132;drama of Summer and Winter at,圣灵降临节间夏与冬的戏剧表演 317

Whitsuntide Basket,圣灵降临节框 129;Bride,圣灵降临节新娘 132,133,135;Bridegroom,圣灵降临节新郎 133;crown,圣灵降临节王冠 132,133;customs,约圣灵降临节习俗 121,124;King,圣灵降临节王 129,132,133,298-299;mummers,圣灵降临节化装游乐者 296-301;Queeus,圣灵降临节王后 131,132,299

Wicker giants at popular festivals in Europe,欧洲节日中的柳木巨人 654;burnt in summer bonfires,夏季篝火中焚烧的柳木巨人 655

Widows and widowers,mourning customs observed by,鳏夫寡妇悼亡时遵守的习俗 207

Wife,the Old,name given to the last corn cut,地里最后割下的谷捆取名叫"老婆子" 403

Wife's infidelity thought to injure her abstne husband,妻子在家不贞会使离乡在外的丈夫触霉运 23,25

Wild animals,propitiated by hunters,猎人向野兽谢罪讨好 518-532

——,Man,a Whitsuntide mummer,圣灵降临节间扮演的野人 467

Willow,msitletoe growing on,柳树上的槲寄生 660

Willow-tree,柳树 683;at festival of Green George among the gypsies,吉卜赛人绿衣乔治节间的柳树 126-127

Winamwanga of Northern Rhodesia,北罗得西亚的维南万加人 703

Wind,the magical control of the,巫术控制风 80-83;of the Cross,"灾难的风" 81;in the corn,sayings as to the,关于风在谷物中的说法 399,448,454,457,459,460,463

Winds,charms to calm the,巫法使风停息 80;sold to sailors,将风卖给航海水手 81;tied up in knots,将风锁在绳结里 81;Kept in jars,将风装在罐子里 170

Wine,the sacramental use of,用酒作圣餐 498

Winnowing basket,image of snake in,把用面粉捏的蛇放在簸箕里 535

——,fan,in rain-making 求雨巫法中用簸箕 73;used to scatter ashes of human victims,用簸箕撒人牺的骨灰 378,443;an emblem of Dionysus,簸箕是狄俄尼索斯的徽志 388

Winter,ceremony at the end of,冬去春来时举行的仪式 551;general clearance of evils at the beginning or end,立冬或冬尽时总驱邦 575

——,and Summer,dramatic battle of,戏剧性的冬夏之战 316-317

Witch,burnt in Ireland,爱尔兰烧死妖巫 56;burnt at St. Andrews,圣安德鲁斯烧死妖巫 243;name given to last cut after sunset,日落后割的最后谷子叫做妖巫 403;Old,bursing the,烧死老妖巫 429

"Witch-shots","妖巫弹粒" 649

Witchcraft,dread of,惧怕巫害 194,236;strangers suspected of practising,怀疑外来陌生人施行妖术 194;practised in Scotand,苏格兰惯见的妖巫 542;Protections against,防止巫害的措施 610,620,626-628,648,656,663,666,720,707;need-fire, a sovereign remedy for,净火是防治巫害最有效的方法 641;ailments attributed to,诸般灾痛不适都归咎于巫害 649;fatal to milk and butter,妖巫对牛奶和黄油的危害 663

Witches,巫婆,妖巫 44;raise the wind,妖巫能兴风 80,81;make use of cut hair,妖巫利用剪下的头发为害于人 234,237;protections against,防巫措施 243,620,627;expulsion of,驱除妖巫 560;burning of,烧死妖巫 560,561,621,635,658;shooting the,射死妖巫 561;effigies of, burnt in bonfires,在篝火中焚妖巫偶像 610,612,613,648,658;charm to protect fields against,防止妖巫侵害田地的巫法 615;cast spells on cattle 妖巫向牲口施行符咒 620;steal milk from cows,妖巫从母牛身上偷走牛奶 620,627,628;abroad on Walpurgis Night,妖巫在沃尔浦吉斯节日夜间四处飘游 622;driving,驱逐妖巫 622;steal milk and butter 妖巫窃取牛奶和黄油 628;abroab at Halloween 万圣夜妖巫倾巢出动 634;cause hail and thunderstorms,妖巫招致冰雹和雷雨风暴 649;burning missiles thrown at,将燃烧的火箭射向妖巫 649;brought down from the clouds by shots and smoke,用箭射烟熏使妖巫从云中跌落尘埃 649,650;thought to keep their strength in hair,以为妖巫的力量藏在头发中 680-681;tortured in India,印度官员拷问妖巫 681;animal familiars of,妖巫役使的动物 684

Witchetty grubs,大白蟒蠐 17

Wives,taboos observed by,妻子们遵守的禁忌 21-25

Wizards,男巫,术士 43;Finnish,芬兰的男巫 81;capture human souls,男巫拘捕人的灵魂 197,188;thought to keep their strength in their hair,人们认为男巫们把力气藏在自己的头发里 680-681;animal familiars of,男巫们役使的动物 683,684

Wolf,track of, in contagious magic,对狼的足迹施行接触巫术 44;corn-spirit as,谷精幻化为狼 488;last sheaf at harvest called,收获时最后一捆谷子叫做"狼" 449,450;beast-god of Lycopolis in Egypt,狼是埃及里柯波里斯的兽神 500;cereromies at killing a,杀狼的仪式 528,521;the Green,绿狼 628,652,664

Wolf society among the Nootka Indians, rite of initiation into,努特卡印第安人男孩成年时被吸收为狼社成员的成年礼仪式 699

Women,taboos observed by,妇女遵守的禁忌 20,25,26;dances of,妇女舞蹈 26-8,64;employed to sow fields on the principle of homoeopathic magic,根据顺势巫术原理妇女在地里播种 28;plough as a rain-charm,妇女耕地求雨巫法 70;worshipped by ancient Germans,古日耳曼人崇拜妇女 97;married to gods,妇人与神结婚 142-145;

tabooed at menstruation and childbirth, 妇人月经和分娩期间的禁忌 207-210; not allowed to mention husbands' names, 妇女不得说丈夫的名字 249; influence of corn-spirit on, 谷精对妇女的影响 410; thought to have no soul, 妇女被认为没有灵魂 497; ceremonies performed by, to rid fields of vermin, 妇女履行仪式驱除地里害虫 531; put to death in the character of goddesses in Mexico, 妇女以墨西哥女神的身份被处死 589; impregnated by the sun, 妇女由太阳受孕 603; dread of menstruous, 人们害怕月经期的妇女 603

——, barren, charms to procure offspring, 使不妊妇有嗣 14; sterilising influence ascribed to, 动植物的生育繁殖力归因于妇女 29, 137; thought to conceive through eating unts of a palm-tree, 以为妇女吃了棕榈子(棕榈树结的果实)便可怀孕 119; fertilised by being struck with a certain stick, 用打散交配狗的棍子打妇女可使其获得繁育力 581

——, pregnant, forbidden to spin or twist ropes, 孕妇不得纺织或编绳 21; not to loiter in the doorways where there are, 不得在有孕妇的人家门口站立或耽延 21; employed to fertilise crops and fruittrees, 用妇女使庄稼和果树增产 28

Wonghi tribe of new South Wales, 新南威尔士的温吉部族 692

Wood, King of the, at Nemi, 内米的林中之王 1, 3, 8, 106, 140, 147, 163, 164, 167, 269, 300, 301, 586, 593, 703, 710

Wood-spirits in goat form, 山羊形态的树精 465

Woodmen, ceremonies observed by, at felling trees, 伐木人砍树前遵行的仪式 112, 113

Words, tabooed, 禁忌的用词 244-262; savages take a materialistic view of, 未开化民族认为语言(名词或名字等)与他所指涉的事物本身是相应一致的 247

World, as regarded by early man, 早期人类对世界的看法 91

Wotjobaluk tribe in Victoria, 维多利亚的沃乔巴卢克部族 43, 687

Wotyaks, the, of Russia, 俄罗斯的沃特雅克人 143, 559

Wound and weapon, contagious magic of, 关于创伤和武器的接触巫术 41-43

Wrach (Hag), name given to last corn cut in Wales, 威尔士地里最后割的谷捆叫做拉奇(wrach, 巫婆) 403, 404

Wren, hunting the, 猎捕鹪鹩 536-537

Wunsch, R. R. 昊希 344

Wurtemberg, bushes set up on Palm Sunday in, 符腾堡人们在复活节前一个星期日(棕榈主日)把小灌木插在屋上 125;; the thresher of the last corn at Tettnang in, 符腾堡的特特朗地方打最后一捆谷子的打谷人 456; effigy of goat at Ellwangen in, 符腾堡的埃尔旺根地方山羊偶像 456; leaf-clad mummer in, 符腾堡地区仲夏节用绿叶化装的游乐者 653

Wurunjeri tribe of Victoria, 维多利亚的伍龙杰里部族 183

X

Xerxes in Thessaly, 塞萨利的塞尔克斯 290

Xnumayo tribe of Zulus, 祖鲁人的斯努玛约部族 257

Y

Yabim tribe of New Guinea, 新几内亚的雅宾部族 213, 597, 694

Yakut shamans and their external souls, 雅库特人的巫师将自己灵魂寄存体外 683

Yakuts, 雅库特人 80

Yams, fesast of, 芋头节 200; ceremony at eating the new, 吃新芋的仪式 483

Yap, one of the Caroline Islands, 雅浦岛, 加罗林群岛之一 598

Yarilo, the, funeral of, celebrated on Russia, 俄罗斯举行雅丽洛的葬礼 318

Year, the fixed Alexandrian, 固定的亚历山大年历 373; the Caffre, 卡菲尔年 483; the Egyptian, a vague year 埃及年, 不精确推算的年历 368; the old Rowan, 古罗马年 577; the Slavonic, 斯拉夫民族的年 577

Years, cycle of eight, ioancient Greece, 古代希腊历法推算中的八年周期律 279; the King of the, on Tibet, 西藏的 "太岁" 573, 574

Yellow colour in magic, 巫术中的黄颜色 15

Yezo or Yesso, Japanese island, the Ainos of, 日本虾夷岛的阿伊努人（虾夷人）505, 507

Ynglingar family, 英格林加家族 155

Yorkshire, "burning the Old witch" in, 约克郡"烧死老巫婆" 429; clergyman cuts the first corn in, 约克郡牧师割新谷 481

Yorubas of West Africa, 西非的约鲁巴人 230, 256, 273, 570

Youths and maidens, tribute of, sent to Minos, 将青年和少女贡品送给弥诺斯 280

Yuin tribe of New South wales, 新南威尔士的尤茵部族 191

Yuki Indians of California, 加利福尼亚的尤基印第安人 27

Yukon River, the Lower, the Esquimaux of, 育空河下游的爱斯基摩人 193

Yule Boar, 圣诞节公猪 461-462, 478

Yule Log, 与圣诞节木柴 636-638, 641, 643

Yuracares of Eastern Boqivia, 东玻利维亚的尤拉卡雷人 601

Z

Zafimanelo, the, of Madagascar, 马达加斯的扎菲曼尼罗人 198

Zagmuk, Babylonian festival, 扎格穆克, 巴比伦的节日 281

Zagreus, a form of Dionysus, 扎格柔斯, 即狄俄尼索斯 388

Zaparo Indians of Ecuador, 厄瓜多尔的萨帕罗印第安人 495

Zapotecs of Central America, 中美洲的萨波特克人 687; the pontiff of the, 中美洲萨波特克的大祭司 180, 595

Zara-mama, Maize Mother, 扎拉娘娘, 即玉米娘娘 413

Zemis of Assam, 阿萨姆人的泽米人 248

Zeus, rain made by, 宙斯降雨 71; the priest of, makes rain by an oak branch, 宙斯的祭司用橡树枝唤来雨水 77; minicked by King Salmoneus, 国王萨尔

蒙努斯模仿宙斯 77；marriage with Demeter at Eleusis，厄琉西斯地方宙斯和得墨忒耳结婚的隆重秘仪 142；and Hera，宙斯与赫拉 143；and Dione，宙斯与狄娥娜 151,165；as god of the oak, the rain, and the thunder，宙斯是橡树神、雨神和雷神 159；his oracular oak at Dodona，宙斯在多多纳发布谕示的橡树 159；prayed to for rain，向宙斯祷告求雨 159；Greek kings called，希腊国王被称为宙斯 159；surnamed Thunder bolt，宙斯被尊称为雷公 159；his resemblance to Donar, Thor, Perun, and Perkunas，宙斯跟道纳尔、索尔、彼隆、和泊库纳斯等相似 160；the grave of，宙斯的墓 265；his oracular cave on Mount Ida，伊达山上宙斯的神洞 280；his intrigue with Persephone，宙斯与珀耳塞福涅私通 388；said to have transferred the sceptre to young Dionysus，据说宙斯将君权授予年幼的狄俄尼索斯 388；father of Dionysus by Demeter，宙斯是得墨忒耳生的狄俄尼索斯之父 389；his appearance to Hercules in the shape of a ram，宙斯以公羊的形象出现在赫拉克勒斯的面前 599；and Danae，宙斯与丹娜 602

Zeus, the Descender, places struck by lighting consecrated to，雷击后的地方奉献给"天降的宙斯" 159；Heavenly, at Sparta，斯巴达的"上天的宙斯" 9；Lacedaemon, at Sparta，斯巴达的"拉瑟门的宙斯" 9；Laphystian，拉菲斯蒂的宙斯 290；Lighting, sacrificial hearth of，祭祀闪电之神宙斯的土祠 159；Polieus in Cos，科斯的宙斯波力埃斯 466

Zimbas, or Muzimbas, of South-east Africa，东南非洲的津巴或穆律姆巴人 97

Zoganes, temporary king at Babylon, put to death after a reign of five day，巴比伦的临时国王，佐格尼斯，在位五天后即被处死 282

Zoilus, priest of Dionysus at Orchomenus，奥尔霍梅努斯地方狄俄尼索斯的祭司佐伊勒斯 291；Zulu language, its diversity，祖鲁语言的驳杂性 258

Zululand, rain-making by means of a "heaven-bird"，祖鲁（兰）人用"天鸟"求雨 75；children buried to the neck as a rain-charm in，祖鲁人把儿童埋进土内只留脖子以上露出地面作为求雨巫法 75；names of chiefs and kings tabooed and kings tabooed in，祖鲁兰的酋长和国王名字都要禁忌 257；kings put to death in，祖鲁兰的国王被处死 272；festival of first-fruits in，祖鲁兰的"吃新（谷、果）节" 483；seclusion of girls at puberty in，祖鲁兰少女青春期要隔离 595；gamdens fumigated with medicated smoke in，祖鲁兰人用药物薰园圃 645

Zulus，祖鲁人 192,495,498

Zuni Indians of New Mexico，新墨西哥的祖尼印第安人 502,504,571

Zytniamatka, the Corn-mother 齐特尼亚玛特卡，五谷娘娘 421

图书在版编目(CIP)数据

金枝:全2册/(英)弗雷泽(Frazer,J.G.)著;汪培基等译.—北京:商务印书馆,2013(2022.4重印)
(汉译世界学术名著丛书)
ISBN 978-7-100-09814-4

Ⅰ.①金… Ⅱ.①弗…②汪… Ⅲ.①巫术—关系—原始宗教—研究②民俗学—研究 Ⅳ.①B933②K890

中国版本图书馆CIP数据核字(2013)第029896号

权利保留,侵权必究。

汉译世界学术名著丛书
金 枝
——巫术与宗教之研究
(上、下册)
〔英〕J.G.弗雷泽 著
汪培基 徐育新 张泽石 译
汪培基 校

商 务 印 书 馆 出 版
(北京王府井大街36号 邮政编码100710)
商 务 印 书 馆 发 行
北京艺辉伊航图文有限公司印刷
ISBN 978-7-100-09814-4

2013年4月第1版 开本850×1168 1/32
2022年4月北京第9次印刷 印张38¾
定价:156.00元